개정증보판

조세불복실무

백종한 · 김진필 · 박흥수 공저

SAMIL | 삼일인포마인

www.samil*i*.com 사이트 **제품몰** 코너에서 본 도서 **수정사항**을 클릭하시면
정오표 및 중요한 수정 사항이 있을 경우 그 내용을 확인하실 수 있습니다.

개정판 머리말

처음으로 이 책이 세상에 나온 지 벌써 2년이 지났습니다. 초판이 조기에 품절된 탓에 지난 해 개정판이 나왔어야 했으나, 여러 사정으로 이제야 개정판을 내게 되었습니다. 그동안 이 책을 이용해 주신 독자 여러분께 이 공간을 빌어 감사의 말씀을 전합니다.

개정판에는 그간 개정된 국세기본법 내용을 반영하였고, 주요쟁점별 판례 경향 분석에서는 법인세법에서 접대비의 손금불산입 내용을 추가하였습니다. 특히 접대비와 판매부대비용의 구분, 접대비와 광고선전비의 구분 등 문제는 과세관청과 납세자간 의견이 매우 첨예하게 충돌하는 민감한 분야이므로 이 부분을 집중적으로 다루었습니다.

그러나 무엇보다도 이번에 조세불복 관련소송을 주로 수행해왔던 박홍수 변호사(2016. 1. '바보야! 문제는 세금이야' 著)님께서 공동저자로 함께 참여하셔서 행정소송 편을 추가하게 된 것이 가장 반갑습니다. 이 책을 이용하시는 독자 여러분들께서 한층 만족하시리라 생각됩니다.

조세불복이라는 다소 생소한 분야에서 납세자를 대리하여 불복업무를 하시는 과정에서 이 책이 조금이라도 도움이 되어 길을 밝혀 줄 수 있다면 매우 기쁘겠습니다.

황금돼지띠 기해년에 새해 복 많이 받으시기 바랍니다. 감사합니다.

2019년 1월

저자 일동

머리말

조세불복은 단순하게 민원을 전달하는 것이 아니라 과세관청의 처분경위와 쟁점사항의 핵심을 정확하게 파악하고, 세법에 관한 깊은 지식을 바탕으로 법에 정해진 절차에 따라 과세처분의 부당성을 체계적이면서 논리적으로 반박함으로써 궁극적으로는 과세처분의 취소라는 구체적 목표를 달성해야 하는 일련의 과정이다.

그러나 저자들은 조세불복을 진행하는 청구인이나 대리인이 청구기한을 지키지 못했거나 청구취지를 허술하게 기재하는 등 형식요건을 제대로 갖추지 못해 다퉈보지도 못하고 청구가 각하되거나, 형식적 요건은 준수하였더라도 처분청의 처분개요나 과세쟁점을 정확하게 파악하지 못해 쟁점과 무관한 주장 또는 핵심쟁점에서 벗어난 주장으로 일관함으로써 처분의 부당성에 대해 제대로 반박하지 못하는 것을 지켜보면서 제대로 된 주장만 펼쳤다면 인용될 가능성이 있는 사건이 결국 기각되는 현실에 안타까움이 많았다.

이에 조세불복 대리인으로 실무경험을 갖추고 오랫동안 조세불복 사건을 직접 조사하고 판단하였던 저자들은 청구인과 대리인이 현장에서 불복에 필요한 이론과 실무를 제대로 숙지하여 과세관청에 맞서 당당히 논리를 펼칠 수 있도록 안내하는 실무지침서가 전무하다시피한 현실에 갈증을 느끼고 있던 차에, 조세불복을 처음 접하는 청구인이나 대리인이 불복절차를 진행할 때 반드시 알아야 할 불복에 관한 제이론과 실무분야를 모두 아우르는 제대로 된 지침서를 만들어보자 하여 2년 여의 산고 끝에 만들어진 이 책에는 저자들의 오랜 경험, 즉 납세자를 대변하던 대리인의 시각과 청구사건을 객관적으로 심리·판단하던 심판관의 시각이 함께 반영되어 있다.

납세자나 대리인의 입장에서도 조세불복이라는 절차가 법인세나 부가가치세 신고처럼 매년 반복적으로 발생하는 익숙한 분야가 아니다 보니 고객이 불복절차에 대해 문의해도 정확하게 답변하지 못하거나 불복대리를 요청하는 경우에도 선뜻 응하지 못하는 경우가 있다.

이 책을 통해 저자들은 조세불복을 진행하는 전문가라면 반드시 알고 있어야 할 최소한의 법 이론을 대법원 판례를 중심으로 객관적으로 설명하였고, 청구취지 기재요령 및 청구이유서 작성요령 등 실무에 꼭 필요한 형식자료 작성방법을 제시하였다. 또한, 각 세목에서 다툼이 많이 발생하는 주요 이슈별로 재결청이 중점적으로 점검하는 사항과 대법원 판례 및 심사·심판례 등을 예시하고 각 판례마다 평석의 형식을 빌어 대리인의 입장에서 주장의 긍정적인 면 또는 부족한 부분에 대해 간단한 해설을 부기하였다. 이런 내용들은 조세불복을 수행하는 대리인이나 납세자들이 대응방향을 설정하는데 실질적인 도움이 될 것이다.

끝으로 이 책이 세상에 나오기까지 많은 수고를 마다치 않은 삼일인포마인의 송상근 대표이사님과 편집제작팀분들께 감사드리며, 독자 입장에서의 의견부터 문단의 배치는 물론 오탈자 수정까지 수많은 시간을 할애해 주신 성운회계법인 이남용 회계사, 김지현 회계사와 많은 조언을 아끼지 않으신 신한회계법인 이병렬 회계사님에게도 지면을 빌어 감사의 말씀을 드린다.

그리고 세법과 불복에 문외한이던 김진필 회계사를 오랜 기간 갈고 다듬어 주신 이현세무법인 안만식 대표님께도 깊이 감사드립니다.

이 책을 보시는 모든 독자분들께 행운이 함께하길 바랍니다. 감사합니다.

2017년 1월

저자 일동

추천사

먼저 오랜 기간 조세심판원에서 공직생활을 함께 했던 백종한 전 심판관과, 풍부한 대리인 실무경험을 갖춘 김진필 회계사가 각자의 경험을 한 곳에 모아 조세불복에 관한 실무서를 펴낸 것을 축하드린다.

무엇보다 시중에 조세불복에 관한 실무절차를 다루는 서적을 찾아보기 어렵다는 것은 조세불복이 세무에 관한 수많은 실무분야 중에서 과세관청과 직접 논리로써 과세처분의 위법성과 부당성을 다투어야 하는 분야이므로, 세무분야 중에서도 전문성을 요하기도 하거니와 신고실무 등과 달리 정형화가 어려워 책자로 정리하기도 쉽지 않다는 것을 방증하는 것이라 생각한다.

이 책은 이런 어려움을 딛고 청구취지 기재요령이나 청구이유서 작성요령 등 형식적인 서면의 작성방법뿐만 아니라 조세불복을 둘러싼 일반 법이론을 간단하면서 명쾌하게 정리하였고, 나아가 각 세목별로 불복이 빈번하게 발생하는 주제별로 대법원 판례와 심사례·심판례를 제시하고, 각 판례에 대해서 오랜 기간 조세심판원에서 심판관으로서 사건을 객관적으로 바라보던 시각과 실무에서 납세자의 입장을 대변하며 처분의 부당성을 주장하던 시각이 골고루 반영된 의견을 판례평석의 형식으로 간단하게 부기함으로써 불복을 진행하는 당사자들에게 처분의 위법성과 부당성을 지적하는 대응방향을 설정하는 데 큰 도움이 될 것으로 확신한다.

조세불복의 구체적 세부절차에 목말라하는 회사의 회계세무 담당자들, 개인 납세자들 및 이들 납세자를 대리하는 세무사와 회계사 및 변호사 분들에게 이 책은 조세불복의 처음부터 끝까지 실무적 지침을 제공함으로써, 막연한 어둠 속에서 빛을 밝혀 제대로 된 길을 안내하는 등대와 같은 역할을 할 것이라 생각하여 이 책을 감히 독자 제위들께 추천한다.

2017년 1월
(전) 조세심판원 원장 박종성
제25회 행정고시 합격
성북세무서, 영등포세무서
재정경제부 세제실
헌법재판소 파견근무
조세심판원 상임심판관
제4대 조세심판원 원장
(현) 세무법인 회장

차 례

차 례

차 례

제2장 조세불복의 진행과정과 실무 / 133

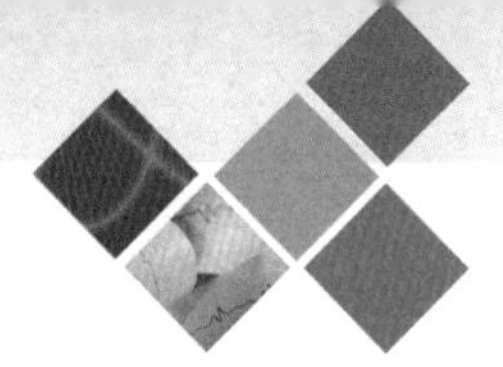

차 례

차 례

차 례

제3장 과세사실판단자문제도 / 257

제4장 청구이유서 작성 요령 / 283

차 례

차 례

차 례

차 례

차 례

차 례

차 례

차 례

제14장 조세소송 상 변론(심리)의 진행 및 입증책임 / 929

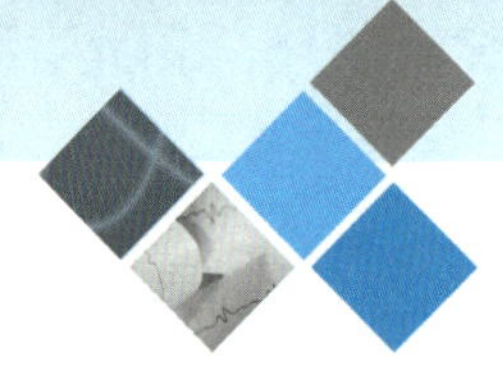

차 례

제1장

조세불복제도 개요

조세불복의 개념

조세불복이라 함은 과세관청으로부터 국세기본법 또는 세법에 따른 처분으로서 위법 또는 부당한 처분을 받거나 필요한 처분을 받지 못함으로 인하여 권리나 이익을 침해당한 자가 국세기본법 등의 규정에 따라 그 처분의 취소 또는 변경을 청구하거나 필요한 처분을 청구하는 행위를 말한다(국기법 §55 ①).

조세불복은 국세기본법에 의한 불복절차인 이의신청 · 심사청구 · 심판청구와 감사원법에 의한 불복절차인 감사원 심사청구 및 행정소송으로 구분된다. 국세기본법에 의한 불복절차 중 이의신청은 임의적인 절차이므로 이의신청을 거친 후 심사청구나 심판청구 중 하나를 선택하거나, 이의신청을 생략하고 직접 심사청구나 심판청구 중 하나를 선택하여 청구할 수 있다. 국세기본법상 조세불복은 서면행위로서 구두에 의한 조세불복은 인정되지 않는다(대법원 1993.10.12. 선고, 93누12190 판결).

기관	사전적 구제절차 (고지서 교부 전)	사후적 구제절차 (고지서 교부 후)
과세관청	과세전 적부심사	이의신청 — 심사청구
조세심판원		심판청구
감사원		심사청구
법원		행정소송

국세기본법의 심사청구와 감사원법의 심사청구는 그 명칭이 동일하다. 따라서 앞으로 이 책에서 국세기본법에 의한 심사청구는 국세청 심사청구로, 감사원법에 의한 심사청구는 감사원 심사청구로 각각 구분해서 표기한다.

이의신청과 국세청 심사청구는 과세관청에 직접 청구하며, 심판청구는 국무총리실 산하

독립기관인 조세심판원에, 감사원 심사청구는 감사원에 각각 청구한다. 행정소송은 국세의 경우 전치절차(국세청 심사청구 · 심판청구 · 감사원 심사청구 중 하나)를 반드시 거쳐야 하지만, 지방세의 경우 전치절차 없이 바로 행정소송을 제기할 수 있다.

한편, 과세관청의 고지처분(즉, 납세고지서의 교부)이 있기 전이더라도 과세예고 통지나 세무조사결과 통지 등을 받은 납세자에 대한 사전적 구제절차로서 과세전적부심사제도를 두고 있다.

국세기본법에서는 불복이라는 용어를 사용하고 있으나, 여기에서는 조세불복이라는 용어를 기본으로 사용하면서 특별히 필요한 경우 국세불복 또는 지방세불복이라고 구분하기로 한다. 또 이 책에서 국세청이라고 하면 국세청 조직 전부를 말하는 것이 아니라 본청을 말하고, 지방청은 지방국세청을 줄여 쓴 것이다.

2 불복청구대상

가. 과세관청의 처분과 부작위

조세불복은 실무상 크게 과세관청의 위법 · 부당한 처분에 의하여 권리 · 이익을 침해받은 자가 제기하는 취소청구와 과세관청의 부작위에 의하여 권리 · 이익을 침해받은 자가 제기하는 부작위위법확인청구로 구분된다.

1) 과세관청의 처분

- 각종 세금의 부과처분
- 납세자의 경정청구 등에 대한 거부처분
- 체납처분

취소청구는 과세관청의 처분이라는 행위가 있었고, 이러한 행위에 대한 취소를 구하는 것이다. 과세관청의 처분은 크게 각종 세금의 부과처분 · 납세자의 경정청구 등에 대한 거부처분 · 체납처분 등이 있다. 조세불복이란 이와 같은 과세관청의 처분에 대한 위법 또는 부당성을 다투는 절차로서 실무상 대부분의 조세불복은 여기에 해당한다.

가) 부과처분

부과처분 취소청구는 과세관청의 세무조사 등을 통한 결정에 따른 부과처분에 대해 그 처분의 취소를 청구하는 것이다.

- 가산세의 종류와 산출근거 없이 가산세의 합계액만 기재한 부과처분은 위법하다.
- 특별한 사유 없이 직권취소를 번복하고, 종전 처분을 되풀이한 과세처분은 위법하다.

하나의 납세고지서에 의하여 본세와 가산세를 함께 부과할 때는 납세고지서에 본세와 가산세 각각의 세액과 산출근거 등을 구분하여 기재해야 하고, 또 여러 종류의 가산세를 함께 부과하는 경우에는 그 가산세 상호 간에도 종류별로 세액과 산출근거 등을 구분하여 기재함으로써 납세의무자가 납세고지서 자체로 각 과세처분의 내용을 알 수 있도록 하여야 한다.

따라서 가산세 부과처분이라고 하여 그 종류와 세액의 산출근거 등을 전혀 밝히지 않은 채 가산세의 합계액만 기재한 부과처분은 위법하다(대법원 2012.10.18. 선고, 2010두12347 전원합의체 판결 ; 2015.3.20. 선고, 2014두44434 판결).

과세처분에 대한 불복과정에서 과세관청이 납세자의 불복사유가 옳다고 인정하여 과세처분을 직권취소하였다면, 납세자가 불복신청을 취하하더라도 그 후 특별한 사유 없이 직권취소를 번복하고 종전 처분을 되풀이하여 한 과세처분은 위법한 것으로 허용되지 않는다. 특별한 사유란 납세자가 허위의 자료를 제출하는 등 부정한 방법으로 당초 부과처분에 대한 직권취소를 받은 경우 등을 말한다(대법원 2014.7.24. 선고, 2011두14227 판결 ; 2010.9.30. 선고, 2009두1020 판결 등).

나) 거부처분

거부처분 취소청구는 납세자의 적법한 신청에 대해 과세관청이 신청에 따른 처분을 거부한 경우 청구하는 것으로서 경정청구 거부처분에 대한 취소청구가 대표적이다.

(1) 조세불복의 주장범위

감액경정청구 거부처분의 취소를 구하는 불복에서 경정청구 당시 주장하지 않았던 사항도 새로 주장할 수 있다.

납세자는 감액경정청구 거부처분의 취소를 구하는 불복에서 감액경정청구 당시 주장하지 않았던 사항도 새로 주장할 수 있다. 감액경정청구를 하면서 개개의 위법사유에 대해 모두 주장하여야 하는 것은 아니기 때문이다(대법원 2012.6.28. 선고, 2010두13425 판결 ; 2004.8.16. 선고, 2002두9261 판결).

과세표준 신고서를 법정신고기한 내에 제출한 납세자가 그 후 과세관청의 경정·결정처분을 불복기간 내에 다투지 않았더라도, 경정청구기간이 끝나지 않았다면 당초 신고한 과세표준과 세액에 대한 경정청구권을 행사할 수 있으며(대법원 2014.6.26. 선고, 2012두12822 판결),

최초에 신고하거나 결정 또는 경정한 과세표준 및 세액의 계산근거가 된 거래 또는 행위 등에 대하여 분쟁이 생겨 그에 관한 판결에 의하여 다른 것으로 확정된 때는 국세부과권의 제척기간이 경과한 후라도 경정청구할 수 있다(대법원 2006.1.26. 선고, 2005두7006 판결).

가령 납세자가 타인에게 컴퓨터 프로그램의 저작권을 양도한 것과 관련하여 종합소득세가 부과되었지만, 그 후 납세자와 타인 사이에 저작권의 양도와 관련하여 분쟁이 생겨 소송으로 다투던 중 국세부과권의 제척기간이 경과하였다고 하더라도, 그 후 판결에 의해 저작권 양도계약이 무효로 확정된 경우라면 종합소득세부과처분은 취소되어야 할 것이고, 비록 납세자의 경정청구가 위 종합소득세에 대한 국세부과권의 제척기간이 경과한 후에 이루어졌다고 하더라도 적법하므로, 과세관청은 그 경정청구에 따른 적정성 여부를 판단하여 감액경정을 할 것인지의 여부를 결정하여야 한다는 것이다.

(2) 불복대상이 아닌 거부처분

그러나 세법에 근거하지 않은 경정청구에 대해 과세관청이 이를 거부한 경우나(대법원 2006.5.12. 선고, 2003두7651 판결 ; 2006.5.11. 선고, 2004두7993 판결 ; 2010.2.25. 선고, 2007두18284 판결), 경정청구권이 인정되지 않는 경우에 해당하여 과세관청이 이를 거부한 경우(대법원 1999.7.23. 선고, 98두9608 판결) 등은 조세불복의 대상이 되는 거부처분이 아니다.

다) 체납처분

재산압류통지서 등을 받은 경우처럼 납세자에 대한 재산의 압류·매각 및 청산(배분)의 체납처분과 제2차 납세의무지정통지서 및 납부통지서 또는 주류면허취소 등의 처분을 받은 경우도 불복청구의 대상이 된다.

이때, 체납처분으로 압류한 재산이 제3자의 소유인 경우 그 제3자도 압류처분에 대하여 불복청구할 수 있다(국기통 55－0…7). 그러나 고충민원을 제기하고 그에 대한 고충처리결과 통지에 대해 불복을 제기하는 것은 국세기본법 또는 세법에 의한 처분으로 볼 수 없으므로 부적합한 청구에 해당하여 각하된다(심사소득 2014-0046, 2014.5.28.).

체납처분 대상은 결손처분 당시 압류할 수 있었던 재산에 한정되지 않고 결손처분 후 취득재산도 체납처분의 대상에 포함되지만(대법원 1993.9.28. 선고, 93누13308 판결 ; 1994.6.28. 선고, 94다8686 판결 ; 1999.7.13. 선고, 99두3478 판결), 구 국세징수법 시행 당시 결손처분이 행해졌음에도 불구하고 그 후 납세자에게 불리하게 개정된 신법을 적용하여 결손처분을 취소하고 체납처분할 수는 없다(대법원 2002.9.24. 선고, 2001두10066 판결).

과세처분 이후 조세 부과의 근거가 되었던 법률규정에 대하여 위헌결정이 내려졌다면 그 조세채권의 집행을 위한 체납처분은 당연무효이다. 조세 부과의 근거가 되었던 법률규정이 위헌으로 선언된 경우, 비록 그에 기한 과세처분이 위헌결정 전에 이루어졌고, 과세처분에 대한 제소기간이 이미 경과하여 조세채권이 확정되었으며, 조세채권의 집행을 위한 체납처분의 근거규정 자체에 대하여는 따로 위헌결정이 내려진 바 없다고 하더라도, 위와 같은 위헌결정 이후에 조세채권의 집행을 위한 새로운 체납처분에 착수하거나 이를 속행하는 것은 더 이상 허용되지 않고, 나아가 이러한 위헌결정의 효력에 위배하여 이루어진 체납처분은 그 사유만으로 하자가 중대하고 객관적으로 명백하여 당연무효라고 한다(대법원 2012.2.16. 선고, 2010두10907 전원합의체 판결).

라) 국세기본법 기본통칙의 불복대상

(1) 세관장에 의한 국세처분

세법에 의한 처분 중 수입물품에 부과하는 국세의 부과・징수・감면・환급 등에 관한 세관장의 처분에 대하여 불복을 제기하는 경우에는 세관장에게 이의신청을 하고 그 결과에 따라 관세청장 또는 조세심판원장에게 심판청구를 할 수 있다. 이 경우 세관장에 대한 이의신청은 생략할 수 있다(국기통 55-0…2).

(2) 체납처분에 대한 불복

납세자에 대한 재산의 압류・매각 및 청산(배분)의 체납처분은 불복청구의 대상이 된다. 체납처분으로 압류한 재산이 제3자의 소유인 경우 제3자는 압류처분에 대하여 불복청구를 할 수 있다(국기통 55-0…7).

(3) 인정상여 소득자의 법인세에 대한 불복

법인세의 결정 또는 경정에 있어서 그 소득을 상여 처분함으로써 소득세의 과세처분을

받은 소득자는 그 원천이 된 법인세 과세처분의 확정 여부에 관계없이 독립하여 상여 처분된 내용에 관하여 다툴 수 있다(국기통 55-0…8).

(4) 부가가치세 경정에 따른 소득세·법인세에 대한 불복

부가가치세를 경정한 처분에 대하여 불복청구를 하지 아니한 경우에도 그 경정에 의거 소득세나 법인세를 결정 또는 경정한 경우 소득세나 법인세에 대하여는 불복청구를 할 수 있다(국기통 55-0…9).

(5) 사업자등록 등에 관한 불복

사업자등록과 관련하여 사업자등록을 신청한 날로부터 7일 내(연장된 교부기한 별도)에 등록증을 교부받지 못한 경우나 교부받은 사업자등록증의 등록사항에 이의가 있는 경우 불복을 청구할 수 있다(국기통 55-0…11).

마) 제척기간 도과 후의 과세처분

(1) 일반제척기간을 도과한 처분

국세기본법 §26의2 ①에서 정한 국세부과의 제척기간이 도과된 후에 이루어진 과세처분은 당연히 무효이다(대법원 1993.12.28. 선고, 93누17409 판결; 1995.5.23. 선고, 94누15189 판결; 1999.6.22. 선고, 99두3140 판결; 2004.1.27. 선고, 2002두11011 판결; 2011.10.27. 선고, 2010두5127 판결).

(2) 제척기간 특례조항에 의한 처분

국세기본법 §26의2 ①에서는 국세부과의 제척기간을 정하고, ②에서는 "제1항에도 불구하고 이의신청·국세청 심사청구·심판청구·감사원 심사청구 및 행정소송의 결정·판결 등의 확정일부터 1년(흔히 '특별제척기간'이라고 한다)이 지나기 전까지는 해당 결정·판결에 따라 경정결정이나 필요한 처분을 할 수 있다"고 규정하고 있다.

부과제척기간에 관한 특별규정인 특별제척기간을 둔 취지는, 소정의 과세제척기간이 일단 만료되면 과세권자는 새로운 결정이나 증액경정결정은 물론 감액경정결정 등 어떠한 처분도 할 수 없게 되는 결과, 과세처분에 대한 행정심판청구 또는 행정소송 등의 쟁송절차가 장기간 지연되어 그 판결 등이 제척기간이 지난 후에 행하여지는 경우 판결 등에 따른 처분조차도 할 수 없게 되는 불합리한 사례가 발생하는 것을 방지하기 위하여 마련된 것이다.

이 규정에 따라 과세관청은 당초 양도소득세 과세에 대해 '양도소득이 아니라 사업소득'

이라는 법원의 확정판결이 있는 경우, 그 판결에 따라 판결이 확정된 날부터 1년이 경과되기 전까지는 당초 양도소득세를 취소하고 당초 양도소득세의 부과세액을 한도로 하여 다시 종합소득세로 과세할 수 있게 되었다(재조세-1629, 2004.12.21.).

특별제척기간에 의한 새로운 경정결정이나 필요한 처분의 범위에 대해 대법원은 당해 판결 등에 따른 경정결정이나 그에 부수되는 처분만을 할 수 있을 뿐, 판결 등이 확정된 날로부터 1년 내라 하여 당해 판결 등에 따르지 아니하는 새로운 결정이나 증액경정결정까지도 할 수 있는 것은 아니다(대법원 1994.8.26. 선고, 94다3667 판결 ; 1996.5.10. 선고, 93누4885 판결)고 하였다.

또, 납세의무가 승계되는 등의 특별한 사정이 없는 한, 당해 판결 등을 받은 자로서 그 판결 등이 취소하거나 변경하고 있는 과세처분의 효력이 미치는 납세의무자에 대하여서만 그 판결 등에 따른 경정처분 등을 할 수 있을 뿐 그 취소나 변경대상이 되고 있는 과세처분의 효력이 미치지 아니하는 제3자에 대하여서까지 위 규정을 적용할 수 있는 것은 아니다(대법원 2004.6.10. 선고, 2003두1752 판결).

결론적으로 국세기본법 §26의2 ②에 의한 과세제척기간 이후 판결 등에 따른 후속조치의 범위는 당해 판결 등에 따른 경정결정이나 그에 부수되는 처분만을 할 수 있을 뿐, 판결 등이 확정된 날로부터 1년 내라 하여 판결 등에 따르지 아니하는 새로운 결정이나 증액경정결정까지도 할 수 있는 것은 아니며, 또한 위 법조항 소정의 '판결'이란 그 판결에 따라 경정결정 기타 필요한 처분을 행하지 않으면 안 되는 판결, 즉 조세부과처분이나 경정거부처분에 대한 취소판결 등을 의미하는 것이고, 원고의 청구를 기각하는 판결이나 소를 각하하는 판결은 여기에 해당하지 않는다는 것이다(대법원 2005.2.25. 선고, 2004두11459 판결).

바) 당초처분과 후행처분의 관계

(1) 학설

과세관청이 과세처분(선행처분, 당초처분)을 한 후에 과세표준과 세액에 오류 또는 탈루가 있음을 발견하여 이를 경정하는 처분(후행처분, 경정처분)을 한 경우, 각각의 처분에 대한 관계와 효력에 관하여 다음과 같은 학설이 존재한다.[1]

① 병존설(독립설)

양자는 서로 독립하여 별개로 존재하고, 경정처분의 효력은 그 처분에 의하여 추가로 확

1) 이영선, 「대법원 2010.6.25. 선고, 2007두12514 전원합의체 판례 평석」, 2010.10.22.

정된 과세표준 및 세액 부분에만 미친다는 견해

② 흡수설(소멸설)

당초처분은 경정처분에 흡수되어 소멸하고, 경정처분의 효력은 처음부터 다시 조사 결정한 과세표준 및 세액 전체에 미친다는 견해

③ 병존적 흡수설

당초처분은 경정처분에 흡수 · 소멸되지만 그 효력은 그대로 존속하며, 경정처분의 효력은 이에 의하여 증감된 과세표준 및 세액 부분에만 미친다는 견해

④ 역흡수설

경정처분은 당초처분에 흡수 · 소멸되나 당초처분에 의하여 확정된 과세표준과 세액을 그 경정된 내용에 따라 증감시키는 효력을 발생시킨다고 보는 견해

⑤ 역흡수병존설

경정처분은 당초처분과 결합되어 일체로서 존재하면서 당초처분에 의하여 확정된 과세표준과 세액을 증감시킨다고 보는 견해

(2) 당초처분과 증액경정처분의 관계

① 국세기본법 제22조의2 신설 이전

- 당초처분은 후속 증액경정처분에 흡수되어 소멸하므로 증액경정처분만 소송의 대상이 된다(흡수설).
- 따라서 증액경정처분에 대한 소송절차에서 증액된 과세표준과 세액은 물론이고, 당초처분에 따라 결정된 과세표준과 세액의 위법성도 다툴 수 있다.
- 적법한 전심절차를 거쳤는지 여부도 후행처분을 기준으로 판단한다.

과세관청이 과세처분을 한 뒤에 과세표준과 세액에 오류 또는 탈루가 있음을 발견하여 이를 증액경정처분한 경우, 후행처분인 증액경정처분은 당초처분을 그대로 둔 채 당초처분에서의 과세표준과 세액을 초과하는 부분만을 추가 확정하려는 처분이 아니고 당초 과세표준과 세액을 포함하여 전체로서 증액된 과세표준과 세액을 다시 결정하는 것이므로, 당초처분은 뒤의 경정처분의 일부로 흡수되어 독립된 존재가치를 상실하여 소멸하고 오직 증액경정처분만이 쟁송이 되고, 당초처분이 불복기간의 경과나 전심절차의 종결로 이미 확정된 뒤에

증액경정처분을 한 경우에도 당사자는 증액경정처분에 대한 소송절차에서 당초처분에 의하여 결정된 과세표준과 세액의 위법 여부를 다툴 수 있다(대법원 1987.12.22. 선고, 85누599 판결).

즉, 선행처분이 불복기간의 경과나 전심절차의 종결로 이미 확정된 뒤에 증액결정을 하였다고 하더라도 선행처분이 독립한 존재가치를 상실하여 소멸한 이상 그 확정에 의하여 발생된 불가쟁력이나 불가변력을 인정할 여지가 없게 되어 증액경정처분에 대한 소송절차에서 납세자는 증액된 과세표준과 세액에 관한 부분은 물론이고, 당초처분에 의해 결정된 과세표준과 세액에 대하여도 그 위법 여부를 다툴 수 있다(대법원 1988.2.9. 선고, 86누617 판결 : 1990.4.10. 선고, 90누219 판결 : 1999.5.28. 선고, 97누16329 판결). 과세관청이 그 후에 증액경정처분을 취소하여도 마찬가지다(대법원 1991.7.26. 선고, 90누8244 판결).

당초처분 후 후속처분으로 증액경정처분이 있는 경우 당초처분은 독립적인 존재가치를 상실하므로, 적법한 전심절차를 거쳤는지 여부도 증액경정처분을 기준으로 판단함이 원칙이다. 다만, 당초처분과 경정처분 사이에 위법사유가 공통된 경우에는 당초처분에 대하여 적법한 전심절차를 거친 이상 증액경정처분에 대하여 취소소송을 제기함에 있어 다시 전심절차를 거칠 필요는 없다.[2)]

제척기간 도과 후의 처분은 당연히 무효이지만 제척기간의 도과 후에 증액경정처분이 있었더라도 당초처분이 제척기간의 도과 전에 있었다면, 당초처분이 증액경정처분에 흡수되어 그 증액경정처분이 전부 무효가 되는 것은 아니라 증액된 부분만 무효이고 당초처분은 유효하게 존속하므로, 납세자는 증액경정처분이 있었음을 이유로 당초처분으로 이미 확정되었던 부분에 대하여 다시 위법 여부를 다툴 수 없다(대법원 1995.5.23. 선고, 94누15189 판결).[3)]

② 국세기본법 제22조의2 신설 이후

경정처분의 효력에 관한 명문규정이 존재하지 않는 가운데 처음의 처분에 대해 불복기간을 도과하여 다툴 수 없게 된 납세자가 흡수설을 따르는 대법원 판례를 악용할 목적으로 소액의 증액경정사유를 고의적으로 제공하여 과세관청의 증액경정처분을 유도한 후, 그 증액경정처분을 다투는 불복에서 이미 불복기간이 지나 다툴 수 없게 된 선행처분의 위법성을 다투는 경우가 빈번하게 발생하였다.

이와 같이 신고 또는 결정에 의하여 확정된 세액에 대하여 경정이 있는 경우 그 경정의 효력에 관하여 적용상 혼란이 있어 이를 법률로써 명확히 하고, 당초처분과 후행 경정처분

2) 이영선, 「대법원 2010.6.25. 선고, 2007두12514 전원합의체 판례 평석」, 2010.10.22.

3) 2002.12.18. 국세기본법 §22의2가 제정된 후의 판례(대법원 2004.2.13. 선고, 2002두9971 판결)도 같은 뜻이다.

을 별개로 분리하여 이와 같은 악용사례를 방지할 목적으로 2002.12.18. 국세기본법 제22조의2 규정을 신설하였다.

- 국세기본법 §22의2 규정 신설에도 불구하고 판례는 종전의 흡수설을 계속 유지하고 있다.
- 따라서 증액경정처분에 대한 소송절차에서 증액된 과세표준과 세액은 물론이고, 당초처분에 따라 결정된 과세표준과 세액의 위법성도 다툴 수 있다.

동조 제1항은 후행처분이 증액경정결정인 경우를, 제2항은 후행처분이 감액경정결정인 경우를 각각 규정하고 있다.

▣ 국세기본법 제22조의2【경정 등의 효력】

① 세법에 따라 당초 확정된 세액을 증가시키는 경정은 당초 확정된 세액에 관한 이 법 또는 세법에서 규정하는 권리·의무관계에 영향을 미치지 아니한다.

② 세법에 따라 당초 확정된 세액을 감소시키는 경정은 그 경정으로 감소되는 세액 외의 세액에 관한 이 법 또는 세법에서 규정하는 권리·의무관계에 영향을 미치지 아니한다.

종전의 흡수설을 따르는 판례를 벗어나고자 했던 위 국세기본법 §22의2 제1항의 신설취지를 그대로 따르자면 당초처분과 관련된 증액경정처분이 뒤따르더라도 당초처분의 불복기간이 도과한 경우라면 후행 경정처분에 대한 불복에서 당초처분의 위법성을 다툴 수 없어야 하지만, 동 조항 신설 후의 대법원 판례도 여전히 당초신고나 결정에 대한 위법사유도 함께 주장할 수 있다고 한다(대법원 2009.5.14. 선고, 2006두17390 판결).

대법원 2009.5.14. 선고, 2006두17390 판결 요지

당초신고하거나 결정된 세액을 증액하는 경정처분이 있는 경우 종래 대법원은, 납세의무자는 원칙적으로 그 증액경정처분만을 쟁송의 대상으로 삼아 취소를 청구할 수 있고, 이 경우 당초신고나 결정이 불복기간의 경과나 전심절차의 종결로 확정되었다 하여도 증액경정처분에 대한 소송절차에서 증액경정처분으로 증액된 세액에 관한 부분만이 아니라 당초신고하거나 결정된 세액에 대하여도 그 위법 여부를 다툴 수 있다고 판시하여 왔다(대법원 1992.5.26. 선고, 91누9596 판결 ; 1999.5.28. 선고, 97누16329 판결 ; 2001.12.27. 선고, 2000두10083 판결 등 참조).

2002.12.18. 법률 제6782호로 개정된 국세기본법에서 신설된 제22조의2는 '경정 등의 효

> 력'이라는 제목으로 그 제1항에서 "세법의 규정에 의하여 당초 확정된 세액을 증가시키는 경정은 당초 확정된 세액에 관한 이 법 또는 세법에서 규정하는 권리 · 의무관계에 영향을 미치지 아니한다"고 규정하고 있는바, 증액경정처분은 당초 신고하거나 결정된 세액을 그대로 둔 채 탈루된 부분만을 추가하는 것이 아니라 증액되는 부분을 포함시켜 전체로서 하나의 세액을 다시 결정하는 것인 점(대법원 1992.5.26. 선고, 91누9596 판결 ; 2005.6.10. 선고, 2003두12721 판결 등 참조),
>
> 부과처분취소소송 또는 경정거부처분취소소송의 소송물은 과세관청이 결정하거나 과세표준 신고서에 기재된 세액의 객관적 존부로서 청구취지만으로 그 동일성이 특정되므로 개개의 위법사유는 자기의 청구가 정당하다고 주장하는 공격방어방법에 불과한 점(대법원 1992.2.25. 선고, 91누6108 판결 ; 1997.5.16. 선고, 96누8796 판결 ; 2004.8.16. 선고, 2002두9261 판결 등 참조)과 국세기본법 제22조의2 제1항의 주된 입법 취지는 증액경정처분이 있더라도 불복기간의 경과 등으로 확정된 당초 신고 또는 결정에서의 세액만큼은 그 불복을 제한하려는 데 있는 점 등을 종합하여 볼 때,
>
> 국세기본법 제22조의2의 시행 이후에도 증액경정처분이 있는 경우 당초 신고나 결정은 증액경정처분에 흡수됨으로써 독립된 존재가치를 잃게 된다고 보아야 할 것이므로, 원칙적으로는 당초 신고나 결정에 대한 불복기간의 경과 여부 등에 관계없이 증액경정처분만이 항고소송의 심판대상이 되고, 납세의무자는 그 항고소송에서 당초 신고나 결정에 대한 위법사유도 함께 주장할 수 있다고 해석함이 타당하다.
>
> 같은 취지에서 원심은 판시와 같은 사실을 인정한 다음, 원고가 당초 신고한 세액에 대하여 감액경정청구를 하지 아니한 채 그 세액을 증액한 피고의 이 사건 부과처분의 취소를 구하는 소송에서 당초 신고 세액에 대한 위법사유도 함께 주장할 수 있다고 판단한 것은 정당하다.

위와 같은 입장은 기존의 흡수설의 기조를 그대로 유지하면서, 다만 취소 경정의 범위만이 당초의 확정된 세액을 초과하는 부분에 한정된다고 판단함으로써 국세기본법 §22의2 제1항 소정의 '당초 확정된 세액에 관한 이 법 또는 세법에서 규정하는 권리의무관계'의 의미를 단순히 '세액의 확정'이라는 제한적인 의미로 해석한 것이다.[4)]

또한 과세관청이 납세자가 당초 신고한 과세표준과 세액을 증액경정하여 부과처분한 경우, 납세자는 증액경정처분의 취소를 구하는 불복에서 증액경정사유뿐만 아니라 당초 신고에 관한 과다신고사유도 함께 주장하여 다툴 수 있다(대법원 2013.4.18. 선고, 2010두11733 전원합의체 판결).

---

4) 법무법인 화우, 「화우총서Ⅴ 세법의 쟁점」, 2014.2.24.

대법원 2013.4.18. 선고, 2010두11733 전원합의체 판결 요지

① 납세의무자가 신고한 과세표준과 세액에 관하여 오류 또는 탈루가 있다고 보아 과세관청이 증액경정처분을 한 경우 납세의무자는 국세기본법에 의하여 증액경정처분에 대한 경정청구를 할 수 있을 뿐만 아니라 경정청구제도가 부과처분 자체에 대한 항고소송의 제기를 막는 것은 아니므로, 납세의무자는 경정청구와 별도로 증액경정처분의 취소를 구하는 항고소송을 제기하는 방법으로도 증액경정처분을 다툴 수 있다(대법원 2002.9.27. 선고, 2001두5989 판결 등 참조).

② 과세표준과 세액을 증액하는 증액경정처분은 당초 납세의무자가 신고하거나 과세관청이 결정한 과세표준과 세액을 그대로 둔 채 탈루된 부분만을 추가로 확정하는 처분이 아니라 당초신고나 결정에서 확정된 과세표준과 세액을 포함하여 전체로서 하나의 과세표준과 세액을 다시 결정하는 것이므로, 당초신고나 결정에 대한 불복기간의 경과 여부 등에 관계없이 오직 증액경정처분만이 항고소송의 심판대상이 된다(대법원 2009.5.14. 선고, 2006두17390 판결 ; 대법원 2012.3.29. 선고, 2011두4855 판결 등 참조).

③ 증액경정처분의 취소를 구하는 항고소송에서 증액경정처분의 위법 여부는 그 세액이 정당한 세액을 초과하는지 여부에 의하여 판단하여야 하고 당초신고에 관한 과다신고 사유나 과세관청의 증액경정사유는 증액경정처분의 위법성을 뒷받침하는 개개의 위법 사유에 불과하다(대법원 2004.8.16. 선고, 2002두9261 판결 등 참조).

④ 경정청구나 부과처분에 대한 항고소송은 모두 정당한 과세표준과 세액의 존부를 정하고자 하는 동일한 목적을 가진 불복수단으로써 납세의무자로 하여금 과다신고사유에 대하여는 경정청구로써, 과세관청의 증액경정사유에 대하여는 항고소송으로써 각각 다투게 하는 것은 납세의무자의 권익보호나 소송경제에도 부합하지 않는다.

과거 대법원은 신고납세방식의 조세에 관하여 매출액 등이 과다신고된 경우라도 그 부분에 대해서는 감액경정청구 절차를 밟아야 하고, 과세관청의 증액경정 부과처분에 대한 취소소송에서는 당초 신고에 관한 과다신고사유는 주장할 수 없다는 취지였으나(대법원 2005.11.10. 선고, 2004두9197 판결), 위 전원합의체 판결에 따라 증액경정에 대한 불복에서 당초 과다신고한 사유도 함께 다툴 수 있게 되었다.

증액경정처분이 제척기간 도과 후에 이루어진 경우에는 증액부분만 무효로 되고 제척기간 도과 전에 있었던 당초처분은 유효한 것이므로, 납세의무자로서는 그와 같은 증액경정처분이 있었다는 이유만으로 당초처분으로 이미 확정되었던 부분에 대해 다시 위법 여부를 다툴 수 없다(대법원 1995.5.23. 선고, 94누15189 판결 참조 ; 2004.2.13. 선고, 2002두9971 판결).

(3) 당초처분과 감액경정처분의 관계

① 국세기본법 제22조의2 신설 이전

- 소송대상은 당초 신고나 부과처분 중 감액경정결정에 의해 취소되지 않고 남은 부분이다.
- 당초처분은 소멸되지 않고 여전히 유효하므로, 전심절차의 적법 여부 · 가산금 등은 당초처분을 기준으로 판단한다.
- 국세기본법 §22의2 신설 전과 후의 판례 입장은 위와 같이 동일하다.

과세관청이 과세처분을 한 뒤에 과세표준과 세액을 감액경정결정을 한 경우 감액경정처분은 당초처분에서 결정된 과세표준의 일부를 취소하는 데 지나지 않는 것이므로 당초처분이 감액된 범위 내에서 존속하게 되고 이 처분만이 쟁송의 대상이 되므로 전심절차의 적법 여부는 당초처분을 기준으로 판단한다(대법원 1987.12.22. 선고, 85누599 판결).

따라서 당초처분 후 증액경정처분 한 경우 당초처분은 뒤의 경정처분의 일부로 흡수되어 독립된 존재가치를 상실하고 소멸하는 것과는 달리, 감액경정처분을 한 경우에는 당초처분 전부를 취소한 다음에 새로이 잔액에 관하여 구체적 조세채무를 확정시키는 효과를 갖는 것이 아니라 당초처분이 감액된 범위 내에서 존속하게 되는 것이므로, 가산금 및 중가산금의 부과 여부는 당초처분의 납부기한 등을 기준으로 하여 판단하여야 한다(대법원 2000.9.22. 선고, 2000두2013 판결).

② 국세기본법 제22조의2 신설 이후

국세기본법 §22의2 제2항은 종전 판례의 입장과 일치하므로, 동 규정 신설 전후 판례의 입장은 동일하다.

감액경정처분은 당초의 신고 또는 부과처분과 별개인 독립의 과세처분이 아니라 그 실질은 당초의 신고 또는 부과처분의 변경이고 그에 의하여 세액의 일부취소라는 납세자에게 유리한 처분이므로, 그 경정결정으로도 아직 취소되지 않고 남아 있는 부분이 위법하다 하여 다투는 경우 항고소송의 대상은 당초신고나 부과처분 중 경정결정에 의하여 취소되지 않고 남은 부분이며, 감액경정결정이 항고소송의 대상이 되는 것은 아니다(대법원 1996.11.15. 선고, 95누8904 판결 ; 2014.3.13. 선고, 2012두7370 판결).

2) 과세관청 통지의 처분성

가) 법인에 대한 소득금액변동통지

소득금액변동통지 자체는 아직 세금이 부과처분된 것이 아니므로 불복청구의 대상이 되는지 여부가 불분명할 수 있는데, 대법원 전원합의체 판결(대법원 2006.4.20. 선고, 2002두1878 전원합의체 판결)에 따르면 소득금액변동통지는 처분성이 있으므로 조세불복의 대상이 된다고 한다.

그러나 심판청구 판례 중에는 소득금액변동통지는 통지 그 자체가 부과처분의 성격을 갖는 것으로 볼 수 없을 뿐만 아니라 개인의 소득금액이 변동되었음을 사전에 통보하는 통지행위에 불과하므로 심판청구의 대상이 되는 처분으로 볼 수 없다(국심 2007서290, 2007.4.26., 국심 2007중3681, 2007.12.13.)는 사례도 존재한다.

(1) 다수의견 요지

과세관청의 소득처분과 그에 따른 소득금액변동통지가 있는 경우 원천징수의무자인 법인은 소득금액변동통지서를 받은 날에 그 통지서에 기재된 소득의 귀속자에게 당해 소득금액을 지급한 것으로 의제되어 그 때 원천징수하는 소득세의 납세의무가 성립함과 동시에 확정되고, 원천징수의무자인 법인으로서는 소득금액변동통지서에 기재된 소득처분의 내용에 따라 원천징수세액을 그 다음 달 10일까지 관할세무서장 등에게 납부하여야 할 의무를 부담하며, 만일 이를 이행하지 아니하는 경우에는 가산세의 제재를 받게 됨은 물론이고 형사처벌까지 받도록 규정되어 있는 점에 비추어 보면, 소득금액변동통지는 원천징수의무자인 법인의 납세의무에 직접 영향을 미치는 과세관청의 행위로서, 항고소송의 대상이 되는 조세행정처분이라고 봄이 상당하다.

이러한 다수의견에 대한 보충의견으로, 소득금액변동통지는 원천징수의무자인 법인의 납세의무에 직접 영향을 미치는 과세관청의 행위로서 항고소송의 대상이 되는 조세행정처분이라고 볼 이론적 근거가 충분하고, 또 종전의 판례하에서 소득금액변동통지를 받은 원천징수의무자는 그 원천징수의무의 성립 여부나 범위에 관하여 다투기 위해서는 당해 원천세액을 자진 납부하지 아니하고 납부불성실가산세의 제재를 받으면서 징수처분이 있기를 기다렸다가 그 징수처분에 대한 취소소송으로 다툴 수밖에 없었는데, 이는 납세자의 권리보호에 미흡하고 형평에도 맞지 않는다고 할 것이므로 소득금액변동통지 자체를 항고소송의 대상으로 삼아 불복청구를 할 수 있도록 보장하여 주는 것이 진정으로 납세자의 권리보호와 조세정의에 부합한다고 하였다(대법관 이강국, 고현철).

(2) 반대의견 요지

소득금액변동통지란 과세관청이 내부적으로 법인의 사외유출된 소득에 대하여 법인세법 §67 및 구 법인세법 시행령(2001.12.31. 대통령령 제17457호로 개정되기 전의 것) §106가 정하는 바에 따라 소득의 귀속자와 소득의 종류 등을 확정하는 소득처분을 한 다음, 그 소득처분의 내용 중 법인의 원천징수의무 이행과 관련된 사항을 기재하여 원천징수의무자에게 고지하는 절차로서, 법인의 원천징수의무를 성립·확정시키기 위한 선행적 절차에 불과하여 원천징수의무자의 법률적 지위에 직접적인 변동을 가져오는 것은 아니므로, 이를 항고소송의 대상이 되는 행정처분이라고 할 수 없다(대법관 김영란).

소득금액변동통지는 그 통지의 실질이나 기능을 직시한다면 행정처분으로 보는 것이 타당하겠으나, 현재 대통령령으로 규정되어 있는 소득금액변동통지를 부과처분과 유사한 행정처분으로 볼 경우에는 구 소득세법 시행령(2000.12.29. 대통령령 제17032호로 개정되기 전의 것) §192 ②은 조세법률주의에 위배된 명령으로 위헌으로 볼 수밖에 없고, 소득금액변동통지를 행정처분으로 보지 않고 단순히 조세징수에 관한 절차적 규정으로 보는 종전의 대법원판례가 법령의 문언에 정면으로 반한다든가 심히 불합리하다든가 하는 점은 찾아보기 어려우므로, 현행 법령의 해석으로는 종전의 판례를 유지하여 위헌의 문제를 피하는 것이 현명할 것으로 본다(대법관 손지열).

(3) 소득귀속자의 불복가능 여부

소득처분에 따른 소득의 귀속자의 원천납세의무는 법인에 대한 소득금액변동통지와 상관없이 당해 소득이 귀속된 과세기간의 종료 시에 성립하는 점, 과세관청이 원천납세의무자에게 소득세 등을 부과할 경우 원천납세의무자는 이에 대한 항고소송으로써 직접 불복할 수 있는 기회가 별도로 보장되어 있는 점 등에 비추어 보면, 원천징수의무자에 대한 소득금액변동통지는 원천납세의무의 존부나 범위와 같은 원천납세의무자의 권리나 법률상 지위에 어떠한 영향을 준다고 할 수 없으므로 소득처분에 따른 소득의 귀속자는 법인에 대한 소득금액변동통지의 취소를 구할 법률상 이익이 없다고 한다(대법원 2013.4.26. 선고, 2012두27954 판결).

즉 원천징수의무자인 법인의 경우 소득금액변동통지의 취소를 청구할 수 있지만, 원천납세의무자인 소득귀속자의 경우 소득금액변동통지만으로는 취소를 청구할 수 없고 소득금액변동통지에 이어 소득세 과세처분이 있을 때 취소를 청구할 수 있다는 것으로 이해된다.

법인의 대표자에게 인정상여로 소득처분되었으나 원천납세의무자의 소득세 납세의무가

부과제척기간 도과 등으로 소멸되는 경우 법인 소득금액변동통지에 따른 원천징수의무도 소멸한다(대법원 2010.4.29. 선고, 2007두11382 판결).

(4) 소득금액변동통지가 위법한 경우

소득금액변동통지가 법인의 납세의무에 직접 영향을 미치는 과세관청의 행위로서 항고소송의 대상이 되는 조세행정처분으로 보는 이상 소득금액변동통지를 당해 법인에 대한 법인소득을 결정 또는 경정하는 과세관청이 하여야 한다. 따라서 관할세무서 또는 관할청을 위반한 소득금액변동통지 처분은 위법하다(대법원 2009.4.23. 선고, 2009두2870 판결).

법인에 대한 소득금액변동통지를 일정한 사항을 기재한 서면에 의하도록 한 이유는, 과세관청의 소득처분과 그에 따른 소득금액변동통지에 의하여 법인이 원천징수하는 소득세의 납세의무가 성립함과 동시에 확정되고, 원천징수의무자인 법인으로서는 소득금액변동통지서에 기재된 소득처분의 내용에 따라 원천징수세액을 납부할 의무를 부담하는 등의 법률효과가 뒤따르게 되므로, 소득종류 · 소득자 · 소득금액 및 그에 따른 원천징수세액을 특정하여 원천징수에 따른 법률관계를 명확히 하고 원천징수의무자가 이에 대하여 불복신청을 하는 데 지장이 없도록 하려는 것이다.

이러한 소득금액변동통지의 성격과 효과, 소득금액변동통지를 일정한 서면에 의하도록 한 취지 등에 비추어 보면, 과세관청이 소득금액변동통지서에 소득의 귀속자나 소득의 귀속자별 소득금액을 특정하여 기재하지 않은 채 소득금액변동통지를 한 경우에는 특별한 사정이 없는 한 소득금액변동통지는 위법하지만, 과세관청이 소득금액변동통지서에 기재하여야 할 사항을 일부 누락하거나 잘못 기재하였더라도 그것이 사소한 누락 또는 명백한 착오에 해당함이 소득금액변동통지서상 분명하거나 소득금액변동통지에 앞서 이루어진 세무조사결과통지 등에 의하여 원천징수의무자가 그러한 사정을 충분히 알 수 있어서 소득종류 · 소득자 · 소득금액 및 그에 따른 원천징수세액을 특정하고 원천징수의무자가 불복신청을 하는 데 지장을 초래하지 아니하는 경우라면 소득금액변동통지를 위법하다고 볼 것은 아니라고 한다(대법원 2014.8.20. 선고, 2012두23341 판결).

나) 세무조사결정통지

세무조사결정통지만으로 취소청구가 가능한지 여부도 불분명할 수 있다. 이에 대해 대법원은 세무조사결정통지도 취소청구가 가능한 행정처분이라고 한다.

세무조사결정은 ① 부과처분을 위한 과세관청의 질문조사권이 행해지는 세무조사결정이 있는 경우 납세의무자는 세무공무원의 과세자료 수집을 위한 질문에 대답하고 검사를 수인하여야 할 법적 의무를 부담하게 되는 점, ② 세무조사는 기본적으로 적정하고 공평한 과세의 실현을 위하여 필요한 최소한의 범위 안에서 행하여져야 하고, ③ 납세의무자로 하여금 개개의 과태료 처분에 대하여 불복하거나 조사 종료 후의 과세처분에 대하여만 다툴 수 있도록 하는 것보다는 그에 앞서 세무조사결정에 대하여 다툼으로써 분쟁을 조기에 근본적으로 해결할 수 있으므로 과세관청의 세무조사결정통지는 납세의무자의 권리・의무에 직접 영향을 미치는 공권력의 행사에 따른 행정작용으로서 취소청구가 가능한 행정처분이다(대법원 2011.3.10. 선고, 2009두23617・23624 판결).

성균관대학교 법학전문대학원 이전오 교수님은 세무조사결정통지의 처분성에 대해 세무조사결정의 처분성을 부인한다면 납세자로서는 일단은 세무조사를 받아야 하고, 그 후에 세무조사에 기한 과세처분에 대하여 다투는 방법밖에 없다. 그러나 일단 세무조사를 받게 되면 업무나 사업활동에 큰 지장을 받게 되고, 과세처분에 따라 경제적으로도 타격을 받게 된다. 그에 비하여 세무조사결정의 처분성을 인정한다면, 세무조사가 끝나고 추징(과세처분)이 있을 때까지 기다리지 않고, 잘못된 세무조사결정 자체에 대하여 사전적으로 다투어 구제받을 수 있는 장점이 있으므로 세무조사결정통지의 처분성이 있다는 결론은 타당하다고 한다.[5]

다) 과세예고통지 · 세무조사결과통지

세무공무원은 범칙사건의 국세의 과세표준과 세액을 결정하거나 경정하기 위한 조사를 마쳤을 때에는 그 과세표준・예상고지세액 등 조사 결과를 서면으로 납세자에게 통지한다(국기법 §81의12). 조사결과의 통지서 종류는 다음과 같은 것들이 있다(국기법 §81의15 ① 2호, 국기령 §63의14 ②).

① 세무조사결과통지서 : 실지세무조사를 마친 때 통지
② 감사결과과세예고통지서 : 지방국세청장 및 국세청장의 업무감사결과를 통지
③ 과세예고통지서 : 업무감사결과 현지시정조치, 현장확인결과 및 세무조사에서 확인된 해당 납세자 외의 자에 대한 과세자료에서 파생된 과세예고내용 통지

과세예고통지서나 세무조사결과통지서 등을 수령한 납세자는 통지서를 수령한 날로부터 30일 이내에 사전적 구제절차로서 과세전적부심사를 청구할 수 있다.

5) 2011년 조세법 중요판례(2012년 3월), 해당 평석부분 참조

3) 과세관청의 부작위

가) 의미

부작위(不作爲)란 상당한 기간 내에 마땅히 해야 할 것으로 기대되는 일정한 처분을 하여야 할 법률상 의무가 있는데도 처분을 하지 않는 것을 말한다. 행정권이 행하는 소극적 작용, 즉 행정관청의 부작위에 대해서는 소송을 제기할 수 있다.

국세기본법은 필요한 처분을 받지 못함으로써 권리나 이익을 침해당한 자는 필요한 처분을 청구할 수 있도록 규정함으로써 과세관청의 부작위도 불복청구의 대상이다. 부작위는 당사자의 신청에 대한 과세관청의 처분이 존재하지 않음을 전제로 한다. 예를 들어, 환급신청 · 감면신청을 하였는데 환급 또는 감면을 받지 못한 경우처럼 필요한 처분을 받지 못한 경우에도 이의신청 등 조세불복을 청구할 수 있다.

나) 부작위의 예시

실무상 과세관청의 부작위에 따른 불복청구는 처분에 대한 불복의 경우에 비해 많이 발생하지 않는다. 필요한 처분을 받지 못한 경우는 다음과 같다. 반드시 명시적일 필요는 없고 묵시적으로 거부하는 것도 청구대상이다(국기통 55－0…3).

① 공제 · 감면신청에 대한 결정
② 국세의 환급
③ 사업자등록 신청에 대한 등록증 교부
④ 허가 · 승인
⑤ 압류해제
⑥ 경정청구(국기법 §45의2)에 대한 결정 또는 경정
⑦ 기타 전 각 호에 준하는 것

다) 청구기한

부작위에 대한 불복청구기간은 행정심판법에 정하는 바에 따라야 할 것이고, 행정심판법에서 행정청의 부작위로 인한 권익의 침해에 대하여는 불복청구기간에 제한을 두고 있지 아니하므로, 처분청의 부작위 상태로 권익의 침해가 계속되는 한 부작위에 대한 불복청구기한에는 제한이 없다[조심 2009부0114, 2009.3.10., 합동회의(1998.2.20.)도 같은 뜻].

다만, 행정심판 등 전심절차를 거친 경우에는 행정소송법에서 정한 제소기간 내에 부작

위 위법확인의 소를 제기하여야 한다(대법원 2009.7.23. 선고, 2008두10560 판결).

나. 불복청구대상에서 제외되는 처분

1) 국세기본법에 따라 불복청구대상이 아닌 경우

다음의 각 처분은 국세기본법상 조세불복 청구대상에서 제외된다(국기법 §55 ⑤).

① 「조세범처벌절차법」에 따른 통고처분(§55 ① 1)
② 「감사원법」에 따라 심사청구를 한 처분이나 그 심사청구에 대한 처분(§55 ① 2)
③ 「국세기본법」에 따른 심사청구 · 심판청구에 대한 처분(§55 ⑤)
④ 이의신청에 대한 처분 및 이의신청의 재조사 결정에 따른 처분청의 처분(§55 ⑥)

가) 「조세범처벌절차법」에 따른 통고처분

통고처분이란 특정 법률을 어긴 행위에 대해서 벌금, 과료, 몰수 등에 해당하는 금액을 납부할 것을 알리는 준사법적 성격의 행정처분을 말한다. 조세범처벌절차법에 따른 통고처분은 사법심사의 결과에 따라 형사처벌 대상이므로 조세불복대상에서 제외된다.

나) 「감사원법」에 따라 심사청구를 한 처분이나 그 심사청구에 대한 처분

감사원법에 따라 감사원 심사청구를 제기한 처분은 국세기본법에서 정한 불복절차를 제기할 수 없다. 따라서 어떤 하나의 처분에 대해 국세기본법에 의한 불복절차와 감사원법에 의한 불복절차를 동시에 청구할 수 없다. 즉, 과세관청의 처분에 대해 감사원 심사청구를 제기한 경우 국세기본법에 의한 국세청 심사청구나 심판청구를 제기할 수 없다.

감사원 심사청구의 경우도 심판청구 결정 자체에 불복하여 다시 불복청구를 할 수 없고, 다음 심급인 행정소송을 통해 과세관청의 원처분에 대해서만 다툴 수 있다는 점은 국세기본법에 의한 불복절차와 동일하다.

다) 「국세기본법」에 따른 심사청구 및 심판청구에 대한 처분

국세기본법에 따른 이의신청 · 국세청 심사청구 · 심판청구의 결정 자체에 불복하여 다시 불복청구를 할 수 없고, 다음 심급을 제기하여 과세관청의 원처분에 대해서만 다시 다툴 수 있다. 다만, 이의신청에 대한 처분에 대하여 국세청 심사청구 또는 심판청구를 제기하는 것은 가능하다.

그런데 이의신청 · 국세청 심사청구 · 심판청구 등의 재조사 결정에 따라 과세관청이 당초 처분의 적법성에 관하여 재조사하여 그 결과에 따라 과세표준과 세액을 경정하거나 당초 처분을 유지하는 등 후속처분이 있는 경우 이 후속처분에 대해 다시 불복절차를 진행할 수 있는지 여부에 대해서 여러 차례 법 개정이 있었다.

2014년까지는 재조사 후 후속처분에 대해 다시 이의신청 · 국세청 심사청구 · 심판청구와 같은 국세기본법상 불복절차를 진행할 수 있었으나, 2015.1.1. 이후 청구분부터는 후속처분에 대해 다시 이의신청 · 국세청 심사청구 · 심판청구를 제기할 수 없었다. 이에 따라 심판결정 등에 따른 후속처분에 대해 청구인이 다시 불복을 제기하면 부적법한 청구에 해당하므로 각하 대상이라고 판단하였다(조심 2015중2039, 2015.6.12.). 즉, 재조사 후 처분에 대해서는 이의신청의 경우 국세청 심사청구 또는 심판청구를 제기할 수 있고, 국세청 심사청구나 심판청구의 경우 행정소송을 제기할 수 있을 뿐이다.

그러나 다시 2016.12.20. 국세기본법 개정에 따라 2017.1.1.부터 국세청 심사청구 및 심판청구의 재조사 결정에 따른 처분청의 처분에 대해서는 해당 재조사 결정을 한 재결청을 대상으로 다시 심사청구나 심판청구를 제기할 수 있다.

라) 이의신청에 대한 처분 및 이의신청의 재조사 결정에 따른 처분청의 처분

이의신청에 대한 처분에 불복하여 다시 이의신청을 청구할 수 없는 것은 심사청구 · 심판청구의 경우와 동일하지만, 이의신청은 재조사 결정에 따른 처분청의 처분에 대해서도 다시 이의신청을 제기할 수 없다는 점은 심사청구 · 심판청구의 경우와 다르다.

즉, 국세청 심사청구 · 심판청구에서 재조사 결정을 하였고, 이 결정에 따라 처분청이 재조사하여 다시 한 처분에 대해서도 납세자가 여전히 불만족스러운 경우 납세자는 새로운 처분에 대해 해당 재조사 결정을 한 재결청에 다시 심사청구나 심판청구를 제기할 수 있지만, 이의신청에서 재조사 결정을 한 경우라면 동 재조사 결정에 따른 새로운 처분에 대해서는 납세자가 다시 이의신청을 제기할 수 없다.

- 국세청 심사청구 & 심판청구의 재조사 결정에 따른 새로운 처분 → 다시 심사청구 or 심판청구 가능
- 이의신청의 재조사 결정에 따른 새로운 처분 → 다시 이의신청 제기할 수 없고, 심사청구 or 심판청구만 가능

2) 과세전적부심사 결정통지

과세전적부심사 결정 자체에 대해서는 불복을 제기할 수 없다. 과세전적부심사 결정통지는 불복대상인 처분이 아니기 때문이다.

과세전적부심사제도는 과세표준 및 세액 등의 결정 전에 납세자에게 통지하여 부당한 과세처분을 사전에 방지하고 과세의 공정을 도모하며 국민에게 신뢰를 주는 세무행정을 구현하는 것을 목적으로 하여 국세청장의 훈령에 의하여 운영되고 있는 제도로서 동 훈령에 따른 과세전적부심사 결정통지는 국세기본법상 불복대상인 처분으로 볼 수 없다(국심 99중211, 1999.4.1.).

따라서 과세전적부심사가 채택되지 않은 납세자는 고지서가 발급된 후에 이의신청을 거쳐 국세청 심사청구·심판청구나 감사원 심사청구 등 전치절차를 진행하거나, 이의신청을 생략하고 바로 전치절차를 진행할 수 있다.

3) 판례로 본 불복청구대상이 아닌 사례

사례 1 **무납부 고지**

신고납세제도를 채택하고 있는 세목의 경우 무납부고지는 청구인의 신고에 의하여 이미 확정된 세액을 징수하기 위한 징수처분일 뿐, 불복청구의 대상이 되는 부과처분에 해당하지 않으므로 불복청구의 대상이 있음을 전제로 제기한 이 건 심판청구는 부적법한 청구이다(국심 2006중1855, 2006.7.12. ; 조심 2011광5156, 2012.4.30. ; 조심 2011중1688, 2011.6.24. ; 조심 2014중0217, 2014.5.26. ; 심사종부 2007-0049, 2007.9.27. ; 심사법인 2009-0022, 2009.5.18.).

사례 2 **국세환급금결정 및 이 결정을 구하는 신청에 대한 환급거부결정**

국세기본법 §51 및 §52의 국세환급금 및 국세가산금결정에 관한 규정은 이미 납세의무자의 환급청구권이 확정된 국세환급금 및 가산금에 대하여 내부적 사무처리절차로서 과세관청의 환급절차를 규정한 것에 지나지 않고 위 규정에 의한 국세환급금(가산금 포함) 결정에 의하여 비로소 환급청구권이 확정되는 것은 아니므로, 위 국세환급금결정이나 이 결정을 구하는 신청에 대한 환급거부결정 등은 납세의무자가 갖는 환급청구권의 존부나 범위에 구체적이고 직접적인 영향을 미치는 처분이 아니어서 항고소송의 대상이 되는 처분이라고 볼 수 없다.

당원은 위와 같은 견해를 이미 밝힌 바 있거니와(1987.9.8. 선고, 85누565 판결 ; 1988.2.23. 선고, 87누438 판결 및 1989.1.31. 선고, 85누883 판결 각 참조) 지금도 이를 변경할 필요를 느끼지 않는다(대법원 1989.6.15. 선고, 88누6436 전원합의체 판결).

사례 3 **고지 전의 소득처분**

각 사업연도 익금과 손금을 산정하여 소득금액을 계산하고 이에 따라 과세표준을 결정하거나 익금산입 또는 손금불산입하면서 그에 따른 소득처분을 하는 것은 법인세 과세처분에 앞선 결정으로서 그로 인하여 바로 과세처분의 효력이 발생하는 것이 아니고,
또 후일 이에 의한 법인세 과세처분이 있을 때에 그 부과처분을 다툴 수 있는 방법이 없는 것도 아니어서 과세관청의 위와 같은 결정을 바로 불복청구의 대상이 되는 처분이라고 볼 수는 없다(대법원 2002.11.26. 선고, 2001두2652 판결 외 다수 같은 뜻).

따라서 처분청이 이 건 쟁점주식의 시가와의 차액을 부당행위계산부인 규정을 적용하여 익금산입하고 기타사외유출로 소득처분한 것은 과세처분의 선행적 절차에 불과하여 그로 인하여 청구법인에게 어떠한 구체적인 납세의무를 발생시키는 것이 아닐 뿐만 아니라 후일 이와 관련된 법인세 부과처분이 있을 때에 그 부과처분의 효력을 다투면서 그 소득처분의 하자를 함께 다툴 수 있어 이 건 소득처분을 불복청구의 대상이 되는 처분이라고 보기 어려우므로(국심 2007구4731, 2008.10.8. 외 다수 같은 뜻임) 이 건 심판청구는 심리대상이 아니다(조심 2012서1840, 2012.8.31.).

사례 4 **원천징수의무자의 원천징수 행위**

원천징수의무제도에 있어서 조세법률관계는 원칙적으로 국가와 원천징수의무자 간에만 존재하게 되고, 원천징수의무자와 납세의무자 간에는 원천징수된 소득세를 원천징수의무자가 납부한 때에 납세의무자의 납부가 있는 것으로 보는 것 외에는 조세법률관계가 존재하지 아니한다고 보아야 할 것이며,

원천징수의무자가 조세를 원천징수하는 것은 원천징수의무자가 국가로부터 조세를 징수할 수 있는 권한을 위임받아 이를 행사하는 것이 아니라 단순히 국가에 대해 부담하고 있는 세법상의 원천징수 및 납부의무를 이행하고 납세의무자가 이를 수인하는 데 지나지 아니하는 것이며, 국세기본법상 원천징수하는 소득세의 납세자는 청구인이 아니고 세법에 따라 국세를 징수하는 원천징수의무자이며, 원천징수의무자의 원천징수행위를 같은 법 §55 ①에 해당하는 행정처분으로 볼 수 없다(조심 2010서1697, 2010.10.13.).

사례 5 **납세의무 승계인에 대한 고지**

피상속인의 신고로 확정된 양도소득세를 피상속인의 납세의무를 승계한 청구인들에게 납부하도록 고지한 것은 조세의 부과처분이 아니라 납부되지 아니한 세액의 납부를 촉구하는 이행청구로서 행하는 징수절차에 불과한 것이므로, 국세기본법 §55에서 규정하는 불복청구대상인 처분 자체가 존재하지 않는 것이다(조심 2009중2793, 2009.10.28.).

사례 6 개인에 대한 소득금액변동통지

개인에 대한 소득금액변동통지는 이로 인하여 구체적인 납세의무를 직접 확정시키는 별도의 관련 규정 등이 없으므로 통지 그 자체에 대하여 부과처분의 성격을 갖는 것으로 볼 수 없을 뿐만 아니라, 단지 소득세 등의 부과처분에 앞서 당해 개인의 소득금액이 변동되었음을 사전에 통보하는 행위에 불과하므로 심판청구의 대상이 되는 처분으로 볼 수 없다(국심 2007서290, 2007.4.26. : 조심 2009서2232, 2009.8.10. 외).

※ 비교 : 법인에 대한 소득금액변동통지는 불복대상인 처분이다.

과세관청이 법인에 대하여 소득금액변동통지에 따라 원천징수하는 소득세에 있어서는 부과처분 등의 별도의 확정절차 없이 동 통지에 의하여 납세의무가 확정되는 것이고, 따라서 과세관청의 법인에 대한 인정상여처분 및 이에 따른 소득금액변동통지는 외형적으로 통지의 형식을 빌었지만 그 실질은 법인에게 원천징수하는 소득세의 납세의무를 법률의 규정에 의하여 직접 확정시키는 것이므로 그 법적 성격은 부과처분과 유사한 것으로 볼 수 있으므로 법인에게 한 소득금액변동통지는 불복대상인 처분이다(국심 1995서1083, 1996.12.26. 합동회의).

사례 7 체납세액 납부에 관한 안내

체납세액을 납부하라는 체납세액 납부에 관한 안내는 국세기본법 소정의 불복청구대상이 되는 처분에 해당되지 않는다(조심 2013서1725, 2013.6.20. : 조심 2013서2908, 2013.9.6. 외 다수).

사례 8 고충민원에 대한 회신

국민신문고를 통하여 국세청에 부가가치세 부담에 대한 적법성을 질의하고 받은 회신이나, 기획재정부에 민원을 제기하여 받은 회신 등은 국세기본법상 불복청구대상이 되는 처분으로 보기 어렵다(조심 2012서3346, 2012.9.13.).

고충민원 회신은 단순 민원에 대한 회신이므로 불복청구대상 처분이 존재하지 않는 것이다(조심 2013구3446, 2013.10.22.).

사례 9 과세미달결정통지

과세미달결정통지는 불복청구대상에 해당하지 않는다(심사증여 2011-0076, 2011.11.7.).

사례 10 민원에 대한 과세관청의 부작위

경정청구를 하려면 법정신고기한까지 과세표준 신고서를 제출하여야 하나, 청구인이 법정신고기한까지 부가가치세 및 종합소득세 과세표준 신고서를 제출하였거나 그로부터 3년 이내 경정청구를 제기한 사실이 없고, 또한 청구인이 처분청에 한 대손세액공제신청은 대손 발생사유를 확인할 수 있는 증빙서류 등이 첨부되지 아니한 단순한 민원으로 보이며,

이에 터잡은 처분청의 부작위는 「국세기본법」에 규정된 불복청구의 대상이 되는 '처분'이 아니다(조심 2014서0632, 2014.3.18.).

사례 11 **동일한 사유의 재경정청구에 대한 거부처분**

1차 경정청구 거부에 대하여 전심절차를 거치지 않고 소송을 진행하다가 적법한 전심절차를 거치지 않아 소가 각하될 것을 인지하고, 1차 거부통지에 대한 국세기본법 소정의 불복청구기간을 도과한 시점에서 국세기본법상 적법한 전심절차를 다시 밟기 위하여 재차 경정청구한 경우 이를 거부하더라도 불복대상이 되는 처분으로 보지 않는다(심사양도 2008-0054, 2008.5.19. ; 국심 2006서0378, 2006.10.18.).

사례 12 **증액경정처분에 대한 경정청구 거부처분**

경정청구 취지가 당초 신고한 세액이 과다신고된 것이라 하여 이를 감액하여 달라는 것이 아니라 처분청이 증액경정처분한 세액을 감액하여 당초 신고한 세액으로 경정하여 줄 것을 청구하고 있으므로 이 건 경정청구는 경정청구대상이 아니어서 적법한 경정청구로 볼 수 없으며(처분청이 동 경정청구에 대한 거부회신을 하였다 하더라도 동 회신이 불복대상인 처분성을 가지는 것이 아니고 민원 측면에서 환급이 불가하다는 내용을 알려주는 사실행위에 불과한 것이다), 설령 이 건 경정청구를 이의신청으로 본다 하더라도 심사청구 또는 심판청구에 대하여 재결청이 내린 결정으로서 확정된 처분은 이의신청 · 심사청구 또는 심판청구의 대상이 되는 처분에 포함되지 않으므로, 이 건 심사청구는 부적법한 것이다(심사양도 2006-0121, 2006.12.11.).

사례 13 **종교단체의 고유번호 신청 거부**

사업자가 아닌 자에게도 신청에 의해 고유번호를 부여하고 있으나, 이는 과세자료의 효율적 처리를 위한 것일 뿐 세법상 의무를 부과하는 것이 아니고, 고유번호증상의 대표자가 해당 단체의 정당한 대표자의 지위 여부를 확인하는 증명도 아니므로 고유번호증의 발급은 행정처분이라 보기 어려우며(심사기타 2012-0004, 2012.2.27. ; 심사기타 2011-0030, 2011.7.25. ; 심사기타 2010-0057, 2010.12.13.),

종교단체 고유번호증 발급 거부가 국세기본법 §55 ①에서 규정하는 "위법 또는 부당한 처분을 받거나 필요한 처분을 받지 못함으로 인하여 권리나 이익을 침해당한" 경우에 해당한다고 볼 수 없다(심사기타 2012-0010, 2012.5.29.).

사례 14 **정보공개청구에 대한 비공개결정통지**

정보공개청구에 대한 처분청의 비공개결정에 대하여 불복이 있는 때에는 공공기관의 정보공개에 관한 법률 §18 및 §19에 따라 이의신청을 하거나, 행정심판법이 정하는 바에 따라 직접 행정심판을 청구하도록 규정하고 있는바, 처분청의 정보 비공개결정통지에 대한 청구인의 이 건 심판청구는 국세기본법 §55 ①에서 규정하는 불복대상으로서의 처분이 존재하지 아니하여 부적법한 청구에 해당한다(조심 2011광3013, 2011.11.10.).

다. 특정 불복절차가 배제되는 경우

1) 과세전적부심사 청구가 배제되는 처분

다음 각 경우에 해당하면 과세전적부심사를 청구할 수 없다(국기법 §81의15 ②, 과세전적부심사 사무처리규정 §5).

① 납기전징수의 사유가 있거나 세법에서 규정하는 수시부과의 사유가 있는 경우
② 조세범 처벌법 위반으로 고발 또는 통고처분하는 경우
③ 세무조사 결과 통지 및 과세예고 통지를 하는 날부터 국세부과 제척기간의 만료일까지의 기간이 3개월 이하인 경우
④ 국제조세조정에 관한 법률에 따라 조세조약을 체결한 상대국이 상호합의 절차의 개시를 요청한 경우(국기령 §63의14 ③ 1)
⑤ 국세청 심사청구 · 심판청구 및 과세전적부심사의 재조사 결정에 따른 조사(국기령 §63의14 ③ 2)

과세전적부심사 청구 당시에는 납기전징수의 사유가 발생하지 않아 과세전적부심사 청구가 허용된 경우라도, 그 후 납기전징수의 사유가 발생하였다면 세무서장 등은 과세전적부심사에 대한 결정이 있기 전이라도 과세처분할 수 있다(대법원 2012.10.11. 선고, 2010두19713 판결).

2016.6.30.까지는 과세전적부심사 사무처리규정 §5 제6호에서 '감사원 감사결과 처분지시 또는 시정요구에 따라 고지하는 경우'도 과세전적부심사 청구대상이 아닌 경우로 규정되어 있었지만, 감사원 시정사항이라도 과세전적부심사의 기회를 부여하지 않는 것은 중대한 절차적 하자라는 대법원 판결(대법원 2016.4.15. 선고, 2015두52326 판결)의 취지를 수용하여 국세청에서는 제6호를 삭제하여 개정하고, 행정예고절차를 거쳐 2016.7.1.부터 시행하였다.

따라서 앞으로는 감사원의 감사결과에 따라 세금이 추징되는 경우에도 과세전적부심사 청구를 할 수 있게 될 전망이다.

대법원 2016.4.15. 선고, 2015두52326 판결 요지

과세관청이 감사원의 감사결과 처분지시 또는 시정요구에 따라 과세처분을 하는 경우라도 국가기관 간의 사정만으로는 납세자가 가지는 절차적 권리의 침해를 용인할 수 있는 사유로 볼 수 없고, 처분지시나 시정요구가 납세자가 가지는 절차적 권리를 무시하면서까지 긴급히 과세처분을 하라는 취지도 아니므로, 위와 같은 사유는 과세관청이 과세예고통지를 생략하거나 납세자에게 과세전적부심사의 기회를 부여하지 아니한 채 과세처분을 할 수 있는 예외사유에 해당한다고 할 수 없다.

사전구제절차로써 과세예고통지와 통지 내용의 적법성에 관한 심사제도가 가지는 기능과 이를 통해 권리구제가 가능한 범위, 제도가 도입된 경위와 취지, 납세자의 절차적 권리 침해를 효율적으로 방지하기 위한 통제방법 등을 종합적으로 고려하면, 과세예고 통지의 대상으로 삼고 있지 않다거나 과세전적부심사를 거치지 않고 곧바로 과세처분을 할 수 있는 예외사유로 정하고 있는 등의 특별한 사정이 없는 한, 과세관청이 과세처분에 앞서 필수적으로 행하여야 할 과세예고 통지를 하지 않아 납세자에게 과세전적부심사의 기회를 부여하지 아니한 채 과세처분을 하였다면, 납세자의 절차적 권리를 침해한 것으로서 과세처분의 효력을 부정하는 방법으로 통제할 수밖에 없는 중대한 절차적 하자가 존재한다는 것이다.

2) 이의신청이 배제되는 처분

다음 각 처분은 국세청장이 조사・결정 또는 처리하거나 하였어야 할 처분으로서 이의신청을 할 수 없다(국기법 §55 ③, 국기령 §44의2).

① 국세청장의 과세표준 조사・결정에 따른 처분
② 국세청의 감사결과로서의 시정지시에 따른 처분
③ 국세청의 세무사찰 결과에 따른 처분
④ 위 처분 외 국세청장의 특별한 지시에 따른 처분
⑤ 세법에 따라 국세청장이 하여야 할 처분

이의신청의 재결청은 세무서 또는 지방국세청인데 국세청의 하부조직인 세무서나 지방국세청이 상부조직인 국세청의 처분을 심리할 수 없기 때문이다. 따라서 위 ①부터 ⑤까지 처분에 대해 조세불복을 하려면 이의신청은 청구할 수 없고, 국세청 심사청구나 심판청구 또는 감사원 심사청구를 제기하여야 한다. 만약 불복청구인이 이의신청서에 의하여 불복을 제기한 경우에는 국세청장에게 심사청구를 한 것으로 본다(국기통 55-44의2…2).

감사원법에 따른 감사원장의 시정요구에 의하여 국세청장이 지시한 과세처분은 위의 ④ 국세청장의 특별한 지시에 의한 처분에 해당되므로 이의신청의 대상이 아니고 국세청 심사청구의 대상이다(국기통 55-44의2…1).

라. 국세부과의 원칙과 세법적용의 원칙

1) 실질과세의 원칙

가) 개념

과세의 대상이 되는 소득·수익·재산·행위 또는 거래의 귀속이 명의일 뿐이고 사실상 귀속되는 자가 따로 있을 때에는 사실상 귀속되는 자를 납세의무자로 하여 세법을 적용하므로, 국세 중 과세표준의 계산에 관한 규정은 소득·수익·재산·행위 또는 거래의 명칭이나 형식에 관계없이 그 실질 내용에 따라 적용한다.

따라서 제3자를 통한 간접적인 방법이나 둘 이상의 행위 또는 거래를 거치는 방법으로 국세에서 정한 혜택을 부당하게 받기 위한 것으로 인정되는 경우에는 그 경제적 실질 내용에 따라 당사자가 직접 거래를 한 것으로 보거나 연속된 하나의 행위 또는 거래를 한 것으로 보아 이 법 또는 세법을 적용한다(국기법 §14).

국세기본법의 실질과세원칙에 대해 헌법상의 기본이념인 평등의 원칙을 조세법률관계에 구현하기 위한 실천적 원리로서, 조세의 부담을 회피할 목적으로 과세요건사실에 관하여 실질과 괴리되는 비합리적인 형식이나 외관을 취하는 경우에 그 형식이나 외관에 불구하고 실질에 따라 담세력이 있는 곳에 과세함으로써 부당한 조세회피행위를 규제하고 과세의 형평을 제고하여 조세정의를 실현하고자 하는 데 주된 목적이 있고, 조세법의 기본원리인 조세법률주의와 대립관계에 있는 것이 아니라 조세법규를 다양하게 변화하는 경제생활관계에 적용함에 있어 예측가능성과 법적 안정성이 훼손되지 않는 범위 내에서 합목적적이고 탄력적으로 해석함으로써 조세법률주의의 형해화를 막고 실효성을 확보한다는 점에서 조세법률주의와 상호보완적이고 불가분적인 관계에 있다.

이와 같은 실질과세의 원칙 중 국세기본법 §14 ①이 규정하고 있는 실질귀속자 과세의 원칙은 소득이나 수익·재산·거래 등의 과세대상에 관하여 그 귀속명의와 달리 실질적으로 귀속되는 사람이 따로 있는 경우에는 형식이나 외관을 이유로 그 귀속명의자를 납세의무자로 삼지 아니하고 실질적으로 귀속되는 사람을 납세의무자로 삼겠다는 것이므로, 재산의 귀속명의자는 이를 지배 · 관리할 능력이 없고, 그 명의자에 대한 지배권 등을 통하여 실질적으로 이를 지배 · 관리하는 사람이 따로 있으며, 그와 같은 명의와 실질의 괴리가 조세를 회피할 목적에서 비롯된 경우에는, 그 재산에 관한 소득은 그 재산을 실질적으로 지배 · 관리하는 사람에게 귀속된 것으로 보아 그를 납세의무자로 삼는 것이라고 한다(대법원 2012.1.19. 선고, 2008두8499 전원합의체 판결).

나) 국제거래와 실질과세원칙

실질과세의 원칙은 비거주자나 외국법인이 원천지국인 우리나라의 조세를 회피하기 위하여 조세조약상 혜택을 받는 나라에 명목회사를 설립하여 그 법인형식만을 이용하는 국제거래뿐만 아니라, 거주자나 내국법인이 거주지국인 우리나라의 조세를 회피하기 위하여 소득세를 비과세하거나 낮은 세율로 과세하는 조세피난처에 사업활동을 수행할 능력이 없는 외형뿐인 이른바 '기지회사(Base Company)'를 설립하여 두고 그 법인형식만을 이용함으로써 그 실질적 지배 · 관리자에게 귀속되어야 할 소득을 부당하게 유보하여 두는 국제거래에도 마찬가지로 적용된다(대법원 2015.11.26. 선고, 2014두335 판결).

다) 지방세법과 실질과세원칙

실질과세의 원칙 중 국세기본법 §14 ①이 규정하고 있는 실질귀속자 과세의 원칙은 구 지방세법 §82에 의하여 지방세에 관한 법률관계에도 준용된다(대법원 2016.3.10. 선고, 2011두26046 판결 ; 2012.1.19. 선고, 2008두8499 전원합의체 판결).

2) 신의성실의 원칙

가) 개념

신의성실의 원칙은 민법상 개념으로 사회공동체의 일원으로서 서로 상대방의 신뢰를 헛되이 하지 않도록 성의를 가지고 행동하여야 한다는 일종의 윤리규범이다.

민법 §2는 권리의 행사와 의무의 이행은 신의에 좇아 성실히 하여야 하며, 권리는 남용하지 못한다고 규정하고 있다. 일반적이고 추상적인 실천원칙이므로 구체적인 내용은 재판을 통해 판례로 축적된다.

세법에서도 민법의 이런 신의성실의 원칙을 그대로 적용하고 있는데, 국세기본법 §15와 관세법 §6는 "납세자가 그 의무를 이행할 때에는 신의에 따라 성실하게 하여야 한다. 세무공무원(세관공무원)이 직무를 수행할 때에도 또한 같다"고, 지방세기본법 §18는 "납세자와 세무공무원은 신의에 따라 성실하게 그 의무를 이행하거나 직무를 수행하여야 한다"고 각각 신의성실의 원칙을 천명하고 있다. 신의성실의 원칙은 납세의무자와 과세관청 모두에 적용된다.

나) 조세불복에서 신의성실원칙의 적용기준

조세불복을 포함한 조세소송에서 신의성실원칙의 적용기준에 대한 대법원의 입장은 1997년에 있었던 대법원 전원합의체 판결(1997.3.20. 선고, 95누18383)[6]에 잘 나타난다.

(1) 다수의견 요지

조세소송에서의 신의성실의 원칙의 적용은 조세법률주의에 의하여 합법성의 원칙이 강하게 작용하는 조세 실체법과 관련한 적용은 사적(私的) 자치의 원칙이 지배하는 사법에서보다는 제약을 받으며 합법성을 희생하여서라도 구체적 신뢰보호의 필요성이 인정되는 경우에 한하여 비로소 적용된다고 할 것이다.

더구나 납세의무자가 과세관청에 대하여 자기의 과거의 언동에 반하는 행위를 하였을 경우에는 세법상 조세감면 등 혜택의 박탈, 신고불성실·기장불성실·자료불제출가산세 등 가산세에 의한 제재, 각종 세법상의 벌칙 등 불이익처분을 받게 될 것이며, 과세관청은 실지조사권을 가지고 있는 등 세법상 우월한 지위에서 조세과징권을 행사하고 있고, 과세처분의 적법성에 대한 입증책임은 원칙적으로 과세관청에 있는 점 등을 고려한다면, 납세의무자에 대한 신의성실의 원칙의 적용은 극히 제한적으로 인정하여야 하고 이를 확대해석하여서는 안 될 것이므로(대법원 1996.9.10. 선고, 95누7239 판결 : 1993.6.8. 선고, 92누12483 판결), 납세의무자의 배신행위를 이유로 한 신의성실의 원칙의 적용은 그 배신행위의 정도가 극히 심한 경우가 아니면 허용하여서는 안 될 것이다.

따라서 신의성실의 원칙과 동열시되거나 한 적용례로 통용되는 금반언의 원칙을 적용함에 있어서도 객관적으로 모순되는 행태가 존재하고 그 행태가 납세의무자의 심한 배신행위에 기인하였으며 그에 의하여 야기된 과세관청의 신뢰가 보호받을 가치가 있는 것이어야 한다.

(2) 반대의견 요지

신의칙 또는 금반언칙이라 함은 자기의 과거의 언동에 의하여 어떤 사실을 표시한 자는

6) 이 판결 중 일부 내용은 2011.7.21. 선고, 2010두23644 전원합의체 판결로 변경되었지만, 신의성실의 원칙의 적용기준에 대한 부분은 변동 없다.

위 사실의 존재를 믿고 어떠한 행위를 한 상대방에 대하여 그 사실의 존재를 부정하는 것이 허용되지 아니한다는 것으로서, 이는 법의 근저를 이루는 정의의 관념에서 비롯된 것이기 때문에 단지 사법의 영역에서뿐만 아니라 공법의 영역에서도 마찬가지로 타당한 법원칙이다. 이에 우리 국세기본법 §15에서도, "납세의무자가 그 의무를 이행함에 있어서는 신의에 좇아 성실히 하여야 한다. 세무공무원이 그 직무를 수행함에 있어서도 또한 같다"고 규정함으로써, 원래 사법의 기본원리인 신의칙 등이 공법인 조세법에서도 적용됨을 명문으로 규정하고 있는 것이다.

이 원칙을 납세의무자에게 적용하기 위하여는, 첫째 납세의무자에게 객관적으로 모순적인 행태와 주관적인 귀책가능성이 존재하여야 하고, 둘째 그에 의하여 야기된 보호받을 가치가 있는 과세관청의 신뢰가 존재하여야 하는바, 반드시 이 양자가 엄격한 의미에서의 요건은 아니며(따라서 그 어느 하나를 결한다고 하여서 이 원칙의 적용이 반드시 부정되는 것은 아니다), 그 모순의 정도와 주관적인 귀책가능성의 정도 및 신뢰의 보호가치의 정도를 종합적으로 고려하여 그 적용 여부를 판단하여야 할 것이다.

다만, 과세관청이 납세의무자에 대하여 우월적 지위를 가지고 있고, 조세법률관계에 있어서는 조세법률주의의 원칙에 의하여 합법성의 원칙이 보다 강하게 요구되는 특성이 있는 점을 고려하여 볼 때, 납세의무자의 주관적인 귀책가능성이 사법의 영역에 있어서보다 무거워야 하므로, 다수의견에서 적절히 지적하고 있는 바와 같이 납세의무자에 대한 신의칙 등의 적용은 그 주관적 귀책가능성의 정도(배신의 정도)가 극히 심한 경우에 한하여 제한적으로 허용하여야 한다(대법관 박만호, 정귀호, 박준서, 지창권).

다) 과세관청에 대한 신의성실원칙

(1) 성립요건

① 과세관청이 납세자에게 신뢰의 대상이 되는 공적인 견해표명을 하여야 한다.
② 과세관청의 견해표명이 정당하다고 신뢰한 데에 대하여 납세자에게 귀책사유가 없어야 한다.
③ 납세자가 그 견해표명을 신뢰하고 이에 따라 무엇인가 행위를 하여야 한다.
④ 과세관청이 위 견해표명에 반하는 처분을 함으로써 납세자의 이익이 침해되는 결과가 초래되어야 한다.

신의성실의 원칙은 자기의 언동을 신뢰하여 행동한 상대방의 이익을 침해하여서는 안된다는 것을 의미하여, 일반적으로 조세법률관계에서 과세관청의 행위에 대하여 신의성실의 원칙이 적용되는 요건으로서는 첫째로, 과세관청이 납세자에게 신뢰의 대상이 되는 공적인 견해표명을 하여야 하고 둘째로, 과세관청의 견해표명이 정당하다고 신뢰한 데에 대하여 납세자에게 귀책사유가 없어야 하며 셋째로, 납세자가 그 견해표명을 신뢰하고 이에 따라 무엇인가 행위를 하여야 하고 넷째로, 과세관청이 위 견해표명에 반하는 처분을 함으로써 납세자의 이익이 침해되는 결과가 초래되어야 한다는 점을 들 수 있으며, 이러한 요건을 모두 충족할 때에는 과세관청의 처분은 신의성실의 원칙에 위반되는 행위로서 위법하다고 보게 되는 것이다(대법원 1985.4.23. 선고, 84누593 판결 ; 1987.1.20. 선고, 86누151 판결 ; 1987.5.26. 선고, 86누92 판결 ; 1988.3.8. 선고, 87누156 판결 ; 1995.6.16. 선고, 94누12159 판결 ; 2003.9.5. 선고, 2001두403 판결 ; 2006.5.26. 선고, 2003다18401 판결 ; 2009.10.29. 선고, 2007두7741 판결 등).

여기에서 말하는 견해표명이라 함은 과세관청의 과세요건 규정의 해석, 적용 및 과세요건사실의 인정에 관한 견해표명을 뜻하는 것으로써, 법령의 규정내용 자체는 과세관청의 견해표명에 해당하지 않는다(대법원 1989.11.28. 선고, 88누8937 판결).

(2) 과세관청의 신의성실원칙 위반사례

사례 1 **과세관청이 아닌 보건사회부장관의 국세 및 지방세 비과세에 대한 견해표명을 당해 과세관청의 그것과 동일시할 여지가 있다고 판단한 사례**

신의성실의 원칙 내지 금반언의 원칙은 합법성을 희생하여서라도 납세자의 신뢰를 보호함이 정의, 형평에 부합하는 것으로 인정되는 특별한 사정이 있는 경우에 적용되는 것으로서 납세자의 신뢰보호라는 점에 그 법리의 핵심적 요소가 있는 것이므로, 위 요건의 하나인 과세관청의 공적 견해표명이 있었는지의 여부를 판단하는 데 있어 반드시 행정조직상의 형식적인 권한분장에 구애될 것은 아니고 담당자의 조직상의 지위와 임무, 당해 언동을 하게 된 구체적인 경위 및 그에 대한 납세자의 신뢰가능성에 비추어 실질에 의하여 판단하여야 한다.

보건사회부장관이 "의료취약지 병원설립운영자 신청공고"를 하면서 국세 및 지방세를 비과세하겠다고 발표하였고, 그 후 내무부장관이나 시·도지사가 도 또는 시·군에 대하여 지방세 감면조례 제정을 지시하여 그 조례에 대한 승인의 의사를 미리 표명하였다면, 보건사회부장관에 의하여 이루어진 위 비과세의 견해표명은 당해 과세관청의 그것과 마찬가지로 볼 여지가 충분하다고 할 것이고, 또한 납세자로서는 위와 같은 정부의 일정한 절차를 거친 공고에 대하여서는 보다 고도의 신뢰를 갖는 것이 일반적이다.

따라서 원심으로서는 보건사회부장관의 이 사건 조세감면에 관한 견해표명에 이르게 된 경위를 더 살펴 지방세의 경우 이를 당해 과세주체의 견해표명으로 취급될 수 있는지의 여부 및 조세감면의 대상에 재산세할 교육세의 경우도 포함되어야 할 것인지의 여부에 관하여 심리・판단하였어야 할 것임에도, 단지 피고가 비과세 견해표명을 하였음을 인정할 증거가 없다고 하여 원고의 주장을 배척하였음은, 조세법에 적용되는 신의성실의 원칙에 대한 법리를 오해하였거나 그 요건에 대한 심리를 다하지 아니한 위법이 있다(대법원 1996.1.23. 선고, 95누13746 판결).

사례 2 구청장의 지시에 따른 총무과 소속 직원의 대체취득으로 인한 취득세 면제약속에 대하여 신의칙을 적용한 사례

피고 ○○구청장의 지시에 따라 구청의 총무과 소속 직원인 강□□가 적극적으로 나서서 취득세 면제를 제의함에 따라 그 약속을 그대로 믿고 관악구에 대하여 그 소유 부동산에 대한 매각의사를 결정하게 된 것임이 분명한바,

피고 구청장은 지방세법 §4 및 서울특별시세조례 §6 ①의 규정에 의하여 서울특별시세인 취득세에 대한 부과징수권을 위임받아 처리하는 과세관청의 지위에 있으므로 이 사건 부동산 매매계약을 체결함에 있어 표명된 취득세 면제약속은 과세관청의 지위에서 이루어진 것이라고 볼 여지가 충분하고, 또한 위 강□□가 비록 총무과에 소속되어 있다고 하더라도 그가 한 언동은 피고 구청장의 지시에 의한 것으로 이 역시 과세관청의 견해표명으로 못 볼 바도 아니다.

원심이, 단지 위 강□□가 세무공무원이 아니라고 하여 이를 과세관청의 공적인 견해표명이라고 할 수 없으며 신의성실의 원칙에도 반한 것으로 볼 수 없다고 판단하였음은 조세법에서 적용되는 신의성실의 원칙에 대한 법리를 오해한 위법이 있다(대법원 1995.6.16. 선고, 94누12159 판결).

사례 3 세무서 직원들의 세무지도를 믿고 부가가치세를 대행징수하지 아니한 골절치료기구의 수입판매업자들에 대한 부가가치세 부과처분이 신의성실의 원칙에 위반된다고 본 사례

세무서 직원들이 이 사건 골절치료기구의 수입판매업자인 원고들에게 명시적으로 위 물품이 부가가치세 면제대상이라는 세무지도를 하였고, 원고들로서는 위와 같은 세무지도를 믿고 그 이후의 국내거래에 있어서 부가가치세를 대행징수하지 아니하였으며, 그와 같이 믿게 된 데에 원고들에게 어떤 귀책사유가 있다고 볼 수 없다면, 이 사건 부가가치세 면세 여부에 관한 과세관청의 공적인 견해표명이 있었다고 보아야 할 것이므로,

그 후 과세관청인 피고가 위 골절치료기구의 수입 시에는 부가가치세가 면제되지만 수입판매업자가 수입한 후 재차 국내 의료기관에 판매공급하는 경우에는 부가가치세가 면제

되지 아니한다는 이유로 면세로 처리한 과세기간에 대한 부가가치세액을 증액결정한 이 사건 과세처분은 신의성실의 원칙에 위반되는 행위로서 위법하다(대법원 1990.10.10. 선고, 88누5280 판결).

사례 4 과세관청의 공적인 견해표명을 신뢰하여 지급한 연체료에 대한 부가가치세액을 매입세액으로 공제하지 아니하고 이루어진 부가가치세 부과처분이 신의성실의 원칙 또는 금반언의 원칙에 반하여 위법하다고 본 사례

이 사건 연체료는 공사용역과 대가관계에 있는 금전이라고 볼 수 없어 부가가치세의 과세표준에 포함되지 않으므로 원고의 부가가치세 매입세액공제대상이 되지 못하지만, 피고 등 과세관청은 종래부터 연체료에 대하여도 부가가치세를 부과하고 이를 매입세액에 포함시켜 매출세액에서 공제하여 왔고 이 사건 처분 당시의 부가가치세법 기본통칙이나 국세청의 질의회신에도 연체이자 또는 연체료 상당액은 과세표준에 포함되고 공급시기는 그 지급이 확정된 때라고 되어 있는 점,
소외 ○○산업㈜는 이 사건 공사도급계약과 관련하여 원고로부터 지급받은 이 사건 연체료 이외의 연체료에 대하여 모두 부가가치세를 신고·납부하였고, 피고가 경정결정하거나 이를 소외회사에게 환급한 바 없는 점,
원고는 1990년 2기, 1991년 1기, 1992년 1기 부가가치세를 신고함에 있어 소외회사에게 연체료를 지급하고 발급받은 세금계산서를 피고에게 제출하여 그 부가가치세액을 매입세액으로 공제받고 매출세액 초과부분을 환급받아 온 점 등 제반 사정에 비추어 볼 때,

피고는 납세자인 원고에 대하여 연체료도 부가가치세 과세표준에 포함된다는 공적인 견해를 표명하였고, 원고가 이와 같은 피고의 견해표명을 신뢰한 데 대하여 원고에게 어떠한 귀책사유도 없어 보이며, 또한 원고는 피고의 견해표명을 신뢰하고 소외회사에게 부가가치세액을 가산하여 연체료를 지급하였고 소외회사는 원고로부터 지급받은 연체료에 대한 부가가치세를 신고·납부하여 왔으며, 피고가 종전의 견해표명에 반하여 이 사건 연체료의 부가가치세액을 매입세액으로 공제하지 않으면 원고로서는 부가가치세를 환급받기는커녕 오히려 부가가치세를 납부하여야 하는 불이익을 받게 되므로, 결국 이 사건 연체료의 부가가치세액을 매입세액으로 공제하지 아니하고 이루어진 이 사건 처분은 신의성실의 원칙 또는 금반언의 원칙에 반하여 위법하다고 판단된다(대법원 2001.6.29. 선고, 99두12229 판결).

사례 5 지방세에 관하여 처분청의 상급기관인 행정자치부장관이 감면대상이라고 회신하였으나, 과세가 이루어진 경우

처분청의 상급기관으로서 지방세의 부과·징수에 관한 지도·감독과 지방세에 관한 질의회신 등의 업무를 관장하고 있는 구 행정자치부장관 등이 외국인투자기업의 증자등기는 등록세 감면대상이라고 회신한 점, 비록 인정사실 '(4)항의 (나)'에서 본 바와 같이 서울특별시장은 외국인투자기업의 증자등기에 대한 등록세가 감면대상이 아니라고 회신하였

으나 동 회신내용과는 달리 서울특별시에서도 외국인투자기업의 증자등기에 대하여 등록세를 감면해 준 사실이 있는 점, 과세관청에 따라 질의회신의 내용이 다를 경우에 납세자가 자신에게 유리한 회신 내용을 믿었다면 거기에 귀책사유가 있다고 하기도 어려운 점, 법적 안정성 측면에서도 인정사실 '(4)항'의 2009.12.19.자 행정안전부장관의 통보 이후 납세의무가 성립한 분부터 적용하는 것이 타당한 점 등을 종합적으로 고려할 때, 처분청의 이 사건 부과처분은 신의성실의 원칙에 위배되는 것으로 판단된다(감심 2011-142, 2011.7.29.).

(3) 과세관청의 신의성실원칙 위반이 아닌 사례

사례 1 세법상 과세관청이 납세자에게 공적 견해를 표명하였으나 이후 사정이 변경되어 과세관청이 견해표명에 반하는 처분을 한 경우

甲법인은 폐하수의 질소·인 제거기술을 포함한 수질오염물질처리 장치 및 기술을 수반하는 사업이 구 조세특례제한법 §121의2 ① 제1호, 구 조세특례제한법 시행령 §116의2 ① 제2호, 제2항의 사업으로 조세감면대상에 해당하는지 기획재정부장관에게서 사전확인통보를 받아 乙㈜를 설립하였고, 이후 乙㈜는 위 사업에 관한 갑 법인의 투자에 대해 조세감면결정을 받았는데, 또 다시 甲법인의 추가투자에 대해 조세감면신청을 하였으나 기획재정부장관이 위 기술은 더 이상 위 시행령 §116의2 ② 제1호의 기술이 아니라는 이유로 조세감면신청을 거부하는 처분을 한 사안에서,
사전확인통보는 통보 당시의 사정을 기준으로 한 것으로서 기획재경부장관이 그 후 사정변경으로 위 기술이 위 시행령 §116의2 ② 제1호의 기술에 해당하지 않게 된 이후에 이루어진 투자에 대하여도 조세감면대상 사업에 해당한다는 견해표명을 하였다고 할 수는 없으므로, 위 처분이 사전확인통보의 취지에 반한다 하더라도 신의성실의 원칙에 위반된다고 할 수 없다.

일반적으로 조세법률관계에서 과세관청이 납세자에게 신뢰의 대상이 되는 공적인 견해를 표명한 경우 그에 반하는 과세관청의 행위에 대하여는 신의성실의 원칙이 적용될 수 있지만, 이는 과세관청이 공적인 견해를 표명할 당시의 사정이 그대로 유지됨을 전제로 하는 것이 원칙이므로 사후에 그와 같은 사정이 변경된 경우에는 그 공적 견해는 더 이상 납세자에게 신뢰의 대상이 된다고 보기 어려운 만큼 특별한 사정이 없는 한 과세관청이 그 견해표명에 반하는 처분을 하더라도 신의성실의 원칙에 위반된다고 할 수 없다(대법원 2011.5.13. 선고, 2008두19659 판결).

사례 2 **납세의무자가 법령을 부지 또는 오인하거나 세무공무원의 잘못된 설명을 믿고 신고·납부의무를 불이행한 것이 가산세를 부과할 수 없는 정당한 사유에 해당하는지에 대한 사례**

원고는 의제취득일 전에 취득한 자산의 양도가액을 실지거래가액에 의하는 경우에 그 취득가액을 의제취득일 현재의 환산가액에 의할 수 있는가에 관하여 과세관청 스스로도 논란이 있었던 점 등에 비추어 보면 원고가 이 사건 부동산의 취득가액을 의제취득일 현재의 기준시가에 의할 수 있는 것으로 믿고 이에 의하여 양도차익을 계산함으로써 세법에 의하여 신고·납부하여야 할 소득금액 및 세액에 미달하게 신고·납부한 데에는 정당한 사유가 있다고 할 것임에도 불구하고 원고에게 신고불성실가산세와 납부불성실가산세를 부과한 과세관청의 행위는 신의성실의 원칙에 반하는 것이라고 주장하나,

세법상 가산세는 과세권의 행사 및 조세채권의 실현을 용이하게 하기 위하여 납세자가 정당한 이유 없이 법에 규정된 신고·납세의무 등을 위반한 경우에 법이 정하는 바에 의하여 부과하는 행정상의 제재로서 납세자의 고의·과실은 고려되지 아니하는 것이고, 법령의 부지 또는 오인은 그 정당한 사유에 해당한다고 볼 수 없으며,

또한 납세의무자가 세무공무원의 잘못된 설명을 믿고 그 신고·납부의무를 이행하지 아니하였다 하더라도 그것이 관계 법령에 어긋나는 것임이 명백한 때에는 그러한 사유만으로는 정당한 사유가 있는 경우에 해당한다고 할 수 없으므로, 원고가 주장하는 위와 같은 사정은 가산세의 면책사유로서의 정당한 사유에 해당하지 아니하고 또 피고의 가산세 부과처분이 신의성실의 원칙에 반하는 것이라고 볼 수도 없다(대법원 2004.9.24. 선고, 2003두10350 판결).

사례 3 **재정경제부가 보도자료를 통해 '법인세법 시행규칙을 개정하여 법제처의 심의를 거쳐 6월 말경 공포·시행할 예정'이라고 밝힌 것만으로 위 시행규칙을 시기적으로 반드시 6월 말경까지 공포·시행하겠다는 내용의 공적 견해를 표명한 것으로 보기 어렵다는 사례**

법인이 재무구조 개선을 위하여 사업용 부동산을 일정한 요건을 갖추어 양도하는 경우에 이를 비업무용 부동산으로 보지 않는 구 법인세법 시행규칙(1998.8.22. 재정경제부령 제41호로 개정되고, 1999.5.24. 재정경제부령 제86호로 전문 개정되기 전의 것) §18 ⑤ 제21호가 1998.8.22.자로 개정되어 시행되기 전에 원고가 이 사건 토지를 양도한 데 대해, 그 토지를 비업무용 부동산으로 보아 법인세를 부과한 이 사건 과세처분에 대하여 신의성실의 원칙을 적용하기 위해서는 앞서 든 여러 요건을 모두 갖추어야 하는 것인바,

재정경제부는 보도자료를 통해 '시행규칙을 개정하여 법제처의 심의를 거쳐 6월 말경 공포·시행할 예정'이라고 밝힌 것에 불과하여, 그러한 점만으로는 개정된 시행규칙을 시기적으로 반드시 6월 말경까지 공포·시행하겠다는 내용의 공적 견해를 표명한 것으로 보기

어려울 뿐더러, 기록에 따르면, 신문 등 언론매체는 재정경제부가 배포한 보도자료 중 일부 내용만을 발췌하여 보도한 사실을 알 수 있으니,

그와 같이 재정경제부의 견해가 표명된 방식이나 내용 등에 비추어 이 사건 토지가 비업무용 부동산에 해당하게 되는 불이익을 입지 않으려면, 적어도 그 양도 이전에 시행규칙의 관계 규정이 실제 공포 · 시행되고 있는지 여부를 확인하여야 한다고 봄이 상당하므로, 이러한 주의의무를 게을리한 원고에게 과세관청의 견해표명을 신뢰한 데 귀책사유가 없다고 볼 수 없고, 그와 같은 확인의무를 다하지 아니한 것이 과세관청의 견해표명을 신뢰한 데 대한 귀책사유의 유무와 관련이 없는 잘못이라고 볼 수는 없다(대법원 2002.11.26. 선고, 2001두9103 판결).

사례 4 납세자가 부동산 양도소득세 자진신고에 따라 양도소득세로 결정처분한 후, 이를 사업소득으로 인정하여 종합소득세로 경정한 경우

국세기본법 §15 소정의 신의성실의 원칙은 자기의 언동을 신뢰하여 행동한 상대방의 이익을 침해하여서는 아니된다는 것을 의미하는 것으로서 위 원칙이 적용되기 위하여는 과세관청이 납세자에게 신뢰의 대상이 되는 공적인 견해표명을 하여야 하는 것인바,

가사 납세자가 토지를 양도한 후 양도소득세를 자진신고하여 옴에 따라 과세관청이 이를 양도소득세로 결정하는 처분을 하였다 하더라도, 그 당시 과세관청이 위 거래행위가 사업활동의 일환으로서 행하여진 것임을 알면서 과세처분을 하였던 것이 아닌 이상, 그로써 종합소득세를 부과하지 아니하겠다는 견해를 공적으로 표명한 것이라고는 할 수 없으므로, 과세관청이 그 후 그 전후의 납세자의 모든 거래를 참작하여 이를 사업소득으로 인정하여 종합소득세 부과처분을 한 것이 신의성실의 원칙을 위배한 것이라고 볼 수 없다(대법원 1995.11.7. 선고, 94누14025 판결).

사례 5 과세관청이 납세의무자에게 부가가치세 면세사업자용 사업자등록증을 교부하거나 고유번호를 부여한 행위가 부가가치세를 과세하지 아니함을 시사하는 언동이나 공적인 견해를 표명한 것은 아니라는 사례

부가가치세법상의 사업자등록은 과세관청이 부가가치세의 납세의무자를 파악하고 그 과세자료를 확보하는 데 입법취지가 있고, 이는 단순한 사업사실의 신고로서 사업자가 소관 세무서장에게 소정의 사업자등록신청서를 제출함으로써 성립하며, 사업자등록증의 교부는 이와 같은 등록사실을 증명하는 증서의 교부행위에 불과한 것으로 과세관청이 납세의무자에게 부가가치세 면세사업자용 사업자등록증을 교부하였다고 하더라도 그가 영위하는 사업에 관하여 부가가치세를 과세하지 아니함을 시사하는 언동이나 공적인 견해를 표명한 것으로 볼 수 없으며,

구 부가가치세법 시행령(2005.3.18. 대통령령 제18740호로 개정되기 전의 것) §8 ②에 정한 고유번호의 부여도 과세자료를 효율적으로 처리하기 위한 것에 불과한 것이므로 과세관청이

납세의무자에게 고유번호를 부여한 경우에도 마찬가지이다(대법원 2008.6.12. 선고, 2007두23255 판결).

라) 납세자에 대한 신의성실원칙

(1) 성립요건

① 객관적으로 모순되는 행태가 존재하여야 한다.
② 그 행태가 납세의무자의 심한 배신행위에 기인하였어야 한다.
③ 그에 기하여 야기된 과세관청의 신뢰가 보호받을 가치가 있는 것이어야 한다.

조세법률주의에 의하여 합법성의 원칙이 강하게 작용하는 조세실체법과 관련한 신의성실원칙의 적용은 합법성을 희생해서라도 구체적 신뢰를 보호할 필요성이 있다고 인정되는 경우에 한하여 비로소 적용되는 것인데, 납세의무자에게 신의성실의 원칙을 적용하기 위해서는 객관적으로 모순되는 행태가 존재하고, 그 행태가 납세의무자의 심한 배신행위에 기인하였으며, 그에 기하여 야기된 과세관청의 신뢰가 보호받을 가치가 있는 것이어야 한다(대법원 1997.3.20. 선고, 95누18383 판결 : 2007.6.28. 선고, 2005두2087 판결 : 2009.4.23. 선고, 2006두14865 판결 등).

(2) 납세자의 신의성실원칙 위반사례

사례 1 금지금 거래를 하면서 그 전 일련의 거래과정에 매출세액 포탈을 목적으로 부정거래를 하는 악의적 사업자가 존재하고, 그로 인하여 수출업자인 자신에 대한 매입세액공제 · 환급이 다른 조세수입의 감소를 초래한다는 사정을 알았거나 중대한 과실로 이를 알지 못하였음에도 매입세액의 공제 · 환급을 구하는 경우

수출업자가 그 전단계에 부정거래가 있었음을 알면서도 아랑곳없이 그 기회를 틈타 자신의 이익을 도모하고자 거래에 나섰고, 또한 그의 거래 이익도 결국 앞서의 부정거래로부터 연유하는 것이며 나아가 그의 거래 참여가 부정거래의 판로를 확보해 줌으로써 궁극적으로 부정거래를 가능하게 한 결정적인 요인이 되었다면, 이는 그 전제가 되는 매입세액공제 · 환급제도를 악용하여 부당한 이득을 추구하는 행위라고 할 것이므로 그러한 수출업자에게까지 다른 조세수입을 재원으로 삼아 매입세액을 공제 · 환급해 주는 것은 부정거래로부터 연유하는 이익을 국고에 의하여 보장해 주는 격이 됨은 물론 위에서 본 바와 같은 전반적인 조세체계에 미치는 심각한 폐해를 막을 수도 없다.

이러한 경우의 수출업자가 매입세액의 공제·환급을 구하는 것은 보편적인 정의관과 윤리관에 비추어 도저히 용납될 수 없다 할 것이므로 이는 국세기본법 §15 소정의 신의성실의 원칙에 반하는 것으로서 허용될 수 없다고 보아야 한다. 이러한 법리는 공평의 관점과 결과의 중대성 및 보편적 정의감에 비추어 수출업자가 중대한 과실로 인하여 그와 같은 부정거래가 있었음을 알지 못한 경우, 즉 악의적 사업자와의 관계로 보아 수출업자가 조금만 주의를 기울였다면 이를 충분히 알 수 있었음에도 불구하고 거의 고의에 가까운 정도로 주의의무를 현저히 위반하여 이를 알지 못한 경우에도 마찬가지로 적용된다고 봄이 상당하고, 그 수출업자와 부정거래를 한 악의적 사업자와 간에 구체적인 공모 또는 공범관계가 있은 경우로 한정할 것은 아니니다(대법원 2011.1.20. 선고, 2009두13474 전원합의체 판결 ; 2011.2.24. 선고, 2009두15791 판결).

사례 2 납세의무자가 명의신탁받은 부동산을 신탁자 등에게 임대한 것처럼 가장하여 건물 등의 취득가액에 대한 매입세액까지 환급받은 다음, 임대사업의 폐업신고 후 명의신탁을 이유로 임대차계약이 통정허위표시로서 무효라고 주장하는 것은 신의성실의 원칙에 위배된다고 본 사례

부가가치세 과세표준의 성격과 피고의 신뢰에 대한 보호가치의 정도, 부가가치세 등과 같이 원칙적으로 납세의무자가 스스로 과세표준과 세액을 정하여 신고하는 신고납세방식의 조세에 있어서 과세관청의 조사권은 2차적·보충적인 점 등을 앞서 본 법리에 비추어 보면, 원고가 명의신탁받은 이 사건 부동산을 그 신탁자 등에게 임대한 것처럼 가장하여 사업자등록을 마치고 그 중 건물 등의 취득가액에 대한 매입세액까지 환급받은 다음 폐업 시의 잔존재화 자가공급 의제규정에 따른 피고의 이 사건 2004년 제2기 부가가치세 부과처분 등이 있은 후에야 비로소 이 사건 부동산은 명의신탁된 것이므로 그 임대차계약은 통정허위표시로서 무효라고 주장하는 것은 신의성실의 원칙에 위배된다고 봄이 상당하다(대법원 2009.4.23. 선고, 2006두14865 판결).

(3) 납세자의 신의성실원칙 위반이 아닌 사례

사례 1 상속세 신고시 피상속인의 주소를 실제 주소지와 다르게 기재한 납세의무자가 상속세 부과처분이 있은 후 그 부과처분의 관할위반을 다투는 경우

납세의무자에게 신의칙을 적용하기 위해서는 객관적으로 모순되는 행태가 존재하고, 그 행태가 납세의무자의 심한 배신행위에 기인하였으며, 그에 기하여 야기된 과세관청의 신뢰가 보호받을 가치가 있는 것이어야 할 것인바, 상속세 신고를 받았으나 관할이 없는 세무서장으로서는 그 관할을 조사하여 그에 따른 조치를 취하여야 하는 점에 비추어 보면, 그와 같은 조사의무를 다하지 아니한 과세관청에 대하여 상속세 신고시 피상속인의 주소지를 실제 주소지와 다르게 기재한 납세의무자가 상속세 부과처분이 있은 후에 그 부과처분의 관할위반을 뒤늦게 다툰다는 것만으로 심한 배신행위를 하였다고 할 수 없을 뿐더러, 과세관청이 주민등록표등본 등에 의하여 피상속인의 주소지를 확인하여 보지도 아니한 채 납세의무자의 신고에만 의지하여 관할이 있는 것으로 믿었다 하여 그 관할에 관한 신뢰가 보호받을 가치가 있는 신뢰라고 할 수도 없다(대법원 1999.11.26. 선고, 98두17968 판결).

사례 2 납세의무자가 소득세법령 해석상 거주자에 해당하는지 여부에 관하여 입장을 번복한 경우

과세관청은 원고가 2005년 이후 이 사건 주식 양도일까지 ○○상호저축은행으로부터 급여를 수령하면서 거주자로 신고해 왔고, 이 사건 주식 양도와 관련된 양도소득세 기한후 신고서에서 스스로를 거주자로 표기하고 거주자임을 전제로 관련 세액을 신고하였다. 그럼에도 원고는 이 사건 소송 진행 중이던 2013.6.12.에 이르러 비로소 비거주자라고 주장하기 시작한 것은 신의측 내지 금반언의 원칙에 반한다고 주장하고 있으나,
원고가 구 소득세법령 해석상 거주자에 해당하는지 여부에 관하여 입장을 번복하였다는 사정만으로 원고의 주장 또는 이 사건 소가 신의측 내지 금반언의 원칙에 반한다고 할 수 없다(대법원 2016.1.28. 선고, 2015두52050 판결 ; 서울고등법원 2015.08.28. 선고, 2014누47008 판결).

사례 3 납세의무자가 자산을 과대계상하거나 부채를 과소계상하는 등의 방법으로 분식결산을 하고 이에 따라 과다하게 법인세를 신고 · 납부하였다가 그 과다납부한 세액에 대하여 취소소송을 제기하여 다투는 경우, 납세의무자에게 신의성실의 원칙을 적용할 수 없다고 한 사례

조세법률주의에 의하여 합법성이 강하게 작용하는 조세 실체법에 대한 신의성실의 원칙 적용은 합법성을 희생하여서라도 구체적 신뢰보호의 필요성이 인정되는 경우에 한하여 허용된다고 할 것이고,

과세관청은 실지조사권을 가지고 있을 뿐만 아니라 경우에 따라서 그 실질을 조사하여 과세하여야 할 의무가 있으며, 과세처분의 적법성에 대한 입증책임도 부담하고 있는 점 등에 비추어 보면 납세의무자가 자산을 과대계상하거나 부채를 과소계상하는 등의 방법으로 분식결산을 하고 이에 따라 과다하게 법인세를 신고, 납부하였다가 그 과다납부한 세액에 대하여 취소소송을 제기하여 다툰다는 것만으로 신의성실의 원칙에 위반될 정도로 심한 배신행위를 하였다고 할 수 없고, 과세관청이 분식결산에 따른 법인세 신고만을 보고 이를 그대로 믿었다고 하더라도 이를 보호받을 가치가 있는 신뢰라고 할 수 없다(대법원 2006.1.26. 선고, 2005두6300 판결 ; 2006.4.14. 선고, 2005두10170 판결).

사례 4 **이월결손금을 승계하지 못하는 합병법인이 이를 회피하고자 피합병법인으로 하여금 결산 이전에 대손충당금을 설정하지 아니하게 함으로써 여신전문금융회사의 금전채권을 장부가액으로 승계한 후 대손충당금을 설정하여 합병법인의 손금으로 인식한 경우**

여신전문금융회사인 피합병법인이 결산 이전에 대손충당금을 설정하는 회계처리를 하였더라도 그것이 아직 결산에 반영되지 아니한 상태에서 환입이 이루어졌다면 피합병법인의 손금으로 인식될 수 없으므로, 여신전문금융회사의 금전채권을 합병으로 취득하는 합병법인은 구 법인세법 시행령(2005.2.19. 대통령령 제18706호로 개정되기 전의 것) §72 ① 제3호 단서에 따라 그 채권을 대손충당금이 설정되지 아니한 장부가액으로 승계할 뿐이다.

설령 피합병법인이 대손충당금을 설정하여 결산에 반영하였더라면 손금으로 인식되어 이월결손금이 발생하고, 구 법인세법(2008.12.26. 법률 제9267호로 개정되기 전의 것) §45 ① 제2호에 따라 그 이월결손금을 승계하지 못하는 합병법인이 이를 회피하고자 피합병법인으로 하여금 결산 이전에 대손충당금을 설정하지 아니하게 함으로써 여신전문금융회사의 금전채권을 장부가액으로 승계한 후에 비로소 자신이 대손충당금을 설정하여 합병법인의 손금으로 인식하더라도, 이를 위법행위로서 소득신고에 오류·탈루가 있는 경우에 해당한다거나 신의칙에 반하는 행위에 해당한다고 할 수 없다(대법원 2015.1.15. 선고, 2012두4111 판결).

사례 5 **납세자가 고의로 납부고지서의 수령을 회피하여, 부득이하게 타인에게 고지서를 교부하거나, 문틈으로 고지서를 투입하는 방법으로 송달한 경우**

납세고지서의 교부송달에도 납세의무자 또는 그와 일정한 관계에 있는 사람이 현실적으로 이를 수령하는 행위가 반드시 필요하다 할 것이므로, 세무공무원이 납세의무자와 그 가족들이 부재중임을 알면서도 아파트 문틈으로 납세고지서를 투입하는 방식으로 송달하였다면, 이러한 납세고지서의 송달은 구 국세기본법(1996.12.30. 법률 제5189호로 개정되기 전의 것) §10의 규정에 위배되어 부적법한 것으로서 효력이 발생하지 아니한다.

납세자가 부과처분 제척기간이 임박하자 납세고지서의 수령을 회피하기 위하여 고지서 수령 약속을 어기고 일부러 집을 비워 두어서 세무공무원이 부득이 납세자의 아파트 문틈으로 납세고지서를 투입한 경우나(대법원 1997.5.23. 선고, 96누5094 판결),
상속인이 상속세 부과 제척기간이 임박하자 납세고지서의 수령을 회피하기 위하여 고지서 수령 약속을 어기고 일부러 밤늦게까지 집을 비워 두어서 부득이 세입자에게 고지서를 교부한 경우(대법원 1996.9.24. 선고, 96다204 판결) 등은 신의성실의 원칙을 들어서 그 고지서가 송달되었다고 볼 수는 없다.

3) 비과세관행

가) 개념

국세기본법 §18 ③은 "세법의 해석이나 국세행정의 관행이 일반적으로 납세자에게 받아들여진 후에는 그 해석이나 관행에 의한 행위 또는 계산은 정당한 것으로 보며, 새로운 해석이나 관행에 의하여 소급하여 과세되지 아니한다"라고 규정하고 있다. 이러한 비과세관행은 국세기본법의 신의성실원칙과 불가분의 관계에 있다.

나) 성립요건

① 장기간에 걸쳐 특정사안에 과세하지 않은 객관적 사실이 존재해야 한다.
② 과세관청 자신이 그 사항에 대하여 과세할 수 있음을 알면서도 어떤 특별한 사정에 의하여 과세하지 않는다는 의사가 있어야 한다.
③ 이런 의사가 대외적으로 명시적 또는 묵시적으로 표시되었어야 한다.

조세법률관계에서 과세관청의 행위에 대하여 국세기본법이 정하는 신의칙 내지 비과세관행이 성립되었다고 하려면 장기간에 걸쳐 어떤 사항에 대하여 과세하지 아니하였다는 객관적 사실이 존재할 뿐만 아니라 과세관청 자신이 그 사항에 대하여 과세할 수 있음을 알면서도 어떤 특별한 사정에 의하여 과세하지 않는다는 의사가 있고 이와 같은 의사가 대외적으로 명시적 또는 묵시적으로 표시될 것임을 요한다(대법원 2000.1.21. 선고, 97누11065 판결 ; 1993.7.27. 선고, 90누10384 판결).

국세기본법 §18 ③에서 '일반적으로 납세자에게 받아들여진 세법의 해석 또는 국세행정의 관행'이란 비록 잘못된 해석 또는 관행이라도 특정납세자가 아닌 불특정한 일반납세자에게 정당한 것으로 이의 없이 받아들여져 납세자가 그와 같은 해석 또는 관행을 신뢰하는 것이 무리가 아니라고 인정될 정도에 이른 것을 말한다(대법원 2006.6.29. 선고, 2005두2858 판결 ; 2010.4.15. 선고, 2007두19294 판결).

'장기간'에 대해서는 공익적 목적에서 4년 동안 과세하지 않았다면 비과세관행이 성립되었다고 보았다. 보세운송면허세의 부과근거이던 지방세법 시행령이 1973.10.1. 제정되어 1977.9.20.에 폐지될 때까지 4년 동안 그 면허세를 부과할 수 있는 점을 알면서도 과세관청이 수출확대라는 공익상 필요에서 한 건도 이를 부과한 일이 없었다면 납세자인 원고는 그것을 믿을 수밖에 없고 그로써 비과세의 관행이 이루어졌다고 보아도 무방하다고 한다(대법원 1980.6.10. 선고, 80누6 전원합의체 판결).

일정기간 과세누락이 있었다는 사실만으로는 일반적으로 납세자들에게 받아들여진 국세관행이 있는 것으로 볼 수 없지만, 과세관청이 과세할 수 있는 사정을 알면서도 불과세를 시사하는 언동이 있었고 어떠한 공익상의 필요에서 상당기간 이를 부과하지 아니함으로써 납세자가 그것을 신뢰하는 것이 무리가 아니라고 인정할 만한 사정이 있을 때에 비과세관행이 성립되었다고 인정할 여지가 있다고 한다(대법원 1984.5.22. 선고, 84누55 판결 ; 1985.5.14. 선고, 84누454 판결).

① 주택건설사업자로부터 전용면적이 165㎡에 약간 모자라는 주상복합건축물인 주택을 매수하여 타인에게 양도하면서 과세관청에 양도소득세 감면신청을 한 사안에서, 발코니 부분의 면적은 공동주택의 전용면적에 포함시키지 않는다는 의사를 대외에 묵시적으로 표시한 과세관행이 성립된 것으로 보아, 발코니 부분의 면적을 전용면적에 포함시켜 과세한 양도소득세 부과처분은 납세자에게 받아들여진 국세행정의 관행에 반하는 위법한 처분(대법원 2010.9.9. 선고, 2009두23419 판결)

② 국내회사가 국내사업장이 없는 외국법인과의 공급계약에 따라 그 법인이 지정하는 자에게 서비스를 제공하고 그 대가를 그 법인에게 지급하여야 할 금액에서 차감하는 방식으로 지급받는 거래에 대하여 과세관청이 부가가치세 부과처분을 한 사안에서, 그 거래는 외화획득 거래로서 영세율이 적용되어 온 과세관행에 포섭될 수 있으므로, 위 부과처분은 신의칙 내지 새로운 해석에 의한 소급과세금지의 원칙에 반하여 위법(대법원 2010.4.15. 선고, 2007두19294 판결)

③ 사업소세 도입 이래 20년 이상 간호전문대학의 운영자가 경영하는 병원에 대하여 사업소세를 부과하지 않으면서, 장기간 인근 다른 과세관청의 유사 사례에 대한 사업소세 과세 시도를 보면서도 비과세조치를 계속 유지한 경우, 묵시적으로 사업소세 비과세의 의사를 표시한 것으로 볼 수 있으므로, 비과세관행이 성립(대법원 2009.12.24. 선고, 2008두15350 판결)

④ 재차증여 시 종전 증여분을 합산과세함에 있어 종전증여분의 국세부과제척기간이 경과한 경우 이를 합산하여 과세할 수 있는지의 여부에 대하여 살펴보면, 전시의 상속세법 §31의3 조항은 상속세법 §31의2의 누진세율 적용을 회피하는 수단이 될 수 있는 분할증여를 방지하기 위해 종전 증여분을 합산하여 누진세율을 적용하려는 세액계산상의 특례규정으로 볼 것이므로, 종전 증여분의 국세부과 제척기간이 경과하였는지 여부에 불구하고 합산하여 과세할 수 있다고 봄이 타당하다고 판단되나,
이와 관련하여 국세청장은 국세청예규(국세청 재산 01254-3166, 1988.11.3.)에서 「상속세법 제31조의3 규정(재차증여)을 적용함에 있어 소멸시효가 완성된 증여분에 대하여는 이를 합산하지 않는 것이다」라고 하였고, 또한 이 해석은 결정일 현재에도 유효하다고 하고 있어 일응 비과세관행이 성립된 것(심사대구 95-16, 1995.3.10., 심사 95-15, 1995.2.1.)

⑤ 이 사건 잔존유의 통관에 있어서 관세청장의 회신을 얻은 사항은 과세관청(관세청이 이 사건 부과처분의 사무관할 기관인지 불분명하지만 청구인의 입장에서 관세청이 이 사건 부과처분의 권한있는 기관으로 보는 데 대하여 잘못이 있다 할 수 없다)이 이 사건 잔존유에 대하여 과세할 수 없음을 명시적으로 표시한 특별한 사정이라 할 것이고, 청구인이 이와 같은 회신을 믿고 계속하여 같은 방법으로 선박 잔존유를 반입한 점, 교통세법이 시행된 이후 이 사건 잔존유에 대하여 교통세를 부과하고 있지 않는 것이 장기간에 걸쳐 일어난 객관적인 사실인 점을 종합하여 볼 때 이 사건 선박 잔존유의 반입 시 교통세를 납부하지 아니하는 비과세관행이 성립된 것(감심 2003-96, 2003.9.2.)

⑥ 청구법인은 약 65년 동안 교육서비스를 제공하면서 법인세를 신고한 사실이 없고 과세관청도 약 65년 동안 청구법인이 현재와 같은 형태의 교육서비스를 공공연히 제공하고 있는 사실을 충분히 인지하고 있다고 보임에도 화교학교인 점 등 특수한 사정을 고려하여 암묵적으로 과세를 하지 아니한 것으로 보이는 점, 청구법인과 같은 상황에 처해 있는 화교학교에 대한 과세사례도 제시되지 아니한 점 등을 종합해보면 청구법인이 약 65년 동안 화교들에게 제공한 교육서비스업에 대하여는 국세기본법 §18 ③의 비과세관행이 성립되었다고 보는 것이 타당(조심 2013광1537, 2014.1.20.)

다) 비과세관행이 아닌 사례

환급한 세금을 다시 추징하였다고 하여 신의칙이나 비과세관행에 관한 소급과세금지원칙에 위배되는 것은 아니며(대법원 2006.6.29. 선고, 2005두2858 판결), 과세관청이 과거의 언동을 시정하여 장래에 향하여 처분하는 것은 신의성실의 원칙이나 소급과세금지의 원칙을 위반한 것은 아니다(대법원 1993.2.12. 선고, 92누5478 판결 ; 2009.12.24. 선고, 2008두15350). 또, 단순히 세법의 해석기준에 관한 공적 견해의 표명이 있었다는 사실만으로 그러한 해석 또는 관행이 있다고 볼 수 없다(대법원 2006.6.29. 선고, 2005두2858 판결).

'묵시적 표시'에 대해 대법원은 묵시적 표시가 있다고 하기 위해서는 단순한 과세 누락과는 달리 과세관청이 상당기간 불과세 상태에 대하여 과세하지 않겠다는 의사표시를 한 것으로 볼 수 있는 사정이 있어야 하고, 이 경우 특히 과세관청의 의사표시가 일반론적인 견해표명에 불과한 경우에는 위 원칙의 적용을 부정하여야 할 것이라고 하였다(대법원 1995.11.14. 선고, 95누10181 판결 ; 2000.1.21. 선고, 97누11065 판결 ; 2001.4.24. 선고, 2000두5203 판결).

라) 비과세관행의 소멸시점

일단 성립한 비과세관행이 더 이상 유효하지 않다고 하기 위해서는 종전의 비과세관행을 시정하여 앞으로 당해 과세물건에 대하여 과세하겠다는 과세관청의 확정적인 의사가 표시되어야 하며, 그러한 의사표시는 반드시 전체 과세관청에 의하여 이루어지거나 처분 또는 결정과 같이 구체적인 행정작용을 통하여 이루어질 필요는 없지만, 적어도 공적 견해의 표명으로서 그로 인하여 납세자가 더 이상 종전의 비과세관행을 신뢰하는 것이 무리라고 여겨질 정도에 이르러야 한다(대법원 2011.5.13. 선고, 2008두18250 판결).

마) 입증책임

비과세관행의 존재에 대한 증명책임은 이를 주장하는 납세자에게 있다(대법원 1992.9.8. 선고, 91누13670 판결 : 2002.10.25. 선고, 2002두172 판결 : 2006.6.29. 선고, 2005두2858 판결). 이때 입증책임이 있는 당사자가 그 주장사실을 증명할 만한 아무런 증거를 제출하지 않은 채 상대방에게 반대증거의 제출을 요구하였으나 상대방이 이에 응하지 않았다고 하여 그 주장사실이 추정되거나 또는 입증의 필요가 상대방에게 돌아가게 되는 것은 아니다(대법원 2002.2.8. 선고, 2000두1652 판결).

3 조세불복의 종류

가. 조세불복의 종류와 법률근거

1) 조세불복의 종류

가) 과세전적부심사

세금을 고지하기 전에 과세관청이 납세자에게 세무조사결과를 서면으로 통지(세무조사결과통지)하거나 과세할 내용을 미리 알려주고(과세예고통지), 납세자가 그 통지내용에 따른 과세가 적법한지의 여부에 관해 과세적부심사를 청구하도록 하여 세금이 실제 고지되어 납세자의 권리가 침해되기 전에 납세자의 권리를 공정하고 신속하게 보호・구제하기 위한 제도이다.

과세예고통지서 등을 수령한 납세자는 통지서를 수령한 날로부터 30일 이내에 과세전적부심사를 청구하여야 하고, 과세관청은 청구받은 날로부터 30일 이내에 결정하여야 한다.

나) 이의신청

과세관청의 처분이나 부작위로 권리 또는 이익을 침해 당한 자는 심판청구 또는 심사청구를 제기하기 전에 당해 처분을 하거나 하였어야 할 세무관서에 이의신청을 제기할 수 있다. 국세의 경우 고지서를 발급한 세무서에 접수하면 되고, 지방세의 경우 가령 서울시라면 특별시세의 이의신청은 그 과세처분을 한 자치구 세무부서 또는 서울시 세제과에 접수하고, 자치구세 이의신청은 반드시 그 과세처분을 한 해당 자치구 세무부서에 접수하여야 한다.

이의신청은 심판청구 또는 심사청구를 제기하기 전에 선택적으로 할 수 있는 제도이므로 납세자는 이의신청을 거치지 않고 바로 심판청구나 심사청구·감사원 심사청구 중 하나를 제기할 수 있다.

이의신청을 받은 세무관서의 장은 이의신청을 받은 날부터 30일(지방세의 경우 90일) 이내에 결정하여야 한다.

다) 국세청 심사청구

조세에 관하여 권리 또는 이익의 침해를 당한 납세자가 처분청의 최상급 기관인 국세청장·관세청장 또는 광역지방자치단체의 장에게 제기하는 불복절차이다. 심사청구를 제기한 납세자는 심판청구나 감사원 심사청구는 제기할 수 없다.

심사청구는 당해 처분이 있은 것을 안 날(처분의 통지를 받은 때에는 그 받은 날)로부터 90일 이내에 제기하여야 하며, 이의신청을 거친 후 심사청구를 할 때에는 이의신청에 대한 결정의 통지를 받은 날(이의신청결정기간 내에 결정의 통지를 받지 못한 경우에는 그 결정기간이 경과한 날)로부터 90일 이내에 제기하여야 한다.

심사청구를 접수한 과세관청의 장은 심사청구를 받은 날부터 90일 이내에 결정하여야 하며, 심사청구에 대한 결정의 통지를 받은 날(90일 내에 결정의 통지를 받지 못한 경우에는 그 결정기간이 경과한 날)로부터 90일 이내에 처분청 관할 행정법원에 소송을 제기할 수 있다.

라) 심판청구

위법하거나 부당한 조세관련 처분을 받은 경우 또는 필요한 처분을 받지 못한 납세자가 조세심판원에 심판청구를 제기하여 잘못된 세금을 바로잡을 수 있는 제도로써, 과세관청인 국세청·관세청 및 지방자치단체와는 독립된 조세심판원에 제기하는 불복절차이다.

심판청구는 당해 처분이 있은 것을 안 날(처분의 통지를 받은 때에는 그 받은 날)부터 90일

이내에 제기하여야 하며, 이의신청을 거친 후 심판청구를 할 때에는 이의신청에 대한 결정의 통지를 받은 날로부터 90일 이내에 제기하여야 한다. 다만, 이의신청 결정기간인 30일(지방세는 90일) 내에 결정의 통지를 받지 못한 경우에는 그 결정기간이 경과한 날부터 심판청구를 할 수 있다.

심판청구는 그 처분을 하거나 하였어야 할 세무서장(세관장), 지방자치단체의 장을 거쳐 조세심판원장에게 하거나 세무서장 등을 거치지 않고 직접 조세심판원장에게 할 수 있으며, 조세심판원장은 심판청구를 받은 날로부터 90일 이내에 결정하여야 한다.

마) 감사원 심사청구

감사원의 감사를 받는 자(피감사기관)의 직무에 관한 처분이나 그 밖의 행위에 관하여 이해관계가 있는 자는 감사원에 그 처분이나 행위에 대한 심사청구를 할 수 있다(감사원법 §43 ①).

국세청·관세청 및 지방자치단체 등 과세관청도 감사원의 감사를 받는 행정기관이므로 과세관청의 처분에 승복할 수 없는 납세자는 감사원에 이 처분의 취소를 구하는 심사청구를 제기할 수 있다. 과세처분이 있은 것을 안 날부터 90일 이내에 당해 처분을 하거나 하였어야 할 세무관서의 장을 거쳐 심사청구서를 제출하면 된다.

감사원의 심사청구를 거친 사건에 대하여는 조세심판원에 대한 심판청구 또는 국세청 등에 대한 심사청구를 할 수 없으며, 국세기본법에 따른 심사청구 또는 심판청구를 거친 것으로 보아 행정소송을 제기할 수 있다(국기법 §56 ④). 행정소송은 경정의 통지를 받은 날부터 90일 이내에 제기하여야 한다.

2) 조세불복의 법률근거

가) 국세불복

국세불복에 관하여는 국세기본법 제7장(§55부터 §81까지)에서 이의신청·국세청 심사청구·심판청구 등의 불복절차를 규정하고 있으며, 고지처분 전 사전적 구제제도로서의 불복절차에 해당하는 과세전적부심사는 장을 달리하여 별도로 규정하고 있다(국기법 §81의15).

감사원 심사청구에 대해서는 감사원법 제3장(§43부터 §48까지)에서 별도로 규정하고 있다.

구분	종류	재결청	근 거	
			법령	규칙 · 규정
사전적 구제절차	과세전적부심사청구	세무서, 지방청, 국세청	국세기본법 §81의15	과세전적부심사 사무처리규정
사후적 구제절차	이의신청	세무서, 지방청	국세기본법 §66	국세심사 사무처리규정
	국세청 심사청구	국세청	국세기본법 §61~§65	
	심판청구	조세심판원	국세기본법 §67~§81	조세심판원 운영규정
	감사원 심사청구	감사원	감사원법 §43~§48	감사원 심사규칙

나) 지방세불복

지방세불복에 관하여는 지방세기본법 제8장(§117부터 §127까지)에서 이의신청 · 심사청구 · 심판청구 등 불복절차를 규정하고 있으며, 국세기본법과 마찬가지로 과세전적부심사는 별도로 규정하고 있다(지기법 §116).

지방세기본법에서 별도로 정하고 있는 사항을 제외한 사항은 국세기본법의 불복에 관한 규정을 준용(지기법 §125, 127)하므로, 지방세의 불복절차는 국세의 경우와 상당부분 유사하다.

나. 조세불복절차의 구조

1) 국세불복 절차

가) 사전적 구제절차

과세관청으로부터 세무조사결과통지 또는 과세예고통지를 받은 납세자는 사전적 구제절차로서 국세기본법에 의한 과세전적부심사를 청구할 수 있다.

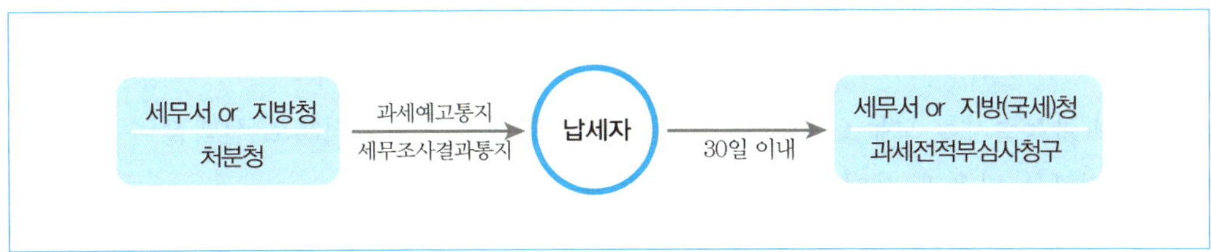

나) 사후적 구제절차

과세관청의 고지처분을 받은 납세자는 사후적 구제절차로서 국세기본법에 의한 불복절차나 감사원법에 의한 불복절차를 선택하여 동 불복절차를 거친 후 행정소송을 제기할 수 있으나, 원칙적으로 국세기본법에 의한 불복절차와 감사원법에 의한 불복절차를 중복하여 제기할 수는 없다. 국세처분에 대한 불복절차의 전체구조를 살펴보면 다음 그림과 같다.

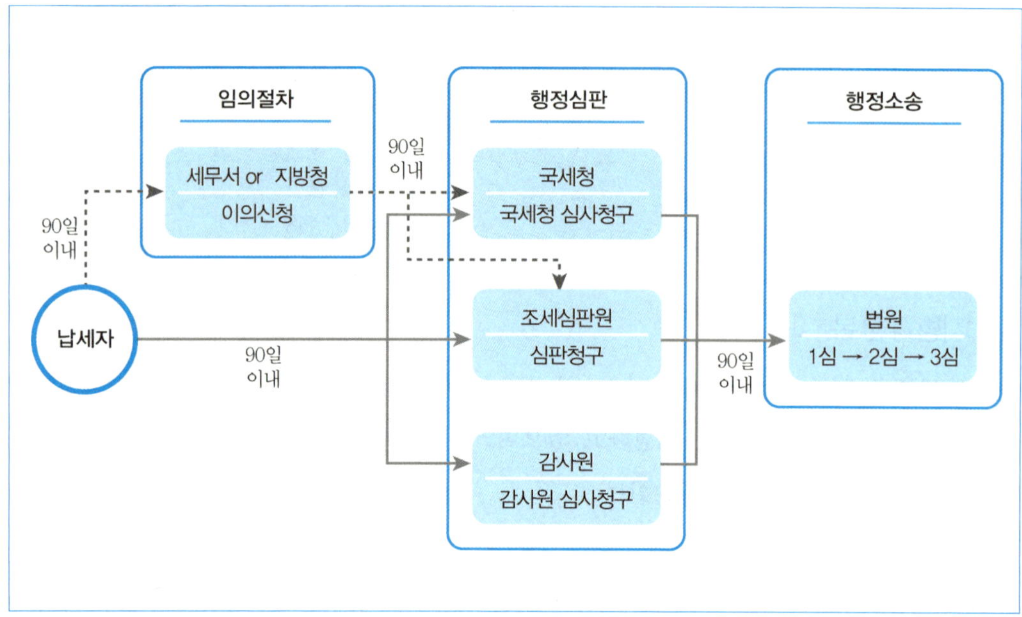

① 이의신청은 임의절차이므로 반드시 거치지 않아도 된다.

② 국세청 심사청구·심판청구·감사원 심사청구 중 하나를 거치지 않고 바로 행정소송을 제기할 수 없다.

③ 이의신청을 거쳤더라도 국세청 심사청구·심판청구 중 하나를 거치지 않고 행정소송을 제기할 수 없다.

④ 국세청 심사청구·심판청구·감사원 심사청구는 서로 중복하여 청구할 수 없다. 둘 이상 절차를 동시에 제기할 수 없고, 한 가지 청구 결과에 불복하여 다른 절차를 제기할 수도 없다.

이상의 불복절차를 모두 고려하면 납세고지 후 납세자가 현실적으로 선택할 수 있는 조세불복 경로는 다음과 같이 5가지로 요약할 수 있다.

구 분	선택할 수 있는 경로
국세기본법에 의한 불복절차 선택	1. 이의신청 → 국세청 심사청구 → 행정소송
	2. 이의신청 → 심판청구 → 행정소송
	3. 국세청 심사청구 → 행정소송
	4. 심판청구 → 행정소송
감사원법에 의한 불복절차 선택	5. 감사원 심사청구 → 행정소송

국세불복의 경우 행정심판 전치주의에 따라 행정소송을 제기하기 위해서는 국세기본법에 의한 국세청 심사청구 또는 심판청구나 감사원법에 의한 감사원 심사청구의 3가지 절차 중 하나를 반드시 거쳐야 한다. 한편, 이의신청은 임의적 절차이기 때문에 납세자의 선택에 따라 반드시 거치지 않아도 되는 절차이다.

따라서 납세자는 전치절차로 어느 경로를 거칠 것인지를 먼저 선택한 후 이의신청 제기 여부를 결정하여야 할 것이다. 왜냐하면 전치절차로 일단 감사원 심사청구를 선택하였다면 이의신청을 거쳐 감사원 심사청구에 이르기는 실무상 상당히 어렵기 때문이다. 이유는 감사원 심사청구의 제기기간 때문에 발생하는 문제인데, 국세기본법에 의한 불복절차를 선택하여 이의신청을 거쳐 심사청구 또는 심판청구를 제기하는 경우는 이의신청결정서를 수령한 날부터 새로 청구기간(90일)이 기산되지만, 이의신청을 거쳐 감사원 심사청구를 제기하는 경우는 이와 달리 감사원 심사청구의 청구기간이 이의신청결정서를 수령한 날부터 기산되는 것이 아니라 '심사청구의 원인이 되는 행위일'로부터 청구기간이 기산되기 때문이다(감사원법 §44).

즉, 이의신청을 거쳐 감사원 심사청구를 진행하기 위해서는 고지서를 받은 후 90일 이내에 이의신청 과정(접수 → 심리 → 회의 → 결정)을 모두 마치고 감사원 심사청구서 접수까지 완료하여야 비로소 가능하다는 의미인데 사실상 불가능하다고 보아야 할 것이다. 이런 어려움이 있기 때문에 감사원 홈페이지에서는 다음과 같이 주의를 환기시키고 있다.

이의신청절차는 임의적 절차이므로 납세자가 선택하여 청구할 수 있는데, 다만 이의신청을 거쳐 감사원 심사청구를 하는 경우에는 이의신청결정일이 아니라 "심사청구의 원인이 되는 행위일"로부터 심사청구 제기기간을 기산하므로 심사청구 제기기간이 경과한 이후에 제출되지 않도록 유의하셔야 합니다.

만약 납세자가 이의신청과 감사원 심사청구를 동시에 제기하면 중복제기 금지에 따라 감사원 심사청구를 진행하므로 이의신청은 각하된다(국기통 65-0…1 ②).

2) 지방세 불복절차

가) 사전적 구제절차

도 및 시·군·구 등 과세관청으로부터 세무조사결과통지 또는 과세예고통지를 받은 납세자는 사전적 구제절차로서 과세전적부심사를 청구할 수 있는 점은 국세와 같고, 도세는 도지사에게, 시·군세는 시장·군수에게 청구한다.

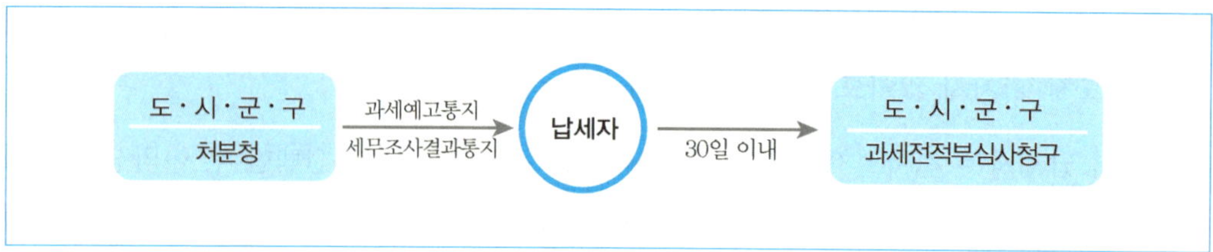

나) 사후적 구제절차

과세관청의 고지처분을 받은 납세자는 사후적 구제절차로서 지방세기본법에 의한 불복절차나 감사원법에 의한 불복절차를 선택하여 동 불복절차를 거친 후 행정소송을 제기할 수 있다는 점은 국세의 불복절차와 같으나, 지방세의 경우는 이런 불복절차를 거치지 않고 바로 행정소송을 제기할 수 있다는 점은 국세와 다르다. 지방세 처분에 대한 불복절차의 전체구조를 살펴보면 다음 그림과 같다.

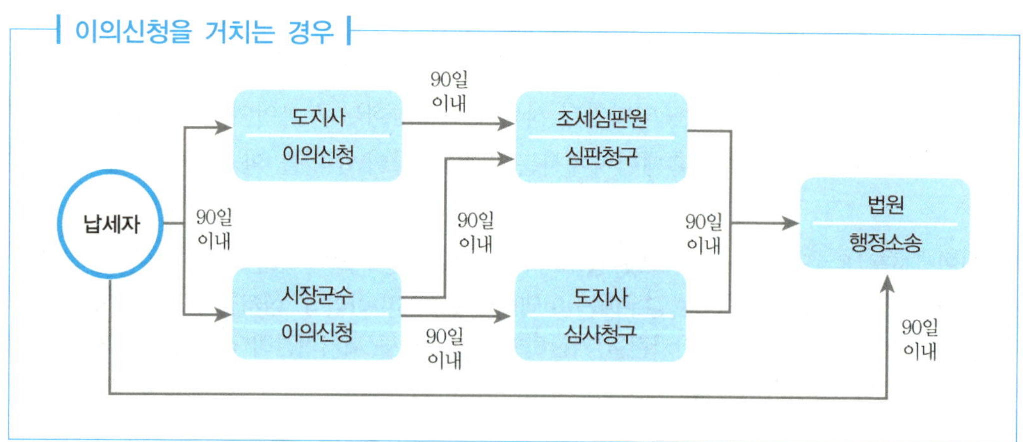

국세의 불복절차와 마찬가지로 이의신청은 임의적 절차이기 때문에 생략할 수 있다. 이의신청을 생략하는 경우 도세는 심판청구를, 시・군세는 심판청구와 도지사에게 청구하는 심사청구 중 하나를 선택하여 제기할 수 있다.

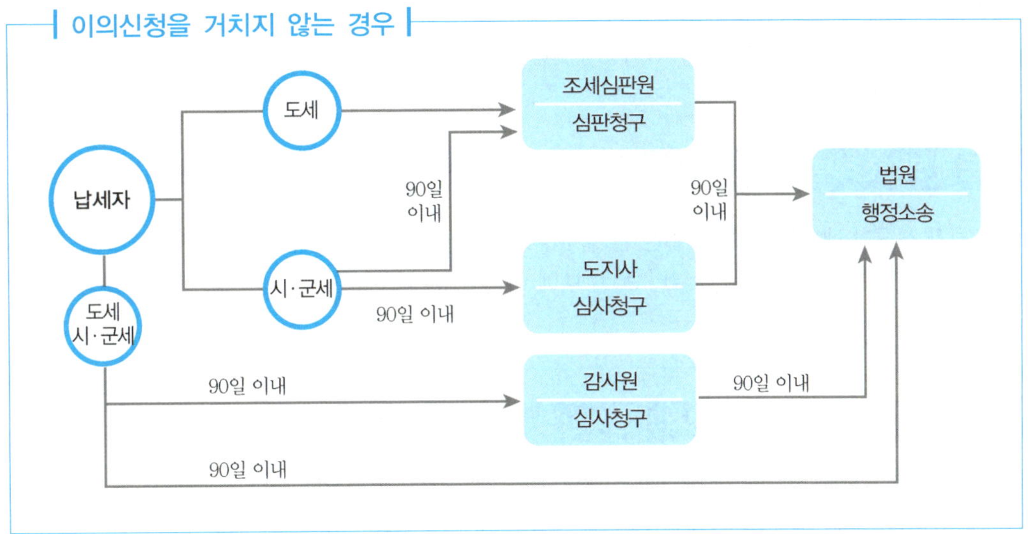

이상의 불복절차를 모두 고려하면 납세고지 후 납세자가 현실적으로 선택할 수 있는 조세불복 경로는 다음과 같이 6가지로 요약할 수 있다.

구 분	선택할 수 있는 경로
국세기본법에 의한 불복절차 선택	1. 이의신청 → 심사청구 → 행정소송
	2. 이의신청 → 심판청구 → 행정소송
	3. 심사청구 → 행정소송
	4. 심판청구 → 행정소송
감사원법에 의한 불복절차 선택	5. 감사원 심사청구 → 행정소송
전치절차 생략하는 경우	6. 행정소송

지방세 불복절차는 도세인 경우 다시 도지사에게 심사청구를 제기할 수 없다는 점만 제외하면 국세의 불복절차와 매우 유사하다. 반면, 행정심판에 관하여 임의적 전치주의를 채택하고 있으므로 전치절차를 거치지 않고 고지서 수령 후 곧바로 행정소송을 제기할 수 있다는 점이 다르다.

다. 불복방법의 통지의무

1) 재결청의 통지의무

재결청은 결정서에 그 결정서를 받은 날부터 90일 이내에 이의신청의 경우 심사청구 또는 심판청구를 제기할 수 있고, 심사청구 또는 심판청구의 경우 행정소송을 제기할 수 있다는 내용을 명시하여야 한다.

국세 과세전적부심사 결정서의 불복방법 통지 예시

귀하가 청구한 내용이 "불채택 결정"된 경우 추후 납세고지서를 받은 날(처분이 있은 것을 안 날 또는 처분의 통지를 받은 날)로부터 90일 내에 이의신청 · 심사청구 또는 심판청구 등의 불복청구를 할 수 있습니다.

지방세 과세전적부심사 결정서의 불복방법 통지 예시

과세전적부심사를 거친 후에 과세된 처분에 대하여 그 처분의 통지를 받은 날부터 90일 이내에 지방세기본법 제118조 내지 제119조 규정에 의하여 이의신청, 심판청구(조세심판원장) 및 심사청구(감사원장), 행정소송을 제기할 수 있음을 알려드립니다.

이의신청 결정서의 불복방법 통지 예시

이 결정에 대하여 이의가 있는 때에는 이 결정서를 받은 날로부터 90일 이내에 국세청장에게 심사청구를 하거나 조세심판원장에게 심판청구를 할 수 있습니다.

심판청구 결정서의 불복방법 통지 예시

청구인은 이 결정에 대하여 이의가 있는 때에는 이 결정서를 받은 날부터 90일 이내에 행정법원(행정법원이 설치되어 있지 않은 지역은 지방법원 본원)에 행정소송을 제기할 수 있습니다.

또한, 그 신청 또는 청구에 대한 결정기간이 지나도록 결정을 하지 못한 경우 결정의 통지를 받기 전이라도 그 결정기간이 지난 날부터 이의신청인은 심사청구 또는 심판청구를, 심사청구인 또는 심판청구인은 행정소송을 제기 할 수 있다는 내용을 지체 없이 그 신청인 또는 청구인에게 서면으로 통지하여야 한다(국기법 §60).

2) 과세예고통지 등의 경우

세무조사 결과통지 및 과세예고통지 등의 경우에도 통지서에 권리구제절차에 대해 안내하고 있다.

감사결과 과세예고 통지에 대한 권리구제 절차

1. 이 통지 내용에 이의가 있으면 이 통지서를 받은 날로부터 30일 이내에 과세전적부심사 청구를 할 수 있으며, 과세전적부심사 청구를 하지 않을 때에는 조기결정신청서를 제출하면 즉시 결정・고지를 받게 되어 가산세 부담을 줄일 수 있습니다.
2. 국세징수법 제14조에 규정된 납기전징수 사유가 있거나, 세법에서 규정하는 수시부과 사유가 있는 경우, 조세범처벌법 위반으로 고발 또는 통고처분하는 경우 또는 감사결과 과세예고통지일부터 국세부과 제척기간의 만료일까지의 기간이 3개월 이하인 경우 등에 해당되면 과세전적부심사 청구대상에서 제외됩니다.
3. 과세전적부심사결정이나 조기결정신청서 제출에 따른 고지에 대하여 다시 이의가 있으면 납세고지서를 받은 날부터 90일 이내에 국세기본법에 따른 불복청구 등을 할 수 있습니다.

3) 불복방법의 통지를 잘못한 경우의 구제

불복할 기관을 잘못 통지하여 신청인 또는 청구인이 그 통지된 기관에 신청 또는 청구를 한 경우에는 정당한 기관에 해당 이의신청・심사청구 또는 심판청구를 한 것으로 보며, 그 신청 또는 청구를 받은 기관은 정당한 기관에 지체 없이 이송하고 그 뜻을 해당 신청인 또는 청구인에게 통지하여야 한다(국기령 §49).

라. 중복 제기된 불복청구의 처리

1) 이의신청을 세무서와 지방국세청에 중복 제기한 경우

이의신청은 해당 처분을 하였거나 하였어야 할 세무서나 관할 지방청 중 선택하여 청구할 수 있다. 이때, 세무서에는 청구할 수 없고 반드시 지방청에만 청구하여야 하는 특정한 사유가 있는데, 이에 대해서는 제2장에서 설명하기로 한다(국기법 §66 ①).

불복청구인이 동일한 처분에 대한 이의신청을 세무서와 지방청에 중복하여 제기한 경우에는 지방청에 이의신청을 제기한 것으로 본다. 다만, 지방청에 제기한 이의신청이 청구기간을 경과한 때에는 청구기간 내에 세무서에 제기된 이의신청을 심리한다(국기통 55-0…5 ①).

중복 청구		이의신청을 진행하는 재결청
세무서에 청구	지방청에 청구	
기한 준수	기한 준수	지방청
기한 준수	기한 경과	세무서
기한 경과	기한 준수	지방청
기한 경과	기한 경과	각하

2) 이의신청과 국세청 심사청구를 중복 제기한 경우

국세부과에 이견이 있는 불복청구인은 국세청 심사청구를 바로 제기할 수도 있고, 이의신청을 먼저 거친 후 국세청 심사청구를 제기할 수도 있다.

만약 불복청구인이 동일한 처분에 대하여 이의신청과 심사청구를 중복 제기하였을 경우에는 심사청구를 제기한 것으로 본다. 다만, 심사청구가 청구기간을 경과한 때에는 청구기간 내에 제기된 이의신청을 심리한다(국기통 55-0…5 ②).

중복 청구		심리하는 불복절차
이의신청 청구	국세청 심사청구 청구	
기한 준수	기한 준수	국세청 심사청구
기한 준수	기한 경과	이의신청
기한 경과	기한 준수	국세청 심사청구
기한 경과	기한 경과	각하

3) 이의신청 또는 국세청 심사청구와 감사원 심사청구를 중복 제기한 경우

국세처분에 이견이 있는 불복청구인은 국세청 심사청구를 제기하거나 이의신청을 먼저 거친 후 국세청 심사청구를 제기할 수도 있지만, 이런 과정을 거치지 않고 감사원 심사청구를 바로 제기할 수 있다.

만약 불복청구인이 동일한 처분에 대하여 이의신청 또는 국세청 심사청구와 감사원 심사청구를 중복 제기한 경우에는 감사원 심사청구를 제기한 것으로 보며, 이의신청과 국세청 심사청구는 각하한다(국기통 65-0…1 ②). 다만, 감사원 심사청구가 청구기간을 경과한 때에는 청구기간 내에 제기된 이의신청 또는 국세청 심사청구를 심리한다(국기통 55-0…5 ③).

중복 청구			심리하는 불복절차
이의신청	국세청 심사청구	감사원 심사청구	
기한 준수	기한 준수	기한 준수	감사원 심사청구
기한 준수	기한 준수	기한 경과	국세청 심사청구
기한 준수	기한 경과	기한 경과	이의신청
기한 경과	기한 경과	기한 경과	각하

4) 이의신청 또는 국세청 심사청구와 심판청구를 중복 제기한 경우

불복청구인이 동일한 처분에 대하여 청구기간 내에 이의신청·심사청구 또는 심판청구를 중복 제기한 경우 청구인의 의사를 확인하여 처리한다. 이 경우 청구인이 선택하지 않은 불복청구는 각하한다(국기통 65-0…1 ③).

5) 이의신청·국세청 심사청구 또는 심판청구와 감사원 심사청구를 중복 제기한 경우

불복청구인이 동일한 처분에 대하여 이의신청·심사청구 또는 심판청구와 감사원 심사청구를 불복제기 기간 내에 중복 제기한 경우 이의신청·심사청구 또는 심판청구는 각하한다(국기통 65-0…1 ②).

마. 과세관청의 대응

국세의 과세관청인 국세청은 조세불복에 대한 대응력을 제고시킬 목적으로 지방청 조사국 내에 조사심의팀을 구성하여 불복업무를 총괄 대응하고 있다. 조사심의팀의 우선적 업무는 부실과세를 방지할 목적으로 세무조사가 종결되기 전에 현장 조사팀의 과세 이슈에 대해 과세 가능 여부 및 과세논리 등을 개발·보강하는 역할이지만, 과세 후 조세불복이 제기된 사건을 총괄적으로 대응하는 역할도 한다.

조사심의팀은 진행하고 있는 모든 불복사건을 일괄 파악하여 관리하면서, 사건별 일정관리 및 의견서 또는 답변서의 작성·검토 등 조세불복 사건의 총괄수행 역할을 수행한다.

4 다른 법률과의 관계

가. 행정소송과의 관계 : 행정심판 전치주의

- 국세 · 관세 : 3가지 전치절차(① 국세청 심사청구, ② 조세심판원 심판청구, ③ 감사원 심사청구) 중 하나의 절차를 반드시 거쳐야 행정소송 제기할 수 있음
- 지방세 : 전치절차는 선택적이며, 전치절차 없이 행정소송 제기할 수 있음

과세관청을 포함한 행정관청의 처분으로 인해 권리나 이익을 침해당한 납세자는 최종적으로는 법원에 소송을 제기하여 그 처분의 취소를 구할 수 있다. 다만, 궁극적인 소송에 이르기 전에 행정관청 스스로 다시 행정처분의 적법성을 검토할 기회를 부여함으로써 비교적 짧은 시간에 잘못된 처분을 바로잡고, 소송의 범람을 방지하는 취지로 행정소송 제기에 앞서 행정관청에 행정심판을 청구하여 처분의 시정을 먼저 구하도록 한 것을 행정심판 전치주의라 한다.

행정심판 전치주의는 행정소송을 제기하기 위해서는 반드시 행정심판을 먼저 거쳐야 하는 필요적 전치주의와 국민의 선택에 따라 행정심판의 결과를 본 후에 행정소송을 제기하거나, 행정심판을 거치지 않고 바로 행정소송을 제기할 수 있는 임의적 전치주의로 나눈다.

우리나라는 조세불복소송을 포함한 모든 행정소송을 제기하기 위해서는 반드시 행정심판을 먼저 거쳐야 하는 필요적 전치주의를 취하고 있었으나, 1998.3.1. 행정소송법이 개정되면서 원칙적으로는 임의적 전치주의를, 예외적으로 필요적 전치주의를 채택하였다(행정소송법 §18 ①).[7] 조세불복소송의 경우 국세와 관세는 필요적 전치주의가 적용되는 반면 지방세는 임의적 전치주의가 적용된다.

국세 관세	국세(또는 관세)에 관한 위법한 처분에 대한 행정소송은 행정소송법 규정에 불구하고 국세기본법(또는 관세법)에 따른 심사청구 또는 심판청구와 그에 대한 결정을 거치지 않으면 제기할 수 없다(국기법 §56 ②, 관세법 §120 ②).	⇨	필요적 전치주의
지방세	위와 같은 내용의 법률 규정이 없다.	⇨	임의적 전치주의

7) 행정소송법 제18조【행정심판과의 관계】 ①취소소송은 법령의 규정에 의하여 당해 처분에 대한 행정심판을 제기할 수 있는 경우에도 이를 거치지 아니하고 제기할 수 있다. 다만, 다른 법률에 당해 처분에 대한 행정심판의 재결을 거치지 아니하면 취소소송을 제기할 수 없다는 규정이 있는 때에는 그러하지 아니하다.

1) 국세와 관세

- 행정소송은 ① 국세청 심사청구, ② 조세심판원 심판청구, ③ 감사원 심사청구 결정통지서 수령일부터 90일 이내에 제기하여야 한다.
- 위 ①, ②, ③ 청구를 접수한 날로부터 90일 이내에 결정통지를 받지 못하면 결정통지를 기다리지 않고 바로 행정소송을 제기할 수 있다.

가) 필요적 전치주의

2000.1.1.부터 국세와 관세의 부과취소를 구하는 행정소송을 제기하기 위해서는 반드시 국세청 심사청구 · 심판청구 · 감사원 심사청구 중 어느 하나를 선택적으로 거쳐야 하지만[8], 행정심판 절차인 국세청 심사청구나 조세심판원 심판청구에 앞서 처분을 한 세무서장이나 지방청장에게 이의신청을 거칠 수 있으므로 원칙적 단심급(국세청 심사청구 or 심판청구)이고, 선택적 2심급(이의신청 → 국세청 심사청구 or 심판청구)이다.

행정소송은 국세청 심사청구 · 심판청구 · 감사원 심사청구에 대한 결정통지서 수령일로부터 90일 이내에 제기하여야 한다. 다만, 국세청 심사청구 또는 심판청구를 한 날로부터 90일 내에 결정의 통지를 받지 못한 경우에는 결정의 통지를 받기 전이라도 그 결정기간이 지난 날부터 행정소송을 제기할 수 있다(국기법 §56 ③).

나) 전치절차를 거치지 않을 수 있는 경우

대법원 판례에 따르면 납세의무자로 하여금 굳이 또 전심절차를 거치게 하는 것이 가혹하다고 보이는 등 정당한 사유가 있는 경우 전치절차를 거치지 않고 바로 행정소송을 제기할 수 있는데, 판례에서 정당한 사유로 들고 있는 예시는 다음과 같다(대법원 2014.12.11. 선고, 2012두20618 판결 ; 2009.5.28. 선고, 2007두25817 판결 ; 2006.4.14. 선고, 2005두10170 판결 등 다수).

전심절차 생략하고 행정소송을 제기할 수 있는 정당한 사유

① 2개 이상의 같은 목적의 행정처분이 단계적 · 발전적 과정에서 이루어진 것으로서 서로 내용상 관련이 있는 경우
② 조세행정소송 계속 중에 그 대상인 과세처분을 과세관청이 변경하였는데 위법사유가 공통되는 경우

8) 1999년까지는 국세청장에 대한 심사청구와 조세심판원장(당시 국세심판원장)에 대한 심판청구를 차례로 거쳐야만 행정소송을 제기할 수 있었다.

③ 동일한 행정처분에 의하여 수인이 동일한 의무를 부담하게 되는 경우에 선행처분에 대하여 또는 그 납세의무자들 중 1인이 적법한 전심절차를 거친 경우
④ 증액경정처분에 불복한 조세심판원 기각 결정 후 행정소송 고려 중, 불복기간이 만료되지 않은 상태에서 기존 증액경정처분을 다시 증액하는 재경정처분이 있는 경우

그러나 법인이 법인세 부과처분 및 인정상여처분을 대상으로 법인이 전심절차를 거쳤다고 해서 당연히 인정상여 귀속자의 종합소득세 부과처분 취소소송의 전심절차도 거친 것으로는 볼 수 없다고 한다(대법원 2006.12.7. 선고, 2005두4106 판결).

법인세와 종합소득세는 세목뿐만 아니라 과세관청과 납세의무자도 전혀 다르고, 손금불산입으로 법인소득이 발생하였다 하더라도 그와 같은 소득의 귀속은 법인에 유보되거나 사외 유출되더라도 실제 귀속자에 따라 달라지게 되어 반드시 그 소득이 대표자에게만 귀속된다고는 볼 수 없는 등 각기 독립한 별개의 처분이므로, 법인이 법인세 부과처분 및 인정상여처분을 대상으로 전심절차를 거쳤다 하더라도, 당연히 그 인정상여의 귀속자에 대한 종합소득세 부과처분 취소소송의 전심절차를 거친 것으로 볼 수는 없고, 또한 중복하여 전심절차를 거칠 필요가 없는 경우에도 해당하지 않기 때문이다.

2) 지방세 : 임의적 전치주의

2001.12.29. 지방세법 개정으로 지방세의 경우 임의적 전치주의로 전환하였다.[9] 전심절차를 거치는 경우에도 이의신청과 심사청구(감사원 심사청구 포함) 또는 심판청구의 2단계를 모두 거치거나 심사청구 또는 심판청구를 거치는 점은 국세의 경우와 동일하지만 이의신청・심사청구 또는 심판청구 없이 곧바로 행정소송을 제기할 수 있다는 점에서 국세 및 관세의 불복절차와 다르다.

3) 전치주의 관련 판례

① 제2차 납세의무자에 대한 부과처분은 주된 납세의무자에 대한 부과처분과는 독립된 부과처분에 해당하므로 전심절차를 거치지 않고 취소를 구하는 소를 제기한 것은 부적법하다(대법원 2014.12.11. 선고, 2012두20618 판결).
② 심사청구서 접수 후 보정요구에 불응하여 각하 결정된 경우 적법한 전심절차를 거친

9) 종전에는 지방세도 필요적 전치주의를 취하고 있었으나 2001.6.28. 헌법재판소에서 위헌으로 결정되었다(2000헌바30 결정).

것으로 볼 수 없다(서울행정법원 2014.12.9. 선고, 2014구합10592 판결).

③ 국세기본법 §56 ②의 전심절차에 대한 규정은 행정소송법 §18의 적용을 배제하고 있어 심사청구 또는 심판청구를 거치지 않은 소는 부적법하다(대법원 2014.9.16. 선고, 2014두37849 판결).

④ 국세기본법에 따른 이의신청만 거쳤을 뿐 심사청구나 심판청구 절차를 거치지 않았으므로, 이 사건 소는 부적법하다.
비록 적법한 이의신청을 제기하였음에도 그에 대한 아무런 결정의 통지를 받지 못한 채 결정기간이 경과한 경우에는 그 다음 단계인 심사청구 및 심판청구를 거쳐 제소할 수 있는 것이지 이러한 전치절차를 거칠 필요 없이 곧바로 제소할 수 있는 것은 아니다(대법원 1997.11.28. 선고, 97누13627 판결 ; 2014.2.14. 선고, 2013두21939 판결).

⑤ 과세전적부심사 청구는 소정의 전심절차에 해당하지 않는다(대법원 2014.2.5. 선고, 2013두22383 판결).

나. 행정심판법과의 관계

국세기본법에 따른 조세불복절차에는 행정심판법의 규정을 적용하지 않는다. 다만, 국세청 심사청구・심판청구에 관하여는 행정심판법의 일부 규정을 준용하고 있다. 국세기본법과 지방세기본법의 행정심판법 준용규정은 다음과 같은 차이가 있다(국기법 §56 ①, 지기법 §125 ①).

행정심판법	준용 여부	
	국세	지방세
제15조(선정대표자)	○	○
제16조(청구인의 지위 승계)	○	○
제20조(심판참가)	○	○
제21조(심판참가의 요구)	○	○
제22조(참가인의 지위)	○	○
제29조(청구의 변경)	○	○
제36조(증거조사) 제1항	○	-
제39조(직권심리)	○	○
제40조(심리의 방식)	○	○
제42조(심판청구 등의 취하)	○	-
제51조(행정심판 재청구의 금지)	○	-

그러나 행정심판법에서 다른 법률에서 특별행정심판이나 이 법에 따른 행정심판절차에 대한 특례를 정한 경우에도 그 법률에서 규정하지 아니한 사항에 관하여는 행정심판법에서 정하는 바에 따른다고 규정하고 있으므로(행정심판법 §4 ②), 국세기본법과 지방세기본법에서 직접 정하여 준용하는 위 행정심판법 규정 외에도 조세불복에 관해 적용가능한 규정은 준용하여야 할 것이다.

1) 선정대표자

국세기본법은 행정심판법 §15 선정대표자에 관한 규정을 준용한다. 동 규정을 조세불복절차에 적용하면 여러 명의 청구인이 공동으로 조세불복을 제기 할 때에는 청구인들 중에서 3명 이하의 선정대표자를 선정할 수 있으며(행정심판법 §15 ①), 불복청구인들이 선정대표자를 선정하지 아니한 경우에 재결청이 필요하다고 인정하면 불복청구인들에게 선정대표자를 선정할 것을 권고할 수 있다(행정심판법 §15 ②).

선정대표자는 다른 불복청구인들을 위하여 그 사건에 관한 모든 행위를 할 수 있다. 그러나 이미 제기한 불복청구를 취하하려면 다른 불복청구인들의 동의를 받아야 하며 동의받은 사실을 서면으로 소명하여야 한다(행정심판법 §15 ③).

선정대표자가 선정되면 다른 불복청구인들은 그 선정대표자를 통해서만 그 사건에 관한 행위를 할 수 있으며(행정심판법 §15 ④), 불복청구인들은 필요하다고 인정하면 선정대표자를 해임하거나 변경할 수 있다. 선정대표자를 해임한 불복청구인들은 그 사실을 지체 없이 재결청에 서면으로 통지하여야 한다(행정심판법 §15 ⑤).

2) 불복청구인의 지위 승계

국세기본법은 행정심판법 §16 청구인의 지위 승계에 관한 규정도 준용한다. 이에 따르면 불복청구인이 사망한 경우 상속인이나 그 밖에 법령에 따라 조세불복청구의 대상에 관계되는 권리나 이익을 승계한 자가 불복청구인의 지위를 승계하며(행정심판법 §16 ①), 법인인 청구인이 합병에 따라 소멸하였을 때에는 합병 후 존속하는 법인이나 합병에 따라 설립된 법인이 불복청구인의 지위를 승계한다(행정심판법 §16 ②).

이때 불복청구인의 지위를 승계한 자는 재결청에 서면으로 그 사유를 신고하여야 하며, 사망 등에 의한 권리・이익의 승계 또는 합병 사실을 증명하는 서면을 함께 제출하여야 한다(행정심판법 §16 ③).

불복청구인의 지위 승계에 관한 신고가 있을 때까지 사망자나 합병 전의 법인에 대하여 한 통지 또는 그 밖의 행위가 지위를 승계한 자에게 도달하면 지위를 승계한 자에 대한 통지 또는 그 밖의 행위로서의 효력이 있다(행정심판법 §16 ④).

한편, 조세불복청구의 대상과 관계되는 권리나 이익을 양수한 자는 재결청의 허가를 받아 불복청구인의 지위를 승계할 수 있다(행정심판법 §16 ⑤). 재결청은 지위 승계 신청에 대하여 허가 여부를 결정하고, 지체 없이 신청인에게는 결정서 정본을, 당사자와 참가인에게는 결정서 등본을 송달하여야 한다(행정심판법 §16 ⑦). 재결청이 지위 승계를 허가하지 않으면 결정서 정본을 받은 날부터 7일 이내에 재결청에 이의신청을 할 수 있다(행정심판법 §16 ⑧).

3) 불복참가

국세기본법은 행정심판법 §20부터 §22까지 심판참가에 관한 규정을 준용하는데, 조세불복의 결과에 이해관계가 있는 제3자나 행정청은 해당 조세불복의 결정이 있기 전까지 참가의 취지와 이유를 적은 참가신청서를 재결청에 제출하여 그 사건에 참가할 수 있다(행정심판법 §20 ①, ②).

• **다른 불복청구인의 심사·심판 결정에 파생되어 자기에게 과세될 것이 충분히 예상되는 이해관계인은 그 불복과정에 적극적으로 참가하여 미리 방어하여야 한다.**

예를 들어, 거래관계에 있는 두 법인 중 어느 한 법인이 과세관청의 처분에 불복하여 심판청구를 제기하였고, 그 법인의 주장이 심판청구에서 인용 결정될 경우 그 결정에 따른 파생 처분으로 나머지 한 법인에 대하여 법인세 등 부과처분이 예상될 때 그 나머지 한 법인은 당해 불복과정에 적극적으로 참여하여 예상되는 부과처분에 대응해야 할 것이다.

불복참가 가상 사례

창원세무서는 관할 甲사 정기세무조사 진행 중 甲사가 乙사에 지급한 10억 원이 외상매입금을 상환한 것임에도 불구하고 지급수수료로 계상하여 손금산입한 사실을 적발하여, 10억 원을 손금불산입하여 과세표준을 경정결정하고 가산세 포함 법인세 3억 원을 부과처분하였다. 甲사는 이 처분에 불복하여 조세심판원에 심판청구를 제기하였고, 乙사에 지급한 10억 원은 외상매입금을 상환한 것이 아니라 지급수수료를 지급한 것이라고 주장하는 중이다.

한편, 乙사는 외상매출금을 회수한 것이므로 회계처리도 외상매출금의 감소로 처리하였다. 만약 심판청구에서 甲사의 주장이 인용되어 문제의 10억 원이 지급수수료로 인정되면, 그러한 심판청

구 결정에 파생되어 乙사는 수입수수료라는 매출을 누락한 결과가 되어 법인세는 물론, 세금계산서도 교부하지 않았으므로 부가가치세도 과세될 것이다.

乙사 입장에서는 당해 심판청구의 당사자는 아니지만 다른 불복청구인의 불복 결과에 자신의 이해관계가 있는 것이므로, 당해 심판청구 사건에 적극 참가하여 甲사로부터 받은 10억 원이 수입수수료가 아니고 외상매출금을 회수한 것이라는 입증자료를 제시하여 부당한 결과가 초래되지 않도록 적극적으로 방어하여야 할 것이다.

재결청은 필요하다고 인정하면 그 조세불복 결과에 이해관계가 있는 제3자나 행정청에 그 사건 불복에 참가할 것을 요구할 수 있으며, 참가의 요구를 받은 제3자나 행정청은 지체 없이 그 사건 심판에 참가할 것인지 여부를 재결청에 통지하여야 한다(행정심판법 §21).

이때 참가인은 조세불복절차에서 당사자가 할 수 있는 불복절차상의 행위를 할 수 있다(행정심판법 §22).

5 조세불복을 청구할 수 있는 자와 대리인

가. 조세불복을 청구할 수 있는 자

국세기본법에 의해 국세불복을 청구할 수 있는 자는 처분 등의 직접당사자와 그 처분의 이해관계인이다.

1) 직접당사자

국세기본법 또는 세법에 따른 처분으로서 위법·부당한 처분을 받거나 필요한 처분을 받지 못함으로 인하여 권리나 이익을 침해당한 자는 그 처분의 취소 또는 변경을 청구하거나 필요한 처분을 청구할 수 있다(국기법 §55 ①).

제3자적 지위에 있는 자도 당해 위법·부당한 처분으로 인하여 권리 또는 이익의 침해를 당한 경우 불복을 청구할 수 있다. 다만, 단순히 반사적인 권리 또는 이익의 침해를 받은 자는 불복청구할 수 없다(국기통 §55-0…4).

2) 이해관계인

국세기본법 또는 세법에 따른 처분에 의하여 권리나 이익을 침해당하게 될 이해관계인으로서 다음 각 항목의 어느 하나에 해당하는 자는 위법 또는 부당한 처분을 받은 자의 처분에 대하여 그 처분의 취소 또는 변경을 청구하거나 그 밖에 필요한 처분을 청구할 수 있다(국기법 §55 ②).

① 제2차 납세의무자로서 납부통지서를 받은 자
② 제42조에 따라 물적납세 의무를 지는 자로서 납부통지서를 받은 자
③ 보증인
④ 그 밖에 대통령령으로 정하는 자

제2차 납세의무자 · 물적납세의무자 · 납세보증인은 납부통지된 처분에 대하여 불복하는 경우 그 납부통지의 원천이 된 본래 납세의무자에 대한 처분의 확정 여부에 관계없이 독립하여 납부통지된 세액의 내용에 관하여 다툴 수 있다(국기통 55-0…6).

참고로, ④ 그 밖에 대통령령으로 정하는 자는 과거 국세기본법 시행령 §44에서 규정하고 있었으나, 2010.2.18. 동 규정이 삭제된 후 현재 시행령으로 규정하고 있는 이해관계인은 없다.

나. 대리인

- 세무사 · 공인회계사 · 변호사가 조세불복청구의 대리인이 될 수 있다. 전치절차 종료 후 행정소송은 변호사만 가능하다.
- 이의신청 · 국세청 심사청구 · 심판청구 · 과세전적부심사 청구의 경우 청구서 서식에 위임장 내용이 포함되어 있으므로 별도의 위임장을 제출하지 않아도 되지만, 감사원 심사청구는 청구서와 함께 반드시 별도의 위임장을 제출하여야 한다.

1) 선임에 의한 대리인

불복청구인과 처분청은 세무사 · 공인회계사 · 변호사를 대리인으로 선임할 수 있다(국기법 §59 ①). 대리인의 권한은 서면으로 증명하여야 하는데(국기법 §59 ④), 이의신청서 · 국세청 심사청구서 · 심판청구서 등 청구서식에 대리인의 성명 · 자격 · 사업장 소재지 등 위임장과 관련한 내용을 포함하고 있다.

| 심판청구서 중 위임장 부분 예시 |

<table>
<tr><td rowspan="4">위
임
장</td><td colspan="6">국세기본법 제59조 제1항의 규정에 의하여 다음 사람에게 위 심판청구에 관한 사항을 위임합니다(다만, 심판청구의 취하는 별도의 위임을 받은 경우에 한합니다).</td></tr>
<tr><td rowspan="2">위임자
(청구인)</td><td colspan="5">대리인</td></tr>
<tr><td>구분</td><td>성명</td><td>사업장 소재지</td><td>사업자등록번호
(전자우편)</td><td>전화번호</td></tr>
<tr><td>갑을㈜
대표이사 홍길동
(인)</td><td>회계사</td><td>김진필</td><td>서울시 강남구 …</td><td>220-87-×××××</td><td>010-××××-××××</td></tr>
</table>

대리인은 본인을 위하여 그 신청 또는 청구에 관한 모든 행위를 할 수 있지만, 조세불복의 신청 또는 청구의 취하는 특별한 위임을 받은 경우에만 할 수 있다(국기법 §59 ④). 따라서 기존에 제기했던 조세불복청구를 취하하는 경우 이미 대리인을 선임하였다 하더라도 취하에 관한 별도의 위임 행위가 있어야 하며, 불복청구서 서식에 이런 내용을 기재하여 안내하고 있다(위 예시 참조).

2006.12.31. 국세기본법 개정으로 과세관청도 심판청구 등 조세불복에 적극 대응할 수 있도록 세무사·공인회계사·변호사를 대리인으로 선임할 수 있게 되었다.

2) 국선대리인

가) 제도의 개요

경제적 사정으로 대리인을 선임하지 못한 소액 불복청구의 인용률이 상대적으로 낮아 영세납세자에 대한 권리구제를 강화할 필요성이 대두되자, 2014.3.3. 과세관청은 국선대리인 제도를 도입하여 영세납세자에 대하여 세무사·공인회계사·변호사 등 조세전문가의 무료 불복대리 서비스를 지원해 왔다.

영세납세자가 청구세액 1천만 원 미만의 불복청구(이의신청, 국세청 심사청구)를 제기하는 경우, 납세자의 신청에 따라 국선세무대리인을 지정하여 무료로 불복청구 대리업무를 지원하는 제도이다.

그간 국세청의 내부지침으로 운영하던 국선대리인 제도는 2014.12.23. 국세기본법에 국선대리인에 관한 내용을 신설(§59의2)하여 법제화되었고 2015.1.1. 신청분부터 적용하다가 2014.4.1. 불복청구서 작성단계부터 지원하는 것으로 확대되었다.

나) 위촉과 해촉

국세청이 세무사・공인회계사・변호사를 모집하여 국세심사위원회 민간위원에 준하여 국선세무대리인으로 위촉하며, 제도 초기에는 재능기부 취지로 수당 등을 지급하지 않았으나 2016.3.1.부터 지정 건당 13만 원의 수당을 지급한다. 임기는 2년이며, 국선대리인이 성실히 직무를 수행한 경우 1회에 한하여 연임할 수 있다(국세심사사무처리규정 §75).

국선대리인의 위촉 배제대상 및 해촉기준은 다음과 같고, 국선대리인으로 임명된 자가 임기 중에 위촉 배제대상에 해당되면 임기 중이라도 해촉한다.

① 금품제공 납세자 특별관리규정 §5 ④ 및 ⑤의 규정에 따라 금품제공 납세자로 확정된 날부터 5년이 경과하지 않은 사람
② 세무사법 §12 위반으로 징계처분을 받은 날부터 5년이 경과하지 않은 사람
③ 이해관계인으로부터 금품・향응을 제공받거나 청탁 또는 부당한 영향력 행사를 하는 등 그 직무수행에 지장이 있다고 인정되는 경우
④ 그 밖에 위에 준하는 사유가 있는 경우

다) 국선대리인 선정의 신청요건

국세기본법상 불복절차 중 과세관청에 신청하는 이의신청 및 국세청 심사청구의 불복청구인 중 일정한 요건을 모두 갖춘 자는 재결청에 국선대리인을 선정하여 줄 것을 신청할 수 있다(국기법 §59의2 ①). 국선대리인을 신청할 수 있는 요건은 다음과 같고, 해당 요건을 모두 충족하여야 한다(국기법 §59의2 ①, 국세심사사무처리규정 §76).

구 분	요 건	근 거
불복종류 요건	이의신청 및 국세청 심사청구만 해당 (감사원 심사청구 및 심판청구는 근거 없음)	국기법 §59의2 ①
청구세액 요건	1천만 원 이하일 것	국기령 §48의2 ③
인격요건	개인일 것(법인은 불가)	국기법 §59의2 ① 2
소득요건	종합소득금액 5천만 원 이하일 것	국기령 §48의2 ② 1
재산요건	소유 재산가액 합계가 5억 원 이하일 것	국기령 §48의2 ② 2
세목요건	상속세・증여세・종합부동산세가 아닐 것	국기법 §59의2 ① 4

소득요건 판정에서 종합소득금액 5천만 원 이하는, 5.31. 이전 신청에 대해서는 신청일이 속하는 과세기간의 전전 과세기간의 종합소득금액을, 6.1. 이후 신청에 대해서는 신청일이

속하는 과세기간의 직전 과세기간의 종합소득금액을 말한다.

라) 국선대리인의 지정

국선대리인 선정 요청을 받은 재결청은 요건을 심사하여 지체 없이 국선대리인을 선정하고, 신청을 받은 날부터 5일 이내에 그 결과를 불복청구인과 국선대리인에게 각각 통지하여야 한다(국기법 §59의2 ②).

재결청의 국선대리인 지정순서는 특별한 사정이 없는 한 국선대리인 명부 순서에 따라 지정하며, 국선대리인 지정 후 이의신청인 등이 국선대리인 지원대상에 해당되지 않은 사실이 확인된 경우 지정을 취소할 수 있다. 국선대리인 지원에 소요된 일수는 7일 이내에서 국세기본법 §63 ①에 규정된 보정기간으로 보아 결정기간에 산입하지 않는다(국세심사사무처리규정 §78).

마) 대리인 규정 준용

국선대리인의 권한에 관하여는 대리인에 관한 국세기본법 §59 ④을 준용한다. 즉 국선대리인은 청구인 본인을 위하여 그 신청 또는 청구에 관한 모든 행위를 할 수 있으나, 그 신청 또는 청구의 취하는 특별한 위임을 받은 경우에만 할 수 있다(국기법 §59의2 ③).

3) 기타 경우의 대리인

가) 혈족 등에 의한 대리(소액사건)

이의신청 · 국세청 심사청구 · 심판청구의 취소청구세액이 3천만 원(지방세 심판청구의 경우 1천만 원) 미만인 경우에는 배우자, 4촌 이내의 혈족 또는 그 배우자의 4촌 이내의 혈족을 대리인으로 선임할 수 있다(국기법 §59 ② 및 §78 ①, 국기령 §62).

나) 법정대리인에 의한 대리

친권자 · 후견인 · 법원이 선임한 부재자의 재산관리인 · 상속재산관리인 등의 법정대리인은 본인을 대리하여 불복청구를 할 수 있다. 이 경우 법정대리인임을 입증하는 서류를 제출하여야 한다(국기통 59-0…1).

다) 감사원 심사청구의 대리인

감사원에 심사청구를 제기한 불복청구인은 다음에 해당하는 자를 대리인으로 선임할 수 있고, 대리인을 선임한 때에는 그 위임장을 심사청구서에 첨부하여야 한다(감사원심사규칙 §4).

① 청구인의 배우자, 직계존・비속 또는 형제・자매
② 청구인인 법인(법인 아닌 사단 또는 재단을 포함한다)의 임원 또는 직원
③ 다른 법률의 규정에 의하여 이의신청・심판청구 등 불복에 관한 신청을 대리할 수 있는 자

이의신청・국세청 심사청구・심판청구 등의 불복을 제기하는 이의신청서(국기법 별지서식 제32호)・국세청 심사청구서(국기법 별지서식 제29호)・심판청구서(국기법 별지서식 제35호) 서식에는 대리인 선임에 관한 위임장이 포함되어 있으므로 이의신청서 등을 제출할 때 별도의 위임장을 제출할 필요가 없지만, 감사원 심사청구서(감사원 심사규칙 별지서식 1)에는 대리인 성명과 주소는 기재토록 되어 있으나 위임장이 아니므로 별도의 위임장을 제출하여야 한다.

이때 감사원에 제출하여야 하는 대리인 선임에 관한 위임장은 법정서식이 따로 있는 것이 아니므로 자유서식으로 하되, 대리인 선임에 관한 내용이 포함되면 충분할 것이다. 실무에서 사용하는 위임장 서식은 다음과 같다.

감사원 심사청구 대리인 위임장

1. 귀원의 무궁한 발전을 기원합니다
2. ○○세무서장이 2016.7.25. 청구법인에 고지한 2013년 귀속 법인세 123,456,789원의 처분취소를 구하는 감사원 심사청구 사건에 대해 감사원심사규칙 제4조의 정함에 따라 다음의 자를 대리인으로 선임하고 이 위임장을 제출합니다.

자격	성명	전화번호	전자우편	사업장 소재지
회계사	김○○	02-123-4567 (010-1234-5678)	---@---.com	서울시 강남구 테헤란로 111 ○○회계법인

청구법인 갑을㈜ 대표이사 홍길동 (인)

2016년 11월 7일

감사원장 귀하

4) 대리인의 해임 · 교체

대리인은 본인을 위하여 그 신청 또는 청구에 관한 모든 행위를 할 수 있지만, 그 신청 또는 청구의 취하는 특별한 위임을 받은 경우에만 할 수 있다(국기법 §59 ④). 불복 청구인이 대리인을 해임하였을 때에는 그 사실을 해당 재결청에 서면으로 신고하여야 한다(국기법 §59 ⑤).

불복청구인이 일단 대리인을 선임한 후에 여하한 사유로 대리인을 교체하여야 하는 경우가 있을 수 있다. 이 경우 기존 대리인의 해임과 새로 선임한 대리인에 대한 내용을 재결청에 통지하여야 한다. 이때 정해진 법정서식이 따로 있지 않으므로 이런 내용이 담긴 자유서식을 사용하면 되는데, 다음 서식이면 충분할 것이다.

심판청구 대리인 위임장

1. 귀원의 무궁한 발전을 기원합니다.
2. 귀원에서 진행중인 2016서1234 사건 관련 내용입니다.
3. 위 사건에 대하여 청구법인은 기존 대리인을 해임하고 새로운 대리인을 선임하였으므로 국세기본법 제59조 정함에 따라 동 내용을 통지하오니 업무에 참고하시기 바랍니다.

가. 해임하는 대리인

자격	성명	전화번호	전자우편	사업장 소재지
회계사	강○○	02-456-7890 (010-4567-8901)	---@---.net	서울시 종로구 낙산길 23 ○○회계법인

나. 새로 선임한 대리인

자격	성명	전화번호	전자우편	사업장 소재지
회계사	김○○	02-123-4567 (010-1234-5678)	---@---.com	서울시 강남구 테헤란로 111 ○○회계법인

청구법인 갑을㈜ 대표이사 홍길동 (인)

2016년 11월 7일

조세심판원장 귀하

청구인과 대리인은 여러 가지 이유로 대리관계를 해지하는 경우 혹시 있을 수도 있는 분쟁을 방지하기 위해 해촉일자·해촉과 관련된 보수 등을 기재한 해촉합의서를 작성해 둘 필요가 있다. 해촉합의서는 정해진 서식이 있는 것은 아니지만 실무상 다음 서식을 사용하면 무방하다.

심판청구 대리인 해촉합의서

1. 다음 甲과 乙이 2016.5.15. 체결한 심판청구 용역계약을 甲과 乙의 합의하에 해약한다.
2. 甲이 乙에게 지급한 착수금은 반환하지 않으며, 계약 시 합의한 성공보수액의 ○○%를 甲이 乙에게 지급한다(또는 나머지 보수 잔액은 지급하지 않는다 등의 합의사항을 기재).

2016년 11월 7일

심판청구인(甲)
서울시 강남구 강남대로 555 갑을㈜ 대표이사 홍길동 (인)

심판대리인(乙)
서울시 강남구 테헤란로 111 ○○회계법인 회계사 김○○ (인)

6 조세불복 관련 통계

가. 국세청

1) 과세전적부심사

(단위 : 건, 백만 원, %)

구분	세무조사 결과 및 과세예고 통지건수	처리대상건수			통지건수 대비 접수비율	처리건수	
		소계	전년이월	당년접수		소계	채택
	(1)	(2=3+4)	(3)	(4)	(5=4/1)	(6=7+8+9)	(7)
2013년	243,498	5,708	526	5,182	2.1	4,976	1,096
2014년	346,537	4,481	732	3,749	1.1	3,825	953
2015년	177,662	3,347	656	2,691	1.5	2,901	776
2016년*	266,072	3,191	454	2,737	1.0	2,864	720
2017년	239,885	2,909	327	2,582	1.1	2,541	611
처리기관별	239,885	2,909	327	2,582	1.1	2,541	611
본청	-	228	36	192		179	87
서울청	58,029	940	82	858	1.5	824	175
중부청	92,351	1,099	138	961	1.0	954	220
대전청	22,978	199	29	170	0.7	177	33
광주청	17,031	100	4	96	0.6	90	16
대구청	15,308	84	9	75	0.5	77	18
부산청	34,188	259	29	230	0.7	240	62
세목별	239,885	2,909	327	2,582	1.1	2,541	611
종합소득세	92,925	693	56	637	0.7	636	130
법인세	13,673	218	24	194	1.4	175	57
부가가치세	69,395	637	69	568	0.8	562	154
양도소득세	36,473	798	95	703	1.9	698	138
상속세	7,571	109	18	91	1.2	98	30
증여세	15,582	415	56	359	2.3	343	96
기타	4,266	39	9	30	0.7	29	6
청구세액별	239,885	2,909	327	2,582	1.1	2,541	611

구분	세무조사 결과 및 과세예고 통지건수 (1)	처리대상건수			통지건수 대비 접수비율 (5=4/1)	처리건수	
		소계 (2=3+4)	전년이월 (3)	당년접수 (4)		소계 (6=7+8+9)	채택 (7)
1천만 원 미만	**	614	74	540	**	550	105
3천만 원 미만	**	519	68	451	**	452	100
5천만 원 미만	**	293	27	266	**	251	67
1억 원 미만	**	484	51	433	**	424	98
5억 원 미만	**	666	58	608	**	586	152
10억 원 미만	**	137	12	125	**	119	38
10억 원 이상	**	196	37	159	**	159	51

생산부서 : 심사2담당관실(류지용 044-204-2772)

* 2016년부터 통계수치 집계방식을 수동에서 전산으로 변경
[A] 과세전적부심사 결정을 한 기관을 기준으로 분류한 것임.
[**] 통계생산이 안됨.

(단위 : 건, 백만 원, %)

구분	처리건수			처리세액 (11)	감세액 (12)	감세액 비율 (13=12/11)	이월건수 (14=2-6)
	불채택 (8)	심사제외 (9)	채택 비율 (10=7/6)				
2013년	3,297	583	22.0	2,762,534	709,642	25.7	732
2014년	2,425	447	24.9	1,555,794	221,484	14.2	656
2015년	1,791	334	26.7	1,968,648	291,735	14.8	446
2016년	1,814	330	25.1	1,481,771	313,634	21.2	327
2017년	1,683	247	24.0	1,148,498	305,770	26.6	368
처리기관별	1,683	247	24.0	1,148,498	305,770	26.6	368
본청	86	6	48.6	690,469	270,110	39.1	49
서울청	574	75	21.2	256,663	13,255	5.2	116
중부청	639	95	23.1	133,110	14,838	11.1	145
대전청	121	23	18.6	19,840	1,093	5.5	22
광주청	60	14	17.8	17,040	967	5.7	10
대구청	50	9	23.4	7,189	1,500	20.9	7
부산청	153	25	25.8	24,186	4,007	16.6	19
세목별	1,683	247	24.0	1,148,498	305,770	26.6	368

구분	처리건수			처리세액	감세액	감세액 비율	이월건수
	불채택 (8)	심사제외 (9)	채택 비율 (10=7/6)	(11)	(12)	(13=12/11)	(14=2-6)
종합소득세	437	69	20.4	115,118	12,939	11.2	57
법인세	105	13	32.6	305,243	98,534	32.3	43
부가가치세	347	61	27.4	172,642	90,289	52.3	75
양도소득세	505	55	19.8	111,551	16,406	14.7	100
상속세	54	14	30.6	140,391	56,356	40.1	11
증여세	216	31	28.0	296,362	28,786	9.7	72
기타	19	4	20.7	7,191	2,460	34.2	10
청구세액별	1,683	247	24.0	1,148,498	305,770	26.6	368
1천만 원 미만	381	64	19.1	2,590	455	17.6	64
3천만 원 미만	299	53	22.1	8,517	1,429	16.8	67
5천만 원 미만	162	22	26.7	9,840	1,787	18.2	42
1억 원 미만	288	38	23.1	30,713	4,675	15.2	60
5억 원 미만	387	47	25.9	129,994	21,946	16.9	80
10억 원 미만	69	12	31.9	85,344	13,167	15.4	18
10억 원 이상	97	11	32.1	881,500	262,310	29.8	37

생산부서 : 심사2담당관실(류지용 044-204-2772)

[B] 심사제외 건수에 직권시정분 포함(2013년부터)
[C] 과세전적부심사청구 처리 결과 감소하는 세액임.
출처 : 국세청 홈페이지(국세정보〉국세통계〉기타국세통계〉조기공개국세통계)

2) 이의신청

(단위 : 건, 백만 원, %)

구분	처리대상건수			처리건수		
	소계 (1=2+3)	전년이월 (2)	당년접수 (3)	소계 (4=5+6+7)	각하 [A] (5)	기각 (6)
2013년	5,092	443	4,649	4,686	551	3,005
2014년	5,209	406	4,803	4,731	545	3,023
2015년	4,191	478	3,713	3,892	470	2,400
2016년	3,834	299	3,535	3,512	472	2,047
2017년	3,631	322	3,309	3,159	435	1,953

구분	처리대상건수			처리건수		
	소계 (1=2+3)	전년이월 (2)	당년접수 (3)	소계 (4=5+6+7)	각하 [A] (5)	기각 (6)
지방청별[B]	3,631	322	3,309	3,159	435	1,953
서울청	1,187	87	1,100	1,030	139	655
중부청	1,405	137	1,268	1,192	168	718
대전청	322	26	296	294	41	175
광주청	186	26	160	169	26	113
대구청	132	13	119	123	21	77
부산청	399	33	366	351	40	215
세목별	3,631	322	3,309	3,159	435	1,953
종합소득세	831	75	756	681	102	388
법인세	245	29	216	207	24	121
부가가치세	824	81	743	731	92	478
양도소득세	873	67	806	787	77	507
상속세	111	10	101	89	12	51
증여세	291	20	271	253	20	167
기타	456	40	416	411	108	241
청구세액별	3,631	322	3,309	3,159	435	1,953
1천만 원 미만	905	93	812	799	172	484
3천만 원 미만	649	56	593	576	76	346
5천만 원 미만	396	41	355	358	41	212
1억 원 미만	520	37	483	445	51	271
5억 원 미만	855	55	800	710	68	449
10억 원 미만	156	18	138	137	13	95
10억 원 이상	150	22	128	134	14	96

생산부서 : 심사1담당관실(임상훈 044-204-2742)

[A] 각하 건수에 직권시정분 포함
[B] 이의신청을 결정한 기관을 지방국세청 기준으로 분류한 것임.

(단위 : 건, 백만 원, %)

구분	처리건수		처리세액	감세액 [C]	감세액 비율	이월건수
	인용 (7)	인용률 (8=7/4)	(9)	(10)	(11=10/9)	(10=1-4)
2013년	1,130	24.1	1,387,486	119,262	8.6	406
2014년	1,163	24.6	1,112,813	96,633	8.7	478
2015년	1,022	26.3	1,262,807	73,878	5.9	299
2016년	993	28.3	919,703	82,243	8.9	322
2017년	771	24.4	932,027	84,079	9.0	472
지방청별	771	24.4	932,027	84,079	9.0	472
서울청	236	22.9	253,686	19,872	7.8	157
중부청	306	25.7	389,434	26,309	6.8	213
대전청	78	26.5	137,767	10,075	7.3	28
광주청	30	17.8	30,270	1,974	6.5	17
대구청	25	20.3	25,611	1,272	5.0	9
부산청	96	27.4	95,259	24,577	25.8	48
세목별	771	24.4	932,027	84,079	9.0	472
종합소득세	191	28.0	156,253	13,098	8.4	150
법인세	62	30.0	243,593	24,654	10.1	38
부가가치세	161	22.0	171,492	16,696	9.7	93
양도소득세	203	25.8	91,525	14,552	15.9	86
상속세	26	29.2	30,577	4,153	13.6	22
증여세	66	26.1	180,053	8,377	4.7	38
기타	62	15.1	58,534	2,549	4.4	45
청구세액별	771	24.4	932,027	84,079	9.0	472
1천만 원 미만	143	17.9	2,639	536	20.3	106
3천만 원 미만	154	26.7	10,926	2,388	21.9	73
5천만 원 미만	105	29.3	14,155	2,809	19.8	38
1억 원 미만	123	27.6	32,298	5,874	18.2	75
5억 원 미만	193	27.2	146,711	23,457	16.0	145
10억 원 미만	29	21.2	96,920	9,170	9.5	19
10억 원 이상	24	17.9	628,378	39,845	6.3	16

생산부서 : 심사1담당관실(임상훈 044-204-2742)

[C] 이의신청 처리 결과 감소하는 세액임.

3) 심사청구

(단위 : 건, 백만 원, %)

구분	처리대상건수			처리건수		
	소계 (1=2+3)	전년이월 (2)	당년접수 (3)	소계 (4=5+6+7)	각하 [A] (5)	기각 (6)
2013년	895	149	746	757	81	505
2014년	862	138	724	703	50	500
2015년	710	159	551	597	52	411
2016년	662	113	549	543	110	302
2017년	559	119	440	453	37	290
지방청별[B]	559	119	440	453	37	290
서울청	218	50	168	177	14	110
중부청	183	44	139	143	10	84
대전청	37	7	30	31	3	22
광주청	28	2	26	23	2	16
대구청	25	4	21	20	3	13
부산청	68	12	56	59	5	45
세목별	559	119	440	453	37	290
종합소득세	106	23	83	85	7	49
법인세	43	14	29	29	3	10
부가가치세	97	21	76	77	10	41
양도소득세	176	35	141	153	6	127
상속세	28	7	21	22	0	14
증여세	51	11	40	36	3	20
기타	58	8	50	51	8	29
청구세액별	559	119	440	453	37	290
1천만 원 미만	90	13	77	81	14	54
3천만 원 미만	78	13	65	63	7	34
5천만 원 미만	56	9	47	48	4	33
1억 원 미만	107	30	77	89	8	57
5억 원 미만	150	33	117	119	1	78
10억 원 미만	40	7	33	25	0	19
10억 원 이상	38	14	24	28	3	15

생산부서 : 심사1담당관실(임상훈 044-204-2742)

[A] 각하 건수에 직권시정분 포함

[B] 세액을 부과한 과세관청을 지방국세청 기준으로 분류한 것임.

(단위 : 건, 백만 원, %)

구분	처리건수		처리세액	감세액 [C]	감세액 비율	이월건수
	인용 (7)	인용률 (8=7/4)	(9)	(10)	(11=10/9)	(10=1-4)
2013년	171	22.6	454,706	37,972	8.4	138
2014년	153	21.8	247,451	11,454	4.6	159
2015년	134	22.4	267,974	13,405	5.0	113
2016년	131	24.1	105,604	14,568	13.8	119
2017년	126	27.8	145,075	39,401	27.2	106
지방청별[C]	126	27.8	145,075	39,401	27.2	106
서울청	53	29.9	81,873	22,793	27.8	41
중부청	49	34.3	42,600	13,755	32.3	40
대전청	6	19.4	4,773	648	13.6	6
광주청	5	21.7	3,574	1,152	32.2	5
대구청	4	20.0	774	334	43.2	5
부산청	9	15.3	11,481	719	6.3	9
세목별	126	27.8	145,075	39,401	27.2	106
종합소득세	29	34.1	18,589	9,824	52.8	21
법인세	16	55.2	17,973	5,668	31.5	14
부가가치세	26	33.8	48,342	10,003	20.7	20
양도소득세	20	13.1	28,926	5,522	19.1	23
상속세	8	36.4	12,822	1,730	13.5	6
증여세	13	36.1	7,144	1,186	16.6	15
기타	14	27.5	11,279	5,468	48.5	7
청구세액별	126	27.8	145,075	39,401	27.2	106
1천만 원 미만	13	16.0	268	50	18.7	9
3천만 원 미만	22	34.9	1,253	332	26.5	15
5천만 원 미만	11	22.9	1,952	289	14.8	8
1억 원 미만	24	27.0	6,454	1,393	21.6	18
5억 원 미만	40	33.6	26,459	6,705	25.3	31
10억 원 미만	6	24.0	18,978	3,983	21.0	15
10억 원 이상	10	35.7	89,711	26,649	29.7	10

생산부서 : 심사1담당관실(임상훈 044-204-2742)

[C] 심사청구 처리 결과 감소하는 세액임.

4) 행정소송

(단위 : 건)

구분	처리대상건수			처리건수			
	계 (1=2+3)	전년이월 (2)	당년제기 (3)	계 (4=5+~+9)	취하 (5)	각하 (6)	국가승소 (7)
2013년	4,129	2,248	1,881	1,545	485	53	799
2014년	4,541	2,584	1,957	1,524	493	78	749
2015년	5,043	3,017	2,026	2,036	788	225	786
2016년	4,491	3,007	1,484	1,946	745	85	893
2017년	4,011	2,545	1,466	1,842	691	81	860
지방청별	4,011	2,545	1,466	1,842	691	81	860
서울청	1,598	1,066	532	696	253	28	295
중부청	1,315	832	483	618	238	22	312
대전청	302	191	111	151	43	6	87
광주청	157	80	77	60	26	4	25
대구청	205	112	93	92	43	3	42
부산청	434	264	170	225	88	18	99
세목별	4,011	2,545	1,466	1,842	691	81	860
종합소득세	555	335	220	252	87	12	124
법인세	725	524	201	300	147	4	99
부가가치세	738	497	241	372	138	14	174
양도소득세	895	516	379	422	142	11	237
상속세	105	63	42	43	15	1	21
증여세	561	374	187	258	97	13	118
기타	432	236	196	195	65	26	87
소송가액별	4,011	2,545	1,466	1,842	691	81	860
2천만 원 미만	345	208	137	204	58	20	116
5천만 원 미만	382	217	165	209	77	16	102
1억 원 미만	514	303	211	263	112	8	129
3억 원 미만	914	531	383	411	148	14	218
10억 원 미만	784	508	276	347	118	12	168
30억 원 미만	558	394	164	234	110	7	85
50억 원 미만	168	109	59	67	28	2	16
100억 원 미만	154	121	33	50	17	1	13
100억 원 이상	192	154	38	57	23	1	13

생산부서 : 법무과(김선주 044-204-3077)

(단위 : 건)

구분	처리건수		진행건수 [A]			
	국가일부패소 (8)	국가패소 (9)	계 (10=11+12+13)	행정법원 (11)	고등법원 (12)	대법원 (13)
2013년	60	148	2,584	1,536	713	335
2014년	50	154	3,017	2,043	692	282
2015년	86	151	3,007	1,939	793	275
2016년	82	141	2,545	1,521	729	295
2017년	74	136	2,169	1,254	627	288
지방청별	74	136	2,169	1,254	627	288
서울청	46	74	902	474	261	167
중부청	17	29	697	412	212	73
대전청	3	12	151	98	38	15
광주청	-	5	97	69	23	5
대구청	1	3	113	66	38	9
부산청	7	13	209	135	55	19
세목별	74	136	2,169	1,254	627	288
종합소득세	13	16	303	188	84	31
법인세	14	36	425	232	115	78
부가가치세	19	27	366	221	111	34
양도소득세	13	19	473	268	147	58
상속세	1	5	62	41	14	7
증여세	10	20	303	161	90	52
기타	4	13	237	143	66	28
소송가액별	74	136	2,169	1,254	627	288
2천만 원 미만	-	10	141	78	51	12
5천만 원 미만	6	8	173	112	40	21
1억 원 미만	5	9	251	157	78	16
3억 원 미만	11	20	503	308	141	54
10억 원 미만	15	34	437	267	119	51
30억 원 미만	15	17	324	171	97	56
50억 원 미만	8	13	101	52	31	18
100억 원 미만	7	12	104	52	31	21
100억 원 이상	7	13	135	57	39	39

생산부서 : 법무과(김선주 044-204-3077)

[A] 진행건수는 처리대상건수에서 처리건수를 차감한 것임.

나. 조세심판원

1) 청구연도별 현황

(단위 : 건, %)

연도	처리대상건수			처리건수						처리율	인용률		이월건수
	소계 ①	전년이월	당년접수	소계 ②	취하 ③	각하 ④	기각 ⑤	재조사 ⑥	인용 ⑦	②/①	재조사포함 ⓐ	재조사제외 ⓑ	
2017년	8,351	1,598	6,753	6,751	127	935	3,848	501	1,340	80.8	27.8	21.9	1,600
2016년	8,226	2,223	6,003	6,628	163	506	4,322	299	1,338	80.6	25.3	21.7	1,598
2015년	10,400	2,127	8,273	8,177	222	459	5,579	611	1,306	78.6	24.1	17.8	2,223
2014년	10,877	2,403	8,474	8,750	163	482	6,200	465	1,440	80.4	22.2	17.7	2,127
2013년	9,717	1,834	7,883	7,314	136	301	5,074	-	1,803	75.3	25.1	-	2,403

ⓐ=(⑥+⑦)÷(④+⑤+⑥+⑦)

ⓑ=⑦÷(④+⑤+⑦)

* 위 통계에서 처리율 및 인용률은 청구세액이 없는 심판청구(예 : 압류해제거부처분 등) 등의 이유로 인용금액을 정확히 산정하기 어려워 금액기준이 아닌 건수기준으로 작성하였음.

2) 청구지역별 현황

가) 내국세

(단위 : 건, %)

연도	처리대상건수			처리건수						처리율	인용률		이월건수
	소계 ①	전년이월	당년접수	소계 ②	취하 ③	각하 ④	기각 ⑤	재조사 ⑥	인용 ⑦	②/①	재조사포함 ⓐ	재조사제외 ⓑ	
2017년	6,387	1,150	5,237	5,116	96	818	2,830	446	926	80.1	27.3	20.2	1,271
서울청	2,369	451	1,918	1,806	35	264	1,037	129	341	76.2	26.5	20.8	563
중부청	2,191	372	1,819	1,799	38	294	974	202	291	82.1	28.0	18.7	392
부산청	697	130	567	563	14	73	342	32	102	80.8	24.4	19.7	134
대전청	504	99	405	411	6	84	197	32	92	81.5	30.6	24.7	93
광주청	300	51	249	259	3	46	128	22	60	86.3	32.0	25.6	41
대구청	326	47	279	278	-	57	152	29	40	85.3	24.8	16.1	48
2016년	5,891	1,491	4,400	4,741	124	419	3,084	242	872	80.5	24.1	19.9	1,150
서울청	2,198	686	1,512	1,747	59	222	1,003	85	378	79.5	27.4	23.6	451

연도	처리대상건수			처리건수						처리율 ②/①	인용률		이월 건수
	소계 ①	전년 이월	당년 접수	소계 ②	취하 ③	각하 ④	기각 ⑤	재조사 ⑥	인용 ⑦		재조사 포함 ⓐ	재조사 제외 ⓑ	
중부청	1,966	436	1,530	1,594	42	112	1,060	94	286	81.1	24.5	19.6	372
부산청	755	153	602	625	11	39	460	28	87	82.8	18.7	14.8	130
대전청	457	111	346	358	6	30	234	20	68	78.3	25.0	20.5	99
광주청	258	56	202	207	3	6	174	7	17	80.2	11.8	8.6	51
대구청	257	49	208	210	3	10	153	8	36	81.7	21.3	18.1	47
2015년	7,490	1,601	5,889	5,999	89	363	4,012	557	978	80.1	26.0	18.3	1,491
서울청	2,866	765	2,101	2,180	38	138	1,445	142	417	76.1	26.1	20.9	686
중부청	2,442	445	1,997	2,006	28	104	1,257	329	288	82.1	31.2	17.5	436
부산청	813	131	682	660	9	33	478	37	103	81.2	21.5	16.8	153
대전청	557	111	446	446	5	38	312	29	62	80.1	20.6	15.0	111
광주청	364	74	290	308	6	32	213	13	44	84.6	18.9	15.2	56
대구청	448	75	373	399	3	18	307	7	64	89.1	17.9	16.5	49
2014년	7,847	1,974	5,873	6,246	108	274	4,520	290	1,054	79.6	21.9	18.0	1,601
서울청	3,394	1,055	2,339	2,629	53	134	1,832	139	471	77.5	23.7	19.3	765
중부청	2,262	473	1,789	1,817	29	84	1,305	82	317	80.3	22.3	18.6	445
부산청	813	175	638	682	7	18	529	34	94	83.9	19.0	14.7	131
대전청	565	125	440	454	5	15	327	19	88	80.4	23.8	20.5	111
광주청	368	49	319	294	8	13	232	6	35	79.9	14.3	12.5	74
대구청	445	97	348	370	6	10	295	10	49	83.1	16.2	13.8	75
2013년	6,720	1,685	5,035	4,746	111	210	2,954	-	1,471	70.6	31.7	31.7	1,974
서울청	3,302	925	2,377	2,247	50	83	1,214	-	900	68.0	41.0	41.0	1,055
중부청	1,763	416	1,347	1,290	38	73	851	-	328	73.2	26.2	26.2	473
부산청	674	141	533	499	10	24	365	-	100	74.0	20.4	20.4	175
대전청	419	85	334	294	6	16	203	-	69	70.2	24.0	24.0	125
광주청	223	40	183	174	-	4	141	-	29	78.0	16.7	16.7	49
대구청	339	78	261	242	7	10	180	-	45	71.4	19.1	19.1	97

ⓐ=(⑥+⑦)÷(④+⑤+⑥+⑦)

ⓑ=⑦÷(④+⑤+⑦)

나) 관세

(단위 : 건, %)

연도	처리대상건수			처리건수						처리율	인용률		이월건수
	소계 ①	전년 이월	당년 접수	소계 ②	취하 ③	각하 ④	기각 ⑤	재조사 ⑥	인용 ⑦	②/①	재조사 포함 ⓐ	재조사 제외 ⓑ	
2017년	474	145	329	368	8	21	171	41	127	77.6	46.7	39.8	106
서울세관	140	50	90	86	7	10	42	12	15	61.4	34.2	22.4	54
부산세관	79	32	47	65	-	6	46	5	8	82.3	20.0	13.3	14
인천세관	95	33	62	75	1	3	45	19	7	78.9	35.1	12.7	20
대구세관	11	3	8	10	-	1	7	2	-	90.9	20.0	-	1
광주세관	128	18	110	115	-	1	19	1	94	89.8	82.6	82.5	13
평택세관	21	9	12	17	-	-	12	2	3	81.0	29.4	20.0	4
2016년	527	244	283	382	15	12	231	40	84	72.5	33.8	25.7	145
서울세관	179	99	80	129	4	1	84	8	32	72.1	32.0	27.4	50
부산세관	107	48	59	75	8	2	37	16	12	70.1	41.8	23.5	32
인천세관	160	60	100	127	2	9	85	14	17	79.4	24.8	15.3	33
대구세관	15	4	11	12	-	-	9	-	3	80.0	25.0	25.0	3
광주세관	35	14	21	17	1	-	12	1	3	48.6	25.0	20.0	18
평택세관	31	19	12	22	-	-	4	1	17	71.0	81.8	81.0	9
2015년	440	98	342	196	32	9	83	43	29	44.5	43.9	24.0	254
서울세관	132	45	87	33	2	1	19	6	5	25.0	35.5	20.0	99
부산세관	94	21	73	46	4	5	21	10	6	48.9	38.1	18.8	48
인천세관	75	17	58	35	2	2	18	8	5	46.7	39.4	20.0	40
인천공항세관	78	3	75	58	19	1	17	17	4	74.4	53.8	18.2	20
대구세관	10	2	8	6	3	-	-	-	3	60.0	100.0	100.0	14
광주세관	27	9	18	13	-	-	7	1	5	48.1	46.2	41.7	14
평택세관	24	1	23	5	2	-	1	1	1	20.8	66.7	50.0	19
2014년	505	79	426	407	26	15	151	133	82	80.6	56.4	33.1	98
서울세관	124	22	102	79	2	1	23	6	47	63.7	68.8	66.2	45
부산세관	83	13	70	62	6	2	37	12	5	74.7	30.4	11.4	21
인천세관	99	14	85	82	10	4	26	30	12	82.8	58.3	28.6	17
인천공항세관	151	16	135	148	8	8	44	84	4	98.0	62.9	7.1	3
대구세관	8	3	5	6	-	-	3	-	3	75.0	50.0	50.0	2
광주세관	19	4	15	10	-	-	6	-	4	52.6	40.0	40.0	9
평택세관	21	7	14	20	-	-	12	1	7	95.2	40.0	36.8	1

연도	처리대상건수			처리건수						처리율	인용률		이월 건수
	소계 ①	전년 이월	당년 접수	소계 ②	취하 ③	각하 ④	기각 ⑤	재조사 ⑥	인용 ⑦	②/①	재조사 포함 ⓐ	재조사 제외 ⓑ	
2013년	339	26	313	260	8	29	85	-	138	76.7	54.8	54.8	79
서울세관	73	7	66	51	2	11	20	-	18	69.9	36.7	36.7	22
부산세관	62	8	54	49	2	5	26	-	16	79.0	34.0	34.0	13
인천세관	93	2	91	79	1	11	24	-	43	84.9	55.1	55.1	14
인천공항세관	72	7	65	56	3	-	5	-	48	77.8	90.6	90.6	16
대구세관	5	1	4	2	-	-	-	-	2	40.0	100.0	100.0	3
광주세관	13	1	12	9	-	-	6	-	3	69.2	33.3	33.3	4
평택세관	21	-	21	14	-	2	4	-	8	66.7	57.1	57.1	7

* 2016.1.18. 관세청 조직개편에 따라 인천세관과 인천공항세관이 인천세관으로 통합

다) 지방세

(단위 : 건, %)

연도	처리대상건수			처리건수						처리율	인용률		이월 건수
	소계 ①	전년 이월	당년 접수	소계 ②	취하 ③	각하 ④	기각 ⑤	재조사 ⑥	인용 ⑦	②/①	재조사 포함 ⓐ	재조사 제외 ⓑ	
2017년	1,490	303	1,187	1,267	23	96	847	14	287	85.0	24.2	23.3	223
서울	354	75	279	306	7	33	179	-	87	86.4	29.1	29.1	48
부산	61	9	52	50	-	1	41	1	7	82.0	16.0	14.3	11
대구	28	14	14	24	-	5	12	-	7	85.7	29.2	29.2	4
인천	69	28	41	55	2	3	30	1	19	79.7	37.7	36.5	14
광주	23	4	19	18	-	2	14	-	2	78.3	11.1	11.1	5
대전	16	3	13	15	-	-	12	-	3	93.8	20.0	20.0	1
울산	37	5	32	30	-	2	20	-	8	81.1	26.7	26.7	7
세종	15	1	14	13	1	-	11	-	1	86.7	8.3	8.3	2
경기	466	84	382	394	5	27	262	8	92	84.5	25.7	24.1	72
강원	46	9	37	40	1	3	30	-	6	87.0	15.4	15.4	6
충북	33	2	31	31	1	1	22	1	6	93.9	23.3	20.7	2
충남	50	15	35	43	-	3	26	-	14	86.0	32.6	32.6	7
전북	21	4	17	17	1	3	10	-	3	81.0	18.8	18.8	4

연도	처리대상건수			처리건수						처리율	인용률		이월건수
	소계 ①	전년 이월	당년 접수	소계 ②	취하 ③	각하 ④	기각 ⑤	재조사 ⑥	인용 ⑦	②/①	재조사 포함 ⓐ	재조사 제외 ⓑ	
전남	39	4	35	33	3	5	20	-	5	84.6	16.7	16.7	6
경북	67	12	55	60	-	3	47	1	9	89.6	16.7	15.3	7
경남	136	31	105	114	2	4	93	2	13	83.8	13.4	11.8	22
제주	29	3	26	24	-	1	18	-	5	82.8	20.8	20.8	5
2016년	1,808	488	1,320	1,505	24	75	1,007	17	382	83.2	26.9	26.1	303
서울	456	145	311	381	7	27	273	-	74	83.6	19.8	19.8	75
부산	120	10	110	111	-	5	29	1	76	92.5	69.4	69.1	9
대구	56	18	38	42	1	1	22	1	17	75.0	43.9	42.5	14
인천	76	16	60	48	1	3	32	-	12	63.2	25.5	25.5	28
광주	18	5	13	14	-	2	9	1	2	77.8	21.4	15.4	4
대전	15	5	10	12	-	1	11	-	-	80.0	-	-	3
울산	15	6	9	10	-	-	8	1	1	66.7	20.0	11.1	5
세종	14	3	11	13	-	1	8	-	4	92.9	30.8	30.8	1
경기	647	164	483	563	9	20	421	6	107	87.0	20.4	19.5	84
강원	43	12	31	34	-	4	22	-	8	79.1	23.5	23.5	9
충북	33	8	25	31	-	-	24	-	7	93.9	22.6	22.6	2
충남	52	18	34	37	-	1	24	-	12	71.2	32.4	32.4	15
전북	26	9	17	22	-	1	10	2	9	84.6	50.0	45.0	4
전남	47	15	32	43	2	3	25	3	10	91.5	31.7	26.3	4
경북	67	17	50	55	2	4	35	1	13	82.1	26.4	25.0	12
경남	112	33	79	81	2	2	49	1	27	72.3	35.4	34.6	31
제주	11	4	7	8	-	-	5	-	3	72.7	37.5	37.5	3

3) 청구세액별 현황

가) 내국세

(단위 : 건, %)

연도	처리대상건수			처리건수						처리율	인용률		이월건수
	소계 ①	전년이월	당년접수	소계 ②	취하 ③	각하 ④	기각 ⑤	재조사 ⑥	인용 ⑦	②/①	재조사포함 ⓐ	재조사제외 ⓑ	
2017년	6,387	1,150	5,237	5,116	96	818	2,830	446	926	80.1	27.3	20.2	1,271
3천만 원 미만	2,052	149	1,903	1,769	17	581	920	62	189	86.2	14.3	11.2	283
1억 원 미만	1,347	176	1,171	1,184	30	117	696	183	158	87.9	29.5	16.3	163
5억 원 미만	1,531	292	1,239	1,247	25	84	756	106	276	81.5	31.3	24.7	284
10억 원 미만	470	129	341	346	8	10	188	36	104	73.6	41.4	34.4	124
50억 원 미만	653	237	416	428	11	18	211	47	141	65.5	45.1	38.1	225
100억 원 미만	141	66	75	71	3	5	32	8	23	50.4	45.6	38.3	70
200억 원 미만	83	44	39	39	-	1	16	2	20	47.0	56.4	54.1	44
500억 원 미만	64	32	32	22	2	2	7	1	10	34.4	55.0	52.6	42
1,000억 원 미만	30	14	16	4	-	-	2	-	2	13.3	50.0	50.0	26
5,000억 원 미만	14	9	5	4	-	-	-	1	3	28.6	100.0	100.0	10
5,000억 원 이상	2	2	-	2	-	-	2	-	-	100.0	-	-	-
2016년	5,891	1,491	4,400	4,741	124	419	3,084	242	872	80.5	24.1	19.9	1,150
3천만 원 미만	1,892	286	1,606	1,743	27	190	1,319	35	172	92.1	12.1	10.2	149
1억 원 미만	1,180	235	945	1,004	21	79	672	62	170	85.1	23.6	18.5	176
5억 원 미만	1,461	406	1,055	1,169	34	82	684	79	290	80.0	32.5	27.5	292
10억 원 미만	430	128	302	301	13	20	147	25	96	70.0	42.0	36.5	129
50억 원 미만	626	276	350	389	14	36	204	25	110	62.1	36.0	31.4	237
100억 원 미만	129	69	60	63	5	4	32	4	18	48.8	37.9	33.3	66
200억 원 미만	78	32	46	34	6	5	11	7	5	43.6	42.9	23.8	44
500억 원 미만	56	32	24	24	2	3	10	4	5	42.9	40.9	27.8	32
1,000억 원 미만	23	14	9	9	2	-	3	-	4	39.1	57.1	57.1	14
5,000억 원 미만	14	13	1	5	-	-	2	1	2	35.7	60.0	50.0	9
5,000억 원 이상	2	-	2	-	-	-	-	-	-	-	-	-	2
2015년	7,490	1,601	5,889	5,999	89	363	4,012	557	978	80.1	26.0	18.3	1,491
3천만 원 미만	2,496	274	2,222	2,210	26	178	1,773	57	176	88.5	10.7	8.3	286
1억 원 미만	1,382	201	1,181	1,147	17	66	753	97	214	83.0	27.5	20.7	235

연도	처리대상건수			처리건수						처리율	인용률		이월 건수
	소계 ①	전년 이월	당년 접수	소계 ②	취하 ③	각하 ④	기각 ⑤	재조사 ⑥	인용 ⑦	②/①	재조사 포함 ⓐ	재조사 제외 ⓑ	
5억 원 미만	1,928	456	1,472	1,522	16	63	866	295	282	78.9	38.3	23.3	406
10억 원 미만	492	165	327	364	7	25	198	39	95	74.0	37.5	29.9	128
50억 원 미만	817	307	510	541	15	27	306	55	138	66.2	36.7	29.3	276
100억 원 미만	184	83	101	115	2	3	71	7	32	62.5	34.5	30.2	69
200억 원 미만	88	49	39	56	4	-	32	2	18	63.6	38.5	36.0	32
500억 원 미만	66	41	25	34	2	-	11	4	17	51.5	65.6	60.7	32
1,000억 원 미만	22	15	7	8	-	-	2	1	5	36.4	75.0	71.4	14
5,000억 원 미만	15	10	5	2	-	1	-	-	1	13.3	50.0	50.0	13
5,000억 원 이상	-	-	-	-	-	-	-	-	-	-	-	-	-

나) 관세

(단위 : 건, %)

연도	처리대상건수			처리건수						처리율	인용률		이월 건수
	소계 ①	전년 이월	당년 접수	소계 ②	취하 ③	각하 ④	기각 ⑤	재조사 ⑥	인용 ⑦	②/①	재조사 포함 ⓐ	재조사 제외 ⓑ	
2017년	474	145	329	368	8	21	171	41	127	77.6	46.7	39.8	106
3천만 원 미만	197	22	175	179	4	12	58	11	94	90.9	60.0	57.3	18
1억 원 미만	69	20	49	43	1	3	24	8	7	62.3	35.7	20.6	26
5억 원 미만	83	40	43	64	2	5	44	7	6	77.1	21.0	10.9	19
10억 원 미만	29	14	15	22	1	-	13	4	4	75.9	38.1	23.5	7
50억 원 미만	63	36	27	41	-	1	23	6	11	65.1	41.5	31.4	22
100억 원 미만	11	2	9	6	-	-	4	-	2	54.5	33.3	33.3	5
200억 원 미만	12	7	5	6	-	-	1	4	1	50.0	83.3	50.0	6
500억 원 미만	9	4	5	7	-	-	4	1	2	77.8	42.9	33.3	2
1,000억 원 미만	1	-	1	-	-	-	-	-	-	-	-	-	1
5,000억 원 미만	-	-	-	-	-	-	-	-	-	-	-	-	-
5,000억 원 이상	-	-	-	-	-	-	-	-	-	-	-	-	-
2016년	527	244	283	382	15	12	231	40	84	72.5	33.8	25.7	145

연도	처리대상건수			처리건수						처리율	인용률		이월 건수
	소계 ①	전년 이월	당년 접수	소계 ②	취하 ③	각하 ④	기각 ⑤	재조사 ⑥	인용 ⑦	②/①	재조사 포함 ⓐ	재조사 제외 ⓑ	
3천만 원 미만	111	32	79	89	2	5	72	4	6	80.2	11.5	7.2	22
1억 원 미만	88	39	49	68	6	2	42	-	18	77.3	29.0	29.0	20
5억 원 미만	139	66	73	99	5	4	48	12	30	71.2	44.7	36.6	40
10억 원 미만	47	26	21	33	1	1	17	7	7	70.2	43.8	28.0	14
50억 원 미만	75	38	37	39	-	-	16	12	11	52.0	59.0	40.7	36
100억 원 미만	15	9	6	13	-	-	7	3	3	86.7	46.2	30.0	2
200억 원 미만	22	15	7	15	1	-	11	2	1	68.2	21.4	8.3	7
500억 원 미만	11	5	6	7	-	-	4	-	3	63.6	42.9	42.9	4
1,000억 원 미만	9	4	5	9	-	-	7	-	2	100.0	22.2	22.2	-
5,000억 원 미만	10	10	-	10	-	-	7	-	3	100.0	30.0	30.0	-
5,000억 원 이상	-	-	-	-	-	-	-	-	-	-	-	-	-
2015년	440	98	342	196	32	9	83	43	29	44.5	43.9	24.0	244
3천만 원 미만	88	15	73	56	13	4	22	11	6	63.6	39.5	18.8	32
1억 원 미만	86	12	74	47	10	2	17	10	8	54.7	48.6	29.6	39
5억 원 미만	113	23	90	47	5	2	20	10	10	41.6	47.6	31.3	66
10억 원 미만	46	12	34	20	2	-	11	4	3	43.5	38.9	21.4	26
50억 원 미만	56	13	43	18	1	1	11	4	1	32.1	29.4	7.7	38
100억 원 미만	12	5	7	3	1	-	1	1	-	25.0	50.0	-	9
200억 원 미만	17	5	12	2	-	-	-	2	-	11.8	100.0	-	15
500억 원 미만	7	5	2	2	-	-	-	1	1	28.6	100.0	100.0	5
1,000억 원 미만	5	2	3	1	-	-	1	-	-	20.0	-	-	4
5,000억 원 미만	10	6	4	-	-	-	-	-	-	-	-	-	10
5,000억 원 이상	-	-	-	-	-	-	-	-	-	-	-	-	-

다) 지방세

(단위 : 건, %)

연도	처리대상건수			처리건수						처리율	인용률		이월건수
	소계 ①	전년이월	당년접수	소계 ②	취하 ③	각하 ④	기각 ⑤	재조사 ⑥	인용 ⑦	②/①	재조사 포함 ⓐ	재조사 제외 ⓑ	
2017년	1,490	303	1,187	1,267	23	96	847	14	287	85.0	24.2	23.3	223
1천만 원 미만	493	76	417	438	14	53	316	3	52	88.8	13.0	12.4	55
3천만 원 미만	205	37	168	185	6	13	130	-	36	90.2	20.1	20.1	20
1억 원 미만	237	65	172	199	3	7	133	3	53	84.0	28.6	27.5	38
5억 원 미만	248	68	180	192	-	12	107	5	68	77.4	38.0	36.4	56
10억 원 미만	108	22	86	89	-	6	53	1	29	82.4	33.7	33.0	19
50억 원 미만	182	31	151	155	-	5	106	1	43	85.2	28.4	27.9	27
100억 원 미만	10	2	8	6	-	-	2	1	3	60.0	66.7	60.0	4
200억 원 미만	4	2	2	3	-	-	-	-	3	75.0	100.0	100.0	1
500억 원 미만	2	-	2	-	-	-	-	-	-	-	-	-	2
1,000억 원 미만	-	-	-	-	-	-	-	-	-	-	-	-	-
5,000억 원 미만	1	-	1	-	-	-	-	-	-	-	-	-	1
5,000억 원 이상	-	-	-	-	-	-	-	-	-	-	-	-	-
2016년	1,808	488	1,320	1,505	24	75	1,007	17	382	83.2	26.9	26.1	303
1천만 원 미만	600	147	453	524	7	39	329	11	138	87.3	28.8	27.3	76
3천만 원 미만	495	81	414	458	7	13	365	1	72	92.5	16.2	16.0	37
1억 원 미만	281	77	204	216	6	13	146	3	48	76.9	24.3	23.2	65
5억 원 미만	264	112	152	196	3	6	121	-	66	74.2	34.2	34.2	68
10억 원 미만	72	30	42	50	-	1	26	1	22	69.4	46.0	44.9	22
50억 원 미만	83	33	50	52	1	2	16	1	32	62.7	64.7	64.0	31
100억 원 미만	7	3	4	5	-	-	2	-	3	71.4	60.0	60.0	2
200억 원 미만	4	3	1	2	-	-	1	-	1	50.0	50.0	50.0	2
500억 원 미만	2	2	-	2	-	1	1	-	-	100.0	-	-	-
1,000억 원 미만	-	-	-	-	-	-	-	-	-	-	-	-	-
5,000억 원 미만	-	-	-	-	-	-	-	-	-	-	-	-	-
5,000억 원 이상	-	-	-	-	-	-	-	-	-	-	-	-	-
2015년	2,470	428	2,042	1,982	101	87	1,484	11	299	80.2	16.5	16.0	488
1천만 원 미만	1,051	128	923	904	68	46	689	2	99	86.0	12.1	11.9	147

연도	처리대상건수			처리건수						처리율	인용률		이월 건수
	소계 ①	전년 이월	당년 접수	소계 ②	취하 ③	각하 ④	기각 ⑤	재조사 ⑥	인용 ⑦	②/①	재조사 포함 ⓐ	재조사 제외 ⓑ	
3천만 원 미만	547	70	477	466	15	19	376	6	50	85.2	12.4	11.2	81
1억 원 미만	328	74	254	251	5	15	187	-	44	76.5	17.9	17.9	77
5억 원 미만	341	84	257	229	6	3	171	1	48	67.2	22.0	21.6	112
10억 원 미만	82	29	53	52	1	-	31	1	19	63.4	39.2	38.0	30
50억 원 미만	99	32	67	66	6	4	25	1	30	66.7	51.7	50.8	33
100억 원 미만	10	5	5	7	-	-	2	-	5	70.0	71.4	71.4	3
200억 원 미만	9	4	5	6	-	-	2	-	4	66.7	66.7	66.7	3
500억 원 미만	3	2	1	1	-	-	1	-	-	33.3	-	-	2
1,000억 원 미만	-	-	-	-	-	-	-	-	-	-	-	-	-
5,000억 원 미만	-	-	-	-	-	-	-	-	-	-	-	-	-
5,000억 원 이상	-	-	-	-	-	-	-	-	-	-	-	-	-

4) 청구세목별 현황

(단위 : 건, %)

연도	처리대상건수			처리건수						처리율	인용률		이월 건수
	소계 ①	전년 이월	당년 접수	소계 ②	취하 ③	각하 ④	기각 ⑤	재조사 ⑥	인용 ⑦	②/①	재조사 포함 ⓐ	재조사 제외 ⓑ	
2017년	8,351	1,598	6,753	6,751	127	935	3,848	501	1,340	80.8	27.8	21.9	1,600
종합소득세	1,163	149	1,014	990	19	75	650	113	133	85.1	25.3	15.5	173
법인세	957	383	574	575	19	27	284	48	197	60.1	44.1	38.8	382
부가가치세	1,984	220	1,764	1,728	17	586	758	179	188	87.1	21.4	12.3	256
양도소득세	982	161	821	798	14	42	550	34	158	81.3	24.5	21.1	184
상속세	193	36	157	151	-	20	75	13	43	78.2	37.1	31.2	42
증여세	849	163	686	676	22	15	415	48	176	79.6	34.3	29.0	173
기타내국세	259	38	221	198	5	53	98	11	31	76.4	21.8	17.0	61
관세	474	145	329	368	8	21	171	41	127	77.6	46.7	39.8	106
지방세	1,490	303	1,187	1,267	23	96	847	14	287	85.0	24.2	23.3	223
2016년	8,226	2,223	6,003	6,628	163	506	4,322	299	1,338	80.6	25.3	21.7	1,598
종합소득세	775	194	581	626	13	56	384	49	124	80.8	28.2	22.0	149

연도	처리대상건수			처리건수						처리율	인용률		이월건수
	소계 ①	전년 이월	당년 접수	소계 ②	취하 ③	각하 ④	기각 ⑤	재조사 ⑥	인용 ⑦	②/①	재조사 포함 ⓐ	재조사 제외 ⓑ	
법인세	899	390	509	516	34	22	272	33	155	57.4	39.0	34.5	383
부가가치세	1,826	287	1,539	1,606	24	65	1,259	54	204	88.0	16.3	13.4	220
양도소득세	1,001	270	731	840	8	31	607	62	132	83.9	23.3	17.1	161
상속세	156	39	117	120	3	15	56	3	43	76.9	39.3	37.7	36
증여세	815	264	551	652	21	25	397	18	191	80.0	33.1	31.2	163
기타내국세	419	47	372	381	21	205	109	23	23	90.9	12.8	6.8	38
관세	527	244	283	382	15	12	231	40	84	72.5	33.8	25.7	145
지방세	1,808	488	1,320	1,505	24	75	1,007	17	382	83.2	26.9	26.1	303
2015년	10,400	2,127	8,273	8,177	222	459	5,579	611	1,306	78.6	24.1	17.8	2,223
종합소득세	1,044	201	843	850	10	112	520	57	151	81.4	24.8	19.3	194
법인세	1,196	499	697	806	17	41	446	71	231	67.4	38.3	32.2	390
부가가치세	2,194	368	1,826	1,907	16	67	1,512	64	248	86.9	16.5	13.6	287
양도소득세	1,401	173	1,228	1,131	18	50	635	318	110	80.7	38.5	13.8	270
상속세	188	49	139	149	1	8	93	14	33	79.3	31.8	24.6	39
증여세	1,131	249	882	867	16	56	577	28	190	76.7	25.6	23.1	264
기타내국세	336	62	274	289	11	29	229	5	15	86.0	7.2	5.5	47
관세	440	98	342	196	32	9	83	43	29	44.5	43.9	24.0	244
지방세	2,470	428	2,042	1,982	101	87	1,484	11	299	80.2	16.5	16.0	488

5) 대리인 유무별 현황

가) 내국세

(단위 : 건, %)

연도	처리대상건수			처리건수						처리율	인용률		이월건수
	소계 ①	전년 이월	당년 접수	소계 ②	취하 ③	각하 ④	기각 ⑤	재조사 ⑥	인용 ⑦	②/①	재조사 포함 ⓐ	재조사 제외 ⓑ	
2017년	6,387	1,150	5,237	5,116	96	818	2,830	446	926	80.1	27.3	20.2	1,271
대리인 유	4,831	1,009	3,822	3,703	80	205	2,179	404	835	76.7	34.2	25.9	1,128
대리인 무	1,556	141	1,415	1,413	16	613	651	42	91	90.8	9.5	6.7	143

연도	처리대상건수			처리건수						처리율	인용률		이월건수
	소계 ①	전년이월	당년접수	소계 ②	취하 ③	각하 ④	기각 ⑤	재조사 ⑥	인용 ⑦	②/①	재조사 포함 ⓐ	재조사 제외 ⓑ	
2016년	5,891	1,491	4,400	4,741	124	419	3,084	242	872	80.5	24.1	19.9	1,150
대리인 유	4,227	1,246	2,981	3,218	97	234	1,925	207	755	76.1	30.8	25.9	1,009
대리인 무	1,664	245	1,419	1,523	27	185	1,159	35	117	91.5	10.2	8.0	141
2015년	7,490	1,601	5,889	5,999	89	363	4,012	557	978	80.1	26.0	18.3	1,491
대리인 유	5,448	1,368	4,080	4,202	65	243	2,515	513	866	77.1	33.3	23.9	1,246
대리인 무	2,042	233	1,809	1,797	24	120	1,497	44	112	88.0	8.8	6.5	245
2014년	7,847	1,974	5,873	6,246	108	274	4,520	290	1,054	79.6	21.9	18.0	1,601
대리인 유	6,182	1,700	4,482	4,814	86	163	3,412	241	912	77.9	24.4	20.3	1,368
대리인 무	1,665	274	1,391	1,432	22	111	1,108	49	142	86.0	13.5	10.4	233
2013년	6,720	1,685	5,035	4,746	111	210	2,954	-	1,471	70.6	31.7	31.7	1,974
대리인 유	5,293	1,418	3,875	3,593	87	103	2,116	-	1,287	67.9	36.7	36.7	1,700
대리인 무	1,427	267	1,160	1,153	24	107	838	-	184	80.8	16.3	16.3	274

나) 관세

(단위 : 건, %)

연도	처리대상건수			처리건수						처리율	인용률		이월건수
	소계 ①	전년이월	당년접수	소계 ②	취하 ③	각하 ④	기각 ⑤	재조사 ⑥	인용 ⑦	②/①	재조사 포함 ⓐ	재조사 제외 ⓑ	
2017년	474	145	329	368	8	21	171	41	127	77.6	46.7	39.8	106
대리인 유	427	135	292	330	6	18	147	33	126	77.3	49.1	43.3	97
대리인 무	47	10	37	38	2	3	24	8	1	80.9	25.0	3.6	9
2016년	527	244	283	382	15	12	231	40	84	72.5	33.8	25.7	145
대리인 유	473	215	258	338	12	10	203	36	77	71.5	34.7	26.6	135
대리인 무	54	29	25	44	3	2	28	4	7	81.5	26.8	18.9	10
2015년	440	98	342	196	32	9	83	43	29	44.5	43.9	24.0	244
대리인 유	380	90	290	165	29	4	71	36	25	43.4	44.9	25.0	215
대리인 무	60	8	52	31	3	5	12	7	4	51.7	39.3	19.0	29
2014년	505	79	426	407	26	15	151	133	82	80.6	56.4	33.1	98
대리인 유	371	67	304	281	22	5	133	45	76	75.7	46.7	35.5	90

연도	처리대상건수			처리건수						처리율	인용률		이월 건수
	소계 ①	전년 이월	당년 접수	소계 ②	취하 ③	각하 ④	기각 ⑤	재조사 ⑥	인용 ⑦	②/①	재조사 포함 ⓐ	재조사 제외 ⓑ	
대리인 무	134	12	122	126	4	10	18	88	6	94.0	77.0	17.6	8
2013년	339	26	313	260	8	29	85	-	138	76.7	54.8	54.8	79
대리인 유	246	23	223	179	4	28	76	-	71	72.8	40.6	40.6	67
대리인 무	93	3	90	81	4	1	9	-	67	87.1	87.0	87.0	12

다) 지방세

(단위 : 건, %)

연도	처리대상건수			처리건수						처리율	인용률		이월 건수
	소계 ①	전년 이월	당년 접수	소계 ②	취하 ③	각하 ④	기각 ⑤	재조사 ⑥	인용 ⑦	②/①	재조사 포함 ⓐ	재조사 제외 ⓑ	
2017년	1,490	303	1,187	1,267	23	96	847	14	287	85.0	24.2	23.3	223
대리인 유	806	177	629	658	10	22	434	10	182	81.6	29.6	28.5	148
대리인 무	684	126	558	609	13	74	413	4	105	89.0	18.3	17.7	75
2016년	1,808	488	1,320	1,505	24	75	1,007	17	382	83.2	26.9	26.1	303
대리인 유	1,037	248	789	860	11	24	591	4	230	82.9	27.6	27.2	177
대리인 무	771	240	531	645	13	51	416	13	152	83.7	26.1	24.6	126
2015년	2,470	428	2,042	1,982	101	87	1,484	11	299	80.2	16.5	16.0	488
대리인 유	1,289	210	1,079	1,041	14	10	868	-	149	80.8	14.5	14.5	248
대리인 무	1,181	218	963	941	87	77	616	11	150	79.7	18.9	17.8	240
2014년	2,525	350	2,175	2,097	29	193	1,529	42	304	83.0	16.7	15.0	428
대리인 유	1,527	201	1,326	1,317	14	147	980	41	135	86.2	13.5	10.7	210
대리인 무	998	149	849	780	15	46	549	1	169	78.2	22.2	22.1	218
2013년	2,658	123	2,535	2,308	17	62	2,035	-	194	86.8	8.5	8.5	350
대리인 유	623	87	536	422	7	20	293	-	102	67.7	24.6	24.6	201
대리인 무	2,035	36	1,999	1,886	10	42	1,742	-	92	92.7	4.9	4.9	149

6) 회의별 현황

(단위 : 건)

연도	조세심판관 합동회의	조세심판관회의	주심단독	합계
2017년	68	5,975	581	6,624
2016년	99	5,651	715	6,465
2015년	120	6,842	993	7,955
2014년	59	7,537	991	8,587
2013년	40	6,228	910	7,178
합계	386	32,233	4,190	36,809

7) 합동회의 결정 현황

(단위 : 건, %)

연도	총처리건수	각하	기각	재조사	인용	인용률	
						재조사 포함	재조사 제외
2017년	68	-	23	-	45	66.2	-
2016년	99	-	21	-	78	78.8	-
2015년	120	-	27	-	93	77.5	-
2014년	59	1	22	-	36	61.0	-
2013년	40	-	10	-	30	75.0	-
합계	386	1	103	-	282	71.7	-

다. 감사원

(단위 : 건, 천 원, %)

구분	접수			처리						인용률
	합계	전년 이월	당년 접수	합계	인용		기각	각하	취하	
					건수 ⓐ	금액	ⓑ	ⓒ		ⓓ
2013년	895	372	523	321	35	20,980,149	163	78	45	12.7
내국세	369	193	176	144	12	9,102,626	100	12	20	9.7
관세	41	18	23	16	-	-	16	-	-	-
지방세	70	46	24	29	11	11,710,648	11	3	4	44.0

구분	접수			처리						인용률
	합계	전년 이월	당년 접수	합계	인용		기각	각하	취하	
					건수 ⓐ	금액	ⓑ	ⓒ		ⓓ
기타	415	115	300	132	12	166,875	36	63	21	10.8
2014년	1,284	574	710	695	146	68,327,003	354	117	78	23.7
내국세	339	226	113	195	28	57,685,211	139	19	9	15.1
관세	45	26	19	2	1	1,333,156	-	1	-	50.0
지방세	88	41	47	58	8	8,533,716	42	2	6	15.4
기타	812	281	531	440	109	774,920	173	95	63	28.9
2015년	1,947	589	1,358	1,464	35	142,884,111	953	290	186	2.7
내국세	309	143	166	194	20	134,374,135	66	85	23	11.7
관세	47	44	3	44	-	-	2	-	42	-
지방세	555	30	525	501	8	8,472,426	477	3	13	1.6
기타	1,036	372	664	725	7	37,550	408	202	108	1.1
2016년	1,447	483	964	864	53	27,218,662	277	149	385	11.1
내국세	569	115	454	430	18	18,306,495	64	23	325	17.1
관세	5	3	2	1	-	-	1	-	-	-
지방세	188	54	134	121	21	8,707,627	80	14	6	18.3
기타	685	311	374	312	14	204,540	132	112	54	5.4
2017년	1,253	583	670	520	7	10,737,448	287	87	139	1.8
내국세	262	139	123	77	3	10,619,965	47	15	12	4.6
관세	6	4	2	3	-	-	3	-	-	-
지방세	111	67	44	45	3	26,948	37	3	2	7.0
기타	874	373	501	395	1	90,535	200	69	125	0.4

ⓓ=ⓐ÷(ⓐ+ⓑ+ⓒ)

출처 : 2017 감사연보

조세불복의 진행과정과 실무

1 조세불복 진행과정 개요

가. 개요

조세불복에서 불복청구의 종류나 재결청에 따라 진행되는 절차는 서로 약간씩 다르지만 대략적인 진행과정은 다음과 같다.

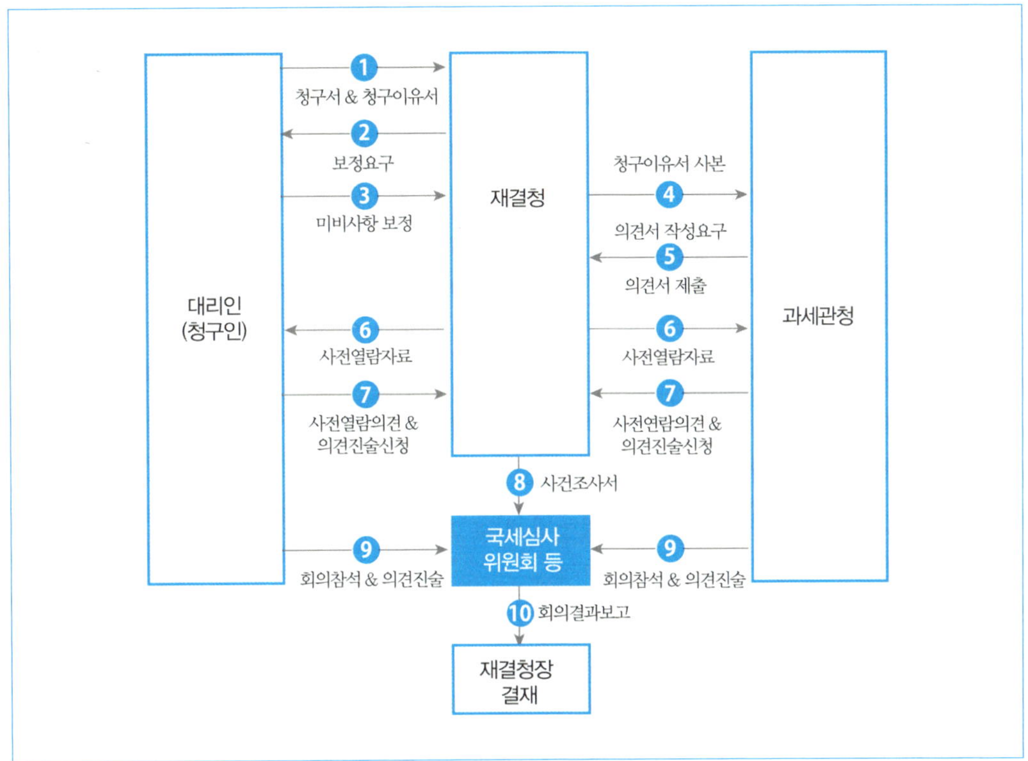

❶ 제기하는 불복절차에 합당한 청구서식에 따라 청구서를 작성하고, 청구취지와 청구주장 및 청구주장을 입증하는 증거서면 등을 첨부한 청구이유서도 함께 제출한다.

❷ 청구에 관한 형식적 오류나 미비사항이 있는 경우 재결청은 최대 20일의 시간을 주어 미비된 사항의 보정을 요구한다.

❸ 미비된 사항을 보완한다. 기한에 임박하여 사건을 수임함에 따라 기한 내 청구이유서를 제출하지 못하고 불가피하게 청구서만 제출한 경우라면 청구이유서(보정)를 작성하여 보정기한 내 제출하여야 한다.

❹ 재결청은 청구인이 제출한 청구서와 청구이유서 사본을 과세관청에 송부하고, 이때 청구인의 청구주장에 대한 의견서 제출을 요구한다.

❺ 과세관청은 조사한 사실관계와 쟁점 과세가 타당한 이유 등을 기재한 의견서를 재결청에 제출한다.

❻ 청구인과 과세관청의 주장을 모두 취합한 재결청의 사건담당자는 과세경위 · 사실관계 · 과세쟁점 · 청구인 주장요지 · 과세관청 주장요지 등을 기재한 사전열람자료를 청구인과 과세관청에 발송한다.

❼ 청구인과 과세관청은 사전열람자료에 오류사항 또는 추가할 의견이나 새로 제출할 증거 등이 있는 경우 재결청 사건담당자와 의논하여 반영하며, 국세심사위원회 등 회의에 직접 참석하여 의견을 진술할 의향이 있는 경우 회의 5일 전까지 의견진술신청서를 작성 · 제출한다.

❽ 재결청 사건담당자는 사건조사서를 작성하여 국세심사위원회 등 위원들에게 배포한다. 사건조사서는 사전열람자료와 유사하며, 사전열람 후에 새로 추가된 주장 등은 사전열람 후 의견으로 기재된다.

❾ 의견진술을 신청한 청구인과 과세관청 담당자는 국세심사위원회 회의에 참석하여 각자의 의견을 진술한다.

❿ 국세심사위원회의 결정내용은 재결청장에 보고되며, 재결청장의 결재로 최종 승인된다.

나. 불복 종류별 업무처리 흐름

국세청의 국세심사사무처리규정에는 국세불복 관련 업무처리 흐름도를 다음과 같이 보여주고 있다.

1) 국세불복청구 처리절차도

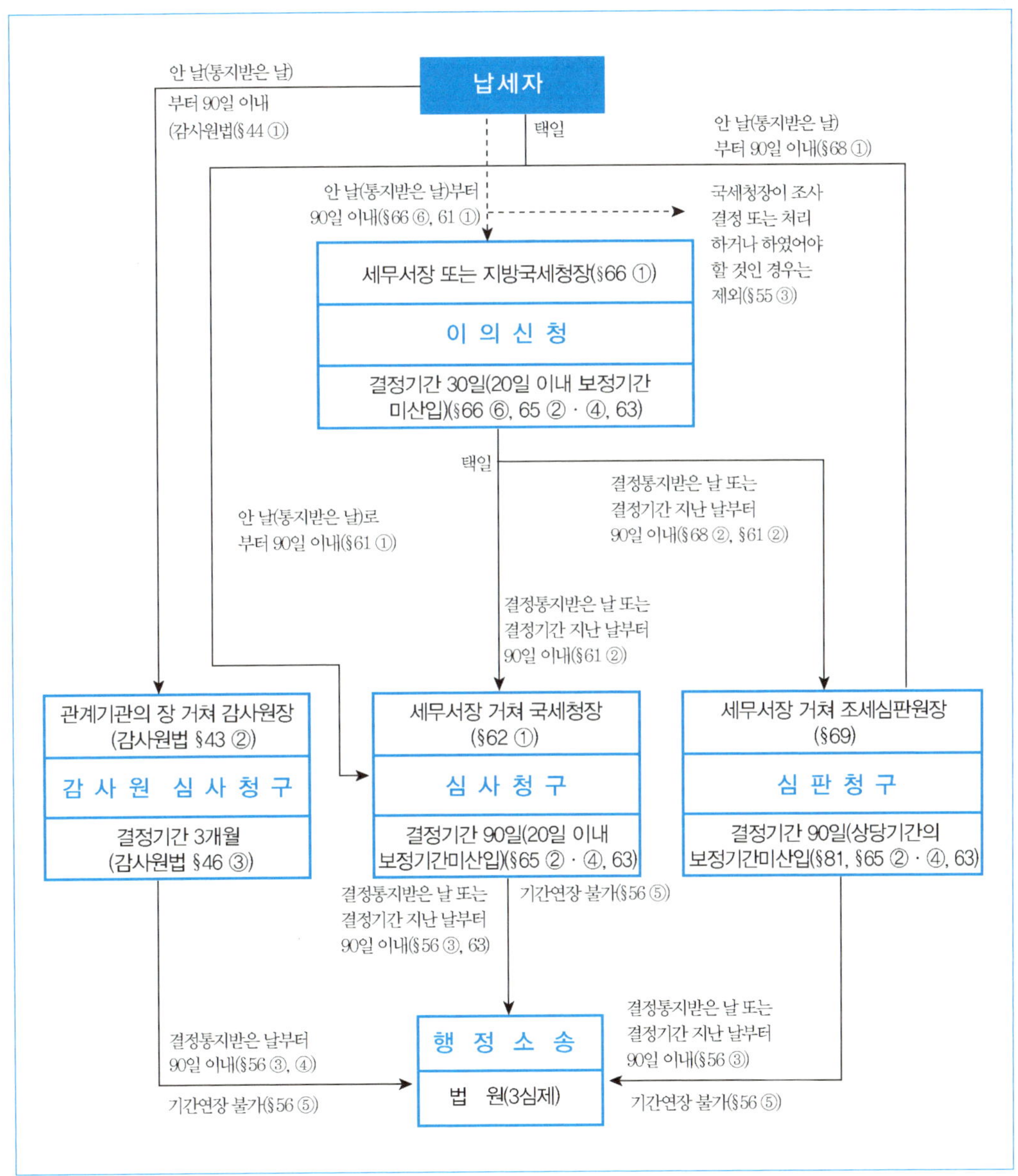

2) 이의신청(세무서분) 처리절차도

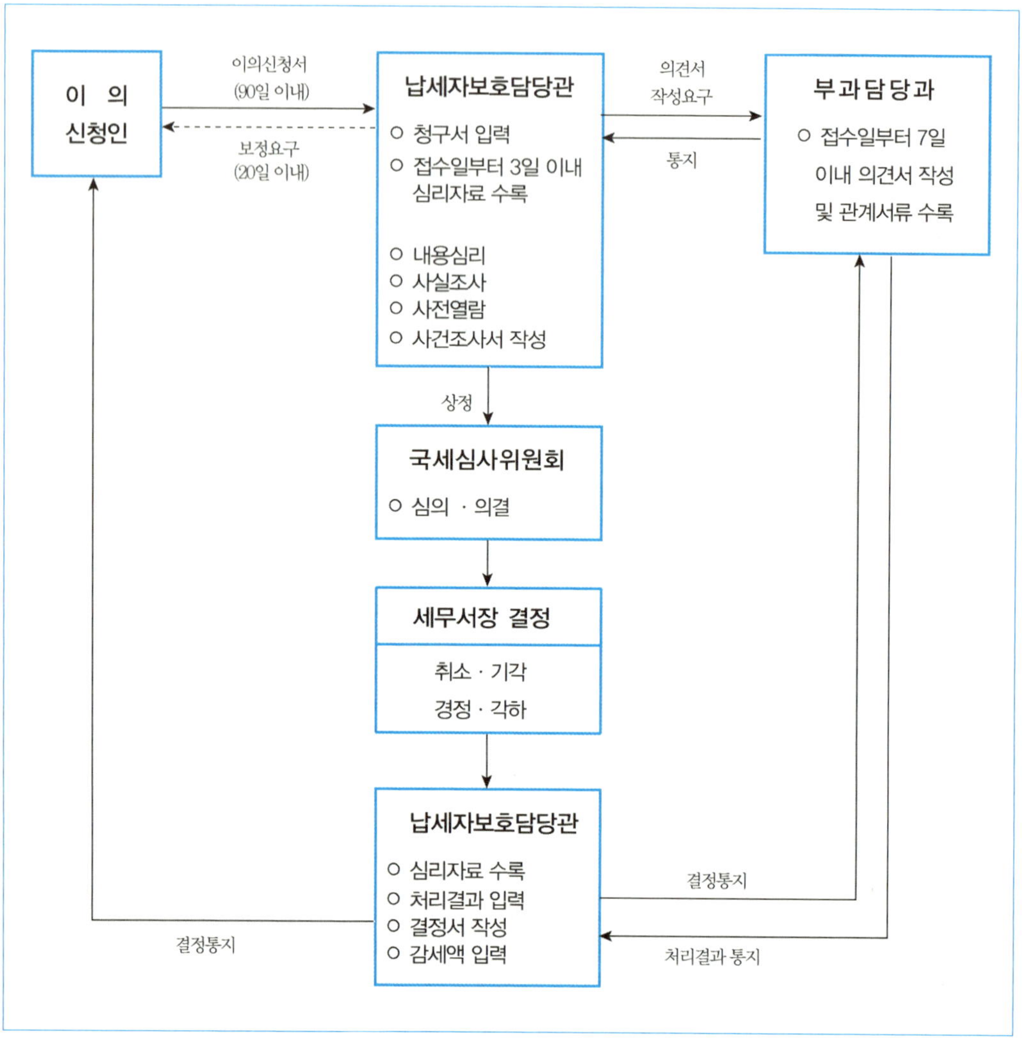

3) 이의신청(지방국세청분) 처리절차도

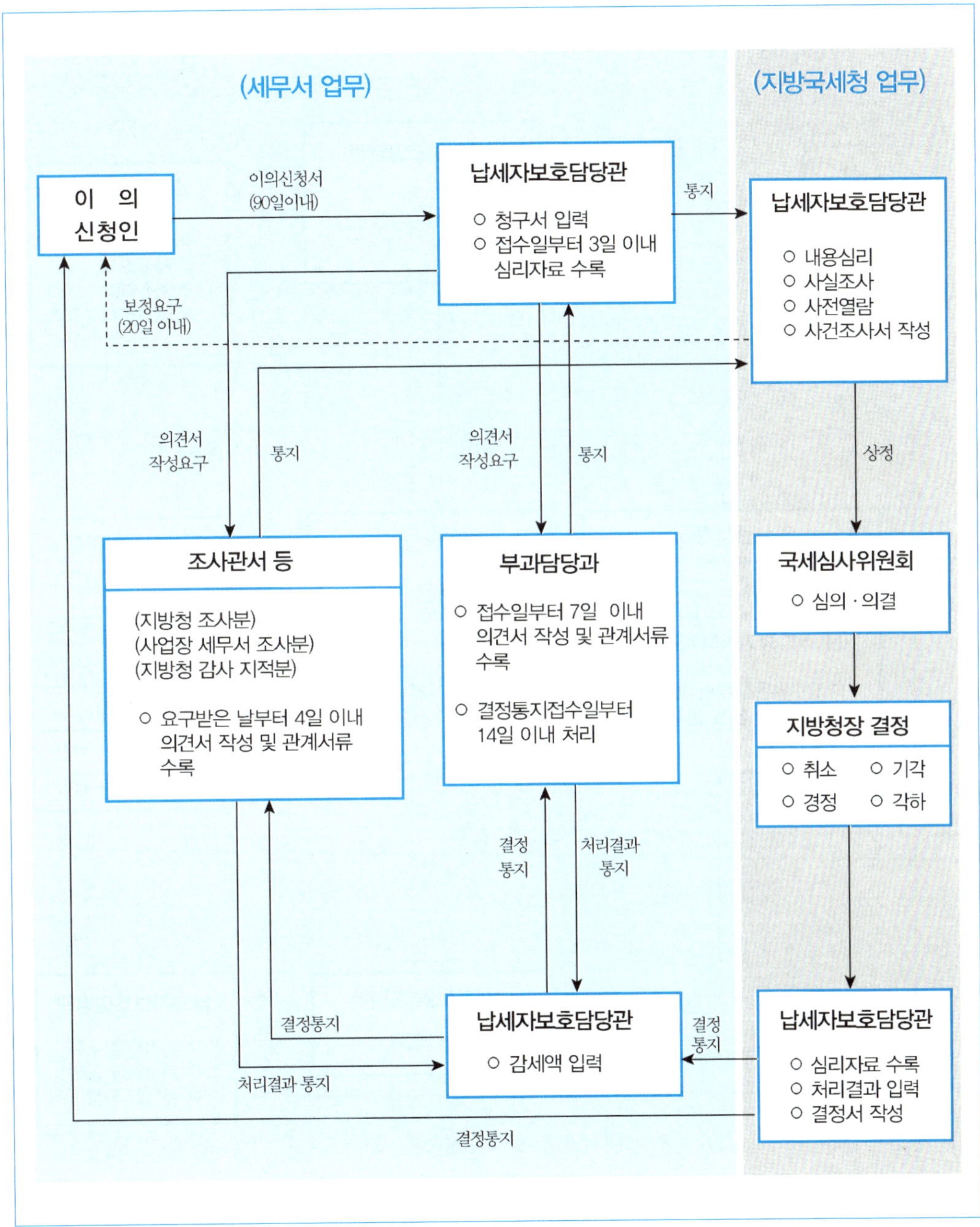

4) 심사청구 처리절차도

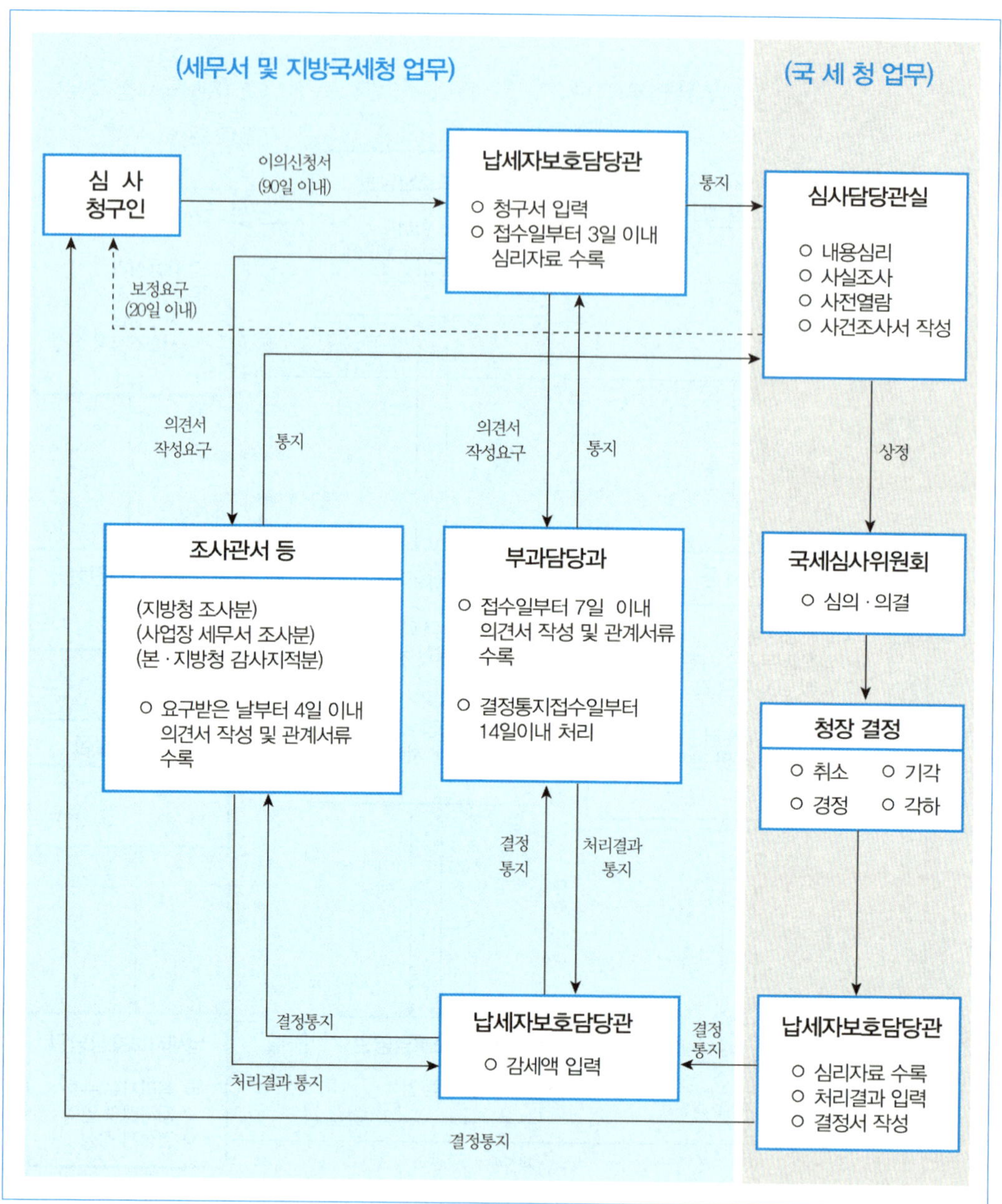
(세무서 및 지방국세청 업무)
(국 세 청 업무)
심 사 청구인
이의신청서 (90일 이내)
납세자보호담당관
○ 청구서 입력
○ 접수일부터 3일 이내 심리자료 수록
통지
심사담당관실
○ 내용심리
○ 사실조사
○ 사전열람
○ 사건조사서 작성
보정요구 (20일 이내)
의견서 작성요구
통지
의견서 작성요구
통지
상정
조사관서 등
(지방청 조사분)
(사업장 세무서 조사분)
(본 · 지방청 감사지적분)
○ 요구받은 날부터 4일 이내 의견서 작성 및 관계서류 수록
부과담당과
○ 접수일부터 7일 이내 의견서 작성 및 관계서류 수록
○ 결정통지접수일부터 14일이내 처리
국세심사위원회
○ 심의 · 의결
청장 결정
○ 취소 ○ 기각
○ 경정 ○ 각하
결정 통지
처리결과 통지
결정통지
납세자보호담당관
○ 감세액 입력
처리결과 통지
결정 통지
납세자보호담당관
○ 심리자료 수록
○ 처리결과 입력
○ 결정서 작성
결정통지

5) 감사원심사청구 처리절차도

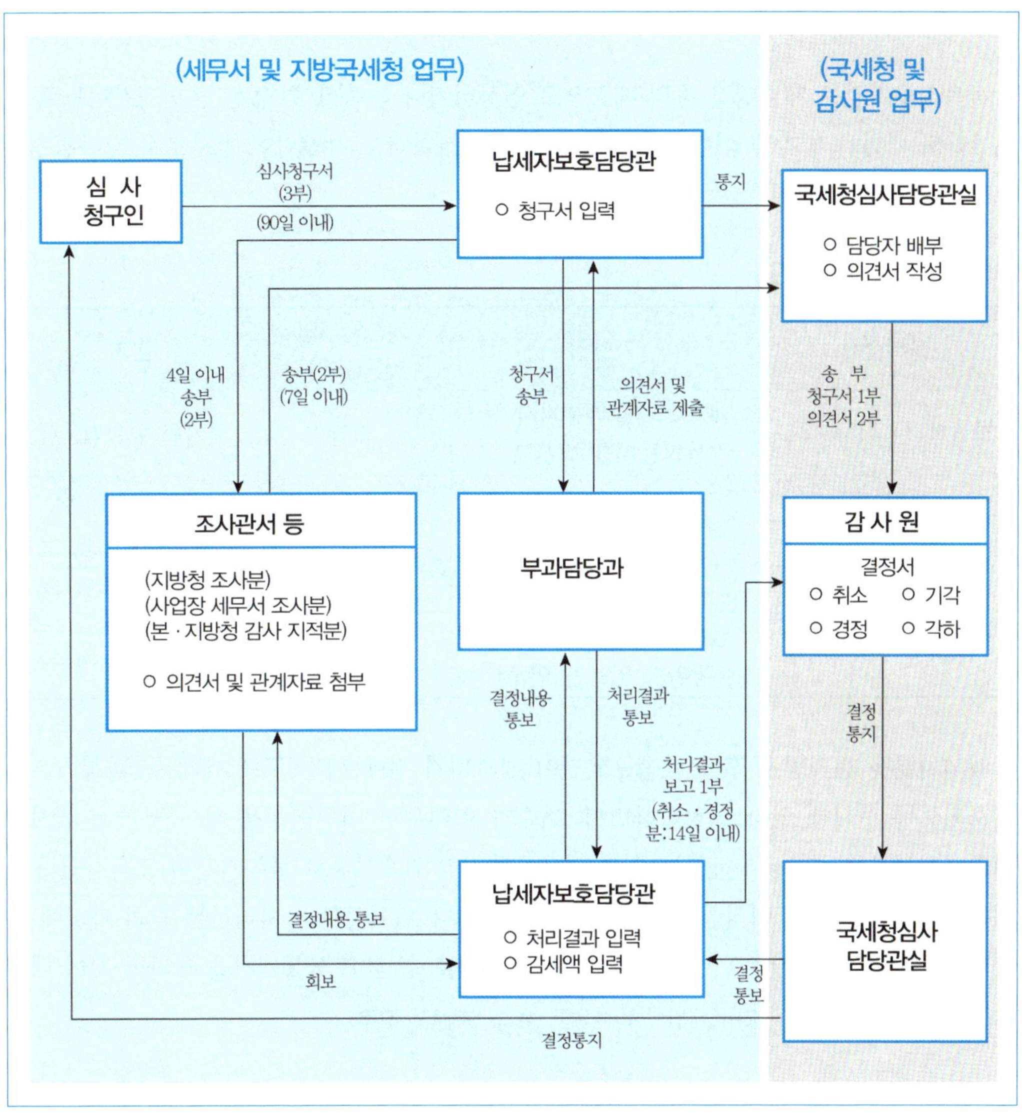

2 청구기간

불복청구기간은 재결청장 등의 재량으로 연장하거나 단축할 수 없는 불변기간이므로 단 하루라도 기한을 넘기게 되면, 불복청구서를 접수하더라도 부적합한 청구로서 각하결정되므로 주의하여야 한다.

| 불복절차별 청구기간 |

불복절차	기산일	기산일부터 청구기간	근거
과세전적부심사 청구	세무조사결과통지서 등 서면통지를 받은 날	30일	국기법 §81의15 ①
이의신청	처분이 있음을 안 날 (처분통지를 받은 날)	90일	국기법 §66 ⑥
국세청 심사청구		90일	국기법 §61 ①, ②
심판청구		90일	국기법 §68 ①, ②
감사원 심사청구	심사청구의 원인이 되는 행위가 있음을 안 날	90일 (180일)	감사원법 §44

과세처분을 통지받은 후 불복청구기간이 경과되기 전에 세무공무원에게 동 과세처분이 취소되도록 선처해 달라고 청탁하면서, 취소가 어려우면 이의신청을 하여 달라는 취지로 이의신청서를 작성・교부하였는데 그 세무공무원의 귀책사유로 불복기간이 도과하였다면, 이는 세무공무원에게 이의신청 사무를 위임하였으나 위임사무를 처리하는 자의 과실에 불과할 뿐이므로, 적법한 이의신청을 제기한 것으로 볼 수 없고 불복기간을 도과한 것에 대한 정당한 사유가 될 수 없다(대법원 1984.6.26. 선고, 84누145 판결).

가. 불복 종류별 청구기간과 기산일

1) 이의신청・국세청 심사청구・심판청구

- 처분이 있음을 안 날(처분 통지를 받은 날)부터 90일 이내
- 이의신청을 거친 경우라면, 이의신청결정서를 받은 날부터 90일 이내

가) 「해당처분이 있음을 안 날」과 「처분의 통지를 받은 날」

- 처분이 있음을 안 날 → 처분의 통지를 받도록 규정된 자 외의 자가 불복할 때 적용
- 처분의 통지를 받은 날 → 과세처분의 상대방이 불복할 때 적용

국세청 심사청구의 기산일은 「해당 처분이 있음을 안 날(처분의 통지를 받은 때에는 그 받은 날)」이고, 심사청구는 이 날부터 90일 이내에 제기하여야 한다(국기법 §61 ①). 이의신청 청구기간은 국세청 심사청구를 준용하므로 마찬가지이며(국기법 §66 ⑥), 심판청구도 동일하다(국기법 §68 ①). 청구기간을 계산할 때는 해당 처분을 하였거나 하였어야 할 세무서장에게 해당 청구서가 제출된 때에 청구한 것으로 하며, 다른 세무서장이나 지방국세청장 또는 국세청장에게 제출된 때도 같다(국기법 §62 ②).

「해당처분이 있음을 안 날」이란 통지·공고·기타의 방법으로 당해 처분이 있었다는 사실을 현실적으로 안 날을 의미하나, 이는 처분의 상대방이나 법령에 의하여 처분의 통지를 받도록 규정된 자 이외의 자가 이의신청 또는 심사청구를 하는 경우의 불복기간에 관한 규정이고, 과세처분의 상대방인 경우에는 처분의 통지를 받은 날(즉, 납세고지서 등을 수령한 날)을 기준으로 기간을 계산하여야 한다(대법원 1997.9.12. 선고, 97누3934 판결 ; 1998.9.22. 선고, 98두4375 판결 ; 1999.2.12. 선고, 98두16828 판결 ; 2000.7.4. 선고, 2000두1164 판결).

나) 이의신청을 거친 경우

이의신청을 거친 후 국세청 심사청구 또는 조세심판원 심판청구를 하는 경우 기산일은 「이의신청에 대한 결정의 통지를 받은 날」이고, 이 날부터 90일 이내에 제기하여야 한다. 다만, 이의신청 결정기간(30일) 내에 결정의 통지를 받지 못한 경우에는 결정의 통지를 받기 전이라도 그 결정기간이 지난 날부터 국세청 심사청구 또는 심판청구를 할 수 있다(국기법 §61 ②, §68 ②).

다) 기타 경우의 기산일

기타 경정거부처분에 대한 이의신청이나 국세청 심사청구의 청구기간을 계산하는 기산일은 다음과 같다(국기통 61-0…1).

> ① 제기하는 경정청구(국기법 §45의2 ③)에 대한 결정 또는 경정의 통지를 그 처리기간(2월) 내에 받지 못하였을 때에는 그 처리기간 종료일의 다음 날
> ② 공시송달(국기법 §11 ①) 각 사유에 해당하여 공시송달한 처분에 대하여 이의가 있을 때에는 공시송달공고한 날부터 14일이 경과한 날
> ③ 국세징수법 §16에 따라 부과의 결정을 철회하였다가 재결정하여 통지한 처분에 대하여 이의가 있을 때에는 재결정의 통지를 받은 날의 다음 날
> ④ 처분의 통지서를 사용인, 기타 종업원 또는 동거인이 받은 경우는 사용인, 기타 종업원 또는 동거인이 처분의 통지를 받은 날의 다음 날
> ⑤ 피상속인 사망 전에 피상속인에게 행하여진 처분에 대하여 상속인이 불복청구를 하는 경우에는 피상속인이 해당 처분의 통지를 받은 날의 다음 날

2) 감사원 심사청구

- 심사청구의 원인이 되는 행위가 있음을 안 날부터 90일 이내
- 그 행위가 있은 날부터 180일 이내

감사원 심사청구의 기산일은 심사청구의 원인이 되는 행위가 있음을 안 날이다. 이해관계인은 이 날부터 90일 이내에, 그 행위가 있은 날부터 180일 이내에 심사의 청구를 하여야 하며, 이 기간은 불변기간이다(감사원법 §44).

감사원 심사청구의 제기기간은 불변기간이기 때문에 임의로 연장하거나 단축시킬 수 없고, 일일계산에 의하여 기간을 계산한다. 예를 들어, 2016.3.10. 행정처분을 받았다면 이 날부터 90일이 경과한 2016.6.8.까지 감사원 심사청구를 제기할 수 있다. 이때 제척기간의 경과 여부는 감사원 심사청구서가 관계기관에 접수된 날을 기준으로 판단한다(감사원심사규칙 §10 ②).

여기에서 '안 날'은 어떤 행위가 있었다는 사실을 안 날을 말하는 것으로서 그 행위의 구체적인 내용을 안 날을 말하는 것은 아니므로 통상적으로는 과세관청으로부터 납세고지서를 받은 날을 말한다. 반면 '있은 날'은 어떤 행위가 성립한 날을 의미하나 통상적으로 심사청구의 대상이 되는 행위는 그 내용을 상대방에게 고지하고 있으므로 행위가 있은 날부터 180일의 기간이 적용되는 경우는 아주 드물다.

이의신청을 거쳐도 감사원 심사청구를 제기할 수는 있지만 제기기간은 이의신청결정서를 받은 날로부터 90일이 아니라 '심사청구의 원인이 되는 행위일'로부터 기산하므로 매우 주의해야 한다.[10] 이의신청결정서를 받은 날로부터 새로 90일을 계산하는 국세청 심사청구나 심판청구와 다르다.

3) 과세전적부심사청구

- 세무조사결과통지서 · 과세예고통지서 : 수령일부터 30일 이내 → 90일이 아니다.
- 세무서에 과세전적부심사를 청구하여 불채택된 경우, 고지처분 후 다시 세무서에 이의신청할 수 없다. → 만약 청구한다면 각하된다.
- 이 경우 이의신청은 관할지방청에 청구하여야 한다.

과세전적부심사청구의 기산일은 「세무조사결과통지서 등 서면통지를 받은 날」이고, 이 날부터 30일 이내에 청구하여야 한다(국기법 §81의15 ①). 이의신청 · 국세청 심사청구 · 심판청구 · 감사원 심사청구 등 나머지 모든 조세불복청구의 청구기간은 기산일부터 90일이지만, 과세전적부심사는 30일임에 주의하여야 한다.

과세전적부심사는 세액이 확정되어 고지서가 송달되기 전 단계에서 진행되는 과정이므로 과세전적부심사를 청구하고 심리하는 기간 중에도 가산세는 계산된다. 따라서 납세자의 부담을 줄여 줄 목적으로 청구기간과 심리기간을 상대적으로 짧게 적용하고 있다.

4) 납세고지서를 타인이 수령한 경우

가) 적법한 송달인 경우

과세처분의 상대방인 납세의무자 등 서류의 송달을 받을 자가 다른 사람에게 우편물 기타 서류의 수령권한을 명시적 또는 묵시적으로 위임한 경우에는 그 수임자가 해당 서류를 수령함으로써 그 송달받을 자 본인에게 해당 서류가 적법하게 송달된 것으로 보아야 하고(대법원 1998.4.10. 선고, 98두1161 판결), 그러한 수령권한을 위임받은 자는 반드시 위임인의 종업원이거나 동거인일 필요는 없다(대법원 1992.1.21. 선고, 91누7859 판결 ; 2000.3.10. 선고, 98두17074 판결).

관례적으로 아파트 경비원이 일반우편물이나 등기우편물 등 특수우편물을 수령하여 거주자에게 전달하여 왔고, 이에 대해 납세의무자를 비롯한 아파트 주민들이 평소 이러한 특수우편물 배달방법에 관하여 아무런 이의도 제기한 바 없었다면, 등기우편물 등의 수령권한을 아파트 경비원에게 묵시적으로 위임한 것이라고 본다(대법원 1994.1.11. 선고, 93누16864 판

10) 감사원 홈페이지에 게시된 내용 발췌

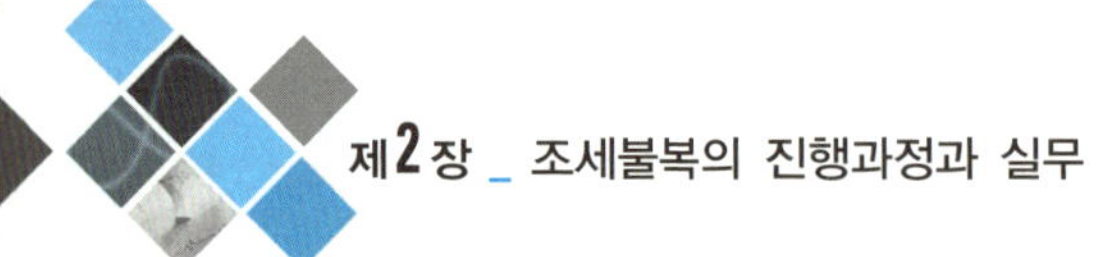

결 ; 1998.5.15. 선고, 98두3679 판결 ; 2000.7.4. 선고, 2000두1164 판결).

또, 납세고지서의 명의인이 다른 곳으로 이사하였지만 주민등록을 옮기지 아니한 채 주민등록지로 배달되는 우편물을 새로운 거주자가 수령하여 자신에게 전달하도록 한 경우도, 납세의무자가 그 새로운 거주자에게 우편물 수령권한을 위임한 것으로 보아 그에게 한 납세고지서의 송달이 적법하다고 한다(대법원 1998.4.10. 선고, 98두1161 판결).

국세기본법에 의하면 세법이 규정하는 서류는 그 명의인의 주소·거소·영업소 또는 사무소에 송달하도록 규정되어 있는데, 여기서 주소라 함은 원칙적으로 생활의 근거가 되는 곳을 가리키지만 민법 §21 소정의 가주소 또는 그 명의인의 의사에 따라 전입신고된 주민등록지도 특별한 사정이 없는 한 이에 포함되며(대법원 1985.10.8. 선고, 85누450 판결 ; 1984.10.10. 선고, 84누195 판결 ; 1979.2.27. 선고, 78누284 판결), 그 명의인이 다른 사람에게 우편물 기타 서류의 수령권한을 명시적 또는 묵시적으로 위임한 경우에는 그 수임자가 해당 서류를 수령함으로써 본인에게 그 서류가 적법하게 송달된 것으로 보기 때문이다(대법원 1997.9.12. 선고, 97누3934 판결 ; 1993.6.29. 선고, 93누1565 판결 ; 1992.1.21. 선고, 91누7859 판결).

나) 위법한 송달인 경우

납세자가 부과처분 제척기간이 임박하자 납세고지서의 수령을 회피하기 위하여 고지서 수령 약속을 어기고 일부러 집을 비워 두어서 세무공무원이 부득이 납세자의 아파트 문틈으로 납세고지서를 투입한 경우나(대법원 1997.5.23. 선고, 96누5094 판결), 상속인이 상속세 부과 제척기간이 임박하자 납세고지서의 수령을 회피하기 위하여 고지서 수령 약속을 어기고 일부러 밤늦게까지 집을 비워 두어서 부득이 세입자에게 고지서를 교부한 경우(대법원 1996.9.24. 선고, 96다204 판결) 등은 그 고지서가 적법하게 송달되었다고 볼 수 없다.

나. 청구기간에 관한 특례

1) 기한이 공휴일인 경우

• 청구기간의 마지막 날이 공휴일이면 그 다음 날이 기한이다.

국세기본법과 세법에서 규정하는 신고·신청·청구·납부 또는 징수에 관한 기한이 공휴일, 토요일이거나 근로자의 날일 때에는 그 다음 날이 기한이므로(국기법 §5 ①), 청구기간도 그에 따른다(심사양도 2009-0167, 2009.7.20. 참조).

2) 기한의 연장

천재지변이나 국세기본법 시행령으로 정하는 사유로 신고·신청·청구 등을 정해진 기한까지 할 수 없다고 인정하는 경우 정해진 기한은 연장된다(국기법 §6 ①).

따라서 불복청구인은 다음 시행령이 정한 사유에 해당되어 조세불복의 청구기간에 불복청구를 할 수 없을 때에는 그 사유가 소멸한 날부터 14일 이내에 청구할 수 있다. 이 경우 불복청구인은 그 기간에 청구할 수 없었던 사유, 그 사유가 발생한 날과 소멸한 날, 그 밖에 필요한 사항을 기재한 문서를 함께 제출하여야 한다(국기법 §61 ④, 국기령 §2 ①).[11]

① 청구인이 화재, 전화, 그 밖의 재해를 입거나 도난을 당한 경우
② 청구인 또는 그 동거가족이 질병으로 위중하거나 사망하여 상중인 경우
③ 권한 있는 기관에 장부나 서류가 압수 또는 영치된 경우
④ 세무사법에 따라 납세자의 장부 작성을 대행하는 세무사 또는 공인회계사가 화재, 전화, 그 밖의 재해를 입거나 도난을 당한 경우
⑤ 위 ①, ②, ③에 준하는 사유가 있는 경우

3) 기간계산의 특례

국제조세조정에 관한 법률에 의해 국제거래가격에 대한 과세의 조정절차 및 조세조약에 따른 상호합의절차가 진행되는 경우, 조정을 신청한 날부터 통지를 받은 날까지의 기간은 조세불복에 관한 청구기간에 산입하지 않는다. 지방세불복의 경우도 마찬가지다(국기법 §55의2, 국조법 §10의3 ③, §24 ①).

다. 재조사결정에 따른 불복기간의 기산점

• 재조사결정에 따른 불복기간의 기산점은 재조사에 따른 후속처분의 통지를 받은 날

납세자가 이의신청을 제기한 사건에서 재결청이 재조사를 결정하여 납세자에게 그 결정서를 통보하였고, 처분청이 사건을 다시 조사한 결과 당초처분이 정당하다는 재조사결과를 납세자에게 통지한 경우, 납세자가 재조사결과에 불복하여 국세청 심사청구를 제기할 경우 이의신청결정서를 수령한 날이 청구기간의 기산일인가 아니면 재조사결과를 통보받은 날

11) 시행령 중 나머지 사유는 납부의 경우에만 해당된다.

이 기산일인가 하는 문제가 있을 수 있다.

이 경우처럼 재결청의 재조사결정에 따른 심사청구 · 심판청구 또는 행정소송 등의 제기기간의 기산점은 당초 이의신청의 결정서를 수령한 날이 아니라 재조사에 따른 후속처분의 통지를 받은 날이다. 즉, 과세관청으로부터 재조사결과 통지를 받은 날부터 90일 이내에 심사청구 등을 제기하면 된다.

즉, 이의신청 등에 대한 결정의 한 유형으로 실무상 행해지고 있는 재조사결정은 당해 결정에서 지적된 사항에 관해서는 처분청의 재조사결과를 기다려 그에 따른 후속처분의 내용을 이의신청 등에 대한 결정의 일부분으로 삼겠다는 의사가 내포된 변형결정에 해당한다. 따라서 재조사결정은 처분청의 후속처분에 의하여 그 내용이 보완됨으로써 이의신청 등에 대한 결정으로서의 효력이 발생하는 것이므로, 재조사결정에 따른 심사청구기간이나 심판청구기간 또는 행정소송의 제소기간은 이의신청인 등이 후속처분의 통지를 받은 날부터 기산된다(대법원 2014.7.24. 선고, 2011두14227 판결 ; 대법원 2010.6.25. 선고, 2007두12514 전원합의체 판결).

대법원 2010.6.25. 선고, 2007두12514 전원합의체 판결

이의신청 등에 대한 결정의 한 유형으로 실무상 행해지고 있는 재조사결정은 처분청으로 하여금 하나의 과세단위의 전부 또는 일부에 관하여 당해 결정에서 지적된 사항을 재조사하여 그 결과에 따라 과세표준과 세액을 경정하거나 당초처분을 유지하는 등의 후속처분을 하도록 하는 형식을 취하고 있다. 이에 따라 재조사결정을 통지받은 이의신청인 등은 그에 따른 후속처분의 통지를 받은 후에야 비로소 다음 단계의 쟁송절차에서 불복할 대상과 범위를 구체적으로 특정할 수 있게 된다.

이와 같은 재조사결정의 형식과 취지, 그리고 행정심판제도의 자율적 행정통제기능 및 복잡하고 전문적 · 기술적 성격을 갖는 조세법률관계의 특수성 등을 감안하면, 재조사결정은 당해 결정에서 지적된 사항에 관해서는 처분청의 재조사결과를 기다려 그에 따른 후속처분의 내용을 이의신청 등에 대한 결정의 일부분으로 삼겠다는 의사가 내포된 변형결정에 해당한다고 볼 수밖에 없다.

그렇다면 재조사결정은 처분청의 후속처분에 의하여 그 내용이 보완됨으로써 이의신청 등에 대한 결정으로서의 효력이 발생한다고 할 것이므로, 재조사결정에 따른 심사청구기간이나 심판청구기간 또는 행정소송의 제소기간은 이의신청인 등이 후속처분의 통지를 받은 날부터 기산된다고 봄이 타당하다.

라. 우편제출 : 발송주의

- 청구기간 내 우편 일부인이 찍히면 청구기간 경과 후 배달되더라도 적법한 청구이다.

불복청구기간 내에 우편으로 제출한 심사청구서 등이 청구기간을 지나서 도달한 경우에는 그 기간의 만료일에 적법한 청구를 한 것으로 본다(국기법 §61 ③, §66 ⑥, §81).

우편으로 불복청구서를 제출한 경우 우편법에 따른 통신날짜 도장이 찍힌 날에 신고된 것으로 보며, 통신날짜 도장이 찍히지 아니하였거나 분명하지 아니한 경우에는 통상 걸리는 운송일수를 기준으로 발송한 날로 인정되는 날에 신고된 것으로 본다(국기법 §5의2 ①).

우편으로 불복청구서를 제출하면 접수증을 교부받을 수 없다. 따라서 실무상 적법한 기간 내 청구하였음을 입증할 필요가 있는 경우를 대비해 불복청구서는 등기우편으로 발송하고 우체국에서 받은 영수증을 보관하여야 한다. 영수증에는 등기번호와 함께 접수일자, 발송인, 수취인 등이 기재되어 있는데 접수일자는 발송일자이며, 발송인은 청구인 또는 대리인이, 수취인은 세무서·지방청·국세청 또는 심판원 등 재결청이 된다. 이때 대리인이 발송하는 경우 청구인의 명칭이 별도 기재되지 않으므로 등기우편을 접수하면서 발송인 옆에 청구인 명칭을 부기해 달라고 요청한다.

마. 불복기간 관리 실무

- 청구기간을 도과하여 청구하면 다투어보지도 못하고 각하된다.
- 고지서 등의 정확한 수령날짜를 반드시 확인하여야 한다.

조세불복에서 청구기한을 확인하는 것은 매우 중요하다. 불복기간을 도과하여 청구서를 접수하는 경우 다투어보지도 못하고 청구가 각하되기 때문이다.[12)]

통상 납세고지서를 우편으로 수령하면 다음 그림과 같이 고지서 첫 면에 13자리의 등기번호가 바코드와 함께 인쇄되어 있다.

12) 불복기간 내에 조세불복청구를 제기하지 못한 경우 과세처분무효확인소송을 제기할 수는 있지만, 처분취소를 구하는 국기법 등 조세불복절차나 행정소송에 비해 과세관청의 처분이 무효임을 입증하기는 매우 어려울 것이다.

인터넷으로 우체국택배 홈페이지(https://parcel.epost.go.kr)에 접속하여 등기번호 13자리를 입력하면 다음 그림과 같이 발송인과 수취인 및 납세고지서를 수령한 날짜를 확인할 수 있다. 이 날이 처분의 통지를 받은 날이므로 조세불복을 청구하려면 이 날부터 청구기간 내에 소정의 불복청구서를 제출하여야 한다.

국내등기 / 소포우편(택배)조회

발송인/수취인 정보

❶ 제한표시에 대한 근거

발송인	마•세무서	마스킹(•) 해제조회
수취인	한•	

조회결과

등기번호	우편물종류	취급구분	배달결과	
1128802358654	통상		2014.05.27	배달완료

세부결과

날짜	시간	현재위치	처리현황	상세설명 (배달결과)
2014.05.26	13:36	서울염리동	접수	
		운송중 상세내역보기 ▾		
2014.05.27	09:14	서울마포	배달준비	집배원:박정식
2014.05.27	10:31	서울마포	배달완료	(배달)
		(수령인:전•		

*자세한 사항은 우편고객만족센터(1588-1300번)로 문의하시기 바랍니다.

프린트하기 처음으로

90일(과세전적부심사는 30일)은 달력으로 일일이 세어서 확인할 수도 있지만, 엑셀로 검증하는 것이 확실하다. 엑셀에서 납세고지서를 수령한 날(위 그림의 경우 「2014-05-27」)을 입력하고, 다른 셀에서 「=동 수령일+90」을 입력하면 국세기본법상 청구기한은 2014-8-25임을 확인할 수 있다.

만약, 납세고지서 등을 우편으로 수령하지 않고 청구인이 세무서에서 직접 수령하였다면 그 수령한 날이 기산일이므로 잘 파악하여야 한다. 청구인이 수령한 날을 기억하지 못하거나 기억하는 날을 신뢰할 수 없을 때에는 고지서를 교부한 세무서 담당자에게 문의하여 반드시 직접 확인하여야 한다.

3 청구서 접수

가. 청구서 작성

1) 법정서식에 의한 청구

- 불복 종류별 청구서 서식이 정해져 있다. 올바른 서식을 사용한다.
- 과세전적부심사는 ① 세무서 · 지방청용과 ② 국세청용 2종류로 서식이 다르다. 실무에서 종종 두 서식을 구분하지 못하고 다른 서식을 사용하는 경우가 있는데, 재결청에 따라 제대로 구분하여 사용하도록 주의한다.

조세불복은 반드시 소정의 법정된 청구서 서식에 따라 서면으로 청구하여야 한다. 청구서에는 다음 사항을 기재하여야 하며, 관계된 증거서류 또는 증거물이 있으면 첨부한다(국기법 §62 ①, 국기령 §50 ①, §54 ①, §55 ①, 감사원법 §43 ②).

① 청구인의 주소 또는 거소와 성명
② 처분이 있은 것을 안 연월일(처분통지를 받은 경우에는 통지를 받은 연월일)
③ 통지된 사항 또는 처분의 내용
④ 불복의 이유

불복절차별 청구서식은 각 불복절차를 규정하고 있는 법령에 별지서식으로 정해져 있다. 주의할 점은 과세전적부심사의 경우 세무서 또는 지방국세청에 제출하는 청구서식과 국세청에 제출하는 청구서식이 다르다는 점이다.

불복절차별 청구서		서식 근거
과세전적부심사 청구서	세무서 · 지방청용	국기법 별지서식 제56호의2
	국세청용	국기법 별지서식 제56호의3
이의신청서		국기법 별지서식 제32호
국세청 심사청구서		국기법 별지서식 제29호
심판청구서		국기법 별지서식 제35호
감사원 심사청구서		감사원 심사규칙 별지서식 1

2) 청구서식 기재요령

각 불복절차별 청구서식의 기재내용은 서로 비슷하므로 여기서는 심판청구서를 중심으로 기재요령을 살펴본다.

가) 성명

(1) 개인

불복하는 자의 성명을 기재한다. 상속세나 공동사업 관련 부가가치세 및 종합소득세 등과 같이 청구인이 2명 이상인 경우에는 공동상속인이나 공동사업자 전원의 성명을 기재하고, 기재란이 부족하면 별지로 작성한다.

납세고지서를 수령하고 납세자가 사망한 경우에는 그의 납세의무를 승계한 상속인들 전부의 성명을 기재하면 된다.

(2) 법인

불복하는 자가 법인인 경우에는 법인등기부상 법인명 및 대표자 성명을 병기한다. 즉, "㈜갑을 대표이사 홍길동"으로 기재하면 된다. 과세사업연도의 법인명과 대표자가 그 동안 변경되어 불복청구 당시와 다른 경우에는 불복청구 당시의 법인명 및 대표자를 기재한다.

지점이 부가가치세 등 부과처분을 받은 경우 지점은 권리능력이 없으므로 본점 명의로 기재한다.

나) 주민등록번호

청구인이 개인인 경우에는 그 개인의 주민등록번호를 기재하고, 법인인 경우에는 법인등기부상의 법인등록번호를 기재한다.

다) 사업자등록번호

청구인이 사업자로서 부가가치세란 종합소득세 또는 법인세 등의 부과처분과 같이 사업장과 관련된 청구에 있어서는 사업자등록번호를 기재하고, 설사 사업자라고 하더라도 양도소득세 등과 같이 사업장과 관련 없거나 사업자가 아닌 자는 기재를 생략한다.

라) 주소 또는 사업장소재지

개인의 경우 주민등록상 주소지나 사업자등록증상 사업장을 기재하고, 생활근거지가 별도로 있는 경우에는 거소를 기재하면 된다. 법인의 경우는 법인등기부상 소재지를 기재한다.

불복청구 시 주소나 영업소가 바뀐 경우에는 서류의 송달이 가능한 새로운 주소지를 기재한다.

마) 전화번호

불복청구기간 중 청구인과 연락이 가능한 전화번호를 기재한다. 휴대전화번호도 병기하여 기재한다.

바) 상호

개인의 경우 사업자의 상호를 기재한다. 법인의 경우 성명란에 법인명을 기재하였으므로 생략하는 것이 원칙이지만, 법인 지점에 대한 부가가치세나 원천세 부과처분에 있어서는 지점명을 기재한다.

한편, 법인의 경우 상호에 '㈜갑을'이라고 법인명만 기재하고, 성명란에 '대표이사 홍길동'을 기재하여도 무방하다.

사) 처분청과 조사기관

납세고지서를 교부한 세무서로서 고지서에 기재되어 있는 세무서를 기재한다. 처분청은 이의신청서 · 심사청구서 및 심판청구서 등을 제출할 기관이므로 이를 잘 판단하여야 한다.

> 공매처분에 대한 심사청구 시 처분청을 성업공사가 아닌 세무서장으로 기재하였다 하더라도 국세청장이 보정요구하여 보정할 사항이므로 본안심리대상임(국심 97중0085, 1997.4.18.).

조사기관은 당해 처분이 있게 된 과세사실을 조사한 기관을 의미한다. 가령 서울지방국세청에서 조사한 내용을 청구인 관할 마포세무서에 과세자료를 통보하여 마포세무서에서 청구인에게 고지서를 교부한 경우라면, 처분청은 마포세무서가 되며 조사기관은 서울지방국세청이 된다.

아) 처분통지를 받은 날

납세고지서를 실제 수령한 날을 말한다. 불복청구기간의 기산일이 되는 날이므로 실제 수령한 날을 정확하게 기재하여야 한다. 우체국택배 홈페이지(https://parcel.epost.go.kr)에 접속하여 납세고지서 봉투에 기재된 바코드를 입력하여 정확하게 확인하여야 하며, 우편이 아니라 직접 수령한 경우라면 그 수령한 정확한 날을 기재한다.

또 결정 또는 경정의 청구에 대해 아무런 통지를 받지 못한 경우라면, 즉 과세관청의 부작위에 대한 불복청구인 경우 청구한 결정 또는 경정기간이 경과한 날을 기재한다.

자) 통지된 사항 또는 처분의 내용

심리판단의 대상이 되는 부분으로 처분청에서 통지 또는 처분받은 내용을 간단히 기재한다. 청구서식에는 "____연도 ___기분 ___세 __________원"으로 기재하도록 되어 있다. "2015연도 __기분 법인세 123,456,789원"과 같이 청구서식에 있는 귀속연도·과세기간·세목·세액을 순서대로 기재하면 된다.

차) 이의신청을 한 날·이의신청 결정통지를 받은 날

만약 이의신청을 거쳐 심판청구를 하는 경우라면 이의신청서를 세무서에 직접 제출한 날과 이의신청의 결정통지서를 수령한 날을 기재한다. 이의신청 결정통지를 수령한 날은 다음 심급인 심판청구의 청구기간을 계산하는 기산일이 되므로 정확한 날짜를 기재하여야 한다. 이의신청을 거치지 않은 경우라면 공란으로 둔다.

이의신청을 청구하였으나 그 결정기간 내에 결정통지를 받지 못한 경우로서 이의신청의 결정을 기다리지 않고 심판청구를 하는 경우라면 이의신청의 결정기간이 경과한 날을 기재한다.

카) 불복의 이유

일반적으로 불복의 이유는 그 내용이 많고 청구이유서에 별도로 기재하게 되므로 불복의 이유란에는 "별지 청구이유서 참조"라고만 기재한다.

타) 위임장

청구인이 대리인을 선임하여 불복을 진행하는 경우 그 위임내용이 기재되는 곳이다. 위임자는 청구인이 되므로 위의 청구인을 그대로 기재한다.

대리인 기재란에서 구분은 세무사 또는 공인회계사 등 자격의 종류를 기재하고, 대리인의 성명과 대리인의 사업장 소재지를 기재한다. 사업장 소재지에는 대리인이 소속된 법인 명칭도 함께 기재한다. 청구서식에 따라 대리인의 사업자등록번호와 대리인이 불복과정에서 발생하는 여러 가지 문서를 수령할 수 있는 이메일과 전화번호·팩스번호 등을 청구서식에 따라 기재한다.

이와 같이 불복청구서에 위임장이 포함된 경우 청구인이 날인 또는 서명하여야 할 곳은 모두 2곳임에 주의한다. 청구서 본 서식의 청구인란과 위임장의 청구인란 2곳에 모두 날인 또는 서명하여야 한다.

나. 청구서 제출처

- 모든 불복청구(감사원 심사청구 포함)의 청구서는 납세고지서를 발급한 세무서(처분청)에 제출하는 것이 원칙이다.

1) 국세청 심사청구

- 심사청구의 재결청은 국세청이다. 세무서나 지방청에 청구할 수 없다.
- 심사청구서는 납세고지서를 발급한 세무서(처분청)에 제출하는 것이 원칙이다.

심사청구의 재결청은 국세청이지만 심사청구서는 해당 처분을 하였거나 하였어야 할 세무서에 제출하여야 한다(국기법 §62 ①). 각 세무서의 민원실에 제출하면 된다.

납세고지서를 발급한 세무서에 제출하는 것이 원칙이며, 실무상 국세청에 직접 제출하기도 하지만 국세청이 세종시로 이전하였으므로 수도권에서 국세청에 직접 제출하기는 불편하다.

청구인이 처분한 세무서가 아닌 다른 세무서 또는 지방국세청이나 국세청에 제출된 경우에도 접수는 그대로 유효하며(국기법 §62 ②), 잘못 제출된 국세청 심사청구서를 접수한 관서는 관할세무서에 송부하며 그렇게 하였다는 것을 청구인에게 통지한다(국기령 §50 ②).

2) 이의신청

- 이의신청은 반드시 거치지 않아도 되는 임의절차이다.
- 이의신청의 재결청은 세무서 · 지방청 중에서 청구인이 선택할 수 있다.
- 재결청을 어디로 선택하든 청구서는 고지서를 발급한 세무서(처분청)에 제출하는 것이 원칙이다.
- 세무서에 이의신청할 수 없고, 반드시 지방청에 하여야 하는 경우가 있다.
- 본청의 처분은 이의신청할 수 없다.

가) 개념

이의신청은 납세고지서가 교부된 후 행정소송의 전치절차인 심사청구나 심판청구를 청구하기 전에 다시 한 번 과세관청의 심의를 통해 납세자를 구제할 수 있도록 한 제도이다. 즉, 이의신청은 임의절차이므로 이의신청 없이 곧바로 국세청 심사청구나 심판청구 또는 감사원 심사청구를 청구할 수 있다.

이의신청을 청구하였다가 기각결정되는 경우 다음 심급인 심사청구나 심판청구를 제기할 수 있다.

나) 이의신청을 세무서에 청구할 수 없는 경우

이의신청에 있어서 다음의 경우에는 세무서에 청구할 수 없고, 관할 지방국세청(②의 경우는 처분한 세무서를 관할하는 지방국세청)에 청구하여야 한다(국기법 §66 ①).

① 지방국세청장의 조사에 따라 과세처분한 경우
② 조사한 세무서장과 과세처분한 세무서장이 서로 다른 경우
③ 세무서장에게 과세전적부심사를 청구한 경우

①의 경우는 상부조직인 지방청의 과세처분을 하부조직인 세무서에서 심리할 수 없기 때문이며, ②의 경우는 예를 들어, 이천세무서가 甲회사를 조사하다가 조사결과에 파생하여 甲회사와 거래한 乙회사 관할 강남세무서에 과세자료를 통보하고 이에 근거하여 강남세무서가 乙회사에 과세처분한 경우, 이천세무서는 조사청이 되고 강남세무서는 처분청이 되는데, 乙회사가 과세처분을 수긍하지 않고 불복하고자 하면 조사청 관할 중부지방국세청에 이의신청할 수 없고 처분청 관할 서울지방국세청에 이의신청하여야 한다.

한편, ③의 경우는 세무조사결과통지 등에 따라 이미 세무서에 과세전적부심사를 청구하여 불채택되었다면, 고지처분 후 동일한 세무서에 이의신청을 청구하여 다시 다툴 수 없다는 것이다.

다) 재결청의 선택

이의신청은 처분한 세무서와 관할지방국세청 중 청구인이 선택하여 청구할 수 있다. 재결청을 어디로 선택할 것인지는 청구인과 대리인이 잘 의논하여 판단할 문제이다.

재결청을 어디로 선택하든 이의신청서는 고지서를 발급한 세무서에 제출하면 된다. 만약, 고지서를 받은 후 사업장이나 주소를 옮긴 경우라 하더라도 이의신청서는 원칙적으로 최초 고지서를 발급한 세무서에 제출하여야 한다. 그러나 처분한 세무서가 아닌 다른 세무서 또는 지방국세청이나 국세청에 제출한 경우에도 접수는 그대로 유효하다(국기법 §66 ⑥, §62 ②).

재결청을 세무서로 선택한 경우 납세고지서를 교부한 세무서에 청구하는 것이 원칙이지만 다음 내용을 유념한다. 지방청에 청구하는 경우에도 같다(국세심사사무처리규정 §11 ②, ③).

① 세무서의 관할구역 변경으로 이의신청의 대상이 된 처분을 한 세무서와 불복청구를 할 때의 세무서가 다른 경우, 이의신청 재결청은 불복청구를 할 때의 납세지를 관할하는 세무서이다.
② 납세자가 납세지를 변경함에 따라 이의신청의 대상이 된 처분을 한 세무서와 불복청구를 할 때의 세무서가 다른 경우, 이의신청 재결청은 해당 처분을 한 세무서이다.

①의 경우는 청구인의 소재지는 변동 없으나 청구인의 소재지를 관할하던 이천세무서가 처분한 후 청구인이 불복하기 전 세무서의 관할구역 변경으로 인해 청구인 관할 세무서가 이천세무서에서 광주세무서로 변경되었다면, 처분은 이천세무서가 하였더라도 이의신청은 광주세무서에 하여야 한다는 것이다.

반면 ②의 경우는 원래 마포세무서 관할이었던 청구인에게 마포세무서가 처분하였으나 그 후 불복을 청구하기 전에 청구인이 원래의 일정에 따라 본점을 전라남도 나주 혁신도시로 이전하여 세적이 마포세무서에서 나주세무서로 변경되었더라도 이의신청은 처분한 세무서인 마포세무서에 청구하여야 한다는 것이다.

- 청구인 주소는 변동 없는데 처분 후 관할구역 변경으로 관할 세무서가 A에서 B로 바뀌면
  → B세무서에 이의신청하여야 한다.
- 관할 A세무서의 처분 후에 청구인이 본점을 이전하여 B세무서로 세적이 바뀌면
  → A세무서에 이의신청하여야 한다.

라) 직권시정

이의신청서를 접수한 세무서장은 이의신청의 대상이 된 처분이 명백히 위법·부당하다고 판단되는 경우에는 이를 직권으로 시정하고 그 결과를 신청인에게 서면으로 통지하여야 한다. 지방국세청장도 이의신청의 대상이 된 처분이 명백히 위법·부당하다고 판단되는 경우에는 처분청으로 하여금 직권으로 시정하도록 할 수 있다(국세심사사무처리규정 §17).

세법에 명백히 위배된 처분이거나 훈령·예규 등에 위배된 처분, 과세자료나 세액이 착오로 잘못 계산된 경우, 처분 당시 사실판단을 명백히 그르친 경우, 청구인이 당해 처분이 잘못된 것임을 명백하게 입증할 수 있는 증거서류를 제출하는 경우 등이 이에 해당된다.

과세처분에 대한 불복과정에서 과세관청이 납세자의 불복사유가 옳다고 인정하여 과세처분을 직권취소하였다면, 납세자가 불복신청을 취하하더라도 그 후 특별한 사유 없이 직권취소를 번복하고 종전 처분을 되풀이하여 한 과세처분은 위법한 것으로 허용되지 않는다. 특별한 사유란 납세자가 허위의 자료를 제출하는 등 부정한 방법으로 당초 부과처분에 대한 직권취소를 받은 경우 등을 말한다(대법원 2014.7.24. 선고, 2011두14227 판결 ; 2010.9.30. 선고, 2009두1020 판결 등).

3) 심판청구

- 심판청구서도 처분한 세무서에 접수하는 것이 원칙이다.
  → 실무상 조세심판원에 직접 제출하는 경우가 많다.
- 심판청구는 청구서와 청구이유서 모두 원본과 사본 2부를 제출하여야 한다.

심판청구서도 처분을 하였거나 하였어야 할 세무서장을 거쳐 조세심판원장에게 제출하여야 한다(국기법 §69 ①). 그러나 청구인이 처분한 세무서가 아닌 다른 세무서 또는 지방국세청이나 국세청 및 조세심판원에 직접 제출한 경우에도 접수는 그대로 유효하다(국기법 §69 ②).

심판청구서가 세무서장을 거치지 아니하고 조세심판원장에게 직접 제출된 경우에 조세심판원장은 그 심판청구서의 부본을 관할세무서장에게 송부하고, 그렇게 하였다는 것을 청구인에게 통지하여야 한다(국기령 §55 ②).

실무상 심판청구서는 처분한 세무서가 아니라 조세심판원에 직접 제출하는 경우가 많은데, 조세심판원은 세종시에 위치하고 있으므로 방문하여 제출하기는 쉽지 않다. 서울 · 인천 · 경기 등 수도권 소재 청구인은 조세심판원 창성동 별관에 제출하면 편리하다.[13)]

심판청구는 심판청구서와 청구이유서 및 이유서에 붙은 증빙서류 등 모두 원본과 사본 2부를 제출하여야 한다.

4) 감사원 심사청구

감사원 심사청구서는 청구의 원인이 되는 처분이나 그 밖의 행위를 한 기관의 장을 거쳐 제출하여야 한다(감사원법 §43 ②). 즉, 다른 불복청구와 마찬가지로 납세고지서를 발급한 세무서장에게 제출하면 된다.

5) 과세전적부심사청구

- 과세전적부심사는 세무서 · 지방국세청에 제기하는 경우와 국세청에 제기하는 경우의 각 청구서 서식이 다르다.
- 1백만 원 미만은 과세전적부심사를 청구할 수 없다.
- 과세전적부심사에서 다툴 생각이 없으면, 조기결정신청제도를 이용하여 가산세를 절감한다.
- 불복으로 다투더라도 세액이 큰 경우 가산세 경감을 위해 과세전적부심사에서 다툴 것인지, 세액을 확정시킨 후 이의신청 등 다른 불복절차로 다툴 것인지 숙고할 필요가 있다.

가) 개념

과세전적부심사제도는 과세관청이 세무조사를 실시하거나 업무감사 및 과세자료에 의하여 1백만 원 이상 세액의 고지처분이 예상될 때 조사결과 또는 과세할 내용을 미리 납세자에게 통지하고, 납세자가 그 내용에 대하여 이의가 있는 경우 과세예고의 타당성에 대한 심사를 청구하여, 심사결과 납세자의 주장이 타당하면 세금을 고지하기 전에 과세관청 스스로 시정할 수 있도록 하는 제도이다.

---

13) 창성동 별관에서는 심판청구서 접수 등 민원서류도 처리하며 세종시까지 가지 않고 심판관회의를 영상으로 진행할 수 있도록 배려하고 있다. 서울시 종로구 효자동 39 정부서울청사 창성동 별관 201호, 전화번호 : 02-722-8801. 경복궁역에서 효자로를 따라 올라가면 왼편에 있다.

나) 과세관청의 세무조사결과 등 통지의무

세무공무원은 세무조사를 마쳤을 때에는 그 조사결과를 서면으로 납세자에게 통지하여야 한다(국기법 §81의12). 조사결과의 통지서 종류는 다음과 같은 것들이 있다(국기법 §81의15 ① 2., 국기령 §63의14 ②).

> ① 세무조사결과통지서 : 실지세무조사를 마친 때 통지
> ② 감사결과과세예고통지서 : 지방국세청장 및 국세청장의 업무감사결과를 통지
> ③ 과세예고통지서 : 업무감사결과 현지시정조치, 현장확인결과 및 세무조사에서 확인된 해당 납세자 외의 자에 대한 과세자료에서 파생된 과세예고내용 통지

다) 조기결정신청

과세예고통지서 등을 받은 후 과세전적부심사를 청구할 계획이 없는 경우 조기결정신청 제도를 이용할 필요가 있다. 과세관청은 과세예고 후 바로 고지하는 것이 아니라 납세자가 과세전적부심사를 청구할 수 있는 기간(30일)을 기다렸다가 청구가 없을 때 비로소 납세고지서를 교부하는데 이 기간에도 가산세는 계속 부과되기 때문이다.

즉, 조기결정신청제도는 세무조사결과통지나 과세예고통지 시 과세전적부심사 청구 없이 세액을 빨리 결정해서 부과해 달라고 신청할 수 있는 제도로서, 납세자가 조기결정신청서를 제출하면 과세전적부심사 청구기간 내에도 즉시 납세고지서를 받게 되어 가산세 부담이 경감되고 조사가 조기에 마무리되는 효과가 있다. 조기결정신청서는 과세예고통지서 안에 함께 포함되어 있고, 통지된 과세예고세액 중 일부 금액만의 조기결정신청도 가능하다.

과세예고통지를 받은 경우 납세자와 대리인은 과세전적부심사 청구 여부를 논의할 필요가 있다. 과세전적부심사 청구가 채택되어 과세예고가 취소되면 다행이지만, 만약 불채택되는 경우 최대 60일 이상(청구기간 30일 + 결정기간 30일 + 보정기간) 납세고지서 교부가 연장되는 효과가 있다.

따라서 이 기간 동안에도 가산세는 계속 부과되기 때문에 과세전적부심사를 청구하여 먼저 다툴 것인지 아니면 조기결정신청을 통해 가산세를 경감하고 확정된 세액의 납세고지서를 교부받은 후 이의신청 등 다른 불복절차를 통해 다툴 것인지를 선택할 필요가 있다. 세액이 클수록 더욱 그렇다.

조기결정신청은 과세전적부심사 절차를 포기하는 행위이므로 세무공무원이 조기결정신청서의 제출을 강요해서는 안된다(과세전적부심사사무처리규정 §6 ③).

라) 재결청의 선택과 변경

과세전적부심사청구는 통지를 한 세무서나 지방국세청에 할 수 있다. 즉 납세자의 선택에 따라 재결청이 세무서가 될 수도 있고 지방청이 될 수도 있다(국기법 §81의15 ①). 다만, 지방국세청 또는 국세청의 감사결과 과세예고통지(현지 시정분 제외)에 대한 과세전적부심사청구의 재결청은 처분지시를 행한 지방국세청 또는 국세청이 된다(과세전적부심사사무처리규정 §15 ①).

세무서의 관할구역 변경으로 세무조사결과 등 통지를 한 세무서 또는 지방국세청이 과세전적부심사를 청구할 때의 세무서 또는 지방국세청과 다른 경우 과세전적부심사 청구의 재결청은 과세전적부심사를 청구할 때의 납세지를 관할하는 세무서 또는 지방국세청이며, 청구인의 납세지 변경으로 세무조사결과 등을 통지한 세무서 또는 지방국세청이 과세전적부심사를 청구할 때의 세무서 또는 지방국세청과 다른 경우 과세전적부심사 청구의 재결청은 세무조사결과 등을 통지한 세무서 또는 지방국세청이다(과세전적부심사사무처리규정 §15 ②, ③).

한편, 다음 마) 국세청에 과세전적부심사를 청구할 수 있는 경우 중 ④의 사유에 해당하는 사항으로서 세무서나 지방청에 과세전적부심사청구서를 이미 제출한 경우, 청구기간이 경과하기 전이라면 청구한 세무서나 지방청에 요구하여 재결청을 국세청으로 변경할 수 있다. 이 경우 과세전적부심사 청구는 최초의 세무관서에 접수된 날에 그 청구를 한 것으로 본다(과세전적부심사사무처리규정 §16 ③, ④).

마) 국세청에 청구할 수 있는 경우

세무서나 지방국세청 외에 다음의 경우에 해당하면 청구인의 선택에 따라 국세청에 과세전적부심사를 청구할 수 있다.

실무상으로는 ④에 해당하여 국세청을 선택하는 경우가 가장 많다. 청구인이 국세청을 재결청으로 선택할 수 있다는 점에서 특정한 사안에 대해서는 세무서를 재결청으로 할 수 없고 반드시 지방청에 제기하여야 하는 이의신청과는 다르다(국기령 §63의14 ①).

① 법령과 관련하여 국세청장의 유권해석을 변경해야 하거나 새로운 해석이 필요한 것
② 국세청장의 훈령·예규·고시 등과 관련하여 새로운 해석이 필요한 것
③ 세무서 또는 지방국세청에 대한 국세청장의 업무감사 결과(현지에서 시정조치하는 경우는 제외한다)에 따라 세무서장 또는 지방국세청장이 하는 과세예고 통지에 관한 것
④ 위 ①부터 ③까지의 규정에 해당하지 아니하는 사항 중 과세전적부심사 청구금액이 10억 원 이상인 것

④의 경우에서 10억 원 여부 판단은 청구인이 법인인 경우 인정상여 등에 따른 원천세 납부액을 포함하며, 같은 사건으로 청구인이 여러 명인 경우 그 청구세액의 합계액으로 한다(과세전적부심사사무처리규정 §4 ② 3.).

과세전적부심사 청구서는 세무서와 지방국세청에 제출하는 청구서 서식은 동일하지만, 국세청에 제출하는 서식은 다르다. 실무자들이 간혹 실수로 잘못된 서식을 사용하기도 하므로 청구서식 선택에 주의하여야 한다.

과세예고세액이 1백만 원 미만인 경우에는 과세전적부심사를 청구할 수 없다(국기령 §63의14 ②).

바) 청구기간 중 과세처분 유보

과세전적부심사 청구기간 중에는 과세를 유보하여야 하며, 과세전적부심사가 청구된 경우 그 청구부분에 대한 결정이 있을 때까지 과세표준 및 세액의 결정이나 경정결정을 유보하여야 한다. 다만, 과세전적부심사 청구가 배제되는 경우나 조기결정신청이 있는 경우에는 과세처분을 유보하지 않는다(국기령 §63의14 ④).

물론 과세예고통지의 타당성을 다투고 있는 기간에는 당연히 세액을 확정하여 납세고지할 수 없다.

사) 결정지연에 따른 가산세 감면

과세전적부심사는 세액이 확정되기 전 상태에서 진행되는 절차이므로 동 청구의 결정 후 납세고지서가 교부될 때까지의 기간에도 가산세는 계속 부과된다. 따라서 과세전적부심사 결정이 지연되면 납세자의 세부담은 계속 가중된다.

이처럼 과세전적부심사 결정·통지기간(청구일로부터 30일) 내에 결정을 하지 못하여 청구결과를 통지하지 않은 경우, 결정·통지가 지연됨으로써 해당 기간에 부과되는 납부불성

실가산세와 환급불성실가산세는 50% 감면한다(국기법 §48 ② 3. 가.).

다. 취하한 사건에 대한 불복

청구인이 이의신청·국세청 심사청구 또는 심판청구를 취하한 경우에도 청구기간 내에는 이의신청·국세청 심사청구 또는 심판청구를 할 수 있다(국기통 62-0…1).

라. 청구서 접수과정 실무

1) 접수 단위

조세불복청구는 납세자별·세목별로 각각 별도로 접수하여야 한다. 동일한 조사와 사실관계에서 고지된 경우라 하더라도 납세자가 다르면 별도로 접수해야 한다. 예컨대, 상속세에서 상속세 연대납세의무를 물어 두 명의 상속인 갑과 을에게 각각 동일한 금액이 고지된 경우 불복청구는 갑과 을이 별도로 청구하여야 한다.

또한, 동일한 사건에서 발생한 것이어도 세목이 다르면 각각 별도로 접수하여야 한다. 예를 들어, 특정 법인의 세무조사 결과 매출누락을 이유로 법인에 대하여 법인세가 추징되고, 누락한 거래의 세금계산서 미교부로 인해 부가가치세가 과세되며, 매출누락이 대표자 상여로 처분되어 종합소득세가 고지된 경우라면 법인세·부가가치세·종합소득세 각 고지처분의 위법부당성을 다투는 불복은 모두 별도로 청구하여야 한다.

위와 같은 경우 사실상 동일한 거래와 사실관계에서 과세된 것이므로 각 별도 접수 후 재결청이 사건을 병합하거나 청구인이 병합심리를 요청할 수 있다.

2) 접수증 관리

청구기간 내에 청구서를 제출한 경우에는 크게 문제될 것이 없지만 청구기한에 임박하여 청구서를 제출한 경우 청구기한 도과 여부에 따라 각하 여부가 결정되기 때문에 청구기한 준수 여부 입증을 위해 접수증을 제대로 관리하여야 한다.

만약 우편으로 제출하는 경우라면 접수증을 교부받을 수 없으므로 반드시 등기로 제출하도록 하며, 등기영수증에 제출처 및 청구인이 분명히 표기되도록 우체국에 요청하여야 한다.

접수증이나 등기영수증 원본은 청구인에게 교부하여야 하므로 대리인은 접수증 등을 스캔하여 파일형태로 사본을 보관하거나 복사하여 복사본을 편철한다. 청구인이 굳이 원본을 요구하지 않는 경우라면 스캔한 파일을 청구인에게 메일로 발송하고, 원본은 편철하여 관리한다.

청구서를 접수한 과세관청은 별도 서식의 접수증을 교부하고, 심판청구를 조세심판원에 직접 접수하면 심판청구서 복사본에 접수고무인을 날인하여 교부해 준다.

| 접수증 예시 |

과세관청 교부 접수증

(국세청민원사무처리규정 제14호 서식)

접 수 증	
접 수 번 호	처리 주무부서에서 부여됩니다.
접 수 일 자	2013 년 [ ]월 [ ]일
민 원 명	과세전적부심사청구서
민 원 인 (대 표 자 또 는 대 리 인)	[ ]
처 리 예 정 기 한	처리 주무부서에서 안내됩니다.
처 리 주 무 부 서	심사 2 과 (TEL : 02 - 397 - 1566)
안 내 사 항	

민원접수자(전달자) : 운영지원과서무계 [ ]서명 또는 인)

(전화번호 : 02 - 397 - [ ])

국 세 청

조세심판원 교부 접수증

[별지 제35호서식] <개정 2008.3.20.>

심판청구서			처리기간	수수료
			90일	없음
청구인	①성명(대표자)	[ ]	②사업자등록번호	[ ]
	③상호		④전화번호	
	⑤주소	경기도 [ ]		
⑥처분청		[ ]세무서	⑦조사기관	[ ]지방국세청

⑧처분통지를 받은 날(또는 처분이 있은 것을 처음으로 안 날) : 2014년[ ]

⑨통지된 사항 또는 처분의 내용 : 가산세 포함

* 2003년도 종합소득세[ ]원 부과처분

⑩이의신청을 한 날	2013.[ ]	⑪이의신청의 결정통지를 받은 날	2014.[ ]

⑫불복의 이유 : 불복이유서 첨부.

「국세기본법」 제69조 및 동법 시행령 제55조의 규정에 의하여 위와 같이 심판청구를 합니다.

2014년[ ]

청구인 [ ]

조세심판원장 귀하

첨부서류

1. 불복이유서(불복의 이유를 별지로 작성한 경우입니다)
2. 불복이유에 대한 증거서류(첨부서류가 많은 경우 목록을 별도로 첨부하여 주십시오)

위임장

「국세기본법」 제59조제1항의 규정에 의하여 아래 사람에게 위 심판청구에 관한 사항을 위임합니다(다만, 심판청구의 취하는 별도의 위임을 받은 경우에 한합니다).

위임자(청구인)	대리인 구분	성명	사업장 소재지	사업자등록번호(전자우편)	전화번호
[ ]	회계사 세무사 세무사	[ ]	[ ] 빌딩	[ ]	[ ]

심판청구서접수증	(접수번호 호)	
성명	주소	
첨부서류 1. 불복이유서( ) 2. 불복이유에 대한 증거서류( )	접수자	
	접수일자인	조세심판원 직접 접수 접수일자 : 2014 [ ] 접수번호 : No 0 [ ]

3) 기한에 임박하여 사건을 수임한 경우

보통의 경우 납세자가 조세불복청구를 위해 대리인을 선임하면 대리인은 청구인이 제시하는 여러 증빙과 구두 주장을 통해 사실관계를 파악하고 쟁점과 청구주장을 기재한 청구이유서를 작성하여 청구서와 함께 제출한다. 국세기본법에서는 이러한 필요에서 청구기간을 두고 있다.

그러나 실무에서는 납세자가 여러 가지 이유로 대리인 선임을 미루고 있다가 청구기한을 하루 이틀 남겨두고 갑자기 선임하는 경우가 종종 있다.

이처럼 기한에 임박하여 사건을 수임한 경우라면 대리인이 나머지 기간에 청구인의 진술을 듣고 쟁점과 사실관계를 파악하여 이에 부합하는 법규정과 함께 예규·판례 등을 연구하여 청구주장을 정리하고, 주장을 입증할 수 있는 서류를 모두 갖추어 청구기한 안에 청구이유서를 제출하기란 물리적으로 불가능하다.

그러나 이 경우에도 청구기한을 도과하면 아예 다퉈 볼 수도 없으므로 청구사건이 각하되지 않도록 우선 청구서는 기한 내 제출하여야 한다. 그러나 청구이유서는 제대로 작성할 수 없으므로 다음과 같이 청구취지만 기재한 상태의 청구이유서라도 우선 제출하여야 한다.

심판청구 이유서

Ⅰ. 청구취지

「마포세무서장(이하 '처분청'이라고 합니다)이 홍길동(이하 '청구인'이라고 합니다)에게 고지한 2009년부터 2011년 귀속 증여세 합계 785,493,270원의 부과처분을 취소한다」라는 결정을 구합니다.

[귀속시기별 고지세액]

귀속시기	고지세액	귀속시기	고지세액
2009년	123,456,780원	2011년	203,801,950원
2010년	458,234,540원	합계	785,493,270원

(증1) 증여세 각 고지서

Ⅱ. 청구주장

입증서류 미비로 사실관계 파악과 청구주장이 아직 정리되지 못하였습니다. 조속한 시일 내 보완토록 하겠습니다.

이와 같이 청구이유서에 청구주장을 제대로 기록하지 않고 입증서류도 제출하지 않은 경우 재결청은 심리를 진행하지 않고 최대 20일의 보정기간을 주어 미비된 사항의 보정을 요구한다. 보정기간 내에 보정을 완료하지 않으면 청구가 각하될 수 있다. 보정요구서 실례는 '청구내용 심리' 편을 참고한다.

미비된 내용을 보완한 청구이유서가 완성되면 재결청에 청구이유서를 제출한다. 이때 청구이유서만 제출하면 재결청에서는 어느 사건에 관한 문서가 제출된 것인지 즉시 알지 못할 수도 있기 때문에, 외부공문을 청구이유서와 함께 제출하는 것이 좋다. 조세심판원에 심판청구이유서 보정분을 제출하는 경우를 예시하면 다음과 같다.

수 신 : 조세심판원장
참 조 : 행정실 사건접수 담당자
청구인 : 갑을㈜

제 목 : 심판청구이유서(보정분) 제출

1. 귀원의 무궁한 발전을 기원합니다.

2. (**사건번호가 아직 나오지 않은 경우**) 지난 2016.2.5. 귀원에 우편으로 제출한 심판청구사건(서초3동 우체국에서 발송)의 청구이유서 보정분을 붙임과 같이 제출합니다.

2. (**사건번호를 아는 경우**) 귀원의 조심 2016-0123 사건에 관한 청구이유서 보정분을 붙임과 같이 제출합니다.

〈붙임〉
1. 심판청구이유서(보정분) 2부.
2. 청구이유서에 별첨된 입증서류 목록 및 증거 서면. 끝.

2016. 2. 20.

대리인 공인회계사 홍길동 (인)

조세심판원장 귀하

4) 청구인 인감

불복청구서에는 청구인이 서명·날인해야 하는데 통상 서명보다는 인감을 날인한다. 청구인이 법인인 경우 법인인감증명서 제출을 요구하지 않으므로 법인인감을 사용할 필요는 없고 사용인감을 날인하면 족하다. 또 개인도 인감도장을 날인할 필요는 없고, 소위 막도장을 사용하면 된다.

이의신청 · 국세청 심사청구 · 심판청구 · 과세전적부심사 청구의 경우 청구인란에 날인하고, 대리인을 선임한 경우라면 청구서 서식에 포함된 위임장 부분에도 날인해야 한다. 즉, 불복을 직접 수행하지 않고 대리인을 선임한 경우는 청구인란 및 위임장 2곳에 날인해야 한다. 이 경우 위임장에는 대리인도 날인하여야 한다.

감사원 심사청구서 서식에는 대리인의 성명과 주소만 기재할 뿐 다른 불복청구서와 달리 별도의 위임장 내용을 포함하고 있지 않으므로 청구인은 한 곳만 날인하고 대리인도 별도 날인하지 않는다. 감사원 심사청구의 경우 위임장을 청구서와 별도로 제출하여야 하기 때문이다.

5) 불복종류별 청구서 작성 실례

각 불복절차에서 법정 서식에 따른 불복청구서 작성 실례를 들어보면 다음과 같다. 청구서 서식은 국세청 홈페이지(국세청 〉 국세정보 〉 세무서식)에서 조회할 수 있고 한글파일을 다운받을 수도 있으므로 이를 참고한다.

다운받은 청구서식을 그대로 사용하면 기재란이 너무 좁거나, 대리인이 여러 명인 경우 모두 기재하기가 곤란한 불편사항이 있을 수 있다. 이 경우 원본서식의 취지를 거스르지 않고 기재하여야 할 내용을 누락하지 않는 범위 내에서 원본 파일을 적당히 변형하여 사용하면 될 것이다.

국세청 심사청구 · 이의신청 · 심판청구 · 감사원 심사청구 · 과세전적부심사(국세청용 및 지방청 · 세무서용 구분) 등에 관한 청구서 작성 실례를 표시하면 다음과 같다.

[별지 제29호 서식](2015.3.6. 개정)

심사청구서

접수번호	접수일	처리기간 90일

청구인	성명	대표이사 홍길동	주민등록번호 (사업자등록번호)	- (123-82-45678)
	상호	갑을㈜	전화번호	02-1234-5678 (010-9876-5432)
	주소 또는 사업장소재지	서울특별시 마포구 숭문길 ○○○		

처분청	마포세무서	조사기관	서울지방국세청

처분통지를 받은 날(또는 처분이 있은 것을 처음으로 안 날) : 2015년 3월 5일

※ 결정 또는 경정의 청구에 대해 아무런 통지를 받지 못한 경우에는 결정 또는 경정기간이 경과한 날

통지된 사항 또는 처분의 내용

※ 2013연도 ___기분 법인세 1,234,567,890원 부과처분

이의신청을 한 날	2015.5.5.	이의신청 결정통지를 받은 날 (또는 결정기간이 경과한 날)	2015.6.5.

불복의 이유(내용이 많은 경우에는 별지에 기재하여 주십시오)

– 별지 청구이유서 참조 –

국세기본법 제62조 및 동법 시행령 제50조에 따라 위와 같이 이의신청합니다.

2015년 8월 26일

청구인 : 갑을㈜ 대표이사 홍길동 (인)

국세청장 귀하

위임장	국세기본법 제59조 제1항에 따라 다음 사람에게 위 심사청구에 관한 사항을 위임합니다(다만, 심사청구의 취하는 별도의 위임을 받은 경우에 한정하여 할 수 있습니다).					
	위임자 (청구인)	대리인				
		구분	성명	사업장소재지	사업자등록번호 (전자우편)	전화번호 (휴대전화번호)
	갑을㈜ 대표이사 홍길동 (인)	세무사 회계사	김○○ (인) 박○○ (인)	서울 강남구 테헤란로 111 ○○회계법인	123-45-56789 (jp@.....) (tax@.....)	02.1234.5678 (010.1234.5678) (010.1234.5679)

첨부서류	1. 불복이유서(불복의 이유를 별지로 작성한 경우에 한정하여 첨부합니다.) 2. 불복이유에 대한 증거서류(첨부서류가 많은 경우 목록을 별도로 첨부하여 주십시오.)	수수료 없음

[별지 제32호 서식](2015.3.6. 개정)

이의신청서

접수번호	접수일	처리기간 30일

신청인	성명	대표이사 홍길동	주민등록번호 (사업자등록번호)	- (123-82-45678)
	상호	갑을㈜	전화번호	02-1234-5678 (010-9876-5432)
	주소 또는 사업장소재지	서울특별시 마포구 숭문길 ○○○		

처분청	마포세무서	조사기관	서울지방국세청

처분통지를 받은 날(또는 처분이 있은 것을 처음으로 안 날) : 2015년 6월 5일

※ 결정 또는 경정의 청구에 대해 아무런 통지를 받지 못한 경우에는 결정 또는 경정기간이 경과한 날

통지된 사항 또는 처분의 내용

※ 2013연도 ___기분 법인세 1,234,567,890원 부과처분

불복의 이유(내용이 많은 경우에는 별지에 기재하여 주십시오)

– 별지 청구이유서 참조 –

국세기본법 제66조 및 동법 시행령 제54조에 따라 위와 같이 이의신청합니다.

2015년 8월 26일

신청인 : 갑을㈜ 대표이사 홍길동 (인)

서울지방국세청장 귀하

위임장	국세기본법 제59조 제1항에 따라 다음 사람에게 위 이의신청에 관한 사항을 위임합니다(다만, 이의신청의 취하는 별도의 위임을 받은 경우에 한정하여 할 수 있습니다).					
	위임자 (신청인)	대리인				
		구분	성명	사업장소재지	사업자등록번호 (전자우편)	전화번호 (휴대전화번호)
	갑을㈜ 대표이사 홍길동 (인)	세무사 회계사	김○○ (인) 박○○ (인)	서울 강남구 테헤란로 111 ○○회계법인	123-45-56789 (jp@.....) (tax@.....)	02.1234.5678 (010.1234.5678) (010.1234.5679)

첨부서류	1. 불복이유서(불복의 이유를 별지로 작성한 경우에 한정하여 첨부합니다.) 2. 불복이유에 대한 증거서류(첨부서류가 많은 경우 목록을 별도로 첨부하여 주십시오.)	수수료 없음

[별지 제35호 서식](2015.3.6. 개정)

심판청구서

접수번호	접수일	처리기간 90일

청구인	성명	대표이사 홍길동	주민등록번호 (사업자등록번호)	- (123-82-45678)
	상호	갑을㈜	전화번호	02-1234-5678 (010-9876-5432)
	주소 또는 사업장소재지	서울특별시 마포구 숭문길 ○○○		

처분청	마포세무서	조사기관	서울지방국세청

처분통지를 받은 날(또는 처분이 있은 것을 처음으로 안 날) : 2015년 3월 5일

※ 결정 또는 경정의 청구에 대해 아무런 통지를 받지 못한 경우에는 결정 또는 경정기간이 경과한 날

통지된 사항 또는 처분의 내용

※ 2013연도 ___기분 법인세 1,234,567,890원 부과처분

이의신청을 한 날	2015.5.5.	이의신청 결정통지를 받은 날 (결정통지를 받지 못한 경우에는 결정기간이 경과한 날)	2015.6.5.

불복의 이유(내용이 많은 경우에는 별지에 기재하여 주십시오)

- 별지 청구이유서 참조 -

국세기본법 제69조 및 동법 시행령 제55조에 따라 위와 같이 이의신청합니다.

2015년 8월 26일

청구인 : 갑을㈜ 대표이사 홍길동 (인)

조세심판원장 귀하

위임장	국세기본법 제59조 제1항(관세에 관한 사항인 경우 관세법 제126조 제1항)에 따라 다음 사람에게 위 심판청구에 관한 사항을 위임합니다(다만, 심판청구의 취하는 별도의 위임을 받은 경우에 한정하여 할 수 있습니다).					
	위임자 (청구인)	대리인				
		구분	성명	사업장소재지	사업자등록번호 (전자우편)	전화번호 (휴대전화번호)
	갑을㈜ 대표이사 홍길동 (인)	세무사 회계사	김○○ (인) 박○○ (인)	서울 강남구 테헤란로 111 ○○회계법인	123-45-56789 (jp@.....) (tax@.....)	02.1234.5678 (010.1234.5678) (010.1234.5679)

첨부서류	1. 불복이유서(불복의 이유를 별지로 작성한 경우에 한정하여 첨부합니다.) 2. 불복이유에 대한 증거서류(첨부서류가 많은 경우 목록을 별도로 첨부하여 주십시오.)	수수료 없음

<table>
<tr><th colspan="7">감사원 심사청구서</th></tr>
<tr><td rowspan="3">1. 청구자</td><td>사무소의 소재지</td><td colspan="5">서울특별시 마포구 숭문길 ○○○</td></tr>
<tr><td>상호</td><td colspan="2">갑을㈜</td><td>전화번호</td><td colspan="2">02-123-1234
(회계팀장)</td></tr>
<tr><td>업종</td><td>제조・판매</td><td>사업자등록번호</td><td>123-45-67890</td><td>연령</td><td>-</td></tr>
<tr><td colspan="3">2. 심사를 요하는 대상기관 및 관계자</td><td colspan="4">마포세무서 박○○ 조사관</td></tr>
<tr><td colspan="3">3. 심사청구의 대상이 되는 행위의 내용</td><td colspan="4">2013년 귀속 법인세 588,035,760원 고지처분</td></tr>
<tr><td colspan="3">4. 심사청구의 취지 및 그 이유</td><td colspan="4">마포세무서장이 청구자에게 고지처분한 2013년 귀속 법인세 588,035,760원의 취소를 구함
- 청구이유는 별지 이유서 참조 -</td></tr>
<tr><td colspan="3">5. 행정심판(행정심판법 외의 타법률에 의한 행정심판절차를 포함) 또는 소송제기 유무</td><td colspan="4">없음</td></tr>
<tr><td colspan="3">6. 관계기관의 처분 또는 행위가 있은 날 또는 그 처분 또는 행위가 있은 것을 안 날</td><td colspan="4">2015.7.5. 위 처분 고지서 수령</td></tr>
<tr><td colspan="2">7. 대리인의 성명 및 주소</td><td colspan="5">• 세무사 김○○ 02-1234-5000, 010-1234-9000
• 세무사 이○○
• E-Mail : tax@-----.com
• 주소 : 서울시 강남구 테헤란로 111 ○○회계법인</td></tr>
<tr><td colspan="7">감사원법 제43조 및 감사원심사규칙 제3조의 규정에 의하여 관계서류를 첨부하여 위와 같이 심사를 청구합니다.
2015. 8. 26.
청구인 갑을㈜ 대표이사 홍길동 (인)
첨부서류 : 표지 포함 34매
감사원 귀중</td></tr>
</table>

[별지 제56호의2 서식](개정 2010.3.31.)

<table>
<tr><td colspan="4" rowspan="2">과세전적부심사청구서</td><td>처리기간</td></tr>
<tr><td>30일</td></tr>
<tr><td rowspan="3">청구인</td><td>성명</td><td>홍길동</td><td>주민등록번호</td><td>841112-1234567</td></tr>
<tr><td>대표이사</td><td>-</td><td>전화번호</td><td>010-1234-5678</td></tr>
<tr><td>주소 또는 사업장</td><td colspan="3">서울시 마포구 숭문길 ○○○</td></tr>
<tr><td colspan="2">세무조사결과(과세예고) 통지관서</td><td>서울지방국세청</td><td>통지 연월일 (통지받은 날)</td><td>- (2015.7.5.)</td></tr>
</table>

<table>
<tr><td rowspan="2">청구세액 관련</td><td>세목</td><td>과세대상기간</td><td>통지세액</td><td>710,554,847원</td></tr>
<tr><td>증여세</td><td>2002~2012</td><td>청구세액</td><td>710,554,847원</td></tr>
<tr><td>청구내용 및 이유</td><td colspan="4">별지 청구이유서 참조</td></tr>
<tr><td>첨부서류</td><td colspan="4">과세전적부심사 청구이유서 및 증거서류</td></tr>
</table>

「국세기본법」 제81조의15 및 같은 법 시행령 제63조의14에 따라 위와 같이 과세전적부심사를 청구합니다.

2015년 8월 26일

청구인 : 홍길동 (인)

서울지방국세청장 귀하

<table>
<tr><td rowspan="4">위임장</td><td colspan="6">「국세기본법」 제59조 제1항에 따라 다음 사람에게 위 청구에 관한 사항을 위임합니다(다만, 과세전적부심사청구의 취하는 따로 위임을 하는 경우로 한정합니다).</td></tr>
<tr><td rowspan="2">위임자 (청구인)</td><td colspan="5">대리인</td></tr>
<tr><td>구분</td><td>성명</td><td>사업장 소재지</td><td>사업자 등록번호</td><td>전화번호</td></tr>
<tr><td>홍길동 (인)</td><td>회계사
세무사
세무사</td><td>김○○ (인)
이○○ (인)
박○○ (인)</td><td>강남구 테헤란로 111 ○○회계법인</td><td>123-87-45678 (tax@---.com)</td><td>02-1234-5678
010-1234-5678</td></tr>
</table>

210㎜×297㎜(일반용지 60g/㎡)

[별지 제56호의2 서식](개정 2010.3.31.)

<table>
<tr><td colspan="4">과세전적부심사 청구서(국세청용)</td><td>처리기간
30일</td></tr>
<tr><td rowspan="3">청구인</td><td>성명</td><td>홍길동</td><td>주민등록번호</td><td>841112-1234567</td></tr>
<tr><td>대표이사</td><td>-</td><td>전화번호
(휴대전화)</td><td>-
(010-1234-5678)</td></tr>
<tr><td>주소</td><td colspan="3">서울시 마포구 숭문길 ○○○</td></tr>
<tr><td colspan="2">세무조사결과(과세예고)
통지관서</td><td>서울지방국세청</td><td>통지년월일
(통지 받은 날)</td><td>-
(2013.7.5.)</td></tr>
</table>

<table>
<tr><td rowspan="2">청구세액 관련</td><td>세목</td><td>과세대상기간</td><td>통지세액</td><td>2,905,186,132원</td></tr>
<tr><td>상속세</td><td>2011</td><td>청구세액</td><td>1,904,837,183원</td></tr>
<tr><td>청구내용 및 이유</td><td colspan="4">별지 청구이유서 참조</td></tr>
<tr><td>첨부서류</td><td colspan="4">과세전적부심사 청구이유서 및 증거서류</td></tr>
<tr><td>과세전적부심사 유형</td><td colspan="4">□ ~~국세청장의 유권해석 변경사항~~
□ ~~법령과 관련하여 새로운 해석이 필요한 사항~~
□ ~~국세청장의 훈령·예규·고시 등과 관련하여 새로운 해석이 필요한 사항~~
□ ~~국세청장의 감사결과에 따른 과세예고통지에 관한 사항~~
■ 과세전적부심사 청구금액 10억 원 이상</td></tr>
</table>

「국세기본법」 제81조의15 및 같은 법 시행령 제63조의14에 따라 위와 같이 과세전적부심사를 청구합니다.

2015년 8월 26일

청구인 : 홍길동 (인)

국세청장 귀하

<table>
<tr><td rowspan="4">위임장</td><td colspan="6">「국세기본법」 제59조 제1항에 따라 다음 사람에게 위 청구에 관한 사항을 위임합니다(다만, 과세전적부심사청구의 취하는 따로 위임을 하는 경우로 한정합니다).</td></tr>
<tr><td rowspan="2">위임자
(신청인)</td><td colspan="5">대리인</td></tr>
<tr><td>구분</td><td>성명</td><td>사업장 소재지</td><td>사업자
등록번호</td><td>전화번호</td></tr>
<tr><td>홍길동
(인)</td><td>회계사
세무사
세무사</td><td>김○○ (인)
이○○ (인)
박○○ (인)</td><td>강남구 테헤란로 111
○○회계법인</td><td>123-87-45678
(tax@---.com)</td><td>02-1234-5678
010-1234-5678</td></tr>
</table>

210㎜×297㎜(일반용지 60g/㎡)

4 청구내용 심리

조세불복청구에서 심리란 불복청구를 담당하는 재결청이 청구사건의 결정을 위하여 그 기초가 되는 자료를 수집하는 절차를 말하는 것으로서 요건심리와 본안심리 두 단계로 진행된다.

과세관청이 재결청인 국세청 심사청구·이의신청 등의 경우 심사계에서, 심판청구는 조세심판원 조정실 접수 후 배정된 심판부에서, 감사원 심사청구는 심사관리관실에서 조세불복청구의 심리를 담당한다.

가. 요건심리와 보정요구

1) 요건심리

• 요건심리 결과 적격요건을 갖추지 못하였으면 본안심리도 하지 않고 각하된다.

요건심리란 불복의 형식적 요건을 제대로 갖춘 적법한 청구인지 여부를 심리하는 것으로서, 불복대상인 처분이 존재하는지 여부, 청구기간의 도과 여부, 청구인이 당사자 적격요건을 갖추었는지 여부, 청구서면의 적격성 여부 등을 검토한다.

요건심리 결과 정해진 요건을 갖추지 못한 경우 당해 청구는 본안심리에 들어가지 않고 각하되므로 주의해야 한다.

2) 보정요구

요건심리 과정에서 청구의 내용이나 절차가 국세기본법이나 세법에 적합하지 않지만 보정할 수 있다고 인정되는 경우 불복청구를 받은 재결청은 20일 이내의 기간을 정하여 보정할 것을 요구할 수 있다(국기법 §63 ①). 대표적으로 이의신청서·국세청 심사청구서 또는 심판청구서의 형식을 취하지 아니하고 처분의 취소·경정 또는 필요한 처분을 요구하는 서면이 제출되었을 경우에는 보정을 요구하여 심리할 수 있다(국기통 63-0…1).

청구내용 또는 절차에 대한 보정요구는 보정할 사항·보정을 요구하는 이유·보정할 기간 및 기타 필요한 사항을 적은 보정요구서를 청구인 또는 대리인에게 발송하여 요청한다

(국기령 §52 ①, 국기칙 §23, 국기통 63-0…2). 실무에서는 대리인을 선임한 경우라면 통상 대리인에게 보정을 요구한다.

보정요구서에 기재된 보정기간 내에 보정요구 사항을 보정하지 않는 경우 청구가 요건미비로 각하될 수도 있으므로 보정기간 내에 반드시 보정하여야 한다.

| 보정요구서 예시 |

전기절약, 대한민국을 뛰게 합니다.

국 세 청

수신자 회계사 김○○ 귀하 (우)06134 서울특별시 강남구 테헤란로 111 ○○회계법인

(경유)

제목 보정요구서

귀하께서 2015.1.27. 제출한 과세전적부심사 청구서(국세청 2015-0064)에 대하여 국세기본법 제81조의15 제5항, 같은 법 제63조 및 같은 법 시행령 제52조의 규정에 의하여 다음과 같이 보정을 요구하오니 기간 내에 보정하여 주시기 바랍니다.

청구인	① 성명	홍길동	② 주민등록번호	841112-1234567
	③ 상호			
	④ 주소 또는 영업소	서울시 마포구 숭문길 ○○○		
대리인	⑤ 성명	회계사 김○○	⑥ 사업자등록번호	123-45-56789
	⑦ 주소	서울시 강남구 테헤란로 111 ○○회계법인		
⑧ 보정기간		2015.2.5.~2015.2.24.		
⑨ 보정할 사항		청구내용 및 이유, 관련 증빙		
⑩ 보정을 요하는 이유		청구내용 및 이유, 관련 증빙을 미제출함		
※ 지정된 기일 안에 보정을 하지 아니한 경우에는 청구를 각하하는 결정을 합니다.				

국 세 청 

국세조사관 02/04 박○○

협조자

시행 심사1담당관-86 (2015.02.04.) 접수

우 30128 세종특별자치시 국세청로 8-14 (정부세종2청사 국세청동)

전화 044-204-○○○○ 전송 044-204-○○○○ / ----@nts.go.kr / 비공개(6)

실무에서 불복청구의 형식요건이 미비하여 재결청이 보정을 요구하는 경우는 대부분 다음과 같은 경우이다(국세심사사무처리규정 §21 ②, §47 ①).

① 청구취지가 불복청구서의 기재내용으로는 불분명한 때
② 불복청구서에 불복이유가 기재되어 있지 아니하거나 기재된 불복이유만으로는 청구취지에 대한 내용파악이 불가능한 때
③ 청구인의 기명날인이 없을 때
④ 처분이 있은 것을 안 날(처분의 통지를 받은 경우 그 받은 날)의 기재가 없는 때
⑤ 대리인이 본인을 위하여 청구한 경우로서 그 대리인의 권한을 증명하는 서면이 없을 때
⑥ '필요한 처분'의 청구에 있어서는 처분청에 '필요한 처분'을 구한 사실에 대한 증거서류가 없을 때
⑦ 위와 유사한 사항으로서 보정이 필요하다고 인정되는 때

3) 직권보정

불복청구인이 옛날 서식에 따라 청구하였거나 국세의 불복청구에서 지방세법의 청구서 서식을 사용하는 등 불복청구서가 법정양식과 상위한 경우처럼(국기통 63-0…3) 경미한 사항에 착오 또는 누락 등이 있는 경우에는 직권으로 보정할 수 있다(국기법 §63 ① 단서).

재결청이 불복청구의 미비사항을 직권으로 보정한 경우에는 그리하였다는 내용을 문서로 청구인에게 통지하여야 한다(국기령 §52 ②).

4) 보정과 청구기간

각 불복청구에서 요건심리 결과 보정이 있는 경우 그 보정기간은 청구기간과 결정기간에 산입하지 않는다(국기법 §63 ③, §65 ④, §66 ⑥, §81).

나. 불복청구의 각하

요건심리 결과 불복청구 요건을 갖추지 못하고 그 보정도 불가능하거나 재결청의 보정요구에 대해 통지한 보정기한까지 청구인의 보정이 없는 경우 당해 불복청구는 부적법한 것이므로 각하된다(조심 2011서2532, 2011.11.10. ; 국심 2001전1536, 2001.9.3. 등).

1) 이의신청과 국세청 심사청구의 각하사유

이의신청과 국세청 심사청구에서 요건 미비로 부적법한 청구에 해당되어 청구가 각하되

는 경우로 국세기본법 기본통칙의 각하사유는 다음과 같다(국기통 65-0…1).

① 청구기간이 지난 후에 제기된 때
② 보정요구에 대하여 보정기간 내에 필요한 보정을 하지 아니한 때
③ 불복청구의 대상이 된 처분이 존재하지 않을 때(처분의 부존재)
④ 불복청구의 대상이 된 처분에 의하여 권리 또는 이익의 침해를 당하지 않은 사람이 불복청구를 제기한 때(당사자 부적격)
⑤ 불복청구의 대상이 되지 아니하는 처분에 대한 불복
⑥ 대리권 없는 자의 불복
⑦ 심판청구·국세청 심사청구·이의신청을 한 동일한 처분에 대하여 감사원 심사청구가 불복제기 기간 내에 중복 제기되었을 때 심판청구·국세청 심사청구·이의신청은 각하
⑧ 동일한 처분에 대하여 청구기간 내에 이의신청·국세청 심사청구 또는 심판청구가 중복 제기되었을 때 청구인의 의사를 확인하여 청구인이 선택하지 않은 청구는 각하
⑨ 이의신청이 각하결정된 사항에 대하여 국세청 심사청구 또는 심판청구를 하였을 경우에는 전심(이의신청)의 각하결정에 흠이 없는 한 국세청 심사청구 또는 심판청구도 각하

국세기본법 기본통칙의 각하사유와 별도로 국세심사사무처리규정에 명시된 각하사유는 다음과 같다(국세심사사무처리규정 §21 ③, §47 ②). 기본통칙의 각하사유와 유사하다.

① 청구기간이 지난 후에 제기된 때
② 보정요구에 대하여 보정기간 내에 필요한 보정을 하지 아니한 때
③ 법에 따른 불복청구의 대상이 되지 아니하는 처분인 때
④ 불복청구의 대상이 된 처분이 존재하지 않을 때(처분의 부존재)
⑤ 불복청구의 대상이 된 처분에 대하여 권리 또는 이익의 침해를 당하지 않은 사람이 불복청구를 제기한 때(당사자 부적격)
⑥ 대리권 없는 사람이 제기한 때
⑦ 국세청 심사청구·감사원 심사청구와 중복하여 이의신청을 제기한 때(국세청 심사청구·감사원 심사청구가 청구기간이 지난 후에 제기된 때에는 각하대상 아님)
⑧ 같은 처분에 대하여 세무서장과 지방국세청장에게 중복하여 이의신청을 한 경우 세무서장에게 한 이의신청(청구기간이 지난 후에 지방국세청장에게 이의신청서를 제출한 경우는 각하대상 아님)
⑨ 감사원 심사청구와 중복하여 국세청 심사청구를 제기한 때(감사원 심사청구가 청구기간이 지난 후에 제기된 경우에는 각하대상 아님)
⑩ 같은 처분에 대하여 심판청구를 제기한 후 심사청구를 제기(같은 날 제기한 경우도 포함)한 때

2) 감사원 심사청구의 각하사유

감사원 심사청구 사건에서 요건 미비에 해당되어 각하되는 경우는 다음과 같다(감사원심사규칙 §6 ①).

① 감사원의 감사를 받는 자의 직무에 관한 처분, 기타행위가 아닌 경우 ② 이해관계인이 아닌 경우 ③ 청구기간이 경과한 경우 ④ 행정심판법의 규정에 의한 행정심판(다른 법률의 규정에 의한 행정심판절차 포함)의 재결이 있은 사안인 경우(다만, 각하재결이 있은 경우를 제외) ⑤ 소송이 제기된 사안인 경우(심사청구의 심리 중에 소송이 제기된 경우를 포함) ⑥ 기타 법 또는 이 규칙이 정하는 요건 및 절차를 갖추지 못한 경우

위 ⑥의 경우에 있어 보정할 수 있다고 인정하는 때에는 상당한 기간을 정하여 그 보정을 요구할 수 있으며, 그 기간 내에 보정이 있는 경우에는 처음부터 적법한 심사청구가 제기된 것으로 본다. 다만, 소정기간 내에 보정하지 아니한 때에는 심사청구를 각하한다(감사원심사규칙 §6 ②).

감사원 심사청구를 각하한 때에는 청구인과 관계기관의 장에게 그 뜻을 문서로 각각 통보하여야 한다(감사원심사규칙 §6 ③).

3) 심판청구의 각하사유

조세심판원 심판청구의 각하사유는 국세기본법 기본통칙 65-0…1의 각하사유를 준용하므로 이의신청 등의 각하사유와 동일하다(국기통 81-0…1).

다. 본안심리

1) 개념

본안심리란 불복청구의 형식적 요건이 적법하여 인정되는 경우 당해 청구사건의 실체내용에 대해 위법 내지 부당성이 존재하는지에 대해 심리하는 것을 말한다.

법률상의 분쟁해결제도는 그 어느 경우이든지 이미 발생한 사실관계의 확인을 거쳐, 이에 대한 법률 적용을 통한 해결이 그 순서가 된다. 그러나 문제는 이미 과거에 발생한 사실관계를 어떠한 방법으로 그리고 누구의 주장내용에 의하여 확정하는가 하는 점이다. 물론

이때에는 증거에 입각한 사실관계의 확인작업이 가장 통상적인 방법이 되지만, 누구의 주장내용에 의하여 확정하는가 하는 점에 대해서는 분쟁해결수단의 성격에 따라 약간의 차이가 나타나게 된다.[14)]

2) 심리원칙 : 변론주의와 직권심리주의

가) 변론주의

분쟁해결의 기초가 되는 사실관계와 증거의 수집 및 제출책임을 당사자에게 일임하고, 당사자가 수집・제출한 자료만을 해결내용의 기초로 삼는 원칙을 말한다. 이 원칙에 따르면 해결내용의 기초가 되는 사실관계의 제출은 당사자에게, 이에 기초한 법적용은 분쟁해결주체에게 맡겨진다.

법률상의 분쟁해결수단은 그 주된 기능이 당사자의 권리구제에 있으므로 원칙적으로 사실관계의 확정은 당사자의 주장내용에 일임하게 된다. 따라서 이러한 변론주의는 민사소송뿐 아니라 행정심판 및 행정소송에서도 원칙적으로 적용된다.

나) 직권심리주의

직권탐지주의라고도 하며, 분쟁해결절차에서의 사실관계의 조사에 관한 책임을 전적으로 분쟁해결주체만이 부담하는 원칙을 말한다. 따라서 사실관계의 수집과 평가에 관하여 분쟁해결주체는 독점적이며 다른 주체로부터 영향을 받지 않으며 책임을 수행하게 된다.

이를 위해 분쟁해결주체는 당사자의 제출자료에 구속받음이 없이, 직권으로 사실관계와 증거를 조사하며, 사실관계의 해명을 당사자에게 맡기지 않고 스스로 행하여야 한다. 이 원칙은 객관적인 진실발견이 특히 강조되는 분야, 즉 가사소송, 선거소송, 헌법재판 등에서 인정되고 있다.

행정상의 권리구제 논의에서 직권심리주의가 나타나는 전형적인 경우는 물론 행정소송의 경우이다. 그러나 행정소송에서도 변론주의가 원칙적인 심리원칙으로 인정되므로 이때의 직권심리주의는 변론주의를 대체하는 원칙으로서가 아니라, 보충적으로 적용되는 원칙이라는 점에 유의할 필요가 있다.

14) 행정심판에서의 직권심리주의, 법제처 법제논단(www.moleg.go.kr), 유지태, 이하 변론주의와 직권심리주의 개념도 여기에서 인용하였다.

다) 조세불복은 직권심리주의 채택

불복청구의 재결청은 청구인이 제출한 청구이유서와 증거자료 및 과세관청이 제출한 의견서(또는 답변서)를 심리하는 것은 물론 직권심리주의를 채택(국기법 §56 ①, 행정심판법 §39)하고 있으므로 당사자들이 주장하지 않은 사실에 대해서도 심리할 수 있으며, 필요한 경우 재결청의 직권 또는 당사자의 신청에 의하여 다음 방법에 따라 증거조사를 할 수도 있다(국기법 §56 ①, 행정심판법 §36 ①).

① 당사자나 관계인을 출석하게 하여 신문하는 방법
② 당사자나 관계인이 가지고 있는 문서・장부・물건 또는 기타 증거자료의 제출을 요구하고 영치하는 방법
③ 특별한 학식과 경험을 가진 제3자에게 감정을 요구하는 방법
④ 당사자 또는 관계인의 주소・거소・사업장이나 그 밖의 필요한 장소에 출입하여 당사자 또는 관계인에게 질문하거나 서류・물건 등을 조사・검증하는 방법

따라서, 행정심판의 재결청은 직권심리주의에 따라 과세관청이 관련 법률을 잘못 적용하여 과세한 경우 정당한 법률을 적용하여 과세할 것을 설시할 수 있고, 당사자의 주장이 없더라도 신고세액공제액을 달리 인정할 수 있다.

대법원 1997.10.28. 선고, 96누14425 판결 요지

행정소송법 제26조는 “법원은 필요하다고 인정할 때에는 직권으로 증거조사를 할 수 있고, 당사자가 주장하지 아니한 사실에 대하여도 판단할 수 있다”고 규정하여 변론주의의 일부 예외를 인정하고 있으므로, 행정소송에서는 법원이 필요하다고 인정할 때에는 당사자가 명백히 주장하지 아니한 사실도 기록에 나타난 자료를 기초로 하여 직권으로 판단할 수 있는바, 상속세 등 부과처분 취소소송에서 당사자들이 다투지는 아니하였지만 기록에 현출된 자료에 의하여 상속세 신고세액공제액에 관하여 법원이 심리・판단하는 것은 정당하고, 거기에 변론주의를 위반한 위법이 있다고 할 수 없다.

조세불복청구의 심리는 구술심리나 서면심리로 이루어지는데, 당사자가 구술심리를 신청한 경우에는 서면심리만으로 결정할 수 있다고 인정되는 경우를 제외하고는 반드시 구술심리를 하여야 한다. 또한 구술심리신청을 받은 경우 재결청은 그 허가 여부를 결정하여 신청인에게 알려야 한다(국기법 §56 ①, 행정심판법 §40).

3) 심리범위 : 총액주의와 쟁점주의

가) 총액주의

총액주의란 하나의 과세처분에 대하여 일부분의 불복청구가 있는 경우에도 동 과세처분의 대상이 된 과세액 전부에 대해 조사심리할 수 있다는 입장이다. 이에 의하면 변론의 종결시까지 납세자는 불복이유를 변경하거나 전심절차에서 주장하지 않았던 불복이유를 새로 추가하여 주장할 수 있고, 과세관청은 당초처분의 이유를 변경하거나 추가할 수 있다.

또한 총액주의에 의하면 불복절차를 실체적으로 진실한 세액의 확정을 위한 연장적 절차로 보므로, 과세내용에 대하여 전반적인 재조사를 할 수 있는 것으로 되어 조사범위는 확대된다고 할 수 있다.

나) 쟁점주의

쟁점주의란 하나의 과세처분에 대하여 일부분의 불복청구가 있는 경우에 동 과세처분의 대상이 된 총세액의 전부에 대하여 조사심리할 수 없고, 불복청구 부분의 이유에 한정하여 조사심리할 수 있다는 입장이다. 이에 의하면 처분 당시의 과세근거와 이유가 심리의 대상이 되므로 그 후 새로운 과세근거나 이유를 보충하여 과세처분 이유를 정당화시킬 수 없고, 불복청구 부분의 불복이유에 대해서만 조사심리하므로 청구부분을 변경하거나 전심절차에서 주장하지 않았던 불복부분에 대해서는 새로 주장할 수 없다.

쟁점주의에 의하면 조사의 범위는 불복청구 부분의 당초처분이유와 불복이유의 범위 내에 국한되는 것으로 본다.

다) 판례의 입장

과세처분 취소소송에서 총액주의와 쟁점주의에 관한 통설 및 판례는 대체로 총액주의의 입장이다. 따라서 과세처분 취소소송에서는 사실심 변론종결시까지 과세표준액 등의 존부 내지 범위에 관한 모든 자료를 제출하고, 그 때까지 제출된 자료에 의하여 과세처분의 적법 여부를 심판해 줄 것을 주장할 수 있을 뿐만 아니라, 새로운 자료를 제출하거나 처분사유를 교환·변경할 수 있고, 주장도 추가할 수 있다.

사례 1 **과세표준액의 존부 내지 범위에 관한 모든 자료를 제출하고, 제출된 자료에 의해 과세처분의 적법 여부를 심판해 줄 것을 주장할 수 있고, 주장을 추가하는 것도 가능하다는 사례**

과세처분 취소소송에 있어서 심리의 대상은 과세관청이 결정한 과세가액의 존부이고, 소송당사자는 사실심 변론종결시까지 과세표준액 등의 존부 내지 범위에 관한 모든 자료를 제출하고 그 때까지 제출된 자료에 의하여 과세처분의 적법 여부를 심판해 줄 것을 주장할 수 있으므로(대법원 1987.9.8. 선고, 87누429 판결),
원심이 같은 취지에서, 피고가 이 사건 소송에서 이 사건 과세처분의 근거로 삼은 사유 외에 이 사건 매입처는 부가가치세 과세사업자에 해당하므로 원고의 이 사건 박카스 공병 취득이 부가가치세 매입세액공제대상인 거래에 해당하지 않는다는 주장을 추가하는 것이 위법하다고 볼 수 없다고 판단한 조치는 옳은 것으로 수긍이 간다(대법원 2004.5.14. 선고, 2003두12615 판결).

사례 2 **새로운 자료를 제출하거나 처분의 동일성이 유지되는 범위 내에서 그 사유를 교환·변경할 수 있고, 반드시 처분 당시의 자료만에 의해 처분의 적법 여부를 판단하여야 하는 것은 아니라는 사례**

과세처분 취소소송의 소송물은 정당한 세액의 객관적 존부이므로 과세관청으로서는 소송 도중이라도 사실심 변론종결시까지는 당해 처분에서 인정한 과세표준 또는 세액의 정당성을 뒷받침할 수 있는 새로운 자료를 제출하거나 처분의 동일성이 유지되는 범위 내에서 그 사유를 교환·변경할 수 있는 것이고, 반드시 처분 당시의 자료만에 의하여 처분의 적법 여부를 판단하여야 하거나 처분사유만을 주장할 수 있는 것은 아니다(대법원 1997.10.24. 선고, 97누2429 판결 ; 1989.12.22. 선고, 88누7255 판결 ; 1997.5.16. 선고, 96누8796 판결).

사례 3 **동일한 소송물 범위 내에서 처분사유의 변경이 허용되므로, 당초처분과 다른 새로운 자료로서 대표이사에 소득이 현실적으로 귀속된 사실을 주장·입증할 수 있다는 사례**

과세표준과 세액이 동일한 원천징수 갑종근로소득세의 세목 다음에서 의제소득을 현실소득의 귀속으로 달리 주장하는 것은 동일한 소송물의 범위 내로서 처분사유의 변경이 허용된다 할 것이므로, 구 법인세법 시행령 §94의2에 근거하여 소득금액을 지급한 것으로 의제하는 소득처분과는 별도로, 과세관청으로서는 사실심 변론종결시까지는 당초처분에서 인정한 과세표준 또는 세액의 정당성을 뒷받침할 수 있는 새로운 자료로서 대표이사에게 소득이 현실적으로 귀속된 사실 및 그 소득의 종류를 주장·입증할 수 있다(대법원 1997.12.26. 선고, 97누4456 판결).

라. 사건의 병합과 분리

재결청의 담당자는 필요한 경우 둘 이상의 사건을 서로 병합하거나 하나의 사건을 둘 이상으로 분리할 수 있다.

즉 청구이유서가 제출되어 사건을 배정받은 담당자는 청구인이 공동상속인이거나 공동사업자인지, 같은 사안에 대한 관련사건이 있는지 등을 즉시 확인하고, 효율적인 심리를 위하여 필요하다고 인정될 경우에는 관련사건을 병합하여 심리할 수 있다(국세심사사무처리규정 §20, §45).

심판청구의 경우 담당 조세심판관은 필요하다고 인정될 경우 여러 개의 심판사항을 병합하거나 병합된 심판사항을 여러 개의 심판사항으로 분리할 수 있다(국기법 §75).

마. 조세심판의 심리원칙

국세기본법은 조세불복의 심리원칙에 대해 심판청구의 경우만 명문규정을 두고 있는데, 심판청구뿐 아니라 다른 종류의 불복과정에서도 적용된다.

1) 비공개 원칙

조세심판관회의는 공개하지 아니한다. 다만, 조세심판관회의 의장이 필요하다고 인정할 때에는 공개할 수 있다(국기법 §72 ④).

2) 자유심증주의

조세심판관은 심판청구에 관한 조사 및 심리의 결과와 과세의 형평을 고려하여 자유심증[15]으로 사실을 판단한다(국기법 §77).

자유심증주의는 조세심판관의 독립성을 보장하며 권리규제의 범위를 확대하여 심판청구사건의 실체적 진실을 발견하려는 데 그 취지가 있다. 그러나 자유심증주의에서의 자유가 자의(恣意)를 의미할 수는 없으며 사실판단이 조세심판관의 전단(專斷)이 되어서는 안 될 것이다.

15) 증거에 의하여 사실을 인정함에 있어서 증거의 증명력을 법관의 자유로운 판단에 맡기는 것을 말한다. 즉 어느 증거를 신뢰하여 범죄사실을 인정할 것인가에 대한 판단을 모두 심판관에게 일임하고 있는 것이다. 이것은 일정한 증거가 있으면 반드시 어떤 사실을 인정하여야 한다거나, 일정한 증거가 없으면 어떤 사실을 인정할 수 없다고 하는 증거법정주의에 반대된다(출처 : 국가법령정보센터 법령용어).

바. 심리과정 실무

1) 재결청 요청에 대한 대응

재결청 담당자는 심리과정에서 사실파악을 위해 청구이유서 등에 기재되지 않은 사실관계 등에 대해서도 질문할 수 있고, 기타 사실관계를 입증할 수 있는 서면 등의 존재 여부 등을 파악한 후 추가자료를 요청할 수 있다.

이 경우 청구인 또는 대리인은 알고 있는 사항은 즉각 대응하고, 모르는 사항에 대해서는 청구인과 대리인이 상의하여 재결청에서 요청하는 자료의 존재 여부 등을 파악하여 재결청의 요청에 대응하여야 한다.

대리인 입장에서는 재결청이 요청하는 자료를 청구인에게 설명하고, 청구인으로부터 입수한 자료를 바로 전달하면 문제없을 것이나, 문서의 수집・내용파악 및 편집 등 대응과정에서 시간이 필요한 경우 그러한 사실을 재결청 담당자에게 상세히 설명하고 협조를 구하여야 한다.

2) 청구인 측에서 둘 이상 사건의 병합을 요청할 필요가 있을 때

재결청에서 병합을 검토하기 전이라도 청구인 측에서 사건의 병합을 요청할 필요가 있을 수 있다.

예컨대, 상속세에 있어 상속인이 형제이고 사실관계가 모두 동일함에도 불구하고 연대책임에 따라 형제 각각에 상속세 납부고지서가 송달된 경우 납세자가 다르므로 조세불복은 납세자별로 청구하여야 한다. 이 경우 청구서 제출 후 곧바로 병합심리를 요청하면 재결청 담당자와 청구인에게 모두 편리할 것이다.

심판청구의 경우 조세심판원운영규정 별지 제4호 서식에 따라 신청하면 된다(조세심판원 운영규정 §10). 서식 작성 실례를 보면 다음과 같다.

| 병합심리 신청서 예시 |

■ 조세심판원운영규정 [별지 제4호 서식]

병합심리 신청서

청구번호		
청구인	성명 홍길동	주민등록번호 640823-1234567
	상호	전화번호 010-1234-5678(대리인 김○○)
	주소 서울시 종로구 낙산길 ○○○	
처분청	종로세무서장	
병합심리 신청사건	2015서1234 2015서1235	
병합심리 신청이유	병합심리 신청한 위 두 사건은 동일한 조사청의 조사에 따라 고지되었고, 두 사건의 청구인은 형제관계로 동등한 상속인이며, 고지된 상속세에 관하여 고지세액 및 사실관계나 쟁점도 다르지 않으므로 두 사건을 병합심리하여 주실 것을 요청합니다.	

「국세기본법」 제75조 및 「조세심판원운영규정」 제10조에 따라 위와 같이 심판청구사건의 병합심리를 신청합니다.

2015.8.23.

청구인 홍길동의 대리인 공인회계사 김○○ (인)

조세심판원장 귀중

병합심리 신청이유는 위 예시에 기재한 내용을 참고하여 사건의 내용에 따라 둘 이상의 청구사건을 병합하여 심리하여야 할 이유를 간단하면서 명확하게 기재한다.

이의신청 등의 경우 병합심리를 요청하는 서식이 정해져 있지 않으므로 심판청구에 사용하는 병합심리신청서를 적당히 변형해 사용하거나, 다음 공문서 형태의 서식을 사용해도 무방할 것이다.

| 이의신청 등 경우의 병합심리 신청서 작성 사례 |

병합심리 신청서

수 신 : 서울지방국세청장

참 조 : 심사과 ○○○ 조사관 귀하

청구인 : 홍길동(840405-1234567)

발 신 : 위 청구인의 대리인 세무사 김○○

제 목 : 청구사건 병합심리 요청

1. 귀청의 무궁한 발전을 기원합니다.

2. 2016.8.22. 귀청에 이의신청 접수한 접수번호 No.01234 및 No.01235 사건과 관련된 내용입니다.

3. 위 두 사건은 동일한 조사청의 조사에 따라 고지되었고, 두 사건의 청구인은 형제관계로 동등한 상속인이며, 고지된 상속세에 관하여 고지세액 및 사실관계나 쟁점도 다르지 않으므로 두 사건을 병합심리하여 주실 것을 요청합니다.

2016. 8. 23.

위 사건 대리인

세무사 김○○ (인)

서울지방국세청장 귀중

3) 심리를 연장할 필요가 생겼을 때

조세불복청구를 대리하다 보면 여러 가지 사유로 인해 심리를 연장할 필요가 있을 때가 있다. 이러한 경우 재결청의 담당자와 해당 상황을 상세하게 협의하고 가능하다면 서면에 의해 정식으로 심리연장을 요청한다.

청구인이 심리연장을 요청한다고 하여 재결청에서 요청을 받아들여 반드시 심리를 연장하는 것은 아니다.

심리연장을 요청할 때 정해진 서식은 없지만 다음 서식을 기본으로 적정하게 변형하여 사용하면 될 것이다.

| 심리연장 요청서 예시 |

심리연장 요청서

수 신: 서울지방국세청장
참 조: 심사과 ○○○ 조사관 귀하
청구인: 홍길동(840405-1234567)
발 신: 위 청구인의 대리인 세무사 김○○

제 목: 청구사건 심리연장 요청

1. 귀원의 무궁한 발전을 기원합니다.

2. 2016.5.28. 귀원에 제출한 심판청구사건(사건번호 : 2016서0000, 청구인 : ○○○)의 핵심쟁점인 결손법인 증여에서 결손법인 증여에 관한 개별예시규정인 상증세법 제41조의 적용을 무시하고 포괄주의 증여규정인 같은 법 제42조를 적용한 과세처분이 타당한지 여부에 관한 동일·유사한 많은 행정소송 사건이 행정법원과 고등법원에서 모두 국가 패소한 바 있고, 현재 대법원 판단을 앞두고 있습니다. (첨부자료 참조)

3. 이와 관련하여 대법원 판례가 형성될 때까지 저희들 사건에 관한 심리를 연장하여 줄 것을 요청합니다.

2016. 8. 26.

위 사건 대리인

세무사 김○○ (인)

조세심판원장 귀중

5 불복청구인의 권리

불복청구인은 그 신청 또는 청구에 관계되는 서류를 열람할 수 있으며 해당 재결청에 의견을 진술할 수 있다(국세기본법 §58).

가. 관계서류 열람권

과세표준과 세액 등의 결정과정은 계산과정이 복잡하기 때문에 세액 등의 결정이 적법한지 여부를 알기 위해서 불복청구인 등 납세자는 세액이 어떤 과정을 거쳐 결정된 것인지 알 수 있는 관계서류를 열람할 필요가 있다.

납세자의 관계서류 열람권을 보장하기 위해 행정기관의 장은 해당 납세의무자 또는 그 대리인이 요구하면 정부가 조사한 사실과 결정의 근거를 적은 결정서를 열람 또는 복사하게 하여야 하고(국기법 §16 ④), 이의신청인 · 심사청구인 · 심판청구인 또는 처분청(처분청의 경우 심판청구에 한정)은 그 신청 또는 청구에 관계되는 서류를 열람할 수 있다(국기법 §58). 과세전적부심사의 경우에도 이를 준용하도록 규정하고 있으므로(국기법 §81의15 ⑤), 과세전적부심사 청구를 하는 경우에도 이의신청이나 심사청구와 같이 열람이 가능하다(서면인터넷방문상담1팀-1411, 2004.10.13.).

국세기본법 §58에 따라 이의신청 · 심사청구 또는 심판청구와 관계되는 서류를 열람하거나 그 내용에 동조하려는 불복청구인은 이를 구술로 해당 재결청에 요구할 수 있으며, 문서열람 요구를 받은 재결청은 그 서류를 열람 또는 복사하게 하거나 그 등본 또는 초본이 원본과 다르지 않음을 확인하여야 한다(국기령 §46).

이의신청 · 심사청구 또는 심판청구에 관계되는 서류라 함은 불복청구대상인 처분의 이유를 알 수 있는 결정결의서와 그 부속서류를 말하고, 이의신청 · 심사청구 또는 심판청구에 관계되는 서류의 등초요구를 받은 경우, 재결청은 동 등초요구를 한 자가 불복청구를 하는 데 지장이 없도록 하여야 한다(서면인터넷방문상담1팀-1411, 2004.10.13.). 그러나 문답서 등 조사관련 서류에 특정인의 개인정보가 있는 경우에는 열람을 거절할 수 있다(서면인터넷방문상담1팀-1271, 2004.9.15.).

납세의무자나 그 대리인은 정부가 조사한 사실에 따라 결정한 결정서를 열람 또는 등사할 수 있으나 납세의무자가 아닌 타인이 납세의무자 관련 납세정보를 열람할 수 없다(징세

46101-4309, 1996.12.10. ; 징세 46101-4466, 1996.12.23.).

나. 의견진술권

1) 의견진술 신청

불복청구인은 불복청구 내용을 심리하는 회의, 즉 이의신청·국세청 심사청구의 경우 개최되는 국세심사위원회 그리고 심판청구의 경우 개최되는 조세심판관회의·조세심판관합동회의에 참석하여 자신의 의견을 진술할 수 있다. 이때 처분청도 의견진술을 신청할 수 있다. 심판청구의 경우 조세심판원 홈페이지에서 간단하게 의견진술을 신청할 수 있다.

회의에 참석하여 의견을 진술하려는 청구인은 진술자의 주소 또는 거소, 성명, 진술하려는 내용의 대강을 적은 문서로써 해당 재결청에 의견진술을 신청하여야 하며(국기령 §47 ①), 신청을 받은 재결청은 출석 일시 및 장소와 필요하다고 인정되는 진술시간을 정하여 국세심사위원회 등의 회의개최일 3일 전까지 신청인에게 통지하여 의견진술의 기회를 주어야 한다(국기령 §47 ②).

의견진술은 반드시 회의 참석을 통해 이루어지는 것은 아니고 진술하려는 의견을 기록한 문서의 제출로 갈음할 수 있다(국기령 §47 ⑤). 그러나 직접 참석하여 진술하는 것이 바람직하며, 의견진술 시 필요한 경우 관련 증거, 그 밖의 자료를 제시할 수 있다(국기령 §47 ④).

2) 의견진술이 제한되는 경우

의견진술 신청을 받은 재결청은 다음 각 항목에 해당하는 경우 불복청구인의 의견진술을 제한할 수 있다(국기령 §47 ②).

① 이의신청, 국세청 심사청구 또는 심판청구의 목적이 된 사항이 경미하거나 기일이 지난 후에 신청하거나 청구한 경우
② 이의신청, 국세청 심사청구 또는 심판청구의 목적이 된 사항이 법령해석에 관한 것으로서 신청인의 의견진술이 필요 없다고 인정되는 경우
③ 심판청구인이 의견진술을 신청하지 아니하고 처분청만 의견진술을 신청한 경우. 다만, 심판청구의 목적이 된 사항의 내용 등을 고려할 때 처분청의 의견진술이 필요하다고 재결청이 인정하는 경우는 제외

위의 경우에 해당되어 의견진술이 필요 없다고 인정될 때에는 재결청은 그 이유를 구체

적으로 밝혀 그 뜻을 해당 신청인에게 통지하여야 하며(국기령 §47 ③), 의견진술의 불승인 통지는 서면으로 하거나 전화·휴대전화를 이용한 문자전송·팩스·전자우편 등을 이용하여 통지할 수도 있다.

3) 의견진술 과정 실무

가) 의견진술 신청

의견진술 신청은 국세심사위원회나 조세심판관회의가 개최되기 5일 전까지 하여야 한다. 국세심사위원회나 조세심판관회의 등에는 대리인 또는 청구인이 직접 참석하여 의견을 진술하여야 한다. 참석하지 않는다고 해서 특별한 불이익은 없지만, 참석하지 않는 경우 자칫 심사위원들에게 사건을 방치하거나 특별히 주장할 내용이 없는 것으로 오해를 줄 우려가 있을 수 있다.

대리인을 선임한 상태에서 의견진술을 신청한 경우 대리인은 반드시 참석하여야 하고 경우에 따라 청구인도 참석할 필요가 있다. 특히 청구인이 법인인 경우 당해 불복청구 내용을 담당하는 실무자가 참석할 필요가 있는데 이는 대리인이라 하더라도 회사의 모든 실무를 다 파악하고 있지는 못하므로 심사위원들로부터 예상치 못한 질문이 나올 경우 담당자가 정확하게 답변할 필요가 있기 때문이다.

의견진술 신청은 국세기본법 별지 제26호 서식에 따라 문서로 신청하여야 한다. 의견진술신청서 작성 실례는 다음과 같다.

| 의견진술신청서 예시 |

[별지 제26호 서식](2015.3.6. 개정)

의견진술신청서

(앞쪽)

접수번호	접수일	처리기간

성명	대표이사 홍길동	주민등록번호 (사업자등록번호)	- (123-82-45678)
주소 또는 영업소	서울특별시 서초구 강남대로2길 34	전화번호	02-1234-5678 (010-9876-5432)
상호	갑을㈜		

신청 또는 청구일자	2016.9.22. 시

진술하고자 하는 요지

○ 쟁점거래의 당사자는 세법상 특수관계인에 해당하지 않으므로 특수관계인 간의 거래일 것이 전제되는 법인세법상 부당행위계산부인대상 거래에 해당하지 않음

○진술인
대리인 공인회계사 김○○, 청구법인 과장 조○○(이상 2명)

국세기본법 제58조 및 동법 시행령 제47조 제1항의 규정에 의하여 위와 같이 신청합니다.

2016년 9월 15일

신청인 : 대리인 공인회계사 김○○ (인)

서울지방국세청장 귀하

서식에서 중간에 있는 신청 또는 청구일자는 국세심사위원회 등 회의가 개최되는 날을 의미하며, 하단부에 기재하는 날짜는 의견진술을 신청하는 날짜이다. 따라서 하단부 의견진술 신청일자는 중간부 청구일자보다는 최소한 5일 이상 빠른 날짜이다.

진술하고자 하는 요지는 너무 장황하게 쓸 필요는 없고 과세쟁점의 주장 요지와 회의에 참석하는 사람을 간략하게 기재한다. 상단부 접수번호 등 음영처리된 부분은 청구인이 기재하는 란이 아니다.

한편, 조세심판원의 경우 홈페이지에서 의견진술신청서를 작성할 수 있다. 홈페이지 상단 [사이버심판접수]에서 의견진술신청서를 작성하여 바로 제출할 수 있으며, 접수 후 사건번호가 배정되면 의견진술 신청과 함께 [사이버심판접수]-[기타신청]에서 사건조사서 사전열람 신청도 함께 하는 것이 편리하다.

홈페이지에서 의견진술신청서를 제출하면 신청서에 기재한 이메일로 다음과 같은 답변이 회신된다.

| 심판청구 의견진술 신청에 대한 답변 메일 예시 |

보낸사람 "조세심판원" 〈○○○@tt.go.kr〉
보낸일시 2016-10-15 오전 9:18:44
받는사람 jpkim@○○○○.com
참조
제목 신청하신 출석진술 신청에 대한 답변입니다.

귀하께서 접수하신 신청서가
2016년 10월 11일 담당자 ○○○사무관(044-200-1234)에게
전달되었음을 알려드립니다.

[별지 제35호 서식](2008.3.20. 개정) 사무관 : ○○○ 연락처 : 044-200-1234 접수번호 : 1011567

의견진술신청서	처리기간 3일
① 심판청구번호	2016서5102
② 성명	홍길동
③ 주민등록번호	(인터넷 접수 시에는 개인정보 보호를 위해 기입을 생략합니다.)
④ 주소 또는 영업소	서울특별시 서초구 강남대로2길 34
⑤ 전화번호	02-1234-5678
⑥ 상호	
⑦ 진술하고자 하는 요지	

쟁점거래의 당사자는 세법상 특수관계인에 해당하지 않으므로 특수관계인 간의 거래일 것이 전제되는 법인세법상 부당행위계산부인대상 거래에 해당하지 않음

국세기본법 제58조 동법 시행령 제47조 제1항 및 지방세기본법 제120조 동법 시행령 제1항의 규정에 의하여 위와 같이 신청합니다.

신청인 이메일주소 : jpkim@○○○○○.com
신청인 : 대리인 김○○
2016년 10월 11일

조세심판원장 귀하

나) 회의장소 배치도

과세전적부심사·이의신청·국세청 심사청구 등 과세관청에서 개최되는 국세심사위원회 및 조세심판원에서 개최되는 조세심판관 회의가 열리는 회의장의 배치도는 대략 다음 그림과 같다.

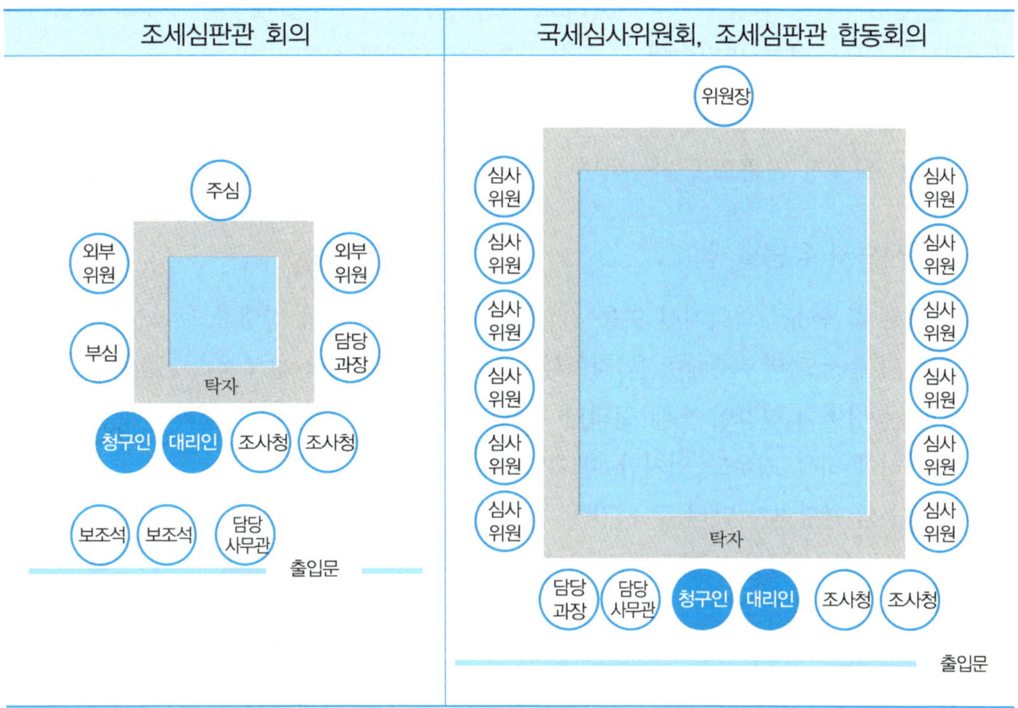

조세심판관회의는 세종시에 위치한 조세심판원 건물 내 소심판정에서 개최되며 육성으로도 의사소통이 충분할 정도로 회의장이 크지 않다.

반면 국세심사위원회 및 조세심판관 합동회의[16]의 경우 참가하는 위원의 수가 많을 뿐만 아니라, 재결청의 대회의장 등에서 회의가 개최되므로 마이크를 이용해야 의사소통이 가능할 정도로 장소가 넓다. 청구인 및 대리인의 입장에서는 조세심판관회의에 비해 더 긴장될 수 있다.

다) 요약자료 배포

국세심사위원회 회의 및 조세심판관 회의에서는 청구주장 요약자료 배포를 허용하고 있다. 심사위원들이 미리 배포된 조사보고서를 사전에 검토한다고는 하나 사건심리 건수가

16) 조세심판관 합동회의는 세종시가 아니라 서울 세종로 정부종합청사 대회의실에서 개최

통상 하루 20건이 넘는 점을 감안한다면 회의 당일 요약자료를 배포하고 이를 중심으로 진술하면 청구주장 전달에 더욱 효과적이다. 과세당국도 진술시 요약자료를 배포하는 경우가 많다.

회의 전에 재결청 담당자가 회의에서 별도로 배포할 자료가 있는지 대리인에게 확인하지만, 그렇지 않더라도 담당자에게 요약자료 배포의사를 전달하고 배포할 부수를 정확하게 물어보도록 한다. 보통 위원수에 3부 정도 추가로 준비한다.

정해져 있는 것은 아니지만 요약자료 본문은 아래한글 13포인트 이상 크기로 작성하는 것이 좋고, A4용지 기준으로 가능하면 2장을 넘지 않도록 간략하게 요지만 작성한다.

라) 의견진술시 유념할 점

① 대부분 불복사건 회의에서 보통 진술이 있는 사건을 먼저 진행하므로 진행참가인의 회의의 순서도 앞부분에 있을 것이다. 모든 회의는 순서만 정해져 있기 때문에 앞 사건이 복잡하여 시간이 오래 걸리면 뒤 사건의 시작 시간이 뒤로 밀리기 때문에 오래 기다려야 하는 경우도 있지만, 반대일 경우도 있다.
재결청의 담당자가 알려 준 시간에 늦지 않게 도착하여 대기실에서 진술내용을 조용히 리마인드하면서 순서를 기다린다.

② 청구인 측 진술인과 과세관청 측 진술인이 함께 입장하여 통상 청구인 측이 먼저 진술하고 과세관청 측이 나중에 진술한다. 대부분 회의는 청구인 측과 과세관청 측이 동시에 참석하나, 재결청에 따라 진술인이 먼저 입장하여 진술을 마치고 퇴장하면 과세관청 측이 나중에 입장하여 진술하는 경우도 있다.

③ 회의 장소에서는 어느 정도 긴장되는 것이 당연하다. 입장 전 순서를 기다리면서 대기실에 비치된 생수로 목을 자주 축이도록 한다. 회의 도중 긴장하면 입안이 마를 수 있고, 회의실 내에 별도로 생수와 컵을 준비해 두고 있으나, 회의장 안에서 생수를 따라 마실 수 있는 시간을 내기 쉽지 않다.

④ 안내에 따라 회의장에 입장하면 앉을 자리를 안내해 준다. 단정한 자세로 입장하여 착석하고 회의개최를 기다린다. 청구주장 설명과 질문에 대한 응답은 대부분 대리인을 통해 이루어지지만 위원이 청구인에게 직접 질문할 수도 있다.

⑤ 위원장 또는 주심이 참석한 사람의 인적사항을 구술하라고 지시하면, 미소 지으며 정중하게 인사한다. 대리인이 먼저 "안녕하십니까. 저는 청구인 ○○○의 대리인 공인

회계사 김○○입니다" 하고 먼저 말하고, 이어서 청구인이 "안녕하십니까. 저는 청구인(또는 청구법인 회계팀장) 박○○입니다"라고 정확하게 발음하여 말한다. 호감을 주는 인상이 중요하다.

⑥ 위원장이 먼저 청구인 측 대리인에게 통상 "진술할 말이 있으시면 간단하게 말씀하시라"고 요청하면, 대리인은 청구주장 등 진술내용을 간단하면서 일목요연하게 정확한 발음과 적당한 높낮이로 차분하면서 자신감 있는 목소리로 진술한다.
위원장은 회의를 주재하면서 양측의 진술을 충분히 듣지만 보통 하루에 20건이 넘는 사건을 처리해야 하므로 각 사건마다 진술인들이 충분히 만족할 만큼 많은 시간을 할애할 수는 없다. 따라서 사실관계나 주장근거 등을 간결하면서도 정확하게 말하고, 너무 장황하거나 두서없이 말하지 않도록 철저히 준비해야 한다.
진술의 성패는 핵심주장을 얼마나 간결 · 정확하면서도 이해하기 쉽게 전달하는가에 달려 있다고 해도 지나치지 않으므로 대리인의 역량이 매우 중요하다. 진술내용을 종이에 적어 간혹 참고하는 것은 무방하지만 종이에 쓴 것을 그대로 읽는 것은 피해야 한다. 진술이 장황하거나 핵심을 벗어나게 되면 간혹 위원장이 제지하는 경우도 있을 수 있다.

⑦ 진술이 끝나면 위원장을 포함한 내부 · 외부 위원들이 궁금한 사항을 질문한다. 이때 질문의 취지를 순간적으로 잘 파악하여 정확하게 답변하여야 한다. 만약 대리인이 잘 모르는 세부사항인 경우 옆에 앉은 청구인과 잠깐 상의해도 무방하다.
심사위원 중 간혹 공격적인 표현으로 질문하거나 사실관계를 잘못 파악하고 질문하는 경우도 있을 수 있다. 이 경우 공격적 표현에 흥분하는 것은 절대 조심해야 하고, 잘못 이해하고 있는 사실관계는 "그 점은 다시 설명드리겠습니다" 하고 차분하게 다시 설명한다.
사건의 성격에 따라 질문이 많은 것이 좋을 수도 있고 질문이 적은 것이 좋을 수도 있지만, 질문과 답변 과정에서 분위기는 감지할 수 있다.

⑧ 묻지 않은 내용에 대해 추가로 발언할 필요가 있을 때에는 반드시 위원장의 허락을 얻은 후 발언하여야 한다. 특히, 과세관청이 발언하고 있는 중이거나 위원이 질문하고 있는 도중 허락 없이 반박하거나 발언하지 않도록 주의하여야 한다.

⑨ 과세관청 진술인들과 다투지 않도록 주의한다. 회의는 상반되는 입장을 가진 양 당사자가 각자 자기의견의 타당성을 주장하는 자리이므로 상대방의 발언에 민감하게 반응하지 않도록 한다. 대리인은 특히 개인인 청구인이 과세관청 주장에 순간적으로 발

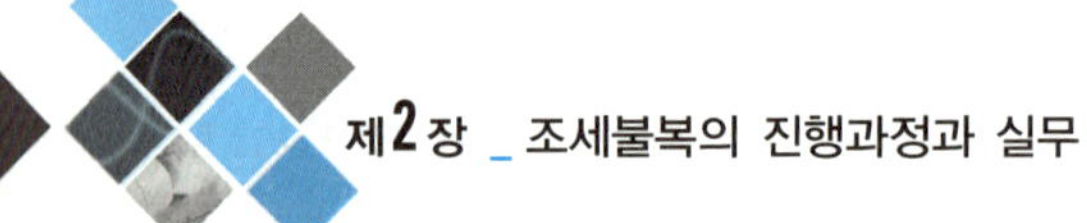

끈하여 진술을 망치지 않도록 사전에 충분히 이해시켜야 한다.

⑩ 마지막으로 청구인이 함께 참석하는 경우 복장도 다툼 내용에 적합하여야 한다. 극단적인 예를 들어, 청구인이 실제 농사를 지었는지의 문제, 즉 자경 여부가 중요한 쟁점으로 부각된 회의에 청구인이 모피코트를 입거나 명품백을 들고 나와 직접 농사를 지었다고 진술하면 아무래도 신뢰도가 떨어질 것이다.

다. 심리자료 사전열람제도

1) 심리자료 사전열람

• 실무에서 사전열람자료는 청구서에 기재한 대리인(대리인을 선임하지 않았으면 청구인)의 이메일로 통지된다.

청구인의 청구이유서와 처분청의 답변서가 모두 취합되면 재결청 담당자는 과세경위·사실관계·쟁점사항·청구인과 처분청의 주장요지·직접 조사하거나 확인한 내용 등이 기재된 사전열람자료를 작성한다.

사전열람자료는 국세심사위원회 또는 조세심판관회의 등이 개최되기 전에 작성된 심리자료로서 심사위원들에게 제출되는데, 재결청에서는 사건의 당사자인 청구인과 처분청에도 사전에 교부·열람토록 하여 사실관계나 각 당사자의 주장을 최종 확인한다. 당사자들은 회의 개최 전에 사전열람자료 기재내용의 오류를 바로 잡을 수 있을 뿐만 아니라 추가로 확보된 증빙 등이 있는 경우 마지막으로 제출할 기회를 가질 수 있다.

조세심판원은 홈페이지에서 사전열람을 신청할 수 있고, 과세관청에서는 동 사전열람자료를 청구인에게 문서로 교부하면서 추가 의견이나 증거를 제출해 줄 것과, 회의에 출석하여 의견진술을 하고자 할 때 회의 5일 전까지 의견진술신청서를 제출해 줄 것을 안내하고 있다.

| 사전열람 및 의견진술 안내 예시 |

서울지방국세청

심리자료 사전열람 및 의견진술 신청 안내

○ 청구인 : 갑을㈜

안녕하십니까? 위 청구인이 2016.8.26. 제기한 이의신청(사건번호 : 2016서0826)과 관련하여 심리자료 사전열람 및 의견진술 신청에 대하여 다음과 같이 알려드립니다.

---

1. 국세불복 청구에 대한 투명하고 공정한 심리·결정을 위하여 해당 사건에 대한 청구인의 주장과 처분청의 주장을 정리한 심리자료를 붙임과 같이 보내드리니, 내용을 검토하여 추가로 제출할 의견이나 증빙자료가 있으시면 2016.9.15.까지 다음의 심리담당에게 제출하여 주시기 바랍니다.

2. 해당 사건에 대한 **국세심사위원회 회의가 2016.9.22. 있을 예정**입니다. 국세심사위원회 회의에 출석하여 의견진술을 하고자 할 때에는 **회의 예정일 5일 전**까지 의견진술 신청서(국세기본법 시행규칙 제26호 서식)를 작성하여 제출하여야 합니다.

* 경미한 사항이나 법령해석 사항은 국세기본법 시행령 제47조 제2항의 규정에 따라 의견진술 대상에서 제외됩니다.

붙임 : 불복청구에 대한 심리자료 1부.

※ 청구인 및 대리인의 전자우편이 확인되지 않아 안내문을 전송으로 통지받은 때에는 처분을 한 세무서(납세자보호실장) 또는 재결청에서 심리자료를 열람하시기 바랍니다.

2016년 9월 12일

서울지방국세청장 관인생략

위 내용과 관련하여 문의사항이 있을 때에는 담당자에게 연락하시면 친절하게 상담해 드리겠습니다.

심리담당자 : 서울청 납세자보호담당관실 심사1계 박○○

(전화 : 02-397-24○○, 전송 : 0503-110-11○○, 전자우편 : abc@nts.go.kr)

2) 사전열람자료의 구성

사전열람자료에는 통상 ㈎ 처분개요, ㈏ 청구(법)인 주장, ㈐ 처분청 의견, ㈑ 조사내용 등이 기재된다.

재결청의 담당자는 청구인과 과세관청에 사전열람토록 한 자료를 기초로 사건조사서를 작성하고, 국세심사위원회 위원이나 조세심판관회의 위원들은 사건조사서에 기재된 내용을 기초로 심의하기 때문에 사전열람자료를 수정할 필요가 있는 경우 사건조사서 작성이 완료되어 위원들에게 배포되기 전에 수정하여야 한다.

가) 처분개요

처분개요에는 청구인의 사업내용 등 대략적인 설명과 함께 과세에 이르게 된 경위와 이러한 과세처분에 불복하여 불복청구를 제기한 날짜 등이 기재된다.

나) 청구인 주장

청구인 주장에는 불복청구인이 제출한 청구이유서의 청구주장이 기재되는데, 청구주장이 방대하여 전부를 기재하기 힘든 경우 주장의 요지만 기재될 수 있다.

따라서 대리인은 사전열람자료에 누락된 주장은 없는지 또는 기재되었더라도 당초 주장의 취지와 다르게 기재된 것은 없는지, 추가로 제출할 증빙이 있는지 등을 면밀히 검토하여 필요한 경우 수정을 요구할 필요가 있다. 사전열람자료에 기재된 내용은 그대로 사건조사서에 반영되어 국세심사위원회 등 위원들에게 전달되고, 위원들은 여기에 기재된 내용을 토대로 심의하기 때문이다.

한편, 사전열람자료는 모두 재결청 담당자가 별도로 문서화작업을 거쳐 작성하는 것이기 때문에 시간과 수고가 많이 소요된다. 따라서 대리인은 청구 후 사전열람자료 작성 전에 재결청 담당자와 협의하여 담당자가 필요하다면 당초 작성했던 청구이유서 파일을 제공하여도 무방하다.

다) 처분청 의견

청구인 의견을 반박하는 과세관청의 의견이 기재되는 부분으로서 당연히 청구인 주장과는 반대되는 내용이고, 청구인에게 불리한 예규나 판례 등도 기재되어 있다. 따라서 대리인은 처분청 의견을 면밀하게 검토하여 그 의견의 부당성과 위법성이 있다면 당연히 이를 반박하여야 한다.

실무상 특히, 과세전적부심사청구나 이의신청 등의 경우 결정기간이 매우 짧아 사전열람자료의 내용 수정이 정해진 일정에서 결코 쉽지 않다. 따라서 대리인은 사전열람자료를 수령하는 즉시 이를 검토하여야 하고 가능한 빠른 시간 내에 반박의견을 정리하여 재결청 담당자에게 제출함으로써 수정된 의견이 사건조사서에 반영될 수 있도록 노력하여야 한다.

라) 조사내용

조사내용에는 과세쟁점, 관련 법령, 예규, 판례 및 사실관계 등이 기재된다. 대리인은 사실관계가 사실과 다르게 기재된 것이 없는지 검토하여야 한다.

사건조사서가 작성되기 전에 사전열람에 대한 의견을 제출하면 사건조사서에는 사전열람 후 의견으로 별도 기재된다.

6 결정

가. 결정기간

- 국세청 심사청구 · 심판청구 → 90일 이내
- 이의신청 · 과세전적부심사 → 30일 이내
- 감사원 심사청구 → 3개월 이내

국세청 심사청구와 심판청구에 대한 결정은 그 청구를 받은 날부터 90일 이내에 하여야 하며(국기법 §65 ②, §81), 이의신청과 과세전적부심사청구는 청구일로부터 30일 이내에 결정하여야 한다(국기법 §66 ⑥, §81의15 ③). 감사원 심사청구는 특별한 사유가 없으면 그 청구를 접수한 날부터 3개월 이내에 하여야 한다(감사원법 §46 ③).

| 불복절차별 청구기간과 결정기간 |

불복절차	청구기간	결정기간
과세전적부심사청구	30일	30일
이의신청	90일	30일
국세청 심사청구	90일	90일
심판청구	90일	90일
감사원 심사청구	90일(180일)	3개월

불복청구에서 재결청은 가능한 결정기간 내에 결정하기 위해 노력한다. 특히 납세자에게 가산세가 계속 부과되고 있는 과세전적부심사의 경우 결정이 늦어질수록 가산세 부담이 가중되므로, 납세자의 경제적 부담을 덜기 위해 불복세액 3천만 원 미만인 소액사건은 가능하면 20일 이내에 결정한다.

불복청구에 대한 결정이 위 결정기간 내에 반드시 결정되는 것은 아니다. 재결청은 제한된 인력으로 수많은 청구사건을 다루어야 하므로 결정기간 내에 결정되지 않는 경우가 많은데, 현재 처리일수에 관한 통계자료가 유일하게 공개되는 심판청구의 지난 2년간 평균처리일수는 다음과 같다.

2015년의 경우 국세에 관한 심판청구의 평균처리일수는 국세기본법에 정해진 90일을 넘어 179일에 달하며, 관세의 경우는 232일에 이른다.

| 조세심판청구 처리기간 |

연도	구분	60일 이내		61일 ~ 90일		91일 ~ 180일		180일 초과		평균 처리 일수
		건수	비율	건수	비율	건수	비율	건수	비율	
2015년	내국세	465	7.8	1,274	21.2	2,315	38.6	1,945	32.4	179
	관세	3	1.5	9	4.6	53	27.0	131	66.8	232
	지방세	274	13.8	511	25.8	567	28.6	630	31.8	157
2014년	내국세	581	9.3	1,048	16.8	2,134	34.2	2,483	39.8	194
	관세	3	0.7	91	22.4	155	38.1	158	38.8	170
	지방세	36	1.7	806	38.4	596	28.4	659	31.4	161
	지방세	36	1.7	806	38.4	596	28.4	659	31.4	

1) 처리기간은 심판청구서를 제출한 날부터 조세심판원에서 결정문을 발송하는 날까지를 의미
2) 출처 : 2015 조세심판 통계연보

결정기간을 계산할 때 보정요구에 의한 보정기간과 국조법에 따른 상호합의절차 기간은 결정기간에 산입하지 않으며(국기법 §65 ④, §55의2), 심사청구나 심판청구에 대해 결정기간 내에 결정이 없는 경우 청구인은 결정을 기다리지 않고 다음 심급인 행정소송을 제기할 수 있다(국기법 §56 ③).

나. 결정절차

1) 과세전적부심사 · 이의신청 · 국세청 심사청구

국세심사위원회의 심의를 거쳐 재결청장이 결정한다. 다만, 다음의 경우와 같이 경미한 사안은 국세심사위원회의 심의를 거치지 않는다(국기법 §64 ①, §66 ⑥, §81의15 ③ · ⑤, 국기령 §53 ⑬, 국기칙 §23의2 ①).

① 청구금액이 3천만 원 미만으로서 사실판단과 관련된 사항이거나 유사한 청구에 대하여 국세심사위원회의 심의를 거쳐 결정된 사례가 있는 경우
② 청구기간이 지난 후에 청구되었거나 보정기간에 필요한 보정을 하지 아니하는 등 각하결정사유에 해당하는 경우

그러나 위 3천만 원 미만 사건으로서 사실판단과 관련된 사항이거나 유사한 청구에 대하여 국세심사위원회의 심의를 거쳐 결정된 사례가 있는 경우라 하더라도 다음의 경우에는 다시 국세심사위원회의 심의를 거쳐 결정하여야 한다(국기칙 §23의2 ②).

① 국세심사위원회의 결정사항과 배치되는 새로운 조세심판, 법원 판결 또는 기획재정부장관의 세법해석 등이 있는 경우
② 국세심사위원회의 위원장이 국세심사위원회의 심의를 거쳐 결정할 필요가 있다고 인정하는 경우

국세심사위원회의 회의는 공개하지 않는 것이 원칙이지만, 국세심사위원회 위원장이 필요하다고 인정할 때에는 공개할 수 있다(국기법 §64 ②).

2) 심판청구

심판청구는 조세심판관회의가 심리를 거쳐 결정한다. 다만, 심판청구의 대상이 다음과 같이 일정한 금액에 미치지 못하는 소액으로서 청구사항이 경미한 경우나 청구기간이 지난

후에 심판청구를 받은 경우에는 조세심판관회의의 심리를 거치지 아니하고 주심조세심판관이 심리하여 결정할 수 있다(국기법 §78 ①, 국기령 §62). 내국세의 경우 소액전담 심판부가, 지방세의 경우 소액전담자가 이를 처리한다.

① 심판청구금액이 3천만 원(지방세는 1천만 원) 미만인 것으로 청구사항이 법령의 해석에 관한 것이 아닌 것이거나, 청구사항이 법령의 해석에 관한 것이더라도 유사한 청구에 대하여 이미 조세심판관회의의 의결에 따라 결정된 사례가 있는 경우
② 심판청구가 과세표준 또는 세액의 결정에 관한 것 외의 것으로서 유사한 청구에 대하여 이미 조세심판관회의의 의결에 따라 결정된 사례가 있는 경우

한편, 다음의 경우에 해당하면 조세심판관합동회의의 심리를 거쳐 결정한다(국기법 §78 ②, 국기령 §62의2 ①).

① 조세심판관회의에서 종전에 조세심판원에서 한 세법의 해석·적용을 변경하는 의결을 한 경우
② 조세심판관회의 간에 결정의 일관성을 유지하기 위하여 조세심판원장이 조세심판관합동회의에서 심리·결정하는 것이 필요하다고 인정하는 경우
③ 해당 심판청구사건에 대한 결정이 국세행정에 중대한 영향을 미칠 것으로 예상되어 조세심판원장이 조세심판관합동회의에서 심리·결정하는 것이 필요하다고 인정하는 경우
④ 그 밖에 조세심판원장이 조세심판관합동회의에서 심리·결정하는 것이 필요하다고 인정하는 경우

국세심사위원회와 마찬가지로 조세심판관회의도 공개하지 않는 것이 원칙이지만, 조세심판관회의 의장이 필요하다고 인정할 때에는 공개할 수 있다(국기법 §72 ④).

3) 감사원 심사청구

감사위원회의 결의에 따라 결정한다(감사원법 §12 ①). 감사원 심사청구는 심사청구서와 그 밖에 관계기관이 제출한 문서에 의하여 심리한다. 다만, 감사원은 필요하다고 인정하면 심사청구자나 관계자에 대하여 자료의 제출 또는 의견의 진술을 요구하거나 필요한 조사를 할 수 있다(감사원법 §45).

감사원은 청구인이 주장하는 사항에 대해서 심리하는 것이 원칙이지만, 필요하다고 인정할 때에는 청구인이 주장하지 아니한 사실에 대하여도 심리할 수 있다(감사원심사규칙 §12 ①).

다. 결정의 종류

국세기본법상 결정의 종류는 각하・인용・기각의 3종류가 있지만(국기법 §65 ①, 66 ⑥, §81), 실무에서는 재조사결정도 존재한다.

한편, 과세전적부심사청구의 경우 인용의 의미로 채택, 기각의 의미로 불채택이라는 용어를 사용하며, 각하・채택・일부채택・불채택・재조사 등 결정을 할 수 있도록 규정하고 있다(국기법 §81의15 ④).

1) 각하

요건심리 결과 불복청구의 형식적 요건을 제대로 갖추지 못하여 청구인의 주장이유 등 청구내용을 심리하는 본안심리도 하지 않고 청구 자체를 배척하는 결정을 말한다.

2) 기각

불복청구의 대상이 된 과세관청의 행위가 적법하여 청구주장이 이유 없다고 인정될 때 청구인의 주장을 받아들이지 않고 청구의 대상이 된 처분을 그대로 유지시키는 것을 말한다. 국세불복에 관한 실무와 소송 등에서는 국가가 이겼다는 의미로 「국승」이라는 표현을 사용하기도 한다.

3) 인용

청구인의 청구주장을 심리한 결과 청주주장이 타당하여 과세관청의 처분이나 부작위에 대해 위법 내지 부당성이 인정되어, 처분이 있었다면 불복청구의 대상이 된 처분을 취소 또는 경정하고, 과세관청의 부작위로 필요한 처분을 받지 못한 것이 인정되면 필요한 처분을 결정한다. 청구주장이 전부 이유 있을 때에는 전부취소 결정을 하고, 일부 이유 있을 때에는 일부취소 또는 경정결정을 한다.

즉, 인용에는 처분의 취소・처분의 경정・필요한 처분 3가지 종류가 있으며, 국세에 관하여는 국가가 졌다는 의미로 「국패」라는 용어를 사용하기도 한다.

4) 재조사

본안심리 결과 과세관청의 처분에 대한 적법성이 의심되거나 과세자료 및 사실관계 등에 대한 조사가 미흡한 경우, 과세관청으로 하여금 결정서에서 지적한 부분을 재조사하여 그에 따라 경정결정을 하라는 취지의 결정이다.

재조사는 결정서에서 재조사할 부분을 명확하게 기재하며, 재조사의 범위는 결정서 주문과 이유에 기재된 부분으로 한정된다(국세심사사무처리규정 §32 ③, §63 ③). 재조사결정된 업무를 처리한 세무공무원은 재조사를 담당할 수 없다(국세심사사무처리규정 §32 ④, §63 ④).

재조사 범위를 적시하고 있는 결정문 사례를 보면 다음과 같다.

사례 1 **조심 2013서3061, 2014.3.5.**

청구법인이 우리 원에 제출한 국외특수관계자와의 차입거래 내역에 의하면 지급보증 용역을 제공받아 차입한 경우와 무보증으로 차입한 경우의 이자율 차이가 -0.17 ~ 0.4%인 것으로 나타나므로 위 차입거래의 차입조건 및 이자율 약정경위 등에 대하여 재조사한 후, 그 결과에 따라 이 건 법인세의 과세표준 및 세액을 경정함이 타당하다.

사례 2 **심사법인 2009-0028, 2009.6.30.**

㈜○○에 대한 ○○세무서장의 조사복명서상 청구법인 관련 내용에 의하면 쟁점거래액 100백만 원이 청구법인·㈜○○·㈜△△·㈜◇◇ 간의 자전거래 혐의가 있는 것으로 기재되어 있으며, 동 거래대금이 ㈜○○으로부터 청구법인에게 2002.3.6. 입금된 후 동일자에 ㈜○○으로 송금되는 사실 등으로 보아 쟁점매출액 100백만 원이 가공매출이라는 청구주장에 상당한 이유가 있음에도 처분청의 당초처분에는 이런 사실에 대한 확인이 전혀 없으므로 재조사결정하는 것이 타당하다고 판단된다.

과거에는 재조사 후 처분된 결정에 대해 다시 동일 심급의 불복을 청구할 수 있었지만, 2014.12.23. 국세기본법 개정에 따라 2015.1.1. 이후 청구분부터는 재조사결정에 따른 후속처분은 다시 동일 심급의 불복을 청구할 수 없다(국기법 §55 ⑤ 1.).

이는 동일 심급의 불복청구가 불가능하다는 것이므로 가령 이의신청에서 재조사결정을 받고 재조사 후 처분된 경우 다시 이의신청을 제기하는 것은 불가능하지만 국세청 심사청구나 심판청구는 제기할 수 있으며, 심판청구 재조사결정 후 후속처분에 대해서도 심판청구는 제기할 수 없지만 행정소송 제기는 가능하다.

5) 재상정

개최된 국세심사위원회 등에서 인용 또는 기각 등의 결정을 내리지 않고, 좀 더 숙고하거나 새로운 사실관계 등을 재검토할 목적으로 결정을 연기하는 것이다.

국세심사위원회의 의결내용이 다음 각 호의 어느 하나에 해당하는 경우 국세심사사무처리규정 별지 제19호 서식인 재상정검토서에 따라 검토한 후 반드시 필요한 경우에 한하여 재상정할 수 있다(국세심사사무처리규정 §28 ⑤).

① 새로운 과세유형 등 국세행정에 중대한 영향을 미칠 것으로 예상되는 경우 ② 법령이나 종전의 법령해석 등에 배치되는 경우 ③ 사실관계 미비, 새로운 사실관계 확인 등으로 재검토가 필요한 경우

이와 유사하게 조세심판관회의에서도 당해 회의에서 인용 또는 기각 등의 결정을 내리지 않고 다음 회의에서 다시 한 번 심의하도록 하는 결정을 내리기도 한다. 실무에서는 통상 「보류」결정이라고도 한다.

라. 결정의 원칙

1) 불고불리(不告不理)의 원칙(Nemo iudex sine actore)

고하지 않은[不告] 사안에 대하여는 심리하지 않는다[不理]는 의미로서, 조세심판관회의 또는 조세심판관합동회의는 심판청구를 한 처분 외의 처분에 대해서는 그 처분의 전부 또는 일부를 취소 또는 변경하거나 새로운 처분의 결정을 하지 못한다(국기법 §79 ①). 이는 조세심판원장의 재결의 범위를 심판청구의 대상이 된 처분에 한정하는 규정이다.

국세기본법에서는 심판청구에 대해서만 불고불리의 원칙을 규정하고 있다. 이의신청 및 국세청 심사청구 등 과세관청이 재결청인 불복청구에 대해서는 명문규정이 존재하지 않지만 당연히 인정되어야 할 원칙으로 생각된다.

다만, 과세전적부심사의 경우에는 불고불리의 원칙이 적용되지 않는다는 감사원 심사청구 사례(감심 2013-115, 2013.7.25.)가 있어 다음에 간단히 소개한다.

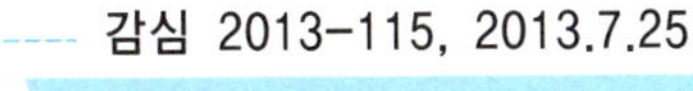
감심 2013-115, 2013.7.25.

원처분의 요지는 다음과 같다.

㈎ 청구인은 2005 사업연도 법인세 과세표준 및 세액신고를 함에 있어 청구 외 주식회사 ◎◎종합건설과의 거래에 대해 대금 지급이 이루어지지 않았다는 이유로 매출누락하였다가 2011.6.15. 이에 대해 수정신고하였다.

(나) 처분청은 대금 수령이 이루어지지 않은 매출누락분은 유보처분하고, 매출누락 대응 인건비 289,420,000원(이하 "이 사건 인건비") 중 127,380,000원은 손금으로 인정하고, 나머지 금액 162,040,000원은 대표자 상여처분하여 2011.10.4. 법인세 72,201,000원을 경정고지하였다.

(다) 청구인이 위 상여처분에 대하여 불복하여 과세전적부심사를 청구하자 처분청은 이 사건 인건비 내역을 재검토한 뒤, 2005년 당시 결산 재무제표에 반영된 인건비 내역에 수정신고 인건비 내역이 포함되지 않았음을 확인할 수 없다는 등의 사유를 들어 인건비 전액을 부인하고 2012.3.12. 법인세 59,202,840원을 추가고지(이하 "이 사건 부과처분")하였다.

청구인은 과세전적부심사 청구 시 소외의 과세처분으로 납세자를 불리하게 한 것은 불고불리의 원칙 및 신의성실의 원칙에 위배된 것이므로 이 사건 부과처분은 부당하다고 주장하므로 이 건의 다툼은 이 사건 부과처분이 불고불리의 원칙 및 신의성실의 원칙에 반하는지 여부이다.

이 사건 부과처분이 불고불리원칙 및 신의성실의 원칙에 위배되어 위법하다는 주장에 대해 검토하면, 국세기본법 §79 ①에서는 조세심판관회의 또는 조세심판관합동회의는 심판결정을 할 때 심판청구를 한 처분 외의 처분에 대해서는 그 처분의 전부 또는 일부를 취소 또는 변경하거나 새로운 처분의 결정을 하지 못한다고 규정하여 심판청구에 관하여 불고불리원칙을 명문화하고 있다.

그러나 과세전적부심의 대상이 되는 과세예고통지는 과세처분이라고 볼 수 없고, 과세전적부심은 과세처분 이후의 사후적 구제제도와는 별도로 과세처분 이전의 단계에서 납세자의 주장을 반영함으로써 권리구제의 실효성을 높이기 위하여 마련된 사전적 구제제도로서 불고불리원칙이 적용[17]되는 국세기본법상 심판청구, 심사청구 및 이의신청과 성질을 달리한다고 보아야 하므로 국세기본법 §81의15 규정에 의하여 과세전적부심사를 할 경우 불고불리의 원칙이 적용된다고 보아야 할 법적 근거가 없다.

또한 처분청은 법인세법 §66 ④ 규정에 따라 국세부과 제척기간 내에 법인세의 신고내용에 오류 또는 탈루가 있는 것을 발견한 때에는 새로운 부과처분을 할 수 있는 것이고, 처분청이 청구인의 신뢰의 대상이 되는 견해표명을 하고 이에 반하는 행위를 하였다는 사실을 인정할 아무런 자료가 없으므로[18] 이 사건 부과처분이 신의성실의 원칙에 위배된다는 주장도 인정하기 어렵다. 따라서 이 사건 부과처분이 불고불리의 원칙 및 신의성실의 원칙에 위배되어 위법하다는 청구인의 주장은 이유 없다.

---

17) 대법원 2007.11.16. 선고, 2005두10675 판결

18) 과세관청의 행위에 대하여 신의성실의 원칙이 적용되기 위해서는, 과세관청이 납세자에게 신뢰의 대상이 되는 공적인 견해표명을 하여야 하고, 납세자가 관세관청의 견해표명이 정당하다고 신뢰한 데 대하여 납세자에게 귀책사유가 없어야 하며, 납세자가 그 견해표명을 신뢰하고, 이에 따라 무엇인가 행위를 하여야 하고, 과세관청이 견해표명에 반하는 처분을 함으로써 납세자의 이익이 침해되는 결과가 초래되어야 함(대법원 2004.2.13. 선고, 2002두12144 판결 참조).

2) 불이익변경금지의 원칙(Verbot der reformatio in peius)

국세기본법은 심판청구에 대하여 심판청구를 한 처분보다 청구인에게 불리한 결정을 하지 못한다는 불이익변경금지의 원칙을 규정하고 있다(국기법 §79 ②).

불고불리의 원칙과 마찬가지로 국세청 심사청구 등에 대해서는 명문규정이 없으나, 국세심사사무처리규정에서는 불이익변경금지의 원칙을 규정하고 있으므로(국세심사사무처리규정 §3), 국세청 심사청구 등에서도 당연히 적용되어야 할 원칙이다.

이의신청 또는 국세청 심사청구에 있어서는 청구인이 주장하지 않은 내용에 대하여도 불이익한 변경이 아닌 한도 내에서 심리・결정할 수 있고, 동일한 처분내용에 대한 불복청구인 경우 이의신청 과정에서 주장하지 않은 불복의 이유를 추가하여 국세청 심사청구를 하였을 경우에도 그 추가이유를 심리하여야 한다(국기통 55-0…12).

대법원도 법인세 부과처분의 취소심판에서 조세심판원의 결정에 따른 결과 과세표준이 증가하게 된 경우, 그 결정은 국세기본법의 불이익변경금지원칙에 위배되어 당연무효이고, 이에 따른 과세관청의 증액경정처분 중 당초처분 액수를 초과하는 부분 역시 당연무효라고 한다(대법원 2004.12.9. 선고, 2003두278 판결).

그러나 불이익변경금지는 심사결정의 주문 내용이 심사청구대상인 과세처분보다 청구인에게 불이익한 경우에 적용되고, 과세관청이 심사결정의 이유에서 밝혀진 내용에 근거하여 탈루・오류가 있는 과세표준이나 세액을 경정결정하는 경우에는 적용되지 않는다(대법원 2007.11.16. 선고, 2005두10675 판결).

즉, 불이익변경금지의 원칙은 불복청구를 한 처분보다 청구인에게 불리한 결정을 하지 못한다는 것일 뿐이며, 불복과정에서 과세관청이 새로 알게 된 정보에 의해 과세요건 사실의 존재를 확인한 경우에는 국세부과의 제척기간이 도과하지 않은 범위 내에서 새로운 처분을 할 수 있다. 이에 대한 대법원 판례(대법원 1992.7.14. 선고, 92누893 판결 ; 1983.7.12. 선고, 82누134 판결)가 있어 다음에 간단히 소개한다.

대법원 1992.7.14. 선고, 92누893 판결 ; 1983.7.12. 선고, 82누134 판결

조세심판원장이 과세처분에 불복하는 심판청구를 기각하였다고 하여도 그 후에도 위 심판결정이유에서 판단된 내용에 의하여 또는 그 밖의 사유로 과세표준과 세액에 탈루 또는 오류가 있는 것이 발견된 때에는 과세권이 소멸시효에 걸리지 않는 한 과세관청은 언제든지 이를 경정결정할 수 있다 할 것이며, 이 경정결정된 과세처분에 의한 과세액이 조세심판원장의 심판청구 기각결정에 의하여 유지된 당초의 과세처분의 과세액보다 많다 하여 이를 가리켜 국세기본법 §80에서 규정한 국세심판결정이 가지는 관계행정청을 기속하는 효력에 어긋나는 처분이라고 할 수 없다. 같은 취지의 원심판단은 정당하고 거기에 소론이 주장하는 바와 같은 법리오해나 이유불비의 위법이 없으며 소론이 주장하는 같은 법 §79 ②에서 규정한 불이익변경금지의 원칙이란 국세심판결정에 있어 당초의 과세관청의 처분보다 청구인에게 불리한 결정을 할 수 없다는 것이고 과세관청의 과세처분에는 이 법조항이 적용될 여지가 없으므로 이 점에 관한 원심의 판단유탈은 판결에 영향을 미친 바가 없다.

과세관청은 조세불복과정에서 드러난 새로운 사실이나 계산상의 착오를 바로잡아 과세처분을 하는 것이 조세법률주의에 충실하게 되는 것이다. 이에 따라 세액탈루가 있는 경우 과세관청은 과세권이 존속하는 한 과세처분을 할 수 있다. 이와 같이 과세처분을 변경하는 것은 위 판례에서 보는 바와 같이 국세기본법 §80에서 규정한 조세심판결정이 가지는 관계행정청을 기속하는 효력에 어긋나는 처분이라고 할 수 없다. 이러한 것은 조세불복과정에서 드러나거나 그 밖의 사유로 새로운 사실이나 오류를 바로잡아 과세처분을 하는 것은 조세평등의 원칙에도 부합한다.[19)]

소득금액 추계조사결정에 불복한 데 대하여 이를 인용하는 재결에 따라 당초처분을 취소하고 실지조사한 경우 다시 결정한 과세표준이 추계결정 과세표준보다 많다 하더라도 이는 불이익변경금지의 원칙에 반하는 것으로 보지 않으며(국기통 79-0…1), 재조사결정에 따라 조사하면서 당초처분청의 결정에 오류가 있어 이를 경정하는 것도 불이익변경 금지의 원칙에 반한다고 할 수 없다(대법원 2010.1.22. 선고, 2009두21857 판결 ; 조심 2013중1439, 2013.11.5. ; 조심 2013부3890, 2014.1.20.).

마. 결정의 효력

1) 불가쟁력(不可爭力)

행정심판의 성격을 가진 조세불복절차에 있어 청구기간이 경과하면 과세처분의 효력을 불복절차에 의하여 더 이상 다툴 수 없다[不可爭]는 것으로서 형식적 확정력이라 한다.

불복청구의 결정에 대하여 청구기간 내에 다음 심급의 조세불복을 청구하지 않거나, 제소기간 내에 행정소송을 제기하지 않으면 당해 결정은 확정되어, 그 결정이 당연무효가 아닌 이상 그 효력을 다툴 수 없게 된다.

19) 「행정심판법상 불이익변경금지 원칙에 관하여」(2007.3.) 황해봉(법제처 행정법제국 법제관) 논문에서 발췌

당초처분에 대하여 불가쟁력이 발생하기 위해서는 그 불복기간이나 경정청구기간이 모두 경과되었어야 한다. 따라서 과세표준 신고서를 법정신고기한 내에 제출한 납세자가 그 후 이루어진 과세관청의 결정이나 경정으로 인한 처분에 대하여 소정의 불복기간 내에 다투지 아니하였더라도 경정청구기간이 경과하지 않았다면 당초 신고한 과세표준과 세액에 대한 경정청구권을 행사할 수 있다는 것이다(대법원 2014.6.26. 선고, 2012두12822 판결).

그러나 행정처분이나 행정심판 재결이 불복기간의 경과로 인하여 확정되어 법률상 불가쟁력이 생겼다고 하더라도, 그 확정력은 그 처분으로 인하여 법률상 이익을 침해받은 자가 당해 처분이나 재결의 효력을 더 이상 다툴 수 없다는 의미일 뿐, 더 나아가 판결에 있어서와 같은 기판력이 인정되는 것은 아니어서 그 처분의 기초가 된 사실관계나 법률적 판단이 확정되고 당사자들이나 법원이 이에 기속되어 모순되는 주장이나 판단을 할 수 없게 되는 것은 아니다(대법원 1993.4.13. 선고, 92누17181 판결 ; 2004.7.8. 선고, 2002두11288 판결).

2) 불가변력(不可變力)

불가변력이란 일단 불복청구에 대한 결정이 있었으면 설사 그러한 결정에 어떤 하자가 있다고 하더라도 재결청 자신이 이를 취소하거나 변경할 수 없다[不可變]는 것으로서 조세불복에 대한 결정이 재결청을 기속하는 효력을 말하며 실질적 확정력이라 한다.

그러나 과세처분에 대한 쟁송이 진행 중에 과세관청이 그 과세처분의 납부고지 절차상의 하자를 발견한 경우에는 위 과세처분을 취소하고 절차상의 하자를 보완하여 다시 동일한 내용의 과세처분을 할 수 있고, 이와 같은 새로운 처분은 행정행위의 불가쟁력이나 불가변력에 저촉되지 않는다(대법원 1984.10.23. 선고, 84누406 판결 ; 1986.10.14. 선고, 85누910 판결 ; 2005.11.25. 선고, 2004두3656 판결).

과세처분의 증액경정이 있는 경우에는 선행 과세처분은 경정처분의 일부로 흡수되어 독립한 존재가치를 상실하여 소멸하고, 따라서 선행의 과세처분이 불복기간의 경과나 전심절차의 종결로 이미 확정된 뒤에 증액결정을 하였다고 하더라도 선행의 과세처분이 독립한 존재가치를 상실하여 소멸한 이상 그 확정에 의하여 발생된 불가쟁력이나 불가변력을 인정할 여지가 없게 되어 경정처분에 대한 소송절차에서 당사자는 이미 확정된 선행처분에 포함된 사항에 대하여도 그 위법 여부를 다툴 수 있다(대법원 1988.2.9. 선고, 86누617 판결 ; 1990.4.10. 선고, 90누219 판결).

3) 기속력(羈束力)

기속력이란 단어의 뜻 그대로 불복청구에 대한 결정이 과세관청을 재갈로 잡아맨다[羈束]는 것이며, 기판력이라고도 한다. 즉, 심판청구의 결정은 관계 행정청인 과세관청을 기속하므로, 심판청구에 대한 결정이 있으면 해당 행정청은 결정의 취지에 따라 즉시 필요한 처분을 하여야 하며(국기법 §80), 해당 행정청은 청구를 인용하는 재결청의 결정에 어긋나는 처분을 할 수 없다(국기통 80-0…1).

그러나 과세처분을 취소하는 확정판결의 기속력은 확정판결에 나온 위법사유에 대하여만 미치므로 과세처분권자가 확정판결에 나온 위법사유를 보완하여 한 새로운 과세처분은 확정판결에 의하여 취소된 종전의 과세처분과는 별개의 처분으로서 확정판결의 기속력에 저촉되지 않는다.

대법원이 이런 이유로 새로운 처분이 종전 확정판결의 기속력에 저촉되지 않는다고 판단한 사례는 다음과 같다.

사례 1 **대법원 2002.7.23. 선고, 2000두6237 판결**

과세대상 소득이 부동산임대소득이 아니라 이자소득이라는 이유로 종합소득세 등 부과처분이 확정판결에 의하여 전부 취소된 후, 과세관청이 그 소득을 이자소득으로 보고 종전 처분의 부과세액을 한도로 하여 다시 종합소득세 등 부과처분을 한 경우

사례 2 **대법원 2002.5.31. 선고, 2000두4408 판결**

토지의 양도가 특수관계자 사이의 저가양도임은 별론으로 하고 무상양도는 아니라는 이유로 증여세 부과처분이 확정판결에 의하여 전부 취소된 후, 과세관청이 위 토지의 양도가 특수관계자 사이의 저가양도에 해당한다는 이유로 다시 증여세 부과처분을 한 경우

사례 3 **대법원 2001.9.14. 선고, 99두3324 판결**

조세심판원이 소득처분에 따른 의제소득에 대한 갑종근로소득세 원천징수처분을 위헌으로 결정된 구 법인세법(1994.12.22. 법률 제4804호로 개정되기 전의 것) §32 ⑤에 근거한 것이라는 이유로 과세처분을 취소하자 과세관청이 현실귀속 소득 등으로 보고 다시 갑종근로소득세 원천징수처분을 한 경우

국세기본법상 기속력에 관해서는 심판청구의 경우에만 명문규정을 두고 있다. 이런 이유로 때론 과세관청이 이의신청의 기속력을 인정할 수 없다고 주장하기도 하지만 대법원 판례의 전체적인 맥락에서 볼 때 심사청구 또는 이의신청의 경우에도 적용되어야 할 것이다(대법원 2010.6.24. 선고, 2007두18161 판결).

바. 결정의 후속조치

1) 취소결정 등

조세불복의 대상이 된 처분을 '취소' 또는 '경정'한다는 결정이 있는 경우 처분청은 결정서의 주문 취지에 따라 결정서를 받은 날부터 14일 이내에 취소·경정 등 필요한 처분을 하고, 변경된 처분의 결과를 '심판청구(심사청구·이의신청) 결정에 따른 처리결과 통지'에 의하여 신청인에게 통지하여야 한다(국세심판사무처리규정 §26 ①·②, 국세심사사무처리규정 §31 ①·②, 33 ①, 62 ①).

이의신청 및 심사청구의 대상이 된 처분이 지방국세청장이나 사업장 관할세무서장 등이 조사·결정 또는 처분하였거나 하였어야 할 것인 경우, 그 결정통지를 받은 납세지 관할세무서장은 즉시 이의신청 또는 심사청구결정서 사본과 취소·경정 또는 필요한 처분을 위해 필요한 사항을 3일 이내에 지방국세청장이나 사업장 관할세무서장 등에게 통보하고, 통보를 받은 지방국세청장이나 사업장 관할세무서장 등은 통보받은 날부터 7일 이내에 결정에 따른 취소·경정 또는 필요한 처분을 하여야 한다(국세심사사무처리규정 §33 ②·③, §62 ②·③).

심판청구의 대상이 된 처분을 지방국세청장이 조사·결정 또는 처리하거나 하였어야 할 경우에 처분청은 심판결정서 사본을 지방국세청의 해당 담당과장에게 송부하고, 해당 담당과장은 이를 통보받은 날부터 7일 이내에 심판결정에 따라 결정(경정)결의서를 작성하여 처분청에 회보하여야 한다(국세심판사무처리규정 §26 ③).

심판청구에서 사업장 관할세무서장의 조사·결정사항이 인용결정된 경우에 처분청은 심판결정서 사본과 취소 또는 경정에 필요한 사항을 즉시 사업장 관할세무서장에게 통보하며, 통보를 받은 사업장 관할세무서장은 통보를 받은 날부터 7일 이내에 심판결정에 따라 필요한 처분을 하고, 그 결정(경정)결의서 및 조사서 사본 등을 처분청에 회보하여야 한다(국세심판사무처리규정 §26 ④·⑤).

2) 기각결정 등

이의신청절차에서 '각하' 또는 '기각'한다는 결정을 받은 경우 불복청구인은 그 결정서를 수령한 날부터 90일 이내에 심판청구 또는 국세청 심사청구를 제기할 수 있다.

심사청구·심판청구 등 전치절차 불복에서 '각하' 또는 '기각'한다는 결정을 받은 경우 재심을 구하는 심사청구·심판청구 등은 할 수 없고, 결정서를 받은 날부터 90일 이내에 행정법원(행정법원이 설치되어 있지 않은 지역은 지방법원 본원)에 행정소송을 제기할 수 있다.

3) 재조사결정

심사청구의 대상이 된 처분에 대하여 재조사한다는 결정을 한 경우 처분청은 결정통지를 받은 날부터 30일 이내에 재조사를 완료한 후 그 결과에 따라 경정 등 후속처분을 하고, 청구인에게 '심판청구(심사청구·이의신청) 결정에 따른 처리결과통지'에 의해 심사청구 결정에 따른 처리결과를 통지하여야 한다(국세심판사무처리규정 §26 ⑥, 국세심사사무처리규정 §32 ①, 63 ①).

당초 업무처리자는 재조사를 담당할 수 없고(국세심사사무처리규정 §32 ④, 63 ④), 재조사의 범위는 결정서 주문과 이유에 기록된 부분으로 한정된다(국세심판사무처리규정 §26 ⑦, 국세심사사무처리규정 §32 ③, 63 ③). 조사관서가 따로 있는 경우에는 그 조사관서에서 재조사를 담당한다(국세심사사무처리규정 §32 ⑥, 63 ⑥).

조사업무를 담당하지 않는 국세조사관이 재조사와 관련하여 현장확인 등을 실시하였음에도 재조사결정의 목적을 달성할 수 없는 경우에는 즉시 소속 관서장의 결재를 받아 조사업무를 담당하는 과장에게 재조사를 의뢰할 수 있고(국세심사사무처리규정 §32 ① 단서, 63 ① 단서), 재조사 의뢰를 받은 조사과장은 재조사를 실시하여 그 결과에 따라 경정 등 후속처분을 하고, 재조사 의뢰를 받은 날로부터 30일 이내에 심사청구인에게 '심사청구(이의신청) 결정에 따른 처리결과통지'로 심사청구 결정에 따른 처리결과를 통지하여야 한다(국세심사사무처리규정 §32 ②, 63 ②).

'재조사'의 경우 청구인의 청구취지와 다른 결정을 받은 것이므로 그 재조사결정에 이의가 있는 경우에는 재조사결과에 대한 통지를 받은 날부터 90일 이내에 역시 행정소송을 제기할 수 있다.

한편, 기간과세에 있어서 특정 과세기간에 관한 국세 부과처분에 대하여 행정심판 또는 행정소송 등의 결정 또는 판결이 확정된 후 그 결정 또는 판결의 취지에 따른다는 명목으로 위 과세처분과 과세기간을 달리하는 기간에 대하여 새로운 과세처분을 하는 경우, 새로운 처분에 대하여는 국세기본법에서 정한 국세부과권의 제척기간에 대한 특례가 적용되지 않는다(대법원 2012.10.11. 선고, 2012두6636 판결). 동 판례의 판결요지는 다음과 같다.

대법원 2012.10.11. 선고, 2012두6636 판결

① 구 국세기본법(2010.1.1. 법률 제9911호로 개정되기 전의 것) §26의2는 제1항에서 국세부과권의 일반 제척기간에 관하여 규정한 다음, 제2항에서 국세의 부과에 관한 이의신청·심사청구·심판청구, 감사원법에 의한 심사청구 또는 행정소송법에 의한 소송의 제기가 있는 경우에는 제1항의 규정에도 불구하고 그 결정 또는 판결이 확정된 날부터 1년이 경과하기 전까지는 '해당 결정·판결'에 따라 경정결정이나 그 밖에 필요한 처분을 할 수 있다고 규정하고 있다.

위 규정의 당초 입법취지는 국세에 관한 부과처분이 있은 후에 그 처분에 대한 행정심판 또는 행정소송 등의 쟁송절차가 장기간 경과되어 그 결정 또는 판결이 부과제척기간이 지난 후에 확정된 경우에 과세관청이 쟁송절차에서 유리한 결과를 이끌어낸 납세자에 대하여 그 결정이나 판결에 따른 처분조차도 할 수 없게 되는 불합리한 사태가 발생하는 것을 방지하려는 데에 있었던 점, 조세법규의 해석은 특별한 사정이 없는 한 법문대로 해석하고 그 중에서도 예외규정 내지 특례규정은 더욱 엄격한 해석이 요구되는 점, 확정된 결정이나 판결의 기판력이 미치는 범위는 그 쟁송대상이 되었던 과세단위에 제한될 뿐이고 이를 넘어서 별개의 과세단위에 관련된 판단이 이루어졌다고 하더라도 이러한 판단에 기판력이 있다고 할 수 없으며, 따라서 그러한 판단을 경정결정이나 그 밖에 필요한 처분을 할 수 있는 근거가 되는 위 규정상의 '해당 결정·판결'에 해당한다고 할 수 없는 점 등을 종합해 보면,

비록 위 규정을 오로지 납세자를 위한 것이라고 보아 납세자에게 유리한 결정이나 판결을 이행하기 위한 경우에만 적용된다고 볼 수는 없다고 하더라도, 기간과세에 있어서 확정된 결정 또는 판결에서 다투어진 과세처분과 과세기간을 달리하는 기간에 대하여 해당 결정 또는 판결의 취지에 따른다는 명목으로 한 새로운 과세처분에 대해서까지 위 규정에 따른 특례제척기간의 적용을 허용할 수 있는 것은 아니다.

② 과세관청이, 변호사 갑이 의뢰인에게서 착수금 명목으로 받은 변호사 선임료를 2000년에 발생한 사업소득으로 보아 종합소득세 부과처분을 하였다가 갑이 제기한 2000년 귀속 종합소득세 부과처분 취소소송에서 위 금원을 2000년에 발생한 소득으로 볼 수 없다는 이유로 패소하자 2002년에 발생한 사업소득으로 보아 새로이 2002년 귀속 종합소득세 부과처분을 한 사안에서, 새로운 종합소득세 부과처분에 대하여는 국세기본법에서 정한 국세부과 제척기간에 대한 특례가 적용되지 않는다는 이유로, 위 처분은 부과제척기간인 5년이 지난 후에 이루어진 것으로서 위법하다고 본 원심판단은 정당하다.

4) 결정의 경정

잘못된 결정을 다시 바로 잡는다는 뜻이다. 불복청구에 대한 결정에 잘못된 기재·계산 착오·그 밖에 이와 비슷한 잘못이 있는 것이 명백할 때에는 재결청장의 직권으로 또는 불복청구인의 신청에 의하여 경정할 수 있다(국기법 §65의2).

수행청장은 심판결정서에 잘못된 계산이나 기재, 그 밖에 이와 비슷한 잘못이 있음이 분명한 때에는 조세심판원장에게 결정서 정정신청을 하여 그 경정결정에 따라 처리한다(국세심판사무처리규정 §26 ⑨).

7 결정기관

- 심사청구·이의신청·과세전적부심사 등 재결청이 과세관청인 불복절차의 국세심사위원회는 심의기구이며, 결정기관은 재결청장인 세무서장·지방청장·국세청장이다.
- 심판청구·감사원 심사청구는 심판관회의와 감사위원회가 심리도 하고 결정도 한다.

가. 국세심사위원회

1) 설치 근거

세무서·지방국세청·국세청은 이의신청·심사청구·과세전적부심사 청구를 심의하기 위하여 각각 국세심사위원회를 설치하고 있다(국기법 §66의2).

세무서와 지방청 국세심사위원회는 이의신청과 과세전적부심사 청구를 심의하며, 국세청 국세심사위원회는 국세청 심사청구와 과세전적부심사 청구(금액 등 일정한 요건 있음)를 심의한다(국기령 §53 ①).

2) 국세심사위원 풀(Pool) 구성

국세심사위원회는 위원회를 대표하고 위원회 업무를 총괄하는 위원장과 심사위원으로 구성되며, 심사위원은 다시 재결청 소속 국세공무원(실무에서는 흔히 '내부위원'이라 부른다)과 재결청장이 위촉하는 법률 또는 회계에 관한 학식과 경험이 풍부한 임기 2년의 민간위원(실무에서는 흔히 '외부위원'이라 부른다)으로 구분된다(국기령 §53 ③, ⑥).

민간위원은 변호사·공인회계사·세무사·전문대학 이상의 학교에서 법학·경영학·회계학 및 그 밖의 세무 관련학과의 조교수 이상의 직에 재직하였거나 재직하는 사람 또는 경제사회단체나 시민단체의 대표자 및 소속 임직원 등으로서 조세법이나 회계에 관한 학식과 경험이 풍부한 사람 중에서 위촉된다(국기령 §53 ⑦, 국세심사사무처리규정 §34 ②, §36 ②, §65 ②).

국세심사위원회는 국세기본법에서 정한 인원수로 심사위원 풀을 먼저 구성해 놓고, 실제 심사위원회가 개최될 때에는 위원장이 회의 때마다 풀 중에서 지정하여 국세심사위원회를 구성한다(국기령 §53 ②, ④, ⑩).

| 재결청별 심사위원 풀 |

구 분		세무서	지방청	국세청
내부위원	위원장	세무서장	지방청장	국세청 차장
	소속공무원	4명 이내	6명 이내	10명 이내
	소계	5명 이내	7명 이내	11명 이내
외부위원(민간위원)		16명 이내	20명 이내	24명 이내
합계		21명 이내	27명 이내	35명 이내

3) 국세심사위원회의 구성

국세심사위원회가 개최될 때에는 심사위원 풀 중에서 위원장이 지정하는 위원으로 구성되지만, 민간위원의 수가 반드시 과반수 이상 포함되어야 하므로 다음의 인원으로 위원회가 구성된다(국기령 §53 ⑩).

| 재결청별 국세심사위원회 구성 |

구 분	세무서	지방청	국세청
내부위원(소속공무원)	위원장 + 2명	위원장 + 3명	위원장 + 4명
민간위원(외부위원)	4명	5명	6명
합계	7명	9명	11명

이때, 내부위원의 경우 위원장 외에도 당연직이 존재한다. 세무서 내부위원 2명은 당연직인 납세자보호담당관과 소속 과장 중 세무서장이 지명하는 1인으로 구성되며(국세심사사무처리규정 §34 ①), 지방청 내부위원 3명은 징세법무국장·세원분석국장·납세자보호담당관으로 구성된다(국세심사사무처리규정 §36 ①).

한편, 국세청 내부위원 4명은 국세청 납세자보호관 · 국제조세관리관 · 징세법무국장 · 개인납세국장 · 법인납세국장 · 자산과세국장 · 소득지원국장 7명의 풀을 먼저 구성하고, 납세자보호관과 징세법무국장은 당연직으로 회의 때마다 참석하며, 나머지 2명은 풀 중에서 위원장이 회의 때마다 지정한다(국세심사사무처리규정 §65 ①, 66 ①).

| 재결청별 내부위원 |

구 분	세무서	지방청	국세청
당연직	① 위원장 ② 납세자보호담당관	① 위원장 ② 납세자보호담당관 ③ 징세법무국장 ④ 세원분석국장	① 위원장 ② 납세자보호담당관 ③ 징세법무국장
위원장 지정	소속 과장 중 1인	-	다음 중 2인 • 국제조세관리관 • 개인납세국장 • 법인납세국장 • 자산과세국장 • 소득지원국장
합계	3명	4명	5명

4) 국세심사위원회의 성격

국세심사위원회 심의는 국세기본법에 명시되어 재결청이 불복청구의 결정을 할 때 반드시 거쳐야 하는 절차이므로 위원회의 심의절차를 거치지 않은 절차는 위법하다(국기법 §64, §66의2).

그러나 국세심사위원회는 의결기관이 아니라 심의기관에 불과하므로 재결청장은 불복청구의 결정에서 위원회의 심의내용에 구속되지 않는다. 국세기본법에서는 "심사청구를 받으면 국세청장은 국세심사위원회의 심의를 거쳐 결정을 하여야 한다"고 규정하여 국세심사위원회는 의결기관이 아닌 심의기관이며, 결정은 국세청장이 한다고 명시하고 있다(국기법 §64 ①).

이의신청과 과세전적부심사청구도 마찬가지이다(국기법 §66 ④, §81의15 ③).

5) 국세심사위원의 제척과 회피

국세심사위원회의 위원은 공정한 심의를 기대하기 어려운 사정이 있다고 인정될 때에는 위원회 회의에서 제척되거나 회피하여야 한다(국기법 §66의2 ②).

국세심사위원회의 위원은 다음 어느 하나라도 해당하는 경우에는 심사관여로부터 제척된다(국기령 §53 ⑭).

① 심사청구인 또는 대리인이거나 대리인이었던 경우
② 심사청구인 또는 대리인의 친족이거나 친족이었던 경우
③ 심사청구인 또는 대리인의 사용인이거나 사용인이었던 경우
④ 불복의 대상이 되는 처분이나 처분에 대한 이의신청에 관하여 증언 또는 감정을 한 경우
⑤ 심사청구일 전 최근 5년 이내에 불복의 대상이 되는 처분, 처분에 대한 이의신청 또는 그 기초가 되는 세무조사에 관여하였던 경우
⑥ 위 ④ 또는 ⑤에 해당하는 법인 또는 단체에 속하거나 심사청구일 전 최근 5년 이내에 속하였던 경우
⑦ 그 밖에 심사청구인 또는 그 대리인의 업무에 관여하거나 관여하였던 경우

한편, 국세심사위원회의 위원은 위 제척사유 중 어느 하나에 해당하는 경우에는 스스로 해당 안건의 심의·의결에서 회피하여야 한다(국기령 §53 ⑮).

6) 의결정족수

국세심사위원회의 회의는 구성원 과반수의 출석으로 개의하고, 출석위원 과반수의 찬성으로 의결한다(국기령 §53 ⑫).

국세심사위원회 회의의 구성은 국세기본법 시행령 §53 ⑩에 따라 민간위원이 과반수 이상 포함되도록 지정하며, 국세심사위원회 회의 개의는 같은 국기령 §53 ⑫에 따라 민간위원 비율에 관계없이 구성원 과반수의 출석으로 개의한다(심사 1-43, 2012.2.6.).

즉, 위원회를 구성할 때 민간위원이 과반수 이상 포함되어야 하는 것이지 이렇게 구성된 중에 민간위원 중 일부가 어떤 사정으로 당해 회의에 불참하더라도 구성된 위원 중 과반수 이상 출석하면 회의 개최와 심의 진행이 가능하다는 의미이다. 예컨대, 세무서 국세심사위원회의 경우 위원장을 포함한 내부위원 3명, 외부위원 2명이 참석하면 외부위원이 내부위원보다 적어도 개의할 수 있다.

7) 재심의

국세심사위원회의 심의결과 결론이 나지 않아 재심의하는 경우 그 사건은 해당 사건의 이의신청이나 과세전적부심사 청구의 심의에 관여하지 않은 민간위원으로 구성된 국세심사위원회 회의에서 심의하여야 한다(국세심사사무처리규정 §37 ⑦).

참고로, 국세청 국세심사위원회의 재심의에 관하여는 사무처리규정에서 별도로 언급하지 않고 있다.

8) 국세심사위원회의 심의를 거치지 않는 결정

세무서장 또는 지방국세청장은 '경미한 사건'에 대해서는 국세심사위원회의 심의를 거치지 않고 심리의견서(국세심사사무처리규정 별지 제14호 서식)에 의하여 이의신청에 대한 결정을 할 수 있다.

국세심사위원회의 심의를 거치지 않을 수 있는 경미한 사건이란 다음의 경우를 말한다(국세심사사무처리규정 §28 ④, §2, 국기칙 §23의2 ①).

① 청구금액이 3천만 원 미만으로서 사실판단과 관련된 사항이거나 유사한 청구에 대하여 국세심사위원회의 심의를 거쳐 결정된 사례가 있는 경우
② 청구기간이 지난 후에 청구되었거나 보정기간에 필요한 보정을 하지 아니하는 등 각하 결정사유에 해당하는 경우

나. 조세심판관회의

1) 조세심판원 개요

1975년 국세심판소로 발족하여 2000년 1월 국세심판원으로 변경되어 재정경제부장관 산하기관이었다가, 2008년 2월 정부조직 개편에 따라 행정자치부에 소속되었던 지방세심판위원회와 통합하여 조세심판원으로 명칭을 바꾸고 국무총리실 소속으로 신설되었으며, 현재 세종특별자치시 정부세종청사 2동에 위치하고 있다.

국세심판원 당시는 국세에 관한 불복만 담당하였으나, 지방세 심판위원회와의 통합으로 지방세에 관한 불복도 다루게 되면서 국세심판원에서 조세심판원으로 명칭을 바꾼 것이다. 따라서 심판례의 사건번호도 국세심판원 당시의 심판례는 "국심"으로, 조세심판원으로 바꾼 뒤에는 "조심"으로 각각 명명하고 있다.

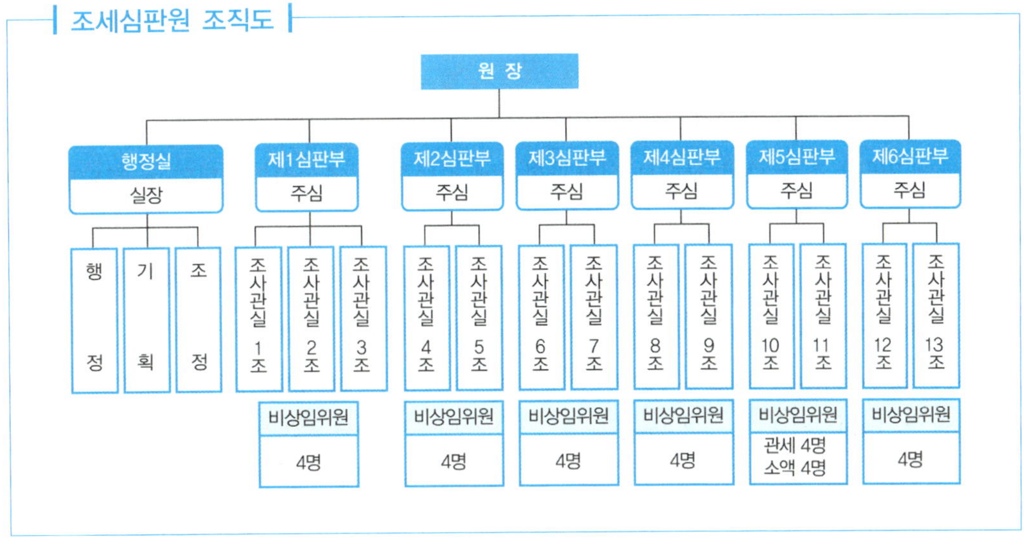

조세심판원은 조세심판원장 다음 행정 · 기획 · 조정을 담당하는 행정실과 심판청구 사건을 심리하는 심판부로 크게 나눌 수 있는데, 심판부는 다시 6개 심판부로 구성되어 있으며 제1심판부부터 제4심판부까지는 일반국세, 제5심판부는 관세 및 소액사건, 제6심판부는 지방세 심판청구 사건을 각각 담당한다.

제1심판부에는 3개의 조사관실, 나머지 심판부에는 각 2개의 조사관실이 배속되어 실무를 담당하며 모두 13개 조사관실이 있다. 조세심판관회의는 세종시에 위치한 조세심판원 사무실 내 소심판정에서 개최된다.

2) 설치 근거

조세심판원장은 심판청구를 받으면 이에 관한 조사와 심리를 담당할 주심조세심판관 1명과 배석조세심판관 2명 이상을 지정하여 조세심판관회의를 구성하게 한다(국기법 §72 ①).

3) 조세심판관회의 구성

개별 심판부별로 설치된 조세심판관회의의 심판관은 4명이며, 상임조세심판관 2명과 비상임조세심판관 2명으로 구성된다.

상임조세심판관(실무에서 흔히 '내부위원'이라 한다)은 조세심판원 소속 국장급 공무원으로서 주심조세심판관과 배석조세심판관 2명이며, 배석조세심판관도 다른 심판부의 주심조세심판관이다. 예컨대, 제1심판부에 구성되는 조세심판관회의의 상임조세심판관은 해당 심판부의 주심이 주심조세심판관이 되고, 다른 심판부의 주심이 배석조세심판관을 맡는 방식이다.

비상임조세심판관(실무에서 흔히 '외부위원'이라 한다)은 각 심판부별로 4명이 이미 위촉되어 있는데 2명씩 조를 짜서 교대로 심판관회의에 참석한다. 조세심판관회의는 특별한 경우를 제외하고는 매주 한 번씩 개최되는데 심판부별로 개최되는 요일이 다르다. 비상임조세심판관이 교대로 참석하는 특성 때문에 특정한 사건을 담당한 조세심판관회의의 회의일자가 연기되면 2주 단위로 연기된다.

비상임조세심판관은 주로 교수·변호사·전직 공무원으로 구성되는데, 대부분 교수인 것을 알 수 있다.

| 비상임조세심판관 직업별 구성 현황 |

구 분	계	교수	변호사	전직 공무원
2015년	30	21	3	6
2014년	28	20	5	3
2013년	27	19	6	2

※ 출처 : 2015 조세심판 통계연보

조세심판관회의에서 배석심판관이라 하면 주심이 아닌 상임조세심판관 1명과 비상임조세심판관 2명 모두를 의미한다.

4) 조세심판관의 제척과 회피

조세심판관이 심판 관여로부터 제척되는 사유는 국세심사위원의 제척사유와 동일하며(국기법 §73 ①), 제척사유 중 어느 하나에 해당하는 경우에는 주심조세심판관 또는 배석조세심판관의 지정에서 회피하여야 한다(국기법 §73 ②).

5) 담당 조세심판관의 기피

심판청구인은 담당 조세심판관에게 공정한 심판을 기대하기 어려운 사정이 있다고 인정될 때에 다음 각 내용을 적은 문서로 조세심판원장에게 그 조세심판관의 기피를 신청할 수 있다(국기법 §74 ①·②, 국기령 §60).

① 기피하려는 담당 조세심판관의 성명

② 기피의 이유
③ 담당 조세심판관의 지정 또는 변경통지를 받은 연월일

담당 조세심판관의 기피신청은 담당 조세심판관의 지정 또는 변경통지를 받은 날부터 7일 이내에 하여야 하며, 조세심판원장은 기피신청이 이유 있다고 인정할 때에는 기피신청을 승인하여야 한다(국기법 §74 ③, 국기령 §60).

6) 의결정족수

조세심판관회의는 담당 조세심판관 3분의 2 이상의 출석으로 개의하고, 출석한 조세심판관 과반수의 찬성으로 의결한다(국기법 §72 ③).

7) 조세심판관 합동회의

조세심판관 합동회의는 조세심판원장과 상임조세심판관 모두와 상임조세심판관과 같은 수 이상으로 조세심판원장이 지정하는 비상임조세심판관으로 구성한다(국기법 §78 ③).

다음의 각 사유에 해당하는 경우 개별 심판부의 조세심판관회의에 그치지 않고 조세심판관 합동회의의 심리를 추가로 거쳐 결정한다(국기법 §78 ②, 국기령 §62의2 ①).

① 해당 심판청구사건에 관하여 세법의 해석이 쟁점이 되는 경우로서 이에 관하여 종전의 조세심판원 결정이 없는 경우
② 종전에 조세심판원에서 한 세법의 해석·적용을 변경하는 경우
③ 조세심판관회의 간에 결정의 일관성을 유지하기 위한 경우
④ 그 밖에 국세행정이나 납세자의 권리·의무에 중대한 영향을 미칠 것으로 예상되는 등 대통령령(국기령 §62의2 ①)으로 정하는 경우

1. 해당 심판청구사건에 대한 결정이 다수의 납세자에게 동일하게 적용되는 등 국세행정에 중대한 영향을 미칠 것으로 예상되어 국세청장이 조세심판원장에게 조세심판관합동회의에서 심리하여 줄 것을 요청하는 경우

2. 그 밖에 해당 심판청구사건에 대한 결정이 국세행정이나 납세자의 권리·의무에 중대한 영향을 미칠 것으로 예상되는 경우

조세심판관 합동회의의 의결정족수는 조세심판관회의의 경우와 동일하다(국기법 §78 ④).

다. 감사원 감사위원회

1) 감사위원회

감사원 심사청구는 감사원장 포함 감사위원 7명이 참석하는 감사위원회의 결의에 따라 결정한다(감사원법 §3, §11 ①, §12 ① 10.).

감사위원회는 감사원장과 포함하여 감사원장의 제청으로 대통령이 임명한 감사위원 7명 전원으로 구성되고, 원장이 의장이 된다(감사원법 §3, §5, §11 ①).

감사위원은 다음의 자격을 갖춘 사람 중에서 감사원장의 제청으로 대통령이 임명하며, 임기는 4년이다(감사원법 §5, §6 ①, §7).

> ① 국가공무원법에 따른 고위공무원단에 속하는 공무원 또는 3급 이상 공무원으로 8년 이상 재직한 사람
> ② 판사 · 검사 · 군법무관 또는 변호사로 10년 이상 재직한 사람
> ③ 공인된 대학에서 부교수 이상으로 8년 이상 재직한 사람
> ④ 자본시장과 금융투자업에 관한 법률에 따른 주권상장법인 또는 정부투자기관 관리기본법에 따른 정부투자기관에서 20년 이상 근무한 사람으로서 임원으로 5년 이상 재직한 사람

2) 의결정족수 등

감사위원회의는 재적 감사위원 과반수의 찬성으로 의결하며(감사원법 §11 ②), 감사위원은 아래 사항에 관한 심의에는 관여할 수 없다(감사원법 §15).

> ① 자기와 관계 있는 사항
> ② 친족관계가 있거나 이러한 관계가 있었던 사람과 관계 있는 사항
> ③ 감사위원이 해당 안건과 관계 있는 사람의 증인 또는 감정인으로 된 사항
> ④ 감사위원이 감사위원으로 임명되기 전에 조사 또는 검사에 관여한 사항

| 국세기본법 불복관련 별지 서식 목록 |

번호	제목	번호	제목
제25호의2	선정대표자 선정	제31호	심사청구결정서
제25호의3	선정대표자 해임	제31호의2	국세심사・심판결정 경정신청서
제25호의4	청구인지위 승계신고서	제32호	이의신청서
제25호의5	청구인지위 승계허가신청서	제33호	이의신청서 이송통지
제25호의6	(심사・심판)참가신청	제34호	이의신청 결정서
제25호의7	(심사・심판)참가신청 거부에 대한 이의신청	제35호	심판청구서
제25호의8	회의참가 요구	제36호	조세심판청구에 대한 답변서
제25호의9	청구변경 신청	제37호	(심판청구) 통지서
제25호의10	회의출석 요청	제38호	담당 조세심판관 기피신청서
제26호	의견진술신청서	제39호	담당 조세심판관 기피신청에 대한 통지
제27호	출석통지서	제41호	심판청구 결정서
제28호	의견진술신청 기각(각하) 통지	제41호의2	조세심판관합동회의 결정서
제28호의2	국선대리인 선정 신청서	제41호의3	주심조세심판관 결정서
제29호	심사청구서	제56호의2	과세전적부심사 청구서 (세무서・지방청용)
제30호	보정요구서	제56호의3	과세전적부심사 청구서 (국세청용)

[별지 제25호의2 서식](2011.4.11. 개정)

선정대표자 선정

<table>
<tr><td>① 심사(심판)
청구번호</td><td colspan="4">제　　호</td></tr>
<tr><td>② 청 구 인</td><td colspan="2">외　명</td><td>③ 처분청</td><td></td></tr>
<tr><td rowspan="6">선정
대표자</td><td>④ 성명</td><td colspan="3"></td></tr>
<tr><td>⑤ 주소</td><td colspan="3"></td></tr>
<tr><td>⑥ 성명</td><td colspan="3"></td></tr>
<tr><td>⑦ 주소</td><td colspan="3"></td></tr>
<tr><td>⑧ 성명</td><td colspan="3"></td></tr>
<tr><td>⑨ 주소</td><td colspan="3"></td></tr>
<tr><td>⑩ 근거법령</td><td colspan="4">「국세기본법」 제56조 제1항 단서
「행정심판법」 제15조 제1항</td></tr>
</table>

위 사람들을 심사(심판) 청구인들의 대표자로 선정합니다.

년　　월　　일

공동심사(심판) 청구인(별지 기재와 같음)

귀하

[별지 제25호의3 서식](2011.4.11. 개정)

선정대표자 해임

<table>
<tr><td>① 심사(심판)
청구번호</td><td colspan="3">제 호</td></tr>
<tr><td>② 청 구 인</td><td>외 명</td><td>③ 처분청</td><td></td></tr>
<tr><td rowspan="6">해임된
대표자</td><td>④ 성명</td><td colspan="2"></td></tr>
<tr><td>⑤ 주소</td><td colspan="2"></td></tr>
<tr><td>⑥ 성명</td><td colspan="2"></td></tr>
<tr><td>⑦ 주소</td><td colspan="2"></td></tr>
<tr><td>⑧ 성명</td><td colspan="2"></td></tr>
<tr><td>⑨ 주소</td><td colspan="2"></td></tr>
<tr><td>⑩ 근거법령</td><td colspan="3">「국세기본법」 제56조 제1항 단서
「행정심판법」 제15조 제5항</td></tr>
</table>

심사(심판) 청구인들이 대표자로 선정하였던 위 사람들을 해임합니다.

년 월 일

공동심사(심판) 청구인(별지 기재와 같음)

귀하

[별지 제25호의4 서식](2011.4.11. 개정)

청구인지위 승계신고서

<table>
<tr><td colspan="2">① 심사(심판)
청구번호</td><td colspan="3">제 호</td></tr>
<tr><td colspan="2">② 청 구 인</td><td></td><td>③ 처 분 청</td><td></td></tr>
<tr><td rowspan="2">승
계
인</td><td>④ 성명</td><td></td><td>⑤ 주민등록번호
(사업자등록번호)</td><td></td></tr>
<tr><td>⑥ 주소</td><td colspan="3">(전화 :)</td></tr>
<tr><td colspan="2">⑦ 승계원인</td><td colspan="3"></td></tr>
<tr><td colspan="2">⑧ 증명자료 목록</td><td colspan="3"></td></tr>
<tr><td colspan="2">⑨ 근거법령</td><td colspan="3">「국세기본법」 제56조 제1항 단서
「행정심판법」 제16조 제1항부터 제3항까지</td></tr>
</table>

위와 같이 심사(심판) 청구인 지위를 승계하였음을 신고합니다.

년 월 일

신고인 (서명 또는 인)

귀하

※ 작성요령 : ⑧ 증명자료 목록란에는 그 밖의 증명자료의 목록을 적습니다.

<table>
<tr><td rowspan="2">구비서류</td><td>신고인 제출서류</td><td>담당공무원 확인사항</td><td>수수료</td></tr>
<tr><td>가족관계등록부 증명서</td><td>등기사항 증명서</td><td>없음</td></tr>
</table>

[별지 제25호의5 서식](2011.4.11. 개정)

청구인지위 승계허가신청서

<table>
<tr><td colspan="2">① 심사(심판)
청구번호</td><td colspan="3">제 호</td></tr>
<tr><td colspan="2">② 청 구 인</td><td></td><td>③ 처 분 청</td><td></td></tr>
<tr><td rowspan="2">승
계
인</td><td>④ 성명</td><td></td><td>⑤ 주민등록번호
(사업자등록번호)</td><td></td></tr>
<tr><td>⑥ 주소</td><td colspan="3">(전화 :)</td></tr>
<tr><td colspan="2">⑦ 승계원인</td><td colspan="3"></td></tr>
<tr><td colspan="2">⑧ 증명자료 목록</td><td colspan="3"></td></tr>
<tr><td colspan="2">⑨ 근거법령</td><td colspan="3">「국세기본법」 제56조 제1항 단서
「행정심판법」 제16조 제5항</td></tr>
</table>

위와 같이 심사(심판) 청구인 지위승계를 신청하오니 허가하여 주시기 바랍니다.

년 월 일

신고인 (서명 또는 인)

귀하

※ 작성요령 : ⑧ 증명자료 목록란에는 그 밖의 증명자료의 목록을 적습니다.

<table>
<tr><td rowspan="2">구비서류</td><td>신고인 제출서류</td><td>담당공무원 확인사항</td><td>수수료</td></tr>
<tr><td>가족관계등록부 증명서</td><td>등기사항 증명서</td><td>없음</td></tr>
</table>

[별지 제25호의6 서식](2011.4.11. 개정)

(심사 · 심판)참가 신청			처리기간 14일

<table>
<tr><td colspan="2">① 심사(심판) 청구번호</td><td colspan="3">제 호</td></tr>
<tr><td colspan="2">② 청 구 인</td><td></td><td>③ 처 분 청</td><td></td></tr>
<tr><td rowspan="2">참가신청인</td><td>④ 성명</td><td></td><td>⑤ 주민등록번호
(사업자등록번호)</td><td></td></tr>
<tr><td>⑥ 주소</td><td colspan="3">(전화 :)</td></tr>
<tr><td colspan="2">⑦ 참가 취지</td><td colspan="3"></td></tr>
<tr><td colspan="2">⑧ 참가 이유</td><td colspan="3"></td></tr>
<tr><td colspan="2">⑨ 근거 법령</td><td colspan="3">「국세기본법」 제56조 제1항 단서
「행정심판법」 제20조 제1항 및 제2항</td></tr>
</table>

위와 같이 (심사 · 심판)참가를 신청하오니 허가하여 주시기 바랍니다.

년 월 일

참가 신청인 성명 (서명 또는 인)

귀하

※ 첨부서류 : 신청서 부본	수수료 없음

[별지 제25호의7 서식](2011.4.11. 개정)

(심사 · 심판)참가신청 거부에 대한 이의신청	처리기간 14일

① 심사(심판) 청구번호	제　　　호		
② 청 구 인		③ 처분청	
④ 신청 취지			
⑤ 신청 이유			
⑥ 근거법령	「국세기본법」 제56조 제1항 단서 「행정심판법」 제20조 제6항 및 같은 법 시행령 제17조		

(심사 · 심판)참가신청에 대하여 위와 같이 이의신청합니다.

년　　월　　일

이의신청인 성명　　　　　(서명 또는 인)
주소

귀하

※ 첨부서류 : 없음	수수료 없음

[별지 제25호의8 서식](2011.4.11. 개정)

NTS

행정기관명

수신자
(경유)

제목 [ ]국세심사위원회 [ ]조세심판관(합동)회의 참가 요구

위 사건의 심리결과에 대하여 이해관계가 있어 귀하의 참가를 요구하오니 년 월 일까지 참가 여부를 회신하여 주시기 바랍니다.

심사(심판) 청구인	성명 (상호)		생년월일 (사업자등록번호)	
	주소 (사업장)			
심사(심판) 청구번호	제 호			
처분청				
근거법령	「국세기본법」 제56조 제1항 단서 「행정심판법」 제20조 제1항 및 제2항			

끝.

발신명의 직인

이 통지에 대한 문의사항이 있을 때에는 ○○○과 담당자 ○○○(전화 :)에게 연락하시면 친절하게 상담해 드리겠습니다.

기안자 직위(직급) 성명 검토자 직위(직급) 성명 결재권자 직위(직급) 성명
협조자
시행 처리과-일련번호(시행일자) 접수 처리과명-일련번호(접수일자)
우 주소 / 홈페이지 주소
전화( ) 전송( ) / 기안자의 공식전자우편주소 / 공개구분

[별지 제25호의9 서식](2011.4.11. 개정)

청구변경신청

처리기간
14일

① 심사(심판) 청구번호	제　　　호		
② 청구인		③ 처분청	
④ 변경하려는 부분	□ 청구취지 □ 청구이유		
⑤ 변경내용			
⑥ 근거법령	「국세기본법」 제56조 제1항 단서 「행정심판법」 제29조 제1항부터 제3항까지		

위와 같이 신청하오니 허가하여 주시기 바랍니다.

년　　월　　일

이의신청인 성명　　　　　　(서명 또는 인)
주소

귀하

※ 첨부서류 : 신청서 부본	수수료
	없음

[별지 제25호의10 서식](2011.4.11. 개정)

NTS

행정기관명

수신자
(경유)

제목 [ ]국세심사위원회 [ ]조세심판관(합동)회의 출석 요청

다음의 심사(심판)청구와 관련하여 귀하의 진술을 듣고자 하오니 출석요청 내용에 따라 출석하여 주시기 바랍니다.

심사(심판) 청구인	성명 (상호)		생년월일 (사업자등록번호)	
	주소 (사업장)			
심사(심판) 청구번호	제 호			
처분청				
근거법령	「국세기본법」 제56조 제1항 단서 「행정심판법」 제36조 제1항			
출석요청 내용	일시	년 월 일 오전 : 오후 :		
	장소			

출석하실 때는 통지서, 주민등록증, 도장, 그 밖의 참고자료를 가져오시기 바랍니다. 끝.

발신명의 직인

이 통지에 대한 문의사항이 있을 때에는 ○○○과 담당자 ○○○(전화 :)에게 연락하시면 친절하게 상담해 드리겠습니다.

기안자 직위(직급) 성명 검토자 직위(직급) 성명 결재권자 직위(직급) 성명
협조자
시행 처리과-일련번호(시행일자) 접수 처리과명-일련번호(접수일자)
우 주소 / 홈페이지 주소
전화( ) 전송( ) / 기안자의 공식전자우편주소 / 공개구분

[별지 제26호 서식](2015.3.6. 개정)

의견진술신청서

접수번호	접수일	처리기간

성명 (의견진술신청인이 처분청인 경우 명칭)		주민등록번호 (사업자등록번호)	
주소 또는 영업소 (의견진술신청인이 처분청인 경우 소재지)		전화번호	
상호			

신청 또는 청구일자	시

진술하고자 하는 요지

국세기본법 제58조 및 동법 시행령 제47조 제1항의 규정에 의하여 위와 같이 신청합니다.

년 월 일

신청인 : (인)

귀하

[별지 제27호 서식](2015.3.6. 개정)

<table>
<tr><th colspan="3">출석통지서</th></tr>
<tr><td rowspan="3">신
청
인</td><td>성명
(처분청인 경우 명칭)</td><td></td></tr>
<tr><td>생년월일
(사업자등록번호)</td><td></td></tr>
<tr><td>상호</td><td></td></tr>
<tr><td colspan="2">출석일시</td><td></td></tr>
<tr><td colspan="2">출석장소</td><td></td></tr>
<tr><td colspan="2">소요예상시간</td><td></td></tr>
<tr><td colspan="2">출석시 참고로
하는 자료</td><td></td></tr>
<tr><td colspan="3">국세기본법 제58조 및 같은 법 시행령 제47조 제2항 및 제6항에 따라 위와 같이 알려 드립니다.
년 월 일
세무서장 · 지방국세청장
국세청장 · 조세심판원장 직인</td></tr>
<tr><td colspan="3">〈주의사항〉
1. 의견진술은 간단하고 명확하게 하셔야 합니다.
2. 증거자료가 있는 경우에는 의견진술할 때 제시할 수 있습니다.
3. 의견진술을 문서로 대신 할 때에는 해당 문서가 출석일까지 도착하도록 하여야 합니다.</td></tr>
</table>

[별지 제28호 서식](2015.3.6. 개정)

행정기관명

수신자
(경유)
제목 의견진술신청 기각(각하) 통지

신청인이 년 월 일 제기한 의견진술신청은 다음과 같은 사유로 기각(각하)되었음을 알려드립니다(근거 : 「국세기본법 시행령」 제47조 제3항 및 제6항).

의견진술 신청인	성명 (처분청인 경우 명칭)		생년월일 (사업자등록번호)	
	상호			
기각(각하) 사유				

끝.

발신명의 직인

이 통지에 대한 문의사항이 있을 때에는 ○○○과 담당자 ○○○(전화 :)에게 연락하시면 친절하게 상담해 드리겠습니다.

기안자 직위(직급) 성명 검토자 직위(직급) 성명 결재권자 직위(직급) 성명
협조자
시행 처리과-일련번호(시행일자) 접수 처리과명-일련번호(접수일자)
우 주소 / 홈페이지 주소
전화( ) 전송( ) / 기안자의 공식전자우편주소 / 공개구분

[별지 제28호의2 서식](2015.3.6. 신설)

국선대리인 선정 신청서

접수번호	접수일	처리기간 5일

신청인	성명	주민등록번호
	상호	사업자등록번호
	주소 (전화번호 :)	
	사업장소재지 (전화번호 :)	
	휴대전화번호	

사건번호	
처분내용	통지된 사항 또는 처분된 내용(과세처분인 경우에는 연도, 기분, 세목 및 세액 등을 기재합니다.) ※ ______연도 ____기분 _____세 _____________원 부과처분

본인은 위 사건과 관련하여 국선대리인 선정 신청을 위한 다음 각 호의 요건을 모두 충족함을 확인합니다.

1. 종합소득금액이 5천만 원 이하이고 소유 재산가액이 5억 원 이하일 것
2. 법인이 아닐 것
3. 이의신청 또는 심사청구의 금액이 1천만 원 이하일 것
4. 상속세, 증여세, 종합부동산세가 아닌 세목에 대한 이의신청 또는 심사청구일 것

국세기본법 제59조의2 및 같은 법 시행령 제48조의2에 따라 위와 같이 국선대리인 선정을 신청합니다.

년 월 일

신청인 (서명 또는 인)

세무서장
지방국세청장 귀하
국세청장

[별지 제29호 서식](2015.3.6. 개정)

심사청구서

접수번호	접수일	처리기간 90일

청구인	성명		주민등록번호 (사업자등록번호)	
	상호		전화번호	
	주소 또는 사업장소재지	(우 -) 전자우편(e-mail) :		

처분청		조사기관	

처분통지를 받은 날(또는 처분이 있은 것을 처음으로 안 날) : 년 월 일
※ 결정 또는 경정의 청구에 대해 아무런 통지를 받지 못한 경우에는 결정 또는 경정기간이 경과한 날

통지된 사항 또는 처분의 내용
※ ___연도 ___기분 ___세 __________원 부과처분

이의신청을 한 날		이의신청 결정통지를 받은 날 (또는 결정기간이 경과한 날)	

불복의 이유(내용이 많은 경우에는 별지에 기재하여 주십시오)

국세기본법 제62조 및 동법 시행령 제50조에 따라 위와 같이 이의신청합니다.

년 월 일

청구인 : (서명 또는 인)

국세청장 귀하

위임장	국세기본법 제59조 제1항에 따라 다음 사람에게 위 심사청구에 관한 사항을 위임합니다(다만, 심사청구의 취하는 별도의 위임을 받은 경우에 한정하여 할 수 있습니다).					
	위임자 (청구인)	대리인				
		구분	성명	사업장소재지	사업자등록번호 (전자우편)	전화번호 (휴대전화번호)
	(서명 또는 인)	세무사 회계사 변호사	(서명 또는 인)	(우 -)		

첨부서류	1. 불복이유서(불복의 이유를 별지로 작성한 경우에 한정하여 첨부합니다.) 2. 불복이유에 대한 증거서류(첨부서류가 많은 경우 목록을 별도로 첨부하여 주십시오.)	수수료 없음

[별지 제30호 서식](1999.3.23. 개정)

기 관 명 :

(전화번호)

분류기호 및 문서번호 :

수 신 : 발신 ㉑

제 목 : 보정요구서

귀하가 . . . 제출한 는 다음과 같이 보정할 사항이 있으므로 국세기본법 제63조 및 동법 시행령 제52조의 규정에 의하여 보정을 요구하오니 보정기간 내에 보정하여 주시기 바랍니다.

청구인	① 성 명		② 주민등록번호	
	③ 상 호			
	④ 주소 또는 영업소			
대리인	⑤ 성 명		⑥ 주민등록번호	
	⑦ 주 소			
⑧ 보정기간		. . .부터 (일간) . . .까지		
⑨ 보정할사항				
⑩ 보정을 요하는 이유				
⑪ 기타 필요한 사항				

※지정한 기일 안에 보정을 하지 아니한 경우에는 각하결정됩니다.

[별지 제31호 서식](2000.3.27. 개정)

결 정 서

심제 호

청 구 인

행정처분청

위의 당사자간의 사건에 관하여 년 월 일 청구인으로부터 심사청구가 있었으므로 국세심사위원회의 심의를 거쳐 다음과 같이 결정한다.

주 문

이 유

년 월 일

국세청장 ㊞

이 결정에 대하여 이의가 있는 때에는 이 결정서를 받은 날로부터 90일 이내에 행정법원(행정법원이 설치되어 있지 아니한 지역은 지방법원 본원)에 행정소송을 제기할 수 있습니다.

[별지 제31호의2 서식](2008.5.1. 개정)

국세심사 · 심판결정 경정신청서			처리기간
			14일
① 심사(심판) 청구번호	제 호		
② 청구인		③ 피청구인	
④ 신청취지			
⑤ 신청이유			
⑥ 근거법조	국세기본법 제65조의2 제1항 및 제81조		

위와 같이 국세심사 · 조세심판결정의 경정을 신청합니다.

년 월 일

신청인 주소

성명 (서명 또는 인)

귀하

※첨부서류 : 입증자료	수수료
	없음

[별지 제32호 서식](2015.3.6. 개정)

이의신청서

접수번호	접수일	처리기간 90일

신청인	성명		주민등록번호 (사업자등록번호)	
	상호		전화번호	
	주소 또는 사업장소재지	(우 -) 전자우편(e-mail) :		

처분청		조사기관	

처분통지를 받은 날(또는 처분이 있은 것을 처음으로 안 날): 년 월 일

※ 결정 또는 경정의 청구에 대해 아무런 통지를 받지 못한 경우에는 결정 또는 경정기간이 경과한 날

통지된 사항 또는 처분의 내용

※ ___연도 ___기분 _____세 _____________원 부과처분

불복의 이유(내용이 많은 경우에는 별지에 기재하여 주십시오)

국세기본법 제66조 및 동법 시행령 제54조에 따라 위와 같이 이의신청합니다.

년 월 일

신청인 : (인)

세무서장
지방국세청장 귀하

위임장	국세기본법 제59조 제1항에 따라 다음 사람에게 위 이의신청에 관한 사항을 위임합니다(다만, 이의신청의 취하는 별도의 위임을 받은 경우에 한정하여 할 수 있습니다).					
	위임자 (신청인)	대리인				
		구분	성명	사업장소재지	사업자등록번호 (전자우편)	전화번호 (휴대전화번호)
	(서명 또는 인)	세무사 회계사 변호사	(서명 또는 인)	(우 -)		

첨부서류	1. 불복이유서(불복의 이유를 별지로 작성한 경우에 한정하여 첨부합니다.) 2. 불복이유에 대한 증거서류(첨부서류가 많은 경우 목록을 별도로 첨부하여 주십시오.)	수수료 없음

[별지 제33호 서식](2011.4.11. 개정)

NTS

행정기관명

수신자
(경유)
제목 이의신청서 이송 통지

귀하(귀사)가 년 월 일 제출한 ________ 사건에 관한 이의신청서는 __________로 송부하였음을 알려드립니다. (근거 : 「국세기본법」 제66조 제2항)

신청인	성명 (상호)		생년월일 (사업자등록번호)	
	주소 (사업장)			
행정처분청				

※ 「국세기본법」 제66조 제2항
세무서장은 이의신청의 대상이 된 처분이 지방국세청장이 조사·결정 또는 처리하였거나 하였어야 할 것인 경우에는 이의신청을 받은 날부터 7일 이내에 해당 신청서에 의견서를 첨부하여 해당 지방국세청장에게 송부하고 그 사실을 이의신청인에게 통지하여야 한다.

끝.

발신명의 직인

이 통지에 대한 문의사항이 있을 때에는 ○○○과 담당자 ○○○(전화 :)에게 연락하시면 친절하게 상담해 드리겠습니다.

기안자 직위(직급) 성명 검토자 직위(직급) 성명 결재권자 직위(직급) 성명
협조자
시행 처리과-일련번호(시행일자) 접수 처리과명-일련번호(접수일자)
우 주소 / 홈페이지 주소
전화( ) 전송( ) / 기안자의 공식전자우편주소 / 공개구분

[별지 제34호 서식](2009.4.16. 개정)

결 정 서

심제 호

신 청 인

행정처분청

사건에 관하여 년 월 일 신청인으로부터 이의신청이 있었으므로 국세심사위원회의 심의를 거쳐 다음과 같이 결정한다.

주 문

이 유

년 월 일

세 무 서 장
지방국세청장 ㉑

이 결정에 대하여 이의가 있는 때에는 이 결정서를 받은 날로부터 90일 이내에 국세청장에게 심사청구를 하거나 조세심판원장에게 심판청구를 할 수 있습니다.

[별지 제35호 서식](2015.3.6. 개정)

심판청구서

접수번호	접수일	처리기간 90일

<table>
<tr><td rowspan="3">청구인</td><td>성명</td><td></td><td>주민등록번호
(사업자등록번호)</td><td></td></tr>
<tr><td>상호</td><td></td><td>전화번호</td><td></td></tr>
<tr><td>주소 또는
사업장소재지</td><td colspan="3">(㉾ -)
전자우편(e-mail) :</td></tr>
</table>

처분청		조사기관	

처분통지를 받은 날(또는 처분이 있은 것을 처음으로 안 날) : 년 월 일
※ 결정 또는 경정의 청구에 대해 아무런 통지를 받지 못한 경우에는 결정 또는 경정기간이 경과한 날

통지된 사항 또는 처분의 내용
※ ___연도 ___기분 _____세 _____________원 부과처분

이의신청을 한 날		이의신청 결정통지를 받은 날 (결정통지를 받지 못한 경우에는 결정기간이 경과한 날)	

불복의 이유(내용이 많은 경우에는 별지에 기재하여 주십시오)

국세기본법 제69조 및 동법 시행령 제55조에 따라 위와 같이 이의신청합니다.

년 월 일

청구인 : (서명 또는 인)

조세심판원장 귀하

<table>
<tr><td rowspan="4">위임장</td><td colspan="6">국세기본법 제59조 제1항(관세에 관한 사항인 경우 관세법 제126조 제1항)에 따라 다음 사람에게 위 심판청구에 관한 사항을 위임합니다(다만, 심판청구의 취하는 별도의 위임을 받은 경우에 한정하여 할 수 있습니다).</td></tr>
<tr><td rowspan="2">위임자
(청구인)</td><td colspan="5">대리인</td></tr>
<tr><td>구분</td><td>성명</td><td>사업장소재지</td><td>사업자등록번호
(전자우편)</td><td>전화번호
(휴대전화번호)</td></tr>
<tr><td>(서명 또는 인)</td><td>세무사
회계사
변호사
관세사</td><td>(서명 또는 인)</td><td>(㉾ -)</td><td></td><td></td></tr>
</table>

첨부서류	1. 불복이유서(불복의 이유를 별지로 작성한 경우에 한정하여 첨부합니다.) 2. 불복이유에 대한 증거서류(첨부서류가 많은 경우 목록을 별도로 첨부하여 주십시오.)	수수료 없음

[별지 제36호 서식](2008.3.20. 개정)

우 ○○○-○○○ 주소 /전화 ( )○○○-○○○○/ 전송 ( )○○○-○○○○
○○○○과 과장 ○○○ 주사 ○○○ 담당자 ○○○

기 관 명

문서번호 시행일자

수 신 조세심판원장 발 신 ㊞

제 목 조세심판청구에 대한 답변서 제출

(으)로부터 년 월 일 심판청구가 있었기에 국세기본법 제69조 제3항 및 제4항과 동법 시행령 제55조 제3항의 규정에 의하여 다음과 같이 결정경위와 심판청구에 대한 답변서를 제출합니다.

청구인	① 성명			② 주민등록번호		
청구인	③ 주소 또는 영업소					
청구인	④ 상호					
당초결정내용	⑤ 결정사항	세목	연도기분		고지결정지정통지일	
당초결정내용	⑥ 과세표준			⑦ 세액		
이의결정경위	⑧ 처분이 있은 것을 안 날 또는 처분의 통지를 받은 날			⑨ 이의신청일		
이의결정경위	⑩ 보정요구일			⑪ 보정요구기한		
이의결정경위	⑫ 보정일			⑬ 결정구분		
이의결정경위	⑭ 이의결정 통지일					
첨부:	1. 심판청구에 대한 세무서장(국세청장 · 지방국세청장 · 지방자치단체장)의 답변서 2부 2. 이의신청에 대한 결정서(이의신청에 대한 결정이 있는 경우에 한합니다) 사본 1부 3. 당초 결정서(처분의 근거 · 이유 및 처분의 이유로 된 사실을 증명할 서류, 청구인이 제출한 증거자료 및 증거물 기타 심리자료 일체를 포함합니다) 사본 1부					

[별지 제37호 서식](2012.2.28. 개정)

조세심판원

수신자
(경유)
제목　통지서

「국세기본법 시행규칙」 제28조에 따라 다음과 같이 통지합니다.

청구인	성명		대리인
	주소 또는 사업장소재지		
	상호		

통지 내용	담당 조세심판관(주심)	담당 조세심판관(배석)	
	상임	상임	비상임
	청구번호		
	담당(전화)		
	항변자료	처분청의 답변서에 대하여 항변자료가 있을 때에는 　　까지 증거서류 또는 증거물을 제출할 수 있습니다.	
	그 밖의 사항	가. 심판청구인은 담당 조세심판관 또는 심판조사관에게 공정한 심판을 기대하기 어려운 사정이 있다고 인정될 때에는 그 조세심판관 또는 심판조사관의 기피를 신청할 수 있습니다.(근거 : 「국세기본법」 제74조, 제74조의2 등) 나. 투명하고 공정한 심판결정을 위하여 심판청구인이 원하는 경우, 의견진술이나 심판자료(사건조사서) 사전열람을 신청할 수 있으며, 출석 의견진술이 어려운 경우에는 전화를 이용한 의견진술(컨퍼런스콜)을 할 수 있습니다.(근거 : 「국세기본법」 제58조 등) 다. 의견진술 신청, 심판자료(사건조사서) 사전열람 신청 및 증빙자료 제출 등은 우편, 전송(FAX) 또는 조세심판원 홈페이지(www.tt.go.kr)를 통하여 가능합니다. 라. 소액인 심판청구사건은 주심조세심판관이 단독으로 심리하여 결정할 수도 있습니다.(「국세기본법」 제78조 제1항 단서 등)	

붙임 : 처분청의 답변서(부본).　끝.
※첨부된 답변서는 처분청의 의견이며, 조세심판원의 결정내용이 아닙니다.

조세심판원장　직인

기안자 직위(직급) 성명　　검토자 직위(직급) 성명　　결재권자 직위(직급) 성명
협조자
시행　　처리과-일련번호(시행일자)　　접수　　처리과명-일련번호(접수일자)
우　　주소　　/　　홈페이지 주소
전화(　　)　　전송(　　)　/　기안자의 공식전자우편주소　/　공개구분

[별지 제38호 서식](2008.3.20. 개정)

<table>
<tr><td colspan="4">담당조세심판관 기피신청서</td><td>처리기간
3일</td></tr>
<tr><td colspan="2">① 심판청구번호</td><td colspan="3"></td></tr>
<tr><td rowspan="3">청
구
인</td><td>② 청구인</td><td></td><td>③ 주민등록번호
(사업자등록번호)</td><td></td></tr>
<tr><td>④ 주소 또는 영업소</td><td></td><td></td><td></td></tr>
<tr><td>⑤ 상호</td><td></td><td>⑥ 전화번호</td><td></td></tr>
<tr><td colspan="2">⑦ 기피하고자 하는 담당조세심판관의 성명</td><td></td><td></td><td></td></tr>
<tr><td colspan="2">⑧ 기피의 이유</td><td colspan="3"></td></tr>
<tr><td colspan="2">⑨ 담당조세심판관의 지정 또는 변경통지를 받은 연월일</td><td colspan="3"></td></tr>
<tr><td colspan="5">국세기본법 제74조 제1항 및 동법 시행령 제60조 규정에 의하여 위와 같이 담당조세심판관의 기피신청을 합니다.

년 월 일

신청인 (서명 또는 인)

조세심판원장 귀하</td></tr>
<tr><td colspan="4">구비서류 : 없음</td><td>수수료
없음</td></tr>
</table>

[별지 제39호 서식](2008.3.20. 개정)

우 ○○○-○○○ 주소 /전화 ( )○○○-○○○○/ 전송 ( )○○○-○○○○
행정실 실장 ○○○ 서기관 또는 사무관 ○○○ 담당자 ○○○

조세심판원

문서번호

수 신

제 목 담당조세심판관 기피신청에 대한 통지

1. 청구인이 제출하신 심판청구사건에 대한 담당조세심판관의 기피신청은 그 사유가 이유 [있다고 / 없다고] 보아 이를 [승인 / 기각] 합니다.

2. 청구인의 신청에 의하여 다시 지정한 담당조세심판관은 다음과 같음을 알려 드립니다.

주심	
배석	

년 월 일

조세심판원장 ㊞

[별지 제41호 서식](2012.2.28. 개정)

조 세 심 판 원
조세심판관회의
결 정

청구번호 조심○○○○□○○○○

청 구 인 ○○○
○○○○○

대리인 ○○○
○○○○○

처 분 청 ○○세무서장(세관장 또는 지방자치단체의 장)

주문

이유

○○○○. ○○. ○○

주심조세심판관 ○○○
배석조세심판관 ○○○
○○○
○○○

[별지 제41호의2 서식](2012.2.28. 개정)

조 세 심 판 원
조세심판관합동회의
결 정

청구번호 조심○○○○□○○○○

청 구 인 ○○○
○○○○○

대리인 ○○○
○○○○○

처 분 청 ○○세무서장(세관장 또는 지방자치단체의 장)

주문

이유

○○○○. ○○. ○○

의장 ○○○
조세심판관 ○○○
○○○
○○○
○○○

[별지 제41호의3 서식](2012.2.28. 개정)

조 세 심 판 원
주심조세심판관
결　　　정

청구번호　　조심○○○○□○○○○

청 구 인　　○○○
　　　　　　○○○○○

　　　　　　대리인 ○○○
　　　　　　　　　○○○○○

처 분 청　　○○세무서장(세관장 또는 지방자치단체의 장)

주문

이유

○○○○. ○○. ○○

주심조세심판관　○○○

[별지 제56호의2 서식] 〈2010.3.31. 개정〉

<table>
<tr><td colspan="5">과세전적부심사 청구서</td><td>처리기간
30일</td></tr>
<tr><td rowspan="3">청구인</td><td>상호(법인명)</td><td></td><td>주민(법인)등록번호</td><td colspan="2"></td></tr>
<tr><td>성명(대표자)</td><td></td><td>전화번호
(휴대전화)</td><td colspan="2">(　　　　)</td></tr>
<tr><td>주소 또는 사업장
(전자우편)</td><td colspan="4">(우　　-　　)
전자우편 :　　　　@</td></tr>
<tr><td colspan="2">세무조사결과(과세예고)
통지관서</td><td></td><td>통지 연월일
(통지받은 날)</td><td colspan="2">20　.　.　.
(20　.　.　.)</td></tr>
<tr><td colspan="2" rowspan="2">청구세액 관련</td><td rowspan="2">세목</td><td rowspan="2">과세대상
기간</td><td>통지세액</td><td></td></tr>
<tr><td>청구세액</td><td></td></tr>
<tr><td colspan="2">청구내용 및 이유</td><td colspan="4"></td></tr>
<tr><td colspan="2">첨부서류</td><td colspan="4"></td></tr>
<tr><td colspan="6">「국세기본법」 제81조의15 및 같은 법 시행령 제63조의14에 따라 위와 같이 과세전적부심사를 청구합니다.

20　년　월　일

청구인 :　　　(서명 또는 날인)

지방국세청장 · 세무서장 귀하</td></tr>
</table>

<table>
<tr><td rowspan="4">위임장</td><td colspan="5">「국세기본법」 제59조 제1항에 따라 다음 사람에게 위 청구에 관한 사항을 위임합니다(다만, 과세전적부심사 청구의 취하는 따로 위임을 하는 경우로 한정합니다).</td></tr>
<tr><td rowspan="2">위임자
(청구인)</td><td colspan="4">대리인</td></tr>
<tr><td>구분</td><td>성명</td><td>사업장</td><td>전화번호
(휴대전화)</td></tr>
<tr><td>(서명 또는 날인)</td><td>□세무사
□공인회계사
□변호사</td><td>(서명 또는 날인)</td><td>사업자등록번호 :
소재지 :　　　　(우　　)
전자우편 :　　　@</td><td></td></tr>
</table>

귀하의 과세전적부심사 청구 진행상황은 국세청 홈페이지(www.nts.go.kr)에서 조회할 수 있습니다.

210㎜×297㎜(일반용지 60g/㎡)

[별지 제56호의2 서식] 〈2010.3.31. 개정〉

과세전적부심사 청구서(국세청용)			처리기간 30일

청구인	상호(법인명)		주민(법인)등록번호	
	성명(대표자)		전화번호 (휴대전화)	(　　　　)
	주소 또는 사업장 (전자우편)	(우　　-　　) 전자우편 :　　　　@		
세무조사결과(과세예고) 통지관서			통지 연월일 (통지받은 날)	20　.　.　. (20　.　.　.)

청구세액 관련	세목		과세대상 기간		통지세액	
					청구세액	

과세전적부심사 유형	□ 국세청장의 유권해석 변경사항 □ 법령과 관련하여 새로운 해석이 필요한 사항 □ 국세청장의 훈령·예규·고시 등과 관련하여 새로운 해석이 필요한 사항 □ 국세청장의 감사결과에 따른 과세예고통지에 관한 사항 □ 과세전적부심사 청구금액 10억 원 이상
청구내용 및 이유	
첨부서류	

「국세기본법」 제81조의15 및 같은 법 시행령 제63조의14에 따라 위와 같이 과세전적부심사를 청구합니다.

20　년　월　일

청구인 :　　　　(서명 또는 날인)

국세청장 귀하

위임장	「국세기본법」 제59조 제1항에 따라 다음 사람에게 위 청구에 관한 사항을 위임합니다(다만, 과세전적부심사 청구의 취하는 따로 위임을 하는 경우로 한정합니다).				
	위임자 (청구인)	대리인			
		구분	성명	사업장	전화번호 (휴대전화)
	(서명 또는 날인)	□세무사 □공인회계사 □변호사	(서명 또는 날인)	사업자등록번호: 소재지:　　　(우　　) 전자우편:　　@	

귀하의 과세전적부심사 청구 진행상황은 국세청 홈페이지(www.nts.go.kr)에서 조회할 수 있습니다.

210㎜×297㎜(일반용지 60g/㎡)

제3장

과세사실판단자문제도

1 의의 및 도입배경

과세사실판단자문 신청은 납세자가 아니라 국세공무원이 조사과정에서 발생한 과세쟁점 사실에 대하여 과세관청 내부에 설치된 자문위원회에 과세 여부에 관한 자문을 구하는 제도이므로 과세사실판단자문제도는 조세불복절차가 아니며, 납세자가 청구할 수 있는 절차도 아니다.

그러나 자문과정에서 납세자도 의견을 제시할 수 있고, 필요한 경우 과세사실판단자문위원회에 출석하여 진술도 하는 등 그 진행과정이 조세불복과정과 유사한 점이 있으며, 과세관청의 처분이 있기 전 조사과정에서 이견사항을 조율할 수 있다는 점에서 동 제도의 개요 정도는 알 필요가 있다고 여겨져 간단하게 소개한다.

가. 의의

국세의 부과 · 징수 · 환급 등과 관련된 일정한 사실관계를 확정하거나 확정된 사실관계를 세법령에 적용함에 있어서 국세공무원과 납세자 간에 다른 의견이 있거나 있을 소지가 있는 경우 그 사실관계 전부를 과세쟁점사실이라 하고, 국세공무원이 과세쟁점사실에 대하여 과세사실판단자문위원회에서 심의하여 과세 여부 등을 판단해 줄 것을 신청하는 것을 과세사실판단자문신청이라고 한다(과세사실판단자문사무처리규정 §2 ①).

나. 제도의 도입배경

국세의 부과 · 징수 · 환급 등의 업무를 처리하는 과정에서 관할 과세관청 처분 담당자의 독단적인 사실판단에 따라 과세 여부를 결정하는 경우 부실과세의 우려가 상존한다. 특히 새로운 경제현상의 대두로 인해 복잡하고 전문기술적인 사실판단 사항에 대하여 국세공무원과 납세자 간의 이견이 증가함에 따라 과세가 결정되기 이전에 이견을 조기에 해소함으로써 불필요한 불복절차 진행 등의 불편을 사전에 예방할 수 있는 제도 마련이 요구되었고, 이에 따라 2005년 10월 지방국세청부터 우선 시행하다가 동년 12월부터 전 세무관서로 확대 시행하였다.

2 과세사실판단자문위원회

가. 설치 및 심의사항

과세사실판단자문 신청에 응하기 위하여 국세청·지방국세청·세무서에 각각 과세사실판단자문위원회를 두며, 각 위원회의 심의사항은 다음과 같다(과세사실판단자문사무처리규정 §3).

설치관서	심의사항
국세청	국세청 본청 소속 공무원의 업무처리와 관련하여 발생한 과세쟁점사실에 대한 자문신청사항을 심의한다.
지방국세청	해당 지방국세청 소속 공무원의 업무처리와 관련하여 발생한 과세쟁점사실에 대한 자문신청사항을 심의한다.
세무서	해당 세무서 소속 공무원의 업무처리와 관련하여 발생한 과세쟁점사실에 대한 자문신청사항을 심의한다. 다만, 과세쟁점사실과 관련된 세액의 합계가 3억 원(서울·중부·부산청은 5억 원) 이상인 경우에는 지방국세청 과세사실판단자문위원회에서 심의

나. 위원회의 구성원

국세청·지방청·세무서에 각각 설치된 과세사실판단자문위원회의 위원 구성은 서로 조금씩 다르나, 외부위원 없이 전원 내부위원으로만 구성된다는 점에서 과세전적부심사나 이의신청 등 불복절차에서의 국세심사위원회와 차이가 있다(과세사실판단자문사무처리규정 §4~§6).

구 분	국세청	지방청	세무서
위원 수	9명	9명	7명(5명)
위원장	납세자보호관	납세자보호담당관	납세자보호담당관
위원	① 심사1담당관 ② 소속과장 중 위원장이 지정하는 3명 ③ 심사1담당관이 지정하는 사무관 4명	① 소속과장 중 지방청장이 지정하는 4명 ② 납세자보호담당관이 지정하는 계장·팀장 4명	① 소속과장 중 세무서장이 지정하는 2명 ② 납세자보호담당관이 지정하는 계장·팀장 4명(2명)
위원장 대리	심사1담당관	위원 중 선순위자	위원 중 선순위자
간사	심사1담당관실 심사1계장	과세사실판단자문 주무	납세자보호실장

1) 국세청 과세사실판단자문위원회

납세자보호관을 위원장으로 하며, 다음 8명의 위원과 함께 모두 9명으로 구성된다.

> ① 심사1담당관
> ② 소속 과장 중 위원장이 지정하는 3명
> ③ 심사1담당관이 지정하는 사무관 4명

위원장은 위원회를 구성할 때 납세자보호·징세법무·조사·세원관리 분야의 공무원을 고르게 위원으로 배정하여야 하며, 위원장이 부득이한 사유로 직무를 수행할 수 없거나 공석인 경우에는 심사1담당관이 그 직무를 대행한다.

위원회의 서무를 처리하기 위하여 간사 1명을 두되 원칙적으로 심사1담당관실 심사1계장이 간사가 된다. 부득이한 사유가 있는 경우 심사1담당관이 국세청 소속의 다른 공무원을 간사로 지정할 수 있다.

2) 지방국세청 과세사실판단자문위원회

납세자보호담당관을 위원장으로 하며, 다음 8명의 위원과 함께 모두 9명으로 구성된다는 점에서는 국세청 과세사실판단자문위원회와 같다.

> ① 소속 과장 중 지방국세청장이 지정하는 4명
> ② 납세자보호담당관이 지정하는 계장 또는 팀장 4명

위원장은 위원회를 구성할 때 징세법무·조사·세원분석 분야의 공무원을 고르게 위원으로 배정하여야 하며, 위원장이 부득이한 사유로 직무를 수행할 수 없는 때에는 위 8명의 위원 중 직제상 선순위자가 그 직무를 대행한다.

간사는 과세사실판단자문 업무를 담당하는 주무로 하되, 부득이한 사유가 있는 경우 납세자보호담당관이 해당 지방국세청 소속의 다른 공무원을 간사로 지정할 수 있다.

3) 세무서 과세사실판단자문위원회

납세자보호담당관을 위원장으로 한다는 점은 동일하나, 본청 및 지방국세청과 달리 원칙적으로 다음 6명의 위원과 함께 모두 7명의 위원으로 구성된다. 단, 소속과의 수가 3개 이하

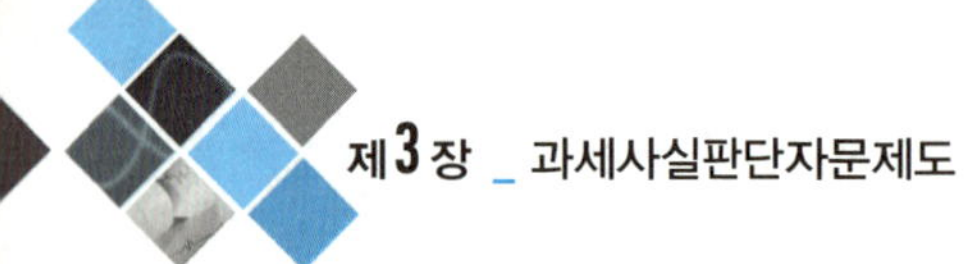

인 2급지 세무서의 경우 5명으로 구성된다.

① 소속 과장 중 세무서장이 지정하는 2명
② 납세자보호담당관이 지정하는 계장 또는 팀장 4명(소속과가 3개 이하인 2급지 세무서는 2명)

위원장은 위원회를 구성할 때 조사·세원관리 분야의 공무원을 고르게 위원으로 배정하여야 하며, 위원장이 부득이한 사유로 직무를 수행할 수 없는 때에는 위 6명의 위원 중 직제상 선순위자가 그 직무를 대행한다.

간사는 납세자보호실장으로 하되, 부득이한 사유가 있는 경우 납세자보호담당관이 해당 세무서 소속의 다른 공무원을 간사로 지정할 수 있다.

다. 위원의 제척과 회피

과세사실판단자문위원회 위원이 다음 각 호의 어느 하나에 해당하는 경우에는 해당 사건의 심의에서 제척된다(과세사실판단자문사무처리규정 §8).

① 해당 과세사실판단자문을 신청한 국세공무원이 소속된 과의 공무원
② 자문신청과 관련된 납세자(법인의 경우 대표자 및 임원) 및 그 대리인과 친족, 그 밖의 특수관계에 있는 자

한편, 과세사실판단자문위원회 위원이 위의 제척사유에 해당하는 경우 그 위원은 사건의 심의에서 회피하여야 한다.

3 과세사실판단자문의 신청

가. 자문신청대상

국세공무원은 다음의 업무처리 중 과세쟁점사실이 발생한 경우 이에 대하여 과세사실판단자문 신청을 할 수 있다(과세사실판단자문사무처리규정 §10 ①).

① 세무조사
② 과세자료 처리
③ 환급 등 현장확인
④ 압류, 제2차 납세의무자 지정 등 체납처분
⑤ 경정청구, 수정신고, 무신고 등에 따른 결정
⑥ 본청・지방국세청 감사
⑦ 수평적 성실납세제도와 관련한 협약체결 기업에 대한 사후관리

다만, 다음의 어느 하나에 해당하는 내용은 자문신청대상에서 제외한다(과세사실판단자문사무처리규정 §10 ②).

① 법령해석 사안
② 이전가격조사 관련 사안
③ 국세청 또는 지방국세청 평가심의위원회의 심의대상인 주식평가에 관한 사안
④ 세법해석 사전답변제도를 거친 사안
⑤ 과세전적부심사사무처리규정 제3조에 의하여 세무조사결과 등 통지를 한 사안

나. 자문신청을 할 수 있는 자

과세사실판단자문위원회에 자문을 신청할 수 있는 자는 다음 각 국세공무원으로 한정되며, 이에 해당하지 않는 국세공무원이나 납세자는 자문을 신청할 수 없다(과세사실판단자문사무처리규정 §11).

① 과세사실판단자문 신청대상 업무를 담당하는 공무원. 다만, 여러 사람이 하나의 반이나 팀을 구성하여 업무를 수행하는 경우에는 반장이나 팀장 등 그 대표자
② 과세쟁점사실이 본청・지방청 감사와 관련하여 발생한 경우에는 감사대상 업무를 처리한 공무원
③ 영세납세자 지원 등의 업무처리 과정에서 과세쟁점사실을 발견한 경우, 납세자보호담당관은 직권으로 과세사실판단자문위원회 회의에 부의 가능

다. 신청기한과 방법

1) 신청기한

과세사실판단자문의 신청은 과세사실판단자문사무처리규정 별표 1의 신청 기준일 전일까지 하여야 한다(과세사실판단자문사무처리규정 §13 ①).

| 별표 1. 업무 종류별 신청기준일 |

업무종류	신청기준일
과세자료 처리	• 과세전적부심사사무처리규정 제3조에 의한 세무조사결과 등 통지대상 : 통지서 발송일 • 그 외 : 해당 업무에 대한 결과보고서에 최종 결재권자가 결재하는 날
환급 등 현장확인	
감사 관련사항	• 감사공무원 : 감사결과 과세예고통지서 발송일 • 피감사공무원 : 감사답변일 제출기한
제2차 납세의무자 지정	제2차 납세의무자 지정통지서 발송일
압류	압류통지서 발송일
경정청구	경정청구 처리결과 통지일
수평적 성실납세제도 관련사항	답변서 통지일

세무조사의 경우에는 조사기간이 끝나기 7일(조사기간이 20일 이내인 경우에는 3일) 전까지 신청하여야 하지만(과세사실판단자문사무처리규정 §13 ②), 과세사실판단자문을 신청하기 전에 동일 사안에 대하여 법령사무처리규정에 의한 과세기준자문을 거친 경우로서 해당 과세기준자문을 이 기한까지 신청한 경우에는 그 과세기준자문의 결과를 받은 날로부터 3일 이내에 과세사실판단자문을 신청할 수 있다(과세사실판단자문사무처리규정 §13 ③).

2) 신청방법

과세사실판단자문 신청은 신청인이 소속된 납세자보호담당관에게 하지만, 본청의 경우 심사1담당관에게 신청한다.

자문신청은 과세사실판단자문신청서에 의하여 한다. 이 경우 관련 증거서류나 증거물이 있는 때에는 신청서에 이를 첨부하여야 하며, 과세사실판단자문 신청대상 검토표를 작성하여 자문신청서와 함께 제출하여야 한다.

4 자문신청의 처리

가. 본 · 지방청 이송

세무서장은 자문신청사항이 과세쟁점사실과 관련된 세액의 합계가 3억 원(서울청 · 중부청 · 부산청은 5억 원) 이상인 경우, 지방국세청 과세사실판단자문위원회의 심의대상이므로 자문신청서를 지방국세청장에게 이송하여야 한다(과세사실판단자문사무처리규정 §14 ①).

또, 세무서장은 자문신청사항이 지방청 감사와 관련된 경우에는 자문신청서를 지방국세청장에게, 본청 감사와 관련된 경우에는 국세청장에게 즉시 이송하여야 한다(과세사실판단자문사무처리규정 §14 ②, ③). 다만, 감사결과 현지에서 시정조치하는 경우에는 해당하지 않는다.

나. 심의제외

1) 심의제외 대상

납세자보호담당관은 자문신청 접수 후 신청요건을 검토하여 다음 어느 하나에 해당하는 때에는 신청내용을 심의하지 아니한다는 결정을 하고, 그 결과를 과세사실판단자문 심의제외 결정통보서에 의하여 신청인에게 통보한다(과세사실판단자문사무처리규정 §15 ①).

① 신청기한이 지난 후에 신청한 경우
② 신청대상에 해당하지 않는 사안을 신청대상으로 한 경우
③ 조사 미진 등으로 심의할 대상이 명확하지 않은 경우

과거에는 납세자가 과세사실판단자문 신청에 동의하지 않은 경우도 심의에서 제외되었기 때문에 자문신청 시 납세자로부터 과세사실판단자문 신청동의서를 징구하여 자문신청서에 첨부한 적도 있었으나, 현재 자문신청에 납세자의 동의를 구할 필요는 없다.

2) 국세청장 의견조회

납세자보호담당관은 자문신청사항이 과세사실판단자문 신청대상에 해당하지 않는 사안인지 판단하기 곤란한 경우 접수 즉시 국세청장에게 그 의견을 조회할 수 있다.

이때, 납세자보호담당관은 과세사실판단자문신청서 사본 1부와 과세사실판단자문신청대상 조회서를 국세청장에게 송부하여야 하며, 의견조회를 받은 국세청장은 3일 이내에 신청

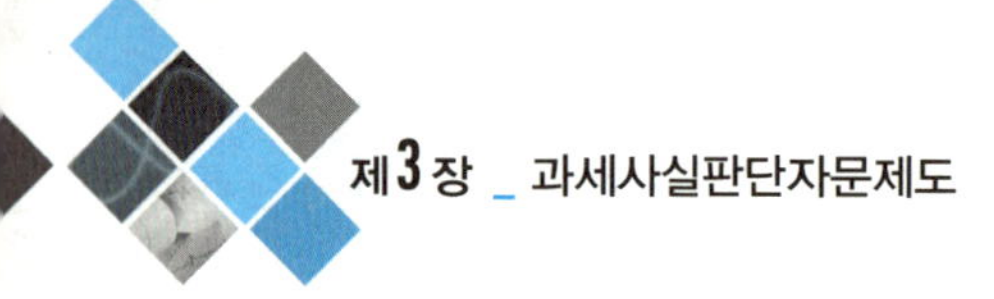

대상 여부를 결정하여 통보하여야 한다(과세사실판단자문사무처리규정 §15 ③, ④).

다. 심의절차

납세자보호담당관(간사, 본청 심사1담당관)은 과세사실판단자문위원회 심의자료인 과세쟁점사실 조사서를 작성하여 이를 신청인에게 통보한다(과세사실판단자문사무처리규정 §16 ①). 납세자보호담당관은 작성한 과세쟁점사실 조사서를 과세사실판단자문위원회 회부서에 첨부하여 위원장에게 보고하고 과세사실판단자문위원회를 개최할 것을 요청한다(과세사실판단자문사무처리규정 §16 ②).

과세사실판단자문위원회 개최를 요청받은 납세자보호담당관(간사, 본청 심사1담당관)은 회의개최일이 결정된 때에는 이를 회의개최일 3일 전까지 각 위원에게 통지하고 제2항의 과세쟁점사실 조사서 등 심의자료를 배부한다(과세사실판단자문사무처리규정 §16 ③).

납세자보호담당관(본청 심사1담당관)은 과세쟁점사실 조사서를 작성하기 위하여 필요한 경우 과세사실판단자문신청서 사본 1부를 과세쟁점사실관계에 대한 의견조회서 및 과세쟁점사실관계에 대한 의견회보서와 함께 납세자에게 송부하여 납세자 의견을 조회할 수 있다(과세사실판단자문사무처리규정 §17 ①).

자문신청사항이 다음의 어느 하나에 해당하여 과세사실판단자문위원회의 개최가 필요하지 않다고 판단되는 경우에는 과세사실판단자문위원회를 개최하지 않고 상정안건에 대한 의견서에 의하여 결정할 수 있다. 이 경우 각 위원은 상정안건에 대한 의견서에 결정안과 해당 결정안을 선택한 이유를 기재하여야 한다(과세사실판단자문사무처리규정 §18).

① 자문신청에 관련된 세액이 3천만 원 미만인 경우
② 유사한 사안에 대하여 이미 과세사실판단자문위원회의 심의를 거쳐 결정된 사례가 있는 경우

라. 위원회의 운영

1) 개의

과세사실판단자문위원회 회의는 위원장을 포함한 구성원 과반수의 출석으로 개의하고(과세사실판단자문사무처리규정 §19 ①), 회의는 공개하지 않는 것을 원칙으로 한다. 다만, 위원장이 심의를 위하여 필요하다고 인정하는 때에는 신청인, 납세자 또는 관련인을 출석시켜

의견을 들을 수 있다(과세사실판단자문사무처리규정 §19 ④).

이전에는 신청인이나 납세자가 요청하는 경우에도 납세자가 위원회에 참석하여 의견을 진술할 수 있었으나, 2014.4.29. 개정된 국세청훈령 제2048호에 따르면 위원장이 필요하다고 인정하는 경우 외에는 납세자가 직접 출석하여 의견을 개진할 수는 없다.

2) 결정

회의는 간사가 과세쟁점사실 조사서에 의하여 과세쟁점사실을 설명한 후 위원의 질문과 토론을 거쳐 의결하며, 위원장 및 각 위원은 상정안건에 대한 의견서에 결정안을 선택하여 기재하고 해당 결정안을 선택한 이유를 기재한다(과세사실판단자문사무처리규정 §19 ②, ③).

과세사실판단자문신청에 대한 자문결정은 출석위원 과반수의 찬성에 의하며(과세사실판단자문사무처리규정 §20 ①), 납세자보호담당관은 자문신청사항에 대하여 의결을 한 때에는 과세사실판단자문의결서를 작성하여야 하고, 과세사실판단자문위원회 의결결과 보고서를 작성하여 세무서장(지방국세청장)에게 보고한다(과세사실판단자문사무처리규정 §20).

3) 처리기한

세무서 과세사실판단자문위원회는 자문신청일로부터 14일 이내에, 지방청 및 본청 과세사실판단자문위원회는 자문신청일로부터 17일 이내에 자문결정을 하여야 한다. 다만, 신청세액 3천만 원 미만 등 서면심의의 경우에는 세무서 · 지방청 · 본청 모두 7일 이내에 자문결정을 하여야 한다(과세사실판단자문사무처리규정 §21 ①, ②, ③).

서면으로 납세자 의견을 조회한 경우에는 납세자에게 의견조회서를 보낸 날부터 납세자로부터 의견을 회신받은 날까지의 기간은 처리기간에 포함하지 않되, 그 처리기간에 포함하지 아니하는 기간은 10일을 한도로 한다(과세사실판단자문사무처리규정 §21 ⑤).

처리기한 일수를 계산함에 있어서는 민원사무처리에 관한 법률 제6조[20]를 준용한다. 다만, 기한의 말일이 토요일인 경우에는 그 다음 주 최초 근무일로 한다(과세사실판단자문사무처

20) 민원사무처리에 관한 법률 제6조【처리기간의 계산】
① 민원사무의 처리기간을 5일 이하로 정한 경우에는 민원사항의 접수시각부터 "시간" 단위로 계산하되, 공휴일 및 토요일은 산입하지 아니한다. 이 경우 1일은 8근무시간으로 한다.
② 민원사무의 처리기간을 6일 이상으로 정한 경우에는 "일" 단위로 계산하고 초일을 산입하되, 공휴일을 산입하지 아니한다.
③ 민원사무의 처리기간을 주 · 월 · 년으로 정한 경우에는 초일을 산입하되, 민법 제159조 내지 제161조의 규정을 준용한다.

리규정 §21 ④).

4) 자문결정의 활용

과세사실판단자문위원회 위원장이 자문결정을 한 때에는 그 결과를 과세사실판단자문위원회 의결결과 통보서에 의하여 신청인에게 통보한다. 과세사실판단자문위원회 의결결과 통보서에는 자문내용과 이유를 기재하며, 과세사실판단자문위원회 회부서 및 관련 자료를 첨부하여 신청인이 업무처리에 참고하도록 할 수 있다(과세사실판단자문사무처리규정 §22).

과세사실판단자문 신청에 대한 심의결과를 통보받은 신청인은 그 결과를 업무처리에 활용하여야 하며, 신청인이 자문결과를 활용한 경우에는 즉시 그 결과를 납세자보호담당관에게 통보하여야 한다(과세사실판단자문사무처리규정 §23).

| 과세사실판단자문제도 관련 서식 목록 |

번 호	명 칭	작성자	용 도
1	과세사실판단자문 신청서	신청인	신청인이 과세사실판단자문 신청을 위해 작성
1-1	과세사실판단 신청대상 검토표	신청인	자문신청 내용이 신청 대상에 해당하는지를 확인
2	과세쟁점사실 조사서	소관 과장	과세쟁점 사실관계를 분석한 조사서로 위원회의 심의자료로 활용
3	과세사실판단자문위원회 회부서	소관 과장	납세자보호담당관이 과세쟁점 사실관계를 위원회에 회부
4	상정안건에 대한 의견서	각 위원	위원회 위원이 상정안에 대한 의견을 기록
5	과세사실판단자문 의결서	위원회	위원회의 최종의견을 집약한 의결서
6	과세사실판단자문위원회 의결결과 통보서	위원장	자문결과를 신청인에 통보
6-1	과세사실판단자문 심의제외 결정 통보서	소관 과장	자문제외 결정하였음을 신청인에 통보
7	과세사실판단자문위원회 의결결과 보고	소관 과장	위원회 의결결과를 세무서장(지방국세청장)에게 보고
9	과세쟁점사실관계에 대한 의견조회서	소관 과장	납세자에게 과세쟁점사실관계에 대한 의견을 조회

번 호	명 칭	작성자	용 도
10	과세쟁점사실관계에 대한 의견회보서	납세자	과세쟁점사실관계에 대한 의견조회를 받은 납세자가 자신의 의견을 납세자보호담당관에게 회보
11	과세사실판단자문 신청대상 조회서	소관 과장	과세사실판단자문 신청대상에 해당되는지 여부 조회
12	비밀유지에 관한 서약서	각 위원	심의와 관련하여 얻은 정보에 대한 비밀유지 서약

과세사실판단자문사무처리규정 별지 제1호 서식

안건번호 : 자문 - -

<table>
<tr><td colspan="4">과세사실판단자문 신청서</td></tr>
<tr><td colspan="4">1. 납세자 인적사항</td></tr>
<tr><td>상호(법인명)</td><td></td><td>사업자등록번호
(주민등록번호)</td><td></td></tr>
<tr><td>성명(대표자)</td><td></td><td>전화번호
(휴대전화)</td><td>( )</td></tr>
<tr><td>주소(사업장)</td><td colspan="3"></td></tr>
<tr><td colspan="4">2. 자문 신청내용</td></tr>
<tr><td>신청대상 유형</td><td colspan="3">□세무조사 □과세자료 처리 □현장확인
□경정청구 □제2차 납세의무자 지정통지
□감사지적 □기타</td></tr>
<tr><td>대표세목</td><td>□소득 □법인 □부가
□양도 □상속 □증여
□기타</td><td>대표과세기간</td><td>201 년 월(기)</td></tr>
<tr><td>자문신청세액
합계</td><td>천 원</td><td>쟁점개수</td><td>개</td></tr>
<tr><td>본 · 지방청 이송</td><td colspan="3">□지방청이송 □본청이송 □해당 없음</td></tr>
<tr><td>주요쟁점</td><td colspan="3">※ 간단명료하게 10자 이상 30자 이내로 기재</td></tr>
<tr><td colspan="4">3. 붙임 서류 (※ 구술자문신청의 경우에는 생략 가능)
가. 과세사실판단자문 신청내용 1부.
나. 관련 서류 1부.</td></tr>
<tr><td colspan="4">위와 같이 과세사실판단자문위원회의 자문을 신청합니다.
201 년 월 일
위 신청인 ○○세무서(국, 실) 과 계 담당 급 성명 ○○○ (인)
주무 급 성명 ○○○ (인)
과장 급 성명 ○○○ (인)</td></tr>
</table>

※ 과세쟁점사실 관련 세액의 합계가 3억 원(서울 · 중부 · 부산청은 5억 원) 이상인 경우에는 지방청 심의대상으로 전산 입력

과세사실판단자문사무처리규정 별지 제1-1호 서식

과세사실판단자문 신청대상 검토표

1. 납세자	① 성명(상호)		② 주민등록번호 (사업자번호)	
2. 자문신청	③ 대표세목		④ 대표과세기간	

과세사실판단자문사무처리규정에 의해 자문신청대상인지를 사전에 검토하는 표입니다. 체크란에 "여"가 하나라도 있으면 해당 사안은 과세사실판단자문 신청대상이 아닙니다.

3. 과세사실판단자문 신청대상 여부 검토 항목

항목	체크(✓)	
	여	부
• 법령 해석 사안인지	☐	☐
• 이전가격조사 관련 사안인지	☐	☐
• 국세청 또는 지방국세청 평가심의위원회의 심의대상인 주식평가에 관한 사안인지	☐	☐
• 세법해석 사전답변제도를 거친 사안인지	☐	☐
• 과세예고통지 또는 조사결과통지를 한 사안인지	☐	☐
• 세법령, 기본통칙 및 세법집행기준을 통해 판단이 가능한 사안인지	☐	☐
• 납세자 의견이 없는 경우인지(업무처리 과정에서 발생한 단순한 의문사항에 대한 자문 신청인지)	☐	☐

201 년 월 일

위 신청인 세무서(국, 실) 과 계 담당 급 성명 (인)

납세자보호(담당)관 귀하

과세사실판단자문사무처리규정 별지 제2호 서식

과세쟁점사실 조사서	
사실관계 요 약	
납세자 의 견	
신청인 의 견	
심 리 내 용	가. 쟁점 나. 사실관계 다. 관련법령 라. 과세쟁점사실에 대한 심리의견 ※별지작성 가능
첨부서류 1. 2.	

과세사실판단자문사무처리규정 별지 제3호 서식

과세사실판단자문위원회 회부서

다음의 과세쟁점사실에 대한 자문을 과세사실판단자문위원회에 회부합니다.

201 . . .

(인)

1. 납세자 인적사항(납세자 비밀보호 및 공정한 심의를 위하여 기재 생략 가능)

상호(법인명)		사업자등록번호 (주민등록번호)	
성명(대표자)		전화번호 (휴대전화)	( )
주소(사업장)			

2. 신청인 (소속, 성명)	

3. 과세쟁점사실에 대한 자문 신청내용 요약

※첨부 : 과세쟁점사실 조사서

과세사실판단자문사무처리규정 별지 제4호 서식

상정안건에 대한 의견서

<table>
<tr><td colspan="2">○ 회의일시 : 201 . . . ( ) : ○ 납세자 :</td></tr>
<tr><td colspan="2">○ 쟁점 :</td></tr>
<tr><td rowspan="3">결
정
안</td><td>[제1안](채 택) :
( )</td></tr>
<tr><td>[제2안](불채택) :
( )</td></tr>
<tr><td>[제3안]
( )</td></tr>
<tr><td>결정안
선 택
이 유</td><td></td></tr>
<tr><td colspan="2">※ 위 안건과 관련하여 조사업체와 이해관계가 있거나 대표자(임원 포함)의 친족 등 제척 및 회피사유 해당 여부(해당란에 표시)
(해당 없음 □, 해당 있음 □)
201 . . .
과세사실판단자문위원회 위원 : (인)</td></tr>
</table>

과세사실판단자문사무처리규정 별지 제5호 서식

과세사실판단자문 의결서

근거 : (단위 : 백만 원)

안건 번호	납세자	담당 부서	관련세액		의결안		
			세목	세액	제1안	제2안	제3안

201 년 제 회 과세사실판단자문위원회 상정 안건에 대하여 위와 같이 의결합니다.

201 년 월 일

과세사실판단자문위원회 위원장 (인)

위 원 (인)

위 원 (인)

위 원 (인)

위 원 (인)

위 원 (인)

위 원 (인)

위 원 (인)

위 원 (인)

붙임 :

1. 과세사실판단자문위원회 회부서 1부
2. 과세쟁점사실 조사서 1부

과세사실판단자문사무처리규정 별지 제6호 서식

과세사실판단자문위원회 의결결과 통보서

문서번호 :
수 신 :
다음의 과세쟁점사실에 대한 과세사실판단자문위원회의 의결결과를 다음과 같이 통보합니다.

과세사실판단자문위원회 위원장 (인)

1. 납세자 인적사항

상호(법인명)		사업자등록번호 (주민등록번호)	
성명(대표자)		전화번호 (휴대전화)	( )
주소(사업장)			

2. 신청인(소속, 성명)	
3. 안건번호	자문 - -

4. 과세쟁점사실

5. 의결 내용 및 이유

가. 의결 내용(의결 내용에 찬성한 위원 비율 : . %)

나. 이유

과세사실판단자문사무처리규정 별지 제6-1호 서식

과세사실판단자문 심의제외 결정통보서

문서번호 :
수　　신 :

귀하가 제출한 과세사실판단자문 신청 건에 대하여 다음과 같이 심의제외 결정하였음을 알려드립니다.

납세자보호담당관 또는 심사1담당관　　　(인)

1. 납세자 인적사항

상호(법인명)		사업자등록번호 (주민등록번호)	
성명(대표자)		전화번호 (휴대전화)	(　　　　　)
주소(사업장)			

2. 신청인(소속, 성명)	
3. 안건번호	자문　　-　　-

4. 심의제외 사유 및 검토 내용

과세사실판단자문사무처리규정 별지 제7호 서식

과세사실판단자문위원회 의결결과 보고

201 년 제 회 과세사실판단자문위원회 상정 안건에 대하여 다음과 같이 의결하였음을 보고합니다.

201 . . .

1. 납세자 인적사항

상호(법인명)		사업자등록번호 (주민등록번호)	
성명(대표자)		전화번호 (휴대전화)	( )
주소(사업장)			

2. 신청인(소속 · 성명)	

3. 과세쟁점사실

4. 의결내용 및 사유

5. 과세사실판단자문위원회

가. 일시 : 나. 장소 :

다. 참석자

위원장	위 원	위 원
위 원	위 원	위 원
위 원	위 원	위 원

보고자 간사 (인)

과세사실판단자문사무처리규정 별지 제9호 서식

과세쟁점사실에 대한 의견조회서

문서번호 :
수　　신 :　　　　　　귀하
제　　목 : 과세쟁점사실에 대한 의견 조회

귀하와 관련하여 과세쟁점사실 판단에 대한 자문신청이 있어 귀하의 의견을 송부하오니 　.　　.　　. 까지 붙임 회보서에 의해 회신해 주시기 바랍니다.

위원회에 직접 참석하여 설명하기를 원하시는 경우 붙임 회보서에 참석 여부를 표시해 주시기 바랍니다.

상호(법인명)		사업자등록번호 (주민등록번호)	
성명(대표자)		전화번호 (휴대전화)	(　　　　　)
주소(사업장)			
신청인(소속 · 성명)			
쟁점이 되는 사실관계			

201　년　　월　　일
(인)

※ 연락처 : 납세자보호담당관실 (　　　　　　　　)

과세사실판단자문사무처리규정 별지 제10호 서식

과세쟁점 사실관계에 대한 의견회보서

문서번호 :
수　　신 :
제　　목 : 과세쟁점사실에 대한 의견 회보

자문 신청사실에 대한 의견을 다음과 같이 회보합니다.

상호(법인명)		사업자등록번호 (주민등록번호)	
성명(대표자)		전화번호 (휴대전화)	(　　　　)
주소(사업장)			
납세자 의견 (별지작성 가능)	쟁점이 되는 사실관계		
	의견		
	위원회에 직접 출석하여 설명할 것을 희망함.		여 , 부

첨부 :
1.
2.

년　　월　　일
제출자　　　　(인)

과세사실판단자문사무처리규정 별지 제11호 서식

과세사실판단자문 신청대상 조회서

주무	납세자 보호담당자

문서번호 :
수　　신 : 국세청 심사1담당관
제　　목 : 과세사실판단자문 신청대상 여부 조회

다음의 과세사실판단자문 신청사항이 과세사실판단자문 신청대상에 해당하는지를 조회하오니 판단하여 회보해 주시기 바랍니다.

상호(법인명)		사업자등록번호 (주민등록번호)	
성명(대표자)		전화번호 (휴대전화)	(　　　)
주소(사업장)			
신청인(소속 · 성명)			
과세사실판단자문신청 사항			

첨부 : 과세사실판단자문신청서 및 관련서류 사본. 끝.

년　　월　　일

장　(인)

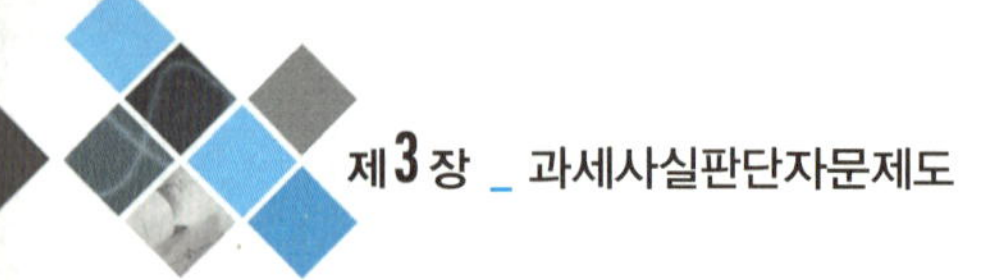

과세사실판단자문사무처리규정 별지 제12호 서식

비밀유지에 관한 서약서

본인은 과세사실판단자문위원회 위원으로 심의안건을 심의함에 있어 관련규정과 양심에 따라 공정하게 심의하고

과세사실판단자문위원회에서의 심의와 관련하여 알게 된 사항에 대하여는 공정한 업무집행과 납세자의 비밀보호를 위해 타인에게 제공 또는 누설하지 아니할 것을 서약합니다.

. . .

서약자 소속 :

직급 :

성명 :

과세사실판단자문위원회 위원장 귀하

제4장

청구이유서 작성 요령

1 청구이유서 개요

청구이유서는 과세관청의 처분이 부당하거나 위법하다는 청구인의 주장을 기재한 서면이고, 서식이 미리 정해져 있는 청구서와 달리 특정한 형식이 정해져 있지 않으므로 자유롭게 작성할 수 있다. 다만, 청구주장을 체계적이며 효율적으로 전달하기 위해 실무에서 통상적으로 사용하는 기재순서와 기재요령이 있으므로 이를 알아본다.

가. 청구이유서의 중요성

조세불복에서 청구이유서는 매우 중요하다. 이는 불복을 통해 취소를 구하는 과세관청의 처분이 부당・위법한 것임을 입증하면서도 청구인 자신의 주장은 타당하다는 점을 오로지 서면을 통해 도드라지게 부각시켜야 하기 때문이다.

물론 국세심판관회의 또는 조세심판관회의 등의 절차에서 청구인과 대리인이 자기 주장의 타당성을 구두로 전달할 기회가 있긴 하나, 심판관회의에서는 진술시간이 제약될 뿐만 아니라 핵심쟁점만 집중적으로 다루어지므로 회의가 개최되기 전까지는 오로지 서면으로서만 청구인의 주장을 표현할 수 있다. 따라서 설득력 있는 청구이유서 작성은 매우 중요하다.

조세불복에서 청구이유서는 얼굴을 맞댄 상태의 대화나 표정, 몸짓 등이 일체 배제된 상태에서 의사전달을 하는 행위이기 때문에 오로지 글로써만 상대방을 설득시킬 수 있어야 한다.

따라서 조세불복의 청구이유서는 아주 현학적으로 표현된 어려운 글이 아니라 전문성을 잃지 않으면서도 쉬운 표현으로 작성되어져 읽는 사람으로 하여금 막힘없이 읽으면서 바로 이해될 수 있도록 작성되어져야 한다. 잘 작성된 청구이유서라면 재결청의 담당자가 과세관청의 의견서를 읽기 전 불복청구인이 작성한 청구이유서만 읽은 상태에서는 적어도 재결청 담당자의 마음속에 '이 사건은 과세관청의 처분이 잘못 되었구나'라는 인식을 심어줄 수 있어야 한다.

청구이유서는 불복 종류에 따라 과세전적부심사 청구이유서・이의신청이유서 또는 심판청구이유서 등의 이름으로 불린다.

나. 청구이유서의 구성

청구이유서를 작성할 때 미리 정해져 있는 서식은 없다. 불복을 청구하는 취지를 명확하게 밝히고, 청구인이 주장하고자 하는 내용을 자유양식에 의해 체계적으로 서술하면 된다. 실무에서는 일반적으로 다음과 같은 체계로 청구이유서를 작성한다.

| 청구이유서 기본 구성체계 |

Ⅰ. 청구취지
Ⅱ. 사실관계
Ⅲ. 과세개요
Ⅳ. 쟁점
Ⅴ. 청구주장
Ⅵ. 관련법령 및 예규 · 판례

참고로 과세관청 측이 재결청에 제출하는 처분청 의견서 내지 답변서는 어느 정도 정형화되어 있는데 대개 다음과 같은 순서로 작성되어 있다.

| 처분청 의견서 구성 |

1. 원처분의 개요	과세원인 및 처분에 이르게 된 경위와 처분의 내용 등을 기재한다.
2. 청구인 주장	청구인의 청구취지와 주장이유를 간략하게 요약하여 기재한다.
3. 쟁점	부과처분과 청구인 주장에 따라 쟁점 내용을 설정하여 기재한다.
4. 처분의 적법 · 타당성	처분의 정당성 · 적법성 · 타당성에 대한 논리를 기재한다. 이를 위해 관련법령과 그 해석사례로 판례와 예규 등을 인용하고, 청구인 주장의 문제점 및 청구인이 제시한 증거의 모순점 등을 지적한다.
5. 결론	당초처분이 적법하므로 청구인의 청구를 기각해 줄 것을 요청한다.

2 청구이유서 작성 요령

가. 청구취지 기재요령

조세불복에 있어 청구취지란 불복을 청구한 과세관청의 처분에 대하여 청구인은 어떠한 결정을 구하는 것인지를 결론적으로 간결하게 기재하는 청구이유서의 결론적 부분을 말한다. 따라서 청구인이 원하는 결정을 확정적으로 기재하여야 한다. 즉, 조세불복의 최종 결과물인 결정서의 주문에 대응하는 내용을 가지므로 주문에 대응하는 형식으로 청구내용 및 범위 등을 특정하여 기재하여야 한다. 고지처분세액 전부를 취소해 달라는 것인지 아니면 고지세액 중 청구인이 잘못이라고 인정하는 일부분에 대한 세액을 취소해 달라는 것인지를 특정시켜 기재하면 된다.

재결청의 보정요구에도 불구하고 청구취지를 구체적으로 특정하여 기재하지 않으면 부적합한 청구로 각하될 수 있다(대법원 2014.3.13. 선고, 2011다111459 판결 ; 창원지방법원 2011.10.6. 선고, 2011구합240 판결).

조세불복은 기본적으로 과세관청의 특정한 처분에 대해 그 취소를 구하는 청구절차이기 때문에 청구취지에는 어떤 세무서장이(처분청), 언제(고지서 수령일), 누구에게(청구인 또는 청구법인), 어떤 세목을, 얼마나(고지세액), 고지처분한 것을 취소해 달라는 결정을 청구한다는 내용이 모두 포함되어야 한다.

1) 고지세액 전부 취소를 구하는 경우

특정연도 종합소득세 고지 등 처분내용이 하나의 사건에 관한 것이고, 처분된 세액 전부에 대해 불복하는 경우 고지된 본세와 가산세를 구분하여 청구취지를 기재한다.

① 「서초세무서장이 2015.11 1. 홍길동에 대하여 한 2013년 귀속 종합소득세 23,456,780원(가산세 2,345,780원 포함)의 부과처분을 취소한다」는 결정을 구합니다.

② 「서초세무서장이 2015.11.1. 홍길동에 대하여 한 2013년 귀속 종합소득세 12,111,000원 및 가산세 2,345,780원의 부과처분을 취소한다」는 결정을 구합니다.

하나의 사건에 대해 고지세액 전부 취소를 청구하는 내용이지만 간혹 가산세가 포함된 것인지 또는 그 구분을 알 수 없는 경우에는 고지된 세액 전부를 기재한다.

① 「서초세무서장이 2015.11.1. ㈜갑을에 대하여 한 2013사업연도 귀속 법인세 123,456,780원의 부과처분을 취소한다」는 결정을 구합니다.

② 「서초세무서장이 2015.11.1. ㈜갑을에 대하여 한 2013년 제1기분 부가가치세 20,000,000원의 부과처분을 취소한다」는 결정을 구합니다.

2) 고지세액 중 일부만 취소를 구하는 경우

특히 법인세의 경우 세무조사 등을 통해 적출되어 과세처분에 이른 사항이 여러 건인 경우가 많다. 가령, ㈜갑을의 2013연도 법인세 정기세무조사 결과 다음 3건이 적출되어 합계 1억6천만 원의 법인세가 과세되었고, 회사는 3건의 과세 중 부당행위계산부인 건은 과세를 수긍하지만 나머지 2건에 대해서는 부당하다고 판단하여 불복을 고려하고 있다는 상황을 가정하자.

구 분	익금산입 결정액	부과세액		
		본세	가산세	합계
부당행위계산부인	300,000,000	60,000,000	20,000,000	80,000,000
비지정기부금	200,000,000	40,000,000	15,000,000	55,000,000
매출누락	100,000,000	20,000,000	5,000,000	25,000,000
합계	600,000,000	120,000,000	40,000,000	160,000,000

가) 건별 세액이 명확하게 구분되는 경우

각 건별로 본세와 가산세가 명확하게 구분되는 경우 청구취지 기재는 비교적 수월하다. 여러 사항 중 불복하고자 하는 건에 대해 부과된 세액만 기재하면 되기 때문이다.

「서초세무서장이 2015.11.1. ㈜갑을에 대하여 한 2013사업연도 귀속 법인세 160,000,000원(가산세 포함) 부과처분 중 비지정기부금 익금산입 결정으로 인한 55,000,000원(가산세 15,000,000원 포함) 및 매출누락 익금산입 결정으로 인한 25,000,000원(가산세 5,000,000원 포함)의 부과처분을 취소한다」는 결정을 구합니다.

나) 건별 세액을 명확하게 알 수 없는 경우

청구취지는 불복청구인이 취소를 구하는 정확한 세액을 기재함이 원칙이다. 그러나 실무에서는 세무조사 등의 결과로 여러 건이 적출되는 경우, 위 가상 사례의 경우와 같이 적출 건별 가산세 등을 명확하게 알 수 없는 경우가 있을 수 있다. 이 경우 조사를 직접 담당했던 조사관에게 문의하여 각 과세건별 정확한 익금산입 결정액과 본세 및 가산세 등 부과내역을 파악하여야 한다.

그럼에도 불구하고 정확한 내역을 파악할 수 없거나, 미처 파악하기 전에 불복 접수기한이 임박하여 청구서를 제출하여야 하는 경우에는 취소를 구하는 정확한 세액 대신 익금산입 결정된 금액으로라도 청구취지를 기재하여야 한다.

「서초세무서장이 2015.11.1. ㈜갑을에 대하여 한 2013사업연도 귀속 법인세 과세표준 600,000,000원 익금산입 결정 처분 중 비지정기부금 200,000,000원 익금산입 및 매출누락 100,000,000원 익금산입 처분과 이로 인한 각 법인세 부과처분(가산세 포함)을 취소한다」는 결정을 구합니다.

이와 같이 청구취지를 기재하였으나 나중에라도 각 부과건별 본세와 가산세의 정확한 금액이 파악된 경우, 조세불복 재결청의 사건담당자와 논의하여 필요하다면 정확한 청구취지로 변경한다.

3) 2 이상 과세연도의 처분취소를 구하는 경우

과세처분이 특정 과세연도에 한정된 것이 아니라 여러 귀속시기에 걸쳐 과세될 수 있다. 이때 고지서에는 귀속시기가 구분되어 표시되므로 청구취지도 귀속시기별로 구분하여 기재하여야 한다.

2 이상 과세연도에 걸쳐 고지되었고, 고지된 세액 전부 취소를 구하고자 할 때 청구취지는 다음과 같이 기재한다.

「서초세무서장이 2015.11.1. ㈜갑을에 대하여 한 2012사업연도 귀속 법인세 40,000,000원(가산세 10,000,000원 포함) 및 2013사업연도 귀속 법인세 120,000,000원(가산세 30,000,000원 포함)의 부과처분을 취소한다」는 결정을 구합니다.

한편, 귀속시기가 2 이상이지만 각 귀속시기에 고지된 세액 전부에 대해 취소를 구하지 않고 그 중 일부 쟁점에 대해서만 취소를 구하는 경우가 있을 수 있다. 이때 기재하는 청구취지의 예시는 다음과 같다.

「서초세무서장이 2015.11.1. ㈜갑을에 대하여 한 2012사업연도 귀속 법인세 100,000,000원(가산세 포함) 중 부당행위계산부인으로 인한 40,000,000원(가산세 10,000,000원 포함) 및 2013사업연도 귀속 법인세 200,000,000원(가산세 포함) 중 비지정기부금으로 인한 120,000,000원(가산세 30,000,000원 포함)의 부과처분을 취소한다」는 결정을 구합니다.

4) 복합적인 이유로 한꺼번에 기재하기 곤란한 경우

실무에서는 여러 과세연도에 걸쳐 과세처분되었는데, 그 중 어느 과세연도 처분은 처분액 전부에 대해 불복하는 반면, 어느 과세연도는 처분액 중 일부에 대해서만 불복청구하는 경우처럼 청구취지가 다양하게 섞여 있을 수도 있다.

이 경우 해당 내용을 문장으로 일목요연하게 기재하기 어려울 뿐만 아니라, 설사 기재하였다 하더라도 재결청에서 다르게 이해할 수도 있으므로 청구취지를 모두 글로 쓰기보다는 표로 기재하여 간단하게 보여 주는 것이 오히려 나을 수 있다.

「서초세무서장이 2015.11.1. ㈜갑을에 대하여 한 처분 중 다음 각 법인세 부과처분을 취소한다」는 결정을 구합니다.

- 다음 -

(단위 : 원)

귀속 연도	처분세액 (가산세 포함)	취소를 구하는 세액			
		사유	본세	가산세	합계
2011년	300,000,000	전액 불복청구	180,000,000	120,000,000	300,000,000
2012년	200,000,000	부당행위	40,000,000	15,000,000	55,000,000
		비지정기부금	20,000,000	5,000,000	25,000,000
		매출누락	30,000,000	10,000,000	40,000,000
		소계	90,000,000	30,000,000	120,000,000
2013년	250,000,000	부당행위	50,000,000	15,000,000	65,000,000
합계	750,000,000	-	320,000,000	165,000,000	485,000,000

위 예시의 경우 2011년부터 2013년까지의 세무조사를 통해 과세된 합계 7억5천만 원 중 2011년 과세액 3억 원은 전부에 대해 취소를 청구하고, 2012년은 과세액 2억 원 중 부당행위·비지정기부금·매출누락으로 인한 1억2천만 원만 취소를 청구하며, 2013년의 경우는 과세액 2억5천만 원 중 부당행위로 인한 6천5백만 원에 대해서만 취소를 청구하여 합계 4억8천5백만 원에 대해 불복을 청구하여 처분의 취소를 구한다는 의미이다.

5) 경정거부처분의 취소를 구하는 경우

세액의 부과처분이 아니라 납세자가 제기한 경정청구를 과세관청이 거부처분한 경우, 이 거부처분의 취소를 구하는 불복청구에서 청구취지 기재는 다음 예시와 같이 기재하면 된다.

「서초세무서장이 2015.11.1. ㈜갑을에 대하여 한 2012사업연도 귀속 법인세 40,000,000원의 경정거부처분을 취소한다」는 결정을 구합니다.

6) 국세청 홈페이지의 기재사례

국세청은 홈페이지(국세정보 〉 납세서비스 〉 납세자권리구제)를 통해 다양한 사례별로 청구취지 기재 요령을 예시하고 있다. 홈페이지에서 예시한 문구를 「」 안에 기재하고 그 뒤에 "는 결정을 구합니다"라고 추가로 기재하면 될 것이다.

가) 과세전적부심사의 예시

예시 1 **세무조사결과 통지의 시정을 요구하는 경우**

○○세무서장(또는 ○○지방국세청장)이 세무조사와 관련하여 2010.1.1. 청구인에게 ○○세 ○○○원을 과세하겠다는 내용으로 세무조사결과 통지한바, 이에 대해 이의가 있어 이를 시정할 것을 취지로 청구합니다.

예시 2 **감사결과 과세예고통지의 시정을 요구하는 경우**

○○세무서장이 국세청장(또는 ○○지방국세청장)의 감사결과 처분 지시에 따라 2010.1.1. 청구인에게 ○○세 ○○○원을 과세하겠다는 내용으로 감사결과 과세예고통지한바, 이에 대하여 이의가 있어 이를 시정할 것을 취지로 청구합니다.

나) 취소결정의 예시

예시 1 **고지세액의 전액 취소를 요구하는 경우**

○○세무서장이 2002년 2월 1일 청구인에게 결정고지한 2000년 종합소득세 ○○○원의 부과처분은 이를 취소합니다.

예시 2 **제2차 납세의무자 지정의 취소를 요구하는 경우**

○○세무서장이 2002년 2월 1일 청구인을 ○○주식회사의 체납국세 ○○○원에 대한 제2차 납세의무자로 지정하고 납부 통지한 처분은 이를 취소합니다.

예시 3 **압류처분의 취소를 요구하는 경우**

○○세무서장이 2002년 2월 1일 청구인 소유인 ○○시 ○○동 ○○번지 대지 ○○㎡를 압류한 처분은 이를 취소합니다.

다) 경정결정의 예시

사례 1 **과세표준 경정을 요구하는 경우(1)**

○○세무서장이 2002년 2월 1일 청구인에게 결정고지한 2000년 과세연도 종합소득세 ○○○원의 부과처분은 과세표준을 ○○○원으로 하여 이를 경정합니다.

사례 2 **과세표준 경정을 요구하는 경우(2)**

○○세무서장이 2002년 2월 1일 청구인에게 결정고지한 2000년 과세연도 종합소득세 ○○○원의 부과처분은 감가상각비 ○○○원을 필요경비로 인정하여 과세표준과 세액을 경정합니다.

사례 3 **실지조사결정을 요구하는 경우**

○○세무서장이 2002년 2월 1일 청구인에게 결정고지한 2000년 과세연도 종합소득세 ○○○원의 부과처분은 이를 실지조사하여 경정합니다.

사례 4 **법인세 손금불산입 사항에 관하여 손금인정 요구하는 경우**

○○세무서장이 2002년 2월 1일 청구법인에게 결정고지한 2000.1.1~2000.12.31 사업연도 법인세 ○○○원의 부과처분은 감가상각각비 ○○○원을 손금으로 인정하여 과세표준과세액을 경정합니다.

사례 5 **법인세 익금가산 사항에 관하여 익금 제외를 요구하는 경우**

○○세무서장이 2002년 2월 1일 청구법인에게 결정고지한 2000.1.1~2000.12.31 사업연도 법인세 ○○○원의 부과처분은 인정이자 ○○○원을 익금에서 제외하여 과세표준과 세액을 경정합니다.

사례 6 가산세의 경정을 요구하는 경우

○○세무서장이 2002년 2월 1일 청구법인에게 결정고지한 2000.1.1~2000.12.31 사업연도 법인세 ○○○원의 부과처분은 신고불성실가산세 ○○○원을 차감하여 세액을 경정합니다.

사례 7 비업무용 부동산을 업무용으로 인정하기를 요구하는 경우

○○세무서장이 2002년 2월 1일 청구법인에게 결정고지한 2000.1.1~2000.12.31 사업연도 법인세 ○○○원의 부과처분은 ○○시 ○○동 ○○번지 공장용지 ○○㎡를 업무용 부동산으로 보아 지급이자 손금불산입대상에서 제외하여 과세표준과 세액을 경정합니다.

사례 8 양도소득세 취득시기(양도시기) 인정을 요구하는 경우

○○세무서장이 2002년 2월 1일 청구인에게 결정고지한 2000년 과세연도 양도소득세 ○○○원의 부과처분은 이 건 과세대상 부동산(○○시 ○○동 ○○번지 대지 ○○㎡)의 취득시기(양도시기)를 1999년 10월 26일로 하여 과세표준과 세액을 경정합니다.

사례 9 양도소득세 실지거래가액 결정을 기준시가로 경정할 것을 요구하는 경우

○○세무서장이 2002년 2월 1일 청구인에게 결정고지한 2000년 과세연도 양도소득세 ○○○원의 부과처분은 양도차익을 기준시가로 결정하여 과세표준과 세액을 경정합니다.

사례 10 양도소득세 기준시가 결정을 실지거래가액으로 경정할 것을 요구하는 경우

○○세무서장이 2002년 2월 1일 청구인에게 결정고지한 2000년 과세연도 양도소득세 ○○○원의 부과처분은 이 건 과세대상 토지의 양도차익을 실지거래가액(양도가액을 ○○○원으로, 취득가액을 ○○○원으로 함)으로 결정하여 과세표준과 세액을 경정합니다.

사례 11 상속 · 증여세 재산의 적정평가를 요구하는 경우(1)

○○세무서장이 2002년 2월 1일 청구인에게 결정고지한 1995년 10월 26일 상속(증여)분 상속(증여)세 ○○○원의 부과처분은 상속(증여)재산 중 ○○시 ○○동 ○○ 번지 대지 ○○㎡의 평가액을 ○○○원에서 ○○○원으로 하여 과세표준과 세액을 경정합니다.

사례 12 상속 · 증여세 재산의 적정평가를 요구하는 경우(2)

○○세무서장이 2002년 2월 1일 청구인에게 결정고지한 1995년 10월 26일 상속(증여)분 상속(증여)세 ○○○원의 부과처분은 주식회사 ○○의 비상장주식평가에 있어서 사용인 의 퇴직금추계액 ○○원과 임원퇴직금추계액 ○○원을 부채로 인정하여 순자산가액을 계산하고, 이 건 주식가액을 산출하여 과세표준과 세액을 경정합니다.

사례 13 **상속 · 증여세에 있어 채무공제를 요구하는 경우**

○○세무서장이 2002년 2월 1일 청구인에게 결정고지한 1995년 10월 26일 상속(증여)분 상속(증여)세 ○○○원의 부과처분은 상속(증여)재산 중 ○○시 ○○구 ○○동 ○○ 번지 건물 ○○㎡의 임대보증금 ○○○원을 피상속인의 채무로 인정하여 과세표준과 세액을 경정합니다.

사례 14 **부가가치세 매입세액공제를 요구하는 경우**

○○세무서장이 2002년 2월 1일 청구인에게 결정고지한 1999년 제2기분 부가가치세 ○○○원의 부과처분은 1999년 10월 26일 주식회사 ○○로부터 교부받은 매입세금계산서의 매입세액 ○○○원을 매출세액에서 공제하여 납부할 세액을 경정합니다.

나. 사실관계 기재요령

1) 사실관계의 중요성

어떤 과세사건에서 과세의 원인이 된 특정한 거래나 행위에 관하여 그 거래나 행위의 시작부터 과세관청의 과세처분에 이르기까지 발생한 모든 역사적 사실 중에서 법률적으로 의미 있는 부분, 즉 권리 · 의무의 판단에 필요한 사실을 선별하여 정리한 것을 사실관계라 한다.

조세불복은 「사실관계의 판단 → 적용법규의 선택 → 법규의 해석」이라는 일련의 논리적 과정을 통해 결정에 이르게 되므로, 사실관계의 판단은 결정의 기초가 될 뿐만 아니라 사실 그 자체가 쟁점인 경우가 많으므로 사실관계의 입증은 매우 중요하다.

또 정확한 사실관계의 파악은 과세관청 처분의 논리적 근거를 이해하고 정확한 과세쟁점을 분석하거나 유사한 예규 및 판례 등을 검색하는 기준이 되는 매우 중요한 부분이므로 있는 그대로의 객관적 사실을 정확하게 파악하여야 한다. 따라서 대리인은 청구인으로부터 과세처분과 관련된 모든 사실을 파악하여야 하고, 청구인은 설사 자신에게 불리한 사실이라 하더라도 이를 숨기지 말고 대리인에게는 정확한 정보를 제공하여야 한다. 어떤 사실의 유 · 불리는 청구주장을 정리하는 과정에서 대리인이 현명하게 판단할 것이다.

거짓을 섞어 사실관계를 왜곡하거나 결정적인 사실을 누락한다면 다툼을 유리하게 끌고 갈 수 있는 올바른 쟁점을 파악할 수 없을 뿐만 아니라, 만약 그러한 왜곡이나 누락이 불복절차 진행과정에서 드러나게 된다면 심사위원들은 청구인 주장을 전혀 신뢰하지 않을 수도 있다.

2) 입증증빙 수집

입증증빙은 청구인이 주장하는 내용의 진실성을 담보할 수 있는 증거서류 등을 말하는데 어떤 거래에 관한 계약서나 합의서, 회사라면 거래에 관한 승인과정이 담겨 있는 내부품의서·기안서 및 당해 거래가 발생한 후에 작성한 회계처리 전표, 거래의 존재를 입증하는 세금계산서, 이사회 의사록, 주주총회 의사록, 금융기관이 발급하는 금융거래 내역 등이 가장 대표적이다. 그러나 입증증빙은 처분된 세목이나 쟁점에 따라 특정한 것으로 한정되지 않고 수없이 많이 있다. 쟁점내용에 따라 청구인의 주장을 가장 정확하게 입증할 수 있는 증거를 최대한 수집하여야 한다.

증거 상호간에는 모순되는 점이 없어야 하며, 만약 서로 상충되는 내용이 있다면 조사청에서는 그러한 모순 및 청구인이 증거로 제출한 확인서 등이 사건 이후 사후적으로 작성된 것이므로 증거가치 없다는 등의 이유를 달면서 반박할 것이므로 그런 사실이 발생하게 된 내용도 충분히 소명되어져야 한다. 또 청구인이 쉽게 제출할 수 있음에도 제출하지 못하는 증거가 있는 경우 가령 금융자료만 제출하면 소명될 수 있는 내용임에도 청구인이 금융자료를 제출하지 않는 경우라면 과세관청은 그러한 점도 거짓주장의 반증이라고 주장할 것이 분명하므로 금융기관의 서류 보존기간이 지나 이미 폐기되었다는 등 금융자료를 제출하지 못하는 정당한 이유에 대해서도 소명하여야 한다.

조세불복은 그 다툼의 성격에 따라 크게 법령해석을 다투는 사건과 사실관계를 다투는 사건으로 구분할 수 있다. 실재에서는 두 가지 성격이 명확하게 구분되는 것은 아니며 법령해석과 사실관계를 함께 다투는 경우가 많고 때로는 사실관계 그 자체가 쟁점인 경우도 많다.

법령해석을 다투는 사건	사실관계를 다투는 사건
관련법령, 대법원 판례, 선결정 사례, 기본통칙을 포함한 예규 등의 분석이 중요	주장을 뒷받침할 수 있는 객관적인 증빙의 확보가 중요

법령해석에 대하여 다투는 사건이란 이미 발생했던 사실관계에 대하여는 청구인과 과세관청 사이에 이견이 별로 없지만, 처분근거가 된 법령을 잘못 적용하였다고 주장하는 경우를 말하는 것이다.

가령 피상속인이 납부하지 않은 국세 등이 상속인에게 승계된 경우, 그 상속인은 자신이 '상속으로 받은 재산'의 한도 내에서 승계된 국세 등을 납부할 의무가 있다(국기법 §24). 이때 '상속으로 받은 재산'에 사전증여재산은 포함되지 않으며(국심 2002부1919, 2003.9.5.), 추정상속재산은 과세관청이 그 추정상속재산이 현금으로 상속되었음을 과세관청이 입증한 후에야 비로소 '상속으로 받은 재산'에 산입할 수 있다(대법원 2010.5.27. 선고, 2010두3411 판결).

이런 사건의 경우 특별한 사실관계의 존부나 진실성 등을 다툰다기보다는 '상속으로 받은 재산'을 어떻게 계산하느냐에 관한 해석을 다투는 경우에 해당된다고 볼 수 있다.

반면, 주로 사실관계를 다투게 되는 사건의 예를 들자면 상증법의 명의신탁증여의제 규정에 따라 증여세가 과세된 사건의 경우 과세의 타당성 여부, 즉 법령해석에 대한 다툼보다는 명의신탁한 사실만으로도 조세회피의도가 있었다고 추정되는 상황에서 대부분 실제로 조세회피의도가 없었다거나 회피된 조세가 없었다는 사실, 다른 법령의 규제 등을 회피할 목적으로 불가피하게 명의신탁을 하게 되었다는 사실 또는 본인도 모르는 사이 명의를 도용당했다는 사실 등의 진실성을 다투게 된다.

조세불복 사건을 진행하는 재결청의 담당자는 법령해석을 다투는 사건에 대해서는 관련 법령은 물론 대법원 판례, 선결정례 및 기본통칙을 포함한 예규 등의 조사·분석에, 사실관계를 다투는 사건에 대해서는 청구인과 과세관청이 각자의 주장을 뒷받침하기 위해 제출한 객관적인 증빙에 따른 사실관계 조사에 중점을 두게 된다. 따라서 사실관계를 다투는 사건인 경우 대리인은 사실관계를 파악하는 과정에서 그러한 사실관계를 입증할 수 있는 객관적 증빙도 반드시 확보하여야 한다.

참고로 일부 재결청의 경우 내부적으로 다음과 같은 원칙에 입각하여 증거자료를 판단하고 있는 것으로 알려져 있다.

① 문서의 작성방식과 취지에 의하여 공무원이 직무상 작성한 것으로 인정되는 때에는 이를 진정한 공문서로 추정한다.
② 사문서는 그것이 진정한 것임이 증명되어져야 한다. 본인 또는 대리인의 서명이나 날인 또는 무인(拇印)[21]이 있는 사문서는 진정한 것으로 추정하되, 서명이나 날인 또는 무인의 진정성에 대하여 살펴보아야 한다.
③ 제출된 문서가 사본이고 그 진정성 여부가 심리에 영향을 줄 수 있는 경우에는 반드시 원본을 제출받아 진위 여부를 확인하여야 한다.[22]
④ 외국어로 작성된 문서는 번역문서 제출을 요구한다.
⑤ 증빙자료가 미흡하거나 추가 조사사항이 발견되면 신속하게 증빙의 제출을 요구하며, 필요 시 직접 수집한다.

21) 손도장, 지장
22) 제출된 원본은 통상 결정서 발송 시 동봉하여 반환하게 된다.

3) 객관적 사실을 기재

사실관계는 과세의 원인이 되는 특정한 거래에 관하여 거래의 시작부터 과세에 이르기까지 발생한 객관적 사실(Fact)을 있었던 그대로 파악하여 그 중 다투고자 하는 쟁점과 관련된 사실만을 간추려 기재하며, 쟁점과 직접적으로 무관한 사실관계를 장황하게 언급하지 않도록 한다.

또한 청구인의 주관적인 주장내용의 기재는 가급적 배제하고 실제 발생한 객관적 사실만을 기재하도록 한다. 이는 사실관계부터 청구인의 주장을 포함하기 시작하면 진실한 사실관계를 재결청의 담당자나 심사위원들에게 정확하게 전달할 수 없을 뿐만 아니라, 청구인이나 대리인 자신도 오히려 정확한 쟁점을 제대로 파악하기 어려울 수도 있기 때문이다.

4) 시간의 흐름에 따라 연대기 형식으로 정리

청구이유서는 재결청 담당자를 만나 사건을 설명하거나 심판관회의에 참석하여 진술하기에 앞서 서면으로 해당 사건을 설명하고 설득하는 과정이기 때문에 상대방의 입장에서 이해하기 쉽도록 작성되어져야 한다.

사실관계를 시간의 순서에 따라 자세하게 기재하였다면, 사실관계 기재의 가장 말미에 위에서 기재한 사실관계를 한 눈에 이해하기 쉽도록 핵심내용만 요약할 필요가 있다. 이런 요약은 시간의 흐름에 따라 연대기적으로 사실관계를 정리하는 것이 이해하기 수월하다.

연대기에 따라 사실관계가 정리되면 다음과 같이 핵심 사항만 요약한 연대기표를 작성하는 것도 사건개요를 손쉽게 파악하고, 효과적으로 전달할 수 있는 유용한 도구가 될 수 있다.

예시	연대기표 작성 예시						
2001.5.11	2007년	2008년	2008.12.29	2009년	2009.11.30.	2010년	2011.9.15
비상장 A주식 15% 취득 @500	매매사건 7건 @1,000	매매사례 15건 @1,000	특수관계자 갑에서 5% 양도 @1,300 ↓ 쟁점 1주식	매매사례 11건 @1,000	특수관계자 아닌 을에게 5% 양도 @1,500 ↓ 쟁점2주식	매매사례 9건 @1,000	처분청 쟁점 1주식을 부당행위로, 쟁점 2주식을 비지정기부금으로 과세처분

한편, 여러 사건이 함께 혼재되어 있는 경우 쟁점별로 구성할 수도 있을 것이다. 이런 경우에도 각 쟁점별로 시간 흐름의 순서로 정리하는 것이 좋다.

5) 사실관계의 검증

사실관계를 기재한 초안이 완성되면 정리한 사실관계가 정확한지, 누락된 사실은 없는지 등을 청구인과 함께 확인한다. 특히, 날짜·금액 등의 숫자 표기에 오류는 없는지를 반드시 검증하여야 한다.

사실관계에서부터 사실과 다른 내용이 기재되었다면 청구이유서에 기재되는 모든 내용이 사실과 다른 내용을 주장하는 것이 될 수도 있고, 기재한 사실관계가 심리과정에서 사실이 아닌 것으로 드러난다면 청구이유서의 나머지 부분에 대한 신뢰도 잃어버릴 수 있기 때문이다.

6) 과세관청이 불복에서 첨부하는 서류

과세관청도 불복과정에서 처분의 정당성을 입증할 여러 가지 입증서류를 제출할 것이다. 참고로 다음에 처분 내용에 따라 과세관청이 첨부하는 서류를 정리하였다(국세심사 사무처리규정 별표 1). 청구인은 이에 대응하여 과세관청이 제출하는 서류의 내용에 대해 청구인 주장의 정당성을 입증할 다른 증거를 제출할 필요가 있다.

청구의 대상이 된 처분	첨부하여야 할 서류 명칭
1. 종합소득세 (퇴직소득세 포함)	① 소득합산표 ② 소득세 과세표준금액 및 세액결정결의서 ③ 조사서 또는 조사복명서 ④ 과세표준확정신고서와 동 첨부 대차대조표 및 손익계산서 ⑤ 수입금액합산표 ⑥ 사업장현황신고서 ⑦ 그 밖의 부속서류
2. 양도소득세	① 양도소득세 결정결의서 ② 양도소득금액 결정내역서 ③ 취득가액 및 양도가액 조사복명서 ④ 재산제세 과세자료 ⑤ 양도소득세 과세표준 신고 및 자진납부계산서와 부속서류 ⑥ 양도소득세 공정과세위원회 의결서 ⑦ 그 밖의 부속서류 ※ 부동산 매매업자의 토지 등 매매차익결정에 대한 불복의 경우에 준용한다.
3. 법인세	① 법인세 과세표준 및 세액결정결의서, 동 부표, 부속서류

청구의 대상이 된 처분	첨부하여야 할 서류 명칭
3. 법인세	② 법인세 과세표준 및 세액신고서와 동 첨부 세무조정서식, 대차대조표 손익계산서, 합계잔액시산표 및 제조원가보고서 ※ 비사업용 토지의 양도에 대한 과세표준 및 세액계산서도 함께 첨부하여야 한다. ③ 그 밖의 부속서류
4. 원천제세	① 원천세 결정결의서 및 부표 ② 조사 일일복명서 ③ 그 밖의 부속서류
5. 보고불성실가산세	① 소득자료제출상황 검토표 ② 조사 일일복명서 ③ 그 밖의 부속서류
6. 상속세 · 증여세	① 상속(증여)세 결정결의서와 신고 및 납부계산서 ② 상속(증여) 재산평가조서 ③ 조사복명서 ④ 그 밖의 부속서류
7. 부가가치세	① 부가가치세 경정, 재경정결의서 ② 조사서 ③ 매출(입)처별 세금계산서 합계표 ④ 부가가치세 예정 및 확정신고서 ⑤ 신용카드 매출 등 과소신고 자료 ⑥ 세금계산서불부합거래일람표 ⑦ 그 밖의 부속서류
8. 주세	① 주세 결정결의서 ② 조사복명서 ③ 그 밖의 부속서류
9. 특별소비세	① 특별소비세 결정결의서 ② 조사복명서 ③ 그 밖의 부속서류
10. 기타	상기 각 세목 중 가장 유사한 것에 준하는 서류

다. 과세개요 및 쟁점 기재요령

1) 과세개요

과세원인 및 쟁점처분에 이르게 된 경위와 처분의 내용을 간략하게 기재한다. 과세처분에 이르게 된 개요는 재결청 담당자가 사건의 성격을 파악하는 기초자료로서 과세처분 개요가 잘 정리되어 전달되어야만 취소를 구하는 청구의 성격을 보다 정확하게 파악할 수 있다.

앞서 사실관계의 연대기표에서 사례로 든 사건의 경우 다음 예시와 같이 기재하면 무난하다.

예시	과세개요 기재

(가) 청구법인은 비상장 A주식 15%를 2001년 @500원에 취득하여 보유하다가 2008.11.29. 5%를 @1,300원에 특수관계자인 갑에게 양도(쟁점1주식)하고, 2009.11.30. 특수관계자가 아닌 을에게 5%를 @1,500원에 양도(쟁점2주식)한 후 각 양도거래의 양도차익에 대한 법인세와 증권거래세를 신고・납부

(나) 중부지방국세청은 2011년 6월 처분청에 대한 감사를 실시하여 쟁점주식의 시가를 「상속세 및 증여세법」의 보충적 평가액 @5,000원(쟁점1주식)과 @6,000원(쟁점2주식)으로 결정하고, 청구법인이 쟁점주식을 시가보다 저가에 양도하였으므로 쟁점1주식에 대해서는 「법인세법」에 의한 부당행위계산부인규정을, 쟁점2주식은 기부금 의제규정을 적용하여 청구법인에게 법인세를 과세하여야 한다는 내용의 현지 시정 요구

(다) 처분청은 추가조사를 거쳐 2011.10.5. 청구법인에게 쟁점1주식 매매거래를 부당행위계산부인하여 그 시가(보충적 평가액)와 거래가액의 차액 658,500,000원을 익금산입(저가양도)하여 2008사업연도 법인세 80,329,000원을 경정・고지하였고, 쟁점2주식에 대해서는 시가(보충적 평가액)에서 30%를 차감한 가액과 거래가액의 차이 214,557,960원을 익금산입(비지정기부금 의제)하여 2009사업연도 법인세 24,449,170원을 경정・고지함

2) 쟁점

불복청구한 사건의 과세쟁점을 가능한 2줄 이내에서 간단명료하게 정의하여 명시한다. 불복청구 사건의 양 당사자인 청구인과 과세관청이 어느 정도 자신에게 유리한 방향으로 쟁점을 정리하여 재결청에 제출할 것이다.

위 예시 사건의 경우 각 당사자들이 정리한 쟁점과 재결청 담당자들이 객관적인 시각에서 정리한 쟁점을 서로 비교해 보면 각자의 입장에서 아마도 다음과 같은 차이가 있을 것이다.

예시 1 청구인 입장에서의 쟁점

특수관계 없는 제3자 간에 거래한 매매사례가액이 다수 존재함에도 불구하고 상증법의 보충적 평가액을 시가로 보고 과세한 처분이 타당한지 여부

예시 2 **처분청 입장에서의 쟁점**

시가가 존재하지 않는 비상장주식을 상증법의 보충적 평가가액에 현저하게 미달하는 저가로 양도한 쟁점거래에 대한 법인세 과세처분의 당부

예시 3 **재결청 입장에서의 쟁점**

보충적 평가액을 쟁점주식의 시가로 보아 저가양도 등으로 법인세를 부과한 처분의 당부

라. 청구주장 기재요령

1) 개요

청구주장은 실무에서 주장사실이라고도 하며 청구인이 과세관청의 처분에 수긍하지 못하고 불복하는 이유를 본격적으로 전개하는 부분이다. 과세관청의 처분근거가 부당하거나 위법하다는 논리적 근거, 청구인의 주장이 타당하다는 논리적 근거를 사실관계와 함께 입증하여야 한다.

청구주장은 청구취지의 목적 달성을 위한 것이므로 국세심사위원회 등 심사위원이 쉽게 이해할 수 있도록 조리있게 서술하고, 그에 따른 입증을 동반하여야 한다. 이유에는 단순히 이유의 진술만으로는 부족하고 그에 따른 합리적인 증거자료를 첨부해야 하는 것이다.

청구이유서에 기재하는 청구주장은 웅변이 아닌 글자와 문장으로서 상대방을 설득하는 것이므로 청구인이 주장하는 논리를 체계적이고 일목요연하게 전개해야 한다. 자신의 주장에 함몰되어 쟁점을 벗어나는 부분을 장황하게 서술하지 않도록 주의해야 한다.

불복청구에는 사실판단의 문제인 경우가 많고 또한 법령해석상의 문제에서도 사실의 확정은 매우 중요하므로 주장내용을 증명할 수 있는 정확하고 꼭 필요한 증거자료를 확보하여 함께 제출하는 것이 필수적이다.

2) 주장내용별로 구분하여 기재

주장내용은 과세관청 처분의 부당성 내지 위법성을 최대한 부각시킬 수 있는 주장을 요지별로 기재하여 논리적으로 전개하여야 하며, 주장의 마지막은 이러한 주장사실로 볼 때 과세관청의 쟁점처분은 위법하고 부당하므로 취소되어야 한다는 것으로 결론지어져야 한다.

이를 위해서는 주장하고자 하는 내용을 처음부터 끝까지 서술식으로 기재하기보다는 주장사실의 요점별로 잘 정리하여 2~4줄로 압축하여 제목 형태로 기술한 다음 세부적 내용을 그 다음에 주장하면 효과적이다. 주장별 제목은 그것들만 읽었을 때에도 주장하는 바와 그에 따른 결론이 구성될 수 있을 정도로 간략하면서도 핵심적인 내용이 제목에 포함될 수 있도록 고민하여 작성해야 한다.

청구주장의 배열은 여러 가지 주장 중에서 가장 파괴력이 크고 승산이 있는 핵심주장을 제일 먼저 기재하는 것이 효과적이다.

3) 처분근거를 분석하고 반박

정리된 사실관계를 바탕으로 과세관청이 처분에 이르게 된 처분근거 및 처분사유를 면밀히 분석하고, 처분근거 등이 부족하거나 부적합한 점을 조목조목 반박한다. 이때 과세사실의 존재 등 처분근거가 되는 사실의 입증책임은 항상 과세관청에 있으므로 과세관청의 입증이 부실한 경우 이에 대해서도 반박한다.

과세관청의 과세근거에 관한 입증이 부실한 경우, 그것만으로도 과세처분이 위법한 것이 되어 취소될 수 있으므로 과세관청은 유사한 사례의 판례 등을 들면서 입증책임이 주장하는 자, 즉 청구인에게 있다는 것으로 입증책임을 전환하려 할 것이다. 따라서 과세관청의 처분근거를 면밀히 따져 과세관청이 입증책임을 다하지 않은 채 처분한 사실을 구체적으로 지적하여야 한다.

또한 처분청의 주장 및 제출 증빙을 분석하여 그 주장의 당부 또는 신빙성 여부를 판단하고 그에 대한 부당함을 부각하여 인용 결론을 유도하는 방식으로 작성한다. 과세처분의 세액 등도 구체적인 계산내역을 검증하여 그러한 금액이 산정되기까지 계산의 오류가 없는지도 재계산하여야 한다.

4) 예규 및 판례를 적극적으로 인용

유사 판례 등의 인용은 재결청의 판단에 중요한 영향을 미칠 수 있으므로 청구주장의 논리 전개에 필요한 경우 과세관청은 물론 기획재정부 등 관련 기관의 행정예규나 각 세법의 기본통칙은 물론 심사례 및 심판례, 행정법원 및 대법원 판례 등을 적극적으로 인용한다. 판례 등을 인용하기 위해서는 판례 등의 검색이 가능한 인터넷사이트를 적극 활용하되, 어느 한 사이트에 없는 판례가 다른 사이트에는 실려 있는 경우가 많으므로 여러 사이트를 두루 검색하는 것이 좋다.

- 대법원 종합법률정보 : http://glaw.scourt.go.kr
- 법제처 국가법령정보센터 : http://www.law.go.kr
- 국세청 국세법령정보시스템 : https://txsi.hometax.go.kr
- 국회 법률지식정보시스템 : http://likms.assembly.go.kr
- 조세심판원 : http://www.tt.go.kr
- 기획재정부 http://www.mosf.go.kr
- 기타 유료사이트 : 삼일아이닷컴, 택스넷, 이택스 등

판례 등을 인용할 때 주의할 점은 반드시 전체 원문을 확인한 후 인용하여야 한다는 것이다. 이는 원문의 사실관계 등을 종합적으로 검토하면 청구주장에 오히려 불리한 판례임에도 불구하고 판례제목이나 요지 등만 읽고 판단할 경우 청구주장에 유리한 판례라고 오인할 수 있는 경우도 종종 있기 때문이다. 원문 전부를 읽지 않은 상태에서 섣불리 인용하지 않도록 주의한다.

청구주장에서 인용하는 판례는 청구주장의 일부로 기재하지만 특히 현재 청구중인 사건과 사실관계가 매우 유사하면서 청구인이 원하는 인용 결과를 획득한 사건인 경우 본문 중에 Box로 처리하여도 무방하며, 판례 내용 중 강조하고 싶은 부분에는 밑줄을 그어 이를 강조할 필요가 있다. 단, 판례 등을 인용한 경우 어느 경우이든 그 마지막 부분에 인용한 사건의 사건번호 등을 명확하게 기재하여야 한다.

청구이유서 본문에서 판례 등의 인용

부당행위계산의 판단 시기는 그 행위 당시를 기준으로 판단하여야 할 것인데, 금전대여 당시 당좌대월이자율 또는 그 이상으로 금전을 대여하여 부당행위계산부인의 대상이 아니었던 금전대여가 이후 당좌대월이자율이 변동되었다는 사정만으로 부당행위계산부인의 대상으로 변한다고 하는 것 또한 불합리하다는 점에서 보면, 금전대여자가 금전대여 시에 당좌대월이자율 이상으로 이자를 수수하기로 약정하였다면 이는 이후 당좌대월이자율의 변동 여부와 상관없이 위 단서 소정의 당좌대월이자율로 약정한 경우로 보아야 한다(대법원 2007.9.20. 선고, 2006두1647 판결 참조).

5) 증거목록과의 연결표시(refer)

청구주장에서는 청구주장의 타당성을 뒷받침할 서증 등의 증거자료를 함께 제출하여야 한다. 법령이나 판례, 참고서적 등은 원칙적으로 증거가 아닌 참고자료이므로 증거로 제출

할 것은 아니며, 판결서나 등기부등본, 계약서 등 단일 문서는 필요한 일부분이 아닌 해당 문서 전부를 제출해야 한다.

다만 책자일 경우 전체 내용 중 입증취지와 관련된 부분만을 발췌하여 제출할 수 있고, 책이름 · 출판사 · 발행연도 · 발췌한 페이지 등을 표시한다.

인용서적 등의 표시

합병법인이 피합병법인의 자산과 부채를 평가하여 승계받은 경우로서 그 자산가액을 초과하는 부채의 가액을 「기업인수 · 합병 등에 관한 회계처리준칙」에 따라 영업권으로 계상한 경우 그 가액은 법인세법 시행령 제24조에 규정된 감가상각자산에 해당되지 아니하는 것으로 합병법인의 합병평가차익을 구성하지 않으며(이영우, 2007년 법인세조정신고실무, 영화조세통람, p.1206 참조), 「기업인수 · 합병 등에 관한 회계처리준칙」에 의하여 계상한 영업권은 세무상 자산으로 인정되지 아니하므로 손금산입하여 사후관리한다(이영우, 2007년 법인세조정신고실무, 영화조세통람, p.1212 참조)고 각각 기재하고 있다.

표지와 내용으로 구성된 서증은 그 출처를 알 수 있도록 표지, 내용 및 출처부분을 함께 제출하며, 현장 상황을 알 수 있는 지적도 · 도면 · 사진 등을 제출할 경우 컬러인 경우 흑백 사본이 아닌 컬러 사진 등을 제출한다.

한편, 이와 같이 증거자료를 제출할 경우 증거자료와 본문 주장내용을 연결하는 참조표시(refer)를 반드시 기재하도록 한다. 만약 참조표시의 기재 없이 증거자료와 그 목록만 제출하게 되면 청구이유서를 읽게 될 재결청과 조사청 담당자가 본문 주장과 제출된 증거자료를 연계하여 검토하는 데 불편할 것이므로 이런 연결표시를 기재하는 것이 청구주장을 이해시키는 데 한결 도움이 된다.

증거목록과의 연결표시

문화부의 기부채납 승인공문(증 제4호 참조)에는 기부채납가액 또는 무상사용권가액에 대해서는 어떠한 언급도 없는 반면, 청구법인과 문화부 간 무상사용 허가 관련 문서에는 부가가치세법에 의한 무상사용권 가액이 100,000,000원임을 분명히 명시하고 있습니다(증 제7호 참조).

사실관계 또는 청구주장에서 증거로 제출한 증거는 청구이유서 말미에서 목록으로 작성하여 별도로 기재하는 것이 좋다. 과세관청이 이미 제출한 서증을 중복해 제출할 필요는 없으나, 이 경우 중복된 서증이므로 제출하지 않는다는 표시는 할 필요가 있다.

마. 관련법령 등 기재요령

1) 관련법령

쟁점과 관련하여 판단에 필요한 법령은 「」 기호 속에 기재하여 법령임을 확실하게 표시하고, 법률, 시행령, 시행규칙의 순서로 빠짐없이 기재하되, 법령 내용이 많은 경우 쟁점에 관한 부분만 발췌하여 기재해도 무방하다.

쟁점의 판단에 적용될 법령은 납세의무 성립 당시의 법령에 따라야 하므로 개정 등에 따라 법문의 내용이 변경된 경우 적용되어야 할 법령임을 명확하게 알 수 있도록 개정일자를 표시하여 정리하여야 한다.

납세의무 성립 당시의 법령의 검색은 국세청의 국세법령정보시스템(txsi.hometax.go.kr)·법제처 국가법령정보센터(law.go.kr) 또는 삼일아이닷컴(samili.com) 등 유료사이트를 활용할 수 있다.

한편, 쟁점이 법령해석에 관한 사건인 경우 입법취지 또는 개정취지, 당해 법령 전후의 법규정 내용에 대한 조사도 필요한 경우가 있다. 이 경우에는 매년 발간되는 기획재정부의 「간추린 개정세법」 책자 또는 국세청에서 발간되는 「개정세법 해설」 책자 등을 참조하고, 비교적 오래된 자료의 경우 국회돋보기(assembly.cfe.org) 홈페이지를 활용하여 제·개정취지 등 법안 발의 당시의 분위기 등을 파악한다. 필요한 경우 부칙의 적용시기와 개정 전후의 신구 조문을 비교하는 형식으로 표시한다.

2) 예규·판례

쟁점과 관련된 예규 및 판례를 조사하여 첨부한다. 예규나 판례는 법령은 아니지만 재결청의 심사위원들의 판단에 중요한 지침을 제공할 수 있다.

예규의 경우 과세관청의 자체 예규보다 기획재정부의 예규가 더욱 구속력이 있는 것으로 알려지고 있다. 판례는 당해 사건과 쟁점 및 사실관계가 유사한 사건을 첨부하며, 판례요지만 참고하지 말고 반드시 전문을 검토한 후 첨부할 것인지 여부를 결정하여야 한다. 이는 요지만으로 보아서는 유리할 것 같은 판례도 전문의 사실관계 등을 종합적으로 고려해 보면 결과적으로 청구인에게 불리한 결론을 유도할 수 있는 판례가 있기 때문이다.

예규 및 판례 등을 인용하거나 첨부할 때는 불복의 다른 편 당사자인 처분청이나 재결청의 담당자가 직접 검색이 가능할 수 있도록 반드시 예규번호, 사건번호, 생성일자 등을 함께 표기한다.

3 청구이유서 작성 사례

지금까지 살펴 본 청구이유서 각 구성별 기재요령을 종합한 청구이유서 작성 사례를 예시한다.

각 개별 사건별로 세목의 차이, 과세쟁점의 차이, 사실관계의 차이 등이 존재하므로 사례의 구체적 내용보다는 기재방식 및 청구이유서의 구성 체계에 중점을 두고 참고하였으면 한다.

가. 법인세

심판청구 이유서

Ⅰ. 청구취지

「남대문세무서장(이하 '처분청'이라 합니다)이 2013.6.17. ㈜가나(이하 '청구법인'이라 합니다)에게 한 2007년부터 2012년까지 귀속 법인세 중 해외지급보증수수료 과소수취 관련 다음 각 익금산입 처분(이하 '쟁점처분'이라 합니다)은 위법ㆍ부당하므로 이를 취소한다」라는 결정을 구합니다.

(단위 : 원)

귀속연도	고지세액	취소를 구하는 익금산입액
2007년	×,×××,×××,×××	×,×××,×××,×××
2008년	×,×××,×××,×××	×,×××,×××,×××
2009년	×,×××,×××,×××	×,×××,×××,×××
2010년	×,×××,×××,×××	×,×××,×××,×××
2011년	×,×××,×××,×××	×,×××,×××,×××
2012년	×,×××,×××,×××	×,×××,×××,×××
합계	××,×××,×××,×××	××,×××,×××,×××

Ⅱ. 과세개요

서울지방국세청 국제거래조사국(이하 '조사청'이라 합니다)은 국세청이 개발한 정상가격결정 모형을 적용하여 청구법인의 해외지급보증에 대한 적정 수수료율을 0.87% ~ 3.40% 범위로 계산하고, 동 범위의 평균값을 정상가격으로 판단하여,
2013.3.25. 제척기간이 도래한 2007년 사업연도 과소신고금액 ×××원을 먼저 익금산입 처분하여 법인세 과세통지하고, 2013.6.17. 2008~2012 사업연도 과소신고금액 ×××원을 익금산입하여 법인세 과세통지

(증 제1호) 쟁점처분 납세고지서

Ⅲ. 쟁점

역외금융 차입조달 시 현지국 금리수준 및 금융기관의 금리제안 등에 기초해 결정된 쟁점 보증수수료율이 경제적 합리성을 상실한 수준인지 여부 및 국세청 모형에 의한 수수료율이 과연 유일한 시가인지 여부

Ⅳ. 사실관계

1. 해외자회사의 금전차입 시 지급보증을 제공하고, 지급보증수수료 수취

청구법인은 해외법인의 금전차입 시 지급보증하고, 지급보증금액의 0.1%~0.5% 상당액을 지급보증수수료로 수취

[표 1] 연도별 지급보증수수료 수취내역

구분	2007년	2008년	2009년	2010년	2011년	2012년	합계
수수료	×××	×××	×××	×××	×××	×××	×××

(증 제2호) 연도별 해외지급보증수수료 현황자료

지급보증 수수료율은 현지국 보증 차입금리와 무보증 차입금리의 차이 · 금융기관에서 제시한 보증수수료율 · 현지 국가의 실세금리 수준 · 지급보증에 따른 현지법인의 예상편익과 청구법인의 보증위험 등을 종합적으로 고려하여 산정하였으며, 청구법인이 2007~2012 사업연도 중 지급보증을 제공한 해외법인과 지급보증수수료율 내역은 다음과 같음

[표 2] 해외법인별 지급보증수수료율

해외법인명	설립/인수일		소재지	수수료율
○○ Funding Limited	설립	2005-07-05	아일랜드	0.3%
Operator ○○, LLC	인수	2007-07-11	러시아	0.1%
○○ Properties Limited	설립	2008-11-14	홍콩	0.2%, 0.5%

해외법인명	설립/인수일		소재지	수수료율
Closed Joint Stock Company ○○ RUS	설립	1997-06-18	러시아	0.3%, 0.5%
○○ Europe Holdings B.V.	설립	2007-12-28	네덜란드	0.3%
○○ S.A.	인수	2009-10-29	룩셈부르크	0.5%
○○ Vietnam Company Limited	설립	2005-01-27	베트남	0.2%, 0.5%
○○ Hongkong Limited	설립	2011-10-24	홍콩	0.5%
PT. ○○ Indonesia	증자	2011-10-06	인도네시아	0.5%
○○ USA, LLC	설립	2012-03-23	미국	0.5%

2. 국세청의 정상가격 결정모형 개발 및 적용

2012.4.16. 국세청은 해외자회사 지급보증수수료에 관한 정상가격 결정모형을 개발하고 공개함

(증 제3호) 국세청 보도자료 : 지급보증수수료 정상가격 결정모형 공개

동 보도자료에 따르면 동 모형은 금융기관의 재무모형 개발방법론에 기초한 신용평가모형으로 보증·피보증 기업의 신용등급에 대응되는 가산금리(예상손실 + 예상외손실)의 차이를 정상가격으로 산출하며, ① 평가대상 재무비율 선정→② 신용등급 부여→③ 신용등급별 가산금리 산출→④ 정상수수료율 산정 순서로 진행

3. 쟁점처분

조사청은 청구법인이 해외자회사에게 지급보증 용역을 제공하고 대가로 수취한 보증수수료율이 국세청 모형에 따라 산출된 요율에 비해 과소하다는 이유로 요율 차이에 상당하는 금액을 익금산입 처분

[표 3] 과소신고금액 익금산입 내역

사업연도	해외법인명	지급보증수수료율		익금산입액
		청구법인	조사청	
2007	○○ Funding Limited	0.3%	2.84%	4,104
	Operator ○○, LLC	0.1%	2.84%	19
2008	○○ Funding Limited	0.3%	2.72%	3,854
	Operator ○○, LLC	0.1%	2.72%	158
2009	○○ Funding Limited	0.3%	2.72%	4,139
	Operator ○○, LLC	0.1%	2.72%	110
	○○ Properties Limited	0.2%	1.73%	698
	Closed Joint Stock Company ○○ RUS	0.3%	2.72%	429

사업 연도	해외법인명	지급보증수수료율		익금산입액
		청구법인	조사청	
2010	○○ Funding Limited	0.3%	2.44%	2,650
	○○ Properties Limited	0.2%, 0.5%	2.44%	1,916
	Closed Joint Stock Company ○○ RUS	0.3%, 0.5%	0.87%	988
	○○ Europe Holdings B.V.	0.3%	0.87%	127
	○○ S.A.	0.5%	1.45%	101
	○○ Vietnam Company Limited	0.5%	2.44%	204
2011	○○ Funding Limited	0.3%	2.44%	758
	○○ Properties Limited	0.2%, 0.5%	0.87%	699
	Closed Joint Stock Company ○○ RUS	0.3%, 0.5%	2.44%	6,015
	○○ Europe Holdings B.V.	0.3%	0.87%	△28 *
	○○ S.A.	0.5%	2.44%	638
	○○ Vietnam Company Limited	0.5%	2.44%	833
	○○ Hongkong Limited	0.5%	1.45%	44
	PT. ○○ Indonesia	0.5%	2.44%	29
2012	○○ Properties Limited	0.5%	2.44%	6,082
	Closed Joint Stock Company ○○ RUS	0.5%	2.44%	7,211
	○○ S.A.	0.5%	2.44%	682
	○○ Vietnam Company Limited	0.5%	1.45%	1,534
	○○ Hongkong Limited	0.5%	1.45%	132
	PT. ○○ Indonesia	0.5%	2.44%	171
	○○ USA, LLC	0.5%	2.44%	11

4. 이의신청 및 기각결정

청구법인은 위 처분에 대해 2013.9.11. 서울지방국세청장에게 이의신청을 제기하였으나, 2014.1.6. 국세심사위원회는 청구 기각결정

(증 제4호) 이의신청 결정서(2014.1.6.)

Ⅴ. 청구주장

1. 국세청 모형에 의해 계산된 결과가 보증수수료율과 차이 난다는 이유만으로 과세한 것은 보증시장의 시가를 전혀 살피지 않은 것이므로 부당합니다.

가. 현지법인이 국외은행으로부터 자금을 차입하는 거래에서 현지법인의 차입금 상환의무에 대해 제3자 금융기관이 보증하는 경우, 현지법인이 보증을 제공한 금융기관에 지급하는 보증수수료는 시가에 해당합니다.

현지법인의 차입금 상환에 대한 보증을 반드시 국내 모기업이 제공할 필요는 없고,

국내·외의 제3자 금융기관이 현지법인의 상환의무에 대한 보증용역을 제공하고 그 대가로 보증수수료를 수취할 수 있습니다.
이때 제3자 금융기관이 현지법인으로부터 수취하는 보증수수료는 특수관계 없는 제3자 간에 계약으로 합의한 수수료율에 따른 것이므로 곧 시가입니다.

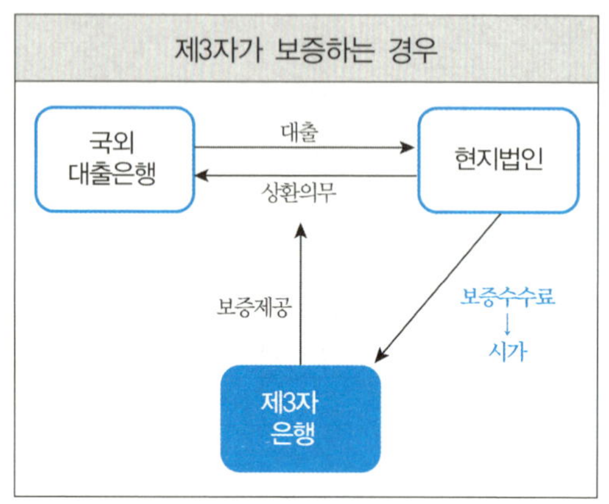

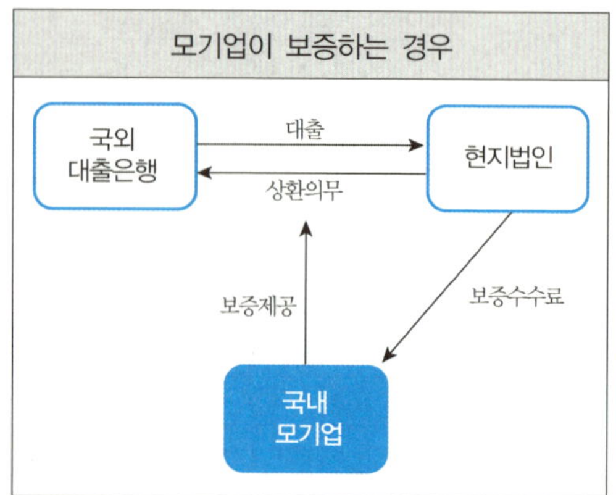

나. 조사청은 시장에서 형성되는 보증수수료율 시가를 무시하고, 오로지 국세청 모형에 따라 계산된 보증수수료율만 유일하게 타당하다고 주장하는 것입니다.
현지법인은 국내·외 여러 은행으로부터 서로 다른 수수료 제안을 받을 경우 그 중 가장 낮은 수수료율을 제시하는 은행을 선택하여 보증용역을 제공받을 것인데, 이렇게 시장의 합리적 경쟁에서 결정된 수수료율은 시가임이 분명하고, 만약 이때 국내 모기업이 현지법인에게 보증용역을 제공하고 시가대로 보증수수료를 수수한다면 그것은 시가거래이므로 부당행위계산부인대상이 아닙니다.
가령, 현지법인이 어느 제3자 은행으로부터 보증을 제공받는 대가로 0.5%를 수수료율로 지급할 수 있다면, 현지법인은 0.5% 이상 수수료율을 요구하는 다른 은행과 거래할 필요가 없고, 제3자 은행 대신 국내 모기업이 보증용역을 제공할 때도 0.5% 이상 수수료율을 지급할 이유가 없습니다.

그런데 국세청 모형에 따라 적정 보증수수료율이 1.5%로 계산된다는 이유로 그 차이 1%(1.5%-0.5%) 상당 금액을 부당행위로 부인한다면, 국세청 모형에 의한 수수료율만이 유일한 과세기준이고, 시가는 고려할 필요가 없다는 결론이므로 부당합니다.
쟁점처분의 경우도 그러한데 다음에서 현지법인별로 살펴보겠습니다.

㉮ ○○ RUS(소재지 : 러시아) 경우
○○ RUS는 러시아 모스코바 소재 ○○○○을 운영하는 회사이고, 동사 대출금에 대해 지급보증한 청구법인이 수취한 보증수수료율과 조사청이 제시한 보증수수료율의 차이는 다음과 같습니다.

[표 4] ○○ RUS에 대한 보증수수료율 차이

연도	대출기관	보증기간	보증금액 (백만 원)	보증수수료율		
				청구법인	조사청	차이
2009	외환은행 암스텔담지점	2009.10.5.~2010.10.4.	11,678	0.30%	2.72%	2.42%
	외환은행 런던지점	2009.10.5.~2010.10.4.	58,389	0.30%	2.72%	2.42%
	외환은행 런던지점	2009.12.22.~2010.8.31.	18,749	0.30%	2.72%	2.42%
	우리은행 러시아	2009.12.22.~2010.8.31.	4,687	0.30%	2.72%	2.42%
2010	외환은행 암스텔담지점	2009.10.5.~2010.10.4.	11,639	0.30%	0.87%	0.57%
	외환은행 런던지점	2009.10.5.~2010.10.4.	58,196	0.30%	0.87%	0.57%
	외환은행 암스텔담지점	2010.10.5.~2011.9.30.	11,329	0.50%	0.87%	0.57%
	외환은행 런던지점	2010.10.5.~2011.9.30.	56,646	0.50%	0.87%	0.57%
	외환은행 런던지점	2009.12.22.~2010.8.31.	18,632	0.30%	0.87%	0.57%
	우리은행 러시아	2009.12.22.~2010.8.31.	4,658	0.30%	0.87%	0.57%
	산업은행	2010.1.14.~2011.1.14.	23,136	0.30%	0.87%	0.57%
	산업은행	2010.7.14.~2015.7.14.	253,675	0.50%	0.87%	0.57%
2011	외환은행 런던지점	2010.10.5.~2011.9.30.	54,785	0.50%	2.44%	1.22%

청구법인이 2008.11.21. 러시아 현지 은행인 GLOBEX BANK에 ○○ RUS의 차입금에 대해 보증용역을 제공해 줄 경우 보증수수료율은 얼마인지 문의했을 때, GLOBEX BANK는 보증용역 제공대가로 0.3%를 요구하였습니다.

(증 제5호) 러시아 GLOBEX 은행 금리제안서(2008.11.22.) : 0.3%

즉, 청구법인은 러시아 GLOBEX 은행에서 제시한 보증수수료율 0.3%를 시가로 알고 2009년부터 ○○ RUS 차입금에 대한 지급보증을 제공하면서 0.3%를 지급보증수수료로 수취하게 된 것입니다.

또, 2010년 청구법인은 신한은행 · 산업은행 · 외환은행에서도 ○○ RUS 차입금의 지급보증수수료 금리제안서를 제시받았습니다.

은행명	신한은행	산업은행	외환은행
보증수수료 제안	0.5%	0.5 ~ 0.7%	0.5%

(증 제6호) 2010년 신한은행 · 산업은행 · 외환은행 보증수수료율 금리제안서

신한은행의 경우 ○○ RUS 외화지급보증에 대한 수수료로 연 0.5%를 제시하고 있으며,

산업은행의 경우 ○○ RUS의 역외대출에 대해 보증이 제공되는 경우는 Libor에 230bp(basis point, 100bp=1%, 즉 2.3%)를 가산한 금리를, 보증이 없는 경우, 즉 ○○ RUS 자기신용만으로 대출하는 경우는 Libor에 280 ~ 300bp(2.8 ~ 3.0%)를 가산한 금리를 요구하여, 지급보증에 대한 적정 수수료율은 0.5 ~ 0.7%(280 - 230 = 50bp = 0.5%, 300 - 230 = 70bp = 0.7%)임을 알 수 있습니다. 다시 말해, 보증이 제공될 경우 Libor + 2.3% 금리로 대출이 가능하며, 보증이 제공되지 않을 때는 Libor + 2.8% ~ 3.0% 금리를 제안함으로써 지급보증에 대한 적정 수수료율은 2.8% ~ 3.0%에서 2.3%를 차감한 0.5% ~ 0.7%라는 것을 알 수 있습니다.

외환은행의 경우 은행금리를 결정하는 변수별로 구분하여 금리를 제안하되, 지급보증 시 0.18%를 지급보증 없을 시 0.68%를 제안하여 그 차이 0.5%를 지급보증수수료로 제안하고 있습니다.

이상 살펴본 것처럼 청구법인은 ○○ RUS에 대한 지급보증 수수료를 2010년 전 보증기간에 대해서는 러시아 GLOBEX 은행의 제안에 따른 시가 0.3%를 적용했고, 2010년부터는 신한은행 등 제안에 따른 시가 0.5%를 적용한 것으로 그 근거가 시장의 실세금리에 근거해 결정된 것입니다.

2009년까지 : GLOBEX 은행 제안금리 적용 → 0.3% 2010년부터 : 신한은행 등 제안금리 적용 → 0.5%

반면, 조사청은 국세청 모형에 근거하여 기계적으로 계산된 2.44% 내지 2.72%를 적정수준이라고 단정하여 시가는 전혀 고려하지 않고 결정한 것이므로 부당합니다. 한편, 외환은행은 2011년부터 2013년까지도 ○○ RUS에 대한 적정 보증수수료율을 0.5%로 매년 제안하고 있습니다.

(증 제7호) 2011년 ~ 2013년 ZAO Lotte RUS 관련 외환은행 금리제안서

㉯ ○○(○○Ⅱ) Funding Ltd.(소재지 : 아일랜드) 경우

○○(○○ Ⅱ 포함, 이하 같습니다) Funding Ltd.는 위 ○○ RUS가 운영하는 ○○○○을 모스코바에 신축할 목적으로 아일랜드에서 설립한 펀드이고, 동 펀드 차입금에 대한 지급보증을 제공한 청구법인이 수취한 보증수수료율과 조사청이 제시한 보증수수료율의 차이는 다음과 같습니다.

[표 5] ○○ Funding Ltd.에 대한 보증수수료율 차이

연도	대출기관	보증기간	보증금액 (백만 원)	보증수수료율		
				청구법인	조사청	차이
2007	산업은행 국민은행	2005.7.26.~ 2010.7.26.	120,000	0.30%	2.84%	2.54%
	SMBC	2006.12.6.~ 2011.12.6.	37,167	0.30%	2.84%	2.54%
2008	산업은행 국민은행	2005.7.26.~ 2010.7.26.	120,000	0.30%	2.72%	2.42%
	SMBC	2006.12.6.~ 2011.12.6.	44,190	0.30%	2.72%	2.42%
2009	산업은행 국민은행	2005.7.26.~ 2010.7.26.	120,000	0.30%	2.72%	2.42%
	SMBC	2006.12.6.~ 2011.12.6.	51,033	0.30%	2.72%	2.42%
2010	산업은행 국민은행	2005.7.26.~ 2010.7.26.	120,000	0.30%	2.44%	2.14%
	SMBC	2006.12.6.~ 2011.12.6.	46,242	0.30%	2.44%	2.14%
2011	산업은행 국민은행	2005.7.26.~ 2010.7.26.	120,000	0.30%	2.44%	2.14%
	SMBC	2006.12.6.~ 2011.12.6.	44,184	0.30%	2.44%	2.14%

○○ Funding Ltd.는 모스코바에 신축하는 ○○○○의 신축자금을 조달하는 기능의 펀드였고, 신축완료 후 ○○ RUS가 운영하였습니다.

청구법인이 러시아 GLOBEX 은행에서 금리제안서(증5)를 받은 것은 2008년 11월 당시 ○○○○은 아직 건설중이었고, ○○ RUS가 본격적으로 운영하기 전이었으므로 당시 GLOBEX 은행 금리제안서의 보증수수료율 0.3%는 ○○ Funding Ltd. 대출에도 적용가능한 시가입니다.

즉, 청구법인은 당시 보증수수료율 시가 0.3%에 근거하여 보증수수료를 수취한 것이므로 법인세법상 부당행위계산부인에 해당하지 않습니다.

㉰ ○○ Vietnam(소재지 : 베트남) 경우

베트남 소재 자회사 ○○ Vietnam 지급보증에 대해 청구법인이 수취한 보증수수료율과 조사청이 산출한 보증수수료율의 차이는 다음과 같습니다.

[표 6] ○○ Vietnam Company Ltd.에 대한 보증수수료율 차이

연도	대출기관	보증기간	보증금액 (백만 원)	보증수수료율		
				청구법인	조사청	차이
2010	하나은행	2010.9.9.~ 2015.9.9.	132,915	0.50%	2.44%	1.94%
	우리은행	2010.9.9.~ 2015.9.9.	132,915	0.50%	2.44%	1.94%
	외환은행	2010.9.9.~ 2015.9.9.	75,126	0.50%	2.44%	1.94%
2011	하나은행	2010.9.9.~ 2015.9.9.	129,582	0.50%	2.44%	1.94%
	우리은행	2010.9.9.~ 2015.9.9.	129,582	0.50%	2.44%	1.94%
	외환은행	2010.9.9.~ 2015.9.9.	73,242	0.50%	2.44%	1.94%
2012	하나은행	2010.9.9.~ 2015.9.9.	131,714	0.50%	2.44%	1.94%
	우리은행	2010.9.9.~ 2015.9.9.	131,714	0.50%	2.44%	1.94%
	외환은행	2010.9.9.~ 2015.9.9.	74,447	0.50%	2.44%	1.94%

2009.12.21. 외환은행이 청구법인에 문서로 제시한 ○○ Vietnam 보증요율 산정 세부내용에 따르면 외환은행은 0.5%의 보증수수료율을 제시하고 있습니다.

(증 제8호) ○○ Vietnam 관련 외환은행 금리제안서(2009년)

외환은행이 제시한 0.5%가 보증수수료에 관한 시가이고, 청구법인은 시가에 따라 보증수수료를 수취한 것입니다.

㉱ ○○ Hong Kong(소재지 : 홍콩) 경우

홍콩 소재 자회사 ○○ Hong Kong 지급보증에 대해 청구법인이 수취한 보증수수료율과 조사청이 산출한 보증수수료율의 차이는 다음과 같습니다.

[표 7] ○○ Hong Kong에 대한 보증수수료율 차이

연도	대출기관	보증기간	보증금액 (백만 원)	보증수수료율		
				청구법인	조사청	차이
2011	외환은행	2011.10.26.~ 2012.6.25.	24,883	0.50%	1.45%	0.95%
2012	외환은행	2011.10.26.~ 2012.6.25.	24,993	0.50%	1.45%	0.95%
	외환은행	2012.2.26.~ 2012.6.25.	17,186	0.50%	1.45%	0.95%

2011.10.12.과 2012.1.27. 외환은행이 청구법인에 문서로 제시한 ○○ Hong Kong 보증요율 산정 세부내용에 따르면 외환은행은 2011년과 2012년 모두 0.5%의 보증수수료율을 제시하고 있습니다.

(증 제9호) ○○ Hong Kong 관련 외환은행 금리제안서(2011, 2012)

○○ Hong Kong 차입금에 대해 외환은행이 제시한 보증수수료율 0.5%는 보증수수료에 관한 시가이고, 청구법인은 시가대로 수취한 것이므로 국세청 모형에 따라 기계적으로 계산된 보증수수료율과 다르다는 이유만으로 부당행위계산부인 규정을 들어 과세하는 것은 부당합니다.

㉤ PT. ○○ Indonesia(소재지 : 인도네시아) 경우
인도네시아 소재 면세점인 PT. ○○ Indonesia 지급보증에 대해 청구법인이 수취한 보증수수료율과 조사청이 산출한 보증수수료율의 차이는 다음과 같습니다.

[표 8] PT. ○○ Indonesia에 대한 보증수수료율 차이

연도	대출기관	보증기간	보증금액 (백만 원)	보증수수료율		
				청구법인	조사청	차이
2011	외환은행	2011.11.15.~ 2012.10.12.	19,488	0.50%	2.44%	1.94%
2012	외환은행	2011.11.15.~ 2012.10.12.	19,335	0.50%	2.44%	1.94%

2011.10.26. 외환은행이 청구법인에 문서로 제시한 PT. ○○ Indonesia 보증요율 산정 세부내용에 따르면 외환은행은 0.5%의 보증수수료율을 제시하고 있으며, 과세기간은 아니지만 2013년에도 동일한 0.5%의 수수료율을 제시하고 있습니다.

(증 제10호) PT. ○○ Indonesia 관련 외환은행 금리제안서(2011, 2013)

만약, 현지법인 PT. ○○ Indonesia는 외환은행으로부터 보증용역을 제공받을 경

우 0.5%의 수수료만 지급하면 되는데, 청구법인으로부터 보증용역을 제공받는다고 하여 조사청 주장처럼 2.44%의 보증수수료를 지급하여야 할 아무런 이유가 없습니다.

㉥ ○○유한공사(소재지 : 홍콩) 경우
홍콩 소재 현지법인 ○○유한공사(○○ Properties Limited) 지급보증에 대해 청구법인이 수취한 보증수수료율과 조사청이 산출한 보증수수료율의 차이는 다음과 같습니다.

[표 9] ○○유한공사에 대한 보증수수료율 차이

연도	대출기관	보증기간	보증금액 (백만 원)	보증수수료율		
				청구법인	조사청	차이
2009	미즈호은행	2009.4.23.~ 2011.4.23.	65,681	0.20%	1.73%	1.53%
2010	미즈호은행	2009.4.23.~ 2011.4.23.	66,034	0.20%	2.44%	2.24%
2011	미즈호은행	2009.4.23.~ 2011.4.23.	67,362	0.20%	0.87%	0.67%
	산업은행	2011.4.25.~ 2013.4.25.	69,675	0.50%	0.87%	0.37%
	산업은행	2010.10.21.~ 2013.10.21.	110,802	0.50%	0.87%	0.37%
2012	동경 SMBC은행	2012.4.16.~ 2015.4.16.	112,421	0.50%	2.44%	1.94%
	서울 다이와은행	2012.4.16.~ 2015.4.16.	60,000	0.50%	2.44%	1.94%
	산업은행	2011.4.25.~ 2013.4.25.	70,954	0.50%	2.44%	1.94%
	산업은행	2010.10.21.~ 2013.10.21.	112,625	0.50%	2.44%	1.94%

일본 미즈호은행(Mizuho Bank)에서 엔화로 차입한 2009년 역외금융에 대해서는 일본의 저금리 기조에 따라 0.2%의 보증수수료율을 적용하였고, 2011년 보증분부터는 0.5%의 보증수수료율을 적용했습니다.
○○유한공사 관련하여 2013년 2월과 3월 기업은행과 산업은행의 금리제안서에 의하면 두 은행 모두 0.5%의 보증수수료율을 제안하고 있는 것으로 미루어 2011년부터 청구법인이 적용한 0.5%의 보증수수료율도 시가에 근거한 요율로 보아야 할 것입니다.

은행	지급보증 없을 때		지급보증 있을 때		차이 (보증요율)
	고정금리	변동금리	고정금리	변동금리	
기업은행	2.70%	-	2.20%	-	0.50%
산업은행	2.49%	L + 1.95%	1.99%	L + 1.45%	0.50%

(증 제11호) ○○유한공사 관련 기업은행 금리제안서(2013)

(증 제12호) ○○유한공사 관련 산업은행 금리제안서(2013)

㉳ ○○ Guam LLC(소재지 : 미국령 괌) 경우

미국령 괌 소재 ○○ Guam LLC의 지급보증에 대해 청구법인이 수취한 보증수수료율과 조사청이 산출한 보증수수료율의 차이는 다음과 같습니다.

[표 10] ○○ Guam LLC에 대한 보증수수료율 차이

연도	대출기관	보증기간	보증금액 (백만 원)	보증수수료율		
				청구법인	조사청	차이
2012	신한은행 Irvine지점	2012.3.29.~ 2012.9.29.	1,142	0.50%	2.44%	1.94%

(증 제13호) ○○ Guam LLC 관련 신한은행 금리제안서

2013.6.3. 신한은행이 청구법인에 제출한 금리제안서에 나타난 외화지급 보증수수료율 0.2%가 시가인 반면 국세청 모형에 따라 조사청이 적용한 2.44%는 시가인 0.2%와 그 차이가 매우 크므로 시가로 볼 수 없습니다.
이 경우 과세를 피하기 위해서는 국세청 모형에 의한 2.44%를 보증수수료율로 정해야 하는데, 현지법인의 경우 0.2%의 보증수수료만 신한은행에 지급하면 보증문제를 해결할 수 있음에도 불구하고 2.44%의 보증수수료를 청구법인에 지급할 아무런 이유가 없고, 나아가서는 국세청 모형에 의한 2.44%는 법률 등으로 공개되지 않은 방법으로 계산된 것이기 때문에 청구법인이나 현지법인이 과세 전까지는 미리 알 수도 없습니다.

이와 같은 현실의 헤아림 없이 오로지 국세청 모형에 의한 과세를 주장한다면, 납세자는 경제논리에 따라 은행이 제시하는 시가에 따라 보증수수료율을 결정했음에도 불구하고, 나중에 국세청 모형에 따라 계산된 수수료율이 은행이 제시한 수수료율과 다르다면 언제든지 과세되는 매우 불안정한 상태에 놓이게 될 것이므로 신고과세체제를 유지하는 법인세법 취지에도 부합하지 않는 처분이라 사료됩니다.

2. 국세청 모형의 지급보증수수료 정상요율은 일본 등 역외금융대상 국가의 기준금리 및 시중은행의 대출이자율보다도 높은 것으로 나타나고 있는 등 부당행위부인을 위한 시가라고 볼 수

없습니다.

현지 진출한 자회사는 역외금융을 통해 모회사 등의 지급보증이 없이 해당 국의 시중은행 대출이자율로 필요자금을 조달할 수 있고, 모회사 등 제3자의 보증제공 여부에 따라 대출이자율이 약간 조정됩니다.

그러나 국세청 모형의 지급보증수수료 정상요율은 은행에서 제시하는 보증수수료율 및 현지 대출이자율을 고려할 때 현저하게 높은 요율로 산출되는 경우가 많은데, 이런 현상은 **국세청 모형이 현지의 실세금리를 전혀 고려하지 않기 때문**입니다.
청구법인은 세계 최대 금융정보서비스 회사인 로이터(Reuters)통신이 제공하는 세계 각국의 기준금리 및 대출금리 등을 조회하고 있는데,

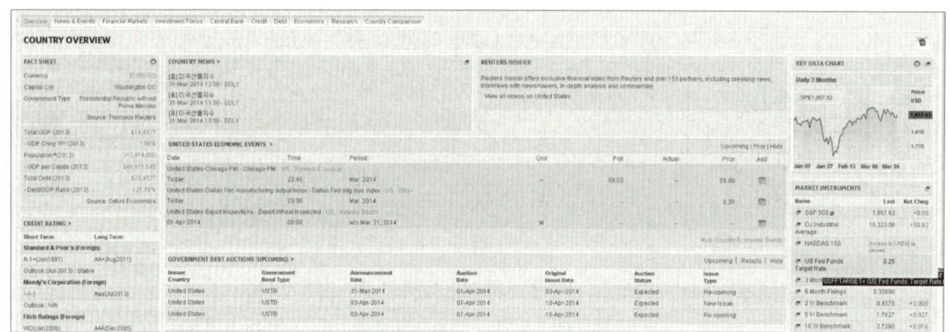

예컨대, 미국의 대출금리 조회화면은 다음과 같습니다.

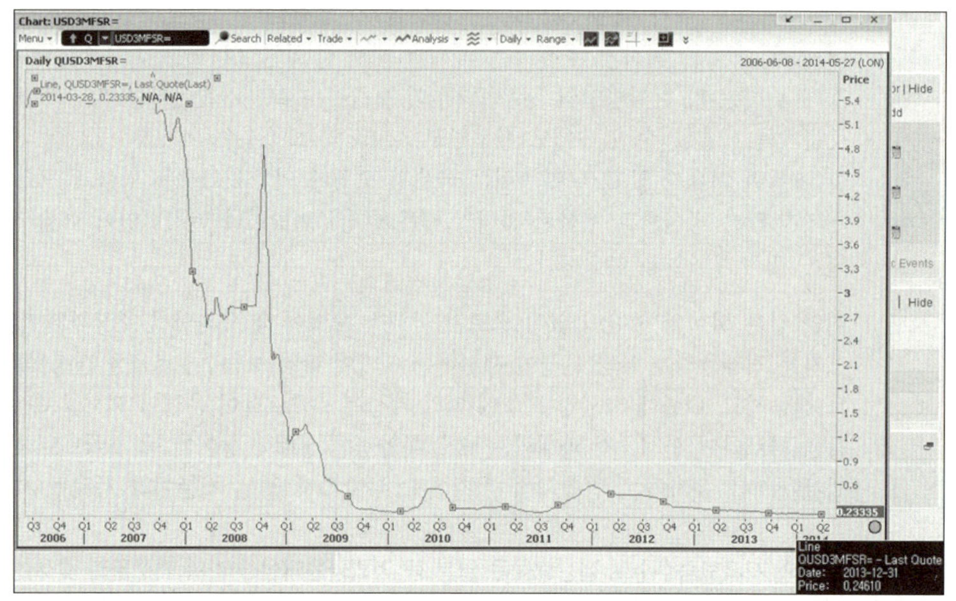

동사 단말기에서 조회한 2006년~2013년 주요국의 시장대출이자율은 다음과 같습니다.

[표 11] Reuters에서 조회한 주요국 대출이자율

차입 국가	해당 현지법인	시장대출이자율(%)							
		2006	2007	2008	2009	2010	2011	2012	2013
한국	-	4.830	5.800	3.960	2.860	2.800	3.560	2.870	2.660
미국	○○ Guam	5.360	4.702	1.425	0.250	0.302	0.581	0.306	0.246
일본	○○유한공사, ○○ SA	0.539	0.852	0.737	0.461	0.339	0.335	0.308	0.220
영국	○○ RUS	5.320	5.993	2.770	0.605	0.757	1.080	0.515	0.525
러시아	○○ RUS	5.800	6.710	21.80	7.050	4.060	7.220	7.470	7.150
EU(*)	○○ RUS, ○○Funding, ○○ SA	3.752	4.684	2.892	0.700	1.006	1.356	0.187	0.287
인니	PT. ○○ Indonesia	9.754	8.014	12.132	7.062	6.635	5.272	5.021	7.837

(*) 룩셈부르크, 아일랜드, 네덜란드는 유럽연합 소속으로 이자율 동일함

실례로 현지법인 중 ○○유한공사와 ○○ S.A의 경우 필요자금을 일본은행으로부터 차입하였는데, 일본의 대출이자율(3개월 Libor)은 0.3% 수준이고 가장 높을 때도 0.8%에 불과하였음에도 불구하고 조사청은 국세청 모형에 따라 2.44%가 계산되기 때문에 2.44%의 보증수수료를 받았어야 한다고 주장합니다.
현지법인 ○○유한공사는 일본은행으로부터 자금을 차입하였고, 당시 일본의 실세금리가 1% 미만 수준인데 2.44%를 보증수수료를 받았어야 한다는 것은 역외금융 국가의 실질금리 수준을 전혀 고려하지 않고 계산된 것입니다.

조세심판원의 기존 판례에 따르더라도 해당 국의 실제 금리수준을 무시한 국세청 모형 지급보증수수료 정상요율은 타당하지 않다고 판단하고 있습니다. 쟁점사건의 경우에서도 국세청 모형의 지급보증수수료 정상요율은 일본 등 역외금융대상 국가의 기준금리 및 시중은행의 대출이자율보다도 높은 것으로 나타나고 있는 등 부당행위부인을 위한 시가라고 보기 어렵습니다.

▣ 조심 2013서2734(2014.1.24)

처분청이 제시한 쟁점차입금의 지급보증수수료의 정상요율 2.84%는 일본의 기준금리 및 시중은행의 대출이자율보다도 높은 것으로 나타나고 있어 지급보증수수료의 정상가격 산정이 적절치 않은 것으로 보이므로 일본 내에서의 대출금리 등 금융거래 여건 등을 반영하여 쟁점차입금에 대한 지급보증수수료의 정상가격 등을 재조사하고 그 결과에 따라 과세표준과 세액을 경정함이 타당

▣ 조심 2012중3118(2014.2.4)

금융차입 시 해당 금융회사로부터 대출의향서를 모두 제시받은 것인지 여부, 해당 대출의향서에 기재된 지급보증 유무에 따른 이자율 차이만큼 보증수수료를 받았는지 여부 등에 대해 재조사함이 타당함.

▣ 조심 2013서3061(2014.3.5)

청구법인이 우리 원에 제출한 〈별지 1〉 내역의 국외특수관계자의 차입거래 내역에 의하면 지급보증 용역을 제공받아 차입한 경우와 무보증으로 차입한 경우의 이자율 차이가 -0.17~0.4%인 것으로 나타나므로 위 차입거래의 차입조건 및 이자율 약정경위 등에 대하여 재조사한 후 그 결과에 따라 이 건 법인세의 과세표준 및 세액을 경정함이 타당

※ 조심 2013전2534(2014.1.14.), 2013구3277(2014.1.24.), 2012서3070(2014.1.23.) 등도 유사한 내용

3. 조사청의 해외지급보증 수수료 산정방법은 관계법령에 따른 정상가격 산출방법에 따른 것이 아니므로 쟁점 과세처분은 위법하여 취소되어야 합니다.

가. 특수관계 없는 사업자 간 지급보증에 따른 금리차액 전부를 수수료로 지급하는 거래는 이루어질 수 없다는 점에서 국세청의 정상가격 결정모형은 국제조세조정에 관한 법률상 비교가능 제3자 가격방법이라고 할 수 없습니다.

국제조세조정에 관한 법률(이하 '국조법'이라 합니다) 제5조는 국제거래의 정상가격 산정방법으로 「비교가능 제3자 가격방법」 등 5가지를 열거하고 있고, 보충적으로 '대통령령으로 정하는 그 밖에 합리적이라고 인정되는 방법'으로 정상가격을 산출할 수 있다고 규정하고 있는데,

특수관계 없는 사업자 사이에 국세청 결정모형을 적용하여 산출한 정상가격을 수수료로 지급하고 지급보증 거래를 할 아무런 이유가 없으므로, 국세청 결정모형은 비교가능 제3자 가격방법에 따른 것이 아닙니다.

비교가능 제3자 가격방법에 의한 정상가격은 개념적으로 국외특수관계인과의 국제거래와 유사한 상황을 전제로 특수관계 없는 독립된 사업자 간 자유롭게 형성되는

가격, 즉 시가를 말하는 것이므로 통상의 거래관행에 비추어 특수관계 없는 사업자 사이에 거래조차 성립될 수 없다고 판단되는 가격을 정상가격이라 할 수 없습니다. 이와 관련하여 특수관계 없는 사업자 간 통상적인 지급보증거래가 이루어지려면 적어도 다음의 두 가지 조건이 함께 만족되어야 합니다.

① 보증인의 원가(신용위험 + 관리비용) 〈 지급보증수수료 ② 지급보증수수료 〈 지급보증에 따른 차입비용 절감액

보증인 입장에서는 보증에 따른 일체의 위험 및 비용부담보다 많은 금액을 지급보증수수료로 요구할 것이고, 피보증인 입장에서는 보증인이 요구하는 수수료가 지급보증에 따른 차입비용 절감액보다 많거나 같다면 굳이 보증을 제공받을 아무런 이유가 없습니다. 가령 해외법인이 현지에서 독자적으로 조달가능한 금리가 5%이고, 한국에서 관계회사가 보증을 제공할 때 3% 금리로 차입할 수 있다면, 해외법인이 지급할 수 있는 보증수수료 최고한도는 5% − 3% = 2% 미만입니다. 2% 이상 보증수수료를 지급하느니 차라리 자신의 신용만으로 5% 금리로 차입하는 것이 더욱 유리하기 때문입니다.

즉, 특수관계 없는 통상의 지급보증거래는 지급보증수수료가 보증인의 위험비용보다 많지만, 피보증인의 차입비용 절감액보다는 적은 경우에 한하여 성립될 수 있습니다. 그런데 국세청 모형은 보증·피보증 기업의 신용등급에 대응되는 가산금리 차이를 정상가격으로 산출하는 방식으로서, 편익접근법 관점에서 보증인의 지급보증을 통해 피보증인이 얻을 수 있는 편익(= 금리절감효과) 전부를 지급보증거래의 정상수수료로 파악하는 방법입니다.
즉, 지급보증으로 발생하는 금리절감효과 전부를 지급보증수수료로 파악하므로, 피보증인 입장에서는 신용을 제공받아 저금리로 차입하여도 자신의 신용만으로 차입한 경우와 동일한 차입비용을 부담하게 됩니다.
다만, 금리절감효과를 전부 보증수수료로 지불한다는 차이가 있을 뿐입니다.
따라서 국세청 모형을 적용하면 자회사가 **지급보증을 통해 얻은 차입비용 절감액을 전부 지급보증수수료로 지불하는 경우에 한하여 과세처분을 면할 수 있다는 불합리한 결론**에 이르게 됩니다.

이처럼 지급보증을 제공받아도 직접 차입하는 경우와 금융비용이 동일하다면, 특수관계 없는 독립된 사업자들이 굳이 지급보증 거래를 할 아무런 이유가 없다는 점을 고려하면, 국세청 모형은 특수관계 없는 사업자 사이의 지급보증 거래에 적용될 여지가 전혀 없다고 보이므로 비교가능 제3자 가격방법에 따른 정상가격 산정방법이라고 할 수 없습니다.

나. 국세청 모형은 적용근거 및 산정방식이 지급보증 거래실질 및 관행에 비추어 합리적

이지 않으므로, 국조법 §5 ① 제6호의 보충적 방법에도 해당하지 않습니다.
국조법 시행령 §4 ③에서는 법률 §5 ① 제6호에서 위임하여 "법에서 정한 산출방법 외에 거래의 실질 및 관행에 비추어 합리적이라고 인정되는 방법"으로 정상가격을 산출할 수 있도록 규정하고 있으나, 국세청 모형은 다음과 같은 측면에서 그 적용근거 및 산정방식이 합리적이지 않으므로 적용할 수 없습니다.

(1) 실제로 거래가 이루어질 수 없을 정도의 과도한 수수료를 정상가격으로 보고 있습니다.

국세청 모형은 편익접근법에 따라 지급보증으로 생기는 피보증인의 편익 즉, 금리절감이득을 모두 지급보증수수료로 파악하는 방식이므로, 과세를 면하기 위해서는 보증으로 얻은 피보증인의 이득을 모두 수수료로 지급해야만 한다는 것입니다. 절감된 비용을 전부 수수료로 지불해야 한다면 모회사에게 신용위험을 부담하게 하면서까지 모회사의 지급보증을 받을 이유가 없고, 차라리 자회사 자체신용만으로 차입하는 것이 세무 Risk가 없습니다.

즉, 통상적 지급보증의 경우 보증인의 신용위험(보증인 부도시 대위변제) 등을 고려하여 보증수수료를 결정하는 위험접근법이 광범위하게 활용되고 있는 실정임에도 불구하고, 국세청 모형은 피보증인의 편익을 기준으로 정상가격을 계산하는 편익접근법에 지나치게 치중하고 있어, 보증인이 피보증인보다 우월한 지위에 있는 지급보증거래의 성격상 피보증인의 편익만을 고려하여 수수료를 산정하는 것은 거래가 발생할 가능성이 없는 방법이므로 현실성이 없습니다.

(2) 자회사 신용등급이 모회사 신용등급보다 높다면 정상가격을 계산할 수 없는 결함이 있습니다.

국세청 모형은 모・자회사의 신용등급에 대응되는 가산금리 차이를 정상가격으로 산정하므로, 모회사의 신용등급이 자회사의 신용등급보다 높음을 전제하고 있는 모형입니다.

국세청 모형은 브랜드가치 등 비재무적 요소를 배제하고 재무평가만으로 신용등급을 평가하므로, 자회사의 재무상태가 모회사보다 우량한 경우 자회사의 신용등급이 모회사보다 높게 평가될 가능성이 매우 높은데, 만약 자회사 신용등급이 모회사보다 높다면 가산금리 차이는 (−)로 계산되므로 지급보증수수료의 정상가격을 계산할 수 없다는 결함이 존재합니다.

(3) 설립 후 2년이 경과하지 않은 경우 정상가격을 계산할 수 없는 결함이 있습니다.
국세청 모형은 직전 2개 연도의 재무자료만으로 신용등급을 평가하도록 설계되어 있으므로, 신규설립 법인의 신용등급이 저평가되어 수수료가 과다계산되거나, 설립 후 2년이 경과하지 않은 경우에는 정상가격 계산조차 불가능한 문제가 있습니다.

신용평가기관의 경우 대규모 설립투자비용이 투자되지만 안정적인 수익기반이 취약한 신설법인의 재무상태를 고려하여 미래 채무상환 능력을 판단할 수 있는 미래 추정재무제표를 활용하여 신용등급을 평가하고 있지만, 국세청 모형은 이러한 고려 없이 오로지 직전 2개 연도 재무자료만을 근거로 신용등급을 평가하고 있습니다.

즉, 국세청 모형을 그대로 적용하면 설립 후 2년이 경과하지 않은 현지법인에 대해서는 지급보증을 하더라도 직전 2개년 재무자료가 존재하지 않기 때문에 정상가격을 계산할 수 없게 됩니다.

청구법인의 경우도 지급보증한 현지법인 중 3개 법인(○○ Properties Ltd., ○○ Hong Kong, ○○ USA LLC)은 지급보증 당시 설립 후 2년이 경과하지 않았으므로 국세청 모형에 의한 정상가격은 계산할 수 없습니다.

(4) 국조법상 과세자료의 이용가능성 관련 규정을 위반한 것입니다.
국조법 시행령 §5 ① 제2호는 확보 및 이용가능성이 높은 자료를 사용하여 정상가격을 산정하도록 규정하고 있으며,

같은 법 시행규칙 §2의2 ① 제5호는 특수관계 없는 제3자 간 거래를 파악하기 위한 상업용 데이터베이스 등 이용가능한 자료의 수집 및 분석절차를 요구하고 있습니다.
국세청은 보도자료를 통해 정상가격 결정모형을 금융기관의 재무모형 개발방법론을 기초로 개발하였다고 공개하였으나, 금융기간이 채무보증에 따른 수수료 산정방법으로 활용하는 재무모형 개발방법론은 금융기관의 영업비밀에 해당하는 사항으로써 외부에 공개된 적도 없고, 정부기관도 정확하게 알지 못하는 것으로 알려져 있습니다.

그러나 국세청이 어떤 재무자료를 어떤 기준에 따라 평가분석하여 신용등급을 부여하는 것인지에 대해 구체적으로 공개한 내용이 없다는 점에서 납세자가 확보하여 이용가능한 자료를 활용하여 정상가격을 산출했다고 볼 수 없습니다.
따라서, 국세청 모형의 정상가격 결정원리를 알지 못하는 납세자가 향후 아무리 합리적인 방법을 동원하여 정상가격을 결정한다 하더라도 국세청 모형의 결과와 일치하지는 않을 것이고, 그렇다면 납세자는 항상 과세위험에 노출되어 있는 것이어서 부당한 목적이 없었음에도 불구하고 조사과정에서 이런 사실이 밝혀지면 가산세까지 포함된 과세처분을 받게 될 가능성이 상존할 것입니다.

(5) 비재무적 요소의 계량화가 쉽지 않다는 이유로 정성적 요소는 전혀 고려하지 않고 있습니다.

국세청 모형 개발업체인 신용평가 전문기관 한국기업데이터(KED)에 따르면, 신용평가등급이란 기업의 채무불이행 가능성에 따라 서열화한 것이므로 신용등급

을 정확하게 산정하기 위해서는 재무적 요소를 비롯하여 기업의 채무상환 능력에 영향을 주는 비재무적 위험요소까지 평가해야 합니다.

기업의 신용도를 평가하기 위해 **계량 신용평가모형을 기초로 정성적 분석을 결합하는 방법론을 적용**하고 있으며, … 계량 신용평가모형을 기초로 정성적 분석(산업동향, 계열요인, 경영위험, 영업 및 사업위험 등 포함)과 미래추정 분석 등을 결합하여 신용등급을 추천하고, … 신용평가시 고려하는 요소는 과거 경영실적에 대한 분석적 결과, 평가시점 현재 확보 가능한 객관적 자료, 일반 상황 및 스트레스 상황하에서의 재무 추정, 평가담당자의 전문적 경험과 판단 등이다

(증 제14호) KED 발행 신용평가방법론 제1쪽

즉, 기업의 신용등급은 기업의 미래 채무상환 능력을 의미하는 것이므로 계량화된 재무적 요소 뿐 아니라, 브랜드 가치 등 비재무적 요소까지 종합적으로 검토하여 산출해야 한다는 것입니다.
그러나 국세청 모형은 비재무적 요소의 평가를 완전히 배제한 채 일괄적으로 신용등급을 1등급씩 상향조정하고 있으나, 이런 천편일률적 조정을 통해 비재무적 요소를 반영한 것과 동일한 결과를 얻을 수 있는지 여부에 대해서는 아무런 설명도 하지 않고 있습니다.

결론적으로 볼 때 비재무적 요소의 계량화가 쉽지 않다는 이유로 그 평가를 배제한 채 신용등급을 일괄적으로 1등급씩 상향조정한다면, 기업의 실제 채무상환 능력과 상당한 차이가 있는 부실자료에 근거하여 과세한다는 결과가 될 뿐이므로 국세청 모형은 전혀 합리적이지 않습니다.

(6) 일반기업의 신용등급을 평가하기에는 적합하지 않은 모형입니다.
국세청 모형은 신용등급별 부도율을 기초로 예상손실과 예상외손실을 반영하여 가산금리를 산출하였는데, 예상외손실은 금융기관에만 적용되는 것이므로 금융기관이 아닌 일반 모·자회사 간 지급보증거래에 관한 수수료에 반영할 사항이 아닙니다.

예상외손실은 금융기관의 자산건전성 규제를 위해 경기침체에 따른 부도율 증가로 예상치 못한 손실이 발생하더라도 은행에 요구되는 경제적 유동성, 즉 BIS비율 8%가 충족될 수 있도록 은행이 대출자에게 위험부담을 전가시키는 부분을 말하는데, 금융기관이 아닌 모·자회사의 지급보증거래는 자산건전성 규제와는 무관한 사항이므로 금융기관이 아닌 지급보증거래에 따른 수수료 산정 시에는 반영할 의미가 없는 부분입니다.

4. 설령, 국세청 모형이 합리적인 방법이라고 하더라도, 동 모형의 개발 전인 2008년 ~ 2012년 있었던 거래에 대해 적용하여 과세하는 것은 소급과세에 해당할 뿐만 아니라 2013년 2월 신설된 관련 법령에도 명백하게 반하는 처분입니다.

국세기본법 §18 ①은 "세법을 해석 · 적용할 때에는 과세의 형평과 해당 조항의 합목적성에 비추어 납세자의 재산권이 부당하게 침해되지 아니하도록 하여야 한다"라고 규정하고 있고, 같은 조 제3항에서는 "세법의 해석이나 국세행정의 관행이 일반적으로 납세자에게 받아들여진 후에는 그 해석이나 관행에 의한 행위 또는 계산은 정당한 것으로 보며, 새로운 해석이나 관행에 의하여 소급하여 과세하지 아니한다"라고 하여 소급과세 금지원칙을 천명하고 있습니다.

본건과 같은 해외지급보증거래의 수수료 산정 및 납부와 관련하여, 과세당국은 2012.4. 정상가격 결정모형을 공개하기 전까지 지급보증 수수료에 대해 신고안내만 하였을 뿐 구체적인 산정방법을 제시한 사실이 없는 등 국세행정의 관행이 전무하였고, 지급보증 수수료율 계산에 참조할 만한 구체적 세법 규정도 존재하지 않았습니다.
이런 상황에서 청구법인을 비롯한 대부분 기업들은 해외현지법인과의 거래관계 및 금융기관의 자문 등을 통해 산정한 적정 수수료율에 따라 자발적으로 납세의무를 이행해 왔었고, 과세당국도 수년간 아무런 이의 없이 그대로 인정해 왔었는데, 결정모형을 공개했다는 사정만으로 그 이전에 있었던 지급보증거래에도 일괄적용하는 것은 명백한 소급과세라 할 것입니다.

또한 2013.2.15. 대통령령 제24365호로 개정된 국조법 시행령에서 「피보증인의 기대편익을 기초로 하여 정상가격을 산출하는 방법으로서 국세청장이 정하는 바에 따라 산출한 금액」을 정상가격으로 볼 수 있도록 하는 규정(§6의2 ③, ④)이 신설되었으나,
이 규정은 '거주자가 지급보증 용역거래에 대한 가격으로 적용하는 경우'에 한정하여 적용되는 것이므로, 납세자가 적용하지 않았음에도 불구하고 과세관청이 적극적으로 과세근거로 삼을 수는 없는 규정입니다.

특히, 동 시행령 부칙 제3조는 위와 같은 정상가격 산출방법은 시행일(2013.2.15.) 이후 보증하는 경우부터 적용한다고 규정하여 소급적용할 수 없음을 명백하게 밝히고 있습니다.
따라서 쟁점사건과 같이 시행일 이전인 2008년부터 2012년까지 지급보증한 부분에 대한 수수료를 산정하면서 위 규정을 적용한 것은 소급과세 금지를 규정한 법문에 반한 명백한 소급과세이므로 위법합니다.

5. 결론

시중은행의 금리제안에서 보증이 있는 경우와 없는 경우의 대출금리의 차이는 곧 보증수수료의 시가에 해당하는데, 조사청은 시장에서 형성되는 보증수수료율 시가를 무시하고, 오로지 국세청 모형에 따라 계산된 보증수수료율만 유일하게 타당하다고 주장하는

것이므로 부당하며, 국세청 모형의 지급보증수수료 정상요율은 일본 등 역외금융대상 국가의 기준금리 및 시중은행 대출이자율보다도 높게 나타나고 있는 등 부당행위부인을 위한 시가로 보기 어렵습니다.

한편, 지급보증에 따라 절감된 금리차액을 전부 수수료로 지불하는 지급보증거래는 특수관계 없는 사업자 간이라도 이루어질 수 없고, 국세청은 납세자가 이용·접근할 수 없는 자료에 근거하여 정상가격을 결정함으로써 납세자가 성실신고 여부를 예측할 수 없고, 지급보증거래와 무관한 예상외손실은 반영하면서도 비재무적 요소는 배제한 채 일괄적으로 신용등급을 상향조정하는 등 국세청 모형은 적용 근거 및 산정방식이 합리적이라 할 수 없습니다.

또 2012년 처음 공개된 국세청 모형을 그 이전 거래에도 적용하여 과세함으로써 소급과세 금지원칙에 명백히 반하는 등 쟁점 과세처분은 위법하므로 마땅히 취소되어야 할 것입니다.

나. 종합소득세

이의신청 이유서

Ⅰ. 청구취지

「남양주세무서장(이하 '처분청'이라고 합니다)이 안○○(이하 '청구인'이라고 합니다)에게 2013.1.16. 자로 결정고지(이하 '쟁점처분'이라고 합니다)한 2012년 귀속 종합소득세 ×××원은 부당한 처분이므로 이를 취소한다」라는 결정을 구합니다.

Ⅱ. 과세개요

처분청은 20××년 회사 폐업 당시 장부상 존재한 가지급금 ×××원(이하 '쟁점가지급금'이라 합니다)을 폐업 당시 대표이사인 청구인에게 소득처분하고, 20××년 귀속 종합소득세 ×××원 결정 고지

(증 제1호) 쟁점처분 납세고지서

Ⅲ. 쟁점

대표이사에게 실제 지급된 것이 아니라 완전 자본잠식된 회사를 재설립하면서 확인된 자산·부채 및 자본금과의 단순한 대차차액으로 계상된 가지급금을 대표이사에게 소득처분할 수 있는지 여부

Ⅳ. 사실관계

1. ㈜가나 설립과 직권 폐지

20××.5.29. ㈜ABC 등은 자본금 3억 원으로 ㈜가나(이하 '회사'라고 합니다) 설립

[표 1] 회사개요

회사의 명칭	㈜가나	개업일	20××.5.29.
사업자등록번호	211-86-×××××	법인등록번호	110111-×××××××
대표자	서○○	업종	도소매
설립자본금	3억 원	1주의 금액	5천 원
소재지	서울시 강남구 논현동		

(증 제2호) 회사의 사업자등록증

[표 2] 설립 시 주주명부

주주명	당시 주소	주식수	지분
㈜ABC	서울 강남구 역삼동	28,200주	47%
서○○	서울 노원구 상계동	12,000주	20%
도○○	서울 영등포구 영등포5가	18,600주	31%
김○○	경기도 안산시 사동	600주	1%
전○○	광주시 북구 운암동	600주	1%
합계	-	60,000주	100%

(증 제3호) 주주명부

회사는 중국에서 참깨 수입을 목적으로 중국 현지 요령성 단동시에 참깨 가공목적 기계설비를 투자하고, 중국에서 꽃게나 김치를 수입하여 판매를 시도하는 등 노력했으나, 매출은 없고 사무실 임차료·급여 등 고정비용만 지출되는 등 회사경영이 악화되자, 제1대주주 ㈜ABC가 회사를 직접 경영할지 여부를 결정할 목적으로 당시 ㈜ABC의 세무자문이었던 이○○ 세무사에게 의뢰하여 회사 재무상태 실사

(증 제4호) ㈜가나 현황 잠정 분석자료(실사결과 집계표)

실사 결과 회사설립 후 20××년 1월말 현재까지 비용지출이 ×××원에 이르는 반면 매출은 꽃게 수입판매 실적 1건밖에 없어 매출이익 ×××원을 고려하더라도 손실이 ×××원에 달해 설립자본금이 전액 잠식된 반면, 향후 전망도 좋지 않자 ㈜ABC는 회사 경영을 포기하고 사실상 방치

회사가 20××년 12월 이후 영업활동을 중단하자, 과세관청은 회사의 사업자등록을 직권 폐업처리

2. 회사 재설립

20××.11.1. 설립 주주 중 ㈜ABC, 도○○, 김○○, 전○○은 보유주식을 김□□, 임□□, 이□□에게 양도, 김□□은 다시 보유주식 일부를 서○○, 금△△, 선우△△, 이△△에게 양도하고, 김□□을 대표이사로 마포세무서에 법인설립신고 및 사업자등록신청서 제출하여 회사 재설립

(증 제5호) 법인설립신고 및 사업자등록신청서

[표 3] 회사 재설립 후 사업자등록내용 비교

구분	구 법인	재설립법인
법인명	㈜가나	㈜가나(법인명 동일)
개업일	20××.5.29.	20××.11.1.
대표이사	서○○	김□□
사업자등록번호	211-86-×××××	105-86-×××××
소재지	서울 강남 논현동	서울 마포 공덕동(*)

(*) 재설립 후 서울시 서초구 방배동으로 이전

(증 제6호) 재설립법인 사업자등록증

재설립된 회사는 완전히 신규로 설립된 회사가 아니기 때문에 기존 회사의 자본금과 자산·부채를 승계하는 과정에서, 재설립된 20××과세연도 대차대조표에 자본금 및 확인된 자산·부채를 계상하고, 확인할 수 없는 대차차액을 대표이사 가지급금으로 계상

[표 4] 설립연도말 대차대조표 요약

차변		대변	
확인된 자산(주1)	×××	확인된 부채	×××
대표이사 가지급금(주2)	×××	자본(주3)	×××
자산총계	×××	부채와 자본총계	×××

(주1)

현금	×××	부가세대급금	×××	임차보증금	×××
차량운반구	×××	비품	×××	합계	×××

(주2) 단순 대차차액
(주3) 당해 결산연도 결손금 ×××원 반영

3. 신고대차대조표상 가지급금 변동내역

20××년 회사 재설립 후 과세관청에 신고한 대차대조표상 가지급금 변동 내역은 다음과 같음

[표 5] 설립 후 가지급금 변동내역

과세연도	가지급금 잔액	전기 대비 증감
20××말 (1기)	×××	–
20××말 (2기)	×××	△×××
20××말 (3기)	×××	△×××
20××말 (4기)	×××	×××
20××말 (5기)	×××	×××

(증 제7호) 20×× ~ 20×× 과세연도 신고대차대조표

4. 회사 대표이사 변동 내역

회사 재설립 후 대표이사 변동 내역은 다음과 같으며, 20××.4.24. 회사명을 ㈜다라로 변경하면서 본점을 경기도 광주시 경안동으로 이전

[표 6] 재설립 후 대표이사 변동내역

기간	대표이사	비고
20××.11.04. ~ 20××.04.30.	김□□	주주
20××.04.30. ~ 20××.04.24.	서○○	주주
20××.04.24. ~ 20××.03.31.	안○○	청구인이며, 주주 아님

5. 폐업신고와 해산 간주

회사는 영업이 부진하자 20××.3.31. 폐업신고하였고, 20××.11.5. 상법 제520조의2 제1항에 의해 해산 간주

(증 제8호) 법인등기부등본

Ⅴ. 청구주장

※ 편의상 20××.5.29. 최초 설립되어 20××.1. 이후 사실상 휴면상태였던 회사를 '휴면회사'라 하고, 휴면회사를 살려 20××.11.1. 다시 설립한 회사를 '재설립회사'라 하겠습니다.

1. 쟁점가지급금 중 ×××원은 20××.11.1. 회사를 재설립하면서 휴면회사의 자본금과 확인된 자산・부채를 승계하고, 확인되지 않은 금액(즉, 대차차액)을 단순히 가지급금 계정으로 처리한 것은 대표이사에게 실제 지급된 가지급금이 아니므로 소득처분대상에서 제외되어야 합니다.

가. 휴면회사는 직권폐업될 당시 완전히 자본잠식된 상태였고, 대표이사 가지급금은 존재하지 않았습니다.

휴면회사는 ㈜ABC를 47% 제1대주주로 하여 도○○(31%), 서○○(20%) 등이 출자하여 20××.5.29. 신규로 설립되었습니다.

휴면회사는 중국에서 참깨 수입을 목적으로 중국 현지 요녕성 단동시에 참깨 가공목적 기계설비를 투자하고, 중국에서 꽃게나 김치를 수입하여 판매를 시도하는 등 노력했으나, 매출은 없고 사무실 임차료·급여 등 고정비용만 지출되는 등 회사 경영이 악화되자, 대표이사 서○○과 주주 도○○ 등에 경영을 일임하였던 제1대주주 ㈜ABC가 회사를 직접 경영할지 여부를 결정할 목적으로 당시 ㈜ABC 세무자문이었던 이○○ 세무사에게 의뢰하여 회사 재무상태를 실사하였습니다.(증 4 참조)

실사자료에 따르면 20××.5.29. 회사 설립 후 20××.1월까지 7개월간 지출한 비용은 ×××원인 반면, 매출총이익은 ×××에 불과(매출 ×××원, 매출원가 ×××원)하고, 확인되는 자산은 중국 기계 ×××원과 임차보증금 ×××원뿐이지만, 장부에 기재되지 않은 부외부채가 ×××원 존재한다는 사실을 확인하였습니다.

[표 7] 지출비용 요약

급료	×××원	임대료	×××원
차량임대료	×××원	선급부가세	×××원
자문료	×××원	중국공장	×××원
중국출장비	×××원	비품구입	×××원
사무실 인테리어	×××원	사무소모품	×××원
복리후생비	×××원	영업비	×××원
-	-	합계	×××원

[표 8] 부외부채 현황

미지급급료	×××원	미지급세금	×××원
거래처 미지급금	×××원	신○○ 차입금	×××원
서○○ 차입금	×××원	도○○ 차입금	×××원
-	-	합계	×××원

즉, 회사설립 후 20××년 1월말 현재까지 비용지출이 ×××원에 이르는 반면 매출은 꽃게 수입판매 실적 1건밖에 없어 매출총이익 ×××원을 고려하더라도 손실이 ×××원에 달해 설립자본금 ×××원이 전액 잠식된 것은 물론 부외부채까지 존재하였습니다. 실사결과 회사의 재무상태와 장래 영업전망 등을 모두 고려한 제1대주주인 ㈜ABC는 회사 경영을 포기하고 사실상 방치하였고, 서○○ 등 나머지 주주들도 더 이상 경영활동을 하지 않게 되면서 20××년 2월부터 회사는 사실상 휴면상태였고, 그 결과 과세관청은 휴면회사를 직권폐업처리한 것으로 알고 있습니다.

이상 살펴본 것에서 확인되는 사실은 20××년 2월말 현재 휴면회사는 완전 자본잠식된 상태였으며, 자산은 ×××원에 불과한 반면 부외부채는 ×××원, 누적결손은 ×××원이며, 대표이사 가지급금은 존재하지 않았다는 것입니다.

나. 재설립 직후 장부에 계상된 가지급금은 회계상 대차차액을 처리하기 위한 것일 뿐, 실제 대표이사 등에게 유출된 금액이 아닙니다.

재설립회사는 완전히 새로운 법인을 신규로 설립한 것이 아니라 2002년말 이후 휴면회사를 새로 살려 시작한 법인입니다.

20××.1. 말 현재로 실시된 휴면회사의 재무상태 실사결과를 토대로 휴면회사의 설립시부터 직권폐업일까지 기간의 손익계산서를 추정해보면 다음과 같습니다.

매출			×××
매출원가			(×××)
매출총이익			×××
영업비용(*)			(×××)
	급료	×××	
	임대료	×××	
	차량임대료	×××	
	자문료	×××	
	중국출장비	×××	
	사무실인테리어	×××	
	사무소모품	×××	
	복리후생비	×××	
	영업비	×××	
세전손실			(×××)

(*) 실사결과표 자금사용항목 중 중국공장 기계설비 투자금 ×××원과 비품구입비 ×××원 (합계 ×××원)은 자산계상될 부분이므로 영업비용에는 포함시키지 않았으며, 동 자산의 감가상각비 상당액도 영업비용에 포함시키지 않았음.

한편, 휴면법인의 자산·부채상태 및 직권폐업 이전 손익상태를 파악할 수 없었던 재설립법인은 재설립연도인 20××년 과세관청 신고시 이미 알고 있던 자본금과 확인되는 부채를 대변에 계상하고, 확인되는 자산을 차변에 계상한 후 단순 대차차액 ×××원의 성격을 알 수 없었던 이유로 가지급금으로 계상한 것입니다.

앞의 휴면법인 추정 손익계산서상 세전손실이 ×××원에 이르고, 이 금액은 재설립회사가 재설립 후 최초 신고한 20××년 재무제표에 표시한 가지급금 ×××원과 거의 비슷한 규모인 것으로 미루어 가지급을 통해 사외로 유출된 것이 아니라 사실상 휴면법인의 결손금인 사실을 알 수 있습니다.

즉, 재설립회사가 신고 당시 휴면법인의 손익상태를 정확하게 파악하고 있었다면 회계상 대차차액을 가지급금으로 자산계상할 것이 아니라 휴면법인의 손실을 그대로

승계하여 자본을 차감하는 결손금 회계처리가 이루어졌어야 할 것인데, 과거 손익상태를 알 수 없었던 이유로 대차차액을 처리할 적합한 계정과목이 없어 가지급금으로 처리해 버렸던 것입니다.

다. 소결

이러한 사정들을 보아 20××년 신고 재무제표에 계상되었던 가지급금 ×××원은 실제 대표이사에게 현금 등이 유출된 것이 아니라, 휴면법인의 결손금을 제대로 승계하지 않은 것에 원인이 있는 것이므로 청구인에게 직접 현금 등이 유출된 것으로 소득처분하여 과세한 것은 부당합니다.

2. 쟁점가지급금 중 재설립 시 계상된 ×××원을 제외한 나머지 금액은 재설립회사 경비로 사용되었으나 회사 담당자의 무지로 지출내역을 세무대리인에게 제대로 고지하지 않아, 지출용도를 모르는 대리인이 현금시재와의 차액을 가지급금으로 계상하여 신고한 것이며, 실제로는 모두 재설립회사 운영경비로 사용되었습니다.

가. 재설립 후 발생 가지급금 중 ×××원은 회사 운영비로 지출되었지만 비용으로 처리되지 않아 가지급금으로 계상된 금액입니다.

20×× 과세연도 전기이월 가지급금은 ×××원이고, 기말 가지급금은 ×××원으로 기중 ×××원 증가하였습니다.

(증 제9호) 20×× 과세연도 가지급금 계정별 원장

20××년 발생 가지급금 중 ×××원은 실제 사무실 인테리어 비용으로 ○○인테리어(대표 박○○)에 지급되었으나 회사 담당자가 세무대리인에게 사용내역을 알려주지도 않고, 지출증빙도 별도 제출하지도 않아 당시 가지급금으로 처리되었던 것입니다.
○○인테리어에 의뢰한 사무실 공사가 완료되었지만 회사가 공사대금을 모두 지급하지 못하고 대금 중 일부만 분할지급하게 되자, ○○인테리어에서 세금계산서 교부를 거절하여 별도 증빙은 없지만 법인통장을 통해 ○○인테리어로 지급되었다는 사실을 알 수 있습니다.

(증 제10호) 재설립회사 법인통장 사본

따라서, 20××년 발생 가지급금 중 ×××원은 지출 당시 정확한 사용내역을 알 수 없어 가지급금으로 계상되었지만, 실제 회사경비로 지출된 사실이 입증되므로 소득처분 대상 가지급금에서 제외되어야 할 것입니다.

나. 재설립 후 발생한 가지급금 중 ×××원은 법인통장에서 인출된 후 경비로 지출되었지만 비용으로 처리되지 않고 현금으로 대체되었다가 현금시재와의 차액발생으로 최종 가지급금으로 계상된 금액입니다.

법인통장에서 회사 운영비용이 지출되고 세금계산서 등 비용증빙을 세무대리인에게 제출한 정상적인 경우라면 예금의 감소와 비용의 발생으로 회계처리하며, 증빙 등을 제출하지 않아 사용처를 알 수 없는 예금인출액은 현금의 증가로 회계처리하게 됩니다. 그 후 장부상 현금이 회사 현금시재와 일치하지 않는 경우 세무대리인은 그 차액을 가지급금으로 회계처리할 수밖에 없습니다.

이와 같이 예금인출 시 증빙이 없어 현금의 증가로 회계처리된 후, 장부상 현금을 현금시재와 일치시키는 과정에서 20××년 가지급금으로 신고되었지만, 실제로는 회사경비로 지출되었음이 법인통장으로 입증되는 내역은 다음과 같습니다.(증 10. 법인통장 참조)

[표 9] 현금시재를 맞추기 위해 가지급금으로 계상된 비용

날짜	금액	실제 사용내역
20××.01.10.	×××	롯데캐피탈에 지급된 차량리스료
20××.02.12.	×××	
20××.03.10.	×××	
20××.04.11.	×××	
20××.05.10.	×××	
20××.06.10.	×××	
20××.07.10.	×××	
20××.08.14.	×××	
20××.03.12.	×××	이○○에게 지급된 물품위탁판매수수료
20××.06.22.	×××	○○코퍼레이션(대표 추○○)에게 지급된 물품대금
20××.06.25.	×××	
합계	×××	

(증 제11호) 20××년 현금출납장

따라서, 20××년 발생 가지급금 중 ×××원은 법인통장에서 인출 당시 정확한 사용내역을 알 수 없어 현금증가로 회계처리되었다가 현금시재와의 차이 조정 시 가지급금으로 계상되었지만, 법인통장을 통해 실제 회사경비로 지출된 사실이 입증되므로 소득처분대상 가지급금에서 제외되어야 할 것입니다.

다. 20××년 발생 가지급금 중 ×××원은 법인통장에서 다른 법인통장으로 대체된 것이지만, 다른 통장의 존재를 모르던 세무대리인이 법인통장 인출금액을 현금 증가로 계상하였다가 현금시재와의 차액 발생으로 최종 가지급금으로 계상된 금액입니다.

회사가 직접 회계처리하지 않고 세무대리인을 두고 기장대리하는 경우 통상 모든 법인통장을 세무대리인에게 알려주지만, 재설립회사의 경우 법인통장들 중 우리은행

개설 법인계좌(계좌번호 : 1005-401-×××××××, 예금주 : ㈜가나, 이하 '누락계좌'라 합니다)를 회사 담당자의 실수로 세무대리인에게 알려주지 않아 세무대리인은 누락계좌의 존재를 모르고 있었습니다.

(증 제12호) 누락계좌 예금거래 실적증명서

한편, 재설립회사는 조○○으로부터 20××.12.8. ×××원, 20××.12.14. ×××원 합계 ×××원을 차입하고 단기차입금으로 계상하였습니다.

(증 제13호) 20××년 단기차입금 거래처별(조○○) 원장

회사는 법인통장에서 누락계좌로 자금을 이체하고, 다시 누락계좌에서 계좌이체 방식으로 조○○에게 단기차입금을 상환하였는데 법인통장에서 누락계좌로 대체된 입금내역과 차입금 상환내역을 비교하면 다음 표와 같습니다.(증 제12. 참조)

[표 10] 누락계좌 입금내역과 차입금 상환내역 비교

누락계좌 입금 (법인통장 → 누락계좌)		차입금 상환(*) (누락계좌 → 조○○)	
날짜	금액	날짜	금액
20××.03.12.	11,288,000	20××.03.12.	11,001,200
20××.04.12.	5,000,000	-	-
20××.04.14.	9,000,000	20××.04.15.	14,290,000
20××.04.16.	1,721,909	20××.04.30.	1,723,000
20××.05.18.	15,000,000	20××.05.18.	15,000,000
20××.05.31.	2,261,180	20××.06.03.	2,260,000
20××.06.19.	5,000,000	20××.06.19.	5,000,000
20××.06.20.	5,510,404	20××.06.20.	5,510,404
소계 (8건)	54,781,49354,781,493	소계 (7건)	54,784,604
20××.07.25.	14,599,136	20××.07.28.	14,600,000
20××.09.12.	10,349,138	20××.09.15.	10,001,600
-	-	20××.10.10.	348,469
소계 (2건)	24,948,274	소계 (3건)	24,950,069

(*) 증 제12.에서 차입금 반제 상대방이 조○○이 아니라 김○○으로 표시된 것이 일부 있으나, 김○○은 조○○의 배우자이며, 조○○의 요구에 따라 김○○ 명의 계좌로 반제

법인통장에서 다른 법인통장으로 대체된 경우 세무대리인은 별도 회계처리하지 않고 계좌잔액 변동내역만 관리하지만, 알고 있는 법인통장에서 출금되어 누락계좌로 입금된 경우 세무대리인은 통장에서 출금되었지만 사용 용도를 모르기 때문에 일단 현금의 증가로 회계처리하고, 향후 장부상 현금과 시재금액과의 차액을 가지급금으

로 회계처리할 수밖에 없습니다.

위 [표 10]에서 20××.3.12.부터 6.20.까지 일반 법인통장에서 누락통장으로 입금된 8건 54,781,493원은 이런 이유로 법인통장 출금액이 현금 증가로 회계처리되었다가 결국 가지급금으로 계상되었으나,

(차) 현금	54,781,493	(대) 보통예금	54,781,493
(차) 가지급금	54,781,493	(대) 현금	54,781,493

이 금액은 재설립회사가 차입금을 상환한 것이므로 회계처리 오류였으며, 사실은 다음의 회계처리가 되었어야 했던 것입니다.

(차) 단기차입금	54,781,493	(대) 보통예금	54,781,493

반면, 7.25. 입금분부터는 회사 담당자가 자금 입출내역과 그 사용적요를 세무대리인에게 정확하게 고지함에 따라, 회계처리 오류(즉, 현금증가로 처리되었다가 가지급금으로 계상되는)도 없었고, 단기차입금의 상환으로 정확하게 회계처리되었습니다.

(차) 단기차입금	24,948,274	(대) 보통예금	24,948,274

알고 있는 법인통장에서 출금되어 누락계좌로 입금되었지만 세무대리인이 이런 내용을 알 수 없어 현금 증가로 회계처리한 사실은 현금원장(증 11)과 누락계좌 예금거래실적증명서(증 12)를 서로 대조해 보면 이런 오류가 정확하게 일치하는 것을 알 수 있습니다.

[표 11] 법인통장 간 대체를 현금 증가로 처리한 내역

날짜	원장상 현금증가 (증 11)	누락계좌 입금 (증 12)
20××.02.12.	19,984,434	19,984,434
20××.03.12.	11,288,000	11,288,000
20××.04.12.	5,000,000	5,000,000
20××.04.14.	9,000,000	9,000,000
20××.04.16.	1,721,909	1,721,909
20××.05.18.	15,000,000	15,000,000
20××.05.31.	2,261,180	2,261,180
20××.06.19.	5,000,000	5,000,000
20××.06.20.	5,510,404	5,510,404
합계	74,765,927	74,765,927

즉, 위 [표 11]의 오류금액 74,765,927원은 세무대리인이 누락계좌의 존재를 몰랐던 까닭으로 가지급금으로 잘못 계상된 금액입니다.

이 금액 중 2.12. 입금된 19,984,434원은 2.14. 출금된 사실이 확인되지만 예금거래실적증명서에 의해서도 그 지급상대를 알 수 없으므로 청구인의 입장에서도 소득처분대상 가지급금이 아니라고 주장하기는 어려우나, 74,765,927원 중 지급상대방을 알 수 없는 19,984,434원을 제외한 나머지 54,781,493원은 조○○의 단기차입금을 상환한 것이 분명히 확인되므로 소득처분대상 가지급금에서 제외되어야 할 것입니다.

라. 20××년 결산 시 가지급금 증가로 회계처리된 ×××원은 인정이자 계상분으로써, 앞서 주장한 대로 실질적 가지급금이 존재하지 않는 상태에서 계상된 것이므로 소득처분대상 가지급금에서 제외되어야 할 것입니다.
재설립회사는 20××년 결산 시 장부 계상된 가지급금 적수에 따라 계산하여 인정이자 ×××원을 가지급금에 추가 계상한 후 주임종 단기채권으로 대체하였습니다.

[표 12] 20××년 인정이자 계산내역

구 분	금액
20××.2.28. 이후 대여분 인정이자	×××원
20××.2.27. 이전 대여분 인정이자	×××원
합계	×××원

(증 제14호) 20××년 가지급금 등의 인정이자조정명세서(갑),(을)

위 인정이자 계상액은 앞서 주장한 대로 사실상 가지급금이 아닌 금액에 근거하여 계산된 금액이므로 인정이자계상액 소득처분대상 가지급금에서 제외되어야 할 것입니다.

마. 소결
앞서 살펴본 것처럼 다음 금액은 재설립회사의 20××년 가지급금에서 제외되어야 할 것입니다.

[표 13] 가지급금에서 제외되어야 하는 금액 종합

구 분	금액	비고
가. 회사 운영경비(사무실 인테리어 비용)로 지출되었지만 비용으로 처리되지 않고 가지급금으로 계상된 금액	×××원	[증10]
나. 회사 운영경비로 지출되었지만 비용으로 처리되지 않고 현금으로 대체되었다가 현금시재와의 차액 발생으로 최종 가지급금으로 계상된 금액	×××원	[표 9]
다. 누락계좌의 존재를 모르던 세무대리인이 법인통장 인출액을 현금 증가로 계상하였다가 현금시재와의 차액 발생으로 최종 가지급금으로 계상된 금액	×××원	[표 10]
라. 인정이자 계상액	×××원	[표 12]
합계	×××원	

3. 결론

청구인은 재설립회사의 대표이사로 취임한 후 회사가 폐업될 때까지 개인적으로 상상할 수 없을 정도의 재정적 타격을 받았습니다.
회사의 어려움에 따라 청구인 소유 분당 소재 8억 원 상당 아파트도 결국 처분하게 되었고, 이 여파로 부인과도 이혼하여 현재 각각 자녀 1명씩을 분담하여 양육하고 있으며, 청구인은 자녀 외에도 연로한 노부모와 함께 거주하며 봉양하고 있는 등 극심한 경제적 고통을 겪고 있는 실정입니다.

20××년 결산 전후하여 재설립회사는 세무기장료조차 제대로 지불하지 못할 정도의 어려운 상황이었으며, 결산을 위한 정상적인 자료제출이 아예 불가한 상황이었습니다. 그에 따라 증빙자료가 없는 상태에서 결산을 하게 되어 현재와 같은 상황이 발생하였을 뿐 청구인은 재설립회사를 통해 이미 많은 손실을 입은 상태인바, 도저히 가지급금이 발생할 수 없었던 상황이었음을 헤아려 주시기 바랍니다.

다. 부가가치세

과세전적부심사 청구 이유서

Ⅰ. 청구취지

「서울지방국세청장(이하 '처분청'이라 합니다)이 2012.12.18. ㈜가나(이하 '청구법인'이라 합니다)에 세무조사결과통지(이하 '쟁점처분'이라 합니다)한 2007년 제2기부터 2012년 제1기까지 귀속 부가가치세 ×××원 중 ×××원(통지세액 중 국세기본법 제81조의15 제2항 제3호가 적용되는 통지세액을 제외한 금액)은 위법부당하므로 이를 시정한다」라는 결정을 구합니다.

Ⅱ. 과세개요

청구법인이 협력업체와 특약매입 표준거래계약을 체결하고 상품을 매입(이하 '쟁점특약매입'이라 합니다)하여 고객에게 판매한 것은 거래의 실질이 위・수탁거래임에도 불구하고, 청구법인이 수취한 판매수수료에 대해 세금계산서를 교부하지 않고 쟁점 특약매입거래를 상품매매거래와 같이 협력업체로부터 공급받은 금액을 매입금액으로, 청구법인이 일반소비자에게 공급한 금액을 매출금액으로 세금계산서를 교부하고 부가가치세를 신고・납부한 결과,

㉮ 공통매입세액 안분계산시 면세비율이 낮게 계산되어 매입세액불공제금액이 과소 계산되었고,

㉯ 바이어쿠폰 할인액도 위·수탁거래에 따라 협력업체의 의사와 상관없으면 과세표준에 포함하여야 함에도 불구하고, 상품매매거래의 매출에누리로 취급하여 과세표준에서 제외되었으며,

㉰ 거래 실질이 위·수탁거래인데도 면세재화에 대한 특약매입거래를 상품매매거래로 계산서를 수수하고 면세수입금액으로 신고함으로써 위·수탁수수료에 대한 부가가치세를 신고누락한 결과를 초래하였다는 이유로 쟁점처분

(증 제1호) 쟁점처분 세무조사결과통지서

Ⅲ. 쟁점

쟁점거래가 상품매매거래인지, 위·수탁거래인지 여부

Ⅳ. 사실관계

1. 청구법인 개요

20××년 ××월 ××일 방송채널 사용사업과 홈쇼핑사업을 목적으로 설립된 내국법인으로서 20××년 ×월 ○○백화점의 인터넷쇼핑몰사업부 인수 후 인터넷통신판매도 병행하며, 20××년 ××월 ××일 한국거래소 유가증권시장에 주권상장

2. 판매상품 매입형태

청구법인이 방송매체 및 기타의 방법을 통해 고객에게 판매할 상품을 거래처(이하 '협력업체'라 합니다)로부터 매입하는 형태는 직매입, 특정매입, 위탁매매 세 가지로 구분
각 매입형태에 따른 계약상 청구법인이 거래당사자로서 부담하는 권리의무는 서로 다르며, 실질적인 거래흐름에서 청구법인이 수행하는 역할도 각각 차이 있음.

가. 직매입

청구법인이 협력업체로부터 직접 상품을 매입하여 소비자에게 판매하는 거래형태를 의미함.
청구법인은 일부 귀금속제품, 고가제품 등 상품에 대해 직매입 형태로 상품을 매입한 후 판매하고 있으며, 거래단계별 청구법인의 권리·의무 및 역할은 다음 표와 같음.

거래단계	청구법인의 권리의무 및 역할
매입	• 일정한 납품가격이 존재하며, 납품수량은 청구법인이 결정 • 재고의 훼손·멸실·진부화 등에 따른 손해, 시가 등락에 따른 위험과 효익 등 재고에 관한 모든 권리와 의무는 청구법인에 귀속
매출기획	• 판매가격은 청구법인이 결정

거래단계	청구법인의 권리의무 및 역할
매출기획	• 판매촉진을 위한 상품구성 및 가격할인을 청구법인이 기획하며, 할인쿠폰 및 적립 발행도 청구법인이 부담 • 상품판매를 위한 방송편성 및 제작 등을 청구법인이 수행
매출	• 매체상 판매주체는 청구법인으로 표기 • 주문접수 및 상담, 배송 등을 청구법인이 수행 • 판매에 따른 사후관리(교환, 반품, A/S 등) 책임은 1차적으로 청구법인이 부담 후, 귀책사유에 따라 협력업체 부담 여부 결정 • 미판매 재고의 반품이 제한적으로 가능

(증 제2호) 직매입 계약서 샘플 사본

나. 특약매입

※ 과거 특정매입이라고 하였으며, 현재도 실무에서는 특정매입이라는 용어가 많이 사용되고 있으나, 이하에서는 「대규모유통업에서의 거래공정화에 관한 법률」에서 사용하는 용어인 특약매입을 사용하겠습니다.

협력업체로부터 상품을 외상매입하여 청구법인이 소비자에게 판매하고 재고품은 협력업체로 반품하는 거래형태를 의미함

청구법인의 매입거래 대부분은 특약매입거래로 이루어지며, 무점포 소매업의 특성상 물류의 자체적인 보관이 필수적이지 않으므로 청구법인이 매입한 재고를 직접 보유하지 않고 협력업체에서 소비자에게 재고가 곧바로 이동하는 경우도 존재하며 특약매입거래에서 거래단계별 청구법인의 권리·의무 및 역할은 다음 표와 같음.

거래단계	청구법인의 권리의무 및 역할
매입	• 납품가격·납품수량은 청구법인과 협력업체가 협의하여 결정 • 청구법인에 입고되는 재고의 경우, 청구법인이 재고관리 책임 부담
매입	• 청구법인에 입고되지 않는 재고의 경우, 청구법인 재고자산으로 인식하지는 아니하나, 협력업체가 납품수량을 확보하지 못하여 판매에 차질이 발생할 경우 협력업체에 손해배상 부과 • 청구법인은 상품 검수 및 검품 후 재고에 대한 전반적 책임을 부담함(입고된 재고의 멸실, 훼손 등에 따른 손해를 청구법인이 부담, 청구법인이 100억 원 상당 보험가입하여 청구법인 책임하에 통제)
매출기획	• 상품의 판매가격, 판매방식, 판매계획 등을 청구법인이 결정 • 판매촉진을 위한 상품구성 및 가격할인을 청구법인과 협력업체가 협의하여 결정함. • 상품판매를 위한 방송편성 및 제작 등을 청구법인이 수행
매출	• 매체상 판매주체는 청구법인으로 표기(세금계산서, 계산서, 신용카드매출전표 청구법인 명의로 발급) • 주문접수 및 상담을 청구법인이 수행하고, 소비자는 대금을 청구법인에 지급하

거래단계	청구법인의 권리의무 및 역할
매출	며, 배송은 청구법인 또는 협력업체가 택배사를 고용하되, 청구법인의 책임하에 관리 • 청구법인은 판매상품에 대한 매입대금을 협력업체에 지급 • 판매에 따른 사후관리(교환, 반품, A/S 등) 책임은 1차적으로 회사 부담 후, 귀책사유에 따라 협력업체 부담 여부 결정 • 입고된 재고의 미판매 시 협력업체에 반품 가능

(증 제3호) 특약매입 표준거래계약서 샘플 사본

다. 위탁판매

청구법인이 상품 등을 매입하여 판매하는 것이 아니라 협력업체에 상품 판매용역만을 제공하고 판매액의 일정률 또는 일정금액을 수수료로 수취하는 거래형태를 의미함.

청구법인은 보험상품 및 여행상품 등과 같이 물리적 형태의 재고가 존재하지 않는 무형상품의 판매 등에 있어 위탁매매거래를 수행하고 있으며, 위탁매매 거래 시 거래단계별 청구법인의 권리·의무 및 역할은 다음 표와 같음.

거래단계	청구법인의 권리의무 및 역할
매입	• 매입절차 없음
매출기획	• 상품의 판매가격 및 판매수량은 협력업체가 모두 결정 • 판매촉진을 위한 상품구성 및 가격할인도 협력업체가 결정하여 부담 • 판매를 위한 사진촬영 및 지면제작 등은 협력업체가 수행 • 보험 등 무형상품의 경우, 방송 등의 편성 및 제작을 청구법인이 수행하고 협력업체에 비용 청구
매출	• 매체상 판매주체는 협력업체로 표기 • 주문접수는 청구법인이 수행, 상담은 협력업체에서 수행 • 판매에 따른 사후관리(교환, 반품, A/S 등) 책임은 협력업체가 부담 • 보험 등 무형상품의 경우 협력업체가 소비자에게 직접 용역제공

(증 제4호) 위탁판매 표준거래계약서 샘플 사본

3. 특약매입 표준거래계약서 주요 내용

청구법인이 협력업체로부터 특약매입 형태로 상품 등을 매입할 때 적용하는 특약매입 표준거래계약서상 주요내용은 대체로 다음과 같음.

○ 상품매매 및 공급에 관한 기본계약을 체결한다고 명시

○ 계약목적은 방송 및 기타의 방법을 통한 판매를 위하여 일정한 조건으로 상품을 발주하고 협력업체가 발주를 확인하여 공급하는 상품매매 거래에 대한 제반 기준과 원칙을 정하는데 두고 있음(제1조 제1호).

○ "상품매매"라 함은 청구법인이 협력업체로부터 **상품을 외상매입하여 판매하고 재고품은 반품**하는 특약매입거래로 해석된다고 명시(제1조 제3호)

○ "상품의 거래일자"는 청구법인이 지정한 장소에서 청구법인 또는 청구법인이 지정한 자에게 협력업체가 상품인도 또는 용역제공을 완료한 날로 하고, 협력업체가 직접 소비자에게 배송하는 직택배 방식 등 청구법인이 지정한 자에게 협력업체가 상품을 인도하거나 용역을 제공할 경우 청구법인이 그 내역을 협력업체로부터 수령한 날을 거래일자로 정함(제3조).

○ "세금계산서"는 협력업체가 거래일자를 기준으로 세금계산서를 발행하되, 월합계로도 발행할 수 있도록 함(제4조 제1호).

○ 상품대금은 협력회사가 공급한 상품 중 공급이 완료된 상품의 월간 합계금액에서 계약에 의한 유보 또는 공제금액을 차감한 금액을 익월(10일, 20일, 말일)까지 지급함.

4. 부가가치세 신고납부

청구법인은 쟁점 특약매입거래에 대하여 계약내용과 거래의 실질에 따라 협력업체로부터 공급받은 상품에 대하여 세금계산서를 발급받고 매입한 금액을 매입금액으로, 청구법인이 일반소비자에게 판매한 금액을 매출금액으로 인식하여 세금계산서 등을 수수하고 부가가치세를 신고·납부하였음.

Ⅴ. 관련법령

1. 부가가치세법

○ 제6조【재화의 공급】

① 재화의 공급은 계약상 또는 법률상의 모든 원인에 의하여 재화를 인도 또는 양도하는 것으로 한다.

⑤ 위탁매매 또는 대리인에 의한 매매를 할 때에는 위탁자 또는 본인이 직접 재화를 공급하거나 공급받은 것으로 본다. 다만, 위탁자 또는 본인을 알 수 없는 경우에는 그러하지 아니하다.

○ 제7조【용역의 공급】

① 용역의 공급은 계약상 또는 법률상의 모든 원인에 의하여 역무를 제공하거나 재화·시설물 또는 권리를 사용하게 하는 것으로 한다.

○ 제13조【과세표준】

① 재화 또는 용역의 공급에 대한 부가가치세의 과세표준은 다음 각 호의 가액을 합한 금액으로 한다. 다만, 부가가치세는 포함하지 아니한다.

1. 금전으로 대가를 받는 경우 : 그 대가
2. 금전 외의 대가를 받는 경우 : 자기가 공급한 재화 또는 용역의 시가

② 다음 각 호의 금액은 과세표준에 포함하지 아니한다.
1. 에누리액
2. 환입된 재화의 가액
3. 공급받는 자에게 도달하기 전에 파손 · 훼손 또는 멸실된 재화의 가액

○ 제16조 【세금계산서】

① 납세의무자로 등록한 사업자가 재화 또는 용역을 공급하는 때에는 제9조에 규정하는 시기에 다음 각 호의 사항을 기재한 세금계산서를 대통령령이 정하는 바에 의하여 공급을 받는 자에게 발급하여야 한다. (이하 생략)

2. 부가가치세법 시행령

○ 제1조 【재화의 범위】

③ 재화를 공급하는 사업의 구분은 통계청장이 고시하는 당해 과세기간 개시일 현재의 한국표준산업분류를 기준으로 한다.

○ 제2조 【용역의 범위】

① 법 제1조 제3항에 규정하는 용역은 다음 각 호의 사업에 해당하는 모든 역무 및 그 밖의 행위로 한다.
1. 건설업
(이하 각 호 생략)

③ 제1항의 사업구분은 이 영에 특별한 규정이 있는 경우를 제외하고는 통계청장이 고시하는 당해 과세기간 개시일 현재의 한국표준산업분류에 의하되, 제1항에 규정하는 사업과 유사한 사업은 한국표준산업분류에 불구하고 동항의 사업에 포함되는 것으로 본다.

○ 제48조 【과세표준의 계산】

① 법 제13조 제1항에 규정하는 과세표준에는 거래상대자로부터 받은 대금 · 요금 · 수수료 기타 명목 여하에 불구하고 대가관계에 있는 모든 금전적 가치 있는 것을 포함한다.

② 다음 각 호의 금액은 과세표준에 포함하지 아니한다.
1. 에누리액
2. 환입된 재화의 가액
3. 공급받는 자에게 도달하기 전에 파손 · 훼손 또는 멸실된 재화의 가액
4. 국고보조금과 공공보조금
5. 공급대가의 지급이 지연되어 받는 이자로서 대통령령으로 정하는 연체이자
6. 재화 또는 용역을 공급한 후의 그 공급가액에 대한 할인액으로서 대통령령으로 정하는 할인액

○ 제58조【위탁판매 등의 경우의 세금계산서의 발급】

① 위탁판매 또는 대리인에 의한 판매의 경우에 수탁자 또는 대리인이 재화를 인도하는 때에는 수탁자 또는 대리인이 위탁자 또는 본인의 명의로 세금계산서를 발급하며, 위탁자 또는 본인이 직접 재화를 인도하는 때에는 위탁자 또는 본인이 세금계산서를 발급할 수 있다. 이 경우에는 수탁자 또는 대리인의 등록번호를 부기하여야 한다.

② 위탁매입 또는 대리인에 의한 매입의 경우에는 공급자가 위탁자 또는 본인을 공급받는 자로 하여 세금계산서를 발급한다. 이 경우에는 수탁자 또는 대리인의 등록번호를 부기하여야 한다.

⑤ **법 제6조 제5항 단서의 경우에는 제1항 및 제2항의 규정을 적용하지 아니한다.**

⑦ 용역의 공급에 대한 주선·중개의 경우에는 제1항 및 제2항의 규정을 적용한다.

3. 국세기본법

○ 제14조【실질과세】

② 세법 중 과세표준의 계산에 관한 규정은 소득, 수익, 재산, 행위 또는 거래의 명칭이나 형식에 관계없이 그 실질내용에 따라 적용한다.

○ 국세기본법 기본통칙 14-0…5[거래의 실질내용 판단기준]

거래의 실질내용은 형식상으로 기록내용이나 거래명의에 불구하고 상거래 관례, 구체적인 증빙, 거래 당시의 정황 및 사회통념 등을 고려하여 판단한다.

4. 대규모유통업에서의 거래 공정화에 관한 법률

○ 제2조【정의】

5. "특약매입거래"란 대규모유통업자가 매입한 상품 중 판매되지 아니한 상품을 반품할 수 있는 조건으로 납품업자로부터 상품을 외상으로 매입하고 상품판매 후 일정률이나 일정액의 판매수익을 공제한 상품판매대금을 납품업자에게 지급하는 거래형태를 말한다.

6. "위·수탁거래"란 대규모유통업자가 납품업자가 납품한 상품을 자기명의로 판매하고 상품판매 후 일정률이나 일정액의 수수료를 공제한 상품판매대금을 납품업자에게 지급하는 형태의 거래를 말한다.

5. 상법

○ 제87조【의의】

일정한 상인을 위하여 상업사용인이 아니면서 상시 그 영업부류에 속하는 거래의 대리 또는 중개를 영업으로 하는 자를 대리상이라 한다.

○ 제101조【의의】

자기명의로써 타인의 계산으로 물건 또는 유가증권의 매매를 영업으로 하는 자를 위탁매매인이라 한다.

○ 제102조【위탁매매인의 지위】
위탁매매인은 위탁자를 위한 매매로 인하여 상대방에 대하여 직접 권리를 취득하고 의무를 부담한다.

○ 제103조【위탁물의 귀속】
위탁매매인이 위탁자로부터 받은 물건 또는 유가증권이나 위탁매매로 인하여 취득한 물건, 유가증권 또는 채권은 위탁자와 위탁매매인 또는 위탁매매인의 채권자 간의 관계에서는 이를 위탁자의 소유 또는 채권으로 본다.

○ 제106조【지정가액준수의무】
① 위탁자가 지정한 가액보다 염가로 매도하거나 고가로 매수한 경우에도 위탁매매인이 그 차액을 부담한 때에는 그 매매는 위탁자에 대하여 효력이 있다.
② 위탁자가 지정한 가액보다 고가로 매도하거나 염가로 매수한 경우에는 그 차액은 다른 약정이 없으면 위탁자의 이익으로 한다.

○ 제108조【위탁물의 훼손, 하자 등의 효과】
① 위탁매매인이 위탁매매의 목적물을 인도받은 후에 그 물건의 훼손 또는 하자를 발견하거나 그 물건이 부패할 염려가 있는 때 또는 가격저락의 상황을 안 때에는 지체없이 위탁자에게 그 통지를 발송하여야 한다.
② 전항의 경우에 위탁자의 지시를 받을 수 없거나 그 지시가 지연되는 때에는 위탁매매인은 위탁자의 이익을 위하여 적당한 처분을 할 수 있다.

6. 민법

○ 제211조【소유권의 내용】
소유자는 법률의 범위 내에서 그 소유물을 사용, 수익, 처분할 권리가 있다.

○ 제563조【매매의 의의】
매매는 당사자 일방이 재산권을 상대방에게 이전할 것을 약정하고 상대방이 그 대금을 지급할 것을 약정함으로써 그 효력이 생긴다.

○ 제566조【매매계약의 비용의 부담】
매매계약에 관한 비용은 당사자 쌍방이 균분하여 부담한다.

○ 제568조【매매의 효력】
① 매도인은 매수인에 대하여 매매의 목적이 된 권리를 이전하여야 하며 매수인은 매도인에게 그 대금을 지급하여야 한다.
② 전항의 쌍방의무는 특별한 약정이나 관습이 없으면 동시에 이행하여야 한다.

Ⅵ. 청구주장

1. "특약매입거래"는 그 거래의 형태를 청구법인 등 대규모유통업을 영위하는 기업이면 누구나 준수해야 하는 「대규모유통업에서의 거래공정화에 관한 법률」에서 "위 · 수탁거래"와 명확히 구분하여 정의하고 인정하는 거래형태로 청구법인이 임의로 "위 · 수탁거래"로 재구성할 수 없는 것이며 처분청 또한 동 법률과 상법 등 관련 법률규정에 불구하고 임의로 위탁매매거래로 간주할 수 없습니다.

가. 홈쇼핑사업에 대한 부가가치세법상 사업구분은,

(1) 부가가치세법 시행령 제1조 제3항에서 "재화를 공급하는 사업의 구분은 통계청장이 고시하는 당해 과세기간 개시일 현재의 한국표준산업분류를 기준으로 한다"라고 규정하고 있고,

제2조 제3항에서는 "용역을 공급하는 사업의 구분은 부가가치세법 시행령에 특별한 규정이 있는 경우를 제외하고는 통계청장이 고시하는 당해 과세기간 개시일 현재의 한국표준산업분류에 의하되, 제1항에 규정하는 사업과 유사한 사업은 한국표준산업분류에 불구하고 동항의 사업에 포함되는 것으로 본다"라고 규정하고 있습니다.

(2) 한편, 한국표준산업분류표를 보면 홈쇼핑사업 등은 재화를 공급하는 소매업(47919.기타통신판매업, 47911.전자상거래업)으로 분류되고 있습니다.
따라서 청구법인의 특약매입표준계약상 상품매매 거래형태는 한국표준산업분류표상 재화를 공급하는 사업인 상품판매업, 즉 소매업에 해당합니다.

나. 부가가치세법상 과세거래 형태와 위탁판매 등의 세금계산서 교부방법은,

(1) 부가가치세법 제6조 제1항에서는 "재화의 공급은 계약상 또는 법률상의 모든 원인에 의하여 재화를 인도 또는 양도하는 것으로 한다"라고 규정하면서,
부가가치세법 제6조 제5항에서는 "위탁매매 또는 대리인에 의한 매매를 할 때에는 위탁자 또는 본인이 직접 재화를 공급하거나 공급받은 것으로 본다. 다만, 위탁자 또는 본인을 알 수 없는 경우에는 그러하지 아니하다"라고 규정하고 있으며,

(2) 위탁판매 등에 대한 세금계산서 발급은 부가가치세법 시행령 제58조 제1항에서 "위탁판매 또는 대리인에 의한 판매의 경우에 수탁자 또는 대리인이 재화를 인도하는 때에는 수탁자 또는 대리인이 위탁자 또는 본인의 명의로 세금계산서를 발급하며, 위탁자 또는 본인이 직접 재화를 인도하는 때에는 위탁자 또는 본인이 세금계산서를 발급할 수 있다. 이 경우에는 수탁자 또는 대리인의 등록번호를 부기하여야 한다"라고 규정하고 있고,

제5항에서는 위탁매매 또는 대리인에 의한 매매를 할 때 위탁자 또는 본인을 알

수 없는 경우에는 제1항의 규정을 적용하지 아니하고 위탁자가 수탁자에게 세금계산서를 발급하고 수탁자가 해당 재화를 공급받는 자에게 세금계산서를 발급토록 하고 있으며,
제7항에서는 용역 중개·주선의 경우만 제1항의 경우를 준용토록 규정하고 있어, 용역의 위·수탁거래의 경우에는 제1항의 경우를 준용하지 않는 것으로 해석하고 있습니다(재무부 부가가치세제과 22601-1122, 1990.11.16. ; 서삼-645, 2005.5.11.).

(3) 위탁판매 위탁매매업의 구체적 거래형태 기준에 대하여는 현행 부가가치세법상에 별도 규정을 두고 있지 않습니다.

다만, 2000.3.31. 개정되기 전의 부가가치세법 시행규칙 제23조 제4호에서는 "위탁매매는 자기의 명의로 타인의 계산에 의하여 물품을 구입 또는 판매하고 보수를 받는 사업으로 한다"라고 상법상의 규정을 차용하여 규정한 바 있었으나, 이는 사적자치가 적용되는 거래로서 이를 별도로 세법에서 규정할 필요가 없다 하여 2000.3.31. 조문정리 차원에서 삭제 개정한 것입니다.

(4) 또한 부가가치세법 제7조 제1항에서는 "용역의 공급은 계약상 또는 법률상의 모든 원인에 의하여 역무를 제공하거나 재화·시설물 또는 권리를 사용하게 하는 것으로 한다"라고 규정하고 있습니다.

다. 사법(私法)에서 규정하는 매매업과 위탁매매업의 구분은,

(1) 민법에서는 "매매의 의의"를 매매는 당사자 일방이 재산권을 상대방에게 이전할 것을 약정하고 상대방이 그 대금을 지급할 것을 약정함으로써 그 효력이 생긴다(민법 제568조)라고 규정하면서,
매매의 효력은 매도인은 매수인에 대하여 매매의 목적이 된 권리를 이전하여야 하며 매수인은 매도인에게 그 대금을 지급하여야 한다(민법 제568조)라고 규정하고 있고,

(2) 상법에서는 위탁매매의 의의를 "자기명의로써 타인의 계산으로 물건 또는 유가증권의 매매를 영업으로 하는 자를 위탁매매인이라 한다"(상법 제101조)라고 규정하면서,
위탁물의 귀속은 "위탁매매인이 위탁자로부터 받은 물건 또는 유가증권이나 위탁매매로 인하여 취득한 물건, 유가증권 또는 채권은 위탁자와 위탁매매인 또는 위탁매매인의 채권자 간의 관계에서는 이를 위탁자의 소유 또는 채권으로 본다"(상법 제103조)라고 규정하고 있습니다.

라. 특히 청구법인과 같은 대규모유통사업자를 직접 규율하는 법률인 「대규모유통업에서의 거래 공정화에 관한 법률」 제2조에서는 "특약매입거래"를 "위·수탁거래"와 명확히 구분하여

(1) "특약매입거래"란 대규모유통업자가 매입한 상품 중 판매되지 아니한 상품을 반품할 수 있는 조건으로 납품업자로부터 상품을 외상으로 매입하고 상품판매 후 일정률이나 일정액의 판매수익을 공제한 상품판매대금을 납품업자에게 지급하는 거래형태를 말한다고 규정하고,

(2) "위 · 수탁거래"란 대규모유통업자가 납품업자가 납품한 상품을 자기명의로 판매하고 상품판매 후 일정률이나 일정액의 수수료를 공제한 상품판매대금을 납품업자에게 지급하는 형태의 거래를 말한다고
각각 정의하고 있으면서 각각의 거래형태별로 대규모 유통업자와 납품업자 또는 매장임차인이 대등한 지위에서 상호보완적으로 발전할 수 있도록 규제와 권장을 하고 있는 것입니다.

(3) 특히 위 정의에 따르면 "특약매입거래"란 일단 상품을 외상으로 매입하는 것에서 출발하므로 당연히 상품을 납품하는 업자는 매출세금계산서를 교부하여야 하는 의무가 발생하는 재화의 공급거래가 되고,

"위 · 수탁거래"란 수탁자가 상품의 매입과정 없이 수탁자는 사전에 약정한 일정액 혹은 일정률의 수수료만을 수취하게 되므로 당해 수수료 용역에 대해 수탁자가 매출세금계산서를 교부하여야 하는 용역의 공급거래로 엄연히 구분되는 거래형태가 되는 것입니다.

마. 처분청이 거래 당사자를 직접 규율하는 준거법률을 준수하여 거래형태를 결정하였고 사법에서 규정하는 법률관계에도 위배됨이 없는 자율적 거래계약은 무시하고 임의로 위탁매매업으로 간주한 것은 부당합니다.

(1) 매매업이나 위탁매매업에 대한 사업의 형태를 세법에서 특별히 규정하고 있지 않은 한 과세관청이 특약매입 표준거래계약 등 사적자치원칙과 거래관행 등을 무시하고 단순한 과세목적상의 이유만으로 법률에 근거하지 않고 위탁매매업이라고 자의적으로 의제하거나 유추해석할 수 없습니다.

(2) 대법원 판례(대법원 2007두26629, 2009.4.9. ; 98두11731, 2000.3.16. ; 98두14082, 1999.11.9.)에서도, 헌법은 조세법률주의를 채택하여 모든 국민은 법률이 정하는 바에 의하여 납세의 의무를 지고(헌법 제38조), 조세의 종목과 세율은 법률로 정한다(헌법 제59조)고 규정하고 있는바, 이러한 조세법률주의 원칙은 과세요건 등은 국민의 대표기관인 국회가 제정한 법률로써 규정하여야 하고, 그 법률의 집행에 있어서도 이를 엄격하게 해석 · 적용하여야 하며, 비록 과세의 필요성이 있다 하여도 행정편의적인 확장해석이나 유추적용에 의해 이를 해결하는 것은 허용되지 않음을 의미하고,

납세의무자가 경제활동을 함에 있어서는 동일한 경제적 목적을 달성하기 위하여

여러 가지의 법률관계 중 하나를 선택할 수 있는 것이고, 과세관청으로서는 특별한 사정이 없는 한 당사자들이 선택한 법률관계를 존중하여야 할 것이되, 실질과세의 원칙에 의하여 당사자의 거래행위를 그 형식에도 불구하고 조세회피행위라고 하여 그 행위의 효력을 부인할 수 있으려면 조세법률주의 원칙상 법률에 개별적이고 구체적인 부인규정이 마련되어야 하는 것이라고 판시하고 있습니다.

바. 청구법인이 쟁점 특약매입에 대해 부가가치세법을 적법하게 적용하였는지에 대해서는,

(1) 부가가치세법상에서 사업의 구분은 한국표준산업분류표에 의하도록 규정하고 있을 뿐, 매매업이나 위탁매매업 등 구체적인 거래형태 기준에 대하여는 부가가치세법에 별도의 규정을 두고 있지 않으므로 쟁점 특약매입거래의 형태는 결국 청구법인과 협력업체 간에 사적자치원칙에 따라 체결한 특약매입표준거래계약서와 거래관행 및 사법에서 규정하는 법률관계에 의하여 판단될 것이어서 청구법인이 협력업체와 계약에 따라 특약매입거래를 부가가치세법상의 재화를 공급하는 매매거래로 취급하여 부가가치세를 신고납부한 것은 적법합니다.

(2) 더욱이 위탁판매 등에 대한 부가가치세법상 과세거래규정과 위·수탁거래에 대한 세금계산서 발급 규정의 취지를 보아도,

위·수탁판매 시 위탁자는 자기가 공급한 재화에 대해 세금계산서를 발급하고 수탁자는 위탁판매에 대한 수수료에 대해서만 반드시 그 수수료를 과세표준으로 하여 세금계산서를 발급해야 되는 것이 아니라 재화의 위탁판매의 경우라도 상거래 관행 등으로 보아 위탁자를 알 수 없는 경우 등은 일반적인 매매거래의 형태와 같이 위탁자가 수탁자에게, 수탁자가 실제 재화를 공급받는 자에게 세금계산서를 발급토록 하고 있는바(용역의 경우도 위·수탁거래를 일반적인 용역의 거래와 동일하게 취급하여 세금계산서를 발급토록 규정하고 있음),

이는 위탁판매의 경우에 있어서 위탁자가 수탁자에게 위탁재화의 판매가액에서 위탁판매수수료를 뺀 금액으로 세금계산서를 발급하는 경우와 위탁자가 자기명의로 재화를 공급받는 자에게 그 공급대가로 세금계산서를 발급하고 수탁자가 위탁자에게 위탁판매수수료에 대한 세금계산서를 발급하는 경우를 비교해보면 결국 부가가치세에 대한 실질적인 세금효과가 동일하므로,

위탁매매 전체를 획일적으로 용역의 공급형태로 보아 매출액을 순액인 수수료만 인식하도록 하지 않고, 위탁자를 알 수 없는 경우는 납세의무자 편의를 위하여 일반적인 매매거래의 형태인 재화의 공급형태로도 부가가치세법을 적용할 수 있도록 규정한 것으로 보여지며, 이때 위탁자를 알 수 없는 경우는 그 거래내용을 부가가치세법령에서 특별히 규정하고 있지 않고 있어 거래의 양태, 상관행, 약정 등에 따라 거래당사자 간에 판단하여 부가가치세법을 적용할 수 있도록 규정한

것으로 보입니다.

따라서 청구법인이 특약매입 표준거래계약에 따른 쟁점 특약매입에 대해 재화를 공급받는 상품매매거래로 보아 부가가치세법을 적용한 것을 부당하다고 판단할 아무런 이유가 없습니다.

2. 재정경제부 유권해석 및 대법원판례 등의 입장도 특약매입거래를 위·수탁거래로 보지 않고 있어 쟁점 특약매입거래를 위·수탁거래로 간주하고 과세하겠다는 조사결과 통지는 부당한 것이 명확합니다.

가. 특약매입거래를 위탁매매로 보지 아니한 재정경제부 유권해석 및 대법원판례의 태도를 보면,

(1) 재정경제부 유권해석(조세지출예산과-333, 2006.6.7.)에서는 특약매입거래를 위·수탁거래로 보지 아니하고 판매기업으로부터 재화나 용역을 공급받은 것으로 보아 그 구입대금은 조세특례제한법 제7조의 2에서 규정하는 기업의 어음제도개선을 위한 세액공제대상으로 해석하고 있고,

(2) 대법원판례(대법원 2012두7844, 2012.7.26.)에서도 특약매입거래의 경우, 납품업체의 입점 계약, 상품코드 등록, 판매방식과 판매가격 결정, 서비스 통제권 등이 원고에게 있고, 고객에게 발행하는 영수증도 원고 명의로 발급되며, 신용카드 수수료 또한 원고가 부담하므로, 특약매입거래를 단순한 위탁매매라고 볼 수 없는 것으로 판시한바 있습니다.

(3) 백화점사업자의 특약조건 매입거래에 있어서의 부가가치세 과세표준에 대한 국세청의 해석에서도(법규과-1496, 2011.11.14.), 제조업자가 백화점 사업자와 특약거래조건(재고반품, 마진율과 대금지급 등)에 의한 계약을 체결하여 대리점에게 제품을 공급(납품)하고 그 공급대가는 백화점에서 고객에게 판매된 금액 중 일정비율에 상당하는 마진금액을 차감한 금액으로 지급받기로 한 경우 제조업자의 과세표준은 백화점 사업자로부터 지급받는 금액이 되는 것으로 하고 있습니다.

나. 위탁매매로 보지 아니하고 상품매매거래로 본 대법원판례에서도, 과세관청이 상품매출누락으로 과세한 것에 대하여 상품매출누락이 아니라 위탁판매수수료 부분만 매출누락이라는 원고주장에 대해, 원고가 상품 위탁수수료를 매출가격으로 기재하지 아니하고 상품가격을 매입, 매출가격으로 기재한 점, 상품판매가격은 구입가격에 일정한 마진을 더해 판매한 점 등을 들어 원고가 위탁매매로 주장하는 거래를 상품판매의 거래로 본 과세관청의 처분을 정당한 것으로 판시한 바 있습니다(대법원 2008두19178, 2009.1.15.).

3. 특약매입거래를 위·수탁매매로 보지 아니한 관련 예규나 판례 등의 태도에 비추어 청구법인

의 쟁점 특약매입에 대해 다음의 증빙과 같이 확인되는 실질거래내용을 보아도 쟁점 특약매입거래를 위·수탁거래로 보는 것은 부당합니다.

가. 청구법인과 협력업체는 특약매입표준계약을 체결

청구법인이 상품을 발주하고 납품업체가 상품을 공급하는 상품매매거래임을 명시하여 특약매입표준계약을 체결하고 있습니다.

특정매입표준거래계약

주식회사 [ ](이하 "회사"라 한다)과 [ ]이하 "협력회사"라 한다)는 상품매매 및 공급에 관한 기본 계약(이하 "본 계약"이라 한다)을 다음과 같이 체결한다.

제1조 (목적 및 정의)

1. 본 계약은 회사의 방송 및 기타의 방법을 통한 판매를 위하여 일정한 조건으로 상품을 발주하고 협력회사가 발주를 확인하여 공급하는 상품매매 거래에 대하여 제반기준과 원칙을 정하는데 있다.
2. 회사와 협력회사는 본 계약을 시행함에 있어 상품을 구매하는 고객의 만족을최우선으로 한다.
3. "상품매매"라 함은 본 계약 또는 부속계약에서 특별히 규정하지 않는 한 회사가 협력회사로부터 상품을 외상매입하여 판매하고 재고품은 반품하는 대규모소매점고시 제2조 제7항에 의한 특정매입거래로 해석된다.

나. 매입상품의 판매에 관한 정책은 청구법인의 권리

(1) 청구법인은 납품업체로부터 상품을 공급받을 뿐 판매방식 및 판매가격, 판매계획 등 판매에 관한 모든 정책은 청구법인이 결정합니다. **만약 처분청 의견처럼 쟁점 특약매입거래의 실질이 위·수탁거래라면 판매가격 등은 수탁자인 청구법인이 아닌 위탁자인 협력업체가 결정하여야 할 것**입니다.

(2) 청구법인은 자체적인 판매정책을 충족시킬 수 있는 협력업체를 선정하기 위해 상품 품평회, 업체 브랜드 및 신용도 심사 등 청구법인이 수립한 입점기준을 통과한 업체에 한하여 상품에 대한 엄격한 품질검사를 거쳐 입점을 승인하며, 복수의 공급자가 존재하는 상황에서는 청구법인의 이익과 고객 만족을 충족시켜 줄 수 있는 납품업체를 선택하고 있습니다.

稟義 · 報告書

保存年限	3年	決裁				專決規定 에依據 專決事項 / 最終 決裁者 指示
		책임/			사업부장/	
起案日字	.2.17					
		02/17			02/17	
起案部署	팀	合 意 (協 調)				
構內電話	2971					
題目	신규협력사 등록의 건					

당팀에서는 신상품 런칭을 위해 아래 업체를 당사 협력사로 등록/운영하고자 하오니 검토 후 재가 바랍니다.

\- 아 래 -

1.목적

가. 신상품 진행을 통한 상품풀 확대 및 매출증대

2.협력업체현황

업 체 명	
브랜드명	
대 표 자	
주 소	부산 사하구 다대동
업 태	도/소매외

3.상품현황

상 품 명	가 격(원)	M/G(%)	거래조건	결제조건	비 고
	69,800	38	특정매입	당사기준	

제34회 사업부 신상품 품평회 점수

팀 장	사업부장

품평일시 : 2008.10.07

구분	예상 순주문 달성율		원 점 수											최종점수 (가중치)	등급
	담당 MD	평가 패널	트렌드	가격 매력도	품질력	디자인	구성	소재/재질	기능/성능	브랜드력	차별성	시연성			
신형 막대걸레 청소용품 세트		84	76	85	85	83	78		86	91	70	80		83	A
네이처 음식물 처리기		62	58	42	51	71	54		69	39	58	64		55	D
세탁물 건조기		59	54	36	48	66	53		73	55				53	D
프랭클린 플래너		60	69	43	76	59	55		75	72	55	47		61	D
한복선 전통갈비탕		87	65	75	70	60	80	79	81	83	68	75		73	B
모던 접이식 패드		63	54	60	39	46	54	68	70	37		53		52	D
에코 세라믹팬 세트		87	81	84	73	70	83		83	43	69	80		76	B
키친아트 바비큐 직화오븐		83	76	61	68	70	73		85	84	80	85		73	B
평균		73	67	61	63	65	66	73	78	63	66	69		66	C

다. 세금계산서 기재사항대로 신고 · 납부

(1) 청구법인은 협력업체로부터 협력업체가 "공급자", 청구법인이 "공급받는 자"로 기재된 세금계산서를 교부받고 있으며, 이를 근거로 세금계산서 기재사항대로 부가가치세를 총액으로 신고 · 납부하고 있습니다.

세금계산서 (공급받는자 보관용)

책번호 2009 권 02 호 / 일련번호 3581

구분	항목	내용	항목	내용
공급자	등록번호	603-81-	종사업장 번호	
공급자	상호(법인명)	주)	성명	
공급자	사업장 주소	부산 사하구 다대동		
공급자	업태	도소매,도매	종목	주방용품,무역
공급자	이메일			
공급받는자	등록번호	211-86-	종사업장 번호	
공급받는자	상호(법인명)	주식회사 홈쇼핑	성명	
공급받는자	사업장 주소	서울시		
공급받는자	업태	서비스, 소매	종목	방송프로그램제작, TV홈쇼핑
공급받는자	이메일			

작성 년	월	일	공란수	공급가액	세액	수정사유
2009	02	28	4	39538710	3953871	

비고

월	일	품목	규격	수량	단가	공급가액	세액	비고
02	28	키친아트 직화 바베큐오븐				39,538,710	3,953,871	

합계금액	현금	수표	어음	외상미수금	
43,492,581					이 금액을 청구함

1)본 전자세금계산서는 공인인증서를 사용하여 전자서명한 세금계산서로 서명법에 의거 법적 효력을 갖는 문서입니다.

(별지 제33호서식 (2))

매입처별세금계산서합계표 (을)

21186

(2009/01/01 ~ 2009/03/31)

%관리번호 | 사업자등록번호 211-86- | 주식회사 홈쇼핑

일련번호	사업자등록번호 / 매수	공란수	상호(법인명) / 공급가액	업태 / 세액	종목	비고
307	603-81-		(주 방송	서비스	TV유선방송	
	1	5	132000000	13200000		
308	603-81-			도매,제조外	가전제품外	
	2	8	128225	12823		
309	603-81-		(주	서비스	종합유선방송업	
	3	5	119000000	11900000		
310	603-81			제조	도소매	
	3	7	1337189	133719		
31	603-81-			도소매,도매	주방용품,무역	
	2	5	822169116	82216912		

(2) 매출 후 고객에게 교부하는 세금계산서 및 카드매출전표 등은 청구법인 명의로 기재하고 있습니다.

(적색)

세금계산서 (공급자 보관용)

책번호	2009 권	03 호
일련번호	2395	

구분	항목	내용	항목	내용
공급자	등록번호	211-86-[redacted]	종사업장 번호	
공급자	상호(법인명)	주식회사 [redacted] 홈쇼핑	성명	[redacted]
공급자	사업장 주소	서울시 [redacted]		
공급자	업태	서비스, 소매	종목	방송프로그램 제작, TV홈쇼핑
공급자	이메일			
공급받는자	등록번호	616-24-[redacted]	종사업장 번호	
공급받는자	상호(법인명)	제주 [redacted]	성명	[redacted]
공급받는자	사업장 주소	제주 제주시 오라2동 [redacted]		
공급받는자	업태	음식	종목	한식
공급받는자	이메일	[redacted]e@naver.com		

작성 년	월	일	공란수	공급가액	세액	수정사유
2009	03	09	7	62545	6255	

비고

월	일	품목	규격	수량	단가	공급가액	세액	비고
03	09	키친아트 직화 바베큐오븐				62,545	6,255	

합계금액	현금	수표	어음	외상미수금	이 금액을 영수함
68,800					

1)본 전자세금계산서는 공인인증서를 사용하여 전자서명한 세금계산서로 서명법에 의거 법적 효력을 갖는 문서입니다.

카드매출전표

카드종류	비씨카드
회원번호	4554-[redacted]-24 -
유효기간	/
거래일시	2010/04/29
취소시당초거래일	
거래유형	신용승인
품명	비비안웨스트우드 멜르
결제방법	무-7
매장명	
판매사	
은행확인	(인)
대표자	[illegible]

금액 AMOUNT	190000
세금 TAXES	19000
봉사료 S/C	
합계 TOTAL	209000
승인번호/거래고유번호/처리불능코드	37460960

가맹점명	(주)[redacted]홈쇼핑	알림/NOTE	
가맹점주소	서울특별시 [redacted]		02) 2143-[redacted]
가맹점번호	733[redacted]	사업자등록번호	211-86-[redacted]
문의전화/Help Desk		서명/SIGNATURE	

라. 청구법인 매출현황 등에도 판매가를 매출액으로 기재

(1) 청구법인이 작성하고 있는 장부에서도 매입일계표상 단가는 매입가격을, 매출현황상 매출원가는 매입가격으로 판매가는 매출가격으로 각각 구분하여 기재하고 있으며, **위탁수수료를 매출가격으로 기재하고 있지 않습니다.**

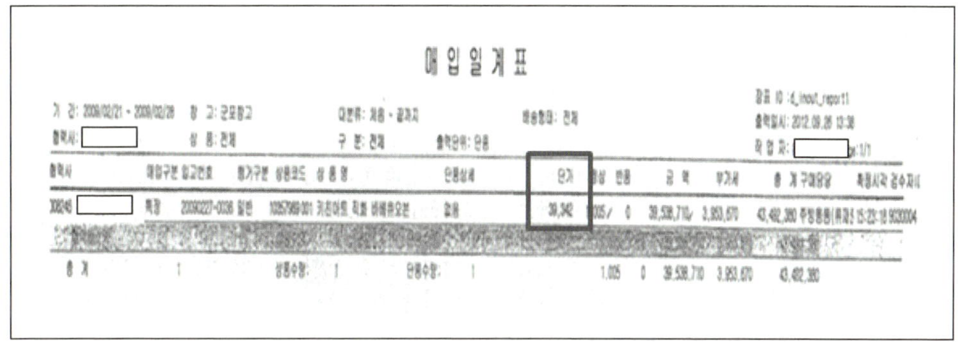

매입일계표

기 간: 2009/02/21 ~ 2009/02/28 출력일시: 2012.09.26 13:38

단가	금액	부가세	총 계
39,342	39,538,710	3,953,670	43,492,380

총 계 1 상품수량: 1 단품수량: 1 1,005 0 39,538,710 3,953,670 43,492,380

(2) 또한, 협력업체가 납품한 상품의 구매대금에 대하여 판매대금에서 일정한 마진 등을 차감하고 지급하고 있습니다.

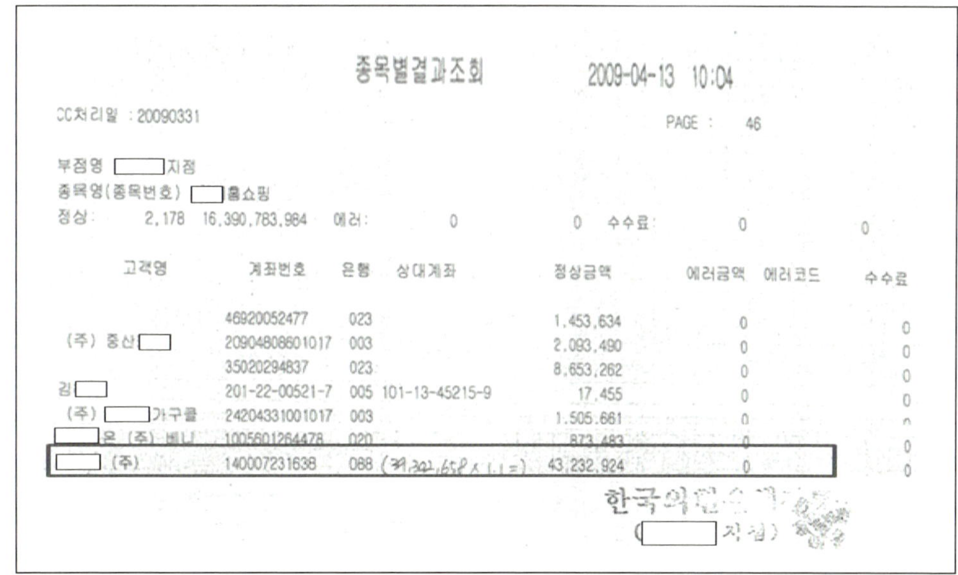

종목별결과조회 2009-04-13 10:04

CC처리일 : 20090331 PAGE : 46

부점명 ☐지점

종목명(종목번호) ☐홈쇼핑

정상 : 2,178 16,390,783,984 에러 : 0 0 수수료 : 0 0

고객명	계좌번호	은행	상대계좌	정상금액	에러금액	에러코드	수수료
	46920052477	023		1,453,634	0		0
(주) 중산☐	20904808601017	003		2,093,490	0		0
	35020294837	023		8,653,262	0		0
김☐	201-22-00521-7	005	101-13-45215-9	17,455	0		0
(주) ☐가구를	24204331001017	003		1,505,661	0		0
☐온 (주) 베니	1005601264478	020		873,483	0		0
☐ (주)	140007231638	088	(39,302,658 × 1.1 =)	43,232,924	0		0

한국외환은행 (☐지점)

마. 청구법인이 재고통제권을 보유

(1) 청구법인은 검수과정을 거쳐 매입상품을 입고하고, 검품 후 재고에 대한 전반적 책임을 부담합니다.

입고검수서

발주번호 : 20090226-0279
협력사 : 008246 [ ](주)

장표 ID: d_in_count_list_prt
출력일시: 2009.02.27 09:50
출 력 자: [ ] page:1/1

No	상품	단품	상품명	단품상세	발주수량	현재고	입고수량	Rack번호	이출하	방송편성일	카탈로그	인터넷
1	10357969	001	키친아트 착화 바베큐오븐	없음	1,100	0				2009/02/27		0
총 1건					1,100				0			

① QA 담당자 :

② 검수 담당자 :

(2) 상품 배송 시 출고시점부터 최종소비자에게 인도가 완료될 때까지 배송상황을 전산상 실시간으로 관리하고 있습니다.

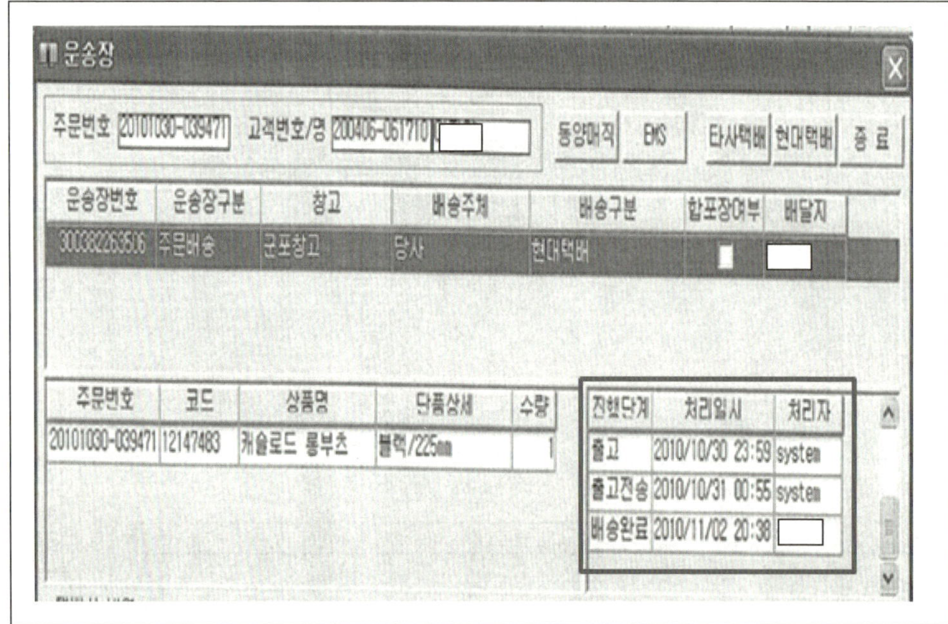

(3) 상품입고 후 청구법인 인력과 비용을 투입하여 재고관리책임을 모두 부담하고 있으며,

임대차계약서

□택배 주식회사(이하 "임대인" 이라 한다)와 주식회사□홈쇼핑(이하 "임차인" 이라 한다)은 다음과 같이 임대차계약을 체결한다.

제1조 (목적물 표시)
임대인은 다음 목적물을 임차인에게 임대한다.
① 목적물 위치 : 경기도 군포시□
② 목적물 내용 : 철골, 콘크리트구조 물류센터 1층 사무실, 2~4층 전체, 5층 각 물류센터 1,712.4㎡(518평) 및 사무실 1실
③ 임대 면적 : 12,978.57㎡ (3,926평)

물 류 도 급 계 약

주식회사 □홈쇼핑(이하 "갑"이라 함)과 주식회사 □물류(이하 "을"이라 함)는 다음과 같이 물류도급계약(이하 "도급계약"이라 함)을 체결하기로 하며 본 계약에 의하여 "갑"과 "을"이 2006년 3월 1일 기체결한 물류도급계약서는 다음과 같은 내용으로 변경된다

□

부서별급여집계표
(2012년 10월)

Date: 2012. 10. 24
Time: 00:32
Page: 2 / 9

급여구분: 급여 순번: 1
사 업 소: □

직위	호봉	기본급	교통비	직무수당	조출수당	토요근무수당	연금지원	지급액	비과세합계	산출세액	[illegible]	의료보험	[illegible]	[illegible]	[illegible]	기타	[illegible]
성명	사번	시간외수당		자격수당	봉사료	연장수당	상여금	[illegible]	과세총액	근로세액	소득세	의보정산	건보추징환급	[illegible]	[illegible]	[illegible]	공제합계
은행명		직책수당	섭외비	벽지수당	고정OT2	심야수당	생휴수당	실지급율	소득공제계			국민연금	요양보험	노조회비	[illegible]	식대	[illegible]
계좌번호		근속수당	조정수당	봉사료수당	기타수당	휴일수당	월휴수당	지급기준액		기타세액	주민세	연금정산	요양보험정산	[illegible]	개인연금	환급이자	[illegible]
그룹입사일	입사일자	가족수당	고정O/T	보훈수당	O/T수당	특휴수당	전월미지급	급여총액	과세표준	세액공제계	원천징수계	고용보험	요보추징환급	주택대출	[illegible]		실수령액
		[illegible]	[illegible]	[illegible]	[illegible]							고용정산					
(주)□홈쇼핑		13,993,500	80,000				20,000			1,097,200		915,500					
관리담당									27,987,851	253,700	637,560			21,250		31,000	3,065,6[illegible]
물류팀		80,000							16,412,553			1,234,800	60,150				24,922,2[illegible]
FOD10606		490,000	120,000			1,046,332					83,710			132,083	16,500		
인원 : 8		160,000	950,000				15,000	27,987,851	11,575,338	253,700	92,280	153,505		301,945			24,922,2[illegible]
		15,913,500	14,713,500	240,000	10,670,025												

(4) 만일의 위험에 대비하여 물류센터 및 센터 내 보관재고에 대해 약 100억 원 상당의 화재보험에 가입하여 상품재고를 청구법인 책임하에 통제하고 있습니다.

COPY

Insurance Policy

Package Insurance

The Insured

etc.

SCHEDULE

1. Policy number : F200902101029

2. The Insured : etc.
   - Please refer to the attached

3. Location :
   - Please refer to the attached

4. Business Description: Department Store

5. Policy Period : From Apr. 1, 2009 To Apr. 1, 2010
   00:01 Standard Time at Business Premises.

6. Annual Deposit Premium

Section Ⅰ (Property All Risks Cover)	₩820,065,268.-
Section Ⅱ (Machinery Breakdown Cover)	₩23,486,831.-
Section Ⅲ (Business Interruption Cover)	
Following Section Ⅰ	Not Applied
Following Section Ⅱ	Not Applied
Section Ⅳ-1(General Liability Cover)	₩340,504,500.-
Total Annual Premium	₩1,184,056,599.-

IN WITNESS WHEREOF, HYUNDAI MARINE & FIRE INSURANCE CO., LTD. has caused this policy to be signed by its president of authorized representative, and countersigned on the Declarations page by a duly authorized representative.

HYUNDAI MARINE & FIRE INSURANCE Co., Ltd.

Authorized Signature

Hyundai Marine

(5) 보유상품 수량 부족이나 보관 재고의 멸실, 훼손, 변질 등 물리적 위험을 관리하기 위하여 매분기 내지 반기마다 재고조사도 실시하고 있습니다.

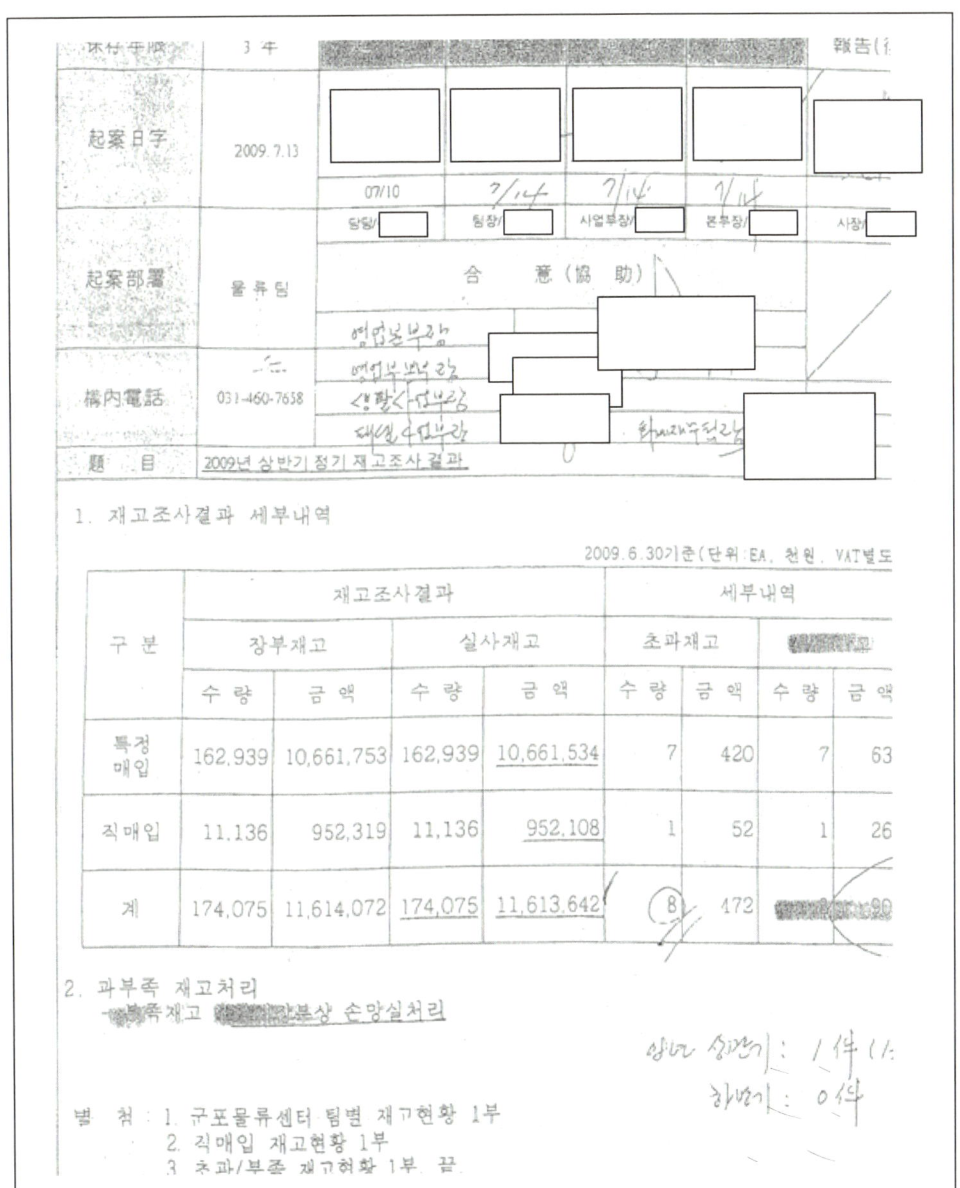

保存年限	3 年					報告(
起案日字	2009. 7.13	07/10	7/14	7/14	7/14	
		담당/	팀장/	사업부장/	본부장/	사장/
起案部署	물류팀	合 意(協 助)				
構內電話	031-460-7658					
題 目	2009년 상반기 정기 재고조사 결과					

1. 재고조사결과 세부내역

2009.6.30기준(단위:EA, 천원, VAT별도

구 분	재고조사결과				세부내역			
	장부재고		실사재고		초과재고		[illegible]	
	수 량	금 액	수 량	금 액	수 량	금 액	수 량	금 액
특정매입	162,939	10,661,753	162,939	10,661,534	7	420	7	63
직매입	11,136	952,319	11,136	952,108	1	52	1	26
계	174,075	11,614,072	174,075	11,613,642	8	472	[illegible]	90

2. 과부족 재고처리
- 부족재고 [illegible]변상 손망실처리

별 첨 : 1. 군포물류센터 팀별 재고현황 1부
2. 직매입 재고현황 1부
3. 초과/부족 재고현황 1부. 끝.

바. 상품하자에 대한 책임도 청구법인이 직접 부담

매출한 상품에서 하자가 발견되었으나 협력업체가 부도 등 사유로 책임을 부담하기 어려운 경우 청구법인이 잔존 내용연수에 대한 잔존가액을 환불하는 등의 직접적인 책임을 부담하고 있습니다.

決裁	起案	調整	調整	決定
			/	
	2010-01-27	2010-01-27		2010-01-27
	담당/	선임/		팀장/

사업부 팀

(Tel : , Fax : 2143-2989)

문서번호 (홈쇼핑)-2010-0047

: 고객보호팀(홈쇼핑)(하위부서 포함) 외 1

발송년월일	2010년 01월 25일
소 속	(홈쇼핑)
직 위	팀장
성 명	
서 명	

제 목 : (주) 냉장고 감가상각 환불 요청의 건

1. 평소 귀 팀의 협조에 감사드립니다.

2. 주) 냉장고 A/S 불가로 인한 고객CS에 대하여 아래와 같이 감가상각 불을 요청하오니 협조를 바랍니다.

- 아 래 -

1. 상품 및 주문내역

(단위:원,vat포함)

코드	상품명	판매가	협력사명	고객명	주문번호	비고
k33376	명품 화장품 냉장고 HI-02 (아이도시)	330,000	(주)		20080817-031924	

2. 진행경과 및 환불금액

고객명	내 용	환불금액	비고
	- 팬 소음불량으로 당사 A/S문의 - 예전 팬 불량으로 A/S 1회 받음 - 대체 서비스센터 상품확인 → 상품자체 불량, 원상태 회복불가 - 협력사 2009년 중반 부도로 서비스불가	237,107	감가상각 환불처리

3. 요청사항

가. (주)에서 제조하여 판매한 상품으로 제조사 부도로 인한 A/S처리가 불가능한 상태임

나. 상기 고객에 대하여 당사비용으로 감가상각 환불처리가 요구됨

4. 환불시기 : 결제후 즉시.

- 끝 -

決裁	起案	調整	調整	決定
			/	
	2012-08-01	2012-08-01		2012-08-01
	담당/	선임/		책임/

팀

(Tel : , Fax :)

문서번호 : 팀(홈쇼핑)-2012-0720

수 신 : 고객보호팀(홈쇼핑)(하위부서 포함) 외 1

참 조 : 담당자

발송부서	발송년월일	2012년 07월 27일
	소 속	팀(홈쇼핑)
	직 위	팀장
	성 명	
	서 명	

제 목 : 협력사 폐업으로 인한 처리비용의 件

1. 평소 귀팀의 업무 협조에 감사드립니다.
2. 협력사 폐업으로 인하여 아래와 같이 업무처리 하고자 하오니 재가하여 주시기 바랍니다.

- 아 래 -

1. 협력사명 :
2. 상품명/코드 : 효스텝 실버카 HS-915레드체크 / 10270287
3. 발생사유 : 2010년 9월30일 폐업으로 인한 A/S처리 불가
4. 협조사항 : 폐업으로 A/S처리 불가하여 당사 손실비용(감가상각비)처리
   가. 주문내역 : 고객(주문번호 : 20090216-035129)
   나. 구입가 : 154,000원 / A/S의무기간 5년(60개월)
   - 사용기간 : 3년5개월(41개월)
   - 처리비용 : 154,000/60*19(A/S남은기간) = 48,,766원

4. 더욱이 청구법인이 쟁점 특약매입거래를 위 · 수탁거래가 아닌 상품매매거래로 부가가치세법을 적용한다 해서 조세회피 또는 탈루가 발생하지 않을 뿐 아니라 이에 따른 세금효과는 없는 반면에, 쟁점 특약매입거래를 위 · 수탁거래로 보아 과세할 경우 특약매입거래를 위 · 수탁거래로 볼 수 없다는 기획재정부 유권해석이나 대법원판례 등의 태도에도 반하게 되고, 거래관행이나 납세절차 측면에서도 청구법인이나, 고객 · 협력업체 모두에게 불편을 주게 되는 등 조세행정상 불합리한 결과를 초래하게 합니다.

가. 청구법인의 쟁점 특약매입거래 형태를 보면,

(1) 위탁매매는 자기의 명의로 타인의 계산에 의하여 물품을 구입 또는 판매하고 보수를 받는 사업임에 비추어, 청구법인 쟁점 특약매입거래에서는 특약매입 표준거래계약에 따라 청구법인이 협력사로부터 상품을 외상으로 매입한다고 명시하고 있고,

청구법인이 고객에게 판매하는 상품의 판매가격은 해당 상품을 납품받는 가격과 일정한 마진 등을 감안하여 청구법인이 자기계산하에 판매가격을 결정하고 있으므로 쟁점 특약매입거래를 위탁매매거래로 볼 수 없습니다.

(2) 또, 쟁점 특약매입거래에 있어서 설사 상거래관행상 상품 배송 등을 상품을 납품하는 사업자가 청구법인에게 이동과정 없이 청구법인의 고객에게 직접 배송한다 하더라도 청구법인의 명의와 계산하에 판매가액을 결정하여 상품을 판매하는 것이므로 이를 매매계약이 아닌 위탁판매로 볼 수 없음은 물론(조심 2011서7119, 2012. 1.30.),

특약매입거래를 위탁판매거래로 보지 않은 대법원판례(2012두7844, 2012.7.26.) 등에서와 같이 납품상품에 대한 상품코드 등록, 판매방식과 판매가격 결정, 서비스 통제권 등이 청구법인에게 있고, 고객에게 발행하는 영수증도 청구법인 명의로 발급되며, 신용카드 수수료 또한 청구법인이 부담하고 있고, 고객 매출에 대한 부가가치세도 청구법인이 신고·납부하고 있으므로, 청구법인의 특약매입 표준거래계약서에 의한 상품매매거래 형태는 더더욱 위탁판매거래로 볼 수 없다고 생각됩니다.

나. 세수효과 측면을 살펴보더라도,

(1) 특약매입 표준거래계약서에 의한 상품매매형태를 재화의 공급으로 보는 상품판매거래형태로 부가가치세법을 적용한다 해서 조세회피 또는 탈루가 발생하지 아니할 뿐 아니라, 이를 처분청 의견처럼 위·수탁판매거래로 간주한다고 하여 얻어지는 세수효과도 전혀 없습니다.

참고로 청구법인이 상품매매거래로 하여 세금계산서를 수수하고 부가가치세를 신고·납부한 쟁점 특약매입거래에 대하여 처분청에서 특약매입 표준거래계약 등 사적자치원칙과 거래관행 등을 무시하고 단순한 과세목적상의 이유만으로 법률 근거 없이 이를 위탁매매업으로 자의적으로 판단하여 과세하겠다는 내용을 보면,

(2) 청구법인과 협력업체 간 상품매매거래를 위·수탁거래로 판단함에 따라 가산세만 총예상고지세액 ×××백만 원 중 약 70.3%에 해당하는 ×××백만 원에 해당하여 결국 가산세 징수를 위한 무리한 법 적용이라는 비판의 소지가 있고,

(3) 상품매매거래에 있어서의 매출에누리는 과세표준에 포함하지 않으나, 위·수탁거래에 있어서는 수탁자가 물품판매 계약에 따라 할인판매하고 할인금액을 수탁자의 판매수수료에서 공제하기로 한 경우 그 할인금액은 에누리에 해당하여 과세표준에서 포함하지 아니하나 수탁자가 자기 책임과 계산으로 할인판매하거나 부담하기로 한 경우의 할인금액은 과세표준에 포함하는 것으로 기획재정부(부가가치세제과-71, 2011.2.8.)에서 해석하고 있어 처분청에서는 쟁점 특약매입거래에 대하여 상품매매거래를 부인하고 위·수탁거래로 자의적으로 해석하면서 바이어쿠폰 할인금액은 위·수탁자 간 물품판매계약에 따른 할인판매가 아니다하여 매출누락 예상세액을 ×××백만 원으로 통보하고 있으나,

위·수탁계약과 위탁상품의 할인판매에 대한 약정은 청구법인과 협력업체 간 자율적으로 결정해야 하는 사안임에도 조사관서에서는 당사자 등의 계약내용이나 결정해야 할 사안들을 무시하고 쟁점 특약매입거래를 위·수탁거래로 자의적으로 해석하여 과세하겠다는 것은 결국 과세관청이 청구법인과 협력업체 간 대가관계에 영향을 주게 되는 상거래에 간섭하여 사적자치를 해하는 부당한 조사결과통보라고 생각됩니다.

(4) 청구법인이 면세상품을 쟁점 특약매입거래 형태로 협력업체로부터 매입하여 판매한 것에 대하여,

처분청에서는 협력업체로부터 계산서를 발급받은 면세상품 매매거래를 부인하고 위·수탁거래로 자의적으로 해석하면서 위탁판매수수료 매출누락으로 과세예상세액을 ×××백만 원으로 통보하고 있으나, 이는 면세상품에 대한 쟁점 특약매입이 상품매매거래인지 또는 위·수탁거래인지는 거래당사자 간에 자율적으로 결정할 사안으로서 쟁점 특약매입 표준거래계약서상에 상품매매거래임을 분명히 명시하고 있음에 불구하고 처분청에서 이를 무시하고 자의적으로 해석함에 따른 부당한 조사결과 통보라 할 것입니다.

만약에 쟁점 특약매입거래를 통한 면세상품거래가 처음부터 약정에 따른 위·수탁거래에 해당하였다면 청구법인은 당연히 영세사업자인 협력업체에게 위탁판매수수료에 상응한 부가가치세를 전가시켰을 것이고, 영세사업자인 협력업체는 해당 부가가치세액(면세사업관련 매입세액으로 불공제됨)만큼 매출원가가 증가하게 되어 그만큼 매출이익이 감소하였을 것이며, 협력업체가 이를 다시 고객에게 전가한다면 결국 고객이 구입하는 면세상품가격이 위탁판매수수료에 상응한 부가가치세액 만큼 증가되어 궁극적으로는 물가상승 요인으로도 작용할 것입니다.

이상 살펴본 결과에도 불구하고 처분청에서 과세처분을 유지한다면 청구법인은 협력업체에 부가가치세를 전가시킬 것이지만, **협력업체는 이미 대가를 지급하고 구입한 고객에게 해당 부가가치세를 현실적으로 전가시킬 수 없어 결국 영세한**

협력업체의 매출이익만 감소시키는 불합리한 결과를 초래하게 될 것입니다.

(5) 그 밖에 처분청에서 쟁점 특약매입거래를 위·수탁거래로 자의적 해석함에 따른 관련 공통매입세액 안분계산의 차이로 인한 과세예상세액 ×××백만 원도 앞서 설명한 논거 등에 비추어 부당한 조사결과가 낳은 것입니다.

다. 또한 부가가치세법을 적용함에 있어서,

(1) 부가가치세법에서 위탁매매의 경우는 위탁자 명의로 세금계산서를 발급하되, 위탁자를 알 수 없으면 위탁자가 수탁자에게 재화를 공급한 것으로 보아 세금계산서를 발급하고 수탁자가 해당 재화를 공급받는 자에게 세금계산서를 발급토록 한 것은, 결국 위·수탁거래는 부가가치세에 대한 실질적인 세금효과가 동일하기 때문에 세금계산서 발급을 이원화하고 이를 거래관행에 따르도록 하고 있다는 점(용역의 경우에는 중개주선의 경우를 제외하고는 위탁자를 알 수 없는 재화의 경우와 동일하게 적용),

(2) 쟁점 특약매입거래를 위·수탁거래로 보게 되면, 위탁자를 추적하면 알 수 있는 쇼핑몰 등 전자상거래의 경우에 있어서는 실질적으로 최종 구매자가 다수의 위탁자 상품을 일괄하여 구매하는 경우, 최종 구매자는 다수자인 위탁자 명의의 세금계산서를 각각 여러 장 발급받아야 하는 불편 등으로 거래관행에도 맞지 않다는 점,

(3) 쟁점 특약매입거래를 위·수탁거래로 보게 되면 다수의 영세사업자인 협력업체는 청구법인에게만 세금계산서 등을 발급하고 신고하면 될 것을 협력업체 자기 명의로 홈쇼핑 등을 통하여 공급받는 수많은 고객에게 세금계산서나 신용카드매출전표, 영수증 등을 발급하여야 하고, 대고객 상품매출을 합계 관리하여 부가가치세를 신고·납부하여야 하는 등 부가가치세 납세절차만 더 복잡하게 만드는 불편을 초래한다는 점,

(4) 상품매매거래 형태에 대해 청구법인 계산하에 조직된 각 부서별 임직원 및 고객평가단을 구성원으로 하는 품평회를 통해 최종 판매상품 및 가격, 구성 등을 결정하고, 판매 전략에 따라 판매가액에 대한 에누리 금액 추가 반영 여부를 청구법인이 결정하는 등 실질적인 가격 및 판매결정이 청구법인 책임하에 이루어지고 있다는 점 등 거래관행으로 보아도 이를 위탁매매로 하여 부가가치세법을 적용하는 것이 오히려 불합리하다고 사료됩니다.

라. 대법원판례와 심판례의 입장은,

(1) 과세관청이 상품매출누락으로 과세한 처분에 대하여 상품매출누락이 아니라 위탁판매수수료 부분만 매출누락이라는 원고주장에 대한 대법원판례(2008두19178, 2009.1.15.)에서, 원고가 상품 위탁수수료를 매출가격으로 기재하지 아니하고 상품

가격을 매입·매출가격으로 기재한 점, 상품판매가격은 구입가격에 일정한 마진을 더해 판매한 점 등을 들어 원고가 위탁매매로 주장하는 거래를 상품판매의 거래로 본 과세관청의 처분을 정당한 것으로 판시하였고,

(2) 기업회계기준에 따른 순액매출 인식과 부가가치세법상 총액매출 인식 차이에 대한 조세심판원 심판례(국심 2006서1659, 2006.11.6.)도 기업회계기준서 제4호의 제정으로 인하여 법인세법 및 부가가치세법상 수익인식에 관한 규정이 개정되거나 달리 변동된 사실을 발견할 수 없는바, 기업회계기준서 제4호의 제정으로 특약매입형태로 판매하는 모든 사업자의 수익인식 시기가 자동적으로 달라졌다는 주장은 인정하기 어렵다고 판시하고 있습니다.

5. 결론

청구법인의 쟁점 특약매입거래가 상품매매거래인지 위·수탁매매거래인지 여부는 그 거래형태에 대하여 세법상에 특별히 규정하지 않고 있으므로 결국 특약매입거래는 사적자치원칙에 따른 거래당사자 간 계약과 거래관행 등에 따라 판단되어야 할 것입니다.

이에 따르면 처음부터 특약매입거래임을 계약서에서 분명하게 밝히고 청구법인과 협력업체 간 자율적 의사결정에 따라 거래한 쟁점 특약매입거래는 과세관청이 법률근거 없이 임의로 위·수탁거래로 간주할 수 없는 상품매매거래가 분명하므로, 거래의 실질을 충실하게 반영하고, 쟁점 특약매입거래와 관련하여 수수된 세금계산서 기재사항대로 과세표준을 인식하여 부가가치세를 신고·납부한 청구법인의 행위는 현행 부가가치세법 규정에 어긋나지 않는 적법한 납세행위라고 판단됩니다.

따라서 처분청에서 쟁점 특약매입거래 형태를 위·수탁거래로 간주하고 부가가치세를 과세하겠다는 조사결과는 부당하므로 시정하여 주시기 바랍니다.

라. 상속증여세

심판청구 이유서

Ⅰ. 청구취지

「역삼세무서장(이하 '처분청'이라 합니다)이 홍길동(이하 '청구인'이라 합니다)에게 20××. 10. 4. 고지한 20××년부터 20××년 귀속 증여세 ×××원은 부당한 처분이므로 이를 취소한다」라는 결정을 구합니다.

Ⅱ. 과세개요

(1) 처분청은 ○○시 소재 자동차부품 제조업을 영위하는 ㈜○○(이하 "○○") 주주의 주식 명의신탁 혐의에 대한 자금출처조사를 실시하여 現 ○○의 대표이사 겸 대주주인 청구인의 선친인 망 홍○○(85년 사망)이 생존 당시 친인척 등인 甲 등에게 ○○ 주식을 명의신탁해 온 결과 상속신고재산에 누락된 사실과, 동 차명주주 간 ○○주식 양·수도 사실 및 수차례에 걸친 유상증자 등을 통해 이들 명의로 재차 명의신탁되어 온 사실 등을 확인하고 명의신탁 증여의제로 과세하였으며 동 명의신탁주식(×××주, ××%)은 상속인 간의 협의분할에 따라 청구인 소유임을 확인

(2) 처분청은 위 차명주식을 다른 법인 □□에 양도하고 받은 ×××원의 증여 여부 등 사용처에 대한 검토 결과, 양도대금 중 ×××원이 다시 차명으로 ㈜A의 유상증자 대금과 주주가수금 납입에 사용된 사실, 이후 대부분의 양도대금 잔액 또한 甲 등 차명주주 명의로 투자약정 형식으로 ㈜B 및 ㈜C에 입금되어 해외출자지분 취득에 사용된 사실 및 이들 명의의 계좌 잔액으로 약 ×××원이 남아 있는 사실을 조사과정에 확인하고 청구인에게 동 계좌잔액 및 투자약정금액의 증여 여부 및 실제 소유자가 누구인지를 소명요구하였고,

청구인은 본인 소유 ○○명의신탁주식 중 ×××주를 20××년 12월 □□에 양도하면서 수취한 ×××원을 甲 등의 경남은행 차명계좌로 수취하여 관리하면서 20××년 이후 미국 내 유한책임회사인 E LLC(이하 "E"라 함) 및 S LLC(이하 "S"라 하며, "E"와 "S"를 합하여 "쟁점 LLC"라 함)의 출자지분을 취득함에 있어 甲 등과 ○○의 거래처인 A, 본인이 주주 겸 대표이사로 있는 B 및 C에 투자약정을 체결하여 투자한 것'으로 소명하였음

(3) 처분청은 청구인의 소명내용을 인정하여 차명주주인 甲 등 명의로 소유하고 있는 투자약정금 및 계좌잔액에 대한 증여세는 과세하지 아니하였으며, 청구인의 차명주주인 甲 등과 청구인이 실질적으로 지배 소유하고 있는 국내법인 간에 투자약정을 통해 취득한 쟁점 LLC 지분에 대하여 상증법 제45조의2【명의신탁재산의 증여의제】 및 같은 법 제4조【증여세 납세의무】 단서조항에 따라 명의수탁자를 A, B, C(이하 "A 등"이라 함)

등 국내법인으로 하고, 명의신탁자를 청구인으로 하여 20××.10.4. 청구인에게 해외출자 지분 명의신탁에 따른 증여세 2005~2011년 귀속분 ×××원을 결정・고지

Ⅲ. 쟁점

내국법인이 개인과 투자약정을 통해 자금을 차입하고, 동 차입자금으로 국외지분을 취득한 것이 상증법상 명의신탁증여의제에 해당되어 증여세 과세대상인지 여부

Ⅳ. 사실관계

1. ○○주식 명의신탁 및 처분

가. ○○주식 명의신탁

(1) 청구인 선친이 19××년부터 ○○시 소재 자동차부품 제조업 영위 ○○주식을 한○○ 등 ○○ 직원 이름으로 명의신탁

(2) 청구인이 위 명의신탁 주식 중 ××%(×××주)를 협의상속 후, 19××.12.11. 명의수탁자를 甲 등 5명 이름으로 명의변경하였고, ○○은 20××.12.27.(유상증자), 20××.12.11.(유상증자), 20××.3.19.(재평가적립금 자본전입 무상증자) 등 증자하면서 甲 등 5명 명의로 주식배정

나. ○○주식 명의신탁 증여세 부과처분 및 납부

처분청은 위 ○○주식 명의신탁 및 그 후 유상증자 사실 등에 대하여 명의수탁자 甲 등에게 주식명의신탁 증여세로 ×××원을 각 과세하였고, 청구인 및 명의수탁자들은 명의신탁 사실을 인정하고 20××.4. 고지된 증여세 전액 납부

다. 명의신탁주식 처분

20××.11.14. 청구인은 위 명의신탁 주식 ×××주를 □□에 ×××원에 양도하고, 양도대금은 쟁점사건 전까지 청구인이 甲 등 각 명의수탁자 명의계좌(경남은행 및 농협)로 보관・관리

2. 해외 부동산 투자와 외국환거래규정 규제

(1) 청구인은 위 명의신탁주식 처분 대금을 미국 부동산에 투자하기로 계획하고, 관련 절차를 알아보던 중 외환당국의 규제에 따라 일정규모 이상 개인명의의 해외직접투자가 불가능하다는 사실 확인

(2) 명의신탁주식 처분 직후인 20××년 상반기 당시 「외국환거래규정」상 규제에 따르면 개인의 직접투자 한도는 최대 미화 1백만불이고, 외국환은행의 장에게 신고・수리 후 투자 가능하며, 그 후 약간씩 상향 조정

■ 외국환거래규정(재정경제부고시 2002-12호, 2002.7.2.)
제9-5조【해외직접투자의 신고수리 등】
② 개인 및 개인사업자가 다음 각 호의 1의 방법으로 해외직접투자를 하고자 하는 경우에는 제1항에서 정한 외국환은행의 장에게 신고하여 수리를 받아야 한다.
1. 사업자가 아닌 개인 또는 매출실적이 없는 개인사업자는 미화 1백만불 이내에서 투자하는 경우

고시번호	고시일	투자한도
2002-12호	2002.7.2.	미화 1백만불
2005-13호	2005.7.1.	미화 3백만불
2005-25호	2006.1.1.	미화 1천만불

3. 내국법인 B를 통한 미국 E지분 취득

가. 미국 현지 E 설립

E는 미국 캘리포니아주법에 따라 20××.5.5. 설립된 Limited Liability Company(이하 'LLC'라 합니다)로서, LA 소재 부동산 투자법인인 ●● 및 한식당을 운영하는 ■■의 지분을 취득할 목적으로 설립된 LLC임.

나. 내국법인 A를 통한 E 지분 취득

1) A 유상증자 참여

(1) 청구인은 개인명의 해외직접투자가 여의치 않자 당시 ○○ 거래처였던 내국법인 A와 투자약정을 체결하여 A를 통해 미국 부동산에 투자하기로 합의하고, 본격적인 투자 개시 전 20××.6.2. A가 제3자 배정 유상증자를 실시하여 甲 등 명의로 5억 원을 출자하여 A 지분 50% 취득

(2) A 유상증자 대금은 청구인이 甲 등 이름으로 명의신탁하였던 ○○주식을 처분하고 계속 수탁자명의 계좌로 관리 중이던 자금으로 납입

2) A 주식 명의신탁 증여세 부과처분 및 납부

(1) 처분청은 위 유상증자에 대해 A 지분 50%의 실질귀속자는 청구인이므로 명의수탁자 甲 등에게 ×××원을 주식명의신탁 증여세로 각 과세

(2) 청구인 및 명의수탁자들은 명의신탁 사실을 인정하고 20××.4. 고지된 증여세 전액 납부

3) 청구인과 A 간 투자약정을 통한 자금대여(×××원) 후, 내국법인 A가 미국법인 E

지분 취득(×××$)

(1) 청구인은 A와 투자약정을 체결하여 甲 등 명의로 20××.6.7. ×××원, 20××.8.8. ×××원, 20××.12.16. ×××원 합계 ×××원을 A에 대여하고, A는 장부에 차입금으로 계상

(2) 유상증자로 ×××원, 청구인과의 투자약정을 통해 ×××원 합계 ×××원을 조달한 A는 중소기업은행을 통해 미국에 송금하여 E 지분 취득

| A의 미국 송금내역 |

해외직접투자신고서		외국환거래계산서		
신고일	금액(USD)	거래일	USD	원화
20××.06.08.	×××	20××.06.08.	×××	×××
-	-	20××.07.07.	×××	×××
20××.08.09.	×××	20××.08.09.	×××	×××
20××.12.14.	×××	20××.12.16.	×××	×××
합계	×××	합계	×××	×××

다. 내국법인 B를 통한 E 지분 취득

1) A의 E 지분(×××원, ×××$)을 B가 승계

(1) 20××.9.8. A와 B는 A가 소유한 E 지분을 B에게 대금 ×××원에 양도하는 내용의 유가증권 양도·양수계약 체결

A는 주주인 甲 등의 지분을 감자하고, 이들에게 지급해야 할 감자대금 ×××원과 청구인으로부터 차입한 ×××원 합계 ×××원을 B가 대신 부담하는 조건으로 대금 지급

(2) B는 20××.9.6. 청구인이 60%, 청구인의 처가 40% 출자하여 금융지원서비스업을 목적으로 설립한 법인으로서, 서울 ○○구 ○○동 소재

2) B의 E 지분 추가 취득

(1) 20××.9.8. A로부터 E 출자지분 ×××불을 승계한 후 B는 20××년부터 20××년까지 E 출자지분 추가 취득(×××$)

A의 경우와 마찬가지로 청구인이 甲 등 이름으로 B와 투자약정을 체결하고, 청구인이 차명계좌로 관리하던 자금을 B에 대여하여 B가 E 지분 취득하는 방식이었으며, 투자약정 내용은 예전 A와 체결한 투자약정내용과 동일

(2) B는 투자약정을 통해 청구인으로부터 차입한 금액을 단기차입금으로 계상하

고, 동 차입금으로 취득한 E 지분을 지분법적용투자주식으로 계상

| B의 미국 송금내역 |

해외직접투자신고서		외국환거래계산서		
신고일	금액(USD)	거래일	USD	원화
20××.03.09.	×××	20××.03.09.	×××	×××
20××.04.07.	×××	20××.04.07.	×××	×××
20××.07.26.	×××	20××.07.26.	×××	×××
합계	×××	합계	×××	×××

4. 내국법인 C를 통한 미국 S 지분 취득

(1) C는 미국 부동산 투자를 위해 20××.6.26. 금융지원 서비스업을 목적으로 설립된 ○○시 ○○구 ○○동 소재 법인이고, 주주는 ◆◆ 70%, 청구인의 처 10%, 심○○ 10%, 김○○ 5%, 황○○ 5%로 구성되어 있으며,

(2) ◆◆은 20××.11.30. 설립된 법인으로 ○○의 물류를 담당하며 ○○도 ○○시 ○○읍 ○○리에 소재한 법인으로 ○○ 제품의 물류를 담당. 한편, ◆◆은 C에 투자약정으로 대여한 ×××원을 '프로젝트투자자산'이라는 계정과목으로 계상

(3) C는 20××.7.2. ◆◆과 투자약정 체결 후 ×××원을 차입하고, 20××.8.4.과 8.11. 청구인과 투자약정을 체결하여 김○○ 이름으로 ×××원 차입하고, 합계 ×××원을 조달한 후, 미국 현지 S 지분 취득 목적으로 미국에 송금

| C의 미국 송금내역 |

해외직접투자신고서		외국환거래계산서		
신고일	금액(USD)	거래일	USD	원화
20××.07.02.	×××	20××.07.02.	×××	×××
-	-	20××.08.11.	×××	×××
합계	×××	합계	×××	×××

(4) C는 청구인과 ◆◆로부터 차입한 자금을 '장기차입금'으로, 장기차입금으로 취득한 미국 법인 S 주식을 '지분법적용투자주식'으로 각각 계상

(5) S는 20××.6.17. 캘리포니아주법에 따라 설립된 LLC로서 현재 대표이사는 청구인이고, 부동산 투자를 영위하는 현지의 RICH LLC 지분을 취득함으로써 쇼핑센터 보유

Ⅴ. 청구주장

1. 처분청이 아무 근거 없이 A · B 및 C의 법인격을 부인한 것은 부당하며, 법인격 부인한 회사

의 실체를 다시 인정하여 명의수탁자로 본 것은 논리에도 맞지 않습니다.

가. 청구인과 A・B 및 C와 작성한 투자약정서를 부인하고 있으나, 동 투자약정은 민법상 유효한 계약입니다.

(1) A, B, C는 모두 상법 절차에 따라 설립되어 독립적 경제행위를 영위할 수 있는 법인격을 부여받은 회사이고, 법인의 계산은 주주의 계산과 별개로 이루어집니다. 법인이 다른 법인 또는 개인 등 별개의 인격체와 투자약정을 체결하여 조달한 자금으로 다른 수익사업에 투자하는 것은 법인 고유의 경제활동 영역에 속하는 것이고, 투자약정으로 투자대상 사업을 미리 합의하는 것도 위법한 것이 아니며, 청구인과 A 등 법인이 합의하여 작성한 투자약정에 따라 투자수익금을 투자비율에 따라 배분하는 것일 뿐이지, 법인에 귀속되어야 할 잉여금을 투자자에게 주주의 지위로 배당할 것을 약정한 것도 아닙니다.

(2) 처분청은 A 등 법인이 paper company라는 이유를 들면서 법인격을 부인하고 있으나, 심판례에 따르면 법인이 정상적으로 운영되지 아니한다 하여 법인격 자체를 부인할 수는 없고,

> ■ 조심 2009서4327(2010.5.20.)
> ○○은 법인설립등기만 하였을 뿐 사실상 paper company에 불과하므로 청구인이 쟁점주식의 취득자금을 일시적으로 차입하였다가 변제한 것으로 보아야 한다고 주장하나, ○○가 골재채취업의 허가를 받지 못하여 정상적으로 운영되지 아니한다 하여 법인격 자체를 부인할 수는 없다.

다만, 이 과정에서 청구인이 직접 자기 명의로 A 등 법인에 대여하지 않고, 甲 등 차명인의 이름으로 대여한 것은 사실이고, 이런 사실은 "법인의 차입금의 명의인과 실질적인 차용인이 다른 경우"에 해당되므로 대차거래에 따른 수익배분금・이자수익 등의 실질 귀속자를 청구인으로 취급하여 관련 세법을 적용하면 족한 것(법인세법 기본통칙 4-0…8)이지, 거래 자체를 부인할 근거는 없습니다.

(3) 처분청은 국외에 투자된 자금의 실질적 소유자인 청구인이 쟁점투자지분 및 관련 소득을 본인 명의로 신고하리라 상정할 수 없다면서 투자약정서를 부인하였으나, 아직 발생하지도 않은 소득의 장래 신고가 제대로 될 리 없다는 추측만으로 법인의 정상적 경제행위를 부인하고 나아가 법인격 자체를 부인하여 쟁점거래를 명의신탁으로 의제하는 것은 그 근거를 찾기 어렵습니다.

나. 처분청은 쟁점거래 관련자들이 기업회계기준에 따라 거래의 실질을 정확하게 반영하여 장부계상한 자산・부채를 근거 없이 부인하고 명의신탁증여의제를 적용하고 있습니다.

(1) A는 청구인으로부터 차입한 자금으로 최초 E 지분을 취득한 회사로서, 차입자금 ×××원을 부채로, 취득한 E 출자지분 ×××원을 자산으로 계상하였습니다.

B는 A로부터 청구인 차입금 ×××원과 E 출자지분 ×××원을 승계취득한 후, 계속 청구인과 투자약정을 통해 자금을 차입하여 E 지분을 취득한 회사로서, 감사보고서 재무제표와 주석에 따르면 20××년말 현재 차입자금 ×××원을 '단기차입금'으로 계상하고, E 출자지분 ×××원을 '지분법적용투자주식'으로 계상하여 기업회계기준에 따라 매년 평가하고 있습니다.

◆◆은 김○○와 함께 미국 부동산투자를 목적으로 C와 투자약정을 체결하고 ×××원을 C에 대여(김○○는 ×××원 대여)한 법인으로서, 대여금을 '프로젝트투자자산'이라는 계정과목으로 투자자산의 부에 계상하였습니다.

C는 ◆◆과 김○○로부터 투자약정을 통해 ×××원을 조달하여 최초 S 지분 100%를 취득한 법인으로서, 감사보고서에 따르면 20××년말 현재 ◆◆과 김○○로부터 차입한 ×××원을 '장기차입금'으로, 차입금으로 취득한 S 지분 ×××원을 '지분법적용투자주식'으로 각각 계상하고 있습니다.

(2) 이상 살펴본 대로 거래 참가자들은 거래실질에 맞게 각각의 장부에 계상하고 있는데, 처분청은 "A, B, C가 ① 미국지분을 취득할 때 자기자금 투입이 전혀 없었고, ② 관련이자를 지급한 적도 없으며, ③ 투자약정에 따른 손익이 청구인이 아니라 차명인들에게 귀속된다는 이유로, 이들 법인이 자기 책임과 계산하에 관련 자산·부채를 계상하고 있다고 보기 어렵다"는 이유를 들어 이들 회사의 자산·부채를 부인하고 있으나,

① 어떤 법인이 자기자본을 투자하지 않고 차입금을 조달하여 다른 자산을 취득하였다고 하여, 세법에서 이 회사의 차입금과 자산을 부인할 근거가 존재하지 않고, ② 투자약정을 통해 수익을 분배하는 구조이므로 이자를 지급할 의무가 없으며, ③ 손익의 귀속은 앞서 기재한 대로 법인세법 기본통칙에 따라 조사과정에서 밝혀진 실질귀속자 청구인에게 귀속시키면 되는 것이므로 이런 이유를 들면서 거래당사자들의 회계처리를 부인하는 것은 부당합니다.

만약 paper company를 통해 외국주식을 취득하였다거나, 자기자금 없이 투자자들 자금으로 외국주식을 취득하였다고 하여 명의신탁증여의제를 적용할 수 있다면, 사실상 paper company인 SPC가 투자자들로부터 조달한 자금으로 외국 법인의 지분을 취득한 경우, 모든 SPC를 명의수탁자로 간주하고 투자자들에게 증여세를 부과하여야 할 것입니다.

다. 외국환거래법 및 외국환거래규정에 따라 외국환은행의 장에게 해외직접투자를 신고하고 수리받은 주체는 A, B, C입니다.

(1) A는 중소기업은행을 통해 20××.6.8. ×××달러, 같은 해 8.9. ×××달러, 같은 해 12. 14. ×××달러 3차례 합계 ×××달러에 대한 해외직접투자를 신고, 동 은행장으로부터 수리받아 국외 송금하여 E 지분을 취득하였고,

B는 중소기업은행을 통해 20××. 3. 9. ×××달러, 20××.2.3. ×××달러, 같은 해 6.30. ×××달러, 20××.1.28. ×××달러, 같은 해 9.3. ×××달러, 같은 해 10.14. ×××달러, 같은 해 11.25. ×××달러, 같은 해 12.29. ×××달러, 20××. 4.7. ×××달러, 같은 해 7.26. ×××달러 10차례 합계 ×××달러에 대한 해외직접투자를 신고, 동 은행장으로부터 수리받아 국외 송금하여 E 지분을 취득하였고,

C도 중소기업은행을 통해 20××.7.2. ×××달러에 대한 해외직접투자를 신고하고, 국외 송금하여 S 지분을 취득하였습니다.

(2) 이상 해외직접투자의 뜻을 신고하고 투자한 당사자는 청구인이 아니라 A, B, C라는 법인이며, 해외직접투자신고서에 표시된 신고인도 이들 법인으로 기재되어 있습니다. 주주들과 독립된 별개의 인격을 부여받고 있는 법인이 자신의 이름으로 행한 경제행위를 부인하여 그 법인 아닌 누군가가 한 것으로 의제할 법적 근거를 찾을 수 없습니다.

라. 명의신탁임을 입증할 목적으로 A · B 및 C의 실체를 모두 부인해 놓고, 다시 그 회사의 실체를 인정하여 명의수탁자라고 하는 것은 논리에도 맞지 않습니다.

(1) 청구인이 청구인 자금으로 취득한 자산을 청구인 명의로 하지 않고 A 등 회사의 명의로 등기 · 등록 · 명의개서하였다면 명의신탁이 성립될 것이지만, 쟁점사건은 청구인이 A 등 회사와 투자약정을 통해 자금을 대여하고 A 등 회사가 이 자금으로 E 등 국외지분을 취득한 것으로 명의신탁이 성립될 여지가 없습니다.

처분청은 A 등 회사는 paper company에 불과하다며 실체를 먼저 부인하고, 투자약정으로 자금을 차입한 행위 및 차입자금으로 직접 국외지분을 취득한 행위 등 투자주체로서의 A 등의 모든 경제활동을 부인하였고, 또, 차입한 자금을 부채에 계상하고 취득한 국외지분을 자산에 계상한 독립된 주체로서의 회계활동도 부인하는 등 방법을 통해 A 등 회사의 실체를 부인함으로써 청구인이 취득한 국외지분을 청구인 명의로 하지 않고 A 등 회사 명의로 명의개서해 놓았다며 명의신탁증여의제 규정을 적용하였습니다.

(2) 그러나 명의신탁자와 명의수탁자가 반드시 존재하여야 하는 명의신탁의 개념으로 돌아와서는 명의신탁자를 청구인으로 명의수탁자를 A 등 국내회사로 특정하여, 스스로 실체를 부인하였던 A 등 회사의 실체를 다시 인정함으로써 논리상 도저히 납득할 수 없는 방법으로 명의신탁을 성립시키고 있습니다.

(3) 따라서 조사청 스스로 실체를 부인하였던 회사의 실체를 다시 인정하여 명의수탁자의 지위를 부여하는 것은 논리에도 맞지 않고, 만약 A 등의 실체를 부인한다면 B는 청구인(60%)과 특수관계자인 처(40%)가 B 지분 100%를 소유하고 있으므로 B는 사실상 청구인과 동일시되고, 그렇다면 청구인이 자기에게 명의신탁한 꼴이 되어 명의신탁 자체가 성립할 수 없습니다.

마. ◆◆과 청구인이 똑같은 조건과 형태로 C에 자금을 대여하였으나, ◆◆과 C의 거래는 명의신탁이 아니고 청구인과 C의 거래는 명의신탁이라고 하는 등 같은 것을 다르게 취급하고 있습니다.

(1) ◆◆는 20××.7.2. C와 투자약정을 체결하고 C에 ×××원을 대여하였고, 청구인은 김○○ 이름으로 20××.8.4.과 같은 해 8. 11. C와 투자약정을 체결하고 C에 ×××원을 대여하였습니다.

◆◆과 C가 체결한 투자약정과 청구인과 C이 체결한 투자약정은 그 조건과 형태가 완전히 동일합니다. 다만, 청구인이 김○○ 이름을 빌어 투자약정한 것은 앞서 기재한 법인세법 기본통칙(4-0…8)에 따라 처분하면 족할 것입니다.

(2) 이처럼 거래형태와 조건이 완전히 같은 쌍둥이 같은 두 거래를 놓고 처분청은 ◆◆과 C 사이의 거래는 아무런 하자도 없는 완전한 거래이고, 청구인과 C 사이의 거래는 명의신탁이라고 주장하는 것으로 같은 것을 서로 다르게 취급하는 이유를 알 수 없습니다.

바. 내국법인들의 법인 실체를 부인하지 않으면 지극히 정상적인 거래로써 명의신탁증여의제가 성립될 여지가 없습니다.

(1) 처분청에 의해 명의수탁자로 특정된 A, B, C의 법인 실체가 부인되지 않으면, 청구인이 투자약정을 통해 내국법인에 자금을 대여하고, 내국법인은 투자약정으로 차입조달한 자금으로 국외지분을 취득한 매우 정상적인 거래입니다.

즉, 국외지분을 투자한 실체는 A, B, C라는 내국법인이고, 내국법인이 국외투자에서 발생한 모든 소득은 법인에 귀속되어 투자약정에 따른 분배 후 남은 소득에 대해 법인세를 납부하게 될 것이며, 분배된 투자수익은 법인세법 기본통칙에 따라 청구인에게 귀속시켜 종합소득세를 납부하면 아무런 문제가 없는 거래입니다.

(2) 한편, B는 현지 대리인에게 속아 투자가치가 없는 부동산을 취득하여 손해가 막심하고, 미국의 서브프라임모기지 파동에 따른 부동산 가치 폭락으로 투자한 미국 부동산의 현재가치도 투자 당시에 비해 매우 폭락하여 이 건 심판청구일 현재까지도 아무런 수익이 발생하지 않아 B 등이 청구인에게 투자수익을 배당한 사실은 없습니다.

2. 법인격 부인은 세법에 그 근거가 없고, 실질과세의 구현을 위해 그 개념을 차용한다 하더라도, 실질과세원칙의 예외에 해당하는 명의신탁증여의제 규정에는 적용할 수 없습니다.

가. 쟁점사건 사실관계는 명의신탁증여의제가 성립될 수 없습니다.

(1) 명의신탁증여의제란 "권리의 이전이나 그 행사에 등기 등이 필요한 재산의 실제 소유자와 명의자가 다른 경우에는 국세기본법 제14조에도 불구하고 그 명의자로 등기 등을 한 날에 그 재산의 가액을 명의자가 실제 소유자로부터 증여받은 것으로 본다"고 정의됩니다(상증법 §45의2 ①).

위 정의를 쟁점거래에 대입시켜 볼 때 청구인이 자신의 자금으로 E 등 국외지분을 취득하였음에도 불구하고, 자신의 이름의 아닌 A 등 타인의 이름으로 명의개서했을 때 비로소 명의신탁이 성립될 것인데,

청구인이 A 등에 투자약정을 통해 자금을 대여하고[이 과정에서 청구인이 甲 등 등 타인의 명의를 이용했다고 하나 이는 금전대차관계에서 타인의 이름을 사용한 것이므로 명의신탁에 해당하지 않고, 반복하지만 법인세법 기본통칙(4-0…8)으로 해결되는 문제입니다], A 등이 이 자금으로 직접 외환당국에 해외직접투자 신고하고 송금하여 취득한 국외지분을 자신의 이름으로 명의개서한 것으로 지극히 정상적인 거래이고, 명의신탁이 성립될 여지가 전혀 없습니다.

(2) 처분청은 명의신탁을 성립시키기 위해 앞서 서술한 여러 가지 법인격 부인의 방법을 통해 국외 지분 E, S를 취득한 자금의 실제 소유주가 청구인이고, 그럼에도 청구인 이름이 아닌 A 등 내국법인의 이름으로 명의개서하였다고 하면서 명의신탁이라고 주장하고 있습니다.

그러나 위와 같은 이유로 청구인은 쟁점사건이 명의신탁에 해당한다는 조사청의 법적 근거가 무엇인지 알 수 없습니다.

나. 명의신탁증여의제에는 법인격 부인 논리를 적용할 수 없습니다.

(1) 우리나라 현행 세법상 법인격 부인과 관련된 직접적인 규정은 없습니다. 다만, 안경봉 교수는 현행 세법상 법인격 부인의 유형으로 ① 국세기본법 §14 ①의 실질귀속원칙, ② 동법 §39의 출자자에 대한 제2차 납세의무, ③ 법인세법상 부당행위계산부인, ④ 국조법상 조세피난처 세제를 들면서,

③의 경우는 법인격을 부인하는 것이 아니라 법인격 부인의 대상이 되는 법인의 거래가격을 시가로 조정한다는 점과, ④의 경우에도 법인을 일단 인정하고 난 뒤에 세법상 강제배당을 한다는 점을 감안해 볼 때 법인격이 없음을 전제로 하는 본래 의미의 법인격 부인제도와는 차이가 있다고 설명하고 있습니다[출처 : 「조세법상 법인격부인론」, 사회과학연구(제18집 제2권), 영남대학교 사회과학연구소, 1999, p.49].

(2) 즉, 현행 세법에는 법인격 부인에 관해 직접 규정된 바 없으므로 처분청 임의로 법인격 부인 논리를 함부로 차용해 적용할 수 없고, 적용한다 하더라도 모두 실질과세원칙을 구현하기 위한 위 4가지 경우에 해당되어야 그나마 적용 여부를 고려해 볼 수 있을 것입니다.

그러나 명의신탁증여의제를 규정한 상증법 §45의2 ①에 명확하게 "명의신탁 증여의제는 국세기본법 §14 실질과세원칙의 예외에 해당한다"는 뜻을 밝히고 있고 대법원 판례도 "명의신탁증여의제 입법취지는 명의신탁제도를 이용한 조세회피 행위를 효과적으로 방지하여 조세정의를 실현한다는 취지에서 실질과세원칙에 대한 예외를 인정한 데에 있다(대법원 2004.12.23. 선고, 2003두13649 판결 등 참조)"고 한 점으로 미루어 명의신탁증여의제와 실질과세원칙은 함께 적용할 수 없습니다.

(3) 즉, 실질과세원칙의 예외인 명의신탁증여의제 규정을 들어 과세하면서, 실질과세를 구현하기 위한 법인격 부인 논리를 적용한다는 것은 현행 세법에도 없고 논리에도 어긋난 것으로 명백하게 부당한 것입니다.

3. 청구인은 개인의 해외직접투자한도를 정한 외환당국의 규제를 우회할 목적으로 내국법인에 투자약정을 통해 자금을 대여한 것일 뿐, 조세회피 목적으로 투자한 것이 아닙니다.

(1) 명의신탁증여의제 규정은 권리의 이전이나 행사에 등기 등을 요하는 재산에 있어서 증여세를 회피하기 위한 수단으로 명의신탁제도가 악용되는 것을 방지하려는 데 입법취지가 있으므로, 등기 등의 명의를 달리 하게 된 것이 증여를 은폐하여 증여세를 회피하기 위한 것이 아니라 법령상의 제한이나 기타 이와 유사한 부득이한 사정 때문에 된 것이라면 이를 증여로 볼 수 없습니다(대법원 94누6789, 1994.8.26. 선고).

「외국환거래법」에서 위임한 재정경제부 고시 「외국환거래규정」은 개인의 해외직접 투자 한도를 정해 놓고 있습니다.
청구인이 A를 통해 최초로 국외주식에 투자한 20××년 6월 당시 외국환거래규정상 개인의 해외직접투자 한도는 미화 1백만불에 불과하였습니다.

(2) 청구인은 개인의 해외직접투자 한도를 정한 외환당국의 규제를 우회하여 투자할 목적으로 내국법인에 투자약정을 통해 자금을 대여한 것일 뿐, 특정 조세를 회피할 목적으로 내국법인을 통해 국외지분에 투자한 것이 아닙니다.

그 후 외국환거래규정의 개정으로 개인의 해외직접투자 한도는 점차 상향조정되었지만, 내국법인인 A가 E에 직접 투자한 금액이 ×××달러이고, B가 E에 직접 투자한 금액이 ×××달러로 합계 ×××달러였으며, 내국법인 C가 S에 직접 투자한 금액이 ×××달러인 점을 볼 때 여전히 개인 명의로는 직접투자할 수 있는 금액이 아니었습니다.

그간의 심판원 및 법원판례를 볼 때 가령 명의신탁에 해당한다 하더라도(물론 쟁점사건이 명의신탁에 해당한다는 것을 인정하는 것은 아닙니다) 기존 명의신탁을 해지하고 명의회복하는 데 따른 번잡한 절차를 회피할 목적이거나, 법률상 특정 요건을 충족시킬 목적 또는 법률상 신고의무나 규제를 우회할 목적으로 명의신탁이 이루어진 경우 조세회피 목적이 없으므로 명의신탁증여의제에 해당하지 않는다고 판단하고 있습니다.

| 명의신탁이지만 증여의제를 적용할 수 없는 경우 |

사건번호	요 지
조심 2012중690(2012.7.10.)	관계회사 해소를 통한 대출제한 회피
대법원 2007두24173(2008.11.13.)	상호저축은행법상 금융감독위원회에 대한 대한 신고 등 행정규제 회피
대법원 2007두22719(2008.2.1.)	증권투자신탁업법을 비롯한 여러 법령의 규정과 투자각서에 의한 제한 때문
대법원 2007두12606(2007.8.20.)	다수주주 참여라는 외양 갖출 목적
대법원 2006두19709(2007.3.16.)	회사의 설립 및 법령상 필요한 구비요건을 구비하기 위해 명의신탁
대법원 2005두14714(2006.6.9.)	주식 취득 요건이 15년 이상 방송경력자를 요구한 점 충족 목적
대법원 2004두7733(2006.5.12.)	상법상 요구되는 발기인 수의 충족 목적
대법원 90누8060(1991.4.12.)	외국인의 아파트 취득에 대한 법규상 제한
서울고법 90구1436(1990.5.18.)(최종심)	부동산을 원고들 앞으로 소유권이전등기한 것은 사단법인 명의로는 농지인 위 각 부동산의 소유권이전등기를 할 수 없는 실질법상의 제약 때문에 이루어진 것
대법원 94누6789(1994.8.26.)	농지전용허가가 나지 않고 외국인 투자기업의 토지취득이 제한되는 등 관계법규상의 제약 때문
대법원 91누810(1991.6.11.)	증권거래법상 주식소유상한 규제 회피

(3) 이상 살펴본 것처럼 법률상 제한 등을 회피할 목적인 경우 설사 명의신탁에 해당한다 하더라도 조세회피 목적이 없으므로 명의신탁증여의제는 성립하지 않습니다. 쟁점사건의 경우도 외국환거래규정에 정해 놓은 개인의 해외직접투자 한도규제를 우회할 목적으로 국내법인과의 투자약정을 통해 국내법인이 국외지분을 취득한 경우이므로 조사청의 주장처럼 명의신탁에 해당한다 하더라도 명의신탁증여의제 규정을 들어 증여세를 과세할 수 없습니다.

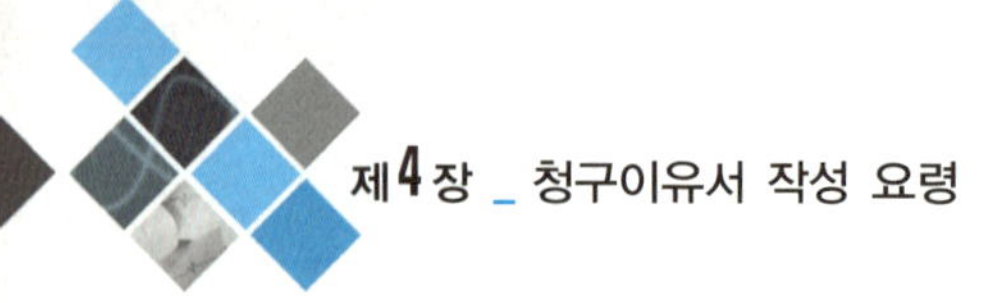

마. 지방세

심판청구 이유서

Ⅰ. 청구취지

「강남구청장(이하 '처분청'이라 합니다)이 2015.11.12. 홍○○(이하 '청구인'이라 합니다)에게 한 취득세 등 ×××원(농특세 ×××원, 가산세 ×××원 각 포함된 금액입니다) 고지처분(이하 '쟁점처분'이라 합니다)은 위법·부당하므로 이를 취소한다」라는 결정을 구합니다.

Ⅱ. 과세개요

청구인이 ㈜갑을(이하 '이 사건 회사'라고 합니다)의 총발행주식 ×××주 중 ×××주(66.7%)는 자신의 이름으로 소유하고, 나머지 ×××주(33.3%, 이하 '쟁점주식'이라 합니다)는 군대 친구인 김○○(이하 '김○○' 또는 '수탁자'라고 합니다) 이름으로 명의신탁하였다가, 2013.8.31. 명의신탁 해지를 원인으로 김○○으로부터 쟁점주식을 회수하여 이 사건 회사의 100% 소유주주가 된바,

처분청은 청구인이 쟁점주식 취득으로 과점주주 지분이 33.3% 증가한 것으로 보아 2013.8.31. 현재 이 사건 회사 소유 취득세 과세대상 부동산(서울시 강남구 가로수길 ○○)의 장부가액 ×××원에 지분증가율을 곱하여 취득세 과세표준 ×××원을 계산하고 과점주주 간주취득세 등으로 쟁점처분하였습니다.

(증 제1호) 쟁점처분 납세고지서

Ⅲ. 쟁점

청구인의 쟁점주식 취득이 명의신탁 주식의 환원에 해당하는지(과점주주 간주취득세 과세대상 아님) 아니면 주식의 일반적인 취득에 해당하여 지방세법령에서 규정하고 있는 과점주주로서의 취득세 납세의무를 부담해야 하는지 여부

Ⅳ. 사실관계

1. 이 사건 회사 설립

청구인은 2007년 10월 ○○대학교 앞 7평짜리 가게에서 ※※라는 상호로 개업하여 개인사업을 영위하다가, 2009년 3월 서울 압구정동에 가맹1호점을 열면서 프랜차이즈 사업을 시작한 후 사세 확장에 따라 2010.11.5. 이 사건 회사를 설립

(증 제2호) 이 사건 회사 법인등기부등본

[표 1] 이 사건 회사 설립개요

설립일	2010.11.5.	상호	㈜갑을
대표이사	청구인	1주의 금액	5,000원
설립시 자본금	×××원	설립시 발행주식	×××주

이 사건 회사를 설립하기 위해 설립자본금 ×××원의 납입이 완료되었음은 그 납입을 맡은 국민은행 ○○지점이 발행한 발기인통장 예금잔액증명서(증 제3호, 다음 증 제5호 계좌에 대한 잔액증명서임)에 의하여 확인되고[주1], 2010.11.5. 이 사건 회사는 유효하게 설립(증 제2호 참조)

(증 제3호) 이 사건 회사 설립시 법원 제출서류

2. 설립자본금 납입 ☞ <u>전액 청구인 돈으로 납입</u>

가. 1차 납입

신규 법인 설립을 위해서는 출자자의 통장에 출자금에 상응하는 예금잔고를 보유하고 있어야만 설립등기신청이 가능하므로, 2010.11.4. 청구인은 청구인 개인명의 국민은행 계좌(12345-67-89012, 증 제4호)에서 주금 납입을 맡은 개인사업자명의 국민은행 계좌(34567-89-12345, 증 제5호)로 설립자본금 ×××원 송금(증 제3호 예금잔액증명서 참조)

(증 제4호) 설립자본금 송금내역(청구인 개인명의 계좌)
(증 제5호) 설립자본금 입금내역(청구인 개업사업자명의 계좌)

나. 2차 납입

법인 설립 직후 박○○과 '※※'라는 상표사용 등에 대한 분쟁이 발생하여 이 사건 회사는 유효하게 설립되었음에도 불구하고 영업활동을 개시할 수 없는 상태여서, 증 제5호 계좌에 입금되었던 설립자본금이 이 사건 회사의 법인계좌로 즉시 입금할 수 없게 되었음

주1) 자본금 10억 원 미만 회사 설립시 주금납입증명서는 발기인통장 잔고증명서로 대체할 수 있음(상법 제318조, 상업등기법 제80조)
주금납입증명서(또는 발기인통장 잔고증명서)는 설립자본금 납입시 최초 1회만 발급가능하며, 이후에는 추가적으로 발급이 불가능한 서류임(국민은행 자본금 통장 개설지점의 담당자와 유선으로 확인한 내용)

2011.7.20. 서울북부지방법원에서 동 분쟁에 대해 '※※'라는 명칭과 상표 등의 사용권은 청구인에게 있다는 내용의 판결이 있었고,
(증 제6호) 서울북부지방법원 판결문

박○○이 항소하지 않음을 확인하고, 휴무상태로 있던 이 사건 회사는 준비기간을 거쳐 2011.9.27. 청구인은 다시 청구인 개인명의 국민은행 계좌(증 제7호, 증 제4호와 동일한 계좌)에서 설립자본금 ×××원을 이 사건 회사의 신한은행 법인계좌(123-456-789012, 증 제8호)에 재차 불입함으로써 영업 개시

(증 제7호) 청구인의 설립자본금 송금내역
(증 제8호) 법인계좌로의 설립자본금 불입내역

3. 쟁점주식 명의신탁과 환수 과정

가. 명의신탁 내역

대표이사인 주주 1명이 그 회사의 발행주식 전부를 보유하는 법인의 경우 외부에는 사실상 개인사업과 동일한 이미지로 비춰지게 되고, 그러한 점이 신규 가맹점을 유치해야 하는 회사의 영업활동에 부정적인 영향을 미칠 것을 우려한 청구인은 군대 친구이면서 이 사건 회사 직원인 김○○ 이름으로 설립자본금의 50%에 해당하는 쟁점주식 ×××주를 명의신탁하였다가,

상표권 등에 관한 분쟁이 끝나고 2011년 이 사건 회사가 영업을 개시하면서 청구인은 명의수탁자 김○○의 지분을 50% 미만으로 축소시킬 목적으로 청구인 명의 ×××주와 김○○에게 명의신탁하였던 주식 중 ×××주의 합계 ×××주를 이○○ 이름으로 다시 명의신탁

[표 2] 명의신탁 후 주식수 내역

구분	성명	설립 시	2011.12.31.
명의신탁자	청구인	×××주	×××주
명의수탁자	김○○	×××주	×××주
	이○○	-	×××주
합계		×××주	×××주

나. 유상증자와 명의수탁자 김○○의 실권처리

(1) 유상증자 목적 ☞ 김○○ 지분을 ⅓ 이하로 축소시킬 목적

구분	성명	유상증자 전	유상증자	유상증자 후
신탁자	청구인	×××주(50%)	×××주	×××주(66.7%)
수탁자	김○○	×××주(50%)	인수 포기	×××주(33.3%)

주주총회 특별결의(의결권의 ⅔ 이상) 사항인 정관변경・이사 및 감사해임 등의 경우 비록 명의수탁자이지만 형식상 주주인 김○○에게 개별 사안별로 서류 협조를 구해야 하므로, 청구인은 김○○의 지분을 ⅓ 이하로 줄여 이런 번거로움을 피할 목적으로 2012.10.4. 임시주주총회를 개최하여 1주당 발행가액 ×××원(액면가액 ×××원)으로 100% 유상증자를 실시하되, 주주가 신주인수권을 포기한 주식은 별도 공모하지 않고 실권처리하는 내용으로 주총결의

(증 제9호) 유상증자 결의 임시주총의사록

(2) 명의수탁자 김○○은 신주인수 포기

유상증자의 주목적은 명의수탁자인 김○○의 지분을 ⅓ 이하로 축소시키기 위한 것이었으므로, 청구인은 신주청약서를 제출(증 제10호)하고
2012.10.17. 청약대금 ×××원을 모두 납입(증 제11호)하였지만,

(증 제10호) 청구인의 유상신주 청약서
(증 제11호) 청구인의 유상증자대금 납입내역

김○○은 유상증자의 목적에 따라 신주인수포기서를 제출(증 제12호)하고 유상신주를 인수하지 않았음

(증 제12호) 김○○의 신주인수포기서

[표 3] 유상증자 후 주식수 내역

구분	성명	설립 시	2011.12.31.	2012.12.31.
명의신탁자	청구인	×××주	×××주	×××주
명의수탁자	김○○	×××주	×××주	×××주
	이○○	-	×××주	-
합계		×××주	×××주	×××주

다. 명의신탁 해지 및 환원

2013.8.31. 명의신탁자 청구인과 명의수탁자 김○○은 「명의신탁 해지약정서」(증 제13호)를 작성하여, 그간의 명의신탁 관계를 해지하고 명의신탁되었던 쟁점주식을 원래 소유자인 청구인에게 환원하기로 합의

명의신탁 당시에는 예상치 못했으나 이 사건 회사가 급속하게 성장(2013년 매출액 ×××억 원, 당기순이익 ×××억 원, 2013.12.31. 자산총액 ×××억 원, 이상 출처 : 금융감독원 공시 dart.fss.or.kr) 하면서, 청구인이 쟁점주식을 계속 명의신탁 상태로 두기에 불안하다고 여겨 김○○에게 환원을 요구하면서 작성하게 된 것

(증 제13호) 명의신탁 해지약정서

– 명의신탁 해지약정서 주요 내용 –

명의신탁자 홍○○(甲)과 명의수탁자 김○○(乙)은 다음과 같이 당초 명의신탁에 대한 해지약정서를 작성합니다.

(제1조) 본 약정은 甲과 乙 사이에 주식 명의신탁 사실이 있었음을 확인하며 당사자 간 필요에 따라 당초 명의신탁을 해지하기 위함이다.

(제2조) 본 약정의 목적물은 다음과 같다.

명의신탁일자	발행회사	주식의 종류	1주의 금액	주식수
2010.11.05.	㈜갑을	보통주	×××원	×××주
2012.09.21.	㈜갑을	보통주	×××원	×××주

(제3조) 위 제2조의 목적물은 당초 甲의 주식이나, 甲이 乙에게 자금거래 없이 명의이전된바, 甲의 소유임을 확인한다.

(제4조) 乙은 명의수탁자이기 때문에 동 주식과 관련하여 의결권을 행사한 사실, 배당금 등을 실제 수령한 사실, 명의수탁과 관련하여 어떠한 대가도 받은 사실이 없음을 확인하며, 이후에도 대가를 수령하지 않는다.

(제5조) 乙은 甲의 주식 명의개서에 적극 협조하며, 이후 소유권의 주장 등 아무런 이의를 제기하지 않으며, 甲이 주주로서의 모든 권리를 행사하는데 적극 협조한다.

(제6조) 위 주식은 보통주권으로서 乙은 발행된 보통주권을 명의신탁 해지로서 甲에게 본 계약일자에 무상이전한다.

[표 4] 명의신탁 환원 후 주식수 내역

구분	성명	설립 시	2011.12.31.	2012.12.31.	2012.12.31.
명의신탁자	청구인	×××주 (50%)	×××주 (45%)	×××주 (67%)	×××주 (100%)
명의수탁자	김○○	×××주 (50%)	×××주 (45%)	×××주 (33%)	-
	이○○	-	×××주 (10%)	-	-
합계		×××주	×××주	×××주	×××주

4. 명의신탁 주식의 배당금 반환

가. 배당금 지급내역

이 사건 회사는 보통주식의 명의상 주주들에게 2012.7.31. 중간배당과 2013.3.31. 정기배당 등 2차례 배당금을 지급한 사실이 있음

[표 5] 배당금 지급 내역

구분	주주		배당액	원천징수	세후지급액
중간배당 (2012.7.31.)	신탁자	청구인	×××원	×××원	×××원
	수탁자	김○○	×××원	×××원	×××원
		이○○	×××원	×××원	×××원
		소계	×××원	×××원	×××원
	합계		×××원	×××원	×××원
정기배당 (2013.3.31.)	신탁자	청구인	×××원	×××원	×××원
	수탁자	김○○	×××원	×××원	×××원
	합계		×××원	×××원	×××원

[표 6] 명의수탁자별 배당금 실수령액

명의수탁자	중간배당	정기배당	합계
김○○	×××원	×××원	×××원
이○○	×××원	-	×××원
합계	×××원	×××원	×××원

나. 배당금 수령액의 반환

(1) 명의수탁자 이○○의 배당금 반환(2013.4.24.)

명의수탁자 이○○은 청구인이 직접 명의신탁한 주식 ×××주와, 청구인이 김○○에게 명의신탁하였던 주식(×××주) 중 ×××주를 회수하여 이○○에게 다시 명의신탁한 주식 ×××주의 합계 ×××주를 보유한 상태에서 2012.7.31. 중간배당으로 ×××원(세후 수령액)을 받았다가,

2013.4.24. 자신 명의 KB국민은행 계좌(12345-04-123456)를 통해 청구인과 김○○에게 각 ×××원씩 반환하였고, 김○○은 자신이 직접 받은 배당금에 이○○으로부터 반환받은 ×××원을 합쳐 청구인에게 반환

(증 제14호) 이○○이 배당금을 반환한 은행송금내역

[표 7] 명의수탁자 이○○의 배당금 반환내역

배당금 수령		배당금 반환		
날짜	금액	날짜	받은 사람	금액
2012.07.31.	×××원	2013.04.24.	청구인	×××원
-	-	2013.04.24.	김○○	×××원
합계	×××원	합계	-	×××원

(2) 명의수탁자 김○○의 배당금 반환(2013.9.3. 및 2014.4.1. 두 차례)

명의수탁자 김○○은 2012.7.31. 중간배당으로 ×××원(세후), 2013.3.31. 정기배당으로 ×××원(세후)을 직접 수령하였고, 2013.9.3. 이○○으로부터 ×××원을 반환받아 합계 ×××원을 배당금으로 받았다가,

청구인의 지시에 따라 자신 명의 KB국민은행 계좌(45678-01-456789)를 통해 2013.9.3. 청구인에게 ×××원을 먼저 반환(증 제15호)하였고, 나머지 ×××원은 한꺼번에 반환하지 못하고 청구인에게 반환을 약속하는 배당금 반환약정서(증 제16호)를 작성하여 제출하였다가 2014.4.1. 나머지 배당금 반환(증 제17호)

[표 8] 명의수탁자 김○○의 배당금 반환내역

배당금 수령		배당금 반환		
날짜	금액	날짜	받은 사람	금액
2012.07.31.	×××원	2013.09.03.	청구인	×××원
2013.03.31.	×××원	2014.04.01.	청구인	×××원
2013.04.24.	×××원	-	-	-
합계	×××원	합계	-	×××원

(증 제15호) 김○○이 배당금을 1차 반환한 은행송금내역
(증 제16호) 김○○이 청구인에게 제출한 배당금 반환약정서
(증 제17호) 김○○이 배당금을 2차 반환한 은행송금내역

형식상 주주(명의수탁자)였던 이○○과 김○○에게 지급된 배당금 ×××원(표 5 및 표 6 참조)은 2014.4.1.까지 실제 소유자(명의신탁자)인 청구인에게 모두 반환되었음

이○○이 청구인에게 반환한 배당금	×××원
김○○이 청구인에게 반환한 배당금	×××원
	×××원

5. 배당금 반환에 따른 종합소득세 수정신고 및 경정청구

당초 명의수탁자에게 지급된 배당금이 명의수탁자의 배당소득으로 종합소득세 신고되었으나, 배당금 반환에 따라 명의신탁자인 청구인은 종합소득세 과세표준이 증가하였고, 명의수탁자인 김○○은 종합소득세 과세표준이 감소

따라서, 2013.9.10. 청구인은 ■■세무서에 명의수탁자인 이○○과 김○○ 명의로 받았던 배당금을 본인의 2012년 귀속 배당소득에 합산하여 종합소득세 ×××원을 추가납부하는 내용의 종합소득세 수정신고(증 제18호)를 하였고, 같은 날 김○○은 당초 자신의 소득으로 신고하였던 배당금을 과세표준에서 제외하여 기납부한 종합소득세 ×××원을 환급해 달라는 내용의 종합소득세 경정청구(증 제19호)를 □□세무서에 제출

(증 제18호) 청구인의 종합소득세 수정신고내역
(증 제19호) 김○○의 종합소득세 경정청구내역

위 신고를 접수한 청구인 관할 ■■세무서와 김○○ 관할 □□세무서는 신고내용이 타당한지 여부를 조사하였고, 그 결과 김○○ 이름으로 등재되어 있던 쟁점주식은 청구인이 명의신탁한 것이고, 그에 따라 김○○이 돌려 준 배당금도 청구인의 배당소득에 해당한다고 결론 내림에 따라 청구인의 종합소득세 추가납부(증 제20호)와 김○○의 경정청구 시인

(증 제20호) 청구인의 종합소득세 납세사실증명서

6. 명의신탁에 따른 증여세 자진신고납부

2013.9.10. 명의수탁자 김○○은 이 사건 회사 설립(2010.11.5., 증여일) 당시부터 보유했던 쟁점주식 ×××주는 상증법 제45조의2 규정에 따른 명의신탁에 해당하므로 증여세를 자진신고·납부하는 것을 내용으로 하는 증여세과세표준 신고 및 자진납부계산서를 □□세무서에 제출하고, 증여세 ×××원 납부

(증 제21호) 김○○의 명의신탁 증여세 신고내역

7. 서울지방국세청의 법인·개인 통합조사

서울지방국세청 조사3국은 2015.6.5.부터 2015.8.10.까지 67일간 2011.1.1.~2013.12.31. 3년간의 이 사건 회사 및 청구인에 대한 법인·개인 통합조사 실시

(증 제22호) 서울지방국세청 세무조사 통지서

서울지방국세청의 조사기간에는 쟁점주식 명의신탁 해지를 통해 김○○에 대한 명의신탁 주식을 청구인 이름으로 환원한 2013 사업연도가 포함되어 있고, 이와 관련한 주식변동내역의 조사가 이루어졌으나, 당초 ■■세무서와 □□세무서의 조사와 같이 쟁점주식

은 청구인이 김○○에게 명의신탁한 것이고 **동 명의신탁 주식은** 2013.8.31. **명의신탁 해지약정**(증 제13호 참조)**에 따라 김○○ 이름에서 청구인 이름으로 환원된 것이라고 결론** 내리고, 쟁점주식 명의신탁과 관련해서는 아무런 추가과세 없이 조사 종결

8. 처분청의 과세예고와 과세전적부심사

이 사건 회사는 2013.2.1. 취득세 과세대상인 서울시 강남구 가로수길 18 소재 부동산(이하 '쟁점부동산'이라고 합니다)을 취득하였고,

이상의 사실관계에 대해 2015.7.9. 처분청은 청구인이 이 사건 회사 총발행주식(×××주)의 66.7%(×××주)를 소유한 상태에서 쟁점주식(×××주) 취득으로 과점주주 지분이 33.3% 증가한 것으로 보아 2013.8.31. 현재 쟁점부동산의 장부가액 ×××원에 지분증가율을 곱하여 취득세 과세표준 ×××원에 해당하는 취득세 ×××원, 농어촌특별세 ×××원 합계 ×××원을 과세하겠다는 내용으로 과세예고통지하였고, 청구인은 2015.8.14. 처분청에 과세전적부심사 청구

처분청은 2015.10.23. 청구인의 과세전적부심사 청구를 불채택하고, 2015.11.12. 청구인에게 과세전적부심사 결정서 통지

(증 제23호) 과세전적부심사 결정서

9. 사실관계 시계열표

① 2010.11.4. : 청구인이 이 사건 회사 설립자본금 송금(증 제3~5호 참조)
② 2010.11.5. : 이 사건 회사 설립(증 제2호 참조) : 쟁점주식 명의신탁 발생
③ 2011.7.20. : 부정경쟁행위금지가처분신청 판결(증 제6호 참조)
④ 2011.9. 27. : 청구인이 설립자본금 재차 송금(증 제7호, 8호 참조)
⑤ 2011.12.31. : 이○○에게 ×××주 명의신탁
⑥ 2012.7.31. : 중간배당 실시, 형식상 주주 이○○ · 김○○도 수령(표 5, 6 참조)
⑦ 2012.10.4.
　㉮ 이○○ 명의신탁 주식 환원
　㉯ 이 사건 회사 100% 유상증자 실시(증 제9호 참조)
　㉰ 명의수탁자 김○○은 유상신주 인수포기(증 제12호 참조)
⑧ 2013.2.1. : 이 사건 회사가 쟁점부동산 취득
⑨ 2013.3.31. : 정기배당 실시 형식상 주주 김○○도 수령(표 5, 6 참조)
⑩ 2013.4.24. : 이○○은 중간배당으로 받은 배당금 반환(표 7, 증 제14호 참조)
⑪ 2013.8.31. : 쟁점주식의 명의신탁 해지약정(증 제13호 참조)
⑫ 2013.9.3.
　㉮ 김○○이 배당금 1차 반환(표 8, 증 제15호 참조)

㉯ 김○○이 청구인에게 잔여 배당금 반환약정서 제출(증 제16호 참조)

⑬ 2013.9.10.

㉮ 김○○이 쟁점주식 명의신탁 증여세 신고・납부(증 제21호 참조)

㉯ 청구인 성동세무서에 종합소득세 수정신고(증 제18, 20호 참조)

㉰ 김○○ 동대문세무서에 종합소득세 경정청구(증 제19호 참조)

⑭ 2014.4.1. : 김○○이 잔여배당금 반환(표 8, 증 제17호 참조)

⑮ 2015.6.5. ~ 8.10. : 서울지방국세청 조사3국 이 사건 회사 및 청구인 통합조사(증 제22호 참조)

⑯ 2015.7.9. : 처분청 과세예고 통지

⑰ 2015.8.14. : 처분청에 과세전적부심사 청구

⑱ 2015.11.12.

㉮ 과세전적부심사 불채택 결정 통지(증 제23호 참조)

㉯ 처분청 쟁점처분 통지(증 제1호 참조)

Ⅴ. 청구주장

1. 명의신탁주식의 환원에 따른 과점주주의 지분증가는 간주취득세 과세대상이 아닙니다.

☞ <u>여기에 대해서는 처분청도 이견 없음</u>

명의신탁주식을 원상회복하는 과정에서 발생한 과점주주의 지위변동은 간주취득세 과세대상이 아니라는 것이 과세관청의 행정예규와 대법원의 일관된 입장입니다.

▣ 서울세제-7751, 2014.6.11.
명의신탁 해지로 인해 주주 甲이 A법인의 과점주주가 되는 경우라면, 주식을 제3자에게 명의신탁하였다가 신탁을 해지하고 신탁자 명의로 원상회복하는 과정에서 형식상 새로운 과점주주가 된 경우이므로 간주취득세 납세의무가 없다 할 것임

▣ 서울세제-5066, 2012.4.26.
주주명부상 주식의 소유명의를 차명으로 등재하였다가 실질주주 명의로 개서한 경우, 주주명부상 명의자로 기재되어 있던 차명인은 명의상의 주주에 불과하므로 주식의 실질주주가 주식에 관한 주주명부상의 주주명의를 자기명의로 개서하였다고 하더라도 이는 실질주주가 주주명부상의 명의를 회복한 것에 불과하여 지방세법에서 규정하는 취득세의 부과대상인 주식을 취득한 경우에 해당하지 않는다 할 것임

▣ 대법원 2015두39217, 2015.6.11.
명의신탁을 해지하고 이 사건 회사 주주명부에 자신 앞으로 그 주식에 관한 명의개서를 하였다고 하더라도 이는 실질주주가 주주명부상의 명의를 회복한 것으로서 구

지방세법 제7조 제5항 본문의 '주식을 취득한 경우'에 해당한다고 볼 수 없음

▣ 대법원 2009두21369, 2010.3.11.
주주명부상 주식의 소유명의를 차명하여 등재하였다가 실질주주 명의로 개서한 경우 취득세의 부과대상인 '주식을 취득한 경우'에 해당하지 않음

▣ 대법원 2009두7448, 2009.8.20.
명의신탁을 해지하여 주주명부상의 명의를 회복하여 과점주주가 되었다면 과점주주에 대한 간주취득세 납세의무가 없음

▣ 대법원 98두7619, 1999.12.28.
타인의 명의를 차용하여 주식을 인수하고 대금을 납입한 경우 실제로 주식을 인수하여 그 대금을 납입한 명의차용인이 주주가 되고 단순히 명의대여자에 불과한 자는 주주로 볼 수 없다 할 것이고, 주식이 명의신탁된 경우 명의신탁된 주식의 실질적인 주주는 신탁자라 할 것이어서 명의신탁자가 명의신탁된 주식에 관하여 주주명부상의 주주명의를 명의신탁자 앞으로 명의개서한다고 하더라도 이는 실질주주가 주주명부상의 명의를 회복한 것에 불과하고, 한편 '주식의 취득행위'는 그 자체가 취득세의 과세대상이 되는 것이 아니어서 취득세의 과세대상이 되는 취득행위와 동일선상에서 그 개념을 파악할 수 없음.

2. 쟁점주식이 명의신탁주식에 해당한다는 사실은 객관적 자료에 의해 입증됩니다.

가. 명의수탁자의 인감증명서가 첨부된 명의신탁해지약정서(증 제13호)

☞ **인감증명서가 첨부되어 있어 사후 작성 불가능**

명의신탁자인 청구인과 명의수탁자인 김○○은 2013.8.31. 명의신탁 해지약정서를 작성한 사실이 있습니다(증 제13호 참조).

이 약정서는 청구인과 김○○ 사이에 쟁점주식의 명의신탁 사실이 있었음을 확인한 문서로써 명의수탁자인 김○○이 본인의 인감증명서를 첨부하여, 쟁점주식은 청구인의 소유임에도 불구하고 김○○ 자신의 이름으로 보유하고 있다가 이 약정으로 청구인에게 되돌려주는 것이라고 확인하고 있습니다.

나. 배당금을 명의신탁자에게 돌려 준 은행송금내역(증 제15호)

☞ **날짜 · 금액 등 임의적 구성 불가능**

명의수탁자였던 이○○은 한 차례의 배당금으로 ×××원을, 김○○은 두 차례의 배당금으로 ×××원을 각각 수령하여(표 6 참조), 받은 배당금 전부를 신탁자인 청구인에게 모두 반환한 사실이 있습니다(이○○은 표 7, 김○○은 표 8 참조).

이와 같은 **배당금 반환사실은 날짜나 금액 등을 임의적으로 구성할 수 없는 객관적**

자료인 은행통장 송금내역으로 입증되는데,

이○○은 2013.4.24. 자신 명의 KB국민은행 계좌를 통해 수령한 배당금을 전액 반환하였고(증 제14호 송금내역 참조), 특히 쟁점주식의 명의수탁자인 김○○도 자신 명의 KB국민은행 계좌를 통해 2013.9.3.(1차 반환 ×××원, 증 제15호 송금내역 참조)과 2014.4.1.(2차 반환 ×××원, 증 제17호 송금내역 참조) 두 차례에 걸쳐 명의신탁 주식에 배당된 배당금 ×××원 전부를 청구인 개인계좌로 반환하였습니다.

이때 김○○은 받은 배당금을 한꺼번에 반환하지 못한 관계로 2013.9.3.(1차 반환일) 남은 배당금 ×××원을 2014.3.31.까지 반환하겠다고 약속한 "배당금반환약정서"(증 제16호 참조)를 작성하여 청구인에게 제출하였는데, 동 약정서에도 청구인이 쟁점주식을 자신(김○○, 약정서의 乙)에게 명의신탁하였다고 기재되어 있습니다.

다. 정부가 김○○의 종합소득세 환급 경정청구 수용(증 제19호)

☞ **정부부과제도에서 명의신탁이 성립되지 않으면 불가능**

정부가 결정하고 확인한 것 이상의 객관적 자료는 있을 수 없음.

당초 쟁점주식의 형식상 주주인 김○○에게 배당금이 지급되면서 종합소득세 원천징수가 김○○ 이름으로 행해졌고, 김○○도 받은 배당금을 소득금액에 포함하여 2012년 귀속 종합소득세를 신고하였습니다.

그러나 명의신탁된 쟁점주식에서 발생된 동 배당소득은 청구인에게 귀속되어야 할 소득이고, 실제로도 김○○이 받은 배당금을 전부 청구인에게 반환하였으므로, 2013.9.3. ㉮ 김○○은 관할 □□세무서에 명의신탁에 따른 증여세를 신고・납부하고(증 제21호 참조), ㉯ 2012년 귀속 종합소득세 경정청구서를 제출하여 기납부한 종합소득세를 환급요청하였고(증 제19호 참조), ㉰ 청구인은 관할 ■■세무서에 쟁점주식에서 발생한 배당소득을 추가로 과세표준에 가산하여 종합소득세를 추가납부하는 내용의 종합소득세 수정신고서를 제출(증 제18호 참조)하였습니다.

위 신고에 따라 □□세무서(김○○ 관할)와 ■■세무서(청구인 관할)는 조사를 거쳐 □□**세무서는 김○○의 증여세 신고를 그대로 결정하여 증여세를 징수하고 종합소득세 환급 경정청구를 수용**하였으며, ■■세무서는 청구인의 종합소득세를 징수하였습니다.

이때, 증여세는 정부부과제도를 채택하고 있는 대표적 세목이어서 법인세처럼 신고납세제도를 채택한 세목처럼 납세자가 신고한다고 해서 그대로 확정되는 것이 아니라, 정부의 부과처분, 즉 '결정'에 의해 납세의무가 확정됩니다. 즉, **납세자의 증여세 신고는 정부의 결정에 필요한 근거자료를 제공하는 협력의무의 이행에 불과한 절차이고, 반드시 정부가 조사를 거쳐 '결정'해야만 납세의무가 확정**되는 것입니다.

처분청은 과세전적부심사 결정문(마지막 페이지)에서 "김○○이 신고한 대로 증여세 과세표준 및 세액이 결정되었다 하더라도, 이러한 사실만으로 청구인이 쟁점주식을 김○○에게 명의신탁하였다고 객관적으로 단정하기 어렵다"고 하였으나, 이 결론은 처분청이 **증여세의 결정논리를 제대로 이해하지 못한 채, 마치 법인세나 소득세처럼 납세자가 신고하면 그대로 결정되는 것으로 잘못 해석한 것**에서 비롯된 것으로 생각됩니다.

따라서 김○○의 쟁점주식 명의신탁 증여세 신고에 따라 정부(□□세무서)가 조사를 거쳐 증여세를 확정하였다는 것과, 정부에 의한 쟁점주식의 명의신탁 결정이 선행되지 않으면 종합소득세 환급도 불가능한 절차라는 것을 이해하면, 쟁점주식은 명의신탁된 주식이 틀림없고, 그렇다면 명의신탁주식의 환원과정에서 과세된 쟁점처분은 위법·부당한 처분임이 분명합니다.

라. 설립자본금을 모두 청구인 돈으로 납입

☞ **김○○이 자기의 자금으로 쟁점주식 취득하지 않았음을 증명**

청구인은 이 사건 회사를 설립하면서 2010.11.4. 설립자본금 ×××원을 자신의 KB국민은행 개인계좌(증 제4호 참조)에서 자본금 납입을 맡은 개인사업자 명의 KB국민은행 계좌(증 제5호 참조)로 송금하였을 뿐만 아니라, '※※'라는 상표 등 사용에 관한 분쟁이 발생하고 동 분쟁이 법원판결로 확정(증 제6호 참조)된 후, 2011.9.27. 청구인은 재차 국민은행 개인계좌(증 제4호 계좌와 같은 계좌)에서 이 사건 회사의 신한은행 법인계좌로 설립자본금 ×××원을 납입(증 제8호 참조)하여 영업을 개시하였습니다.

이상 김○○이 쟁점주식을 취득하여 명의상 주주로 등재될 때 자신은 이 사건 회사의 설립자본금 불입에 기여한 것이 전혀 없고, 쟁점주식 발생 원천인 설립자본금은 모두 청구인이 자신의 자금으로 납입된 사실이 공신력 있는 제3자인 금융기관 자료에 의해 객관적으로 증명되고 있습니다.

3. 쟁점주식이 명의신탁된 것이 아니라면, 김○○은 합리적 이성을 가진 사람으로는 설명할 수 없는 의사결정들을 하였습니다.

① 유상증자 실권으로 ×××억 원 이상의 자본차익 기회를 포기 ② 그 결과 주총 특별결의를 저지할 수 없는 수준으로 지분율이 감소하여 회사에 대한 지배력 상실 ③ 약 ×××원의 배당금을 청구인에게 반환 ④ 약 ×××억 원 이상 가치를 포기하고 명의신탁해지 약정에 동의

가. 김○○이 진정한 주주라면 ×××억 원 이상의 차익획득 기회를 스스로 포기한 것은

물론 지분율 감소로 회사에 대한 지배력을 상실하는 수준으로 지분이 감소하는 결정을 내리지 않았을 것임

> 청구인 지분을 ⅔ 이상으로 확대하기 위한 유상증자 목적에 따라
> • 청구인은 → 신주를 인수하고(50% → 66.7%)
> • 김○○은 → 신주인수를 포기(50% → 33.3%)
> 그 결과 김○○은
> • ×××억 원 이상 자본차익 포기
> • 지분율 감소로 회사의 지배력 상실

2012.10.4. 이 사건 회사가 주당 인수가액 ×××원으로 100% 유상증자를 실시할 당시 주주명부상 주주는 청구인과 김○○이 각각 ×××주(50%)씩 보유한 상태였고, 진정한 주주인 청구인은 신주를 인수하여 유상대금 ×××원(×××주 × ×××원)을 납입하였으나 명의상 주주인 김○○은 신주인수를 포기하였습니다(증 제12호 참조).

그러나 2012년 이 사건 회사의 당기순이익은 ×××원이므로 증자 전 주식수 ×××주를 고려하면 주당 순손익액은 ×××원이고, 상증법상 보충적 평가방법에서 가중평균 주당 순손익액을 산출할 때 적용하는 국세청장 고시 수익환원율 10%를 적용하면 주당 손익가치평가액이 ×××원을 상회할 것이 충분히 예상되는 상황에서, **김○○은 ×××원 이상 가치의 신주를 불과 ×××원에 인수하여 ×××억 원 이상의 자본차익을 획득할 수 있는 엄청난 기회를 스스로 포기한 것**입니다.

만약 김○○이 명의수탁자에 불과한 형식적 주주가 아니라 쟁점주식의 진정한 주주였다면 ×××주 × ×××원 = ×××억 원의 차익을 얻을 수 있는 기회를 스스로 포기한 것을 넘어, 그 포기의 결과 50%이던 이 사건 회사의 소유지분이 주주총회 특별결의를 저지할 수 없는 ⅓ 미만인 33.3%로 감소되어 회사에 대한 지배력을 상실하게 되는 의사결정은 절대 하지 않았을 것입니다.

나. 명의신탁 주식이 아니라면 자기 소유 쟁점주식의 배당금을 아무런 조건 없이 청구인에게 반환할 아무런 이유 없음

김○○은 자기 명의로 등재되어 있던 쟁점주식에 대한 배당금을 아무런 조건 없이 청구인에게 전액 반환하였습니다(증 제15~17호 참조).
만약 쟁점주식이 명의신탁 주식이 아니고 정말 김○○ 소유 주식이라면, 자기재산에서 발생한 금전을 아무런 조건 없이 청구인에게 돌려주었다는 사실에 대해 과연 **어떤 이유를 들어야 합리적인 일반인들을 수긍케 할 수 있을 것인지 알 수 없습니다.**
처분청도 과세전적부심사 결정서에서 배당금 반환에 대한 다른 합리적 이유가 존재하거나, 이를 배척할 수 있는 근거를 제시하고 못하고 있습니다.

다. 지분이 감소한 후에도 165억 원 이상 가치로 추정되는 쟁점주식을 아무 대가 없이 포기하고 명의신탁 해지약정에 동의한 것도 이해될 수 없는 행동

현실에서 M&A 또는 대규모 주식매매거래에서 상증법 평가액으로 거래하는 경우는 없고, 통상 EBITDA(법인세 · 이자 · 상각비 차감 전 영업이익)[주2]의 5~10배 사이에서 거래가액이 결정됩니다.

EBITDA는 기업의 현금창출 능력을 나타내므로 M&A 시장에서 기업의 실제가치를 평가하는 가장 중요한 잣대로 사용되는 데, 간단한 개념으로 EBITDA의 5배 가격으로 주식을 거래하면 매수자가 투자원금을 회수하는 데 5년이 소요된다는 의미입니다.

DART 공시 재무제표 기준 이 사건 회사의 2013년 EBITDA = ×××원이므로,

	당기순이익	×××원
(+)	법인세비용	×××원
(+)	이자비용	×××원
(+)	감가상각비	×××원
(+)	무형자산상각비	×××원
	EBITDA	×××원

이 사건 회사의 기업가치는 최소 ×××억 원(5배)에서 ×××억 원(10배) 범위로 평가되므로 김○○의 지분가치(33.3%)는 ××× ~ ×××억 원 범위로 추정해 볼 수 있습니다. 즉, 시장 관행을 고려하면 지분율이 기존 50%에서 33.3%로 감소된 상태에서도 쟁점주식의 시장가격은 ××× ~ ×××억 원 사이에서 형성되는데 평균적으로 ×××억 원 이상 받을 수 있는 쟁점주식을 명의신탁 해지약정을 통해 아무런 대가도 받지 않고 청구인에게 환원하였다는 것은 쟁점주식이 처음부터 명의신탁주식이었다는 것을 제외하고는 도저히 설명될 수 없습니다.

참고로, 상증법 평가방법으로도 수익가치 = ×××억 원(당기순이익) ÷ 10%(수익환원율) = ×××억 원이고, 이 중 쟁점주식 지분 33.3%에 상당하는 금액은 ×××억 원 × 33.3% = ×××억 원으로 평가됩니다.

주2) EBITDA(Earnings Before Interest, Taxes, Depreciation and Amortization)는 기업이 영업활동으로 벌어들인 현금창출 능력을 나타내는 지표이다. 이론적으로는 이자비용과 법인세 공제 전 이익에서 감가상각비와 무형자산상각비를 더해 구하지만, 편의상 영업이익과 감가상각비의 합으로 계산한다. EBITDA는 이자비용을 이익에 포함하기 때문에 자기자본과 타인자본에 대한 기업의 실질이익 창출을 포함하며, 현금지출이 없는 비용인 감가상각비를 비용에서 제외함으로써 기업이 영업활동을 통해 벌어들이는 현금창출 능력을 보여 주게 된다. 따라서 EBITDA는 수익성을 나타내는 지표로, 기업의 실제가치를 평가하는 중요한 잣대로 쓰인다[출처 : 기획재정부 발간(2010.11.) 시사경제용어사전].

4. 처분청이 청구인의 과세전적부심사 청구의 불채택 근거로 삼은 대법원 판례와 법원의 확정판결을 요구하는 판례 등은 쟁점사건에 적용할 수 없는 판례입니다.

처분청이 과세전적부심사 청구의 불채택 근거로 삼은 대법원 판례(대법 2003두1615, 2004.7.9.)는 쟁점사건과 같이 지방세인 과점주주 간주취득세가 아니라 국세인 과점주주의 제2차 납세의무를 다룬 사건에 대한 판례로서, 판례의 사건과 쟁점사건은 다음과 같은 차이가 있습니다.

구분	납세의무자	과세를 면하기 위해 필요한 입증
판례사건	명의수탁자	자신이 진정한 주주가 아님을 입증해야 함
쟁점사건	명의신탁자	자신이 진정한 주주임을 입증해야 함

즉, 판례의 사건에서는 제2차 납세의무자가 과세를 면하기 위해서 ㉮ 명의를 도용당했거나, ㉯ 명의신탁 관계의 명의수탁자에 불과하다는 등 자신이 진정한 주주가 아님을 입증해야 하는데, 이 경우 원래의 납세의무자는 자신의 납세의무를 면탈하기 위해서라도 제2차 납세의무자의 주장에 동조하지 않을 것이므로 2차 납세의무자는 소송을 통해 그 시시비비를 가릴 것이기 때문에 법원의 확정판결을 득할 수 있을 것이지만,

쟁점사건의 경우 명의수탁자가 쟁점주식의 진정한 소유자는 청구인이라고 인정하고, 국가도 이런 사실관계를 인정하여 김○○에 해 증여세는 확정하고 소득세는 환급 경정청구를 수용하였기 때문에, 쟁점주식의 진정한 소유자를 가리는 소송이 성립할 수 없습니다.

구분	소송 성립 여부	법원의 확정판결 획득가능성
판례사건	원래의 납세의무자와 제2차 납세의무자의 주장이 상반되므로 소송 성립	획득 가능
쟁점사건	청구인과 김○○의 주장이 일치하므로 소송이 성립하지 않음	불가능

즉, 쟁점사건은 청구인이 쟁점주식의 진정한 소유자가 청구인 자신임을 입증해야 하는데, 명의수탁자인 김○○이 이미 명의신탁임을 인정했고, 국가도 쟁점주식이 명의신탁임을 확정하였고 이를 근거로 김○○의 종합소득세 환급 경정청구도 인정했기 때문에 소송을 통해 가려야 할 시비가 존재하지 않으므로 소송이 성립하지 않으며, 그 결과 법원의 확정판결을 획득할 수도 없습니다.

따라서 제2차 납세의무자의 입증책임에 관한 대법원 판결과, 이와 관련하여 법원의 확정판결 등을 요구하는 다른 판례 등을 쟁점사건에 그대로 적용할 수 없습니다.

5. 명의신탁 환원이 아니라면 쟁점주식 이동을 설명할 수 있는 원인이 없습니다.

청구인이 쟁점주식을 취득하여 청구인 이름으로 명의개서할 수 있는 이유는 다음 3가지

의 경우 말고는 있을 수 없습니다.
① 매매거래에 따른 유상취득
② 김○○이 청구인에게 증여
③ 명의신탁 주식의 환원

그런데 청구인이 쟁점주식을 김○○으로부터 매매거래에 의해 유상취득한 사실도 없고, 정부의 확정에 의해 명의신탁 증여세가 결정됨에 따라 김○○이 자기 소유도 아닌 쟁점주식을 청구인에게 증여한 것도 아닙니다. 그렇다면 명의신탁주식 환원이 아니고서는 청구인의 쟁점주식 취득원인을 설명할 방법이 없습니다.

6. 결론

명의신탁주식의 환원이 과점주주 간주취득세대상이 아니라는 점은 처분청도 이견이 없는 상황에서,

㉮ 인감증명서가 첨부되어 사후작성이 불가능한 명의신탁해지약정서, ㉯ 날짜・금액 등의 임의적 구성이 불가능한, 명의수탁자가 받은 배당금을 청구인에게 반환한 은행송금내역, ㉰ 정부부과제도하에서 정부가 확정한 명의수탁자의 증여세 확정자료 및 그에 근거하여 명의신탁이 성립되지 않으면 불가능한 명의수탁자의 종합소득세 경정청구 수용, ㉱ 명의신탁이 이루어진 설립자본금을 모두 청구인이 납입하였음을 알 수 있는 설립자본금 은행송금내역 등 쟁점주식이 명의신탁주식임을 입증하는 객관적 자료가 다수 존재한다는 점,

특히, 정부가 조사를 거쳐 '결정'해야만 납세의무가 비로소 확정되는 정부부과제도에 따라 **김○○의 증여세가 확정되었다는 것은 정부가 쟁점주식은 명의신탁주식이라고 결정하였기 때문에 가능하고, 명의신탁이 아니었다면 김○○의 종합소득세 환급 경정청구도 인정되지 않았을 것**이라는 점,

김○○이 ㉮ ×××억 원 이상 차본차익을 얻을 수 있는 유상증자를 스스로 포기하여 실권한 사실, ㉯ 그 결과 50%이던 지분이 주총 특별결의를 저지할 수 없는 ⅓ 이하로 감소하여 회사의 지배력을 상실한 사실, ㉰ 자신 앞으로 배당된 약 ×××원 상당의 배당금을 전액 청구인에게 반환한 사실, ㉱ 추정가치 약 ×××억 원 이상 금액을 포기하고 명의신탁해지 약정에 동의한 사실 등은 쟁점주식이 명의신탁된 것이 아니라면 합리적 이성을 가진 일반인이 취할 의사결정으로 보기 어렵다는 점,

청구인이 쟁점주식의 진정한 소유자임을 입증해야 하는 쟁점사건에서, ㉮ 수탁자인 김○○이 이미 명의신탁임을 인정했고, ㉯ 국가도 쟁점주식이 명의신탁임을 확정하여, 이를 근거로 김○○의 종합소득세도 환급 경정청구도 인정된 상황에서는 소송으로 가려야 할 시비가 존재하지 않아 소송이 성립하지 않으므로 법원의 확정판결을 획득할 수도 없기 때문에 제2차 납세의무자의 입증책임에 관한 대법원 판결과, 이와 관련하여 법원의 확정

판결 등을 요구하는 다른 판례 등을 쟁점사건에 그대로 적용할 수 없다는 점,

청구인이 쟁점주식을 김○○으로부터 매매를 원인으로 유상취득한 것도 아니고, 명의신탁이 확정된 쟁점주식을 김○○이 청구인에게 증여한 것도 아니라면, 명의신탁 환원 외 쟁점주식 이동을 설명할 수 있는 원인이 없다는 점 등을 두루 살펴보면 명의신탁되었던 쟁점주식의 반환에 근거한 쟁점처분은 부당하므로 취소되어야 마땅할 것입니다.

Ⅵ. 관련법령

1. 지방세법

가. 구 지방세법(2013.12.26. 법률 제12118호로 개정되기 전의 것)

○ 제7조 【납세의무자 등】

① 취득세는 부동산, 차량, 기계장비, 항공기, 선박, 입목, 광업권, 어업권, 골프회원권, 승마회원권, 콘도미니엄 회원권, 종합체육시설 이용회원권 또는 요트회원권(이하 이 장에서 "부동산등"이라 한다)을 취득한 자에게 부과한다.

⑤ 법인의 주식 또는 지분을 취득함으로써 「지방세기본법」 제47조 제2호에 따른 과점주주가 되었을 때에는 그 과점주주가 해당 법인의 부동산등을 취득(법인설립 시에 발행하는 주식 또는 지분을 취득함으로써 과점주주가 된 경우에는 취득으로 보지 아니한다)한 것으로 본다. 이 경우 과점주주의 연대납세의무에 관하여는 「지방세기본법」 제44조를 준용한다.

○ 제10조 【과세표준】

① 취득세의 과세표준은 취득 당시의 가액으로 한다. 다만, 연부로 취득하는 경우에는 연부금액(매회 사실상 지급되는 금액을 말하며, 취득금액에 포함되는 계약보증금을 포함한다. 이하 이 절에서 같다)으로 한다.

④ 제7조 제5항 본문에 따라 과점주주가 취득한 것으로 보는 해당 법인의 부동산등에 대한 과세표준은 그 부동산등의 총가액을 그 법인의 주식 또는 출자의 총수로 나눈 가액에 과점주주가 취득한 주식 또는 출자의 수를 곱한 금액으로 한다. 이 경우 과점주주는 조례로 정하는 바에 따라 과세표준 및 그 밖에 필요한 사항을 신고하여야 하되, 신고 또는 신고가액의 표시가 없거나 신고가액이 과세표준보다 적을 때에는 지방자치단체의 장이 해당 법인의 결산서 및 그 밖의 장부 등에 따른 취득세 과세대상 자산총액을 기초로 전단의 계산방법으로 산출한 금액을 과세표준으로 한다.

나. 구 지방세법 시행령(2013.12.5. 대통령령 제24890호로 개정되기 전의 것)

○ 제11조 【과점주주의 취득 등】

① 법인의 과점주주가 아닌 주주 또는 유한책임사원이 다른 주주 또는 유한책임

사원의 주식 또는 지분(이하 "주식등"이라 한다)을 취득하거나 증자 등으로 최초로 과점주주가 된 경우에는 최초로 과점주주가 된 날 현재 해당 과점주주가 소유하고 있는 법인의 주식등을 모두 취득한 것으로 보아 법 제7조 제5항에 따라 취득세를 부과한다.

② 이미 과점주주가 된 주주 또는 유한책임사원이 해당 법인의 주식등을 취득하여 해당 법인의 주식등의 총액에 대한 과점주주가 가진 주식등의 비율(이하 이 조에서 "주식등의 비율"이라 한다)이 증가된 경우에는 그 증가분을 취득으로 보아 법 제7조 제5항에 따라 취득세를 부과한다. 다만, 증가된 후의 주식등의 비율이 그 증가된 날을 기준으로 그 이전 5년 이내에 해당 과점주주가 가지고 있던 주식등의 최고비율보다 증가되지 아니한 경우에는 취득세를 부과하지 아니한다.

③ 과점주주였으나 주식등의 양도, 해당 법인의 증자 등으로 과점주주에 해당하지 아니하게 되었다가 해당 법인의 주식등을 취득하여 다시 과점주주가 된 경우에는 다시 과점주주가 된 당시의 주식등의 비율이 그 이전에 과점주주가 된 당시의 주식등의 비율보다 증가된 경우에만 그 증가분만을 취득으로 보아 제2항의 예에 따라 취득세를 부과한다.

2. 상속세 및 증여세법(2014.1.1. 법률 제12168호로 개정되기 전의 것)

○ 제45조의2 【명의신탁재산의 증여의제】

① 권리의 이전이나 그 행사에 등기등이 필요한 재산(토지와 건물은 제외한다. 이하 이 조에서 같다)의 실제소유자와 명의자가 다른 경우에는 「국세기본법」 제14조에도 불구하고 그 명의자로 등기등을 한 날(그 재산이 명의개서를 하여야 하는 재산인 경우에는 소유권 취득일이 속하는 해의 다음 해 말일의 다음 날을 말한다)에 그 재산의 가액을 명의자가 실제소유자로부터 증여받은 것으로 본다. 다만, 다음 각 호의 어느 하나에 해당하는 경우에는 그러하지 아니하다.

1. 조세회피의 목적 없이 타인의 명의로 재산의 등기등을 하거나 소유권을 취득한 실제소유자 명의로 명의개서를 하지 아니한 경우
2. 주식 또는 출자지분(이하 이 조에서 "주식등"이라 한다) 중 1997년 1월 1일 전에 신탁이나 약정에 의하여 타인 명의로 주주명부 또는 사원명부에 기록되어 있거나 명의개서되어 있는 주식등에 대하여 1998년 12월 31일까지의 기간(이하 이 조에서 "유예기간"이라 한다)에 실제소유자 명의로 전환한 경우. 다만, 그 주식등을 발행한 법인의 주주 또는 출자자(이하 이 조에서 "주주등"이라 한다)의 대통령령으로 정하는 특수관계인 및 1997년 1월 1일 현재 미성년자인 사람의 명의로 전환한 경우에는 그러하지 아니하다.

② 타인의 명의로 재산의 등기등을 한 경우, 실제소유자 명의로 명의개서를 하지 아니한 경우 및 유예기간에 주식등의 명의를 실제소유자 명의로 전환하지 아니하는 경우에는 조세회피 목적이 있는 것으로 추정한다. 다만, 양도자가 「소득세법」 제105조

및 제110조에 따른 양도소득 과세표준 신고 또는「증권거래세법」제10조에 따른 신고와 함께 소유권 변경 내용을 신고하는 경우에는 그러하지 아니하다.

③ 제1항을 적용할 때 주주명부 또는 사원명부가 작성되지 아니한 경우에는「법인세법」제109조 제1항 및 제119조에 따라 납세지 관할세무서장에게 제출한 주주등에 관한 서류 및 주식등변동상황명세서에 의하여 명의개서 여부를 판정한다.

④ 제1항 제2호는 주식등을 유예기간에 실제소유자 명의로 전환하는 자가 그 주식을 발행한 법인이나 그 주식이 출자된 법인의 본점 또는 주된 사무소의 관할세무서장에게 그 전환 내용을 대통령령으로 정하는 바에 따라 제출하는 경우에만 적용한다.

[첨부증빙 목록]

(증 제1호)	쟁점처분 납세고지서
(증 제2호)	이 사건 회사 법인 등기부등본
(증 제3호)	법인설립 시 법원 제출서류
(증 제4호)	설립자본금 송금내역
(증 제5호)	설립자본금 입금내역
(증 제6호)	부정경쟁행위금지가처분 신청 판결문
(증 제7호)	청구인의 설립자본금 재차송금내역
(증 제8호)	설립자본금 법인계좌 입금내역
(증 제9호)	유상증자 결의 임시주총의사록
(증 제10호)	청구인의 유상신주 청약서
(증 제11호)	청구인의 유상증자대금 납입내역
(증 제12호)	김○○의 유상증자 신주인수포기서
(증 제13호)	명의신탁 해지약정서
(증 제14호)	이○○이 배당금을 반환한 송금내역
(증 제15호)	김○○이 배당금을 1차 반환한 송금내역
(증 제16호)	김○○이 청구인에게 제출한 배당금 반환약정서
(증 제17호)	김○○이 배당금을 2차 반환한 송금내역
(증 제18호)	청구인의 종합소득세 수정신고내역
(증 제19호)	김○○의 종합소득세 경정청구내역
(증 제20호)	청구인의 종합소득세 납세사실증명서
(증 제21호)	김○○의 명의신탁증여세 신고내역
(증 제22호)	서울지방국세청 세무조사 통지서
(증 제23호)	과세전적부심사 결정서

4 문서작성 일반사항

가. 의의

청구이유서 작성 요령에 앞서 문서작성에 관한 일반적인 사항을 알 필요가 있다. 청구이유서는 과세관청이나 조세심판원 또는 감사원 등 정부기관을 상대로 제출하는 문서이므로 정부에서 공식적으로 사용하는 문서작성 지침인 행정안전부의 「사무관리규정」과 「사무관리규정 시행규칙」 및 「조세심판 결정서 작성지침」 등에서 필요하다고 판단되는 일부를 발췌하여 그 밖에 필요한 사항과 함께 정리하였다.

나. 문서작성 기본원칙

문서를 작성하고자 할 때 특별한 사유가 있는 경우를 제외하고는 다음의 일반원칙에 따른다.

1) 문안

문서는 「국어기본법」 제11조에 따른 어문규범[23]에 맞게 한글로 작성하되, 쉽고 간명하게 표현하고, 뜻을 정확하게 전달하기 위하여 필요한 경우에는 괄호 안에 한자 그 밖의 외국어를 넣어 쓸 수 있으며, 특별한 사유가 있는 경우를 제외하고는 가로로 쓴다.

또, 존칭이나 높임말 또는 하대어로 여겨질 수 있는 단어는 사용하지 말고 중립적 용어를 사용한다.

잘못된 표기	옳은 표기
청구인의 부인	청구인의 배우자 또는 청구인의 처
청구인의 부친	청구인의 아버지 또는 청구인의 부
청구인의 父	청구인의 부(父)
~하는 자	~하는 사업자 또는 ~하는 사람
STX 주식회사	에스티엑스(STX) 주식회사

23) 한글 맞춤법, 표준어 규정, 외래어 표기법, 로마자 표기법 등 국어의 올바른 사용법에 대하여 문화체육관광부장관이 정하는 규범

2) 숫자

문서에 쓰는 숫자는 특별한 사유가 있는 경우를 제외하고는 아라비아숫자로 한다.

3) 날짜

문서에 쓰는 날짜의 표기는 숫자로 하되 연·월·일의 글자는 생략하고 그 자리에 온점을 찍어 표시한다. 다만, 특별한 사유로 인하여 다른 방법으로 표시할 필요가 있는 경우에는 그러하지 아니하다.

〈예시〉 2015.12.15.

한편, 내용의 혼란을 방지하기 위하여 "같은 해" 또는 "같은 달" 등의 표현은 가급적 사용하지 않는다.

4) 시간

문서에 쓰는 시·분의 표기는 24시각제에 따라 숫자로 하되, 시·분의 글자는 생략하고 그 사이에 쌍점(:)을 찍어 구분한다. 다만, 특별한 사유로 인하여 다른 방법으로 표시할 필요가 있는 경우에는 그러하지 아니하다.

〈예시〉 오후 3시 20분 → 15 : 20

5) 금액

문서 및 유가증권에 금액을 표기하는 때에는 아라비아 숫자로 하되, 숫자 다음에 괄호를 하고 숫자 읽는 방식에 따라 한글로 기재한다. 다만, 다른 법령에 표시방법이 따로 있는 경우 그 법령에 따른다.

〈예시〉 금 15,790원(일만오천칠백구십원)

한편, 금액 단위가 간단한 경우 위 방식에 구애받지 않고 정확한 금액이 전달되도록 숫자와 한글로 병행하여 읽는 방식대로 기재할 수도 있다.

〈예시〉 금 23억4천7백만 원

표 작성 등에서 필요한 경우 국제 표기 관행에 따라 3자리 단위로 끊어서 축약 표시할 수도 있지만 문장 중에서 금액을 표기할 때는 30,000천 원이나 7,800백만 원이라고 쓰지 않고 3천만 원, 78억 원으로 기재한다.

우리나라 말에서 숫자는 영어 등 서양방식과 달리 3자리가 아니라 4자리 단위로 끊어 읽기 때문이다.

잘못된 표기	옳은 표기
30,000천 원	3천만 원
7,800백만 원	78억 원

6) 계량형 단위

㎡ · kg · % 등의 계량형 단위나 부호는 그대로 표기함을 원칙으로 하고, 표준 단위가 아닌 리(거리) · 평(면적) · 할푼리(이자율) · 돈(무게) 등의 표현은 사용하지 않는다.

다만, 표준 계량형 단위는 아니지만 면적 단위인 평은 아직도 많이 사용하는 단위이므로 이해를 돕기 위하여 ㎡로 표시하고 괄호로 다시 표기하는 방법도 무방하다.

〈예시〉 전용면적 115㎡(약 35평)

7) 법령명 기재

본문부분에 법령명을 기재하는 경우 「」를 사용하여 법령명을 구분한다. 한편, 일각에서는 법령명은 띄어쓰기를 무시하고 「상속세및증여세법」 또는 「주식회사의외부감사에관한법률」 등과 같이 표기해야 한다는 말이 있으나, 어문규범에 맞게 「상속세 및 증여세법」 및 「주식회사의 외부감사에 관한 법률」처럼 띄어 쓰는 것을 원칙으로 하며, 조 · 항 · 호 · 목 사이도 띄어 쓴다.

〈예시〉 「상속세 및 증여세법」 제1조 제1항 제1호 가목

8) 세목 · 귀속연도 등 표시

세목은 당해 세목명 전체를 기재하고, 귀속연도는 개별세법에서 규정하는 구분단위로 기재함을 원칙으로 한다. 세목별 구체적 표시방법 예시는 다음과 같다.

구 분		세목	표시방법
국세	직접세	법인세	2015.1.1. ~ 2015.12.31. 사업연도 법인세 123,345,560원 ※12월말 결산법인인 경우 "2015사업연도 법인세"로 축약 표시 가능
		종합소득세	2015년 귀속 종합소득세 23,345,560원

<table>
<tr><th colspan="2">구 분</th><th>세목</th><th>표시방법</th></tr>
<tr><td rowspan="6">국세</td><td rowspan="3">직접세</td><td>상속세</td><td>2015.4.23. 상속분 상속세 345,567,780원</td></tr>
<tr><td>증여세</td><td>2015.3.13. 증여분 증여세 345,567,780원</td></tr>
<tr><td>종합부동산세</td><td>2015년 귀속 종합부동산세 12,234,450원</td></tr>
<tr><td rowspan="2">간접세</td><td>부가가치세</td><td>2015년 제1기 부가가치세 234,456,670원</td></tr>
<tr><td>증권거래세</td><td>2015년 1월분 증권거래세 1,123,340원</td></tr>
<tr><td colspan="2">관세</td><td>관세 567,789,100원
※과세연도 및 수입시기 등 표시 없음.</td></tr>
<tr><td rowspan="2">지방세</td><td colspan="2">일반적</td><td>취득세(등록세, 사업소세) 34,456,670원
※과세연도 및 시기 등 표시 없음.</td></tr>
<tr><td colspan="2">재산세</td><td>2015년도 재산세 12,234,450원</td></tr>
<tr><td rowspan="2">기타</td><td colspan="2">원천징수소득세</td><td>2015년 귀속 원천징수분 ○○소득세 12,234,450원</td></tr>
<tr><td colspan="2">소득금액변동통지</td><td>2015년 귀속 소득금액변동통지 12,234,450원</td></tr>
</table>

9) 용지 및 글자의 색깔

용지는 특별한 사유가 있는 경우를 제외하고는 흰색으로 하며, 글자는 검은색 또는 푸른색으로 한다. 단, 도표 작성, 내용 수정 또는 주의환기 등 특별한 표시가 필요한 때에는 다른 색깔로 할 수 있다.

10) 여백

문서의 용지에 여백을 두면 시각적인 피로감을 줄일 뿐만 아니라, 문서를 수정할 경우 이를 활용할 수 있다. 또한 문서를 편철함에 있어 그 내용을 보호하면서 편철을 용이하게 할 수 있으므로 문서 작성시 적정한 여백을 두도록 한다.

11) 괄호

문서는 한글이나 아라비아 숫자로 표기하는 것이 원칙이지만 정확한 의미의 전달을 위해 괄호를 통해 다시 한 번 주의를 환기시키거나, 앞으로 사용하게 될 간단한 용어를 괄호에 기재하는 경우가 자주 발생한다. 이때 괄호 안의 글자 크기는 본문의 글자 크기보다 1포인트 작게 표시하면 보다 쉽게 읽을 수 있다.

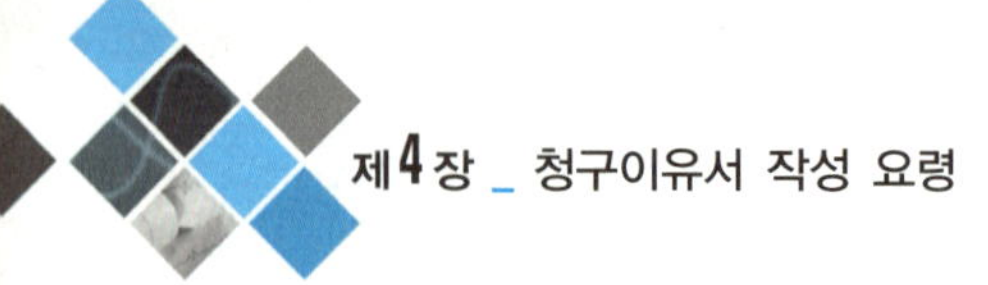

12) 불필요한 관습적 표현

불복이나 소송 등에서 관습적으로 사용하는 불필요한 표현은 사용하지 않는다. 대표적으로 '청구외' 또는 '소외' 등의 표현이 있다.

잘못된 표기	옳은 표기
주식회사 갑을(이하 "청구외법인"이라고 한다)	주식회사 갑을(이하 "갑을"이라고 한다)
청구외 홍길동 또는 소외 홍길동	홍길동

다. 항목의 구분

1) 항목의 표시

문서의 내용을 2 이상의 항목으로 구분하여 작성하고자 할 때에는 다음 구분에 의하여 표시하되, 필요한 경우 부분적으로 □, ○, -, · 등과 같은 특수한 기호로 표시할 수 있다.

구분	항목 기호
첫째 항목	1, 2, 3, 4, 5, …
둘째 항목	가, 나, 다, 라, 마, …
셋째 항목	1), 2), 3), 4), 5), …
넷째 항목	가), 나), 다), 라), 마), …
다섯째 항목	(1), (2), (3), (4), (5), …
여섯째 항목	(가), (나), (다), (라), (마), …
일곱째 항목	①, ②, ③, ④, ⑤, …
여덟째 항목	㉮, ㉯, ㉰, ㉱, ㉲, …

2) 항목의 표시위치 및 띄우기

① 첫째 항목부호는 제목의 첫 글자와 같은 위치에서 시작한다.

② 첫째 항목 다음 항목부터는 바로 앞 항목의 위치로부터 2타(한글은 1자, 영문 등 외국어와 숫자는 2자)씩 오른쪽에서 시작한다.

③ 항목부호와 그 항목의 내용 사이에는 1타를 띄운다.

④ 하나의 항목만 있을 경우에는 항목구분을 생략한다.

라. 주의가 필요한 한글 맞춤법

1) 띄어쓰기

조사 외의 모든 단어는 띄어 쓴다는 것이 띄어쓰기의 대원칙이다. 우리말 9품사[24] 중 조사[25]만 유일하게 앞 단어에 붙여 쓴다. 사전에 올라와 있는 낱말은 모두 단어이고, 단어는 문법상의 일정한 뜻과 구실을 가지는 말의 최소 단위이다.

띄어쓰기의 원칙에 대해서는 다음 사례를 통해 살펴보기로 한다.

원칙 1 **기본적인 띄어쓰기 : 조사 외의 모든 단어는 띄어 쓴다.**

법인세까지　　그것말고 저것　　분여하기는커녕
납세자마다　　너밖에, 할 수밖에　　청구인하고
일인즉슨　　세금이다

원칙 2 **용언[26]의 어미이거나 이미 어미처럼 굳어버린 숙어는 붙여 쓴다.**

배운 것은 없을망정　　보다시피　　놀지언정
하자마자　　하면 할수록

원칙 3 **의존명사[27]는 띄어 쓴다.**

2015사업연도 중　　제1기 과세기간 중　　금년 말
신고 할 참이었다.　　싸우는 통에　　납부하지 않을 리가 없다.

원칙 4 **숫자를 한글로 적을 때는 만 단위로 띄어 쓴다.**

1,234,567,891
12억 3456만 7891
십이억 삼천사백오십육만 칠천팔백구십일

24) 명사, 대명사, 동사, 형용사, 부사, 관형사, 수사, 조사, 감탄사

25) '토씨'라고도 하며, 체언이나 부사, 어미 따위에 붙어 그 말과 다른 말과의 문법적 관계를 표시하거나 그 말의 뜻을 도와주는 품사를 말한다. 은, 는, 이, 가, 을, 를, 의 등이 있다.

26) '풀이씨'라고도 하며, 문장의 주체를 서술하는 기능을 가진 동사와 형용사를 함께 이르는 말이다.

27) 의미가 형식적이어서 다른 말 다음에 기대어 쓰는 명사를 말한다.

원칙 5 단음절로 된 단어가 연이어 나타날 때는 붙여 쓸 수 있다.

그때 그곳 좀더 큰것 한잎 두잎

원칙 6 보조동사와 보조형용사는 띄어 씀이 원칙이지만, 붙여 씀도 허용한다.

불이 꺼져 간다. ↔ 불이 꺼져간다. 견디어 내다. ↔ 견디어내다.
할 만하다. ↔ 할만하다. 밝아 오다. ↔ 밝아오다.

원칙 7 접두어와 접미어는 붙여 쓴다.

늦더위 맨발 한가운데
천여 명 십 원짜리 어른답다

원칙 8 성과 이름은 붙여 쓰고, 이에 덧붙는 호칭이나 관직은 띄어 쓴다.

홍길동 홍길동 씨 홍길동 과장

원칙 9 성명 외의 고유명사는 단어별로 띄어 씀이 원칙이나, 단위별로 띄어 씀도 허용한다.

경희 고등학교 ↔ 경희고등학교
경희 대학교 경영 대학 ↔ 경희대학교 경영대학

원칙 10 '뿐', '만큼', '대로'가 명사 뒤에 오면 조사이므로 붙여 쓰고, 관형사형 어미 뒤에 오면 의존명사이므로 띄어 쓴다.

이것뿐이다. 저 건물만큼 크게 짓다. 약속대로 왔다.
할 일을 했을 뿐이다. 애쓴 만큼 보람 있었다. 약속한 대로 왔다.

원칙 11 '…ㄴ지', '…ㄹ지'의 '지'는 어미이므로 붙여 쓰고, 시간의 경과를 나타내는 '지'는 의존명사이므로 띄어 쓴다.

언제 떠났는지 언제 떠날지 고향을 떠난 지 3년

원칙 12 의존명사로 쓰는 '내(內)'는 띄어 쓴다.

이번 사업연도 내 일주일 내 공업단지 내로 옮겼다.
정해진 기간 내에 신고서를 제출해야 한다.

2) 율 vs 률

한자음 '렬'과 '률'이 모음이나 'ㄴ'받침 뒤에 오면 '열', '율'로 적고, 자음이나 'ㄴ'받침 외의 받침 뒤에 오는 경우는 한자음 '렬', '률' 그대로 적는다.

원칙 **① 모음과 ㄴ 받침 뒤 → 열 · 율**
② 그 외 → 렬 · 률

법인세율 비율 백분율

표준소득율(×) → 표준소득률(○) 결정률

3) 되 vs 돼

'되'나 '돼' 자리에 각각 '하' 또는 '해'를 대신 넣어서 말이 되는 글자가 맞는 것이다. 즉 '하'를 대신 넣었을 때 말이 통하면 '되'가 맞고, '해'를 대신 넣어서 말이 통하면 '돼'가 맞는 것이다.

원칙 1 **① 하 → 되**
② 해 → 돼

너는 이렇게 해야 해(○) → 너는 이렇게 돼야 돼(○)
이렇게 해면(×), 이렇게 하면(○) → 이렇게 되면(○)

'돼'는 '되어'의 준말이다. 따라서 '되어'를 대신 넣었을 때 말이 되면 '돼'를 쓰는 것이 맞고, 그렇지 않으면 '되'를 쓰는 것이 맞다.

원칙 2 **'돼'는 '되어'의 준말**

너 인간 되었구나(○) → 너 인간 됐구나(○)

4) 이 vs 히

'의젓이'가 맞는 것인지 '의젓히'가 맞는 것인지 또는 '두둑이'가 맞는 것인지 '두둑히'가 맞는 것인지 판단하기 어려울 때가 있다. 간단하게 살펴보면 '하다'를 붙일 수 있으면 '히'가 맞고, 붙일 수 없으면 '이'가 맞다.

원칙 1 ① '하다'를 붙일 수 있으면 → '히'
② '하다'를 붙일 수 없으면 → '이'

간편하다 → 간편히	말끔하다 → 말끔히	솔직하다 → 솔직히
짬짬하다(×) → 짬짬이	틈틈하다(×) → 틈틈이	곰곰하다(×) → 곰곰이

이 경우 반드시 '이'를 써야만 하는 경우가 아니면 '히'를 사용해도 무방한데, 반드시 '이'를 사용해야 하는 대표적 경우는 다음과 같다.

원칙 2 '하다'가 붙어도 어근의 끝소리가 'ㅅ' 또는 'ㄱ'인 경우

의젓하다 → 의젓이	반듯하다 → 반듯이	빠듯하다 → 빠듯이
깊숙하다 → 깊숙이	끔찍하다 → 끔찍이	두둑하다 → 두둑이

원칙 3 'ㅂ'이 삭제된 어간 뒤

가볍다 → 가벼이	외롭다 → 외로이	새롭다 → 새로이

원칙 4 첩어 또는 준첩어인 명사 뒤

간간이	겹겹이	줄줄이	샅샅이

5) 로서 vs 로써

'~로서'는 자격격으로 지위나 신분 또는 자격을 나타낼 때 쓰고, '~로써'는 기구격으로 재료나 원료·수단·도구를 나타낼 때 쓴다.

원칙 1 ① **자격격 → 로서**
② **기구격 → 로써**

과세관청으로서는 당연하다.
납세자로서는 이해할 수 없는 처분이다.
대화로써 갈등을 풀다.
과세함으로써 얻는 실익이 없다.

한편 시간을 셈할 때는 항상 '~로써'를 사용해야 한다.

원칙 2 **시간을 셈할 때 → 로써**

오늘로써 마지막이다.　　올해로써 3번째다.

6) 쓰다 vs 써다

'쓰다'와 '써다'는 둘 다 표준어지만 생각을 종이 등에 글로 나타낸다는 의미로는 '쓰다'가 맞고, '써다'는 고였던 물이 새어서 줄다 또는 톱질하다는 의미의 전혀 다른 뜻을 가지는 단어이므로 글로 나타낸다는 의미로 사용할 때 '써다'라고 쓰면 기본적으로 모두 틀린 것이다.

원칙 1 **글을 쓰는 것은 '쓰다'가 원칙**

계약서를 쓰다.　　청구이유서를 쓰다.

다만 '어'가 포함된 '~어, ~어야, ~어서, ~었습니다' 등이 오면 '쓰'에 있던 모음 'ㅡ'가 탈락하고 위의 어미가 붙어 '써, 써야, 써서, 썼다, 썼습니다' 등과 같이 써야 한다.

원칙 2 어' 앞에서는 써다

계약서에 이름을 써 주세요. 붓글씨를 쓰려면 정성껏 써라.

불복계약서를 썼으니 이제 힘을 합쳐 이겨 봅시다.

7) 데 vs 대

직접 경험한 사실에는 '~데'를 쓰고, 남의 경험을 간접적으로 전달할 때는 '~대'를 쓴다. 따라서 '~데' 자리에는 '~더라'를, '~대' 자리에는 '~라고 해'를 대신 넣어서 의미가 통한다.

원칙 1 ① 본인이 직접 경험 → 데
② 남의 경험을 간접적으로 전달 → 대

내가 어제 먹어 봤는데 이 집 짜장면 정말 맛있데(=맛있더라)

내 친구가 이 집 짜장면 정말 맛있대(=맛있다고 해)

한편, 의문형에서는 무조건 '~대'를 쓴다.

원칙 2 의문형은 무조건 → 대

얘가 오늘 왜 이런대? 날씨가 왜 이렇게 춥대?

8) 결재 vs 결제

일상적으로 '결재'와 '결제'를 구분하지 못하고 잘못 사용하고 있는 경우를 흔히 볼 수 있다. 결재(決裁)의 사전적 의미는 '결정할 권한이 있는 상관이 부하가 제출한 안건을 검토하여 허가하거나 승인하는 것'이다. 즉, 보고서나 지출결의서 등의 문서를 결재하는 것을 의미한다.

반면, 결제(決濟)는 '대금을 주고받아 매매 당사자 사이의 거래 관계를 끝맺는 일'을 의미하는 것으로 거래대금이나 카드대금을 결제하는 것을 말한다.

따라서 '외상매입금을 결재하다' 또는 '법인세 납부를 위한 지출결의서를 결제하다' 등으로 사용하면 틀린 것이다.

9) 무심코 사용하는 잘못된 단어

설레임(×) → 설렘(○)	단언컨데(×) → 단언컨대(○)
되물림(×) → 대물림(○)	오랫만이다(×) → 오랜만이다(○)
역활(×) → 역할(○)	정답을 맞추다(×) → 정답을 맞히다(○)
희안하다(×) → 희한하다(○)	금새(×) → 금세(○)
도데체(×) → 도대체(○)	뒤치닥거리(×) → 뒤치다꺼리(○)
빈털털이(×) → 빈털터리(○)	움추리다(×) → 움츠리다(○)
널부러지다(×) → 널브러지다(○)	핼쓱하다(×) → 핼쑥하다(○)
댓가를 지급(×) → 대가를 지급(○)	안성마춤(×) → 안성맞춤(○)
귀뜸(×) → 귀띔(○)	넓직한(×) → 널찍한(○)
가벼히(×) → 가벼이(○)	깨끗히(×) → 깨끗이(○)
닥달하다(×) → 닦달하다(○)	하마트면(×) → 하마터면(○)
통채로(×) → 통째로(○)	요컨데(×) → 요컨대(○)
웅큼(×) → 움큼(○)	느즈막하게(×) → 느지막하게(○)
눈쌀(×) → 눈살(○)	발자욱(×) → 발자국(○)
서슴치 않고(×) → 서슴지 않고(○)	간지르다(×) → 간질이다(○)
일찌기(×) → 일찍이(○)	몇일(×) → 며칠(○)

마. 올바른 문장부호의 사용

1) 반점(,)과 가운뎃점(·)

반점은 기본적으로 같은 자격의 어구가 열거될 때 쓴다.

〈예시〉 법인세, 소득세, 부가가치세는 모두 국세이다.

또, 문장의 첫머리의 접속이나 연결을 나타내는 말 다음에 쓴다. 다만, 그러나, 그러므로, 그리고, 그런데 등 일반적으로 쓰이는 접속어 뒤에는 쓰지 않는다.

〈예시〉 첫째, 다만, 아무튼, 한편,

반면에 가운뎃점은 열거된 단위가 대등하거나 밀접한 관계임을 나타낸다.

① 쉼표로 연결된 어구가 다시 여러 단위로 나누어질 때 쓴다.

〈예시〉 철수·영희, 영수·순희가 서로 짝이 되었다.

② 같은 계열의 단어 열거에 쓴다.

〈예시〉 경북 방언의 조사·연구, 동사·형용사를 합하여 용언이라 한다.

③ 특정한 의미를 가지는 날을 나타내는 숫자에 쓴다.

〈예시〉 3·1 운동

2) 큰 따옴표(" ")와 겹낫표(『』)

둘 다 글 가운데서 직접 대화를 표시할 때 사용하는 부호이다. 다만, 큰 따옴표는 가로쓰기에 사용하고 겹낫표는 세로쓰기에서 사용한다.

〈예시〉 "특수관계자와의 거래에 해당하지 않습니까?"
"아닙니다. 그 거래처는 특수관계자에 해당하지 않습니다."

다른 사람의 말을 인용할 경우에도 사용한다.

〈예시〉 국세청은 "올해에는 정기세무조사 외 특별조사는 없을 것"이라고 발표하였다.

3) 작은 따옴표(' ')와 낫표(「」)

작은 따옴표는 가로쓰기에 사용하고 낫표는 세로쓰기에서 사용한다.

① 따온 말 가운데 다시 따온 말이 들어 있을 때 사용한다.

〈예시〉 "내가 그 놈 목을 치려는 순간 그 놈이 '살려 주세요' 하고 싹싹 빌어서 그냥 보내줬지"

② 마음 속으로 한 말을 적을 때 사용한다.

〈예시〉 '저 바보가 내가 살려 달라고 빌면 그냥 보내 주겠지?'

③ 문장에서 중요한 부분을 두드러지게 하기 위해 쓰기도 한다.

〈예시〉 법인세법상 부당행위계산부인규정은 '특수관계자'와의 거래에만 적용한다.

4) 큰 따옴표(" ")와 마침표(.)

문장 중에서 직접 인용을 뜻하는 따옴표 안에 문장이 들어갈 때 마침표를 써야 하는가에 대해서는 약간의 논란이 있다.

① 국세청 고시에는 "사업서비스를 제공받고 지급하는 금액은 수입금액에서 공제하는 주요경비에 해당하지 않는다."고 명시하고 있다.

② 국세청 고시에는 "사업서비스를 제공받고 지급하는 금액은 수입금액에서 공제하는 주요경비에 해당하지 <u>않는다</u>"고 명시하고 있다.

이에 관하여 국립국어원은 ①방식이 원칙이라고 하지만, 신문사 등 대부분 대중매체는 따옴표 안에는 마침표를 찍지 않는 ②방식을 사용한다.

즉, ①방식이 원칙이지만, ②방식도 허용하고 있다. 참고로 워드프로그램인 아래한글에서는 마침표를 찍지 않으면(②방식) 오류로 표시된다.

제5장

조세불복과 입증책임

1 조세불복에서 입증책임의 소재와 특징[28)]

조세불복 사건에서 특별한 사정이 없는 한 과세요건 사실의 존재 및 절차의 적법성을 입증할 책임은 과세관청에 있다(대법원 2007.2.22. 선고, 2006두6604 판결 등).

사례 1 **과세관청이 과세절차의 적법성을 입증해야 함**

납세고지서나 납부통지서의 필요적 기재사항이 기재되었는가의 여부는 부과처분 절차상의 적법요건에 해당하고, 그 입증책임은 과세관청에 있다(대법원 1986.10.28. 선고, 85누555 판결).

사례 2 **과세관청이 추계과세의 필요성과 합리성을 입증해야 함**

추계과세를 함에 있어서 추계과세의 필요성이나 합리성에 대한 입증책임은 과세관청에 있다(대법원 1982.9.14. 선고, 82누36 판결 ; 대법원 1987.3.10. 선고, 86누721 판결 등).

사례 3 **과세관청이 귀속시기를 입증해야 함**

법인세・소득세 등 기간과세에 있어서 그 소득의 귀속시기에 관한 입증책임은 과세관청에 있다(대법원 2000.2.25. 선고, 98두1826 판결).

다만, 일반적인 소송사건과 달리 조세불복 사건의 특성상 과세자료의 상당부분이 사실상 납세자가 직접 지배하고 있는 경우가 많은 현실에서 일반적인 소송사건의 정도로 입증책임을 요구한다면 과세관청에게 사실상 불가능한 입증을 요구하는 결과가 될 수도 있다.

따라서 과세처분의 적법성은 과세관청이 주장・입증하여야 하지만 이를 다투는 청구인으로서는 과세처분이 어떤 이유로 위법한지에 관하여 그 위법한 구체적 사실을 먼저 주장할 책임이 있다(대법원 1981.6.23. 선고, 80누510 판결).

또한 일반적으로 과세처분취소소송에 있어서 과세요건 사실에 관한 입증책임은 과세관청에 있다 할 것이나, 구체적인 소송과정에서 경험칙에 비추어 과세요건 사실이 추정되는 사실이 밝혀지면, 상대방이 문제로 된 당해 사실이 경험칙 적용의 대상적격이 되지 못하는 사정을 입증하지 않는 한, 당해 과세처분을 과세요건을 충족시키지 못한 위법한 처분이라고 단정할 수는 없다(대법원 2008.5.29. 선고, 2006두13831 판결 ; 대법원 2002.11.13. 선고, 2002두6392 판

---

28) 서울행정법원 발간 조세소송실무 책자 중 일부를 발췌하여 인용하였다.

결 ; 대법원 2005.1.13. 선고, 2003두10343 판결 등).

따라서 과세처분의 위법을 이유로 그 취소를 구하는 행정소송에 있어 처분의 적법성 및 과세요건 사실의 존재에 관하여는 원칙적으로 과세관청이 입증책임을 부담하나, 경험칙상 이례에 속하는 특별한 사정의 존재에 관하여는 납세의무자가 입증할 필요가 있다(대법원 1996.4.26. 선고, 96누1627 판결 ; 대법원 1992.3.27. 선고, 91누12912 판결 ; 대법원 1994.10.28. 선고, 94누5816 판결 ; 대법원 1995.7.14. 선고, 94누3407 판결 등).

대법원 판례 등을 통해 주요 세목별 입증책임의 소재와 그 특징 등에 대해 살펴본다.

2 법인세의 입증책임

- 과세소득의 존재 및 그 소득의 귀속사업연도 입증책임은 과세관청에 있고, 소득의 귀속사업연도 확정이 곤란하다고 하여 확정연도와 무관한 사업연도에 귀속시킬 수 없다.
- 과세표준의 입증은 과세관청에게 있으므로 수입에서 차감되는 필요경비의 입증도 과세관청이 부담하는 것이 원칙이다. 다만, 납세자가 입증활동을 하지 않는 필요경비는 추정을 용인하여 납세자가 입증토록 하는 것이 공평하다.
  그러나 납세자에게 입증책임을 전환하기 위해서는 먼저 과세관청에 의해 납세자 신고내용이 상당할 정도로 허위임이 입증되어져야 한다. 이런 입증도 없는 경우까지 납세자에게 입증책임을 전환할 수 없다.
- 매출누락이 밝혀져 익금산입되었다면 그에 상응하는 비용이 있었음은 납세자가 입증하여야 한다.
- 부당행위 유형에 해당된다면 그럼에도 불구하고 그 거래행위가 경제적 합리성을 가진다는 점은 납세자가 입증하여야 한다.
- 법인으로부터 유출된 금원이 누구의 현실적 소득으로 귀속되었는지에 대해서는 과세관청이 입증하여야 한다.

가. 익금과 손금

사례 1 **과세표준의 입증책임이 과세관청에 있으므로 필요경비의 입증도 과세관청이 부담하는 것이 원칙이지만, 납세자의 지배하에 있는 필요경비는 입증이 용이한 납세자가 책임을 부담하는 것이 공평함**

법인세 과세처분취소소송에 있어서의 과세근거가 되는 과세표준의 입증책임은 과세관청에 있는 것이고, 과세표준은 수입으로부터 필요경비를 공제한 것이므로 **수입 및 필요경비의 입증책임은 과세관청에 있다** 할 것이나, 필요경비는 납세의무자에게 유리한 것이고 그 필요경비를 발생시키는 사실관계의 대부분은 납세의무자가 지배하는 영역 안에 있는 것이어서 그가 입증하는 것이 손쉽다는 점을 감안해 보면, **납세의무자가 입증활동을 하지 않고 있는 필요경비에 대해서는 부존재의 추정을 용인하여 납세의무자에게 입증의 필요성을 인정하는 것이 공평의 관념에도 부합**된다(대법원 2004.9.23. 선고, 2002두1588 판결 ; 1992.7.28. 선고, 91누10909 판결 ; 1988.5.24. 선고, 86누121 판결 등).

사례 2 **먼저 과세관청에 의해 납세자가 신고한 필요경비의 허위성이 상당할 정도로 입증된 후에야 비로소 필요경비의 입증책임을 납세자에게 전환할 수 있음**

법인의 각 사업연도의 소득금액을 산정함에 있어서 공제하여야 할 손비의 구체적인 항목에 관한 입증은 그 입증의 난이라든가 당사자의 형평 등을 고려하여 납세의무자에게 그 입증의 필요를 돌리는 경우가 있음은 피고가 상고이유에서 지적하는 바와 같으나, **그와 같은 경우란 과세관청에 의하여 납세의무자가 신고한 어느 비용의 용도와 그 지급의 상대방이 허위임이 상당한 정도로 입증된 경우 등을 가리키는 것**으로, **그에 관한 입증이 전혀 없는 경우에까지 납세의무자에게 곧바로 손비에 대한 입증의 필요를 돌릴 수는 없다**고 할 것인데,

이 사건 1990 사업연도의 제품매출액 96,288,913원에 대한 제품매출원가로서 기초제품재고액이 54,463,960원이고 기말제품재고액이 0원이어서 당기제품제조원가가 존재함이 분명하여, 이 사건의 경우에 있어서는 이에 대한 납세의무자의 입증이 없거나 불충실하기는 하나, 제품제조원가가 0원이라고 볼 수 없을 것이므로, 이러한 경우에는 실지조사에 의하든가 실지조사가 불가능한 경우에 시행하는 추계조사의 방법에 의하여 산정이 가능한 범위 내에서는 과세처분의 적법성에 대한 원칙적인 입증책임을 부담하는 과세관청이 그 금액을 입증하여야 하고, 납세의무자가 이보다 많은 제품제조원가를 주장하는 경우에 비로소 납세의무자에게 그 입증의 필요가 돌아간다고 볼 것이다.

그런데 위와 같은 방법에 의하여 산정이 가능한 제품제조원가에 관하여 과세관청이 아무런 입증을 하지 않고 있음이 분명하므로 결국 이 사건 처분은 전부 취소될 수밖에 없다(대법원 1999.1.15. 선고, 97누15463 판결).

사례 3 **장부가 없다는 것만으로 추계경정한 것은 과세관청이 과세요건에 대한 입증책임을 다하지 않은 것으로서 위법함**

신고내용에 오류 또는 탈루가 있는 때란 애초부터 신고내용에서 누락된 것이나 서면의 형식적인 미비 또는 오류를 말하는 것으로 풀이되므로, 피고인 **과세관청은 위의 경정결정을 할 수 있는 요건사유에 대한 주장과 입증책임이 있음**에도 불구하고 기록상 이를 찾아볼 수 없으므로 이를 들어 이 사건 과세처분을 위법이라고 판단한 원심의 조치는 정당하다. 논지는 원고가 탈세하였다는 제보에 의해 장부 등 증빙서류를 제시할 것을 요구하였으나 원고가 장부를 없애버렸기 때문에 탈세 여부를 확인할 수 없어서 추계하여 경정결정하였다고 함에 있으나, 탈세제보가 있었다는 것만으로 경정결정을 할 수 있는 것은 아니고 추계에 의한 소득금액이 신고소득금액보다 많다고 신고내용에 탈루가 있다고 할 것은 더더욱 아니므로 논지는 경정결정의 요건사유와 추계결정사유를 혼동한 주장에 지나지 아니한다.

또 장부 없이 법인세 과세표준과 세액의 신고가 이루어졌다 하여도 경정사유 없이 함부로 경정결정할 수 있는 것도 아님은 두말할 나위도 없다(대법원 1990.6.22. 선고, 89누4901 판결).

사례 4 **허위세금계산서로 판명되면 실지비용임은 납세자가 입증해야 함**

납세의무자가 신고한 비용 중의 일부 금액에 관한 세금계산서가 과세관청인 피고에 의해 실물거래 없이 허위로 작성된 것이 판명되어 그것이 실지비용인지의 여부가 다투어지고 납세의무자가 주장하는 비용의 용도와 그 지급의 상대방이 허위임이 상당한 정도로 입증되었다면, 그러한 비용이 실제로 지출되었다는 점에 대하여는 그에 관한 장부기장과 증빙 등 일체의 자료를 제시하기가 용이한 납세의무자가 이를 증명할 필요가 있다(대법원 2015. 3.26. 선고, 2014두44410 판결 ; 2011.4.28. 선고, 2010두28076 판결 ; 2005.6.10. 선고, 2004두14168 판결 ; 1995.7.14. 선고, 94누3407 판결 ; 1997.9.26. 선고, 96누8192 판결 등).

사례 5 **입증된 매출누락에 대응한 비용의 존재는 납세자가 입증해야 함**

누락수입에 대하여 실지조사결정에 의해 과세처분을 할 때에는 그 누락수입에 대응하는 별도 비용의 지출이 있었다고 볼 증거가 없는 한 그 수입액 전체가 소득액에 가산되어야 하고 누락수입에 대응하는 비용도 신고 누락되었다는 점에 관하여는 그 별도의 공제를 구하는 납세의무자가 주장・증명하도록 하는 것이 경험칙과 형평의 원칙에 부합한다(대법원 2011.4.28. 선고, 2010두28076 판결 ; 1992.7.28. 선고, 91누10695 판결 ; 2003.11.27. 선고, 2002두2673 판결 등).

사례 6 **매출누락액이 사외로 유출되지 않았음은 납세자가 입증해야 함**

법인이 매출사실이 있음에도 불구하고 그 매출액을 장부에 기재하지 아니한 경우에는 특별한 사정이 없는 한 원료매입비 등 원가상당액을 포함한 매출누락액 전액이 사외로 유출된 것으로 보아야 하고, 이 경우 그 매출누락액이 사외로 유출된 것이 아니라고 볼 특별한 사정은 이를 주장하는 법인이 입증하여야 한다(대법원 2002.12.6. 선고, 2001두2560 판결 ; 1993.5.14. 선고, 93누630 판결 ; 1999.5.25. 선고, 97누19151 판결 ; 1990.12.26. 선고, 90누3751 판결 등).

사례 7 필요경비 발생이 명백한 경우 필요경비의 입증이 없거나 불충실하다고 하여 필요경비를 0으로 보는 것은 위법함

경험칙상 필요경비의 발생이 명백한 이 사건 소득과 같은 경우에 있어서는 납세의무자의 입증이 없거나 불충실하다 하여 필요경비를 영으로 보는 것은 경험칙에 반하는 것이므로, 과세관청이 실지조사가 불가능한 경우에 시행하는 추계조사의 방법에 의하여 산정이 가능한 범위 내에서는 피고가 그 금액을 입증하여야 하고 납세의무자가 이보다 많은 필요경비를 주장하는 경우에 납세의무자에게 그 입증의 필요가 돌아간다(대법원 1992.7.28. 선고, 91누10909 판결).

나. 귀속시기

사례 소득의 귀속시기는 과세관청이 입증해야 하고, 귀속시기를 확정할 수 없다고 확인한 사업연도 소득을 귀속시킬 수 없음

과세처분의 적법성에 대한 입증책임은 과세관청에 있으므로 어느 사업연도의 소득에 대한 과세처분의 적법성이 다투어지는 경우 과세관청으로서는 과세소득이 있다는 사실 및 그 소득이 그 사업연도에 귀속된다는 사실을 입증하여야 하며, 그 소득이 어느 사업연도에 속한 것인지 확정하기 곤란하다 하여 과세대상 소득의 확정시기와 관계없이 과세관청이 그 과세소득을 조사·확인한 대상 사업연도에 소득이 귀속되었다고 할 수는 없다(대법원 2010.6.24. 선고, 2007두18000 판결 ; 2000.2.25. 선고, 98두1826 판결 ; 2007.6.28. 선고, 2005두11234 판결 등).

다. 시가

사례 1 비상장주식의 시가는 과세관청이 입증해야 함

비상장주식의 '시가'라 함은 정상적인 거래에 의하여 형성된 객관적 교환가격을 말하는 것이고, 그 시가에 대한 입증책임은 과세관청에 있다고 할 것인데(대법원 2003.6.13. 선고, 2001두9394 판결 ; 2004.10.27. 선고, 2003두12493 판결 등), 과세관청이 의제취득일 현재의 시가에 관하여 아무런 주장이나 입증을 하지 않은 이 사건에서, 원심이 이에 관하여 제대로 심리를 하지 아니하였다거나 또는 이 사건 주식의 액면가액을 의제취득일 현재의 시가로 받아들이지 않았다고 하더라도 거기에 어떠한 잘못이 있다고 할 수 없다(대법원 2005.5.13. 선고, 2004두1520 판결).

사례 2 시가는 과세관청이 입증해야 함

구 법인세법 시행령(1998.12.31. 대통령령 제15970호로 전문 개정되기 전의 것) §46 ② 제4호 소정의 시가라 함은 정상적인 거래에 의하여 형성된 객관적 교환가격을 말하는 것으로서, 그 시가에 대한 입증책임은 과세관청인 피고에게 있다(대법원 2004.10.27. 선고, 2003두12493 판결 ; 2003.6.13. 선고, 2001두9394 판결 ; 1988.2.9. 선고, 87누671 판결 등).

라. 부당행위계산부인

사례 1 부당행위계산부인 특정 유형에 해당한다는 사실은 과세관청이 입증해야 함

법인과 그 출자자 등 특수관계자와 사이의 금전대차거래가 법인세법상 부당행위계산부인 사유인 '금전을 무상 또는 시가보다 낮은 이율로 대부한 경우'에 해당한다는 사실의 입증책임은 과세관청에 있다(대법원 2004.10.15. 선고, 2003두5235 판결 ; 1995.12.26. 선고, 95누3589 판결 등).

사례 2 부당행위계산부인 특정 유형에 해당한다는 사실이 입증되면, 그럼에도 불구하고 그 거래가 경제적 합리성을 갖추었다는 점은 납세자가 입증해야 함

부당행위계산부인에 있어 그 부당성 판단의 기준은 납세자의 거래행위가 경제적 합리성을 결여한 것인지 여부에 의하여 판단하여야 하고 이러한 부당성의 판단시점은 거래 당시이며(대법원 1986.6.13. 선고, 88누5273 판결), 그 입증책임은 과세관청에 있다(대법원 1996.5.10. 선고, 95누5301 판결 ; 1995.12.26. 선고, 95누3589 판결 등).

한편, 법인의 행위계산이 법인세법 시행령 §88 ① 각 호에 열거된 제반 거래형태에 해당한다고 하더라도, 경제인의 입장에서 볼 때 부자연스럽고 불합리한 행위계산을 함으로 인하여 경제적 합리성을 무시하였다고 인정되지 아니하면 부당행위계산에 해당하지 않는다(대법원 2004.9.23. 선고, 2002두1588 판결 ; 1990.5.10. 선고, 89누8095 판결 등).

따라서 과세관청이 납세자의 거래행위가 법인세법 시행령 §88 ① 각 호의 거래행위에 해당되는 사실을 입증하면 부당행위계산부인 규정에 해당된다는 사실의 입증이 있는 것이므로, 그럼에도 불구하고 그 거래행위가 경제적 합리성을 갖는다는 점에 관하여는 납세자가 입증하여야 한다(대법원 1996.5.10. 선고, 95누5301 판결 등).

사례 3 **과세관청이 최선의 노력을 통해 산정한 정상가격이 회사의 이전가격과 차이 난다면, 회사의 이전가격이 경제적 합리성을 갖추었다는 사실은 납세자가 입증해야 함**

과세관청이 납세의무자에게 자료 및 증빙서류의 제출을 요구하는 등 최선의 노력을 확보한 자료에 근거하여 합리적으로 산정한 정상가격이 국외 소재 특수관계자와의 이전가격과 차이를 보이는 경우에는, 비교가능성 있는 독립된 사업자 간의 거래가격이 신뢰할 만한 수치로서 여러 개 존재하여 정상가격의 범위를 구성할 수 있다는 점 및 당해 국외 특수관계자와의 이전가격이 그 정상가격의 범위 내에 들어 있어 경제적 합리성이 결여된 것으로 볼 수 없다는 점에 관하여는 납세의무자가 입증하여야 한다(대법원 2001.10.23. 선고, 99두3423 판결).

사례 4 **약정된 이자율이 경제적 합리성을 결여할 정도로 낮아 조세의 부담을 부당히 감소시켰다는 점은 과세관청이 입증해야 함**

법인세법 시행령 §47 소정의 가지급금에 대한 인정이자는 내국법인이 출자자 등 특수관계에 있는 자에게 무상으로 금전을 대여한 것으로 볼 수 있는 경우에 과세관청이 그 부당행위계산을 부인하고 직권으로써 이자를 계산하는 제도이므로, 위 규정은 이자에 관한 약정이 있는 경우에는 적용될 여지가 없고, 이자에 관한 약정이 있는 경우에는 그 이자율이 경제적 합리성을 무시하였다고 인정될 정도의 낮은 이율인 때에 한하여 조세의 부담을 부당히 감소시킨 부당행위인 법인세법 §20, 법인세법 시행령 §46 ② 제7호 소정의 낮은 이율로 금전을 대부한 때에 해당한다고 볼 수 있으며(대법원 1985.3.26. 선고, 83누160 판결), 이 점에 관한 주장·입증책임은 과세관청에 있다(대법원 1995.12.26. 선고, 95누3589 판결).

마. 소득처분

사례 1 **사외유출된 소득의 현실적 귀속자는 과세관청이 입증해야 함**

과세요건사실은 과세관청이 입증할 책임이 있으므로, 소득처분에 의한 의제소득에 대한 과세가 아니라 현실적으로 귀속된 소득에 대한 과세에 있어서는 법인으로부터 유출된 금원이 원고와 같은 임원 등에게 현실적 소득으로 귀속되었는지 여부에 관한 입증책임이 과세관청에게 있다(대법원 1999.12.24. 선고, 98두7350 판결).

사례 2 **사외유출된 소득의 귀속자가 분명하지 않다고 대표이사에게 현실적으로 귀속되었다고 추정할 수 없음**

과세관청이 법인세법 소정의 소득금액을 지급한 것으로 의제하는 소득처분과는 별도로,

소득세법의 규정에 의하여 대표이사 등에 대한 원천징수 소득세를 법인으로부터 징수하려면, 대표이사 등에 대한 소득의 현실적 귀속 및 소득의 종류를 입증하여야 하고, 법인으로부터 사외유출된 소득의 귀속자가 분명하게 밝혀지지 아니한 경우 그것이 대표이사에게 현실적으로 귀속되었다고 추정할 수는 없다(대법원 1999.12.24. 선고, 98두16347 판결).

사례 3 소득세법 규정에 따라 대표자 상여로 처분된 소득의 실제 귀속자가 있음은 납세자가 입증해야 함

장부에 기재되지 않고 사외유출된 법인의 수입금은 그 귀속이 분명치 않은 한 과세관청은 법인세법 §32 ⑤ 및 법인세법 시행령 §94의2 ① 제1호 단서의 규정에 의하여 대표자에 대한 상여로 소득처분을 할 수밖에 없는 것이고, 이 경우 그 귀속이 분명하다는 점에 관한 입증책임은 이를 주장하는 납세자에게 있다(대법원 1992.8.14. 선고, 92누6747 판결).

사례 4 특정 금원이 익금산입대상이라는 점 및 그 금원이 사외로 유출되었다는 점은 과세관청이 입증해야 함

○○택시의 1996 사업연도 결산서상 위 금원이 대지급금으로 계상되어 있고, 단지 ○○택시가 위 소외인과의 특수관계가 소멸할 때까지 위 금원을 회수하지 않았다는 사정만으로 곧바로 위 금원이 구 법인세법(1998.12.28. 법률 제5581호로 전문 개정되기 전의 것) §32 ⑤ 소정의 익금산입대상에 해당될 뿐만 아니라 사외로 유출됨으로써 소득처분의 대상이 된다고 단정할 수는 없으며, 위 금원이 익금산입의 대상이고 사외로 유출되었다는 사실은 과세관청이 입증해야 한다(대법원 2007.4.26. 선고, 2005두10644 판결).

3 소득세의 입증책임

- 과세대상이 되는 국내원천소득이 존재함은 과세관청이 입증해야 한다.
- 과세관청에 의해 인정되지 않은 필요경비가 있다면, 이를 주장하는 납세자가 입증해야 한다.
- 소득의 현실적 귀속 및 소득의 종류는 과세관청이 주장·입증해야 한다.
- 추계과세의 합리성은 과세관청이 입증해야 하며, 과세관청의 추계보다 더 사실에 근접한 추계방법이 존재한다는 사실은 납세자가 입증해야 한다.

가. 수입금액과 필요경비

사례 1 필요경비에 관한 입증책임은 과세관청에 있지만, 구체적 비용항목 등은 납세자가 입증할 필요 있음

필요경비에 관한 입증책임이 과세관청에게 있다고 하더라도 그 입증의 정도에 있어 과세관청이 일체의 비용의 부존재를 빠짐없이 입증하도록 요구하여서는 사실상 불가능한 입증을 요구하는 부당한 결과가 될 것이므로 구체적 비용항목에 관한 입증의 난이라든가 당사자 사이의 형평 등을 고려하여 납세의무자 측에서 비용의 존재를 입증할 필요가 생기므로(대법원 1990.2.13. 선고, 89누2851 판결),

원고가 이 사건 과세표준 계산에 필요한 비용의 지출에 관하여 장부 등을 기장·비치하여 왔다고 주장하면서도 사실심 변론 종결시까지 원고들이 지출하였다고 하는 이례적으로 거액인 비용이 구체적으로 어느 이자소득에 대응하여서 얼마가 소요되었는지를 특정할 장부나 증빙을 제시하지 못하고 있다면 이는 소득세법 §120 및 소득세법 시행령 §169 ①이 말하는 과세표준을 계산함에 있어서 필요한 장부와 증빙서류가 없는 때에 해당한다(대법원 1993.12.14. 선고, 93누4649 판결).

사례 2 신고누락한 수입금액에 대응하는 필요경비는 납세자가 입증하여야 함

납세의무자인 원고가 자금을 조달하는 과정에서 자금주들과 사이에 별도의 약정을 함으로써 이 사건 차금수수료 중 일부가 나중에 그들에게 전달되었다고 하더라도, 이는 원고가 수입금액을 얻기 위하여 지출한 필요경비에 해당하여 그 수입금액 신고누락분에 대응하는 필요경비가 지출되었다는 점에 대한 입증책임은 납세의무자인 원고에게 있다(대법원

2005.8.19. 선고, 2003두14505 판결).

사례 3 약속어음 할인으로 이자수입을 얻는 형태의 사업소득에 관한 필요경비는 과세관청의 입증이 어려우므로 납세자에게 입증책임 있음

회사가 하도급업체들에게 과다계상된 공사대금을 지급하였다가 과다계상분을 되돌려받는 방식으로 부외자금을 조성하는 과정에서 회사의 개인자금으로 하도급업체의 현장공사업자들에게 약속어음을 할인하여 주고 어음할인에 따른 이자 상당의 수입을 얻는 거래형태인 대금업에 의한 사업소득의 경우, 필요경비에 관한 자료는 대부분 회사의 지배영역 안에 있어 과세관청의 입증이 어려우므로 납세의무자인 회사에게 입증책임이 있다(대법원 2009.3.26. 선고, 2007두22955 판결).

사례 4 거주자인 점은 과세관청이 입증하여야 하며, 거주자임에도 조세조약이 적용되어야 한다는 근거는 납세자가 입증해야 함

과세관청은 납세자가 거주자인 점, 비거주자라면 국내 원천소득이 있는지에 대해 입증할 책임이 있지만(대법원 1991.9.10. 선고, 91누4799 판결), 국내 거주자인 납세의무자가 동시에 외국의 거주자에도 해당하여 조세조약이 적용되어야 한다는 점에 대하여는 이를 주장하는 납세의무자에게 입증책임이 있다(대법원 2008.12.11. 선고, 2006두3964 판결 ; 1994.4.26. 선고, 94누1005 판결 등).

사례 5 매출누락이 확인되면 이에 대응한 필요경비가 존재한다는 점은 납세자가 입증해야 함

매출누락분에 대하여 실지조사결정에 의하여 과세처분을 할 경우에 **매출누락분에 대응하는 필요경비가 존재한다는 점에 대하여는 납세의무자가 주장・입증**하여야 하고, 실지조사방법에 의하여 소득금액을 결정할 수 있는 때에는 추계조사방법으로 결정할 수 없는바, 과세관청이 실지조사에 의하여 과세기간 동안의 수입금액 누락분을 밝혀낸 후 그에 대응하는 필요경비를 실지조사에 의하여 인정하여 종합소득세 부과처분을 한 것이라면 실지조사결정이 불가능하다고 할 수 없으므로 소득을 추계조사결정할 수는 없다고 할 것이고, 과세관청에 의하여 인정되지 아니한 필요경비가 존재한다면 이는 납세의무자가 주장・입증하여야 하고, 그 필요경비를 공제하기 위하여 소득을 추계조사방법에 의하여 결정할 수는 없다(대법원 2003.12.12. 선고, 2002두12786 판결 ; 1997.11.28. 선고, 96누14418 판결 ; 2003.3.11. 선고, 2001두4399 판결 등).

사례 6 채권이 회수불능되어 장래 실현할 가능성이 없다는 등 과세장애사유는 납세자가 입증해야 함

권리의무 확정주의와 관련하여 과세관청으로서는 어느 소득의 원인이 되는 채권의 발생사실, 즉 당해 채권의 구체적인 액수 및 그 지급시기가 과세기간 내에 있는 사실 등을 입증하면 그 채권액 상당의 소득이 발생한 것으로 추정된다고 주장할 수 있고, 이에 반해 그 채권이 채무자의 도산 등으로 인하여 회수불능이 되어 장래 그 소득이 실현될 가능성이 전혀 없게 되었다는 점, 즉 과세장애사유에 대한 입증책임은 이를 주장하는 청구인이 진다(대법원 2010.1.14. 선고, 2009두11874 판결 ; 2002.10.25. 선고, 2001두1536 판결 ; 2000.9.8. 선고, 98두16149 판결 ; 1993.12.14. 선고, 93누4649 판결 등).

나. 시가

사례 1 **부당행위계산부인의 기준이 되는 시가는 과세관청이 입증해야 하므로, 주장만 하고 입증이 없는 처분은 위법함**

부당행위계산부인의 적용기준이 되는 '시가'에 대한 주장·입증책임은 부당행위계산부인을 주장하는 과세관청에게 있는 것인데, 과세관청은 골프장으로 개발된 이후의 상태를 기준으로 한 기준시가가 이 사건 토지의 시가라는 주장만을 할 뿐 골프장 부지로 개발되기 전 원래의 상태를 기준으로 한 시가와 적정 임대료에 관하여는 아무런 주장·입증을 하지 않고 있으므로 과세관청의 처분이 위법하다(대법원 2005.5.12. 선고, 2003두15287 판결).

사례 2 **비상장주식 평가시 순자산가액의 입증책임은 과세관청에 있고, 부외채무 존재사실의 입증책임은 납세자에게 있음**

비상장주식의 가액을 평가함에 있어서 양도소득세의 과세표준인 소득액 확정의 기초가 되는 순자산가액에 대한 입증책임은 원칙적으로 과세관청에 있는 반면, 순자산가액을 산정함에 있어서 당해 법인의 대차대조표에 계상되지 아니한 부외채무가 존재한다는 사실은 과세가액 결정에 있어서 예외적인 사유에 속하는 것이므로 그에 대한 입증책임은 이를 다투는 납세의무자에게 있다(대법원 2003.5.13. 선고, 2002두12458 판결).

사례 3 **기준시가에 의한 양도차익이 실지 양도차익의 범위를 넘는다는 것은 과세장애사유이기 때문에 이를 주장하는 납세자가 입증해야 함**

기준시가에 의하여 양도차익을 산정하여야 하는 경우에 있어서도 헌법상의 실질적 조세법률주의 또는 과잉금지의 원칙상 그에 기초하여 산출한 세액이 실지거래가액에 의한 양도차익의 범위를 넘을 수는 없고, 기준시가에 의한 양도차익에 기초하여 산정한 세액이 그 실지 양도차익의 범위를 넘는다는 과세장애사유는 납세의무자인 원고가 입증하여야 한다고 함이 대법원의 확립된 입장이다(대법원 1998.4.10. 선고, 98두908 판결 ; 1997.11.14. 선고, 97누14187 판결).

다. 소득의 귀속

사례 1 **상여처분된 사외유출 소득을 소득세법에 따라 근로소득으로 의제하는 것은 실질과세원칙 위배 아님(헌법재판소)**

과세현실에 있어서는 사외유출된 소득의 귀속은 대부분 법인 내부에서 은밀히 이루어져 그에 관한 대부분의 증거자료는 법인이나 소득이 귀속되는 임원 및 사용인의 수중에 있을 것이므로, 과세관청으로서는 그 입증에 실패하는 경우가 대부분일 것이다.

그리하여 조세회피의 방지와 조세정의의 실현 등을 위하여 익금에 산입한 금액 중 임원 또는 사용인에게 귀속된 것에 대하여는 상여로 처분하고, 이와 같이 상여로 처분된 금액에 대하여는 임원 또는 사용인이 법인의 업무에 종사하는 과정에서 근로에 대한 대가로 받은 근로소득으로 의제하여 과세관청의 입증부담을 덜어 줄 필요가 있고, 실제로 법인에게 애당초 회수 의사가 있다고 보기 어려운 경우의 대표이사 횡령금 등은 명목 여하를 불문하고 은폐된 상여금(정규 급여와 별도로 지급되는 근로대가)일 가능성이 높다.

따라서 위와 같이 상여처분 규정에 의하여 상여로 처분된 금액을 근로소득으로 의제하는 것에 충분히 합리성이 있다고 보이므로 상여로 처분된 금액을 근로소득으로 과세하는 것이 실질과세의 원칙에 위배된다고 볼 수는 없다(헌법재판소 2006헌바65, 2009.2.26.).

사례 2 **대표자 상여처분으로 법인으로부터 원천징수 소득세를 징수하려면 소득의 현실적 귀속과 소득의 종류를 과세관청이 입증해야 함**

과세관청이 법인세법 소정의 소득금액을 지급한 것으로 의제하는 소득처분과는 별도로 소득세법의 규정에 의하여 대표이사 등에 대한 원천징수 소득세를 법인으로부터 징수하려면, 대표이사 등에 대한 소득의 현실적 귀속 및 소득의 종류를 과세관청이 주장·입증해야 한다(대법원 2005.5.12. 선고, 2003두15300 판결 ; 1999.12.24. 선고, 98두16347 판결 ; 1999.12.24. 선고, 98두7350 판결).

라. 추계에 의한 과세

사례 1 **과세관청이 법률에 정해진 추계방법으로 추계하였다면 추계방법의 합리성은 입증된 것임**

추계과세가 정당한 것으로 시인되기 위해서는 추계과세의 요건이 갖추었다는 것만으로 부족하고 그 추계방법이 구체적인 사안에 있어서 가장 진실에 가까운 소득실액을 반영할 수 있는 것으로 일반적, 보편적으로 받아들여질 수 있는 합리적인 것이어야 하고 이러한 합리성에 관한 입증책임도 과세관청에 있다고 할 것이지만,

과세관청이 법률에 정해진 추계방법[29]을 적용하면 그 추계방법의 합리성은 일단 입증되었다 할 수 있으므로 이 사건 부동산의 매매에 있어서 그 실액이 파악되지 아니한 것은 이 사건 건물의 신축공사 비용에 지나지 아니하므로 이 부분에 한하여 그 실지비용을 가장 근접하게 산출할 수 있는 합리적 방법을 사용하면 좀 더 실액에 근접하게 소득금액을 산출할 수 있다는 데에 있으므로, 이러한 좀 더 사실과 근접한 추계방법이 존재한다는 점에 관한 입증의 필요는 납세의무자인 원고들이 부담한다(대법원 1997.10.24. 선고, 97누10192 판결 ; 1988.5.24. 선고, 86누121 판결 등).

사례 2 **장부가 없어도 과세관청이 다른 증빙서류를 통해 과세표준 계산의 정당성을 입증하면 추계방법으로 결정할 수 없음**

종합소득세의 과세표준과 세액은 실지조사의 방법에 의하여 밝혀진 실액에 의하여 결정하는 것이 원칙이고 추계조사방법에 의하여 이를 결정하려면 납세자의 장부나 증빙서류 등이 없거나 그 중요 부분이 미비 또는 허위로 기재되어 신뢰성이 없고 달리 과세관청이 그 소득의 실액을 밝힐 수 있는 방법이 없는 때에 한하여 예외적으로 허용되는 것이므로, 납세자가 소득세법이 정하는 장부를 비치 · 기장한 바 없다고 하더라도 계약서 등 다른 증빙서류를 근거로 과세표준을 계산할 수 있다면 과세표준과 세액은 추계조사가 아닌 실지조사방법에 의하여 결정하여야 하고, 납세자 스스로 추계의 방법에 의한 조사결정을 원하고 있다는 사유만으로는 추계조사의 요건이 갖추어진 것으로 볼 수 없다(대법원 2007.10.26. 선고, 2006두16137 판결 ; 1999.1.15. 선고, 97누20304 판결 등).

29) 구 소득세법 제120조 제1항의 규정에 의하면 추계방법은 업종별 소득표준율에 의하여 조사결정하도록 되어 있으며, 구 시행령 제169조 제2항의 규정에 의하면 실지조사한 결과 다른 증빙서류를 근거로 총수입액에 소득표준율을 곱하여 계산한 추계방법을 제1차적인 방법으로 하고 동업자와의 권형에 의한 방법은 제2차적, 보충적 추계방법으로 규정

마. 기타 소득세 관련 입증책임

사례 1 **과세관청이 입증해야 할 과세요건 사실의 입증책임을 납세자에게 전환한 상태로 이루어진 처분은 위법함**

일반적으로 과세처분취소소송에 있어 과세요건사실에 관한 입증책임은 과세관청에 있는 바, 양도소득세가 중과되는 비업무용 토지의 요건에 관하여도 과세관청에게 그 입증책임이 있으므로, 이와 달리 원고에게 자경 요건을 입증할 책임이 있다고 본 원심판결에는 양도소득세 중과세 요건의 입증책임을 전도한 잘못이 있다(대법원 2010.9.30. 선고, 2010두8423 판결).

사례 2 **유상양도에 해당하는 위자료 · 자녀양육비의 입증책임은 과세관청에 있으나, 구체적 액수까지는 필요 없고 그 액수를 정할 수 있는 자료의 제출로 충분함**

협의이혼 또는 재판상 화해나 조정에 의한 이혼을 하면서 위자료와 재산분할, 자녀양육비 등의 각각의 액수를 구체적으로 정하지 아니한 채 자산을 이전한 경우 그 자산 중 양도소득세의 과세대상이 되는 유상양도에 해당하는 위자료 및 자녀양육비의 입증책임도 원칙적으로는 처분청에 있다.

다만 처분청이 위자료나 자녀양육비의 액수까지 구체적으로 주장 · 입증할 필요는 없고, 단지 그 액수를 정할 수 있는 자료를 법원에 제출하는 것으로 충분하다(대법원 2002.6.14. 선고, 2001두4573 판결 ; 2001.5.8. 선고, 99두12014 판결).

사례 3 **취득시효완성에 의한 소유권 이전이라는 납세자의 주장이 입증되지 않아도, 과세대상이 되는 유상양도라는 점은 여전히 과세관청이 입증해야 함**

과세요건 사실에 대한 입증책임은 과세관청에게 있으며, 토지의 이전에 대한 등기원인이 취득시효완성으로 되어 있는 이 사건에서 이러한 이전이 등기원인과 달리 양도소득세의 대상이 되는 유상양도에 해당한다는 점도 피고인 과세관청이 입증하여야 하는 것이므로(대법원 1994.11.8. 선고, 94누3667 판결),

재심대상 판결에서처럼 원고가 유상양도가 아니라는 근거로 취득시효완성에 의한 소유권 이전임을 주장한 경우에 취득시효완성에 관한 원고의 주장이 입증되지 아니하였다고 하여 바로 유상양도로 인정되는 것은 아니고, 이와 같은 경우에도 유상양도라는 점에 대한 입증책임은 여전히 과세관청이 부담한다(대법원 2001.6.15. 선고, 2000두2952 판결).

4 상속세 및 증여세의 입증책임

- 상속사실 및 증여사실 등 과세대상의 존재는 과세관청이 입증해야 한다.
- 보충적 평가방법은 시가를 알 수 없는 경우에 한하여 적용되는 것이므로, 시가 산정이 불가능하여 보충적 평가방법의 적용이 불가피한 점은 과세관청이 입증해야 한다.
- 명의신탁증여의제의 조세회피 의도가 없었다는 점은 납세자가 입증해야 한다.
  입증의 정도는 ① 조세회피와 무관한 뚜렷한 다른 목적이 있었고, ② 당시는 물론 장래에도 회피될 조세가 없었다는 것을 통상인이라면 의심하지 않을 수준까지 입증할 것을 요구한다.
- 증여를 추정하기 위해서는 수증자에게 일정한 직업이나 소득이 없다는 점 외에도 증여자에게 재산을 증여할 만한 재력이 있다는 점은 과세관청이 입증해야 한다.
  한편, 증여가 추정되는 상황에서 수증자가 일정한 직업 또는 수입이 없는 자일 경우에는 그 자금출처에 관하여 수증자 측에서 입증해야 한다.
- 부부 사이에서 타방 배우자 명의 계좌로 자금을 이체하였다는 사실만으로 증여로 추정될 수 없고, 증여라는 사실을 과세관청이 입증해야 한다.

가. 보충적 평가방법

사례 1 **과세관청이 보충적 평가방법을 시가로 삼기 위해서는 보충적 평가방법에 의할 수밖에 없었다는 불가피성을 먼저 입증해야 함**

비상장주식인 경우 구 상증세법 §60와 구 상증세법 시행령 §49에 따라 시가에 의하여 평가함이 원칙이고, 시가를 산정하기 어려운 경우에는 구 상증세법 §63 ① 제1호 다목과 구 상증세법 시행령 §54 내지 §56에 의한 보충적 평가방법으로 평가할 수 있다. 이때 시가를 산정하기 어려워 보충적 평가방법에 의할 수밖에 없었다는 점에 관한 입증책임은 과세관청에게 있다(대법원 2010.1.14. 선고, 2007두5646 판결 : 1995.6.13. 선고, 95누23 판결 : 2007.1.25. 선고, 2005두2063 판결 등).

사례 2 **국외 비상장주식임에도 보충적 평가방법 적용이 적당하다는 점은 과세관청이 입증해야 함**

규정의 내용 및 입법취지, 나아가 구 상증세법 시행령 §54와 구 상증세법 시행규칙 §17

① 소정의 순손익가치는 미래의 기대수익을 우리나라의 3년 만기 회사채 유통수익률을 반영한 이자율에 의하여 현재가치로 할인한 것이므로 이는 원칙적으로 우리나라에 있는 비상장법인의 주식을 그 적용대상으로 한다고 볼 수 있는 점 등에 비추어 보면,

이 사건 산식의 '증자 전 1주당 평가가액'을 평가함에 있어서 그 평가대상 주식이 외국에 있는 비상장법인의 주식인 경우 구 상증세법 시행령 §54와 구 상증세법 시행규칙 §17 ① 소정의 보충적 평가방법을 그대로 적용하는 것이 부적당하지 아니한 때에 한하여 위 보충적 평가방법을 적용할 수 있고, 위 보충적 평가방법을 적용하는 것이 부적당하지 아니하다는 점에 대한 입증책임은 과세관청에게 있다(대법원 2010.1.14. 선고, 2007두5646 판결).

사례 3　보충적 평가방법 적용은 시가를 산정하기 어려운 경우에 한정하여 적용해야 하고, 시가 산정이 어렵다는 점은 과세관청이 입증해야 함

보충적 평가방법에 의하여 증여재산의 가액을 산정하는 것은 증여재산의 증여 당시의 시가를 산정하기 어려운 경우에 한하고, 그 시가 산정이 어렵다는 점에 관하여 과세관청에 입증책임이 있다(대법원 1995.6.13. 선고, 95누23 판결 ; 1993.6.11. 선고, 92누16218 판결 등).

그런데 여기서의 시가라 함은 정상적인 거래에 의하여 형성된 객관적인 교환가격을 말하고, 비록 거래 실례가 있다 하여도 그 거래가액을 증여재산의 객관적 교환가치를 적정하게 반영하는 정상적인 거래로 인하여 형성된 가격이라고 할 수 없다면 증여의 대상이 된 비상장주식의 시가를 산정하기 어려운 것으로 보고 보충적 평가방법에 따라 그 가액을 산정할 수 있다(대법원 2004.10.15. 선고, 2003두5723 판결 ; 1996.10.29. 선고, 96누9423 판결 ; 1993.2.12. 선고, 92누251 판결 ; 1990.7.10. 선고, 90누1229 판결 등).

나. 명의신탁 증여의제

사례 1　조세회피 목적이 없었다는 점은 납세자가 입증해야 하고, 그 회피목적 없었다는 조세는 증여세로 한정되는 것이 아님

명의신탁 증여의제규정의 입법 취지는 명의신탁제도를 이용한 조세회피 행위를 효과적으로 방지하여 조세정의를 실현한다는 취지에서 실질과세원칙에 대한 예외를 인정한 데에 있으므로 명의신탁의 목적에 조세회피의 목적이 포함되어 있지 않은 경우에만 같은 조항 단서의 적용이 가능하고 또한 그 단서 소정의 조세를 증여세에 한정할 수 없으며, 명의신탁에 있어서 조세회피의 목적이 없었다는 점에 관한 입증책임은 이를 주장하는 명의자에게 있다(대법원 2006.6.9. 선고, 2005두14714 판결 ; 2006.5.12. 선고, 2004두7733 판결 ; 2004.12.23. 선고, 2003두13649 판결 ; 1999.7.23. 선고, 99두2192 판결 ; 1996.8.20. 선고, 95누9174 판결 ; 1996.5.10. 선고, 95누10068 판결).

사례 2 **납세자는 조세회피목적의 부존재에 대해 ① 조세회피와 무관한 뚜렷한 다른 목적이 있었고, ② 당시는 물론 장래에도 회피될 조세가 없었다는 것을 통상인이라면 의심하지 않을 수준까지 입증해야 함**

조세회피의 목적이 없었다는 점에 대하여는 조세회피의 목적이 아닌 다른 목적이 있었음을 증명하는 등의 방법으로 입증할 수 있다 할 것이나(대법원 2006.5.12. 선고, 2004두7733 판결),

입증책임을 부담하는 명의자로서는 명의신탁에 있어 조세회피목적이 없었다고 인정될 정도로 조세회피와 상관없는 뚜렷한 목적이 있었고, 명의신탁 당시에나 장래에 있어 회피될 조세가 없었다는 점을 객관적이고 납득할 만한 증거자료에 의하여 통상인이라면 의심을 가지지 않을 정도의 입증을 해야 하며(대법원 2006.9.22. 선고, 2004두11220 판결), 실질 소유자에게 조세회피목적이 있는 한 명의자 자신에게 그 목적이 없다는 점만으로 증여추정규정의 적용을 회피할 수 없다(대법원 2013.3.28. 선고, 2010두24968 판결 ; 2004.6.11. 선고, 2004두1421 판결).

사례 3 **과세관청은 소유자와 명의자가 다르다는 점만 입증하면 되고, 소유자의 일방적인 의사로 명의신탁되었다는 점은 납세자인 명의자가 입증해야 함**

증여의제규정은 권리의 이전이나 행사에 등기 등을 요하는 재산에 있어서 실질소유자와 명의자가 합의 또는 의사소통하에 명의자 앞으로 등기 등을 한 경우에 적용되는 것이므로 명의자의 의사와는 관계없이 일방적으로 명의자 명의를 사용하여 등기한 경우에는 적용될 수 없으며(대법원 1985.3.26. 선고, 84누748 판결 ; 1996.5.31. 선고, 95누13531 판결),

이 경우 과세관청이 그 실질소유자가 명의자와 다르다는 점만을 입증하면 그 명의자에로의 등기 등이 명의자의 의사와는 관계없이 실질소유자의 일방적인 행위로 이루어졌다는 입증은 이를 주장하는 명의자가 하여야 한다(대법원 2008.2.14. 선고, 2007두15780 판결 ; 1990.2.27. 선고, 89누3465 판결 ; 1990.10.10. 선고, 90누5023 판결).

다. 상속재산

사례 1 **과세관청은 과세요건 사실의 존재를 입증하거나, 적어도 과세요건 사실을 추정할 수 있는 사실은 입증해야 입증해야 함**

부동산 처분대금이 현실적으로 상속되어 '상속으로 인하여 얻은 재산'에 포함된다는 사실은 원칙적으로 과세관청이 입증하여야 하나, 구체적인 소송과정에서 경험칙에 비추어 과세요건 사실을 추정할 수 있는 사실이 밝혀지면 상대방이 경험칙 적용의 대상이 되지 아니하는 사정을 입증하지 않는 한 그 과세처분을 위법하다고 할 수는 없으므로(대법원 2000.10.13. 선고, 98두3556 판결), 과세관청은 과세요건 사실의 존재를 입증하거나 적어도 과세요건 사실을 추정할 수 있는 사실을 입증해야 한다(대법원 2009.9.24. 선고, 2009두7103 판결).

사례 2 망인의 인출액이 상속개시 당시 남아있었거나 다른 형태의 자산으로 존재한다는 점은 과세관청이 입증해야 하며, 상속인들이 망인이 생전에 인출액을 다 소비하여 없어졌다는것까지 입증할 책임은 없음

망인이 인출한 금원이 상속개시 당시까지 소비되지 않고 그대로 있었다면 그 돈이 상속재산으로서 상속세의 과세대상이 된다고 할 것이나 생전에 소비되어 없어졌다면 상속세의 과세대상이 될 여지가 없을 것이고, 이를 대가로 하여 다른 자산의 형태로 존재한다면 그 자산이 상속세의 과세대상이 되는 것이 당연한 것이며, 그 점에 대한 입증책임은 원칙적으로 과세관청에게 있다고 할 것이지 가지급된 돈이 무조건 또는 항상 상속개시 당시까지 남아 있다고 추정하고 그 상속인인 원고들에게 이것이 망인의 생전에 소비하여 없어졌음을 입증하여야 할 책임은 없다(대법원 1992.6.9. 선고, 91누12974 판결).

사례 3 상속세 과세가액 산정 시 입금액이 인출금과 무관하게 별도로 조성된 금액이라는 점은 과세관청이 입증해야 함

상속개시일 전 2년 이내에 인출된 예금을 상속세 과세가액에 산입함에 있어서는, 피상속인의 각 예금계좌에서 인출한 금액의 합산액에서 인출 후 입금된 금액의 합산액을 제외한 나머지 금액을 처분가액으로 보되, 다만 입금액이 인출금과 관계없이 별도로 조성된 금액임이 확인되는 경우에는 그 금액을 인출금에서 제외하지 아니하나 이에 대한 입증책임은 과세관청에게 있다(대법원 2006.8.24. 선고, 2004두3625 판결 ; 2003.12.26. 선고, 2002두5863 판결 ; 2002.2.8. 선고, 2001두5255 판결).

사례 4 상속재산 중 채권의 회수불능 등 과세가액 결정에 예외적으로 영향을 미치는 내용은 납세자가 입증해야 함

상속개시 당시에 주된 채무자가 변제불능의 상태에 있는가 아닌가는 일반적으로 주된 채무자가 파산·화의·회사정리 혹은 강제집행 등의 절차개시를 받거나 사업폐쇄·행방불명·형의 집행 등에 의하여 채무초과의 상태가 상당 기간 계속되면서 달리 융자를 받을 가능성도 없고, 재기의 방도도 서 있지 않는 등의 사정에 의하여 사실상 채권을 회수할 수 없는 상황에 있는 것이 객관적으로 인정될 수 있는가 아닌가로 결정하여야 할 것이고, 이런 사유는 상속세 과세가액을 결정하는 데 예외적으로 영향을 미치는 특별한 사유이므로 그와 같은 사유의 존재에 대한 주장·입증책임은 상속세 과세가액을 다투는 납세의무자 측에 있다(대법원 2007.11.15. 선고, 2005두5604 판결 ; 2007.8.23. 선고, 2005두5574 판결 ; 2004.9.24. 선고, 2003두9886 판결 ; 1996.4.12. 선고, 95누10976 판결).

사례 5 **상속재산의 감정가액이 시가보다 높다는 점은 납세자가 입증해야 함**

근저당권설정 시의 당해 재산의 감정평가액이 당해 상속재산의 실제 시가보다 큰 경우에는 위 규정은 적용되지 않고, 시가가 그 상속재산 가액이 되는바, 당해 재산의 감정평가액이 시가보다 크게 평가되었다는 점에 대한 주장・입증책임은 납세의무자에게 있다(대법원 2001.10.30. 선고, 99두4860 판결 ; 1993.3.23. 선고, 91누2137 전원합의체 판결 ; 2000.6.23. 선고, 97누1679 판결).

사례 6 **상속재산을 기준시가로 평가하여 처분하였더라도, 과세처분취소소송 중에 시가가 입증되면 그 시가에 따라야 함**

상속세를 부과함에 있어 과세관청이 비록 상속재산의 상속 당시의 시가를 평가하기 어렵다는 이유로 상속재산의 가액을 기준시가로 평가하여 과세처분을 하였다고 하더라도 그 과세처분취소소송의 사실심 변론종결 시까지 상속재산의 시가를 입증한 때에는 그 상속재산의 시가에 의한 정당한 상속세액을 산출한 다음 과세처분의 세액이 정당한 세액을 초과하는지 여부에 따라 과세처분의 위법 여부를 판단한다(대법원 1995.6.30. 선고, 94누8402 판결).

라. 증여재산

사례 1 **증여로 추정하기 위해서는 과세관청이 수증자의 자력이 없다는 것만 입증해서는 안되고, 증여자에게 재산을 증여할 재력이 있다는 점도 입증해야 함**

증여세의 부과요건인 재산의 증여사실은 원칙적으로 과세관청이 입증할 사항이므로, 재산 취득 당시 일정한 직업과 상당한 재력이 있고, 또 그로 인하여 실제로도 상당한 소득이 있었던 자라면, 그 재산을 취득하는 데 소요된 자금을 일일이 제시하지 못한다고 하더라도 특별한 사정이 없는 한 재산의 취득자금 중 출처를 명확히 제시하지 못한 부분이 다른 사람으로부터 증여받은 것이라고 인정할 수 없다고 할 것이나, 일정한 직업 또는 소득이 없는 사람이 당해 재산에 관하여 납득할 만한 자금출처를 대지 못하고, 그 직계존속이나 배우자 등이 증여할 만한 재력이 있는 경우에는 그 취득자금을 그 재력 있는 자로부터 증여받았다고 추정함이 옳다고 할 것인데(대법원 1997.9.26. 선고, 96누9874 판결 ; 1997.11.14. 선고, 97누9239 판결),

이와 같이 증여를 추정하기 위해서는 수증자에게 일정한 직업이나 소득이 없다는 점 외에도 증여자에게 재산을 증여할 만한 재력이 있다는 점을 과세관청이 입증하여야 한다(대법원 2004.4.16. 선고, 2003두10732 판결 ; 1997.4.8. 선고, 96누7205 판결).

사례 2 **감정가액을 증여일의 순자산가액으로 보고 과세하기 위해서는 이를 주장하는 과세관청이 감정일과 증여일 사이 순자산가액의 변동이 없었다는 점을 입증해야 함**

증여일과 감정기준일 사이의 시간적 간격이 3개월 여에 지나지 않는다는 사실만으로 그 사이에 순자산가액의 변동이 없다고 추정되는 것은 아니므로(대법원 1986.3.11. 선고, 85누623 판결), 1988.7.1.을 기준으로 감정한 순자산가액을 이 사건 2차 증여일 현재의 순자산가액으로 볼 수 있기 위해서는 그 사이에 순자산가액의 변동이 없었다는 점을 과세관청이 입증하여야 한다(대법원 1993.2.12. 선고, 92누251 판결 ; 1986.7.22. 선고, 85누501 판결 ; 1988.6.28. 선고, 88누582 판결 ; 1991.4.12. 선고, 90누8459 판결).

사례 3 **증여로 추정되는 상황에서는 증여가 아닌 다른 목적이 있었다는 점을 납세자가 입증해야 함**

증여세 부과처분취소소송에서, 과세관청에 의하여 증여자로 인정된 자 명의의 예금이 인출되어 납세자 명의의 예금계좌 등으로 예치된 사실이 밝혀진 이상 그 예금은 납세자에게 증여된 것으로 추정되므로, 그와 같은 예금의 인출과 납세자 명의로의 예금 등이 증여가 아닌 다른 목적으로 행하여진 것이라는 등 특별한 사정이 있다면 이에 대한 입증의 필요는 납세자에게 있다(대법원 2001.11.13. 선고, 99두4082 판결 ; 1997.2.11. 선고, 96누3272 판결).

사례 4 **증여재산에서 공제되는 채무로 인정받기 위해서는 수증자가 근저당권부 채무의 면책적 인수나 자력으로 변제하였다는 점을 입증해야 함**

일반적으로 제3자 앞으로 근저당권이 설정된 부동산을 직계존속으로부터 증여받은 경우 이로써 수증자가 바로 근저당권부 채무를 면책적으로 인수한 것으로 보아 증여재산의 가액에서 공제되는 채무, 즉 "증여자의 채무로써 수증자가 실제로 부담하는 사실이 입증된 것"이라고 볼 수는 없고, 이러한 경우 수증자가 근저당권부 채무를 면책적으로 인수하였다거나, 그 후 수증자 자신의 출재에 의해 변제하였다는 점에 대한 입증책임을 부담한다(대법원 2003.10.23. 선고, 2002두950 판결 ; 2000.3.24. 선고, 99두12168 판결).

사례 5 **증여로 추정되는 상황에서는 자산 취득자금을 증여받은 것이 아니라는 점을 납세자가 입증해야 함**

부부의 일방이 혼인 중 그의 단독 명의로 취득한 부동산은 그 명의자의 특유재산으로 추정되므로 당해 부동산의 취득자금의 출처가 명의자가 아닌 다른 일방 배우자인 사실이 밝혀졌다면 일단 그 명의자가 배우자로부터 취득자금을 증여받은 것으로 추정할 수 있고, 이 경우 당해 부동산이 명의자의 특유재산이 아니고 다른 일방 배우자로부터 명의신탁된 것이기 때문에 그 취득자금을 증여받은 것으로 볼 수 없다는 점에 대하여는 납세자가 이를 입증하여야 한다(대법원 2008.9.25. 선고, 2006두8068 판결).

사례 6 **수증자가 일정직업이나 수입이 없다면 수증자가 재산 취득자금의 출처를 입증해야 함**

증여세 부과에 있어서 당해 재산이 증여된 재산인지의 여부는 과세요건에 대한 입증책임을 부담하고 있는 과세관청이 이를 입증하여야 하는 것이 원칙이지만 수증자가 일정한 직업 또는 수입이 없는 자일 경우에는 그 자금출처에 관하여 수증자 측에서 납득할 만한 입증을 하지 않는 한 증여로 인정하는 것이 타당하다(대법원 1984.3.27. 선고, 83누710 판결 ; 1975.1.14. 선고, 74누221 판결 ; 1975.3.11. 선고, 74누148 판결).

사례 7 **부부 사이에서 일방 배우자 명의의 예금이 인출되어 타방 배우자 명의의 예금계좌로 입금되는 경우, 경험칙에 비추어 해당 예금이 타방 배우자에게 증여되었다는 과세요건사실이 추정되는 것은 아님**

조세부과처분 취소소송의 구체적인 소송과정에서 경험칙에 비추어 과세요건사실이 추정되는 사실이 밝혀진 경우에는 과세처분의 위법성을 다투는 납세의무자가 문제 된 사실이 경험칙을 적용하기에 적절하지 아니하다거나 해당 사건에서 그와 같은 경험칙의 적용을 배제하여야 할 만한 특별한 사정이 있다는 점 등을 증명하여야 하지만, 그와 같은 경험칙이 인정되지 아니하는 경우에는 원칙으로 돌아가 과세요건사실에 관하여 과세관청이 증명하여야 한다.

부부 사이에서 일방 배우자 명의의 예금이 인출되어 타방 배우자 명의의 예금계좌로 입금되는 경우에는 증여 외에도 단순한 공동생활의 편의, 일방 배우자 자금의 위탁 관리, 가족을 위한 생활비 지급 등 여러 원인이 있을 수 있으므로, 그와 같은 예금의 인출 및 입금 사실이 밝혀졌다는 사정만으로는 경험칙에 비추어 해당 예금이 타방 배우자에게 증여되었다는 과세요건사실이 추정된다고 할 수 없다(대법원 2015.9.10. 선고, 2015두41937 판결).

사례 8 **완전포괄주의 도입 후 개정규정에서 '다른 자로부터'라는 문구가 삭제되었어도, 증여세 부과요건인 재산의 증여사실을 과세관청이 입증할 책임은 소멸되지 않고 여전히 존재함**

종래 대법원은 개정 전 규정에 따른 과세요건 판단기준과 증명책임의 소재나 범위에 관하여, 증여세의 부과요건인 재산의 증여사실은 원칙적으로 과세관청이 증명할 사항이므로 재산취득 당시 일정한 직업과 상당한 재력이 있고, 또 그로 인하여 실제로도 상당한 소득이 있었던 자라면, 그 재산을 취득하는 데 소요된 자금을 일일이 제시하지 못한다고 하더라도 특별한 사정이 없는 한 재산의 취득자금 중 출처를 명확히 제시하지 못한 부분이 다른 사람으로부터 증여받은 것이라고 인정할 수 없다고 할 것이나, 일정한 직업 또는 소득이 없는 사람이 당해 재산에 관하여 납득할 만한 자금출처를 대지 못하고, 그 직계존속이나 배우자 등이 증여할 만한 재력이 있는 경우에는 그 취득자금을 그 재력 있는 자로부터 증여받았다고 추정함이 옳다고 할 것인데, 이와 같이 증여를 추정하기 위하여는 수증자에게 일정한 직업이나 소득이 없다는 점 외에도 증여자에게 재산을 증여할 만한 재력이 있다는 점을 과세관청이 증명하여야 한다고 판시해 왔다(대법원 1995.8.11. 선고, 94누14308 판결 ; 2004.4.16. 선고, 2003두10732 판결 등 참조).

개정 후 법은 증여세에 있어서 이른바 완전포괄주의 과세방식을 채택하였으나 이와 같은 완전포괄주의 과세제도와 재산취득자금의 증여추정 규정에 따른 과세요건에 관한 증명책임의 소재나 범위와는 직접 관련이 있다고 보기 어려운 점, 개정 후 법 제2조 제1항은 개정 전 법과 마찬가지로 "타인의 증여로 인하여 증여재산이 있는 경우에는 그 증여재산에 대하여 증여세를 부과한다"고 규정하고 있을 뿐만 아니라 개정 후 법 제4조 제4항 단서도 개정 전 법과 마찬가지로 증여자의 연대납세의무 제외 대상에 개정 후 규정을 포함시키지 아니함으로써 개정 후 규정이 적용되는 경우에도 여전히 증여자의 존재를 전제로 하고 있는 점 등을 고려하면, 위와 같은 개정이 있었다고 하여 재산취득자의 직계존속이나 배우자 등에게 재산을 증여할 만한 재력이 있다는 점에 관한 과세관청의 증명책임이 소멸되었다고 볼 것은 아니다.

그럼에도 원심은 완전포괄주의 과세방식이 도입된 후 규정에서 '다른 자로부터'라는 문구가 삭제된 후에는 과세관청이 증여자나 구체적인 증여사실을 증명할 필요 없이 그 재산의 취득자금을 증여받은 것으로 추정할 수 있다고 전제한 다음, 원고가 2001년경부터 2005년경까지의 소득액이 연 1,000만 원 내외이고 달리 이 사건 부동산 취득자금을 취득할 만한 자력이 없다고 보인다는 이유만으로 과세관청이 원고의 직계존속이나 배우자 등에게 증여할 만한 재력이 있는지를 증명하였는지 여부에 관하여 나아가 살펴보지 아니한 채 이 사건 처분이 적법하다고 판단하고 말았으니, 이러한 원심판단에는 재산취득자금의 증여추정에 있어서 증명책임의 소재나 범위에 관한 법리를 오해하여 필요한 심리를 다하지 아니한 위법이 있다(대법원 2010.7.22. 선고, 2008두20598 판결).

5 부가가치세의 입증책임

- 과세요건인 재화나 용역의 공급 등이 있었는지 여부 및 과세표준인 공급가액에 대한 입증책임은 과세관청에 있다.
- 사실과 다른 세금계산서라는 점은 과세관청이 입증해야 하지만, 명의위장사실을 알지 못한 데에 과실이 없다는 점은 매입세액의 공제 내지 환급을 주장하는 납세자가 입증해야 한다.
- 단순한 물적시설의 양도가 아니라 포괄적 사업양도로서 유기적 결합체라는 점은 과세장애사유이기 때문에 납세자가 입증해야 한다.

가. 과세표준

사례 1 과세공급거래의 존부 및 공급가액에 대한 입증책임은 과세관청에 있으므로 단지 장부상 기장되었다는 것만으로 입증책임이 납세자에게로 전환되는 것은 아님

부가가치세법상의 과세요건인 재화나 용역의 공급 등 거래가 있었는지 여부나 과세표준인 공급가액에 대한 입증책임은 원칙적으로 과세관청에 있고, 전기절연체의 생산판매업을 그만 둔 후 3년가량 지나서도 여전히 그 잔존부품을 사업자로서의 통상적인 소득비율 정도의 이익을 남기고 매출하였으리라는 것은 보통은 있기 어려운 일이고 오히려 그와 같은 정도의 기간이 도과된 잔존부품을 제값을 다 받고 매출하기보다는 폐기처리하게 되는 경우가 보통이라고 보아야 할 것이므로, 단지 장부상으로 재고품이 감손(결손)처리된 것으로 기장되었다 하여 그 입증책임이 납세의무자에게 전환된다 할 수는 없다(대법원 1992. 9.22. 선고, 92누2431 판결).

사례 2 감정기관의 감정가액도 부가가치세법상 시가로 볼 수 있음

부가가치세법 §6 ④은 "사업자가 사업을 폐지하는 때에 잔존하는 재화는 자기에게 공급하는 것으로 본다", 부가가치세법 §13 ① 제4호는 "폐업하는 경우의 재고재화에 대한 과세표준은 시가로 한다", 부가가치세법 시행령 §50 ①은 "법 §13 ① 각 호에 규정하는 시가는 특수관계 있는 자 외의 자와의 정상적인 거래에 있어서 형성되는 가격으로 한다"고 각 규정하고 있으므로, 이 경우에 부가가치세 과세표준 산정의 기초가 되는 시가는 '정상적인 거래에 의하여 형성된 객관적인 교환가격'을 뜻한다고 할 것이고 이는 객관적이고 합리적인 방법으로 평가한 가액도 포함하는 개념이므로 공신력 있는 감정기관의 감정가액도 시

가로 볼 수 있는 것이며, 나아가 과세표준인 위 시가의 입증책임은 과세관청인 피고가 부담한다(대법원 1996.10.11. 선고, 95누18666 판결).

사례 3 **납세자의 과세표준 확정신고에 오류 · 탈루가 있다고 하여 경정하기 위해서는 과세관청이 그 경정사유가 있다는 점을 입증해야 함**

부가가치세 과세처분의 취소를 구하는 소송에 있어 처분의 적법성에 관한 입증책임은 과세관청인 피고에게 있으므로 납세의무자의 과세표준 등 확정신고에 오류 · 탈루가 있다고 하여 이를 경정한 경우에는 그 경정할 사유가 있었다는 점에 관하여 과세관청이 입증할 책임이 있다. 그와 같이 경정사유가 있는 경우라 하더라도 과세관청이 그 과세표준 등을 경정함에 있어서는 원칙적으로 실지조사방법에 의하여야하고 추계조사방법은 예외적, 보충적으로만 허용되는 것이므로 실지조사가 불가능하다고 하여 부가가치세를 추계조사방법에 의해 경정하였다면 그 추계할 요건이 있었다는 점과 나아가 추계방법의 합리성에 관하여도 과세관청이 이를 입증해야 한다(대법원 1993.5.14. 선고, 92누18139 판결).

나. 포괄적 사업양도

사례 **단순한 물적시설의 양도가 아니라 포괄적 사업양도로서 유기적 결합체라는 점은 과세장애사유이기 때문에 납세자가 입증해야 함**

포괄적 사업양도라 함은 사업용 재산을 비롯한 물적 · 인적시설 및 권리의무를 포괄적으로 양도하여 사업의 동일성을 유지하면서 경영주체만을 교체시키는 것을 뜻한다고 할 것이므로, 그 사업은 인적 · 물적시설의 유기적 결합체로서 경영주체와 분리되어 사회적으로 독립성을 인정받을 수 있어야 하고, 양도대상이 단순한 물적 시설이 아니라 이러한 유기적 결합체라는 사실은 부가가치세에 있어서 과세장애사유로서 그에 대한 입증책임은 납세의무자가 진다(대법원 1998.7.10. 선고, 97누12778 판결 ; 1993.4.27. 선고, 93누524 판결).

다. 사실과 다른 세금계산서

사례 1 **거래 상대방의 명의위장사실을 알지 못한 데 과실이 없다는 점은 매입세액을 공제 · 환급받으려는 납세자가 입증해야 함**

실제 공급자와 세금계산서상의 공급자가 다른 세금계산서는 공급받는 자가 세금계산서의 명의위장사실을 알지 못하였고 알지 못한 데에 과실이 없다는 특별한 사정이 없는 한 그 매입세액을 공제 내지 환급받을 수 없으며, 공급받는 자가 위와 같은 명의위장사실을 알지 못한 데에 과실이 없다는 점은 매입세액의 공제 내지 환급을 주장하는 자가 이를 입증하여야 한다(대법원 2002.6.28. 선고, 2002두2277 판결 ; 1995.3.10. 선고, 94누13206 판결 ; 1997.6.27. 선고, 97누4920 판결 ; 1996.2.27. 선고, 95누15599 판결).

사례 2 **사실과 다른 세금계산에 해당한다는 것은 과세관청이 입증해야 함**

세금계산서가 사실과 다른 허위의 것이라는 점에 대한 입증책임은 과세관청에게 있다(대법원 1987.3.24. 선고, 85누515 판결).

라. 기타 부가가치세 관련 입증책임

사례 1 **사업의 개시 · 폐지는 법상 등록이나 신고 여부와 무관하게 실질에 의해 결정되므로, 폐업신고가 착오였다는 점은 이를 주장하는 자가 입증해야 함**

부가가치세법상 사업자란 부가가치를 창출해 낼 수 있는 사업형태를 갖추고 계속 · 반복적인 의사로 재화 또는 용역을 공급하는 자를 뜻하는 것으로서 이러한 사업의 개시 및 폐지 등은 법상의 등록 · 신고 여부와는 관계없이 그 해당 사실의 실질에 의하여 결정된다 할 것이나(대법원 1985.10.8. 선고, 84누102 판결 ; 1988.6.28. 선고, 87누909 판결),
사업자가 관할세무서장에게 폐업신고서를 제출하고서도 그 폐업신고가 착오에 의한 것이고 실제로는 폐업하지 아니하였다고 주장하는 경우에는 이를 주장하는 사업자가 입증하여야 한다(대법원 1996.5.28. 선고, 95누14480 판결).

사례 2 **구매확인서에 하자가 있다는 이유만으로는 영세율 적용에서 제외할 수 없으므로, 납세자가 이미 구매확인서 발급과정의 하자를 알고 있었다는 점은 과세관청이 입증해야 함**

AA종합상사가 제시한 구매확인서가 허위 수출계약서에 근거하여 발급되었다고 하더라도 그것이 당연무효가 된다고는 볼 수 없으므로, 재화의 공급자인 원고가 구매확인서의 발급에 하자가 있음을 알고 있었다는 등의 특별한 사정이 없는 한 위와 같은 발급과정의 하자만을 이유로 곧바로 그 구매확인서에 의하여 이루어진 재화의 공급을 부가가치세법상의 영세율 적용대상에서 제외할 수는 없고,

이 경우 원고가 구매확인서 발급과정의 하자를 알고 있었다는 등의 특별한 사정은 과세요건사실의 존재와 조세부과처분의 적법성에 관한 입증책임을 부담하는 과세관청인 피고가 입증하여야 한다(대법원 2008.9.11. 선고, 2007두13715 판결).

6 국세기본법의 입증책임

- 주주명부 등에 의하여 과점주주로 추정되는 자가 명의도용 등의 이유로 과점주주에 해당되지 않는다는 점은 이를 주장하는 납세자가 입증해야 한다.
- 비과세관행 등은 이를 주장하는 납세자가 입증해야 한다.

가. 과점주주

사례 1 **주주명부나 주식이동상황명세서 등에 의해 과점주주라고 볼 수 있는 자료를 제출한 것만으로 과세관청의 과세근거 입증의무를 이행한 것임**

국세기본법 §39 제2호와 국세기본법 시행령 §20의 요건을 갖춘 과점주주에 해당한다는 사실은 과세관청이 주장·입증하여야 하나, 과세관청으로서는 주주명부나 주식이동상황명세서 또는 법인등기부등본 등에 의하여 과점주주라고 볼 수 있는 자료를 제출하면 일응의 그 입증을 하였다고 보아야 할 것이고, 제2차 납세의무자로서의 책임을 면하고자 하는 자가 그 주주 명의를 도용당하였다거나 실질적 주주가 아니고 형식상의 주주에 불과하다는 등 제2차 납세의무자가 될 수 없는 사실을 입증하여야 한다(대법원 1995.1.20. 선고, 94누7997 판결 : 1992.12.11. 선고, 92누10906 판결).

사례 2 **주주명부나 주식이동상황명세표 등에 주주로 기재된 경우, 실제 주주가 아니라는 점은 명의자가 입증해야 함**

법인의 발행주식 총액의 51/100 이상을 소유하고 있는 주주집단의 일원을 과점주주라고 하여 제2차 납세의무를 지우는 것은 이들이 주주총회에서의 의결권의 행사 등을 통하여 회사경영을 사실상 지배할 가능성이 있는 지위에 있다고 보기 때문이므로, 과점주주 해당 여부는 과반수 주식의 소유집단의 일원인지 여부에 의하여 판단하여야 하고 구체적으로 회사경영에 관여한 사실이 없다고 하더라도 그것만으로 과점주주가 아니라고 판단할 수 없으며, 과세관청은 그 때의 주식의 소유사실을 주주명부나 주식이동상황명세표, 법인등기부등본 등 자료에 의하여 입증하면 되고,

다만 위 자료에 비추어 일견 주주로 보이는 경우에도 실은 주주명의를 도용당하였다거나 실질소유주의 명의가 아닌 차명으로 등재되었다는 등의 사정이 있는 경우에는 그 명의만으로 위의 주주에 해당한다고 볼 수는 없으나 이는 주주가 아님을 주장하는 그 명의자가 입증하여야 한다(대법원 1996.12.6. 선고, 95누14770 판결 : 1994.3.11. 선고, 93누23411 판결 : 1995.3.24. 선고, 94누13077 판결 : 1995.12.22. 선고, 95누13203 판결).

나. 신의성실의 원칙 · 비과세 관행 등

사례 1 비과세 관행이 존재했다는 점은 납세자가 입증해야 함

신의성실의 원칙이나 국세기본법 §18 ③ 소정의 소급과세금지의 원칙은 합법성의 원칙을 희생하여서라도 납세자의 신뢰를 보호함이 정의에 부합하는 것으로 인정되는 특별한 사정이 있을 경우에 한하여 적용된다고 할 것이고, 그 조항에서의 일반적으로 납세자에게 받아들여진 세법의 해석 또는 국세행정의 관행이란 비록 잘못된 해석 또는 관행이라도 특정납세자가 아닌 불특정한 일반납세자에게 정당한 것으로 이의 없이 받아들여져 납세자가 그와 같은 해석 또는 관행을 신뢰하는 것이 무리가 아니라고 인정될 정도에 이른 것을 말하고,

단순히 세법의 해석기준에 관한 공적 견해의 표명이 있었다는 사실만으로 그러한 해석 또는 관행이 있다고 볼 수는 없는 것이며, 그러한 해석 또는 관행의 존재에 대한 입증책임은 그 주장자인 납세자에게 있다(대법원 2003.9.5. 선고, 2001두403 판결 ; 1992.9.8. 선고, 91누13670 판결 ; 2002.10.25. 선고, 2002두172 판결).

사례 2 과세관청의 공적견해 표명 사실은 납세자가 입증해야 함

신의성실의 원칙이나 소급과세금지의 원칙이 적용되기 위한 요건의 하나인 "과세관청이 납세자에게 신뢰의 대상이 되는 공적인 견해를 표명하였다"는 사실은, 납세자가 주장 · 입증하여야 한다(대법원 1992.3.31. 선고, 91누9824 판결).

다. 공시송달

사례 고지서가 적법하게 송달되었음은 과세관청이 입증해야 함

납세고지서에 대한 공시송달이 적법한지 여부에 관한 입증책임은 원칙적으로 과세관청에 있고(대법원 1994.10.14. 선고, 94누4134 판결), 국세기본법에서 규정한 주소 또는 영업소에서 서류의 수령을 거부한 때라 함은 송달을 받아야 할 자의 주소 또는 영업소에서 서류를 송달하려 하였으나 그 수령을 거부한 때를 가리킨다고 할 것이어서 그 이외의 장소에서 서류를 송달하여 하였으나 수령을 거부한 경우는 포함되지 않는다(대법원 1996.6.28. 선고, 96누3562 판결).

7 기타 입증책임

- 세무조사 과정에서 작성한 납세의무자의 확인서는 특별한 사정이 없는 한 그 증거가치를 쉽게 부인할 수 없다.
- 형사재판 등 관련 판결에서 인정된 사실은 이를 채용할 수 없는 특별한 사정이 나타나 있지 아니하는 한 사실 인정의 유력한 자료가 되어서 이를 함부로 배척할 수 없다.
- 가장행위 또는 조세회피행위의 요건충족에 관한 입증책임은 주장자인 과세관청에게 있다.

가. 세무조사 과정에서 작성한 확인서의 증거가치

사례 1 세무조사 과정에서 작성한 확인서는 강제로 작성되었다는 등 특별한 사정이 없으면 증거로 인정됨

과세관청이 세무조사를 하는 과정에서 납세의무자로부터 일정한 부분의 거래가 가공거래임을 자인하는 내용의 확인서를 작성받았다면 그 확인서가 작성자의 의사에 반하여 강제로 작성되었거나 혹은 내용의 미비 등으로 인하여 구체적인 사실에 대한 입증자료로 삼기 어렵다는 등의 특별한 사정이 없는 한 그 확인서의 증거가치를 쉽게 부인할 수 없다(대법원 2002.12.6. 선고, 2001두2560 판결 ; 1998.5.22. 선고, 98두2928 판결).

사례 2 매출누락을 인정한 확인서라도 누락한 매출의 구체적 내용 등이 기재되지 않아 신뢰성이 없다면, 실지조사의 근거로 삼을 수 없음

일반적으로 납세의무자의 신고내용에 오류 또는 탈루가 있어 이를 경정함에 있어서는 장부나 증빙에 의함이 원칙이라고 하겠으나, 진정성립과 내용의 합리성이 인정되는 다른 자료에 의하여 그 신고내용에 오류 또는 탈루가 있음이 인정되고 실지조사가 가능한 때에는 그 다른 자료에 의하여서도 이를 경정할 수 있지만, 납세의무자가 제출한 매출누락사실을 자인하는 확인서에 매출사실의 구체적 내용이 들어 있지 않아 그 증거가치를 쉽게 부인할 수 없을 정도의 신빙성이 인정되지 아니한다면, 비록 납세의무자의 확인서라고 하더라도 실지조사의 근거로 될 수 있는 장부 또는 증빙서류에 갈음하는 다른 자료에 해당되지 않는다(대법원 2003.6.24. 선고, 2001두7770 판결 ; 1998.7.10. 선고, 96누14227 판결).

사례 3 **조사과정에서 납세자 아닌 자의 진술은 진술내용에 부합하는 증빙이 있거나 납세자의 사실확인 등 보완이 없다면 과세자료로 삼을 수 없음**

수사기관 또는 과세관청의 조사과정에서 작성된 납세의무자 아닌 자의 진술이 기재된 전말서 등은 그 진술내용에 부합하는 증빙자료가 있거나 납세의무자에 대한 사실확인 등의 보완조사가 이루어지지 않았다면 납세의무자 아닌 자의 일방적 진술을 기재한 것에 불과하여 다른 특별한 사정이 없는 한 이를 납세의무자에 대한 과세자료로 삼을 수 없다(대법원 2009.7.9. 선고, 2009두5022 판결 ; 1987.1.20. 선고, 85누887 판결).

사례 4 **수사 또는 세무조사 과정에서 작성된 자료는 강요에 의한 것이 아니거나 내용이 합리적 진실성이 있는 경우에만 과세근거로 삼을 수 있음**

수사 또는 세무조사 과정에서 작성된 자료들은 과세의 근거가 될 수 있는 사유가 기재되어 있다고 하여 바로 그 다른 자료의 하나로 삼을 수는 없는 것이나, 그 작성의 경위 및 내용을 검토하여 당사자나 관계인의 자유로운 의사에 반하여 작성된 것이 아니고 그 내용 또한 과세자료로서 합리적이어서 진실성이 있다고 인정되는 경우에는 실지조사의 근거가 될 수 있는 그 다른 자료의 하나로 삼을 수 있다(대법원 2007.10.26. 선고, 2006두16137 판결 ; 1991.12.10. 선고, 91누4997 판결).

나. 결손처분 취소통지의 효력

사례 **납세자의 불이익을 초래하는 통지는 통지가 적법하게 이루어졌을 때 효력이 있고, 적법한 통지가 있었다는 점은 과세관청이 입증해야 함**

결손처분의 취소는 결손처분에 의하여 일단 소멸된 납세의무를 부활시켜 다시 체납처분을 가능하게 하는 행정처분으로서 법령상 그 결손처분 취소의 고지절차에 대하여 아무런 규정을 두고 있지 아니하지만, 납세자로서는 결손처분이 취소되면 다시 납세의 부담을 지는 불이익을 당하게 되는 것이므로,

조세법률주의의 원칙에 비추어 조세행정의 명확성, 납세자의 법적 안정성과 예측가능성을 보장하기 위하여 그 처분의 취소는 납세고지절차, 혹은 징수유예의 취소절차에 준하여 적어도 그 취소의 사유와 범위를 구체적으로 특정한 서면에 의하여 납세자에게 통지함으로써 효력이 발생하고, 그러한 통지가 적법하게 이루어짐으로써 결손처분 취소처분의 효력이 발생하였다는 점에 대한 입증책임은 과세관청에 있다(대법원 2011.3.24. 선고, 2010두25527 판결 ; 2001.7.13. 선고, 2000두5333 판결 ; 2005.2.17. 선고, 2003두12363 판결).

다. 확정된 관련 판결에서 인정된 사실의 증명력

사례 1 **확정된 관련 판결에서 인정된 사실은 특별한 사정이 없는 한 배척할 수 없음**

원래 민사소송이나 세무소송에서 형사재판에서 인정된 사실에 구속을 받는 것은 아니라고 하더라도 이미 확정된 관련 있는 형사판결에서 인정된 사실은 이를 채용할 수 없는 특별한 사정이 나타나 있지 아니하는 한 사실 인정의 유력한 자료가 되어서 이를 함부로 배척할 수 없다(대법원 2012.8.17. 선고, 2010두23378 판결 ; 1985.10.8. 선고, 84누411 판결).

사례 2 **관련된 확정판결에서 인정된 사실이라도 절차상 위법이나 판결이유에 모순이 있는 등 특별한 사정이 있다면 이 사실인정에 기속되지 않음**

관련 형사사건의 판결에서 인정된 사실은 특별한 사정이 없는 한 민사재판 또는 행정사건의 재판에서도 유력한 자료가 되는 것임은 물론이나 민사재판 등에서 제출된 다른 증거내용 등에 비추어 형사판결의 사실판단을 채용하기 어렵다고 인정될 경우에는 이를 배척할 수 있는 것이므로(대법원 1991.12.24. 선고, 91누1332 판결 ; 1994.2.8. 선고, 93다19153 판결),

이 사건의 경우와 같이 추계과세절차상의 위법으로 인하여 그 부과처분이 유지될 수 없게 되거나 판결이유에 모순이 있는 등의 특별한 사정이 있는 때에는 반드시 관련 형사판결의 사실인정에 기속되어야 하는 것은 아니다(대법원 1996.11.12. 선고, 95누17779 판결).

라. 가장행위 · 조세회피행위 등

사례 1 **세금을 회피하기 위한 행위더라도 가장행위에 해당한다고 볼 특별한 사정이 없다면 그대로 유효하고, 효력을 부인하기 위해서는 법률에 개별적 · 구체적인 부인규정이 존재해야 함**

납세의무자가 경제활동을 함에 있어서는 동일한 경제적 목적을 달성하기 위하여서도 여러 가지의 법률관계 중 하나를 선택할 수 있으므로 그것이 과중한 세금의 부담을 회피하기 위한 행위라고 하더라도 가장행위에 해당한다고 볼 특별한 사정이 없는 이상 유효하다고 보아야 하며, 실질과세의 원칙에 의하여 납세의무자의 거래행위를 그 형식에도 불구하고 조세회피행위라고 하여 그 효력을 부인할 수 있으려면 조세법률주의 원칙상 법률에 개별적이고 구체적인 부인규정이 마련되어 있어야 한다(대법원 1991.5.14. 선고, 90누3027 판결 ; 2009.4.9. 선고, 2007두26629 판결 ; 2011.5.13. 선고, 2010두3916 판결).

사례 2 가장행위 · 조세회피행위의 요건이 충족하였다는 점은 과세관청이 입증해야 함

그 주장이 주식소각방법에 의한 무상감자 처리행위가 이른바 가장행위라는 것인지, 아니면 조세회피행위라는 것인지 분명치 않는바, 이러한 가장행위 또는 조세회피행위의 요건 충족에 관한 입증책임은 주장자인 과세관청에게 있는데도 과세관청이 이러한 책임을 다하지 않았다(대법원 1992.9.22. 선고, 91누13571 판결).

제6장

법인세 주요쟁점별 판례경향 분석

부당행위계산의 부인

가. 법령

1) 법인세법 제52조(부당행위계산의 부인)

① 납세지 관할세무서장 또는 관할지방국세청장은 내국법인의 행위 또는 소득금액의 계산이 대통령령으로 정하는 특수관계인과의 거래로 인하여 그 법인의 소득에 대한 조세의 부담을 부당하게 감소시킨 것으로 인정되는 경우에는 그 법인의 행위 또는 소득금액의 계산(이하 부당행위계산)에 관계없이 그 법인의 각 사업연도의 소득금액을 계산할 수 있다.
② 제1항을 적용할 때에는 건전한 사회 통념 및 상거래 관행과 특수관계인이 아닌 자 간의 정상적인 거래에서 적용되거나 적용될 것으로 판단되는 가격(요율, 이자율, 임대료 및 교환 비율과 그 밖에 이에 준하는 것을 포함하며, 이하 이 조에서 시가)을 기준으로 한다.
③ 내국법인은 대통령령으로 정하는 바에 따라 각 사업연도에 특수관계인과 거래한 내용이 적힌 명세서를 납세지 관할세무서장에게 제출하여야 한다.
④ 제1항부터 제3항까지의 규정을 적용할 때 부당행위계산의 유형 및 시가의 산정 등에 관하여 필요한 사항은 대통령령으로 정한다.

2) 법인세법 시행령

가) 제87조(특수관계인의 범위)

① 법 제52조 제1항에서 "대통령령으로 정하는 특수관계인"이란 법인과 다음 각 호의 어느 하나의 관계에 있는 자를 말한다. 이 경우 본인도 「국세기본법」 제2조 제20호 각 목 외의 부분 후단에 따라 특수관계인의 특수관계인으로 본다.

1. 임원의 임면권의 행사, 사업방침의 결정 등 당해 법인의 경영에 대하여 사실상 영향력을 행사하고 있다고 인정되는 자(「상법」 제401조의2 제1항의 규정에 의하여 이사로 보는 자 포함)와 그 친족
2. 주주 등(소액주주 등 제외)과 그 친족
3. 법인의 임원, 사용인 또는 주주 등의 사용인(주주 등이 영리법인인 경우에는 그 임원을, 비영리법인인 경우에는 그 이사 및 설립자)이나 사용인 외의 자로서 법인 또는 주주 등의 금전 기타 자산에 의하여 생계를 유지하는 자와 이들과 생계를 함께 하는 친족
4. 해당 법인이 직접 또는 그와 제1호부터 제3호까지의 관계에 있는 자를 통하여 어느 법인의 경영에 대하여 지배적인 영향력을 행사하고 있는 경우 그 법인

5. 해당 법인이 직접 또는 그와 제1호부터 제4호까지의 관계에 있는 자를 통하여 어느 법인의 경영에 대하여 지배적인 영향력을 행사하고 있는 경우 그 법인
6. 당해 법인에 100분의 30 이상을 출자하고 있는 법인에 100분의 30 이상을 출자하고 있는 법인이나 개인
7. 당해 법인이 「독점규제 및 공정거래에 관한 법률」에 의한 기업집단에 속하는 법인인 경우 그 기업집단에 소속된 다른 계열회사 및 그 계열회사의 임원

② 제1항 제4호 및 제5호에 따른 지배적인 영향력을 행사하고 있는지 여부는 「국세기본법 시행령」 제1조의2 제4항에 따른다.

나) 제88조(부당행위계산의 유형 등)

① 법 제52조 제1항에서 "조세의 부담을 부당하게 감소시킨 것으로 인정되는 경우"란 다음 각 호의 어느 하나에 해당하는 경우를 말한다.

1. 자산을 시가보다 높은 가액으로 매입 또는 현물출자받았거나 그 자산을 과대상각한 경우
2. 무수익 자산을 매입 또는 현물출자받았거나 그 자산에 대한 비용을 부담한 경우
3. 자산을 무상 또는 시가보다 낮은 가액으로 양도 또는 현물출자한 경우. 다만, 제20조 제1항 제3호 각 목 외의 부분에 해당하는 주식매수선택권 등의 행사 또는 지급에 따라 주식을 양도하는 경우는 제외한다.

3의2. 특수관계인인 법인 간 합병(분할합병 포함), 분할에 있어서 불공정한 비율로 합병, 분할하여 합병, 분할에 따른 양도손익을 감소시킨 경우. 다만, 「자본시장과 금융투자업에 관한 법률」 제165조의4에 따라 합병(분할합병 포함), 분할하는 경우는 제외한다.

4. 불량자산을 차환하거나 불량채권을 양수한 경우
5. 출연금을 대신 부담한 경우
6. 금전, 그 밖의 자산 또는 용역을 무상 또는 시가보다 낮은 이율, 요율이나 임대료로 대부하거나 제공한 경우. 다만, 다음 각 목의 어느 하나에 해당하는 경우는 제외한다.
   가. 제20조 제1항 제3호 각 목 외의 부분에 해당하는 주식매수선택권 등의 행사 또는 지급에 따라 금전을 제공하는 경우
   나. 주주 등이나 출연자가 아닌 임원(소액주주 등인 임원 포함) 및 사용인에게 사택(기획재정부령으로 정하는 임차사택 포함)을 제공하는 경우
7. 금전 기타 자산 또는 용역을 시가보다 높은 이율, 요율이나 임차료로 차용하거나 제공받은 경우

7의2. 기획재정부령으로 정하는 파생상품에 근거한 권리를 행사하지 아니하거나 그 행사기간을 조정하는 등의 방법으로 이익을 분여하는 경우

8. 다음 각 목의 어느 하나에 해당하는 자본거래로 인하여 주주 등인 법인이 특수관계인

인 다른 주주 등에게 이익을 분여한 경우

가. 특수관계인인 법인 간의 합병(분할합병 포함)에 있어서 주식 등을 시가보다 높거나 낮게 평가하여 불공정한 비율로 합병한 경우. 다만, 「자본시장과 금융투자업에 관한 법률」 제165조의4에 따라 합병(분할합병 포함)하는 경우는 제외한다.

나. 법인의 자본(출자액 포함)을 증가시키는 거래에 있어서 신주(전환사채, 신주인수권부사채 또는 교환사채 등 포함)를 배정, 인수받을 수 있는 권리의 전부 또는 일부를 포기(그 포기한 신주가 「자본시장과 금융투자업에 관한 법률」 제9조 제7항에 따른 모집방법으로 배정되는 경우 제외)하거나 신주를 시가보다 높은 가액으로 인수하는 경우

다. 법인의 감자에 있어서 주주 등의 소유주식 등의 비율에 의하지 아니하고 일부 주주 등의 주식 등을 소각하는 경우

8의2. 제8호 외의 경우로서 증자, 감자, 합병(분할합병 포함), 분할, 「상속세 및 증여세법」 제40조 제1항에 따른 전환사채 등에 의한 주식의 전환, 인수, 교환 등 법인의 자본(출자액 포함)을 증가시키거나 감소시키는 거래를 통하여 법인의 이익을 분여하였다고 인정되는 경우. 다만, 제20조 제1항 제3호 각 목 외의 부분에 해당하는 주식매수선택권 등 중 주식매수선택권의 행사에 따라 주식을 발행하는 경우는 제외한다.

9. 그 밖에 제1호 내지 제7호, 제7호의2, 제8호 및 제8호의2에 준하는 행위 또는 계산 및 그 외에 법인의 이익을 분여하였다고 인정되는 경우

② 제1항의 규정은 그 행위 당시를 기준으로 하여 당해 법인과 특수관계인 간의 거래(특수관계인 외의 자를 통하여 이루어진 거래 포함)에 대하여 이를 적용한다. 다만, 제1항 제8호 가목의 규정을 적용함에 있어서 특수관계인인 법인의 판정은 합병등기일이 속하는 사업연도의 직전 사업연도의 개시일(그 개시일이 서로 다른 법인이 합병한 경우에는 먼저 개시한 날)부터 합병등기일까지의 기간에 의한다.

③ 제1항 제1호, 제3호, 제6호, 제7호 및 제9호(제1항 제1호, 제3호, 제6호 및 제7호에 준하는 행위 또는 계산에 한한다)는 시가와 거래가액의 차액이 3억 원 이상이거나 시가의 100분의 5에 상당하는 금액 이상인 경우에 한하여 적용한다.

④ 제3항은 주권상장법인이 발행한 주식을 「자본시장과 금융투자업에 관한 법률」에 따른 한국거래소에서 거래한 경우에는 적용하지 아니한다.

다) 제89조(시가의 범위 등)

① 법 제52조 제2항을 적용할 때 해당 거래와 유사한 상황에서 해당 법인이 특수관계인 외의 불특정 다수인과 계속적으로 거래한 가격 또는 특수관계인이 아닌 제3자 간에 일반적으로 거래된 가격이 있는 경우에는 그 가격(주권상장법인이 발행한 주식을 한국거래소에서 거래한 경우 해당 주식의 시가는 그 거래일의 한국거래소 최종시세가액)에 따른다.

② 법 제52조 제2항을 적용할 때 시가가 불분명한 경우에는 다음 각 호를 차례로 적용하여 계산한 금액에 의한다.

1. 「부동산가격공시 및 감정평가에 관한 법률」에 의한 감정평가법인이 감정한 가액이 있는 경우 그 가액(감정한 가액이 2 이상인 경우에는 그 감정한 가액의 평균액). 다만, 주식 등을 제외한다.
2. 「상속세 및 증여세법」 제38조, 제39조, 제39조의2, 제39조의3, 제61조부터 제66조까지의 규정 및 「조세특례제한법」 제101조를 준용하여 평가한 가액. 이 경우 「상속세 및 증여세법」 제63조 제1항 제1호 다목 및 같은 법 시행령 제54조에 따라 비상장주식을 평가함에 있어 해당 비상장주식을 발행한 법인이 보유한 주식(주권상장법인이 발행한 주식으로 한정)의 평가금액은 평가기준일의 한국거래소 최종시세가액으로 하며, 「상속세 및 증여세법」 제63조 제2항 제1호 및 같은 법 시행령 제57조 제1항, 제2항을 준용할 때 "직전 6개월(증여세가 부과되는 주식 등의 경우에는 3개월)"은 각각 "직전 6개월"로 본다.

③ 제88조 제1항 제6호 및 제7호에 따른 금전의 대여 또는 차용의 경우에는 제1항 및 제2항에도 불구하고 기획재정부령으로 정하는 가중평균차입이자율을 시가로 한다. 다만, 다음 각 호의 경우에는 해당 각 호의 구분에 따라 기획재정부령으로 정하는 당좌대출이자율을 시가로 한다.

1. 가중평균차입이자율의 적용이 불가능한 경우로서 기획재정부령으로 정하는 사유가 있는 경우 : 해당 대여금 또는 차입금에 한정하여 당좌대출이자율을 시가로 한다.

1의2. 대여기간이 5년을 초과하는 대여금이 있는 경우 등 기획재정부령으로 정하는 경우 : 해당 대여금 또는 차입금에 한정하여 당좌대출이자율을 시가로 한다.

2. 해당 법인이 법 제60조에 따른 신고와 함께 기획재정부령으로 정하는 바에 따라 당좌대출이자율을 시가로 선택하는 경우 : 당좌대출이자율을 시가로 하여 선택한 사업연도와 이후 2개 사업연도는 당좌대출이자율을 시가로 한다.

④ 제88조 제1항 제6호 및 제7호의 규정에 의한 자산(금전 제외) 또는 용역의 제공에 있어서 제1항 및 제2항의 규정을 적용할 수 없는 경우에는 다음 각 호의 규정에 의하여 계산한 금액을 시가로 한다.

1. 유형 또는 무형의 자산을 제공하거나 제공받는 경우에는 당해 자산시가의 100분의 50에 상당하는 금액에서 그 자산의 제공과 관련하여 받은 전세금 또는 보증금을 차감한 금액에 정기예금이자율을 곱하여 산출한 금액
2. 건설 기타 용역을 제공하거나 제공받는 경우에는 당해 용역의 제공에 소요된 금액(직접

비 및 간접비 포함하며, 이하 이 호에서 '원가')과 원가에 당해 사업연도 중 특수관계인 외의 자에게 제공한 유사한 용역제공거래에 있어서의 수익률(기업회계기준에 의하여 계산한 매출액에서 원가를 차감한 금액을 원가로 나눈 율)을 곱하여 계산한 금액을 합한 금액

⑤ 제88조의 규정에 의한 부당행위계산에 해당하는 경우에는 법 제52조 제1항의 규정에 의하여 제1항 내지 제4항의 규정에 의한 시가와의 차액 등을 익금에 산입하여 당해 법인의 각 사업연도의 소득금액을 계산한다. 다만, 기획재정부령이 정하는 금전의 대여에 대하여는 이를 적용하지 아니한다.

3) 법인세법 시행규칙

가) 제42조의3(임차사택의 범위)

영 제88조 제1항 제6호 나목에서 "기획재정부령으로 정하는 임차사택"이란 법인이 직접 임차하여 임원 또는 사용인(이하 이 조에서 '사용인등')에게 무상으로 제공하는 주택으로서 다음 각 호의 경우를 제외하고는 임차기간 동안 사용인등이 거주하고 있는 주택을 말한다.

1. 입주한 사용인등이 전근, 퇴직 또는 이사한 후에 해당 법인의 사용인등 중에서 입주 희망자가 없는 경우
2. 해당 임차사택의 계약 잔여기간이 1년 이하인 경우로서 주택임대인이 주택 임대차계약의 갱신을 거부하는 경우

나) 제42조의4(파생상품)

영 제88조 제1항 제7호의2에서 "기획재정부령으로 정하는 파생상품"이라 함은 기업회계기준에 따른 선도거래, 선물, 스왑, 옵션, 그 밖에 이와 유사한 거래 또는 계약을 말한다.

다) 제43조(가중평균차입이자율의 계산방법 등)

① 영 제89조 제3항 각 호 외의 부분 본문에서 "기획재정부령으로 정하는 가중평균차입이자율"이란 자금을 대여한 법인의 대여시점 현재 각각의 차입금 잔액(특수관계인으로부터의 차입금 제외)에 차입 당시의 각각의 이자율을 곱한 금액의 합계액을 해당 차입금 잔액의 총액으로 나눈 비율을 말한다. 이 경우 산출된 비율 또는 대여금리가 해당 대여시점 현재 자금을 차입한 법인의 각각의 차입금 잔액(특수관계인으로부터의 차입금 제외)에 차입 당시의 각각의 이자율을 곱한 금액의 합계액을 해당 차입금 잔액의 총액으로 나눈 비율보다

높은 때에는 해당 사업연도의 가중평균차입이자율이 없는 것으로 본다.
② 영 제89조 제3항 각 호 외의 부분 단서에서 "기획재정부령으로 정하는 당좌대출이자율"이란 연간 1,000분의 69를 말한다.
③ 영 제89조 제3항 제1호에서 "기획재정부령으로 정하는 사유"란 다음 각 호의 어느 하나에 해당하는 경우를 말한다.
1. 특수관계인이 아닌 자로부터 차입한 금액이 없는 경우
2. 차입금 전액이 채권자가 불분명한 사채 또는 매입자가 불분명한 채권, 증권의 발행으로 조달된 경우
3. 제1항 후단에 따라 가중평균차입이자율이 없는 것으로 보는 경우
④ 영 제89조 제3항 제1호의2에서 "기획재정부령으로 정하는 경우"란 대여한 날(계약을 갱신한 경우에는 그 갱신일)부터 해당 사업연도 종료일(해당 사업연도에 상환하는 경우 상환일)까지의 기간이 5년을 초과하는 대여금이 있는 경우를 말한다.
⑤ 영 제89조 제3항 제2호에 따라 법인이 이자율을 선택하는 경우에는 제82조 제1항 제19호에 따른 별지 제19호서식의 가지급금 등의 인정이자조정명세서(갑)를 작성하여 제출하여야 한다.
⑥ 제1항을 적용할 때에 변동금리로 차입한 경우에는 차입 당시의 이자율로 차입금을 상환하고 변동된 이자율로 그 금액을 다시 차입한 것으로 보며, 차입금이 채권자가 불분명한 사채 또는 매입자가 불분명한 채권, 증권의 발행으로 조달된 차입금에 해당하는 경우에는 해당 차입금의 잔액은 가중평균차입이자율 계산을 위한 잔액에 포함하지 아니한다.

라) 제44조(인정이자 계산의 특례)

영 제89조 제5항 단서에서 "기획재정부령이 정하는 금전의 대여"라 함은 다음 각 호의 어느 하나에 해당하는 것을 말한다.
1. 「소득세법」 제132조 제1항 및 동법 제135조 제3항의 규정에 의하여 지급한 것으로 보는 배당소득 및 상여금(이하 이 조에서 '미지급소득')에 대한 소득세(소득할 주민세와 미지급소득으로 인한 중간예납세액상당액 포함하며, 다음 산식에 의하여 계산한 금액 한도)를 법인이 납부하고 이를 가지급금 등으로 계상한 금액(당해 소득을 실지로 지급할 때까지의 기간에 상당하는 금액에 한한다)
2. 국외에 자본을 투자한 내국법인이 해당 국외투자법인에 종사하거나 종사할 자의 여비, 급료 기타 비용을 대신하여 부담하고 이를 가지급금 등으로 계상한 금액(그 금액을 실지로 환부받을 때까지의 기간에 상당하는 금액에 한한다)

$$\text{미지급소득에 대한 소득세액} = \text{종합소득 총결정세액} \times \frac{\text{미지급소득}}{\text{종합소득금액}}$$

3. 법인이 「근로복지기본법」 제2조 제4호에 따른 우리사주조합 또는 그 조합원에게 해당 우리사주조합이 설립된 회사의 주식취득(조합원 간에 주식을 매매하는 경우와 조합원이 취득한 주식을 교환하거나 현물출자함으로써 「독점규제 및 공정거래에 관한 법률」에 의한 지주회사 또는 「금융지주회사법」에 의한 금융지주회사의 주식을 취득하는 경우 포함)에 소요되는 자금을 대여한 금액(상환할 때까지의 기간에 상당하는 금액에 한한다)
4. 「국민연금법」에 의하여 근로자가 지급받은 것으로 보는 퇴직금전환금(당해 근로자가 퇴직할 때까지의 기간에 상당하는 금액에 한한다)
5. 영 제106조 제1항 제1호 단서의 규정에 의하여 대표자에게 상여처분한 금액에 대한 소득세를 법인이 납부하고 이를 가지급금으로 계상한 금액(특수관계가 소멸될 때까지의 기간에 상당하는 금액에 한한다)
6. 사용인에 대한 월정급여액의 범위 안에서의 일시적인 급료의 가불금
7. 사용인에 대한 경조사비 또는 학자금(자녀의 학자금 포함)의 대여액
8. 「금융기관부실자산 등의 효율적 처리 및 한국자산관리공사의 설립에 관한 법률」에 의한 한국자산관리공사가 출자총액의 전액을 출자하여 설립한 법인에 대여한 금액

4) 기본통칙

52-87…1	부당행위계산의 시부인 기준

① 특수관계 있는 자와의 거래에 있어서 법인의 부당한 행위 또는 계산은 정상적인 사인간의 거래, 건전한 사회통념 내지 상관행을 기준으로 판정한다.
② 영 제87조 제1항에서 "특수관계에 있는 자"라 함은 그 쌍방관계를 각각 특수관계자로 한다.

52-87…2	생계를 유지하는 자 등의 범위

영 제87조 제1항 제3호에 규정하는 "법인 또는 주주 등의 금전 기타 자산에 의하여 생계를 유지하는 자와 이들과 생계를 함께하는 친족"의 범위는 다음 각 호에 의한다.

1. 생계를 유지하는 자라 함은 당해 주주 등으로부터 급부를 받는 금전, 기타의 재산수입과 급부를 받는 금전, 기타의 재산운용에 의하여 생기는 수입을 일상생활비의 주된 원천으로 하고 있는 자를 말한다.
2. 생계를 함께하는 친족이라 함은 주주 등 또는 생계를 유지하는 자와 일상생활을 공동으로 영위하는 친족을 말한다.

52-87…3	회생제도에 의한 특수관계 소멸 여부

법인이 「채무자 회생 및 파산에 관한 법률」에 의하여 파산선고를 받은 경우 당해 법인과 그 법인의 임원 간에는 「상법」 제382조 및 「민법」 제690조에 따라 위임관계가 소멸되므로 임원의 지위로 인한 특수관계는 소멸된다. 다만, 「채무자 회생 및 파산에 관한 법률」에 의한 회생절차의 개시로 인하여 주주권을 행사할 수 없는 주주 등에 대하여는 특수관계가 존속되는 것으로 한다.

52-87…4	현물출자법인과의 특수관계 해당 여부

법인이 현물출자를 통해 새로운 법인을 설립하는 경우 당해 법인과 신설법인 간에는 영 제87조에서 규정하는 특수관계자에 해당된다.

52-88…1	청산 중에 있는 법인에 대한 부당행위계산부인규정의 적용

법 제52조 및 영 제88조의 부당행위계산부인규정은 이를 청산 중에 있는 법인에 대하여도 적용한다.

52-88…2	조세의 부담을 부당하게 감소시킨 것으로 인정되는 경우의 예시

"조세의 부담을 부당하게 감소시킨 것으로 인정되는 경우"에는 법에서 규정하는 것을 제외하고, 다음 각 호의 1에 해당되는 경우를 포함하는 것으로 한다.

1. 법인의 특수관계자로부터 영업권을 적정대가를 초과하여 취득한 때
2. 주주 등이 부담하여야 할 성질의 것을 법인이 부담한 때
3. 주주 또는 출자자인 비영리법인에게 주식비율에 따라 기부금을 지급한 때
4. 사업연도기간 중에 가결산에 의하여 중간배당금 등의 명목으로 주주 등에게 금전을 지급한 때(「상법」 §462의3에 의한 중간배당 제외)
5. 대표자의 친족에게 무상으로 금전을 대여한 때(이 경우 대표자에게 대여한 것으로 본다)
6. 연임된 임원에게 퇴직금을 지급한 때

52-88…3	조세의 부담을 부당하게 감소시킨 것으로 인정되지 아니하는 경우 예시

다음 각 호의 1에 해당하는 것은 "조세의 부담을 부당하게 감소시킨 것으로 인정되는 경우"에 포함되지 아니하는 것으로 한다.

1. 법인의 업무를 수행하기 위하여 초청된 외국인에게 사택 등을 무상으로 제공한 때
2. 「채무자 회생 및 파산에 관한 법률」에 따른 범위 내에서 법정관리인에게 보수를 지급한 때
3. 「채무자 회생 및 파산에 관한 법률」에 따른 법정관리인이 법원의 허가를 받아 통상의 이율이나 요율보다 낮게 이자나 임대료를 받은 때
4. 건설공제조합이 조합원에게 대출하는 경우의 이자율이 금융기관의 일반대출 금리보다 낮은 경우로서 정부의 승인을 받아 이자율을 정한 때

5. 정부의 지시에 의하여 통상판매가격보다 낮은 가격으로 판매한 때
6. 특수관계자 간에 보증금 또는 선수금 등을 수수한 경우에 그 수수행위가 통상의 상관례의 범위를 벗어나지 아니한 때
7. 사용인(주주 등이 아닌 임원과 영 제50조 제2항에 따른 소액주주 등인 임원 포함)에게 포상으로 지급하는 금품의 가액이 당해 사용인의 근속기간, 공적내용, 월급여액 등에 비추어 적당하다고 인정되는 때
8. 사용인에게 자기의 제품이나 상품 등을 할인판매하는 경우로서 다음에 해당하는 때
   가. 할인판매가격이 법인의 취득가액 이상이며 통상 일반 소비자에게 판매하는 가액에 비하여 현저하게 낮은 가액이 아닌 것
   나. 할인판매를 하는 제품 등의 수량은 사용인이 통상 자기의 가사를 위하여 소비하는 것이라고 인정되는 정도의 것
9. 대리점으로부터 판매대리와 관련하여 보증금을 받고 당해 보증금에 대한 이자를 적정이자율을 초과하지 아니하는 범위 내에서 지급하는 때
10. 특수관계자 간의 거래에서 발생된 외상매출금 등의 회수가 지연된 경우에도 사회통념 및 상관습에 비추어 부당함이 없다고 인정되는 때
11. 사용인이 부당유용한 공금을 보증인 등으로부터 회수하는 때
11의2. 사용인이 공금을 부당유용한 경우로서 해당 사용인과 그 보증인에 대하여 횡령액의 회수를 위하여 법에 의한 제반 절차를 취하였음에도 무재산 등으로 회수할 수 없는 때
12. 특수관계자에 대한 가지급금 등의 채권액이 「채무자 회생 및 파산에 관한 법률」에 따라 정리채권으로 동결된 때
13. 법인이 합병으로 인하여 취득하는 자기주식에 대하여 배당을 하지 아니하는 때
14. 법인이 「국세기본법」 제39조에 따른 제2차 납세의무자로서 특수관계자의 국세를 대신 납부하고 가지급금 등으로 처리한 경우
15. 법인이 「근로자복지기본법」에 의한 우리사주조합의 조합원에게 자사주를 영 제89조에서 규정하는 시가에 미달하는 가액으로 양도하는 경우. 다만, 금융지주회사의 자회사인 비상장법인이 당해 금융지주회사의 우리사주조합원에게 양도하는 경우에는 당해 법인의 종업원이 취득하는 경우에 한한다.

52-88…4 차등배당결의에 대한 부당행위계산부인

배당을 함에 있어서 지배주주 등(영 제43조 제7항에 따른 지배주주 등과 그와 같은 조 제8항에 따른 특수관계 있는 주주 등을 의미)인 법인에게는 배당을 하지 아니하고 기타 주주 등에게만 배당을 하는 경우에 지배주주 등인 법인과 배당을 하는 법인 간에는 부당행위계산부인규정이 적용되지 아니한다. 다만, 주주총회에서 지배주주에 대한 배당결의를 한 후 3개월이 경과할 때까지 당해 배당금을 지급하지 아니함으로써 「소득세법」 제132조 제1항의 규정에 따라 지급한 것으로 의제되는 금액은 배당결의 후 3개월이 경과하는 날에 지배주주 등이 동 금액을 대여한 것으로 본다.

52-89…1	법원검사인의 감정가액에 의한 현물출자의 경우 부당행위계산부인

「상법」 제298조의 규정에 의하여 법원이 선임한 검사인은 영 제89조 제2항 제1호에 규정하는 감정기관에 해당되지 아니하므로 현물출자 자산에 대한 법원검사인의 감정가액은 영 제88조 제1항 제1호 및 제3호에 규정하는 시가로 보지 아니한다.

나. 부당행위계산부인 개요

1) 개념

부당행위계산이라고 함은 납세자가 정상적인 경제인의 합리적 거래형식에 의하지 아니하고 우회행위, 다단계행위, 그 밖의 이상한 거래형식을 취함으로써 통상의 합리적인 거래형식을 취할 때 생기는 조세의 부담을 경감 내지 배제시키는 행위계산을 말하고, 이런 행위계산을 법률로 부인하는 것을 부당행위계산의 부인이라고 한다.

법인세법에서 부당행위계산부인규정을 둔 취지는 법인과 특수관계 있는 자와의 거래가 법인세법에서 열거한 제반 거래형태를 빙자하여 남용함으로써 경제적 합리성을 무시하였다고 인정되어 조세법적인 측면에서 부당한 것이라고 보일 때 과세권자가 객관적으로 타당하다고 인정되는 소득이 있었던 것으로 의제하여 과세함으로써 과세의 공평을 기하고 조세회피행위를 방지하고자 하는 것으로서 실질과세원칙에 근거를 두고 있다(대법원 2006.1.13. 선고, 2003두13267 판결 ; 2014.4.10. 선고, 2013두20127 판결).

2) 부인요건

과세권자가 법인의 행위와 계산을 법인세법상 부당행위계산이라 하여 이를 부인하기 위해서는 법인의 행위와 계산이 다음 두 가지 요건을 동시에 충족하는 것이어야 한다.

- 법인과 특수관계인 사이의 거래이어야 한다.
- 그 거래 및 계산에 의해 조세부담이 부당하게 감소되었어야 한다.

따라서 부당한 거래이어도 그 거래상대방이 법인과 특수관계인이 아니면 부당행위계산부인 규정은 적용될 수 없고, 접대비 · 정상가액을 벗어나는 부분의 비지정기부금 · 업무무관경비 손금부인 등 규정이 적용된다.

또한 특수관계인과의 거래라 하여도 경제적 합리성을 갖춘 거래이어서 특수관계인에게 이익을 분여한 것이 아니라면 법인의 손해도 없고 이에 따라 법인이 부담할 조세가 부당하게 감소된 것이 아니므로 부당행위계산부인 규정은 적용되지 않는다.

3) 경제적 합리성의 판단

법인세법령에서 규정하고 있는 부당행위계산의 유형에 해당된다고 하여 곧바로 부인되는 것은 아니며, 그 거래가 경제적 합리성을 결여한 경우에 한하여 인정된다. 이런 이유로 어떤 거래를 놓고 경제적 합리성이 결한 것인지 여부에 대해 과세관청과 납세자 간 다툼이 빈번하게 발생한다.

대법원은 부당행위계산부인의 요건인 부당성은 경제적 합리성이 있는지 여부로 판단하는데, 경제적 합리성이란 특정의 행위가 행하여진 경제적 상황에서 그 행위자가 의도한 경제적 목적을 달성하기 위하여 그 행위를 선택한 것이 정상적 경제인의 관점에서 볼 때 부자연스럽거나 불합리하지 않은 것을 의미한다(대법원 2007.12.13. 선고, 2005두14257 판결 등 다수).

따라서 부당행위계산부인 규정은 경제인의 입장에서 볼 때 부자연스럽고 불합리한 행위계산을 함으로 인하여 경제적 합리성을 무시하였다고 인정되는 경우에 한하여 적용되고, 경제적 합리성의 유무에 대한 판단은 거래행위의 여러 사정을 구체적으로 고려하여 과연 그 거래행위가 건전한 사회통념이나 상관행에 비추어 경제적 합리성을 결한 비정상적인 것인지의 여부에 따라 판단하되, 비특수관계자 간의 거래가격, 거래 당시의 특별한 사정 등도 고려하여야 한다고 한다(대법원 2007.12.13. 선고, 2005두14257 판결 ; 2010.10.28. 선고, 2008두15541 판결 등).

한편, 행위계산의 부당성에 관한 판단에 있어 구 법인세법(1998.12.28. 법률 제5581호로 전문개정되기 전의 것) §20가 '…… 그 법인의 소득에 대한 조세의 부담을 …… 감소시키는 …… 경우'를 부당행위계산부인의 요건으로 규정하고 있는 만큼 조세부담 감소의 판정은 당해 법인을 기준으로 할 수밖에 없는 것이고, 납세의무자의 주관적인 조세회피의 의도가 별도의 요건으로 요구되지도 아니하므로 특수관계인 전체의 조세부담이 감소된 바 없어 조세회피의 의도가 없었다는 점은 부당성의 판단에 영향을 미칠 수 없다(대법원 2000.2.11. 선고, 97누13184 판결).

4) 다른 법률과의 관계

가) 국제조세조정에 관한 법률과의 관계

국조법은 국세와 지방세에 관하여 규정하는 다른 법률보다 우선하여 적용하므로 국제거래에 대해서는 법인세법과 소득세법의 부당행위계산부인에 관한 규정은 적용하지 않는다(국조법 §3).

다만, 국제거래라 하더라도 다음 각 경우에 해당하면 국조법 §4의 정상가격에 의한 과세조정을 적용하지 않고, 법인법 §52 및 소득법 §41의 부당행위계산부인규정을 적용한다(국조령 §3의2 및 국조통 3-3의2…1).

① 자산을 무상으로 이전(현저히 저렴한 대가를 받고 이전하는 경우 제외)하거나 채무를 면제하는 경우
② 수익이 없는 자산을 매입하였거나 현물출자를 받았거나 그 자산에 대한 비용을 부담한 경우
③ 출연금을 대신 부담한 경우
④ 그 밖의 자본거래로서 법인세법 시행령 §88 ① 제8호 각 목의 어느 하나 또는 같은 항 제8호의2에 해당하는 경우

개정연혁을 살펴보면, 당초 국조법이 제정되기 전의 구 법인령(1995.12.30. 대통령령 제14861호로 개정되기 전의 것) §46 ④은 국제거래의 경우 부당행위계산부인의 기준이 되는 시가 등의 산정방법을 정함으로써 국제거래에 관하여도 법인세법에 따른 부당행위계산부인을 할 수 있도록 정하였다.

그런데 1995.12.6. 법률 제4981호로 제정된 국조법은 특수관계 있는 자 간의 국제거래에 대하여 국제적으로 일반화되어 통용되고 있는 기준에 따르기 위하여 국조법을 다른 법률에 우선 적용하도록 하고 이와 아울러 법인세법 등에서 관련 규정을 모두 삭제하였다.

다만 국조법에서 정한 정상가격에 의한 과세조정(이른바, 이전가격세제)의 적용 요건과 법인세법에서 정한 부당행위계산부인의 요건이 서로 달라 이들 규정의 적용범위에 관하여 논란의 소지가 있자, 2002.12.18. 법률 제6779호로 개정되어 2003.1.1.부터 시행된 국조법은 §3 ②을 신설하여 이전가격세제의 적용이 어려운 일정한 자산의 증여 등에 대하여는 법인세법의 부당행위계산부인 규정을 적용하도록 한 것이다(대법원 2015.9.10. 선고, 2013두6862 판결 참조).

나) 조세특례제한법과의 관계

조특법 §72 ①의 조합법인 등에 대하여 당기순이익 과세를 하는 경우에는 부당행위계산의 부인규정을 적용하지 않는다(집행기준 52-0-3 ③).

5) 집행기준 주요내용

52-87-1	특수관계인의 범위

① 특수관계인이란 법인과 다음의 관계에 있는 자를 말하며, 그 특수관계인 여부는 쌍방관계를 기준으로 판단한다. 즉 어느 한 쪽으로 기준으로 하여 특수관계인에 해당하면 다른 쪽을 기준으로 하여도 특수관계인에 해당한다.

구분	내용
영향력 행사자	1. 임원 임의 임면권 행사, 사업방침의 결정 등 해당 법인의 경영에 대하여 사실상 영향력을 행사하고 있다고 인정되는 자(상법 규정에 의해 이사로 보는 자 포함)와 그 친족
주주 등	2. 주주 등(소액주주 등 제외)과 그 친족
임원/사용인/생계유지자	3. 법인의 임원, 사용인 또는 주주 등의 사용인(주주 등이 영리법인인 경우에는 그 임원을, 비영리법인인 경우에는 그 이사 및 설립자)이나 사용인 외의 자로서 법인 또는 주주 등의 금전 기타 자산에 의하여 생계를 유지하는 자와 이들과 생계를 함께하는 친족
지배적인 영향력 행사자	4. 해당 법인의 직접 또는 그와 1부터 3까지에 해당하는 자를 통하여 경영에 지배적인 영향력(*)을 행사하고 있는 법인 5. 해당 법인이 직접 또는 그와 1부터 4까지에 해당하는 자를 통하여 경영에 지배적인 영향력(*)을 행사하고 있는 법인 (*) 지배적인 영향력 1. 영리법인의 경우 가. 법인의 발행주식총수 또는 출자총액의 30% 이상을 출자한 경우 나. 임원의 임면권의 행사, 사업방침의 결정 등 법인의 경영에 대하여 사실상 영향력을 행사하고 있다고 인정되는 경우 2. 비영리법인의 경우 가. 법인의 이사의 과반수를 차지하는 경우 나. 법인의 출연재산(설립을 위한 출연재산만 해당)의 30% 이상을 출연하고, 그 중 1인이 설립자인 경우
2차 출자법인	6. 해당 법인에 30% 이상을 출자하고 있는 법인에 30% 이상을 출자하고 있는 법인이나 개인
기타	7. 해당 법인이 독점규제 및 공정거래에 관한 법률에 의한 기업집단에 속하는 법인인 경우 그 기업집단에 소속된 다른 계열회사 및 그 계열회사의 임원

② 소액주주 등은 발행주식총수 또는 출자총액의 1%에 미달하는 주식 또는 출자지분을 소유하는 주주 등을 말하며, 지배주주 등은 법인의 발행주식총수 또는 출자총액의 1% 이상의

주식 또는 출자지분을 소유한 주주 등으로서 그와 특수관계에 있는 자와의 소유 주식 또는 출자지분의 합계가 해당 법인의 주주 등 중 가장 많은 경우의 해당 주주 등을 말한다.
③ 생계유지자와 생계를 함께하는 친족의 범위는 다음과 같다.

생계유지자	해당 주주 등에게 급부로 받는 금전, 기타의 재산수입과 급부로 받는 금전, 기타의 재산운용에 의하여 생기는 수입을 일상생활비의 주된 원천으로 하고 있는 자
생계를 함께하는 친족	주주 등 또는 생계를 유지하는 자와 일상생활을 공동으로 영위하는 친족

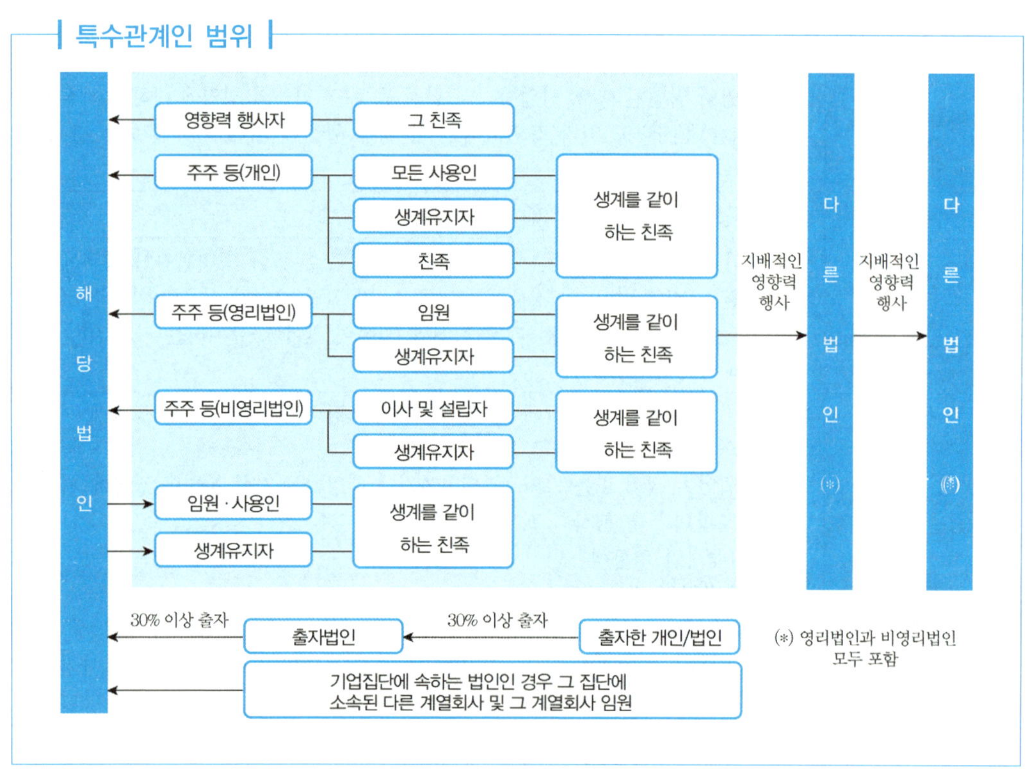

52-88…1 부당행위계산의 유형

① 조세의 부담을 부당히 감소시킨 것으로 인정되는 경우는 다음과 같다.

구분	내용
고가매입 · 저가양도	1. 자산을 시가보다 높은 가액으로 매입 또는 현물출자받았거나 그 자산을 과대상각한 경우 2. 자산을 무상 또는 시가보다 낮은 가액으로 양도 또는 현물출자한 경우. 다만, 주식매수선택권(영 §20 ① 3. 각 목 외의 부분에 해당하는 주식매수선택권) 등의 행사 또는 지급에 따라 주식을 양도하는 경우는 제외 3. 특수관계인인 법인 간 합병(분할합병 포함), 분할에 있어서 불공정한 비율로 합병, 분할하여 합병, 분할에 따른 양도손익을 감소시킨 경우[다만, 자본시장법 §165의4에 따라 합병(분할합병 포함), 분할하는 경우 제외]
저리대여 · 고리차용	4. 금전, 그 밖의 자산 또는 용역을 무상 또는 시가보다 낮은 이율, 요율이나 임대료로 대부하거나 제공한 경우. 다만, 다음 경우는 제외한다. ㉠ 주식매수선택권 등의 행사 또는 지급에 따라 금전을 제공하는 경우 ㉡ 주주 등이나 출연자가 아닌 임원(소액주주 등인 임원 포함) 및 사용인에게 사택(임차사택 포함)을 제공하는 경우 5. 금전 기타 자산 또는 용역을 시가보다 높은 이율, 요율이나 임차료로 차용하거나 제공받은 경우
자본거래	6. 다음의 어느 하나에 해당하는 자본거래로 인하여 주주 등인 법인이 특수관계인인 다른 주주 등에게 이익을 분여한 경우 ㉠ 특수관계인인 법인 간의 합병(분할합병 포함)에 있어서 주식 등을 시가보다 높거나 낮게 평가하여 불공정한 비율로 합병한 경우[단, 자본시장법 §165의4에 따라 합병(분할합병 포함)하는 경우는 제외] ㉡ 법인의 자본(출자액 포함)을 증가시키는 거래에 있어서 신주(전환사채, 신주인수권부사채, 교환사채 등 포함)를 배정, 인수받을 수 있는 권리의 전부 또는 일부를 포기(포기한 신주가 자본시장법 §9 ⑦에 따른 모집방법으로 배정되는 경우 제외)하거나 신주를 시가보다 높은 가액으로 인수하는 경우 ㉢ 법인의 감자에 있어서 주주 등의 소유주식 등의 비율에 의하지 아니하고 일부 주주 등의 주식 등을 소각하는 경우 7. 6. 외의 경우로서 증자, 감자, 합병(분할합병 포함), 분할, 전환사채 등에 의한 주식의 전환, 인수, 교환 등 법인의 자본(출자액 포함)을 증가시키거나 감소시키는 거래를 통하여 법인의 이익을 분여하였다고 인정되는 경우(단, 주식매수선택권 등의 행사에 따라 주식을 발행하는 경우는 제외)
기타	8. 무수익자산을 매입 또는 현물출자받았거나 그 자산에 대한 비용을 부담한 경우 9. 불량자산을 차환하거나 불량채권을 양수한 경우 10. 출연금을 대신 부담한 경우 11. 파생상품에 근거한 권리를 행사하지 아니하거나 그 행사기간을 조정하는 등의 방법으로 이익을 분여하는 경우 12. 기타 위에 준하는 행위 또는 계산 및 그 외의 법인의 이익을 위하여 분여하였다고 인정되는 경우

* 1., 2., 4., 5. 및 이에 준하는 12.는 다음 중 어느 하나에 해당하여야 부당행위계산부인을 적용한다. (단, 주권상장법인이 발행한 주식을 한국거래소에서 거래한 경우 제외)

㉠ 시가 = 거래가액(또는 거래가액 - 시가) ≥ 3억 원
㉡ 시가 = 거래가액(또는 거래가액 - 시가) ≥ 시가 × 5%

② 다음의 경우는 조세의 부담을 부당히 감소시킨 것으로 인정되는 경우에 해당한다.

1. 특수관계인으로부터 영업권을 적정대가를 초과하여 취득한 때
2. 주주 등이 부담하여야 할 성질의 것을 법인이 부담한 때
3. 주주 또는 출자자인 비영리법인에게 주식비율에 따라 기부금을 지급한 때
4. 사업연도 기간 중에 가결산에 의하여 중간배당금 등의 명목으로 주주 등에게 금전을 지급한 때(상법 규정에 의한 중간배당 제외)
5. 대표자의 친족에게 무상으로 금전을 대여한 때(이 경우 대표자에게 대여한 것으로 본다)
6. 연임된 임원에게 퇴직금을 지급한 때

52-88-5	부당행위계산의 판정 기준시기

① 부당행위계산의 판정기준시점은 다음과 같다.

일반적인 경우	그 행위 당시를 기준으로 하여 해당 법인과 특수관계인 간의 거래(특수관계인 외의 자를 통하여 이루어진 거래 포함)에 대하여 적용함
불공정합병의 경우	합병등기일이 속하는 사업연도의 직전사업연도의 개시일(그 개시일이 서로 다른 법인이 합병한 경우에는 먼저 개시한 날)부터 합병등기일까지의 기간에 의함

② 법인이 특수관계인과 임대차거래를 함에 있어서 부당행위계산의 유형에 해당하는지 여부는 임대차계약일을 기준으로 판단하는 것이며, 임대료의 시가는 임대차계약 체결 시점에서 영 제89조 제1항, 제2항 및 제4항을 순차적으로 적용하여 산출한 가액으로 한다.

③ 법인이 특수관계인에게 양도하는 주식의 거래가액이 해당 주식의 매매계약일 현재 확정된 경우 해당 거래가 부당행위의 유형에 해당하는지 여부는 매매계약일 현재를 기준으로 판단한다.

52-89-1	시가가 불분명한 경우 시가의 범위

주식 등	상증법 §38부터 §39의3까지, §61부터 §66까지의 규정 및 조특법 §101를 준용하여 평가한 가액
위 외의 자산	• 1순위 : 감정평가법인이 감정한 가액이 있는 경우 그 가액 (감정가액이 2 이상인 경우에는 그 감정가액의 평균액) • 2순위 : 상증법 §38부터 §39의3까지, §61부터 §66까지의 규정 및 조특법 §101를 준용하여 평가한 가액

52-89-2 금전 외 자산과 용역의 시가

① 유형 또는 무형의 자산을 제공하거나 제공받는 경우

(해당 자산 시가의 50% - 그 자산의 제공으로 받은 전세금, 보증금) × 정기예금이자율(*)

(*) 정기예금이자율은 법인칙 §6의 정기예금이자율을 말하며, 계약일 현재 고시된 정기예금이자율을 적용

② 건설 기타 용역을 제공하거나 제공받는 경우

해당 용역의 제공에 소요된 금액(직접비, 간접비 포함) × (1 + 수익률)(*)

(*) 수익률은 해당 사업연도 중 특수관계인 외의 자에게 제공한 유사한 용역제공거래에 있어서의 수익률로서 기업회계기준에 의하여 계산한 [(매출액 - 원가) / 원가]를 말함

52-89-3, 4 금전의 대여 등에 대한 시가

금전의 대여 또는 차용의 경우에는 집행기준 52-89-1 제1항 및 제2항에 관계없이 가중평균차입이자율을 시가로 하고 다음과 같이 계산한다.

$$\text{가중평균 차입이자율} = \frac{\text{(자금대여시점의 각각의 차입금잔액}^{㉠} \times \text{차입 당시 각각의 이자율}^{㉡}\text{)의 합계액}}{\text{자금대여시점의 차입금 잔액의 총액}}$$

㉠ 차입금 잔액은 자금대여시점별로 계산하되, 특수관계인으로부터의 차입금과 채권자 불분명 사채, 비실명채권 등의 발행으로 조달된 차입금, 연지급수입이자 발생 차입금의 경우에는 제외한다.

㉡ 차입 당시 각각의 이자율 : 변동금리로 차입한 경우에는 차입 당시의 이자율로 차입금을 상환하고 변동된 이자율로 그 금액을 다시 차입한 것으로 본다.

한편, 가중평균차입이자율의 적용이 불가능한 경우 다음의 당좌대출이자율을 시가로 한다.

해당 대여금(차입금)에 한하여 적용	① 특수관계인이 아닌 자로부터 차입한 금액이 없는 경우 ② 차입금 전액이 채권자가 불분명한 사채 또는 매입자가 불분명한 채권, 증권의 발행으로 조달된 경우 ③ 대여자의 가중평균차입이자율과 대출이자율 〉 차입자의 가중평균차입이자율 ④ 대여한 날(계약을 갱신한 경우에는 그 갱신일)부터 해당 사업연도 종료일(해당 사업연도에 상환하는 경우는 상환일)까지의 기간이 5년을 초과하는 대여금(차입금)이 있는 경우
선택 사업연도와 이후 2개 사업연도에 적용	⑤ 당좌대출이자율을 시가로 선택하여 신고한 경우

52-89-5	가지급금 인정이자의 계산

① 법인이 특수관계인에게 금전을 무상 또는 낮은 이율로 대부한 경우 다음과 같이 계산한 인정이자와 회사가 계상한 이자와의 차이를 익금산입하고 귀속자에 따라 소득처분하여야 한다.

인정이자 = 가지급금 등의 적수(*) × 이자율 × 1/365(윤년의 경우 1/366)

(*) 가지급금 등의 적수 계산은 일별 적수계산방법에 따르며, 가지급금이 발생한 초일은 산입하고 가지급금이 회수된 날은 제외한다.

② 인정이자의 계산은 특수관계가 소멸하는 날까지 적용하는 것이며, 특수관계가 소멸한 이후에는 인정이자를 계산하지 아니한다.

③ 인정이자를 계산함에 있어 동일인에 대하여 가지급금과 가수금이 함께 있는 경우에는 이를 상계한 금액으로 계산한다. 다만, 가수금에 대하여 별도로 상환기간 및 이자율 등에 관한 약정이 있어 가지급금과 상계할 수 없는 경우에는 이를 상계하지 아니하고 인정이자를 계산한다.

52-89-7,8	기타

(52-89-7) 법인이 특수관계인 간의 금전거래에 있어서 상환기간 및 이자율 등에 대한 약정이 없는 대여금 및 가지급금 등에 대하여 결산상 미수이자를 계상한 경우에도 동 미수이자는 익금불산입하고, 가지급금 인정이자를 계산하여 인정이자 상당액을 익금산입하고 귀속자에 따라 소득처분하며,

(52-89-8) 특수관계법인 간 대여금의 회수를 포기하고 대손처리한 경우에는 대손금의 손금처리를 부인하고, 채무자에게는 채무면제이익으로 익금산입하며, 포기 이후부터는 지급이자의 부인 및 인정이자의 익금산입을 하지 아니한다.

다. 인정이자와 지급이자 손금불산입

1) 인정이자와 지급이자 손금불산입 비교

인정이자는 부당행위계산부인의 한 유형으로 업무관련성이 있든 없든 적정이자를 수취하지 않는 경우 모두 해당되며, 지급이자 손금불산입은 업무와 관계 있는 대여에는 적용하지 않고 업무무관 대여에는 이자수취 여부와 관계없이 해당된다.

가지급금 등의 지급이자 손금불산입 규정의 입법취지는 기업자금의 비생산적 활용을 규제하기 위한 것에 있고 부당행위계산을 부인하기 위한 인정이자 규정과 별개의 규정이므로, 인정이자의 익금산입과 지급이자 손금불산입은 이중으로 적용될 수 있다.

구 분	인정이자	지급이자 손금불산입
판단기준	• 업무관련 여부와 관계없이 • 무상, 저율대여이면 모두 해당	• 업무와 무관한 대여이면 • 이자수취 여부와 관계없이 해당
소득처분	귀속자에 따라 상여, 배당, 기타소득 등 처분	기타사외유출

2) 지급이자 손금불산입 규정의 적법성

지급이자 손금불산입 규정의 입법 목적은 차입금을 보유하고 있는 법인이 특수관계자에게 업무와 관련 없이 가지급금 등을 지급한 경우에는 이에 상당하는 차입금의 지급이자를 손금불산입하도록 하는 조세상의 불이익을 주어, 차입금을 생산적인 부분에 사용하지 않고 계열사 등 특수관계자에게 대여하는 비정상적인 행위를 제한함으로써 타인자본에 의존한 무리한 기업 확장으로 기업의 재무구조가 악화되는 것을 방지하고, 기업자금의 생산적 운용을 통한 기업의 건전한 경제활동을 유도하는 데 있다.

이러한 입법 목적을 달성하기 위하여 손금불산입에 해당하는 '가지급금 등'의 범위를 어떻게 정할 것인가는 금융시장 및 실물경제의 상황 등 국가의 경제사정이나 기업정책 등 여러 가지 경제상황의 변화에 따라 달라질 수 있어 국회 제정의 법률에 비하여 탄력적인 행정입법에 위임할 필요성이 인정되고,

이 규정은 '제20조의 규정에 의한 특수관계에 있는 자'로 지급대상을 한정하며, '업무와 관련 없는 자금'으로 자금의 성격을 제한하고 있는 등 그로부터 대통령령에 규정될 내용의 대강을 예측할 수 있어 헌법이 정한 위임입법의 한계를 준수하고 있다고 할 것이므로, 조세법률주의, 포괄입법금지의 원칙, 평등의 원칙 등에 위배되지 않는다(헌법재판소 2007.1.17. 선고, 2005헌바75 결정).

한편, 구 법인세법 시행령(1998.12.31. 대통령령 제15970호로 전문 개정되기 전의 것) §43의2 ② 제2호는 '업무와 관련 없는 가지급금 등'의 범위를 '명칭 여하에 불구하고 당해 법인의 업무와 관련이 없는 자금의 대여액'으로 규정하고 있는바,

이는 입법 목적을 구현하기 위하여 가지급금 등의 범위를 구체적으로 규정한 것으로 모법의 위임범위를 벗어났다거나 한계를 일탈한 것이라고 할 수 없다(대법원 2007.9.20. 선고, 2006두1647 판결).

3) 금전대여 시가규정의 변천연혁(법인령 § 89 ③)

가) 2007.2.28.~2009.2.3.

원칙	가중평균차입이자율
예외	가중평균차입이자율의 적용이 불가능한 경우로써 특수관계자가 아닌 자로부터 차입한 금액이 없거나 차입금 전액이 채권자가 불분명한 사채 또는 매입자가 불분명한 채권, 증권의 발행으로 조달된 경우는 당좌대출이자율을 적용

나) 2009.2.4.~2010.12.31.

원칙	가중평균차입이자율과 당좌대출이자율 중 납세자가 선택하고, 선택하지 않은 경우 당좌대출이자율 적용
예외	가중평균차입이자율을 선택하였으나 이후 사업연도에 적용이 불가능한 경우(법인칙 §43 ③), 해당 사업연도에 한하여 당좌대출이자율 적용 가능

다) 2011.1.1. 이후

원칙	가중평균차입이자율
예외	다음 각 경우에는 당좌대출이자율 적용 ① 가중평균차입이자율 적용이 불가능한 경우로서 기획재정부령이 정하는 경우(*) ② 대여기간이 5년을 초과하는 대여금이 있는 경우 등 기획재정부령이 정하는 경우(*) ③ 해당 법인이 §60에 따른 신고와 함께 기획재정부령으로 정하는 바에 따라 당좌대출이자율을 시가로 선택한 경우(**) (*) 해당 대여금 또는 차입금에 한정하여 당좌대출이자율을 시가로 한다. (**) 당좌대출이자율을 시가로 하여 선택한 사업연도와 이후 2개 사업연도는 당좌대출이자율을 시가로 한다.

라. 재결청이 주로 조사하는 내용[30)]

부당행위계산의 부인은 현 세무행정에서 납세자와의 다툼이 가장 빈번하게 발생하는 분야 중 하나이다.

1) 부당행위계산 적용 요건

행위 당시 특수관계 있는 자와의 거래이어야 하고, 법인세법상 열거된 거래행위 등으로

30) 조세심판원 업무편람과 판례, 심판례, 심사례 등에서 나타난 과세 이슈를 참고하였다. 이하 같다.

인하여 조세의 부담이 부당하게 감소되었다고 인정되는지 여부에 대한 판단이 필요한바, 그 거래행위가 건전한 사회통념이나 상관행에 비추어 경제적 합리성을 결한 비정상적인 것인지의 여부를 선결정례 등에 의해 파악한다.

2) 부동산의 저가임대 여부(비교대상 실사례가 없는 경우)

가) 1998.12.31. 이전

당해 부동산과 유사한 조건에 있는 부동산으로서 특수관계자가 아닌 제3자 간에 일반적으로 거래된 가격이 있으면 이를 기준으로 판단하므로, 이런 매매사례를 조사하고 매매사례가 없는 경우 국유재산 임대요율(공시지가의 5%)을 적용한다.

나) 1999.1.1. 이후

당해 부동산과 유사한 조건에 있는 특수관계 없는 자 간에 거래된 가격이 있으면 이를 기준으로 판단하고,

이런 기준이 없는 경우 ① 당해 자산의 시가의 50% 금액에서 그 자산의 제공으로 받은 전세금 등을 차감한 금액에 정기예금이자율을 곱하여 산출한 금액과, ② 당해 자산의 상각비 및 공과금, 수선비 등 유지관리비의 합계액 중 큰 금액을 적용하여 판단하므로 이와 관련된 사항을 조사한다.

다) 2001.1.1. 이후

당해 부동산과 유사한 조건에 있는 특수관계 없는 자 간에 거래된 가격이 있으면 이를 기준으로 판단하고, 이런 기준이 없으면 당해 자산 시가의 50% 금액에서 그 자산의 제공으로 받은 전세금 등을 차감한 금액에 정기예금이자율을 곱하여 산출한 금액을 적용하여 판단하므로 이와 관련된 내용을 조사한다.

3) 인정이자 및 지급이자 손금불산입의 이자율

인정이자를 계산해야 하는 거래의 경우 지급이자 손금불산입대상에도 해당되는 경우가 많으나 반드시 일치하는 것은 아니며, 거래 상대방이 개인・개인사업자・법인인지 여부와 이자율 및 상환기간 약정의 유무, 법인의 차입이자율 등을 조사하여 당좌대출이자율을 적용할 것인지 높은 이자율을 적용할 것인지 여부를 판단한다.

또, 법인이 특수관계자에게 무상 또는 저율로 금전을 대부한 경우에는 적정 이자율로 계산한 인정이자와 실제 수입이자와의 차액을 익금산입하였는지 조사하고, 지급이자 손금불산입 규정 적용 시에는 적정이자의 수령 여부와 관계없이 지급이자 상당액을 부인하므로 이런 사항들을 조사한다.

4) 업무무관가지급금

가) 업무무관가지급금 해당 여부

업무무관가지급금이란 특수관계자에게 업무와 관련 없이 지급한 가지급금 등으로 일반 법인의 경우 명칭 여하에 불구하고 당해 법인의 업무와 직접적인 관련이 없는 자금의 대여액, 금융기관의 경우 주된 수익사업으로 볼 수 없는 자금의 대여액을 포함하며, 업무와 직접 관련 없이 지급된 가지급금 등의 범위를 상당히 넓게 해석하고 있다는 점을 고려하여 조사한다.

금융업을 영위하는 법인의 주된 수익사업으로 볼 수 없는 자금의 대여도 가지급금에 해당하고, 금융업을 영위하지 않는 법인에 당해 법인의 출자자 등에게 대여한 자금도 가지급금으로 보므로 이자를 수령하는 대여라 하더라도 가지급금에 해당함에 유의하여 조사한다.

그리고 그 이자율이 적정할 경우에는 인정이자의 계산대상에서는 제외되나, 지급이자손금불산입대상 가지급금이라는 것에 주의하여야 하므로 이런 사항들을 파악한다.

나) 가수금과의 상계 여부

업무무관가지급금 등의 합계액을 계산함에 있어서 동일인에 대한 가지급금과 가수금이 함께 있는 경우에는 이를 상계한 잔액으로 하나, 가지급금이나 가수금의 발생시 각각 상환기간・이자율 등에 관한 약정이 있어 이를 상계할 수 없는 경우에는 상계하지 못하므로 이 사항에 해당하는지 여부를 조사한다.

다) 업무무관가지급금에서 제외되는 경우인지 확인

다음 각 경우는 업무무관가지급금에서 제외되는 경우이므로 사실관계에 기초한 거래가 이에 해당하는지 여부를 조사한다.

① 지급의제된 배당소득과 상여금에 대한 소득세를 법인이 대납한 금액(지급의제 소득에 대한 소득세를 한도로 함)
② 유사한 국외에 자본을 투자한 내국법인이 당해 국외투자법인에 종사하거나 종사할 직원의 여비・급료 기타 비용을 대신 부담한 금액
③ 우리사주조합 또는 그 조합원에게 당해 법인 주식 취득에 소요되는 자금의 대여액
④ 국민연금법에 의해 근로자가 지급받은 것으로 보는 퇴직금전환금
⑤ 귀속이 불분명하여 대표자 상여로 처분한 금액에 대한 소득세를 법인이 대납한 금액
⑥ 사용인에 대한 월정급여액의 범위 안에서의 일시적인 급료의 가불금
⑦ 사용인에 대한 경조사비 또는 학자금(자녀의 학자금을 포함)의 대여액
⑧ 금융기관부실자산 등의 효율적 처리 및 한국자산관리공사의 설립에 관한 법률에 의한 한국자산관리공사가 출자총액의 전액을 출자하여 설립한 법인에 대여한 금액

마. 주요 예규

(1) 상장법인이 보유하고 있는 비상장법인의 주식을 자본시장법에 따라 외부전문 평가기관의 평가를 받아 해당 평가액으로 특수관계인에게 양도하는 경우에도 조세부담을 부당하게 감소시킨 것으로 인정되는 경우에는 부당행위계산부인 규정 적용(서면법규과-1320, 2014.12.16.)

(2) 비상장법인의 특수관계자인 법인주주가 유상증자에 참여함에 있어서 발행주식의 시가보다 고가로 신주를 인수한 행위자체만으로는 부당행위계산부인대상 여부를 판단하는 것은 아님. 다만 증자참여 행위가 특수관계자인 주식발행법인에게 자금을 무상지원하기 위한 것으로서 건전한 사회통념이나 상관행에 비추어 경제적 합리성을 무시한 비정상적인 거래행위이고, 당해 신주인수법인의 소득금액에 영향을 미쳐 조세의 부담을 부당히 감소시킨 것으로 인정되는 경우에는 부당행위계산에 해당(법인세과-750, 2009.2.23. ; 법인세과-222, 2011.3.25.)

(3) 법인령 §87에 따른 특수관계인 판정 시 '배우자의 3촌 이내 혈족과 사실상의 혼인관계에 있는 배우자'는 국기령 §1의2 ① 2호의 '4촌 이내의 인척'에 해당하지 않음(서면법규과-897, 2013.8.20.)

(4) 내국법인이 특수관계에 있는 법인을 합병하면서 불공정한 비율로 합병하여 정상적으로 받아야 할 합병대가의 총합계액 중 주식 등의 가액이 80% 이상이 되지 않는 경우에는 법인법 §44 ②에 따른 적격합병으로 볼 수 없으며, 불공정한 비율로 합병하여 양도소득을 과소계상한 것에 대해서는 부당행위계산부인 적용대상임(법규과-1212, 2011.9.14. ; 법인세과-695, 2011.9.21.)

(5) 지주회사가 개발하여 자산계상 후 감가상각을 통하여 손금에 산입하고 있는 ERP 설비를 자회사가 사용하고 사용료를 지불하면서, 이와 별도로 해당 설비의 개발비를 지주회사에게 지급하는 것은 지주회사가 부담하여야 할 비용을 자회사가 부담하는 것에 해당하는 경우이므로 부당행위계산부인 적용대상임(서면인터넷방문상담2팀-1271, 2005.8.5.)

(6) 내국법인이 특수관계자와 거래함에 있어 자산을 시가보다 낮은 가액으로 양도하거나, 높은 가액으로 양수하여 시가와 거래가액의 차액이 3억 원 이상이거나 시가의 5%에 상당하는 금액 이상인 경우에는 부당행위계산부인 적용대상임. 이 경우, 자산을 시가보다 높은 가액으로 양수한 경우 시가 초과분은 손금산입(△유보) 및 익금산입(기타사외유출)하고, 시가보다 낮은 가액으로 양도한 경우 시가 미달분은 익금산입(기타사외유출) 처분(법인세과-932, 2009.8.27.)

(7) 주주에게 우회적으로 자금을 지원할 목적 없이, 상법(2011.4.14. 법률 제10600호로 개정된 것) §341에 따라 주주로부터 자기주식을 취득하면서 지급한 금액은 인정이자 계산대상 가지급금에 해당되지 않음(서면법규과-168, 2014.2.25.)

(8) 내국법인이 해외현지법인에 시설 및 운영자금을 대여한 경우 그 자금의 대여가 사실상 당해 내국법인의 영업활동과 관련된 것인 때에는 업무무관가지급금으로 보지 않음(법인-599, 2009.5.21. ; 법인세과-33, 2012.1.10.)

(9) 특수관계인에게 지급보증 또는 담보제공 용역을 제공하고 공정하고 정당한 대가를 수취하지 않음으로서 조세의 부담을 부당하게 감소시킨 것으로 인정되는 경우에는 부당행위계산부인 적용대상임(법인세과-665, 2013.11.29. ; 법인세과-270, 2014.6.16.)

(10) 법인이 종업원에게 주택자금을 무상 또는 저리로 대여하는 경우에는 부당행위계산부인 적용대상이며, 지방으로 이전하는 종업원의 이사비용을 사회통념상 타당하다고 인정되는 범위 안에서 실비변상적으로 지급하는 금액은 법인의 손금에 산입할 수 있는 것으로, 이 경우 종업원에게 지급하는 이사비용은 지출증빙 수취대상에 해당하지 않음(법인세과-705, 2010.7.26.)

(11) 내국법인이 직접 임차한 주택을 사용하는 해당 종업원에게 일정수준의 수수료를 부담하게 하는 경우, 해당 주택은 임차사택에 해당하지 않으므로 부당행위계산부인 적용대상이나(법인세과-388, 2012.6.15.), 사규에 따른 기준금액 내의 임차보증금은 법인이 부담하고, 기준금액을 초과하는 임차보증금 또는 매월 지급하는 임차료는 종업원이 부담하는 것으로 각각 구분 표시하여 법인과 종업원을 공동임차인으로 하는 임대차계약을 체결하는 경우, 내국법인이 부담하는 임차보증금은 부당행위계산부인규정을 적용하지 않음(법규법인 2011-535, 2011.12.29. ; 법인세과-323, 2012.5.23.)

(12) 주주가 특수관계 있는 개인들로 구성된 내국법인이 차등배당을 실시하는 경우, 배당을 하는 법인과 주주들 간에는 부당행위계산부인규정이 적용되지 않음(서면법규과-

364, 2013.3.29.)

(13) 내국법인이 국외특수관계법인의 보증채무를 대위변제하고 구상채권으로 계상한 경우 부당행위계산부인 규정이 적용되며, 대위변제한 날부터 보증한 법인의 청산이 종료되어 특수관계가 소멸하거나 국외특수관계법인의 파산선고로 사실상 특수관계가 소멸함으로써 당해 구상채권금액을 국외특수관계법인에게 소득처분하는 날까지 인정이자 계산함(서면2팀-2661, 2004.12.17. : 서면인터넷방문상담2팀-841, 2007.5.4.)

(14) 특수관계자인 주채무자의 파산으로 지급보증한 채무에 대하여 채권자의 강제집행 등에 의하여 대위변제하는 경우 이는 주채무자에게 직접 대여한 것이 아니므로 업무와 관련 없이 지급한 가지급금에 해당하지 않으나(재경부 법인 46012-170, 2000.11.2.), 주채무자의 사업부진 등으로 동 채무를 임의로 대위변제하는 경우에는 자금의 대여에 해당하는 것이므로 업무와의 관련성 여부에 따라 업무무관가지급금 여부를 판정함(재법인-106, 2004.2.13.)

(15) 특수관계 있는 내국법인 간에 부동산 임대차 거래를 함에 있어, 임대료의 시가는 법인령 §89 ① → ② → ④을 순차적으로 적용하여 산출한 가액으로 함(법인세과-526, 2014.11.28.)

(16) 법인령 §89 ③(2010.12.30. 대통령령 제22577호로 개정된 것)은 2011.1.1. 이후 최초로 법인세를 신고하는 사업연도 분부터 적용되며, 동 규정을 적용함에 있어 같은 항 단서에 해당하지 않는 경우 가중평균차입이자율을 시가로 함(법인세과-556, 2011.8.5.)

바. 주요 판례 소개

Case 1 대법원 2014.8.26. 선고, 2014두4719 판결

甲회사가 특수관계자인 乙회사에 당초 당좌대출이자율로 대여하였다가 법령 개정에 따라 가중평균차입이자율로 이자율을 변경하고 법인세 신고하였는데, 개정 전에 대여한 금전에 대하여도 변경된 이자율을 적용한 것은 금전을 시가보다 낮은 이율로 대부한 경우에 해당한다고 보아 甲회사에 법인세 부과한 사안에서, 부당행위계산부인대상에 해당하지 않는다고 판단한 사례

대여이자율 변경계약은 특수관계자 사이의 금전대부에 관하여 시가로 보는 이자율을 새롭게 정한 개정 법인령 §8 9 ③의 시행에 맞추어 최초 융통계약에서 정한 대여금의 이자율을 변경한 것임을 알 수 있고, 이러한 사정과 아울러 개정 법인령 §89 ③은 종전의 당좌대출이자율이 거래의 실상을 제대로 반영하지 못하고 있다는 반성적 고려에서 시가로 보는 이자율을 가중평균차입이자율로 변경한 것으로 보이는 점 등을 고려하면, 원고가 개정 법인령 §89 ③ 시행 후 이자율 변경계약을 체결하여 최초 융통계약에서 정한 이자율을 가중평균차입이자율을 기준으로 변경하였다고 하여 이를 건전한 사회통념이나 상관행에 비추어 경제적 합

리성을 결여한 비정상적인 거래행위로서 부당행위계산부인대상에 해당한다고 보기는 어렵고, 개정 법인령 부칙 §18 ②이 법인령 §89 ③의 적용대상을 제한하고 있다고 하여 달리 볼 것은 아니다.

그런데도 원심은, 그 판시와 같은 이유만으로 원고가 이 사건 대여금에 대하여 2007.3.1.부터 연 5.5%의 이자율을 적용한 것이 구 법인령 §88 ① 제6호에서 정한 '금전을 시가보다 낮은 이율로 대부한 경우'에 해당한다고 보아 피고가 그에 대하여 인정이자를 익금산입한 것이 적법하다고 판단하고 말았는바, 이는 부당행위계산부인에 관한 법리를 오해하여 판단을 그르친 것이다.

원고인 甲회사는 2007.1.2. 특수관계자인 乙회사 등과 자금대여에 관한 약정(이하 '당초계약')을 체결하면서 대여금 이자율은 당시 법인세법 시행령에 따라 국세청장이 고시하는 당좌대출이자율로 정하였다.

2007.2.28. 동 시행령이 개정되어(대통령령 제19891호) 특수관계자 사이 금전대부에 관하여 시가로 보는 이자율을 종전 당좌대출이자율에서 가중평균차입이자율로 변경되자, 甲회사와 乙회사 등은 당초계약을 변경하여 새로운 계약(이하 '1차 변경계약')을 체결하면서 2007.2.28. 이전 거래분은 개정 전 시행령에 따라 당좌대출이자율로, 2007.3.1. 이후 거래분에 대하여는 시중은행 1년 만기 정기예금이자율로 정하였다가 2007.7.24. 연 5.5%로 변경하여 체결(이하 '2차 변경계약')하였다.

甲회사는 위 각 계약에 따라 乙회사 등에 대여한 금전에 적용되는 이자율을 2007.2.28.까지는 당좌대출이자율을 기준으로 정한 연 9%로, 2007.3.1.부터는 가중평균차입이자율을 고려한 연 5.5%로 계산하여 2007·2008·2009 사업연도 각 법인세를 신고하였다.

과세관청은 甲회사가 2007.2.28. 전에 대여한 금전에 대하여도 2007.3.1.부터 연 5.5%의 이자율을 적용한 것은 구 법인세법 시행령 §88 ① 제6호에서 정한 '금전을 시가보다 낮은 이율로 대부한 경우'에 해당한다고 보아 당좌대출이자율인 연 9%를 기준으로 인정이자를 계산하여 익금에 산입하여 甲회사에 2007·2008·2009 사업연도 각 법인세를 부과한 것이다.

여기에 대해 대법원은 부당행위계산의 부인은 경제인의 입장에서 볼 때 부자연스럽고 불합리한 행위계산을 함으로 인하여 경제적 합리성을 무시하였다고 인정되는 경우에 한하여 적용되는 것이고, 경제적 합리성의 유무에 관한 판단은 거래행위의 여러 사정을 구체적으로 고려하여 과연 그 거래행위가 건전한 사회통념이나 상관행에 비추어 경제적 합리성을 결여한 비정상적인 것인지의 여부에 따라 판단하되, 비특수관계자 간의 거래가격, 거래 당시의 특별한 사정 등도 고려하여야 하므로(대법원 2012.11.29. 선고, 2010두19294 판결 등 참조),

비록 개정 시행령 부칙이 §89 ③은 이 영 시행 후 최초로 대여 또는 차용하는 분부터 적용한다고 규정하고 있다 하여도 甲회사가 개정된 시행령에 맞추어서 대여이자율을 변경하였고, 시행령이 개정된 원인이 종전의 당좌대출이자율이 거래의 실상을 제대로 반영하지 못하고 있다는 반성적 고려에서 당좌대출이자율 대신 가중평균차입이자율을 시가로 본다고 변경한 것으로 보이는 점 등을 고려하면 최초 융통계약에서 정한 이자율을 가중평균차입이자율을 기준으로 변경하였다고 하여 이를 건전한 사회통념이나 상관행에 비추어 경제적 합리성을 결여한 비정상적인 거래행위로서 부당행위계산부인대상으로 보기 어렵다고 판단하였다.

대조적으로 이 사건의 원심(서울고등법원 2014.2.12. 선고, 2013누11415 판결)은 대법원과 달리

㈎ 당초계약과 두 차례 변경계약의 당사자가 동일한 점,
㈏ 두 차례 변경계약은 차입금에 적용되는 이자율을 제외한 나머지 부분에 있어서 당초계약과 그 내용이 거의 동일한 점,
㈐ 1차 변경계약은 2007.2.28. 이전 금전 소비대차 거래분에 대하여도 규율하고 있는 점

등을 종합하면, 두 차례 변경계약은 최초 융통계약의 내용을 일부 변경한 계약이라고 봄이 타당하며, 이 사건 시행령 부칙이 개정시행령은 이 영 시행 후 최초로 대여 또는 차용하는 분부터 적용한다고 적용범위를 명백히 규정하고 있어 이 사건 대여금에 대하여는 당자대월이자율이 적용된다고 보아야 하므로 부당행위계산부인 규정을 적용한 과세관청의 처분이 타당하다고 판단하였다.

Case 2 대법원 2014.6.26. 선고, 2012두23488 판결

주주인 법인이 특수관계자인 다른 법인으로부터 발행신주를 시가보다 높은 가액으로 인수하였다고 하더라도 이를 곧바로 부당행위계산으로 부인할 수는 없고, 다만 이로 인해 이익을 분여받은 다른 주주가 특수관계자인 경우에 구 법인세법 시행령 §88 ① 제8호 (나)목을 적용하여 부당행위계산부인을 할 수 있을 뿐이라는 사례

구 법인법(2005.12.31. 법률 제7838호로 개정되기 전의 것) §52 ①은 "납세지 관할세무서장 또는 관할지방국세청장은 내국법인의 행위 또는 소득금액의 계산이 특수관계자와의 거래로 인하여 그 법인의 소득에 대한 조세의 부담을 부당히 감소시킨 것으로 인정되는 경우에는 그 법인의 행위 또는 소득금액의 계산에 관계없이 그 법인의 각 사업연도의 소득금액을 계산할 수 있다"고 정하면서, 이에 따른 구 법인령(2007.2.28. 대통령령 제19891호로 개정되기 전의 것) §88 ①은 "법 §52 ①에서 '조세의 부담을 부당히 감소시킨 것으로 인정되는 경우'라고 함은 다음 각 호의 1에 해당하는 경우를 말한다"고 하면서 그 제1호에서는 "자산을 시가보다 높

은 가액으로 매입 또는 현물출자받았거나 그 자산을 과대상각한 경우"를 정하고 있고, 그 제8호에서는 "다음 각 목의 1에 해당하는 자본거래로 인하여 주주 등인 법인이 특수관계자인 다른 주주 등에게 이익을 분여한 경우"를 들고 그 나목에서 "법인의 증자에 있어서 신주를 배정받을 수 있는 권리의 전부 또는 일부를 포기하거나 신주를 시가보다 높은 가액으로 인수하는 경우"를 정하고 있다.

이러한 법령규정의 내용, 그리고 자본거래로 인한 순자산의 증가나 감소를 익금 또는 손금에 산입하지 아니하도록 정하고 있는 구 법인법 §15, §17, §19, §20의 각 규정 내용과 취지 등을 종합하여 보면, 주주인 법인이 특수관계자인 다른 법인으로부터 그 발행의 신주를 시가보다 높은 가액으로 인수하였다고 하더라도 이를 '자산을 시가보다 높은 가액으로 매입하는 경우' 또는 '그에 준하는 경우'에 해당한다고 보아 구 법인령 §88 ① 제1호(또는 제1호에서 정하는 행위에 준하는 행위에 관한 제9호)를 적용하여 부당행위계산부인을 할 수는 없고, 다만 신주의 고가 인수로 인하여 이익을 분여받은 다른 주주가 특수관계자인 경우에 구 법인령 §88 ① 제8호 나목을 적용하여 부당행위계산부인을 할 수 있을 뿐이라고 보아야 할 것이다.

이러한 법리에 비추어 원심이 원고가 구 법인법 §52 ①에서 정한 특수관계자에 해당하는 ㈜보○투자개발로부터 이 사건 신주를 시가보다 높은 액면가로 인수하였다고 하더라도 이러한 원고의 행위는 구 법인령 §88 ① 제1호에서 정한 '자산을 시가보다 높은 가액으로 매입하는 경우'에 해당하지 아니한다고 보아, 이와 다른 전제에서 구 법인령 §88 ① 제1호를 적용한 피고의 이 사건 처분이 위법하다고 하여 이를 취소한 것은 정당하다.

이 사건 원고인 ○○제약㈜는 ㈜○○투자개발 주식 53%를 보유한 최대주주로서 ○○투자개발이 상호저축은행으로부터 대출받은 채무에 대해 180억 원을 한도로 지급보증한 상태였다.

○○투자개발이 2014.10.15. @5,000원으로 하는 유상증자를 실시하였는데 원고회사는 자신에게 배당된 주식 외에 다른 주주들의 실권주를 포함하여 인수하고 인수대금 150억 원을 납입한 결과 원고회사의 지분율은 약 75%로 증가하였으며, ○○투자개발은 원고회사로부터 받은 증자대금 150억 원을 저축은행 채무상환에 사용하였다.

그 후 2005년 원고회사는 甲에게 이 사건 유상신주를 @10.14원에 매각하였고, 2006년에는 ○○투자개발 자본금을 10:1 비율로 감자한 후 乙에게 @101.4원에 매각하였다.

과세관청은 원고회사가 이 사건 유상증자에 참여한 것을 유상증자라는 형식으로 신주를 고가로 매수하여 ○○투자개발에 이익을 분여한 것으로 판단하고 인수가액 @5,000원에서 과세관청이 산정한 이 사건 유상증자 후 평가액 @499원을 뺀 차액을 분여이익으로 산정하여 법인령 §88 ① 제1호를 적용하여 법인세를 부과처분하였다.

이런 사실관계 속에서 원심과 대법원은 부당행위계산부인에 관한 법의 취지 등으로 보았을 때 주주인 법인이 특수관계자인 다른 법인으로부터 그 발행의 신주를 시가보다 높은 가액으로 인수한 경우 이로 인해 이익을 분여받은 다른 주주가 특수관계자인 경우에 한하여 구 법인령 §88 ① 제8호 나목을 적용하여 부당행위계산부인을 할 수 있을 뿐이며,

'자산을 시가보다 높은 가액으로 매입하는 경우' 또는 '그에 준하는 경우'에 해당한다고 보아 구 법인령 §88 ① 제1호(또는 제1호에서 정하는 행위에 준하는 행위에 관한 제9호)를 적용한 이 사건 처분은 위법하다고 판단하였다.

Case 3 대법원 2014.4.10. 선고, 2013두20127 판결

법인이 특수관계 없는 자와 거래한 결과 법인과 특수관계에 있는 자가 간접적으로 경제적으로 이익을 얻었더라도 부당행위계산에 해당하지 않는다고 판단한 사례

법인법 §28 ① 제4호 ㈏목이 규정한 '업무와 관련 없이 지급한 가지급금 등'에는 순수한 의미의 대여금은 물론 채권의 성질상 대여금에 준하는 것도 포함되지만(대법원 2009.4.23. 선고, 2006두19037 판결), 원칙적으로 법인이 특수관계에 있는 자에게 대여하였거나 이에 준하는 행위를 한 것으로 볼 수 있는 경우에 한하여 적용될 수 있을 뿐이고, 법인이 특수관계 없는 자와 거래함으로써 당해 법인과 특수관계에 있는 자가 간접적으로 편익을 누렸다고 하더라도 법인과 특수관계 없는 자 사이의 거래가 가장행위에 해당한다고 볼 특별한 사정이 있거나 법률에 마련된 개별적이고 구체적인 규정을 통해 이를 부인할 수 있을 정도에 이르지 않는다면 법인이 특수관계에 있는 자와 직접 거래를 한 것으로 보아 위 규정을 적용할 수는 없다.

또 부당행위계산이라고 함은 납세자가 정상적인 경제인의 합리적 거래형식에 의하지 아니하고 우회행위, 다단계행위, 그 밖의 이상한 거래형식을 취함으로써 통상의 합리적인 거래형식을 취할 때 생기는 조세의 부담을 경감 내지 배제시키는 행위계산을 말하고, 이런 부인규정을 둔 취지는 법인과 특수관계 있는 자와의 거래가 법인령 §88 ① 각 호에 정한 제반 거래형태를 빙자하여 남용함으로써 경제적 합리성을 무시하였다고 인정되어 조세법적인 측면에서 부당한 것이라고 보일 때 과세권자가 객관적으로 타당하다고 인정되는 소득이 있었던 것으로 의제하여 과세함으로써 과세의 공평을 기하고 조세회피행위를 방지하고자 하는 것이다.

따라서 법인이 매입한 자산이 수익파생에 공헌하거나 장래에 그 자산의 운용으로 수익을 얻을 가능성이 있는 등 수익과 관련이 있는 자산에 해당하고 그와 같은 매입행위가 행위 당시를 기준으로 할 때 건전한 사회통념이나 상관행에 비추어 경제적 합리성을 결여한 비정상적인 행위라고 할 수 없다면, 설령 법인이 특수관계 없는 자로부터 자산을 매입함으로써 법인과 특수관계에 있는 자가 경제적으로 어떠한 이익을 얻었다고 하더라도 이를 법인령 §88 ① 제2호 또는 제9호 소정의 부당행위계산에 해당한다고 할 수 없다.

이 사건 원고는 통신네트웍이나 휴대전화 등의 주요부품으로 사용되는 PCB를 제조·판매하는 회사로 ○○건설㈜는 특수관계자에 해당한다.

원고회사는 시행사인 甲으로부터 ○○건설이 시공하던 대구 소재 □□아파트 50세대를 매수하고 계약금과 중도금 합계 150억 원을 지급하였고, 다른 시행사인 乙로부터 역시 ○○건설이 시공한 부산 소재 △△호텔 객실 52실을 매수하고 그 대금 140억 원을 지급하였다.

甲은 원고회사로부터 받은 분양대금을 ○○건설에 대한 공사미수금 변제에 사용하였고, 乙은 원고회사로부터 받은 분양대금을 ○○건설에 대한 공사미수금 및 ○○건설이 보증한 乙의 □□상호저축은행에 대한 대출금 채무 변제에 사용하였다.

과세관청은 원고회사가 특수관계자인 ○○건설에 부당하게 자금을 제공하기 위한 방편으로 아파트와 호텔을 매수하였다는 이유로 법인세법 §28 ① 제4호 ㈏목 등에 따라 아파트와 호텔에 대한 분양대금 중 기지급한 대금부분에 관한 지급이자를 손금불산입하고 법인세법 §52 ①에 따라 그에 관한 인정이자를 익금산입하여 원고회사에 법인세를 부과처분하였다.

이상의 사실관계에 대해 대법원은 특수관계자가 아닌 원고회사와 甲 및 乙의 거래에 따라 원고회사의 특수관계자인 ○○건설이 간접적으로 편익을 누렸다고 하더라도, 원고회사와 甲 및 乙과의 거래가 가장행위 등에 해당하는 등 특별한 사정이 없고, 이런 경우를 부인할 수 있는 법률의 개별적이고 구체적인 규정이 없다면, 특수관계자 사이의 거래를 규율하는 규정을 적용할 수 없다고 판단한 것이다.

Case 4 대법원 2013.9.27. 선고, 2013두10335 판결

여러 자산을 포괄적으로 양수한 것으로 인정되는 경우에는 원칙적으로 개개의 자산별로 고가양수 등에 해당하는지를 판단할 것이 아니라, 포괄적 거래 전체로 고가양수 등에 해당하는지 판단하여야 한다는 사례

부당행위계산의 부인이란 경제인의 관점에서 볼 때 부자연스럽고 불합리한 행위 또는 계산을 함으로써 경제적 합리성을 무시하였다고 인정되는 경우에 한하여 적용되는 것이므로 여러 자산을 포괄적으로 양수한 것으로 인정되는 경우에는 원칙적으로 개개의 자산별로 그 거래가격과 시가를 비교하여 고가양수 등에 해당하는지 여부를 판단할 것이 아니라, 그 자산들의 전체 거래가격과 시가를 비교하여 포괄적 거래 전체로서 고가양수 등에 해당하는지 여부를 판단하여야 하며(대법원 1997.2.14. 선고, 95누13296 판결), 부당행위계산부인의 적용기준이 되는 '시가'에 대한 주장, 증명책임은 과세관청에 있다(대법원 2012.10.25. 선고, 2012두12006 판결).

따라서 원고가 ㈜○○로부터 이 사건 사업부문 전체를 포괄적으로 양수한 것이 아니라 각 사업부문을 구성하는 개별자산, 부채를 별도로 양수한 것이라는 사실을 인정하기에 부족하여 사업부문을 구성하는 개별자산인 투자유가증권과 부실매출채권만을 따로 떼어 고가양수 여부를 판단할 수 없고, 나아가 이 사건 사업부문 전체의 시가에 관한 피고의 입증도 부족하므로 법인세법상 부당행위계산부인 규정을 적용할 수 없다.

원고회사는 ㈜○○의 주주들이 설립한 회사이다. ㈜○○의 주주들은 2001.3.9. 발행주식 전부를 영국 법인인 △△사에 양도하고, 곧 이은 2001.3.12. ㈜○○의 4개 사업부문 중 생활용품 사업부문을 제외한 3개 사업부문을 352억 원에 원고회사로 양도하였다.

과세관청은 2005년 원고회사가 특수관계자인 ㈜○○로부터 투자유가증권을 고가로 인수하고, 부실매출채권을 인수하였다는 이유로 투자유가증권 장부가액과 보충적 평가액과의 차액 상당액과 부실매출채권 장부가액 상당액을 익금산입하여 기타사외유출로, 동액 상당액을 손금산입하여 △유보로 각 소득처분하여 과세표준을 경정하였다.

원고회사는 이에 불복하여 심판청구를 제기하였으나 조세심판원은 「법인세 과세표준을 경정하면서 익금산입 및 손금산입하여도 그 부인효과가 당해 사업연도 소득금액의 다과에 영향을 미치지 아니하는 한 그 사업연도에는 다툴 수 없고, 추후 투자유가증권의 처분에 따른 처분손익 등의 산정과 관련하여 부인효과가 나타나는 사업연도에 이르러 다툴 수 있다」며 부적법한 청구라는 이유로 각하하였다.

원고회사는 2007년에 투자유가증권을 처분하고 부실매출채권을 대손처리한 후 기존의 [손금산입 · △유보] 처분을 추인하여 [익금산입 · 유보] 처분하는 세무조정을 하여 법인세 신고한 다음 이 세무조정이 잘못되었다는 이유로 익금산입 조정한 금액을 취소하고 동액 상당의 결손금을 증액하여 달라는 취지의 경정청구를 하였으나, 과세관청은 당초 경정처분에 대한 변경이 없는 한 2007년 법인세 신고는 적정하다는 이유로 원고회사의 경정청구를 거부하였다.

이 사건 1심(서울행정법원 2012.8.23. 선고, 2011구합32256 판결)은 원고회사의 3개 사업부문 양수행위는 다음과 같은 이유에서 건전한 사회통념이나 상관행에 비추어 경제적 합리성을 갖춘 정상적 거래이므로 부당행위계산부인 규정을 적용할 수 없다고 판단하였다.

> ① 이 사건 사업양수도계약은 ㈜○○의 구 주주들이 △△에게 ㈜○○ 주식을 양도하기로 하는 이 사건 주식양수도계약의 선행조건으로서 △△가 ㈜○○의 사업부문 중 기타 사업부문을 제외한 생활용품 사업부문만을 인수할 수 있도록 기타 사업부문을 ㈜○○에서 분리하기 위한 방편으로 이루어졌다.
> ② ㈜○○의 구 주주들이 원고회사를 설립하였고, 이 사건 사업양수도계약 당시 ㈜○○의 구 주주들이 여전히 ㈜○○의 주식을 보유하고 있었던 관계로 원고회사와 ㈜○○가 특수관계자에 해당하기는 하지만, ㈜○○의 구 주주들은 이 사건 사업양수도계약 체결 이전인 2001.3.9.에 이미 ㈜○○의 주식을 △△에 모두 양도하기로 하는 이 사건 주식양수도계약을 체결하여 ㈜○○의 경영에 대하여 사실상 영향력을 상실한 상태였다.
> ③ 따라서 그 무렵 이 사건 주식양수도계약에 따라 ㈜○○를 경영하게 되는 △△가 ㈜○○의 구 주주들과 협상하여 원고회사의 기타 사업부문 양수대금의 액수를 정한 것으로 보이고, ㈜○○의 구 주주들이 일방적으로 위 대금을 결정할 수 있는 상황은 아니었다.
> ④ 원고회사가 ㈜○○에게 지급한 기타 사업부문 양수대금 351억 원은 △△로부터 ㈜○○의 구 주주들이 받은 돈으로서 실제로 △△의 자금으로 지급된 것이므로, △△로서는 기타 사업부문 양수대금을 시가보다 높게 정할 이유는 없었다.
> ⑤ 또한 원고회사가 ㈜○○에게 지급한 기타 사업부문 양수대금은 ㈜○○의 자산을 구성하게 되었지만, 2001.3.31. 당시 ㈜○○의 구주주들은 이 사건 주식양수도계약을 모두 이행한 상태였으므로 ㈜○○의 구 주주들이 이 사건 사업양수도계약을 통하여 이익을 분여받았다고 볼 수 없다.

즉 원고회사와 ㈜○○ 사이의 사업양수도계약은 사업시설뿐만 아니라 영업권 및 그에 관한 채권·채무 등 일체의 인적·물적 권리와 의무를 양수함으로써 양도인과 동일시되는 정도로 법률상의 지위를 그대로 승계하는 이른바 영업의 양도·양수로서 개별자산·부채가 별도로 이전되는 것이 아니라 영업의 동일성을 유지하면서 포괄적으로 이전되는 것이므로 양도대금도 기타 사업부문 전체를 대상으로 정하는 것이지 개별자산의 가격을 일일이 정하여 결정되는 것은 아니다 할 것이므로,

기타 사업부문 전체를 대상으로 정한 양도대금 351억 원 중 기존의 장부가액을 그대로 승계한 투자유가증권 부분만 특정하여 고가로 양수하였다고 보기는 어렵고, 투자유가증권의 장부가액이 상증법의 보충적 평가액보다 높다는 사정만으로 위와 같은 거래행위가 고가양수로서 조세부담을 부당히 감소시킨 경우에 해당한다고 볼 수 없다고 판단한 것이다.

이어 2심(서울고등법원 2013.5.2. 선고, 2012누28355 판결)도 1심의 판단근거에 다음 몇 가지 이유를 더하여 부당행위계산부인대상이 아니라고 판단하면서, 과세관청의 시가에 대한 입증이 부족하다는 점도 지적하였다.

① 과세관청이 제출한 증거들과 그 주장의 사정을 모두 고려하더라도, 이 사건 계약 당시에 이 사건 사업부문을 포괄적으로 평가하여 이를 양수하였다는 원고회사의 주장과 달리, 원고회사가 이 사건 사업부문을 구성하는 개별자산에 대한 순자산가액을 개별적으로 평가하는 방식으로만 그 양수대금으로 351억 원을 산정한 것이라고 단정하기에 부족하고, 달리 이를 인정할 객관적 증거도 발견할 수 없다.

② 비록 과세관청의 주장과 같이 ㈜○○가 2000.12.31.로 종료되는 사업연도를 기준으로 순손실이 발생하였다고 하더라도, 그러한 사정만으로 이 사건 계약 당시에 이 사건 사업부문에 관한 무형의 재산적 가치인 영업권의 가액을 "0원"으로 평가하는 것이 객관적이고 합리적인 평가라고 볼 근거로는 부족하다고 판단되고, 과세관청이 제출한 모든 증거만으로는 이 사건 계약 당시를 기준으로 이 사건 사업부문의 영업권을 "0원"으로 단정하기도 어려우며, 달리 이를 인정할 객관적, 구체적인 증거도 부족하다.

③ 과세관청은 이 사건 자산 중 투자유가증권이 고가로 평가되었다는 이유로, 상증법의 보충적 평가액을 그 산정기준으로 삼았던 것으로 보이는데, 이 사건에서 시가가 반드시 과세관청이 상증법으로 계산한 보충적 평가액으로만 인정되어야 한다고 볼 만한 합리적 사유나 객관적 근거를 발견하기 어렵다.

④ 가사 과세관청의 주장과 같이 이 사건 계약을 통하여 원고회사가 ㈜○○나 그 종전 주주들에게 어떠한 이익을 분여한 것으로 보려면, 원칙적으로 이 사건 계약을 통한 이 사건 사업부문의 양수가 전체적으로 원고회사에게는 불리하고 ㈜○○ 등에게는 유리하게 이루어졌다고 인정되어야 할 것이다.

그런데 과세관청이 이 사건 사업부문을 구성하는 나머지 개별자산에 관한 원고회사의 가액 평가는 모두 당해 자산의 시가나 그에 준하는 가액으로 볼 수 있음과 아울러, 이 사건 자산만을 적정하게 평가한다면 이 사건 사업부문의 전체 시가가 과세관청의 위 주장과 같이 266억 원에 해당한다는 점에 관하여는 객관적이고 구체적인 증명을 하지 않았다.

대법원도 행정법원과 고등법원의 판단을 존중하여 사업부문을 구성하는 개별자산인 투자유가증권과 부실매출채권만을 따로 떼어 고가양수 여부를 판단할 수 없고, 사업부문 전체의 시가에 관한 과세관청의 입증도 부족하므로 법인세법상 부당행위계산부인 규정을 적용할 수 없다고 판단한 사례이다.

Case 5 대법원 2009.4.23. 선고, 2006두19037 판결

특수관계법인의 은행대출을 위해 정기예금을 담보로 제공한 경우 지급이자 손금불산입은 위법하지만, 부당행위계산부인으로 인정이자 익금산입은 타당하다고 판단한 사례

법인세법령에서 규정한 '업무와 관련 없이 지급한 가지급금 등'에는 순수한 의미의 대여금은 물론 채권의 성질상 대여금에 준하는 것도 포함되고, 그와 같은 금원이 업무와 관련 없이 지급된 이상 적정한 이자율에 의한 이자를 받았다고 하더라도 그에 해당하며, 이때 업무와 관련이 있는지 여부는 당해 법인의 목적사업이나 영업내용 등을 기준으로 객관적으로 판단하여야 한다(대법원 2008.9.25. 선고, 2006두15530 판결).

원고의 정기예금 예치와 하나은행 등의 특수관계법인들에 대한 대출이 별개로 이루어진 법률행위인 이상, 원고의 하나은행 등에 대한 담보 제공행위가 특수관계법인들에 대한 직접적인 대여행위에 해당한다거나 그에 준하는 행위라고 볼 수는 없고, 이는 원고가 정기예금을 담보로 제공함으로써 특수관계법인들이 대출받는 편익을 누렸더라도 마찬가지다(대법원 2006.5.25. 선고, 2004두13660 판결). 이런 취지에서 원심이 원고가 정기예금을 담보로 제공하여 특수관계법인들로 하여금 하나은행 등으로부터 그 상당액을 대출받게 한 것이 특수관계법인들에 대한 대여 등의 가지급금에 해당한다고 볼 수 없다고 판단한 것은 정당하다.

그러나 원고가 높은 대출이자를 부담하고 있었음에도 불구하고, 이러한 차입금을 상환하지 않고 금원을 낮은 이율의 정기예금에 예치한 후 이를 특수관계법인들의 대출금에 대한 담보로 제공한 행위는, 그로 인한 지급이자와 수입이자 사이에 현저한 차이가 있어 원고의 수입 감소가 예상되고, 원고가 담보로 제공한 정기예금은 특수관계법인들이 대출금을 상환할 때까지 인출할 수 없어 유동성을 상실하게 되고, 대출금이 변제되지 아니할 경우 정기예금을 상실하게 되는 위험을 감수하게 되는 등의 사정에 비추어, 경제적 합리성을 무시한 비정상적인 거래로서 법인세법령 소정의 '이익 분여'에 해당하므로 부당행위계산부인 규정의 적용은 타당하다.

원고회사는 87억 원을 은행 정기예금에 예탁하고, 원고회사의 특수관계법인은 이 정기예금을 담보로 하나은행으로부터 60억 원을 대출받았다.

과세관청은 원고회사가 특수관계법인의 대출에 정기예금을 담보로 제공한 것은 실질적으로 특수관계법인에게 직접 자금을 대여한 것과 동일하다고 판단하고, 정기예금 상당액을 업무무관가지급금으로 보아 가지급금에 해당하는 차입금 지급이자를 손금불산입하고, 부당행위계산부인 규정을 적용하여 인정이자를 익금산입하여 원고회사에 법인세를 부과하였다.

원심과 대법원은 원고회사가 직접 특수관계법인에 직접 자금을 대여한 것이라고 볼 수 없기 때문에 업무무관가지급금이 아니고, 따라서 이에 상당한 지급이자 손금불산입은 위법하지만, 높은 대출이자를 부담하면서까지 저금리 예금을 계속 유지하였고, 특수관계법인의 상환 여부에 따라 예금을 상실할 수 있는 위험도 감수하였다는 것은 부당행위에 해당하므로 인정이자의 익금산입 처분은 타당하다고 판단하였다.

Case 6 대법원 2008.5.29. 선고, 2006두13831 판결

회사가 생산·판매하는 보일러와 관련된 특허권 및 실용신안권이 대주주 명의로 등록되어 있으나 실제로는 회사와 대주주가 공동으로 소유하는 것이면, 회사가 대주주에게 지급한 특허권 등의 사용료의 절반을 손금부인한 처분이 정당하다고 인정한 사례

일반적으로 과세처분취소소송에 있어서 과세요건 사실에 관한 입증책임은 과세관청에 있으나, 구체적인 소송과정에서 경험칙에 비추어 과세요건 사실이 추정되는 사실이 밝혀지면, 상대방이 문제로 된 당해 사실이 경험칙 적용의 대상 적격이 되지 못하는 사정을 입증하지 않는 한, 당해 과세처분을 과세요건을 충족시키지 못한 위법한 처분이라고 단정할 수는 없다(대법원 2002.11.13. 선고, 2002두6392 판결 ; 2005.1.13. 선고, 2003두10343 판결 등).

이 사건 특허권 등은 보일러를 생산·판매하는 원고와 소외회사들이 그 생산, 판매 과정에서 보일러의 기능향상 및 생산비 절감에 관하여 얻은 아이디어 등을 토대로 한 것이거나 다른 보일러 제조회사와 신제품·신기술 개발을 위해 경쟁하는 과정에서 획득된 것일 가능성이 높고, 그 기술의 내용에 비추어 단순한 구상만으로는 개발이 불가능하며, 기술의 실현가능성·효율성 등을 검증하기 위해 시제품의 제작 및 다양한 실험이 필요하고, 거기에는 상당한 설비 및 비용이 소요될 것이므로 어느 한 개인의 힘으로 이를 모두 고안해 내는 것은 매우 어려운 것으로 보이는 점 등을 종합하여 보면, 이 사건 특허권 등이 甲 명의로 되어 있지만 실제로는 원고가 개발하였거나 甲과 공동으로 개발한 것으로 원고와 甲의 공동소유이고 원고의 지분비율이 최소 50%를 상회한다는 사실이 충분히 추정된다.

따라서 앞서 본 법리에 따라, 이 사건 각 과세처분이 위법하다고 주장하는 원고에게 이 사건 특허권 등이 원고와 甲의 공유가 아니라 甲의 단독소유라는 사정(甲의 단독발명이었다는 사정) 또는 甲의 지분비율이 원고의 지분비율보다 더 높다는 사실을 입증하여야 할 부담이 돌아간다고 할 것인데, 甲이 1960년경부터 독자적으로 보일러 관련 기술개발을 해 오면서 여러 권의 서적을 저술하는 등 전문적인 지식을 가지고 있는 사실을 인정할 수 있으나, 그러한 사정 및 이 사건 특허권 등 등록 관련서류, 소외인의 자필 메모 등만으로는 이 사건 특허권 등을 甲 단독으로 발명하거나 고안하였다고 인정하기에 부족하고, 달리 이를 인정할 증거가 없으므로, 이 사건 각 과세처분이 과세요건을 충족시키지 못한 것으로서 위법하다고 단정할 수 없다. 따라서 원고와 甲이 이 사건 특허권 등을 2분의 1 지분의 비율로 공유하고 있다는 점에 대한 증명이 없다고 보아 이 사건 각 과세처분이 위법하다고 판단한 원심판결을 파기한다.

원고회사의 대주주인 甲은 원고회사 및 소외회사들의 실질적인 창업주로서, 1997년 이전과 1998년부터 2002년까지 사이 자신의 명의로 출원·등록된 보일러 관련 특허권 및 실용신안권에 대해 원고회사와 소외회사들에게 통상실시권을 허락하고 그 사용료로 매출액의 2.5%를 지급받고 있었다.

과세관청은 이 사건 특허권 등이 사실상 甲의 단독소유가 아니라 원고회사와 甲의 공동소유라고 보아 부당행위계산부인 규정을 적용하여 원고회사가 甲에게 지급한 특허권 등 사용료 중 50%를 손금불산입하고, 소외회사들이 甲에게 지급한 사용료 중 50%를 원고회사의 소외회사들에 대한 매출로 보아 익금산입하여 법인세 부과처분함과 동시에, 원고회사가 甲에게 지급한 사용료 중 50%에 해당하는 금액의 매입세액을 불공제하고 소외회사들이 甲에게 지급한 사용료 50%는 매출 부가가치세 과세표준에 가산하여 부가가치세를 과세하였다.

이상 사실관계 속에서 대법원이 이 사건 특허권 등이 甲의 단독소유가 아니라고 판단한 근거는 다음과 같이 요약된다.

① 원고회사는 이 사건 특허권 등의 출원이 이루어진 기간 중 부천개발실 또는 연소기연구실, 자동화연구실 등 연구개발 부서를 여럿 두고 보일러 전반에 관한 기술을 개발해 왔지만 어떠한 특허권이나 실용신안권을 등록하지 않았던 반면, 위 기간 중 甲은 하향식 가스보일러 연소기 등의 특허권과 전기온수순환펌프의 기포배출구조 등의 실용신안권 등 원고회사와 소외회사들의 보일러제품과 관련한 거의 모든 특허권 및 실용신안권을 출원하였다.

② 원고회사와 경쟁관계에 있는 ○○보일러㈜의 경우 2001.에 29억여 원, 2002.에 35억여 원, 2003.에 39억여 원 등의 연구개발비를 지출하면서 회사 명의로 약 200여개의 특허권 및 실용신안권 등을 보유하고 있다.

③ 甲은 1997. 이전에도 원고회사 및 소외회사들에 그 통상실시권을 부여하고 제품 매출액의 2.5%씩을 사용료로 지급받아 왔었는데, 당시의 과세관청이 1997. 2.경 원고와 甲이 위 특허권 등을 공유한다고 보아 이 사건 처분과 유사한 처분을 하자 원고회사와 소외회사들 및 甲은 이를 수용하여 이런 내용을 반영한 합의서까지 작성하였다가, 1997.12. 말경 이후 다시 원래대로 甲이 원고회사 등에게 이 사건 특허권 등의 통상실시권을 부여하고 그 실시료를 지급받음으로써 이 사건 과세처분을 받게 되었다.

④ 이러한 사실 및 일반적인 경험칙상 이 사건 특허권 등은 보일러를 생산, 판매하는 원고회사와 소외회사들이 그 생산·판매 과정에서 보일러의 기능향상 및 생산비 절감에 관하여 얻은 아이디어 등을 토대로 한 것이거나, 다른 보일러 제조회사와 신제품, 신기술 개발을 위해 경쟁하는 과정에서 획득된 것일 가능성이 높고, 그 기술의 내용에 비추어

단순한 구상만으로는 개발이 불가능하며, 기술의 실현가능성, 효율성 등을 검증하기 위해 시제품의 제작 및 다양한 실험이 필요하고, 거기에는 상당한 설비 및 비용이 소요될 것이므로 어느 한 개인의 힘으로 이를 모두 고안해 내는 것은 매우 어려운 것으로 보인다.

⑤ 이상의 사정들을 종합하여 보면, 이 사건 특허권 등이 甲 명의로 되어 있지만 실제로는 원고회사가 개발하였거나 甲과 공동으로 개발한 것으로 원고회사와 甲의 공동소유이고 원고회사의 지분비율이 최소 50%를 상회한다는 사실이 충분히 추정된다.

사. 주요 심사, 심판례 소개

Case 7 조심 2015서1960, 2015.7.8.

청구법인이 특수관계법인에게 대여한 자금을 업무무관가지급금으로 보아 지급이자 손금불산입하고, 인정이자 익금산입한 처분은 잘못이 없다는 사례

가. 사실관계

(1) 주택건설업 등을 영위하는 청구법인은 2007~2011 사업연도 중 청구법인의 아들이 대표이사로 있으면서 공동주택개발사업 시행사업을 영위하는 특수관계법인 ○○산업개발에 무이자로 자금을 대여하고 영업보증금으로 계상

(2) 처분청이 위 대여금을 업무무관가지급금으로 보아 지급이자 손금불산입하고 부당행위계산부인하여 인정이자 익금산입하여 법인세 과세처분하자, 청구법인은 불복하여 심판청구 제기하였으나 기각

(3) 그 후 청구법인은 2012년에 연○○%, 2013년에 ○○% 이자율로 계속 금전을 대여하고 영업보증금으로 계상

나. 과세경위

처분청은 2012 및 2013 사업연도에도 업무무관가지급금으로 지급이자 손금불산입하고, 인정이자 익금산입(2012년 이자는 적정한 것으로 보아 과세제외) 처분하여 법인세 경정, 고지

다. 청구법인 주장

(1) 청구법인은 □□지역에 공동주택건설사업을 추진하고 있는 ○○산업개발과의 협약에 따라 시공사로 참여하는 조건으로 토지구입대금 등 초기사업비용에 사용하도록 쟁점대여금을 제공하였고, 동 대여금은 자금집행과정을 관리하여 실제 정해진 용도로 사용되었음이 확인되며, 비록 ○○산업개발이 현재까지 관계기관으로부터 사업승인을 받

지 못하여 아파트건설공사를 착공하지 못하였지만 사업승인 즉시 건설에 착공할 예정이다.

(2) 국세청도 시공사로 참여한 건설업 영위법인이 특수관계에 있는 시행사의 자금부족으로 책임준공보증 약정, 공사수익 실현 등 정상적인 공사진행을 위하여 시행사에게 사업부지 매입대금, 사업운영비 등 해당 사업시행에 직접 사용되는 자금을 대여하고 자금집행을 시공사가 관리하고 있는 경우 동 대여금은 업무무관가지급금에 해당하지 않는다고 해석(법인세과-42, 2012.1.12. ; 법인 46012-3255, 1995.8.17. 등)하고 있고, 이러한 사실관계에 대해 조세심판원(조심 2010중2755, 2011.10.21.) 및 대법원(대법원 2010.5.27. 선고, 2007두23309 판결)도 같은 입장이다.

라. 처분청 의견

(1) 청구법인은 공동주택건설사업 공사를 수주함으로써 시공이익을 얻기 위하여 대여하였다고 주장하나 예상시공이익에 대한 계산근거를 제시하지 못하고 있는 점 등으로 보아 쟁점대여금은 청구법인의 정상적인 사업과정에서 발생하는 업무관련 대여금이 아니라 사주 2세에게 자금을 빌려주어 회사를 인수하게 하고 주택분양사업을 통해 막대한 이익을 얻을 수 있게 하는데 그 핵심적인 목적이 있는 것으로 볼 수 있으므로 업무무관가지급금에 해당한다.

(2) 2013사업연도 이자수익의 경우 당좌대출이자율인 연 ○○%보다 낮은 연 ○○%의 이자율을 적용하였는데, 동 이자율이 국민주택기금의 이자율이라는 이유 외에 건전한 사회통념 및 상거래 관행과 특수관계인이 아닌 제3자 간의 정상적인 거래에서 적용되거나 적용될 이자율임을 입증할 객관적인 증빙자료가 없다.

마. 쟁점

(1) 청구법인이 특수관계법인에 대여한 금액은 업무무관가지급금이 아니므로, 이에 대해 지급이자 손금불산입한 처분은 부당하다는 청구주장의 당부

(2) 동 대여금에 대한 연 ○○%의 이자는 시가에 부합하므로 부당행위계산부인대상이 아니라는 청구주장의 당부

바. 판단요지

○○산업개발 인력은 □□□이 유일하여 독자적 사업시행 목적이 있는지 또는 독자적으로 사업을 수행하였는지 여부도 불분명하며, 청구법인이 쟁점대여금을 대여하면서 이에 따른 대가를 향후 차주로부터 도급공사이익의 형식으로 회수하기로 하는 약정을 하였는지 여부도 구체적으로 확인되지 않는다. 또한 비특수관계인인 부동산개발 사업자에게는 시공참여를 조건으로 사업자금을 대여하면서 당좌대출이자율에 따른 이자를 받고 있으면서, 쟁점대

여금에 대해서는 당좌대출이자율보다 낮은 연 ○○% 이자율을 적용하였다.

따라서 당좌대출이자율에 비해 현저히 낮은 쟁점이자율이 국민주택기금 이자율이라는 점 외에는 따로 시가에 부합하는 이자율임을 입증할 객관적인 증빙자료가 없는 점 등에 비추어 쟁점대여금은 업무무관 가지급금에 해당하는 것으로 보이고 청구법인이 시가보다 낮은 이자를 수취함에 따라 조세의 부담을 부당하게 감소시킨 것이 인정된다 할 것이므로, 쟁점대여금에 대해 지급이자를 손금불산입하고, 실제 수령한 이자와 당좌대출이자율에 의한 이자의 차액을 익금산입하여 법인세를 과세한 처분은 잘못이 없다고 판단된다.

결정문에서 나타난 사실로만 판단하자면 청구법인이 ○○산업개발에 대여한 자금의 대부분이 ○○산업개발이 다른 법인을 인수하는 자금으로 사용된 것으로 확인되어, ○○산업개발의 사업자금으로 사용하기 위해 대여했다는 청구법인의 주장은 설득력이 부족해 보이고, 청구법인도 현금이 부족하여 외부에서 자금을 차입해 사용하면서 쟁점대여금을 대여한 사실 등이 기각 결정에 영향을 미쳤을 것으로 짐작된다.

무엇보다도 청구법인이 유사한 업종의 특수관계 없는 다른 법인에게는 유사한 성격으로 대여하면서 적용한 이자율이 당좌대출이자율이었음에도 불구하고, 특수관계법인인 ○○산업개발의 대여금에 대해서는 이보다 낮은 이자율을 적용하였다는 점이 결정적으로 불리하게 작용하였을 것으로 보인다.

Case 8 심사법인 2014-0022, 2014.9.28.

청구법인이 보유주식을 특수관계자 보유주식과 함께 경영권 프리미엄을 포함한 가액으로 양도한 결과 청구법인이 가질 수 있었던 양도차익의 일부를 특수관계자에게 분여한 것이므로 부당행위계산에 해당한다는 사례

가. 사실관계

(1) 청구법인은 1977년 설립되어 전자집적회로 제조업을 영위하는 법인이고, ㈜D는 2001년 코스닥시장에 상장된 법인으로 대기오염방지시설사업을 영위

(2) 2009.9.25. 청구법인은 D사 최대주주 3인으로부터 경영권을 포함하여 47만주(@15,106원)에 취득한 후, 2009.12.23.(1차) 유상증자에 참여하여 21,671주(@1,035원) 추가취득하였고, 청구법인의 임원 김DD, 김EE, 최FF(이하 '쟁점특수관계자')는 2009.11.20. D사 등기이사로 선임된 후 2009.12.23.(1차) 및 12.29.(2차)의 두 차례 일반공모 유상증자에 참여하여 D사 주식 357,929주 취득

(3) 2010.3.31. 청구법인과 쟁점특수관계자는 경영권과 함께 D사 주식 606,500주(청구법인은 전부, 쟁점특수관계자는 일부인 114,829주)를 제3자인 이GG에게 일괄양도(@18,301원)

나. 과세경위

쟁점거래는 청구법인이 얻었을 이익인 쟁점주식의 시가 초과액(경영권 프리미엄 상당액)을 쟁점특수관계자에게 분여하여 조세부담을 부당하게 감소시킨 경우로 '기타 법인의 이익을 분여하였다고 인정되는 경우'의 부당행위계산에 해당한다고 보아 이를 부인하고, 쟁점주식 양도가액(@18,301원)과 시가(@2,300원)와의 차액을 청구법인이 얻었을 이익으로서 익금산입하고 쟁점특수관계자 각 인에게 분여한 이익을 상여처분

다. 청구법인 주장

(1) 주식양수도를 통한 경영권 양수도에서 최대주주와 그의 특수관계인이자 경영진이 보유한 주식에 동일한 주당 경영권 프리미엄을 인정하는 것은 지극히 경제적으로 합리적인 거래이다.

(2) 이와 같은 거래를 어떠한 법률적 근거도 없이 그 거래과정에 있어 다소간 의심의 여지가 있다는 이유만으로 세법상 부당하다고 인정한다면, 법적 안정성과 예측가능성이 저해되어 경영권이 포함된 주식거래 시장을 위축시킴은 물론, 주식의 거래가격 및 경영권 프리미엄은 독립된 당사자 사이의 자율적인 협상에 의하여 결정되어야 한다는 '사적 자치의 원칙'에 명백히 반하는 결과를 초래한다.

라. 처분청 의견

(1) 청구법인 등이 사전 공모하여 쟁점특수관계자의 주식을 취득한 후 청구법인의 D사 주식 양도시 일괄 양도함으로써 법인의 이익을 분여코자 할 목적이었던 것으로 쟁점특수관계자가 양도한 주식에 대하여는 경영권 프리미엄이 존재하지 않는 것으로 판단된다.

(2) 경영권 프리미엄이 존재하는 청구법인의 주식가액과 경영권 프리미엄이 존재하지 않는 쟁점특수관계자의 소유주식에 대해 동일한 가액으로 양도하고 수령한 주식대금을 양도자별로 배분 시, 경영권 프리미엄이 포함되어 있지 않은 쟁점특수관계자의 주식에도 경영권 프리미엄이 포함된 주식가액과 동일한 가액으로 배분함으로써, 청구법인이 받아야할 경영권 프리미엄 상당액의 이익을 쟁점특수관계자에게 분여한 것이다.

마. 쟁점

쟁점주식의 시가를 @2,300원으로 보아, 시가초과액만큼 청구법인 이익을 쟁점특수관계자에게 분여하였는지 여부

바. 판단요지

쟁점거래를 양수인은 제3자 유상증자에 참여하여 총발행주식의 2.37%인 80만주를 @1,405원에 취득하게 되는 상황이었으므로 지분 확보를 위해 쟁점특수관계자의 지분까지 취득할 필요성은 없었을 것으로 보이고, D사 주식 취득시 청구법인은 경영권 프리미엄을 지불하고 @15,106원에 취득한 반면 쟁점특수관계자는 일반공모 유상증자를 통해 @1,035원에 취득하였으므로 쟁점특수관계자가 보유한 주식에도 경영권 프리미엄이 있다고 보기는 어려운 점, 청구법인과 최초 매수자인 김HH 간 47만주를 110억 원에, 즉 @23,404원에 거래하는 계약을 체결한 바 있었던 정황으로 보아 청구법인이 정상적인 경제인이라면 보유주식을 @18,301원보다 더 높은 가액으로 양도하여 최대한의 양도차익을 얻을 수 있었음에도 불구하고 쟁점특수관계자 주식도 포함하여 양도함으로써 청구법인의 양도차익이 줄어들게 된 점, 청구법인이 D사 경영권을 인수할 때에는 쟁점특수관계자에게 의결권, 경영권이 없었으나 쟁점특수관계자를 이사로 선임하고 유상증자에 참여함으로써 향후 일괄양도를 통해 경영권 프리미엄을 포함하여 거래할 수 있도록 한 결과 쟁점특수관계자는 경영권이 포함되지 않은 시가 2,300원으로 양도하였을 것임에도 청구법인의 경영권이 포함된 주식과 일괄양도함으로써 양도가액과 시가 차이액만큼 추가 이익을 얻게 된 점 등을 종합하여 볼 때 쟁점거래는 청구법인의 이익을 쟁점특수관계자에게 분여한 것으로 보아 경제적 합리성이 결여된 거래로서 부당행위계산부인규정을 적용하여 과세한 처분청의 처분은 정당하다고 판단된다.

참고로 불복청구이유서를 작성하는 독자들에게 표현의 방법이나 서술의 방식 등이 참고되었으면 하여 다소 분량이 많지만 다음에 이 심사청구 과정에서 청구법인이 제출한 청구이유서 내용을 공개된 그대로 옮겨 보았다.

가. 청구법인이 D사의 경영권을 취득하여 양수인에게 양도하게 된 경위는 다음과 같다

1) 2009.11.13. 금융감독원 전자공시시스템(이하 “DART”라 한다)에 공시된 D사의 2009년 3분기 분기보고서에 따르면, D사의 2009년 1 내지 3분기 누적 매출액은 약 790백만 원, 최근 3개년간 자기자본손실률(자기자본/계속사업손실)은 2007년 105.36%, 2008년 326.43%, 2009년 1 내지 3분기 54.88%로, 코스닥시장 상장기준에 따라 관리종목 지정기준에 해당할 가능성이 상당이 높은 상황이었다.

2) 위와 같은 상황에서 D사의 경영권을 인수하고 임원으로 선임된 쟁점특수관계자는 단기간에 매출을 정상화시키기 위하여 직영대리점 3개소를 개설하고 48개 거래처에 골프용품을 납품하는 등 골프용품 유통사업을 활성화시켰으며, 그 결과 D사의 2009년 매출액은 약 3,680백만 원에 이르러 관리종목 지정기준에서 벗어나게 되었다.

3) 나아가 쟁점특수관계자는 D사의 자기자본을 확충하여 관리종목 지정을 벗어나고 LED 사업 투자를 통한 안정적인 수익구조를 만들고자 2차례의 유상증자를 실시하였다.

가) D사는 2009.12.22. 1차 유상증자를 통해 7,200천주를 발행하고, 약 7,452백만 원(@1,035)을 조달하였다. 그 과정에서 청구법인과 쟁점특수관계자는 유상증자에 참여하여 청구법인이 21,671주, 쟁점특수관계자가 각 7,585주를 취득하였다.

나) 1차 유상증자로 계획했던 자금이 모두 조달되지 않자 D는 2009.12.29. 2차 유상증자를 통하여 966,180주를 발행하고 약 990백만 원(@1,035)을 조달하였다. 그 과정에서 쟁점특수관계자 중 김DD, 김EE가 각 125,706주, 최FF이 83,762주를 취득하였다.

4) D사가 관리종목 지정에서 벗어난 2010.1. 초 쟁점특수관계자와 일면식도 없던 김HH로부터 청구법인이 보유한 D사 주식 470,000주를 110억 원에 매수하겠다는 제안이 들어왔다.

가) 청구법인은 위 제안을 받아들여 2010.1. 김HH 외 1인과 청구법인이 보유한 D사 주식 470,000주를 110억 원에 매도하고 경영권을 매수인에게 귀속시키기로 하는 경영권 양수도계약을 체결하였다.

나) 김HH 외 1인은 청구법인에게 위 계약에 따른 주식양수도 대금 110억 원 중 계약금 10억 원을 지급하였으나, 유상증자로 쟁점특수관계자가 D사 주식을 취득하게 되어 이들의 주식도 인수해야 했지만 이를 간과한 채 계약이 체결되었고, 완전한 경영권을 취득하려면 D사의 임원인 쟁점특수관계자의 주식까지 함께 인수해야 한다는 점을 알게 되면서 나머지 주식 매매대금의 지급을 미루어 계약을 이행하지 않았다.

다) 청구법인과 김HH 외 1인 간에 체결된 경영권 양수도계약은 매수인 김HH이 계약체결 당시 D사의 유상증자로 인한 청구법인 보유 주식수 증가와 쟁점특수관계자의 주식취득사실을 모른 채 체결되었기에 적합한 경영권 프리미엄이 반영된 계약이 아니었다. 이에 청구법인도 김HH이 소개한 양수인과 새로운 경영권 양수도 계약을 체결하며 김HH 외 1인과 체결한 기존 경영권 양수도 계약을 정리(기 지급받은 계약금 10억 원을 이GG이 지급한 것으로 갈음하기로 합의)하기로 결정하였다.

5) 김HH이 소개한 양수인은 2010.3. 청구법인 및 쟁점특수관계자가 보유한 D사 주식 전체 849,600주를 111억 원에 매수하겠다는 제안을 하였다.

가) 양수인의 제안은 당초 청구법인 주식 470,000주를 110억 원에 매도하기로 한 계약에 비해 불리한 조건이었기에 양자 사이의 협상을 거쳐 청구법인이 소유한 D사 주식 전체 491,671주와 쟁점특수관계자가 소유한 D 주식 357,929주 중 일부인 114,829주를 쟁점특수관계자가 D사 경영에 일체 간섭하지 않는 조건으로 111억 원에 매도하는 계약을 체결하게 되었다.

나) 위 계약 조건에 따라 쟁점특수관계자는 2010.3.31. 아직 임기가 종료되지 않은 D

사의 이사직을 스스로 사임하였다. 같은 날 정기주주총회에서 양수인, 김JJ, 안KK 이 D사의 이사로 선임되었고, 양수인은 이사회에서 D사의 대표이사로 선출되었다.

6) 이로써 2010.3.31. 양수인은 D사의 최대주주가 됨과 동시에 대표이사에 취임하였고, 양수인 및 그의 특수관계인이 이사로 선임됨으로써 D사 경영권을 완전하게 취득하게 되었다.

나. 쟁점특수관계자의 주식에 경영권 프리미엄을 가산한 것은 거래당사자의 경제적 이해관계를 반영한 지극히 합리적인 거래이므로 법인세법 제52조의 부당행위계산부인 규정이 적용될 수 없다.

1) 법인세법 제52조의 부당행위계산부인 규정은 특수관계인과의 거래로 인하여 자신에게 귀속되어야 할 이익을 대가 없이 정상적인 경제인의 관념에 반하여 그 특수관계인에게 분여함으로써 조세부담을 부당하게 감소시킨 경우에 적용되는바,

가) 대법원은 일관되게 법인세법 제52조 부당행위계산부인의 요건인 '부당성'은 '경제적 합리성'이 있는지 여부로 판단하고 있다. 경제적 합리성이란 특정의 행위가 행하여진 경제적 상황에서 그 행위자가 의도한 경제적 목적을 달성하기 위하여 그 행위를 선택한 것이 정상적 경제인의 관점에서 볼 때 부자연스럽거나 불합리하지 않은 것을 의미한다.

나) 법인세법 기본통칙도 "법인의 부당한 행위 또는 계산은 정상적인 사인 간의 거래, 건전한 사회통념 내지 상관행을 기준으로 판정한다"고 해석하고 있다(법인세법 기본통칙 52-87…1). 이하에서 쟁점특수관계자의 주식에도 경영권 프리미엄을 반영하는 것이 합리적임을 설명하고자 한다.

2) 기업의 경영권 이동이 수반되는 거래에서는 통상 경영권 프리미엄이 산정되어 주식의 매도인에게 지불된다. 경영권 프리미엄은 회사의 경영권을 장악하는 데 필요한 주식지분의 평가가치를 상회하는 할증액을 의미하며, 이는 당사자들 간의 협상에 의해 결정되는 가변적인 성질의 액수이다.

가) 대법원도 경영권 프리미엄은 "궁극적으로 거래 상대방과의 교섭조건, 교섭능력에 따라 구체화될 수밖에 없는 것"이라고 판단하고 있고(대법원 2008도11036, 2009.10.29.), 미국 판례는 경영권 프리미엄을 "경영권을 취득하고자 하는 매수인이 지불할 용의가 있는 금액"이라고 보고 있다. 학설도 "경영권 프리미엄은 매도인의 관점이 아니라 매수인의 관점에서 논의되어야 하는 것"이라 하며, "매수인은 프리미엄을 지불하기 전에 주식의 매수를 통하여 매도인이 누리던 지위를 그대로 누릴 수 있는지 평가하고 답이 긍정적인 경우에만 프리미엄을 지불하게 된다"고 보고 있다.

나) 즉, 경영권 프리미엄이란 기본적으로 계약 당사자 간의 협상에 의하여 결정되며,

구체적으로 매수인의 입장에서 매도인이 누리던 '회사의 경영권을 지배'하는 지위를 그대로 누리기 위하여 매도인에게 지불할 용의가 있는 금액을 기준으로 결정되는 것이다.

다) 쟁점거래의 경우 제3자인 양수인이 청구법인의 주식 491,671주와 쟁점특수관계자의 주식 114,829주 전체가 111억의 가치가 있다고 보아 계약을 한 것이므로 쟁점특수관계자의 주식 역시 경영권 프리미엄을 주고 취득해야 하는 주식으로 보았다는 것이다. 양수인이 경영권을 인수함에 있어 최대주주뿐만 아니라 그 특수관계인들의 주식에 대해 경영권 프리미엄을 지급하는 것은 지극히 합리적인 것이고 그 가격이 실제 시장에서 형성된 가격임을 뜻한다.

3) 처분청의 과세 근거는 양수인이 쟁점특수관계자로부터 경영권 프리미엄이 배제된 시가(@2,300)에 양수하였어야 함에도 청구법인이 경영권 프리미엄을 가산하여 함께 양도함으로써 그 차액을 쟁점특수관계자에게 분여하였다는 것이다.

가) 이 건 처분이 적법하기 위하여는 청구법인과 양수인이 통정하여 청구법인에게 지급해야 할 경영권 프리미엄을 쟁점특수관계자에게 지급하는 방식으로 거래를 조작하였음이 인정되어야 한다.

나) 즉 양수인의 진정한 의사는 청구법인의 주식만을 경영권 프리미엄을 가산하여 취득하는 것이고, 쟁점특수관계자의 주식은 경영권 프리미엄을 가산하여 취득할 필요가 없으며, 쟁점특수관계자는 시가에 거래할 수밖에 없었고 경영권 프리미엄을 요구하는 경우 거래가 성립할 수 없었다는 점이 인정되어야 되는 것이다.

다) 그러나 이 건 처분은 경영권 프리미엄을 가산하여야 양도할 의사가 있는 양도인인 최대주주의 특수관계인들의 거래상 지위뿐만 아니라, 경영권을 행사하는 최대주주의 특수관계인들의 주식에 대해 거래소의 가격보다 높은 가격을 지급해서라도 최대한 취득하고, 이들이 경영에서 물러나게 해야 할 충분한 유인이 있는 양수인의 경제적 이해관계를 전혀 무시한 것이다.

라) D사의 최대주주는 청구법인이었지만, 쟁점특수관계자는 D사의 특수관계인이자 D사의 경영진으로서 이들로부터 주식을 취득함에 있어 거래소 가격 이상의 경영권 프리미엄을 지급하는 것은 지극히 합리적인 것이고, 양수인과 거래가격을 조작한 것이 전혀 아니며 양수인이 이러한 조작에 가담할 이유도 없다.

마) 가령, 양도대상 회사인 A법인의 최대주주인 B법인은 40%의 지분을 소유하고, 그 B법인의 대표이사 甲이 20% 지분을 보유하고 있는 경우를 가정하면, 양수인으로서는 위 40%의 지분만 취득하면 최대주주의 지위를 얻을 수도 있지만, 특수관계인이 보유한 주식 20%를 포함한 주식 60% 전부를 취득하려고 하는 것이 일반적이고, 위 60% 전체에 대해 경영권 프리미엄을 지급하는 것은 너무나 당연하다.

대표이사 甲으로서도 자신이 대표이사로 있는 B법인이 지분을 양도하는 마당에 실질적인 경영권을 행사하고 있는 자신의 주식에 대하여는 아무런 경영권 프리미엄이 인정되지 않고, 한 주만 보유한 주주가 거래하는 가격과 동일한 가격으로 양도하라고 한다면 거래 자체가 성립하지 않을 것이다. 처분청은 최대주주의 40% 지분에 대하여만 경영권 프리미엄이 인정되고 그 특수관계인이 보유한 20%에 대하여는 아무런 경영권 프리미엄을 지급하지 않는 것이 상관행이고 합리적이라는 것인바, 이러한 처분청 주장의 부당성은 다언을 요하지 않는다.

4) 실제로 매우 많은 경영권 양수도거래에서 최대주주의 특수관계인이 보유하는 주식에 경영권 프리미엄을 붙여 최대주주의 주식과 동일한 가액으로 매매가 이루어지고 있다. 쟁점거래 계약이 체결된 2010.3.31.을 전후하여 체결된 주요 경영권 양수도 사례를 보더라도 특수관계인이 보유한 주식에는 경영권 프리미엄이 인정되지 않는다는 처분청의 주장은 상관행과 어긋나며, D사의 최대주주의 특수관계인이자 D사 임원인 쟁점특수관계자가 보유한 주식을 취득함에 있어 경영권 프리미엄을 지급하는 것이 상관행에 합치하는 경제적으로 합리적인 거래임을 알 수 있다.

5) 특히 쟁점특수관계자의 이사 사임 조건을 고려할 때 이들의 주식에 경영권 프리미엄을 포함한 금액을 지급함은 경제적으로 합리적인 행위이다.

가) 양수인이 D사의 경영권을 온전히 취득하기 위해서는 D사의 이사였던 쟁점특수관계자를 이사직에서 사임시키고, 주주총회를 통해 본인 및 본인의 특수관계인이 이사로 선임되어야 한다. 그러나 단순히 주식 매집을 통하여 최대주주가 되었다고 하더라도 기존 이사를 강제로 해임시키는 것은 상법상 다음과 같은 제한이 따른다.

나) 상법 제385조 제1항은 이사의 임기 전에는 주주총회의 특별결의로 해임이 가능하며, 만약 임기 전에 주주총회의 특별결의로 해임시키더라도 이사의 부정행위 또는 정관에 위반한 중대한 사실이 없는 한 남은 임기의 보수 상당액을 손해배상으로 지급해야 함을 정하고 있다. 즉, 양수인 입장에서 회사의 최대주주가 되더라도 임기가 남은 기존 이사를 해임시키기 위해서는 주주총회 특별결의가 가능한 지분을 확보해야 하며, 만약 기존 이사를 해임시키더라도 남은 임기의 보수 상당액을 지급하여야 하는 위험이 잇따른다. 이와 같은 이유에서 경영권을 행사할 수 있는 지분을 양수함에 있어서는 기존 이사를 사임시키고 새로운 이사를 선임하는 것이 핵심이고 경영권이 이전되는 주식양수도계약서에는 이사 사임에 관한 내용이 포함되어 있다.

다) 쟁점거래 계약 체결 당시 쟁점특수관계자의 이사 임기는 2년 6개월 이상 남아 있었다. 양수인 입장에서 D사의 경영권을 취득하기 위해서는 쟁점특수관계자가 이사직에서 사임해야 한다는 것을 알았을 것이고, 그러한 이유에서 "쟁점특수관계자가 이사직에서 사임하여 경영에 일체 간섭하지 않는 것을 조건으로" 쟁점특수관계자에게도 경영권 프리미엄을 가산한 가액을 지급하였다. 즉, 양수인은 경영권

취득의 대가로 쟁점특수관계자에게 경영권 프리미엄을 포함한 금액을 지급할 합리적 이유가 충분히 있었고, 처분청이 주장하는 것처럼 정상적인 주식양수도 대가인 주당 2,300원 외 경영권 프리미엄을 지급할 아무런 필요가 없음에도 계약을 조작하여 지급한 것이 전혀 아니다.

6) 양수인은 현 경영진으로부터 주식을 최대한 인수할 필요가 있고, 경영진은 자신이 보유한 주식을 최대한 높게 양도할 지위에 있으므로, 쟁점거래는 조작된 거래가 전혀 아니다.

가) 만약 처분청의 주장대로 쟁점특수관계자의 주식에 경영권 프리미엄이 포함되어 있지 않다면 양수인은 ① 청구법인의 주식을 경영권 프리미엄이 포함된 가격으로 매수하고, ② 쟁점특수관계자의 주식은 경영권 프리미엄을 포함하지 않은 가격으로 매수하였을 것임에도 쟁점특수관계자에게도 경영권 프리미엄을 지급하는 식으로 거래를 조작한 것이어야 한다.

나) 그러나 ① 양도인 입장에서, 쟁점특수관계자는 자신들이 경영권을 행사하는 주식을 양도하면서 단 1주만 가진 주주에게도 적용되는 코스닥 시장에서 형성된 가격(@2,300) 그대로 양도할 유인이 전혀 없으며, 경영에서 물러나는 대가를 충분히 요구할 수 있었고, 만약 이러한 요구가 받아들여지지 않는다면 새로운 양수인을 물색하였을 것이며, ② 양수인 입장에서도, 최대주주뿐만 아니라 그 특수관계인이 보유한 주식도 최대한 확보할 필요가 있고, 특히 D의 경영진인 쟁점특수관계자를 경영에서 물러나게 하기 위해서 코스닥시장에서 형성된 가격에 경영권 프리미엄은 더하여 지급할 경제적 유인이 충분히 있었다.

다) 이와 같이 쟁점특수관계자의 주식에 경영권 프리미엄이 더해진 것은 독립된 당사자 간의 경제적 이해관계가 일치하여 자율적인 합의하에 결정된 것이지, 경제적 이해관계와 무관하게 조작된 거래가 전혀 아니다. 만약 처분청의 주장에 따른다면, '쟁점특수관계자의 주식은 경영권 프리미엄을 제외한 대가로 매매되어야 하며, 독립된 당사자 간의 합의에 따라 경영권 프리미엄을 붙여 거래한다면 법인세법상 부당행위계산부인 규정이 적용된다'는 불합리한 결과를 초래한다.

7) 최대주주의 특수관계인이 보유한 주식의 적정 가치를 산정하기 위해서는 경영권 프리미엄을 더해야 하는 것이 현행 세법의 태도이고 조세심판원도 이를 확인하고 있다.

가) 최대주주뿐만 아니라 특수관계인이 보유한 주식에 경영권 프리미엄을 가산함이 합리적이고 주식의 객관적 가치를 반영할 수 있음은 세법에 의해 이미 명문화되어 있다. 즉, 상속세 및 증여세법 제63조 제3항은 유가증권 평가시 최대주주 및 그의 특수관계인이 보유하고 있는 주식도 할증하여 평가해야 함을 정하고 있다. 이는 상속재산이나 증여재산의 가액 산정 시 최대주주의 특수관계인이 보유한 주

식도 경영권 프리미엄을 포함한 가액으로 산정해야 함을 정한 것으로, 세법 스스로 최대주주뿐만 아니라 그 특수관계인이 보유한 주식의 가치 역시 일반 주식의 가치와는 다르다고 보고 있는 것이다.

나) 위 규정의 해석에 관하여 판례도 "이 조항에서의 '특수관계에 있는 자'란 '경영권 프리미엄'이 더해질 수 있는 정도의 주식을 실질적으로 공동으로 보유하고 있다고 볼 수 있는 관계에 있는 자"라고 함으로써(서울고등법원 2007누20234, 2008.2.12. : 대법원2008두4237, 2011.6.24. 확정), 위 조항의 취지가 최대주주의 특수관계인에게도 경영권 프리미엄을 인정하는 것임을 밝히고 있다.

다) 나아가 조세심판원도 주주집단이 경영권 프리미엄을 포함하여 주식을 양도한 거래에 대하여 과세관청이 시가보다 높은 가액으로 양도하였다고 보아 납세자의 증여세 경정청구를 거부한 사안에서 "경영권이 있는지 여부는 주주집단이 보유한 주식의 수, 즉 의결권의 정도에 따라 결정"되고, 양도인이 대상법인의 임원이 아닌 경우에도 주주들 간에 공동보유약정을 체결하여 (구)증권거래법상 특수관계인이 되었다면 쟁점주식거래는 경영권 이전이 수반된 주식거래로 볼 수 있다는 이유로 과세관청의 경정청구 거부처분은 위법하다고 보았다(조심 2010서1315, 2011.6.15.). 즉, 대상법인의 경영에 참여하지 않은 단순한 주식소유자라 하더라도 최대주주의 특수관계인이라면 경영권 프리미엄이 인정된다는 것을 확인할 수 있다.

라) 상속세 및 증여세법과 조세심판례가 최대주주뿐만 아니라 특수관계인이 보유한 주식에도 경영권 프리미엄이 있다고 인정한 것은 특수관계인이 보유한 주식에 상응하는 의사결정이 실질적으로 최대주주(또는 실질적 의사결정자)에 의하여 이루어지는바, 양자의 법률적인 소유자는 다르지만 대상회사에 대한 지배권의 관점에서는 구별되기 힘들다고 보기 때문이다.

마) 쟁점특수관계자는 청구법인의 실질적인 지배지분을 보유한 자이자 경영자로서, 결국 청구법인의 지분에 상응하는 의사결정은 쟁점특수관계자가 결정하게 된다. 즉 청구법인이 보유한 D사의 지분과 쟁점특수관계자가 보유한 지분의 법률적인 소유자는 다르지만 실질적으로는 양자의 지분이 결합되어 최대주주로서의 경영권을 보유하고 있다고 보아야 한다.

바) 따라서 청구법인이 보유한 주식에는 경영권 프리미엄이 인정되는 데 반해 쟁점특수관계자가 보유한 주식에는 경영권 프리미엄이 인정되지 않는다는 처분청의 주장은 명백히 위 법령과 조세심판원 결정례의 취지에 반하게 된다. 만약 쟁점특수관계자가 경영권 프리미엄을 가산하지 않은 채 주식양수도거래를 하였다면 처분청은 분명히 상속세 및 증여세법과 조세심판례를 들어 쟁점특수관계자에게 저가양도로 인한 소득세법상 부당행위계산부인 등을 문제삼았을 것이다.

다. 처분청은 청구법인 및 쟁점특수관계자가 ㈜KKK의 영업망을 이용하여 D사의 매출을 발생시킨 점 등을 이유로 쟁점특수관계자에게 경영권의 보유실체가 있는지 불명확하다고 보고 있으나, 이는 사실과 다르다.

1) 청구법인 및 쟁점특수관계자는 관리종목지정의 위기에 처한 D의 경영권을 취득한 후 경영정상화를 위하여 최선을 다하였다. D사는 청구법인의 경영권 취득 직후 관리종목지정기준에 해당할 가능성이 높은 상황이었다. 만약 D사가 관리종목으로 지정된다면 주식거래가 제한되어 주가가 급락하고 소수주주들은 큰 손실을 보게 될 것이며, 이에 따라 청구법인 및 쟁점특수관계자는 D사의 경영진으로서 회사에 대한 손해배상책임도 질 가능성이 있었다. 이에 쟁점특수관계자는 경영권 취득일로부터 단기간에 매출을 발생시켜 관리종목지정의 위험으로부터 벗어나는 것이 경영자로서 당연한 과제이자 주주들에 대한 충실의무를 이행하는 것이라 판단하여 고가이면서 매출규모가 큰 골프용품 납품을 시작하게 된 것이다.

가) D사는 KKK의 영업망을 이용한 것이 아니라 직영대리점 3개소(청담, 양재, 성수점)를 통하여 독자적인 영업을 수행하였으며, 2009년 D사의 골프용품 매출액(소매 제외)은 12.7억 원으로, 이는 48개 거래처에 대한 것이었고, 이 중 KKK와 공통되는 거래처는 10개에 불과하였으며, 해당 매출액은 3.5억 원에 불과했다.

나) 또한 처분청은 골프용품 관련 미판매재고자산을 모두 매입으로 간주하여, 결국 골프용품 관련 매입을 30억 원으로, 매출을 12억 원으로 파악하여 마치 고가매입과 저가매출을 통하여 매출을 과대 발생시킨 것으로 보고 있다. 그러나 기업회계기준상 미판매재고자산은 매입액이 아닌 '자산'으로 계상되어야 한다는 점에서 처분청의 주장은 타당하지 않다.
D사의 2009년 감사보고서(DART 공시)에서 확인되는 실제 매출액과 매출원가는 다음과 같다.

(단위: 백만 원)

구 분	처분청 제시	청구법인 확인
매출액 (A)	1,166	1,792
매출원가 (B)		1,540
매입액	3,000	2,760
재고자산		1,216
매출총이익 (A-B)		252

2) 또한 처분청은 청구법인이 유상증자 자금으로 NN전자유한공사(이하 "NN전자"라 한다)에 투자한 것이 D사의 경영정상화를 위한 것이 아니라 청구법인의 이익을 극대화하기 위한 행위라고 주장하고 있으나, 이러한 주장도 전혀 사실과 다르다.

가) 청구법인은 2009.9.25. 당시 D사의 경영권을 인수하기로 한 시점부터 NN전자의 LED사업부를 물적분할하여 D사에게 이전할 계획을 수립하고 있었다. 쟁점특수관계자는 수년간 계속 손실이 나고 있는 기존 사업만으로는 경영정상화가 어렵다고 판단하여 단기적으로는 골프용품 유통사업으로 관리종목 지정을 피하고 장기적으로는 성장사업인 LED사업을 준비하여 사업 다각화를 통한 위험 분산을 도모한 것이다. 그리하여 D사는 2010.1.4. 유상증자 대금 중 약 60억 원을 NN전자에 투자한 것이며, 이 투자는 당시 금융감독원에 해외투자자금 관련 소명자료 제출 및 의견진술을 통하여 승인받은 바 있다.

나) 이후 청구법인 및 쟁점특수관계자의 D사 경영권 양도 후 신 경영진인 양수인 등이 횡령 배임으로 구속되어 위 물적분할 진행이 취소된 것이며, 투자금 중 청구법인의 D사에 대한 채권 약 42억 원과 상계되고 남은 18억 원 상당액은 현재시점까지 NN전자에 D사의 투자지분으로 계상되어 있다.

다) NN전자는 2012년에 이르기까지 우량기업으로 정상적으로 운영되고 있어 D사가 위 투자로 손실을 입었다는 주장은 전혀 사실과 다르다. D사의 LED사업과 관련하여서는 세무조사 당시 이미 충분한 소명을 하여 이의신청 결정에서는 문제 삼지 않은 것으로 알고 있다.

3) 위와 같이 청구법인 및 D사의 경영진인 쟁점특수관계자는 D사의 경영 정상화와 주주들의 이익을 위하여 최선을 다하였다. 결과적으로 D사가 상장폐지에 이르게 된 것은 쟁점거래 계약의 양수인 등의 횡령 배임으로 말미암은 것이어서 이를 이유로 쟁점특수관계자에게 경영권의 보유실체가 없었다고 볼 수는 없다. 오히려 골프용품 유통사업 추진과 NN전자에의 투자와 같은 경영판단 및 투자결정을 내려 실제 매출이 발생하고 투자가 이루어진 점 등을 미루어 보면 '경영권의 실체'는 분명히 존재하였고, 나아가 쟁점특수관계자의 주식에도 경영권 프리미엄이 부여되어야 함을 알 수 있다.

라. 쟁점특수관계자가 D의 유상증자에 참여할 당시 청구법인은 주식 매수 제의조차 받지 못한 상황이었으므로 쟁점특수관계자가 청구법인의 이익을 분여받을 목적으로 의도적으로 유상증자에 참여한 것이라는 처분청의 주장은 전혀 사실과 다르다.

1) D사가 관리종목 지정을 피할 수 있었던 것은 매출증대와 유상증자성공으로 인한 재무구조 개선이 이루어졌기 때문이다. D사는 2009.11.20. 최초 유상증자 결정 당시 자기자본손실률을 개선시키기 위하여 90억 원의 유상증자를 계획하였으나, 2009.12.22. 1차 유상증자액이 74.52억 원에 그쳐 추가 자금 조달을 위해 2009.12.30. 2차 유상증자를 실시하였다. 2차 유상증자 당시 청약경쟁률이 미미하여 쟁점특수관계자는 개인적으로 자금을 조달하여 유상증자에 참여하게 되었다. 즉, 청구법인의 이익을 분여받겠다는 목적하에 의도적으로 참여한 것이 아니라 유상증자 성공을 통한 투자처 발굴과 경영

정상화를 위해 경영진 개인자금을 투자한 것이다.

2) 나아가 유상증자는 김HH(최초 매수제의자)로부터의 경영권 매수제의가 들어오기 전인 2009.12.에 이루어져 쟁점특수관계자는 유상증자 당시 향후 경영권 매수제의가 들어올 수도 있다는 사실을 전혀 인식하지 못한 채, 오히려 향후 D사의 주가가 하락하여 손해를 볼 수도 있는 위험을 떠안으면서까지 D사의 경영정상화를 위하여 D골프로부터 개인 명의로 자금을 차입하여 회사에 투자한 것이다. 즉, 처분청의 주장은 미래에 있을지도 모르는 매수제의를 위해 미리 쟁점특수관계자가 주식을 취득하였다는 것으로 선후가 맞지 않는 모순된 주장이다.

3) 처분청은 2009.9.14. 쟁점특수관계자 중 최FF과 김EE가 청구법인으로부터 대출받은 자금으로 유상증자에 참여하여 결국 청구법인의 자금으로 쟁점특수관계자가 D사의 유상증자에 참여하였다고 주장할 가능성이 있으나 위와 같이 예상되는 주장도 사실과 다름은 명백하다.

가) 최FF과 김EE는 2009.9.14. 청구법인으로부터 주거안정대여금 명목으로 연 이율 6%로 각 3억5천만 원을 차입하였다. 최FF과 김EE는 종전에 주식회사 SS가 T저축은행으로부터 차입한 차입금에 대하여 개인연대보증을 하고 있었고, 청구법인으로부터 대출한 자금으로 위 보증채무를 대위변제한 것이지, 유상증자 대금으로 납입한 것이 아니다. 오히려 앞서 본 바와 같이 2009.12.27. D골프로부터 연 이율 7%에 약 7억 원을 차입하여 그 자금으로 유상증자에 참여한 것이다.

나) 따라서 처분청이 문제 삼을 것으로 예상되는 '청구법인의 자금으로 쟁점특수관계자가 유상증자에 참여한 것'이라는 주장도 잘못된 사실관계 파악에서 말미암은 다소 이치에 맞지 않는 주장임을 알 수 있다.

마. 처분청은 도LL 회계사가 청구법인 대표 최FF에게 보낸 메일 내용 등을 근거로 쟁점거래계약 체결 전에 쟁점거래가 부당행위계산부인대상에 해당됨을 알았고, 이를 회피하기 위한 다양한 노력을 기울였다고 보고 있으나, 이 역시 처분청의 추측에 불과하고 사실과 다른 주장이다.

1) 부당행위계산부인대상에 해당될 수도 있다는 도LL 회계사의 자문내용은 그 전제가 명백히 이 건의 사실관계와는 다르므로 이를 따르지 않았다고 하여 청구법인이나 쟁점특수관계자에게 어떠한 책임도 인정될 수 없다.

가) 도LL 회계사는 청구법인의 질문에 대한 회신에서 "사실 이 거래는 쉽게 표현하면 아버지가 시가 100억 원짜리 땅을 팔면서 사실상 양수자에게 본인 땅은 80억 원에, 아들 땅 시가 1억 원짜리를 21억 원에 사달라고 해서 우회증여를 하는 거래와 유사하다고 판단할 수도 있습니다"라고 하고 있지만,

나) 이는 공시지가 등을 통하여 비교적 정확한 시가의 측정이 가능한 토지와 그 실체

가 불분명하여 거래 당사자 간의 협상에 의하여 좌우되는 경영권 프리미엄이 붙는 주식 매매와의 차이를 간과하고 있으며, 오히려 최대주주의 특수관계인 보유주식을 경영권 프리미엄을 고려하지 않고 매도할 경우 저가양도에 따른 소득세법상 부당행위계산부인이 문제될 수 있다는 사실은 고려하지 않은 자문이다.

다) 나아가 동 자문 내용 중 "경영권대가를 지급한 자는 법인이 되고 이후 수개월 미만의 시간이 경과한 후에 시가대로 증자 등을 참여한 자가 경영권대가의 상당부분을 향유하게 되는 건이 사실상 적절한 거래인가 하는 issue"라는 표현에서도 알 수 있듯이, 이미 그 답변의 전제로 '경영권대가의 상당부분을 청구법인이 쟁점특수관계자에게 지급한 것으로 보아야 한다'는 사실을 가정하고 그 이후 자문이 이루어지고 있다.

라) 요컨대, 도LL 회계사의 자문은 '특수관계인 간에 이익을 분여하였음'을 가정하고 '부당행위계산부인대상에 해당할 수 있다'는 답변을 한 것으로서, 그 전제부터 틀린 잘못된 자문이라고 할 수 있다.

2) 부당행위계산부인대상에 해당하지 않는다는 자문에 따라 일정한 거래를 하였다고 책임이 감경되는 것이 아님은 당연하다. 마찬가지로 부당행위계산에 해당될 수도 있다는 자문을 받았지만 다른 측면에서의 검토를 통하여 쟁점거래를 하였다고 이를 들어 책임을 지라고 하는 것은 명백히 모순이다. 청구법인 및 쟁점특수관계자는 도LL 회계사의 잘못된 자문에 따르지 않고 위에서 살핀 조세심판원 결정(조심 2010서1315, 2011.6.15.) 등을 검토하여 합리적인 판단하에 쟁점거래계약을 체결하게 된 것이다.

3) 만약 쟁점특수관계자가 경영권 프리미엄을 포함하지 않고 주식을 매도하고 그 매도가액에 따라 양도소득세를 신고했다면 오히려 처분청은 주식의 저가양도에 따른 부당행위계산부인 등을 문제삼을 가능성이 컸을 것이다. 청구법인과 쟁점특수관계자는 이러한 세법적 리스크의 발생 가능성이 훨씬 높다고 판단하여 쟁점거래 계약을 체결한 것뿐이며, 부당행위계산부인 규정 적용 회피를 위한 어떠한 노력도 기울인 바 없다.

바. 결론

1) 양수인 입장에서는 D의 경영진이었던 쟁점특수관계자에게 경영권 프리미엄을 지급하고 주식을 취득할 의사가 있었다는 점에서 쟁점거래는 '경제적 합리성'을 갖추었다고 볼 수 있다.

이는 상속세 및 증여세법과 조세심판원 결정이 최대주주의 특수관계인이라면 '경영에 참여하지 않더라도' 경영권 프리미엄을 인정하고 있다는 점을 보면 더욱 명백하다. 나아가, 쟁점특수관계자는 D의 경영자로서 경영 정상화를 위하여 실질적인 의사결정을 내리고 그에 따른 매출증가 및 투자가 이루어져 이들에게 실질적인 경영권이 당연히

존재하였음을 알 수 있다.

2) 청구법인도 별도의 주주들이 있다. 만약 쟁점특수관계자의 개인적인 욕심에서 청구법인의 이익을 분여받았다면 청구법인 주주들이 이와 같은 쟁점거래계약을 용인하지 않았을 것이다. 실제로 쟁점특수관계자가 청구법인의 경영자이자 D사의 경영자로서 실질적으로 그 역할을 다하였기에 쟁점거래에 따른 합당한 대가를 취득하는 것을 인정한 것이다.

3) 주식양수도를 통한 경영권 양수도에서 최대주주와 그의 특수관계인이자 경영진이 보유한 주식에 동일한 주당 경영권 프리미엄을 인정하는 것은 지극히 경제적으로 합리적인 거래이다. 이와 같은 거래를 어떠한 법률적 근거도 없이 그 거래과정에 있어 다소간 의심의 여지가 있다는 이유만으로 '세법상 부당'하다고 인정한다면, 법적 안정성과 예측가능성이 저해되어 경영권이 포함된 주식거래 시장을 위축시킴은 물론, 주식의 거래가격 및 경영권 프리미엄은 독립된 당사자 사이의 자율적인 협상에 의하여 결정되어야 한다는 '사적 자치의 원칙'에 명백히 반하는 결과를 초래하게 될 것이다. 이와 같은 사정을 고려하여 현명한 판단을 내려 주기를 바란다.

(이하는 청구법인이 심리자료의 사전열람 후 제출한 추가 주장이다.)

1) 처분청 주장의 근본적 문제점

처분청의 주장은 쟁점주식 중 쟁점특수관계자가 보유한 주식은 주당 2,300원에, 청구법인이 보유한 주식은 주당 22,039원에 매도하는 것이 정상적인 거래라는 것이며, 청구법인의 주장은 동일한 주당 매매가액 18,301원에 매도하는 것이 경제적 합리성을 갖춘 거래라는 것이다. 위 두 거래 중 어떠한 것이 경제적 합리성을 갖춘 거래인지 판단하기 위하여는 매수인이 정상적 경제인이라면 위 두 거래 중 어떠한 거래를 보다 합리적이고 자연스럽다고 판단하였을지를 따져 보아야 한다(대법원 2007.12.13. 선고, 2005두14257 판결 참고).

동일한 주식을 같은 주당 매매가액을 적용하여 거래하는 것은 지극히 자연스러운 거래 형태이다. 매도인들이 양도한 위 주식은 동일하게 주주로서의 권리를 행사하고 동일한 배당을 받는 동일한 주식임에도 동일한 거래에서 가격을 달리 정할 하등의 이유가 없다(같은 종류의 주식에 대해 주주권과 배당권을 달리 정하는 것은 '주식평등의 원칙'에 반하여 애초에 허용되지 않는다). 이는 청구법인이 제출한 2009~2010년 경영권 양수도 사례 등에 의해 확인된다.

만약 청구법인과 쟁점특수관계자의 주당 매매가액을 다르게 하여 거래하였다면, 오히려 과세관청은 ① 쟁점특수관계자에게는 주식의 저가양도에 따른 부당행위계산부인을, ② 양수인에게도 저가양수에 따른 증여의제를 문제 삼았을 것이다. 만약 과세관청의 이러한 문제 제기가 계속된다면, 경영권 거래시장의 당사자로서는 어떠한 주당 매매가액으로 경영권 양수도거래를 하여야 할지 도저히 가늠할 수 없어 경영권 거래시장이 위축되고, 결국 거래 감소에 따른 세수의 손실을 초래하게 될 것이다.

2) 처분청은 경영권 프리미엄의 개념을 오해하고 있다.

처분청은 "쟁점특수관계자가 D사의 임원으로 있는 동안 경영실적이 미미하여 쟁점특수관계자가 보유한 주식에는 경영권 프리미엄이 있을 수 없다"고 하여, 해당 기업을 잘 경영하여 기업가치를 상승시킨 '공로'가 있는 자여야 그가 보유한 주식에 경영권 프리미엄이 인정된다고 주장하고 있다.
처분청의 주장대로라면 해당 임원이 기업의 경영에 얼마나 기여하였는지에 따라 경영권 프리미엄을 산정하여야 한다는 것인데, ① 경영권 프리미엄이란 '경영권을 행사할 수 있는 지위'라는 권리에 대한 가치이지 경영권 프리미엄이 있는 주식을 보유한 자가 실제 경영권을 행사하였는지는 무관하며, ② 과연 그 임원의 기여도는 어떻게 산정하는 것인지, 기여도에 따라 경영권 프리미엄이 도대체 어떤 기준으로 산정되어야 하는 것인지를 묻고 싶다.

'경영권'이란 '회사의 기본정책을 결정할 수 있는 힘'을 의미하며(헌법재판소 전원재판부 2003.1.30. 선고, 2002헌바65 결정), '경영권 프리미엄'이란 기본적으로는 '경영권에 대한 가치'를 의미하지만 구체적인 가액은 거래 상대방과의 교섭조건, 교섭능력에 따라 정해질 수밖에 없다(대법원 2009.10.29. 선고, 2008도11036 판결). 즉, 경영권 프리미엄은 경영자가 기업의 가치를 상승시켜야만 인정되는 것이 아니라, 그 기업을 지배하고 있는 '지위'에 대한 가치인 것이며, 그 가치는 구체적으로 경영권 양수도거래 당사자 간의 교섭에 의하여 결정되는 것이다. 특히, 판례는 주식을 실질적으로 공동으로 보유하고 있는 관계에 있다고 볼 수 있는 '특수관계에 있는 자'에게도 경영권 프리미엄이 인정된다고 본다(서울고등법원 2008.2.12. 선고, 2007누20234 판결 : 대법원 2011.6.24. 선고, 2008두4237 판결로 확정).

더구나 본 건에서 ① 쟁점특수관계자는 D사의 임원으로 실제 회사의 기본정책을 결정하였음은 다툼이 없는 사실이며, ② 청구법인을 쟁점특수관계자들이 지배하고 있었기에, 청구법인과 쟁점특수관계자들은 주식을 실질적으로 공동으로 보유하고 있었다고 볼 수 있음이 명백하다.

3) 세무 이슈에 관한 대응 시나리오 논의 등은 이 건 처분의 위법성 판단에 어떠한 영향도 미치지 않는다.

처분청은 "조세회피를 하기 위한 대응논리 및 시나리오를 작성한 것으로 파악되며, 이를 통하여 조세를 회피하기 위하여 노력한 다양한 정황들이 포착"된다는 이유로 부당행위계산부인 규정이 적용된다고 주장하고 있다. 그러나 청구법인 및 쟁점특수관계자가 처분청의 주장과 같이 조세를 회피하기 위하여 노력하였는지 여부를 논하기에 앞서, 과연 조세회피의 의도가 부당행위계산부인의 요건에 해당되는지가 먼저 판단되어

야 할 것이다.

이에 관하여, 대법원 판결은 일관되게 "납세의무자의 조세회피의 의도가 별도의 요건으로 요구되지 아니"한다거나(대법원 2000.2.11. 선고, 97누13184 판결), "부당행위계산부인에 있어 조세부담을 회피하거나 경감시킬 의도가 있어야만 하는 것은 아니"라고 판단(대법원 1996.7.12. 선고, 95누7260 판결 : 대법원 2006.11.10. 선고, 2006두125 판결)함으로써, 조세회피의 의도가 부당행위계산부인의 요건에 해당되지 않는다고 보고 있다.
따라서 어떤 거래의 '부당성'은 그 거래가 정상적 경제인의 관점에서 부자연스럽거나 불합리한지 여부를 보아 객관적으로 판단되어야 하지(대법원 2007.12.13. 선고, 2005두14257 판결), 납세자가 어떤 주관적 의도를 가지고 그 거래를 하였는지 여부는 거래의 부당성 판단에 어떠한 영향도 미치지 않는 것이 원칙이라고 할 것이다. 그럼에도 불구하고 처분청은 청구법인 등이 세무사, 회계사 등과 쟁점거래에 관한 조세 이슈를 논하는 과정을 문제 삼아 막연히 청구법인 등에게 조세회피의 의도가 있다고 보아 부당행위계산부인 규정을 적용하여 본 건 과세에 나아갔는바, 이와 같은 판단이 명백하게 위 대법원 판결의 취지에 반하는 것임은 다언을 요하지 않는다.

주식양수도거래 시 가격에 따라 세금 문제가 발생할 수 있다는 것은 널리 알려진 사실인데 세무 리스크를 낮추는 방법을 고려하였다고 하여 부당행위계산부인 규정이 적용될 수는 없으며, 쟁점특수관계자들이 보유한 주식의 가격을 합리적으로 산정되었는지만이 문제된다. 중요한 것은 경영권 프리미엄을 반영한 가격 산정방법이 객관적으로 합리적이었다는 점이고, 이러한 거래를 두고 외부자문기관이 과세 가능성이 있다고 평가하였다고 하여 이러한 평가에 구속될 하등의 이유가 없으며 객관적인 판단이 이루어져야 하는 것이다.

이 청구이유서는 기재방식은 매우 체계적인 것에 비해, 분량이 너무 방대하여 핵심적인 내용에 집중하여 분량을 조금 줄였다면 더욱 훌륭한 이유서가 되었을 것이라 생각된다. 이 청구이유서의 체계적 기재방식이 도움이 되었으면 한다.

참고로, 이 사건의 전체 공개내용을 다 읽으면 알 수 있겠지만 회계사나 세무사 등으로부터 어떤 과세 이슈에 대한 자문을 서면 등 형태로 보관하다가 과세관청에 의해 영치되면 자문내용의 옳고 그름을 떠나 어떤 형태로든 영향을 끼치게 마련이므로 보관에 매우 주의해야 한다.

Case 9 조심 2014전2612, 2015.6.2.

해외현지법인에 파견되어 청구법인과 현지법인의 업무를 동시에 수행하였다고 보이므로 파견직원의 실제 업무내역을 재조사하여 그 결과에 따라 청구법인이 부담할 인건비는 손금에 산입하는 것이 타당하다는 사례

가. 사실관계

(1) 휴대폰 제작에 사용되는 특수도료를 생산하는 청구법인은 ○○전자의 해외생산기지 소재 국가에 4개의 현지법인을 설립하여 현지에서 제품을 생산하여 납품

(2) 청구법인은 현지법인과 매출액의 3%를 기술료 명목으로 수취하는 기술이전 협약을 체결하고, 동 협약에 현지법인 파견직원 인건비는 청구법인이 부담하기로 약정

나. 과세경위

처분청은 파견직원이 현지법인의 관리직 업무를 수행한 것으로 보인다는 이유로 청구법인이 부담한 현지법인 파견직원 인건비를 업무무관비용으로 보아 손금불산입 처분

다. 청구법인 주장

(1) 본사의 연구개발 성과를 현지법인에게 전수하고, 현지법인들의 품질 및 생산 관리, 본사와의 지속적인 정보교환 등을 위하여 파견된 해외파견직원은 현지법인에서 제품 생산을 위한 술이전 및 지도, ○○전자 등 해외생산기지의 제품 수요, 제품 규격 등의 변경 요청 등에 대한 즉각적인 대응 및 본사 보고, 청구법인의 해외시장 개척을 위한 해외시장정보, 시장예측자료, 신제품개발정보 등의 수집 및 본사 보고, 청구법인의 현지법인 원재료 매출과 관련한 현지 공급량 등을 고려한 수입 예측량 보고, 현지법인의 재무자료 및 경영분석 자료보고의 업무를 수행하고 있다.

(2) 기존 유권해석은 해외파견직원에 대한 인건비가 파견한 내국법인의 손금으로 인정되기 위한 요건으로 사실상 내국법인의 업무에 종사하는 것으로 인정되는 때에 이를 손금으로 인정하고 있다(법인세과-318, 2013.6.28. 등 다수).

라. 처분청 의견

(1) 현지 파견직원의 실제 수행업무를 확인하기 위해 현지법인의 사무분장표 등을 요구하였으나 세무조사 종결일까지 제출하지 못하였고, 파견직원은 대부분 현지법인의 총경리, 그룹장에 있으면서 현지법인의 관리직 직무를 수행한 것으로 보이므로, 청구법인의 고유업무라기보다는 독립법인인 현지법인이 사업을 영위하는 데 필요한 업무로 판단된다.

(2) 청구법인의 해외법인관리규정 §10에는 해외주재원이 해외법인으로 부임한 이후 발생되는 모든 비용(급여, 제수당, 복리후생, 상여금, 인센티브, 각종 세금 및 보험 등)은 해외법인이

부담함을 원칙으로 한다고 명시되어 있고, 해외파견직원에 대한 인건비를 경상기술료 수입에 직접 대응되는 비용으로 보기 어렵다.

마. 쟁점

해외 현지법인 파견직원에게 지급한 인건비를 업무와 관련 없는 비용으로 볼 수 있는지 여부

바. 판단요지

내국법인이 국외투자법인에 종업원을 파견하면서 급여를 지급하는 경우로서 그 종업원이 사실상 내국법인의 업무에 종사하는 때에는 그 비용을 내국법인의 손금에 산입할 수 있다고 할 것인바,

현지법인은 청구법인이 단독 또는 공동으로 투자하여 설립한 법인인 점, 청구법인과 현지법인 간 기술이전계약과 직원파견에 대한 업무협력 약정에 의하면 청구법인이 플라스틱용 도료 제조기술을 현지법인에게 이전하고 현지법인은 총매출액의 3%에 해당하는 기술료를 청구법인에게 지불하며, 기술이전을 위해 파견한 인건비는 청구법인이 부담한다고 되어 있는 점, 청구법인이 지급한 쟁점인건비와 현지법인으로부터 수수한 기술료 수입 및 원재료 매출이익을 비교해 보면 청구법인이 파견직원에게 지급한 인건비를 보전할 목적으로 원재료 판매가격의 수준을 결정한 것으로 보이는 점,

현지법인에서 생산된 문서에 의하면 파견직원이 현지법인의 경영 및 재무실적에 관한 정보, 해외시장 동향에 관한 정보 등을 청구법인에게 지속적으로 보고한 것으로 나타나는 점 등에 비추어 파견직원은 청구법인이 경영참가ㆍ기술이전 및 지도 등의 목적으로 파견한 인력으로서 청구법인과 현지법인의 업무를 동시에 수행하고 있다고 볼 수 있으므로 파견직원이 실제로 수행한 업무내역을 재조사하여 그 결과에 따라 청구법인이 부담해야 할 인건비를 손금에 산입함이 타당하다고 판단된다.

해외현지법인에 파견된 직원의 인건비 부담주체는 회사와 과세관청 간 이견이 자주 발생하는 이슈이다.

쟁점사건의 경우 재결청에서는 위의 여러 가지 정황과 함께 특히, 현지법인과의 기술이전협약서에 기술이전을 위해 본사에서 파견되는 직원의 인건비는 본사가 부담한다고 약정하여 부담주체를 확실히 명시한 것이 재조사 판단의 주요한 근거가 될 수 있었을 것이라고 생각된다.

재조사결정의 경우 결정문에서 재조사의 범위를 명확하게 명시한다. 이 사례의 경우 "파견직원이 내국법인과 현지법인의 업무를 동시에 수행하고 있는 것으로 보이므로, 파견직원이 실제로 수행한 업무내역을 재조사하여, 그 결과에 따라 내국법인이 부담할 인건비를 산출하라"고 명시하고 있다.

Case 10 심사법인 2014-0005, 2014.6.10.

품목별 판매가격은 거래규모에 따라 할인율이 차등적용되는 등 다른 요소들을 종합적으로 살필 때 특수관계자에게 일반특약점 판매가격보다 저가판매하였다고 곧바로 부당행위계산으로 부인할 수 없다고 판단한 사례

가. 사실관계

청구법인은 2009~2011 사업연도 중 치과기자재를 ㈜○○ 등 5개 특수관계법인에게 판매하면서, 일부품목에 대하여 비특수관계자에게 판매한 가격보다 저렴한 가격으로 판매

나. 과세경위

처분청은 품목별 5백만 원 이상 거래한 상품 중 비특수관계자에게 판매한 최저가격을 시가로 보아 특수관계법인에게 판매한 가격과 차액이 5% 이상 발생하는 품목에 대하여 부당행위계산부인 규정을 적용하여 익금산입 기타사외유출 처분

다. 청구법인 주장

(1) 판매가격의 책정은 거래규모에 따른 할인율 차등 적용, 프로모션 시 무상제공하는 수량차이, 사용기한이 정하여진 품목에 대한 할인판매 등 여러 요인에 따라 각기 다르기 때문에, ㈜○○ 외 4개 법인의 일부 품목의 거래가액이 다른 매출처에 비해 낮다는 이유만으로 부당행위계산부인 규정을 적용할 수 없다.

(2) 특수관계법인의 거래와 다른 매출처와의 거래는 동일하거나 유사하지도 않아 단순 비교할 수 없으며, 비특수관계자와의 거래에서 형성된 가격 중 최저가격이라 하여 이를 바로 해당 품목의 시가에 해당한다고 볼 근거가 없으므로, 조사청이 최저가격을 시가로 보아 저가매출에 따른 부당행위계산부인으로 과세한 처분은 위법·부당하다.

라. 처분청 의견

(1) 거래의 규모에 따라 할인율 등을 달리 적용한다는 주장은 청구법인의 자의성이 많이 내재된 주장이며, 1,200여 개에 이르는 거래처의 거래규모는 거래처에 따라 품목별 또는 건별, 월별, 연도별 등 천차만별로, 거래규모가 크다고 항상 할인하여 주는 것은 아닌 것으로 보이고, 달리 청구법인은 거래규모별 할인율을 정한 내부 규정도 없다.

(2) 거래가격은 여러 가격으로 형성될 수 있는 것이고, 그 여러 가격 중 어느 가격이 그래도 시가로서의 합리성과 객관성이 함축되었는지를 판단함에 있어 최소한 이 정도의 가격, 즉 "비특수관계자와의 여러 거래가액 중 최저로 거래된 가격만큼은 받아야 하지 않는가" 하는 판단에 의한 것으로, 청구법인에게 더 우호적인 가격을 산정한 것이다

마. 쟁점

특수관계자에게 일반특약점 판매가격보다 저가판매한 것이 부당행위계산부인 적용대상인지 여부

바. 판단요지

조사청의 의견에서도 나타난 바와 같이 청구법인이 비특수관계자에게 판매한 동일품목에 대해서도 거래처별로 판매가격이 5% 이상 차이가 나는 등 거래처별 판매가격이 각각 다르게 나타나는 점, 조사청에서 품목별 비특수관계인과의 거래가액 중 최저가격을 시가로 보아 특수관계법인인 ㈜○○에게 저가로 판매한 금액이 543백만 원이라 하나,

품목별 동일한 기준의 시가로 ㈜○○에게 매출한 품목을 비교했을 때 약 20억 원을 고가로 판매한 사실이 확인되는 등, 품목별 판매가격은 거래규모에 따른 할인율 차등 적용, 프로모션 시 무상제공하는 수량 차이, 사용기한에 따른 할인판매 등 여러 요인에 따라 변동된다는 청구법인의 주장이 신빙성 있는 점 등에 비추어 볼 때, 처분청에서 청구법인이 특수관계법인에게 저가판매한 품목에 대하여 부당행위계산 부인규정을 적용한 것은 부당하다고 판단된다.

다수의 품목을 다수의 거래처에 판매하는 회사의 경우 대부분 프로모션 정책을 갖고 있기 마련이다. 그러나 의외로 이런 프로모션 정책을 합리적인 내부규정 형태로 갖추어 적용하는 회사는 드물다.

이런 경우 쟁점사건의 경우와 같이 특수관계자 간 거래에 따른 부당행위계산부인의 문제뿐 아니라, 프로모션이 일률적이지 않거나 또는 특수관계가 없더라도 특정한 거래처만 선별하여 적용하는 경우 접대비로 간주될 개연성이 항상 존재한다.

쟁점사건의 경우 청구법인이 대응하면서, 예를 들면 소모성 상품이냐 아니냐의 여부 등 판매하는 품목의 개별적 특성에 따라 취급하는 판매점의 성격이나 거래처별 매출규모 등 여러 가지 요인에 따라 각기 다른 프로모션이 실시되고 있으므로 특수관계법인이 아닌 다른 판매처에도 오히려 특수관계법인보다 낮은 가격으로 납품한 품목도 있다는 점 등을 실제 사례를 들어 적극 부각시킨 것으로 보이며, 부당행위계산에 관한 법 논리를 전개하여 일반거래처와 비교하여 특수관계자에게 일부 품목은 저가로 판매하고 일부 품목은 고가로 판매한 경우라 하더라도 전체적으로 비특수관계자에 비해 더 많은 이익을 보는 거래를 유지하고 있다면, 단순히 저가로 판매한 것만을 분리하여 부당행위계산부인 규정을 적용하는 것은 건전한 사회통념과 상관행을 도외시한 부당한 과세처분이라고 항변하였다.

이런 논리적 항변을 통해 재결청으로 하여금 특수관계법인 ㈜○○와의 거래에 있어서 처분청이 문제 삼은 저가양도 금액은 543백만 원에 불과한 반면, 처분청과 동일한 논리(즉, 품목별로 일반거래처에 납품한 가격 중 최저금액을 시가로 간주)로 볼 때 오히려 ㈜○○에게 고가양도한 금액은 이보다 훨씬 큰 20억 원에 이른다는 사실을 들어 조사청 주장의 논리적 일관성이 부재하다는 점을 부각시킴으로써 인용결정을 끌어낼 수 있었을 것이다.

2 소득처분

가. 법령

1) 법인세법 제67조(소득처분)

제60조에 따라 각 사업연도의 소득에 대한 법인세의 과세표준을 신고하거나 제66조 또는 제69조에 따라 법인세의 과세표준을 결정 또는 경정할 때 익금에 산입한 금액은 그 귀속자 등에게 상여·배당·기타사외유출·사내유보 등 대통령령으로 정하는 바에 따라 처분한다.

2) 법인세법 시행령 제106조(소득처분)

① 법 제67조에 따라 익금에 산입한 금액은 다음 각 호의 구분에 따라 처분한다. 비영리내국법인과 비영리외국법인에 대하여도 또한 같다.

1. 익금에 산입한 금액(법 제27조의2 제2항에 따라 손금에 산입하지 아니한 금액을 포함한다)이 사외에 유출된 것이 분명한 경우에는 그 귀속자에 따라 다음 각 목에 따라 배당, 이익처분에 의한 상여, 기타소득, 기타 사외유출로 할 것. 다만, 귀속이 불분명한 경우에는 대표자(소액주주 등이 아닌 주주 등인 임원 및 그와 제43조 제8항에 따른 특수관계에 있는 자가 소유하는 주식 등을 합하여 해당 법인의 발행주식총수 또는 출자총액의 100분의 30 이상을 소유하고 있는 경우의 그 임원이 법인의 경영을 사실상 지배하고 있는 경우에는 그 자를 대표자로 하고, 대표자가 2명 이상인 경우에는 사실상의 대표자로 한다. 이하 이 조에서 같다)에게 귀속된 것으로 본다.
   가. 귀속자가 주주 등(임원 또는 사용인인 주주 등 제외)인 경우에는 그 귀속자에 대한 배당
   나. 귀속자가 임원 또는 사용인인 경우에는 그 귀속자에 대한 상여

다. 귀속자가 법인이거나 사업을 영위하는 개인인 경우에는 기타 사외유출. 다만, 그 분여된 이익이 내국법인 또는 외국법인의 국내사업장의 각 사업연도의 소득이나 거주자 또는 「소득세법」 제120조에 따른 비거주자의 국내사업장의 사업소득을 구성하는 경우에 한한다.

라. 귀속자가 가목 내지 다목 외의 자인 경우에는 그 귀속자에 대한 기타소득

2. 익금에 산입한 금액이 사외에 유출되지 아니한 경우에는 사내유보로 할 것

3. 제1호에도 불구하고 다음 각 목의 금액은 기타사외유출로 할 것

가. 법 제24조에 따라 익금에 산입한 금액

나. 법 제25조 및 「조세특례제한법」 제136조에 따라 익금에 산입한 금액

다. 법 제27조의2 제3항(같은 항 제2호에 따른 금액에 한정한다) 및 제4항에 따라 익금에 산입한 금액

라. 법 제28조 제1항 제1호 및 제2호의 규정에 의하여 익금에 산입한 이자·할인액 또는 차익에 대한 원천징수세액에 상당하는 금액

마. 법 제28조 제1항 제4호의 규정에 의하여 익금에 산입한 금액

바. (삭제)

사. 「조세특례제한법」 제138조의 규정에 의하여 익금에 산입한 금액

아. 제1호 각 목 외의 부분 단서 및 제2항에 따라 익금에 산입한 금액이 대표자에게 귀속된 것으로 보아 처분한 경우 당해 법인이 그 처분에 따른 소득세 등을 대납하고 이를 손비로 계상하거나 그 대표자와의 특수관계가 소멸될 때까지 회수하지 아니함에 따라 익금에 산입한 금액

자. 제88조 제1항 제8호·제8호의2 및 제9호(같은 호 제8호 및 제8호의2에 준하는 행위 또는 계산에 한정한다)에 따라 익금에 산입한 금액으로서 귀속자에게 「상속세 및 증여세법」에 의하여 증여세가 과세되는 금액

차. 외국법인의 국내사업장의 각 사업연도의 소득에 대한 법인세의 과세표준을 신고하거나 결정 또는 경정함에 있어서 익금에 산입한 금액이 그 외국법인 등에 귀속되는 소득

② 제104조 제2항의 규정에 의하여 결정된 과세표준과 법인의 대차대조표상의 당기순이익과의 차액(법인세상당액을 공제하지 아니한 금액)은 대표자에 대한 이익처분에 의한 상여로 한다. 다만, 법 제68조 단서의 규정에 해당하는 경우에는 이를 기타사외유출로 한다.

③ 제2항의 경우 법인이 결손신고를 한 때에는 그 결손은 없는 것으로 본다.

④ 내국법인이 「국세기본법」 제45조의 수정신고기한 내에 매출누락, 가공경비 등 부당하게 사외유출된 금액을 회수하고 세무조정으로 익금에 산입하여 신고하는 경우의 소득처분은 사내유보로 한다. 다만, 다음 각 호의 어느 하나에 해당되는 경우로서 경정이 있을 것을 미리 알고 사외유출된 금액을 익금산입하는 경우에는 그러하지 아니하다.

1. 세무조사의 통지를 받은 경우

2. 세무조사가 착수된 것을 알게 된 경우
3. 세무공무원이 과세자료의 수집 또는 민원 등을 처리하기 위하여 현지출장이나 확인 업무에 착수한 경우
4. 납세지 관할세무서장으로부터 과세자료 해명 통지를 받은 경우
5. 수사기관의 수사 또는 재판 과정에서 사외유출 사실이 확인된 경우
6. 그 밖에 제1호부터 제5호까지의 규정에 따른 사항과 유사한 경우로서 경정이 있을 것을 미리 안 것으로 인정되는 경우

3) 법인세법 시행규칙 제54조(대표자 상여처분 방법)

영 제106조 제1항 제1호 단서의 규정을 적용함에 있어서 사업연도 중에 대표자가 변경된 경우 대표자 각인에게 귀속된 것이 분명한 금액은 이를 대표자 각인에게 구분하여 처분하고 귀속이 분명하지 아니한 경우에는 재직기간의 일수에 따라 구분계산하여 이를 대표자 각인에게 상여로 처분한다.

4) 기본통칙

67–106…1	출자임원에 대한 소득처분

출자임원에 귀속된 소득에 대하여는 그 소득금액이 출자의 비례에 의한 경우에도 그 임원에 대한 상여로 처분한다.

67–106…2	업무와 관련 없는 지출에 대한 소득처분

영 제49조 및 제50조의 규정에 의하여 익금에 산입한 금액은 기타사외유출로 한다. 다만, 업무와 관련 없는 자산을 사용하는 자가 따로 있을 경우에는 다음 각 호와 같이 처분한다.

1. 출자자(출자임원 제외) …… 배당
2. 사용인(임원포함) …… 상여
3. 법인 또는 사업을 영위하는 개인 …… 기타사외유출
4. 전 각호 이외의 개인 …… 기타소득

67–106…3	업무와 관련 없는 지출에 대한 소득처분

① 영 제51조에 규정하는 채권자가 불분명한 차입금의 이자(동 이자에 대한 원천징수세액에 상당하는 금액은 제외)는 이를 대표자에 대한 상여로 처분한다.
② 제1항의 규정에 의한 원천징수세액에 상당하는 금액은 기타사외유출로 처분한다.

67-106…4	퇴직금 한도초과액의 처분

임원에게 지급한 퇴직금 중 영 제44조 제4항에 규정하는 한도를 초과함으로써 익금에 산입한 금액은 이를 그 임원에 대한 상여로 처분한다.

67-106…5	정관에 기재되지 않은 창업비 등의 처분

법인의 창업과 관련하여 발기인이 부담하여야 할 비용을 법인이 부담하고 창업비로 계상한 경우에는 이를 손금부인하고 당해 발기인에 대한 상여로 처분한다.

67-106…6	손금불산입되는 기부금의 처분

법 제24조 제1항에 규정하는 지정기부금 이외의 기부금으로서 익금에 산입한 금액은 그 기부받은 자의 구분에 따라 다음과 같이 처분한다.

1. 출자자(출자임원 제외) : 배당
2. 사용인(임원 포함) : 상여
3. 전 각 호 이외의 경우 : 기타사외유출

67-106…7	의무불이행으로 납부한 원천징수세액 등의 처분

영 제87조 제1항 각호의 규정에 해당되지 아니하는 자와의 거래에 대한 원천징수불이행 등으로 인하여 납부한 세액을 가지급금 등으로 처리한 경우에는 동 가지급금 등에 대하여 인정이자를 계산하지 아니한다. 다만, 동 가지급금 등을 손금으로 계상한 때에는 이를 손금부인하고 기타사외유출로 처분한다.

67-106…8	부당행위계산의 대상이 되는 거래에 대한 처분

부당행위계산부인 등으로 발생되는 소득의 처분은 당해 법인의 소득의 증감 여부에 관계없이(예를 들면, 잉여금과 상계하거나 가공자산으로 처리한 것 등) 이를 그 귀속자를 기준으로 하여 영 제106조 제1항 각 호의 규정에 따라 처분한다.

67-106…9	부당행위계산으로 부인한 시가초과액의 처분특례

① 특수관계 있는 자로부터 자산(영업권 포함)을 시가를 초과하여 매입하는 경우에는 다음 각 호와 같이 처리한다.

대금의 전부를 지급한 때	가. 시가를 초과하는 금액은 익금에 산입하여 이를 영 제106조 제1항 제1호의 규정에 따라 처분하고 동 금액을 손금에 산입하여 사내유보로 처분한다. 나. 그 자산을 감가상각하였을 때에는 시가초과액에 대한 감가상각비를 익금에 산입하고 사내유보로 처분한다. 다. 그 자산을 양도한 때에는 시가초과액(가－나)을 익금에 산입하여 사내유보로 처분한다.

대금의 일부를 지급한 때	가. 시가를 초과하는 금액을 익금에 산입하여 사내유보로 처분하고 동 금액을 손금에 산입하여 사내유보로 처분하는 한편, 지급된 금액 중 시가를 초과하는 금액은 영 제106조 제1항 제1호의 규정에 따라 처분한다. 나. 동 자산을 감가상각 또는 양도한 때에는 제1호 "나" 및 "다"의 예에 의하여 처분한다.
대금의 전부를 미지급한 때	시가를 초과한 금액은 익금에 산입하여 사내유보로 처분하고 동 금액을 손금에 산입하여 사내유보로 처분하고 동 대금을 실제로 지급하는 때에 전 각 호에 따라 처분한다.

② 제1항의 규정을 적용함에 있어서 그 대금을 분할하여 지급하는 때에는 시가에 상당하는 금액을 먼저 지급한 것으로 본다.
③ 제1항의 규정에 의하여 익금산입할 감가상각비의 계산은 다음 산식에 의한다. 이 경우, 시가초과부인액에 대한 감가상각비를 손금으로 계상하지 않은 것이 명백한 경우에는 익금산입할 감가상각비로 보지 아니한다.

$$\text{회사계상 감가상각비} \times \frac{\text{시가초과부인액 잔액}}{\text{당해 연도 감가상각 전의 장부가액}}$$

67-106…10 가지급금에 대한 인정이자의 처분

① 영 제89조 제3항 및 제5항의 규정에 의하여 익금에 산입한 금액은 금전을 대여받은 자의 구분에 따라 다음 각 호와 같이 처분한다.

1. 출자자(출자임원 제외) …… 배당
2. 사용인(임원 포함) …… 상여
3. 법인 또는 사업을 영위하는 개인 …… 기타사외유출
4. 전 각 호 이외의 개인 ……… 기타소득

② 법인이 특수관계인 간의 금전거래에 있어서 상환기간 및 이자율 등에 대한 약정이 없는 대여금 및 가지급금 등에 대하여 결산상 미수이자를 계상한 경우에도 동 미수이자는 익금불산입하고 영 제89조 제3항 및 제5항의 규정에 의하여 계산한 인정이자상당액을 익금에 산입하여 제1항의 규정에 따라 처분한다.

67-106…11 매출누락액 등의 상여처분

각 사업연도의 소득금액 계산상 익금에 산입하는 매출누락액 등의 금액은 다음 각 호에 게기하는 경우를 제외하고는 그 총액(부가가치세 등 간접세 포함)을 영 제106조의 규정에 따라 처분한다.

1. 외상매출금 계상누락
2. 매출누락액의 사실상 귀속자가 별도로 부담한 동 매출누락액에 대응하는 원가상당액으로서 부외처리되어 법인의 손금으로 계상하지 아니하였음이 입증되는 금액

67-106…12	가공자산의 익금산입 및 소득처분

가공자산을 계상하고 있는 경우에는 다음 각 호와 같이 처리한다. 이 경우 자산을 특정인이 유용하고 있는 것으로서 회수할 것임이 객관적으로 입증되는 경우에는 가공자산으로 보지 아니하고 이를 동인에 대한 가지급금으로 본다.

1. 외상매출금, 받을어음, 대여금 등 가공채권은 익금에 산입하여 이를 영 제106조 제1항의 규정에 따라 처분하고 동 금액을 손금에 산입하여 사내유보로 처분하며 동 가공채권을 손비로 계상하는 때에는 익금에 산입하여 사내유보로 처분한다.
2. 재고자산의 부족액은 시가에 의한 매출액 상당액(재고자산이 원재료인 경우 그 원재료 상태로는 유통이 불가능하거나 조업도 또는 생산수율 등으로 미루어 보아 제품화되어 유출된 것으로 판단되는 경우에는 제품으로 환산하여 시가 계산)을 익금에 산입하여 대표자에 대한 상여로 처분하고 동 가공자산은 손금에 산입하여 사내유보로 처분하며 이를 손비로 계상하는 때에는 익금에 산입하여 사내유보로 처분한다.
3. 가공계상된 고정자산은 처분 당시의 시가를 익금에 산입하여 영 제106조 제1항의 규정에 따라 처분하고, 당해 고정자산의 장부가액을 손금에 산입하여 사내유보로 처분한다. 다만, 그 후 사업연도에 있어서 동 가공자산을 손비로 계상하는 때에는 이를 익금에 산입하여 사내유보로 처분한다.
4. 제1호 내지 제3호에 의하여 익금에 가산한 가공자산가액 또는 매출액 상당액을 그 후 사업연도에 법인이 수익으로 계상한 경우에는 기 익금에 산입한 금액의 범위 내에서 이를 이월익금으로 보아 익금에 산입하지 아니한다.

67-106…14	수정신고에 따른 소득처분

① 법인세 과세표준을 수정신고하는 경우 익금에 산입한 금액은 그 실질내용에 따라 영 제106조의 규정에 의하여 처분한다.

② 영 제106조 제4항 단서에서 "경정이 있을 것을 미리 알고 사외유출된 금액을 익금산입하는 경우"라 함은 다음 각 호의 어느 하나에 해당하여 사외유출금액에 대한 경정이 있을 것을 인지한 경우를 포함한다.

1. 과세자료 해명 안내 통지를 받은 경우
2. 세무공무원이 과세자료 · 민원 등의 처리를 위해 현지 출장 · 확인업무에 착수한 경우

67-106…15	외국법인에 대한 소득처분의 특례

외국법인에 대한 과세표준을 추계결정 또는 추계경정하는 경우에 결정된 과세표준과 당기순이익과의 차액은 영 제106조 제2항의 규정에 불구하고 이를 기타사외유출로 처분한다.

67-106…16	수시부과할 경우의 소득처분

법 제69조의 규정에 의하여 법인세를 수시부과하는 경우에 소득금액의 처분은 영 제106조의 규정을 준용한다.

67-106…17 사실상의 대표자의 정의

영 제106조 제1항 제1호의 규정에서 "사실상의 대표자"라 함은 대외적으로 회사를 대표할 뿐만 아니라 업무집행에 있어서 이사회의 일원으로 의사결정에 참여하고 집행 및 대표권을 가지며 회사에 대하여 책임을 지는 자를 말한다.

67-106…18 직무집행이 정지된 대표자에 대한 소득처분

법원의 가처분결정에 의하여 직무집행이 정지된 법인의 대표자는 정지된 기간 중에는 대표자로서의 직무집행에서 배제되는 것이므로 법인등기부상에 계속 대표자로 등재되어 있는 경우에도 법인의 영업에 관한 장부 또는 증빙서류를 성실히 비치 기장하지 아니하여 발생되는 그 귀속이 불분명한 소득 등은 이를 직무집행이 배제된 명목상의 대표자에게 처분할 수 없는 것으로 한다. 따라서 이 경우에는 사실상의 대표자로 직무를 행사한 자를 대표자로 한다.

67-106…19 형식상 대표자의 책임

당해 법인의 대표자가 아니라는 사실이 객관적인 증빙이나 법원의 판결에 의하여 입증되는 경우를 제외하고는 등기상의 대표자를 그 법인의 대표자로 본다.

67-106…20 추계결정(경정) 시 소득처분대상 금액

영 제104조 제2항의 규정에 의하여 추계결정 또는 경정된 과세표준과 대차대조표상의 당기순이익과의 차액을 영 제106조 제2항의 규정에 따라 소득처분하는 경우에 당기순이익은 당기분 법인세와 전기분 추가법인세 및 법인세환수액 · 전기오류수정익 및 전기오류수정손 등을 각각 손금 또는 익금에 가산하지 아니한 것을 말한다.

67-106…21 임원 등에 대한 벌과금 등 대납액의 소득처분

법인이 임원 또는 사용인에게 부과된 벌금 · 과료 · 과태료 또는 교통벌과금을 대신 부담한 경우에도 그 벌금 등의 부과대상이 된 행위가 법인의 업무수행과 관련된 것일 때에는 법인에게 귀속된 금액으로 보아 손금불산입하고 기타사외유출로 처분한다. 다만, 내부규정에 의하여 원인유발자에게 변상조치하기로 되어 있는 경우에는 당해 원인유발자에 대한 상여로 처분한다.

나. 소득처분 개요[31)]

1) 개념

법인세 과세표준의 신고, 결정 또는 경정시 기업회계상 당기순이익과 세무회계상 과세소득인 각 사업연도소득과의 차이를 조정(즉, 세무조정)함에 있어 각 세무조정 항목의 발생액에 대하여 그 귀속자와 소득의 종류 등을 확정하는 세법상의 절차를 소득처분이라 한다. 소득처분은 각 사업연도 소득에 대한 법인세의 납세의무가 있는 모든 법인에 대하여 적용되는 것으로 영리법인뿐만 아니라 수익사업이 있는 비영리법인 및 외국법인에게도 적용된다(법인령 §106 ①).

법인이 각 사업연도의 소득에 대한 법인세의 과세표준을 신고하거나, 정부가 법인세의 과세표준을 결정 또는 경정함에 있어서 익금산입 및 손금산입 등 모든 세무조정사항에 대하여는 소득처분이 항상 뒤따르게 된다. 따라서 법인세 과세표준을 신고하는 경우 법인이 스스로 세무조정을 행하므로 납세의무자인 법인이 소득처분의 주체가 되지만, 과세표준 신고가 없거나 신고내용에 오류・탈루가 있어 정부가 법인세 과세표준을 결정・경정하는 경우에는 정부가 소득처분의 주체가 된다.

소득처분은 법인세 과세표준을 수정신고하거나 법인세를 수시부과하는 경우에도 적용하며(기본통칙 67-106…14 및 67-106…16), 경정・재경정에 의하여 당초 익금산입한 금액을 취소하는 경우에는 이에 부수되었던 소득처분도 취소된다(법인 22601-3962, 1985.12.30.).

2) 소득처분의 유형

소득처분은 세무조정으로 증가한 각 사업연도소득이 법인 외부로 유출되었는지 법인 내부에 남아 있는지에 따라 사외유출과 사내유보로 구분되고, 사외유출은 유출된 소득의 성격에 따라 다시 배당・상여・기타사외유출・기타소득으로 세분된다(법인령 §106 ①).

가) 사외유출

익금산입, 손금불산입으로 생긴 세법상의 각 사업연도소득이 법인 내부에 남아 있지 않고 법인의 외부로 유출되어 법인 외부의 자에게 귀속된 것으로 인정하는 소득처분을 말한다.

31) 국세청 발간 「법인세 주제별 가이드 No.15 소득처분」의 내용을 참고하였다.

- 귀속자가 분명하면 → 귀속자에 따라 배당 · 상여 · 기타사외유출 · 기타소득 처분한다.
- 사외유출은 분명하나 귀속자가 불분명하면 → 대표자 상여로 처분한다.

익금에 산입한 금액이 사외에 유출된 것이 분명한 경우에는 그 귀속자에 따라 배당 · 상여 · 기타사외유출 · 기타소득으로 처분한다. 이 처분에 따라 소득의 귀속자에게는 기타사외유출 처분 외의 경우 소득세 납세의무가 발생하고, 당해 법인은 해당 소득세를 원천징수하여 납부하여야 한다.

| 귀속자가 분명한 경우의 소득처분 |

귀속자	소득처분	귀속자에 대한 과세	법인의 원천징수의무
주주 등	배당	배당소득세 과세	○
임원, 사용인	상여	근로소득세 과세	○
법인, 개인사업자	기타사외유출	과세소득에 이미 포함되어 있어 추가적인 과세 없음	×
기타	기타소득	기타소득세 과세	○

① 귀속자가 주주 등이면 배당으로 처분한다. 다만, 그 주주가 임원 및 사용인인 경우에는 상여로 처분되며 법인인 경우에는 기타사외유출로 처분한다.

② 귀속자가 임원 · 사용인이면 그 자가 주주인지 여부를 떠나 상여로 처분한다. 이때 출자임원에게 귀속된 소득에 대하여는 그 소득금액이 출자의 비례에 의한 경우에도 그 임원에 대한 상여로 처분한다(기본통칙 67-106…1).

③ 귀속자가 법인이거나 사업을 영위하는 개인인 경우에는 기타사외유출로 처분한다. 다만, 그 분여된 이익이 내국법인(또는 외국법인의 국내사업장)의 각 사업연도의 소득이나 거주자(또는 비거주자의 국내사업장)의 사업소득을 구성하는 경우에 한한다.
따라서 외국법인의 국외사업장의 소득을 구성하는 경우에는 그 외국법인이 당해 법인의 주주인 경우에는 배당으로 그 외의 경우에는 기타소득으로 처분한다(국조법을 적용받는 경우는 제외).

④ 위의 각 경우에 해당하지 않으면 귀속자의 기타소득으로 처분한다.

한편, 익금산입된 금액이 사외에 유출된 것은 분명하나 귀속자가 불분명한 경우에는 당해 법인의 대표자에게 귀속되었을 개연성이 높고 귀속자를 밝히지 못하는 책임을 대표자에게 지움으로써 그 귀속자를 밝히도록 강제하기 위한 조세정책적 목적으로 대표자에게 귀속된 것으로 보아 대표자에 대한 상여로 처분한다(법인령 §106 ① 1호 단서).

나) 사내유보

세무조정금액이 사외로 유출되지 않고 법인 내부에 남아 있는 것으로서 당해 법인의 세무상 자본을 증가・감소시키는 것으로 인정하는 소득처분을 말하며, 기업회계와 세무회계의 자산・부채의 차이가 발생하느냐 그렇지 않느냐에 따라 유보 또는 기타로 처분한다.

| 소득이 법인 내부에 남아 있는 경우의 소득처분 |

구 분	B/S상 자본과 세무상 자본의	
	차이가 발생하면	차이가 없으면
익금산입, 손금불산입	유보	기타
손금산입, 익금불산입	△유보	기타

세무조정금액이 사외로 유출되지 않고 법인 내부에 남아 있으면서 기업회계상 자본과 세무회계상 자본의 차이를 가져오면 유보 또는 △유보로 처분한다. 자본의 차이는 자산과 부채의 차이에서 비롯되므로 사외로 유출되지 않고 자산・부채계정에 영향을 미치게 된다.

| 유보와 △유보의 차이 |

기업회계상		소득처분	세무회계상	
자산의 과소계상 or 부채의 과대계상	자본의 과소계상	유보	자산의 증가 or 부채의 감소	자본의 증가
자산의 과대계상 or 부채의 과소계상	자본의 과대계상	△유보	자산의 감소 or 부채의 증가	자본의 감소

기업회계기준에 의한 회계처리의 결과 B/S의 기업회계상 자본이 세법에 의한 세무회계상 자본보다 적으면(즉, 기업회계의 자산이 과소계상되었거나 부채가 과대계상되었으면) 세무회계상 자본으로 맞추어가는 세무조정에서 가산조정이 발생하고 이 조정에 따라 익금산입된 금액은 유보로 소득처분한다. 반대의 경우에는 △유보로 소득처분한다.

이러한 자산·부채 차이는 영구적인 차이가 아닌 일시적인 차이에 불과하여 당기 이후 언젠가는 그 차이가 조정되므로 유보(또는 △유보)로 소득처분된 사항은 당기 이후 반드시 반대의 세무조정과 소득처분이 발생하여 당초 유보(또는 △유보)처분 금액을 소멸시키게 된다. 이와 같이 반대 조정으로 유보(또는 △유보)를 소멸시키는 절차를 추인한다고 한다.

당해 사업연도의 소득금액에만 영향을 미치는 사외유출과는 달리 유보는 다음 사업연도 이후의 과세소득계산 및 청산소득계산을 위한 기초자료가 되므로 당기에 유보(또는 △유보)로 소득처분된 세무조정사항이 발생하면 당기 이후 일정요건이 충족되어 추인될 때까지 관리를 하여야 하므로, 법인세법 시행규칙 별지 제50호 서식 "자본금과 적립금조정명세서(을)" 표에 기록하여 사후관리하여야 한다.

한편, 세무조정금액이 사외로 유출되지 않고 법인 내부에 남아 있으나 기업회계상 자산·부채와 세법상 자산·부채와의 차이가 발생하지 아니함에 따라 유보(또는 △유보)에 해당하지 않는 경우는 기타로 소득처분하며, 유보(또는 △유보)와는 달리 차기 이후에 반대의 세무조정이 발생되지 않으므로 별도의 사후관리가 필요하지 않다.

3) 대표자의 판정

익금산입된 소득이 사외로 유출되었으나 그 귀속자가 불분명한 경우 대표자에게 상여로 처분되므로 누구를 법인의 대표자로 볼 것인가는 소득처분의 문제에서 매우 중요하다.

대표자는 사실상의 대표자를 말하는데 사실상의 대표자라 함은 대외적으로 회사를 대표할 뿐만 아니라 업무집행에 있어서 이사회의 일원으로 의사결정에 참여하고 집행 및 대표권을 가지며 회사에 대하여 책임을 지는 자를 말한다(기본통칙 67-106…17).

소득처분에 따른 대표자에 대한 인정상여제도는 그 대표자에게 그러한 소득이 발생한 사실에 바탕을 두는 것이 아니라 법인에 의한 세법상의 부당행위를 방지하기 위하여 그러한 행위로 인정될 수 있는 일정한 사실에 대해 그 실질에 관계없이 무조건 대표자에 대한 상여로 간주하도록 하는 데에 그 취지가 있는 것으로서 이와 같은 경우 상여처분의 대상이 되는 법인의 대표자는 그 문면에 좇아 제한적으로 엄격히 해석하여야 한다(대법원 1992.7.14. 선고, 92누3120 판결).

해당 시행령 단서는 사외유출된 금액의 귀속이 불분명한 경우에는 대표자에게 귀속된 것으로 본다고 하면서 괄호 안에 예외적으로 소액주주가 아닌 주주 등인 임원 및 그와 특수관계에 있는 자가 소유하는 주식 등을 합하여 당해 법인의 발행주식총수 또는 출자총액의

100분의 30 이상을 소유하고 있는 경우의 그 임원이 법인의 경영을 사실상 지배하고 있는 경우에는 그 자를 대표자로 한다고 규정하여 대표자가 아니면서 사실상 대표자로 간주할 수 있는 경우를 위 규정상의 괄호 안의 사유로 제한하고 있는 점에 비추어 보면, 위 규정상 상여처분이 의제되는 대표자는 법인등기부상 대표자로 등재되어 있는 자이거나, 위 괄호 안의 요건을 갖춘 주주 등 임원 중 법인의 경영을 사실상 지배하고 있는 자이어야 할 것이므로,

법인등기부상 대표자로 등재되어 있지 아니하고 괄호 안의 주주 등인 임원으로서의 요건도 갖추지 못한 자의 경우에는 설령 그 자가 법인의 경영을 사실상 지배하고 있다고 하더라도 위 규정에서 말하는 대표자에 해당한다고 할 수 없다(대법원 2010.10.28. 선고, 2010두11108 판결).

가) 사실상 대표자와 형식상 대표자의 책임

당해 법인의 대표자가 아니라는 사실이 객관적인 증빙이나 법원의 판결에 의하여 입증되는 경우를 제외하고는 등기상의 대표자를 그 법인의 대표자로 본다(기본통칙 67-106…19).

나) 법인의 경영을 사실상 지배하고 있는 주주임원이 있는 경우

소액주주가 아닌 주주 등인 임원 및 그와 특수관계에 있는 자가 소유하는 주식 등을 합하여 당해 법인의 발행주식총수 또는 출자총액의 30% 이상을 소유하고 있는 경우의 그 임원이 법인의 경영을 사실상 지배하고 있는 경우에는 그 자를 대표자로 한다(법인령 §106 ① 1호).

다) 대표자가 2인 이상인 경우

법인의 대표자가 2인 이상인 경우에도 소득처분대상 금액을 사실상 대표자에게 처분하는 것이 원칙이나(법인령 §106 ① 1호), 그 귀속이 불분명한 경우로서 공동대표자 각각이 사실상의 대표자 역할을 수행하는 때에는 귀속이 불분명한 소득처분금액을 사실상의 대표자 각인에게 균분하여 귀속된 것으로 본다.

라) 사업연도 중에 대표자가 변경된 경우

사업연도 중에 대표자가 변경된 경우 대표자 각인에게 귀속된 것이 분명한 금액은 이를 대표자 각인에게 구분하여 처분하고, 귀속이 분명하지 아니한 경우에는 재직기간의 일수에 따라 구분계산하여 이를 대표자 각인에게 상여로 처분한다(법인칙 §54).

2002.12.31 이전 개시 사업연도의 경우에는 재직기간의 월수에 따라 구분계산하였으나, 2003.1.1 이후 개시하는 사업연도부터는 재직기간의 일수에 의하여 구분계산한다(재정경제부령 제307호 부칙 §2, 2003.3.26.).

마) 대표자의 직무집행이 정지된 경우

법원의 가처분결정에 의하여 직무집행이 정지된 법인의 대표자는 그 정지된 기간 중에는 대표자로서의 직무집행에서 배제되는 것이므로 법인등기부상에 계속 대표자로 등재되어 있는 경우에도 법인의 영업에 관한 장부 또는 증빙서류를 성실히 비치·기장하지 아니하여 발생되는 그 귀속이 불분명한 소득 등은 이를 직무집행이 배제된 명목상의 대표자에게 처분할 수 없는 것이며, 이 경우에는 사실상의 대표자로 직무를 행사한 자를 대표자로 한다(기본통칙 67-106…18).

4) 증명책임

일반적으로 조세부과처분의 취소소송에서 과세요건사실에 관한 증명책임은 과세관청에게 있으므로, 과세관청이 구체적인 소송과정에서 과세요건사실을 직접 증명하거나 경험칙에 비추어 과세요건사실이 추정되는 사실을 밝히지 못하면 당해 과세처분은 과세요건을 충족시키지 못한 위법한 처분이 되지만,

장부에 기재되지 않고 사외유출된 법인의 수입금은 그 귀속이 분명하지 않은 한 과세관청이 법인세법 §67, 법인세법 시행령 §106 ① 제1호 단서 규정에 의하여 대표자에 대한 상여로 소득처분할 수밖에 없는 것이고, 이 경우 그 귀속이 분명하다는 점에 관한 증명책임은 이를 주장하는 납세의무자에게 있다(대법원 2013.3.28. 선고, 2010두20805 판결).

다. 항목별 소득처분

1) 자산 및 부채 등의 누락

가) 매출 누락

- 매출액뿐 아니라 부가가치세 등 간접세를 포함한 총액을 소득처분함
- 매출액에 상응한 매출원가를 당연히 손금산입하는 것 아님

각 사업연도의 소득금액계산상 익금에 산입하는 매출누락액 등의 금액은 ㈎외상매출금 계상누락과 ㈏매출누락액의 사실상 귀속자가 별도로 부담한 동 매출누락액에 대응하는 원가상당액으로서 부외처리되어 법인의 손금으로 계상하지 아니하였음이 입증되는 금액을 제외하고는 부가가치세 등 간접세를 포함한 총액을 그 귀속자에게 처분한다(기본통칙 67-106…11).

법인이 매출사실이 있음에도 불구하고 그 매출액을 장부상에 기재하지 아니한 경우에는 다른 특별한 사정이 없는 한 원료매입비 등 매출원가 상당액을 포함한 그 매출누락액 전액이 사외로 유출된 것으로 보아야 하며 이 경우 그 매출누락액이 사외로 유출된 것이 아니라고 볼 특별사정은 이를 주장하는 법인 측에서 입증하여야 하며(대법원 1986.9.9. 선고, 85누556 판결),

과세관청이 법인세 과세표준 신고시에 경비로 신고되지 않은 금액을 특별히 법인의 경비로 인정하여 법인의 소득금액 계산에서 공제해 주었다 하더라도, 사외유출되어 대표자 등에게 귀속되는 소득금액에서 법인의 부담으로 지출된 경비를 당연히 공제해야 하는 것은 아니다(대법원 1994.11.18. 선고, 93누7211 판결 ; 1999.5.25. 선고, 97누19151 판결).

법인이 매출을 장부에 계상하지 않고 거래처로부터 수령한 동 매출누락금액을 대표이사 가수금으로 처리하여 회사 통장에 입금한 경우 그 누락금액은 사외로 유출된 것으로서 대표자에 대한 상여로 처분하며(서이 46012-11337, 2003.7.15.),

법인이 매출대금을 임시계정인 가수금 계정에 계상함으로써 그 상대계정인 현금이 일단 법인에 들어온 것으로 회계처리를 하였다고 하더라도, 만일 그 가수금 계정의 내용이 대표이사로부터의 단기차입금 거래를 기장한 것으로서 장차 이를 대표이사에게 반제해야 할 채무라는 것이 밝혀진 경우에는 그 가수금 거래는 법인의 순자산의 변동 내지 증가를 수반하지 아니하는 것으로서 법인의 수익이나 비용과는 무관한 것이므로, 그 가수금 채무가 애당초 반제를 예정하지 않은 명목만의 가공채무라는 등의 특별한 사정이 없는 한, 장부에 법인의 수익으로서 기재되었어야 할 매출누락액은 이미 사외로 유출되어 가수금 거래의 상대방인 대표이사에게 귀속된 것(대법원 2002.1.11. 선고, 2000두3726 판결)이라고 한다.

나) 재고자산 누락

수불과정의 착오 등의 원인에 의하여 원부자재・상품・제품 등 재고자산의 장부상 재고보다 실제 재고가 많은 경우에는 매출원가를 과다계상한 결과가 되므로 그 차이에 상당하는 재고자산금액을 자산누락으로 익금산입・유보처분한다. 이후 재고자산에 대한 유보추인은 당해 법인의 회계처리에 따라 다르다.

| 재고자산 과소계상에 따른 유보 추인 |

회사의 회계처리	추인방법
실제 재고에 맞추어 장부를 수정한 경우	재고자산을 〈익금불산입 · △유보〉 처분
재고자산 누락액을 잡수입으로 계상한 경우	잡수입을 〈익금불산입 · △유보〉 처분하여 당초 익금산입한 재고자산 누락금액과 상계
재고자산 누락액을 전기손익수정이익(잉여금)으로 계상한 경우	추가적인 손금 · 익금의 조정 없이 당초 유보금액을 소멸시키거나, 전기손익수정이익 계상액을 〈익금산입 · 기타〉 처분함과 동시에 재고자산을 〈손금산입 · △유보〉 처분
장부를 수정하지 않은 경우	실물을 확인할 수 없는 때에 당해 재고자산을 매각하고 매출누락한 것으로 보아 당해 재고자산에 상당하는 매출누락액을 〈익금산입 · 상여(대표자)〉 처분하는 동시에 당해 재고자산의 원가를 〈손금산입 · △유보〉 처분

다) 부채 누락

법인이 장부상 계상하지 않은 부외부채가 있는 경우 당해 금액은 〈손금산입 · △유보〉 처분하는 동시에 이에 대응하는 자산을 회사의 회계처리에 따라 그 귀속자에 대해 다음과 같이 구분하여 처리한다.

| 부채 누락에 따른 △유보 추인 |

회사의 회계처리	추인방법
부외부채를 장부에 계상하거나 상환하는 경우	〈익금산입 · 유보〉 처분
대응되는 자산이 불분명한 경우	당해 자산이 사외에 유출되고 그 귀속이 불분명한 것으로 보아 〈익금산입 · 상여(대표자)〉 처분
대응되는 자산의 귀속자가 따로 확인되는 경우	그 귀속자에 대한 〈익금산입 · 배당/상여〉 등으로 처분
대응되는 자산을 특정인이 유용하고 있고 회수할 것임이 객관적으로 입증되는 경우	당해 특정인에 대한 가지급금 등으로 보아 〈익금산입 · 유보〉 처분하고, 가지급금 인정이자상당액을 계산하여 〈익금산입 · 배당〉 등으로 처분

다만, 누락한 부외채무의 상대계정이 불분명하여 정리손실 · 가공자산 등으로 계상하였을 경우에는 각 사업연도의 소득금액계산상 이를 손금에 산입할 수 없다(기본통칙 19-19…33).

2) 가공자산 및 가공부채 등

가) 가공불입자본금의 소득처분

상법의 규정에 의하여 정당하게 설립된 회사의 자본금은 동법의 규정에 의한 자본금이 감소될 때까지는 당초 자본금을 정당한 자본금으로 보지만, 일시적인 차입금으로 주금납입의 형식을 취한 후 곧 그 납입금을 인출하여 동 차입금을 변제하는 대신 가공자산을 계상한 경우에 당해 가공자산의 처리는 법인세법 기본통칙 67-106…12에 따라 처리한다(기본통칙 4-0…10).

이때 자본금의 가공불입과 관련하여 부채를 누락하거나 가공자산을 계상하는 등 가공불입자본금의 상대계정에 대하여는 별도의 소득처분을 하여야 하는데, 법인이 주주들로부터 자본금을 납입받지 않고 외부자금을 차입하여 불입한 다음 이를 즉시 인출하여 차입금을 변제하는 경우,

차입금 변제액은 부채누락에 해당하므로 손금산입·유보 처분하고, ① 당해 법인이 동 금액을 주주로부터 회수할 것임이 객관적으로 입증되면 주주에 대한 가지급금으로 보아 익금산입 유보처분하고, 인정이자를 계산하여 주주에 대해 소득처분하며, ② 회수할 것임이 객관적으로 입증되지 않는 경우에는 동 금액을 익금산입하고 주주에 대해 소득처분한다(법인46012-868, 1999.3.9).

나) 가공자산의 소득처분

가공자산은 당해 자산이 사외에 유출된 여부에 따라 소득처분할 것이나, 이 경우 자산을 특정인이 유용하고 있는 것으로서 회수할 것임이 객관적으로 입증되는 경우에는 가공자산으로 보지 않고 이를 당해 특정인에 대한 가지급금으로 보아 처리한다.

한편, 익금에 가산한 가공자산가액 또는 매출액상당액을 그 후 사업연도에 법인이 수익으로 계상한 경우에는 이미 익금에 산입한 금액의 범위 내에서 이를 이월익금으로 보아 익금에 산입하지 않는다(기본통칙 67-106…12).

| 가공자산의 소득처분 |

가공자산	소득처분
가공채권	가공채권의 발생만으로는 소득금액에 영향을 미치지 아니하므로 익금·손금에 동시에 가산하고 당해 가공채권을 대손금 등 손비처리하는 시점에서 〈손금불산입·유보〉 처분하여 당초의 △유보를 추인한다. 즉, 외상매출금·받을어음·대여금 등 가공채권은 〈익금산입·배당〉 등으로 처분하는 한편 동 금액을 〈손금산입·△유보〉 처분하였다가, 동 가공채권을 손비로 계상하는 때 〈익금산입·유보〉 처분한다.
가공재고자산	재고자산의 부족액은 시가에 의한 매출액 상당액(*)을 〈익금산입·대표자상여〉로 처분하고(즉, 매출누락 소득처분과 동일), 동 가공자산을 〈손금산입·△유보〉 처분하였다가, 이를 재고자산감모손실 등으로 손비처리할 때 유보추인하여 소멸시킨다. (*) 재고자산이 원재료인 경우 그 원재료 상태로는 유통이 불가능하거나 조업도 또는 생산수율 등으로 미루어 보아 제품화되어 유출된 것으로 판단되는 경우에는 제품으로 환산하여 시가를 계산함.
가공고정자산	처분 당시의 시가를 〈익금산입·배당〉 등으로 처분하고, 당해 고정자산의 장부가액을 〈손금산입·△유보〉 처분하였다가, 가공고정자산의 감가상각비 등을 손비로 계상하는 때 〈손금불산입·유보〉 처분하여 당초의 △유보와 상계시키고, 매각처분한 것으로 처리하면 △유보 잔액을 전액 추인한다.

다) 가공부채의 소득처분

법인이 부채를 실제보다 과다하게 장부에 계상하거나 사실과 다른 부채를 계상한 경우 당해 가공부채를 손금산입·△유보 처분하는 동시에 당해 가공부채에 대응되는 자산 등을 확인하여 그 자산 등에 대하여도 그 귀속에 따라 소득처분한다.

한편, 가공부채와 관련한 지급이자·지급수수료 등이 계상되는 경우에는 가공경비의 소득처분방법에 따라 처리한다.

라) 가공경비의 소득처분

법인이 자산의 지출이 없음에도 자산의 지출이 있는 것으로 손비계상한 경우에는 가공경비를 손금불산입하고 그 귀속에 따라 상여 등으로 처분한다.

납세의무자인 법인이 법인세의 과세표준과 세액을 신고하면서 가공의 비용을 손금에 산입하였다고 하더라도 그에 대응하는 명목상의 채무를 대차대조표상 부채로 계상해 둔 경우에는 당해 법인의 순자산에 아무런 변화가 없으므로, 사외유출을 인정할 만한 다른 사정이

없는 한 그 비용 상당액이 사외로 유출된 것으로 볼 수 없다(대법원 2012.7.26. 선고, 2010두382 판결).

3) 가지급금

가) 가지급금 등에 대한 인정이자

법인이 특수관계인 간의 금전거래에 있어서 상환기간 및 이자율 등에 대한 약정이 없는 대여금 및 가지급금 등은 결산상 미수이자를 계상하여도, 동 미수이자는 익금불산입하고 인정이자상당액을 익금에 산입하여 귀속자에 따라 소득처분한다(기본통칙 67-106…10).

특수관계 없는 자와의 거래에 대한 원천징수 불이행 등으로 인하여 납부한 세액을 가지급금 등으로 처리한 경우에는 동 가지급금 등에 대하여 인정이자를 계산하지 아니하나, 동 가지급금 등을 손금으로 계상한 때에는 이를 손금부인하고 기타사외유출로 처분한다(기본통칙 67-106…7).

나) 특수관계자와의 자금거래에서 발생한 가지급금

특수관계자와의 자금거래에서 발생한 가지급금 등과 동 이자상당액이 다음 사유에 해당하는 경우,

① 특수관계가 소멸할 때까지 회수되지 않은 가지급금 등과 미수이자
② 특수관계가 계속되는 경우 이자발생일이 속하는 사업연도 종료일로부터 1년이 되는 날까지 회수하지 않은 미수이자

회수하지 아니한 정당한 사유가 있거나 회수할 것임이 객관적으로 입증되지 않으면 이를 법인령 §106(소득처분) 규정에 의해 처분한 것으로 간주하고 있는데,

"회수하지 아니한 정당한 사유가 있거나 회수할 것임이 객관적으로 입증되는 경우"라 함은 다음의 각 경우를 말한다(기본통칙 4-0…6 ⑤).

① 채권·채무에 대한 쟁송으로 회수가 불가능한 상태에 있는 경우
② 회수할 채권에 상당하는 재산의 담보제공 또는 소유재산에 대한 강제집행으로 채권을 확보하고 있는 경우
③ 당해 채권과 상계가능한 채무를 보유하고 있는 경우
④ 기타 ① 내지 ③과 유사한 사유에 해당하는 경우

한편, 소득처분한 것으로 간주되는 위 가지급금 등은 다음에 해당하는 날이 속하는 사업연도에 처분한 것으로 본다(기본통칙 4-0…6 ①, ②).

구 분	소득처분 의제일
가지급금 등	특수관계가 소멸하는 날
미수이자	이자발생일이 속하는 사업연도로부터 1년이 되는 날. 다만, 1년 이내에 특수관계가 소멸하는 경우 특수관계가 소멸하는 날

이때 처분한 것으로 보는 미수이자를 그 후에 영수하는 때에는 이를 이월익금으로 보아 영수하는 사업연도의 소득금액 계산상 익금에 산입하지 않으며(기본통칙 4-0…6 ③), 처분한 것으로 보는 미수이자에 상당하는 다른 상대방의 미지급이자는 이를 실제로 지급할 때까지는 채무로 보지 않는다.

따라서 동 미지급이자는 그 발생일이 속하는 사업연도 종료일부터 1년이 되는 날이 속하는 사업연도의 소득금액 계산상 익금에 산입하고, 동 미지급이자를 실제로 지급하는 사업연도의 소득금액 계산상 손금에 산입한다(기본통칙 4-0…6 ④).

라. 재결청이 주로 조사하는 내용

1) 매출누락에 대한 소득처분

매출누락금액이 사내유보 되었는지 사외로 유출되었는지는 그 법인의 재무제표에 잉여금으로 남아 있는지에 따라 구분하고, 사외로 유출된 경우에는 금융자료 등 객관적인 증빙에 의하여 그 행방을 규명한다.

매출누락금액이 사내에 유입되거나 법인의 경비로 사용되었다 하더라도 대표자 가수금 또는 가지급금 반제의 명목으로 유입된 것으로 회계처리하였는지 확인하고, 매출누락금액이 사내에 유입되지는 않았지만 예외적으로 법인의 부외통장에 입금되어 관리되거나 법인의 부외경비로 사용된 사실이 확인되는지 금융자료 등 객관적 증빙에 의해 조사한다.

매출누락에 대응하는 매입금액이 확인되더라도 원칙적으로 상여 처분금액에서 차감되지 않으나, 그 금액이 부외장부상 매출누락금액과 함께 관리되어온 사실이 확인되는지와 매출누락금액에서 지급되었는지 여부를 조사한다.

2) 가공매입에 따른 소득처분

특정거래가 가공매입 또는 위장매입인지 여부를 금융자료 · 운송증빙 · 거래상대방의 장부 및 세무신고 등에 의하여 조사하고, 자료상으로부터 가공자료를 수취하면서 거래대금을 무통장입금 후 되돌려 받는 등의 방법으로 실제 거래처럼 금융자료를 만들어 놓은 것은 아닌지 조사한다.

3) 익금산입한 금액의 귀속이 불분명한 경우 대표자 재직기간 조사

사업연도 중 대표자가 변경된 경우 법인등기부등본 등을 통해 대표자 각인의 재직기간을 조사한다.

마. 주요 예규

(1) 내국법인이 대표이사의 사망으로 특수관계가 소멸하여 대표이사에 대한 가지급금을 회수할 수 없는 경우에는 당해 가지급금은 특수관계가 소멸한 날이 속하는 사업연도에 소득처분하는 것이나, 당해 가지급금이 대표이사의 상속인에게 승계되는 등 내국법인이 회수하지 아니한 정당한 사유가 있거나 회수할 것임이 객관적으로 입증되는 경우에는 그러하지 아니하며(법인세과-900, 2010.10.1.), 피상속인이 대표이사인 회사의 은행대출 시 피상속인이 개인 부동산을 담보 제공하여 이 대출금을 피상속인이 회사로부터 가지급금으로 인출한 경우, 이 가지급금을 상속인이 실제로 부담하는 사실이 입증되면 당해 가지급금은 피상속인의 채무로 공제받을 수 있음(재삼 46014-168, 1997.1.30.)

(2) 법인이 당해 법인의 임원이 횡령한 법인자금을 장부상 회수할 금액으로 계상하고 있는 경우 동 금액은 "업무와 관련 없이 지급한 가지급금 등"에 해당되지 않으며, 법인이 이를 회수하기 위하여 법령 등에 의한 모든 절차를 취하였음에도 당해 임원의 사망 · 실종 · 행방불명 등으로 회수할 수 없음이 객관적으로 입증되는 금액에 대하여는 법인법 §34 ② 규정에 의하여 당해 사업연도 손금에 산입할 수 있음(서이 46012-10477, 2002.3.13.)

(3) 법인의 실질적 경영자의 횡령금이 대법원 확정판결에 따라 사외에 유출되지 않은 것으로 결정되어 해당 법인이 손해배상채권 등 자산으로 계상하고 있는 경우의 동 금액에 대해서는 법인세법 기본통칙 19의2-19의2…6(사용인이 횡령한 금액의 대손처리)을 준용하여 세무처리하는 것이므로, 동 사용인과 그 보증인에 대하여 횡령액의 회수를 위하여 법에 의한 제반 절차를 취하였음에도 무재산 등으로 회수할 수 없는 경우에는 동 횡령액을 대손처리할 수 있고, 대손처리한 금액에 대하여는 사용인에 대한 근로소

득으로 보지 않음(기획재정부 법인세제과-806, 2010.9.14.)

(4) 최대주주 등 실질적 경영자가 회사 자금을 무단 횡령하는 행위는 특별한 사정이 없는 한 애당초 회수를 전제로 하여 이루어진 것이 아니어서 그 금액에 대한 지출 자체로 사외유출에 해당하는 것이나, 횡령 당시부터 회수를 전제하지 않은 것으로 볼 수 없는 특별한 사정이 있는 경우는 사외유출되지 않은 것으로 보는 것이며, 특별한 사정 여부는 사실판단 사항임(기획재정부 법인세제과-808, 2010.9.14.)

(5) 법인이 특수관계자로부터 고가매입한 자산은 부당행위계산부인 규정을 적용하는 것으로, 시가초과액에 대한 미지급액 중 일부 채무를 면제받아 이익으로 계상한 경우에는 세무상 동 금액을 손금산입, △유보처분하여 당초 익금산입, 유보처분한 미지급액을 추인하고 이를 다시 익금산입, 기타로 처분함(법인세과-739, 2010.8.4.)

(6) 내국법인이 업무와 관계없이 비지정기부금을 지출한 경우 당해 금액을 손금불산입, 기타사외유출로 처분하는 것이나, 사실상 법인의 대표이사가 부담하여야 할 성질의 금액을 법인이 대신 부담한 경우에는 대표이사에 대한 상여로 처분하여야 함(법인세과-1385, 2009.12.8.)

(7) 대표자에게 귀속되었음이 분명한 상여처분 금액에 대한 소득세를 대납하고 비용처리한 경우 손금불산입, 대표자 상여처분하는 것이고, 특수관계가 소멸된 이후에 소득세를 대납하고 손금산입한 경우에는 손금불산입, 기타소득 처분하는 것임(서면인터넷방문상담2팀-825, 2007.5.2.)

(8) 퇴직보험료를 기업회계기준에 따라 결산조정으로 손금에 산입하기 위하여 퇴직보험충당금을 퇴직급여충당금계정으로 대체분개하고, 재무제표에는 퇴직보험예치금을 퇴직급여충당금계정에서 차감하는 형식으로 작성·표시한 경우 퇴직급여충당금 및 퇴직보험료에 대한 세무조정은 실제 적립한 금액으로 하는 것임(서면2팀-509, 2006.3.16.)

(9) 가공거래 자료에 대한 법인세 경정시 조사통지 및 결정전 통지를 하였으나 주민등록 말소로 송달이 불가능하자 주소지 관할세무서장이 경정결정한 후 대표이사에게 공시송달로 고지서를 발부한 경우, 경정 후 법인 스스로 부당하게 사외유출된 금액을 회수하고 세무조정으로 익금에 산입하더라도 사내유보로 소득처분할 수 없고(서이46012-11997, 2003.11.19.), 세무조사를 받는 중에 조사대상 사업연도가 아닌 사업연도의 세금계산서 불부합 자료에서 매출누락이 확인되어 법인이 매출누락금액을 회수하고 손금불산입하여 수정신고한 경우에도 사내유보로 소득처분할 수 없으며(서면인터넷방문상담2팀-1842, 2005.11.18.), 과세관청으로부터 가공자료 등에 대한 과세자료 소명 안내문을 받은 경우에는 '경정이 있을 것을 미리 안 경우'에 해당하므로 사외유출액을 회수하고 익금산입으로 수정신고한 금액은 사내유보로 소득처분할 수 없음(재정경제부 법인세제과-375, 2005.10.31.)

(10) 제품, 상품의 평가방법을 원가법(개별법)에서 저가법으로 변경하는 경우 기 유보처분된 재고자산평가손실 금액은 재고자산을 처분할 때 손금산입함(기획재정부 법인세제과-337, 2014.5.20.)

(11) 매출누락액을 익금에 가산하고 소득처분함에 있어 매출누락액에 대응되는 원가상당액이 부외 처리되어 당해 법인의 손금으로 계상하지 않은 것이 확인되고 동 매출누락액의 사실상 귀속자가 별도로 부담한 것이 명백히 입증되는 경우에는 원가상당액을 손금에 산입함과 동시에 소득처분에 있어서도 이를 차감하여 계산하는 것임(법인세과-285, 2011.4.20.)

(12) 과세관청이 세무조사 과정에서 신고기한이 도래하지 아니한 사업연도에 대해 매출누락 금액을 대표자가 유용한 사실을 확인하고 부가가치세를 경정하였으나, 당해 법인이 매출누락액을 가공자산인 외상매출금으로 계상하여 법인세를 신고한 경우 동 가공자산에 대하여는 귀속자인 대표자에게 상여로 소득처분함(법인세과-784, 2010.8.25.)

(13) 특수관계법인에 대한 업무무관대여금이 법원의 면책결정에 의하여 회수불능으로 확정되어 대손금으로 결산서에 계상한 경우 이를 손금불산입하고 귀속자에게 소득처분하는 것이며, 법원의 면책결정에 의하여 회수불능으로 확정된 시점 이후부터는 가지급금인정이자 규정을 적용하지 않음(법인세과-256, 2010.3.18.)

바. 주요 판례 소개

Case 1 대법원 2014.11.27. 선고, 2012두25248 판결

주식의 포괄적 교환에 의하여 완전모회사가 완전자회사의 주식을 고가양수한 경우 부당행위계산부인으로 익금산입되는 금액은 기타사외유출로 처분하여야 하며, 귀속자에게 (증여세가 과세되므로) 배당·상여·기타소득 등으로 처분할 수 없다는 사례

주식의 포괄적 교환은 자산의 유상양도로서의 성격도 있기 때문에 주식의 포괄적 교환에 의하여 완전모회사가 완전자회사가 되는 회사의 주식을 시가보다 높은 가액으로 양수한 경우에는 법인의 자산이 과대계상되므로 구 법인령(2007.2.28. 대통령령 제19891호로 개정되기 전의 것) §88 ① 제1호의 부당행위계산부인에 의해 시가초과액을 자산의 취득가액에서 제외하는 한편 그 금액을 완전모회사인 법인의 익금에 산입하게 된다.

구 법인령 §106 ① 제3호는 법인의 익금에 산입한 금액이 사외에 유출된 경우라도 동일한 소득이 이미 귀속자의 과세소득을 구성하고 있는 등 귀속자에게 소득세의 납세의무를 지우는 것이 부적절한 경우에는 그 귀속자에 대한 소득처분 없이 유출사실만을 확정하는 기타사외유출로 처분하도록 하는 데 그 취지가 있다. 그런데 주식의 포괄적 교환에 의하여 완전자회사가 되는 회사의 주주가 얻은 이익은 '법인의 자본을 증가시키는 거래에 따른 이익의 증여'로서 구 상증법(2010.1.1. 법률 제9916호로 개정되기 전의 것) §42 ① 제3호에 따라 증여세가 과세된다.

따라서 이와 같이 부당행위계산부인에 따라 법인의 익금에 산입되는 금액에 대하여는 구 법인령 §88 ① 제8호의 경우에 준하여 '기타사외유출'로 처분하여야 하고, 그 귀속자에게 배당·상여·기타소득으로 처분할 수 없다.

주식의 포괄적 교환이란 지주회사 설립 등을 통해 회사의 구조조정을 지원하기 위한 목적에서 상법(상법 §360의2 이하)에서 도입된 제도로써, 주식교환을 하려는 회사는 주식교환계약서를 작성하고 주주총회 특별결의를 거쳐 완전자회사가 되는 회사의 주주가 가지는 주식 전부를 완전모회사가 되는 회사에 이전함으로써 완전모회사는 완전자회사의 발행주식총수를 소유하고, 완전자회사의 주주는 완전모회사가 주식교환을 위하여 발행하는 신주를 배정받음으로써 완전모회사의 주주가 된다.

이 사건의 경우 2006.5.31. 코스닥 상장법인인 원고의 대주주이자 대표이사인 甲이 자신이 보유하던 주식 전부와 원고의 경영권을 ㈜M미디어 및 ㈜S엔터테인먼트에게 양도하고, 같은 날 원고와 M 및 S는 주식의 포괄적 교환계약을 체결하여 원고가 완전모회사가 되었고 M과 S는 완전자회사가 되었다.

원고로부터 M, S의 주식가치평가 용역을 의뢰받은 ○○회계법인은 구 증권거래법 §190의2, 같은 법 시행령 §84의7 및 같은 법 시행규칙 §36의12, 구 유가증권의 발행 및 공시 등에 관한 규정 §82 및 같은 규정 시행세칙 §5 내지 §9의 규정에 의하여 자산가치와 수익가치를 가중산술평균한 가액으로 평가하였는데, 특히 수익가치를 평가할 때에는 M과 S가 영위하는 사업특성상 향후 시장규모 및 시장점유율을 기초로 하여 매출액을 추정하는 데 어려움이 있어, 회사 담당자와의 면담을 통하여 사업부문별 매출액을 검토하여 작성한 2006 및 2007 사업연도의 추정매출액을 기초로 한 추정손익계산서에 의하여 각 추정이익을 산출하였고, 원고와 M, S는 ○○회계법인의 평가보고서에 따라 교환비율을 결정하였다.

과세관청은 원고와 M, S의 주주들이 특수관계자에 해당한다고 보고 원고가 교환계약에 따라 특수관계자인 M, S의 주주들로부터 기존주식을 고가로 양수하였다는 이유로 기존주식에 대한 시가를 구 상증법의 보충적 평가방법에 의하여 M과 S의 주식가치를 각 산정하여 계산한 기존주식의 평가액과 교환주식의 발행가액과의 차액만큼을 부당행위계산부인하여 M, S의 주주들에게 각 소득처분하였다.

원고는 이 사건 포괄적 주식교환거래가 부당행위계산부인대상이 아니라며 불복하였으나, 이 사건의 1심(서울행정법원 2012.4.26. 선고, 2011구합40387 판결)과 2심(서울고등법원 2012.10.19. 선고, 2012누14660 판결)은 과세관청의 처분이 적법하다고 판단한 반면, 대법원은 부당행위계산부인 규정에 해당되는 것은 옳으나 완전자회사의 주주들에게 상증법에 따른 증여세가 부과될 사안이므로 사외로 유출된 부당행위부인금액은 배당, 상여 등으로 소득처분할 수 없고 기타사외유출로 소득처분하여야 한다고 판단한 것이다.

한편, 주식의 포괄적 교환에 의하여 완전자회사가 되는 회사의 주주가 얻은 이익에 상증법 §42 ① 제3호를 적용하여 증여세를 과세할 수 있는지에 대한 다툼에서 대법원은 상법상의 주식의 포괄적 교환은 완전자회사의 주식이 완전모회사에 이전되는 거래와 완전자회사의 주주가 완전모회사로부터 신주를 배정받아 완전모회사가 되는 회사의 주주가 되는 거래가 결합하여 일체로 이루어지는 것이므로, 완전자회사의 주주가 주식의 포괄적 교환을 통하여 이익을 얻었는지 여부는 주식교환비율 산정의 기초가 된 완전자회사 주식의 주당 평가액이 상증세법상의 평가액보다 높은 가액이었는지 또는 완전모회사로부터 배정받은 신주가액이 상증법상의 평가액보다 낮은 가액이었는지 여부에 의해서만 결정되는 것이 아니라, 완전자회사 주식의 상증세법상의 평가액과 교부받은 완전모회사 신주의 상증법상의 평가액의 차액, 즉 교환차익이 존재하는지 여부에 따라 결정된다.

이런 상법상 주식의 포괄적 교환거래의 구조와 특성, 상증법상 관련 규정의 문언 내용과 입법 취지 및 체계 등을 종합하여 보면, 상법상 주식의 포괄적 교환에 의하여 완전자회사의 주주가 얻은 이익에 대하여는 '재산의 고가양도에 따른 이익의 증여'에 관한 상증법 §35 ① 제2호, ②이나 '신주의 저가발행에 따른 이익의 증여'에 관한 상증법 §39 ① 제1호 (다)목을 적용하여 증여세를 과세할 수는 없고, '법인의 자본을 증가시키는 거래에 따른 이익의 증여'에 관한 상증법 §42 ① 제3호를 적용하여 증여세를 과세하여야 할 것이라고(대법원 2014.4.24. 선고, 2011두23047 판결 참조) 판단하고 있다(대법원 2014.9.26. 선고, 2012두6797 판결).

참고로 1심이 이 사건 교환비율이 법률에 정한 방법으로 평가한 주식가치에 따라 결정되었음에도 불구하고 경제적 합리성이 결여되었다고 본 반면 과세관청이 주장한 상증법의 보충적 평가가액을 시가로 인정한 판단근거 중에서 ○○회계법인의 평가보고서와 관련된 부분을 참고할 필요가 있다고 여겨 다음에 요약하였다.

① 이 사건 교환계약상의 주식교환비율은 외부평가기관인 ○○회계법인이 작성한 이 사건 평가보고서의 M, S 주식의 주당평가액을 기초로 산정된 것인데, 이는 일반적인 회계감사기준에 따른 감사와 달리 M, S가 제출한 자료가 진실하다는 전제하에 행하여진 것이고, ○○회계법인은 이에 대하여 일체의 의견표명 및 보증도 제공하지 않고 아무런 책임도 지지 않겠다고 하면서 작성, 제출된 것이어서 그 신뢰도가 그다지 높다고 보기 어렵다.

② ○○회계법인은 M, S의 주식가치를 평가함에 있어 M, S의 직원들과의 면담을 통하여 2006 및 2007 사업연도의 추정매출액을 산정하였는데, M, S의 직원들은 포괄적 주식교환을 하여 우회상장을 하면 투자자로부터 자금을 유치할 수 있음을 전제로 한 추정매출액 자료를 ○○회계법인에게 제공한 것으로 보인다(포괄적 주식교환을 통한 우회상장을 할지 여부와 적정한 주식교환비율을 결정하기 위한 자료로 삼기 위하여 M, S의 주식가치를 평가함에 있어서 우회상장에 따른 자금 유치를 전제로 추정매출액을 산정한 것은 그 전제가 잘못된 것으로 보인다).

④ ○○회계법인이 이 사건 평가보고서에서 산정한 2006 및 2007 사업연도의 추정매출액은 M, S의 2005 사업연도 실제 매출액과 비교하여 M의 경우 345% 및 541%, S의 경우 671% 및 972% 각 증가된 수치인데, 이러한 추정매출액은 그 당시 상황에 비추어 실현 가능성이 없어 보인다(2006 사업연도 1월부터 4월까지의 실제 매출액은 M의 경우 8억 8,200만 원, S의 경우 5억 8,100만 원에 불과하였고, 이 사건 평가보고서 작성일 당시에도 달리 매출액이 급등할 만한 특별한 상황이 없었음에도, M, S의 직원들은 관련 계약서 등 객관적인 자료에 근거하지 않은 단순히 자신들이 예상하는 매출액을 ○○회계법인에 제시하였고,

○○회계법인은 이에 대하여 별다른 검토 없이 이를 기초로 이 사건 평가보고서를 작성한 것으로 보인다).

④ 결과적으로 M의 경우 예상매출액은 2006년의 경우 실제매출액의 6배 이상, 2007년의 경우 55배 이상 과대평가되었고, 예상된 당기순이익은 2006년 약 22억 원, 2007년 약 26억 원이었으나 실제로는 2006년 약 57억 원, 2007년 약 5,200만 원의 당기순손실이 발생하였고, S의 경우 예상매출액은 2006년의 경우 실제매출액의 5배 이상, 2007년의 경우 22배 이상 과대평가되었으며, 예상된 당기순이익은 2006년 약 22억 원, 2007년 약 32억 원이었으나 실제로는 2006년 약 13억 원, 2007년 약 12억 원의 당기순손실이 발생하여 현격한 차이가 있다.

⑤ 위와 같이 M, S의 2006 및 2007 사업연도의 추정매출액이 과거 매출액과 비교해 볼 때 급등한 것으로 나타나고, 불과 2개월 전에 평가하였던 □□회계법인의 평가보고서와 비교해 볼 때에도 큰 차이가 나타남에도 원고는 이에 대하여 검토를 하거나 다른 평가기관의 평가를 받지 않고, 만연히 이 사건 평가보고서에서 제시된 주식교환비율대로 이 사건 교환계약을 체결하였다(이 사건 합의서 제6조에 따르면 M, S가 주식교환비율을 산정하기 위하여 필요한 회계법인의 평가보고서를 원고에게 제공하면 원고는 이에 필요한 이사회를 열고 이를 승인하도록 되어 있어, M, S 주식에 관한 평가가 M, S의 주도로 이루어졌고 원고는 형식적으로 이사회를 열고 이 사건 교환계약을 승인한 것으로 보인다).

Case 2 대법원 2014.11.27. 선고, 2012두25248 판결

제반 사정으로 볼 때 사실상 대표이사 대여금 상당액을 폐업 시 잔여재산으로 분배한 것이므로, 사외유출이 분명하다고 보아 대여금을 상여처분한 것은 위법하며, 세법의 기본통칙은 법규가 아니므로 처분의 근거로 삼을 수 없다는 사례

기록에 비추어 알 수 있는 다음과 같은 사정들, 즉 ① 소외회사는 그 주주가 원고와 그 가족들로만 이루어진 회사로서 대표이사이자 79.41%의 지분을 가진 원고가 질병으로 더 이상 소외회사를 운영할 수 없다고 판단하여 2007.1.22. 폐업신고를 하게 된 점, ② 소외회사는 원고에 대한 가지급금의 이자수입으로 운영되던 회사였을 뿐 별다른 수익사업을 영위하였다고 보이지 않으므로 폐업신고를 함으로써 실질적으로 해산과 청산이 이루어졌다고 볼 여지가 큰 점, ③ 소외회사의 2007연도 표준대차대조표에 의하면 소외회사는 폐업 당시 잔여재산의 가액이 278,812,350원으로서 자본금 340,000,000원에 미달하므로 청산소득이 존재할 수 없고, 만약 정상적인 청산절차를 밟았다면 원고와 그 가족들이 분배받을 수 있는 잔여재산이 그들의 당초 주식취득가액보다 적어서 그 배당소득에 대해 세금을 부담하지 않았을 것인 점, ④ 이에 원고 등은 이 사건 대여금을 소외회사에 반환한 다음 곧바로 이를 다시 잔여재산의 분배로 수령하는 형식적인 절차를 거치는 대신 이 사건 대여금을 소외회사에 반환하지 아니하고 이를 원고 등이 그대로 보유하는 형식으로 잔여재산을 분배받았다고 볼 여지가 크고, 그 과정에서 원고와 그 가족들의 의사에 따라 이 사건 대여금을 원고에게 귀속시켰을 개연성이 있는 점, ⑤ 소외회사의 처지에서도 폐업 후 원고로부터 이 사건 대여금을 회수하지 않은 것은 그 채권을 포기하거나 채무를 면제할 의사가 있었기 때문이라기보다는 어차피 대여금 상당액이 원고 등에게 청산금으로 귀속될 것이기 때문에 형식적인 청산절차를 밟지 않은 것에 불과하다고 보이는 점 등에 비추어 보면, 소외회사가 폐업을 하면서 청산절차의 일환으로 원고와 그 가족들에게 이 사건 대여금에 상당하는 금액을 잔여재산의 일부로 분배한 것이라고 볼 여지가 크고, 위 대여금이 사외에 유출된 것이 분명하다고 보기는 어렵다.

원심이 그 판시와 같은 사정만을 들어 이 사건 대여금이 원고에게 확정적으로 귀속됨으로써 사외에 유출되었음을 전제로 이 사건 처분이 적법하다고 판단한 것은 법인세법상 소득처분에 관한 법리를 오해한 것이다.

한편 기록에 비추어 살펴보면, 피고는 특수관계가 소멸할 때까지 특수관계자로부터 회수되지 아니한 가지급금 등을 구 법인령 §106에 의하여 처분한 것으로 본다는 법인법 기본통칙 4-0…6(가지급금 등의 처리기준) 규정을 근거로 이 사건 처분을 하였음을 알 수 있다. 그러나 국세청의 기본통칙은 과세관청 내부에서 세법의 해석기준 및 집행기준을 시달한 행정규칙에 불과하고 법원이나 국민을 기속하는 효력이 있는 법규가 아니므로, 기본통칙 그 자체가 과세처분의 적법한 근거가 될 수 없음은 조세법률주의의 원칙상 당연하다(대법원 2007.2.8. 선고, 2005두5611 판결). 따라서 피고는 법인세법 기본통칙 4-0…6 규정을 이 사건 처분의 근거로 삼을 수 없다.

원심은 ㈜○○개발(소외회사)이 폐업신고를 할 당시 이미 사실상 청산되었음은 물론 원고와의 특수관계도 소멸하였고, 이때부터 이 사건 처분 시까지 소외회사가 원고로부터 이 사건 대여금을 회수하지 않았으므로 소외회사가 사실상 그 대여금의 회수를 포기하였거나 회수가 불가능하게 되었고, 따라서 이 사건 대여금은 원고에게 확정적으로 귀속되었다고 봄이 상당하다고 하면서 이 사건 처분이 적법하다고 판단하였다.

그러나 대법원은 위에서 든 제반 사정들, 즉 주주 전원이 가족인 회사가 자본잠식 상태에서 청산하여 잔여재산을 분배하면 별도의 세금부담 없이 주주인 가족들에게 분배될 터인데, 원고가 문제의 대여금을 회사에 반환하고 이 대여금을 주주인 가족들이 다시 분배받은 것과 실질이 다르지 않으므로 문제의 대여금이 사외로 유출된 것이 분명하다고 본 원심의 판단이 잘못되었음을 지적한 것이다.

한편, 각 세법의 기본통칙과 집행기준은 과세관청 내부의 행정규칙에 불과한 것이므로 법원이나 국민을 기속하는 법규가 아니므로 그 자체가 과세처분의 적법한 근거가 될 수 없다(대법원 2010.9.9. 선고, 2008두2156 판결). 국세청 예규도 마찬가지다.

Case 3 대법원 2010.9.9. 선고, 2008두2156 판결

회사정리절차 개시결정을 받은 법인의 특수관계자 가지급금에 대해 대손충당금을 설정한 사안에서, 대손충당금의 설정만으로는 특수관계자에게 그 가액 상당의 채무면제이익이 귀속되었다고 단정할 수 없다는 사례

정리회사의 관리인은 2000 사업연도 결산 시 이 사건 가지급금 채권을 대손처리한 것이 아니라 그에 대하여 대손충당금을 설정한 것에 불과한 사실을 알 수 있는데, 이와 같은 대손충당금의 설정은 대손처리와는 달리 그 채권을 대차대조표의 자산계정에 그대로 계상해 둔 채 장래 회수할 수 없을 것으로 추산되는 가액 상당의 평가계정을 따로 설정하여 위 자산계정에서 차감하는 형식으로 표시하는 것에 불과하고 그 가액은 추후에 변동될 수도 있으므로, 위 관리인이 원고에 대하여 채권 포기의 의사표시를 하였다고 볼 만한 다른 사정이 없는 한 이 사건 가지급금 채권에 대한 대손충당금의 설정만으로는 원고에게 그 가액 상당의 채무면제이익이 귀속되었다고 단정할 수 없다.

또한 소득처분은 법인세의 과세표준을 신고하거나 결정 또는 경정함에 있어서 익금에 대하여 그 귀속자와 소득의 종류를 확정하는 세법상의 절차로서 익금산입을 전제로 하는 것이므로, 설령 원심의 판단대로 정리회사의 관리인이 이 사건 가지급금 채권을 포기함으로써 원고에게 그 가액 상당의 채무면제이익이 귀속되었다 하더라도, 조세법률주의의 원칙상 그 가액을 정리회사의 익금에 산입할 수 있는 법적 근거가 없는 한 이 사건 소득처분은 허용될 수 없다.

A사는 대구지방법원으로부터 1999.2.25. 회사재산보전처분결정을, 1999.4.29. 회사정리절차 개시결정을 각각 받았고, 원고는 회사 설립 시부터 1999.4.30.까지 A사의 대표이사로 재직하였다.

2000 사업연도 결산 시 A사의 관리인은 회계사와의 협의 등을 통해 원고에 대한 이 사건 가지급금 채권을 대손처리하기로 하고 그와 같은 내용의 대차대조표·손익계산서 등을 작성하여 위 각 재무제표의 허가신청을 포함한 2000연도 업무보고서를 정리법원에 제출하였고, 정리법원은 위 각 재무제표의 허가신청을 포함한 위 보고내용을 허가하였다.

과세관청은 A사 세무조사결과 2000 사업연도 결산 시 원고에 대한 단기대여금을 채권회수절차 없이 대손처리한 것을 발견하고, 같은 금액을 익금산입하고 원고에 대한 기타소득으로 소득처분하였다.

원심인 대구고등법원은 이 사건 가지급금 채권이 실재 존재하는 채권임을 인정하고 대손

처리한 사실도 인정한 후, 채무의 면제는 반드시 명시적인 의사표시만에 의하여야 하는 것은 아니고 채권자의 어떠한 행위 내지 의사표시의 해석에 의하여 그것이 채무의 면제라고 볼 수 있는 경우에도 이를 인정하여야 할 것이므로(대법원 2007.2.15. 선고, 2004다50426 판결),

정리법원이 이 사건 가지급금 채권의 처리 문제를 사전에 숙지하고 있었고 그와 같은 상황에서 위 가지급금 채권을 대손처리하는 결산보고서를 제출받았음에도 이에 대한 아무런 지적 없이 결산내용을 허가하였으며 관리인이 정리법원의 위 허가서류를 교부받으면서 '2000연도 재무제표 등의 허가신청의 건'이라는 제목의 영수증을 작성하였다면 위 가지급금 채무면제에 관하여 정리법원의 구체적인 허가가 있었다고 보아야 하고, 원고의 지속적인 요청에 따라 대손처리가 이루어졌고 그 후 그 내용을 알게 된 점 등에 비추어 관리인의 원고에 대한 채무면제의 의사표시가 있었다고 충분히 인정되므로 과세관청의 처분이 타당하다고 판단하였다.

그러나 대법원은 원심이 채택한 증거(※ 이 증거가 어떤 내용인지는 공개된 판결문만으로는 알 수 없다)에 의하면 이 사건 가지급금 채권을 대손처리한 것이 아니라 대손충당금만 설정한 상태일 뿐이라고 하면서, 대손충당금을 설정한 사실만으로 당해 가지급금 채권을 익금산입하고 그 금액을 귀속자에게 소득처분하고 과세한 것은 위법한 처분이라고 하였다.

Case 4 대법원 2010.5.13. 선고, 2007두14978 판결

고가매입으로 인한 부당행위계산부인의 경우, 토지 등의 취득이 부당행위계산에 해당하는지 여부의 기준시기는 거래 당시이며, 익금에 산입하여 소득처분할 금액 산정의 기준시기는 취득시기라는 사례

부당행위계산부인제도의 취지, 저가양도로 인한 부당행위계산부인에 있어 매매계약체결시기와 양도시기가 다른 경우 토지 등의 양도가 부당행위계산에 해당하는지 여부는 그 대금을 확정 짓는 거래 당시를 기준으로 판단하는 반면, 그 토지의 양도차익을 계산함에 있어서는 양도시기를 기준으로 산정하고 이는 그 선택의 이유와 기준을 달리하므로 양자가 기준시기를 달리 본다고 하여 불합리한 것은 아닌 점(대법원 1989.6.13. 선고, 88누5273 판결 ; 1999.1.29. 선고, 97누15821 판결),

이러한 기준시기의 구별은 고가매입의 경우의 세무회계 처리방법, 소득처분의 시기와 방법에 비추어 동일하게 적용될 수 있는 점 등을 종합하면, 고가매입으로 인한 부당행위계산부인의 경우에도 토지 등의 취득이 부당행위계산에 해당하는지 여부 결정의 기준시기는 거래 당시인 반면, 그 익금에 산입하여 소득처분할 금액 산정의 기준시기는 특별한 사정이 없는 한 그 취득시기로 봄이 상당하다.

그럼에도 원심은 이와 달리 부당행위계산부인한 후 그 익금에 산입하여 소득처분할 금액을 산정함에 있어서도 그 기준시기를 부당행위계산 여부 결정시기와 동일한 이 사건 매매계약 체결일이 되어야 한다는 전제 아래, 이 사건 토지의 취득시기인 1996.6.5. 당시 시가 23억 원이 아닌 매매계약체결일인 1995.8.25. 당시 시가 20억 원과 이 사건 매매대금과의 차액을 익금에 산입하여 소득처분한 피고의 처분이 적법하다고 판단하고 말았으니, 이러한 원심판단은 부당행위계산부인에 따라 익금에 산입하여 소득처분할 금액 산정의 기준시기에 관한 법리를 오해한 것이다.

원고인 A사는 연구소를 건립할 목적으로 1994.11.29. A사의 대표이사이면서 47% 지분을 소유한 대주주인 甲 소유의 토지에 관하여 사용승낙을 받은 다음, 용인군수로부터 보전임지전용허가를, 경기도지사로부터 농지전용허가를 각각 받는 과정에서 농지전용부담금 등으로 2억 원을 지출하였다.

A사와 甲은 1995.8.25. 이 사건 토지에 관한 매매계약을 체결하면서 매매대금은 추후 A사가 그 부지조성공사를 마친 후 감정평가사의 감정평가를 거쳐 결정된 금액으로 하기로 약정하였다.

그 후 A사는 토목공사비 약 7억 원을 투입하여 부지조성공사를 완료한 후 감정평가를 의뢰하였고, 나라감정평가법인이 보전임지전용허가 및 농지전용허가를 거쳐 연구소 신축을 위한 부지조성공사가 완료됨에 따라 그 현황이 대지로 변경되었음을 기준으로 하여 이 사건 토지의 가액을 87억 원으로 평가함에 따라, 1996.5.12. 매매대금을 87억 원으로 확정하고, 1996.6.5. 이미 지급한 계약금 및 중도금을 제외한 잔금을 지급한 후 1996.6.19. 토지에 관한 소유권을 이전등기하였다.

과세관청은 이 사건 토지 적정시가를 20억 원(※ 구체적 산출방법에 대해서는 아무런 언급이 없다)의 차액 67억 원에서 A사가 자산으로 계상한 토목공사비 등을 차감한 59억 원을 甲에게 상여처분하였다.

원심(대전고법 2007.6.21. 선고, 2004누2804 판결)은 이 사건 거래가 특수관계자로부터 자산을 고가로 매입한 것에 해당하여 부당행위계산부인의 대상이 된다고 보고 이 사건 매매계약 당시의 시가인 20억 원과 매매대금과의 차액을 甲의 상여로 소득처분하여 종합소득세를 부과한 처분은 적법하다고 판단하였다.

그러나 대법원은 매매계약 체결시기와 양도시기가 다르다면 부당행위계산 여부를 결정하는 것은 거래 당시인 매매계약체결일(이 사건의 경우 1995.8.25. 시가 20억 원)이 타당하지만,

소득처분할 금액은 양도시기(이 사건의 경우 1996.6.5. 시가 23억 원)를 기준으로 산정해야 한다고 판단한 것이다.

Case 5 대법원 2006.7.27. 선고, 2004두9944 판결

소득처분에 따른 소득 귀속자의 근로소득세 납세의무 성립시기 및 납부불성실가산세의 기산시점을 명확히 판단한 사례

사외유출된 익금가산액이 임원 또는 사용인에게 귀속된 것으로 보고 상여로 소득처분을 한 경우 당해 소득금액의 지급자로서 원천징수의무자인 법인에 대하여는 소득금액변동통지서가 당해 법인에게 송달된 날에 그 원천징수의무가 성립하는 것(소득법 §135 ④, 소득령 §192 ②, 국기법 §21 ② 제1호)과는 달리, 그 소득의 귀속자에 대하여는 법인에 대한 소득금액변동통지가 송달되었는지 여부와 상관없이 소득처분이 있게 되면 소득법 §20 ① 제1호 (다)목 소정의 '법인세법에 의하여 상여로 처분된 금액'에 해당하여 근로소득세의 과세대상이 되고, 당해 소득금액은 부과처분의 대상이 되는 당해 사업연도 중에 근로를 제공한 날이 수입시기가 되므로(소득법 §39 ①, 소득령 §49 ① 제3호), 소득의 귀속자의 근로소득세 납세의무는 국기법 §21 ① 제1호가 정하는 바에 따라 당해 소득이 귀속된 과세기간이 종료하는 때에 성립한다.

원심은 귀속 사업연도의 종합소득 과세표준 확정신고기한 다음 날부터 기산하여 이 사건 각 납부불성실가산세를 산정한 것은 정당하다고 판단하였지만, 구 소득령(2005.2.19. 대통령령 제18705호로 개정되기 전의 것) §134 ①은 종합소득 과세표준 확정신고기한 경과 후에 법인세법에 의하여 세무서장이 법인세 과세표준을 결정 또는 경정함에 있어서 익금에 산입한 금액이 상여소득 등으로 처분됨으로써 소득금액에 변동이 발생하여 종합소득 과세표준 확정신고를 한 자가 소득세를 추가 납부하여야 하는 경우에 있어서 당해 법인이 §192 ①의 규정에 의한 소득금액변동통지서를 받은 날이 속하는 달의 다음 달 말일까지 추가신고 자진납부한 때에는 소득법 §70 또는 §74의 기한 내에 신고·납부한 것으로 본다고 규정하고 있는바,

위 규정이 종합소득 과세표준 확정신고기한 경과 후에 소득처분에 의하여 변동이 생긴 소득금액에 대한 과세표준 및 세액의 추가 신고·납부기한을 소득금액변동통지서를 받은 날이 속하는 달의 다음 달 말일까지로 유예하여 주고 있는 취지와 납부불성실가산세는 납세의무자가 법정 납부기한까지 그 납부를 게을리한 것에 대한 행정상의 제재로서 부과되는 것인 점 등에 비추어 보면, 종합소득 과세표준 확정신고기한 경과 후에 소득처분에 의하여 변동이 생긴 소득금액에 대한 세액의 추가납부 불이행에 대한 제재로서 부과되는 납부불성실가산세는 그 법정 추가납부기한인 소득금액변동통지서를 받은 날이 속하는 달의 다음 달 말일의 다음 날부터 기산하여 산정하는 것이 타당하다.

법인세법에 의한 소득처분에 따른 소득 귀속자의 근로소득세 납세의무 성립시기와 납부불성실가산세의 기산시점을 명확히 제시한 판례이다.

즉, 소득의 귀속자의 근로소득세 납세의무는 국기법 §21 ① 제1호가 정하는 바에 따라 당해 소득이 귀속된 과세기간이 종료하는 때에 성립하며, 납부불성실가산세는 그 법정 추가납부기한인 소득금액변동통지서를 받은 날이 속하는 달의 다음 달 말일의 다음 날부터 기산된다.

사. 주요 심사, 심판례 소개

Case 6 심사소득 2002-0404, 2003.2.28.

고가양수 부당행위계산부인으로 익금산입된 금액을 소득처분함에 있어 양도자가 법인의 회장으로 있었고, 동 사외유출금액이 양도자의 사업소득을 구성한 사실이 없으므로 상여로 소득처분한 것은 정당하다는 사례

가. 사실관계

부가통신 서비스업을 영위하는 청구법인 회장 박○○은 1997.1.3. 비상장회사 ○○텔레시스㈜ 발행주식을 @3,844원에 취득하였다가, 1997.10.25. @17,500원에 청구법인에게 양도

나. 과세경위

처분청은 쟁점주식 양도 당시 시가를 취득 당시 시가인 @3,844원으로 보고, 법인세법의 부당행위계산부인 규정을 적용하여 차액 @13,656원을 익금산입하고 박○○에게 상여처분

다. 청구법인 주장

박○○는 쟁점주식의 양도에 대하여 실지거래가액으로 양도소득세를 납부한 사실이 있으므로 종합소득세와 양도소득세가 이중으로 과세되어 부당하고, 부당행위계산부인 규정을 적용하여 법인세를 과세하더라도 소득처분은 기타사외유출로 처분하여야 한다.

라. 처분청 의견

익금산입한 금액이 사외유출되어 개인에게 귀속된 경우 그 소득이 개인의 사업소득을 구성하는 경우에만 기타사외유출로 소득처분하는 것인바, 소득의 귀속자인 박○○가 청구법인의 회장으로서 동 소득이 사업소득을 구성한 사실이 없고, 또한 ○○세무서장은 박○○가 납부한 양도소득세를 양도차익이 없는 것으로 보아 전액 환급결정하였으므로 박○○에 대한 상여로 소득처분한 것은 정당하다.

마. 쟁점

청구법인이 쟁점주식을 특수관계자로부터 시가보다 고가로 양수한 데 대하여 법인세법상 부당행위계산부인 규정을 적용하여 과세함에 있어 소득처분을 상여로 할 것인지, 아니면 기

타사외유출로 할 것인지 여부

바. 판단요지

청구법인이 특수관계자인 청구외 박○○로부터 1997.10.25 쟁점주식을 매입할 당시의 시가가 @3,844원이라는 사실에 대하여는 처분청과 청구법인 간에 다툼이 없다.

박○○가 쟁점주식을 청구법인에게 양도하고 양도소득세를 신고(취득가액 @3,844원, 양도가액 @17,500원)하면서 납부한 양도소득세에 대하여는 ○○세무서장이 쟁점주식의 양도 당시 시가를 @3,844원으로 보아 양도차익이 없는 것으로 하여 2001년 1월 환급결정한 것으로 확인되므로, 박○○가 쟁점주식을 양도함에 따라 발생된 소득에 대하여 소득세법상의 양도소득세와 법인세법상 소득처분에 의한 소득세를 이중으로 부담한 사실이 없다.

따라서 청구법인이 특수관계자인 박○○로부터 쟁점주식을 시가보다 고가로 매입함에 따라 발생된 익금산입액에 대한 소득처분을 함에 있어, 박○○가 쟁점주식 거래당시 청구법인의 회장으로 있었고 동 사외유출금액이 박○○의 사업소득을 구성한 사실이 없으므로 처분청이 상여로 소득처분한 것은 달리 잘못이 없다.

박○○은 1997.1.3. 취득한 쟁점주식을 비교적 짧은 약 10개월만 보유하다가 1997.10.25. 양도하였고, 처분청은 취득 당시 시가를 양도 당시 시가로 보고 부당행위계산부인 규정을 적용하였다. @3,844에 취득한 주식을 10개월 만에 자신이 회장으로 근무하는 회사에 @17,500으로 양도하였다는 것은 전형적인 부당행위계산으로 보일 수 있다.

공개된 심사례 내용만 봤을 때 박○○이 신고·납부한 양도소득세가 이미 환급된 마당이므로 소득세법상 양도소득과 법인세법상 소득처분에 의한 소득세가 이중으로 과세되었다는 주장이나, 박○○이 청구법인 회장으로 근무하였을 뿐 개인적으로 아무런 사업도 영위하지 않으면서 상여가 아니라 기타사외유출로 처분하여야 한다는 주장으로 인용결정을 끌어내기는 부족해 보인다.

따라서 양도 당시에 인접한 매매사례가액이 존재하는지, 또는 짧은 기간이긴 하지만 양도 당시 쟁점주식 발행법인의 재무상태가 취득 당시 재무상태에 비해 획기적으로 개선된 점은 없는지 등도 조사하여 양도 당시의 시가와 취득 당시 시가가 다르다는 점을 주장할 여지는 없었는지 고민해 볼 필요가 있었다.

Case 7 심사법인 1999-0081, 1999.5.21.

채권자가 스스로 채권에 대한 권리를 포기한 시기에 채무자에게 이익이 분여되었다고 봄이 타당하므로, 가지급금으로 보아 익금산입하고 인정이자 등을 계산한 것은 부당하다는 사례

가. 사실관계

(1) 청구법인은 특수관계법인 ○○산업㈜에 대여한 자금을 단기대여금으로, 동 대여금에 대한 미수이자 및 리스채무 대위변제로 인한 구상채권 등을 미수금으로 각각 계상

(2) 1996.3.18. ○○산업㈜ 부도 발생 후, 1996.5.28. 청구법인은 위 단기대여금과 미수금을 미처분이익잉여금과 상계하는 방법으로 감액회계처리

나. 과세경위

처분청은 청구법인이 ○○산업에 대한 채권을 부당하게 대손처리한 것이라며 〈손금불산입 · 유보〉 처분하는 한편, 동 금액에 대한 인정이자를 익금산입하고 이에 대응한 지급이자를 손금불산입 처분

다. 청구법인 주장

○○산업의 부도로 회수할 수 없는 대손금에 해당함에도 대손금을 부인하고 동 단기대여금에 대하여 인정이자 및 지급이자를 계산하여 익금산입 및 손금불산입한 처분은 부당하다.

라. 처분청 의견

특수관계자와의 자금거래에서 발생한 대여금은 당해 특수관계인의 파산 · 무재산 · 사업의 폐지 등으로 회수할 수 없음이 객관적으로 인정되는 날이 속하는 사업연도의 손금으로 산입하는 것으로서 인정이자는 그 대여금을 회수할 수 없음이 객관적으로 인정되는 날까지 계산하는 것이다.

마. 쟁점

잉여금처분으로 대손처리한 단기대여금에 대하여 가지급금 인정이자를 계산할 수 있는지 여부

바. 판단요지

청구법인 내부품의서에 "○○산업에 대한 단기대여금 및 구상채권을 회수하기가 불가능하므로 동 부실채권을 포기하고 대손으로 회계처리함이 타당하나, 대손인정 여부가 불분명하고 당기순이익에 영향을 주므로 미처분이익잉여금에서 차감하고자 함"이라고 나타나며, ○○산업의 부도로 채권을 회수할 수 없음은 당연하다고 주장만 할 뿐 채권을 회수하기 위해 채권자로서의 어떠한 권리를 행사하였는지 주장하지도 않아 불분명하다.

즉 청구법인은 특수관계법인 ○○산업에 대하여 채권자로서의 권리를 행사하지 아니하고 스스로 채권을 포기함으로써 결과적으로 그 포기에 대한 이익이 ○○산업에 분여되었다 할 것이고,

따라서 부당행위계산의 부인대상이라 할 것이어서 손금에 산입할 수 없으며, 그 이익을 분여받은 자가 법인이므로 소득처분은 유보가 아닌 기타사외유출로 함이 타당하다(법인 46012-4016, 1998.12.22 ; 법인 22601-2742, 1986.9.5. 같은 뜻).

그렇다면 1996.5.28. 청구법인이 위 단기대여금 등 채권을 감액처리한 이후에는 동 단기대여금에 대한 인정이자 계산 및 지급이자 손금불산입대상으로 볼 수 없으므로, 인정이자 익금산입액과 지급이자 손금불산입액을 제외하여 소득금액을 경정함이 타당하다고 판단된다.

특수관계법인에 대한 대여금 등 채권을 스스로 포기함으로써 결국 특수관계법인에 동 포기금액이 분여된 것이라면, 이익을 분여받은 자가 법인이므로 유보가 아니라 기타사외유출로 처분하는 것이 타당하다는 것이다.

특수관계자와의 부당행위계산부인에 해당한다는 사실은 바뀌지 않았지만 소득처분이 유보에서 기타사외유출로 변경된 결과 청구법인에는 대여금에 상당하는 채권이 더 이상 존재하지 않으므로 인정이자 익금산입과 지급이자 손금불산입 처분도 따라서 취소되어 인용된 사례이다. 비슷한 과세사례가 있다면 조세불복청구이유서를 작성하면서 인용할 만한 심사례라고 여겨 소개하였다.

Case 8 조심 2014중0211, 2014.5.21.

상법상 취득금지 규정을 위반하여 자기주식을 취득하여 특수관계인에게 저가양도하고, 부당행위계산부인으로 처분되자 원상회복 절차를 거친 것은 조세부담을 면하기 위한 것이므로 당초처분이 타당하다는 사례

가. 사실관계

(1) 청구법인은 2002년부터 2007년 사이 주주 甲 등으로부터 자기주식을 취득하여 재무상태표 자본조정에 계상하였고, 甲 등은 양도소득세와 증권거래세 납부

(2) 처분청이 위 거래가 상법 §341 자기주식의 취득규정을 위반한 것이 법인세법 부당행위계산부인 규정을 적용하여 취득대가로 지급한 금액을 업무무관가지급금으로 익금산입하고 인정이자와 지급이자 손금불산입처분하자, 청구법인은 법인세 납부하고 甲 등은 배당소득세 납부

(3) 청구법인은 위 자기주식을 특수관계자인 乙 등에게 양도(쟁점양도)하고 자본조정 계상하였던 금액을 자본잉여금(자기주식처분이익)으로 계상하고 증권거래세 납부

나. 과세경위

(1) 처분청은 쟁점양도에 대해 상증법의 보충적 평가가액보다 저가로 양도하였다 하여 법인세법 부당행위계산부인 규정을 적용하여 그 차액을 익금산입하고 乙 등에게 소득처분(쟁점처분)

(2) 쟁점처분 후 청구법인은 甲 등과의 양수거래 및 乙 등과의 양도거래를 모두 무효로 보아 소유권을 환원하고 매매대금 반환

다. 청구법인 주장

(1) 처분청은 甲 등으로부터의 자기주식 취득은 상법상 무효라면서 부당행위계산부인하였다.

(2) 그렇다면 청구법인의 자기주식 취득행위가 무효이므로 무효인 법률행위에 기한 청구법인의 자기주식 양도거래도 무효이며, 사법상 무효인 거래에 기하여 소유권이 환원된 경우 소득도 존재하지 않으므로 양도소득에 대한 납세의무가 성립하지 않는다.

라. 처분청 의견

(1) 매매 등 계약이 사법상 무효라고 하더라도 제3자에게 자기주식이 양도된 이상 그로 인하여 양도인이 세법상의 과세소득을 향유한 경우에는 당연히 과세대상이 되는 것으로서 그 소득에 대한 과세처분은 정당하며, 청구법인이 납세고지서를 받은 후에 '양도계약 무효 관련 합의'를 통해 소유권을 환원하였다고 하더라도 이는 조세부담을 면하기 위한 행위로서 양도대금 및 소유권의 환원이 당초의 과세처분에는 영향을 줄 수 없다.

(2) 이 건 양도계약 무효 합의는 법원의 판결 등에 의하여 당초의 계약이 원인무효가 된 것이 아니고 부득이한 사유가 있는 것이 아니며, 단지 조세부담을 면하기 위한 것이므로 양도거래에 따른 부과처분을 무효화할 수 없다.

마. 쟁점

상법상 취득금지 규정을 위반하여 자기주식을 취득하고 이를 특수관계인에게 저가양도한 거래에 대해 부당행위계산부인 규정을 적용하여 과세한 처분의 당부

바. 판단요지

청구법인은 당초에 자기주식을 취득한 거래가 「상법」상의 취득 금지 규정을 위반하여 취득한 거래로서 무효이고, 자기주식을 양도한 거래도 무효이므로 유효한 거래임을 전제로 하여 부당행위계산부인하고 과세한 이 건 처분은 취소되어야 한다고 주장하나, 「소득세법」에서

'양도'란 자산에 대한 등기 또는 등록에 관계없이 매도, 교환, 법인에 대한 현물출자 등으로 인하여 그 자산이 유상으로 사실상 이전되는 것을 말하는 것으로서 주식의 경우 잔금청산을 거쳐 주주명부의 등재가 완료된 것이라면, 이후 거래당사자 간에 소유권을 다시 환원하는 거래를 하였다 하더라도 법원의 판결 등에 의하여 당초 계약이 원인무효가 되거나 부득이한 사유에 의한 합의해제로 인정되지 않는 한 사실상 유상이전절차를 거친 양도거래로 보아야 할 것인 점 외에도,

청구법인이 2002년부터 2007년까지의 기간에 취득한 자기주식을 2012년에 제3자에게 양도하고, 증권거래세 신고를 하는 등 양도거래를 완료한 상태에서 2013년에 이 건 처분이 있게 되자 원상회복하는 등의 절차를 거친 것은 조세부담을 면하기 위한 것으로 밖에 볼 수 없는 점, 청구법인의 자기주식 취득거래가 무효라 하여 이후의 양도거래에 대한 과세처분을 무효로 할 것은 아닌 점,

10년 이상 지난 거래를 원상회복하였다는 이유로 과세처분이 영향을 받는다면 세법상의 불확정 상태가 무한정 지속되는 문제가 발생하는 점, 청구법인이 자기주식을 당초의 양도자가 아닌 특수관계인에게 양도한 것은 자기주식 취득을 원상회복할 목적보다는 특수관계인에게 저가양도에 의한 이익을 분여하기 위한 목적이 있었다고 보이는 점,

주식을 발행하지 않았다 하더라도 대금청산이 이루어졌으므로 세법상 과세대상 거래인 양도 및 취득시기가 이미 도래한 것인 점 등에 비추어 볼 때, 처분청이 쟁점자기주식을 저가양도한 것으로 보아 부당행위계산을 부인하고 과세한 처분은 잘못이 없는 것으로 판단된다.

세법상 부당행위계산부인은 부당한 거래 자체를 무효화하는 것이 아니고 정상적인 거래였다면 형성되었을 시가와의 차액에 대해서 세법상 처분을 통해 정상거래로 되돌리는 절차에 불과하다. 따라서 쟁점사건에서 처분청이 먼저 쟁점 자기주식 취득이 상법상 무효라면서 부당행위계산부인하였으므로 청구법인의 자기주식 취득행위가 무효가 되고 그 결과 무효인 법률행위에 기한 청구법인의 자기주식 양도거래도 역시 무효라는 주장은 설득력을 얻기 힘들어 보인다.

재결청은 청구법인이 자기주식을 취득하여 보유하다가 특수관계인에게 양도하였고, 이 건 처분 후 1개월 후에 계약무효의 합의 형식을 빌려 계약을 해지한 후에 매매대금을 돌려주었으나, 이미 부과된 세부담을 면할 목적으로 이루어진 것이므로 이 건 처분에 영향을 미치지 않고, 청구법인이 자기주식을 당초의 양도자에게 환원하지 않고 특수관계인에게 양도하였다가 이 건 처분 후에 모든 계약을 무효로 하는 합의를 한 것은 처음부터 주식 소유권을 환원할 의사가 없었고, 주식의 저가양도로 특수관계인에게 이익을 분여할 의도가 있었다고 할 것이므로 '양도계약 무효 관련 합의'는 오로지 세부담 면탈을 위한 요식행위에 불과

하여 당초 양도거래에 따른 부과처분을 무효화할 수 없다는 처분청 주장을 인정하였다.

아울러, 자기주식 취득대가로 지급한 금액을 업무무관가지급금으로 보는 것이 주식양수도거래 자체를 부인하는 것은 아니고, 양도거래에 대하여 부당행위계산부인 규정을 적용하여 과세하는 것이 청구법인의 자기주식 처분을 무효로 하는 것은 아니며,

사법상 위법한 무효의 법률행위에 대해서도 세법상의 과세소득이 있는 경우에는 과세 가능하므로, 주식을 발행하지 않았다 하더라도 매매계약에 따라 대금청산이 이루어졌으므로 세법상 과세대상 거래인 양도 및 취득시기가 이미 도래한 것으로서 이에 따른 과세소득에 대한 부과처분은 정당하다고 판단한 것이다.

Case 9 조심 2011전0182, 2011.6.2.

의료법인 설립 시 출연재산목록에 나타나지 않은 출연자의 채무는 출연재산으로 설립된 의료법인이 변제할 의무가 없으므로 가수금 계정으로 변경하여 변제한 것을 상여로 본 처분은 정당하다는 사례

가. 사실관계

(1) 청구법인은 甲과 乙이 공동으로 운영하던 개인병원인 ○○병원의 일정재산을 출연하여 설립된 의료법인

(2) 청구법인이 설립 당시 지방자치단체에 설립허가 신청 시 제출한 출연재산목록에는 기본재산인 토지・건물 외 차량・장비 및 기기・예금 등이 기재되어 있고, 부채로는 ○○은행 장기차입금이 기재되어 있음

나. 과세경위

청구법인은 설립과 동시에 ○○병원 운영과정에서 발생된 인출금계정(개인자본계정)을 가수금계정으로 변경 회계처리하고, 동 가수금 약 11억 원을 ○○병원의 공동사업자였었고 청구법인의 이사장인 甲에게 변제한 것에 대하여 청구법인이 변제할 의무가 없는 채무를 변제한 것으로 보고, 법인세법 §67 규정에 의거 쟁점금액을 귀속자인 甲에게 상여로 소득처분

다. 청구법인 주장

(1) 개인병원이던 ○○병원에서의 11억 원은 甲이 채권자인 동시에 채무자가 되어 민법상 혼동이 되나, 청구법인 설립과 동시에 채무자는 제3자인 청구법인이 된다.

(2) 따라서 가수금채권이 혼동되지 아니하여 존속하는 것이고, 출연재산목록에 가수금채권을 기재하여야 한다면 甲이 출연하는 적극재산으로서의 채권 11억 원과 ○○병원이 변

제할 의무를 출연받는 소극재산으로서의 채무 11억 원을 동시에 출연재산목록에 기재하게 되어 그 기재 여부와 관계없이 기본재산금액은 동일하므로 재산목록에 기재되지 않았다고 하여 이를 청구법인이 부담할 채무가 아니라고 함은 부당하다.

라. 처분청 의견

(1) 청구법인은 의료법 §48에 의하여 재산을 출연받아 주무관청의 허가를 득하여 설립된 공익의료법인으로, 출연이란 공익사업에 무상으로 제공된 재산을 말하므로 대가를 수반하여 제공받은 재산은 출연재산으로 볼 수 없다.

(2) 출연재산으로 설립된 공익의료법인은 명확히 출연받은 재산을 근간으로 설립・운영되는 것으로 청구법인의 정관 및 재산목록에 기재되지 않은 출연재산 외의 부채를 승계하고 변제할 수 없으므로 출연재산에 포함되지 않은 ○○병원 운영 시의 인출금계정을 청구법인의 가수금계정으로 변경하고 추후 변제한 것은 대가관계가 수반된 거래가 되어 출연재산을 회수하는 결과를 초래하고 공익법인의 목적대로 사용할 수 없게 되므로 당초처분은 적법하다.

마. 쟁점

의료법인 설립시 출연재산목록에 없는 개인병원 인출금을 의료법인의 가수금 계정으로 변경하여 변제한 것을 상여로 본 처분의 당부

바. 판단요지

청구법인은 의료법 및 민법에 의하여 설립된 의료재단 법인으로 설립자가 일정한 재산출연과 정관작성 등 설립행위를 하여 주무관청의 허가를 받은 후 주된 사무소의 소재지에서 설립등기를 함으로써 성립한 것으로, ○○병원을 운영하면서 사업자 甲이 부담한 인출금은 사업자 본인에 대한 채무인 동시에 채권으로 소멸된 것으로 보여지므로, 청구법인 설립시 목록에 나타나지 않은 출연자의 채무는 출연재산으로 설립된 청구법인이 변제할 의무가 없는 것으로 판단된다.

민법 §507에는 혼동의 요건과 효과에 대해 채권과 채무가 동일한 주체에 귀속한 때에는 채권은 소멸한다고 규정되어 있다.

쟁점처분에 대해 청구법인은 ○○병원의 사업에 관한 일체의 권리와 의무를 포괄적으로 승계 받은 것으로 甲이 청구법인에게 출연한 권리와 의무 중 청구법인에 대한 가수금채권은 청구법인의 입장에서는 甲에게 변제하여야 할 의무가 있는 채무가 되는 것이고,

출연재산목록에 가수금채권을 기재한다면 그 채권과 채무를 동시에 기재하게 되어 그 기재 여부와 관계없이 기본재산금액은 동일한 것이므로 가수금채권이 재산목록에 기재되지 않았다

고 하여 이를 청구법인이 부담할 채무가 아니라고 보는 것은 부당하다고 주장하였으나,

재결청은 이에 대해 ○○병원의 인출금 11억 원은 동일한 주체인 甲에게 귀속하는 것으로 민법 §507에 따라 청구법인이 설립할 당시 이미 소멸되었다고 판단한 것이다.

Case 10 조심 2012중4040, 2014.4.3.

비록 사업자등록도 하지 않은 개인에게 공사를 하도급 주어 사실과 다른 세금계산서가 수수되었더라도, 공사를 진행하고 공사비를 수령한 실행위자를 과세관청이 이미 파악하고 있다면 하도급 공사비 지급은 손금으로 인정되어야 한다는 사례

가. 사실관계

(1) 건설업을 영위하는 청구법인은 ○○기업㈜로부터 아파트형 공장의 토목공사 및 흙막이 공사를 수주

(2) 청구법인은 직접 공사를 수행하지 않고 공사경험이 많고 건설장비 업체를 많이 알고 있는 甲에게 고용관계 없이 청구법인 이사 명함을 주어 쟁점공사를 맡김

나. 과세경위

처분청은 청구법인이 2009년 제1기 부가가치세 과세기간 중 쟁점공사에 소요된 비용 중 쟁점거래처에 지급한 ××백만 원을 가공세금계산서로 보아 해당 부가가치세 매입세액을 공제부인하고, 동 금액 중 쟁점비용을 손금부인하여 공사를 수행한 甲을 소득귀속자로 소득처분

다. 청구법인 주장

(1) 2009년 상반기에는 실제 공사를 수행하는 甲이 매월 기성청구서와 함께 건설장비업체의 세금계산서를 보내오면 해당 장비업체 계좌로 송금하는 방식으로 기성청구대금을 지급하다가,

2009년 하반기에는 사업자등록이 없는 甲에게 공사를 일임하는 것이 문제될 것으로 우려하여 사업자등록하고 공사진행할 것을 권유하였으나, 甲이 신용불량자였기 때문에 甲의 부친 명의로 □□산업개발㈜를 설립하여 토공사 진행하였고 공사대금 역시 □□산업개발에 지급하였다.

(2) 문제되는 2009년 상반기 공사에서 甲이 사업자등록이 없어 부득이 장비업체를 통해 세금계산서를 받아 대금을 지급한 것이므로 가공거래가 아니고, 甲이 실제 공사를 수행한 것은 사실이므로 쟁점비용은 甲의 사업소득으로 과세되어야 하고 청구법인의 손금으로 인정되어야 한다.

(3) 甲이 리베이트로 지급한 금액 중 귀속자가 확인된 금액은 실제귀속자에게 상여 및 기타

소득처분하고, 사용처가 불분명한 금액은 실제 거래행위자인 甲의 기타소득으로 소득처분한 것은 처분청에서도 쟁점비용이 사외유출되어 甲에게 귀속되었음을 인정한 것이다.

라. 처분청 의견

(1) 청구법인은 쟁점거래처와 쟁점공사를 실제로 진행하여 총 ××백만 원의 지출이 발생하였다고 주장하며 이에 대한 증빙을 제시하였으나, 대금지급통장 이외의 사실확인서는 임의작성이 가능하여 객관적인 거래의 증거로 볼 수 없고,
대금지급통장 또한 청구법인에서 쟁점거래처의 계좌로 거래대금을 입금한 당일 또는 익일에 부가가치세를 제외한 대금을 甲이 수표 및 현금으로 전액 출금하여 실제 쟁점거래처에는 부가가치세 외에는 지급된 금액이 없다.

(2) 쟁점공사를 관리한 甲은 당초처분청을 방문하여 실제 공사 없이 쟁점거래처의 통장, 도장, 세금계산서 등을 직접 관리하며 청구법인에게 가공매출세금계산서를 발행하였다고 진술하여 쟁점공사가 가공거래임이 명확히 확인된다.

(3) 청구법인이 甲에게 쟁점공사를 하도급한 사실을 증명할 수 있는 하도급계약서 등 증빙서류를 전혀 제시하지 못하고 있으며, 건설관련 사업 이력이 전혀 없고 사업자등록도 없는 상태의 甲에게 약 ××백만 원의 쟁점공사를 전적으로 맡겼다는 것은 사회통념상 인정하기 어렵다.

마. 쟁점

청구법인이 2009년 상반기 토사운반비로 甲에게 지출한 쟁점비용을 사업과 관련한 비용으로 보아 손금산입하여야 한다는 청구주장의 당부

바. 판단요지

처분청의 조사복명서나 甲의 문답서 및 청구법인 대표자의 문답서 내용과 甲의 진술서 등을 종합하여 볼 때, 甲이 청구법인으로부터 쟁점공사를 하청받아 직접 관리하면서 건설기계업체를 모집하여 공사를 시행하고 청구법인에게 기성금을 청구하여 집행한 것으로 나타나고 있어 실질적으로 甲의 책임과 계산에 의한 사업임을 인정할 수 있고,

甲이 청구법인으로부터 기성대금을 받아야 하나 매입자료가 부족하여 쟁점거래처 명의로 세금계산서를 받아서 청구하였으며, 청구법인으로부터 지급받은 대금의 일부는 실제 운반비로 사용하였고 일부는 토사운반일을 할 수 있게 연결해 준 진○○에게 리베이트 금액을 지급하고 나머지는 甲 본인이 직접 관리하였다고 진술한 점,
하도급계약서로 갈음할 수 있는 2009.3.2. 체결한 청구법인과 甲간의 토사운반계약서를 제출하고 있고, 계약내용에는 25톤 덤프트럭 1대당 1일 ××만 원을 지급하기로 약정이 되어 있는 점,

조사내용에 따르면 처분청도 쟁점공사와 관련한 공사수행, 기성대금 청구, 세금계산서 발급 및 대금 집행 등 실행위자를 甲으로 파악하고 청구법인이 기성청구에 따라 쟁점비용을 포함한 공사대금을 甲에게 지급한 사실을 인정하고 있는 점,

쟁점비용 중 甲에게 귀속된 것으로 보아 기타소득 처분한 ××백만 원의 경우 처분청은 청구법인이 甲에게 이를 지급한 사실을 인정한 것이고 그렇다면 甲에게 귀속된 금액을 청구법인이 공사대가가 아닌 다른 목적으로 지급하였다고 볼 근거가 없는 점,

2009년 상반기에는 甲이 사업자등록을 하지 아니하였으나 2009년 하반기부터는 甲이 부친 명의의 □□산업개발(주)을 설립하여 쟁점공사를 수행하고 청구법인으로부터 공사대금을 지급받은 사실이 확인되어 甲이 미등록사업을 영위하였다는 청구주장이 타당성 있는 것으로 볼 수 있는 점 등에 비추어 볼 때 甲을 미등록사업자로 보아 과세하는 것은 별론으로 하더라도 쟁점비용을 청구법인의 사업무관비용으로 보아 손금불산입하여 과세한 처분은 잘못이라고 판단된다.

쟁점사건에서 청구법인은 정상적인 법인과 거래한 2009년 하반기와는 달리 2009년 상반기에는 신용불량 상태이서 사업자등록도 할 수 없었던 개인 甲에게 공사를 하도급 주어 공사케 하고, 그 공사비를 甲에게 직접 지급할 수 없게 되자 공사장비업체 명의로 세금계산서를 수수하는 방법으로 지급한 사실로 인해,

동 세금계산서는 사실과 다른 세금계산서인 것이 되어 부가가치세법상 가산세 및 조세범처벌법에 의한 통고처분까지 받게 된 것에 이어 쟁점 법인세 처분에 이어 소득처분까지 받게 된 것이다.

청구법인은 적극적으로 대응하여 비록 부득이하게 사실과 다른 세금계산서를 수수하게 되었으나, 甲이 당해 토사 및 암석 등 잔토처리 공사를 총괄하였고, 甲을 통해 공사장비업체가 발행한 세금계산서를 수수하여 기성대금도 甲에게 지급하였으며, 덤프트럭 사용비를 지급하는 내용의 토사운반계약서 등을 제시하면서 공사수행과 관련하여 공사비를 지출한 것은 사실이므로 실질과세원칙에 따라 공사비가 손금으로는 인정되어야 한다고 주장한 것이다.

이에 바탕하여 심판원은 처분청이 쟁점사건 조사과정에서 甲이 청구법인으로부터 공사대금을 받아 사용한 리베이트 금액 중 일을 소개해 준 진○○ 등에게 지급한 리베이트 등 사용처가 확인된 부분은 실제 귀속자에게 소득처분하고,

사용처가 불분명한 금액은 甲의 기타소득으로 처분한 사실 및 처분청도 쟁점공사와 관련한 공사수행·기성대금 청구·세금계산서 발급·대금집행 등 실행위자를 甲으로 파악하고 청구법인이 기성청구에 따라 쟁점비용을 포함한 공사대금을 甲에게 지급한 것을 인정하고 있는 사실 등을 중시하여 甲에게 귀속된 금액을 청구법인이 공사대가가 아닌 다른 목적으로 지급하였다고 볼 근거가 없다고 판단한 것이다.

3 접대비의 손금불산입

가. 법령

1) 법인세법 제25조(접대비의 손금불산입)

① 내국법인이 각 사업연도에 지출한 접대비(제2항에 해당하는 금액은 제외한다)로서 다음 각 호의 금액을 합한 금액(부동산임대업을 주된 사업으로 하는 등 대통령령으로 정하는 요건에 해당하는 내국법인의 경우에는 그 금액에 100분의 50을 곱한 금액)을 초과하는 금액은 해당 사업연도의 소득금액을 계산할 때 손금에 산입하지 아니한다.

1. 1천200만 원[대통령령으로 정하는 중소기업의 경우에는 1천800만 원(2016년 12월 31일이 속하는 사업연도까지는 2천400만 원)]에 해당 사업연도의 월수를 곱하고 이를 12로 나누어 산출한 금액
2. 해당 사업연도의 수입금액(대통령령으로 정하는 수입금액만 해당한다)에 다음 표에 규정된 적용률을 곱하여 산출한 금액. 다만, 제52조 제1항에 따른 특수관계인과의 거래에서 발생한 수입금액에 대하여는 그 수입금액에 다음 표에 규정된 적용률을 곱하여 산출한 금액의 100분의 10에 상당하는 금액으로 한다.

수입금액	적용률
100억 원 이하	1만분의 20
100억 원 초과 500억 원 이하	2천만 원 + 100억 원을 초과하는 금액의 1만분의 10
500억 원 초과	6천만 원 + 500억 원을 초과하는 금액의 1만분의 3

② 내국법인이 한 차례의 접대에 지출한 접대비 중 대통령령으로 정하는 금액을 초과하는 접대비로서 다음 각 호의 어느 하나에 해당하지 아니한 것은 각 사업연도의 소득금액을 계산할 때 손금에 산입하지 아니한다. 다만, 지출사실이 객관적으로 명백한 경우로서 다음 각 호의 어느 하나에 해당하는 접대비라는 증거자료를 구비하기 어려운 대통령령으로

정하는 국외지역에서의 지출 및 농어민에 대한 지출은 그러하지 아니하다.
1. 다음 각 목의 어느 하나에 해당하는 것(이하 "신용카드등"이라 한다)을 사용하여 지출하는 접대비
   가. 「여신전문금융업법」에 따른 신용카드(신용카드와 유사한 것으로서 대통령령으로 정하는 것을 포함한다. 이하 제117조에서 같다)
   나. 「조세특례제한법」 제126조의3 제4항에 따른 현금영수증(이하 "현금영수증"이라 한다)
2. 제121조 및 「소득세법」 제163조에 따른 계산서 또는 「부가가치세법」 제32조에 따른 세금계산서를 발급받거나 「조세특례제한법」 제126조의4 제1항에 따른 매입자발행세금계산서 또는 대통령령으로 정하는 원천징수영수증을 발행하여 지출하는 경비

③ 제2항 제1호를 적용할 때 재화 또는 용역을 공급하는 신용카드등의 가맹점과 다른 가맹점의 명의로 작성된 매출전표 등을 발급받은 경우 해당 지출금액은 같은 항 같은 호에 따른 접대비에 포함하지 아니한다.

④ (삭제, 2001. 12. 31.)

⑤ 제1항부터 제3항까지의 규정에서 "접대비"란 접대비 및 교제비, 사례금, 그 밖에 어떠한 명목이든 상관없이 이와 유사한 성질의 비용으로서 법인이 업무와 관련하여 지출한 금액을 말한다.

⑥ 접대비의 범위 및 지출증명 보관 등에 관하여 필요한 사항은 대통령령으로 정한다.

2) 법인세법 시행령

가) 제19조(손비의 범위)

법 제19조 제1항에 따른 손비는 법 및 이 영에서 달리 정하는 것을 제외하고는 다음 각 호에 규정하는 것으로 한다.
1. 판매한 상품 또는 제품에 대한 원료의 매입가액(기업회계기준에 따른 매입에누리금액 및 매입할인금액을 제외한다)과 그 부대비용

1의2. 판매한 상품 또는 제품의 보관료, 포장비, 운반비, 판매장려금 및 판매수당 등 판매와 관련된 부대비용(판매장려금 및 판매수당의 경우 사전약정 없이 지급하는 경우를 포함한다)

…

18. 광고선전 목적으로 기증한 물품의 구입비용[특정인에게 기증한 물품(개당 1만 원 이하의 물품은 제외한다)의 경우에는 연간 3만 원 이내의 금액에 한정한다]

나) 제39조(중소기업의 범위 등)

① 법 제25조 제1항 제1호에서 "대통령령으로 정하는 중소기업"이란 「조세특례제한법 시행령」 제2조의 규정에 의한 기업(이하 "중소기업"이라 한다)을 말한다.

② 법 제25조 제1항 제1호의 규정에 의한 월수는 역에 따라 계산하되, 1월 미만의 일수는 1월로 한다.

③ 법 제25조 제1항 각 호 외의 부분 및 법 제27조의 2 제5항에서 "대통령령으로 정하는 요건에 해당하는 내국법인"이란 각각 다음 각 호의 요건을 모두 갖춘 내국법인을 말한다. (2017. 2. 3. 신설)

1. 해당 사업연도 종료일 현재 내국법인의 제43조 제7항에 따른 지배주주등이 보유한 주식등의 합계가 해당 내국법인의 발행주식총수 또는 출자총액의 100분의 50을 초과할 것
2. 해당 사업연도에 부동산 임대업을 주된 사업으로 하거나 다음 각 목의 금액 합계가 기업회계기준에 따라 계산한 매출액(가목부터 다목까지의 금액이 포함되지 아니한 경우에는 이를 포함하여 계산한다)의 100분의 70 이상일 것
   가. 부동산 또는 부동산상의 권리의 대여로 인하여 발생하는 소득의 금액(「조세특례제한법」 제138조 제1항에 따라 익금에 가산할 금액을 포함한다)
   나. 「소득세법」 제16조 제1항에 따른 이자소득의 금액
   다. 「소득세법」 제17조 제1항에 따른 배당소득의 금액
3. 해당 사업연도의 상시근로자 수가 5명 미만일 것

④ 제3항 제2호를 적용할 때 내국법인이 둘 이상의 서로 다른 사업을 영위하는 경우에는 사업별 사업수입금액이 큰 사업을 주된 사업으로 본다. (2017. 2. 3. 신설)

⑤ 제3항 제3호를 적용할 때 상시근로자는 「근로기준법」에 따라 근로계약을 체결한 내국인 근로자로 한다. 다만, 다음 각 호의 어느 하나에 해당하는 근로자는 제외한다. (2017. 2. 3. 신설)

1. 해당 법인의 최대주주 또는 최대출자자와 그와 「국세기본법 시행령」 제1조의 2 제1항에 따른 친족관계인 근로자
2. 「소득세법 시행령」 제196조 제1항에 따른 근로소득원천징수부에 의하여 근로소득세를 원천징수한 사실이 확인되지 아니하는 근로자
3. 근로계약기간이 1년 미만인 근로자. 다만, 근로계약의 연속된 갱신으로 인하여 그 근로계약의 총기간이 1년 이상인 근로자는 제외한다.
4. 「근로기준법」 제2조 제1항 제8호에 따른 단시간근로자

⑥ 제3항 제3호를 적용할 때 상시근로자 수의 계산방법은 「조세특례제한법 시행령」 제26조의 4 제3항을 준용한다. (2017. 2. 3. 신설)

다) 제40조(접대비의 수입금액계산기준 등)

① 법 제25조 제1항 제2호 본문에서 "대통령령으로 정하는 수입금액"이란 기업회계기준에 따라 계산한 매출액[사업연도 중에 중단된 사업부문의 매출액을 포함하며, 「자본시장과 금융투자업에 관한 법률」 제4조 제7항에 따른 파생결합증권 및 같은 법 제5조 제1항에 따른 파생상품 거래의 경우 해당 거래의 손익을 통산한 순이익(0보다 작은 경우 0으로 한다)을 말한다. 이하 "매출액"이라 한다]을 말한다. 다만, 다음 각 호의 법인에 대하여는 다음 산식에 따라 계산한 금액으로 한다.

1. 「자본시장과 금융투자업에 관한 법률」에 따른 투자매매업자 또는 투자중개업자: 매출액 + 「자본시장과 금융투자업에 관한 법률」 제6조 제1항 제2호의 영업과 관련한 보수 및 수수료의 9배에 상당하는 금액
2. 「자본시장과 금융투자업에 관한 법률」에 따른 집합투자업자: 매출액 + 「자본시장과 금융투자업에 관한 법률」 제9조 제20항에 따른 집합투자재산의 운용과 관련한 보수 및 수수료의 9배에 상당하는 금액
3. 「한국투자공사법」에 따른 한국투자공사: 매출액 + 「한국투자공사법」 제34조 제2항에 따른 운용수수료의 6배에 상당하는 금액
4. 「한국수출입은행법」에 의한 한국수출입은행 : 매출액+수입보증료의 6배에 상당하는 금액
5. 제63조 제1항 각호의 규정에 의한 법인 : 매출액+수입보증료의 6배에 상당하는 금액

② 제37조 제1항 본문의 규정은 접대비의 가액의 계산에 관하여 이를 준용한다.

라) 제41조(접대비의 신용카드 등의 사용)

① 법 제25조 제2항 각 호 외의 부분 본문에서 "대통령령으로 정하는 금액"이란 다음 각 호의 구분에 따른 금액을 말한다.

1. 경조금의 경우 : 20만 원
2. 제1호 외의 경우 : 다음 각 목의 구분에 따른 금액
   가. 2007년 12월 31일까지 : 5만 원
   나. 2008년 1월 1일부터 2008년 12월 31일까지 : 3만 원
   다. 2009년 1월 1일 이후 : 1만 원

② 법 제25조 제2항 각 호 외의 부분 단서에서 "대통령령으로 정하는 국외지역에서의 지출 및 농어민에 대한 지출"이란 다음 각 호의 지출을 말한다.

1. 접대비가 지출된 장소(해당 장소가 소재한 인근 지역 안의 유사한 장소를 포함한다)에서 현금 외에 다른 지출수단이 없어 법 제25조 제2항 각 호의 증빙을 구비하기 어려운 경우의 해당 국외지역에서의 지출

2. 농 · 어민(한국표준산업분류에 따른 농업 중 작물재배업 · 축산업 · 복합농업, 임업 또는 어업에 종사하는 자를 말하며, 법인은 제외한다)으로부터 직접 재화를 공급받는 경우의 지출로서 그 대가를 「금융실명거래 및 비밀보장에 관한 법률」 제2조 제1호에 따른 금융회사등을 통하여 지급한 지출(해당 법인이 법 제60조에 따른 과세표준 신고를 할 때 과세표준 신고서에 송금사실을 적은 송금명세서를 첨부하여 납세지 관할 세무서장에게 제출한 경우에 한정한다)

③ 법 제25조 제2항 제1호 가목에서 "대통령령으로 정하는 것"이란 「여신전문금융업법」에 의한 직불카드, 외국에서 발행된 신용카드 및 「조세특례제한법」 제126조의2 제1항의 규정에 의한 선불카드 · 현금영수증을 말한다.

④ 법 제25조 제3항의 규정을 적용함에 있어서 "재화 또는 용역을 공급하는 신용카드등의 가맹점과 다른 가맹점의 명의로 작성된 매출전표 등"이라 함은 매출전표 등에 기재된 상호 및 사업장소재지가 재화 또는 용역을 공급하는 신용카드 등의 가맹점의 상호 및 사업장소재지와 다른 경우를 말한다.

⑤ 법 제25조 제2항 제2호에서 "대통령령으로 정하는 원천징수영수증"이란 「소득세법」 제168조에 따라 사업자등록을 하지 아니한 자로부터 용역을 제공받고 같은 법 제144조 및 제145조에 따라 교부하는 원천징수영수증을 말한다.

⑥, ⑦ (삭제, 2001. 12. 31.)

⑧ 제1항 내지 제4항의 규정을 적용함에 있어서 법 제25조 제2항 제1호의 규정에 의한 신용카드 등은 당해 법인의 명의로 발급받은 신용카드 등으로 한다.

마) 제42조(접대비의 범위)

① 주주 또는 출자자(이하 "주주등"이라 한다)나 다음 각 호의 어느 하나에 해당하는 직무에 종사하는 자(이하 "임원"이라 한다) 또는 사용인이 부담하여야 할 성질의 접대비를 법인이 지출한 것은 이를 접대비로 보지 아니한다. (2018. 2. 13. 개정)

1. 법인의 회장, 사장, 부사장, 이사장, 대표이사, 전무이사 및 상무이사 등 이사회의 구성원 전원과 청산인
2. 합명회사, 합자회사 및 유한회사의 업무집행사원 또는 이사
3. 유한책임회사의 업무집행자
4. 감사
5. 그 밖에 제1호부터 제4호까지의 규정에 준하는 직무에 종사하는 자

② 법인이 그 사용인이 조직한 조합 또는 단체에 복리시설비를 지출한 경우 당해 조합이나 단체가 법인인 때에는 이를 접대비로 보며, 당해 조합이나 단체가 법인이 아닌 때에는 그 법인의 경리의 일부로 본다.

3) 법인세법 시행규칙 제20조(접대비의 손금불산입)

① 법 제25조 제1항 제2호의 규정을 적용함에 있어서 동호 단서에 해당하는 수입금액(이하 이 항에서 "기타 수입금액"이라 한다)이 있는 경우 그 기타 수입금액에 대하여 법 제25조 제1항 제2호의 규정에 의한 적용률(이하 이 항에서 "적용률"이라 한다)을 곱하여 산출한 금액의 계산은 제1호의 금액에서 제2호의 금액을 차감하는 방법에 의한다.

1. 당해 법인의 수입금액에 대하여 적용률을 곱하여 산출한 금액
2. 당해 법인의 수입금액 중 기타 수입금액외의 수입금액에 대하여 적용률을 곱하여 산출한 금액

② 법 제25조 제2항 본문의 규정에 의한 접대비지출액에는 법인이 직접 생산한 제품 등으로 제공한 것을 제외한다.

4) 기본통칙

25–0…1	이연계상한 접대비 등의 처리

법인이 접대비 또는 이에 유사한 비용(이하 "접대비"라 한다)을 지출한 사업연도의 손비로 처리하지 아니하고 이연처리한 경우에는 이를 지출한 사업연도의 접대비로서 시부인 계산하고 그 후 사업연도에 있어서는 이를 접대비로 보지 아니한다.

25–0…2	건설중인자산으로 계상한 접대비의 처리

① 법 제25조에 규정하는 접대비에는 당기에 건설중인자산 등으로 자산계상된 접대비를 포함하여 시부인 계산하며 접대비 한도액 계산은 다음과 같다.

1. 접대비 한도초과액이 당기에 손비로 계상한 접대비보다 많은 경우 당기에 손비로 계상한 접대비는 전액 손금불산입하고 그 차액은 건설중인자산에서 감액하여 처리한다.
2. 접대비 한도초과액이 당기에 손비로 계상한 접대비보다 많지 않은 경우 접대비 한도초과액만 손금에 산입하지 아니한다.

(예시)

구분	사례 1	사례 2	사례 3	사례 4
건설가계정(접대비)	6,500	3,500	6,000	10,500
회사계상접대비(B)	4,000	7,000	4,500	0
합계	10,500	10,500	10,500	10,500
접대비한도액	6,000	6,000	6,000	6,000
접대비 한도초과액(A)	4,500	4,500	4,500	4,500
건설가계정 감액분(A-B)	500	0	0	4,500
손금불산입	4,000	4,500	4,500	0

② 제1항의 규정에 의하여 자산계정을 감액처리함에 있어서 수개의 자산계정에 접대비가 계상된 경우 그 감액의 순위는 다음에 의한다.
1. (삭제, 2003. 5. 10.)
2. 건설중인 자산
3. 고정자산

참고로, 위 각 사례별 세무조정을 표시하면 다음과 같다(출처 : 국세청, 법인세 주제별가이드 NO7).

사례	세무조정
사례 1	손금불산입 4,500(기타사외유출), 손금산입 500(△유보)
사례 2	손금불산입 4,500(기타사외유출)
사례 3	손금불산입 4,500(기타사외유출)
사례 4	손금불산입 4,500(기타사외유출), 손금산입 4,500(△유보)

25-0…3 사업상 증여의 경우 매출세액 상당액의 처리

「부가가치세법」 제6조 제3항에 규정하는 사업상 증여의 경우에 법인이 부담한 매출세액 상당액은 사업상 증여의 성질에 따라 처리한다.

25-0…4 회의비와 접대비 등의 구분

① 정상적인 업무를 수행하기 위하여 지출하는 회의비로서 사내 또는 통상회의가 개최되는 장소에서 제공하는 다과 및 음식물 등의 가액 중 사회통념상 인정될 수 있는 범위내의 금액("통상회의비"라 한다. 이하 같다)은 이를 각 사업연도의 소득금액 계산상 손금에 산입한다.
② 제1항에 규정하는 통상회의비를 초과하는 금액과 유흥을 위하여 지출하는 금액은 이를 접대비로 본다.

25-0…5 골프클럽에 지출한 금품의 처리

골프장을 경영하는 법인이 그 고객이 조직한 임의단체(골프클럽)에 지급하는 금품은 접대비로 본다.

25-0…6 보험설계사에게 지출한 비용의 손금산입 방법

보험사업을 영위하는 법인이 사업자인 보험설계사에게 지출한 비용은 지출 목적 등에 따라 접대비·판매부대비 등으로 구분하여 손금에 산입한다. 이 경우 판매부대비로 보아 손금에 산입하는 것을 예시하면 다음 각 호와 같다.
1. 「보험업법 시행령」에 따라 보험모집인 등록요건을 갖추기 위한 연수에 소요되는 비용 등 신규 보험설계사 모집·선발을 위하여 지출하는 비용

2. 보험회사, 협회 및 보험연수원에서 실시하는 보험설계사 교육훈련비
3. 보험설계사의 사기진작을 위하여 지출하는 비용으로서 정기적으로 개최하는 체육대회 등의 행사비용
4. 영 제19조 제18호의 규정을 적용 받는 광고선전용 물품을 보험설계사를 통하여 고객에게 기증하는 경우 해당 물품의 구입비용
5. 사전에 공지된 우수고객 선정기준에 따라 법인의 우수고객에게 기증되는 물품을 보험설계사를 통하여 기증하는 경우 해당 물품의 구입비용

25-42…1	복리시설비의 개념

영 제42조 제2항의 규정에서 "복리시설비"라 함은 법인이 종업원을 위하여 지출한 복리후생의 시설비, 시설구입비 등을 말한다.

5) 집행기준

25-0-1	접대비의 손금불산입

① 접대비란 접대비 및 교제비·사례금 기타 명목여하에 관계없이 이에 유사한 성질의 비용으로서 법인이 업무와 관련하여 지출한 금액을 말한다.

② 1회의 접대에 1만 원(경조금의 경우는 20만 원)을 초과하여 지출한 접대비로서 신용카드(직불카드 및 선불카드를 포함한다)·현금영수증(계산서·세금계산서, 매입자발행세금계산서·원천징수영수증을 포함한다)을 사용(수취, 발행)하지 아니한 금액과 접대비 손금산입한도액을 초과하는 금액은 해당 사업연도의 소득금액 계산에 있어서 이를 손금에 산입하지 아니한다.

③ 다음의 경우에는 제2항의 규정을 적용하지 아니한다.

1. 접대비가 지출된 장소(인근 지역 안의 유사한 장소를 포함)에서 현금 외에 다른 지출수단이 없어 증빙을 구비하기 어려운 국외지역에서 지출한 것으로서 지출사실이 객관적으로 명백한 경우
2. 농·어민으로부터 직접 재화를 공급받는 경우의 지출로서 금융기관을 통하여 송금하고 송금명세서를 첨부한 경우
3. 법인이 직접 생산한 제품 등으로 제공한 경우
4. 거래처에 대한 매출채권의 임의포기 등 거래실태상 원천적으로 증빙을 구비할 수 없는 경우

25-0-2	접대비 손금산입한도액의 계산

① 접대비의 손금산입한도액은 다음 각 호의 금액을 합한 금액으로 한다.

1. 기본 한도액

> 1,200만 원[중소기업은 1,800만 원(2016년까지 2,400만 원)] × 해당 사업연도의 월수/12

* 월수는 역에 따라 계산하되, 1월 미만의 일수는 1월로 한다.

2. 수입금액 기준 한도액

> (일반수입금액 × 적용률) + 〔(특정수입금액 × 적용률) × 10%〕

* 수입금액은 기업회계기준에 따라 계산한 매출액을 말하며, 특정수입금액은 특수관계인과의 거래에서 발생한 수입금액을 말한다.

* 수입금액 계급구간별 적용률

수입금액	100억 원 이하	100억 원 초과 500억 원 이하	500억 원 초과
적용률	20/10,000	10/10,000	3/10,000

* 일반수입금액과 특정수입금액이 함께 있는 경우에는 먼저 일반수입금액부터 수입금액 적용률을 적용한다.

3. 문화접대비 한도액(문화접대비가 있는 경우)

> 다음 ㉠과 ㉡ 중 적은 금액
> ㉠ 문화접대비 지출액
> ㉡ 일반 접대비 한도액(제1호와 제2호의 합계금액) × 20%

② 정부가 20% 이상을 출자한 법인(공기업·준정부기관이 아닌 상장법인은 제외한다)과 동 법인이 최대주주인 법인의 접대비 한도액은 제1항의 일반법인 접대비 한도액의 70%로 한다.

25-0-2	접대비 손금산입한도액의 계산

① 접대비의 손금산입한도액은 다음 각 호의 금액을 합한 금액으로 한다.

1. 기본 한도액

> 1,200만 원[중소기업은 1,800만 원(2016년까지 2,400만 원)] × 해당 사업연도의 월수/12

* 월수는 역에 따라 계산하되, 1월 미만의 일수는 1월로 한다.

2. 수입금액 기준 한도액

(일반수입금액 × 적용률) + 〔(특정수입금액 × 적용률) × 10%〕

* 수입금액은 기업회계기준에 따라 계산한 매출액을 말하며, 특정수입금액은 특수관계인과의 거래에서 발생한 수입금액을 말한다.
* 수입금액 계급구간별 적용률

수입금액	100억 원 이하	100억 원 초과 500억 원 이하	500억 원 초과
적용률	20/10,000	10/10,000	3/10,000

* 일반수입금액과 특정수입금액이 함께 있는 경우에는 먼저 일반수입금액부터 수입금액 적용률을 적용한다.

3. 문화접대비 한도액(문화접대비가 있는 경우)

다음 ㉠과 ㉡ 중 적은 금액
㉠ 문화접대비 지출액
㉡ 일반 접대비 한도액(제1호와 제2호의 합계금액) × 20%

② 정부가 20% 이상을 출자한 법인(공기업·준정부기관이 아닌 상장법인은 제외한다)과 동 법인이 최대주주인 법인의 접대비 한도액은 제1항의 일반법인 접대비 한도액의 70%로 한다.

25-0-3 접대비 한도액 계산시 수입금액 계산

수입금액 기준에 의한 접대비 한도액 계산에 있어서의 수입금액은 기업회계기준에 따라 계산한 매출액을 말하는 것으로, 이에 포함하는 것과 포함하지 않는 것을 예시하면 다음과 같다.

수입금액에 포함하는 것	수입금액에 포함하지 않는 것
1. 기업회계기준에 따른 매출액을 세무조정으로 익금에 산입한 금액 2. 영업수입금액 3. 반제품·부산물·작업폐물 매출액 4. 중단사업부문의 매출액	1. 기업회계기준에 따른 매출액과 「법인세법」 상의 익금과의 차액을 세무조정으로 익금산입한 금액 2. 매출에누리·매출할인 3. 영업외수입·특별이익 4. 간주임대료 5. 부당행위계산부인으로 익금산입한 금액 6. 개별소비세 과세물품 제조·판매 법인의 매출액에 포함된 개별소비세(교육세 포함)

25-0-4 접대비의 구분

① 법인이 사업을 위하여 지출한 비용으로서 접대비, 광고선전비 또는 판매부대비용은 다음과 같이 구분한다.

1. 지출의 상대방이 사업에 관련 있는 자들이고 지출의 목적이 접대 등의 행위에 의해 사업관계자들과의 사이에 친목을 두텁게 하여 거래관계의 원활한 진행을 도모하는데 있는 것이라면 접대비
2. 지출의 상대방이 불특정 다수인이고 지출의 목적이 구매의욕을 자극하는데 있는 것이라면 광고선전비
3. 지출의 성질, 액수 등이 건전한 사회통념이나 상관행에 비추어 볼 때 상품 또는 제품의 판매에 직접 관련하여 정상적으로 소요되는 비용으로 인정되는 것이라면 판매부대비용

② 법인이 그 사용인이 조직한 조합 또는 단체에 복리시설비를 지출한 경우 해당 조합이나 단체가 법인인 때에는 이를 접대비로 보며, 해당 조합이나 단체가 법인이 아닌 때에는 그 법인의 경리의 일부로 본다. 이 경우의 복리시설비란 법인이 종업원을 위하여 지출한 복리후생의 시설비, 시설구입비 등을 말한다.

③ 골프장을 경영하는 법인이 그 고객이 조직한 임의단체(골프클럽)에 지급하는 금품은 접대비로 본다.

④ 정상적인 업무를 수행하기 위해 지출하는 회의비로서 사내 또는 통상 회의가 개최되는 장소에서 제공하는 다과 및 음식물 등의 가액 중 사회통념상 인정될 수 있는 범위 내의 금액(이하 "통상회의비"라 한다)은 이를 각 사업연도의 소득금액 계산상 손금에 산입하나, 통상회의비를 초과하는 금액과 유흥을 위하여 지출하는 금액은 이를 접대비로 본다.

⑤ 「부가가치세법」 제10조 제5항에 따른 자기생산·취득재화에 대한 사업상 증여의 경우에 법인이 부담한 매출세액 상당액은 사업상 증여의 성질에 따라 접대비 또는 기부금 등으로 처리한다.

⑥ 인력공급업체로부터 파견된 직원에게 지급하는 복리후생비 등이 계약에 의한 것일 경우에는 용역의 대가이나, 별도 약정이나 지급의무가 없다면 접대비로 본다.

⑦ 주주 또는 출자자나 임원 또는 사용인이 부담하여야 할 성질의 접대비를 법인이 지출한 것은 이를 접대비로 보지 아니한다.

25-0-5 보험설계사에게 지출한 비용의 손금산입 방법

보험사업을 영위하는 법인이 사업자인 보험설계사에게 지출한 비용은 지출 목적 등에 따라 접대비·판매부대비 등으로 구분하여 손금에 산입한다. 이 경우 판매부대비로 보아 손금에 산입하는 것을 예시하면 다음과 같다.

1. 「보험업법 시행령」에 따라 보험모집인 등록요건을 갖추기 위한 연수에 소요되는 비용 등 신규 보험설계사 모집·선발을 위하여 지출하는 비용
2. 보험회사, 협회, 보험연수원에서 실시하는 보험설계사 교육훈련비
3. 보험설계사의 사기진작을 위해 지출하는 비용으로서 정기적으로 개최하는 체육대회 등

의 행사비용
4. 영 제19조 제18호를 적용 받는 광고선전용 물품을 보험설계사를 통하여 고객에게 기증하는 경우 해당 물품의 구입비용
5. 사전에 공지된 우수고객 선정기준에 따라 법인의 우수고객에게 기증되는 물품을 보험설계사를 통하여 기증하는 경우 해당 물품의 구입비용

25-0-6	이연계상한 접대비의 처리

접대비는 접대행위가 이루어진 사업연도의 손금에 산입하는 것으로 법인이 접대비를 지출한 사업연도의 손비로 처리하지 아니하고 이연처리한 경우에는 그 지출한 사업연도의 접대비로서 시부인 계산하고 그 후 사업연도에 있어서는 이를 접대비로 보지 아니한다.

25-0-7	자산으로 계상한 접대비의 처리

① 접대비는 당기에 건설중인 자산 등 자산으로 계상된 접대비를 포함하여 시부인 계산하며 그 한도초과액은 다음과 같이 처리한다.
1. 접대비 한도초과액이 당기에 손비로 계상한 접대비보다 많은 경우 당기에 손비로 계상한 접대비는 전액 손금불산입하고 그 차액은 건설중인 자산에서 감액하여 처리한다.
2. 접대비 한도초과액이 당기에 손비로 계상한 접대비보다 많지 않은 경우에는 접대비 한도초과액만 손금에 산입하지 아니한다.

(예시)

구분	사례 1	사례 2	사례 3	사례 4
건설가계정(접대비)	6,500	3,500	6,000	10,500
회사계상접대비(B)	4,000	7,000	4,500	0
합계	10,500	10,500	10,500	10,500
접대비한도액	6,000	6,000	6,000	6,000
접대비 한도초과액(A)	4,500	4,500	4,500	4,500
건설가계정 감액분(A-B)	500	0	0	4,500
손금불산입	4,000	4,500	4,500	0

② 제1항에 따라 자산계정을 감액처리함에 있어서 수개의 자산계정에 접대비가 계상된 경우 그 감액의 순위는 다음에 의한다.
1. 건설중인 자산
2. 고정자산

나. 접대비 손금불산입 개요

1) 개념

기업회계상 접대비란 사업상의 필요에 따라 지출한 접대비용 또는 교제비용을 의미하지만, 세무상 접대비란 접대비, 교제비, 사례금, 그 밖에 어떠한 명목이든 상관없이 이와 유사한 성질의 비용으로서 법인의 업무와 관련하여 지출한 금액을 말하며, 일반적으로 법인이 사업을 위하여 지출한 비용 가운데 상대방이 사업과 관련 있는 자들이고 지출의 목적이 접대 등의 행위에 의하여 사업관계자들과의 사이에 친목을 두텁게 하여 거래관계의 원활한 진행을 도모하는데 있다면 접대비에 해당한다고 보아야 한다(대법원 92누16429 판결, 1993.9.14. 선고).

즉 세무상 접대비란 본질적으로 ① 업무와 관련 있는 지출이어야 하며, ② 불특정 다수인이 아닌 특정인에 대해 무상으로 제공하는 것이어야 하고, ③ 명목여하에 불구하고 거래의 실질내용에 따라 판단한다.

① 업무와의 관련성은 법인의 고유목적사업 또는 영리사업의 목적달성에 관련된다는 것을 의미하나 실제로 업무와의 관련성 유무를 판단하는 것은 매우 어렵다. 실무적으로는 접대 등을 제공하는 상대가 매출처・매입처 등과 같이 외관상 업무와 관련이 있다면 접대비에 해당하는 것으로 판단하여야 할 것이다. 업무와 관련정도는 수익의 획득을 위한 직접적인 영업활동 뿐만 아니라 새로운 사업개발이나 현재의 사업상 거래관계를 보다 원활하게 하기 위한 활동을 포함한다. 업무와 관련 있는지의 여부는 법인이 입증해야 한다.

지출의 상대방이 사업과 직・간접적 이해관계에 있고 특정인이어야 하므로, 당해 법인의 임직원은 지출의 상대방에 포함되지 아니한다. 이점에서 불특정 다수인을 대상으로 지출하는 광고선전비와 구별되며 임직원을 대상으로 지출하는 인건비 및 복리후생비와 구별된다. 또한, 업무와 관련 없이 지출하는 기부금과도 구별된다.

② 무상으로 제공한다는 것은 반대급부 없이 접대・향응・위안 등을 제공한다는 의미이다. 무상이란 점에서는 기부금과 동일하나 판매부대비용, 인건비 등과 구분된다.

③ 접대비는 기부금・광고선전비・판매부대비・회의비 등 유사비용과 그 구분기준이 명확하지 않고 채권의 포기・사은품 제공・매출에누리 및 할인 등 다양한 거래형태로 이루어지므로 지출명목・기장내용・거래형식 등에 불구하고 지출의 목적・지출의

상대방 등을 기준으로 구체적인 실질내용에 따라 판단해야 한다.

또한, 접대비에 해당하는 금액을 접대비가 아닌 판매비와관리비 또는 제조경비 등의 손금으로 계상하였거나, 건설중인자산 및 고정자산 등으로 자산계상한 것까지도 실질내용이 접대비에 해당하면 접대비 지출액에 포함된다.

접대비는 성질상 법인의 임직원 또는 주주 등의 개인적인 접대, 이익의 은폐 또는 비자금 조성 등에 악용될 여지가 있고, 과소비 · 향락문화의 조장 등 사회적 문제를 야기할 소지가 있기 때문에, 세법에서는 수입금액 규모에 따른 한도액을 두어 한도를 초과한 접대비 사용액을 손금불산입(기타사외유출)하며, 주주 · 출자자나 임원 또는 사용인이 부담하여야 할 성질의 접대비를 법인이 지출한 것은 법인의 업무와 무관한 비용이라고 보아 손금불산입하고 그 귀속자에 대해 상여 또는 배당으로 처분하는 등 여러 가지 규제를 두고 있다.

2) 접대비의 유형

가) 일반 접대비

일반적인 접대비란 업무와 관련하여 지출하는 비용으로 거래처 등 업무와 관련된 자에게 접대 · 향응에 사용된 통상의 비용, 법인이 거래처 등 고객에 대하여 감사의 뜻을 표시하기 위하여 지급하는 금품을 말한다. 예컨대 업무와 관련하여 사전약정에 의하지 아니하고 상행위에 해당하지 아니하는 정보제공, 거래의 알선 · 중개 등 법인의 사업상 효익을 유발시킨 자에게 의례적으로 지출하는 금품의 가액도 사례금에 해당한다. 즉 이와 같은 지출이라면 명칭여하에 불구하고 세무상 접대비로 본다.

나) 사용인이 조직한 조합 등에 지출한 복리시설비(시행령 §42)

사용인이 조직한 조합 또는 단체에 지출한 복리시설비란 법인이 종업원을 위하여 지출한 복리후생의 시설비 · 시설구입비 등을 말한다. 이때 조합 또는 단체가 별도법인이면 복리시설비를 접대비로 보며, 법인이 아니라면 법인경리의 일부로 본다.

법인경리의 일부로 본다는 것은 시설비 · 시설구입비 지출을 통해 취득한 복리시설물은 법인의 자산이 되고, 수선비 등은 그 내용에 따라 비용화하여 손금산입에 한도가 없다는 의미이다.

사용인이 조직한 조합 또는 단체는 사우회 · 공제회 · 소비조합 · 구판장 등이 그 대표적 사례이며, 법인의 종업원으로 구성된 노동조합 지부도 사용인이 조직한 조합 또는 단체에 해당한다(통칙 19-19…41). 반면, 2002.1.1. 이후 개시하는 사업연도에 법인이 근로자복지기본법에 의한 우리사주조합에 출연하는 자사주의 장부가액 및 금품은 손금으로 인정된다(시행령 §19. 16호).

한편, 사용인이 조직한 단체가 아니고 고객이 조직한 임의단체에 대해 지급하는 금품은 법인격 유무에 불구하고 접대비로 본다. 따라서 골프장을 경영하는 법인이 그 고객이 조직한 임의단체인 골프클럽에 지급하는 금품은 사용인이 아닌 고객이 조직한 임의단체에 대해 지급한 금품에 해당하므로 골프클럽의 법인격 유무에 불구하고 접대비로 본다(통칙 25-0…5).

다) 금융기관 등이 적금·보험 등의 계약·수금과 관련하여 지출한 경비

금융기관이 적금·보험 등의 계약이나 수금에 필요하여 지출한 비용은 지출의 성격에 따라 기부금, 접대비 또는 판매광고비 등으로 처리한다. 예를 들어, 보험사업을 영위하는 법인이 사업자인 보험설계사에게 지출한 비용은 지출 목적 등에 따라 접대비·판매부대비 등으로 구분하여 손금에 산입한다. 이 때 접대비가 아닌 판매부대비용에 해당하는 사례를 통칙 25-0…6에서 나열하고 있다.

처음에는 금융기관 등이 계약이나 수금에 필요하여 지출한 경비 중 일정범위를 초과하는 금액만 접대비로 보았으나, 1998년 12월 법인세법 개정시 모집권유비제도를 폐지함에 따라 전액을 접대비로 보았다. 즉 2008.2.22. 시행령 개정 전, 구시행령 제42조 제3항에서는 금융기관의 적금·보험 등의 계약이나 수금에 필요하여 지출한 비용에 대하여 일률적으로 접대비로 보도록 규정하였으나, 2008.2.22. 시행령 개정시 동 규정을 삭제하여 그 지출의 성격에 따라 처리하도록 변경되었다.

라) 도서상품권 또는 문화상품권의 제공

도서상품권 또는 문화상품권의 발행을 주된 사업으로 영위하는 법인이 발행한 도서상품권 또는 문화상품권을 그 발행 법인으로부터 직접 구입하여 타인에게 무상으로 제공한 경우 그 가액은 접대비에 해당한다.

2001.12.31.이 속하는 사업연도까지는 법인이 도서상품권 등을 업무와 관련 없는 자에게 지급하는 경우에도 접대비로 인정하였으나, 2002.1.1. 이후 개시하는 사업연도부터는 업무와 관련하여 지급된 도서상품권 또는 문화상품권에 한하여 접대비로 인정된다.

마) 채권의 임의포기액

업무와 관련하여 발생한 채권의 일부 또는 전부를 정당한 사유 없이 거래처 등과 약정에 의하여 포기함으로 인한 금액은 접대비에 해당한다. 아무런 채권회수조치를 취하지 않음에 따라 소멸시효가 완성된 경우도 마찬가지로 동 채권을 임의포기한 것으로 본다(서이 46012-11493, 2003.8.18., 법인 46012-2409, 2000.12.19.).

거래상대방 및 채권포기 유형에 따른 세무상 처리방법을 간단히 표로 정리해 보면 다음과 같다.

<table>
<tr><th>거래상대방</th><th colspan="2">채권포기 유형</th><th>세무처리</th></tr>
<tr><td rowspan="3">특수관계자 외의 자</td><td colspan="2">정당한 사유가 있는 경우</td><td>대손금(손금산입)</td></tr>
<tr><td rowspan="2">정당한 사유가 없는 경우</td><td>업무와 관련된 채권의 포기</td><td>접대비</td></tr>
<tr><td>업무와 무관한 채권의 포기</td><td>기부금(손금불산입)</td></tr>
</table>

채권의 포기로서 정당한 사유가 있는 경우의 예시로는 ① 채무자의 부도발생으로 인하여 장래에 회수가 불확실한 수표·어음상의 채권 등을 조기에 회수하기 위하여 채권의 일부를 포기하는 경우, ② 회사정리법에 의한 정리계획의 인가 또는 화의법에 의한 화의인가의 결정에 따라 그 상환기일이 연장된 채권을 현재가치에 의하여 평가하는 등 적정한 방법으로 평가한 가액으로 조기에 회수함에 따라 채권의 일부를 포기하는 경우 등이 있다(출처 : 국세청 발간 법인세 주제별가이드).

가령, 이해관계가 대립되는 양당사자 간 채권·채무의 이행에 대한 합의가 되지 않아 소송을 제기하여 소송 진행 중에 합의금을 받고 일부 채권이 포기된 경우 일방적인 채권의 포기가 아니므로 접대비로 보지 않는다(심사 98서1907, 1999.3.16.).

그러나 채무자의 재무상황 및 영업환경 등을 고려하여 원리금의 일부를 탕감하고 채권의 일부만을 조기회수하는 경우 등은 정당한 사유에 의한 채권의 포기로 인정되지 않는다. 외환위기 등으로 경제여건 등이 악화된 국외 거래처의 자금사정 등을 이유로 채권의 일부를 포기하는 것은 대손금이 아니라 접대비에 해당한다(법인 46012-2882, 1999.7.22.).

장부상 계상하지 아니한 미수수익을 포기해도 접대비에 해당한다. 금융기관이 익금으로 계상하지 아니한 미수이자를 정당한 사유 없이 포기한 경우에는 동 금액을 익금에 산입함과 동시에 접대비로 시부인 계산하며(법인 46012-802, 2000.3.28.), 대리점과의 계약서상 약정에 의해 지급받기로 한 상품대금 지연배상금을 포기한 경우도 접대비에 해당한다(국심 2001서224, 2001.6.14.).

대물변제 받은 자산의 시가와 채권금액과의 차액도 접대비에 해당한다. 건설업을 영위하는 법인이 거래처와의 약정에 의하여 미회수 공사대금을 일정수량의 건축물로 대물변제 받음으로써 당해 채권을 청산하기로 한 경우 대물변제 받을 당시 당해 자산의 시가가 채권액에 미달하는 때에는 그 차액에 해당하는 채권을 약정에 의하여 포기한 것으로 보아 접대비에 포함한다(법인 46012-677, 1999.2.22.).

바) 파견근로자에게 지출한 복리후생비 등

근로자파견계약에 따라 파견사업주로부터 근로자를 파견 받아 용역을 제공받는 법인이 동 계약조건에 따라 파견근로자에게 직접 지급하는 복리후생비 및 성과급은 인력공급에 대한 용역의 대가에 포함하는 것이나, 별도의 약정 없이 지급의무 없는 복리후생비 등을 법인이 파견근로자에게 지급한 것은 접대비로 본다(서이 46012-11136, 2002.5.30.).

그러나 법인에 고용관계가 없는 자에게 지출하는 금액일지라도 신제품의 설명, 판매기술의 연구 등을 위한 회의개최비용이나 판매망 확장을 위한 연구회·강연회 등의 개최에 지출한 비용은 판매촉진비로서 전액 손금산입된다(국심 81서300, 1981.5.4.).

다. 접대비와 유사비용의 구분

1) 기부금과 접대비의 구분

기부금과 접대비의 구분은 업무와 관련여부에 따라 판단한다. 업무와 관련이 있으면 접대비, 업무와 무관하면 기부금에 해당한다. 다만, 국가·지방자치단체·정당·비영리단체 등에 지출한 금품은 당해법인의 특정업무와 직접 관련이 있는 경우를 제외하고는 기부금으로 처리한다.

법인통 24-0…1	기부금과 접대비 등의 구분

사업과 직접 관계있는 자에게 금전 또는 물품을 기증한 경우에 그 금품의 가액은 접대비로 구분하며, 사업과 직접 관계가 없는 자에게 금전 또는 물품 등을 기증한 경우에 그 물품의 가액은 거래실태별로 다음 각 호에 게기하는 기준에 따라 접대비 또는 기부금으로 구분한다.

1. 업무와 관련하여 지출한 금품 …………접대비
2. 전1호에 해당되지 아니하는 금품………기부금

업무와 관련된 지출로서 지출 성격이 ① 상품·제품 및 기타자산의 판매나 용역의 공급, ② 원재료 및 기타자산 또는 용역의 구매, ③ 사업상 수익을 가져온 자에 대한 답례, ④ 사업상 거래에 있어 그 거래의 성립을 위한 교섭 등과 관련된 것이면 접대비로 본다.

또 지출상대방이 업무 관련 관계자로서 ① 당해 법인의 사업과 관련된 거래를 하는 자, ② 당해 법인의 사업과 관련된 거래에 있어 중개·알선·조정 등의 업무를 하는 자, ③ 당해 법인의 사업 분야에 대하여 지도·감독·통제 등의 업무를 하는 자에 대한 지출이면 접대비에 해당한다.

법인이 자회사 CEO로 영입하는 자에게 본사 주식을 무상으로 제공한 경우, 주식 증여 당시 본사와 영입대상자 사이에는 업무관련 및 특수관계 없으므로 비지정기부금에 해당하며(법인 46012-1707, 2000.8.8.), 특수관계 없는 비거주자에게 지급하는 수출알선수수료 중 상거래 관행에 따른 통상의 알선 수수료를 초과하는 금액은 수출알선행위와 직접 관련 없이 무상으로 지급한 것이므로 비지정기부금에 해당한다(국총 46017-554, 1999.8.16.). 서울올림픽기념 국민체육진흥공단이 시내버스 외부광고를 국민체육진흥 광고로 전환하면서 광고 수익금 중 일부를 전국자동차 노동조합연맹에 근로자복지장학금으로 지급하기로 한 조정에 기하여 지급한 금액은 광고사업과 직접 관계가 있다고 할 수 없을 뿐만 아니라 무상으로 지출한 것으로 수익에 대응하는 비용으로도 볼 수 없으므로 접대비가 아니라 기부금에 해당한다(대법원 97누11386 판결, 1998.6.12. 선고).

반면, 의약품을 판매하는 법인이 국립대학교 의과대학 부속병원에 의약품을 납품하기 위해 당해 병원에 병원 신축자금을 기증하는 경우 동 금액은 접대비에 해당하며(법인 46012-251, 1999.1.20.), 천재·지변으로 생긴 이재민 중 당해 법인의 거래처에 한정하여 금품을 기증하거나 차등하여 다액기증한 구호금품은 접대비에 해당한다(법인 22601-147, 1989.1.18.).

사업과 관련해 거래처의 자녀에게 장학금으로 지급하는 금액은 접대비에 해당하나, 관련 교육법에 의한 학교의 장 또는 기능대학의 장이 일반적인 산정기준에 따라 추천하는 개인에게 교육비·연구비 또는 장학금으로 지출하는 금액은 지정기부금에 해당한다(법인 46012-90, 1999.1.9.).

2) 판매부대비용과 접대비의 구분

가) 판매수당·판매장려금 등

법인세법에서 판매부대비용이란 판매한 상품 또는 제품의 보관료, 포장비, 운반비, 판매장려금 및 판매수당 등 판매와 관련된 부대비용(판매장려금 및 판매수당의 경우 사전약정 없이 지급하는 경우를 포함한다)을 말하며(법인령 §19, 1의2), 판매와 관련된 부대비용이란 기업회계기준(영 §79 각 호에 따른 회계기준을 말한다. 이하 같다)에 따라 계상한 판매 관련 부대비용을 의미한다(법인칙 §10 ①).

이 때 기업회계기준이란 구체적으로 ① 국제회계기준, ②「주식회사의 외부감사에 관한 법률」§13 ① 제2호 및 같은 조 제4항에 따라 한국회계기준원이 정한 회계처리기준, ③ 증권선물위원회가 정한 업종별회계처리준칙, ④「공공기관의 운영에 관한 법률」에 따라 제정된 공기업·준정부기관 회계규칙, ⑤「상법 시행령」§15 제3호에 따른 회계기준, ⑥ 기타 법령에 의하여 제정된 회계처리기준으로서 기획재정부장관의 승인을 얻은 것을 말한다(법인령 §79).

반면, 접대비는 지출의무가 없고 지출이 수익 실현에 직접 대응되지 않으나, 장래의 수익 실현을 기대하고 거래관계의 원활한 진행을 위하여 특정고객에게 지출하는 비용이다.

1995.3.30. 개정 전 구 법인세법 시행규칙(2006호, 1994.11.8. 시행) 제4조 제1항에서는 제품의 판매와 관련된 비용인 판매장려금 등에 대해서 사전약정의 유무에 따라 객관적인 사전약정 기준에 의한 것은 판매부대비용으로, 사전약정 없이 지급하는 것은 접대비로 구분하고 있었다.

법인세법 시행규칙 제2006호 (시행 1994.11.8.)

제4조(손비의 범위) ① 영 제12조 제2항 제2호에 규정하는 판매한 상품 또는 제품에 대한 부대비용에는 다음 각 호의 금액을 포함하는 것으로 하되, 거래처와 사전약정이 있는 경우에 한한다.

1. 외상매출금을 결제하는 경우의 매출할인
2. 거래수량·거래금액에 따라 상대방에게 지급하는 장려금
3. 전 각호와 유사한 성질이 있는 금액

그러던 것이 동 규칙의 개정으로 사전약정의 외형적 요건이 삭제됨에 따라, 객관적인 사전약정이 없더라도 동일한 기준에 의해 판매실적에 따라 판매수당을 지급하였거나 사회통념상 인정되는 관행에 의해 지급하는 경우에도 판매부대비용으로 인정할 수 있게 되었다.

즉 세법에서 판매부대비용의 손금인정기준을 사전약정 여부에 두는 취지는 이러한 비용이 거래처 유지와 판매촉진의 목적으로 기업활동상 그 지급이 불가피한 것을 인정하면서도

이것을 빙자한 변태처리나 법인자금의 사외유출을 방지하려는데 있으므로 판매장려금 등을 관행적으로 계속하여 지급한 사실이 있다면 실질적인 지급약정이 있는 경우로 보아 손금 인정함이 타당하고, 동종의 다른 업체에서도 거래처에 판매장려금을 관행적으로 계속하여 지급해 오고 있다면, 과세관청이 이 판매장려금을 판매부대비용으로 보지 않고 접대비로 보아 과세한 것은 부당하다(국심 97광0893, 1997.9.5.).

다만, 특정한 지출이 판매부대비용이므로 전액 손금으로 인정되어야 하는지, 접대비이므로 시부인 과정을 거쳐 한도 내에서 손금으로 인정되어야 하는지 여부는 여전히 과세관청과 납세자 간에 빈번하게 발생하는 불복 이슈이다. 판매부대비용은 접대비와 달리 모든 거래처에 대하여 동일한 기준에 따라 지급의무가 발생한 비용을 의미한다는 전제 아래서 보면 과세관청과의 불필요한 분쟁을 줄이기 위해서는 사전약정에 대한 명시적 규정이 삭제된 경우라 하더라도, 지급의무 발생의 근거가 되는 사전공시 · 홍보 · 광고 또는 묵시적 약정 · 기준 등이 필요하다고 볼 수 있다.

총판업체를 통하여 프로그램을 공급하는 법인이 총판업체로부터 동 프로그램을 구입하는 도 · 소매업자 중 사전에 제시한 구입실적에 대한 요건을 충족하는 불특정의 도 · 소매업자에게 프로그램 구입액의 일정률에 상당하는 장려금을 지급하기로 사전약정을 체결한 경우, 동 약정내용에 따라 지급한 장려금이 건전한 사회통념과 상관행에 비추어 정상적인 거래라고 인정될 수 있는 범위 안의 금액인 경우에는 판매와 관련된 부대비용으로 보아 당해 법인의 각 사업연도 소득금액 계산시 이를 손금에 산입한다(서이 46012-10035, 2003.1.7.).

따라서 법인이 거래처에 판매장려금을 지급함에 있어서 특정거래처만 지급하거나, 지급조건 또는 지급할 금액의 산정기준 등을 거래상대방과 사전에 약정하지 않고 지급하면 법인세법 규정의 접대비에 해당한다(법인 46012-3407, 1998.11.10.).

나) 매출에누리 · 매출할인

매출에누리란 일정기간의 거래수량이나 거래금액에 따라 매출액을 감액하는 것을 말하며, 매출할인이란 매출채권을 약정기일 전에 회수하면 회수일부터 원래의 약정기일까지의 일수에 따라 일정한 금액을 할인해 주는 것을 말한다.

매출에누리와 매출할인은 기업회계기준과 법인세법에서 모두 수입금액에서 직접 차감하도록 규정하고 있다. 즉 기업회계기준에 의한 매출에누리금액 및 매출할인금액은 수입금액에 포함되지 않으며(법인령 §11 제1호), 일반기준에서도 동일하게 매출에누리와 할인 및 환입은 수익에서 차감하며(문단 16.5), 한국채택 국제회계기준에서도 판매자에 의해 제공된 매매할인 및 수량리베이트를 수익금액에서 차감하도록 하고 있다(K-IFRS 1018, 문단10).

따라서 기업회계기준에 따라 매출액과 매입액에서 각각 차감하여 회계처리한 매출할인과 매입할인은 법인세법의 손금과 익금에서 각각 제외된다(법인 46012-3653, 1999.10.5.).

그러나 모든 거래처가 아닌 특정거래처에 한하여 임의로 할인 등을 해주거나, 결제조건을 충족하지 못한 거래처에 대해 사전약정 또는 할인 기준 등을 초과하여 할인하는 금액은 접대비에 해당한다(서이 46012-11029, 2002.5.15.).

참고로 과세관청에서 판매부대비용과 접대비의 구분 기준으로 공지하고 있는 내용은 다음과 같다(법인세 주제별가이드 No7).

구분	판매부대비용	접대비
판매장려금·판매수당 및 현물제공	모든 거래처에 대해 동일 기준·약정에 의해 지급하는 금액 • 서면약정이 없더라도 지급의무 발생의 근거가 되는 명시적·묵시적 약정행위가 필요 • 사전광고 또는 사내 규정 등에 의해 거래처별 판매실적 등 사회통념상 인정되는 일정 조건에 따라 지급에 차등을 두는 경우에도 동일한 기준에 의해 지급한 것으로 봄	지급기준이나 지급의무 없이 임의로 지급하는 금액 • 지급기준이 있더라도 동 기준에서 정한 판매수당 또는 장려금을 초과하여 지급하는 경우 그 초과금액 ※ 모든 거래처에 사전약정 등에 의하여 지급하는 장려금품 등의 경우에도 건전한 사회통념과 상관행에 비추어 정상적인 거래라고 인정될 수 있는 범위 안의 금액을 초과하는 금액은 접대비로 구분
할인료 등	모든 거래처에 대하여 동일한 조건에 의해 구매금액의 일정률을 할인하거나, 구매금액에 따라 할인율에 차등을 두는 경우 수입금액에서 직접 차감	특정 거래처에 한하여 구매금액의 일정율을 할인하거나, 약정 또는 할인 기준을 초과하여 할인하는 금액
경품·사은품 등	• 판매촉진을 위해 불특정 고객을 대상으로 무상으로 제공하는 경품 및 사은품 등 • 기여도가 높은 협력업체 직원에게 지급하는 포상금 등	• 가입조건이 제한된 특정 고객에게만 지급하는 사은품 등 ※ 모든 고객을 대상으로 모집한 카드회원에 가입한 고객은 가입 조건이 제한된 특정 고객이 아님

이상 내용을 모두 고려할 때, 법인이 모든 고객을 대상으로 카드회원을 모집한 후 사전약정에 의하여 거래금액에 따라 지급하는 금액은 판매부대비용이지만, 가입조건이 제한된 특정고객을 구성원으로 하는 모임의 회원에게만 지급하는 금액 및 동 모임의 기금으로 지출되는 금액(법인 46012-772, 2000.3.23.), 건설업 법인이 재개발조합의 운영비 명목으로 지급하

는 금액(국심 99서1673, 1999.10.30.), 의약품을 수입판매하는 법인이 견본품으로 제공하는 의약품의 수량이 사회통념상 견본품으로 인정할 만한 수량을 초과하거나 특정 거래처에만 제공하는 경우 동 의약품의 가액(법인 22601-833, 1991.4.26.)은 접대비에 해당되며,

법인이 그 법인의 판매촉진을 위하여 불특정 고객에게 신문·방송 및 기타 광고방법(현수막, 광고탑설치, 팜플렛) 등을 통해 사전에 공시하고 고객의 구매비율에 따라 차등 제공하는 사은품 또는 무상제공 물품(법인 46012-1671, 1995.6.19.), 휴대폰 판매법인이 판매촉진을 위해 휴대폰 구매 거래처에 동일한 조건의 사전약정에 따라 구입수량에 따라 비례하여 무상으로 제공하는 차량용 휴대폰 부품의 가액으로서 사회통념상 인정되는 금액(법인 46012-2986, 1998.10.13.), 거래처에 사전약정에 의한 금액을 초과하여 판매장려금 등을 지급한 경우에도 모든 거래처에 동일한 조건에 의하여 차별 없이 관행적으로 계속하여 지급한 것으로서 정상적인 거래라고 인정될 수 있는 범위안의 금액(법인 46012-1522, 2000.7.7.), 사전약정에 따라 매출액 신장률별로 차등지급하는 장려금(법인 22601-1107, 1988.4.16.) 등은 판매부대비용에 해당하며,

소급인하금액을 매출액에서 직접 차감한 사례도 있는데, 휴대폰을 수입하여 판매하는 법인이 반품을 허용하는 조건으로 자사의 휴대폰을 총판에 판매할 때, 신제품이 출시되는 경우 가격경쟁력이 뒤떨어지는 구형제품에서 발생할 수 있는 반품사태를 방지하고 구형제품의 판매를 촉진하기 위해, 자사제품을 구매하는 모든 거래처에 동일한 조건의 사전약정에 따라 가격 인하시 인하 기준일 이전 30일 간의 매출수량에 대하여 판매 가격을 소급하여 인하한 금액을 매출액에서 차감한 것을 인정하였다(재법인 46012-43, 1999.3.24).

3) 광고선전비와 접대비의 구분

광고선전비란 불특정 다수인의 구매의욕을 자극하기 위하여 지출하는 비용으로서, 제품의 성질·용도·가격·가치 등을 담은 제품광고 뿐만 아니라 언론기관의 공익광고를 기업명의로 협찬하거나, 기업의 이미지 개선을 위한 홍보 광고 등에 소요되는 비용도 광고선전비로 손금에 산입하지만, 특정 고객만을 상대로 하여 지출하는 광고선전비는 접대비로 구분한다.

즉 광고선전비냐 접대비냐의 구분은 원칙적으로 지출대상이 불특정 다수인이냐 아니냐에 따라 판단한다. 광고선전비는 불특정 다수인을 상대로 하며, 불특정 다수인이란 광고의 목적상 자사상품의 최종소비자 뿐만이 아니고 잠재고객까지 포함하는 개념이다. 반면 접대비란 판매처·매입처 기타 사업과 관계가 있는 자에게 업무와 관련하여 무상으로 지출된 비용을 말한다.

법인이 사업을 위하여 지출한 비용 가운데 상대방이 사업에 관련 있는 자들이고 지출의 목적이 접대 등의 행위에 의하여 사업관계자들과의 사이에 친목을 두텁게 하여 거래관계의 원활한 진행을 도모하는 데 있는 것이라면 그 비용은 법인세법에서 말하는 접대비라고 할 것이나, 그 지출경위나 성질, 액수 등을 건전한 사회통념이나 상관행에 비추어 볼 때 상품 또는 제품의 판매에 직접 관련하여 정상적으로 소요되는 비용으로 인정되는 것이라면 이는 법인세법에서 손비로 인정하는 판매부대비용에 해당한다(대법원 2005두8924판결, 2007.10.25. 선고, 대법원 2007두10389 판결, 2009.7.9. 선고, 대법원 2007두12422 판결, 2009.11.12. 선고 등 참조).

법인통 15-11…4	광고선전용 자산의 수증익

제조업자 등이 자기의 상품 등을 판매하는 자 등에게 자기의 상호・로고・상품명 등을 표시하여 광고효과가 인정되는 물품 등을 제공하는 경우에는 다음과 같이 처리한다.

1. 광고선전용 간판, 네온사인, 플래카드와 같이 오로지 광고선전용으로 사용되는 물품 등을 제공한 경우는 제조업자 등의 광고선전비로 처리하고 판매업자 등은 회계처리하지 아니한다.
2. 물품 등의 소유권을 이전하거나 물품 등의 가액을 금전으로 제공한 경우는 제조업자 등은 접대비로 처리하고, 판매업자 등은 사업용자산과 자산수증익으로 회계처리한 후 당해 자산에 대하여 감가상각을 통하여 손금에 산입한다.
3. 제조업자 등이 당해 물품을 회수하여 재사용이 가능한 경우로서 제조업자 등이 물품 등의 소유권을 유지하는 것을 약정한 경우에는 제조업자 등의 자산으로 계상하고 감가상각비 상당액을 광고선전비로 처리한다. 이 경우 판매업자 등은 회계처리하지 아니한다.

법인이 신제품에 대한 홍보를 위해 견본품을 대리점 또는 소매점을 통하여 불특정 다수인에게 무상공급하는 경우(법인 46012-2859, 1994.10.14.), 시음용 비매품을 브랜드홍보・제품판매 촉진의 목적으로 불특정 다수인에게 무상공급하는 경우(법인세과-477, 2013.9.6.) 그 가액은 광고선전비에 해당하며, 체육용품(공 종류)을 제조하는 법인이 국내외 체육단체인 협회 또는 연맹과 공개경쟁입찰에 의해 공인계약을 체결하여 당해 법인의 제품을 공인사용구로 지정받아 당해 제품만을 독점 사용하는 등의 조건으로 협회 등에 납부하는 공인료 및 대회지정 사용구료는 판매부대비용에 해당한다(법인 46012-1684, 1999.5.4.). 또 불특정 다수인에게 판매되는 지하철 승차권에 광고문안을 게재하는 조건으로 대신 지급하는 지하철 승차권 제작비용은 광고선전비에 해당한다(법인 46012-1296, 1999.4.8.).

가구 제조업 및 스포츠용품 판매업을 영위하는 법인이 차별화된 브랜드 이미지 구축을

통한 소비자의 구매의욕 증대 및 판매촉진을 위하여, 일정 기준에 해당하는 모든 대리점을 대상으로, 당해 법인의 로고 · 상표 등을 부착한 인테리어 시설물을 통일된 사양 · 규격으로 설치하도록 하고 설치비용의 일부를 표준약정에 의한 동일 기준에 따라 지원하는 경우로서, 대리점이 계약기간동안 시설물의 유지 · 관리의무 및 설치기준 위반시 동 지원금상당액을 당해 제조법인에 반환하기로 한 경우, 제조법인이 부담하는 당해 인테리어 시설비 지원금은 접대비가 아니며(서면2팀-2198, 2006.10.30., 법인세과-885, 2009.7.31.), 대법원 판례도 마찬가지다(대법원 2007.2.8. 선고, 2005두8368 판결).

> 원고가 대리점주들에게 지원한 실내시설 공사비의 지출목적이 회사의 최종고객에 대한 기업이미지를 제고하고, 제품의 신뢰성을 확보하며, 옥내외 광고효과를 일으키고 궁극적으로는 매출을 증진시키기 위한 것으로 봄이 상당한 점,
>
> 실내시설 공사비는 대리점을 찾는 고객에 대한 광고를 목적으로 한다는 점에서 고객을 지출상대방으로 볼 수 있고, 그 상대방을 고객이 아니라 대리점주로 본다고 하더라도 대리점을 운영하려는 불특정 다수인을 잠재적 지원대상으로 하되, 대리점의 위치나 점주의 능력 등 원고가 미리 공표한 기준과 평가등급에 따라 광고 효과의 우월을 최우선적으로 고려하여 자금을 차등지원한 것으로서, 그 지원기준이나 지출상대방의 특정기준이 접대비나 그 유사비용과 다르다고 보이는 점,
>
> 나아가 원고의 지원금으로 공사한 시설물의 소유권이 원고에게 유보되어 있는 점 등을 보태어 보면, 이 사건 실내시설 공사비는 대리점 간의 디자인의 통일화와 타사 제품과의 차별화를 통하여 원고 회사 제품에 대하여 독자적인 이미지를 구축하여 궁극적으로는 잠재적 고객의 구매의욕을 촉진시킬 목적으로 각각의 대리점주에게 지원된 광고선전비로 봄이 상당하다.

주류판매법인이 신규판로 개척을 위하여 판매용 주류를 자기상품을 판매하는 거래처에 무상제공하거나 거래처가 부담할 비용을 부담하는 것은 접대비에 해당하지만, 불특정 다수인에게 시음용으로 제공하는 주류로서 사회통념상 적정하다고 인정되는 것은 광고선전비에 해당한다(법인 46012-889, 1997.3.29.).

제조회사가 자기의 상표나 상호가 표시된 광고선전용 물품을 대리점이나 외판원 등을 통하여 불특정 다수인의 일반고객에게 무상공급하는 것은 광고선전비로 구분한다(법인 22601-599, 1989.2.17.). 그러나 법인이 대리점 등에 무상으로 제공한 견본품이 판매가능한 정품으로서 대리점의 이익을 보장하기 위하여 지급되었고 동 물품을 불특정 다수인에게 배포한 사실이 없는 경우에는 광고선전비가 아니라 접대비에 해당한다(국심 2000서824, 2000.10.4.).

4) 복리후생비와 접대비의 구분

기업회계상 복리후생비란 근로환경의 개선 및 근로의욕의 향상 등을 위하여 지출하는 노무비적인 성격을 갖는 비용을 말하며, 법인세법에서는 사용인의 복리증진과 원활한 노사관계를 유지하기 위하여 지출하는 비용 중 사회통념상 인정될 수 있는 범위 내의 지출금액은 손금으로 인정하고, 사회통념상 인정될 수 있는 범위를 초과하는 금액은 급여에 합산한다. 반면, 법인 외부의 이해관계자를 위한 비용 또는 특정인에 대한 비용 등은 지출 내용에 따라 급여·기부금 또는 접대비로 구분한다.

법인이 그 임원 또는 사용인을 위하여 지출한 복리후생비 중 법인세법에서 손금으로 인정하는 것은 ① 직장체육비, ② 직장문화비, ③ 직장회식비, ④ 우리사주조합의 운영비, ⑤ 「국민건강보험법」 및 「노인장기요양보험법」에 따라 사용자로서 부담하는 보험료 및 부담금, ⑥ 「영유아보육법」에 의하여 설치된 직장어린이집의 운영비, ⑦ 「고용보험법」에 의하여 사용자로서 부담하는 보험료, ⑧ 기타 임원 또는 사용인에게 사회통념상 타당하다고 인정되는 범위 안에서 지급하는 경조사비 등 위의 비용과 유사한 비용으로 제한되어 있다(법인령 §45 ①).

임원을 피보험자로 법인을 수익자로 하는 보험에 가입한 경우로써, 내국법인이 퇴직기한이 정해지지 않아 퇴직시점을 예상할 수 없는 임원(대표이사 포함)을 피보험자로, 법인을 계약자와 수익자로 하는 보장성보험에 가입하여 사전에 해지환급금을 산정할 수 없다면, 법인이 납입한 보험료 중 만기환급금에 상당하는 보험료 상당액은 자산으로 계상하고, 기타의 부분은 이를 보험기간의 경과에 따라 손금에 산입하며(기획재정부 법인세제과-306, 2015. 4.20.),

임원의 정년퇴직 후의 기간까지를 보험기간으로 하고 만기환급금이 없는 종신보험상품을 계약한 내국법인이 피보험자인 임원의 정년퇴직시점에는 고용관계가 해제됨에 따라 해당 보험계약을 해지할 것으로 사회통념 및 건전한 상관행에 비추어 인정되는 경우에는 납입보험료 중 정년퇴직시의 해약환급금에 상당하는 적립보험료 상당액은 자산으로 계상하고, 기타의 부분은 손금에 산입하며, 정년퇴직 전에 피보험자인 임원이 퇴직하여 해약하는 경우로서 지급받는 해약환급금과 자산으로 계상된 적립보험료 상당액과의 차액은 해약일이 속하는 사업연도의 소득금액 계산시 익금 또는 손금에 산입하면 된다(국세청 법규법인 2013-397, 2013.10.24.).

반면, 임원이 아닌 종업원을 피보험자로, 회사를 계약자와 수익자로 하는 종신보험은 보

험료 납입시에는 필요경비 불산입하고, 실제 보험금을 수령하여 퇴직 등의 사유로 종업원에게 지급하거나 보험계약자 및 수익자를 종업원 등으로 변경하는 때에 필요경비 산입하며 이때 종업원에 대한 근로소득으로 본다(서면인터넷방문상담1팀-389, 2005.4.11.).

한편, 임원을 수익자로 하는 보험료를 정관, 주주총회 또는 이사회의 결의에 의하여 결정된 급여지급기준에 의하여 지급하는 금액은 손금산입할 수 있지만(법인 46012-281, 1998.2.3.), 종업원을 수익자로 하는 보험료를 법인이 부담한 경우에는 단체퇴직보험의 보험료를 제외하고는 종업원에 대한 급여의 지급으로 본다(직세 1234-1504, 1977.6.15., 소득세과 1264-1616, 1984.5.11.).

은행이 경비용역계약을 맺은 용역회사의 고용인인 경비원에게 근무보조비 명목으로 매월 일정액을 지급한 것이 별도의 약정 없이 은행이 일방적으로 책정하여 지급하였다면 지급의무 없는 금액을 지출한 것이므로 복리후생비가 아니라 접대비에 해당한다(대법원 97누14194 판결, 1999.6.25. 선고). 마찬가지 논리로 인력공급업을 영위하는 법인으로부터 인력공급을 받은 자가 사전 약정에 의거 인력공급회사에서 파견된 직원에게 직접 지급한 복리후생비적 성질의 경비는 인력공급에 대한 용역대가에 포함되지만, 인력공급을 받은 자가 임의로 지급하는 금액은 지급의무가 없는 것을 지급한 것이므로 접대비에 해당한다(법인 46012-2387, 1993.8.12.).

5) 회의비와 접대비의 구분

법인 제품의 판매업자에게 신제품의 설명이라든지 판매기법의 연수 등을 위하여 회의를 개최하는 경우 이에 소요되는 비용은 회의비로서 손금산입 대상이다. 그런데 이러한 회의는 때로는 접대와 겸하여 이루어질 수 있기 때문에 접대비와 구분하여 판단하여야 하는 바 일반적으로 법인세법 기본통칙 25-0…4에 따라 구분하면 무방하다. 즉 사내 또는 통상회의가 개최되는 장소에서 제공하는 다과 및 음식물 등의 가액 중 사회통념상 인정될 수 있는 범위 내의 금액은 이를 회의비 손금산입 가능하지만, 사회통념상의 회의비를 초과하는 금액과 유흥을 위하여 지출하는 금액은 접대비에 해당한다.

이 때 사회통념상 인정되는 범위가 어디까지인가에 대한 논란이 있을 수 있는데, 사회통념상 인정될 수 있는 범위내의 금액인지 여부는 구체적인 사실에 따라 판단해야 한다. 골프장은 사내 또는 통상 회의가 개최되는 장소로 볼 수 없기 때문에 골프장에서 간부회의시 지출한 음식물 대금과 골프장 사용료는 회의비에 해당되지 않으며(법인 46012-2288, 1997.8.26.), 회의비 중 통상적인 회의비를 초과하고 그 지출내역이 룸살롱이나 단란주점 등에서의 유흥지출이면 접대비이다(심사법인 99-50, 1999.4.23.). 한편, 장소에 대해서는 언급이 없지만 주주총회시의 회의비는 접대비로 볼 수 없다고 한다(법인세과 1264.21-2281, 1983.7.1.).

참고로, 보일러를 판매하는 법인이 설비업자·건축업자 등을 초청하여 신제품에 대한 품평회를 개최하면서 참석자에게 무상으로 제공하는 식사 및 기념품 중 사회통념상 인정될 수 있는 범위를 초과하는 금액은 접대비이며(법인 46012-2666, 1998.9.19.), 복권판매사업을 영위하는 법인이 복권판매 증진 등을 위한 회의를 개최하면서 판매실적이 우수한 소매인만을 초청하여 호텔에 숙박하면서 쇼를 관람케 하고 사은품을 제공한 경우 그에 따른 지출비용은 접대비이다(법인 46012-2611, 1999.7.9.).

라. 주요 판례 소개

Case 1 대법원 2002.4.12. 선고 2000두2990 판결

백화점 경영자가 판촉활동의 일환으로 거래실적이 우수한 불특정 고객에게 선물을 증정한다고 사전에 홍보하고 사은품을 지급하여 왔다면 그 구입에 소요된 비용은 광고선전비에 해당한다고 한 사례

법인이 사업을 위하여 지출한 비용 가운데 상대방이 사업에 관련 있는 자들이고 지출의 목적이 접대 등의 행위에 의하여 사업관계자들과의 사이에 친목을 두텁게 하여 거래관계의 원활한 진행을 도모하는 데 있다면 접대비라고 할 것이나, 지출의 상대방이 불특정 다수인이고 지출의 목적이 구매의욕을 자극하는 데 있다면 광고선전비라고 할 것이다(대법원 1993.9.14. 선고 92누16249 판결 등 참조).

원고가 원고 백화점의 신용카드회원을 모집함에 있어서 그 구체적인 기준을 밝히지 아니한 채 거래실적이 우수한 회원에게는 각종 선물을 증정한다는 내용의 문구를 원고 백화점 신용카드입회안내문 및 신용카드입회신청서에 각 기재하고 있었던 사실, 원고는 1992.2.17. 1992년 구정을 맞이하여 1991년 하반기 동안 800,000원 이상 원고 백화점의 물품을 구매하고 그 대금을 입금한 회원들 중 신용불량자를 제외한 회원에게 9,900원 상당의 찜기세트 선물증정권을 자택으로 우송하여 그 회원이 신용카드와 선물증정권을 가지고 오면 위 선물과 교환하여 주기로 하는 방식으로 사은품을 지급하는 등 1994.9.17.까지 사이에 매년 구정 및 추석 2회에 걸쳐 위와 같은 방법으로 사은품을 지급하였다.

백화점을 경영하는 원고가 판촉활동의 일환으로 거래실적이 우수한 불특정 고객에게 선물을 증정한다고 사전에 홍보하고 사은품을 지급하여 왔다면, 이는 소비자의 구매의욕을 자극함으로써 판매를 촉진하기 위한 것이므로 그 구입에 소요된 비용은 상품의 판매를 위한 광고선전 목적으로 불특정 다수인을 상대로 지출한 광고선전비에 해당한다.

이 사건은 당초 감사원의 과세관청 감사과정에서 지적되어 과세된 사건으로, 청구법인이 심판청구를 제기하였으나 기각된 사건이다(국심 98경0755, 1998.8.28.).

> 광고선전비와 접대비의 차이점은 광고선전비는 자기의 상품, 제품, 용역 등의 판매촉진이나 기업이미지 개선 등 선전효과를 위하여 지출의 상대방이 불특정 다수인이고 지출의 목적이 구매의욕을 자극하는 데 있는 것인 반면, 법인이 사업을 위하여 지출한 비용 가운데 상대방이 사업에 관련있는 자들이고 지출의 목적이 접대 등의 행위에 의하여 사업관계자들과의 사이에 친목을 두텁게 하여 거래관계의 원활한 진행을 도모하는데 있다면 접대비에 해당하는 것으로(대법원 92누16249, 1993.9.14. 같은 뜻임) 특정고객만을 상대로 하여 지출하는 광고선전비는 이를 접대비로 보는 것이다.
>
> 다음으로 쟁점금품의 지급과 관련된 증빙을 살펴보면, 우선 쟁점금품의 지급내역은 별지의 표 1과 같고 쟁점카드의 홍보전단 및 입회신청서상의 가입조건은 표 2에서 볼 수 있듯이 가입조건이 연령조건, 대상지역, 신청 및 보증절차, 대상직종 등으로 한정되어 있으며, 또한 청구법인은 쟁점금품을 쟁점카드가입자 중 일정기준 이상의 우수가입자만을 대상으로 지급한 것임이 확인된다.
>
> 그렇다면, 쟁점금품은 그 지출의 목적이 입회자격이 연령조건, 대상지역, 신청 및 보증절차, 대상직종 등으로 제한된 쟁점카드가입자 중 거래실적이 일정기준 이상에 해당되는 우수한 회원들과의 사이에 친목을 두텁게 하여 거래관계의 원활한 진행을 도모하는데 있다 할 것이며 불특정 다수인을 대상으로 구매의욕을 자극하거나 기업이미지개선 등 선전효과를 위하여 지출하는 비용인 광고선전비로 볼 바는 아니라 할 것이므로 이를 접대비로 보아 시부인계산한 뒤 한도초과액을 손금불산입하여 법인세 및 농어촌특별세를 과세한 당초처분은 정당한 반면, 쟁점금품이 광고선전비에 해당된다는 청구주장은 이유 없다고 판단된다.

조세심판원은 당초 백화점이 신용카드회원을 모집할 때 불특정 다수를 상대로 무작위로 모집한 것이 아니라, 연령·대상지역·신청 및 보증절차·대상직종 등에 따라 가입조건을 한정하고 있었으므로 처음부터 특정집단을 대상으로 한정하였고, 카드회원 중에서도 일정기준 이상의 매출을 보인 우수가입자만을 대상으로 7종의 물품(찜기세트, 체중계, 커피포트, 곰솥, 썬버너, 펄프청소기, 냄비)을 지급하였다는 점에서, 쟁점물품의 지급목적이 우수한 회원들과의 사이에 친목을 두텁게 하여 거래관계의 원활한 진행을 도모하는데 있다고 보이므로, 불특정 다수인을 대상으로 구매의욕을 자극하거나 기업이미지 개선 등 선전효과를 위하여 지출하는 비용인 광고선전비가 아니라고 판단하여 기각결정한 것이다.

비슷한 시기 감사원은 심사청구에서 유사한 사건을 기각결정하였는데, 백화점이 거래실적이 우수한 회원에게 선별적으로 지급한 사은품이 판매부대비용이 아니라 접대비에 해당한다고 판단한 근거를 소개하면 다음과 같다(감심 98-0318, 1998.10.13.).

이제 첫째 다툼인 백화점카드 가입자 중 거래실적 우수회원에게 증정한 사은품인 이 사건 물품의 구입대금이 판매부대비용에 해당하는지 여부에 대하여 살펴본다.

위에서 본 관계 법령의 규정을 종합하여 보면, 광고선전비는 자기업소 상품 등을 소개하거나 앞으로 고객이 될 수 있는 불특정 다수인을 유인하기 위하여 지출하는 비용으로서 이러한 목적으로 제작되거나 제공되는 물품 등의 가액이라고 할 것이고, 판매부대비용 중 장려금 또는 유사한 금액은 사전에 거래상대방과 계약이나 방송·광고 등의 방법으로 거래금액 또는 거래수량에 따라 지급할 것을 약정하여 그 약정에 따른 의무로서 거래상대방에게 지급하는 금액이나 물품 등의 가액이라 할 것이며, 접대비는 사업자가 사업을 위하여 그 상대방이 사업에 관계있는 자들이고 지출의 목적이 친목을 두텁게 하여 거래의 원활한 진행을 도모하는데 사용하는 것이라 할 것인바

위 인정사실에 의하면, 청구인은 백화점카드 회원이 되면 사은품 증정 등 다채로운 서비스가 제공된다고 하였을 뿐 그 기간, 거래실적기준, 사은품의 종류 등을 명시하지 아니한 광고만 한 다음 1992년도, 1993년도 및 1994년도 연말에 그 백화점카드 회원 중 고액거래자 순으로 일정 인원을 우수회원으로 선정하여 그들에게 이 사건 물품을 1992년도 말, 1994년도 초, 1995년도 초에 각 제공하고 그 구매대금을 광고선전비로 회계처리한 것으로서 이 사건 물품을 받은 사람들은 청구인이 연말에 백화점카드 회원 중 고액거래자 순으로 선택한 사람들이라는 것이니 이들을 불특정 다수인이라고 볼 수 없어 이 사건 물품 구매대금은 불특정 다수인을 유인하기 위하여 지출한 광고선전비라고 할 수 없고,

또한 이 사건 물품 구매대금이 구 법인세법 시행규칙 제4조 제1항에 의한 판매부대비용에 해당되려면, 백화점카드 회원에게는 거래실적에 따라 어떠한 물품을 준다는 사전약정이 있어 백화점카드 회원이 일정금액 이상을 구매하는 경우 어떤 사은품을 받을 것이라는 것을 기대할 수 있고 청구인은 사은품을 주어야 할 의무가 있어야 하는데도 청구인의 경우 백화점카드 회원이 되면 사은품을 준다고 막연히 약정하였고, 실제로 사은품을 준 것을 보면 연말에 고액거래자 순으로 일정 인원을 선정하여 준 것으로 이는 광고한 내용대로 모든 백화점카드 회원에게 준 것이 아니므로 사전약정에 따른 의무를 이행한 것이라고도 볼 수 없어 이 사건 물품 구매대금은 구 법인세법 시행규칙 제4조 제1항에서 규정하고 있는 판매부대비용에 해당한다고 할 수 없으며,

또 위 인정의 사실에 의하면 청구인이 이 사건 물품을 우수고객들에게 위와 같이 나누어 준 것은 고객 동원의 극대화와 고액거래자에 대한 감사의 의미 부여를 위해 준 것이어서 오히려 접대비에 해당한다고 보는 것이 상당하므로 이와 다른 견해를 전제로 한 청구인의 이 점에 관한 주장은 이유가 없다.

Case 2 대법원 2011.1.27. 선고 2008두12320 판결

다단계판매업자가 판매조직을 확대할 목적으로 법률이나 약정을 초과하여 임의로 지급한 판매수수료는 상품판매와 직접 관련된 정상적인 소요비용이 아니므로 접대비에 해당된다는 사례

법인이 사업을 위하여 지출한 비용 가운데 그 지출경위나 성질, 액수 등을 건전한 사회통념이나 상관행에 비추어 볼 때 상품 또는 제품의 판매에 직접 관련하여 정상적으로 소요되는 비용으로 인정되는 것이라면 이는 「법인세법」 §19 ①, 구 「법인세법 시행령」(2009.2.4. 대통령령 제21302호로 개정되기 전의 것) §19 제1호에서 손비로 인정하는 판매부대비용에 해당하나, 그 비용지출의 상대방이 사업에 관련 있는 자들이고 지출의 목적이 접대 등의 행위에 의하여 사업관계자들과의 사이에 친목을 두텁게 하여 거래관계의 원활한 진행을 도모하는 데 있는 것이라면 그 비용은 「법인세법」 §25 ⑤에서 말하는 접대비라고 할 것이다(대법원 2009.11.12. 선고 2007두12422 판결 등 참조).

다단계판매업 및 방문판매업을 영위하는 원고가 판매원들에게 지급한 쟁점 1 판매수수료는 다단계판매업자로 하여금 다단계판매원에게 공급한 재화 등의 가격 합계액의 35% 범위 내에서 후원수당을 지급하도록 규정한 구 「방문판매 등에 관한 법률」(2007.1.19. 법률 제8259호로 개정되기 전의 것) §20 ③, 구 「방문판매 등에 관한 법률 시행령」(2007.7.18. 대통령령 제20177호로 개정되기 전의 것) §27를 위반하거나, 방문판매 매출이익의 60% 상당액을 한도로 판매수수료를 지급하도록 하고 있는 원고의 '방판마케팅 플랜'에서의 약정을 초과하여 임의로 지급한 것으로서, 그 지급경위나 액수 등을 건전한 사회통념이나 상관행에 비추어 볼 때 상품판매에 직접 관련하여 정상적으로 소요되는 비용이라고 할 수 없고,

나아가 '방판마케팅 플랜'에는 판매원들에게 특별보너스로 에이전트/교육지원 매출액의 15%를 추가 지급하도록 약정은 되어 있으나 실제로 쟁점 1 판매수수료에 위 특별보너스가 포함되어 있는지 확인할 수 없으므로, 쟁점 1 판매수수료는 그 전액을 고정거래처인 판매원들에 대한 접대비로 볼 수밖에 없다.

다단계판매업과 방문판매업을 영위하는 원고법인이 판매원들에게 「방문판매 등에 관한 법률」 및 그 시행령, 그리고 원고법인이 자체적인 약정을 초과하여 판매수수료를 지급하였다면, 상품판매와 직접 관련된 정상적인 소요비용이 아니므로 판매부대비용이 아니라 접대비에 해당한다는 사례이다.

Case 3 대법원 2015.1.29. 선고 2014두4306 판결

의사 및 약사에게 지급된 리베이트가 건전한 사회질서를 위반하여 지출한 것이기 때문에 손금에 산입할 수는 없지만, 사용처가 확인된 리베이트까지 대표자 상여로 처분할 수 없다는 사례

구 법인세법(2010.12.30. 법률 제10423호로 개정되기 전의 것, 이하 같다) §19 ②은 원칙적으로 '손비는 그 법인의 사업과 관련하여 발생하거나 지출된 손실 또는 비용으로서 일반적으로 용인되는 통상적인 것이거나 수익과 직접 관련된 것으로 한다'고 규정하고 있다. 여기에서 말하는 '일반적으로 용인되는 통상적'인 비용은 납세의무자와 같은 종류의 사업을 영위하는 다른 법인도 동일한 상황이라면 지출하였을 것으로 인정되는 비용을 의미하고, 그러한 비용에 해당하는지 여부는 지출의 경위와 목적, 형태, 액수, 효과 등을 종합적으로 고려하여 객관적으로 판단하여야 하는데, 특별한 사정이 없는 한 건전한 사회질서를 위하여 지출한 비용은 여기에서 제외된다(대법원 2009.11.12. 선고, 2007두12422 판결 참조).

의약품 도매상이 의료인이나 의료기관 개설자 또는 약국 등의 개설자에게 의약품 판매촉진의 목적으로 지급한 리베이트는 약사법 등 관계 법령에서 이를 명시적으로 금지하고 있지 않더라도 건전한 사회질서를 위반하여 지출한 것으로서 구 법인세법 §19 ②에서 말하는 '일반적으로 용인되는 통상적인 비용이나 수익과 직접 관련된 비용'에 해당한다고 볼 수 없고, 따라서 이를 손금에 산입할 수 없다고 보아야 한다(대법원 2015.1.15. 선고, 2012두7608 판결 참조).

소득금액변동통지에 관하여, 원심은 그 채택 증거에 의하여, 피고가' 이 사건 현금 지급분이 사외로 유출되었으나 그 귀속이 불분명하다'고 보아 이를 2006 내지 2008 사업연도 당시 원고의 대표이사이던 홍○○, 조○○에 대한 상여로 처분하는 내용의 이 사건 소득금액변동통지를 한 사실 등을 인정한 다음, 앞서 본 바와 같은 이유로 원고가 제출한 자료만으로는 이 사건 현금 지급분이 실제로 의사나 약사 등에게 리베이트로 지출되었다고 보기 어려운 반면, 원고는 이를 의사나 약사 등에게 지출하였다고 주장함으로써 이 사건 현금 지급분이 사외로 유출된 것을 자인하고 있고 그 귀속이 불분명한 경우에 해당하므로, 이를 원고 대표자들에 대한 상여로 처분한 이 사건 소득금액변동통지가 적법하다고 판단하였다.

그러나 원심의 이러한 판단은 다음과 같은 이유에서 그대로 수긍하기 어렵다. 이 사건 현금 지급분은 앞서 본 바와 같이 실제로 의사나 약사 등에게 리베이트로 지출되었을 가능성이 높으나 영업활동비, 접대비, 판매촉진비, 홍보비 등 다양한 항목으로 나누어 계상되었을 뿐만 아니라 그 지급 상대방, 지급 일시·장소 및 지급액 등을 확인할 수 있는 거래별 증빙서류가 제대로 비치·보존되어 있지 아니하는 등 그 용도와 지급 상대방이 불분명하므로, 그 지출 금액별 귀속자가 누구인지는 구체적으로 비용지출 사실에 관한 장부기장과 증빙 등 일체의 자료를 제시하기가 용이한 원고가 이를 증명할 필요가 있다.

그런데 원심에서 적법하게 채택된 증거에 의하면, 원고가 대구지점을 비롯한 일부지점에 관하여 그 거래처별 처방액이나 매출대금의 회수액 등의 거래내역에 원고의 리베이트 지급기

준을 대입하는 방법으로 거래처별 리베이트 지급내역을 특정하고 있음을 알 수 있으므로, 원심으로서는 이 사건 현금 지급분 중 원고가 지급 상대방, 지급일시 및 지급액을 특정한 부분에 대하여는 그 내용이 원고의 리베이트 지급기준에 부합하는지, 지점별 리베이트 지급액의 범위 내에 있는지 등에 관하여 심리한 후 그 귀속 불분명 여부를 가렸어야 한다.

그런데도 원심은 이에 관하여 심리·판단하지 아니한 채 그 판시와 같은 이유만으로 이 사건 현금 지급분 전부가 귀속이 불분명한 경우에 해당한다고 단정하고 말았는바, 이는 사외유출된 금액의 귀속에 관한 법리를 오해하여 필요한 심리를 다하지 아니한 것이다.

의약품 도매상이 의료인이나 의료기관 개설자 또는 약국 등의 개설자 등에게 의약품 판매촉진의 목적으로 경제적 이익을 제공하는 행위는 소비자에게 불필요한 의약품의 판매로 이어져 의약품의 오남용을 초래할 가능성이 크고, 궁극적으로 국민 건강에 악영향을 미칠 우려가 있다. 그리고 이러한 경제적 이익제공행위는 의약품 유통체계와 판매질서를 해치고 의약품의 가격 상승으로 연결될 뿐만 아니라 결국 건강보험 재정의 악화를 가져와 그 부담은 현실적으로 의약품에 대하여 제한된 선택권밖에 없는 국민에게 전가된다.

구 약사법(2010.1.18. 법률 제9932호로 개정되기 전의 것) §47의 위임에 따른 구 약사법 시행규칙(2008.12.1. 보건복지가족부령 제77호로 개정되기 전의 것) §62 ① 제5호는 의약품의 품목허가를 받은 자·수입자 및 도매상이 '의약품의 유통체계를 확립하기 위하여 준수하여야 할 사항'의 하나로 '의료기관·약국 등의 개설자에게 의약품 판매촉진의 목적으로 현상품·사은품 등 경품류를 제공하지 아니할 것'을 정하고 있었다. 그런데 2008.12.1. 보건복지가족부령 제77호로 개정된 약사법 시행규칙은 §62 ① 제5호를 '의료인, 의료기관 개설자 또는 약국 등의 개설자에게 의약품 판매촉진의 목적으로 금전, 물품, 편익, 노무, 향응, 그 밖의 경제적 이익을 제공하지 아니할 것'으로 개정함과 아울러, §6 ① 제7호에서 '약사 또는 한약사가 의약품 구매 등의 업무와 관련하여 부당하게 금품 또는 향응을 수수하는 행위'를 금지하는 규정을 마련하기에 이르렀다. 이는 의약품 판매촉진의 목적으로 경제적 이익을 제공하는 행위의 사회적 폐해가 지속된다고 여겨 약사법 등 관계 법령에서 현상품·사은품 등 경품류 제공행위 뿐만 아니라 일체적 경제적 이익제공행위까지도 금지하고자 한 것이다.

그러므로 의약품 도매상이 의료인이나 의료기관 개설자 또는 약국 등의 개설자에게 의약품 판매촉진의 목적으로 지급한 리베이트는 약사법 등 관계 법령에서 이를 명시적으로 금지하고 있지 않더라도 건전한 사회질서를 위반하여 지출한 것이기 때문에 더 이상 손금에 산입하는 것은 불가능해 보인다.

그러나 그렇다고 하여 손금불산입 된 리베이트 금액을 전부 귀속처가 불분명한 경우에 해당한다고 단정할 수 없고, 사외유출된 금액의 귀속을 심리하여야 한다는 의미이다.

Case 4	대법원 1992.5.8. 선고 91누9473 판결

상가건물을 매수취득하여 일괄분양하는 영업을 영위하는 회사가 분양업무를 담당하는 영업부직원들에게 약정에 따라 분양실적에 맞추어 일정 비율의 금원을 영업판촉비 내지 알선수수료 명목으로 지출한 것은 접대비가 아니라는 사례

원고는 부동산매매업 등을 목적으로 하는 회사로서, 1988.2.15.부터 그 해 말경까지 사이에 서울 동작구 흑석동 11 지상 한양아파트 단지 내 상가건물 및 노원구 중계동 128블럭 지상의 롯데상가 건물을 매수취득하여 일괄분양하는 영업을 영위함에 있어 소외 전○○ 외 28인에게 위 상가분양에 대한 알선수수료 명목으로 합계 금 441,860,000원을 지급한 사실과,

원고가 위 상가건물의 점포들을 평당 금 5,500,000원 내지 금 5,800,000원씩에 결가하여 개별 수요자들에게 분양함에 있어 일부 점포에 대한 분양이 지연되거나 미분양됨으로 인하여 투하자본의 회수가 지체되는 경우 회사경영이 어려워지므로 위 상가의 분양을 촉진시킬 목적으로 원고 회사에서 분양업무를 담당하는 영업부 직원들과 이를 지원하는 계열회사 소속 영업부 직원들에 대하여 사전에 분양실적에 따라 분양점포의 층, 호수별로 평당 금 200,000원 내지 300,000원씩의 비율에 의한 금원을 영업판촉비 내지 알선수수료 명목으로 지급할 것을 약정하고, 그 분양실적에 따라 위 전○○ 등에게 위 각 금원을 지급한 사실 및 원고는 위 지급한 금원에 대하여 이를 동인들의 근로소득 내지 기타소득으로 계상하여 이에 대한 소득세 등을 원천징수한 후 1989.3.31. 피고에게 납부한 사실 등을 인정한 다음,

원고가 지출한 위 각 금원은 그 지출의 상대방이 원고회사의 영업부 직원 등이고, 지출목적이 원고의 목적사업인 상가분양의 촉진을 기하고자 함에 있으며, 특히 당사자 사이에 그 지출에 관한 구체적인 방법, 수액 등이 사전에 약정된 점에 비추어 볼 때, 이는 분양실적에 따라 지급된 능률급형식의 수수료이거나 분양알선에 대한 대가로서 지급된 상가분양의 부대비용의 성질을 지닌 것으로 볼 것이고 이를 법인세법 §18의2 소정의 접대비에 해당하는 것으로는 볼 수 없다.

지출한 비용의 수취자가 회사 내부의 직원이고, 미리 약정된 방법에 따른 알선수수료를 지급하였기 때문에 지출된 비용은 분양실적에 따라 지급된 능률급형식의 수수료이거나 분양알선에 대한 대가로서 지급된 상가분양의 판매부대비용에 해당한다는 것이다.

Case 5 대법원 2016.4.15. 선고 2015두52326 판결

해외여행경비를 지원하고, 해외 워크샵을 진행하면서 본인과 가족의 참가경비 중 일부를 지원했다면, 판매에 직접 소요되는 정상적인 판매부대비용으로 볼 수 없다는 사례

법인이 사업을 위하여 지출한 비용 가운데 그 지출경위나 성질, 액수 등을 건전한 사회통념이나 상관행에 비추어 볼 때 상품 또는 제품의 판매에 직접 관련하여 정상적으로 소요되는 것은 구 법인세법(2010.12.30. 법률 제10423호로 개정되기 전의 것, 이하 같다) §19 ①, 구 법인세법 시행령(2010.12.30. 대통령령 제22577호로 개정되기 전의 것) §19 제1호에서 손비로 인정하는 판매부대비용에 해당하나, 그 비용지출의 상대방이 사업과 관련 있는 자이고 지출의 목적이 접대 등의 행위로 사업관계자들과 친목을 두텁게 하여 거래관계의 원활한 진행을 도모하는 데 있는 비용은 구 법인세법 §25 ⑤에서 말하는 접대비에 해당한다(대법원 2011.1.27. 선고, 2008두12320 판결 등 참조).

원심은 제1심판결 이유를 인용하여, 치과용 의료기기의 제조와 판매업 등을 영위하는 원고가 2007년부터 2010년까지 일정 금액 이상의 치과용 임플란트 패키지 상품을 구매하는 병·의원의 치과의사에게 해외여행경비를 지원하고, 2007년과 2008년에 원고가 운영하는 임상전문가 양성과정 연수회에서 임플란트 강의를 담당한 치과의사를 대상으로 해외 워크숍을 진행하면서 본인과 가족의 참가경비 중 일부를 지원한 사실 등을 인정한 다음, 이들 비용은 임플란트 제품을 대량으로 구매한 치과의사들에게 매출액의 약 65%에 해당하는 금액을 관광이나 골프 등 개인적인 소비를 위한 비용으로 지급하거나 강의를 담당한 치과의사들에게 개인적인 여행경비를 지급한 것으로서, 지출의 상대방이나 지출의 방법과 규모, 그리고 건전한 사회통념이나 상관행에 비추어 볼 때 이를 판매에 직접 관련하여 정상적으로 소요되는 판매부대비용으로 볼 수 없고, 사업관계자들과 친목을 두텁게 하여 거래관계의 원활한 진행을 도모하기 위한 접대비로 보아야 한다고

이 사건은 전심절차인 심판청구에서도 비슷한 이유로 기각되었다(조심 2013서0033, 2013.12.3.). 참고로 판매부대비용이라는 청구법인의 주장과 접대비라는 과세관청의 주장을 차례로 살펴본다.

청구법인이 쟁점해외여행지원비가 접대비가 아닌 판매부대비용에 해당한다고 주장하는 이유는 다음과 같다.

(가) 대법원에서도 지출의 상대방이 불특정 다수인이고 지출의 목적이 구매의욕을 자극하는데 있다면 접대비가 아닌 판매관리비용인 광고선전비에 해당하는 것으로 판단(대법원 2000두2990, 2002.4.12. 선고)하고 있다.

(나) 쟁점해외여행지원비는 계약조건의 일부로서 내부품의서에 따라 위임전결권자가 최종

결재한 내용대로 모든 거래상대방에게 사전에 공시하고, 투명한 절차에 따라 계약의 무를 이행한 것으로서 특정거래처가 아닌 불특정 다수인 모든 거래처를 대상으로 사전에 공지된 내용에 의하여 판매실적 등 약정된 기준에 따라 판매촉진행사와 관련하여 지출된 비용이므로 접대비가 아닌 판매부대비용에 해당한다.

(다) 청구법인의 각 사업연도별 매출규모에서 쟁점해외여행지원비가 차지하는 비율은 0.6%~2%에 불과하여 쟁점해외여행지원비는 정상적인 거래관행에 비하여 과대한 이익을 제공한 것이 아닌, 제품의 판매와 직접 관련되어 정상적으로 발생한 판매부대비용에 해당한다.

처분청이 쟁점해외여행지원비가 판매부대비용이 아닌 접대비에 해당한다고 주장하는 근거는 다음과 같다.

(가) 지출경위나 성질, 액수 등을 건전한 사회통념이나 상관행에 비추어 볼 때 상품 또는 제품의 판매에 직접 관련하여 정상적으로 소요되는 비용인 경우 판매부대비용에 해당한다(대법원 2009.7.9. 선고, 2007두10389 판결 참조) 할 것이나, 이 건의 경우 청구법인이 지출한 비용의 상대방이 사업에 관련 있는 자들이고 지출의 목적이 접대 등의 행위에 의하여 사업관계자들과 사이의 친목을 두텁게 하여 거래관계의 원활함을 도모하는데 있다고 할 수 있어 쟁점해외여행지원비는 접대비에 해당한다.

(나) 공정거래위원회에서도 해외여행경비지원을 통해 치과병의원이 얻은 경제적 이익은 ×××원으로써 청구법인이 한여름패키지 상품 등의 판매시 이루어진 임플란트 매출액 ×××원의 65.1%에 이르는 등 정상적인 거래관행에 따른 이익제공행위로 볼 수 없다면서 과징금을 부과하였다(공정거래위원회 2011제갑1135, 2011.10.11. 참조).

조세심판원이 이 사건을 기각결정한 논리는 다음과 같다.

법인이 사업을 위하여 지출한 비용 가운데 상대방이 사업에 관련 있는 자들이고 지출의 목적이 접대 등의 행위에 의하여 사업관계자들과 사이의 친목을 두텁게 하여 거래관계의 원활함을 도모하는데 있는 것이라면, 그 비용은 「법인세법」 §25 ⑤에서 말하는 접대비라고 할 것이고, 그 지출경위나 성질, 액수 등을 건전한 사회통념이나 상관행에 비추어 볼 때 상품 또는 제품의 판매에 직접 관련하여 정상적으로 소요되는 비용으로 인정되는 것이라면, 이는 「법인세법」 §19 ②에서 손비로 인정하는 판매부대비용에 해당한다(대법원 2009.7.9. 선고, 2007두10389 판결)할 것이나,

이 건의 경우 청구법인이 지출한 쟁점 해외여행지원비는 그 지급대상이 되는 거래처가

일정금액을 구매하는 치과병의원으로 특정되어 지원된 점, 그 지급내역이 관광, 골프 등 접대비 성격의 비용에 해당하는 점, 청구법인이 한여름패키지 상품 등의 판매시 이루어진 임플란트 매출액 대비 쟁점해외여행지원비의 비율이 65.1%에 달하는 점 등을 감안하면 청구법인이 지출한 쟁점해외여행지원비는 건전한 사회통념이나 상관행에 비추어 볼 때 상품 또는 제품의 판매에 직접 관련하여 정상적으로 소요되는 비용으로 인정하기는 어렵다.

마. 주요 심사, 심판례 소개

Case 6	조심 2013서4437, 2014.2.18.

LPG충전소가 개인택시사업자들인 조합원을 일반인에 우대하여 장려금을 차등 지급한 것이 접대성 비용이라기보다는 합리적 수준의 차별로 보이고, 조합원은 청구법인에게는 특정인이라기보다는 불특정 다수로 보는 것이 합리적이라는 사례

가. 사실관계

(1) 청구법인은 5만여명의 개인택시사업자를 조합원으로 하여 LPG충전소를 운영

(2) 청구법인은 조합원만을 대상으로 월 650리터 이상 충전한 조합원에게만 월 일정액의 특정장려금을 지급

나. 과세경위

처분청은 청구법인이 조합원 등에게 정당한 사유 없이 일반인보다 우대하여 지급한 쟁점장려금을 접대비로 보아 시부인 계산하여 한도초과액을 필요경비에서 부인하고, 다른 적출내용을 포함하여 청구법인에게 법인세 ○○○원을 경정・고지하였다.

다. 청구법인 주장

(1) 청구법인이 지급한 판매장려금은 서울특별시의 모든 개인택시사업자 중 청구법인의 LPG충전소를 이용하는 개인택시사업자 누구에게나 지급한 것이고 총 조합원 5만여명 중 실제 LPG충전소 사용 인원은 ○○○여명에 해당하여 불특정 다수이며, 조합원이라는 특정한 지위를 갖고 있으므로 특정인에 해당한다는 처분청 의견은 부당하다.

(2) 판매장려금의 지급률에 관한 기준은 청구법인이 운영하는 LPG충전소의 고객 집단의 영향력에 따라 결정한 것이므로, 위 집단의 개개인을 비교하는 것은 타당하지 않으며, 청구법인이 지급한 쟁점장려금은 접대성 경비가 아니라 청구법인의 매출구조나 영업환경 등에 비추어 정상적인 영업정책의 일환이다.

라. 처분청 의견

(1) 청구법인은 쟁점장려금의 지출상대방이 불특정 다수에 해당한다는 주장이나, 차등지급한 쟁점장려금의 지급대상자는 조합원이라는 지위를 가진 특정인에 해당하고, 특별장려금 지급대상자는 조합원에 한정되어 있다.

(2) 일반인 이○○가 조합원인 박○○보다 청구법인 매출에 기여하는 정도가 큼에도 불구하고, 청구법인의 매출에 대한 개별기여도를 고려하지 않고 단지 조합원이라는 이유로 일반인보다 우대하여 특별장려금등을 지급한 것은 사회통념상 타당하지 않다.

마. 쟁점

거래상대방에 따라 차등하여 지급한 쟁점장려금을 접대비로 보아 과세한 처분의 당부

바. 판단요지

처분청은 청구법인이 조합원과 특정사업자 및 특정단체를 우대하여 지급한 쟁점장려금이 접대비에 해당한다는 의견이나, 「법인세법」상 접대비를 접대비 및 교제비·사례금 그 밖에 어떠한 명목이든 상관없이 이와 유사한 성질의 비용으로서 법인이 업무와 관련하여 지출한 금액으로 규정하고 있고,

접대비는 기업활동을 원활하게 하고 매출을 신장시키기 위하여 필요한 경비로 기업의 영업규모와 비례하므로 엄격하게 해석·적용하여야 하는 것으로, 법인이 사업을 위하여 지출한 비용 가운데 상대방이 사업과 관련이 있는 자들이고 지출한 목적이 접대 등의 행위에 의하여 사업관계자들간의 친목을 두텁게 하여 거래관계의 원활한 진행을 도모하는 것에 있다면, 그 비용은 위 「법인세법」상의 접대비라고 할 것이나, 그 지출경위, 성질, 액수 등을 건전한 사회통념이나 상관행에 비추어 볼 때 제품의 판매에 직접 관련하여 정상적으로 소요되는 비용이라면 손금으로 인정되는 판매부대비용이라고 할 것(대법원 2007.10.25. 선고 2005두8924, 같은 뜻임)인 바,

청구법인은 사전약정에 의하여 쟁점장려금을 지급하고 있고, 지급률, 지급기간, 지급방법 등을 정하거나 변경하는 경우 이사회의 의결로 결정하고 있는 점, 청구법인의 매출액의 대부분(80%)은 개인택시사업자인 조합원에 대한 매출로 조합원은 최초 가입시 가입비 40만원을 납부하고 있고, 이후 조합의 운영 등을 위한 조합비로 매월 ○○○원을 납부하고 있어 조합원을 일반인에 우대하여 장려금을 차등하여 지급한 것이 접대성 비용이라기보다는 합리적 수준의 차별로 보이는 점, 청구법인의 고객 대부분이 개인택시사업자인 조합원으로 조합원은 청구법인에 있어 특정인이라기보다는 불특정 다수로 보는 것이 합리적인 것으로 보이는 점, 일반인에 비하여 특정사업자 및 특정단체를 우대하여 지급한 장려금은 지급의무가 없는 접대비와는 달리 거래량 등의 사전약정에 따라 지급의무가 있는 비용으로 합리적인 차별로 보이는 점, 청구법인이 지급한 쟁점장려금의 비율이 판매가액의 약 3.7% 수준으로

건전한 사회통념과 상관행에 비추어 정상적인 수준으로 보이는 점, 제5 및 제6충전소의 경우 청구법인이 운영하다가 2009년도에 강○○ 명의로 운영한 것으로 나타나고, 청구법인이 다른 충전소와 동일한 방식으로 장려금을 지급한 점 등을 종합하여 볼 때,

청구법인이 2008 및 2009사업연도에 지급한 쟁점장려금은 접대성 경비라기보다는 청구법인의 영업정책의 일환으로 지급한 판매부대비용으로 보는 것이 합리적인 것으로 보이므로 처분청의 이 건 과세처분은 부당한 것으로 판단된다.

아무런 배경 없이 조합원이라는 이유만으로 조합원과 일반인을 차별하여 조합원만을 대상으로 장려금 등을 지급했다면 접대비임을 면하기 어려웠을 것이다.

그러나 조세심판원은 쟁점법인의 경우 조합원이 되기 위해서는 최초 가입시 40만 원의 가입비를 납부해야 하고, 또 조합원 자격을 유지하기 위해서는 일정액의 조합비를 매월 납부해야 했기 때문에 쟁점법인이 조합원을 일반인에 우대하여 장려금을 차등하여 지급한 것이 접대성 비용이라기보다는 수긍할 수 있을 정도인 합리적 수준의 차별이었고, 청구법인이 지급한 판매장려금은 서울특별시의 모든 개인택시 중 청구법인의 LPG충전소를 이용하는 개인택시 누구에게나 사전약정에 따라 지급한 것이어서 총 조합원 50,000여명 중 실제 LPG충전소 사용 인원은 13,000여명에 해당하므로 이는 불특정 다수에 해당한다고 보아 판매부대비용으로 판단하였을 것으로 생각된다.

또 이와 함께 쟁점장려금의 지급률 · 지급기간 · 지급방법 등을 정하거나 변경하는 경우 이사회의 의결로 결정하였고, 이러한 장려금 지급정책을 조합원들이 모두 알고 있었다는 사실, 다른 충전소도 동일한 방식으로 장려금을 지급하고 있다는 점 등도 인용판단에 유리하게 작용하였을 것이다.

판매가액의 약 3.7% 수준인 장려금 비율을 건전한 사회통념과 상관행에 비추어 정상적인 수준으로 판단하였다는 점은 다른 유사한 사건에서 참고할 만하다.

Case 7 조심 2009중2111, 2010.12.21.

병 · 의원에서 처방된 의약품의 금액에 따라 일정한 리베이트를 지급하였다고 하지만 지급의 신빙성이 명확하지 않고 지급금액이 영업비에 포함되어 회계처리되었는지 여부도 불명확하여 당초 복리후생비 및 여비교통비로 회계처리하였던 쟁점영업비는 접대비에도 해당하지 않으므로 대표이사 상여로 처분한 것이 타당하다는 사례

가. 사실관계

(1) 청구법인은 의약품 제조업을 영위하는 내국법인

(2) 간이영수증 등을 증빙으로 여비교통비 및 복리후생비 과목으로 쟁점영업비 약60억 원을 손금산입하여 신고

나. 과세경위

처분청은 지급여부가 불분명한 쟁점영업비를 손금불산입하고 대표이사 상여로 소득처분하여 소득금액변동통지

다. 청구법인 주장

청구법인은 병・의원이 청구법인의 전문의약품을 처방한 경우 사전・사후에 일정 금액을 지급하기로 약정하여 이에 따라 쟁점영업비를 지급하였고, 이러한 사실은 청구법인의 영업비 지급계획, 영업비를 지급한 내역 및 지급약정서, 선지원내역에 의하여 확인할 수 있는바, 쟁점영업비를 판매부대비용으로 보아 손금에 산입하여야 하고, 판매부대비용으로 인정하지 아니한다면 접대비로 보아 대표자에 대한 상여가 아닌 "기타 사외유출"로 소득처분해야 한다.

라. 처분청 의견

청구법인이 쟁점영업비를 복리후생비, 여비교통비 등으로 신고한 내역이 허위임에 대하여는 다툼이 없는 점, 청구법인은 쟁점영업비가 판매부대비용으로 지출되었다고 주장만할 뿐 쟁점영업비가 실제 판매비용 등으로 사용되었는지 여부를 확인할만한 증빙을 제출하지 아니하므로, 쟁점영업비를 판매부대비용 내지 접대비로 볼 수 없다.

마. 쟁점

쟁점영업비를 판매부대비용으로 인정할 수 있는지 여부

바. 판단요지

쟁점영업비에 대해 청구법인은 '병・의원에 처방된 약품의 금액 대비 10%~30%를 리베이트로 지급하였는데, 현금 리베이트의 경우 접대비로 처리하기 어려워서 간이영수증을 제출하면 복리후생비 또는 여비교통비로 회계처리하였고, 병・의원별, 의사별 리베이트 지급내역은 영업상 비밀로 노출 사실이 밝혀지면 업계에서 생존할 수 없기 때문에 제출하기 어렵다'라는 취지로 소명하였다.

청구법인이 제출한 2006.12.8.자 내부 선지원 집행계획서의 내역은 청구법인이 2006.12.에 지급할 내역을 기재한 내부문서로, 지급상대방이 나타나지 아니하는 등 실제 지급여부를 확

인할 만한 객관적인 자료로 보이지는 아니하며, 청구법인은 지점이 사용한 전도금의 대부분을 여비교통비로 회계처리하였다.

「법인세법」 §25 ⑤은 '접대비 및 교제비·사례금 기타 명목여하에 불구하고 이에 유사한 성질의 비용으로서 법인이 업무와 관련하여 지출한 금액'을 접대비라고 규정한바, 법인이 사업을 위하여 지출한 비용 가운데 상대방이 사업에 관련 있는 자들이고, 지출의 목적이 접대 등의 행위에 의하여 사업관계자들과의 사이에 친목을 두텁게 하여 거래관계의 원활한 진행을 도모하는데 있다면 접대비에 해당한다 할 것이나, 납세의무자가 신고한 어느 비용 중의 일부 금액이 실지비용이냐 아니냐가 다투어지는 경우 과세관청에 의해 납세의무자가 주장하는 비용의 용도와 지급의 상대방이 허위임이 상당한 정도로 입증되고, 납세의무자가 신고내역대로의 비용지출이 아님을 시인하면서 같은 금액만큼의 다른 비용지출이 있었다고 주장하는 이상 그 신고비용과 다른 비용의 존재와 액수에 관해서는 구체적 비용지출 사실에 관한 장부기장과 증빙 등 일체의 자료를 제시하기 용이한 납세의무자가 이를 입증하여야 한다 할 것이다.

위와 같은 사실관계 및 관련 법리를 종합하여 살피건대, 청구법인은 당초 쟁점영업비를 복리후생비 및 여비교통비로 손금에 산입하였는데, 청구법인에 대한 세무조사 과정에서 쟁점영업비의 용도가 허위임이 어느 정도 입증되는 점, 청구법인도 쟁점영업비가 복리후생비 및 여비교통비에 해당하지 아니함을 시인하면서 대신 접대비에 해당한다고 주장하는 점, 그런데 청구법인이 이러한 접대비가 실제 지출되었다고 주장하면서 제출한 증빙 중 선지원 집행계획서의 내역은 그 지급상대방의 인적사항이 가려져서 실제 지출되었는지 여부도 불명확할 뿐만 아니라, 집행계획서 자체가 청구법인의 내부자료로서 사후작성 가능성 등 신빙성이 담보되지 아니하는 점, 쟁점영업비의 규모가 잘못된 계산식원에 달함에 반하여 황○○○에게 리베이트로 지급한 금액은 9백만 원에 불과할 뿐만 아니라, 위 지급금액이 쟁점영업비에 포함되어 회계처리되었는지 여부도 불명확한 점 등을 종합하였을 때, 청구법인이 당초 복리후생비 및 여비교통비로 회계처리하였던 쟁점영업비가 접대비에 해당한다고 보기는 어렵다.

참고로 이 심판청구가 기각 결정된 후 진행된 행정소송에서 법원은 리베이트 자금은 분식회계 등을 통해 조성된 비자금으로 집행될 수밖에 없고, 비자금은 횡령, 분식회계, 조세포탈, 불공정거래행위 등을 전제로 하고 있으며, 조세법이 그러한 비용을 손금으로 산입하여 과세소득에서 공제한다면 위법한 상태를 무한정 용인하는 것이 된다는 이유로 리베이트의 위법성을 먼저 지적한 후, 쟁점 경비를 귀속이 불분명한 금액으로 보아 대표자 상여로 소득처분하여 소득금액변동통지 한 것 자체는 적법하다고 판단하였다(수원지방법원 2009구합9476, 2010.11.4.).

원고는 구체적으로 그동안 의약품 리베이트에 대해 독점규제 및 공정 거래에 관한 불공정거래행위 차원의 법적 규제만 있었고, 형사처벌이나 세법 문제가 직접 제기된 적은 없다. 제약산업은 유통경로 · 거래가격이 엄격 규제되는 분야로 전문의약품은 소비자에게 제품선택권이 없고 의사에게 절대적 제품선택권이 있으므로, 리베이트 제공이 제약업계, 의료용구 업계의 확립된 관행이 되었다. 사업을 계속 영위하기 위해 불가피하게 의사 등 의료기관에 리베이트를 지급할 수밖에 없고 리베이트를 지급하지 않음은 영업 포기를 의미한다. 원고의 리베이트 제공방식은 병 · 의원과 처방금액을 약정하면서 처방금액의 일정비율(약 20%)을 현금으로 미리 지급하는 선지원방식과 일정기간 동안의 처방 실적에 따라 처방금액의 일정비율(약 20%)을 추후 현금 지급하기로 약정한 후 처방 실적에 따라 현금 지급하는 후지원방식이 있다고 하면서, 리베이트는 사회질서에 반하지 아니하고, 판매부대비용, 접대비, 그 밖의 손비로 인정되어야 한다고 주장한다.

따라서 손금으로 인정되기 위한 전제로 리베이트가 사회질서에 심히 반하는지 여부에 관해 먼저 판단한 다음, 판매비용, 접대비, 그 밖의 손비 해당 여부에 관하여 판단한다.

(1) 리베이트 제공이 사회질서에 심히 반하는지 여부

앞서 본 원고의 구체적 주장과 같이 리베이트 제공이 제약업계 등의 관행으로 굳혀져 왔다고 하더라도, 아래와 같은 점을 종합하면 리베이트 관행은 사회적으로 용인되는 통상적인 것이 아니고, 업계의 잘못된 관행으로, 사회질서에 심히 반한다고 할 것이다. 따라서 그 경비 지출이 법인의 순자산의 감소를 가져오는 것이라고 하더라도 손비로서 인정될 수는 없다.

㈎ 공정거래위원회는 제약회사의 부당고객유인행위에 대해 시정명령 및 과징금을 부과하여 리베이트 관행에 대해 법적인 제재를 과하고 있고, 형사처벌 내지 세금 부과 선례가 실제 보이지 아니한다는 사정만으로 리베이트 제공 관행에 위법성이 없고 통상적이거나 정당한 관행으로 인정받아야 한다고 보기 곤란하다.

㈏ 공정거래위원회가 파악한 리베이트 제공은 주로 '제품설명회 등 명목으로 고급음식점에서 식사접대하거나 의국과 회식비 지원, 신용카드 대여 등으로 이루어진다'는 것인데, 원고 주장의 선지원, 후지원 방식은 위와 같은 제공 방식보다 더욱 직접적, 적극적, 노골적 방식이어서 위법성의 정도가 더욱 강하다고 보인다.

㈐ 제약회사의 리베이트 제공은 사회적 낭비를 초래하고, 궁극적으로 소비자인 국민에게 피해를 야기한다. 대형 제약회사는 리베이트 제공을 통해 독과점적 지위를 유지하게 되고, 그를 통해 획득한 이윤을 다시 리베이트로 제공할 경우 연구개발 투자액 감소 등으로 신약개발 기회가 상실되며, 나아가 의약품 가격상승의 원인이 되어 의약품 선택권이 없는 소비자에게 리베이트 비용을 전가하게 된다.

㈑ 우리나라에서 보편적으로 적용되는 국민건강보험 체계 하에서 리베이트가 의료기관이나 제약회사에 부득이 요구된다고 볼 수 있는 아무런 증거가 없다.

㈒ 리베이트 자금은 분식회계 등을 통해 조성된 비자금으로 집행될 수밖에 없고, 비자금은 횡령, 분식회계, 조세포탈, 불공정거래행위 등을 전제로 하고 있으며, 조세법이 그러한 비용을 손금으로 산입하여 과세소득에서 공제한다면 위법한 상태를 무한정 용인하는 것이 된다.

㈓ 위법소득을 얻기 위하여 지출한 비용이나 지출 자체에 위법성이 있는 비용에 대하여도 그 손금산입을 인정하는 것이 사회질서에 심히 반하는 등의 특별한 사정이 없는 한 손금으로 산입함이 타당하다는 대법원 2009.6.23. 선고 2008두7779 판결의 판시는, 외환위기 상황에서 신탁겸영은행이 수탁고 격감, 기존 신탁계약 등의 대규모 해지 · 인출 사태 등을 방지하기 위하여 다른 시중은행들과 협의를 거쳐 한 보전금의 지출이, 접대비는 아니지만 사업상 필요할 뿐만 아니라 통상적인 것이었으므로 법인세법 상 손금으로 산입하여야 한다고 한 사례에 대한 것이므로, 사회통념에 비추어 위법성의 정도가 이 사건보다 경미한 사례에 대한 것으로 보인다.

㈔ 신뢰보호 대상이 될 정도의 과세 관행이 정립되었다는 증거가 없다. 장래 유사 사안에서 손금 산입을 인정하여야 한다는 공감대가 있다는 증거도 없다.

(2) 판매부대비용, 접대비, 그 밖의 손비 해당 여부

㈎ 법인이 사업을 위하여 지출한 비용 가운데 상대방이 사업에 관련 있는 자들이고 지출의 목적이 접대 등의 행위에 의하여 사업관계자들과의 사이에 친목을 두텁게 하여 거래관계의 원활한 진행을 도모하는 데 있는 것이라면 그 비용은 법인세법 §25 ⑤에서 말하는 접대비라고 할 것이나, 그 지출경위나 성질, 액수 등을 건전한 사회통념이나 상 관행에 비추어 볼 때 상품 또는 제품의 판매에 직접 관련하여 정상적으로 소요되는 비용으로 인정되는 것이라면 이는 법인세법 §19 ①, 구 법인세법 시행령 §19 제1호에서 손비로 인정하는 판매부대비용에 해당한다(대법원 2009.11.12. 선고 2007두12422 판결 등 참조).
그런데 앞서 본 리베이트 제공 관행의 위법성에 비추어 쟁점 경비 지출이 건전한 사회통념에 비추어 정상적으로 소요되는 판매부대비용이라고 볼 수 없고, 원고 주장 리베이트 제공 방식의 일률성과 제공목적 등에 비추어 접대 등의 행위에 의하여 사업관계자들과의 사이에 친목을 두텁게 하여 거래관계의 원활한 진행을 도모하는 데에 지출한 금액인 접대비에 해당한다고 볼 수 없다.

㈏ 한편, 법인세법은 익금과 손금의 범위를 완결적으로 규정한 것이 아니라 그 범위를 예시하면서 포괄적으로 규정하고, 그 특례규정으로서 손금불산입과 손금산입의 각 사항을 열거하여 규정하고 있으므로, 원칙적으로 자산총액을 감소시킨 것은 손금불산입 등으로 열거되어 있지 않은 한 손금이 된다고 보아야 한다. 또한 위 각 규정에 따르면

일반적으로 위법소득을 얻기 위하여 지출한 비용이나 지출 자체에 위법성이 있는 비용의 손금산입을 부인하는 내용의 규정이 없을 뿐만 아니라,

법인세는 원칙적으로 다른 법률에 의한 금지의 유무에 관계없이 담세력에 따라 과세되어야 하고 순소득이 과세대상으로 되어야 하는 점 등을 종합하여 보면, 위법소득을 얻기 위하여 지출한 비용이나 지출 자체에 위법성이 있는 비용에 대하여도 그 손금산입을 인정하는 것이 사회질서에 심히 반하는 등의 특별한 사정이 없는 한 손금으로 산입함이 타당하다(대법원 1998.5.8. 선고 96누6158 판결, 대법원 2009.6.23. 선고 2008두7779 판결 등 참조).
그러나 앞서 본 바와 같이 리베이트 제공은 위법한 비용의 지출로서 업계의 잘못된 관행이고, 쟁점 경비에 대한 손금산입 인정은 사회질서에 심히 반한다는 특별한 사정이 있다.

(3) 쟁점 경비의 리베이트 비용 지출여부
나아가 원고는 복리후생비, 여비교통비 등에 허위 금액이 존재한다는 점을 인정하고 업계 관행상 영업비 등에 상당한 비용의 지출이 실제 있었다고 주장하면서도, 구체적인 지급 상대방, 지급일시 등의 지출사실을 확인할 수 있는 증빙자료를 제시하지 아니하고 있거나, 극히 일부만 제시하고 있으므로, 쟁점 경비 전부를 실제 '리베이트'로 제공된 비용이라고 단정하기도 어렵다.

법인세법 §67, 법인세법 시행령 §106 ① 제1호 단서는 "법인세의 과세표준을 결정 또는 경정함에 있어서 익금에 산입한 금액 중 사외유출된 것이 분명하나 귀속이 불분명한 금액은 대표자에게 귀속된 것으로 본다"는 취지로 규정하고 있는바, 이와 같은 법인세법상의 대표자 인정상여제도는 그 대표자에게 그러한 소득이 발생한 사실에 바탕을 두는 것이 아니라 세법상의 부당행위를 방지하기 위하여 그러한 행위로 인정될 수 있는 일정한 사실에 대하여 그 실질에 관계없이 무조건 대표자에 대한 상여로 간주하도록 하는 데 그 취지가 있는 것이다(대법원 2008.9.18. 선고 2006다49789 전원합의체 판결 등 참조). 이 사건에서 원고는 쟁점 경비가 리베이트 비용으로 소요되었다고 주장하면서도 구체적 귀속자가 누구인지 밝히지 않고 있고, 증인 박BB의 증언, 갑 제29 내지 38호증의 각 기재(각 가지번호 포함)에 의하더라도 귀속자를 확정할 수 없다고 보인다.

따라서 피고가 쟁점 경비를 귀속이 불분명한 금액으로 보아 대표자 상여로 소득처분 하여 소득금액변동통지 한 것 자체는 적법하다.

증빙으로 입증되지 않은 비용지출이기 때문에 복리후생비나 여비교통비는 물론 접대비로도 인정될 수 없었고, 사용처가 불분명한 경비이기 때문에 대표자 상여로 처분될 수밖에 없었을 것이다.

Case 8 조심 2012서1316, 2012.12.28.

매출채권을 표지어음으로 회수하면서 표지어음 공정가액과 액면금액의 차이를 매출할인으로 계상한 것에 대하여 동 매출할인은 그 실질이 매출채권의 임의포기라는 과세관청의 주장이 옳지 않다는 사례

가. 사실관계

(1) 청구법인은 1995.3.17. 일본법인 ○○주식회사가 전액 출자하여 설립된 외국인투자기업으로서, 모기업으로부터 공기압기기와 보조기기 등 자동화 제어기기를 수입하여 국내에 판매하는 사업활동을 수행

(2) ○○지방국세청장은 2011.8.18.~2011.10.5. 청구법인에 대한 세무조사 실시

나. 과세경위

청구법인이 매출채권을 표지어음으로 회수하면서 표지어음 공정가액과 액면금액의 차이를 매출할인으로 계상한 것에 대하여 동 매출할인은 그 실질이 매출채권의 임의포기라 하여 쟁점매출할인금액을 접대비 시부인하여 과세

다. 청구법인 주장

(1) 청구법인은 매출채권을 표지어음으로 회수하면서 특정거래처만을 위하여 혜택을 제공하지 아니하였으며, 표지어음으로의 결제방법은 상거래에서 일반적으로 인정되는 것이다. 표지어음 수령시 매출할인에 대한 회계처리는 기업회계실무관행이며 회계감사에 따른 것으로서 청구법인이 임의적으로 기록한 것이 아니다.

(2) 국세청의 유권해석(서면3팀-1689, 2007.6.8.)에 의하면 표지어음거래상에서 발생한 매출할인액은 부가가치세 과세표준에도 포함되는 것으로 회신하고 있고, 표지어음과 관련된 매출할인은 법인세법 세무신고 실무상 이미 인정되어 왔던 것으로 결국 청구법인이 표지어음과 관련하여 매출할인으로 인식한 금액은 「법인세법」과 「부가가치세법」상 수익 혹은 매출누락에 해당되지 않고, 만기시점에 수입이자로 인식되어 회계 및 세무 처리되는 것인바, 채권 포기로 볼 여지가 없으며, 기업회계기준의 개정으로 인하여 매출할인이 비용항목에서 매출액에서 직접 차감되는 것으로 변경되었다 하더라도 기존의 국세청 예규(법인 46012-1692, 1996.6.12.)를 신뢰하고 그에 준하여 회계 및 세무처리를 한 청구법인의 신뢰는 신의성실의 원칙상 존중되어야 한다.

(3) 청구법인이 대금결제방법으로 "은행도어음"을 명시한 이유는 공증을 받아야 하는 등 채권확보에 어려움이 있는 소위 "문방구어음"으로 불리는 개인어음을 수령하지 않기 위한 조치로써 문방구어음은 은행도어음과 같은 신용도가 있는 어음이 아니기 때문에 명확히 하였던 것이지 표지어음 등을 제한하기 위한 것이 아니다.

라. 처분청 의견

(1) 청구법인은 거래처인 대리점 및 특약점으로부터 현금결제 조건인 일부 거래에 대하여 금융기관에서 발행하는 표지어음으로 외상매출금 등을 회수하고, 표지어음 매입 시 공정가액(표지어음 할인매출액)과 만기지급액(표지어음 액면가액)과의 차이금액(보유기간 이자 상당액)을 매출할인으로 계상하고 수입금액에서 차감하고 있어, 현금 결제와 비교하여 매출할인 상당액의 외상매출금액을 회수하지 않고 있다[매출할인 = 만기시 지급액(액면가액) - 공정가액(실제 매입금액)].

(2) 청구법인의 대리점 및 특약점과 체결한 계약서의 대금결제조건(§17)을 살펴보면 "현금 또는 청구법인이 인정하는 은행도 약속어음으로 결제"하도록 규정하고 있고 "약속어음은 어음만기도래일이 결제기준일로부터 120일 이내인 거래처 타수어음에 한정한다"고 규정하여 약속어음으로 결제하는 경우 자금융통을 위한 융통어음을 배제하고 거래관계에서 취득한 진성어음으로 제한하고 있다.

마. 쟁점

표지어음 매출할인금액이 매출채권의 임의포기에 해당되어 접대비로 볼 수 있는지 여부

바. 판단요지

청구법인은 모든 거래처에게 다양한 대금지급방법을 허용하고 있는바, 청구법인의 2007년 4월~2011년 3월 결제수단별 외상매출금 상환(입금) 비율에 의하면, 현금 28%, 어음 39.30%, 카드 5.40%, 표지어음 23.5% 등으로 나타나고, 청구법인의 거래처 1,625개 중 66개 업체가 표지어음을 이용하였고 청구법인은 이를 제한할 수 없다고 주장한다. 또한 청구법인은 표지어음의 수령에 따른 매출할인은 접대비 요건에 해당되지 않는다고 하면서 대법원 판례(대법원 2008.7.10 선고 2007두2665 판결, 2008.7.10. 선고 2006두9436 판결, 2007.10.25. 선고 2005두8924 판결 외) 및 질의회신문(법인 46012-1692, 1996.6.12., 서면3팀-1689, 2007.6.8.) 등을 제시하였다.

처분청은 쟁점매출할인금액이 정당한 사유 없이 매출채권을 임의포기한 경우에 해당하여 접대비에 해당한다는 의견이나, 청구법인의 이 건 표지어음 거래는 특정거래처나 특정 사업연도에 국한된 것이 아니며 거래흐름상 필요불가결하고 상관행상 부득이한 측면이 있어 보이는 점, 청구법인은 다양한 대금회수 방법을 사용하고 있고 매출채권을 표지어음으로 회수하는 것도 대금회수 방법의 하나이고 이를 특정하여 혜택을 제공한 것으로 보이지 않는 점, 청구법인이 대금결제방법으로 은행도어음을 명시한 이유가 공증을 받아야 하는 등 채권확보에 어려움이 있는 소위 문방구어음으로 불리는 개인어음을 수령하지 않기 위한 조치로써 문방구어음은 은행도어음과 같은 신용도가 있는 어음이 아니기 때문에 명확히 하였던 것이라는 청구법인의 주장이 설득력이 있어 보이는 점 등을 종합적으로 고려하여 볼 때 쟁점매출할인금액을 채권의 임의포기로 보아 접대비로 보기에는 무리가 있다고 할 것이므로 처분청의 이 건 표지어음 관련 법인세 부과처분은 잘못이 있다고 판단된다.

청구법인이 특정거래처만 대상으로 표지어음으로 회수했다면 다툼의 여지가 많았고 접대비로 해당될 소지도 있어 보인다. 그러나 불특정 다수 법인을 대상으로 표지어음으로 회수하였고, 표지어음 거래가 기업회계실무에서도 인정되는 매출채권 회수방법이라는 점 등을 고려하면 접대비로 단정하기 어렵다.

Case 9 조심 2016서2474, 2017.9.20.

단순판매대행계약에 따라 지급받는 광고대행수수료 중 일정% 금액을 광고주에게 환원(refund)한 것은 청구법인의 사업과 관련하여 발생한 통상적인 것에 해당한다는 사례

가. 사실관계

청구법인은 광고대행업을 영위하는 법인으로 광고주인 ○○와 방송광고대행계약을 함에 있어서 청구법인이 ○○로부터 받은 수수료의 ○%를 환원(refund)하기로 약정

나. 과세경위

처분청은 청구법인이 약정에 따라 ○○에게 refund한 쟁점금액을 접대비로 보아 접대비 한도액 시부인

다. 청구법인 주장

(1) 청구법인은 사전약정에 따라 광고주인 ○○가 요청하는 대로 광고주에게 금원으로 환원(refund)해 준 것으로서, 쌍방이 날인한 정산서 양식으로 지급해준 것이다. 조사청은 광고주에게 refund하였다는 점을 사전약정과 다르다고 하면서 사전약정이 없었던 것으로 보아 접대비로 시부인 하였으나, 청구법인으로서는 약정에 의해 광고주의 refund 요청을 따라야 하는 지위에 있고, 환원이 실질적으로 매출에누리 성격이 있다는 점을 간과한 것이다.

(2) 방송광고대행계약시 청구법인이 ○○로부터 받을 수수료의 ○%를 광고주에게 환원하기로 약정한 것은 명백한 사실이고, 청구법인이 광고주의 마케팅비용으로 제공하든 아니면 직접 광고주에게 환원하든 결국은 광고주의 광고료에서 차감된 것이므로 매출에누리에 해당함에도 불구하고 조사청이 임의적으로 해석(사전약정이 없는 것으로 봄)하여 쟁점금액을 접대비로 본 것은 과세의 형평성과 합목적성을 위배한 부당한 처분이다.

라. 처분청 의견

(1) 청구법인과 ○○ 간에 체결한 광고대행계약서를 보면, §1(계약의 목적)과 §3(광고업무의 범위)에서 청구법인이 광고대행과 광고물 제작 등을 모두 수행하는 종합광고대행자로 확인된다.

(2) 조사대상기간 동안 청구법인이 광고대행 수수료 중 일부를 환원(refund, 회사 내부적으로는 리베이트로 호칭)한 사례는 ○○○과 같이 총 ○○○건인데 그 중 ○○○ 등 4개 업체와 맺은 약정은 단순 판매대행계약으로 확인되었다.

(3) 청구법인이 단순 판매대행만 수행한 ○○○개 광고주에게 제작대행수수료 상당액을 환원하는 것은 업계 관행상 인정될 수 있다고 하더라도 청구법인이 종합광고대행을 수행한 ○○에게까지 제작대행수수료 상당액을 환원할 직접적인 이유는 없다고 보인다.

마. 쟁점

계약에 의해 광고대행수수료의 50%를 광고주인 ○○에게 환원한 금액을 접대비로 본 처분의 당부

바. 판단요지

처분청은 청구법인이 단순 판매대행만 수행한 광고주에게 광고대행수수료 중 일부를 환원하는 것은 업계 관행상 인정될 수 있다 하더라도, 이 건과 같이 광고제작업무까지 포함한 종합광고대행용역을 제공한 ○○에게 광고대행수수료를 환원한 것은 통상성 없는 비용으로서 거래를 원활하게 하기 위한 사례금에 해당한다는 의견이나,

청구법인은 광고주인 ○○와 방송광고대행계약을 체결할 당시 ○○로부터 받을 수수료의 ○%를 환원하기로 약정하였고 그 약정에 따라 환원한 것인 점, 청구법인의 수익은 방송광고제작에서 발생하는 수익과 광고대행수수료로 구성되고, 광고제작 관련 수익은 통상 광고주로부터 직접 지급받는 것이나, 광고대행수수료는 광고대행사와 광고주가 체결한 계약이 단순판매대행인지 종합광고대행인지와 관계없이 광고제작비가 포함되지 아니한 광고판매대행액에 「방송광고판매대행 등에 관한 법률」 §16 ①에 따른 수탁수수료율(방송광고판매액의 20% 이내)과 광고수수료율(수탁수수료의 70% 이상)을 적용하여 산정되는 것인 점 등에 비추어 ○○로부터 지급받는 광고대행수수료에 제작대행 수수료가 포함되어 있다고 단정하기 어려운 점, 청구법인이 단순판매대행계약에 따라 지급받는 광고대행수수료 중 ○%를 광고주에게 환원(refund)한 것에 대하여는 손금부인하지 아니한 점 등에 비추어 청구법인이 ○○○로부터 수취한 광고대행수수료 중 ○%를 광고주에게 환원(refund)한 것은 청구법인의 사업과 관련하여 발생한 통상적인 것에 해당한다 할 것이므로, 처분청이 쟁점금액을 접대비로 보아 한도초과액을 손금불산입한 처분은 잘못이 있다고 판단된다.

일반적으로 광고제작대행은 광고주가 원하는 광고물을 제작하는 과정에서 모델섭외, 광고물 컨셉 설정, 광고물 촬영 등 광고물 제작과 관련된 모든 업무를 광고주를 위해 대행하는 기능을 말하고, 광고판매대행은 광고주와 매체사 또는 매체사의 판매대행자(광고판매대행자) 사이에서 광고물이 게첨되도록 판매를 중개·알선하는 기능을 말한다.

한편, 방송광고 판매수수료의 거래 구조를 보면 크게 Commission방식과 Fee방식이 있는데, Commission방식은 광고료의 일정 부분을 광고판매대행자가 청구법인과 같은 광고대행자에게 지불하는 방식이며, Fee방식은 광고수수료를 광고주가 광고대행자에게 지불하는 방식이다.

Commission방식의 경우, 광고판매대행자가 광고대행자에게 지불하는 광고수수료에는 제작대행 수수료와 판매대행 수수료가 포함되어 있다. 만약, 광고대행자가 단순 판매대행만 수행하고 광고주가 자기책임 하에 광고물을 제작을 하였다면 관련 제작대행 수수료는 광고대행자가 광고주에게 제작대행수수료 상당액을 환원(refund)하는 것이 통상적인 업계 관행으로 알려져 있다.

과세관청은 청구법인의 쟁점광고대행 행태를 단순판매대행이 아니라 종합광고대행 용역을 제공한 것으로 파악하고, 종합광고대행에서는 통상적이지 않은 refund 금액을 지급한 것이기 때문에 접대비라고 주장하였지만, 쟁점금액은 사전에 체결된 약정에 따라 지급되었고, 광고대행수수료는 광고대행사와 광고주가 체결한 계약이 단순판매대행인지 종합광고대행인지와 관계없이 광고제작비가 포함되지 아니한 광고판매대행액에 「방송광고판매대행 등에 관한 법률」에 따른 수탁수수료율과 광고수수료율을 적용하여 산정되기 때문에 쟁점금액이 접대비가 아니라고 판단하였다. 또 과세관청이 광고주에게 refund한 금액을 손금부인하지 않은 것도 청구법인의 사업과 관련하여 발생한 통상적인 비용에 해당하다는 판단에 영향을 미친 것으로 보인다.

국내 광고시장은 청구법인과 같은 종합광고대행사 뿐만 아니라 단순 판매대행사 또는 단순 제작대행사 등이 광고주 영입을 위해 경쟁이 치열한 구조이고, 특히, 광고주와 일차적으로 계약하는 대행사들도 아래로 다단계 하청계약을 체결하는 구조이거나, 영세 대행사의 경우 영업력 유지를 위해 자사 영업사원과 회사가 이익을 나누는 것이 실정이다.

이러한 광고대행 업계 환경으로 인해 광고대행사들 간에 광고주 영입을 위한 경쟁이 치열하게 진행되고 그 결과 변칙적인 방법을 통해 광고대행 수수료의 일부를 광고주에게 리베이트로 지급하는 것이 문제점으로 지적되고 있다.

Case 10 심사 95-0686, 1995.6.9.

대리점은 청구법인의 제품을 판매할 뿐 별개의 독립된 업체이므로, 대리점에게 무상으로 지급한 판촉물은 유사접대비에 해당한다는 사례

가. 사실관계

(1) 청구법인은 의류제조·판매를 주업으로 하는 업체로서, 판매는 직영판매와 대리점판매로 구성

(2) 판촉물과 디스플레이 용품 등을 구입하여 판촉물은 직영점과 대리점에 무상 지급하였고, 디스플레이 용품은 대리점에 지급할 때 50%는 유상으로 지원

나. 과세경위

직영점에 지급한 판촉물과 디스플레이 용품은 전액 손금인정하였지만, 대리점에 지원한 판촉물·디스플레이 용품 등은 유사접대비로 시부인

다. 청구법인 주장

(1) 대부분 대리점판매 형태로 판매하는데, 각 대리점과 사전약정에 의하여 판촉물을 불특정 다수인에게 지급한 것은 판매부대비용임에 불구하고 접대비로 보아 법인세·부가가치세를 과세한 것은 부당하다.

(2) 각 대리점에 지급한 디스플레이 용품(전시용품)은 1~3월 내에 교체되는 소모성 전시소품으로서 청구법인의 잠재적 고객에서 홍보 또는 판촉을 목적으로 하는 것으로서 당연히 판매촉진비에 해당한다.

라. 처분청 의견

(1) 청구법인은 세법상 접대비 지출의 규제를 회피하기 위한 수단으로 유사접대비를 여러 계정과목으로 분산회계처리 하였고, 막대한 광고선전비를 투입하여 TV 등을 통한 광고를 대대적으로 하고 있어 별도로 대리점을 지원할 필요성이 없음에도, 특정대리점에 판촉물품을 무상으로 지원하고도 청구법인의 직접적인 고객을 지원한 판매부대비용이라고 주장하는 것은 이유 없다.

(2) 직영점이 아닌 대리점에 지급된 디스플레이용품은 판매부대비용이 아니라 특정인인 대리점에게 지급한 유사접대비에 해당하며 특정인의 대리점에 지급된 부분만 접대비로 한도시부인한 것이고, 청구법인과 직접 관련이 없는 대리점의 판매활동을 지원하기 위한 비용은 청구법인의 직접적인 고객에서 판매금액의 규모에 따라 차등 지급되는 장려금등과 같은 판매부대비용과는 성격이 다르고, 디스플레이 용품 중 50%는 유상으로 지원한 사실 등으로 미루어 보았을 때, 대리점에 대한 유사접대비로 보아 접대비 한도시

부인한 것은 달리 잘못이 없다.

마. 쟁점

직영점이 아닌 대리점에게 지급한 판촉물을 접대비로 시부인계산한 처분의 당부

바. 판단요지

접대비란 명칭여하에 불구하고 이와 유사한 비용으로서 기업의 업무와 관련된 지출로써, 판매촉진이나 기업이미지 개선 등 선전효과를 위하여 물품 등을 불특정 다수인에게 지급하는 광고선전비와는 구별되고, 불특정고객을 상대로 사전약정에 따라 지급하는 장려금, 보금, 사은금, 답례품 등의 판매부대비용과도 구별되는 바, 이 건의 경우

① 청구법인은 의류를 제조하여 판매하는 업체로서 직영점과 대리점을 통하여 판매하고 있는 바, 청구법인이 불특정 다수인을 상대로 하는 것은 청구법인의 직영점이고 대부분 전국의 각 대리점을 통하여 판매하고 있는 법인임을 알 수 있고,
② 처분청의 조사서에 따르면, 각 대리점으로 지급된 판촉물 중에서도 판매함에 있어서 필수적인 것(예 : 소핑백, 옷걸이 등)은 판매촉진비로 인정하였고, 각 대리점에 지급된 판촉물 중 5천 원~20만 원에 상당하는 라디오, 시계, 진공청소기, TV등 각 대리점의 사은 행사기간에 지급된 것은 각 대리점에서 부담해야 할 것임에도 청구법인이 일괄 구입하여 지급한 것은 메이커인 청구법인이 각 대리점을 지원하기 위한 것으로 기 조사된 바 있고,
③ 판촉물 등은 청구법인이 생산한 것이 아닌 것으로서 견본품도 아니고 각 대리점에 제공한 것일 뿐 불특정 다수인에게 직접 배포한 것이 아니며, 각 대리점은 청구법인의 제품을 판매할 뿐 별개의 독립된 업체이므로 각 대리점에서 판매하고 있는 상품의 판매촉진을 위하여 판촉물이 필요하다면 각 대리점의 계산과 부담하에 판촉물을 마련하여 배포하여야 할 것이고, (동지 : 국심 92중2739, 1992.10.6.)
④ 광고선전비 및 판매촉진비에서 불특정 다수인이란 『전혀 특정되지 아니한 일반 다수인』의 의미로 해석된다(서울고등법원 90구6875, 1992.3.5., 국심 92서1010, 1992.7.3). 따라서 청구법인의 제품을 판매함에 있어서 불특정 다수인을 상대로 판매하는 경우의 판촉물의 가액은 판매촉진비로 기 인정한 바 있고,

각 대리점에서 고객들에게 판매를 함에 있어서 필수적으로 지급되는 쇼핑백과 옷걸이 가액은 판매촉진비로 인정하였으며, 그 이외 각 대리점의 사은행사기간에 각 대리점의 고객들에게 사은품으로 지급된 단위당 구입가격 5천 원~20만 원의 판촉물가액과 그 대리점의 매장에서 필요로 하는 디스플레이 용품을 각 대리점에 대한 유사접대비로 보아 한도시부인하여 법인세를 과세하고 접대비 해당 판촉물에 대한 매입세액을 불공제한 것이므로 청구법인에서 지급한 모든 판촉물의 가액을 판매촉진비로 인정해야 한다는 청구법인의 주장은 받아들이기가 어렵다.

제조 · 판매업체가 제조한 물건을 판매하는 대리점은 직영점과 달리 전혀 법인격이 다른 실체이므로, 판매촉진을 위해 일반 불특정 다수 소비자들에게 배포할 판촉물이 필요할 경우 대리점 자체의 비용으로 부담하여야 한다며, 청구법인과 같은 제조 · 판매업체가 다른 실체인 대리점에게 판촉물을 무상으로 배포한 것은 특정인에게 지급한 것이므로 판매촉진비가 아니라 접대비에 해당한다는 사례이다.

그러나 심사판례 중에서 사전약정에 의해 총판업체가 대리점들에게 판매실적에 따라 판매장려금품을 지급하고 동일 물량을 제조업체가 총판업체에게 지급한 경우, 접대비가 아닌 판매부대비용에 해당한다는 사례도 있으므로 두 사례의 차이점을 잘 비교하여야 한다.

판매부대비용에 해당한다는 사례(심사법인 99-0380, 2000.1.21.)의 경우, ㈜○○양행은 청구법인과 독점판매계약을 체결한 청구법인의 총판업체로서, 대리점을 통해 청구법인의 물건을 판매한다. 청구법인이 ○○양행에게 판매실적에 의거하여 추가로 소정의 제품을 판매장려금품으로 제공한 것은 ○○양행에 이익을 보전하기 위해서가 아니라 대리점 등에 대한 판매가격을 인하하거나 또는 대리점 등의 이익극대화를 유인함으로써 최종적으로 청구법인의 제품판매촉진을 직접적으로 도모하기 위한 판매전략으로 보는 것이 합리적이고,

처분청이 불특정 다수의 거래처를 대상으로 하지 아니하고 ○○양행이라는 특정의 거래처에 대해서만 판매장려금을 지급하는 경제적 이익을 제공하였다하여 유사접대비로 본 것은, 거래의 실질내용을 도외시하고 외형적인 관점에서 판단한 것으로, 특약규정에 보면 모든 대리점 등을 수혜대상으로 한다고 규정하고 있고, 실질적인 판매장려금품의 혜택을 판매실적에 따라 대리점 등에 귀속되므로 이는 판매부대비에 해당된다 할 것이어서 처분청에서 특정인인 판매법인에게만 판매장려금을 지급하였다하여 거래처에 사업과 관련하여 접대비성 금품을 제공한 것으로 본 처분은 잘못이라고 판단하고 있다.

제 7 장

소득세 주요쟁점별 판례경향 분석

추계과세 

실지거래가액에 의한 양도차익 계산 2

1 추계과세

가. 법령

1) 소득세법 제80조(결정과 경정)

① 납세지 관할세무서장 또는 지방국세청장은 제70조, 제70조의2, 제71조 및 제74조에 따른 과세표준확정신고를 하여야 할 자가 그 신고를 하지 아니한 경우에는 해당 거주자의 해당 과세기간 과세표준과 세액을 결정한다.
② 납세지 관할세무서장 또는 지방국세청장은 제70조, 제70조의2, 제71조 및 제74조에 따른 과세표준확정신고를 한 자(제2호 및 제3호의 경우 제73조에 따라 과세표준확정신고를 하지 아니한 자 포함)가 다음 각 호의 어느 하나에 해당하는 경우에는 해당 과세기간의 과세표준과 세액을 경정한다.
1. 신고 내용에 탈루 또는 오류가 있는 경우
2. 제137조, 제137조의2, 제138조, 제143조의4, 제144조의2 또는 제146조에 따라 소득세를 원천징수한 내용에 탈루 또는 오류가 있는 경우로서 원천징수의무자의 폐업·행방불명 등으로 원천징수의무자로부터 징수하기 어렵거나 근로소득자의 퇴사로 원천징수의무자의 원천징수 이행이 어렵다고 인정되는 경우
3. 제140조에 따른 근로소득자 소득, 세액공제신고서를 제출한 자가 사실과 다르게 기재된 영수증을 받는 등 대통령령으로 정하는 부당한 방법으로 종합소득공제 및 세액공제를 받은 경우로서 원천징수의무자가 부당공제 여부를 확인하기 어렵다고 인정되는 경우
4. 제163조 제5항에 따른 매출, 매입처별 계산서합계표 또는 제164조, 제164조의2에 따른 지급명세서의 전부 또는 일부를 제출하지 아니한 경우
5. 다음 각 목의 어느 하나에 해당하는 경우로서 시설규모나 영업상황으로 보아 신고내용이 불성실하다고 판단되는 경우
   가. 제160조의5 제1항에 따라 사업용 계좌를 이용하여야 할 사업자가 이를 이행하지 아니한 경우
   나. 제160조의5 제3항에 따라 사업용 계좌를 신고하여야 할 사업자가 이를 이행하지 아니한 경우
   다. 제162조의2 제1항에 따른 신용카드가맹점 가입 요건에 해당하는 사업자가 정당한 사유 없이 「여신전문금융업법」에 따른 신용카드가맹점으로 가입하지 아니한 경우
   라. 제162조의2 제2항에 따른 신용카드가맹점 가입 요건에 해당하여 가맹한 신용카드가맹점이 정당한 사유 없이 같은 조 제2항을 위반하여 신용카드에 의한 거래를 거

부하거나 신용카드매출전표를 사실과 다르게 발급한 경우
마. 제162조의3 제1항에 따른 요건에 해당하는 사업자가 정당한 사유 없이 현금영수증가맹점으로 가입하지 아니한 경우
바. 제162조의3 제1항에 따라 현금영수증가맹점으로 가입한 사업자가 정당한 사유 없이 같은 조 제3항 또는 제4항을 위반하여 현금영수증을 발급하지 아니하거나 사실과 다르게 발급한 경우
③ 납세지 관할세무서장 또는 지방국세청장은 제1항과 제2항에 따라 해당 과세기간의 과세표준과 세액을 결정 또는 경정하는 경우에는 장부나 그 밖의 증명서류를 근거로 하여야 한다. 다만, 대통령령으로 정하는 사유로 장부나 그 밖의 증명서류에 의하여 소득금액을 계산할 수 없는 경우에는 대통령령으로 정하는 바에 따라 소득금액을 추계조사결정할 수 있다.
④ 납세지 관할세무서장 또는 지방국세청장은 과세표준과 세액을 결정 또는 경정한 후 그 결정 또는 경정에 탈루 또는 오류가 있는 것이 발견된 경우에는 즉시 그 과세표준과 세액을 다시 경정한다.

2) 소득세법 시행령

가) 제142조(과세표준과 세액의 결정 및 경정)

① 법 제80조의 규정에 의한 과세표준과 세액의 결정 또는 경정은 과세표준확정신고서 및 그 첨부서류에 의하거나 실지조사에 의함을 원칙으로 한다.
② 법 제80조 제1항의 규정에 의한 결정은 과세표준확정신고기일부터 1년 내에 완료하여야 한다. 다만, 국세청장이 조사기간을 따로 정하거나 부득이한 사유로 인하여 국세청장의 승인을 얻은 경우에는 그러하지 아니하다.
③ 법 제80조 제2항 제3호에서 "사실과 다르게 기재된 영수증을 받는 등 대통령령으로 정하는 부당한 방법"이란 다음 각 호의 어느 하나에 해당하는 경우를 말한다.
1. 허위증거자료 또는 허위문서의 작성 및 제출
2. 허위증거자료 또는 허위문서의 수취(허위임을 알고 받는 경우에 한한다) 및 제출

나) 제143조(추계결정 및 경정)

① 법 제80조 제3항 단서에서 "대통령령으로 정하는 사유"란 다음 각 호의 어느 하나에 해당하는 경우를 말한다.
1. 과세표준을 계산함에 있어서 필요한 장부와 증빙서류가 없거나 중요한 부분이 미비 또

는 허위인 경우

2. 기장의 내용이 시설규모, 종업원수, 원자재, 상품 또는 제품의 시가, 각종 요금 등에 비추어 허위임이 명백한 경우

3. 기장의 내용이 원자재사용량, 전력사용량 기타 조업상황에 비추어 허위임이 명백한 경우

② 법 제80조 제3항 단서에 따라 과세표준을 추계결정 또는 경정하는 경우에는 제3항에 따라 산출한 소득금액에서 법 제50조, 제51조, 제52조에 따른 인적공제와 특별소득공제를 하여 과세표준을 계산한다.

③ 법 제80조 제3항 단서에 따라 소득금액의 추계결정 또는 경정을 하는 경우에는 다음 각 호의 방법에 따른다. 다만, 제1호의2는 단순경비율 적용대상자만 적용한다.

1. 수입금액에서 다음 각 목의 금액을 공제한 금액을 그 소득금액(이하 이 조에서 "기준소득금액")으로 결정 또는 경정하는 방법. 이 경우 공제할 금액이 수입금액을 초과하는 경우에는 그 초과금액은 없는 것으로 본다. 다만, 기준소득금액이 제1호의2에 따른 소득금액에 기획재정부령으로 정하는 배율을 곱하여 계산한 금액 이상인 경우 2015년 12월 31일이 속하는 과세기간의 소득금액을 결정 또는 경정할 때까지는 그 배율을 곱하여 계산한 금액을 소득금액으로 결정할 수 있다.
   가. 매입비용(사업용 고정자산 매입비용 제외. 이하 이 조에서 같다)과 사업용 고정자산에 대한 임차료로서 증빙서류에 의하여 지출하였거나 지출할 금액
   나. 종업원의 급여와 임금 및 퇴직급여로서 증빙서류에 의하여 지급하였거나 지급할 금액
   다. 수입금액에 기준경비율을 곱하여 계산한 금액. 다만, 법 제160조 제3항에 따른 복식부기의무자의 경우에는 수입금액에 기준경비율의 2분의 1을 곱하여 계산한 금액

1의2. 수입금액에서 수입금액에 단순경비율을 곱한 금액을 공제한 금액을 그 소득금액으로 결정 또는 경정하는 방법

1의3. 법 제73조 제1항 제4호에 따른 사업소득(이하 "연말정산사업소득")에 대한 수입금액에 제201조의11 제4항에 따른 연말정산사업소득의 소득률을 곱하여 계산한 금액을 그 소득금액으로 결정 또는 경정하는 방법

2. 기준경비율 또는 단순경비율이 결정되지 아니하였거나 천재지변 기타 불가항력으로 장부 기타 증빙서류가 멸실된 때에는 기장이 가장 정확하다고 인정되는 동일업종의 다른 사업자의 소득금액을 참작하여 그 소득금액을 결정 또는 경정하는 방법. 다만, 동일업종의 다른 사업자가 없는 경우로서 과세표준확정신고 후에 장부 등이 멸실된 때에는 법 제70조의 규정에 의한 신고서 및 그 첨부서류에 의하고 과세표준확정신고 전에 장부 등이 멸실된 때에는 직전과세기간의 소득률에 의하여 소득금액을 결정 또는 경정한다.

3. 기타 국세청장이 합리적이라고 인정하는 방법

④ 제3항 각 호 외의 부분 단서에서 "단순경비율 적용대상자"란 다음 각 호의 어느 하나에 해당하는 사업자를 말한다.

1. 해당 과세기간에 신규로 사업을 개시한 사업자로서 해당 과세기간의 수입금액이 제208조 제5항 제2호 각 목에 따른 금액에 미달하는 사업자
2. 직전 과세기간의 수입금액(결정 또는 경정으로 증가된 수입금액 포함)의 합계액이 다음 각 목의 금액에 미달하는 사업자

가. 농업, 임업 및 어업, 광업, 도매 및 소매업(상품중개업 제외), 제122조 제1항에 따른 부동산매매업, 그 밖에 나목 및 다목에 해당되지 아니하는 사업 : 6천만 원

나. 제조업, 숙박 및 음식점업, 전기, 가스, 증기 및 수도사업, 하수, 폐기물처리 · 원료재생 및 환경복원업, 건설업(비주거용 건물 건설업은 제외하고, 주거용 건물 개발 및 공급업은 포함), 운수업, 출판, 영상, 방송통신 및 정보서비스업, 금융 및 보험업, 상품중개업 : 3천600만 원

다. 법 제45조 제2항에 따른 부동산임대업, 부동산 관련 서비스업, 임대업(부동산임대업 제외), 전문, 과학 및 기술서비스업, 사업시설관리 및 사업지원서비스업, 교육서비스업, 보건업 및 사회복지서비스업, 예술, 스포츠 및 여가 관련 서비스업, 협회 및 단체, 수리 및 기타 개인서비스업, 가구 내 고용활동 : 2천400만 원

⑤ 제3항 제1호 가목의 규정에 의한 매입비용과 사업용 고정자산에 대한 임차료의 범위, 동호 가목 및 나목의 규정에 의한 증빙서류의 종류는 국세청장이 정하는 바에 의한다.

⑥ 제4항 제2호의 규정을 적용함에 있어서 같은 호 가목부터 다목까지의 업종을 겸영하거나 사업장이 2 이상인 경우에는 제208조 제7항을 준용하여 계산한 수입금액에 의한다.

⑦ 제4항에도 불구하고 다음 각 호의 어느 하나에 해당하는 사업자는 단순경비율 적용대상자에 포함되지 아니한다.

1. 제147조의3에 따른 사업자
2. 「부가가치세법 시행령」 제109조 제2항 제7호에 해당하는 사업을 영위하는 자
3. 법 제162조의3 제1항에 따라 현금영수증가맹점에 가입하여야 하는 사업자 중 현금영수증가맹점으로 가입하지 아니한 사업자(가입하지 아니한 해당 과세기간에 한한다)
4. 해당 과세기간에 법 제162조의2 제2항, 제162조의3 제3항 또는 같은 조 제4항을 위반하여 법 제162조의2 제4항 후단 또는 제162조의3 제6항 후단에 따라 관할세무서장으로부터 해당 과세기간에 3회 이상 통보받고 그 금액의 합계액이 100만 원 이상이거나 5회 이상 통보받은 사업자(통보받은 내용이 발생한 날이 속하는 해당 과세기간에 한정한다)

⑧ 법 또는 다른 법률에 따라 총수입금액에 산입할 충당금, 준비금 등이 있는 자에 대한 소득금액을 법 제80조 제3항 단서에 따라 추계결정 또는 경정하는 때에는 제3항에 따라 계산한 소득금액에 해당 과세기간의 총수입금액에 산입할 충당금, 준비금 등을 가산한다.

⑨ 제3항 제1호 가목에 따른 증빙서류를 제출하지 못하는 경우에는 기획재정부령으로 정하는 주요경비지출명세서를 제출하여야 한다.

다) 제144조(추계결정, 경정시의 수입금액의 계산)

① 사업자의 수입금액을 장부 기타 증빙서류에 의하여 계산할 수 없는 경우 그 수입금액은 다음 각 호의 1의 방법에 의하여 계산한 금액으로 한다.

1. 기장이 정당하다고 인정되어 기장에 의하여 조사 결정한 동일업황의 다른 사업자의 수입금액을 참작하여 계산하는 방법
2. 국세청장이 사업의 종류, 지역 등을 감안하여 사업과 관련된 인적, 물적시설(종업원, 객실, 사업장, 차량, 수도, 전기 등)의 수량 또는 가액과 매출액의 관계를 정한 영업효율이 있는 때에는 이를 적용하여 계산하는 방법
3. 국세청장이 업종별로 투입 원재료에 대하여 조사한 생산수율을 적용하여 계산한 생산량에 당해 과세기간 중에 매출한 수량의 시가를 적용하여 계산하는 방법
4. 국세청장이 사업의 종류별, 지역별로 정한 다음 각목의 1에 해당하는 기준에 의하여 계산하는 방법
   가. 생산에 투입되는 원, 부재료 중에서 일부 또는 전체의 수량과 생산량과의 관계를 정한 원단위 투입량
   나. 인건비, 임차료, 재료비, 수도광열비 기타 영업비용 중에서 일부 또는 전체의 비용과 매출액의 관계를 정한 비용관계비율
   다. 일정기간 동안의 평균재고금액과 매출액 또는 매출원가와의 관계를 정한 상품회전율
   라. 일정기간 동안의 매출액과 매출총이익의 비율을 정한 매매총이익률
   마. 일정기간 동안의 매출액과 부가가치액의 비율을 정한 부가가치율
5. 추계결정, 경정대상 사업자에 대하여 제2호 내지 제4호의 비율을 산정할 수 있는 경우에는 이를 적용하여 계산하는 방법
6. 주로 최종소비자를 대상으로 거래하는 업종에 대하여는 국세청장이 정하는 입회조사기준에 의하여 계산하는 방법

② 법 제21조 제1항 제7호에 따른 기타소득에 대한 수입금액을 장부 기타 증빙서류에 의하여 계산할 수 없는 경우 그 수입금액은 다음 각 호의 어느 하나의 금액에 의한다.

1. (삭제)
2. 영업권(점포임차권 제외)은 「상속세 및 증여세법 시행령」 제59조 제2항의 규정에 의하여 평가한 금액
3. 점포임차권은 다음 가목에 의하여 계산한 금액에서 나목에 의하여 계산한 금액을 차감한 금액
   가. 양도시 임대보증금상당액 + 당해 자산을 양도하는 사업자의 영업권 평가액
   나. 취득시의 임대보증금상당액 + (가목에 의하여 계산한 금액 - 취득시의 임대보증금상당액) × 1/2
4. 법 제21조 제1항 제7호의 자산이나 권리(영업권 및 점포임차권 제외)는 「상속세 및 증여세법 시행령」 제59조 제4항 내지 제6항의 규정에 의하여 평가한 금액

③ 제1항의 규정에 의한 수입금액은 다음 각 호의 금액을 가산한 것으로 한다.
1. 당해 사업과 관련하여 국가, 지방자치단체로부터 지급받은 보조금 또는 장려금
2. 당해 사업과 관련하여 동업자단체 또는 거래처로부터 지급받은 보조금 또는 장려금
3. 「부가가치세법」 제46조 제1항에 따라 신용카드매출전표를 교부함으로써 공제받은 부가가치세액

④ 제1항 내지 제3항의 규정에 의하여 수입금액을 추계결정 또는 경정함에 있어서 거주자가 비치한 장부와 기타 증빙서류에 의하여 소득금액을 계산할 수 있는 때에는 당해 과세기간의 과세표준과 세액은 실지조사에 의하여 결정 또는 경정하여야 한다.

라) 제145조(기준경비율 및 단순경비율)

① 제143조 제3항에 따른 기준경비율 또는 단순경비율은 국세청장이 규모와 업황에 있어서 평균적인 기업에 대하여 업종과 기업의 특성에 따라 조사한 평균적인 경비비율을 참작하여 기준경비율심의회의 심의를 거쳐 결정한 경비율로 한다.
② 제1항에 따른 기준경비율심의회는 국세청에 두되, 그 위원장은 국세청 차장이 되고, 위원은 경상계 대학, 학술연구단체, 경제단체, 금융회사 등으로부터 추천을 받아 국세청장이 위촉하는 자 11인과 기획재정부령으로 정하는 공무원으로 구성한다.
③ 국세청장은 당해 과세기간에 적용할 경비율 및 추계방법(2 이상의 추계방법을 정하는 경우는 그 적용에 관한 사항 포함)을 당해 과세기간에 대한 과세표준 확정신고기간 개시 1개월 전까지 기준경비율심의회의 심의를 거쳐 확정하고 이를 고시하여야 한다.
④ 기준경비율심의회의 조직, 운영에 관하여 필요한 사항은 국세청장이 정한다.

마) 제147조의5(경정 등의 경우 가산세 적용 특례)

① 사업자가 법 제80조에 따른 결정, 경정 또는 「국세기본법」 제45조에 따른 수정신고로 인하여 수입금액이 증가함으로써 제208조 제5항에 따른 사업자에 해당되지 아니하게 되는 경우에는 법 제70조 제4항 후단 및 제160조의5 제3항을 적용할 때 그 결정, 경정 또는 수정신고하는 날이 속하는 과세기간까지는 간편장부 대상자로 본다. 다만, 결정, 경정 또는 수정신고하는 날이 속하는 과세기간 이전에 복식부기의무자로 전환된 경우에는 복식부기의무자로 전환된 과세기간의 직전 과세기간까지는 간편장부 대상자로 본다.
② 법 제81조 제11항 제1호는 법 제80조에 따른 결정 또는 경정에 의하여 법 제162조의3 제1항에 따라 현금영수증가맹점으로 가입하여야 할 사업자에 해당하게 되는 경우에도 적용한다.

3) 소득세법 시행규칙

가) 제67조(소득금액 추계결정 또는 경정시 적용하는 배율)

> 영 제143조 제3항 제1호 각 목 외의 부분 단서에서 "기획재정부령으로 정하는 배율"이란 3.0(법 제160조에 따른 간편장부 대상자의 경우 2.4)을 말한다.

나) 제68조(기준경비율심의회 위원)

> 영 제145조 제2항에서 "기획재정부령으로 정하는 공무원"이란 기획재정부에서 소득세제 업무를 관장하는 고위공무원단에 속하는 공무원 1명과 국세청장이 지정하는 자를 말한다.

4) 기본통칙

80-0…1	과세표준과 세액의 경정결정

① 당초 결정 또는 경정이 실지조사에 의하여 이루어진 경우에는 그 후에 추계방법으로 경정 또는 재경정을 할 수 없다. 다만, 당초 결정 또는 경정 후 수입금액 등의 누락 또는 탈루가 발견되었으나 천재지변 기타 불가항력의 사유로 당초의 장부와 증빙 등이 멸실되어 실지조사할 수 없는 경우에는 그 부분에 한하여 소득금액을 추계할 수 있다.
② 당초 결정 또는 경정이 추계결정되었을 경우에는 그 후 당초 추계결정 근거에서 누락된 수입금액의 누락 등의 발견 시에도 소득금액을 추계하여 계산한다.

80-143…1	천재지변 등의 경우에 있어서의 소득금액의 계산

법 제80조 제3항 단서 및 영 제143조 제3항 제2호의 규정에 의하여 천재・지변・기타 불가항력으로 장부・기타 증빙서류가 멸실된 경우에 있어서 당해 연도의 소득금액을 추계결정・경정하는 때에는 추계결정・경정 소득금액에서 다음 각 호의 1에 해당되는 금액을 차감하여 소득금액을 계산한다.

1. 사업용 고정자산이 천재지변・기타 불가항력인 사유로 파손 또는 멸실된 경우에는 당해 고정자산의 장부가액
2. 사업용 고정자산이 고유목적에 전혀 사용할 수 없거나 다른 용도에도 전용할 수 없는 경우에는 당해 자산의 장부가액과 처분가액(처분하지 아니한 때에는 평가한 가액)과의 차액
3. 보수・개수 또는 수리함으로써 재사용이 가능한 당해 사업용 고정자산은 보수・개수 또는 수리에 지출한 비용상당액(다만, 자본적 지출에 상당하는 금액은 제외)

80-143…2	실제 업종에 대한 기준경비율 또는 단순경비율 적용

법 제80조 제3항 단서 및 영 제143조의 규정에 의하여 기준경비율 또는 단순경비율을 적용하는 데 있어서 사업자등록증상의 업종과 실제의 업종이 상이한 경우에는 실제의 업태와 종목에 대한 기준경비율 또는 단순경비율을 적용한다.

나. 추계과세 개요

1) 개념

추계과세라 함은 영업자나 사업자에 대해 실액과세를 하려고 하여도 과세표준액의 근거가 될 장부를 비치하지 않거나 기장하지 않아 거래사실을 구체적으로 확실하게 포착할 수 없거나 또는 납세자의 신고가 없거나 신고가 부당하여 정확성을 기대할 수 없을 때 정부가 조사한 제반 간접자료에 의하여 당해 결산기간에 속한 과세표준액을 결정하는 방법을 말한다.

정부의 과세는 국세기본법 §16 근거과세원칙에 따라 납세의무자가 세법에 따라 장부를 갖추어 기록하고 있는 경우에는 해당 국세 과세표준의 조사와 결정은 그 장부와 이에 관계되는 증거자료에 의하여야 하며, 국세를 조사·결정할 때 장부의 기록 내용이 사실과 다르거나 장부의 기록에 누락된 것이 있는 때라 하더라도 '그 부분에 한정하여' 정부가 조사한 사실에 따라 결정할 수 있고(국기법 §16 ①, ②), 추계결정한 경우에는 조사한 사실과 결정의 근거를 결정서에 기재하여야 한다(국기법 §16 ③). 즉 추계과세는 국세부과의 원칙인 근거과세원칙에 대한 예외에 해당한다.

따라서 과세관청이 과세처분을 행함에 있어서 원칙적으로 직접적인 증거자료를 근거로 하여 객관성 있게 행하여야 하며, 예외적으로 납세의무자가 장부와 증빙서류를 갖추고 있지 않거나 그 장부 등이 허위임이 명백한 경우와 같이 직접적인 증거에 의존할 수 없는 명백한 사유가 있을 때 비로소 부득이 간접적인 증거에 의하여 과세표준을 추정하여 산정할 수 있고, 이를 추계과세라 한다.

추계과세는 국세기본법 외 소득세법 §80 ③에 그 직접적 근거를 두고 있는데, 과세관청이 과세표준과 세액을 결정 또는 경정하는 경우에는 장부나 그 밖의 증명서류를 근거로 하여야 하는 것이 원칙이지만, 대통령령으로 정하는 사유로 장부나 그 밖의 증명서류에 의하여 소득금액을 계산할 수 없는 경우에는 대통령령으로 정하는 바에 따라 소득금액을 추계조사결정할 수 있다고 규정하고 있으며, 여기서 위임받은 소득세법 시행령 §143 ①은 추계과세가 가능한 요건으로 다음 3가지를 들고 있다.

추계과세가 가능한 요건

① 과세표준을 계산함에 있어서 필요한 장부와 증빙서류가 없거나 중요한 부분이 미비 또는 허위인 경우
② 기장의 내용이 시설규모·종업원수·원자재·상품 또는 제품의 시가·각종 요금 등에 비추어 허위임이 명백한 경우
③ 기장의 내용이 원자재 사용량·전력 사용량 기타 조업상황에 비추어 허위임이 명백한 경우

그러나 이러한 추계요건은 구체적이고 개별적인 사례마다 일률적으로 적용할 수 없는 추상적인 규정이므로 추계요건의 충족 여부의 판단에 조사자의 주관이 개입될 수밖에 없으며, 그에 따라 납세자의 조세불복 등 많은 문제가 발생되고 있다.[32]

2) 추계과세의 구분

추계결정에 의한 과세는 크게 소득금액의 추계(소득령 §143)와 수입금액의 추계(소득령 §144)로 구분된다.

가) 소득금액의 추계결정

소득세법 §80 ③ 단서에 따라 과세관청이 소득금액을 추계결정할 때는 다음 방법에 따라야 하며(소득령 §143 ③), 소득세법이나 다른 법률에 따라 총수입금액에 산입할 충당금·준비금 등이 있는 자의 경우는 추계결정한 소득금액에 해당 과세기간의 총수입금액에 산입할 충당금·준비금 등을 가산하여야 한다(소득령 §143 ⑧).

32) 김유찬, "국세행정에 대한 감사수행방안에 대한 연구 - 추계과세관리를 중심으로-", 「감사원 감사논집」 2010년 제15호.

(1) 기준경비율에 의한 추계(소득령 §143 ③ 1.)

기준소득금액 = Min[(1), (2)]
(1) 수입금액 - 주요경비 - (수입금액 × 기준경비율)
(2) [수입금액 - (수입금액 × 단순경비율)] × 배율

일정요건에 해당하는 사업자는 장부를 기록하지 않았더라도 사업자의 지출경비 중 주요경비는 증빙에 의하여 필요경비를 인정하고, 기타경비는 별도 증빙이 없더라도 정부가 정한 기준경비율에 이해 필요경비를 인정한다.

이때 복식부기의무자의 과세표준 양성화를 위해 2011년 귀속분부터 복식부기의무자의 추계소득금액 계산시 기타경비에 대해 기준경비율의 50%만 적용하는 것에 주의한다.

기준경비율제도[33]에 의한 소득금액은 다음과 같이 계산하며, 공제할 금액이 수입금액을 초과하는 경우에는 그 초과금액은 없는 것으로 본다.

(1) 소득금액 = 수입금액 - 주요경비 - (수입금액 × 기준경비율)

비록 장부를 작성하지 못하였더라도 사업자라면 최소한 사업의 필수적인 경비는 증빙을 갖추고, 이 증빙에 의해 지출을 입증하라는 의미에서 주요경비를 ① 매입비용 + ② 임차료 + ③ 인건비로 규정하고 있다.

① 매입비용은 재화의 매입과 외주가공비 및 운송업의 운반비를 의미하는데, 이때 재화란 상품·제품·재료·소모품 등 재산적 가치가 있는 유체물과 동력·열 등 관리할 수 있는 자연력을 말한다.

② 임차료는 사업에 직접 사용하는 건축물·기계장치 등 사업용 고정자산의 임차료를 의미한다. 이때 리스형태(금융리스 또는 운용리스)를 불문하고 리스료는 임차료에 포함하지 않는다.

③ 인건비는 종업원의 급여와 임금 및 퇴직급여로서 증빙서류에 의하여 지급하였거나 지급할 금액을 의미한다. 이때 인건비는 근로제공의 대가로 지급하는 봉급·급료·세비·임금·상여금·수당과 유사한 성질의 급여를 말하며 근로자에게 비과세된 인건

33) 기준경비율제도는 장부기록에 의한 근거과세를 확립하고 증빙자료의 수령으로 거래의 투명성을 확보하기 위해 과거의 표준소득률을 폐지하고 2002년 귀속분부터 도입, 시행된 제도이다.

비도 포함한다.

일용근로자에게 지급한 인건비도 포함하지만, 사용자가 부담한 4대 보험료 및 종업원에게 제공한 식사·피복 등 복리후생비는 제외한다.

다만, 2015년 12월 31일이 속하는 과세기간의 소득금액을 결정 또는 경정할 때까지 기준소득금액은 다음 단순경비율에 배율을 곱하여 산출된 금액을 한도로 한다.

(2) [수입금액 - (수입금액 × 단순경비율)] × 배율

기준경비율과 단순경비율은 사업의 규모와 업종 및 사업특성에 따른 평균적인 경비비율을 참작하여 기준경비율심의회의 심의를 거쳐 국세청장이 결정하는데, 국세청 홈페이지에서 조회할 수 있다.

배율이란 기준경비율 적용 대상자가 주요경비에 대한 증빙서류를 수취하지 않을 경우 발생할 수 있는 급격한 세부담 증가를 완화하기 위하여 적용하는 율로서 연도별 변동내역은 다음과 같다.[34)]

| 연도별 적용배율 |

구 분	2006년	2007년	2008년	2009년	2010년 이후
간편장부대상자	1.8배	2.0배	2.1배	2.2배	2.4배
복식부기의무자	2.0배	2.4배	2.6배	2.8배	3.0배

(2) 단순경비율에 의한 추계(소득령 §143 ③ 1의2.)

단순경비율 적용 대상자에 한하여 적용하는 방법으로 수입금액에서 수입금액에 단순경비율을 곱한 금액을 공제한 금액을 그 소득금액으로 결정 또는 경정하는 방법을 말한다.

소득금액 = 수입금액 - (수입금액 × 단순경비율)
= 수입금액 × (1 - 단순경비율)

(3) 연말정산사업소득의 추계(소득령 §143 ③ 1의3.)

소득세법 §73 ① 제4호(보험모집인, 방문판매인, 계약배달판매인 등)에 따른 연말정산사업소득에 대한 수입금액에 연말정산사업소득의 소득률(소득령 §201의11 ④)에 따른 연말정산사업

34) 국세청, 「소득세 확정신고 안내 및 실무」, 2015.4.

소득의 소득률을 곱하여 계산한 금액을 그 소득금액으로 결정 또는 경정하는 방법을 말한다.

소득금액 = 연말정산사업소득 수입금액 × 소득률

(4) 동일업종 다른 사업자 소득을 참고한 추계(소득령 §143 ③ 2.)

기준경비율 또는 단순경비율이 결정되지 아니하였거나 천재지변 기타 불가항력으로 장부 기타 증빙서류가 멸실된 때에는 기장이 가장 정확하다고 인정되는 동일업종의 다른 사업자의 소득금액을 참작하여 그 소득금액을 결정 또는 경정하는 방법을 말한다.

다만, 동일업종의 다른 사업자가 없는 경우로서 과세표준확정신고 후 장부 등이 멸실된 때에는 소득세법 §70 규정에 의한 신고서 및 그 첨부서류에 의하고 과세표준확정신고 전에 장부 등이 멸실된 때에는 직전 과세기간의 소득률에 의하여 소득금액을 결정 또는 경정한다.

(5) 기타 국세청장이 합리적이라고 인정하는 방법(소득령 §143 ③ 3.)

국세청장은 당해 과세기간에 적용할 경비율 및 추계방법을 당해 과세기간에 대한 과세표준 확정신고기간 개시 1개월 전까지 기준경비율심의회의 심의를 거쳐 확정하고 이를 고시하여야 한다(소득령 §145 ③).[35]

나) 수입금액의 추계결정

수입금액을 추계결정함에 있어서 거주자가 비치한 장부와 기타 증빙서류에 의하여 소득금액을 계산할 수 있는 때에는 당해 과세기간의 과세표준과 세액은 실지조사에 의하여 결정 또는 경정하여야 한다(소득령 §144 ③).

따라서 장부 및 기타 증빙서류가 없는 경우에 한하여 다음 방법에 따라 수입금액을 추계하여야 한다.

(1) 사업소득의 수입금액 추계(소득령 §144 ①)

사업자의 수입금액을 장부 기타 증빙서류에 의하여 계산할 수 없는 경우 그 수입금액은

35) 2014년 소득에 대한 신고에 있어서는 2015.4.17. 국세청고시 제2015-9호로 소득금액을 추계결정 또는 경정하는 경우에 수입금액에서 공제하는 '매입비용과 사업용 고정자산에 대한 임차료의 범위', '매입비용 및 사업용 고정자산에 대한 임차료 관련 증명서류의 종류', '종업원의 급여, 임금 및 퇴직급여에 대한 증명서류의 종류'에 관한 사항을 정하여 고시한 바 있다.

다음 각 방법에 의하여 계산한 금액으로 한다.

1. 기장이 정당하다고 인정되어 기장에 의하여 조사 결정한 동일업황의 다른 사업자의 수입금액을 참작하여 계산하는 방법
2. 국세청장이 사업의 종류, 지역 등을 감안하여 사업과 관련된 인적·물적시설(종업원·객실·사업장·차량·수도·전기 등)의 수량 또는 가액과 매출액의 관계를 정한 영업효율이 있는 때에는 이를 적용하여 계산하는 방법
3. 국세청장이 업종별로 투입원재료에 대하여 조사한 생산수율을 적용하여 계산한 생산량에 당해 과세기간 중에 매출한 수량의 시가를 적용하여 계산하는 방법
4. 국세청장이 사업의 종류별·지역별로 정한 다음 각 경우에 해당하는 기준에 의하여 계산하는 방법
   가. 생산에 투입되는 원·부재료 중에서 일부 또는 전체의 수량과 생산량과의 관계를 정한 원단위 투입량
   나. 인건비·임차료·재료비·수도광열비 기타 영업비용 중에서 일부 또는 전체의 비용과 매출액의 관계를 정한 비용관계비율
   다. 일정기간 동안의 평균재고금액과 매출액 또는 매출원가와의 관계를 정한 상품회전
   라. 일정기간 동안의 매출액과 매출총이익의 비율을 정한 매매총이익률
   마. 일정기간 동안의 매출액과 부가가치액의 비율을 정한 부가가치율
5. 추계결정·경정대상 사업자에 대하여 위 2. 내지 4.의 비율을 산정할 수 있는 경우에는 이를 적용하여 계산하는 방법
6. 주로 최종소비자를 대상으로 거래하는 업종에 대하여는 국세청장이 정하는 입회조사기준에 의하여 계산하는 방법

당해 사업과 관련하여 국가·지방자치단체 및 동업자단체·거래처로부터 지급받은 보조금 또는 장려금이 있거나 부가가치세법 §46 ①에 따라 신용카드매출전표를 교부함으로써 공제받은 부가가치세액이 있는 경우, 위에서 계산한 수입금액에 가산한다(소득령 §144 ③).

(2) 기타소득의 수입금액 추계(소득령 §144 ②)

기타소득에 대한 수입금액을 장부 기타 증빙서류에 의하여 계산할 수 없는 경우 그 수입금액은 권리의 종류에 따라 다음 방법으로 추계한다.

1. 영업권 : 상증령 §59 ②에 따라 평가한 금액
2. 점포임차권 : ㉮ －㉯
   ㉮ 양도시 임대보증금상당액 ＋당해 자산을 양도하는 사업자의 영업권 평가액

㈏ 취득시 임대보증금상당액 + (㉮ - 취득시 임대보증금상당액) × 1/2
3. 그 외 광업권, 산업재산권, 상표권 등 : 상증령 §59 ④~⑥에 따라 평가한 금액

3) 추계조사결정의 적법성

가) 추계신고자에 대한 실지조사경정 가능 여부(집행기준 80-143-10)

납세지 관할세무서장 등이 종합소득과세표준과 세액을 경정함에 있어 거주자가 추계소득금액계산서에 의하여 신고한 경우에도 해당 연도 소득금액을 계산할 수 있는 장부 기타 증빙서류를 비치·기장하고 있는 경우에는 그에 근거하여 과세표준과 세액을 실지조사경정한다.

추계에 의하여 종합소득과세표준 확정신고한 납세자가 경정청구하거나 신고내용에 오류나 탈루가 있는 등의 결정·경정 사유가 있는 경우 납세자가 비치·기장한 장부 및 기타 증빙서류에 근거하여 실지조사 경정할 수 있으나, 납세자의 요구에 의하여 실지조사경정하는 것은 아니다.

당초 법정신고기한 내에 추계로 종합소득과세표준 확정신고서를 제출하고, 이후에 장부·기장에 의한 방법으로 신고내용을 변경하여 신고서를 제출하는 것은 수정신고 및 경정청구대상에 해당하지 않는다.

기장에 의해 과세표준확정신고를 한 후 상당한 금액의 수입금액 누락이 확인된 경우 소득금액이 추계에 의한 소득금액보다 많아진다는 사유로 당초의 기장에 의한 신고를 변경하여 추계소득금액에 의하여 수정신고할 수 없다.

나) 사업장별 실지과세와 추계과세 혼용 가능 여부

과세표준 및 세액의 계산은 사업장별로 실지조사결정 또는 추계조사결정 등 그 결정방법을 달리할 수는 있으나, 해당 연도의 동일한 사업장에 대해 실지조사결정과 추계조사결정 방법을 혼합하여 적용할 수 없다(집행기준 80-143-10 ②).

대법원 판례도 단일한 과세목적물에 대하여 실지조사와 추계조사를 혼합하여 과세표준액을 정하는 것은 관계 법령이 인정하는 과세방법이라고 할 수 없다고 하여 추계과세와 실지조사를 혼합하는 방법을 기본적으로 부인하고 있다(대법원 1978.12.26. 선고, 78누381 판결 : 1992.5.12. 선고, 90누3140 판결 : 1992.9.14. 선고, 92누1353 판결 등).

그러나 여러 개의 사업장이 있는 경우 다른 사업장에서의 사업소득이 추계조사방법에 의

하여 이루어졌음을 이유로 이 사건 사업장에서 발생한 소득금액도 추계조사결정에 의하여야 한다는 주장에 대하여, 수개의 사업장을 가진 사업자의 종합소득세 과세표준을 결정함에 있어서 사업장별로 반드시 같은 방법에 의하여 그 소득 등이 조사, 결정되어야 하는 것은 아니며(대법원 2008.1.31. 선고, 2006두9535 판결),

하나의 사업장에서 같은 시기에 매매가 이루어진 여러 필의 토지는 이를 모두 같은 방법으로 그 세액을 조사·결정하여야 한다고 주장에 대해서는, 과세대상이 되는 토지에 관한 소득 등을 어떠한 방법으로 조사·결정할 것인가 하는 문제는 각각 그 조사·결정방법에 관한 법정사유 중 어느 것에 해당하는가에 따라 각별로 결정되어야 하며,

하나의 사업장에서 여러 필지의 토지가 동시에 매매되었다 하여 반드시 같은 방법으로 조사·결정되어야 하는 것은 아니다(대법원 1995.7.25. 선고, 95누2708 판결).

다. 추계과세에 관한 증명책임의 소재

- 추계방법의 합리성, 타당성 → 과세관청이 입증
- 추계의 구체적 내용이 현저하게 불합리하여 실제와 다르다는 점 → 납세자가 입증

소득세법 각 규정에 의한 수입금액의 추계가 정당한 것으로 시인되기 위해서는 수입금액을 추계할 수 있는 요건을 갖추었다는 것만으로 부족하고, 추계의 내용과 방법이 구체적인 사안에서 가장 진실에 가까운 수입금액의 실액을 반영할 수 있도록 합리적이고 타당성이 있는 것이어야 한다.

추계방법의 적법 여부가 다투어지는 경우에 합리성과 타당성에 대한 증명책임은 처분의 적법성을 인정받고자 하는 과세관청에 있지만, 과세관청이 관계 규정이 정한 방법과 절차에 따라 추계하였다면 합리성과 타당성은 일단 증명되었고, 구체적인 내용이 현저하게 불합리하여 수입금액의 실액을 반영하기에 적절하지 않다는 점에 관하여는 이를 다투는 납세자가 증명할 필요가 있다(대법원 2010.10.14. 선고, 2008두7687 판결 ; 1997.9.9. 선고, 96누12054 판결 ; 1997.10.24. 선고, 97누10192 판결 등).

그러나 위 판례의 내용 중에 과세관청이 관계 규정이 정한 방법과 절차에 따라 추계하였다면 합리성과 타당성은 일단 증명되었다고 하였지만, 과세관청이 법령에서 정한 방법으로 추계과세를 하였더라도 그 추계방법에 의하여 불합리하게 된다고 볼 만한 특수한 사정이

있는 경우라면, 이러한 특수한 사정을 참작하지 아니하고 행하여진 추계과세는 추계방법과 내용에 있어 합리성과 타당성을 인정할 수 없어 위법하다(대법원 1987.3.10. 선고, 86누328 판결 ; 1996.7.30. 선고, 94누15202 판결 ; 1998.5.12. 선고, 96누5346 판결).

한편, 과세관청은 납세자가 과세표준과 세액을 신고하면서 제출한 세금계산서·장부 기타의 증빙이 불성실한 것으로 보여질 경우 그 부당성을 지적하고 새로운 자료를 제출받아 실지조사를 하고, 그 자료에 의하더라도 과세표준과 세액을 결정할 수 없을 때 비로소 추계조사결정을 하여야 하며, 이러한 절차를 취함이 없이 한 추계조사결정에 의한 과세처분은 추계과세의 요건을 결한 것으로서 위법하지만,

그와 같은 절차를 취하는 이유가 근거과세의 원칙상 추계조사결정이 실지조사결정을 할 수 없는 때에 예외적으로 허용된다는 점에 있음에 비추어 보면, 과세관청이 납세자로 하여금 그 제출된 세금계산서·장부 기타 증빙의 부당성을 지적하고 새로운 자료를 제출하게 하여 실지조사를 하더라도 과세표준과 세액을 결정할 수 없음이 명백한 경우까지 그러한 절차를 취하지 아니하고 추계조사결정에 의한 과세처분을 하였다 하여 이를 위법하다고 볼 수는 없다(대법원 2005.7.8. 선고, 2004두8293 판결 ; 1996.7.30. 선고, 94누15202 판결 등).

라. 재결청이 주로 조사하는 내용

1) 추계결정기준에 부합되는지 여부

청구인이 간편장부대상 사업자인지(과거에 추계조사결정을 받은 사실 여부) 아니면 외부조정대상 사업자(일단 장부기장 능력이 있는 것으로 봄)인지 우선 확인하며,

부과처분 당시 필요경비 산정에 필요한 자료가 있는지 여부 및 단순하게 가공매입금액이 부인된 후 소득금액이 결정된 것은 아닌지 등을 확인한다.

재결청에 따라 자체적인 추계결정 내부기준을 두고 그러한 추계결정기준에 부합되는지 여부를 판단하기도 한다. 가령 예를 들자면 신고한 매출원가 허위기장률(가공매입액/신고한 매출원가)이나 수입금액 허위기장률(수입금액 적출액/경정수입금액)이 일정 기준 이상인 경우 추계결정기준을 부합하는 것으로 판단하기도 한다.

2) 개별사건에 대한 선결정례 참고

추계과세에 관한 법령에 비추어 장부 기타 증빙서류가 전혀 없는 경우 추계사유에 해당된다는 것에 대해서는 이론이 없으나, 장부와 증빙서류의 중요한 부분이 미비 또는 허위인

경우라 함은 어느 정도까지 미비 · 허위여야 하는 것인지, 시설규모 · 원자재 사용량 등에 비추어 허위임이 명백하다 함은 어느 정도까지여야 명백한 것인지 등에 대해서는 법령에서 구체적으로 규정하고 있지 않으므로,

개별사건별로 대법원 판례 및 선결정례 등에 나타난 사례를 참고하여 추계 여부를 종합적으로 판단한다.

마. 주요 예규

(1) 복식기장의무자가 추계소득금액 계산서에 의하여 종합소득세 신고를 하고, 추후 장부 및 증빙에 의하여 경정청구를 할 수 없음(서면법규과-959, 2014.8.29.)

(2) 매입누락금액으로 매출환산하여 기준경비율로 소득금액 추계결정 시, 매입누락금액 중 국세청 고시에 따른 매입비용에 해당하는 금액은 필요경비로 공제 가능함(소득세과-1219, 2010.12.9.)

(3) 법인이 직전 사업연도의 장부, 증빙서류 미비 등의 사유로 과세관청으로부터 각 사업연도 소득금액을 추계경정받은 경우, 추계경정 사업연도의 기말에 실지조사에 의하여 확인된 재고자산은 그 다음 사업연도의 기초재고자산으로 인식하는 것임(법인세과-1041, 2010.11.8.)

(4) 백화점 등에 입점하여 매출액의 일정비율을 수수료로 지급하는 일명 수수료매장이 매월 매출액의 일정액을 백화점 등에 임차료로 지급하는 것은 「매입비용 · 임차료의 범위와 증빙서류의 종류 고시」에 따른 사업용 고정자산에 대한 임차료에 해당함(소득세과-1405, 2009.9.11.)

(5) 광고서비스업을 영위하는 사업자가 기준경비율 적용 시 컴퓨터 서버의 유지보수용역을 제공받고 지출하는 금액은 주요경비에 포함되지 않음(소득세과-856, 2009.3.4.)

(6) 납세지 관할세무서장 또는 지방국세청장은 종합소득과세표준 확정신고를 하여야 할 자가 그 신고를 하지 아니한 때에는 당해 거주자의 당해 연도의 과세표준과 세액을 결정하는 것이며, 당해 연도 소득금액을 계산할 수 있는 장부 기타 증빙서류를 비치, 기장하고 있는 경우에는 당해 장부 기타 증빙서류에 근거하여 과세표준과 세액을 실지조사결정함(소득 46011-255, 1999.10.25. ; 서면인터넷방문상담1팀-971, 2007.7.9.)

(7) 기준경비율에 의해 소득금액을 계산함에 있어 수입금액에서 공제하는 매입비용의 범위는 재산적 가치가 있는 유체물과 동력, 열 등 관리할 수 있는 자연력의 매입, 즉 재화의 매입은 주요경비에 해당하는 것이나 용역을 제공받고 지출한 금액은 주요경비에 포함되지 않음(서면인터넷방문상담1팀-510, 2007.4.23.)

(8) 기장에 의해 과세표준 확정신고를 한 후 상당한 금액의 수입금액 누락이 확인된 경우, 그 누락된 수입금액을 전액 총수입금액에 산입하며, 이에 따라 계산된 소득금액이 추계에 의한 소득금액보다 많아진다는 사유로 당초의 기장에 의한 신고를 변경하여 추계소득금액에 의하여 수정신고할 수는 없음(소득 46011-155, 1999.1.13.)

(9) 소득세신고와 관련한 장부 및 증빙은 정상적이고 단지 신고누락한 수입금액에 대응하는 필요경비의 입증자료가 없는 것은 장부 및 증빙서류의 중요부분이 미비 또는 허위라고 볼 수 없음(서면인터넷방문상담1팀-506, 2007.4.20.)

(10) 납세자가 추계소득금액에 의하여 신고한 경우에도 당해 연도 소득금액을 계산할 수 있는 장부 기타 증빙서류를 비치·기장하고 있는 경우에는 당해 장부 기타 증빙서류에 근거하여 과세표준과 세액을 실지조사결정함(소득 46011-21355, 2000.11.22.)

바. 주요 판례 소개

Case 1 대법원 2010.10.14. 선고, 2008두7687 판결

판매시점정보관리시스템(POS)에 입력된 매출액과 원·부재료비의 비율을 적용하여 다른 기간의 매출액을 추계한 처분은 적법하다고 본 사례

원고의 포스시스템(Point Of Sales Management System)에 입력된 매출액은 판매와 동시에 입력된 자료로서 원고에 대한 세무조사과정에서 확인된 다른 자료들과 비교해 볼 때 신빙성이 높은 것으로 볼 수 있고 달리 실제 매출액을 확인할 수 있는 자료가 제출되지 않은 점, 원·부재료는 돼지고기와 음료수, 주류로서 원고가 운영하는 ○○식당의 매출과 가장 직접적인 관련성이 있는 요소들인 데다가 특정업체들로부터 상당기간 동안 지속적으로 납품받아 왔으며 납품업체들은 규모가 크고 그 거래에 관하여 세금계산서 등을 발행하기 때문에 그 거래금액은 비교적 정확하다고 볼 수 있는 점, 이 사건 비용관계비율은 특별한 사정이 없는 한 재료비나 음식 요금의 변동이 있더라도 상당한 기간 동안은 그대로 유지된다고 봄이 상당한 점 등을 고려하면, 이 사건 비용관계비율은 합리적으로 산정되었다고 할 수 있으므로 그에 따른 이 사건 부가가치세 및 종합소득세 부과처분은 적법하다고 판단하였다.

나아가, ○○식당에서의 돼지고기 수급량에 비추어 이 사건 비용관계비율의 달성이 현실적으로 불가능하고, 국세청이 발표한 한식점업의 부가가치율 및 매출총이익률에 비하여 이 사건 비용관계비율이 지나치게 높아 합리성과 타당성이 없다는 원고의 주장에 대해서는, ○○식당은 매입한 돼지고기를 양념하고 숙성시켜 고객에게 제공하므로 그 과정에서 무게가 상당히 증가될 수 있고, 양념의 양에 따라 돼지고기 1인분에 포함되는 돼지고기의 양이 달라질 수 있으며, 이 사건 비용관계비율은 ○○식당의 모든 매입액에 대한 매출액의 비율이 아니라 돼지고기와 청량음료, 주류만의 매입액에 대한 매출액의 비율이므로 총매입액에 대한

매출액의 비율인 부가가치율이나 매출총이익률과는 비교될 수 없어 이 사건 비용관계비율이 합리성이나 타당성이 없다고 단정하기에 부족하고, 달리 과세관청의 추계방법이 소득금액의 실액을 반영하기에 부적절하다고 인정할 증거가 없다는 이유로 이를 배척한 것은 정당하다.
그리고 소득세법 시행령 §144 ④의 문언내용과 취지에 의하면, 수입금액을 추계방법에 의하여 결정하더라도 필요경비는 실지조사에 의하여 결정할 수 있다면 이 부분까지 추계방법에 의하여 결정할 수는 없다.

과세관청은 원고가 운영하면서 돼지갈비를 전문적으로 판매하고 있는 ○○식당의 POS 시스템에 입력된 실제 매출액과 원고가 신고한 같은 기간의 원・부재료 매입액을 기초로 이 사건 비용관계비율을 6.847(실제 매출액 ÷ 원부재료 매입액)로 산정한 다음,

POS 시스템상 매출액의 입력자료가 없는 기간에 대하여 실지조사로 확인한 원・부재료비에 이 비용관계비율을 적용하여 수입금액을 추계한 후 이를 토대로 부가가치세를 부과처분 함과 함께, 위 추계한 수입금액과 원고가 신고한 수입금액과의 차액을 수입금액에 가산하고, 원고가 신고한 필요경비 중 증빙서류가 없는 금액을 필요경비에서 공제하는 방법으로 종합소득세도 부과처분하였다.

원고는 추계사유가 존재하지 아니함에도 불구하고 추계경정, 결정을 한 과세관청의 각 처분은 위법하여 취소되어야 한다면서, 수기장부 50권을 제출하여 이 장부를 증빙자료로 하여 매출액을 산정해야 한다고 주장하였으나,

법원은 ㉮ 수기장부 50권은 원고 또는 소외 1이 약 2개월 동안 세무조사를 받을 당시에 제출하지 않고 있다가 세무조사를 한 때로부터 약 2년이 가량 경과한 후 이 사건 소송의 진행 중에 준비서면에서 비로소 위 수기장부가 있다고 밝히면서 회계감정을 신청한 점, ㉯ 위 수기장부 50권은 스테플러로 제본되어 있는데 그 스테플러의 철심이 형태와 녹슨 정도가 비슷하고, 그 철심 주위의 종이가 헤지거나 미진 흔적이 없는 점, ㉰ 위 수기장부 50권의 지질 변색 정도가 비슷하고, 하단부의 모서리가 닳거나 헤지지 아니한 점, ㉱ 위 수기장부 50권의 작성상태를 살펴보면, 줄의 시작 지점과 끝 지점 및 줄 간격이 규칙적이고 가지런하며 글자의 형태도 비교적 균일한 점 등을 종합하여 볼 때, 위 수기장부 50권은 사후에 이 사건 소송에 대비하여 한꺼번에 작성한 것으로 보이기 때문에 이를 믿을 수 없어서 이를 근거로 하여 이 사건 부가가치세와 이 사건 종합소득세에 관한 과세표준과 납부세액을 산출할 수 없다고 판단하였다.

법원이 판결문에서 POS 시스템에 입력된 매출액은 판매와 동시에 입력된 자료로서 원고에 대한 세무조사과정에서 확인된 다른 자료들과 비교해 볼 때 신빙성이 높다고 하면서 그와 아울러 특정기간 동안 POS 시스템에 입력된 매출과 신고한 원재료 매입액의 비율을 산출하고, 이 비율을 POS 시스템이 가동되지 않은 기간에 적용하여 매출액을 추계한 과세관청의 추계방법을 타당하고 합리적인 것으로 인정한 점은 비슷한 사례의 조세불복 사건에서 참고할 필요가 있다.

Case 2 대법원 2009.4.23. 선고, 2007두3107 판결

주택신축판매업자의 소득금액 추계 시 주택부지 매입 당시 지출한 취득세 등도 매입비용에 포함한다는 사례

구 소득세법 시행령(2006.2.9. 대통령령 제19327호로 개정되기 전의 것) §143 ③ 제1호는 소득금액 추계방법의 하나로서, '수입금액'에서 '매입비용'과 사업용 '고정자산에 대한 임차료', '종업원의 급여와 임금 및 퇴직급여' 등을 각 공제하는 방법('기준경비율 방법')을 규정하고 있다.

그리고 매입비용의 범위 등에 관하여 국세청장에게 위임하고 있는데, 그 위임에 따라 국세청 고시(제2003-36호, 이하 '이 사건 고시')는 매입비용의 범위에 관하여 "재화의 매입과 외주가공비 및 운송업의 운반비로 하되, 재화의 매입은 재산적 가치가 있는 유체물과 동력, 열 등 관리할 수 있는 자연력의 매입으로 한다"고 규정하면서, 다만 "외주가공비와 운송업의 운반비 이외의 용역을 제공받고 지출하였거나 지출할 금액은 매입비용에 포함하지 아니한다"고 규정하고 있다.

위 각 규정의 문언과 체계 및 입법 취지, 특히 기준경비율 방법은 가급적 추계과세를 지양하고 근거과세를 확립하는 데 주된 취지가 있는 점, 소득세법 시행령 §89 ① 제1호는 근거과세에 있어서 취득세·등록세 등의 매입부대비용을 매입가액과 함께 매입자산의 취득가액에 포함시켜 이를 필요경비로 인정하고 있는데 매입자산의 취득가액과 같은 성격의 매입비용에 관하여도 달리 볼 이유가 없는 점, 이 사건 고시가 매입비용에서 제외되는 항목을 규정하면서 매입부대비용인 취득세·등록세를 제외 항목에 포함시키고 있지 않은 점 등을 종합하여 보면, 이 사건 조항 소정의 '매입비용'에는 매입부대비용으로 지출된 취득세·등록세가 포함된다고 봄이 상당하다.

이 사건 고시에서 취득세·등록세가 '매입비용'에 포함된다는 규정을 두고 있지 않다는 등의 이유로 원고가 주택 부지를 매입하면서 지출한 취득세·등록세가 '매입비용'의 범위에 포함되지 않는다고 판단한 원심의 판단에는 이 사건 조항 소정의 '매입비용'의 범위에 관한 법리를 오해하여 판결에 영향을 미친 위법이 있다.

원고가 서초구 방배동에 공동주택인 빌라 11세대를 건축하여 2003.7.1. 매도한 후, 2003년

귀속 종합소득세를 기준경비율에 의한 추계방법으로 신고하면서 대지 취득시 부담한 취득세와 등록세를 주요경비인 매입비용에 포함하여 종합소득세를 신고・납부하였는데, 과세관청은 소득령 §143 ③ 제1호 ㈎목 주요경비에는 부동산 취득시 납부한 취득세 등이 포함되지 않는다는 이유로 원고에게 종합소득세와 신고불성실가산세 및 납부불성실가산세를 부과한 사건이다.

이 사건의 1심(서울행정법원 2006.3.14. 선고, 2005구합32972 판결)과 2심(서울고등법원 2007.1.9. 선고, 2006누9414 판결)은 기준경비율에 의한 종합소득세의 추계결정은 근거과세의 확립, 거래의 투명성 확보 등 소득세 행정의 선진화를 위하여 도입된 제도로서 증빙서류가 있는 주요경비 이외의 다른 경비 등을 주요경비로 넓게 인정하면 일단 납세자에게 유리한 것처럼 보이나 주요경비의 범위가 넓어질수록 기준경비율의 조정으로 일률적으로 비용을 인정해주는 기준경비율이 낮아지게 되어, 그만큼 사업자가 증빙서류를 갖추어야 할 비용이 많아지게 되고, 그렇지 못한 다른 대부분의 사업자에게는 결국 세부담의 증가로 이어져 오히려 공평과세 및 실질과세의 원칙에 반하게 되는 점 등을 종합하여 보면,

매입비용은 국세청 고시(제2003-36호 매입비용, 임차료의 범위와 증빙서류의 종류)의 문언에 따라 엄격하게 해석해서 한정하여야 할 필요성이 있고, 따라서 이 사건 취득세 등은 소득세법 시행령 §143 ③ 제1호 ㈎목의 매입비용에 포함되지 않는다고 판단하였다.

그러나 대법원은 전심과 달리 판단하여 ① 기준경비율 방법은 가급적 추계과세를 지양하고 근거과세를 확립하는 데 주된 취지가 있고, ② 소득세법 시행령 §89 ① 제1호에서 매입가액과 함께 취득세・등록세 등의 매입부대비용을 취득가액에 포함시켜 필요경비로 인정하고 있는 점, ③ 이 사건 고시가 매입비용에서 제외되는 항목을 규정하면서 매입부대비용인 취득세・등록세를 제외 항목에 포함시키고 있지 않다고 하면서 전심과 달리 주택신축판매업자가 주택신축을 위해 토지를 매입하면서 부담한 취득세 등을 주요경비인 매입비용으로 인정하였다.

참고로 매입비용의 범위 등에 관하여 이 사건 당시 적용된 국세청 고시와 최근의 고시 내용은 바뀌지 않고 다음과 같이 동일하다.

국세청 고시 제2003-36호(2003.12.24.) 및 제2015-9호(2015.4.17.)

1. 매입비용의 범위
   가. 매입비용은 다음에 정하는 재화의 매입과 외주가공비 및 운송업의 운반비로 한다.
      ① 재화의 매입은 재산적 가치가 있는 유체물(상품, 제품, 원료, 소모품 등 유형적 물건)

과 동력, 열 등 관리할 수 있는 자연력의 매입으로 한다.
②외주가공비는 …… (생략) ……
③운송업의 운반비는 …… (생략) ……
나. 가항의 외주가공비와 운송업의 운반비 이외의 용역을 제공받고 지출하였거나 지출할 금액은 매입비용에 포함하지 아니한다. 매입비용에 포함되지 않는 용역을 예시하면 다음과 같다.
①음식료 및 숙박료
②창고료(보관료), 통신비
③보험료, 수수료, 광고선전비(광고선전용 재화의 매입은 매입비용)
④수선비(수선, 수리용 재화의 매입은 매입비용)
⑤사업서비스, 교육서비스, 개인서비스, 보건서비스 및 기타 서비스(용역)를 제공받고 지급하는 금액 등

Case 3 대법원 2007.10.26. 선고, 2006두16137 판결

실지조사 방법에 의한 결정이 가능하면, 납세자가 추계과세를 원하는 경우라 하더라도 추계과세 방법에 의여 결정할 수 없다는 사례

종합소득세의 과세표준과 세액은 실지조사의 방법에 의하여 밝혀진 실액에 의하여 결정하는 것이 원칙이고 추계조사 방법에 의하여 이를 결정하려면 납세자의 장부나 증빙서류 등이 없거나 그 중요 부분이 미비 또는 허위로 기재되어 신뢰성이 없고 달리 과세관청이 그 소득의 실액을 밝힐 수 있는 방법이 없는 때에 한하여 예외적으로 허용되는 것이므로, 납세자가 소득세법이 정하는 장부를 비치·기장한 바 없다고 하더라도 계약서 등 다른 증빙서류를 근거로 과세표준을 계산할 수 있다면 과세표준과 세액은 실지조사 방법에 의하여 결정하여야 하고 추계조사 방법에 의해서는 아니되고, 납세자 스스로 추계의 방법에 의한 조사결정을 원하고 있다는 사유만으로는 추계조사의 요건이 갖추어진 것으로 볼 수 없다(대법원 1999.1.15. 선고, 97누20304 판결).

또한, 종합소득세 과세처분취소소송에서 과세근거로 되는 과세표준에 대한 입증책임은 과세관청에 있는 것이고, 과세표준은 수입으로부터 필요경비를 공제한 것이므로 수입 및 필요경비의 입증책임도 원칙적으로 과세관청에 있다 할 것이나, 필요경비는 납세의무자에게 유리한 것일 뿐 아니라 필요경비를 발생시키는 사실관계의 대부분은 납세의무자가 지배하는 영역 안에 있는 것이어서 과세관청으로서는 그 입증이 곤란한 경우가 있으므로, 그 입증의 곤란이나 당사자 사이의 형평 등을 고려하여 납세의무자로 하여금 입증케 하는 것이 합리적인 경우에는 납세의무자에게 입증의 필요성을 인정하는 것이 공평의 관념에 부합한다(대법원 2004.9.23. 선고, 2002두1588 판결).

이 사건은 원고가 하도급업체(위장협력업체)들에게 과다계상된 공사대금을 지급하였다가 과다계상분을 되돌려 받는 방식으로 부외자금을 조성하는 과정에서, 위장협력업체 직원을 통해 원고의 개인자금으로 하도급업체의 현장공사업자들에게 약속어음을 할인하여 주고 어음할인에 따른 이자 상당의 수입을 얻은 거래이다.

우선 입증책임에 관하여는 일반적인 대금업과 달리 이 사건처럼 특수한 형태의 대금업에 관한 사업소득의 필요경비는 대부분 원고의 지배영역 안에 있는 것이어서 과세관청으로서는 그 입증이 어려우므로 원고에게 입증책임이 있다고 한다.

과세표준과 세액의 산출에 관하여는 원고가 추계방법에 의한 조사결정을 원하고 있다는 사유만으로는 추계조사의 요건이 갖추어진 것이 아니므로 표준소득률을 적용하는 추계조사 방법에 의해 필요경비를 공제해야 한다는 원고의 주장을 배척하면서, 장부 등이 없는 상태에서 납세자가 추계조사를 원한다고 하더라도 다른 자료를 통해 실지조사에 의한 과세가 가능하면 추계과세할 수 없다고 하였다.

즉, 이 사건의 경우처럼 어음할인 소득의 발생과 관련된 직접적인 장부나 증빙서류는 없으나, 과세관청이 어음할인수입의 발생시기·원인·금액 및 상대방 등에 대한 원고의 수사기관에서의 진술 및 제출된 어음할인내역 등의 과세자료를 근거로 과세표준과 세액을 결정한 것은 적법한 실지조사방법에 의한 것이라고 판단한 것이다.

Case 4 대법원 2015.10.15. 선고, 2011두24286 판결

부동산 양도차익을 계산할 때 취득가액을 매매사례가액으로 추계하는 경우, 자본적 지출액이나 양도비 등을 실제 지출하였더라도 필요경비로 공제할 수 없다는 사례

구 소득세법(2006.12.30. 법률 제8144호로 개정되기 전의 것) §97 ①은 실지거래가액을 자산의 양도가액으로 양도차익을 산정할 때 양도가액에서 공제하는 필요경비로 제1호에서 '취득가액'을, 제2호에서 '자본적 지출액 등으로서 대통령령이 정하는 것'을, 제4호에서 '양도비 등으로서 대통령령이 정하는 것'을 규정하고, 제3항은 제1호에서 취득가액을 자산의 취득에 소요된 실지거래가액에 의하는 경우에는 그 가액에 제1항 제2호 및 제4호의 금액을 가산한 금액을 필요경비로 계산하도록 규정하는 한편, 제2호에서 취득가액을 자산의 취득 당시 매매사례가액, 감정가액, 환산가액에 의하는 경우 그 가액에 대통령령이 정하는 금액을 가산한 금액을 필요경비로 계산하도록 규정하고 있다.

그리고 구 소득세법 §97 ③ 제2호의 위임을 받은 구 소득세법 시행령 §163 ⑥은 "법 §97 ③ 제2호에서 '대통령령이 정하는 금액'이라 함은 다음 각 호의 금액을 말한다"고 규정하면서 제1호로 '토지 : 취득 당시의 법 §99 ① 제1호 ㈎목의 규정에 의한 개별공시지가 × 3/100'

을, '㈎목 외의 건물 : 취득 당시의 법 §99 ① 제1호 ㈏목의 가액 × 3/100'을 규정하는 등 제1호에서 제4호까지 자산별로 그 취득 당시 기준시가에 일정한 비율을 곱한 금액(이하 '개산공제액')을 규정하고 있다.

위 규정들의 문언 내용 및 취지에 비추어 보면, 구 소득세법 §97 ③ 제2호는 자산의 취득 당시 실지거래가액을 확인할 수 없어 그 취득가액을 추계하여야 하는 경우에는 매매사례가액 등에 의하여 산정하도록 하면서, 그 취득가액은 납세의무자가 실제로 지출한 비용인지 여부가 확인되지 아니하였음에도 필요경비로 공제하는 것임을 감안하여 자본적 지출액이나 양도비 등의 기타 비용도 실제 지출 여부를 묻지 않고 일정한 기준에 의한 개산공제액을 필요경비로 공제할 수 있도록 하는 것이 합리적이라는 견지에서 그 구체적인 금액을 대통령령으로 정하도록 위임하고 있다고 보이므로, 실지거래가액을 자산의 양도가액으로 하여 양도차익을 산정하면서 양도가액에서 공제하는 필요경비 중의 하나인 취득가액을 자산의 취득 당시의 매매사례가액 등에 의하는 경우에는 납세의무자가 구 소득세법 §97 ① 제2호, 제4호에서 정한 자본적 지출액이나 양도비 등의 비용을 실제로 지출하였다고 하더라도 원칙적으로 개산공제액 외에 이를 필요경비로 공제할 수 없다.

거주자의 양도차익을 계산할 때 원칙적으로 「양도차익 = 양도가액 - 취득가액 - 자본적 지출액 - 양도비」로 계산한다. 즉, 취득가액 · 자본적 지출액 · 양도비를 필요경비로 공제하는 것이다(소득법 §97 ①).

그러나 필요경비로 공제할 취득 당시 실지취득가액을 확인할 수 없는 경우에는 매매사례가액 · 감정가액 · 환산가액을 취득가액으로 보며(소득법 §97 ① 1. ㈏), 이때의 필요경비는 실제 필요경비 지출액을 고려하지 않고 개산공제액을 필요경비로 반영한다(소득령 §163 ⑥). 실지취득가액을 알지 못해 취득가액을 추계한 것이므로 필요경비도 실제 지출경비를 고려 않고 소위 개산공제액으로 추계하는 것이다.

따라서 실지취득가액으로 필요경비를 공제한 경우라면 당연히 함께 공제되었을 비용인 자본적 지출액과 양도비는 필요경비로 공제되지 않는 것이고, 실제 그러한 비용의 지출이 확인된다 하더라도 공제할 수 없다는 판례이다.

사. 주요 심사, 심판례 소개

Case 5 심사소득 2015-0018, 2015.7.7.

실제 거래처라고 주장하는 사업자에 대한 거래처 확인조사 과정 없이 매출누락을 확정한 것은 사실관계 확인을 소홀히 한 잘못이 있으므로 재조사하라는 사례

가. 사실관계

청구인은 ㈜○○육가공의 대표이사이고, ㈜○○육가공은 '경영박사'라는 프로그램으로 법인의 매출 등을 관리

나. 과세경위

(1) 조사청은 ㈜○○육가공 법인통합조사 실시 중 청구인의 제수 남○○ 명의로 영업하는 □□육가공의 실제 사업자가 청구인이라고 판단

(2) 조사청은 남○○이 신고한 종합소득세를 취소하고, 청구인에게 매출누락에 대한 종합소득세 및 계산서 미발급·위장발급가산세를 처분하는 내용의 세무조사 결과 통보

다. 청구인 주장

(1) 조사청은 매출누락으로 과세하면서 매출누락 내용을 제시해 달라는 청구인의 요청을 거절하다가 납세고지서 송달 후 비로소 간단한 매출누락명세서를 제시받았다.

(2) 청구인의 전산자료상 사업자등록번호가 기재되지 않은 것은 전부 매출누락으로 분류하였지만, 청구인 확인 결과 대부분 계산서가 발행된 것임을 확인하였다.

(3) 전산자료에 '이부장', '김부장', '사랑이' 등으로 입력된 것을 전부 위장매출로 분류하였지만, 이는 거래처 배송담당이나 영업담당자의 직책이나 자녀이름으로 입력 편의를 위해 간단히 입력한 것일 뿐이며, 이들 거래도 대부분 계산서 발행을 확인하였다.

라. 처분청 의견

(1) 전산자료에 사업자번호가 없는 건을 계산서 미발행(수입금액 누락)으로 처분하였고, 계산서는 발행했으나 전산자료에 없고 계좌거래 내역 등 금융증빙도 없는 거래를 가공매출로 처분하였다.

(2) 거래명세서 거래처란에 '이부장', '김부장', '사랑이' 등으로 표시했다는 영업담당자 등에 대한 급여지급 내역이 없고, 확인서 외에는 계산서 내역과 관련된 금융증빙 등이 전혀 없다.

마. 쟁점

조사청이 매출누락으로 조사한 금액이 적정한지 여부

바. 판단요지쟁점

청구인에 대한 조사청의 조사는 청구인이 사용하던 '경영박사 프로그램'상 쟁점전산자료에 근거하여 사업자등록번호가 기재되지 아니한 것을 매출누락으로 하고, 여기에 쟁점전산자료에 없이 신고한 위장매출과 ㈜○○육가공과 거래한 가공매출을 차감하여 순매출누락 금액을 산정하였다.

조사청이 조사한 2011년 과세연도의 총매출누락 금액은 약 27억 원인데 이 중 '직책' 등으로 입력된 금액이 48%에 상당하고, '이부장' 등 관련 직원은 2013년 10월경 퇴사한 이○○ 외에는 현재까지 근무하고 있는 것으로 확인된다. 그렇다면 조사청은 '직책' 등으로 입력된 금액이 사업자등록번호가 없다는 이유를 들어 매출누락으로 확정하기에 앞서 해당 직원들에 대한 질문조사나 실제 거래처라고 주장하는 사업자에 대한 거래처 조사가 필요했음에도 이러한 과정 없이 매출누락으로 확정지은 것은 사실관계 확인을 소홀히 한 잘못이 있어 보인다.

한편 청구인이 총매출누락 금액에서 차감되어야 할 금액이 더 있다며 제출한 거래분에 대한 확인 결과 청구인의 주장 역시 일부 잘못이 있는 것으로 확인된다. 결국 쟁점전산자료와 신고내용이 서로 달라 사실관계를 다시 확인해야 할 다수의 거래 건이 있는 점, 총매출누락에서 위장매출과 가공매출을 차감하여 순매출누락으로 확정한 조사청의 논리대로 한다면 청구인이 주장하는 거래분 역시 총매출에서 차감해야 하는 점 등으로 볼 때 총매출누락 금액과 위장매출 금액에 대한 사실관계를 재조사할 필요가 있다고 판단된다.

공개된 판례 내용으로 보아 조사과정에서 청구인과 남○○은 청구인이 남○○의 명의를 빌려 사업자로 등록하였고 청구인이 □□육가공을 실제 운영하였다는 점과, □□육가공에서 ㈜○○육가공으로 매출된 것은 가공매출이라는 사실을 인정한 것으로 보인다.

반면 사실과 다른 부분, 즉 전산자료 등에 거래처의 사업자등록번호가 기재되지 않은 것을 조사청은 모두 매출누락으로 과세하였지만, 청구인이 이를 모두 검토하여 그 중 상당부분은 전산자료 등에 입력만 되지 않았을 뿐 실제 계산서 등이 발행된 실제거래에 해당함을 입증하였다. 그리고 거래명세서나 전산자료 등에 '이부장' 등으로 입력된 사유도 '영업거래 경위서' 등을 제출하면서 상세하게 소명함과 함께 이들 별칭으로 입력된 거래도 계산서가 교부된 사실을 제시함으로써 가공거래가 아니라 실제 거래임을 상당부분 소명하였다.

청구인의 이런 노력이 재결청으로 하여금 실제거래처라고 주장하는 사업자에 대한 조사청의 조사가 미진했으므로 재조사가 필요하다는 판단을 끌어낸 것으로 보인다. 비슷한 사례로 청구인이 제시하는 증빙자료에 대해 별도의 확인조사를 하지 않은 경우에도 청구인이 제시하는 증빙자료를 먼저 조사한 후 그 결과에 따라 청구의 종합소득세 과세표준과 세액을 실지조사 또는 추계조사로 결정하여야 한다는 심사례도 존재한다(심사소득 2013-0099, 2013.11.19.).

Case 6 심사소득 2015-0021, 2015.6.24.

재료비와 경비만이 기장되어 있고, 노무비나 일반관리비가 전혀 계상되지 않은 것은 청구인이 비치·기장한 장부의 중요한 부분이 미비 또는 허위인 경우에 해당하므로 추계결정할 수 있다는 사례

가. 사실관계

청구인은 경기도에서 ○○기계라는 상호로 섬유기계제조업을 영위하는 사업자로서, 종합소득세 신고하면서 2010년 중 ○○베아링으로부터 수취한 쟁점세금계산서를 필요경비에 산입하여 신고

나. 과세경위

처분청은 쟁점세금계산서를 실물거래 없는 가짜세금계산서로 보아 필요경비에 불산입하여 청구인에게 2010년 과세연도 종합소득세 경정·고지

다. 청구인 주장

(1) 청구인은 쟁점세금계산서를 위장·수취한 것은 사실이므로 불이익 처분을 받는 것은 당연하나, 청구인은 2010년 귀속 종합소득세 신고시 간편장부 대상자로 쟁점금액은 청구인의 2010년 매입금액의 50%, 필요경비의 33%에 해당한다.

(2) 청구인의 종합소득세 신고소득률은 6.3%이며, 쟁점금액을 부인하고 경정한 소득률은 37.3%로 당초 신고소득률 대비 592%이고, 동종업계의 통상적인 평균소득률은 9.7%인데, 경정소득률은 37.3%로 평균소득률 대비 384%에 해당하는바, 청구인의 2010년 과세연도 소득금액을 추계결정하여 과세표준과 세액을 산정하여야 한다.

라. 청구인 주장

(1) 종합소득세 과세표준과 세액은 납세자 스스로 작성하여 신고한 장부에 의하여 결정하는 것이 원칙으로 소득금액 추계결정은 납세자의 장부 및 증빙서류가 없거나 중요한 부분이 미비 또는 허위로 기재되어 신뢰성이 없고, 실지조사가 불가능한 경우에 사용하는 예외적인 방법이다.

(2) 청구인이 기장한 장부나 증빙서류 중 일부가 누락되거나 허위인 경우에도 그 부분을 제외한 나머지 부분이 사실에 부합하는 자료임이 분명하다면 이를 근거로 과세표준과 세액을 실지조사 방법에 의하여 경정하여야 할 것(국심 2005구3298, 2006.4.24.)인바, 실지조사에 의한 부과처분이 결과적으로 추계결정에 의한 부과처분보다 불리하거나 청구인 스스로 추계결정을 원한다는 사유만으로는 추계결정 요건이 갖추어진 것이라 볼 수 없고, 쟁점세금계산서가 가짜세금계산서라고 하여 장부 전체를 허위로 볼 수 없으므로, 쟁점금액을 필요경비 불산입하여 종합소득세를 과세한 것은 정당하다.

마. 쟁점

청구인이 비치·기장한 장부와 증빙서류가 미비 또는 허위에 해당하는 것으로 보아 소득금액을 추계결정할 수 있는지 여부

바. 판단요지

종합소득세의 과세표준과 세액은 실지조사의 방법에 의하여 결정하는 것이 원칙이고 추계조사방법은 예외적인 경우에 허용되는 것이므로 납세자가 비치·기장한 장부나 증빙서류 중 일부 허위로 기재된 부분이 포함되어 있다고 하더라도 그 부분을 제외한 나머지 부분이 모두 사실에 부합한다면 그 과세표준과 세액은 추계조사방법이 아닌 실지조사방법에 의하여 소득금액을 결정하는 것이 타당하나,

이 건의 경우 청구인이 신고한 2010년 과세연도의 수입금액은 ××천 원이고, 매입금액은 ××천 원이나 가공매입금액이 ××천 원으로 기장된 전체 매입금액 대비 49.9%이며, 재료비 계정의 50.9%, 매출원가의 33.7%에 해당하는 점, 청구인과 동일업종의 평균소득률 9.7% 대비 2010년 과세연도 경정소득률이 37.3%로 약 3.8배에 이르는 점, 청구인은 섬유기계제조업을 영위하면서도 기장한 필요경비 내역을 보면 재료비와 경비만이 기장되어 있고, 노무비나 일반관리비가 전혀 계상되지 않은 점 등을 감안할 때, 청구인이 2010년에 비치·기장한 장부는 중요한 부분이 미비 또는 허위인 경우에 해당한다고 보여진다(국심 2008중0378, 2008.5.2 외 다수 같은 뜻).

따라서, 청구인의 2010년 종합소득세는 소득세법 §80 ③ 단서 및 소득세법 시행령 §143의 규정에 따라 소득금액을 추계조사결정하여 과세표준과 세액을 경정하는 것이 타당하다.

앞서의 대법원 판례 사례에서 살펴본 것과 같이 종합소득세의 과세표준과 세액은 실지조사의 방법에 의하여 밝혀진 실액에 의하여 결정하는 것이 원칙이고 추계조사 방법에 의하여 이를 결정하려면 납세자의 장부나 증빙서류 등이 없거나 그 중요 부분이 미비 또는 허위로 기재되어 신뢰성이 없고 달리 과세관청이 그 소득의 실액을 밝힐 수 있는 방법이 없는 때에 한하여 예외적으로 허용되는 것이므로, 납세자가 소득세법이 정하는 장부를 비치·기장한 바 없다고 하더라도 계약서 등 다른 증빙서류를 근거로 과세표준을 계산할 수 있다면 과세표준과 세액은 실지조사 방법에 의하여 결정하여야 하고 추계조사 방법에 의해서는 아니되고, 납세자 스스로 추계의 방법에 의한 조사결정을 원하더라도 추계조사를 통해 결정할 수 없다(대법원 1999.1.15. 선고, 97누20304 판결).

실지조사와 추계조사 중 어느 방법에 따른 것이 옳은지에 대한 일반적인 판례 경향은 사실에 부합되는 자료가 있고 이에 근거하여 소득금액을 계산할 수 있다면, 확인된 자료에

근거한 실지조사에 따라 소득금액을 결정하여야 한다는 것이다.

즉, 경정소득률이 당초 신고소득률보다 높게 산출되거나 경정으로 인한 결정세액이 당초 신고세액보다 현저하게 증가된다는 이유 등으로 실지조사에 의한 부과처분이 결과적으로 추계과세에 의한 부과처분보다 불리하다거나 납세자 스스로 추계의 방법에 의한 조사결정을 원하고 있다는 사유만으로는 추계조사의 요건이 갖추어진 것으로 볼 수 없으며(대법원 1995.8.22. 선고, 95누2241 판결 ; 국심 2006서2085, 2006.10.16. 등),

조사결과 관련 매입금액 일부가 필요경비에 불산입되었다 하더라도 복식부기의무자로서 외부조정을 거쳐 종합소득세 과세표준 및 세액을 신고한 이상 장부나 증빙서류를 근거로 과세표준을 계산할 수 있는 것이므로, 과세자료 처리 결과 매입원가 일부가 부인되어 경정 소득금액이 추계소득금액보다 높게 계산되었다 하더라도 그 부분을 제외한 나머지 부분이 사실과 부합되어 이를 근거로 소득금액을 계산할 수 있다면 그에 의하여야 하는 것이지 추계조사방법에 의하는 것은 아니다(심사소득 2009-0046, 2009.6.22. ; 심사소득 2011-0033, 2011.6.27.).

이에 비하여 쟁점사건의 경우 처분청은 쟁점세금계산서가 가짜세금계산서라고 하여 청구인의 장부 전체를 허위로 볼 수 없으므로, 쟁점금액을 필요경비 불산입하여 종합소득세를 과세한 것은 정당하다고 주장하였으나,

재결청은 장부에 의한 과세소득과 추계에 의한 과세소득의 차이가 심하고 특히 청구인의 장부에 재료비와 경비만이 기장되어 있고, 노무비나 일반관리비가 전혀 계상되지 않은 점 등을 감안할 때, 청구인이 2010년에 비치·기장한 장부는 중요한 부분이 미비 또는 허위인 경우에 해당하므로, 소득금액을 실지조사가 아닌 추계조사로 결정하여 과세표준과 세액을 경정하는 것이 타당하다고 하였다.

불복을 준비하는 납세자와 대리인은 관련된 판례를 광범위하게 조사하여 어떤 상황에서 실지조사를 인정하는지 또는 추계조사를 인정하는지에 대해 파악하는 것은 물론, 불복하는 사실관계와 유사한 상황에서 대체적으로 인정된 조사방법은 무엇인지에 대해서도 파악하여야 한다.

Case 7 조심 2012광0684, 2012.10.18.

납세자가 추계소득금액으로 신고한 경우에도 장부·증빙에 의하여 확인되는 비용을 필요경비로 반영하여 경정청구 가능하다는 사례

가. 사실관계

청구인은 ○○상가에서 부동산임대업을 영위하는 사업자로서 소득금액을 추계하여 종합소득세를 신고·납부하였다가, 장부에 의한 방법으로 계산한 소득으로 경정해 줄 것을 청구

나. 과세경위

처분청은 납세자의 당초 추계신고에 오류·탈루가 없으므로 다시 장부에 의하여 경정청구할 수 없다고 보아 경정거부의 뜻을 통지

다. 청구인 주장

(1) 청구인은 쟁점사업장에 대하여 종합소득세를 신고할 당시 기장신고를 할 수 있는 장부와 증빙을 갖추고 있었으나, 세무대리인이 쟁점사업장을 제대로 파악하지 못한 상태에서 매출액이 기장신고를 하는 통상의 규모에 미달한다고 보아 다른 업체의 일반적인 사례를 답습하여 추계신고하였으나, 소득금액의 계산은 원칙적으로 실지조사방법으로 결정되어야 한다.

(2) 종합소득세를 추계신고하였더라도 사후에 제시하는 장부나 증빙에 의하여 소득금액계산이 가능한 경우에는 실지조사방법으로 소득금액을 결정하여야 한다.

라. 처분청 의견

(1) 종합소득세는 자진신고 납부하는 세금으로서 신고내용에 오류 및 탈루가 없으면 납세의무자의 신고에 의해 납세의무가 확정되는바, 당초 과세표준 신고서에 기재된 과세표준 및 세액이 소득세법 §70에 적법하므로 국세기본법 §45의2 ① 제1호의 경정청구대상이 아니다.

(2) 소득세법 §80 ② 제1호는 소득세법 §70에 따른 과세표준 신고를 한 자가 신고내용에 탈루 또는 오류가 있는 경우로서 해당 과세기간의 과세표준과 세액을 결정 또는 경정하는 경우에는 장부나 그 밖의 증명서류에 근거하도록 규정한 것으로서, 청구인은 당초 소득세법 §70의 규정에 의한 신고내용에 탈루 및 오류가 없으므로 경정청구의 대상이 아니다.

마. 쟁점

복식부기의무자가 아닌 거주자가 당초 「소득세법」 제70조에 따라 추계로 종합소득세를 신고·납부하였다가 장부·기장에 의한 방법으로 경정청구를 할 수 있는지 여부

바. 판단요지

국세기본법 §45의2 ① 제1호에 의하면 과세표준 신고서를 법정신고기한까지 제출한 자는 과세표준 신고서에 기재한 과세표준 및 세액이 세법에 따라 신고하여야 할 과세표준 및 세액을 초과할 때는 최초 신고한 국세의 과세표준 및 세액의 경정을 법정신고기한이 지난 후 3년 이내에 관할세무서장에게 청구할 수 있다고 규정되었고, 소득세법 §70 ④ 제6호에 의하여 사업소득금액을 추계신고한 경우 장부와 증명서류에 의하여 소득금액 및 세액의 경정청구를 할 수 없다는 규정은 보이지 않는다.

소득세법 §80 ② 제1호 및 ③에서 납세자의 신고내용에 탈루 또는 오류가 있는 때에는 납세지 관할세무서장 또는 지방국세청장은 해당 연도의 과세표준과 세액을 경정하고 이 경우 경정은 장부 기타 증빙서류에 근거하여야 한다고 규정하고 있어 청구인이 추계소득금액에 의하여 신고한 때에도 해당 연도 소득금액을 계산할 수 있는 장부 기타 증빙서류를 비치·기장하고 있는 경우에는 해당 장부 기타 증빙서류에 근거하여 과세표준과 세액을 실지조사하여 결정할 수 있다(재정경제부 재소득 46073-119, 2003.8.20.).

처분청은 청구인이 당초 기준경비율에 의해 2009년 및 2010년 귀속 종합소득세를 추계신고하였으므로 이후 장부와 기타 증빙서류에 의하여 경정청구를 할 수 없다는 의견이나, 납세자가 추계신고한 경우 과세관청만 장부와 기타 증빙서류에 의하여 과세표준 및 세액을 경정할 수 있도록 하고 납세자에게는 이를 허용하지 않는 것은 근거가 없는 것일 뿐만 아니라 납세자가 당초에 실지조사의 방법으로 신고하였다면 받아들여질 수 있었음에도 이를 변경할 기회를 박탈하는 것으로서 불공평한 것으로 보인다.

이를 종합하면, 청구인은 재산세 납부액과 이자지급액 등의 필요경비에 대한 증빙자료를 제출하고 있는바, 이자지급액 등이 쟁점사업장과 관련된 필요경비인지 여부는 별론으로 하고 증빙에 의하여 확인되는 비용을 필요경비로 인정하여 과세표준 및 세액을 재계산함이 타당하다(조심 2011중3288, 2011.11.18. 같은 뜻임).

납세자가 소득세의 추계신고 후 장부에 의한 신고방법으로 변경하는 것에 대한 과세관청의 기본 입장은 납세자가 복식부기의무자인지 여부를 불문하고 납세자가 당초 법정신고기한 내에 추계로 종합소득세 과세표준확정신고서를 제출하고, 이후에 장부·기장에 의한 방법으로 신고내용을 변경하여 신고서를 제출하는 것은 국세기본법 §45에 따른 수정신고에 해당하지 않으며, §45의2에 따른 경정청구대상에도 해당하지 않는다는 것이다(복식부기의무자 : 서면법규과-959, 2014.8.29., 복식부기의무자가 아닌 자 : 소득세과-1853, 2009.12.1., 집행기준 80-143-10의 뜻도 그렇다).

그러나 쟁점사건의 재결청인 조세심판원은 납세자가 추계방법으로 신고하였더라도 장부에 의한 방법으로 경정청구할 수 있다고 판단하였는데, 경정청구를 허용하지 않으면 과세관청과 납세자가 불공정한 상태에 놓이기 때문이라고 하였다.

즉 과세관청은 재정경제부 예규(재소득 46073-119, 2003.8.20.)에 의해 납세자가 추계방법으로 신고한 경우에도 장부 기타 증빙서류를 비치 · 기장하고 있는 경우에는 장부 기타 증빙서류에 근거하여 실지조사결정할 수 있는데, 과세관청만 장부와 증빙서류에 의하여 과세표준 및 세액을 경정할 수 있도록 하고 납세자에게는 이를 허용하지 않는 것은 근거가 없는 것일 뿐만 아니라 납세자가 당초에 실지조사의 방법으로 신고하였다면 받아들여질 수 있었음에도 이를 변경할 기회를 박탈하는 것으로서 불공평하다면서 당초 추계방식으로 신고한 납세자로 추후 장부 등에 의해 경정청구할 수 있다는 것이다.

다른 심판례도 당초 기준경비율에 의해 종합소득세를 신고한 후 누락된 수입금액에 대해 추계결정된 종합소득세를 간편장부에 의해 재경정할 수 있다고 하였고(조심 2011중3288, 2011.11.18.), 청구인이 소득금액을 추계신고한 경우에도 장부 · 증빙 등에 의하여 경정청구가 가능하므로, 처분청이 종합소득세에 대한 경정청구를 거부한 처분은 잘못이 있다고 한다(조심 2014중1161, 2014.6.2.).

반면, 추계방식으로 종합소득세 신고를 한 복식부기의무자가 법정신고기한까지 과세표준 신고를 하지 않은 자에 해당하여 적법한 경정청구로 볼 수 없다면, 이에 대한 처분청의 경정거부처분 통지도 청구인의 권리 또는 이익을 침해하는 처분이 아니라 단순한 민원 회신에 불과하여 이를 불복대상으로서의 처분이 아니므로 청구대상이 되는 처분이 존재하지 않는 부적법한 청구이므로 각하한 심판례도 존재한다(조심 2013서3295, 2013.10.21.).

Case 8 심사소득 2011-0154, 2012.1.16.

납세자가 기준경비율에 의한 추계방법으로 소득세 신고하면서 사실상 인건비인 것을 지급하고 근로소득이 아니라 사업소득으로 신고한 사실이 있다면, 과세관청의 소득금액 추계결정 시 주요경비인 인건비에서 제외되어야 한다는 사례

가. 사실관계

건축사사무소 M이라는 상호로 건축설계업을 영위하는 청구인이 일용직 甲에게 사실상 인건비를 지급하면서 甲의 사업소득으로 처리한 후, 기준경비율에 의한 추계방법으로 소득세를 신고하면서, 甲에게 지급한 대가를 인건비로 적용하여 필요경비 공제

나. 과세경위

처분청은 사업소득으로 지급한 금액은 소득금액에서 공제할 수 있는 주요경비에 해당하지

않는다면서 청구인에게 종합소득세 경정・고지

다. 청구인 주장

(1) 당시 정규직 3명 외에 甲을 일용직으로 채용하고 있었으며 甲의 일용근로 기간이 길어져 근로자 및 근로소득으로 처리하여야 하나 영세사업자인 청구인 입장에서 4대보험료의 추가비용이 발생되는바, 부담이 너무 커져 근로소득이 아닌 사업소득으로 신고한 것일 뿐이며, 단순히 사업소득으로 지급조서를 제출했다고 하여 인적용역비로 기준경비율에 의한 종합소득세 추계신고시 주요경비에서 제외하여야 하는 것은 아니다.

(2) 선량한 국민의 한 사람으로서 회사의 비용을 조금이라도 줄여 볼 요량으로 사업소득으로 처리한 것일 뿐으로 실질이 일용근로자의 인건비에 해당하므로 기준경비율에 의한 종합소득세 추계신고시 인건비로 공제되어야 한다.

라. 처분청 의견

(1) 소득세법 시행령 §143 ③ 제1호에 따라 기준경비율에 의해 소득금액을 계산함에 있어 수입금액에서 공제하는 '매입비용과 사업용 고정자산에 대한 임차료'의 범위 및 '증빙서류'의 종류를 §143 ⑤의 규정에 의하여 고시한(국세청 고시 제2003-36호, 2003.12.24.) 내용을 보면 사업서비스 등 기타 서비스용역을 제공받고 지급하는 금액은 수입금액에서 공제하는 주요경비에 해당하지 않는다고 규정하고 있다.

(2) 당초 청구인이 원천징수이행상황신고서에 인적용역사업소득 ××천 원을 신고한 사실을 청구인 스스로 부인하는 것은 조세회피목적으로 일용잡급이라 주장하고 있는 것뿐이다.

마. 쟁점

청구인이 사업소득으로 원천징수하여 신고한 인적용역비가 소득금액 추계결정 시 수입금액에서 공제할 인건비에 해당하는지 여부를 가리는 데 있다.

바. 판단요지

소득법령의 위임에 따라 고시된 국세청고시 제2003-36호(2003.12.24)의 별표 2에서는 "급여・임금은 근로소득원천징수영수증 또는 지급조서를 관할세무서에 제출한 금액이라고 하고 있고, 급여와 임금 및 퇴직급여에 대한 원천징수영수증 또는 지급조서를 제출할 수 없는 부득이한 사유가 있는 경우 및 일용근로소득에 대하여는 소득을 지급받은 자의 주소, 성명, 주민등록번호 등 인적사항이 확인되고 소득을 지급받은 자가 서명 날인한 증빙서류를 비치・보관하고 있는 금액"이라고 규정하고 있으며, 별표 1에서는 "사업서비스 등 기타 서비스용역을 제공받고 지급하는 금액은 수입금액에서 공제하는 주요경비에 해당하지 않는다" 고 규정하고 있다.

청구인은 실질이 근로소득에 대한 대가인 것을 영세사업자 입장에서 4대보험료가 너무 부담스러워 사업소득으로 신고한 것일 뿐이므로 쟁점금액을 인건비로 공제하여야 한다고 주장하나, 법령의 해석은 그 규정된 문구에 충실하여야 하고 부당한 확장해석이나 유추해석은 허용되지 않는 것인데, 청구인들의 경우처럼 인건비를 지급하고 이를 사업소득으로 신고한 바 있으며 근로소득임을 입증할 증빙서류를 세무서에 제출하지 않았고 일용근로자임을 입증할 서류를 갖추지 않은 점에 비추어 볼 때, 처분청이 쟁점금액을 소득금액 추계결정 시 공제할 주요경비인 인건비에서 제외하여 신고한 내용을 부인하고 종합소득세를 과세한 이건 부과처분은 달리 잘못이 없는 것으로 판단된다.

현실적으로 영세사업자 입장에서 4대보험 지출액이 사실상 부담일 것이다. 그러나 4대보험 지출액이 부담스러워서 사실상 근로소득인 것을 근로소득으로 원천징수하지 않고 인적용역대가인 사업소득으로 원천징수하여 납세자 스스로 신고해 놓고, 이것이 문제되자 사실상 근로소득에 해당하니 인건비로 인정해 달라고 항변하는 것은 무리가 있어 보인다.

나아가 소득세법의 위임에 따라 국세청장은 매년 「매입비용과 사업용 고정자산에 대한 임차료의 범위 및 증빙서류의 종류」를 고시하고 있는데, 이 고시 내용에 "사업서비스 등 기타 서비스용역을 제공받고 지급하는 금액은 수입금액에서 공제하는 주요경비에 해당하지 않는다"고 명시하고 있기 때문에 청구인의 주장이 인용되기는 어렵다.

Case 9 조심 2012구4101, 2015.2.10.

치킨프랜차이즈 사업에서 성실하다고 판단된 독립적인 지역지사의 생닭 매입액 대비 부재료 매출액 비율을 산출하여, 본사의 생닭 매입액에 반영하여 부재료 매출누락액을 추계한 방식을 정당하다고 인정한 사례

가. 사실관계

청구인은 ○○이라는 상호로 프랜차이즈 치킨사업을 영위하면서 전국 600여개 가맹점과 8개의 지역별 지사를 두고 있는 사업자로서, 본사 소속 가맹점에 육계와 치킨부재료(포장지, 양념소스 등)를 공급

나. 과세경위

2010년 부재료 매출누락은 전산출고내역과 청구인 신고내용과의 차액을 매출누락으로 추계하였고, 2008년과 2009년 부재료 매출누락은 전산자료가 없으므로 지역별 지사 중 □□지사 사업자의 기장내용을 기준으로 육계매입액 대비 부재료 매출액 비율을 산정한 후, 청구인의 육계매입액에 적용하여 부재료 매출누락액을 추계하여 부가가치세와 종합소득세 고지

다. 청구인 주장

(1) 2010년의 경우 전산출고수량은 단순한 배송관리를 위하여 주문시 입력한 것일 뿐, 주문취소 내역 등이 반영되지 않았고, 가맹점 배송주기인 2~3일이 아닌 매일 배송되는 경우도 있어 실제 부재료 매출수량을 반영하지 못한다.

(2) □□지사는 매출액, 매출구조 및 육계 매입량 등에 있어 청구인의 본사 사업장과 현저한 차이가 있으므로 □□지사의 비율을 쟁점사업장에 적용하는 것은 부당하다.

라. 처분청 의견

(1) 2010연도 전산출고기록은 실제 매출액을 반영한 것이 아니라고 주장하나, 청구인의 확인서, 지사장 확인서, 지사 송금내역 등에 의하여 실제 매출액으로 확인되었으므로, 처분청이 쟁점사업장의 전산출고내역에서 확인되는 출고량에 조사자가 확인한 단가를 곱하여 2010연도 부재료 매출액을 산정한 것은 정당하다.

(2) 장부기록이 전혀 없는 본사에 비해 □□지사는 성실히 기장하여 동업자권형으로 적용할 수 있으므로, 청구인의 육계 매입액에 □□지사의 육계 매입액 대비 부재료 매출액의 비율을 적용하여 실제매출액을 환산하고, 신고매출액과의 차액을 매출누락액으로 본 것은 정당하다.

마. 쟁점

전산출고내역 및 지사의 육계 매입액 대비 부재료 매출액의 비율 등에 의하여 부재료 매출누락금액을 산정하여 과세한 처분의 당부

바. 판단요지

2008년~2009년 귀속분에 대하여 처분청이 적용한 □□지사의 비율(2008년 26.67%, 2009년 27.00%)은 분모의 경우 다른 사업자 명의로 매입한 육계 중 일부를 가맹점에 공급하는 방법(육계매입액 누락)으로 과다계상되었고, 분자의 경우 □□지사 수기 장부상의 금액보다 과다하게 계상된 것으로 나타나므로 이를 시정하여 재계산한 비율(2008년 19.67%, 2009년 17.37%)을 적용함이 타당한 것으로 보이며,

2010년 귀속분의 경우 전산출고자료의 매출수량이 중복주문・주문취소・반품 등이 반영되지 아니하여 과다하게 기재되었을 가능성이 높아 보이므로 처분청이 제시하고 있는 전산출고내역이 과세근거로 제시하기에 부적절한 측면이 있어 보인다.
그러나 청구인이 제시하고 있는 □□지사 비율(19.20%)에 오류가 있다고 인정할 만한 정황이 보이지 않는 이상 2010연도 다른 귀속연도의 경우와 동일한 방법으로 매출액을 산정함이 보다 합리적인 것으로 판단된다.

그렇다면, 청구인의 육계 매입액 대비 2008년 귀속분의 경우 19.67%, 2009년 귀속분의 경우

17.37%, 2010년 귀속분의 경우 19.20%에 해당하는 금액을 쟁점사업장의 가맹점에 대한 부재료 매출액으로 보아 부재료 매출누락액을 재산정하는 것이 타당하다.

쟁점사건은 지방국세청장이 청구인 사업장 및 5개 지사에 대해 세무조사를 실시하고 청구인이 부재료 매출 뿐 아니라 육계매출액·가맹비 등의 매출액도 누락한 것으로 조사하여 청구인을 조세범처벌법 위반 혐의로 검찰청에 고발한 사건이다.

육계매출액의 경우 전산출고내역은 단순한 배송관리를 위해 주문 시 입력한 것일 뿐이고 중복주문이나 주문취소 및 반품 등이 전혀 반영되지 않은 것이며, 배달 위주의 매출과 상관관계가 높은 포장박스 출고량보다 많은 것으로 나타나 검찰조사에서 매출누락이 없어 불기소 처분되었다는 점 등을 고려하여 매출을 누락하지 않은 것으로 인정되었다.

그러나 부재료 매출의 경우 청구인의 사업장인 본사뿐 아니라 5개 지사도 함께 세무조사한 결과 □□지사의 장부기장이 성실한 것으로 판단하고 동업자권형 방법으로 매출누락을 추계한바,

청구인이 이러한 추계방법이 부적정하다는 것에 대해 입증하지 못하고 있으므로 소득세법 시행령 §143 ③에서 인정하는 동업자권형 방법으로 부재료에 대한 매출누락 추계방식이 합리적이고 보기에 큰 무리가 없으므로, □□지사에서 산출된 비율을 적용하여 본사의 부재료 매출액을 다시 산정하라는 것이다.

Case 10 조심 2012서1988, 2013.11.18.

소득금액을 추계결정한 이상 청구인이 주장하는 대손금은 소득세법에서 인정하는 매입경비 등의 주요한 경비에 해당하지 않으므로, 법원판결로 확인된 대손금이라 하더라도 필요경비로 인정되지 않는다는 사례

가. 사실관계

청구인은 1994년경부터 사업자등록을 하지 않은 채 어음할인 및 주식을 담보로 한 대부업 등을 영위하여 오면서, 2008~2010년 중 ㈜○○ 등에 금원을 대여하고 이자 수취

나. 과세경위

처분청은 청구인에 대한 세무조사 결과 ㈜○○ 등으로부터 받은 이자와 관련하여 장부 등의 미비를 이유로 이자소득금액을 추계하여 종합소득세 과세

다. 청구인 주장

(1) 청구인이 얻은 이자소득은 소득법 §20 ① 제8호의 대부업자의 사업소득에 해당하므로 그에 상당하는 필요경비를 계산하여야 한다.

(2) 법원 판결문에서 회수 불가능한 것으로 입증된 대출채권의 대손금은 필요경비로 반영되어야 한다.

라. 처분청 의견

(1) 대여한 원금 및 이자를 회수하지 못하였고, 향후 회수 가능성도 없으므로 대손금을 필요경비로 산입하여야 한다고 주장하나, 청구인은 사업자등록을 하지 않고 대부업을 영위하던 사채업자로 해당 이자소득에 대한 장부 등을 신고한 사실이 없다.

(2) 따라서 소득세법 §80 ③에 따라 추계로 소득금액을 계산한 이상, 동법 시행령 §143 ③ 제1호에서 인정하는 주요 매입경비에 해당하지 않는 대손금을 필요경비에 산입하지 않고 과세한 처분은 정당하다.

마. 쟁점

이자소득금액을 기준경비율에 따른 추계로 산정하여 대손금을 추가 필요경비로 인정하지 않고 과세한 처분의 당부

바. 판단요지

소득세법 §80 ③ 및 그 시행령 §143 ① 등에 의하면, 과세표준과 세액을 결정 또는 경정하는 경우에는 장부나 그 밖의 증명서류를 근거로 함이 원칙이나, 과세표준을 계산함에 있어서 필요한 장부와 증빙서류가 없거나 중요한 부분이 미비 또는 허위인 경우에는 소득금액을 추계조사결정할 수 있다.

쟁점사건에서 청구인이 이 건 과세처분과 관련하여 대부업의 사업자등록을 하였거나, 장부의 작성 또는 별도의 증빙서류를 제시한 바 없으므로, 처분청이 추계로 소득금액을 결정한 것은 정당한 것으로 보이고, 이와 같이 소득금액을 추계한 이상, 청구인이 주장하는 대손금은 소득세법에서 인정하고 있는 매입경비 등의 주요한 경비에 해당하지 않는 것(조심 2010서222, 2010.10.18.)이므로, 결국 대손금을 필요경비로 추가 인정하여 달라는 청구주장은 받아들이기 어렵다.

소득금액을 추계결정하는 경우 수입금액에서 공제하는 비용은 매입비용과 사업용 고정자산의 임차료 및 인건비 등으로 한정되어 있다.

쟁점사건에서 청구인이 주장하는 대손금은 만약 장부에 의한 결정이었다면 필요경비로

인정받을 수 있겠지만 소득금액을 추계로 결정한 이상 법에 정한 경비가 아닌 것을 필요경비로 공제할 수는 없을 것이다.

2 실지거래가액에 의한 양도차익 계산

가. 법령

1) 소득세법

가) 제96조(양도가액)

① 제94조 제1항 각 호에 따른 자산의 양도가액은 그 자산의 양도 당시의 양도자와 양수자 간에 실제로 거래한 가액(이하 "실지거래가액")에 따른다.
② 제94조 제1항 제1호 및 제2호에 따른 자산을 2006년 12월 31일까지 양도하는 경우에 그 자산의 양도가액은 제1항에도 불구하고 다음 각 호의 어느 하나에 해당하는 경우 외에는 그 자산의 양도 당시의 기준시가에 따른다.
1. 제89조 제1항 제3호에 따른 고가주택의 기준에 해당하는 주택(부수토지 포함)인 경우
2. 제94조 제1항 제2호 가목에 따른 부동산을 취득할 수 있는 권리인 경우
3. 제104조 제3항에 따른 미등기양도자산인 경우
4. 취득 후 1년 이내의 부동산인 경우
5. 거짓 계약서의 작성, 주민등록의 거짓 이전 등 부정한 방법으로 부동산을 취득하거나 양도하는 경우로서 대통령령으로 정하는 기준에 해당하는 경우
6. 양도자가 양도 당시 및 취득 당시의 실지거래가액을 증명서류와 함께 제110조 제1항에 따른 확정신고기한까지 납세지 관할세무서장에게 신고하는 경우
7. 제104조의2 제2항에 따른 지정지역에 있는 부동산인 경우
8. 제104조의3에 따른 비사업용 토지인 경우
9. 그 밖에 해당 자산의 종류, 보유기간, 보유 수, 거래규모 및 거래방법 등을 고려하여 대통령령으로 정하는 경우

③ 제1항과 제2항 각 호를 적용할 때 거주자가 제94조 제1항 각 호의 자산을 양도하는 경우로서 다음 각 호의 어느 하나에 해당하는 경우에는 그 가액을 해당 자산의 양도 당시의 실지거래가액으로 본다.
1. 「법인세법」 제52조에 따른 특수관계인(외국법인 포함하며, 이하 "특수관계인")에 양도한 경우로서 같은 법 제67조에 따라 해당 거주자의 상여, 배당 등으로 처분된 금액이 있는

경우에는 같은 법 제52조에 따른 시가

2. 특수관계인 외의 자에게 자산을 시가보다 높은 가격으로 양도한 경우로서 「상속세 및 증여세법」 제35조에 따라 해당 거주자의 증여재산가액으로 하는 금액이 있는 경우에는 그 양도가액에서 증여재산가액을 뺀 금액

④ 제2항 제4호를 적용할 때 「공익사업을 위한 토지 등의 취득 및 보상에 관한 법률」이나 그 밖의 법률에 따른 수용 및 협의 매수 등 부득이한 사유로 취득 후 1년 이내에 양도하는 경우에는 대통령령으로 정하는 바에 따라 기준시가에 따를 수 있다.

나) 제97조(양도소득의 필요경비 계산)

① 거주자의 양도차익을 계산할 때 양도가액에서 공제할 필요경비는 다음 각 호에서 규정하는 것으로 한다.

1. 취득가액
   가. 제94조 제1항 각 호의 자산 취득에 든 실지거래가액. 다만, 제96조 제2항 각 호 외의 부분에 해당하는 경우에는 그 자산 취득 당시의 기준시가
   나. 가목 본문의 경우로서 취득 당시의 실지거래가액을 확인할 수 없는 경우에는 대통령령으로 정하는 매매사례가액, 감정가액 또는 환산가액
2. 자본적 지출액 등으로서 대통령령으로 정하는 것
3. 양도비 등으로서 대통령령으로 정하는 것

② 제1항에 따른 양도소득의 필요경비는 다음 각 호에 따라 계산한다.

1. 취득가액을 실지거래가액에 의하는 경우의 필요경비는 다음 각 목의 금액에 제1항 제2호 및 제3호의 금액을 더한 금액으로 한다.
   가. 제1항 제1호 가목 본문에 따르는 경우에는 해당 실지거래가액
   나. 제1항 제1호 나목 및 제114조 제7항에 따라 환산가액에 의하여 취득 당시의 실지거래가액을 계산하는 경우로서 법률 제4803호 소득세법 개정법률 부칙 제8조에 따라 취득한 것으로 보는 날(이하 이 목에서 "의제취득일") 전에 취득한 자산(상속 또는 증여받은 자산 포함)의 취득가액을 취득 당시의 실지거래가액과 그 가액에 취득일부터 의제취득일의 전날까지의 보유기간의 생산자물가상승률을 곱하여 계산한 금액을 합산한 가액에 의하는 경우에는 그 합산한 가액
   다. 제7항 각 호 외의 부분 본문에 의하는 경우에는 해당 실지거래가액
2. 그 밖의 경우의 필요경비는 제1항 제1호 가목 단서, 같은 호 나목(제1호 나목이 적용되는 경우 제외), 제7항(제1호 다목이 적용되는 경우 제외) 또는 제114조 제7항(제1호 나목이 적용되는 경우 제외)의 금액에 자산별로 대통령령으로 정하는 금액을 더한 금액. 다만, 제1항 제1호 나목에 따라 취득가액을 환산가액으로 하는 경우로서 가목의 금액이 나목의 금액보다 적은 경우에는 나목의 금액을 필요경비로 할 수 있다.

가. 제1항 제1호 나목에 따른 환산가액과 본문 중 대통령령으로 정하는 금액의 합계액
나. 제1항 제2호 및 제3호에 따른 금액의 합계액
③ 제2항에 따라 필요경비를 계산할 때 양도자산 보유기간에 그 자산에 대한 감가상각비로서 각 과세기간의 사업소득금액을 계산하는 경우 필요경비에 산입하였거나 산입할 금액이 있을 때에는 이를 제1항의 금액에서 공제한 금액을 그 취득가액으로 한다.
④ (삭제)
⑤ 취득에 든 실지거래가액의 범위 등 필요경비의 계산에 필요한 사항은 대통령령으로 정한다.
⑥ (삭제)
⑦ 제1항 제1호 가목 본문을 적용할 때 제94조 제1항 제1호 및 제2호에 따른 자산을 양도한 거주자가 그 자산 취득 당시 대통령령으로 정하는 방법으로 실지거래가액을 확인한 사실이 있는 경우에는 이를 그 거주자의 취득 당시의 실지거래가액으로 본다. 다만, 다음 각 호의 어느 하나에 해당하는 경우에는 그러하지 아니하다.
1. 해당 자산에 대한 전 소유자의 양도가액이 제114조에 따라 경정되는 경우
2. 전 소유자의 해당 자산에 대한 양도소득세가 비과세되는 경우로서 실지거래가액보다 높은 가액으로 거래한 것으로 확인한 경우

2) 소득세법 시행령

가) 제162조의2(양도가액)

① (삭제)
② 법 제96조 제2항 제5호에 따라 자산의 양도가액을 실지거래가액에 의하는 경우는 거짓 계약서의 작성, 주민등록의 거짓 이전 등 부정한 방법으로 부동산을 취득 또는 양도하는 경우로서 다음 각 호의 어느 하나에 해당하는 경우로 한다.
1. 「부동산 실권리자명의 등기에 관한 법률」을 위반하여 부동산을 거래한 경우
2. 「공인중개사법」에 따른 개업공인중개사가 동법을 위반하여 직접 취득한 부동산을 양도한 경우
3. 미성년자의 명의로 부동산을 취득(상속 또는 증여에 의한 취득 제외)하여 양도한 경우
4. 1세대의 구성원이 부동산을 양도한 날부터 소급하여 1년 이내의 기간 동안 3회 이상 양도 또는 취득한 경우로서 그 실지거래가액의 합계액이 3억 원 이상인 경우
5. 거래단위별로 기준시가에 의한 양도차익이 1억 원 이상인 경우
③ 토사석의 채취허가에 따른 권리와 지하수의 개발, 이용권(이하 이 항에서 "지하수개발, 이용권 등")을 법 제94조 제1항 제1호의 규정에 의한 토지 또는 건물(이하 이 항에서 "토지 등")과 함께 양도하는 경우에 있어서 지하수개발, 이용권 등과 토지 등의 취득가액 또는 양도

가액을 구별할 수 없는 때에는 제51조 제8항 각호의 기준을 준용하여 취득가액 또는 양도가액을 계산한다. 이 경우 "임목"은 "지하수개발, 이용권 등"으로, "임지"는 "토지 등"으로 본다.
④ 법 제96조 제4항의 규정을 적용함에 있어서 상속에 의하여 취득한 부동산을 취득 후 1년 이내에 양도하는 경우 또는 「공익사업을 위한 토지 등의 취득 및 보상에 관한 법률」 그 밖의 법률에 의한 수용(협의매수 포함) 등 부득이한 사유로 인하여 취득 후 1년 이내에 양도하는 경우로서 부동산의 취득 또는 양도의 경위와 그 이용실태 등에 비추어 단기매매차익을 목적으로 거래한 것이 아니라고 인정되는 때에는 제176조의2 제5항의 규정에 의한 자문을 거쳐 기준시가에 의할 수 있다.
⑤ 법 제96조 제2항 제9호에서 "대통령령으로 정하는 경우"란 2주택 이상을 소유한 1세대가 주택(부수토지 포함)을 양도하는 경우를 말한다. 이 경우 다가구주택의 주택 수 계산에 대해서는 제155조 제15항을 준용(거주자가 선택하는 경우만 해당)하고, 공동상속주택의 주택 수 계산에 대해서는 제167조의3 제2항 제2호를 준용하며, 2개 이상의 주택을 같은 날에 양도하는 경우의 양도주택의 결정방법에 대해서는 제154조 제9항을 준용한다.

나) 제163조(양도자산의 필요경비)

① 법 제97조 제1항 제1호 가목 본문에서 "취득에 든 실지거래가액"이란 다음 각 호의 금액을 합한 것을 말한다.
1. 제89조 제1항을 준용하여 계산한 취득원가에 상당하는 가액(제89조 제2항 제1호에 따른 현재가치할인차금과 「부가가치세법」 제10조 제6항에 따라 납부하였거나 납부할 부가가치세를 포함하되 부당행위계산에 의한 시가초과액은 제외)
2. 취득에 관한 쟁송이 있는 자산에 대하여 그 소유권 등을 확보하기 위하여 직접소요된 소송비용, 화해비용 등의 금액으로서 그 지출한 연도의 각 소득금액의 계산에 있어서 필요경비에 산입된 것을 제외한 금액
3. 제1호를 적용할 때 당사자 약정에 의한 대금지급방법에 따라 취득원가에 이자상당액을 가산하여 거래가액을 확정하는 경우 당해 이자상당액은 취득원가에 포함한다. 다만, 당초 약정에 의한 거래가액의 지급기일의 지연으로 인하여 추가로 발생하는 이자상당액은 취득원가에 포함하지 아니한다.
4. 제1호를 적용할 때 합병으로 인하여 소멸한 법인의 주주가 합병 후 존속하거나 합병으로 신설되는 법인(이하 이 호에서 "합병법인")으로부터 교부받은 주식의 1주당 취득원가에 상당하는 가액은 합병 당시 해당 주주가 보유하던 피합병법인의 주식을 취득하는 데 든 총금액(「법인세법」 제16조 제1항 제5호의 금액은 더하고 같은 호의 합병대가 중 금전이나 그 밖의 재산가액의 합계액은 뺀 금액)을 합병으로 교부받은 주식수로 나누어 계산한 가액으로 한다.

② 제1항 제1호에 따라 제89조 제2항 제1호에 따른 현재가치할인차금을 취득원가에 포함하는 경우에 있어서 양도자산의 보유기간 중에 그 현재가치할인차금의 상각액을 각 연도의 사업소득금액 계산시 필요경비로 산입하였거나 산입할 금액이 있는 때에는 이를 제1항의 금액에서 공제한다.

③ 법 제97조 제1항 제2호에서 "자본적 지출액 등으로서 대통령령으로 정하는 것"이란 다음 각 호의 어느 하나에 해당하는 것을 말한다.

1. 제67조 제2항의 규정을 준용하여 계산한 자본적 지출액
2. 양도자산을 취득한 후 쟁송이 있는 경우에 그 소유권을 확보하기 위하여 직접 소요된 소송비용, 화해비용 등의 금액으로서 그 지출한 연도의 각 소득금액의 계산에 있어서 필요경비에 산입된 것을 제외한 금액

2의2. 「공익사업을 위한 토지 등의 취득 및 보상에 관한 법률」이나 그 밖의 법률에 따라 토지 등이 협의 매수 또는 수용되는 경우로서 그 보상금의 증액과 관련하여 직접 소요된 소송비용, 화해비용 등의 금액으로서 그 지출한 연도의 각 소득금액의 계산에 있어서 필요경비에 산입된 것을 제외한 금액. 이 경우 증액보상금을 한도로 한다.

3. 양도자산의 용도변경, 개량 또는 이용편의를 위하여 지출한 비용

3의2. 「개발이익환수에 관한 법률」에 따른 개발부담금(개발부담금의 납부의무자와 양도자가 서로 다른 경우에는 양도자에게 사실상 배분될 개발부담금상당액)

3의3. 「재건축초과이익 환수에 관한 법률」에 따른 재건축부담금(재건축부담금의 납부의무자와 양도자가 서로 다른 경우에는 양도자에게 사실상 배분될 재건축부담금상당액)

4. 제1호 내지 제3호, 제3호의2 및 제3호의3에 준하는 비용으로서 기획재정부령이 정하는 것

④ (삭제)

⑤ 법 제97조 제1항 제3호에서 "대통령령으로 정하는 것"이란 다음 각 호의 어느 하나에 해당하는 것을 말한다.

1. 법 제94조 제1항 각 호의 자산을 양도하기 위하여 직접 지출한 비용으로서 다음 각 목의 비용
   가. 「증권거래세법」에 따라 납부한 증권거래세
   나. 양도소득세 과세표준신고서 작성비용 및 계약서 작성비용
   다. 공증비용, 인지대 및 소개비
   라. 가목부터 다목까지의 비용과 유사한 비용으로서 기획재정부령으로 정하는 비용
2. 법 제94조 제1항 제1호의 자산을 취득함에 있어서 법령 등의 규정에 따라 매입한 국민주택채권 및 토지개발채권을 만기 전에 양도함으로써 발생하는 매각차손. 이 경우 기획재정부령으로 정하는 금융기관 외의 자에게 양도한 경우에는 동일한 날 에 금융기관에 양도하였을 경우 발생하는 매각차손을 한도로 한다.

⑥ 법 제97조 제2항 제2호 각 목 외의 부분 본문에서 "대통령령으로 정하는 금액"이란 다음 각 호의 금액을 말한다.

1. 토지
취득 당시의 법 제99조 제1항 제1호 가목의 규정에 의한 개별공시지가 × 3/100(법 제104조 제3항에 규정된 미등기양도자산의 경우 3/1000)
2. 건물
가. 법 제99조 제1항 제1호 다목의 규정에 의한 건물(부수토지 포함) 및 동호 라목의 규정에 의한 주택 취득 당시의 법 제99조 제1항 제1호 다목 또는 라목의 가액 × 3/100(법 제104조 제3항에 규정된 미등기양도자산의 경우에는 3/1000)
나. 가목 외의 건물
취득 당시의 법 제99조 제1항 제1호 나목의 가액 × 3/100(법 제104조 제3항에 규정된 미등기양도자산의 경우에는 3/1000)
3. 법 제94조 제1항 제2호 나목 및 다목의 규정에 의한 자산(법 제104조 제3항에 규정된 미등기양도자산 제외)
취득 당시의 기준시가 × 7/100
4. 제1호 내지 제3호 외의 자산
취득 당시의 기준시가 × 1/100

⑦ (삭제)

⑧ (삭제)

⑨ 상속 또는 증여(「상속세 및 증여세법」 제33조 내지 제42조의 규정에 의한 증여 제외)받은 자산에 대하여 법 제97조 제1항 제1호 가목 본문의 규정을 적용함에 있어서는 상속개시일 또는 증여일 현재 「상속세 및 증여세법」 제60조 내지 제66조의 규정에 의하여 평가한 가액을 취득 당시의 실지거래가액으로 본다. 다만, 다음 각 호의 1에 해당하는 경우에는 다음 각 호의 규정에 의한 금액에 의한다.
1. 「부동산 가격공시 및 감정평가에 관한 법률」에 의하여 1990년 8월 30일 개별공시지가가 고시되기 전에 상속 또는 증여받은 토지의 경우에는 상속개시일 또는 증여일 현재 「상속세 및 증여세법」 제60조 내지 제66조의 규정에 의하여 평가한 가액과 제164조 제4항의 규정에 의한 가액 중 많은 금액
2. 「상속세 및 증여세법」 제61조 제1항 제2호 내지 제4호의 규정에 의한 건물의 기준시가가 고시되기 전에 상속 또는 증여받은 건물의 경우에는 상속개시일 또는 증여일 현재 「상속세 및 증여세법」 제60조 내지 제66조의 규정에 의하여 평가한 가액과 제164조 제5항 내지 제7항의 규정에 의한 가액 중 많은 금액

⑩ 법 제97조 제1항 제1호 가목 본문은 다음 각 호에 따라 적용한다.
1. 「상속세 및 증여세법」 제3조 제1항 단서, 제33조부터 제39조까지, 제39조의2, 제39조의3, 제40조, 제41조, 제41조의3부터 제41조의5까지, 제42조 및 제45조의3에 따라 상속세나 증여세를 과세받은 경우에는 해당 상속재산가액이나 증여재산가액(같은 법 제45조의3에 따라 증여세를 과세 받은 경우에는 증여의제이익) 또는 그 증, 감액을 취득가액에 더하거

나 뺀다.
2. 법 제94조 제1항 각 호의 자산을 「법인세법」 제52조에 따른 특수관계인(외국법인 포함)으로부터 취득한 경우로서 같은 법 제67조에 따라 거주자의 상여, 배당 등으로 처분된 금액이 있으면 그 상여, 배당 등으로 처분된 금액을 취득가액에 더한다.

⑪ 법 제97조 제7항 각 호 외의 부분 본문에서 "대통령령으로 정하는 방법"이란 다음 각 호의 어느 하나에 해당하는 방법을 말한다.
1. (삭제)
2. 거주자가 부동산 취득시 「부동산 거래신고에 관한 법률」 제3조 제1항에 따른 부동산의 실제거래가격(「주택법」 제80조의2에 따른 주택거래신고의 대상인 주택의 경우 동법 제80조의 제1항에 따른 주택거래가액)을 기획재정부령으로 정하는 방법에 의하여 확인하는 방법. 다만, 실제거래가격이 전소유자의 부동산 양도소득과세표준 예정신고 또는 확정신고시의 양도가액과 동일한 경우에 한한다.

⑫ 법 제97조 제 1항 제1호 나목에서 "대통령령으로 정하는 매매사례가액, 감정가액 또는 환산가액"이란 제176조의2 제2항부터 제4항까지의 규정에 따른 가액을 말한다.

⑬ 주식매수선택권을 행사하여 취득한 주식을 양도하는 때에는 주식매수선택권을 행사하는 당시의 시가를 법 제97조 제1항 제1호의 규정에 의한 취득가액으로 한다.

3) 소득세법 시행규칙 제79조(양도자산의 필요경비 계산 등)

① 영 제163조 제3항 제4호에서 "기획재정부령이 정하는 것"이라 함은 다음 각 호의 비용을 말한다.
1. 「하천법」·「댐건설 및 주변지역지원 등에 관한 법률」 그 밖의 법률에 따라 시행하는 사업으로 인하여 해당 사업구역 내의 토지소유자가 부담한 수익자부담금 등의 사업비용
2. 토지이용의 편의를 위하여 지출한 장애철거비용
3. 토지이용의 편의를 위하여 해당 토지 또는 해당 토지에 인접한 타인 소유의 토지에 도로를 신설한 경우의 그 시설비
4. 토지이용의 편의를 위하여 해당 토지에 도로를 신설하여 국가 또는 지방자치단체에 이를 무상으로 공여한 경우의 그 도로로 된 토지의 취득 당시 가액
5. 사방사업에 소요된 비용
6. 제1호 내지 제5호의 비용과 유사한 비용

② 영 제163조 제5항 제2호에서 "기획재정부령으로 정하는 금융기관"이란 「자본시장과 금융투자업에 관한 법률」에 따른 투자매매업자 또는 투자중개업자, 「은행법」에 따른 인가를 받아 설립된 은행 및 「농업협동조합법」에 따른 농협은행을 말한다.

③ 영 제163조 제11항 제2호에서 "기획재정부령으로 정하는 방법"이란 「공인중개사의 업

무 및 부동산 거래신고에 관한 법률」 제27조 제1항에 따라 신고(「주택법」 제80조의2에 따른 주택거래신고 포함)한 실제거래가격을 관할세무서장이 확인하는 방법을 말한다.

4) 기본통칙

96-0…1	채무인수조건부 양도시 양도가액 계산

양도하는 자산에 일정액의 채무가 있어 동 채무를 그 자산을 취득하는 자가 인수 · 변제하기로 하는 계약조건인 경우에 있어서 동 채무는 양도가액에서 공제하지 아니한다.

97-0…1	대가를 금전 이외의 물품으로 지급하는 경우 실지거래가액 계산

토지나 건물을 취득 또는 양도하는 자가 당해 자산의 대가로서 금전 이외의 물품을 지급하거나 영수하고 그 양도자산의 매매계약서상에는 물품수량만이 명시된 경우에는 당해 양도자산의 취득가액 또는 양도가액은 물품의 인도 또는 영수 당시의 시가에 의해 계산한 가액으로 한다.

97-0…2	감정가액으로 기록된 장부가액을 취득가액으로 인정 여부

① 사업자가 기장을 하기 이전에 취득한 자산을 「부동산 가격공시 및 감정평가에 관한 법률」에 의한 감정평가법인이 감정한 가액으로 기장하여 감가상각을 한 경우라 할지라도 동 자산의 양도차익계산에 있어서 필요경비로 공제하는 취득가액은 당초 그 자산을 취득하기 위하여 소요된 실지거래가액 또는 기준시가로 한다.

② 양도자산을 보유기간 중에 자산재평가법에 의하거나 또는 임의로 재평가하였을 경우에는 재평가액에 불구하고 취득 당시의 실지거래가액 또는 기준시가가 취득가액이 된다.

97-0…3	양도차익계산시 취득가액에 산입하는 필요경비의 범위

① 취득세는 납부영수증이 없는 경우에도 양도소득금액계산시 필요경비로 공제한다. 다만, 「지방세법」등에 의하여 취득세가 감면된 경우의 당해 세액은 공제하지 아니한다.

② 양도차익계산시 산입되는 취득가액에는 취득시 쟁송으로 인한 명도비용, 소송비용, 인지대 등 취득에 소요된 모든 비용을 포함한다. 이 경우 소송비용은 「민사소송법」이 정하는 소송비용과 변호사의 보수 등 자산의 소유권을 확보하기 위하여 직접 소요된 일체의 경비를 말한다.

③ 양도하는 토지 위에 나무재배를 위하여 소요된 비용 등은 필요경비로 산입하지 아니한다.

97-0…4	매입자부담의 양도소득세 등 필요경비 산입

주택신축판매업자가 사업용 아파트 부지매입시 토지소유자에게 토지대금 이외에 양도소득세 등을 매수자가 부담하기로 약정하고 이를 실지로 지급하였을 경우 매도자는 동 양도소득세상당액을 포함한 가액을 양도가액으로 보고 매수자는 동 세액상당액을 매입원가로서 필요경비에 산입한다.

97-0…5	자산취득시 징수된 부가가치세 등의 필요경비 산입 여부

취득 등기시 납부한 취득세에 대한 교육세와 아파트 분양시 그 분양사업자가 거래징수한 부가가치세는 양도차익계산시 필요경비로 계산한다. 이 경우 아파트를 분양받은 자가 부가가치세법상 일반과세사업자로서 사업용으로 분양받은 경우에는 그 부가가치세는 필요경비로 산입할 수 없다.

97-0…6	위약금의 필요경비 산입 여부

부동산매매계약의 해약으로 인하여 지급하는 위약금 등은 양도차익 계산시 필요경비로 공제하지 아니한다.

97-0…7	토지에 도로를 신설한 경우 필요경비 산입요건

① 토지의 이용편의를 위하여 해당 토지에 도로를 신설하여 국가 또는 지방자치단체에 이를 무상으로 공여하여 양도하는 경우에는 그 도로의 취득가액을 필요경비에 산입한다.

② 제1항의 규정에서 "도로"라 함은 다음 각 호의 요건을 갖춘 경우를 말한다.

1. 도로 신설의 뚜렷한 표시가 될 것(도로부분과 일반토지가 구분될 것)
2. 도로신설이 토지이용의 편익에 공헌할 것
3. 국가 또는 지방자치단체에 대하여 도로 신설의 대가를 받지 아니할 것. 이 경우 도로에 충당된 토지를 국가지방자치단체에 기부하였는지 혹은 그 토지의 지적공부상의 지목을 변경하였는지의 여부는 불문한다.

97-0…8	건물 철거비용의 필요경비 산입

토지만을 이용하기 위하여 토지와 건물을 함께 취득한 후 해당 건물을 철거하고 토지만을 양도하는 경우 철거된 건물의 취득가액과 철거비용의 합계액에서 철거 후 남아있는 시설물의 처분가액을 차감한 잔액을 양도자산의 필요경비로 산입한다. 다만, 그 양도차익을 기준시가로 산정하는 경우에는 철거된 건물의 취득 당시의 기준시가에 영 제163조 제6항 제1호 및 제2호의 금액을 가산한 금액을 양도하는 토지의 필요경비로 산입한다.

97-0…9	묘지이장비 등의 필요경비산입

토지의 이용편의를 위하여 지출한 묘지이장비용은 양도자산의 필요경비로 산입한다.

나. 양도소득세 개요

1) 우리나라 양도소득세의 특징

양도소득세란 토지, 건물, 부동산에 대한 권리 및 주식 등과 같이 자본적 성격을 지닌 자산을 양도함으로써 보유기간 동안의 가치상승에 따른 이익인 자본이득(capital gains)에 부과하는 세금으로서, 우리나라는 자산을 양도함으로써 발생하는 소득을 장·단기 구분 없이 종합소득과는 별도로 분류하여 양도소득세를 부과하고 있다.

한편, 우리나라의 양도소득세는 자본이득에 대한 과세라는 본질적 기능 이외에 투기로 인한 불로소득 및 개발이익 등을 세금으로 환수하여 소득재분배 및 부동산 가격 안정 등을 목적으로 하는 부동산 정책수단으로써의 역할도 수행한다. 그 결과 1975년 양도소득세 도입 이후 약 34년간 세율체계가 크게 14번이나 개편되는 결과가 초래되기도 하였다.[36)]

| 양도소득세 과세기준 변화 |

구 분	1975 ~ 1978년	1979 ~ 1982년	1983 ~ 2006년	2007년 이후
원칙	실지거래가액	실지거래가액	기준시가	실지거래가액
예외	시가표준액	기준시가	실지거래가액	기준시가

2007.1.1.부터 양도차익을 기존의 기준시가에 의해 계산하던 방법에서 실지거래가액에 의해 계산하도록 소득세법이 개정되었다.

기준시가에 의해 양도차익을 계산하는 방법은 실질과세원칙을 벗어나 사실상 추계과세 방법에 의한 과세라는 문제점을 갖고 있었던 차에 2006년부터 「공인중개사의 업무 및 부동산 거래신고에 관한 법률」에 의해 부동산 실거래가신고제가 시행됨에 따라, 정부는 부동산에 대한 양도소득세 과세기준을 기준시가에서 실지거래가액으로 단계적으로 전환하여 양도소득세 과세를 정상화한다는 취지에 따라 2005.12.31. 법률 제7837호로 소득세법을 개정한 것이다.

개정 전·후의 조문대비표는 다음과 같다.

소득세법 법률 제7579호(2005.7.13. 일부개정)	소득세법 법률 제7837호(2006.1.1. 일부개정)
제96조 【양도가액】	제96조 【양도가액】

36) 한국조세연구원 재산소비세제과, 「양도소득세 합리화 방안」, 2008.6.

소득세법 법률 제7579호(2005.7.13. 일부개정)	소득세법 법률 제7837호(2006.1.1. 일부개정)
①제94조 제1항 제1호 및 제2호의 규정에 의한 자산의 양도가액은 당해 자산의 양도 당시의 기준시가에 의한다. 다만, 당해 자산이 다음 각 호의 1에 해당하는 경우에는 양도자와 양수자 간에 실제로 거래한 가액(이하 "실지거래가액"이라 한다)에 의한다.	①제94조 제1항 각 호 -- 양도 당시의 양도자와 양수자 간에 실제로 거래한 가액(이하 "실지거래가액"이라 한다) ------------------. 〈단서 삭제〉
②제94조 제1항 제3호 및 제4호의 규정에 의한 자산의 양도가액은 당해 자산의 양도 당시의 실지거래가액에 의한다.	②제94조 제1항 제1호 및 제2호의 규정에 의한 자산을 2006년 12월 31일까지 양도하는 경우에 그 자산의 양도가액은 제1항의 규정에 불구하고 다음 각 호의 어느 하나에 해당하는 경우를 제외하고는 당해 자산의 양도 당시의 기준시가에 의한다. 1. 제89조 제1항 제3호의 규정에 의한 고가주택의 기준에 해당하는 주택(이에 부수되는 토지를 포함한다)인 경우 2. 제94조 제1항 제2호 가목의 규정에 의한 부동산을 취득할 수 있는 권리인 경우 3. 제104조 제3항의 규정에 의한 미등기양도자산인 경우 4. 취득 후 1년 이내의 부동산인 경우 5. 허위계약서의 작성, 주민등록의 허위이전 등 부정한 방법으로 부동산을 취득 또는 양도하는 경우로서 대통령령이 정하는 기준에 해당하는 경우 6. 양도자가 양도 당시 및 취득 당시의 실지거래가액을 증빙서류와 함께 제110조 제1항의 규정에 의한 확정신고기한까지 납세지 관할세무서장에게 신고하는 경우 7. 제104조의2 제2항의 규정에 의한 지정지역 안의 부동산인 경우 8. 제104조의3의 규정에 의한 비사업용 토지인 경우 9. 그 밖에 당해 자산의 종류·보유기간·보유수·거래규모 및 거래방법 등을 감안하여 대통령령이 정하는 경우

소득세법 법률 제7579호(2005.7.13. 일부개정)	소득세법 법률 제7837호(2006.1.1. 일부개정)
제97조【양도소득의 필요경비계산】 ①거주자의 양도차익의 계산에 있어서 양도가액에서 공제할 필요경비는 다음 각 호에 규정하는 것으로 한다.	제97조【양도소득의 필요경비계산】 ①(동일)
1. 취득가액	1. 취득가액
가. 제94조 제1항 제1호 및 제2호의 규정에 의한 자산의 경우에는 당해 자산의 취득 당시의 기준시가. 다만, 당해 자산이 제96조 제1항 각호의 1에 해당하는 경우에는 그 자산의 취득에 소요된 실지거래가액에 의한다.	가. 제94조 제1항 각 호의 자산의 취득에 소요된 실지거래가액. 다만, 제96조 제2항 각 호 외의 본문에 해당하는 경우에는 당해 자산의 취득 당시의 기준시가
나. 제94조 제1항 제3호 및 제4호의 자산의 경우에는 당해 자산의 취득에 소요된 실지거래가액	나. 가목 본문의 경우에 있어서 취득 당시의 실지거래가액을 확인할 수 없는 경우에는 대통령령이 정하는 매매사례가액, 감정가액 또는 환산가액

2) 양도소득세 과세대상 자산

양도소득세는 소득세법 §94 및 §118의2(국외자산)에서 열거된 자산의 양도에 대해 부과되는 세금이다. 따라서 자산을 유상양도하여 자본이득이 발생한 경우라도 그 자산이 소득세법상 양도소득세 과세대상으로 열거되어 있지 않으면 양도소득세가 과세되지 않는다.

| 양도소득세 과세대상 자산 |

소득법 §94 ① 양도소득의 범위	소득법 §118의2 거주자의 국외자산 양도소득의 범위
① 토지, 건물의 양도소득	① 토지, 건물의 양도소득
② 부동산에 관한 권리의 양도소득 ㉮ 부동산을 취득할 수 있는 권리 ㉯ 지상권 ㉰ 전세권 ㉱ 등기된 부동산임차권	② 부동산에 관한 권리의 양도소득 ㉮ 부동산을 취득할 수 있는 권리 ㉯ 지상권 ㉰ 전세권 ㉱ 부동산임차권
③ 주식, 출자지분의 양도소득(*) ㉮ 상장주식 : 대주주 양도분과 장외시장에서 양도하는 경우	③ 주식, 출자지분의 양도소득 ㉮ 외국법인 발행주식(상장주식과 기타자산 해당 주식 제외)

소득법 §94 ① 양도소득의 범위	소득법 §118의2 거주자의 국외자산 양도소득의 범위
㉯ 비상장주식 등	㉯ 내국법인 발행주식(*)으로서 외국증권시장에 상장된 주식
④ 기타자산의 양도소득 ㉮ 사업용 고정자산과 함께 양도하는 영업권 ㉯ 특정시설물 이용권, 회원권 ㉰ 특정주식 등 ㉱ 부동산과다보유법인의 주식 등	④ 기타자산의 양도소득 ㉮ 사업용 고정자산과 함께 양도하는 영업권 ㉯ 특정시설물 이용권, 회원권 ㉰ 특정주식 등 ㉱ 부동산과다보유법인의 주식 등
(*)신주인수권 및 예탁증권 포함	(*)소득령 §157 ①의 예탁증권 포함

가) 토지

토지란 「측량·수로조사 및 지적에 관한 법률」에 의하여 지적공부에 등록하여야 할 지목에 해당하는 것을 말하며, 지목은 동 법률 §67에서 토지의 주된 사용목적과 용도에 따라 28가지로 세분하고 있다.

지목의 적용은 지적공부상의 지목과 관계없이 사실상의 지목에 의하고, 사실상의 지목이 불분명한 경우에는 지적공부상의 지목에 의해 판단한다.

한편, 토지와 분리하여 양도된 토사석채취허가권·지하수개발권 등의 양도소득이나 대여소득은 기타소득으로, 토지 정착물인 입목의 판매소득은 사업소득으로 각각 과세된다.

나) 건물

건물이라 함은 토지에 정착하는 공작물 중 사실상 준공된 것으로서 지붕과 벽 또는 기둥이 있는 것과 이에 부속된 시설물 구축물을 말한다.

건물의 용도는 공부상의 용도와 관계없이 사실상의 용도에 따라 구분하고 사실상의 용도가 분명하지 아니한 경우에는 공부상의 용도구분에 따라 판정하는 점은 토지의 경우와 유사하다.

다) 부동산을 취득할 수 있는 권리

부동산을 취득할 수 있는 권리란 계약 또는 법률상 부동산의 취득원인이 발생하였으나 그 취득시기가 도래하기 전의 권리를 말하며, 아파트당첨권이나 지방자치단체 또는 한국토지공사가 발행하는 토지상환채권 등이 해당된다.

라) 주식 · 출자지분 등

상장주식의 경우는 대주주가 양도하거나 장외에서 양도하는 경우만 양도소득세가 과세된다. 대주주 아닌 자가 증권시장에서 상장주식을 양도하는 경우는 양도소득세 과세대상이 아니다. 대주주의 요건에 대해서는 소득세법 시행령 §157를 참고한다.

비상장주식은 대주주나 소액주주를 가리지 않고 모두 양도소득세가 과세된다. 비상장주식은 시가를 알 수 없는 경우가 대부분이기 때문에 주식평가 등을 거쳐 양도가액을 신중하게 결정하지 않으면, 양도소득세뿐만 아니라 부당행위계산부인 · 증여 등의 문제도 개입될 수 있으므로 매우 주의해야 한다.

마) 기타자산

(1) 특정주식

특정주식이라 함은 상장 여부를 불문하고 부동산 등 보유비율이 50% 이상인 법인의 주식일 것 등 소득세법 시행령 §158 ① 제1호의 요건을 모두 갖춘 법인의 주식이나 출자지분을 말한다. 특정주식은 당해 주식의 양도만으로 부동산의 양도효과가 있다고 보아 주식의 양도임에도 부동산과 같이 과세한다.

(2) 부동산과다보유법인 주식

부동산과다보유법인의 주식이라 함은 법인의 자산총액 중 부동산 등의 보유비율이 80% 이상인 법인으로서 체육시설업 · 휴양시설업 · 부동산업 · 부동산개발업 중 소득세법 시행규칙 §76 ②에서 열거한 업종을 영위하는 법인의 주식을 말하며, 상장 여부를 불문하고 단 1주만 양도해도 양도소득세가 과세된다. 부동산과다보유법인의 범위는 소득세법 시행령 §158 ① 제5호에 규정되어 있다.

(3) 영업권 등

영업권을 단독으로 양도하거나 영업권의 대여로 발생하는 소득은 기타소득으로 과세되지만, 사업용 고정자산(부동산 및 부동산에 관한 권리를 말한다)과 함께 양도하면 양도소득세가 과세된다.

이 경우 영업권은 별도로 평가하지 않았어도 사회통념상 영업권이 포함되어 양도된 것으로 인정되는 것과 행정관청으로부터 인가·허가·면허 등을 받음으로써 얻는 경제적 이익을 포함한다(소득법 §94 ① 4.).

3) 양도차익의 계산

가) 양도차익 계산원칙

- 양도가액을 실지거래가액 적용하면 → 취득가액도 실지거래가액으로
- 양도가액을 기준시가 적용하면 → 취득가액도 기준시가로

양도소득세 과세대상 자산의 양도차익을 계산함에 있어서 양도가액을 실지거래가액(소득세법 §96 ③ 규정에 의한 가액 및 §114 ⑦에 따라 매매사례가액·감정가액이 적용되는 경우 당해 매매사례가액·감정가액 등을 포함)에 의하는 때에는 취득가액도 실지거래가액(소득세법 §97 ⑦ 규정에 의한 가액 및 §114 ⑦에 따라 매매사례가액·감정가액·환산가액이 적용되는 경우 당해 매매사례가액·감정가액·환산가액 등을 포함)에 의하고, 양도가액을 기준시가에 의하는 때에는 취득가액도 기준시가에 의한다.

나) 실지거래가액과 기준시가

2007.1.1. 이후 양도분부터 양도소득세 과세대상 자산은 실지거래가액에 의하여 양도차익을 산정하여야 한다.

다만, 2006.12.31. 이전에 양도한 자산은 원칙적으로 양도 당시의 기준시가에 따라 양도차액을 계산하지만, 이 시기의 양도라 하더라도 토지·건물과 부동산에 관한 권리를 양도하면서 다음 각 경우에 해당하면 기준시가가 아니라 실지거래가액으로 계산하여야 한다(소득법 §96 ②).

1. 고가주택과 그 부수토지인 경우
2. 부동산을 취득할 수 있는 권리인 경우
3. 미등기양도자산인 경우
4. 취득 후 1년 이내 부동산을 양도하는 경우
5. 거짓 계약서의 작성, 주민등록의 거짓 이전 등 부정한 방법으로 부동산을 취득하거나 양도하는 경우
6. 양도자가 실제 증명서류와 함께 실지거래가액으로 신고하는 경우

7. 지정지역에 있는 부동산인 경우
8. 비사업용 토지인 경우
9. 기타 자산종류 · 보유기간 · 보유 수 · 거래규모 및 거래방법을 고려하여 시행령으로 정하는 경우

다) 실지거래가액의 의미

실지거래가액이란 자산의 양도 또는 취득 당시의 양도자와 양수자 간에 실제로 거래한 가액을 의미하며(소득법 §96 ①), 대법원 판례에 따르면 양도차익을 계산할 때에 기준이 되는 실지거래가액이란 객관적인 교환가치를 반영하는 일반적인 시가가 아니라 실지의 거래대금 그 자체 또는 거래 당시 급부의 대가로 실지 약정된 금액(대법원 2011.2.10. 선고, 2009두19465 판결 ; 2015.10.15. 선고, 2011두24286 판결)을 말한다.

다. 실지거래가액에 의한 양도차익 계산

1) 산식

실지거래가액에 의한 양도차익을 계산할 때 양도 당시 실지거래가액뿐 아니라 양도가액에서 차감하는 취득가액(취득 당시 실지거래가액 · 자본적 지출액 · 양도비)도 모두 실제 지출된 금액으로 계산한다(소득법 §96, 97).

양도차익 = 양도 당시 실지거래가액 − 취득 당시 실지거래가액 − 자본적 지출액 − 양도비

실지거래가액에 의해 양도차익을 계산하는 경우 그 양도가액 및 취득가액의 적용방법은 납세자가 신고하는 경우와 정부에서 결정 · 경정하는 경우를 구분하여 차이를 두고 있는데 이를 요약하면 다음과 같다(집행기준 96−162의2−1).

| 실지거래가액에 의한 양도가액과 취득가액 |

구 분	납세자의 신고	정부의 결정 · 경정
양도가액	실지거래가액 ※ 매매사례가액 · 감정가액 · 환산가액은 인정하지 않음.	• 원칙 : 실지거래가액 • 실가 불분명한 경우 : 매매사례가액, 감정가액 • 시가 없는 경우 : 기준시가

구 분	납세자의 신고	정부의 결정·경정
취득가액	• 원칙 : 실지거래가액 • 실가 불분명한 경우 : 매매사례가액, 감정가액, 환산가액	• 원칙 : 실지거래가액 • 실가 불분명한 경우 : 매매사례가액, 감정가액, 환산가액 • 시가 없는 경우 : 기준시가

2) 양도 당시 실지거래가액

원칙 (소득법 §96 ①)	양도자와 양수자 간에 실제로 거래한 가액
실지거래가액 의제 (소득법 §96 ③)	① 특수관계자(외국법인 포함)에게 양도하면서 법인세법 §52에 따라 고가 양도로 부당행위계산부인되어 상여·배당 등으로 소득처분된 금액이 있는 경우 그 시가 ② 특수관계자 외의 자에게 양도하면서 상증법 §35에 따라 증여의제되는 경우 그 양도가액에서 증여재산가액을 뺀 금액
정부의 추계 결정·경정 (소득법 §114 ⑦)	실지거래가액이 인정·확인되지 않으면 매매사례가액 → 감정가액 적용

납세자는 양도소득세 신고하면서 반드시 실지거래가액으로 신고하여야 하며, 매매사례가액이나 감정가액으로 신고할 수 없다.

그러나 과세관청은 소득세법 §114 ⑦의 규정에 따라 장부·매매계약서·영수증 기타 증빙서류에 의해 실지거래가액이 확인되지 않거나 인정되지 않는 경우에는 매매사례가액·감정가액으로 결정·경정할 수 있다.

3) 취득 당시 실지거래가액

가) 실지거래가액의 범위

양도가액과 마찬가지로 실지거래가액으로 신고하여야 하지만, 취득한 지 오래된 등 사유에 따라 취득시 실지거래가액이 불분명하면 납세자도 매매사례가액·감정가액·환산가액을 순차적으로 적용하여 신고할 수 있다는 점이 양도가액으로 반드시 실지거래가액을 신고하여야 한다는 것과 다르다.

그러나 납세자가 취득 당시 실지거래가액이 확인되지 않는다는 이유로 취득가액을 매매사례가액·감정가액·환산가액을 적용하여 신고한다 하더라도 과세관청이 별도로 조사·

확인하여 실지거래가액이 밝혀지면 그 확인된 실지거래가액으로 취득가액을 계산할 수 있다.

원칙 (소득법 §97 ①)	양도자산의 취득에 소요된 실지거래가액 다만, 실지거래가액이 불분명하면 매매사례가액 → 감정가액 → 환산가액을 순차적으로 적용
실지거래가액 의제	• 자산 취득 당시 「부동산 거래신고에 관한 법률」에 따라 실지거래가액을 확인한 경우 그 가액(소득법 §97 ⑦) • 상속 · 증여받은 재산인 경우 상증법에 의해 평가한 가액 다만, 다음의 경우 각 호의 규정에 의한 금액(소득령 §163 ⑨) ① 개별공시지가 고시 전에 상속 · 증여받은 토지는 상증법 평가액과 소득세법 시행령 §164 ④ 가액 중 많은 금액 ② 건물 기준시가 고시 전에 상속 · 증여받은 건물은 상증법 평가액과 소득세법 시행령 §164 ⑤~⑦ 가액 중 많은 금액
정부의 추계 결정 · 경정	• 양도소득 신고의무자가 무신고한 경우 다음 각 경우에 해당하면 등기부 기재가액을 실지거래가액으로 추정(소득법 §114 ⑤, 소득령 §176 ⑤) ① 등기부 기재가액을 실지거래가액으로 추정하여 계산하였을 때 납부할 양도소득세액이 3백만 원 미만인 경우 ② 위 같이 계산하였을 때 납부할 양도소득세액이 3백만 원 이상인 경우 기한후신고를 하지 않으면 등기부 기재가액을 실지거래가액으로 추정한다는 내용을 통보하고, 통보 후 30일 이내에 납세자가 기한후신고하지 않은 경우 • 실지거래가액이 인정 · 확인되지 않으면 매매사례가액 → 감정가액 → 환산취득가액 적용 가능(소득법 §114 ⑦)

한편, 소득세법 §97 ⑦에 따라 취득 당시 실지거래가액으로 신고한 가액을 실지거래가액으로 보는 경우는 실제거래가격이 전소유자의 부동산양도소득과세표준 예정신고 또는 확정신고시의 양도가액과 동일한 경우에 한하여 적용하며(소득령 §163 ⑪),

소득세법 §114 ⑤에 따라 등기부 기재가액을 실지거래가액으로 추정하는 경우는 납세지 관할세무서장 등이 등기부 기재가액이 실지거래가액과 차이가 있음을 확인한 경우에는 적용하지 않는다.

나) 취득가액에 포함하는 금액

소득세법 §97 ① 제1호 가목에서 "자산 취득에 든 실지거래가액"이란 다음 각 금액을 합한 것을 말한다(소득령 §163 ①).

① 소득세법 시행령 §89 ①을 준용하여 취득가액에 가산하는 금액

> 1. 매입한 자산은 취득세 · 등록면허세 · 기타 부대비용
> 2. 자기가 제조 · 생산 · 건설한 자산은 원재료비 · 노무비 · 운임 · 하역비 · 보험료 · 수수료 · 공과금(취득세 및 등록면허세 포함) · 설치비 및 기타 부대비용

② 쟁송이 있는 자산의 소유권 등을 확보하기 위하여 직접 소요된 소송비용 · 화해비용 등

③ 당사자 약정에 의한 대금지급방법에 따라 취득원가에 이자상당액을 가산하여 거래가액을 확정하는 경우 당해 이자상당액(지급지연에 따라 추가로 발생하는 금액은 제외)

④ 피합병법인의 주주가 합병법인으로부터 교부받은 주식의 1주당 취득원가에 상당하는 가액은 합병 당시 해당 주주가 보유하던 피합병법인의 주식을 취득하는 데 든 총금액을 합병으로 교부받은 주식수로 나누어 계산한 가액으로 한다.

4) 자본적 지출액

소득세법 §97 ① 제2호에서 "자본적 지출액 등으로서 대통령령으로 정하는 것"이란 다음 각 호의 어느 하나에 해당하는 것을 말한다(소득령 §163 ③).

① 소득세법 시행령 §67 ②을 준용하여 감가상각자산의 내용연수를 연장시키거나 당해 자산의 가치를 현실적으로 증가시키기 위하여 지출한 수선비 등으로서 다음 금액

> 1. 본래의 용도를 변경하기 위한 개조
> 2. 엘리베이터 또는 냉난방장치의 설치
> 3. 빌딩 등의 피난시설 등의 설치
> 4. 재해 등으로 인하여 건물 · 기계설비 등이 멸실 또는 훼손되어 당해 자산의 본래 용도로의 이용가치가 없는 것의 복구
> 5. 기타 개량 · 확장 · 증설 등 위와 유사한 성질의 것

② 취득 후 쟁송이 있는 자산의 소유권 등을 확보하기 위하여 직접 소요된 소송비용 · 화해비용 등

③ 「공익사업을 위한 토지 등의 취득 및 보상에 관한 법률」이나 그 밖의 법률에 따라 토지 등이 협의 매수 또는 수용되는 경우로서 그 보상금의 증액과 관련하여 직접 소요된 소송비용 · 화해비용 등(이 경우 한도는 증액보상금)

④ 양도자산의 용도변경 · 개량 또는 이용편의를 위하여 지출한 비용

⑤ 「개발이익환수에 관한 법률」에 따른 개발부담금(개발부담금의 납부의무자와 양도자가 서로 다른 경우에는 양도자에게 사실상 배분될 개발부담금상당액)

⑥ 「재건축초과이익 환수에 관한 법률」에 따른 재건축부담금(재건축부담금의 납부의무자와 양도자가 서로 다른 경우에는 양도자에게 사실상 배분될 재건축부담금상당액)

⑦ 기타 기획재정부령이 정하는 것(소득칙 §79 ①)

1. 「하천법」·「댐건설 및 주변지역지원 등에 관한 법률」 그 밖의 법률에 따라 시행하는 사업으로 인하여 해당 사업구역 내의 토지소유자가 부담한 수익자부담금 등의 사업비용
2. 토지이용의 편의를 위하여 지출한 장애철거비용
3. 토지이용의 편의를 위하여 해당 토지 또는 해당 토지에 인접한 타인 소유의 토지에 도로를 신설한 경우의 그 시설비
4. 토지이용의 편의를 위하여 해당 토지에 도로를 신설하여 국가 또는 지방자치단체에 이를 무상으로 공여한 경우의 그 도로로 된 토지의 취득 당시 가액
5. 사방사업에 소요된 비용
6. 위와 유사한 비용

5) 집행기준의 취득가액 및 필요경비(97-163-1)

취득유형 및 시기		취득가액		기타 필요경비
		2010.12.31. 이전	2011.1.1. 이후	
실지거래가액에 의하는 경우	의제취득일 전	의제취득가액[1] - 감가상각비 (물가상승률로 계산한 취득가액)		자본적 지출액 + 양도비
	의제취득일 이후	실지거래가액 - 감가상각비		
		등기부 기재가액[2] - 감가상각비		
실지거래가액을 인정, 확인할 수 없는 경우	의제취득일 전	매매사례가액, 감정가액, 환산가액	(매매사례가액, 감정가액, 환산가액[3]) - 감가상각비	개산공제액
	의제취득일 이후			

1) 의제취득가액은 2009.1.1. 이후 결정, 경정분부터 적용(소득법 §97 ③, 부칙 §8)
2) 2008.12.31. 이전 양도분은 등기부 기재가액 + 개산공제액으로 계산(소득법 §97 ③)
3) 2013.2.15. 이후 양도분부터 신주인수권은 환산가액 적용 배제(소득령 §176의2 ③)

6) 매매사례가액 · 감정가액 · 환산가액

가) 매매사례가액

매매사례가액이란 양도일 또는 취득일 전후 각 3월 이내에 당해 자산과 동일성 또는 유사성이 있는 자산의 매매사례가 있는 경우 그 가액을 의미하며, 주식의 경우는 비상장주식만 해당된다.

매매사례가액이 소득세법 시행령 §98 ①에서 규정하는 특수관계 있는 자와의 거래에 따른 가액 등으로서 객관적으로 부당하다고 인정되는 경우에는 적용하지 않는다.

나) 감정가액

감정가액이란 양도일 또는 취득일 전후 각 3월 이내에 당해 자산에 대하여 2 이상의 감정평가법인이 평가한 것으로서 신빙성이 있는 것으로 인정되는 감정가액(감정평가기준일이 양도일 또는 취득일 전후 각 3월 이내인 것에 한한다)이 있는 경우에는 그 감정가액의 평균액을 말하며, 주식은 감정가액을 인정하지 않는다.

감정가액이 소득세법 시행령 §98 ①에서 규정하는 특수관계 있는 자와의 거래에 따른 가액 등으로서 객관적으로 부당하다고 인정되는 경우에는 적용하지 않는다.

감정가액은 상장 또는 비상장을 막론하고 모든 주식에 대해서는 인정되지 않는다는 것에 유의한다.

한편, 소급감정에 대해 대법원은 소급감정도 대체로 인정하고 있으나(대법원 1991.4.12. 선고, 90누8459 판결 ; 1997.7.22. 선고, 96누18038 판결 ; 2004.3.12. 선고, 2002두10377 판결 ; 2006.9.22. 선고, 2004두4727 판결 등 참조),

실지거래가액 신고를 원칙으로 하는 양도소득세의 경우 "사후에 취득 당시로 소급하여 한 감정에 의하여 평가한 가액은 구 소득세법 §97 ① 제1호 (나)목에서 '취득 당시의 실지거래가액'을 대체할 수 있도록 정한 감정가액에 해당하지 않는다"고 하여 소급감정에 의한 취득가액을 인정하지 않은 사례(대법원 2015.10.15. 선고, 2011두24286 판결)가 있다.

다) 환산가액(=환산한 취득가액)

환산가액이란 양도 당시 실지거래가액 등의 가액에 취득 및 양도 당시 기준시가의 비율을 곱하여 계산한 환산된 취득가액을 말하며, 다음과 같은 방법으로 환산한다.

$$\text{취득 환산가액} = \frac{\text{양도 당시의 실지거래가액, 매매사례가액, 감정가액}}{} \times \frac{\text{취득 당시의 기준시가}}{\text{양도 당시의 기준시가}}$$

라. 재결청이 주로 조사하는 내용

1) 실지거래가액 신고내용

우선 실제 매매계약서에 의해 실지거래가액을 조사하고, 매매계약서가 없으면 등기 신청시 제출한 매매계약서를 확인한다.

매매대금의 자금 흐름을 파악하되 금융기관을 통한 자금 흐름을 집중적으로 조사하고, 인근 부동산을 통해 참고 가능한 매매사례가액이 있는지 파악하며, 등기부상 근저당설정 내역 및 대출 관련 감정가액 등이 있는지 탐문한다.

2) 교환거래의 경우

교환거래 당시 양도 및 취득 부동산의 매매사례가액 및 감정가액이 존재하는지 여부를 파악한다.

양 당사자 간 임의로 평가하여 교환한 경우 기준시가에 의한 양도차익을 산정하여 신고거래가액에 의한 양도차익과 비교한다.

마. 주요 예규

(1) 실지거래가액에 따라 자산의 양도차익을 산정하는 경우로서 A토지를 취득한 후 B와 C로 분할 및 지목을 변경하여 분할된 B토지를 양도하는 경우, B토지의 취득가액은 분할 전 A토지의 실지취득가액에 분할양도된 B토지의 면적이 분할 전 A토지 전체 면적에서 차지하는 비율을 곱하여 산정함(서면-2015-부동산-1672[부동산납세과-1755], 2015.10.26.)

토지 취득 후 분할하여 양도한 경우 양도된 토지의 취득가액은 분할 전 토지에서 분할양도된 토지가 차지하는 면적비율만큼 총취득가액을 안분하여 산출하면 되는 것 (대법원 2011.6.10. 선고, 2011두5414 판결)

(2) 층별가액 구분 없이 일괄로 주택 취득 후 1층만 상가로 용도변경한 경우, 실지취득가액에서 양도소득세가 과세되는 1층의 취득가액을 산정할 때 각 층별로 개별주택가격이 공시되어 있는 경우 취득 당시 기준시가는 공시된 각 층별 개별주택가격을 적용함 (서면-2015-부동산-0538, 2015.7.10.)

(3) 양도차익 계산시 양도가액에서 공제할 필요경비는 소득법 §97 및 소득령 §163에 따르는 것으로, 자산을 양도하기 위하여 직접 지출한 중개수수료로서 그 지출이 관련증빙에 의하여 확인되는 경우에 한하여 양도가액에서 필요경비로 공제함

이때 일반과세자인 부동산 임대사업자가 임대용 부동산을 양도하면서 일반과세자인 부동산 중개사업자에게 중개수수료를 지급하고 그 증빙으로 세금계산서를 교부받는 경우 공급가액은 양도비에 해당하여 필요경비로 공제하는 것이나, 부가가치세는 여기에 해당하지 않음. 다만, 세금계산서를 교부받는 자가 간이과세자로서 공제받지 못한 매입세액은 필요경비에 해당(부동산납세과-170, 2015.1.29.)

(4) 甲이 乙로부터 대물변제로 토지 취득할 당시 지상에 타인 丙 소유의 건물이 있었으나, 丙이 건물을 철거하지 않아 甲은 丙을 상대로 한 건물철거소송에서 승소하여 건축물을 철거하는 과정에서 발생한 법률적 비용 및 제반 경비는 양도차익 계산할 때 필요경비에 해당하지 않음(부동산납세과-12, 2015.1.8., 서면인터넷방문상담4팀-1509, 2004.9.23.)

(5) 실지거래가액으로 양도차익 산정할 때 상속, 증여받은 자산(상증법 §33 내지 §42에 의한 증여 제외)은 상속개시일 또는 증여일 현재 상증법 §60 내지 §66에 의하여 평가한 가액을 취득 당시의 실지거래가액으로 봄

한편, 상속으로 취득한 건물을 상당기간 사용하다가 멸실하고 그 부수토지에 새로운 건물을 신축하여 그 부수토지와 함께 양도하는 경우 상속개시 당시의 건물 평가액은 양도하는 자산의 필요경비에 해당하지 않음(부동산납세과-920, 2014.12.3.)

(6) 주유소 부지의 오염된 토지를 제거하기 위해 지출하는 오염제거비는 자본적 지출에 해당하지 않음(부동산납세과-906, 2014.11.27. ; 재산세과-2601, 2008.9.2. ; 서일46011-11717, 2003.11.27.).

(7) 개별주택의 토지 및 건물의 양도가액 또는 취득가액 구분이 불분명한 경우 건물분 기준시가와 토지분 기준시가로 안분계산하며, 건물분 기준시가는 건축물대장상 연면적 기준으로 산정함(부동산납세과-725, 2014.9.26.)

(8) 실지거래가액에 따라 양도차익 계산시 자본적 지출액은 공사도급계약서, 대금지급 증빙서류 등에 따라 실제 지출사실이 확인되는 경우 필요경비로 공제함(부동산납세과-476, 2014.7.8.).

(9) 양도한 토지와 접한 타인 소유의 도로를 이용하기 위해 지출한 비용은 필요경비에 해당하지 않음(부동산납세과-457, 2014.6.30.)

(10) 양도소득세를 실지거래가액으로 계산할 때 양도가액에서 공제하는 취득가액은 소득법 §97 ① 제1호 가목 및 소득령 §163조 ①, ②에 열거된 항목으로 객관적인 자료에 의하여 관련내용이 확인되는 경우에는 그 가액으로 하고, 취득가액이 확인되지 않는

경우 소득령 §176의2 ①~④에 따라 매매사례가액, 감정가액, 환산가액을 순차적으로 적용하며, 이때 필요경비는 소득령 §163 ⑥ 제1호에 따라 기준시가의 3%를 공제함(부동산납세과－403, 2014.6.9.)

(11) 타인으로부터 매입한 자산의 경우에는 매입가액에 취득세・등록세 기타 부대비용을 가산한 금액을 양도가액에서 공제할 취득가액으로 보는 것이나, 명의신탁 환원 관련 취득세(등록세 포함)는 이에 해당되지 않음(부동산납세과－352, 2014.5.20.)

(12) 토목공사 완료한 토지 양도시 토목설계비용은 양도하는 토지에 대응되는 자본적 지출액(부가가치세 매입세액 불공제대상금액)으로서 필요경비에 해당함(부동산납세과－37, 2014.1.21.)

(13) 자산을 교환한 경우 양도가액 및 취득가액은 교환계약서에 표시된 실지거래가액에 따르는 것이나, 교환계약서에 표시된 가액이 소득령 §176조의2 ① 각 호에 해당하여 실지거래가액을 인정 또는 확인할 수 없는 경우에는 소득법 §114 ⑦에 따라 매매사례가액, 감정가액, 환산가액, 기준시가를 순차로 적용함(부동산납세과－46, 2013.9.16., 부동산거래관리과－0670, 2011.7.29. : 부동산거래관리과－75, 2011.1.27.)

(14) 소유토지에 소재하는 건물을 멸실하고 새로운 건물을 신축하여 그 소유토지와 신축한 건물을 일괄양도하는 경우 건물의 양도에 대한 양도차익을 실지거래가액에 의하여 산정하는 때에 양도가액에서 공제하는 취득가액은 당해 건물신축 시 실지 소요된 가액으로 하고 종전 건물의 취득가액은 이에 포함하지 아니하는 것임

토지에 대한 양도차익을 실지거래가액에 의하여 산정하는 경우에는 멸실된 건물의 취득가액과 철거 비용의 합계액에서 멸실 건물의 잔설 처분가액을 차감한 잔액을 필요경비에 산입하는 것이며, 기준시가에 의하여 산정하는 경우에는 멸실된 건물의 취득 당시 기준시가와 소득령 §163 ⑥ 제1호의 금액의 합계액을 필요경비에 산입함(서면인터넷방문상담4팀－781, 2006.3.31.)

(15) 건물을 철거하고 토지만을 양도하는 경우로서 철거된 건물의 취득가액과 철거비용은 양도자산의 필요경비로 산입하는 것이나, 이는 토지와 건물의 취득이 당초부터 건물을 철거하여 토지만을 이용하려는 목적이었음이 명백한 경우에 적용하는 것임(부동산거래관리과－96, 2013.3.7.)

(16) 토지의 양도 및 취득가액을 실지거래가액으로 산정함에 있어 임지와 임목을 일괄양도한 경우 일반적으로 임목의 양도 및 취득가액은 임지의 양도 및 취득가액에 포함되는 것임

그러나 임목의 양도가액이 사업소득에 해당되어 별도 과세되는 경우 전체 양도가액에서 임목 가액을 공제한 금액을 양도소득세 과세대상으로 함(재산세과－1482, 2009.7.20.)

바. 주요 판례 소개

Case 1 대법원 2015.10.15. 선고, 2011두24286 판결

양도가액을 실지거래가액으로 양도차익을 산정하면서 취득가액을 매매사례가액에 의하는 경우 개산공제액 외 납세자가 실제 지출한 자본적 지출액 등을 필요경비로 공제할 수 없다는 사례

양도차익 계산의 기준이 되는 실지거래가액이란 객관적인 교환가치를 반영하는 일반적인 시가가 아니라 실지의 거래대금 자체 또는 거래 당시 급부의 대가로 실지 약정된 금액을 의미한다.

이와 같은 법리와 관련된 소득세법령의 문언 내용 및 취지 등에 비추어 보면, 본래의 실지거래가액이 아닌 매매사례가액, 감정가액 또는 환산가액에 의하여 취득 당시의 실지거래가액을 대체하도록 한 구 소득세법 §97 ① 제1호 ㈏목, 구 소득세법 시행령 §163 ⑫ 등은 적용순서뿐만 아니라 실지거래가액을 대체할 수 있는 가액의 유형도 요건을 정하여 제한적으로 규정한 것이므로 사후에 취득 당시로 소급하여 한 감정에 의하여 평가한 가액은 구 소득세법 §97 ① 제1호 ㈏목에서 '취득 당시의 실지거래가액'을 대체할 수 있도록 정한 감정가액에 해당하지 않는다.

구 소득세법 시행령 §163 ⑥은 '취득가액을 자산의 취득 당시 매매사례가액, 감정가액, 환산가액에 의하는 경우 필요경비에 가산할 금액'을 대통령령으로 정할 수 있도록 위임하고 있는 구 소득세법 §97 ③ 제2호에 근거를 둔 것으로서 모법의 위임이 없는 무효의 규정이라고 볼 수 없고, 구 소득세법 §97 ③ 제2호는 자산의 취득 당시 실지거래가액을 확인할 수 없어 취득가액을 추계하여야 하는 경우에는 매매사례가액 등에 의하여 산정하도록 하면서, 취득가액은 납세의무자가 실제로 지출한 비용인지 여부가 확인되지 아니하였음에도 필요경비로 공제하는 것임을 감안하여 자본적 지출액이나 양도비 등의 기타 비용도 실제 지출 여부를 묻지 않고 자산별로 취득 당시 기준시가에 일정한 비율을 곱한 금액(이하 '개산공제액')을 필요경비로 공제할 수 있도록 하는 것이 합리적이라는 견지에서 구체적인 금액을 대통령령으로 정하도록 위임하고 있으므로,

실지거래가액을 자산의 양도가액으로 하여 양도차익을 산정하면서 양도가액에서 공제하는 필요경비 중 하나인 취득가액을 자산 취득 당시의 매매사례가액 등에 의하는 경우에는 납세의무자가 구 소득세법 §97 ① 제2호, 제4호에서 정한 자본적 지출액이나 양도비 등의 비용을 실제로 지출하였다고 하더라도 원칙적으로 개산공제액 외에 이를 필요경비로 공제할 수 없다.

이 사건의 원고와 소외인이 ㈜○○에 대지 및 건물(일부는 주택)을 매매대금 합계 45억 원에 양도하였는데, 당시 작성된 매매계약서에는 대지의 매매대금이 25억 원, 건물의 매매대금이 20억 원으로 각 기재되어 있었다.

과세관청은 대지와 건물의 매매대금 구분이 불분명하다고 보아 그 각각의 실지양도가액을 각 기준시가 등의 비율로 안분계산하여 대지 및 건물 중 원고 지분의 양도가액을 합계 3,197,006,194원(= 대지 2,240,958,919원 + 건물 956,047,275원)으로 산정하고,

대지 중 원고 지분의 취득가액은 그 취득 당시의 실지거래가액을 확인할 수 없다는 이유로 환산가액인 852,539,270원으로, 건물 중 원고 지분의 취득가액은 원고가 이 사건 건물의 신축비용으로 주장한 16억 원 중 대차대조표에 의하여 인정되는 원고 지분의 신축비용인 841,331,685원으로 계산하여, 원고 지분의 취득가액을 합계 1,693,870,955원(= 852,539,270원 + 841,331,685원)으로 산정한 다음, 원고에게 양도소득세를 부과처분하였다.

이 사건에 대한 원심(서울고등법원 2011.9.9. 선고, 2010누16129 판결 : 서울행정법원 2010.5.18. 선고, 2009구단16124 판결)의 판단 요지는 다음과 같다.

> 납세의무자가 실지거래가액에 관한 증빙서류로 제출한 매매계약서 등은 특별한 사정이 없는 한 당사자 사이의 계약 내용대로 작성된 것으로 추정되고 그와 다른 특별한 사정이 있다는 점은 어디까지나 과세관청이 이를 증명하여야 하는데, 피고가 제출한 증거만으로는 이 사건 매매계약서가 실제와 달리 작성되었다는 등의 특별한 사정이 있다고 볼 수 없으므로, 대지 및 건물의 실지양도가액은 이 사건 매매계약서의 기재대로 대지 25억 원, 건물 20억 원으로 봄이 타당하다.
>
> 따라서 대지 및 건물 중 원고 지분의 정당한 양도가액을 피고가 인정한 것과 달리 합계 3,204,088,697원(=1,545,908,339원+1,658,180,358원)으로 산정하고,
> 위와 같이 양도가액이 달라졌으므로 대지 중 원고 지분의 취득가액을 환산가액인 588,120,338원으로 다시 계산하고, 이 사건 건물 중 원고 지분의 취득가액 역시 이 사건 건물의 신축비용으로 16억 원이 소요되었다고 인정할 만한 증거가 없어 취득에 소요된 실지거래가액을 확인할 수 없을 뿐만 아니라 달리 매매사례가액이나 감정가액도 없다는 이유로 환산가액인 1,165,810,986원으로 계산하여, 피고가 인정한 것과 달리 이 사건 및 건물 중 원고 지분의 정당한 취득가액을 합계 1,753,931,324원(=588,120,338원+1,165,810,986원)으로 산정한다면,
>
> 대지 및 건물 중 원고 지분의 양도가액은 3,204,088,697원으로서 피고가 산정한 가액 3,197,006,194원보다 많아 그 차액 7,082,503원만큼 양도차익이 늘어나게 되고, 대지 및 건물 중 원고 지분의 정당한 취득가액은 합계 1,753,931,324원으로서 피고가 산정한 취득가액 합계 1,693,870,955원보다 많아 그 차액 60,060,369원만큼 양도차익이 줄어드는 반면, 대지 및 건물 중 원고 지분의 취득가액을 모두 환산가액에 의하는 이상 피고가 건물 중 원고 지분의 양도비로 공제한 142,089,164원이 개산공제액인 12,935,038원으로 대체되어 그 차액 129,154,126원만큼 양도차익이 증가한다.

결국 이렇게 계산한 정당한 세액은 이 사건 양도소득세 부과처분에 의하여 당초 고지된 세액을 초과하게 되므로, 그 정당한 세액의 범위 내에서 이루어진 이 사건 양도소득세 부과처분은 적법하다.

원고는 원심이 이 사건 건물 중 원고 지분의 취득가액을 실지거래가액에 의하지 아니하고 환산가액으로 추계함으로써 실제 지출한 양도비를 반영하지 않고 양도차익을 산정한 것이 잘못이라는 취지로 상고하였으나,

이에 대해 대법원은 건물 중 원고 지분에 관한 양도차익을 실지거래가액에 의하여 산정하는 경우 취득가액은 원고 주장 16억 원이 아니라 과세관청이 인정한 841,331,685원으로 보아야 하므로, 이 사건 대지 및 건물 중 원고 지분의 취득가액 합계액은 1,429,452,023원(=대지 부분 환산가액 588,120,338원 + 건물 부분 신축비용 841,331,685원)에 불과하여 피고가 당초 산정한 취득가액 합계 1,693,870,955원보다 오히려 264,418,932원(=1,693,870,955원 - 1,429,452,023원)이 감소하게 되어 그만큼 양도차익이 늘어나게 되고,

이를 기초로 하여 원고가 실제 지출하였다고 주장하는 양도비 2억 원 중 원고 지분의 양도가액에 대응하는 금액을 공제하여 실지거래가액에 의한 방식에 따라 양도차익이나 세액을 계산해 보더라도 이 사건 양도소득세 부과처분의 그것을 초과할 수밖에 없어 이 사건 양도소득세 부과처분이 위법하지 않다고 하였다.

즉, 법원이 정당하고 판단하는 방법으로 양도소득세를 계산하면 이미 과세된 세액보다 많게 계산되므로 정당한 양도소득세보다 적은 기왕의 부과처분이 위법하다고 할 수 없다는 것이다.

Case 2 대법원 2014.5.29. 선고, 2014두3785 판결

조세회피를 의도한 것이라는 정황에 대한 입증도 없이 매매계약서상 명확하게 구분 기재된 토지·건물 가액을 부인하고 기준시가로 안분한 경정결정은 위법하다는 사례

구 소득세법(2009.12.31. 법률 제9897호로 개정되기 전의 것) §100 ②, 소득세법 시행령 §166 ⑥, 부가가치세법 시행령 §48의2 ④ 단서 제1호에 의하면 토지와 건물 등을 함께 양도하고 그 양도가액을 실지거래가액에 의하여 산정하는 경우, 토지와 건물 등의 가액 구분이 불분명한 때에는 양도계약일 현재의 기준시가에 따라 계산한 가액에 비례하여 안분계산하도록 규정되어 있다.

여기서 토지와 건물 등의 가액 구분이 불분명한 때라 함은 토지와 건물 등을 가액 구분 없

이 양도한 경우만을 의미하는 것이 아니라 계약서상 토지의 가액과 건물 등의 가액이 명확하게 구분되어 있다고 하더라도 그것이 당사자 사이의 진정한 합의에 의한 것이 아니라거나 통상의 거래관행을 현저히 벗어나 조세회피를 의도하는 것 이외에는 합리적인 가액 구분이라고 볼 수 없는 경우도 포함하는 취지라고 해석함이 상당하다.

아울러 이 사건 안분계산조항(소득법 §100 ②)은 공통의 취득가액이나 양도가액을 안분계산하기 위한 일반적이고도 합리적인 방법을 규정한 것으로서 그 내용과 취지에 비추어 과세대상 자산들 상호간에 적용됨은 물론이고, 과세대상 자산과 비과세대상 자산 상호간에도 유추적용된다(대법원 2012.1.26. 선고, 2010두21402 판결).

이러한 점에 기초하여 이 사건으로 돌아와 보면, 우선, 이 사건 안분계산조항을 적용함에 있어서는 토지와 건물의 가액 구분이 불분명하다는 전제가 충족되어야 하고, 이에 대한 입증책임은 과세관청이 부담하여야 한다.

그런데, 이 사건 매매계약상 토지와 건물 가액은 계약서상 명확하게 구분되어 기재되어 있는바, 이런 구분 기재가 당사자 사이의 진정한 합의에 의한 것이 아니라거나 통상의 거래관행을 현저히 벗어나 조세회피를 의도하는 것 이외에는 합리적인 가액 구분이라고 볼 수 없는 경우에 해당하는지 여부를 보면,
원고와 양수인 사이의 합의가 진정한 것이 아니라거나 양수인이 원고의 조세회피 의도에 협력하였다고 볼 만한 정황에 관한 아무런 입증이 없고, 이 사건 매매 계약의 가액 구분 기재가 통상의 거래관행을 현저히 벗어나 조세회피를 의도하는 것 이외에는 합리적인 가액 구분이라고 볼 수 없는 경우에 해당한다고 인정할 만한 증거도 보이지 않는다.

반면 피고는 이 사건 토지와 건물의 가액 구분이 불분명하거나 합리적 가액 구분이 아니라는 점에 관하여 별다른 주장·입증을 하지 않고 있다.
이 사건 계약서에 건물가액과 토지가액아 구분책정되어 있지만 그와 같이 구분한 기준이나 경위가 기재된 바 없고 이를 구분기재한 이유가 무엇인지에 대하여 원고가 납득할 만한 해명을 하지 못하고 있긴 하지만 이러한 사정만으로 계약서의 명시적 기재를 배척하고 이 사건 토지와 건물의 가액 구분이 불분명하다고 단정할 수 없고, 이 사건 건물은 대로가인 삼성로 도로변에 위치해 있으나 준공 후 30년이 경과된 노후건물인 점, 이 사건 건물의 시가표준액 하락추이 등의 정황을 볼 때 위와 같은 가액구분이 합리적이지 못하다고 단정하기는 어렵고,
사적자치의 원칙에 입각하여 볼 때 기준시가에 따라 가액구분을 하지 않았다는 이유로 비합리적이라고 단정할 수도 없다.

또, 구 소득세법 시행령(2010.2.18. 대통령령 제22034호로 개정되기 전의 것) §154 ④에서는 1세대 1주택 비과세요건과 관련하여 부속토지의 면적을 계산함에 있어 기준시가가 아닌 전체 토지에서 주택 및 주택 외 건물이 차지하는 면적비율에 따르도록 하고 있는 점,
지방세법 §106 ② 제1호도 주거와 주거외의 용도로 사용되는 건물의 면적비율에 따라 각각 안분하여 주택의 부속토지와 건축물의 부속토지로 구분한다고 하여 동일한 취지의 규정을

두고 있는 점 등에 비추어 볼 때 양도가액을 정함에 있어서도 겸용건물의 각 용도와 면적에 기초한 부속토지의 면적비율에 따라 가액을 안분하는 것이 합리적이라고 보지 못할 바도 아니다(즉, 주택 및 주택 외 건물의 면적에 비례하여 각각 부속되는 겸용주택 부속토지의 특성을 고려할 때 부속토지의 면적은 주택 및 주택 외 부분의 면적에 따라 이미 특정되어 있다고 할 것이고, 부속토지 전체에 대한 매매대금이 정해져 있는 이 사건에서 각 부속토지의 양도가액은 전체 토지대금 중 각 부속토지의 면적비율에 따라 안분계산하는 것이 합당하다).

결국, 이 사건 매매계약서에 구분하여 기재된 토지 및 건물의 대금이 비합리적 구분이라고 단정하기 어렵고, 주택 및 근린생활시설에 부속되는 각 토지의 면적에 따라 부속토지 전체의 양도가액을 안분한 것이 합리적이지 않다고 보기도 어려우므로, 이 사건 매매계약에서 토지와 건물의 가액 구분이 합리성을 결여하였고 불분명하다는 전제에서 이루어진 이 사건 처분은 위법하다.

※ 대법원은 과세관청의 상고를 심리불속행 기각하였으므로, 위의 판단요지는 1심의 판결문을 참조하여 기재하였다.

이 사건 처분경위를 먼저 살펴보면 원고가 서울 강남구 소재 토지 및 주택(지상 3층)과 근린생활시설(지하 1층 지상 1·2층)이 병존하는 건물을 매매로 취득하여 보유하다가 2009.9.11. 서○○에게 토지와 건물을 특정금액으로 구분하여 양도한 후,

건물의 매매가액은 근린생활시설과 주택의 기준시가 비율에 따라 안분하고, 토지의 매매가액은 근린생활시설 및 주택의 면적에 따라 근린생활시설 부속토지와 주택 부속토지로 안분하여 양도가액을 구분하였고, 취득가액은 기준시가로 환산한 금액을 위와 동일한 방식으로 안분하여 양도소득세 신고하였다.

이에 대해 과세관청은 토지 및 건물의 가액 구분이 불분명한 경우에 해당한다는 이유로 토지 및 건물의 양도가액 총액에 대하여 근린생활시설 부분(부속토지 포함) 및 주택 부분(부속토지 포함)의 기준시가에 따라 안분하여 양도가액을 다시 계산한 후 양도소득세를 경정고지하였다.

이 사건 1심(서울행정법원 2013.5.8. 선고, 2012구단22617 판결)은 과세관청이 적용한 안분방법의 위법성도 함께 지적하였는데,

건물이 주택과 근린생활시설로 나뉘어져 있고 이에 관하여 적용세율과 공제 및 비과세요건 등이 차이가 있음에도 주택과 근린생활시설의 가액이 구분되어 매매가 이루어지지 아니한 이상 그 구분이 불분명한 경우에 해당한다고 할 것이므로 건물에 대한 매매대금을 주택과 근린생활시설의 기준시가에 의해 안분하는 것은 합당함에도 불구하고(원고는 이런 방법으로 안분하였다), 피고는 건물 매매대금에 대하여 각 건물부분의 기준시가에 따라 안분한 것이

아니라 매매대금 총액에 대하여 건물 부분의 양도가액을 안분계산하였는데 이 사건처럼 매매대금 중 건물과 토지의 가액이 구분되어 있음이 명백한 이상 이를 구분하지 아니하고 매매대금 총액에 대하여 안분기준을 적용한 것뿐 아니라,

주택 및 근린생활시설에 각 부속되는 토지에 관하여도 가액의 구분이 불분명하다고 보아 각 부속토지의 기준시가(주택 부속토지의 경우 개별주택가격 중 토지 부분 가액, 근린생활시설 부속토지의 경우 개별공시지가)에 기초하여 가액을 안분하였는데,

이 사건 토지의 양도가액이 구분되어 있음을 전제로 주택 부속토지의 가액과 근린생활시설 부속토지의 가액 비율에 따라 양도가액을 안분하지 않고 매매대금 총액을 기준으로 토지 가액을 안분한바, 앞에서 본 바와 같이 이 사건 매매대금 중 건물 부분과 토지 부분의 가액이 구분되어 있음이 명백한 이상 이를 구분하지 아니하고 매매대금 총액에 대하여 안분기준을 적용한 것은 위법하다고 지적한 것이다.

이와 같은 1심의 판단을 고등법원과 대법원도 그대로 수용하였는데, 이 사건 판결을 통해 확인되는 점은 매매계약서상 토지·건물가액이 명확하게 구분 기재되어 있음에도 불구하고, 과세관청이 이 같은 구분이 거래당사자 간 진정한 합의가 아니라거나 조세회피를 의도한 것이라는 정황에 대한 입증도 하지 않고 단순하게 건물의 시가표준액 하락추이 등에 비추어 가액구분이 합리적이지 못하다고 단정하여 기준시가로 안분한 것은 위법하다는 것이다.

이에 반하여 이 사건의 전치절차였던 조세심판원은 근린생활시설부분의 가액이 그 기준시가에 66%에 불과하고 건물이 주택과 근린생활시설인 겸용주택임에도 건물 해당 2억 원이 주택부분과 주택외 부분인 근린생활시설 부분이 구분되지 아니한 상태로 양도된 점에서 건물가액이 불분명해 보이는 점 및 당해 주택이 개별주택가격이 고시되어 있는 점에서소득세법 §99 ① 제1호 가목, 나목, 라목의 규정에 따라 주택 외 부분의 부속토지는 개별공시지가, 주택외 건물(상가)은 기준시가, 주택부분(부속토지 포함)은 개별주택가격이 있는 경우에 해당하므로 각 가액기준으로 안분하는 것이 합리적인 것으로 보인다며 기각하였다(조심 2012서1818, 2012.6.27.).

Case 3 대법원 2013.7.25. 선고, 2010두18536 판결

법률에 의한 수용으로 보상채권과 같은 금전 외의 것을 대가로 받았더라도 양도차익은 법률에 따라 실지거래가액(즉, 채권 액면)으로 계산하여야 하며, 채권의 평가손실을 필요경비 등으로 산입할 수 없다는 사례

구 소득세법(2009.12.31. 법률 제9897호로 개정되기 전의 것)은 양도가액을 원칙적으로 자산의 양도 당시 양도자와 양수자 간에 실제로 거래한 가액에 의하여 계산하되, 예외적으로 일정한 경우에는 당해 자산의 양도 당시의 기준시가에 의하여 계산하고(§96), 다만 대통령령이 정하는 사유로 양도 당시의 실지거래가액을 인정 또는 확인할 수 없는 경우 양도가액을 매매사례가액, 감정가액 또는 기준시가 등에 의하여 추계조사하여 결정 또는 경정하도록 규정하고 있다(§114 ⑦).

공익사업을 위한 토지 등의 취득 및 보상에 관한 법률에 의한 수용도 양도소득세의 과세대상인 자산의 양도에 해당하므로(대법원 1995.12.22. 선고, 95누13890 판결), 당해 자산의 양도가액은 실지거래가액, 즉 실지의 거래대금 그 자체 또는 거래 당시 급부의 대가로 실지 약정된 금액으로 계산하여야 하고, 실지거래가액을 인정 또는 확인할 수 없는 경우에는 당해 자산의 매매사례가액, 감정가액 또는 기준시가 등에 의하여 계산하여야 하므로, 당해 자산의 양도가액을 실지거래가액 또는 기준시가 등으로 계산하여야 하는 이상, 수용의 대가로 보상채권과 같은 금전 외의 것을 수입하였다고 하더라도 소득세법 §24 ②을 준용하여 그 양도가액을 금전 외의 것의 시가로 계산할 것은 아니다.

원고는 한국토지공사와 원고 소유의 이 사건 토지를 10억 원에 양도하기로 협의한 후 한국토지공사로부터 협의된 수용보상금으로 현금 3억 원 및 액면가액 7억 원의 보상채권을 수령한 사실을 알 수 있으므로, 앞서 본 법리에 비추어 볼 때 이 사건 토지의 양도가액은 실지의 거래대금 또는 거래 당시 급부의 대가로 실지 약정된 금액인 10억 원으로 보아야 한다.

원고는 2007.12.3. 한국토지공사에 수용된 인천 중구 중산동 소재 토지를 양도하고, 한국토지공사로부터 현금보상액 3억 원, 채권보상액 7억 원 합계 10억 원을 수령하여 10억 원을 양도가액으로 양도소득세 과세표준 예정신고·납부하였다. 보상채권의 취득 당시 평가차손은 3천만 원이었다.

이 사건 개요는 원고가 수용으로 취득한 보상채권의 평가차손을 필요경비로 공제하거나 양도가액에서 차감하여 보상채권의 시가평가액을 양도가액으로 하여야 한다고 주장하면서, 과세관청에 2008년 귀속 양도소득세 1천만 원을 환급해 줄 것을 요구하는 경정청구를 하였으나, 과세관청은 수용으로 취득한 보상채권의 평가차손 또는 매각차손은 소득세법 시행령(2008.2.29. 대통령령 제20720호로 개정되기 전의 것) §163 ⑤에 의한 필요경비로 볼 수 없

으며, 「공익사업을 위한 토지 등의 취득 및 보상에 관한 법률」에 의해 적정한 평가과정을 거쳐 당사자 사이의 계약에 의하여 확정한 매매금액(실지거래가액)으로 양도가액을 산정한 당초 원고의 신고내용이 적법하다는 이유로 원고의 경정청구를 거부처분한 것이다.

이 사건 1심(서울행정법원 2009.12.17. 선고, 2009구단3814 판결)에서 원고는 ㈎ 보상채권의 평가차손은 현금기준으로 산정된 보상금을 채권으로 지급하는 과정에서 불가피하게 발생하는 '자산을 양도하기 위해 직접 지출한 비용'에 해당하므로 필요경비로 공제되어야 하거나, ㈏ 보상채권은 법률에 따라 의무적으로 취득하는 것이므로 액면금액이 아니라 거래 당시의 시가를 평가하여 시가를 양도가액으로 보아야 한다고 주장하였는데,

이에 대해 서울행정법원은 ㈎주장에 관하여 소득세법 §97 ① 제4호는 거주자의 양도차익의 계산에 있어서 양도가액에서 공제할 필요경비 중 하나로 '양도비 등으로 대통령령이 정하는 것'을 규정하고 있고, 소득세법 시행령 §163 ⑤ 제1호는 "양도비 등으로서 대통령령이 정하는 것"이라 함은 '자산을 양도하기 위하여 직접 지출한 비용과 「증권거래세법」에 의하여 납부한 증권거래세'라고 규정하고 있으며, 소득세법 기본통칙 97-12는 "자산을 양도하기 위하여 지출하는 비용에는 자산을 양도하기 위한 계약서 작성비용 · 공증비용 · 인지대 · 소개비 등을 포함한다"고 규정하고 있는바, 위 각 법령 등의 규정 취지에 비추어 보면 '자산을 양도하기 위하여 직접 지출한 비용'이란 계약서 작성비용 · 공증비용 · 인지대 · 소개비 등 당해 자산을 양도하기 위하여 지출할 수밖에 없었던 비용을 의미한다고 봄이 상당하기 때문에 보상채권의 평가차손 또는 매각차손이 양도차익을 계산함에 있어 공제되는 필요경비로 볼 수 없다고 판단한 한편,

㈏주장에 관하여

① 「공익사업을 위한 토지 등의 취득 및 보상에 관한 법률」에 의하면, 공익사업을 위하여 토지를 수용하는 경우 손실보상금은 원칙적으로 현금으로 지급하여야 하나 일정한 경우 채권으로 지급할 수 있으며, 토지투기가 우려되는 지역의 경우 보상금 중 1억 원을 넘는 부분에 대하여는 의무적으로 채권(토지보상채권)을 지급하도록 규정하고 있는바, 원고는 위 법령들의 취지에 따라 강제적으로 보상채권을 취득한 점,

② 자산의 양도가액은 당해 자산의 양도 당시의 양도자와 양수자 간에 실제로 거래한 가액(실지거래가액)으로 하며(소득법 §96 ①), 금전 외의 것을 수입한 때에는 그 수입금액을 그 거래 당시의 가액인 시가에 의하여 계산하여야 하는 점(소득법 §118 · §24, 소득령 §51, 소득칙 §22의2, 법인령 §89 참조),

③ 실무상 부동산거래와 관련되고 강제로 취득한다는 점에서 이 사건 보상채권과 유사한 성질을 갖는 국민주택채권의 경우 채권의 액면가액과 취득 당시 시장평가액의 차액을 취득비용으로 보았고, 매입비용과 이를 처분하여 회수한 금액의 차액을 주택의 취득을 위하여 지출된 필요경비로 보아 왔던 점,

④ 소득세법 시행령 §163 ⑤ 제2호에 의하면 자산을 취득함에 있어서 법령 등의 규정에 따라 매입한 국민주택채권 및 토지개발채권을 만기 전에 양도함으로써 발생하는 매각차손을 양도자산의 필요경비로 인정하여 주고 있는 점,

⑤ 이 사건 보상채권에 비록 확정된 이자율이 정해져 있다고 하더라도 만기가 정해져 있어 시장이자율이 변동함에 따라 취득 당시의 현재가치로 환산할 경우 채권의 액면금액보다 작은 것이 통상적인데, 보상채권의 액면가액을 양도가액으로 보는 것은 현금으로 보상을 받는 경우와 비교하여 합리적인 이유 없이 차별하는 것에 해당한다는 점 등에 비추어 보면,

강제적으로 이 사건 보상채권을 취득한 이 사건의 경우 채권보상시 보상금의 액수에 따라 보상채권의 액면가액 상당액을 지급 받았다고 하더라도 보상채권의 액면가액을 양도가액으로 볼 것이 아니라 보상채권의 액면가액에서 취득시의 평가차손 또는 평가차손을 한도로 한 매각차손을 공제한 가액(시가)을 양도가액으로 보아야 한다고 판단하였다.

이어진 항소심(서울고등법원 2010.7.23. 선고, 2010누636 판결)에서 과세관청은 보상채권의 경우 조세특례제한법 §77에 의하여 세제혜택을 받고 있어 현금보상과 비교하여 특별히 차별을 받고 있지 않으므로, 보상채권의 액면가액에서 평가차손을 공제한 가액을 양도가액으로 하는 것은 이중감면에 해당하여 부당하다는 취지의 주장을 추가하였다.

이런 추가주장에 관하여 서울고등법원은 조세특례제한법에 따라 보상채권으로 지급받는 분에 대하여 15%에 상당하는 세액을 감면한다고 하더라도, 감면을 받기 위해서는 '당해 토지 등이 속한 사업지역에 대한 사업인정 고시일부터 소급하여 2년 이전에 취득한 토지 등을 2009년 12월 31일 이전에 양도'하는 요건을 충족하여야 하며, 이런 요건을 충족하지 못하면 세액감면을 받지 못하게 되는데(이 사건 보상채권도 위 요건을 충족하지 못하여 세액감면을 받지 못하였다), 이와 같이 보상채권에 대한 세액감면이 제한적이므로 이런 규정이 있다는 이유만으로 보상채권이 현금보상과 비교하여 특별히 차별을 받고 있지 않다고 할 수 없고,

조세특례제한법에 의한 세액감면은 보상채권뿐만 아니라 현금에 대하여도 이루어지고

있는 점(물론, 세액감면의 범위에 관한 차이는 있다), 이런 세액감면은 공익사업을 지원하기 위하여 정책적 판단에 따라 이루어지는 조세특례인 반면, 보상채권의 액면가액에서 평가차손을 공제한 가액을 양도가액으로 하는 것은 소득세법 §95 ① 및 §96 ①에 의한 '실지거래가액'을 산정하는 하나의 방법이라는 점 등을 고려하면, 보상채권의 액면가액에서 평가차손을 공제한 것을 실지거래가액으로 보더라도 이를 두고 위 세액감면과 더불어 이중감면에 해당한다고 할 수는 없다고 판단하였다.

그러나 대법원은 수용의 경우라 하더라도 소득세법에 의해 당해 자산의 양도가액을 실지거래가액 또는 기준시가 등으로 계산하여야 하는 이상, 수용의 대가로 보상채권과 같은 금전 외의 것을 수입하였다고 하더라도 그 양도가액을 금전 외의 것의 시가로 계산하는 것은 아니라고 판단하여, 토지보상채권 취득 당시 액면금액과 시가가 차이나더라도 당초 약정된 액면금액으로 양도차익을 계산하여야 하며, 채권평가차손은 필요경비도 아니다라고 판단하였다.

Case 4	대법원 2012.12.26. 선고, 2012두12723 판결

폐업시 잔존재화에 대해 부담한 부가가치세 매출세액은 양도소득의 필요경비로 열거되어 있지 않지만 필요경비로 공제되어야 한다는 사례

구 소득세법(2009.12.31. 법률 제9897호로 개정되기 전의 것) §97 ①은 '거주자의 양도차익의 계산에 있어서 양도가액에서 공제할 필요경비'로 구 소득세법 §94 ① 각 호의 자산의 취득에 소요된 실지거래가액 등 취득가액(제1호), 자본적 지출액 등으로서 대통령령이 정하는 것(제2호), 양도비 등으로서 대통령령이 정하는 것(제4호)을 규정하고 있고,
소득세법 시행령 §163 ①은 "소득세법 §97 ① 제1호 ㈎목 본문에서 '취득에 든 실지거래가액'이란 다음 각 호의 금액을 합한 것을 말한다"고 규정하면서 제1호로 ' §89 ①의 규정을 준용하여 계산한 취득원가에 상당하는 가액'을 규정하고 있으며,
소득세법 시행령 §89 ①은 "소득세법 §39 ②의 규정에 의한 자산의 취득가액은 다음 각 호의 금액에 의한다"고 규정하면서 제1호로 '타인으로부터 매입한 자산은 매입가액에 취득세·등록세 기타 부대비용을 가산한 금액'을 규정하고 있다.

그리고 구 부가가치세법(2010.1.1. 법률 제9915호로 개정되기 전의 것) §6 ④ 전문은 "사업자가 사업을 폐지하는 때에 잔존하는 재화(§17 ② 각 호의 규정에 따라 매입세액이 공제되지 않은 재화 제외)는 자기에게 공급하는 것으로 본다"고 규정하고 있다.

원심은 구 소득세법 §97 ① 각 호, 소득세법 시행령 §163가 부가가치세법 §6 ④에 따라 폐업시 잔존재화에 대하여 부담한 매출세액을 양도소득의 필요경비로 열거하고 있지 않음이 명백하고, 원고가 이 사건 건물에서 영위한 임대사업을 폐지함에 따라 잔존재화인 이 사건 건

물에 관하여 부담한 부가가치세인 이 사건 매출세액이 소득세법 시행령 §89 제1호 또는 제3호에서 규정하고 있는 '매입가액' 내지 '취득세 · 등록세 기타 부대비용'에 포함되지 않는다는 등의 이유를 들어, 이 사건 매출세액을 양도소득에서 필요경비로 공제하지 아니한 피고의 이 사건 처분이 적법하다고 판단하였으나,

앞서 본 소득세법령에 따르면 자산의 취득시 소요된 '기타 부대비용'이 양도가액에서 공제할 필요경비에 포함되는 '취득에 든 실지거래가액'의 하나로 열거되어 있다고 볼 수 있다. 그리고 앞서 본 관련 법령들의 규정 내용과 그 입법 취지 등을 고려하면, 자산의 취득시 부담한 부가가치세액은 원칙적으로 취득시 소요되는 '기타 부대비용'으로서 취득가액에 포함되어야 하고, 다만 사업자의 경우에는 이를 매입세액으로 공제받음으로써 실질적으로는 당해 부가가치세액을 부담하였다고 볼 수 없기 때문에 이를 취득시 소요되는 부대비용으로 보지 않는 것인데,

이 사건 건물과 같은 고정자산의 경우 잔존재화에 대한 부가가치세는 폐업시까지 당해 자산을 처분하지 않음으로써 취득시 지출하였다가 매입세액으로 공제받은 부가가치세액의 일정 부분을 실질적으로 다시 부담하게 되는 것이고, 이는 사업자임을 이유로 매입세액으로 공제받았던 취득시 부담한 부가가치세를 그 지위를 상실하게 됨에 따라 다시 부담하는 것이라 할 수 있으므로, 그 부분에 대해서는 취득시 소요되는 '기타 부대비용'에 포함된다고 보아야 한다.

이 사건 개요는 원고가 임대사업에 사용하던 경기도 화성시 남양동 소재 지상 5층 근린생활시설 건물을 2009년 2월 양도하고 2009년 귀속 양도소득세를 신고 · 납부하였다가, 임대사업을 폐지함에 따라 잔존재화인 건물에 대하여 부담한 부가가치세 1억 원을 필요경비로 공제해 달라고 경정청구하였으나, 과세관청이 이 부가가치세는 건물의 양도와 관련하여 발생한 비용이 아니라는 이유로 원고의 경정청구를 거부처분한 것이다.

이 사건 1심(인천지방법원 2011.9.29. 선고, 2011구합1249 판결)은 자본이득이 과세물건인 양도소득세는 자산이 양도되어 소유자의 손을 떠나게 된 것을 기회로 그 소유 기간 중에 있는 자산의 가치증가분을 청산하여 과세하는 것으로서 성질상 수득세(개인이나 법인이 일정 기간에 얻은 재산에 매기는 조세)의 일종이고,

양도가액에서 공제할 필요경비를 소득세법 §97에서 성질상 양도가액에 대응하는 것으로서, 양도자산의 취득에 든 비용 · 그 자산의 객관적 가치를 증가시키는 데 든 설비비와 개량비 · 자본적 지출액과 양도비로 제한하는 것은 합리적 근거가 있고, 소득세법 시행령 §163는 과세소득의 실정법상 범위 및 규정 방식과 관련하여 열거주의를 채택하고 있는데, 소득세법 §97 ① 각 호, 소득세법 시행령 §163에는 부가가치세법 §6 ④에 따라 폐업시 잔존재화

에 대하여 부담한 매출세액을 양도소득의 필요경비로 열거하고 있지 않음은 법률 규정상 명백하다.

따라서 과세관청이 소득세법령의 규정에 따라 양도가액에서 공제되는 필요경비로 나열되지 않은 매출세액을 필요경비로서 양도소득에서 공제하지 아니한 이 사건 처분은 적법하다고 판단하면서, 부가가치세법 §6 ④에 따라 폐업시 잔존재화에 대하여 부가가치세를 부과하는 취지는 사업자가 사업과 관련하여 매입한 재화에 관하여 매입세액을 공제받은 후 폐업하게 되면 부가가치세를 부담함이 없이 과세대상인 재화를 소비하는 결과가 되므로 이를 본래적 의미의 재화 공급은 아니지만 공급으로 의제함으로써 과세공평을 기하려는 데 있으므로, 이 사건 매출세액이 이 사건 건물을 취득하는 데 소요된 비용이라고 보기도 어렵다고 부연하였고, 이에 이은 2심(서울고등법원 2012.5.18. 선고, 2011누35509 판결)도 1심의 판단을 일부 문구만 고치고 그대로 인용하였다.

그러나 대법원은 사업자의 경우에는 매입세액으로 공제받음으로써 실질적으로는 당해 부가가치세액을 부담하였다고 볼 수 없기 때문에 이를 취득시 소요되는 부대비용으로 보지 않는 것인데, 이 사건 건물과 같은 고정자산의 경우 잔존재화에 대한 부가가치세는 폐업시까지 당해 자산을 처분하지 않음으로써 취득시 지출하였다가 매입세액으로 공제받은 부가가치세액의 일정 부분을 실질적으로 다시 부담하게 되는 것이다.

따라서 폐업시 잔존재화에 부담하는 부가가치세는 사업자임을 이유로 매입세액으로 공제받았던 취득시 부담한 부가가치세를 그 지위를 상실하게 됨에 따라 다시 부담하는 것이므로 취득시 소요되는 '기타 부대비용'에 포함된다는 것이다.

Case 5 대법원 2015.6.24. 선고, 2015두39347 판결

장부 · 매매계약서 · 영수증 기타 증빙서류가 없거나 그 중요한 부분이 미비된 경우에 해당하지 않으므로 취득가액을 추계하지 않고 실지거래가액으로 결정한 처분은 정당하다는 사례

원고는 다운계약서 작성 관행에 따라 이 사건 부동산의 양도가액을 실제보다 낮게 신고하면서 양도가액에 맞추어 건물공사비를 과소신고함으로써 원고가 신고한 이 사건 건물의 취득가액은 원고가 실제로 지출한 비용을 제대로 반영하지 못하고 있고, 원고가 이 사건 건물에 대하여 감정을 통해 확인한 평가액에 비교해 보아도 당초 신고한 취득가액은 허위임이 명백하기 때문에 건물 취득 당시의 실지거래가액을 인정 또는 확인할 수 없는 경우에 해당하므로 이 사건 건물의 취득가액은 매매사례가액 · 감정가액 · 환산가액 등에 의하여 산정하여야 한다고 주장하나,

① 원고는 이 사건 토지와 건물을 취득하고 1년 이내에 양도하였으므로 양도가액은 양도자와 양수자 간에 실제로 거래한 가액인 실지거래가액에 의하여야 하는 점(구 소득법 §96 ① 제4호),

② 원고는 관할세무서에 양도소득세 예정신고서를 제출하면서 건물 신축비용으로 262건의 세금계산서, 간이영수증 및 미등록 시공자로부터 받은 영수증 등을 증빙서류로 제출하여 필요경비로 공제받았는데 이를 두고 취득 당시의 실지거래가액의 확인을 위하여 필요한 장부・매매계약서・영수증・기타 증빙서류가 없거나 그 중요한 부분이 미비된 경우에 해당하여 취득 당시의 실지거래가액을 확인할 수 없는 경우에 해당한다고 보기 어려운 점,

③ 신탄진농업협동조합이 자체 간이감정으로 이 사건 토지와 건물을 평가한 금액이 원고가 예정신고한 이 사건 부동산의 취득가액과 큰 차이가 나지 않으므로 원고가 이 사건 양도소득세 예정신고 당시 제출한 영수증 기타 증빙서류의 내용이 허위임이 명백하다고 보기도 어려운 점,

④ 부동산 양도 당시 시행되던 구 소득세법에 의하면, 양도차익을 계산할 때 양도가액을 실지거래가액에 의하는 때에는 취득가액도 실지거래가액에 따르고, 양도가액을 기준시가에 의하는 때에는 취득가액도 기준시가에 따라야 하므로(구 소득법 §100), 이 사건 부동산의 양도가액을 실지거래가액으로 산정하면서 취득가액을 매매사례가액이나 감정가액 등으로 산정할 수는 없는 점,

⑤ 원고가 개인적으로 감정평가기관에 감정을 통해 확인한 평가액은 법원의 결정에 의한 공신력 있는 감정가액이 아니므로 이를 그대로 신뢰하기는 어려운 점 등을 종합하면, 이 사건 건물의 취득가액은 원고가 양도소득세 예정신고 당시 신고한 가액(실지거래가액)에 의하여 산정하여야 할 것이므로 원고의 주장은 이유 없다.

※ 대법원에서 본안심리 없이 심리불속행 기각된 사건이므로 전심(대전고등법원 2015.2.12. 선고, 2014누10439 판결)의 판결문 내용을 기재하였다.

이 사건 개요는 과세관청이 원고에 대한 세무조사 결과 원고가 이 사건 부동산의 실제 양도가액을 과소신고한 것으로 판단하고, 부동산의 실제 양도가액을 기준으로 양도소득세를 산정하여 부과처분한 것이다.

구 소득세법(2005.12.31. 법률 제7837호로 개정되기 전의 것) §114 ⑤은 "④의 규정을 적용함에 있어서 양도가액 또는 취득가액을 실지거래가액에 의하는 경우로서 대통령령이 정하는 사유로 장부 기타 증빙서류에 의하여 당해 자산의 양도 당시 또는 취득 당시의 실지거래가액을 인정 또는 확인할 수 없는 경우에는 대통령령이 정하는 바에 따라 양도가액 또는 취득가액을 매매사례가액・감정가액・환산가액 또는 기준시가 등에 의하여 추계조사하여 결정 또는 경정할 수 있다"고 규정하고,

구 소득세법 시행령(2005.2.19. 대통령령 제18705호로 개정되기 전의 것) §176의2 ① 각 호 외의 부분은 "소득세법 §114 ⑤에서 대통령령이 정하는 사유 라 함은 다음 각 호의 1에 해당하는 경우를 말한다"고 규정하고, 같은 항 제1호는 "양도 또는 취득 당시의 실지거래가액의 확인을 위하여 필요한 장부 · 매매계약서 · 영수증 기타 증빙서류가 없거나 그 중요한 부분이 미비된 경우", 같은 항 제2호는 "장부 · 매매계약서 · 영수증 기타 증빙서류의 내용이 매매사례가액, 「지가공시 및 토지 등의 평가에 관한 법률」에 의한 감정평가법인이 평가한 감정가액 등에 비추어 허위임이 명백한 경우"라 규정하고 있다.

이런 법률내용 속에서 법원은 위 ①~⑤와 같은 사실 즉, ① 법령상 실지거래가액으로 양도차익을 계산하여야 하고, ② 이미 262건의 세금계산서 · 간이영수증 · 미등록 시공자의 영수증 등을 제출하고 필요경비로 공제받았는데 이것이 장부 등이 없는 것이라 할 수 없고, ③ 농협의 자체 간이감정 결과가 당초 신고한 취득가액과 유사하며, ④ 법령에 따르면 양도가액을 실지거래가액으로 하면 취득가액도 실지거래가액에 의하여야 하고, ⑤ 원고 개인이 의뢰한 감정결과는 신뢰성이 부족하다는 등 사실에 비추어 이 사건의 경우 원고가 당초 신고한 취득가액이 실지거래가액이 아니라고 볼 이유가 없다고 판단한 것이다. 유사한 사건의 불복을 진행하는 납세자나 대리인 입장에서는 ①~⑤와 같은 법원의 판단근거를 염두에 둘 필요가 있다.

한편, 원고는 건물 취득 당시의 실지거래가액에 의하여 취득가액을 산정한다 하더라도 양도소득세 신고 후 추가로 발견된 인건비 증빙자료를 제시하면서 건물의 취득원가에 추가로 산입해야 한다고 주장하였지만,

이에 대해서도 법원은 ① 원고가 양도소득세예정신고서를 제출하면서 건물 신축비용으로 262건의 영수증, 세금계산서 등의 증빙서류를 제출하여 필요경비로 공제를 받았는데 비교적 고액인 추가공사비를 예정신고 할 당시에는 제출하지 않았던 점, ② 국세청 조사시 충분히 공제받을 수 있었음에도 추가공사비를 제시하지 않다가 심판청구 및 소송단계에 이르러서야 이를 제시하고 취득가액에 산입하여야 한다고 주장하고 있는 점, ③ 원고가 제출한 영수증 등은 구체적인 공사내역 등이 기재되지 않은 채 원고로부터 인건비 등을 영수하였다는 것에 불과하여 이 사건 건물의 신축과 관련하여 지급된 것인지 명확하지 않고 일부 거래처에 대하여는 이미 필요경비로 공제받은 금액과 중복되는 부분도 있어 보이는 점 등을 바탕으로 이 주장도 이유 없다고 판단하였다.

사. 주요 심사, 심판례 소개

Case 6	심사양도 2015-0036, 2015.10.22.

조세회피를 의도한 것이라는 정황과 거래가액이 현저히 부당하다는 등의 특별한 사유에 대한 주장과 입증도 없이 단순히 그 기재를 믿을 수 없다는 이유만으로 기준시가로 안분한 부과처분은 위법하다는 사례

가. 사실관계

(1) 청구인은 2010.8.10. 토지를 5억 원에 취득하여 동 토지 위에 상가건물 신축한 후 일부는 임대하고, 사업운영

(2) 2014.5.20. 위 토지와 건물을 일괄 11억 원에 양도하면서 토지 6억5천만 원, 건물 4억5천만 원으로 안분하여 매매계약서 작성하고, 양도가액은 이 금액으로, 취득가액은 토지는 실지거래가액 5억 원, 건물은 환산가액으로 양도소득세 신고납부

나. 과세경위

처분청은 청구인이 일괄양도한 토지와 건물 양도가액 안분기준이 불분명한 것으로 보아 양도가액을 기준시가로 안분하여 양도소득세 경정・고지

다. 청구인 주장

(1) 특수관계자가 아닌 청구인과 매수인이 토지는 위치와 주변시세를 고려하여 평당 약 450만 원인 6억5천만 원, 상가건물은 내부 인테리어나 영업시설 및 하자 등 손해배상액을 고려하여 평당 265만 원인 4억5천만 원으로 구분하여 흥정하고 전체 매매가액을 11억 원으로 계약한 것은 합리적인 경제행위이다.

(2) 처분청이 아무런 근거도 없이 양도가액을 기준시가로 안분하여 경정고지한 것은 부당하다.

라. 처분청 의견

(1) 청구인은 매수인과 합리적인 근거로 고려된 안분가액이라고 하나 이를 입증하는 객관적이고 합리적인 자료는 없으며, 건물가액에 따라 세부담이 감소할 수 있어 당사자 간 이해관계에 따라 가액을 임의로 정할 수 있다.

(2) 따라서, 청구인의 쟁점건물 양도 건은 토지와 건물가액이 불분명한 경우에 해당하므로 당초 기준시가로 안분하여 경정고지한 처분은 정당하다.

마. 쟁점

토지・건물을 주변시세를 고려한 중개업자의 확인금액으로 책정하여 일괄양도한 쟁점부동

산의 양도가액을 기준시가로 안분하는 것이 타당한지 여부

바. 판단요지

청구인과 처분청 간의 이 건 양도소득세 세액계산에 대하여는 다툼이 없고, 양도가액을 기준시가로 안분하는 정당성 여부에 대한 다툼만 있다.

매매계약서상 토지·건물 가액이 명확하게 구분 기재되어 있고, 이 같은 구분이 거래당사자 간의 하자책임 등의 진정한 합의에 따라 구분되었다는 청구인의 주장에 대하여 가액구분이 합리적이지 않다거나 조세회피를 의도한 것이라는 정황에 대한 입증 없이 토지·건물가액 구분이 불분명한 것으로 보아 안분한 것은 위법하며(대법원 2014두3785, 2014.5.29.), 과세관청이 그 매매계약서상의 총매매대금을 실지거래가액이라고 인정하면서, 각 필지별 거래가액에 대하여는 그것이 현저히 부당하다는 등의 특별한 사유에 대한 주장과 입증도 없이 단순히 그 기재를 믿을 수 없다는 이유만으로 기준시가로 안분한 부과처분은 위법하다(대법원 90누882, 1990.4.10.)는 법리에 따라,

이 건 쟁점건물 양도계약서에 토지와 건물가액이 명확하게 구분되어 기재되어 있는 점, 처분청이 인정한 토지의 실제 취득가액 5억 원이 기준시가의 109.2%인 점에 비추어, 청구인이 신고한 토지 양도가액은 기준시가의 126%, 처분청이 경정한 토지 양도가액은 138%로, 청구인이 신고한 양도가액이 시가에 더 근접하다고 보이는 점, 쟁점건물 양도시와 취득시의 기준시가 변동비율이 토지(448 → 515백만 원) 115%, 건물(244 → 281백만 원) 115%임에 비추어, 청구인이 신고한 양도가액과 취득가액의 변동비율은 토지 132%, 건물 113%인 반면, 처분청 경정시에는 토지 145%, 건물 115%로, 청구인이 조세회피를 이유로 건물가액을 현저히 높였다고 보기 어려운 점, 이와 같이 청구인이 구분하여 신고한 가액이 합리적이지 않다거나 조세회피를 의도한 것이라는 처분청의 구체적인 입증이 부족해 보이는 점 등을 고려할 때,

청구인이 주변시세 등을 감안하여 신고하였다고 주장하는 쟁점건물의 토지·건물가액을 비합리적인 의사결정으로 인정하기에는 어려워 보인다. 따라서 처분청이 양도가액을 기준시가로 안분하고, 건물 취득가액을 기준시가로 환산하여 경정한 당초처분은 잘못이 있다고 판단된다.

처분청이 작성한 고액양도자산 검토조서를 보면, 경정결정의 이유로 양도가액 11억 원은 기준시가(796백만 원) 대비 138%, 취득가액 중 토지취득가액 5억 원은 기준시가(448백만 원) 대비 104%로 적정하나, 건물가액 안분금액인 4억5천만 원은 자가신축 매입세금계산서 금액이 2억1천만 원(평당 약 120만 원)이고, 감정가액이 확인되지 않아 자산별 안분가액 기준이 불분명한 것으로 보아 기준시가로 안분계산함이 타당하다라고만 기재되어 있어 경정결정의 사유로 다소 미흡해 보이는 것이 사실인 반면,

쟁점사건 부동산매매계약서에는 부동산의 표시와 매매대금 외 임대사업은 당사자 간 포괄양수도하며 임대보증금 1.1억 원은 매수인이 승계하고 매매대금에서 공제하고, 건물 시설투자한 구조변경에 대한 하자는 매도인이 2년간 책임지고 부착된 서화・에어컨・비품 등은 현존 상태 그대로 매수인이 승계하되 건물가액에 포함하는 것으로 하며, 근저당채무는 매도인이 말소한다는 등 내용이 자세하게 기재되어 있다.

또, 청구인은 이 건 심사청구에서 쟁점건물을 일괄양도하고 토지가액과 건물가액을 안분한 기준은 주변시세와 시설투자한 설비 등을 고려한 합리적인 의사결정이었던 반면, 처분청은 단순히 기준시가를 기준으로 양도소득세를 계산하면 세액이 더 나온다는 판단으로 이 건 부과처분하였다고 주장하며 인근 부동산 중개인의 확인서를 제출하였는데,

동 확인서에는 건물가액 산정으로 건물연면적 170평을 재건축비용과 감가상각을 고려하여 평당 2백만 원으로 산정한 3억4천만 원에, 준공 이후 청구인이 시설투자한 설비 중 장기성이 있다고 판단되는 부분의 원가, 노래방 설비 등과 세입자 임대차기간이 완료되는 프리미엄 등 1억1천만 원을 가산하여 건물가액을 4억5천만 원으로 책정한 것은 일반상거래상 시세에 적합하다는 내용도 포함되어 있다.

처분청은 청구인이 유사매매사례가액 등 주변시세를 확인할 수 있는 근거자료도 제시하지 않으면서 쟁점건물의 토지가액을 위치와 주변시세를 고려하여 평당 약 450만 원에 계산하였다고 막연한 주장만 하며, 건물가액도 양도일 이전 청구인이 운영한 사업장은 이미 타 사업자에게 포괄양도되어 사업을 영위하고 있는 상태로 지급기준이나 평가가액이 확인되지 않는 등 손해배상액 및 영업시설가액을 합리적으로 산정하기도 어렵고, 매수인은 영업시설 등을 구분 없이 11억 원에 토지와 건물 일괄취득가액으로 등기하였고, 당사자 간 세금계산서를 수수한 사실도 확인되지 않는 등 합리적으로 건물가액을 평가했다고 보기 어렵다고 주장하였지만,

재결청은 매매계약서상 토지・건물 가액이 명확하게 구분 기재되어 있고, 매매계약서상의 총매매대금은 실지거래가액이라고 과세관청도 인정하고 있다는 점을 감안하고,

가액구분이 합리적이지 않다거나 조세회피를 의도한 것이라는 정황에 대한 입증이 없이 토지, 건물가액 구분이 불분명한 것으로 보아 안분한 것은 위법하며(대법원 2014.5.29. 선고, 2014두3785 판결), 각 필지별 거래가액에 대하여는 그것이 현저히 부당하다는 등의 특별한 사유에 대한 주장과 입증도 없이 단순히 그 기재를 믿을 수 없다는 이유만으로 기준시가로 안분한 부과처분은 위법하다(대법원 1990.4.10. 선고, 90누882 판결)는 대법원 판례에 따라 처분청

의 경정결정 사유가 미흡하다고 판단한 것으로 보인다.

유사한 사건을 다루는 독자는 이 심사례와 함께 앞서 거론한 대법원 판례(대법원 2014.5.29. 선고, 2014두3785 판결 ; 1990.4.10. 선고, 90누882 판결) 들을 함께 참고하면 될 것이다.

Case 7 심사양도 2015-0100, 2015.9.4.

쟁점토지와 토지이용현황 등이 동일하고 쟁점거래일부터 3개월 이내 거래된 인근토지의 매매가액은 매매사례가액으로 인정하여야 한다는 사례

가. 사실관계

청구인은 1997년 쟁점토지를 취득하였다가 2013.10.11. 정○○에게 양도하고, 양도계약서상 매매가액 5천9백만 원, 취득계약서상 매매가액 7천5백만 원, 양도차익 0원으로 양도소득세 예정신고

나. 과세경위

처분청은 청구인이 제출한 계약서상 취득가액이 신뢰성이 떨어지고, 실거래 취득가액의 증빙이 미비하다는 사유로 취득가액을 기준시가로 환산하여 양도소득세 경정·고지

다. 청구인 주장

(1) 청구인은 1997.10.29. 지인 소개로 전원주택지 350평을 매매대금 1억4천만 원에 계약하고 계약금과 중도금까지 지급하였다가 며칠 후 IMF 외환위기가 발생하여 지가가 폭락하자 당초 거래를 취소하고자 했으나 계약금 및 중도금 일부를 이미 지급하였기에 오랜 협의 끝에 면적을 축소하여 150평만 7천5백만 원에 매수하는 것으로 합의하여 계약서를 재작성하였다.

(2) 그러나 지가가 계속 하락하여 전소유자와 협상 결과 최종 약5천2백만 원만 지불하고 명의를 이전하게 되었다.

(3) 오래 전 일이라 전소유자에게 이체한 금융거래 내역이 정확히 확인되지 않고 전소유자는 미국으로 이민을 간 상황이라 거래사실을 확인받지 못하지만, 같은 날 계약하고 같은 달에 소유권이전등기한 인근토지의 매매사례가액 5천1백만 원을 취득가액으로 인정하여야 한다.

라. 처분청 의견

(1) 청구인이 신고시에는 취득가액을 7천5백만 원으로 신고하였다가 불복 중에는 5천2백만 원으로 주장하는 등 청구 주장에 신뢰성이 떨어지며, 5천2백만 원의 수취인이 확인되지 않아 청구인이 전소유자에게 지급하였음이 입증되지 않는다.

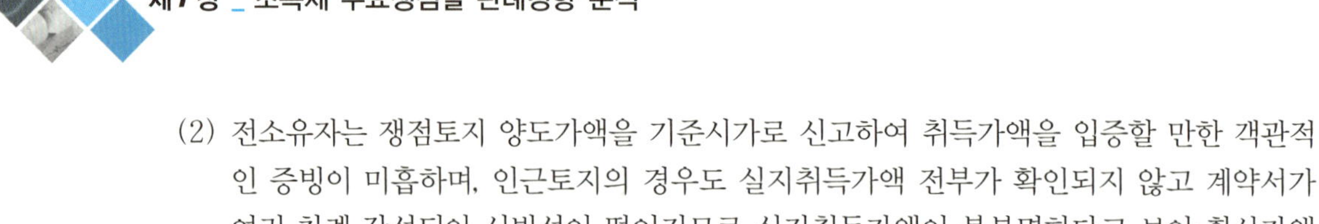

(2) 전소유자는 쟁점토지 양도가액을 기준시가로 신고하여 취득가액을 입증할 만한 객관적인 증빙이 미흡하며, 인근토지의 경우도 실지취득가액 전부가 확인되지 않고 계약서가 여러 차례 작성되어 신빙성이 떨어지므로 실지취득가액이 불분명하다고 보아 환산가액을 적용한 처분은 정당하다.

마. 쟁점

인근토지의 매매가액을 쟁점토지의 매매사례가액으로 적용할 수 있는지 여부

바. 판단요지

쟁점토지의 토지대장과 지적도 등에 의하면, 쟁점토지의 취득일로부터 3개월 내 매매된 인근토지는 쟁점토지와 같이 산 50-5에서 분할등기된 토지로서, 취득 당시 토지의 위치, 이용현황(임야), 면적(약 150평), 도로에의 접근성(맹지), 개별공시지가 등 토지 현황 및 당초 쟁점토지와 인근토지가 동일자에, 동일한 평단가로 계약되었다가 IMF로 인해 수정계약을 하게 된 사정이 유사하므로 인근토지는 쟁점토지와 동일성 또는 유사성이 있는 자산으로 보인다(조심 2012서868, 2012.5.14. 참조).

또한, 인근토지의 등기부상 소유자는 계약자의 모친으로서 매매대금을 지급한 계약자가 인근토지의 실질소유자로 보이고, 처분청이 인근토지의 매매계약서가 허위로 작성되었다는 입증을 하지 못하는 한 계약금 지급 증빙, 계약 내용 등에 비추어 인근토지의 매매계약서를 실지계약서로 보아야 하므로 당해 매매계약서상 매매대금 5천1백만 원은 인근토지의 실지거래가액이라 할 수 있다(대법원 95누3183, 1996.6.25. ; 대법원 2009두17520, 2010.1.14. 등 참조). 따라서 인근토지의 매매가액 5천1백만 원은 법령에서 정한 쟁점토지의 매매사례가액이라 할 수 있으므로 기준시가에 우선하여 쟁점토지의 취득가액으로 적용하는 것이 타당해 보인다.

양도가액 또는 취득가액을 실지거래가액에 의하는 경우로서 납세의무자가 신고한 양도가액 또는 취득가액이 장부·매매계약서·영수증 등에 의하여 실지거래가임을 인정 또는 확인할 수 없는 경우에는 그 취득가액을 매매사례가액·감정가액·환산가액 또는 기준시가를 순차로 적용하여 산정한 가액에 의하여 경정하여야 하고, 이 중 매매사례가액을 적용하는 경우에는 양도일 또는 취득일 전후 3월 이내에 거래된 당해 자산과 동일성 또는 유사성이 있는 자산의 매매사례가액을 적용하도록 규정하고 있다.

그런데 과세관청으로부터 매매사례가액으로 인정받기가 쉽지 않은 것이 현실이다. 쟁점사건과 같이 토지의 경우 그 이용현황이 유사하다는 것이 입증되어야 하는데 청구인이 쟁점토지와 인근토지가 동일한 필지에서 분할된 사실과 함께 이용현황이 임야로 동일하며,

면적도 150여평으로 동일하고, 도로와 차단된 맹지에 해당한다는 사실 및 개별공시지가도 동일하였다는 사실을 잘 입증한 것으로 보인다.

이와 함께 인근토지의 매매사실과 그 금융거래 내역도 함께 입증해야 하는데, 매매사례의 계약서는 물론 매매대금이 국민은행으로 입금된 금융증빙도 제출한 것으로 보아 인근토지 소유자와 잘 협조된 것으로 보인다.

실지거래가액을 매매사례가액으로 대체하여 인정받기 위해서는 무엇보다 매매사례의 검색 및 해당 매매사례 당사자들에 협조를 구하여 그러한 매매사례의 입증증빙을 잘 갖추어야 한다.

한편, 전후 3개월 내의 매매사례가액이 아니더라도 연접필지로써 면적・용도 등이 유사하고, 매매사례가 있었던 때부터 쟁점사건까지 기준시가가 변동없이 동일하며, 기타 가격변동 요인이나 부동산 상황의 변화가 있었다고 볼 만한 특별한 사정이 없다면 평가기간을 벗어난 매매사례가액이라 하더라도 인정한 심판례가 존재(조심 2015부0919, 2015.6.4. ; 조심 2014광0536, 2014.4.21.)하는 동시에 평가기간을 벗어난 매매사례가액은 인정하지 않은 심판례도 동시에 존재한다(조심 2011서2513, 2012.6.11. ; 조심 2011서222, 2012.5.22.).

Case 8 조심 2015광1108, 2015.7.20.

계단의 도장공사와 옥상 방수공사 등은 건물의 원상을 회복시키거나 능률을 유지하는 등 현상유지를 위한 수익적 지출에 해당하므로 필요경비에 산입할 수 없다는 사례

가. 사실관계

청구인은 전라북도 소재 토지와 그 지상 다가구주택을 양도하고, 계단 도장공사 및 옥상 방수공사에 소요된 비용 등을 기타 필요경비에 포함하여 양도소득세 신고

나. 과세경위

처분청은 쟁점공사비가 쟁점부동산의 공사비용인지 불분명하고 자본적 지출이 아닌 수익적 지출에 해당된다고 보아 쟁점공사비를 필요경비에서 부인하여 양도소득세 경정・고지

다. 청구인 주장

(1) 쟁점부동산 취득 이후 배관 이상에 의한 누수 등 여러 가지 문제점이 발견되어 공사업체 ㈜○○에 검사를 의뢰한 결과, '즉시 수선하지 않을 경우 누수 등으로 쟁점부동산이 심각하게 훼손되어 건물의 현저한 가치하락은 물론 사용기한도 보장받을 수 없고 더욱이 주택으로 사용하려면 방수공사 등이 반드시 필요한 상태'라고 하여 배관공사, 옥상

방수공사 등 관련 공사를 완료하였다.

(2) 쟁점부동산을 이용하기 위해서는 당해 공사를 할 수밖에 없었고, 결국 당해 공사를 통하여 현저한 가치하락을 방지하였으며, 쟁점부동산을 용도에 맞게 이용하기 위한 필수불가결한 것으로 소득세법 §97 등 관련 법령에서 규정한 자본적 지출액에 해당한다.

라. 처분청 의견

(1) 청구인 제시 견적서는 방수공사만 해당되며 배관 등 타 공사 관련 자재는 기재되어 있지 않고, 현장확인과 항공지도상 쟁점부동산은 아스팔트 슁글인데 견적서에는 우레탄 방수공사에 필요한 자재가 기재되어 있어 쟁점부동산에 대한 견적서가 아닌 것으로 보이며, 옥상 방수공사 비용이 ××원이라는 것도 납득하기 어렵다.

(2) 견적서에 적힌 도장공사, 방수공사의 공사내역으로 보아 단순히 원상을 회복시키거나 능률유지 등 현상유지를 위한 것으로 자산가치의 현저한 증가 및 내용연수를 연장하거나 개량목적 등을 위한 자본적 지출로 볼 수 없다.

마. 쟁점

쟁점공사비를 자본적 지출액으로 보아 필요경비에 산입할 수 있는지 여부

바. 판단요지

청구인은 쟁점공사비가 쟁점부동산의 취득에 소요된 자본적 지출액이므로 이를 필요경비에 산입하여야 한다고 주장하나,

공사업체의 대표자가 도장공사와 방수공사 외 여러 가지 작은 공사들을 하였다고 진술하여 경미한 다수의 수선이 있었던 것으로 보이는 점, 신축한 지 2년이 된 건물을 취득하여 공사를 한 것으로 보아 자산의 멸실 또는 훼손으로 이용가치가 없는 것을 복구하는 등 자본적 지출에 해당하는 공사를 하였을 것으로 보기 어려운 점, 제출한 견적서의 공사내용이 계단의 도장공사와 옥상 방수공사로 쟁점부동산의 원상을 회복시키거나 능률유지 등 현상유지를 위한 수선으로 보이는 점 등에 비추어 쟁점공사비를 자본적 지출액으로 보아 필요경비에 산입하여야 한다는 청구주장을 받아들이기 어렵다.

소득세법 시행령 §163 ③에는 양도차익 계산시 필요경비로 공제하는 자본적 지출액의 범위를 규정하고 있는데 쟁점사건에 적용하면 쟁점공사비가 ㈎ 소득세법 시행령 §67 ② 규정을 준용한 자본적 지출액, ㈏ 양도자산의 용도변경・개량 또는 이용편의를 위하여 지출한 비용에 해당되어야 할 것이다.

소득세법 시행령 §67 ②에서 자본적 지출액은 사업자가 소유하는 감가상각자산의 내용

연수를 연장시키거나 당해 자산의 가치를 현실적으로 증가시키기 위하여 지출한 수선비를 말하며, 다음 지출을 포함한다고 규정하고 있다.

1. 본래의 용도를 변경하기 위한 개조
2. 엘리베이터 또는 냉난방장치의 설치
3. 빌딩 등의 피난시설 등의 설치
4. 재해 등으로 인해 건물·기계·설비 등이 멸실·훼손되어 당해 자산의 본래 용도로의 이용가치가 없는 것의 복구
5. 기타 개량·확장·증설 등 위와 유사한 성질의 것

물론 자본적 지출의 범위와 수익적 지출의 범위가 항상 명확하게 구분되는 것은 아니지만, 이상의 법령 규정을 이해하고 쟁점사건에 적용해 보면 누수와 관련된 공사 및 옥상의 방수와 관련된 공사 그리고 공사업체 대표자가 진술한 여러 가지 작은 공사 등은 위 법령 조항에 해당되지 않을 것으로 보인다.

더욱이 쟁점사건에서 청구인은 공사업체로부터 세금계산서를 수취하였고, 쟁점공사비를 공사업체에 지급한 금융내역을 제출하였으며, 공사견적서 및 공사업체 대표자의 확인서와 공사업체의 부가가치세 신고내역 등에 의하여 공사사실이 명백히 확인되므로 처분청이 쟁점공사비를 필요경비로 인정하지 아니한 처분은 부당하다고 주장하였지만,

쟁점공사를 수행한 공사업체가 폐업상태이고, 쟁점공사비에 대해 전자세금계산서를 발행하지 않고 법정신고기한 내에 부가가치세 등을 신고하지 않았다가 사후적으로 수정신고하였다는 사실은 재결청 담당자로 하여금 청구인의 위 주장을 신뢰성 없게 만들고 오히려 쟁점공사비가 쟁점부동산의 공사비용으로 지출되었는지가 불분명하다는 처분청의 주장이 합리적이라고 여겨지게 했을 것이라 여겨진다.

Case 9 조심 2015중0078, 2015.5.21.

쟁점토지 취득 직후 근저당 설정가액이 청구인 주장 취득가액의 72% 상당액으로 관례상 적정한 것으로 보이는 등 이유로 청구인이 주장하는 취득가액을 인정한 사례

가. 사실관계

청구인은 2003년 취득한 경기도 소재 쟁점토지를 수용을 원인으로 양도하고, 취득가액을 ××원, 양도가액을 ××원으로 하여 2012년 귀속 양도소득세 신고·납부

나. 과세경위

처분청은 2013년 6월 청구인에 대한 세무조사 실시하고, 쟁점토지의 취득가액이 불분명하다고 보아 취득가액을 환산가액을 재산성하여 양도소득세를 경정·고지

다. 청구인 주장

(1) 쟁점토지 계약서를 분실하였으나, 수표에 의하여 매매대금의 지급이 확인되는 ××원을 취득가액으로 인정하여야 한다. 이 금액은 전소유자 정○○과 당시 중개업자 반○○도 확인서를 통해 옳다고 확인서를 작성하였다.

(2) 쟁점토지 취득일에 □□으로부터 쟁점토지를 담보로 ××원을 대출받은 바 있는데, 근저당 채권최고액은 ××원으로 통상 부동산 가격의 70~80%에 해당하는 가액이므로, 쟁점토지의 시세는 청구인이 주장하는 취득가액과 차이가 없다.

라. 처분청 의견

(1) 청구인은 당초 양도소득세 신고시 쟁점토지 취득 매매계약서를 허위로 작성하여 제출하였을 뿐만 아니라, 매매대금을 수표로 지급하였다고 하나 금융조회 결과 현금출금전표로서 수표출금이 아니다.

(2) 소유권이전등기일인 2003.3.26. 다음 날에야 수표가 지급된바, 잔금청산 이전에 소유권을 이전할 특별한 사정이 없으므로 쟁점토지의 잔금으로 보기 어렵고, 매도자 정○○의 금융거래 내역과 비교하여 입금액 및 입금일이 일치하지 않는다.

(3) 청구인이 쟁점토지를 담보로 받은 대출 관련 2003.3.19. 현재 감정평가액은 ××원으로 확인되는바, 이는 대출목적의 감정평가이며, 1개의 감정가액이므로 취득가액으로 인정할 수 없다.

마. 쟁점

쟁점토지의 취득가액이 불분명하다고 보아 환산취득가액으로 양도소득세를 부과한 처분의 당부

바. 판단요지

청구인이 잔금 및 중도금의 지급증빙으로 제출한 ○○은행 발행의 '자기앞수표 지급' 내역상 수표번호, 발행일, 발행금액, 지급방법, 지급일, 지급점, 발행고객 고유번호 등이 기재되어 청구인의 대금지급 주장을 뒷받침하는 점, 청구인이 잔금으로 지급하였다는 수표금액 ××원 중 ××원에는 중개인이었던 반○○의 배서가 기재된 것으로 나타나고 있어 쟁점토지의 매매대금으로 지급되었던 것으로 보이는 점,

잔금 명목의 수표지급일은 2003.3.27.로서 이는 쟁점토지의 소유권이전등기일인 2003.3.26.을 경과한 후이나 쟁점토지를 담보로 매매대금을 대출받기 위해 먼저 소유권이전등기를 마쳤다는 청구주장이 불합리하지 않은 점,

전소유자 정○○의 계좌에 입금된 수표금액이 청구주장의 지급금액과 일치하지는 않으나 쟁점토지에 채권자 박○○가 가등기 및 근저당권을 설정하고 있어 청구인이 지급한 취득금액이 채권자에게 지급되었을 가능성을 배제할 수 없는 점,

청구인이 쟁점토지를 취득한 후 쟁점토지에 □□이 채권최고액 ××원의 근저당권을 설정한바, 이는 청구인이 주장한 취득대금의 약 72%에 해당하는 점 등에 비추어 청구인의 쟁점토지 취득대금은 수표로 지급이 확인되는 ××원으로 보는 것이 타당해 보인다.

오래 전에 취득한 부동산 등 자산의 계약서나 금융증빙을 양도할 때까지 보관하기는 사실 쉽지 않다. 소득세법도 이런 현실을 반영하여 양도가액은 반드시 실지거래가액으로 신고하도록 하면서 취득가액은 실지거래가액이 원칙이지만 매매사례가액이나 감정가액 및 환산가액으로 신고할 수 있도록 한 것이다.

쟁점사건의 경우 전소유자나 중개업자의 확인서만 있었다면 청구인 주장을 입증하기 어려웠을 것인데 이런 확인서와 함께 금융기관의 수표지급내역을 확보하였고 취득과 동시에 근저당설정한 금액의 설정비율 등이 통상적 관행과 합치하고, 근저당 설정을 위해 감정가액도 확보하고 있었기 때문에 인용의견을 획득할 수 있었을 것이라 생각된다.

Case 10 조심 2014중1661, 2015.1.21.

지목이 상이한 여러 필지의 토지를 일괄취득함으로써 필지별 취득가액이 불분명한 상태에서 일부 필지만 양도한 경우, 토지의 이용실태가 동일하다면 필지별 기준시가에 따라 안분하여 취득가액을 산정한 처분은 위법하다는 사례

가. 사실관계

청구인은 2012년 임야와 대지로 지목이 각각 다른 여러 필지의 토지와 건물을 일괄 취득한 후, 2012년 토지 중 일부필지를 양도하고 양도소득세 신고 누락

나. 과세경위

처분청은 쟁점토지의 필지별 취득가액의 구분이 불분명하므로 전체 토지 취득시 실지거래가액을 필지별 기준시가에 따라 계산한 가액에 비례하여 안분계산한 가액을 쟁점토지의 취득가액으로 산정하여 청구인에게 2012년 귀속 양도소득세 결정 · 고지

다. 청구인 주장

(1) 청구인이 취득한 전체 토지는 공부상 지목은 상이하나 연접한 토지로서 동일한 단지를 구성하고 있으며, 도로와 연결되어 있어 언제든지 건축이 가능한 상태의 나대지이다.

(2) 쟁점토지도 비록 공부상 임야이나 실제로는 언제든지 건축이 가능한 나대지이기 때문에 지목이 대지인 나머지 토지와 가격을 달리 결정할 수가 없고, 시세의 차이도 없다.

(3) 청구인의 남편 김○○의 '공직자 재산신고서'의 기재내용에 의하여도 명확히 확인할 수 있는데, 최초계약(2011.6.21.)을 체결할 즈음 제출되었던 '2011년말 공직자재산신고서'에 부동산 매매와 소유권이전 절차가 진행 중이라는 내용이 명시되어 있고, 모든 매매절차가 완료된 '2012년 말 공직자재산신고서'에 해당 토지의 모든 필지에 대해 일관되게 평당 ××원으로 재산신고가 되어 있는바, 만일, 위 신고가 허위로 확인되는 경우 당사자는 「공직자윤리법」에 근거하여 처벌을 감수해야 하는 점 등으로 볼 때, 청구인의 주장은 허위일 수 없다.

라. 처분청 의견

(1) 취득시 전체 토지 매매계약서에 매매가격이 ××원이라는 내용만 기재되어 있을 뿐 각 필지별 감정가액 등 객관적인 가액은 확인되지 않는다.

(2) 토지들의 지목이 대지·도로·임야 등으로 토지의 이용현황이 서로 다르며, 개별공시지가도 필지별로 상이함에도 불구하고 쟁점토지를 포함한 전체토지의 평당 토지가액이 동일하다고 보아 쟁점토지의 취득가액을 산정하는 것은 타당하지 않다.

마. 쟁점

지목이 상이한 여러 필지의 토지와 건물을 일괄취득하여 그 중 일부 토지를 양도한 경우, 그 취득가액을 취득 당시 기준시가를 기준으로 안분계산하여 과세한 처분의 당부

바. 판단요지

전체 토지의 각 필지는 서로 연접하여 동일한 단지로 구성되어 있고 쟁점토지는 실제로 □□임야와 같은 이용현황으로 보이며 도로를 제외한 지목에 관계없이 건물 신축이 가능하여 동일한 이용가치가 있다고 보이는 점,

실제로 청구인이 전체 토지 중 일부인 □□임야에 건축허가를 받아 건물을 신축하여 사용하고 있고, ○○○도 □□임야를 취득하여 근린생활시설을 건축하여 사용하고 있는 점,
청구인이 전체 토지를 취득하는 매매계약을 체결하기 2개월 전(2011.11.24.) 쟁점토지에서 분할되고 남은 토지의 매매가액이 평당 ××원인 데 비해 처분청에서 산정한 쟁점토지 취득가

액은 평당 ××원으로 동일 지번임에도 취득가액이 3배 이상 차이가 나게 되어 불합리한 점,

청구인이 전체 토지를 취득할 무렵 전체 토지에 대한 ○○지방법원에서 강제경매 개시결정이 내려진 상태였으며, ◎◎◎이 작성한 확인서 내용 등으로 보아 전체 토지 취득가격을 평당 ××원으로 산정하였다는 청구주장이 타당해 보이는 점,

청구인의 쟁점토지 보유기간(8개월) 동안 지가가 변동되었다고 볼 만한 별다른 사정이 없는 상황에서 청구인이 쟁점토지를 평당 ××원에 양도하였으므로 취득가액을 처분청에서 산정한 ××원보다는 ××원으로 보아야 한다는 청구주장이 설득력이 있어 보이고, 전체 토지에 대한 근저당권 설정금액이 ××백만 원에 달하여 채무상환을 위해 쟁점토지를 양도하였다는 청구주장이 타당해 보이는 점,

청구인 배우자의 2012년 공직자재산신고서에 전체 토지 중 청구인이 보유하고 있는 토지에 대한 각 필지별 평당 취득가액이 지목에 관계없이 모두 ××원으로 기재되어 있는 점, 쟁점토지와 동일한 소재지번의 임야에서 분할되어 쟁점토지의 취득일 전 3월 이내에 거래된 평당 ××원을 매매사례가액으로 볼 수 있는 점 등에 비추어 쟁점토지에 대한 취득 당시 실지거래가액은 청구인이 주장하는 평당 ××원으로 보는 것이 타당하다.

쟁점사건의 경우 청구인이 당초 토지 등을 취득할 때 작성한 계약서에는 전체 토지와 건물 매매대금을 ××원으로 한다고만 기재되어 있고, 각 필지별 매매가액을 각각 구분하여 기재하지 않고 있기 때문에, 그 중 일부 필지만 처분할 때 처분하는 토지의 개별적 취득원가를 알 수 없는 상황이다.

소득세법 §97 ① 제1호에서는 양도차익을 계산할 때 취득가액은 자산의 취득에 든 실지거래가액으로 하고 취득 당시의 실지거래가액을 확인할 수 없는 경우에는 대통령령으로 정하는 매매사례가액·감정가액 또는 환산한 가액으로 한다고 규정하고 있으며,

같은 법 §100 ②에서 양도가액 또는 취득가액을 실지거래가액에 따라 산정하는 경우로서 토지와 건물 등을 함께 취득하거나 양도한 경우에는 이를 각각 구분하여 기장하되 토지와 건물 등의 가액구분이 불분명할 때에는 취득 또는 양도 당시의 기준시가 등을 고려하여 대통령령으로 정하는 바에 따라 안분계산한다고 규정되어 있고, 소득세법 시행령 §166 ⑥은 소득세법 §100 ②의 규정을 적용함에 있어 토지와 건물 등의 가액의 구분이 불분명한 때에는 제4항 단서 규정에 의하여 안분계산한다고 규정되어 있다.

한편, 부가세법 시행령 §48의2 ④ 단서 및 그 제1호에서 실지거래가액 중 토지의 가액과 건물 등의 가액의 구분이 불분명한 경우, 토지와 건물 등에 대한 소득세법 §99 규정에 의한 기준시가가 모두 있는 경우에는 공급계약일 현재의 기준시가에 따라 계산한 가액에 비례하

여 안분계산하고, 다만, 감정평가가액이 있는 경우에는 그 가액에 비례하여 안분계산한다고 규정되어 있다.

이상 법령을 종합해 볼 때 처분청이 경정시 쟁점토지의 양도가액을 실지거래가액을 적용하고, 전체 토지 취득시 실지거래가액을 공부상 지목에 따라 대지·건물·도로·임야 각각에 대한 기준시가에 따라 계산한 가액에 비례하여 안분계산한 후, 쟁점토지 면적에 해당하는 가액을 취득가액으로 산정한 것은 토지·건물을 일괄취득하여 각 필지별 취득가액을 알 수 없는 상황에서 처분한 필지의 취득가액을 계산하기 위해 적용한 방법은 과세관청 입장에서 보면 크게 무리 없어 보인다.

그러나 공개된 결정문에 의하면 쟁점토지의 인근에 위치한 임야를 취득한 甲이 작성한 확인서에 2011년 11월 매매계약 협의 당시 토지를 사전계약에 의해 실질적으로 소유하고 있던 청구인으로부터 매매면적을 1,653㎡(500평)와 매매가액을 평당 ××원으로 먼저 정해놓고, 매매대상 토지는 대지와 임야 중 甲이 희망하는 곳을 선택하는 권리를 부여하였다는 사실을 확인한다고 기재되어 있는데, 이 내용은 쟁점토지 부근의 대지와 임야가 지목에 관계없이 동일한 금액으로 거래된다는 사실을 입증하고 있다.

이와 더불어 인근토지가 도로를 제외한 지목에 관계없이 건물 신축이 가능하여 동일한 이용가치가 있다는 점도 다툼이 없는 것으로 보아 사실인 것으로 보인다. 나아가 청구인이 전체 토지를 취득하기 2개월 전 시점에 쟁점토지에서 분할되고 남은 토지의 매매사례가액이 평당 ××원이었는데, 이 금액은 청구인이 주장하는 평당 취득가액과는 유사 내지 동일한 것에 비해 처분청이 환산한 금액과는 3배 이상 차이나는 금액이어서 실제 매매되었던 금액과 상당한 차이를 보이고 있다는 점 등의 사실관계에 따르면 처분청 산정 취득가액이 그 방법은 합리적이었을지는 모르나 시가를 반영하지 못하는 것으로 보인다.

쟁점사건에서 청구인은 인용의견을 얻기 위해 사실관계를 자세히 수집하였고, 수집한 증거자료에 적합한 청구주장을 펼쳐 적절하게 대응했던 것으로 보인다.

제8장

부가가치세 주요쟁점별 판례경향 분석

재화의 공급으로 보지 않는 사업의 양도

가. 법령

1) 부가가치세법 제10조(재화공급의 특례)

⑧ 다음 각 호의 어느 하나에 해당하는 것은 재화의 공급으로 보지 아니한다.

2. 사업을 양도하는 것으로서 대통령령으로 정하는 것. 다만, 제52조 제4항에 따라 그 사업을 양수받는 자가 대가를 지급하는 때에 그 대가를 받은 자로부터 부가가치세를 징수하여 납부한 경우는 제외한다.

2) 부가가치세법 시행령 제23조(재화의 공급으로 보지 아니하는 사업양도)

법 제10조 제8항 제2호 본문에서 "대통령령으로 정하는 것"이란 사업장별(「상법」에 따라 분할하거나 분할합병하는 경우에는 같은 사업장 안에서 사업부문별로 구분하는 경우 포함)로 그 사업에 관한 모든 권리와 의무를 포괄적으로 승계시키는 것(「법인세법」 제46조 제2항 또는 제47조 제1항의 요건을 갖춘 분할의 경우, 「조세특례제한법」 제37조 제1항 각 호의 요건을 갖춘 자산의 포괄적 양도의 경우 및 양수자가 승계받은 사업 외에 새로운 사업의 종류를 추가하거나 사업의 종류를 변경한 경우 포함)을 말한다. 이 경우 그 사업에 관한 권리와 의무 중 다음 각 호의 것을 포함하지 아니하고 승계시킨 경우에도 그 사업을 포괄적으로 승계시킨 것으로 본다.

1. 미수금에 관한 것
2. 미지급금에 관한 것
3. 해당 사업과 직접 관련이 없는 토지·건물 등에 관한 것으로서 기획재정부령으로 정하는 것

3) 부가가치세법 시행규칙 제16조(사업과 직접 관련이 없는 토지·건물 등의 범위)

영 제23조 제3호에서 "기획재정부령으로 정하는 것"이란 다음 각 호의 구분에 따른 자산을 말한다.

1. 사업양도자가 법인인 경우 : 「법인세법 시행령」 제49조 제1항에 따른 자산
2. 사업양도자가 법인이 아닌 사업자인 경우 : 제1호의 자산에 준하는 자산

나. 포괄적 사업양도의 범위와 유형

1) 입법취지

부가가치세법이 사업의 양도를 재화의 공급으로 보지 아니하여 비과세대상으로 정하고 있는 취지는 사업의 양도가 성질상 개개 재화로서 공급하는 것이 아니라 사업을 전체로서 평가하여 사업자의 지위를 그대로 승계시키는 것이기 때문에 특정 재화의 공급을 과세대상으로 하는 법상의 과세거래로 보기 어렵고,

생산조직이나 재고재화가 그대로 유지되고 경영 주체만 바뀌었으므로 부가가치를 창출하는 거래가 있다고 보기도 어려우며, 또한 사업시설을 이루는 개개 재화에 대하여 과세하더라도 사업양수인은 이를 매입세액으로 공제받게 되므로 과세관청으로서는 실질적인 세수가 되지 않는 반면 사업자로서는 일단 세액을 징수당하고 다시 환급받아야 하기 때문에 불필요한 자금압박을 받게 된다는 점 등을 고려하여 이를 피하여야 한다는 조세 내지 경제정책상의 배려에 연유한다(대법원 2004.12.10. 선고, 2004두10593 판결 ; 1983.6.28. 선고, 82누86 판결 등).

여기에서 재화의 공급으로 보지 아니하는 사업의 양도라 함은 사업장별로 사업용 재산을 비롯한 물적·인적 시설 및 권리의무 등을 포괄적으로 양도하여 사업의 동일성을 유지하면서 경영주체만을 교체시키는 것을 말한다(대법원 2004.12.10. 선고, 2004두10593 판결 ; 1999.5.14. 선고, 97누12082 판결 ; 2001.10.26. 선고, 2000두7520 판결 ; 2003.1.10. 선고, 2002두8800 판결 등).

즉, 대법원 판례로 축적된 포괄적 사업양도에 해당되기 위해서는 다음 요건을 모두 충족시켜야 한다.

① 사업장별 양도일 것
② 사업용 재산과 물적·인적 시설 및 권리의무가 포괄적으로 양도될 것
③ 사업의 동일성은 그대로 유지하면서 경영주체만 교체될 것

2) 기본통칙에서 예시한 사업양도의 범위와 유형

다음 각 예시는 재화의 공급으로 보지 아니하는 "사업의 양도"로 본다(부가통 10…23-1).

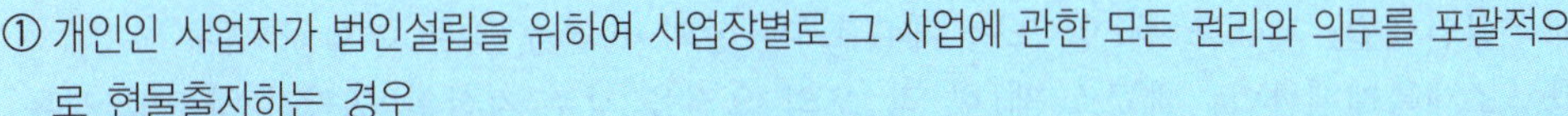

① 개인인 사업자가 법인설립을 위하여 사업장별로 그 사업에 관한 모든 권리와 의무를 포괄적으로 현물출자하는 경우
② 과세사업과 면세사업을 겸영하는 사업자가 사업장별로 과세사업에 관한 모든 권리와 의무를 포괄적으로 양도하는 경우
③ 과세사업에 사용할 목적으로 건설 중인 독립된 제조장으로서 등록되지 아니한 사업장에 관한 모든 권리와 의무를 포괄적으로 양도하는 경우
④ 둘 이상의 사업장이 있는 사업자가 그 중 하나의 사업장에 관한 모든 권리(미수금에 관한 것 제외)와 의무(미지급금에 관한 것 제외)를 포괄적으로 양도하는 경우

3) 집행기준의 예시

재화의 공급으로 보지 아니하는 사업양도란 사업장별로 사업용 자산을 비롯한 물적·인적시설 및 권리와 의무를 포괄적으로 승계시키는 것을 말한다(미수금, 미지급금, 사업과 관련 없는 토지·건물 등 제외).

가) 포괄적 사업양도의 예시(집행기준 10-23-1).

① 개인인 사업자가 법인설립을 위하여 사업장별로 그 사업에 관한 모든 권리와 의무를 포괄적으로 현물출자하는 경우
② 과세사업과 면세사업을 겸영하는 사업자가 사업장별로 과세사업에 관한 모든 권리와 의무를 포괄적으로 양도하는 경우
③ 과세사업에 사용·소비할 목적으로 건설 중인 독립된 제조장으로서 등록되지 아니한 사업장에 관한 모든 권리와 의무를 포괄적으로 양도하는 경우
④ 사업과 관련 없는 특정 권리와 의무, 사업의 일반적인 거래 외에서 발생한 미수채권·미지급채무를 제외하고 사업에 관한 모든 권리와 의무를 승계시키는 경우
⑤ 사업의 포괄적 승계 이후 사업양수자가 사업자등록만을 지연하거나 사업자등록을 하지 아니한 경우
⑥ 사업을 포괄적으로 승계받은 자가 승계받은 사업 이외에 새로운 사업의 종류를 추가하거나 사업의 종류를 변경한 경우(2006.2.9. 이후 사업양도분부터 적용)
⑦ 주사업장 외에 종사업장을 가지고 있는 사업자단위 과세사업자가 종사업장에 대한 모든 권리와 의무를 포괄적으로 승계시키는 경우
⑧ 2 이상의 사업장이 있는 사업자가 그 중 한 사업장에 관한 모든 권리와 의무를 포괄적으로 양도하는 경우

⑨ 「상법」에 따라 분할하거나 분할·합병하는 경우에는 같은 사업장 안에서 사업부문별로 구분하는 경우
⑩ 「법인세법」 제46조 제2항 또는 제47조 제1항의 요건을 갖춘 분할의 경우
⑪ 「조세특례제한법」 제37조 제1항 각 호의 요건을 갖춘 자산의 포괄적 양도의 경우

나) 포괄적 사업양도가 아닌 사례(집행기준 10-23-2)

① 개인인 사업과 직접 관련이 있는 토지와 건물을 제외하고 양도하는 경우
② 사업자가 한 사업장 내에 둘 이상의 과세사업을 겸영하던 중 특정 과세사업만을 포괄적으로 양도하는 경우
③ 부동산매매업자 또는 건설업자가 일부 부동산 또는 일부 사업장의 부동산을 매각하는 경우
④ 종업원 전부, 기계설비 등을 제외하고 양도하는 경우
⑤ 부동산임대업자가 임차인에게 부동산임대업에 관한 일체의 권리와 의무를 포괄적으로 승계시키는 경우

4) 미수금 · 미지급금의 범위

부가가치세법 시행령 제23조에서 규정하는 "미수금" 또는 "미지급금"은 그 명칭 여하에 불구하고 사업의 일반적인 거래 이외에서 발생한 미수채권 · 미지급채무를 말하는 것이며, 미수금 또는 미지급금의 포함 여부는 사업양도의 요건에 해당하지 아니한다(부가통 10…23-2).

다. 대표적인 쟁점

포괄적 사업양도에 해당되면 부가가치세법에 따라 재화의 공급이 아니기 때문에 사업양도자와 사업양수자는 서로 세금계산서를 수수할 수 없다.

그러나 법령에서는 재화의 공급으로 보지 않는 사업양도에 대해 "그 사업에 관한 모든 권리와 의무를 포괄적으로 승계시키는 것"이라고만 하고 있기 때문에 실무에서는 포괄적 사업양도에 해당되는지 여부를 쉽게 판단할 수 없는 경우가 많다.

이러한 사정에 따라 동일한 사건을 바라봄에 있어서 납세자와 과세관청 간 판단의 차이가 존재할 수밖에 없고, 이런 판단의 차이는 결국 과세처분으로 이어지기 마련이다. 즉, 거래당사자 간 포괄적 사업양도라고 판단하여 세금계산서를 수수하지 않은 경우 포괄적 사업양도가 아님에도 불구하고 세금계산서를 교부하지 않았다는 이유로 사업양도자에게 과세

처분되고,

반면 포괄적 사업양도가 아니라고 판단하여 세금계산서를 수수한 경우에는 과세관청이 포괄양도로 보아 사업양수자의 매입세액공제가 허용되지 않는 경우가 실무에서는 허다하게 발생하고 있다.

거래당사자들의 행위	과세관청의 처분
포괄양도로 판단하고 세금계산서 수수하지 않으면	포괄양도가 아닌 것으로 판단하여, 양도자에게 세금계산서 미교부로 과세
포괄양도가 아닌 것으로 판단하고 세금계산서 수수하면	포괄양도인 것으로 판단하여, 양수자의 매입세액공제 부인

결국 쟁점은 사업의 양도가 세금계산서를 교부해야 하는 일반적인 재화의 공급에 해당하는지, 아니면 세금계산서를 교부할 수 없는 사업의 포괄적 양도에 해당하는지로 좁혀진다.

라. 재결청이 주로 조사하는 내용

불복청구를 심리하는 재결청은 불복청구된 쟁점거래가 세금계산서를 교부할 수 없는 포괄적 사업양도인지 아니면 세금계산서를 반드시 교부하여야 하는 일반적인 재화의 공급인지 여부를 판단하기 위하여 제출된 사실관계에 더하여 다음의 내용들을 조사하게 된다.

1) 사업의 동일성이 유지되었는지 여부

① 양도자 및 양수자가 실제로 같은 사업을 영위하였는가.

② 부속토지의 양수도가 쟁점거래에 포함되었는가 및 소유자가 따로 있지 않은가.

③ 포괄양수도계약서가 존재하는가.

④ 일반계약서에 포괄양수도로 볼 수 있는 내용이 포함되어 있지 않은가.

2) 일시적인 임대인지 여부

부동산매매업을 영위할 목적으로 건물을 신축하였으나, 분양되지 않아 일시적으로 임대에 공하다가 양도한 것은 아닌가.

마. 주요 예규

1) 부동산임대사업 관련

가) 포괄양도에 해당하는 경우

(1) 부동산임대업을 영위하는 사업자가 임대업에 사용하던 건물 및 임대보증금 등 임대사업에 관련된 모든 권리와 의무를 포괄적으로 승계시킨 후, 양수자가 승계받은 건물을 임대업에 사용하다가 건물의 일부를 양수자의 다른 사업에 직접 사용하는 경우(부가-505, 2014.5.29. : 서면3팀-588, 2008.3.20.)

(2) 집합건물 내에 상가를 취득한 후, 그 상가를 두 개의 상가로 구분등기하여 각각 다른 사업자에게 임대하다가 그 중 하나의 상가를 다른 임대사업자에게 양도하면서 기존의 임대차계약 및 관련된 권리와 의무를 양수인에게 포괄적으로 승계시키는 경우(부가-667, 2013.7.24. : 법규부가-15, 2013.1.31.)

(3) 법인사업자가 지점 사업장 건물을 부동산임대업과 자기의 다른 과세사업에 일부 사용하다가 당해 건물 전체를 다른 사업자에게 부동산임대업에 관한 모든 권리와 의무를 포괄적으로 승계시킨 경우(부가-1144, 2012.11.22. : 서면3팀-1704, 2006.8.4.)

(4) 부동산임대업을 양수받은 사업자가 양수 당시 비어 있던 동 건물의 일부를 사업 양수 후 당해 양수인의 도매업 사업장으로 사용하는 경우(부가-984, 2012.9.27. : 부가 46015-459, 1999.2.12.)

(5) 사업자가 건물을 신축하여 일부는 본인의 면세사업인 의료업에 사용하고 나머지는 과세사업인 부동산임대업에 사용하면서 의료업과 부동산임대업으로 별도 사업자등록을 하고 사업을 영위하던 중 동 건물 전체를 양도함에 있어 과세사업인 부동산임대업에 관한 모든 권리와 의무를 포괄적으로 승계시킨 경우(부가-711, 2012.6.21.)

(6) 부동산임대업자가 그 사업과 관련된 모든 권리와 의무를 포괄적으로 양수인에게 승계시킨 후 양수인이 그 부동산임대업을 다른 과세사업으로 변경하여도 사업의 양도에 해당(부가-786, 2011.7.19. : 부가-36, 2010.1.8.)

(7) 비영리법인(교회)이 건물 취득하여 일부는 고유목적사업에 사용하고 나머지는 과세사업인 부동산임대업에 사용하다가 동 건물 전체를 양도함에 있어 과세사업인 부동산임대업에 관한 모든 권리와 의무를 포괄적으로 승계시키는 경우(서면3팀-245, 2008.1.31.)

나) 포괄양도에 해당하지 않는 경우

(1) 부동산임대 사업자가 전부 임대에 공하던 부동산을 양도하였으나 양수인이 양수받은 부동산의 일부를 본인이 직접 사용하고 나머지는 부동산 임대에 공하는 경우(부가-684, 2014.8.4. ; 서삼 46015-10415, 2001.10.8.)

(2) 부동산임대업으로 사업자등록을 한 사업자가 취득한 분양권을 부동산중개업을 영위하는 사업자에게 양도하는 경우(부가-502, 2014.0.29. ; 부가-40, 2010.1.11.)

(3) 부동산임대 사업자가 전대업을 영위하던 임차인과 계약을 해지한 후 건물을 양도함에 따라 양수인이 임대업을 영위하는 경우(부가-478, 2014.5.19. ; 부가-1620, 2009.11.9.)

(4) 부동산임대업과 관련된 임차인을 승계하지 아니하면 재화의 공급으로 보지 아니하는 사업의 양도에 해당하지 않음(부가-787, 2013.08.30. ; 서면3팀-2490, 2007.9.4.)

(5) 사업자가 다른 업종과 임대업에 사용하던 부동산을 양도하여 기존 임차인과의 임대차계약과 용역업체와의 건물관리계약을 모두 승계시키고, 양도인이 영위하던 다른 업종은 양수인과 임대차계약을 체결하여 양도인이 임차인의 지위에서 계속 영위하는 경우 해당 부동산의 양도는 사업의 포괄양도에 해당하지 않음(부가-686, 2013.7.26. ; 법규부가-217, 2012.7.18.)

(6) 부동산임대 사업자가 임대하던 부동산을 그 부동산의 임차인에게 양도하는 경우(재부가-628, 2012.12.11.)

(7) 모텔 임대사업자가 모텔 임대계약을 해지한 상태에서 그 모텔을 양도한 경우(재부가-487, 2012.9.28.)

(8) 부동산임대업자로부터 임대부동산을 양수하면서 해당 임대부동산 중 공실상태인 일부를 직접 도소매업으로 사용하는 경우(부가-834, 2012.8.1. ; 법규부가-58, 2011.2.25.)

(9) 부동산임대사업 양도시 임차인들의 임차보증금 및 임대차계약내용이 달라지고 임차인이 변경되는 경우(부가-311, 2011.3.28. ; 서면3팀-2042, 2007.7.24.)

(10) 과세사업인 부동산임대업을 양수함에 있어 양수자가 부동산을 양수하여 과세사업과 면세사업을 겸영하는 경우(부가-3319, 2008.9.29.)

2) 재고자산 · 종업원 · 기타 자산 등의 승계

가) 포괄양도에 해당하는 경우

(1) 사업의 동질성을 상실하지 아니하는 범위 내에서 일부 재고자산(경매진행 중인 생산된 전기)을 제외하고 양도하는 경우(부가-1022, 2014.12.30.)

(2) 사업양도일 전에 재고상품을 반품하여 재고상품을 제외한 모든 시설 및 권리와 의무를 포괄적으로 승계시키고, 양수인이 다른 과세사업으로 업종을 변경하는 경우(부가-3318, 2008.9.29.)

(3) 제조업 영위 사업자가 당해 사업과 관련된 자산·부채·인적구성원 등을 포함한 모든 권리와 의무를 승계시키면서 투자유가증권을 제외하는 경우(서면3팀-385, 2008.2.22.)

나) 포괄양도에 해당하지 않는 경우

(1) 종업원을 제외하고 양도하는 경우 재화의 공급으로 보지 않는 사업양도에 해당되지 않음(부가-1618, 2011.12.26. : 서면3팀-48, 2008.1.8.)

(2) 설비자산과 재고자산만을 양도하고 종업원 일부만을 승계시키는 경우(부가-1254, 2011.10.12.)

3) 권리·의무의 승계

가) 포괄양도에 해당하는 경우

(1) 부동산매매업자가 모든 사업부지에 대한 모든 권리와 의무를 포괄적으로 승계시키는 경우(부가-826, 2014.10.6.)

(2) 사업장을 임차하여 음식점업을 영위하는 사업자가 사업장의 임대인에게 음식사업(레스토랑)의 권리와 의무를 포괄적으로 승계시키는 경우(서면법규-424, 2014.4.28.)

(3) 재화의 공급으로 보지 아니하는 사업의 양도란 사업장별로 그 사업에 관한 모든 권리(미수금에 관한 것 제외)와 의무(미지급금에 관한 것 제외)를 포괄적으로 승계시키는 것으로 2006.2.9. 이후 양도하는 분부터는 양수자가 승계받은 사업 외에 새로운 사업의 종류를 추가하거나 사업의 종류를 변경한 경우를 포함하는 것임(부가-1160, 2012.11.23.)

(4) 양도자의 사업자등록 여부는 사업양도의 요건이 되지 아니하며, 거래당사자 간 포괄적 사업양도계약서를 작성하지 않았더라도 사업장별로 모든 권리와 의무를 포괄적으로 이전하는 경우라면 사업양도에 해당(부가-1589, 2011.12.20. : 서면3팀-2328, 2005.12. 20.)

나) 포괄양도에 해당하지 않는 경우

(1) 甲사업장에서 건물신축분양업을 영위하는 사업자가 A지역에서만 건물신축공사를 진행하다가, 甲사업장과 관련된 권리와 의무를 승계시키지 않고 당해 A지역의 사업권

과 사업부지만 일괄양도하는 경우(부가-1881, 2009.12.24.)

(2) 건설업자가 사업과 관련된 채무 일부 및 종업원을 제외하고 토지 및 사업시행권을 양도하는 경우(부가-2748, 2008.8.27.)

(3) 부동산임대 사업장을 양도하면서 양수인에게 임대·차계약의 승계(임차보증금 포함) 외에 다른 자산 및 부채와 종업원, 건물관리를 위한 전문자산관리업체와 용역계약, 건물의 보험계약 등을 승계시키지 아니한 경우(부가-436, 2013.5.16.)

(4) 사업에 사용하던 토지 및 건물을 제외하고 사업을 양도하는 경우(부가-835, 2012.8.1. ; 부가-431, 2010.4.7.)

4) 사업장별 양도

가) 포괄양도에 해당하는 경우

(1) 신축한 독립된 제조장에 대해 사업자등록을 하지 않은 경우라도 다른 사업자에게 당해 제조장에 관한 모든 권리와 의무를 포괄적으로 양도하는 경우(부가-324, 2010.3.18.)

(2) 다수의 사업장에 대하여 하나의 사업자등록번호로 부동산임대업을 영위하다가 일부 사업장을 분리하여 사업자등록을 신청한 후, 구분된 사업장에 대한 권리와 의무를 포괄적으로 승계하여 양도하는 경우(부가-892, 2009.3.6.)

(3) 지점사업의 포괄적 양도시 본점 명의로 구입하여 지점 사업에 사용하던 차량운반구 및 시설장치를 포함하여 양도하는 경우(부가-4401, 2008.11.25.)

나) 포괄양도에 해당하지 않는 경우

(1) 한 사업장에서 영위하던 둘 이상의 사업 중 일부 사업만을 양도하면 사업의 양도가 아님(부가-700, 2012.6.20. ; 서면3팀-1234, 2008.6.19.)

(2) 다수의 사업지(지역)에서 부동산을 신축하여 판매하는 사업자가 자금부족 등의 사유로 일부 사업지의 토지와 신축 중인 건축물 등을 다른 사업자에게 양도하는 경우(부가-1483, 2009.10.13. ; 부가 46015-1199, 1995.6.30.)

5) 법인전환

(1) 개인사업자가 사업을 법인으로 전환하기 위하여 법인을 설립하고 당해 신설법인에게 사업을 양도함에 있어서 사업장별로 당해 사업에 관련된 모든 권리와 의무를 포괄적으로 승계시키는 경우는 재화의 공급으로 보지 않음(부가-949, 2014.11.26.)

(2) 공장건물 및 그 토지를 제외하고 법인전환하는 경우는 사업의 양도 아님(부가-427, 2014.5.12.)

바. 주요 판례 소개

Case 1 대법원 2014.1.16. 선고, 2013두18827 판결

甲회사가 乙회사에 철강재 제조사업에 관한 인적·물적 설비와 사업과 직접 관련되는 일체의 권리·의무를 양도하면서 사업용 부동산을 제외한 것은 사업의 포괄적 양도가 아니라고 판단한 사례

구 부가가치세법(2010.1.1. 법률 제9915호로 개정되기 전의 것) §6 ⑥ 제2호는 재화의 공급으로 보지 아니하는 것의 하나로 '사업을 양도하는 것으로서 대통령령이 정하는 것'을 규정하고, 그 위임에 따른 구 부가가치세법 시행령(2010.2.18. 대통령령 제22043호로 개정되기 전의 것) §17 ②은 "법 §6 ⑥ 제2호에서 '대통령령이 정하는 것'이라 함은 사업장별로 그 사업에 관한 모든 권리와 의무를 포괄적으로 승계시키는 것을 말한다. 이 경우 그 사업에 관한 권리와 의무 중 다음 각 호의 것을 포함하지 아니하고 승계시킨 경우에도 해당 사업을 포괄적으로 승계시킨 것으로 본다"고 규정하면서 제3호에서 '당해 사업과 직접 관련이 없는 토지·건물 등에 관한 것으로서 기획재정부령이 정하는 것'을 들고 있다.

원고가 ○○소재㈜에 이 사건 파이프형강 및 철강재 제조사업을 양도하면서 그 양도대상에서 제외한 이 사건 토지와 공장건물은 양도대상 사업에 사용되는 사업용 부동산으로서 그 사업과 직접 관련이 있으므로 원고의 사업양도는 부가가치세법에서 재화의 공급으로 보지 아니하는 '사업의 양도'에 해당한다고 볼 수 없다.

이 사건 개요는 원고회사가 파이프형강 및 철강재 제조에 관한 사업을 ○○소재㈜에 양도하면서 토지·건물을 제외한 모든 인적·물적 설비와 함께 사업과 직접 관련되는 일체의 권리·의무를 양도하면서 부가가치세 비과세대상인 사업의 포괄적 양도로 보아 부가가치세 신고를 하지 않자 과세관청이 이를 재화의 공급으로 보아 원고회사에 부가가치세 부과처분을 한 사안이다.

부가가치세법에서 재화의 공급으로 보지 않는 사업의 양도란 사업장별로 그 사업에 관한

모든 권리와 의무를 포괄적으로 승계시키는 것이라고 규정하고 있는 것에 반해, 이 사건의 경우 사업을 양도하면서 양도사업에 사용하던 주요자산인 공장건물과 토지를 제외하고 양도하였으므로 포괄적 사업양도에 해당하지 않는다고 판단한 것이다.

국세청 예규에서도 사업에 사용하던 토지 및 건물을 제외하고 사업을 양도하는 경우 포괄적 사업양도에 해당하지 않는다고 한다(부가-835, 2012.8.1. ; 부가-431, 2010.4.7.).

Case 2 대법원 2008.2.29. 선고, 2006두446 판결

공장 양수도계약을 체결하면서 양수자가 종전 종업원 임금 및 퇴직금을 책임지지 않기로 약정한 경우더라도 포괄적 사업양도로 인정함에 문제가 없다고 판단한 사례

부가가치세법에서 사업의 양도라 함은 사업장별로 사업용 재산을 비롯한 물적·인적 시설 및 권리·의무 등을 포괄적으로 양도하여 사업의 동일성을 유지하면서 경영주체만을 교체시키는 것을 말하고(대법원 1999.5.14. 선고, 97누12082 판결 ; 대법원 2003.1.10. 선고, 2002두8800 판결 등 참조), 여기에 해당하는 경우라면 종전의 종업원이 그대로 인수인계되지 아니하였다고 하여도 사업의 양도로 인정하는 데에 장애가 될 수 없다(대법원 1992.5.26. 선고, 91누13014 판결 참조).

같은 취지에서 원심이 인용한 제1심판결이, 소외 ○○아스콘㈜(이하 '소외회사'라 한다)가 이 사건 공장 양도양수계약에 기하여 원고에게 소외회사 소유의 화성시에 있는 아스콘 공장 부지와 그 지상건물·기계시설·집기비품·공구기구·시험기구 등 사업시설 일체, 2003.8.31. 이후의 영업권·KS 표시 인증권 등을 양도한 것은 사업용 재산을 비롯한 물적·인적 시설 및 권리의무 등을 포괄적으로 양도한 것이며,

종전 종업원의 임금 및 퇴직금 등에 대하여는 원고가 책임지지 않기로 약정하였다고 하여도 사업의 양도로 인정하는 데에 장애가 되지 않으므로, 법 조항 소정의 재화의 공급으로 보지 아니하는 '사업의 양도'에 해당한다고 판단한 것은 정당하다.

이 사건 처분경위를 살펴보면 원고회사가 ○○아스콘㈜로부터 경기도 화성시 소재 ○○아스콘 소유 아스콘 공장부지와 그 지상건물·기계설비·집기비품·공구기구·시험기구 등 사업시설 일체를 양수하는 계약을 체결하고,

원고회사는 ○○아스콘으로부터 세금계산서를 수취하고 매매대금을 지급한 후 부가가치세 신고시 당해 매입세액을 공제하여 과세관청에 부가가치세 환급신청하자, 과세관청은 위 계약에 의한 양도는 부가가치세법 §6 ⑥ 제2호에서 정한 '사업의 양도'에 해당하고, 사업양도자인 ○○아스콘이 위 사업 양도에 기하여 원고회사에게 이 사건 세금계산서를 교부하였

으나 원고회사로부터 거래징수한 세액을 신고납부하지 아니하였다는 이유로 이 사건 세금계산서상의 매입세액을 불공제한 후 원고회사에 부가가치세를 부과한 경우이다.

이 처분에 대해 원고회사는 부가가치세법 §6 ⑥ 제2호 단서에 의하여 ○○아스콘으로부터 적법하게 이 사건 세금계산서를 교부받고 부가가치세를 지급하였으므로, 과세관청은 사업양도자인 ○○아스콘에 대하여 징세권을 행사하여 그로부터 부가가치세를 징수하여야 함에도 불구하고, ○○아스콘이 거래징수한 세액을 신고납부하지 않았다고 하여 원고회사에 책임을 전가하여 매입세액 불공제하고 부가가치세를 징수하는 것은 국세기본법 §18 ①의 취지에 반하여 부당하게 원고의 재산권을 침해하는 것일 뿐만 아니라 사업양도자에 관하여서만 규정하고 있는 부가가치세법 시행령 §17 ③을 자의적으로 유추해석하여 행정권을 남용한 것이므로 위법하다고 주장하였다.

이 사건 1심(수원지방법원 2005.6.15. 선고, 2004구합7888 판결)은 부가가치세법 §6 ⑥ 제2호는 사업의 양도가 성질상 개개 재화로 공급하는 것이 아니라 사업을 전체로 평가하여 사업자의 지위를 그대로 승계시키는 것이기 때문에 특정 재화의 공급을 과세대상으로 하는 법상의 과세거래로 보기 어렵고, 생산조직이나 재고재화가 그대로 유지되고 경영 주체만 바뀌었으므로 부가가치를 창출하는 거래가 있다고 보기도 어려우며, 또한 사업시설을 이루는 개개 재화에 대하여 과세하더라도 사업양수인은 이를 매입세액으로 공제받게 되므로 과세관청으로서는 실질적인 세수가 되지 않는 반면 사업자로서는 일단 세액을 징수당하고 다시 환급받아야 하기 때문에 불필요한 자금 압박을 받게 된다는 점 등을 고려하여 부가가치세법 시행령 §17 ②이 규정하는 바에 따라 사업장별로 그 사업에 관한 모든 권리와 의무를 포괄적으로 승계시키는 경우의 사업양도를 재화의 공급으로 보지 아니함으로써 부가가치세 비과세대상으로 하고 있는데(대법원 1983.6.28. 선고, 82누86 판결),

이 사건에서 ○○아스콘이 공장양도·양수계약에 기하여 원고회사에 아스콘 공장 등을 양도한 것은 사업용 재산을 비롯한 물적·인적 시설 및 권리·의무 등을 포괄적으로 양도한 것으로서 부가가치세법 §6 ⑥ 제2호 소정의 재화의 공급으로 보지 아니하는 '사업의 양도'에 해당한다고 보았다.

그러므로 비록 원고회사가 위 사업 양수 당시 ○○아스콘으로부터 이 사건 세금계산서를 교부받았더라도, 원고회사의 위 사업 양수는 부가가치세법 §6 ⑥ 제2호 단서, 부가가치세법 시행령 §17 ③에 의하여 예외적으로 재화의 공급으로 볼 수 있는 경우에 해당하지 아니하므로, 위 사업 양수는 부가가치세법 §6 ⑥ 제2호 본문에 의하여 애당초 부가가치세의 과세대상인 '재화의 공급'이라 할 수 없어 이 사건 세금계산서상 매입세액을 공제할 수는 없다고 할 것이니, 위 매입세액을 불공제하여 원고에게 부가가치세를 부과한 이 사건 처분은 적법하다고 할 것이고(원고회사로서는 ○○아스콘을 상대로 이 사건 세금계산서에 기하여 기지급한 부가가치세의 반환을 구하여야 할 것이다), 이를 두고 원고회사의 재산권을 부당하게 침해하였다거나 부가가치세법 시행령 §17 ③을 자의적으로 유추해석하였다고 할 수 없다고 판단하였다.

이 사건에서 원고회사는 공장양도·양수계약을 체결하면서 종전 종업원의 임금 및 퇴직금 등에 대하여는 원고회사가 책임지지 않기로 약정한 것을 들어 포괄적 사업양도가 아니라고 주장하였지만, 대법원을 포함한 법원은 종전 종업원의 임금과 퇴직금 등을 양수자가 부담하지 않겠다는 약정이 있었더라도 사업장별로 사업용 재산을 비롯한 물적·인적 시설 및 권리의무가 포괄적으로 양도되어 사업의 동일성을 유지하면서 경영주체만 교체된 것이라면 부가가치세가 과세되지 않는 사업의 양도로 보아야 한다고 판단한 것이다.

Case 3 대법원 2006.4.28. 선고, 2004두8422 판결

부동산임대사업의 목적물인 건물의 매매와 관련된 거래행위가, 매도인이 영위하던 부동산임대사업에 관한 권리의무가 그 동일성을 유지하면서 매수인에게 포괄적으로 양도된 것이라기보다는 그 사업에 제공되던 건물만을 특정하여 양도의 대상으로 삼았다고 보아야 하기 때문에 사업의 양도에 해당하지 않는다고 한 사례

원고들이 소외회사로부터 이 사건 건물을 매수할 당시 그 매매계약서상에 특약사항으로 ① 이 사건 건물의 신축공사와 관련하여 미지급된 공사비와 각종 세금 등은 매도인인 소외회사가 책임지고 정리하고, ② ○○생명에 대한 차입금을 제외한 나머지 후순위채권자에 대한 권리관계는 소외회사가 책임지고 해결하며, ③ 건물의 하자보증이나 미완성 부분에 대한 공사는 소외회사가 책임지고 완료할 것이라는 등의 약정을 한 사실,

원고들이 매매대금의 지급방법으로 소외회사가 체결한 임대차계약상의 보증금반환채무를 모두 인수하여 그 보증금 상당액을 매매대금에서 공제하는 방법으로 대금을 정산하기는 하였지만, 구체적인 임대차계약의 체결에 있어서는 일부 임차인들과는 임대차기간을 새로 정하거나 보증금 및 월 임료의 액수를 조정하는 등의 방법으로 그 계약 내용을 변경하기도 한 사실,

더욱이 원고들이 이 사건 건물을 매수하기 전에는 지하 1, 2층에 사우나 시설공사가 완공되지 않아 그곳에서 아무런 사업도 영위되지 않고 있었는데, 원고들이 이 사건 건물을 매수하여 시설공사가 완공된 후에는 지하 1, 2층 부분을 소외회사에 임대하여 소외회사로 하여금 그곳에서 사우나영업을 영위하도록 한 사실,

소외회사는 이 사건 건물의 관리를 별도의 관리업체에 위탁을 맡긴 것이 아니라 그 소속 직원을 통하여 직접 관리한 것으로 보이는 데에 반하여, 원고들은 이 사건 건물을 매수하면

서 소외회사에 소속되어 있던 관리 직원들을 승계하지 않고 별도로 관리업체에 도급을 주는 방법으로 이 사건 건물을 관리하고 있는 사실,

원고들은 이 사건 건물의 공급가액에 상응하는 세금계산서를 소외회사로부터 교부받은 다음, 부가가치세 확정신고기한 전에 그 세액 5억 66,149,300원을 소외회사에게 지급하였고, 이를 수령한 소외회사는 부가가치세 신고를 하면서 이 사건 건물의 매매에 따른 매출세액으로 위 5억 66,149,300원을 신고한 다음 그 중 1억 7,500만 원을 자진 납부한 사실(원심은 원고들이 소외회사에게 부가가치세를 실제로 지급한 사실이 없음에도 그 세액을 환급받기 위하여 임의로 세금계산서를 작성, 교부받은 것으로 보인다고 추측하고 있으나, 기록에 나타난 증거들에 의하면, 원고들이 위 인정의 부가가치세액을 소외회사에게 지급하여 이를 거래징수한 소외회사가 매출세액으로 신고한 다음 그 중 일부를 자진납부한 사실이 인정된다) 등을 인정할 수 있는바,

이러한 사실관계에다가 앞서 본 법리 및 사업양도의 경우에는 일반적으로 자산, 부채의 평가와 영업권의 평가 등이 매우 중요한 요소로 작용하는데, 이 사건 매매계약의 경우에는 소외회사가 영위하던 임대사업과 관련된 자산, 부채의 평가나 영업권의 평가가 있었다고 볼 만한 흔적이나 대고객관계, 사업상의 비밀, 경영조직 등 사실관계의 이전이 있었다고 볼 만한 사정이 전혀 보이지 아니하는 점 등에 비추어 보면,

설사 원고들이 이 사건 건물을 매수한 후 건물의 유지관리와 관련하여 소외회사가 부담하던 채무를 대신 변제하는 등의 사유로 그 약정 매매대금보다 더 많은 금액을 지급한 결과가 되었다는 원심 판시의 사정을 고려한다고 하더라도, 이 사건 건물의 매매와 관련된 거래행위는 소외회사가 영위하던 부동산임대사업에 관한 권리의무가 그 동일성을 유지하면서 포괄적으로 양도된 것이라기보다는 그 사업에 제공되던 건물만을 특정하여 양도의 대상으로 삼았다고 봄이 거래통념이나 경험칙에 부합한다.

이 사건 처분의 경위를 살펴보면 부동산임대업 사업자등록을 한 원고가 ○○산업개발㈜로부터 대전 서구 둔산동 소재 지하 2층 지상 11층 건물에 관한 소유권을 취득한 후, ○○산업개발로부터 세금계산서를 교부받아 매입세액으로 신고하면서 매출세액을 초과하는 매입세액을 환급신청하였으나 과세관청이 이 사건 건물을 취득한 것은 부동산매매계약에 의한 재화의 공급이 아니라, ○○산업개발로부터 부동산임대업을 포괄적으로 양수한 것이므로 관련 매입세액을 불공제하여 원고의 위 환급신청을 거부하고, 원고에게 부가가치세를 경정결정・고지처분하자 원고가 불복청구한 사건이다.

이 사건의 1심(대전지방법원 2003.11.26. 선고, 2003구합1822 판결)과 2심(대전고등법원 2004.7.8. 선고, 2003누2210 판결)은 이 사건이 포괄적 사업양도에 해당한다는 과세관청의 주장을 받아들였으나, 대법원은 이와 달리 포괄적 사업양도가 아니라고 판단하였다.

즉, ① 업무관련 차입금 중 일부를 제외했으나 나머지 후순위채권은 전부 양도인이 부담하고, 미지급공사비의 지급이나 하자보증 및 미완성 공사의 완성책임도 양도인이 부담하였다는 점, ② 양수인이 기존 임대차계약을 모두 인수하였지만, 일부 임차인과는 임대기간·보증금·월 임차료 등에 관해 기존의 임대차계약의 조건을 변경하였다는 점, ③ 양도자가 직원을 두어 건물을 직접 관리하였음에 비해 양수자가 이들 건물관리 직원을 승계하지 않고 별도의 용역업체에 위탁하여 건물을 관리하였다는 점, ④ 양도 당시 미완성 상태이던 지하 1층과 2층 완공 후 양도인에게 임대하여 양도인이 사우나를 운영하였다는 점, ⑤ 사업양도에서는 영업권의 승계도 매우 중요한데 영업권을 별도 평가하여 계약금액에 반영하지도 않았다는 점 등을 들어 부가가치세가 과세되는 일반적인 부동산을 양도한 것일 뿐 사업의 포괄적 양도가 아니라고 판단하여 납세자의 주장을 받아들인 것이다.

참고로, 유사한 사건에 직면한 납세자나 대리인은 2심 법원이 이 사건 양도가 일반적인 재화의 공급이 아니라 세금계산서를 교부할 수 없는 포괄적 사업양도라고 판단한 근거도 참고할 필요가 있으므로 다음에 요약하였다.

㉮ 원고가 이 사건 건물을 취득하면서 ○○산업개발과 임대차계약을 체결하고 이 사건 건물에 입주한 임차인의 임대보증금을 포함한 임대인의 지위를 대부분 포괄적으로 승계하였다.

㉯ 원고가 ○○생명에 대한 43억 원의 채무뿐만 아니라, 채권자가 ○○에셋으로 되어 있는 근저당권설정등기의 채무자의 지위를 승계하는 등 이 사건 임대사업과 관련된 ○○산업개발의 부채까지도 승계하였다.

㉰ ○○산업개발은 부동산 신축판매 및 임대업 등을 목적으로 설립된 회사로, 이 사건 건물에서는 부동산임대업을 영위하였고, 원고 또한 이 사건 건물을 취득하여 부동산임대업을 영위하고 있다.

㉱ 한○○, 유○○은 ○○산업개발의 경영자일 뿐 고용관계에 있는 종업원이 아닐 뿐만 아니라, 부동산임대업의 특성상 직원의 고용이 필수적이라 할 수도 없어 이 사건에서는 고용관계의 승계 여부가 사업양도의 중요한 판단요소가 될 수 없다.

㉲ 관련 부가가치세법에는 사업양도인지 여부를 사업장별로 판단하도록 규정하고 있어 이 사건 건물에 관한 임대사업만을 기준으로 사업양도인지 여부를 판단하여야 한다.

㉳ 원고가 이 사건 건물 및 토지에 대한 매매가격을 75억 원이라고 주장하면서도 확인된 금액만도 이보다 더 많은 92억 5천만 원을 지급한 점에 비추어 보면, 원고가 ○○산업개발에게 부가가치세액을 별도로 지급한 사실이 없음에도, 취득 후에 부가가치세를 환급받기 위하여 ○○산업개발과 사이에 임의로 공급가액 및 부가가치세액을 결정하여 이 사건 세금계산서를 작성·교부받은 것으로 보인다.

Case 4 대법원 2003.1.10. 선고, 2002두8800 판결

임대에 공하던 부동산을 비영리법인에 양도하고, 비영리법인이 자기의 사업에 사용하면 사업의 동일성을 유지한 것으로 볼 수 없기 때문에 사업의 포괄양도로 볼 수 없다고 판단한 사례

구 부가가치세법(1999.12.28. 법률 제6049호로 개정되기 전의 것) §6 ⑥, 구 부가가치세법 시행령(1999.12.31. 대통령령 제16661호로 개정되기 전의 것) §17 ② 소정의 재화의 공급으로 보지 아니하는 사업의 양도라 함은 사업용 재산을 비롯한 물적·인적시설 및 권리의무 등을 포괄적으로 양도하여 사업의 동일성을 유지하면서 경영주체만을 교체시키는 것을 말한다(대법원 1999.5.14. 선고, 97누12082 판결 참조).

원고는 지하 1층, 지상 5층의 이 사건 건물을 신축하여 부동산임대업을 영위하다가 소외 의료법인 ○○의료재단에게 이 사건 건물을 매도한 후 소유권이전등기를 넘겨주었고, 원고가 ○○의료재단에게 이 사건 건물 및 임대사업에 관련된 임대차보증금을 전액 포괄양도하였으며, ○○의료재단은 이 사건 건물 양수 후 원고로부터 승계된 임대차관계를 유지하고 임대기간이 만료된 임대차에 대해 다시 임대차계약을 체결하는 등 부동산임대사업을 계속 유지하였으므로 이 사건 건물의 양도는 사업의 양도에 해당한다고 주장하고 있으나,

○○의료재단은 그 운영의 병원 진료실 및 입원실 부족으로 이 사건 건물을 취득하여 이 사건 건물을 진료실 및 물리치료실, 병실로 각 사용하고 있는 사실, 의료법인은 영리를 목적으로 하는 부동산임대업을 할 수 없는 사실, ○○의료재단이 원고로부터 이 사건 건물에 대한 매매계약을 체결할 당시 오로지 지하층의 임대차기간이 남아 있어 ○○의료재단이 원고가 체결한 임대차계약을 승계하여 그 임차인과 임대차계약을 새로이 체결하였으나, 그 기간 만료 전에 보상금을 지급하고 미리 명도를 받았고, 그 후 이 사건 건물을 전혀 임대하지 아니한 사실이 인정되는바,

위 사실들에 비추어 보면, 이 사건 건물의 양도는 사업용 재산을 비롯한 물적·인적시설 및 권리·의무 등을 포괄적으로 양도하여 사업의 동일성을 유지하면서 경영주체만을 교체시킨 것으로 볼 수 없어 사업양도에 해당하지 않는다.

비영리 의료재단이 부동산임대업을 영위하던 사업자로부터 임대사업에 공하던 건물을 매입한 후, 임대차계약기간이 남아 있던 지하층에 대해서만 임대차계약을 승계하였을 뿐 나머지 공간은 부동산임대업에 사용하지 않았고, 그나마 승계한 임대차계약도 약정기간이 도래하기 전에 보상금을 지급하고 해지하였다.

의료재단은 과세사업인 부동산임대사업을 영위할 수도 없으므로, 비영리법인인 양수인이 임대사업에 공하던 건물을 취득하여 본연의 사업인 진료실 및 병실 등으로 사용한 것은 사업의 동일성을 유지한 것이 아니므로 사업의 양도에 해당하지 않는다고 판단한 사례이다.

Case 5 대법원 1985.10.8. 선고, 84누640 판결

사업의 동일성을 유지한 채 사업에 관한 모든 권리와 의무가 포괄적으로 승계되었다면 사업의 양도에 해당하고, 양도인이 종전사업의 폐업신고를 하고 양수인이 신규로 사업허가를 받았다거나 신규사업의 상호가 변경되었다는 등의 사유는 사업의 양도라는 결론을 바꿀 수 없다고 판단한 사례

원고는 서울 동대문구 장안동에 부동산임대업 및 숙박업을 영위할 목적으로 지하층, 지상 4층의 숙박시설 및 근린생활시설의 신축공사에 착공하여 준공한 다음, 지하층은 소외 甲에게 임대하여 다방업을 경영하게 하고, 지상 1층은 乙에게 전세주어 식당업을 영위하게 함으로써 지상 1층, 지하층을 부동산임대업에 사용하는 한편 지상 2, 3층 전부와 4층 일부에 대하여는 숙박업허가를 받아 ○○여관이라는 상호로 여관업을 경영하다가

위 건물 전체 및 건물부지와 여관집기·비품을 양도하는 계약을 체결하면서 지하층과 지상 1층에 대한 임차보증금을 위 양도대금에서 공제하기로 약정한 사실, 원고는 양수인으로부터 계약금과 중도금을 지급받은 다음 숙박업에 대한 폐업신고를 마쳤고, 약정잔금을 지급받으면서 양수인에게 위 건물 및 건물부지와 여관집기 및 여관비품을 양도하였다. 양수인은 종전의 ○○여관을 □□장이라는 상호로 숙박업허가를 다시 받아 숙박업을 개시하였다.

원심은 이 사건 부동산 중 부동산임대업에 제공된 지하층과 1층에 관하여는 소유자의 변동만을 가져온 채 임차인이 계속하여 다방과 식당업을 경영한 것에 불과하고, 숙박업에 제공된 2, 3층과 4층 일부에 관하여는 원고가 여관건물과 건물부지 및 여관집기와 비품을 양도하고 숙박업 폐업신고를 마침으로써 양수인이 새로운 소유자로서 신규로 숙박업허가를 다시 받아 여관업을 경영한 것에 불과하므로 이 사건 건물 전체와 건물부지 및 여관비품 등의 양도가 부가가치세법상의 비과세대상인 사업의 양도가 아니라고 판시하고 있다.

그러나 원심이 확정한 사실에 의하더라도 원고는 그가 부동산임대업 및 숙박업을 경영하던 이 사건 건물 중 임대업에 공하였던 지하층과 지하 1층에 대한 임대인의 지위와 숙박업에 공하였던 지상 2, 3층 및 4층 1부에 관하여는 동 건물 전체와 그 부지 및 여관집기·비품 등 일체를 그대로 양도한 것이므로(기록에 의하면, 원고는 은행채무까지도 위 양수인에게 인수인계하였다), 이는 사업에 관한 모든 권리와 의무를 포괄적으로 승계시키는 것이 되어 특별한 사정이 없는 한 부가가치세법 §6 ⑥, 부가가치세법 시행령 §17 ② 소정의 사업의 양도에 해당한다고 보아야 할 것이고, 이와 같은 사업의 양도가 실체적으로 이루어졌느냐의 여부를 가리는 데에 있어서는 종전 사업의 폐지신고를 하고 신규로 사업허가를 받았다던지 신규사업의 상호에 변동이 있었다던지 하는 문제는 행정절차적 문제로서 고려의 대상이 될 수 없다.

임대업에 공하던 부분은 임대인의 지위와 임대보증금까지 그대로 승계하여 임차인이 종전의 사업을 계속 유지하고 있으며, 숙박업에 공하던 건물과 부지 및 집기비품을 그대로

양도하고 은행채무까지 양수인에게 인수인계하여 양수인이 동일사업을 그대로 영위하고 있다면 사업에 관한 모든 권리와 의무를 포괄적으로 승계시킨 것이고,

특별한 사정이 없다면 ① 양도인이 종전사업의 폐업신고를 하고 양수인이 신규로 사업허가를 받았거나, ② 양수인이 양수사업의 상호를 변경한 것은 포괄적 사업양도가 아니라고 할 이유가 되지 못한다는 것이다.

Case 6 대법원 1983.6.28. 선고, 82누86 판결

사업의 양도계약이 대상목적물에 따라 개별적으로 이루어지고 단일계약으로 양도되어야 할 필요는 없다 하더라도 양도시기는 동일하여야 할 것이므로, 공장건물과 대지 · 기계설비를 각각 다른 시기에 양도한 경우는 사업의 포괄적 양도라고 할 수 없다는 사례

원고는 경기도 파주군 소재 지상에 공장과 기숙사건물 등을 건축하고 ○○이라는 상호로 전축 및 라디오 제조업을 경영하다가 甲에게 1978.1.4. 공장건물을 임대하고 1978.1.20. 공장의 기계설비와 비품을 매도한 뒤 1978.3.2.에 이르러 공장부지와 공장건물을 매도하였고, 甲이 1978.1.31.부터 공장건물 · 기계설비 · 비품을 인도받아 그곳에서 □□이라는 상호로 전축 · 라디오 제조업을 경영하여 오다가 1978.9.경 조세포탈혐의로 구속되자,

원고가 甲을 대리하여 1978.12.13. 공장건물을 포함한 사업체를 ◇◇전자산업㈜에 양도하고 1978.12.16. 공장부지와 건물에 관하여 중간등기를 생략한 채 원고로부터 직접 ◇◇전자산업㈜ 명의로 소유권이전등기한 뒤 1978.12.30. 甲으로부터 나머지 잔금을 지급받았다.
그러나 양도계약이 대상목적물에 따라 개별적으로 이루어지고 단일계약으로 양도되어야 할 필요는 없다고 하더라도 양도시기는 동일하여야 한다고 할 것이므로 위 거래가 부가가치세법 소정의 사업의 포괄적 양도라고는 할 수 없다.

부가가치세는 사업자가 독립적으로 생산재 또는 생산용역을 투입하여 만들어낸 부가가치 또는 부가가치 소비행위를 과세대상으로 하는 세금으로서, 부가가치세법에서 사업의 양도를 재화의 공급으로 보지 아니하여 이를 비과세대상으로 정하고 있는 취지는 부가가치세의 과세대상이 되는 재화나 용역의 공급행위라고 하더라도 공급의 대상인 재화나 용역이 부가가치세의 성질상 재화나 용역으로 볼 수 없거나 그 공급의 내용이 부적당한 경우 비과세대상으로 하는 것인데,

사업의 양도는 특정재화의 개별적 공급을 과세요건으로 하는 부가가치세의 공급의 본질적 성격에 맞지 아니할 뿐만 아니라 사업의 양도는 일반적으로 그 거래금액과 나아가 그에 관한 부가가치세액이 커서 그 양수자는 거의 예외 없이 매입세액을 공제받을 것이 예상되어 이와 같은 거래에 대하여도 매출세액을 징수하도록 하는 것은 사업양수자에게 불필요한 자금 압박을 주게 되어 피하여야 한다는 조세 내지 경제정책상의 배려에 연유하는 데 있는

것이므로 이 부가가치세가 과세되지 아니하는 사업의 양도는 부가가치세법령이 규정하는 바에 따라 사업장별로 그 사업에 관한 모든 권리와 의무를 포괄적으로 승계시키는 것이어야 하는 것이다.

따라서 원심이 확정한 바와 같이 공장의 기계설비와 비품 등만을 양도하고 공장건물은 임대하여 그곳에서 甲으로 하여금 전축·라디오 등의 제조업을 하게 하였다면 이 사실만으로 이를 부가가치세가 과세되지 아니하는 사업의 포괄적 승계라 할 수 없고 특정재화의 개별적 승계에 지나지 않는다.

사업의 양도계약이 대상목적물에 따라 개별적으로 이루어지고 단일계약으로 양도되어야 할 필요까지는 없다 하더라도 양도시기는 동일하여야 할 것이므로 공장건물과 대지·기계설비를 각각 다른 시기에 양도한 경우라면 부가가치세가 부과되지 않는 포괄적 사업양도가 아니라 개별적인 재화의 공급에 지나지 않는다는 것이다.

참고로, 이 사건의 경우 원심인 서울고등법원(1982.1.12. 선고, 80구730 판결)은 쟁점양도가 포괄적 사업양도라고 판단하였는데, 대법원은 원심결정과 달리 포괄적 사업양도가 아니라고 판단한 사례이다.

원심이 일반적인 재화의 공급이 아니라 포괄적 사업양도라고 판단한 근거는 다음과 같다.

㉮ 원고가 甲에게 원고 경영의 ○○의 기계설비와 비품을 매도하고 위 공장건물을 임대하였다가 뒤에 그 부지와 건물을 매도하였고, 甲은 같은 장소에서 동종의 영업을 하였다.

㉯ 부가가치세법 소정의 사업의 포괄적 승계라는 것은 사업의 양도, 양수에 있어 매매 등 양도계약이 그 대상목적에 따라 별도로 이루어졌다 하여도 어느 한 사업장의 사업 전부에 관하여 행하여졌다면 이는 포괄적으로 승계한 것에 해당한다.

㉰ 원고의 기계설비와 비품을 포함한 위 ○○의 양도는 부가가치세법 시행령 각 조항 소정의 사업양도로서 재화의 자가공급으로는 볼 수 없다.

㉱ 기계설비와 비품은 원고가 부가가치세법이 제정·시행된 1977.7.1. 이전에 취득하였고 부가가치세법 §6 ④은 사업자가 사업을 폐지하는 때에 잔존하는 재화에 관하여 그 취득시의 매입세액을 환급받고도 매출세액은 납부하지 않게 됨으로써 부당한 이득을 얻는 것을 막기 위하여 이를 자기에게 공급하는 것으로 보아 부가가치세를 부과하려는 취지이므로 이 사건 기계설비와 비품은 이에 해당하지 아니하여 어느 모로 보나 부가가치세의 과세대상이 되지 않는다.

사. 주요 심사, 심판례 소개

Case 7 조심 2014광5779, 2015.7.30.

유선방송사업에 관하여 사업용 자산 · 권리의 일부만 양도되었고, 세금계산서를 수수하여 부가가치세가 납부되었으며, 양수자와 양도자의 영위사업이 별도의 허가사업에 해당되어 사업종류가 서로 다르다는 점 등에 비추어 사업의 양도로 보기 어렵다고 판단하여 처분이 취소된 사례

가. 사실관계

(1) 종합유선방송사업(SO사업)을 영위하던 청구법인(양수자)이 중계유선방송사업(RO사업)을 영위하는 甲회사(양도자)로부터 사업용 자산 및 가입자 권리를 양수

(2) 甲은 청구법인에 세금계산서 교부하여 청구법인은 부가가치세 포함 대가 지급한 후, 양수자산은 기계장비로, 가입자 권리는 무형자산으로 각각 재무제표 계상

(3) 청구법인은 부가가치세 확정신고하면서 쟁점거래 관련 매입세액을 매출세액에서 공제하는 것으로 신고

나. 과세경위

처분청은 쟁점거래를 부가가치세법 소정의 포괄적 사업양도에 해당하는 것으로 보아 관련 매입세액을 불공제하고, 부가가치세 경정 · 고지

다. 청구법인 주장

(1) 양수한 자산은 양도자 영위사업 중 종합유선방송서비스 공급을 위한 시설물 · 기자재 · 사무실 임대보증금 등과 가입자에 대한 권리로 한정되었고, 양도자는 쟁점거래 후 휴폐업 신고 없이 그 자리에서 계속 자기의 사업을 영위하고 있으므로 사업장별 사업의 포괄양수도가 아니다.

(2) 청구법인이 영위하는 종합유선방송사업자(SO, System Operator)와 양도자가 영위하는 중계유선방송사업자(RO, Retransmission Operator)는 「방송법」상 서로 다른 허가가 요구되는 별도의 사업이며, 청구법인과 양도자의 사업허가지역도 다르다.

(3) 양도자의 사업 중 RO사업허가권 및 RO전문인력은 승계하지 않았으므로 쟁점거래 후 사업양도자와 사업양수자의 사업동일성이 유지되었다고 볼 수 없다.

라. 처분청 의견

(1) 양도인의 사업용 자산 및 임대보증금 등 사업용 재산을 양수하였고, 양수한 설비 및 가입자 권리에 대한 세부내역이 없고 감정평가 결과는 쟁점계약과 세금계산서 발행 후 작성되어 감정평가와 관련 없이 사업의 양수도가 포괄적으로 이루어졌다.

(2) 실질적인 인적설비인 유지보수인력이 매수지역에 대해 쟁점거래처가 지정한 자를 위탁관리업자로 지정하여 관리한다고 되어 있어 실질적으로 인적설비를 포함 양도인의 사업용 자산 일체를 승계한 것이며, 부채의 경우는 실질적인 채무가 존재하지 않았기 때문에 승계하지 않은 것일 뿐이다.

마. 쟁점

쟁점거래가 사업의 양도에 해당되는지, 재화의 공급에 해당되는지 여부

바. 판단요지

「부가가치세법」상 재화의 공급으로 보지 아니하는 사업의 양도라 함은 사업장별로 사업용 자산을 비롯한 물적・인적시설 및 권리(미수금에 관한 것을 제외), 의무(미지급금에 관한 것을 제외) 등을 포괄적으로 승계시키는 것으로,

청구법인은 자산양수도계약인 쟁점계약에 따라 쟁점거래처로부터 사업용 자산 및 가입자 권리만을 양수하였고, 그 외 사업과 관련된 권리・의무를 승계하지 않았으며, 세금계산서를 수수하고 관련 부가가치세 전액을 양도자에게 지급한 점, 쟁점거래처의 RO사업에서 가장 중요한 자산인 "RO사업허가권" 및 "RO전문인력"을 승계하지 아니한 점,

청구법인이 쟁점거래 전 영위하던 종합유선방송사업(SO사업)과 쟁점거래처가 영위하던 중계유선방송사업(RO사업)은 「방송법」상 별도의 허가사업임이 나타나는 점, 쟁점거래처의 사업의 일부분인 고객 유지・보수 관련 부문을 쟁점거래 후 청구법인에게 승계하지 않고 쟁점거래처가 지정한 사업자가 계속적으로 운영하고 있는 점 등에 비추어 쟁점거래는 사업의 포괄적 양도로 보기 어렵다.

처분청은 청구법인이 양수도계약에 의해 甲회사의 사업용 자산 및 사무실 운영을 위한 일체의 임대보증금 등 사업용 재산을 양수하였고, 甲회사에서 근무하던 직원이 "□□유지보수"라는 상호로 개업하여 청구법인에게 매출세금계산서 수십매를 발행한 것을 보면 양수도계약상 인적 관련된 내용은 기재되어 있지 않으나, 유선방송사업에서 내부관리직 인적설비는 핵심적인 구성요소가 아니고(대법원 2008.12.24. 선고, 2006두17895 판결), 실질적인 인적설비인 유지보수인력이 매수지역에 대해 甲회사가 지정한 자를 위탁관리업자로 지정하여 관리한다고 되어 있어 실질적으로 인적용역을 승계한 것으로 보이는 점 등을 들면서 실제 청구법인이 甲회사의 사업용 자산 일체를 승계한 것이라고 주장하였으나,

쟁점사건에서 무엇보다도 양도자인 甲회사가 쟁점거래 후에도 계속 이전의 업종을 계속 영위하고 있었다는 점에서 사업이 포괄적으로 청구법인에 이전되었다고 보기는 매우 어려워 보이고, 이와 함께 양도법인과 양수법인의 영위업종이 「방송법」상 서로 다른 허가가 요

구되는 별도의 사업이라는 사실이 재결청으로 하여금 쟁점거래가 포괄적 사업양도가 아닌 것으로 판단하는 데 많은 영향을 미친 것으로 보인다.

Case 8 심사부가 2015-0067, 2015.7.24.

사업의 포괄양수도에 해당하는 거래에서 매수자가 양도자를 대리하여 부가가치세를 신고·납부한 사실이 확인되지 않는 이상 수취한 세금계산서의 매입세액은 공제할 수 없다는 사례

가. 사실관계

(1) 청구인은 부동산임대업을 영위하는 개인사업자 甲과 2014.9.5. '사업의 포괄양도·양수계약'을 체결하고, 甲으로부터 쟁점부동산 취득

(2) 청구인은 쟁점부동산 매매가액 중 건물분에 대한 매입세금계산서를 발급받아 쟁점매입세액을 매출세액에서 공제하여 부가가치세 환급신청

나. 과세경위

사업의 포괄양도·양수는 재화의 공급에 해당하지 않고, 청구인이 양도자의 부가가치세를 대리납부한 사실도 없어 2015.4.16. 청구인이 신고한 2014년 제2기 부가가치세 환급세액에 대해 쟁점매입세액을 불공제하고 이에 따른 초과환급신고가산세 및 환급불성실가산세를 더하여 부가가치세 경정, 고지

다. 청구인 주장

(1) 부가가치세법상 사업의 포괄양수도계약서를 체결하고 세금계산서를 발급받은 경우 양수자가 부가가치세를 대리납부하고 환급신청하여야 하는데, 양도자가 이를 악용하여 청구인이 쟁점매입세액을 환급받을 수 없게 하여 청구인이 이로 인한 손해를 부담하게 되었다.

(2) 이러한 일련의 과정은 청구인의 세법에 대한 무지로 인해 발생한 것이므로 처분청이 청구인의 부가가치세 조기환급신청에 대해 매입세액을 불공제하여 이 건 부가가치세 환급신청을 부인하고 가산세까지 부과한 처분은 취소되어야 한다.

라. 처분청 의견

(1) 청구인은 사업의 포괄양도·양수계약을 체결하고 쟁점부동산을 취득한바, 재화의 공급에 해당하지 않는 사업의 포괄양도·양수에 따라 발급받은 매입세금계산서에 대한 매입세액은 부가가치세 매출세액에서 공제되지 않는다.

(2) 다만, 청구인이 쟁점부동산에 대한 매입세금계산서를 발급받아 양도자의 부가가치세액을 대리납부한 경우에는 쟁점매입세액을 공제받을 수 있는 것이나, 이를 이행하지도 않았다.

마. 쟁점

사업의 포괄양도·양수계약에 따른 사업의 양도에 대해 세법에 대한 무지로 세금계산서를 발급받은 경우 관련 쟁점매입세액을 공제받고 가산세를 감면받을 수 있는 것인지 여부

바. 판단요지

이 건의 경우, 청구인이 쟁점매입세액 상당의 부가가치세의 산정에 대한 별도의 약정서를 제출하지 않았고, 제출한 쟁점부동산에 대한 부동산매매계약서에도 총매매대금을 ×××원으로 약정하면서, 건물과 토지의 가액구분, 부가가치세 산정에 대한 기재내용 없이 제9조 특약사항란에 수기로 "본 계약은 사업의 포괄양도·양수계약임"이 기재되어 있어 쟁점거래가 사업의 포괄양수도라는 점에 대하여 청구인과 처분청 간에 다툼이 없는바,

이러한 사업의 포괄양수도는 부가가치세법 §10 ⑧ 제2호 본문 및 부가가치세법 시행령 §23가 규정한 부가가치세 과세대상인 재화의 공급에 해당하지 않는 것이고, 재화의 공급에 해당하지 않는 이상 청구인이 수취한 매입세금계산서상 쟁점매입세액 ×××원은 부가가치세법 §38 ① 제1호가 규정하는 사업자가 자기의 사업을 위하여 사용하였거나 사용할 목적으로 공급받은 재화 또는 용역에 대한 부가가치세액으로 볼 수 없어 매출세액에서 공제되는 매입세액으로 보기 어렵다(심사부가 2011-0069, 2011.6.27.).

또, 쟁점부동산에 대한 부동산매매계약서상 총매매대금은 ×××원인데, 청구인이 제출한 쟁점부동산에 대한 매매계약서상 건물과 토지의 가액구분, 부가가치세 산정내용이 기재되어 있지 않고, 부가가치세 산정에 관한 별도 약정서도 제출하지 않아 쟁점부동산에 대한 부동산매매계약서만으로는 ×××원에 건물분에 대한 부가가가치세가 포함된 것인지 별도로 지급하도록 하였는지가 불분명한바,

먼저, 청구인이 매매대금으로 지급한 총액 ×××원에 부가가치세가 포함되었다고 할 경우, 청구인이 총매매대금에 포함된 쟁점매입세액 상당액까지 甲에게 지급함으로써 청구인이 甲을 대리하여 부가가치세를 신고·납부한 사실이 확인되지 않는다. 다음으로, 甲이 발급한 세금계산서 및 계산서에 기재된 총공급대가는 ×××원으로 쟁점부동산 매매대금 ×××원보다 쟁점매입세액 상당액 ×××원이 더 많아 별도 약정에 따라 부가가치세를 별도로 지급하기로 하였다고 할 경우에도, 청구인이 ×××원을 甲에게 지급하였을 뿐 나머지 총매매대금에 포함되지 않은 별도의 부가가치세를 甲을 대리하여 신고·납부한 사실이 확인되지 않는다.

따라서 사업의 포괄양수도에 해당하는 쟁점거래에 대하여 청구인이 甲에게 지급한 총매매대금 ×××원에 부가가치세 상당액을 포함하였든 별도로 지급하기로 하였든지 상관없이 청구인이 쟁점매입세액 ×××원에 대해 양도자를 대리하여 신고·납부한 사실도 확인되지 않는 이상 이 건 쟁점매입세액 ×××원은 부가가치세법 §38 ① 제1호에 따른 매출세액에서 공제되는 매입세액으로 보기 어렵다.

먼저 쟁점사건에서 청구인은 포괄양수도에 해당하는데 세금계산서를 교부받은 경우 양수자가 부가가치세를 대리납부하고 환급신청하여야 하는데 이를 잘 몰라서, 즉 무지하여 그러하지 못했으므로 쟁점처분을 취소해 달라고 요청하고 있는데, 조세불복에서 납세자의 무지는 구제사유가 되지 못하므로 아주 특별한 경우가 아니면 무지를 청구사유로 주장할 실익이 전혀 없다.

사업의 포괄양수도와 관련하여 납세자들이 포괄양수도에 해당하는 것인지 여부를 정확하게 알 수 없어서 세금계산서를 서로 수수한 경우 매입세액이 공제되지 않아 납세자의 민원이 많이 발생하였다.

이에 정부는 2014.1.1. 법률 제12167호로 부가가치세법을 개정하여 사업의 포괄양수도에 해당하는 경우 양수자의 대리납부제도를 도입하였다. 법제처가 제공하는 개정이유는 다음과 같다.

> 사업을 포괄적으로 양도하는 경우에는 재화의 공급으로 보지 아니하는 것을 원칙으로 하되, 사업을 포괄적으로 양도・양수함에 따라 그 사업을 포괄적으로 양수하는 자가 양도한 자로부터 부가가치세를 징수하여 납부한 경우에는 매입세액을 공제받을 수 있는 재화의 공급으로 보도록 함으로써, 사업의 포괄양도・양수가 이루어진 경우 매입세액을 공제받은 후 다시 세액을 징수당하는 양수자 등의 불필요한 민원을 해소함

2014.1.1. 개정된 부가가치세법 §10 ⑧ 제2호 및 부가가치세법 시행령 §23는 "사업장별로 그 사업에 관한 모든 권리와 의무를 포괄적으로 승계시키는 사업을 양도하는 것에 해당하는 것은 재화의 공급으로 보지 아니한다. 다만, §52 ④에 따라 그 사업을 양수받는 자가 대가를 지급하는 때에 그 대가를 받은 자로부터 부가가치세를 징수하여 납부한 경우는 제외한다"라고 규정하고 있고,

부가가치세법 §52 ④은 "§10 ⑧ 제2호 본문에 따른 사업의 양도에 따라 그 사업을 양수받는 자는 그 대가를 지급하는 때에 같은 호 본문에도 불구하고 그 대가를 받은 자로부터 부가가치세를 징수하여 그 대가를 지급하는 날이 속하는 달의 말일까지 §49 ②(확정신고와 납부)을 준용하여 관할세무서장에게 납부할 수 있다"라고 규정하여 사업의 포괄양수도는 원칙적으로 부가가치세 면제거래로 하되, 양수자가 양도자를 대리하여 부가가치세를 신고・납부, 즉 대리납부한 경우에는 재화의 공급으로 보도록 하고 있다.

또, 2014.1.1. 개정된 부가가치세법 §38 ① 제1호는 "매출세액에서 공제하는 매입세액은 "사업자가 자기의 사업을 위하여 사용하였거나 사용할 목적으로 공급받은 재화 또는 용역에 대한 부가가치세액을 말하고, §52 ④에 따라 납부한 부가가치세액을 포함한다"라고 규정하여 사업의 포괄양수도의 경우에도 양수자가 부가가치세를 대리납부한 경우에는 양수자에게 매입세액공제를 허용하고 있다.

쟁점사건의 경우 계약서에 특약으로 "이 거래는 사업의 포괄양수도이다"라고 명확하게 밝히고 있고, 쟁점거래가 사업의 포괄양수도에 해당함에 대해서는 청구인과 처분청 사이 다툼이 없기 때문에 쟁점사건은 사업의 포괄양수도가 명확하다. 그렇다면 세금계산서를 수수할 수 없고, 만약 수수하였다면 양수자인 청구인이 부가가치세를 대리납부한 후 환급신청하였어야 할 것인데 그러하지 않았음이 명확하므로 청구인의 주장이 받아들여질 여지가 없었을 것이다.

실무에서는 이러한 현실이 많이 발생한다. 어떤 양수도거래가 포괄양수도에 해당하는지 아닌지 당사자들이 분명하게 알 방법도 없고, 만약 포괄양수도라고 판단하여 세금계산서를 교부하지 않으면 과세관청은 일반적인 재화공급이라고 하면서 세금계산서를 교부하지 않은 것에 대해 과세하고, 반대로 일반적인 재화공급이라고 판단하여 세금계산서를 교부하면 과세관청은 포괄양수도임에도 세금계산서를 교부했다면서 매입세액을 공제할 수 없다고 하는 경우가 다반사인 것이다.

이럴 경우, 즉 사업의 포괄양수도임이 불분명한 경우라면 거래의 실행에 앞서 사실관계를 정확하게 밝혀 과세관청에 사전질의를 할 필요가 있고, 그럴 수 없는 상황이라면 2014년 도입된 위 부가가치세 대리납부제도를 이용할 필요가 있다.

Case 9 조심 2015전1178, 2015.4.13.

부동산임대업자인 청구인이 소유 모텔을 숙박업을 영위하는 사업자에게 임대한 상태에서 모텔을 양수자에게 양도하고, 양수자가 숙박업을 영위하면 사업의 양도가 아니라 일반 재화의 공급에 해당하므로 부가가치세를 과세한 처분이 타당하다고 판단한 사례

가. 사실관계

(1) 청구인(양도자)은 모텔건물과 부속토지를 취득하여 부동산임대업으로 사업자등록을 한 후, 甲에게 모텔을 임대하였고 甲은 임대한 모텔을 이용하여 숙박업을 영위

(2) 청구인은 乙(양수자)과 쟁점부동산에 대한 매매계약을 체결하고 모텔건물과 부속토지

및 각종 집기비품을 포함하여 양도한 후 폐업하고, 쟁점부동산 양도를 사업양도에 해당하는 것으로 보아 쟁점부동산 공급가액을 과세표준에서 제외하여 부가가치세 신고

나. 과세경위

처분청은 관할 지방국세청장의 시정지시에 따라 쟁점부동산 양도가 사업양도에 해당하지 않는 것으로 보아 청구인에게 부가가치세 경정·고지

다. 청구인 주장

(1) 청구인은 乙과 매매계약 체결하면서 모텔건물·부속토지·각종 집기비품을 포함한 일괄계약임을 특약사항으로 기재하였고, 같은 날짜에 '포괄적 사업양도·양수 계약서'를 별도로 작성하여 포괄적 사업양도임을 분명히 하였다.

(2) 乙이 모텔임대업을 영위하기 위해 노후화된 모텔건물 리모델링 공사까지 하였으나, 甲은 폐업하였고 새로운 임차인을 구할 수 없어 부득이하게 직접 모텔임대업이 아닌 숙박업을 하게 되었던바, 양수자의 업종 변경은 청구인이 통제할 수 있는 것이 아니며 양수인이 추후 업종을 변경·추가하여도 사업양도에 해당되는 것이다.

라. 처분청 의견

(1) 청구인은 乙이 쟁점매매계약 당시 직접 숙박업을 영위할 의도가 없었다고 주장하나, 쟁점부동산 양수일에 임대업이 아닌 숙박업으로 사업자등록을 신청하였다.

(2) 공중위생 영업자지위승계신고서에도 乙이 甲으로부터 영업자의 지위를 승계한 것으로 나타나므로, 양수인은 임대업이 아니라 숙박업을 영위하기 위해 쟁점부동산을 매수한 것이다.

마. 쟁점

쟁점부동산의 양도가 재화의 공급으로 보지 아니하는 사업양도라는 청구주장의 당부

바. 판단요지

쟁점부동산의 양수자가 쟁점부동산 양도일을 개업일로 하여 숙박업에 대한 사업자등록을 한 점, '영업신고증 변경이력 조회내역 알림' 공문 등에 따르면 양수자의 숙박업 영업시작일은 쟁점부동산 양도일로 나타나는 점, 공중위생 영업자지위승계신고서 및 이에 첨부된 '양도·양수계약서'에 따르면 양수자에게 영업자의 지위를 승계하고 쟁점부동산 건물과 시설전부를 이전하기로 한 것으로 나타나는 점, 쟁점매매계약서에는 영업권 및 권리금 등에 관한 내역이 나타나지 않는 점 등에 비추어,

양수인은 청구인이 영위하던 부동산임대업이 아닌 숙박업을 영위하기 위해서 甲으로부터

숙박업을 승계하면서 청구인으로부터는 단순히 쟁점부동산을 취득한 것으로 보이므로 처분청이 청구인의 쟁점부동산 양도를 사업양도가 아닌 재화의 공급으로 보아 과세한 이 건 처분은 달리 잘못이 없다고 판단된다.

포괄적 사업양도가 성립되기 위해서는 우선적으로 양수자가 양도자의 사업부문, 즉 영위 업종을 그대로 승계하여야 한다. 다만, 예규에 따르면 승계 후 양수자가 업종을 변경하거나 추가하는 것은 포괄적 사업양도의 판단에 영향을 미치지 않는다.

이 사건의 경우 결정문에 나타난 사실관계만으로 미루어 판단해 볼 때 양도자는 부동산임대업을 영위하였고 양수자는 숙박업을 영위한 것으로 보인다. 이에 대해 양도자는 양수자가 처음에는 부동산임대업을 영위하려고 쟁점부동산을 매수하였다고 주장하지만 그 사실을 적극 입증할 수 있는 사실관계는 뚜렷하게 엿보이지 않는다.

따라서 숙박업을 영위할 목적으로 임대업을 영위하는 사업자로부터 해당 사업의 자산 일체를 매수한 것은 건물과 집기비품이라는 일반적인 재화를 공급받은 것이므로 포괄적 사업양도로 볼 여지가 없어 보인다.

Case 10 조심 2014광1061, 2014.6.27.

청구법인이 사실상 폐업상태에 있는 법인으로부터 공장부지와 건물 및 남아있는 중고자산을 취득하여 생산공정에 맞게 기계장치를 추가 구입하여 재설치한 것일 뿐, 종업원이나 다른 자산부채를 승계하지 않았으므로 사업의 포괄양도가 아니라고 판단한 사례

가. 사실관계

(1) 청구법인은 양도법인으로부터 2층 공장건물과 부속토지 및 생산설비를 인수하고, 양도법인으로부터 세금계산서 수취하여 부가가치세 포함 대금 지급

(2) 청구법인은 쟁점세금계산서 매입세액을 월별조기환급액으로 신고하였으며, 양도법인은 관련 부가가치세를 신고한 후 무납부

나. 과세경위

처분청이 청구법인의 월별조기환급신고에 대한 현지확인 결과 쟁점거래가 사업의 포괄적 사업양도에 해당되는 것으로 보아 관련 매입세액을 불공제, 즉 환급 거부하고 청구법인에게 부가가치세(초과환급신고가산세) 경정, 고지

다. 청구법인 주장

(1) 청구법인은 양도법인으로부터 중고자산을 취득한 금액보다 청구법인 생산공정에 맞는 기계장치를 추가로 구입하여 재설치한 투자금액이 더 많고, 공장용 부동산과 중고자산만 취득하였을 뿐이다.

(2) 다른 물적시설인 재고자산이나 인적시설인 종업원 및 취득자산을 담보로 대출받은 금융권 채무를 제외한 나머지 매입채무나 매출채권은 물론 매입·매출거래처에 대한 권리 등 사업의 동일성 유지를 판단하는 요소들은 쟁점거래에서 제외되었으므로 사업의 양도가 아니다.

(3) 양도법인이 쟁점자산의 공급으로 거래징수한 부가가치세를 납부하지 않았으나, 납세의무자에 대한 조세채권을 확보할 책임은 과세관청에 있는 것이지 청구법인이 양도법인의 세금납부를 종용할 지위에 있지 않으므로 양도법인이 관련 매출세액을 납부하지 않았다는 점은 쟁점거래의 성격을 판단하는 것과는 전혀 무관한 사실이다.

라. 처분청 의견

(1) 매출채권이나 매입채무가 양도대상에서 제외되고 종업원이 그대로 승계되지 않았더라도 사업의 포괄적 양도로 인정하는데 장애가 될 수 없다.

(2) 매매계약서에는 토지 및 건물의 거래금액이 구분되어 있지 않고, 부가가치세 거래징수에 관한 별도의 약정은 없는 것으로 확인된다.

(3) 청구법인이 제출한 물품 양도·양수계약서의 특약사항을 보면 쟁점자산 외에 공장 내·외에 설치되어 있는 모든 기계 및 기계설비와 운영에 필요한 공구류 일체를 포함하여 인수하였음이 확인되므로 공장운영에 필요한 핵심시설 대부분을 인수한 것으로 보이는 점 등을 종합하면 쟁점자산의 거래는 부가가치세법상 사업의 동일성이 유지되는 사업의 포괄적 양도로 보는 것이 타당하다.

마. 쟁점

쟁점자산의 거래가 사업의 포괄적 양도에 해당하는 것으로 보아 쟁점세금계산서의 매입세액을 불공제하고 부가가치세를 부과한 처분의 당부

바. 판단요지

처분청은 매출채권·매입채무·종업원 인수는 사업의 포괄적 양도의 요건이 아니고, 공장운영에 필요한 핵심시설 대부분을 인수한 것으로 보이므로 쟁점거래는 사업의 포괄적 양도로 보아야 하며, 사업양수자의 매입세액공제 여부는 사업양도자의 부가가치세 신고·납부가 요건이나 양도법인은 부가가치세를 신고·무납부하였으므로 사업양수자의 매입세액공제는 불가하다는 의견이나,

양도법인이 쟁점자산 양도 당시 실질적인 폐업상태였고, 승계한 종업원이 없으며, 쟁점자산 이외에는 양도법인이 보유한 매출채권이나 매입채무 · 차입금 등의 부채, 영업권 · 재고자산 등은 인수하지 않은 것으로 나타나는 점,

청구법인과 양도법인 간에는 사업의 양도 · 양수와 관련된 계약은 존재하지 아니한 것으로 나타나는 점 등에 비추어 사업의 포괄적 양도로 보기보다는 개별 재화의 공급으로 보는 것이 타당해 보이므로 처분청이 쟁점자산의 거래를 사업의 포괄적 양도라 하여 쟁점세금계산서의 매입세액을 불공제한 처분은 잘못이 있는 것으로 판단된다.

청구법인이 양도법인으로부터 취득한 중고기계장치 외 더 큰 금액을 투자하여 다른 기계장치를 구입하여 설비를 완성한 것과 함께 공장용 자산 말고는 나머지 자산 · 부채 및 종업원 등 물적 · 인적설비를 전혀 승계하지 않았으므로 포괄적 사업양도로 보기에는 어려웠을 것으로 보인다.

양도법인이 거래징수한 부가가치세를 납부하지 않은 경우 국고에 귀속되어야 할 세금이 일실되었으므로 청구법인에게 매우 불리하게 작용하게 되겠지만, 이 사건에서의 청구법인처럼 납세의무자로부터 조세채권을 확보할 책임은 전적으로 과세관청에 있고, 양수자가 양도인의 세금 납부를 종용할 위치에 있지 않고 그리 해야 할 의무도 없다는 점을 적극적으로 주장하여야 할 것이다.

2 사실과 다른 세금계산서

가. 법령

1) 부가가치세법

가) 제32조(세금계산서 등)

> ① 사업자가 재화 또는 용역을 공급(부가가치세가 면제되는 재화 또는 용역의 공급 제외)하는 경우에는 다음 각 호의 사항을 적은 계산서(이하 "세금계산서")를 그 공급을 받는 자에게 발급하여야 한다.
> 1. 공급하는 사업자의 등록번호와 성명 또는 명칭
> 2. 공급받는 자의 등록번호. 다만, 공급받는 자가 사업자가 아니거나 등록한 사업자가 아닌 경우에는 대통령령으로 정하는 고유번호 또는 공급받는 자의 주민등록번호
> 3. 공급가액과 부가가치세액
> 4. 작성 연월일
> 5. 그 밖에 대통령령으로 정하는 사항

나) 제34조(세금계산서 발급시기)

> ① 세금계산서는 사업자가 제15조 및 제16조에 따른 재화 또는 용역의 공급시기에 재화 또는 용역을 공급받는 자에게 발급하여야 한다.
> ② 제1항에도 불구하고 사업자는 제15조 또는 제16조에 따른 재화 또는 용역의 공급시기가 되기 전 제17조에 따른 때에 세금계산서를 발급할 수 있다.
> ③ 제1항에도 불구하고 다음 각 호의 어느 하나에 해당하는 경우에는 재화 또는 용역의 공급일이 속하는 달의 다음 달 10일(그 날이 공휴일 또는 토요일인 경우에는 바로 다음 영업일)까지 세금계산서를 발급할 수 있다.
> 1. 거래처별로 1역월의 공급가액을 합하여 해당 달의 말일을 작성 연월일로 하여 세금계산서를 발급하는 경우
> 2. 거래처별로 1역월 이내에서 사업자가 임의로 정한 기간의 공급가액을 합하여 그 기간의 종료일을 작성 연월일로 하여 세금계산서를 발급하는 경우
> 3. 관계 증명서류 등에 따라 실제거래사실이 확인되는 경우로서 해당 거래일을 작성 연월일로 하여 세금계산서를 발급하는 경우

다) 제39조(공제하지 아니하는 매입세액)

① 제38조에도 불구하고 다음 각 호의 매입세액은 매출세액에서 공제하지 아니한다.

1. 제54조 제1항 및 제3항에 따라 매입처별 세금계산서합계표를 제출하지 아니한 경우의 매입세액 또는 제출한 매입처별 세금계산서합계표의 기재사항 중 거래처별 등록번호 또는 공급가액의 전부 또는 일부가 적히지 아니하였거나 사실과 다르게 적힌 경우 그 기재사항이 적히지 아니한 부분 또는 사실과 다르게 적힌 부분의 매입세액. 다만, 대통령령으로 정하는 경우의 매입세액은 제외한다.
2. 세금계산서 또는 수입세금계산서를 발급받지 아니한 경우 또는 발급받은 세금계산서 또는 수입세금계산서에 제32조 제1항 제1호부터 제4호까지의 규정에 따른 기재사항(이하 "필요적 기재사항")의 전부 또는 일부가 적히지 아니하였거나 사실과 다르게 적힌 경우의 매입세액. 다만, 대통령령으로 정하는 경우의 매입세액은 제외한다.

라) 제60조(가산세)

② 사업자가 다음 각 호의 어느 하나에 해당하면 각 호에 따른 금액을 납부세액에 더하거나 환급세액에서 뺀다. 이 경우 제1호 또는 제2호가 적용되는 부분은 제3호부터 제5호까지를 적용하지 아니하고, 제5호가 적용되는 부분은 제3호 및 제4호를 적용하지 아니한다.

1. 세금계산서를 제34조에 따른 세금계산서의 발급시기가 지난 후 해당 재화 또는 용역의 공급시기가 속하는 과세기간 내에 발급하는 경우 그 공급가액에 1퍼센트를 곱한 금액
2. 다음 각 목의 어느 하나에 해당하는 경우에는 그 공급가액에 2퍼센트를 곱한 금액. 다만, 제32조 제2항에 따라 전자세금계산서를 발급하여야 할 의무가 있는 자가 전자세금계산서를 발급하지 아니하고 제34조에 따른 세금계산서의 발급시기에 전자세금계산서 외의 세금계산서를 발급한 경우에는 그 공급가액의 1퍼센트를 곱한 금액으로 한다.
   가. 세금계산서를 제34조에 따른 세금계산서의 발급시기가 지난 후 재화 또는 용역의 공급시기가 속하는 과세기간 내에 발급하지 아니한 경우
   나. 제34조 제3항에 따른 세금계산서의 발급시기가 재화 또는 용역의 공급일이 속하는 과세기간이 지나서 도래하는 경우로서 세금계산서를 해당 과세기간 말의 다음 달 10일(그 날이 공휴일 또는 토요일인 경우에는 바로 다음 영업일)까지 발급하지 아니한 경우
3. 제32조 제3항에 따른 기한이 지난 후 재화 또는 용역의 공급시기가 속하는 과세기간 말의 다음 달 11일까지 국세청장에게 전자세금계산서 발급명세를 전송하는 경우 그 공급가액에 0.5퍼센트를 곱한 금액. 다만, 법인사업자에 대하여는 2010년 12월

31일까지는 적용하지 아니하고 2011년 1월 1일부터 2013년 12월 31일까지는 0.1퍼센트를 적용하며, 대통령령으로 정하는 개인사업자에 대하여는 2011년 12월 31일까지 적용하지 아니하고 2012년 1월 1일부터 2016년 12월 31일까지는 0.1퍼센트를 적용한다.

4. 제32조 제3항에 따른 기한이 지난 후 재화 또는 용역의 공급시기가 속하는 과세기간 말의 다음 달 11일까지 국세청장에게 전자세금계산서 발급명세를 전송하지 아니한 경우 그 공급가액에 1퍼센트를 곱한 금액.
   다만, 법인사업자에 대하여는 2010년 12월 31일까지는 적용하지 아니하고 2011년 1월 1일부터 2013년 12월 31일까지는 0.3퍼센트를 적용하며, 대통령령으로 정하는 개인사업자에 대하여는 2011년 12월 31일까지 적용하지 아니하고 2012년 1월 1일부터 2016년 12월 31일까지는 0.3퍼센트를 적용한다.
5. 세금계산서의 필요적 기재사항의 전부 또는 일부가 착오 또는 과실로 적혀 있지 아니하거나 사실과 다른 경우 그 공급가액에 1퍼센트를 곱한 금액. 다만, 대통령령으로 정하는 바에 따라 거래사실이 확인되는 경우는 제외한다.

2) 부가가치세법 시행령

가) 제67조(세금계산서)

② 법 제32조 제1항 제5호에 따라 세금계산서에 적을 그 밖의 사항은 다음 각 호와 같다.

1. 공급하는 자의 주소
2. 공급받는 자의 상호 · 성명 · 주소
3. 공급하는 자와 공급받는 자의 업태와 종목
4. 공급품목
5. 단가와 수량
6. 공급 연월일
7. 거래의 종류
8. 사업자 단위 과세 사업자의 경우 실제로 재화 또는 용역을 공급하거나 공급받는 종된 사업장의 소재지 및 상호

나) 제75조(세금계산서 등의 필요적 기재사항이 사실과 다르게 적힌 경우 등에 대한 매입 세액공제)

법 제39조 제1항 제2호 단서에서 "대통령령으로 정하는 경우"란 다음 각 호의 어느 하나에 해당하는 경우를 말한다.

1. 제11조 제1항 또는 제2항에 따라 사업자등록을 신청한 사업자가 제11조 제5항에 따른 사업자등록증 발급일까지의 거래에 대하여 해당 사업자 또는 대표자의 주민등록번호를 적어 발급받은 경우
2. 법 제32조에 따라 발급받은 세금계산서의 필요적 기재사항 중 일부가 착오로 사실과 다르게 적혔으나 그 세금계산서에 적힌 나머지 필요적 기재사항 또는 임의적 기재사항으로 보아 거래사실이 확인되는 경우
3. 재화 또는 용역의 공급시기 이후에 발급받은 세금계산서로서 해당 공급시기가 속하는 과세기간에 발급받은 경우(법 제34조 제3항에 따라 발급받은 경우를 포함한다)
4. 법 제32조 제2항에 따라 발급받은 전자세금계산서로서 국세청장에게 전송되지 아니하였으나 발급한 사실이 확인되는 경우
5. 법 제32조 제2항에 따른 전자세금계산서 외의 세금계산서로서 재화 또는 용역의 공급시기가 속하는 과세기간에 발급(법 제34조 제3항에 따른 발급 포함)받았고, 그 거래사실도 확인되는 경우
6. 실제로 재화 또는 용역을 공급하거나 공급받은 사업장이 아닌 사업장을 적은 세금계산서를 발급받았더라도 그 사업장이 법 제51조 제1항에 따라 총괄하여 납부하거나 사업자 단위 과세 사업자에 해당하는 사업장인 경우로서 그 재화 또는 용역을 실제로 공급한 사업자가 법 제48조 및 제49조에 따라 납세지 관할세무서장에게 해당 과세기간에 대한 납부세액을 신고하고 납부한 경우

다) 제108조(가산세)

③ 법 제32조에 따라 발급한 세금계산서의 필요적 기재사항 중 일부가 착오나 과실로 사실과 다르게 적혔으나 해당 세금계산서에 적힌 나머지 필요적 기재사항 또는 임의적 기재사항으로 보아 거래사실이 확인되는 경우에는 법 제60조 제2항 제5호에 따른 사실과 다른 세금계산서로 보지 아니한다.

3) 기본통칙

39-75…1	공급시기 후에 발급받은 세금계산서의 매입세액 불공제

공급시기 후에 발급받은 세금계산서의 매입세액은 매출세액에서 공제 또는 환급하지 아니한다. 다만, 재화 또는 용역의 공급시기 후에 발급받은 세금계산서로서 해당 공급시기가 속하는 과세기간 내에 발급받은 경우에는 그러하지 아니한다.

나. 사실과 다른 세금계산서 개요

1) 개념

사실과 다른 세금계산서의 개념을 한 마디로 정의하기는 무척 어렵다. 세법령에서 그 정의를 규정하지 있지 않을뿐더러, 부가가치세법령에 '사실과 다른 세금계산서'라고 직접 기재된 경우는 부가가치세법 시행령 §108 ③에서 "…… (생략) …… 경우에는 사실과 다른 세금계산서로 보지 아니한다"라고 규정하고 있는 것이 유일하며, 나머지 조문에서는 모두 '사실과 다르게'라는 표현으로 일관하고 있기 때문이다.

이로 미루어 사실과 다른 세금계산서의 개념을 좁게 정리해 보자면 부가가치세법 §32 ①에서 규정하고 있는 세금계산서 기재사항 중 필요적 기재사항 4가지(제1호부터 제4호까지)의 전부 또는 일부가 적히지 아니하였거나 사실과 다르게 적힌 세금계산서를 사실과 다른 세금계산서라고 이해할 수 있다.

여기서 '적히지 아니하였거나'의 의미는 처음부터 기재하지 않은 경우이므로 비교적 명확하지만, '사실과 다르게 적힌'이라는 문구의 의미는 다소 모호할 수 있다.

여기에 대해 대법원은 "부가가치세법에서 세금계산서의 기재내용이 사실과 다른 경우의 매입세액은 매출세액에서 공제하지 아니한다고 규정하고 있는바, 이 경우에 '사실과 다르다'는 의미는 과세의 대상이 되는 소득·수익·계산·행위 또는 거래의 귀속이 명의일 뿐 사실상 귀속되는 자가 따로 있는 때에는 사실상 귀속되는 자를 납세의무자로 하여 세법을 적용한다고 규정한 국세기본법 §14 ①의 취지에 비추어, 세금계산서의 필요적 기재사항의 내용이 재화 또는 용역에 관한 당사자 사이에 작성된 거래계약서 등의 형식적인 기재내용에 불구하고 그 재화 또는 용역을 실제로 공급하거나 공급받는 주체와 가액 및 시기 등과 서로 일치하지 아니하는 경우를 가리킨다(대법원 1996.12.10. 선고, 96누617 판결)"고 정의한 바 있다.

그리고 명의상의 거래 상대방이 실제로 재화 또는 용역을 공급하는 자가 아니라는 사실을 알지 못한 때에는 알지 못하였음에 과실이 없는 경우에 한하여 매입세액을 공제할 수 있는 것이므로, 공급받는 자가 그와 같은 사정을 잘 알고 있으면서 사실과 다르게 기재된 세금계산서를 교부받은 경우에는 이를 근거로 공급받는 자의 매출세액에서 그 매입세액을 공제할 수 없다(대법원 1990.4.27. 선고, 90누73 판결).

한편, '사실과 다르게 적힌'이라는 문구의 의미는 필요적 기재사항을 전부 기입하였어도 기재상의 오류가 있어서는 안 된다는 의미이고, 나아가 필요적 기재사항을 오류 없이 기재하였다 하여도 실질거래내용과 필요적 기재사항이 반드시 일치할 것까지 요구하고 있는 것이라고 해석하는 경우도 있다.[37)]

따라서 필요적 기재사항을 기재하지 않은 경우는 당연하고, 허위나 가공계산서는 물론 실제 거래이긴 하지만 공급시기 후에 발급받은 세금계산서도 사실과 다른 세금계산서가 되며, 거래의 실질이 위·수탁거래인데 직접거래인 것으로 세금계산서를 교부하여도 사실과 다른 세금계산서가 된다.

사실과 다른 세금계산서를 교부받은 매입자는 매입세액공제가 불가능할 뿐만 아니라, 이와 별도로 가산세도 부담하여야 한다.

2) 대법원 판례의 변화[38)]

사실과 다른 세금계산서에서 특히 문제가 되는 공급시기 후에 발급받은 세금계산서의 매입세액공제 여부에 관하여 대법원 판례는 "비록 공급시기나 과세기간이 경과한 후에 작성일자를 공급시기로 소급하여 작성 교부하였다 하더라도 그 세금계산서의 기재사항에 의하여 그 거래사실이 확인되면 당해 부가가치세 매입세액을 공제되어야 한다"는 적극적 태도를 유지한 적도 있었지만(2001.8.24. 선고, 2000두581 판결 ; 1987.5.12. 선고, 85누398 판결),

대법원 2004.1.18. 선고, 2002두5771 전원합의체 판결을 계기로 "세액의 산정 및 상호검증이 과세기간별로 행하여지는 부가가치세의 특성상 위와 같은 상호검증 기능이 제대로 작동하기 위해서는 세금계산서의 작성 및 교부가 그 거래시기가 속하는 과세기간 내에 정상적으로 이루어지는 것이 필수적이기 때문이라 할 것이므로, 과세기간이 경과한 후에 작성한 세금계산서는 작성일자를 공급시기로 소급하여 작성하였다 하더라도 부가가치세법 소정의 '필요적 기재사항의 일부가 사실과 다르게 기재된' 세금계산서에 해당하므로 이 경우의 매

37) 김천옥, "사실과 다른 세금계산서에 대한 매입세액 불공제 제도와 그 타당성에 관한 연구", 「조세연구」 제11권 제3집(통권 제18권) 수록내용 발췌

38) 김천옥, 상게 논문, 수록내용 중 관련부분을 발췌하여 정리하였다.

입세액은 매출세액에서 공제되어서는 아니된다. 그러므로 세금계산서가 그 공급시기나 과세기간이 경과한 후에 작성일자를 공급시기로 소급하여 작성 교부되었다 하더라도 그 세금계산서의 기재사항에 의하여 그 거래사실이 확인되면 당해 부가가치세의 매입세액은 공제되어야 한다고 판시한 대법원 1987.5.12. 선고, 85누398 판결 ; 1988.2.9. 선고, 87누964 판결 ; 2001.8.24. 선고, 2000두581 판결 ; 같은 날 선고, 2000두8097 판결은 이와 저촉되는 범위 내에서 변경하기로 한다"라고 수정되었다.

다. 입증책임의 소재

- 사실과 다른 세금계산서라는 점 → 과세관청이 입증
- 명의위장 사실을 알지 못한데 과실 없다는 점 → 주장하는 자, 즉 납세자가 입증

1) 과세관청의 입증책임

사실과 다른 세금계산서에 해당한다는 점은 과세관청이 입증하여야 한다. 특정거래가 실질적인 재화의 인도 또는 양도가 없는 명목상의 거래라는 이유로 그 거래과정에서 수취한 세금계산서가 매입세액의 공제가 부인되는 '사실과 다른 세금계산서'에 해당한다는 점에 관한 증명책임은 과세관청이 부담함이 원칙이다(대법원 2009.6.23. 선고, 2008두13446 판결 ; 1992.9.22. 선고, 92누2431 판결 ; 2006.4.14. 선고, 2005두16406 판결).

2) 납세자의 입증책임

명의위장 사실을 알지 못한 데 과실 없음은 주장하는 자가 입증하여야 한다. 실제 공급자와 세금계산서상의 공급자가 다른 세금계산서는 공급받는 자가 세금계산서의 명의위장 사실을 알지 못하였고 알지 못한 데에 과실이 없다는 등의 특별한 사정이 없는 한 그 매입세액을 공제 내지 환급받을 수 없으며, 공급받는 자가 위와 같은 명의위장 사실을 알지 못한 데에 과실이 없다는 점은 매입세액의 공제 내지 환급을 주장하는 자가 이를 증명하여야 한다(대법원 2014.12.11. 선고, 2012두20618 판결 ; 2009.6.11. 선고, 2009두1808 판결).

라. 재결청이 주로 조사하는 내용

1) 금융자료 등 객관적 증빙 확인

① 거래대금 수수를 입증할 수 있는 금융자료 등 객관적 증빙을 확인한다.

② 거래처 명의의 계좌에 입금한 금액이 입금과 동시 출금되지는 않았는지에 대해 조사한다.

③ 대금지급 증빙으로 제시한 어음 및 자기앞수표의 이서 여부를 확인한다.

④ 매입처의 예금계좌에서 구입자금이 인출된 날짜, 금액과 거래일자, 거래금액 등을 비교하여 실지거래 여부에 대한 입증자료로 활용한다.

2) 자료상 혐의자인지 확인

① 자료상 혐의자 관할세무서장의 세금계산서 추적조사내용을 확인한다.

② 처분청에서 실지거래 여부에 대한 구체적인 조사를 하였는지 여부를 확인한다.

③ 거래상대방이 성실한 납세자인지 자료상이라면 완전자료상인지 부분자료상인지 여부를 확인한다.

3) 거래상대방에 대한 경찰조사내용, 검찰공소장 등 확인

① 처분청 또는 검찰조사 당시 거래상대방 또는 청구인이 가공거래사실 등을 시인한 진술서가 존재하는지 여부를 확인한다.

② 경찰・검찰 조사내용상 혐의 없는 것으로 종결되었다고 정상거래라고 단정 지을 수 없으므로, 증거서면에 따라 거래내용을 조사한다.

4) 거래품목 등 확인

① 거래품목이 당사자들이 실제로 취급하는 품목인지, 원거리사업자와의 거래인지 등을 확인한다.

① 청구인과 거래처의 업종이 상이한지 여부를 확인한다.

② 원거리사업자와의 거래시 단가, 운송비 부담 등 거래조건을 확인한다.

③ 계약서상 거래일자와 실제 거래일자 확인, 실제거래로 주장하는 거래시기에 거래상대

방이 폐업한 사업자인지에 대해 확인한다.

5) 위장세금계산서의 경우 실거래처 확인

① 실매입처와 세금계산서 교부자가 사실과 다른 사유를 규명한다.

② 실거래처의 인적사항 및 세부담 능력 등을 확인한다.

③ 관련거래처 등의 사실확인서가 있는지 확인하고, 사실확인서 기재내용의 진실 여부를 확인한다.

마. 주요 예규

1) 세금계산서를 발급받지 않은 경우

(1) 사업자 간 공사계약서에 부가가치세 포함 또는 부가가치세 별도라는 표시가 없는 경우 그 공사대금에 부가가치세가 포함된 것인지 여부는 계약당사자가 결정하는 것임. 다만, 계약서상 계약가액에 부가가치세가 포함되어 있는지 여부에 관하여 정함이 없고 공급받는 자가 별도로 부가가치세를 지급하지 않은 경우에는 계약가액 내에 부가가치세가 포함된 것으로 보는 것임. 한편, 공급받는 자가 세금계산서를 교부받지 않은 경우에는 매입세액을 공급자에게 지급한 경우에도 그 매입세액은 공제받을 수 없는 것임(부가-5091, 2008.12.31.)

(2) 세금계산서를 교부받지 아니한 경우에는 매입세액을 공제하지 않는 것에 그치는 것이고 공급가액의 110분의 10을 매입세액으로 보아 불공제처리하는 것은 아님(부가 46015-1286, 1999.5.3.)

(3) 해외에서 자기사업과 관련하여 지출한 경비에 대한 부가가치세는 세금계산서를 교부받을 수 없으므로 매입세액공제를 받을 수 없음(서면인터넷방문상담3팀-686, 2006.4.10.)

(4) 국가 등이 부가가치세가 과세되는 재화를 구입하여 공급하는 경우 부가가치세가 면제되는 것으로 세금계산서를 교부할 수 없으며, 국가 등으로부터 재화를 공급받은 사업자는 매입세액공제를 받을 수 없음. 사업자가 국가 등에게 수수료를 지불할 조건으로 재화의 판매를 위탁한 경우로서 국가 등이 당해 재화를 공급하는 경우에는 국가 등이 당해 재화의 위탁자를 공급자로 하여 세금계산서를 교부하여야 하고, 이 경우 국가 등의 고유번호를 비고란에 부기하여야 하는 것임(부가 46015-4526, 1999.11.10.)

(5) 사업자가 용역을 공급받았으나 용역을 공급한 사업자의 부도로 인하여 세금계산서를 교부받지 못한 경우에는 당해 매입세액을 공제받지 못하는 것이고, 이 경우 용역을

공급받은 사업자가 용역을 공급한 사업자의 채권자로부터 당해 용역의 공급대가에 대한 채권압류통지를 받은 경우 공급대가의 지급 여부에 대하여는 민법규정에 의함(부가 46015-2900, 1997.12.26.)

(6) 부가가치세를 경정결정한 거래분에 대하여는 수정세금계산서를 교부할 수 없으며, 이 경우에 관련된 매입세액은 세금계산서를 교부받지 아니하였으므로 매출세액에서 공제되지 아니하는 것임(부가 46015-727, 1994.4.13.)

(7) 폐업일 이후 교부받은 세금계산서상의 매입세액은 공제되지 아니함. 다만, 이 경우 폐업일이라 함은 사업자가 그 사업을 실질적으로 폐업하는 것을 말하는 것이므로 부가가치세 과세사업을 영위하기 위하여 신탁자산을 위탁한 사업자가 부도된 경우라 하더라도 당해 사업자가 신탁업법에 의한 위탁자로서의 지위가 그대로 유지되고, 당해 신탁사업이 계속적으로 유지되고 있는 경우에는 폐업으로 보지 않음(부가 46015-1639, 2000.7.10.)

2) 필요적 기재사항이 사실과 다르게 기재된 경우

(1) 지방자치단체가 영위하는 부동산임대업과 관련한 시설물 등의 건설과 관련하여 수취하는 매입세금계산서에 공급받는 자의 명의와 등록번호를 착오에 의하여 지방자치단체의 소속기관 명의와 사업자등록번호로 잘못 기재하여 수취한 경우, 부가법 §39 ① 제2호 단서 및 부가령 §75 제2호에 따라 해당 매입세금계산서와 관련한 매입세액은 공제받을 수 있음(기획재정부 부가가치세제과-761, 2014.12.30.)

(2) 사업자가 재화 또는 용역을 공급받고 세금계산서는 당해 재화 또는 용역을 공급한 사업자가 아닌 다른 사업자로부터 교부받은 경우 당해 세금계산서의 매입세액은 매출세액에서 공제하지 아니하는 것이며, 부가가치세 신고시 당해 세금계산서의 매입세액을 매입처별 세금계산서에 기재하여 공제받은 경우 당해 매입세액은 부가법 §22 ④ 및 ⑤의 규정에 의하여 가산세를 부과함(부가 46015-1562, 1999.6.4.)

(3) 고유번호를 기재하여 교부받은 세금계산서의 매입세액은 자기의 매출세액에서 공제하지 아니하는 것임(부가 46015-1870, 1995.10.10.)

(4) 위탁매입의 경우에는 공급자가 위탁자 또는 본인을 공급받는 자로 하여 세금계산서를 발급하여야 하는 것으로, 공급받는 자를 위탁자가 아니라 수탁자로 하여 발급받은 매입세금계산서는 사실과 다른 세금계산서로 보아 매입세액이 공제되지 않음(부가가치세과-86, 2014.1.28.)

(5) 사업자가 사실과 다른 세금계산서를 교부받아 부가가치세 예정, 확정신고시 이를 근거로 매입처별세금계산서합계표상의 공급가액을 사실과 다르게 과다하게 기재하여

제출한 경우에는 사업자가 수정신고 또는 경정청구하는 경우에도 부가법 §22 ④의 규정에 의한 가산세가 부과됨(부가 46015-2854, 1998.12.26.)

(6) 사업자등록을 한 자가 재화 또는 용역을 공급받고 주민등록번호를 기재한 세금계산서를 교부받았으나 사업자등록번호로 수정한 세금계산서를 교부받아 국세기본법의 규정에 의해 수정신고를 하는 경우, 당해 수정세금계산서상의 매입세액은 매출세액에서 공제되며, 가산세는 적용되지 않음(서삼 46015-10514, 2003.3.27.)

(7) 사업과 관련된 지출이 분명한 경우에도 매입세금계산서의 필요적 기재사항의 일부가 누락된 경우에는 매입세액이 공제되지 않음(서면인터넷방문상담3팀-102, 2004.1.27.)

(8) 실제 거래사실과 세금계산서 교부내용이 다른 세금계산서를 교부받는 경우에는 자기의 매출세액에서 공제받을 수 없으며, 소관세무서장이 장부 및 증빙자료와 거래사실을 조사하여 당해 세금계산서가 사실과 다른지 여부를 판단함(부가 22601-1301, 1991.10.7.)

(9) 국가, 지방자치단체 등이 부가가치세가 과세되는 사업을 영위하는 경우 당해 사업과 관련된 매입세액공제, 사업용 자산의 매각, 매입세액공제에 있어서는 일반사업자와 동일하게 부가가치세법이 적용됨(재부가-306, 2007.4.25.)

(10) 사업자가 부가가치세가 과세되는 재화를 공급하고 월합계세금계산서를 교부함에 있어, 일부 업체에 대하여 공급가액을 과다하게 기재하고, 거래가 없는 일부 업체에 대하여 세금계산서를 교부한 경우(이하 "사실과 다르게 과다하게 교부한 금액"이라 한다), 재화를 공급한 사실과 세금계산서를 교부한 사실이 서로 상관관계가 있어 실지거래처에 교부하지 아니한 금액과 사실과 다르게 과다하게 교부한 금액이 월별로 일치하는 경우에는 그 교부하지 아니한 금액과 사실과 다르게 과다하게 교부한 금액에 대하여 중복하여 가산세를 적용하지 아니함(서면인터넷방문상담3팀-2805, 2006.11.14.)

(11) 사업자가 세금계산서를 교부한 후 필요적 기재사항 등이 착오로 잘못 기재된 경우에는 세무서장이 경정하여 통지하기 전까지 세금계산서를 수정하여 교부할 수 있는 것임. 다만, 이 경우 공급받는 자가 사업자등록을 하기 전에 공급받는 자의 주민등록번호를 기재하여 교부한 세금계산서에 대하여는 사업자등록번호로 수정한 세금계산서를 교부할 수 없음(서면인터넷방문상담3팀-1784, 2007.6.20.)

(12) 간이과세자나 면세사업자 등으로부터 세금계산서를 교부받은 경우 당해 매입세액은 사실과 다르게 기재된 매입세액에 해당하여 매출세액에서 공제되지 아니함(서삼 46015-12146, 2002.12.13. ; 서삼 46015-11550, 2002.9.12.)

(13) 사업자가 공급시기가 도래하기 전에 재화 또는 용역에 대한 대가의 전부 또는 일부를 받지 아니하고 세금계산서를 교부한 경우 당해 세금계산서의 공급가액 중 세금계산서 교부시 지급받은 대가보다 과다하게 기재된 분의 공급가액에 대한 매입세액

은 매출세액에서 공제되지 않음(서면인터넷방문상담3팀-1487, 2004.7.24.)

(14) 사업자가 영세율을 적용할 수 있는 거래에 대해 부가가치세액(세율 10%)을 별도로 적은 세금계산서를 발급하고 이에 따라 과세표준 등을 신고·납부하는 등 조세탈루 사실이 없는 경우에는 사실과 다른 세금계산서에 해당하지 않음(기획재정부 부가가치세제과-747, 2011.11.28.)

(15) 거래당사자가 부가가치세 과세대상이 아닌 거래를 과세대상으로 부가가치세를 거래징수하고 세금계산서를 발급 및 수취하여 매출(매입)처별 세금계산서합계표를 제출한 경우 매출(매입)처별 세금계산서합계표의 기재사항 중 사실과 다르게 과다하게 기재하여 신고한 것으로 볼 수 없으므로 부가법 §60 ⑥ 내지 ⑦의 가산세가 적용되지 아니하는 것이나, 국기법 §47의3 내지 §47의4에 규정하는 가산세는 적용됨.
다만, 사업자가 2014.1.1. 개정 전 구 부가법 §39 ① 제3호 및 부가령 §76에 따라 면세되는 재화 또는 용역(부가가치세가 과세되지 아니하는 재화 또는 용역을 포함한다)을 공급받으면서 세금계산서를 발급받은 경우의 매입세액을 매출세액에서 공제하는 경우는 2013.2.15. 이후부터 2013.12.31까지 재화 또는 용역을 공급받는 분에 대하여만 적용하는 것임(부가가치세과-113, 2014.2.17.)

3) 위장거래·가공거래 및 자료상 매입인 경우

(1) 원자재 등 매입하면서 거래일 현재 사업자등록증을 확인하고 세금계산서 수취했으나 거래일 이후 조사에 의해 매출자가 위장사업자로 판정되었을 경우 선의의 거래당사자일 경우에는 매입세액을 공제받을 수 있으며, 매출제품에 실지로 소요된 원재료비는 수익에 대응하는 원가로 손금에 산입하는 것임(부가 22601-1112, 1989.8.5.)

(2) 사업자가 가공매출에 대한 수정세금계산서를 발행하여 경정청구한 이후 과세관청의 자료상조사를 받고 일부 가공세금계산서에 대하여 부분자료상으로 확정된 경우 매출감액으로 발생하는 환급세액은 환급가능함(기획재정부 부가가치세제과-390, 2009.6.1.)

(3) 사업자가 과세되는 용역을 공급받으면서 세금계산서는 당해 용역을 공급한 사업자가 아닌 다른 사업자로부터 교부받는 등 부가법 §17 ②에 해당하는 세금계산서를 수취한 경우 동 매입세액은 매출세액에서 공제할 수 없음(서면인터넷방문상담3팀-2367, 2004.11.22.)

(4) 부가법 §2에 따라 사업자등록을 한 사업자가 타인의 명의를 이용하여 일반과세자로 등록한 후 실제 사업을 영위하면서 명의를 대여한 타인 명의로 교부받은 세금계산서의 매입세액은 실질사업자의 매출세액에서 공제하지 않음(기획재정부 부가가치세제과-646, 2010.10.1.)

(5) 부가가치세가 과세되는 재화나 용역을 공급함이 없이 세금계산서만을 가공으로 교부

하는 자료상행위자가 가공세금계산서에 의하여 신고·납부한 부가가치세는 환급받을 수 없음(서면3팀-1109, 2007.4.11. ; 서면3팀-1458, 2006.7.14. ; 서면3팀-971, 2006.5.25. ; 부가46015-1825, 2000.7.26.)

(6) 부가가치세법의 규정에 의하여 세금계산서를 교부받아야 할 자와 매입처별세금계산서합계표를 제출하여야 할 자가 폭행·협박·선동·교사 또는 통정에 의하여 세금계산서를 교부받지 아니하거나 허위기재의 세금계산서를 교부받은 때 또는 허위기재한 매입처별세금계산서합계표를 제출한 경우 조세범처벌법 §11의2 규정에 의하여 처벌(서면1팀-1519, 2006.11.8.)

4) 기타

(1) 타인으로부터 사업장을 임차하여 제조업을 영위하는 일반과세자가 당해 임차한 사업장에서 제조업을 영위하지 아니하고 부동산전대업을 영위하면서 사업자등록을 정정하지 아니하고 그 거래시기에 세금계산서를 교부한 경우로서 당해 세금계산서의 필요적 기재사항 또는 임의적 기재사항으로 보아 그 거래사실이 확인되는 때에는 공급받는 자는 그 매입세액이 불공제되는 매입세액에 해당하는 경우를 제외하고 자기의 매출세액에서 공제할 수 있음(부가가치세과-1601, 2010.12.3.)

(2) 사업자가 거래처별로 1역월의 공급가액을 합계하여 당해 월 말일자로 세금계산서를 교부함에 있어 동일 거래처에 품목별 또는 담당자별로 구분하여 2매 이상의 세금계산서를 교부하는 경우 사실과 다른 세금계산서 아님(서면인터넷방문상담3팀-2853, 2007.10.19.)

(3) 사업자가 부가가치세법에 따른 공급시기가 도래하기 전에 대가를 지급하지 아니하고 세금계산서를 교부받아 재화 또는 용역에 대한 대가의 전부 또는 일부를 당해 세금계산서 교부일이 속하는 과세기간 내에 지급하는 경우 교부받은 세금계산서의 매입세액은 사실과 다른 세금계산서의 매입세액에 해당함(재정경제부 소비세제과-315, 2005.10.13.)

(4) 부동산임대업의 개시일은 실질적으로 임대용역의 공급을 개시한 날인 것이며, 사업자등록 신청일 전에 교부받은 세금계산서의 매입세액은 매출세액에서 공제되지 않음(부가 46015-2853, 1999.9.17.)

(5) 사업자가 영세율이 적용되지 아니하는 과세거래분에 대하여 영세율세금계산서를 교부하고 부가가치세 신고시 그 매출세금계산서를 근거로 매출처별세금계산서합계표에 기재하여 제출한 경우에는 부가가치세액이 사실과 다른 세금계산서에 해당하여 매출처별세금계산서합계표 불성실가산세는 적용되지 아니하는 것이나, 세금계산서불성실가산세가 적용됨(서면인터넷방문상담3팀-2432, 2004.12.2.)

(6) 녹용과 녹각을 수입하여 판매하는 사업자가 당해 재화를 미등록사업자에게 판매 후 세금계산서는 당해 사업자가 미등록사업자에게 교부하지 않고 미등록사업자에게서 구매한 제3자에게 바로 교부하는 경우, 교부한 세금계산서는 사실과 다른 세금계산서로서 매입세액은 불공제되고 조세범처벌법의 범칙행위에 해당함(서면인터넷방문상담1팀-514, 2005.5.13.)

(7) 건설업을 영위하는 사업자가 도급받은 건설용역의 일부를 하도급을 준 이후 그 용역 제공 대가를 발주자가 직접 하도급업자에게 지급하는 경우에도 세금계산서는 하도급업자가 도급을 준 건설업자를 공급받는 자로 하여 교부하여야 함(서면인터넷방문상담3팀-1925, 2006.8.28.)

(8) 물품 납품 계약시에 계약금을 지급하고 물품 검수시에 중도금을 지급하며, 추후에 잔금을 일시에 지급하기로 한 경우는 중간지급조건부 재화의 공급에 해당하지 아니하며, 총합계로 교부받은 세금계산서이더라도 계약금과 중도금에 대하여는 공급시기가 사실과 다른 세금계산서이므로 매입세액공제받을 수 없음(부가 22601-1328, 1986.7.7.)

바. 주요 판례 소개

Case 1 대법원 2015.1.15. 선고, 2014두11618 판결

명의상 공급자와 실제 공급자가 다르게 적힌 세금계산서를 교부받아 매입세액의 공제 또는 환급을 받은 경우, 그 행위가 구 국세기본법 §47의3 ② 제1호가 정한 '부당한 방법으로 과세표준을 과소신고한 경우'에 해당하기 위한 요건을 제시한 사례

구 국세기본법 §47의3 ② 제1호 등 관련 규정의 문언 및 체계 등에 비추어 보면, 납세자가 거짓증명을 수취하여 과세표준을 과소신고하였다고 하더라도 수취한 증명이 거짓임을 알지 못하였을 때에는 '부당한 방법으로 과세표준을 과소신고한 경우'에 해당한다고 볼 수 없고, 납세자가 중대한 과실로 거짓임을 알지 못하였다고 하여 달리 볼 것은 아니다.

그리고 납세자가 그 세금계산서상의 공급자와 실제 공급자가 다르게 적힌 '사실과 다른 세금계산서'를 교부받아 매입세액의 공제 또는 환급을 받은 경우 그러한 행위가 구 국세기본법 §47의3 ② 제1호가 규정한 '부당한 방법으로 과세표준을 과소신고한 경우'에 해당하기 위하여는, 납세자에게 사실과 다른 세금계산서에 의하여 매입세액의 공제 또는 환급을 받는다는 인식 외에, 사실과 다른 세금계산서를 발급한 자가 그 세금계산서상의 매출세액을 제외하고 부가가치세의 과세표준 및 납부세액을 신고·납부하거나 또는 그 세금계산서상의 매출세액 전부를 신고·납부한 후 경정청구를 하여 이를 환급받는 등의 방법으로 부가가치세 납부의무를 면탈함으로써 납세자가 그 매입세액의 공제를 받는 것이 결과적으로 국가의

조세수입 감소를 가져오게 될 것이라는 점에 대한 인식이 있어야 한다.

원고는 이 사건 세금계산서가 사실과 다르다는 사실을 알지 못하였다고 주장하고 있을 뿐만 아니라 이 사건 세금계산서에 의하여 공제받은 매입세액에 상당하는 금액을 ㈜○○에 지급하였다는 취지로도 주장하고 있으므로, 원심으로서는 원고가 이 사건 세금계산서가 사실과 다르다는 사실을 알고 있었는지 여부 및 원고에게 '㈜○○이 이 사건 세금계산서상의 매출세액을 제외하고 부가가치세의 과세표준 및 납부세액을 신고·납부하거나 또는 이 사건 세금계산서상의 매출세액 전부를 신고·납부한 후 경정청구를 하여 이를 환급받는 등의 방법으로 이 사건 세금계산서상의 부가가치세 납부의무를 면탈함으로써 원고가 이 사건 세금계산서에 의하여 매입세액의 공제를 받는 것이 결과적으로 국가의 조세수입 감소를 가져오게 될 것이라는 점에 관한 인식이 있었는지 여부'를 심리한 후 이 사건 부당과소신고가산세 부과처분이 적법한지를 판단하였어야 했다.

그런데도 원심은 이러한 점들에 관하여 심리하지 아니한 채 그 판시와 같은 이유만으로 이 사건 부당과소신고가산세 부과처분이 적법하다고 판단하였으니, 부당과소신고가산세의 부과요건에 관한 법리를 오해하여 필요한 심리를 다하지 아니함으로써 판결에 영향을 미친 위법이 있으므로, 원심판결 중 부당과소신고가산세 부과처분에 관한 부분을 파기하고, 이 부분 사건을 심리·판단하게 하기 위하여 원심법원에 환송한다.

사실과 다른 세금계산서를 교부받은 자가 매입세액의 공제 또는 환급을 받은 경우, 그 행위가 구 국세기본법 §47의3 ② 제1호가 정한 '부당한 방법으로 과세표준을 과소신고한 경우'에 해당하기 위한 구체적 기준을 제시한 판례이다.

판례가 제시한 구체적 기준은 다음과 같다.

㈎ 납세자에게 사실과 다른 세금계산서에 의하여 매입세액의 공제 또는 환급을 받는다는 인식이 있었을 것

㈏ 사실과 다른 세금계산서를 발급한 자가 그 세금계산서상의 매출세액에 대한 부가가치세 납부의무를 면탈함으로써 납세자가 그 매입세액의 공제를 받는 것이 결과적으로 국가의 조세수입 감소를 가져오게 될 것이라는 점에 대한 인식이 있었을 것

한편 참고로 이 사건의 원심(부산고등법원 2014.7.18. 선고, 2013누3085 판결)이 원고의 선의, 무과실 여부를 심리하여 과실이 있었다는 판단에 이르게 되는 이유를 살펴 볼 필요가 있다고 여겨 소개한다.

실제 공급자와 세금계산서상의 공급자가 다른 세금계산서는 공급받는 자가 세금계산서의 명의위장사실을 알지 못하였고 알지 못한 데에 과실이 없다는 특별한 사정이 없는 한 그 매입세액을 공제 내지 환급받을 수 없으며, 공급받는 자가 위와 같은 명의위장사실을 알지 못한 데에 과실이 없다는 점은 매입세액의 공제 내지 환급을 주장하는 자가 이를 증명하여야 하는데(대법원 2009.6.11. 선고, 2009두1808 판결), 공급받는 자와 명의위장사업자와의 거래 양상에 비추어 공급받는 자가 거래상대방이 명의위장사업자가 아닌지에 관하여 의심을 가질 만한 충분한 사정이 있었다면 그 사실을 알지 못한 데에 과실이 없었다고 보기 어렵다(대법원 2002.6.28. 선고, 2002두2277 판결).

위 법리 및 관계 법령에 비추어 이 사건에 관하여 보건대, 앞서 든 증거들과 변론 전체의 취지를 종합하여 알 수 있는 다음과 같은 사정들을 종합하여 보면, 원고는 동설의 실제 공급자가 ㈜○○이 아님을 알고 있었거나 조금만 주의를 기울여도 알 수 있었음에도 불구하고 이를 게을리한 과실이 있다.

① 원고는 ㈜○○과의 거래에 앞서 약 4년 이상 고철도매업을 영위해 오면서 그동안의 경험을 통해 동설 공급의 정상적인 구조와 유통경로, 업계의 일반적인 거래형태나 방식 및 고철업계에 널리 퍼진 자료상 거래의 실태와 위험성에 관하여 충분히 알고 있었을 것으로 추단되는바,

이러한 경험을 가진 원고가 ㈜○○을 처음 소개받으면서 소외 2로부터 사업자등록증 등을 교부받아 ㈜○○의 사업개시연도, 사업내용, 사업장 소재지 등을 확인하고, 소외 2에게 ㈜○○에 취업하게 된 경위, ㈜○○의 사업내용과 규모 등 ㈜○○이 위장명의사업체가 아닌 정상적으로 고철업을 영위하는 사업자인지를 확인해 보려는 노력을 기울이지 아니하였다.

② 원고의 대표이사는 ㈜○○과 최초 거래를 시작하기에 앞서 ㈜○○의 사업장을 방문하여 ㈜○○의 대표이사를 만날 때, ㈜□□의 정문을 통해 ㈜○○의 사업장으로 가게 되었고 그곳에 컨테이너 박스 2~3개로 된 사무실 외에 별도로 구획된 야적장이나 계근대 등이 설치되어 있지 않은 사실을 확인하였는바,

사정이 이러하다면 ㈜○○의 사업자등록증을 교부받아 과연 현재의 위치가 ㈜○○의 사업장 소재지가 맞는지 여부나 ㈜□□과의 관계, 주된 공급처 등 ㈜○○의 사업규모와 형태 등을 추가적으로 확인하여 ㈜○○이 정상적으로 동설을 매입하여 공급하는 업체가 맞는지 확인해야 할 주의의무가 있었음에도 단지 컨테이너 사무실 입구에 사업자등록증이 걸려 있다는 것만 확인한 채 만연히 ㈜○○과의 거래를 시작하였다.

③ 원고도 동설이 희귀하여 구하기 어렵다는 점을 인정하고 있는바, 그럼에도 원고는 사무실과 사업시설조차 변변하지 못한 신생업체인 ㈜○○으로부터 단기간 내에 과다한 물량을 공급받았으므로, 원고로서는 ㈜○○이 그만한 물량을 공급할 만한 충분한 능력

을 갖춘 적법한 공급자인지 좀 더 세심히 확인해 보았더라면 ㈜○○이 자료상임을 충분히 의심할 수 있었다고 보인다.

앞서 인정한 사실과 판단에 의하면, 이 사건 각 세금계산서는 공급자의 기재가 사실과 다른 세금계산서에 해당하고, 원고는 이 사건 각 세금계산서가 사실과 다른 세금계산서임을 알았거나 중대한 과실로 알지 못하였다고 봄이 상당하므로, 이를 이유로 피고가 이 사건 각 세금계산서상 매입세액공제를 부인하고 원고의 2011년 제1기분 부가가치세 본세를 증액경정한 것은 적법하다.

Case 2 대법원 2013.7.25. 선고, 2013두6527 판결

원고가 폐동의 실제 공급자가 사업자 명의를 위장하였다는 사실을 알지 못하였을 뿐만 아니라 이를 알지 못한 데에 과실이 있다고 보기도 어려워 세금계산서의 매입세액은 매출세액에서 공제 내지 환급되어야 한다고 본 원심판단이 정당하다고 한 사례

원고가 2009년 제1기 및 제2기에 거래처로부터 폐동을 공급받으면서 교부받은 '○○자원', '□□자원', '○○금속' 명의의 이 사건 세금계산서는 실제 공급자와 세금계산서상의 공급자가 다른 세금계산서에 해당하지만,

폐동 거래의 경위와 세금계산서의 기재내용, 폐동 대금의 지급방법, 거래처 사업자등록과 대표자의 일치 여부 확인, 폐동이 공급된 구체적인 경로와 과정 등 그 판시와 같은 사정에 비추어 볼 때, 원고가 폐동의 실제 공급자가 사업자 명의를 위장하였다는 사실을 알지 못하였을 뿐만 아니라 이를 알지 못한 데에 과실이 있다고 보기도 어려워 이 사건 세금계산서의 매입세액은 매출세액에서 공제 내지 환급되어야 한다.

이 사건의 경우 1심인 서울행정법원은 원고가 이 사건 거래처(위 ○○자원 · □□자원 · ○○금속)로부터 교부받은 세금계산서가 사실과 다른 세금계산서라는 것을 몰랐다는 것에 대해 과실이 있었다고 판단한 반면,

2심인 서울고등법원은 원고가 이 사건 세금계산서가 사실과 다른 세금계산서에 해당한다는 사정을 알지 못했고, 그와 같이 알지 못한 것에 과실이 없다는 원고의 주장은 이유 있다고 판단하였고 대법원도 이와 같은 원심의 판단을 그대로 수용한 사례이다.

이 사건 판례를 통해 1심과 2심은 각각 어떤 이유로 원고의 과실 유무에 대해 서로 다른 판단을 하게 되었는지 살펴보는 것이 유사한 사건의 조세불복을 진행하는 경우 도움이 될 것으로 보인다.

먼저 과세경위를 간단히 살펴보자면, 원고회사는 고철・비철 도매를 목적으로 설립된 법인으로 주로 고철・비철 등을 고물상 등으로부터 구입을 하여 동 제품 제조업체에 납품을 하는 형태로 사업을 영위하는 법인이다.

의정부세무서장은 이 사건 거래처에 대한 세무조사를 실시하고, 원고회사가 이 사건 거래처로부터 실물거래 없이 세금계산서를 교부받았다는 내용으로 원고 관할 동대문세무서장에게 과세자료 통보함에 따라 동대문세무서장은 원고회사에 대해 사실과 다른 세금계산서를 수취하였다고 하여 부가가치세와 법인세를 경정고지하였고, 원고회사의 대표이사를 조세범처벌법 위반혐의로 고발하였다.

한편, 서울북부지방검찰청은 원고회사의 대표이사가 이 사건 거래처로부터 허위의 세금계산서를 수취하였다고 입증할 증거가 없다는 이유로 불기소처분하였다.

서울행정법원이 원고에 대해 수취한 세금계산서가 사실과 다른 세금계산서라는 사실을 알지 못한 것에 과실이 있다고 판단한 이유는 다음과 같다(서울행정법원 2011.12.21. 선고, 2011구합21263 판결).

① 세금계산서를 발행한 이 사건 거래처는 2009년 제1기와 제2기에 매입이 전혀 없거나 매출에 비하여 너무 적은 반면 매출은 수십억 원에 이른다.

② 이 사건 거래처의 사업주로 사업자등록이 되어 있는 윤○○, 조○○, 심○○은 모두 이 사건 거래처를 운영할 경제적 능력이 없는 것으로 보일 뿐만 아니라 이 사건 거래처 사업장에서 실제로 폐동 등 수집, 판매업을 하였다고 볼 자료가 없다.

③ 이 사건 거래처는 원고로부터 폐동대금이 입금되면 입금된 날 2,000만 원 이하 단위로 현금으로 인출하거나 다른 계좌로 분산 이체하였고, 다른 계좌로 이체된 돈은 바로 현금으로 인출되었는데, 정상적으로 영업을 영위하는 업체가 거래계좌에 입금된 수입금을 항상 전액 현금으로 인출한다는 것은 납득하기 어렵고, 이는 실제 거래처가 따로 있기 때문인 것으로 의심된다.

④ 원고가 이 사건 거래처로부터 폐동을 인수한 구리시 토평동에 있는 XX종합금속의 사업장과 의정부시나 양주시에 있는 이 사건 거래처의 사업장은 상당히 떨어져 있어 운송비를 적게 들이기 위해서는 한 번에 가급적 많은 양의 폐동을 운송하는 것이 경험칙에 부합하는 데 비해, 원고는 이 사건 거래처로부터 하루에도 여러 차례 소량의 폐동을 인수하거나 이틀에 걸쳐 여러 차례 소량의 폐동을 인수하였다.

원고가 위와 같이 이 사건 거래처로부터 인수한 폐동의 인수일자, 시간, 중량, 이 사건 거래처와 위 XX종합금속의 사업장 사이의 거리 등에 비추어 보면 원고가 이 사건 거래

처의 사업장으로부터 운송된 폐동을 인수한 것인지 의문이 든다.

⑤ 원고가 이 사건 거래처와의 거래장부를 제시하지 못하고 있다.

⑥ 원고는 1997년부터 고철, 비철 도매업을 하였으므로 그 동안의 다양한 경험을 통하여 폐동 공급의 정상적인 구조와 유통경로, 업계의 일반적 거래형태나 방식 등에 관하여 충분히 알고 있었을 것으로 보이고, 따라서 이 사건 거래처를 비롯한 폐동 공급자가 실제 공급자인지 여부에 대하여 특히 주의를 기울일 필요가 있었다.

⑦ 원고와 같은 고철 수집·판매 업체는 고철 수집과정에서 매입세금계산서를 교부받지 못하는 경우가 빈번하여 매입공제를 위해 매입세금계산서를 수집할 필요성이 많은 것이 현실이다.

원고는 이 사건 세금계산서의 명의 위장사실을 알지 못하였고 알지 못한 데에 과실이 없다는 특별한 사정을 입증하여야 할 것인데, 위 이유로 비추어 볼 때 이 사건 거래처로부터 발급받은 세금계산서가 사실과 다른 세금계산서임을 몰랐고, 모른 데 대하여 과실이 없다는 판단을 한 사실 및 원고가 제출한 증거만으로는 이를 인정하기에 부족하고, 달리 이를 인정할 증거가 없다.

반면 서울행정법원과 다르게 서울고등법원이 원고가 수취한 세금계산서가 사실과 다른 세금계산서라는 사실을 알지 못한 것에 과실이 없다고 판단한 근거는 다음과 같다(서울고등법원 2013.2.7. 선고, 2012누2247 판결).

① 원고와 이 사건 거래처 사이의 폐동거래는 이 사건 거래처의 대표자 윤○○ 등의 제안에 따라 시작된 것으로 보이는데, 원고는 윤○○ 등과 거래를 시작하기 이전에 이 사건 거래처의 사업자등록증 사본과 윤○○ 등의 신분증 사본 내지 명함을 교부받아 이 사건 거래처의 대표자가 윤○○ 등과 동일한지 확인하였고,

이 사건 거래처로부터 공급받은 폐동의 거래대금도 윤○○ 등 명의로 된 은행계좌에 입금하였으며, 그 거래 당시에 원고에게 폐동을 실제로 공급한 자가 윤○○ 등이 아니라고 의심할 만한 특별한 사유나 계기 등이 있었다고 볼만한 사정도 발견할 수 없을 뿐만 아니라, 검찰도 과세관청이 원고와 그 대표자 윤□□에 대하여 이 사건 거래처로부터 사실과 다른 세금계산서를 수취하였다는 이유로 조세범처벌법 위반 혐의로 고발한 사건에 대해 증거 불충분을 이유로 '혐의 없음' 처분을 하였다.

② 일반적으로 소위 자료상이나 위장거래자를 이용하는 목적은, 허위의 세금계산서를 이용하여 부가가치세의 매입세액을 공제받는 방식으로 조세를 포탈하기 위한 것이라고

할 것인데, 원고는 이 사건 폐동의 거래대금과 그에 대한 부가가치세 전액을 윤○○ 등의 은행계좌를 통하여 지급하였던 것으로 인정되어, 만일 원고가 이 사건 거래처와의 거래가 위장거래라는 점을 알면서도 부가가치세 등을 지급하였다면, 이는 스스로 부가가치세를 이중으로 부담할 위험을 떠안는 것으로서 사회 통념상 이례적이라고 할 것일 뿐만 아니라, 달리 원고가 윤○○ 등의 은행계좌를 통하여 지급한 폐동의 거래대금과 그 부가가치세 상당액을 되돌려 받았다고 볼 만한 증거도 없다.

③ 비록 원고가 제출한 거래장부, 계량증명서 등의 존재만으로 이 사건 거래처가 실제로 원고에게 폐동을 공급한 것이라고 단정할 수는 없다고 하더라도, 위 거래장부 등에는 원고가 이 사건 거래처로부터 이 사건 세금계산서에 기재된 거래일, 공급가액 등의 조건으로 폐동을 공급받은 내용이 상세히 기재되어 있고, 그와 같은 내용이 나중에 조작되었다고 의심할 만한 정황도 확인되지 않는 이상, 원고로서는 이 사건 거래처가 실제로 원고에게 폐동을 공급하는 것으로 믿었다고 볼 여지가 충분하다.

④ 중부지방국세청장은 A종합금속에 대한 법인통합조사를 하여 A종합금속이 이 사건 거래처의 사업자등록과 대표자가 일치하는지 확인한 것으로 나타나고, 거래대금도 이 사건 거래처 명의의 예금통장으로 직접 송금한 사실이 확인되므로, 사업자로서는 선량한 주의의무를 다한 선의의 거래당사자에 해당된다고 판단한 것으로 보이는데, 이 사건 거래처로부터 원고 내지 A종합금속 명의로 폐동을 공급받는 과정에 있어 그 주의의무를 달리 판단할 특별한 사정이 있었던 것으로 보이지 않는다.

⑤ 폐동의 거래는 운송비의 절감과 거래 편의상 중간도매상들이 각지에서 폐동을 수집하여 이를 자기의 사업장에 상, 하차하지 않고, 직접 폐동을 싣고 가서 원고와 같은 납품처에서 계근과 대금 수령 및 세금계산서의 교부 등을 동시에 하는 경우가 많아 보이고, 이러한 폐동의 거래 관행과 행정소송 제도의 목적 및 사법권에 의한 국민의 권익보호 기능을 고려해 볼 때, 원고가 이 사건 거래처와 폐동거래를 할 당시에 이 사건 거래처가 자료상이나 위장거래자에 해당한다고 의심할 만한 특별한 사정이 있었다고 볼 수 없는 이상, 설령 원고가 이 사건 거래처의 사업장 현황이나 폐동 거래대금의 현금 즉시 인출 여부 등에 관하여 일일이 확인하지 않았다는 사정만을 이유로 원고에게 그 거래상 과실이 있다고 쉽게 단정할 것은 아니라고 판단된다.

비록 이 사건 거래처가 원고에게 실제로 폐동을 공급한 업체라고 볼 수 없다 하더라도, 폐동을 공급받은 원고가 이 사건 거래처는 명의상 공급자에 불과하고 실제로 원고에게 폐동을 공급하는 업체가 별도로 존재한다고 의심할 만한 충분한 사정이 있었다고 단정할 수 없다고 판단된다. 결국, 원고는 이 사건 세금계산서에 의한 폐동거래가 "위장거래"라는 사실을 알지 못하였고, 그러한 사정을 알지 못한 데에 원고에게 과실이 있다고 볼 수 없다고 봄이 상당하다.

따라서 이 사건 세금계산서는 사실과 다른 세금계산서가 아니라는 원고의 주장은 받아들

일 수 없으나, 원고는 이 사건 세금계산서가 사실과 다른 세금계산서에 해당한다는 사정을 알지 못하였고, 그와 같이 알지 못한 것에 과실이 없다는 원고의 주장은 이유 있다.

Case 3 대법원 2004.11.18. 선고, 2002두5771 전원합의체 판결

이 전원합의체 판결을 계기로 공급시기나 과세기간이 경과한 후에 작성일자를 공급시기로 소급하여 작성·교부된 세금계산서는 나머지 기재사항에 의하여 그 거래사실이 확인되는 경우라 하더라도 사실과 다른 세금계산서에 해당하므로 매입세액을 공제받을 수 없게 되었다.

부가가치세법 §17 ② 제1호의2 본문의 해석상 매입세액의 공제가 부인되는 "세금계산서의 필요적 기재사항의 일부인 '작성연월일'이 사실과 다르게 기재된 경우"라 함은 세금계산서의 실제작성일이 거래사실과 다른 경우를 의미하고,

그러한 경우에도 부가가치세법 시행령 §60 ② 제2호에 의하여 그 세금계산서의 나머지 기재대로 거래사실이 확인된다면 위 거래사실에 대한 매입세액은 공제되어야 하지만, 이는 어디까지나 세금계산서의 실제작성일이 속하는 과세기간과 사실상의 거래시기가 속하는 과세기간이 동일한 경우(이러한 경우이면 세금계산서상의 '작성연월일'이 실제작성일로 기재되든, 사실상의 거래시기 또는 어느 특정시기로 소급하여 기재되든 묻지 아니한다)에 한한다고 보아야 할 것인바(대법원 1990.2.27. 선고, 89누7528 판결 ; 1991.4.26. 선고, 90누9933 판결 ; 1991.10.8. 선고, 91누6610 판결 ; 1993.2.9. 선고, 92누4574 판결 ; 1995.8.11. 선고, 95누634 판결 등 참조),

그 이유는 세금계산서가 부가가치세액을 정하기 위한 증빙서류로서 그것을 거래시기에 발행·교부하게 하는 것은 그 증빙서류의 진실을 담보하기 위한 것이기도 하지만, 나아가 전단계세액공제법을 채택하고 있는 현행 부가가치세법 체계에서 세금계산서 제도는 당사자 간의 거래를 노출시킴으로써 부가가치세뿐 아니라 소득세와 법인세의 세원 포착을 용이하게 하는 납세자 간 상호검증의 기능을 갖고 있으며, 세액의 산정 및 상호검증이 과세기간별로 행하여지는 부가가치세의 특성상 위와 같은 상호검증 기능이 제대로 작동하기 위해서는 세금계산서의 작성 및 교부가 그 거래시기가 속하는 과세기간 내에 정상적으로 이루어지는 것이 필수적이기 때문이다.

따라서 과세기간이 경과한 후에 작성한 세금계산서는 작성일자를 공급시기로 소급하여 작성하였다 하더라도 부가가치세법 §17 ② 제1호의2 본문 소정의 '필요적 기재사항의 일부가 사실과 다르게 기재된' 세금계산서에 해당하므로 이 경우의 매입세액은 매출세액에서 공제되어서는 아니된다.

다수의견 측 배기원 대법관의 보충의견에 의하면 세법은 복잡하고 난해하지만 사업자로서는 자신의 사업에 관련된 세법내용을 숙지하거나 전문가의 조력을 받아 적법한 절차를 취함으로써 스스로 불이익을 당하지 않도록 하여야 할 것인데,

거래상대방에게 귀책사유가 있으면 상대방의 채무불이행 또는 불법행위를 이유로 손해배상을 받는 방법으로 문제를 해결하여야 할 것이지, 이러한 경우 납세의무자의 탓으로 돌리기 어려운 특별한 사정이 있다 하여 예외를 인정하게 되면, 고의로 외형을 누락시켜 부가가치세뿐 아니라 소득세, 법인세까지 포탈을 기도하던 자도 세무조사 등에 의하여 외형 누락사실이 밝혀질 경우에는 과세기간 내에 세금계산서를 발급받지 못하였다고 주장하여 부가가치세 수정신고기간 내에 매입세액공제를 받게 되는 일이 생길 뿐 아니라,

세무조사 등에 의하여 외형누락 사실이 세무당국에 의하여 빠짐없이 밝혀지는 것도 아니므로, 일단 세금계산서 등 교부 없이 무자료거래에 의하여 외형누락을 시키는 경우가 빈번하게 되어 전단계세액공제법을 채택하고 있는 현행 부가가치세법 체계에서 세금계산서의 발급에 의한 상호검증 기능이 크게 손상될 것이기 때문에 전원합의체 판결은 이러한 결론에 도달하게 된 것이라고 한다.

위의 전원합의체 판결이 있기 전 대법원은 거래사실이 확인되고 그 거래시기가 속하는 과세기간에 세금계산서를 교부받지 못한 것에 납세의무자의 탓으로 돌리기 어려운 특별한 사정이 있다면 매입세액은 공제되어야 한다는 적극적 해석에 의한 판결도 존재했지만, 이 전원합의체 판결을 계기로 거래시기가 속한 과세기간이 경과한 후 거래시기로 소급하여 작성, 교부된 모든 세금계산서는 매입세액공제가 불가능하게 되었다(이 경우더라도 다음에서 살펴볼 2008두5520 판결의 경우처럼 세금계산서 교부특례기간이 적용되는 경우는 예외적으로 공제받을 수 있다).

한편, 대법관 강신욱, 대법관 이강국, 대법관 박재윤의 별개의견은 과세기간이 경과한 후에 실제의 공급시기로 소급하여 작성된 세금계산서는 부가가치세법 §17 ② 제1호의2 본문 소정의 '필요적 기재사항의 전부 또는 일부가 사실과 다르게 기재된' 세금계산서에 해당하여 이 경우의 매입세액은 매출세액에서 공제하지 아니하는 것이 원칙이지만,

세금계산서의 기재사항에 의하여 거래사실이 확인되고 그 거래에 따른 부가가치세의 거래징수도 정상적으로 이루어졌으나 납세의무자의 탓으로 돌리기 어려운 특별한 사정으로 인하여(여기서의 특별한 사정은 앞으로 판례의 집적을 통하여 명확히 될 수 있을 것이다), 그 거래시기가 속하는 과세기간 내에 세금계산서를 교부받지 못한 경우에는 예외적으로 매입세액의 공제가 허용되어야 한다는 입장이다.

Case 4 대법원 2010.8.19. 선고, 2008두5520 판결

재화의 공급시기가 속하는 과세기간이 경과한 후에 발행일자를 공급시기가 속하는 과세기간 내로 소급하여 작성·교부한 세금계산서라도, 교부특례 조항에 따라 작성·교부한 경우에는 사실과 다른 세금계산서에 해당하지 않는다는 사례

구 부가가치세법(2006.12.30. 법률 제8142호로 개정되기 전의 것) §16 ①은 납세의무자로 등록한 사업자가 재화를 공급하는 때에는 공급시기에 공급받는 자의 등록번호, 공급가액과 부가가치세액, 작성연월일 등 필요적 기재사항을 기재한 세금계산서를 공급을 받은 자에게 교부하여야 하되, 대통령령이 정하는 경우에는 그 교부시기를 달리할 수 있다고 규정하고 있고,

이에 따라 구 부가가치세법 시행령(2007.2.28. 대통령령 제19892호로 개정되기 전의 것) §54 제3호(이하 '이 사건 교부특례조항'이라 한다)는 관계 증빙서류 등에 의하여 실제거래사실이 확인되는 경우에는 사업자가 재화의 공급일이 속하는 달의 다음 달 10일까지 당해 거래일자를 발행일자로 하여 세금계산서를 교부할 수 있다고 규정하고 있다.

이 사건 교부특례조항은 사업자가 재화를 공급하는 때에는 그 공급시기에 세금계산서를 교부하여야 하나, 재화의 공급시기에 바로 세금계산서를 교부할 수 없는 납세현실 등을 감안하고, 과세기간을 단위로 과세되는 부가가치세법 체제 다음에서 부득이 과세기간을 지키지 못하여 당해 재화를 공급받는 자가 공급자에게 거래징수당한 매입세액을 공제받지 못하게 되는 문제점 등을 완화하는 데 그 취지가 있는 점,

이 사건 교부특례조항에서 과세기간에 따라 그 적용 범위를 제한하고 있지 아니한 점 등에 비추어 보면, 비록 당해 재화의 공급시기가 속하는 과세기간이 경과한 후에 발행일자를 공급시기가 속하는 과세기간 내로 소급하여 작성·교부한 세금계산서라 하더라도 이 사건 교부특례조항에 따라 작성·교부한 경우에는 부가가치세법 §17 ② 제1호의2 본문에서 규정하고 있는 '사실과 다른 세금계산서'에 해당하지 아니한다 할 것이다.

원심은 원고가 2005.6.21. 창원시 중앙동 소재 상가 건물의 일부인 이 사건 부동산에 관하여 2005.6.9.자 매매를 원인으로 한 소유권이전등기를 마친 사실, 원고는 2005.7.9. 이 사건 부동산을 사업장으로 하여 부동산임대업 사업자등록을 마치고, 같은 날 소외 주식회사로부터 이 사건 부동산 공급에 대하여 발행일자가 2005.6.21.과 2005.6.30.로 소급하여 작성된 이 사건 세금계산서를 교부받은 사실 등을 인정한 다음,

이 사건 부동산의 공급시기는 그 소유권이전등기가 이루어진 2005.6.21.인데, 원고는 그 공급시기가 속하는 과세기간이 경과한 후인 2005.7.9. 발행일자가 소급하여 작성된 이 사건 세금계산서를 교부받았으므로, 원고가 이 사건 세금계산서를 이 사건 교부특례조항에 따라 교부받았다 하더라도 이 사건 세금계산서는 부가가치세법 §17 ② 제1호의2 본문에서 규정하고 있는 '사실과 다른 세금계산서'에 해당하여 그 매입세액은 매출세액에서 공제되지 않는다고 판단하였다.

그러나 이 사건 세금계산서는 이 사건 교부특례조항에 따라 이 사건 부동산의 공급시기인 2005.6.21.이 속하는 달의 다음 달 10일 이내인 2005.7.9. 작성·교부되었으므로, 부가가치세법 §17 ② 제1호의2 본문에서 규정하고 있는 '사실과 다른 세금계산서'에 해당하지 아니한다.

이 사건 교부특례조항[39]에 따르면, 거래처별로 1역월 이내에서 사업자가 임의로 정한 기간의 공급가액을 합계하여 그 기간의 종료일자를 발행일자로 하여 세금계산서를 교부하는 경우 등 일정한 경우에는 재화 또는 용역의 공급일이 속하는 달의 다음 달 10일까지 세금계산서를 교부할 수 있다.

이 사건의 경우 원고는 창원시 중앙동 소재 지하 2층 지상 12층 규모의 상가건물 중 8층 801-1호와 801-2호를 분양받으면서 6월 8일자로 매매를 원인으로 한 소유권이전등기를 마쳤고, 7월 9일 부동산임대업 사업자등록을 신청하고 그 무렵 분양한 회사로부터 교부일자가 각 6월 21일과 30일로 소급하여 기재된 세금계산서를 교부받아 7월 25일 부가가치세 신고하면서 매입세액을 공제받았다.

이런 사실관계에 대해 창원세무서장은 이 사건 세금계산서가 위 부동산의 공급시기가 속한 과세기간 이후에 작성일자를 소급하여 작성된 것이었으므로 부가가치세법 §17 ② 제1호의2 본문의 '필요적 기재사실의 일부가 사실과 다른 세금계산서'에 해당하여 매입세액을 공제받을 수 없다는 이유로 그 공제를 부인하면서 기왕에 공제받은 부가가치세와 가산세를 원고에게 부과하는 처분을 하였다.

그러나 대법원은 원심과 달리 비록 당해 재화의 공급시기가 속하는 과세기간이 경과한 후에 발행일자를 공급시기가 속하는 과세기간 내로 소급하여 작성·교부한 세금계산서라 하더라도 이 사건 교부특례조항에 따라 작성·교부한 경우에는 부가가치세법 §17 ② 제1호의2 본문에서 규정하고 있는 '사실과 다른 세금계산서'에 해당하지 않는다고 판단한 것이다.

참고로 원심인 부산고등법원이 사실과 다른 세금계산서라고 판단한 근거를 살펴보면 다음과 같다(부산고등법원 2008.3.21. 선고, 2007누4094 판결).

---

39) 현재 이 조항은 부가가치세법 제34조 제3항으로 이관되어 규정되어 있다.

(1) 공급시기가 속한 과세기간이 경과한 후에 작성일자를 공급시기로 소급하여 작성한 세금계산서에 의한 매입세액도 공제되어야 한다는 주장에 대한 판단

부가가치세법 §17 ② 제1호의2 본문의 해석상 매입세액의 공제가 부인되는 "세금계산서의 필요적 기재사항의 일부인 '작성연월일'이 사실과 다르게 기재된 경우"라 함은 세금계산서의 실제작성일이 거래사실과 다른 경우를 의미하고, 그러한 경우에도 부가가치세법 시행령 §60 ② 제2호에 의하여 그 세금계산서의 나머지 기재대로 거래사실이 확인된다면 위 거래사실에 대한 매입세액은 공제되어야 하지만,
이는 어디까지나 세금계산서의 실제작성일이 속하는 과세기간과 사실상의 거래시기가 속하는 과세기간이 동일한 경우(이런 경우이면 세금계산서상의 '작성연월일'이 실제 작성일로 기재되든, 사실상의 거래시기 또는 특정시기로 소급하여 기재되든 묻지 않는다)에 한한다고 보아야 하는바,

그 이유는, 세금계산서가 부가가치세액을 정하기 위한 증빙서류로서 그것을 거래시기에 발행·교부하게 하는 것은 그 증빙서류의 진실을 담보하기 위한 것이기도 하지만, 나아가 전단계세액공제법을 채택하고 있는 현행 부가가치세법 체계에서 세금계산서 제도는 당사자 간의 거래를 노출시킴으로써 부가가치세뿐 아니라 소득세와 법인세의 세원 포착을 용이하게 하는 납세자 간 상호검증의 기능을 갖고 있으며, 세액의 산정 및 상호검증이 과세기간별로 행하여지는 부가가치세의 특성상 위와 같은 상호검증 기능이 제대로 작동하기 위해서는 세금계산서의 작성 및 교부가 그 거래시기가 속하는 과세기간 내에 정상적으로 이루어지는 것이 필수적이기 때문이다.

따라서 과세기간이 경과한 후에 작성한 세금계산서는 작성일자를 공급시기로 소급하여 작성하였다 하더라도 부가가치세법 §17 ② 제1호의2 본문 소정의 '필요적 기재사항의 일부가 사실과 다르게 기재된' 세금계산서에 해당하므로 이 경우의 매입세액은 매출세액에서 공제되어서는 아니된다(대법원 2004.11.18. 선고, 2002두5771 전원합의체 판결 등 참조).

(2) 공급시기가 속한 과세기간 내에 세금계산서를 교부받은 것이라는 주장에 대한 판단

부가가치세법 §9 ③은 재화의 공급시기가 도래하기 전에 재화에 대한 대가의 전부 또는 일부를 받고 이와 동시에 그 받은 대가에 대하여 세금계산서를 교부하는 경우 그 교부하는 때를 당해 재화의 공급시기로 보는 것으로 규정하고 있는데,

원고 주장에 따르더라도 원고는 위 부동산에 관한 소유권이전등기를 경료받고 난 다음에 잔금을 지급하고, 다시 그 이후에 비로소 작성일자를 계약금 및 잔금의 지급일자로 소급하여 기재한 이 사건 세금계산서를 교부받았다는 것이므로, 위 조항이 규정하는 바와 같이 재화의 공급시기 이전에 세금계산서를 교부받은 경우에 해당하지도 아니할 뿐더러, 재화에 대한 대가를 지급함과 동시에 그에 대한 세금계산서를 교부받은 경우에 해당한다고 볼 수도 없다.

Case 5 대법원 2006.1.26. 선고, 2005두14608 판결

부동산임대사업자가 사업확장 목적으로 다른 장소의 부동산을 매입하면서 기존사업장 명의로 세금계산서를 교부받은 경우 기존사업장에서 매입세액을 공제받을 수 있다는 내용의 국세청 예규는 확장 전후의 사업자가 변경될 경우에 적용되지 않는다는 사례

부가가치세법은 사업자를 납세의무자로 삼되, 사업장마다 따로 사업자등록을 하도록 정하여 사업장을 실질적인 납세단위로 삼아 사업장마다 부가가치세를 신고·납부하도록 하고 있으므로, 원칙적으로 사업장 소재지가 납세지가 되나, 부동산임대업에 있어서는 그 부동산의 등기부상의 소재지가 사업장으로 간주되므로 부동산 소재지가 사업장이 된다.

따라서 부가가치세법 §17 ① 제1호에서 공제 가능한 매입세액으로 규정하고 있는 '자기의 사업을 위하여 사용되었거나 사용될 재화 또는 용역의 공급에 대한 세액'은 동일한 사업장 내에서 그 사업장의 사업상 필요에 의하여 사용되었거나 사용될 재화 등의 공급에 대한 세액을 의미하는 것이다.

원고의 기존사업장과 이 사건 건물의 소재지인 신규사업장은 별개의 사업장이므로 각 사업장별로 따로 세금계산서를 교부하고 교부받아야 하는데, 이 사건 세금계산서는 신규사업장과 관련하여 공급받은 재화에 대하여 기존사업장의 등록번호를 기재하였으므로, 그 기재 내용이 사실과 다른 경우에 해당하여 부가가치세법 §17 ② 제1호의2에 의하여 매입세액공제를 받을 수 없다고 판단한 것은 정당하다.

그리고 부동산임대업을 영위하는 사업자가 사업규모를 확장할 목적으로 기존사업장 이외 다른 장소에 있는 부동산을 매입하면서 기존사업장 명의로 세금계산서를 교부받은 경우 당해 세금계산서상의 매입세액을 부가가치세법 §17 ① 제1호의 규정에 의하여 기존사업장에서 공제해 주는 내용의 국세청 예규(부가 46015-1722, 1995.9.20.)는 사업장별 과세의 범위를 확대하여 사업자가 사업규모의 확장 또는 이전을 목적으로 신규사업장 소재 부동산을 구입하거나 신축하는 경우 예외적으로 기존사업장의 사업과 관련된 매출세액에서 공제가 가능하도록 하는 규정으로서, 사업장을 이전하거나 확장하기 이전과 이후의 사업자가 동일할 경우에 한하여 부가가치세법의 규정에도 불구하고 그 매입세액을 공제하여 주겠다는 취지이므로, 사업자가 변경될 경우에는 위 예규가 적용되지 않는다고 보아야 한다.

이 사건의 원고는 서울에서 부동산임대업을 영위하던 중, 김○○과 동업으로 부동산임대업을 영위하기 위해 ㈜○○으로부터 서울 소재 5층 건물과 부속토지를 공동으로 매수하면서 원고 지분에 상당하는 매매대금에 대해 원고의 기존 사업장 앞으로 세금계산서를 교부받아 환급신고하였고, 원고 관할 영등포세무서장은 새롭게 동업으로 부동산임대업을 영위하려는 신규사업장은 원고의 기존사업장과는 서로 별개의 사업장이므로 원고의 환급신청을 거부한 사건이다.

문제의 국세청 예규는 원고가 기존사업장을 확장하거나 이전할 목적으로 신규사업장 소재 부동산을 구입하거나 신축하는 경우 예외적으로 기존사업장의 사업과 관련된 매출세액에서 공제받을 수 있도록 한 것인데, 이 사건의 경우 원고의 기존사업장과 원고가 동업으로 새로 시작하려는 사업장은 원고 사업의 확장 등과는 무관한 전혀 별개의 사업장이므로 해당 예규를 적용할 수 없다는 것이다.

Case 6 대법원 2003.5.16. 선고, 2001두8964 판결

교부받은 세금계산서의 '공급받는 자'란에 운영자가 아닌 임대인의 등록번호와 명칭이 기재되었지만 다른 기재사항에 의하여 운영자의 거래사실을 쉽게 확인할 수 있는 경우 사실과 다른 세금계산서로 보지 않는다는 사례

이 사건 세금계산서의 '공급받는 자'란에 사업자의 성명과 등록번호가 원고가 아닌 소외 학교법인 ○○학원(이하 '소외법인'이라고 한다)의 것으로 기재되어 있기는 하나, 위 세금계산서는 원고가 소외 법인으로부터 이 사건 '□□주유소'를 임차하여 경영하면서 소외 ○○칼텍스정유㈜(이하 '소외회사'라고 한다)로부터 유류를 공급받고 교부받은 것으로 소외회사와 소외법인 사이의 채무관계가 정산되지 않았고 원고의 사업자등록증이 미처 제출되지 못했기 때문에 '공급받는 자' 란에 종전의 주유소 운영자이던 소외법인의 등록번호와 명칭으로 기재한 것에 지나지 아니하고,

그 밖에 사업장의 상호와 주소 등은 모두 실제 주유소 운영자인 원고의 것으로 기재되어 있는 사실을 인정할 수 있는바, 사정이 이러하다면, 이 사건 세금계산서는 부가가치세법 §16 ①이 정하는 필요적 기재사항인 '공급받는 자의 등록번호'가 사실과 달리 소외법인의 것으로 기재되어 있기는 하나 그 밖의 다른 기재사항에 의하여 원고가 실제 거래당사자로서 소외회사와 유류를 거래한 사실을 쉽게 확인할 수 있는 경우에 해당하여 부가가치세법 §17 ② 제1의2호 단서, 부가가치세법 시행령 §60 ② 제2호가 정하는 바에 따라 이 사건 세금계산서의 세액은 매출세액에서 공제하여야 할 매입세액에 해당한다고 보아야 할 것이다(대법원 1983.9.27. 선고, 83누97 판결 참조).

이 사건의 경우

(가) 종전에 주유소를 직접 경영하였던 임대인과 공급자인 정유회사 간 채무관계가 정산되지 않았고,

(나) 주유소의 임차인인 원고의 사업자등록증이 미처 제출되지 못했으며,

(다) 세금계산서에 공급받는 자로 임차인이 아니라 임대인이 기재되어 있더라도 다른 기재사항에 의해 실제 거래사실을 쉽게 확인할 수 있는 경우이기 때문에 매입세액공제가 가능하다고 판단한 사례이다.

사. 주요 심사, 심판례 소개

Case 7 조심 2015부3938, 2015.10.15.

가공세금계산서를 수취할 때 선량한 관리자의 주의의무를 다하지 않았다면, 매입세액공제를 거부한 처분이 타당하다고 판단한 사례

가. 사실관계

신발 및 부품제조업을 영위하는 청구법인이 외주가공업체인 쟁점거래처에서 수취한 세금계산서를 매입세액공제하여 부가가치세 신고

나. 과세경위

처분청은 쟁점거래처에 대한 세무조사를 실시한 후, 청구법인이 실물거래 없이 쟁점세금계산서를 수취한 것으로 보아 관련 매입세액을 불공제 처분

다. 청구법인 주장

(1) 청구법인은 신발제조의 주요부품인 갑피의 재봉을 안정적으로 맡길 임가공처를 물색하던 중, 쟁점거래처 직원 이○○에게 문의한 후, 갑피 수만족을 공급받고 쟁점세금계산서를 수취하였다.

(2) 청구법인으로서는 쟁점거래처가 내부적으로 어떤 불법행위를 하였는지 알지 못하고 조사내용과 같이 가공세금계산서 발행분에 대한 입금액을 되돌려 주는 탈세행위를 한 적 없다.

(3) 쟁점세금계산서와 관련된 거래는 정상거래이고, 설사 쟁점거래처가 자료상으로 조사되었다 하더라도 청구법인은 거래 당시 쟁점거래처의 불법행위를 알 수 없었던 선의의 당사자이다.

라. 처분청 의견

(1) 청구법인인은 선의의 거래당사자임을 주장하며 쟁점거래처 대표자 김○○의 확인서를 제출하였으나, 김○○은 자료상으로 과거 고발된 이력이 있고, 하도급 외주가공이라는 주장에 대한 입증자료가 전혀 없다.

(2) 쟁점거래처 계좌로 입금된 대금은 수일 내 현금으로 인출되는 전형적인 가공거래 형태이고, 9차례에 걸친 대금지급은 매입대금 지급이 아니라 가공세금계산서 입금액을 되돌려 주기 위한 행위로 판단된다.

(3) 청구법인이 상담하였다는 이○○은 쟁점거래처에서 제출한 근로소득지급명세서상 신고된 적이 없다.

마. 쟁점

쟁점세금계산서를 가공세금계산서로 보아 부가가치세 및 법인세 등을 부과한 처분의 당부

바. 판단요지

청구법인은 쟁점거래처와 정상적인 거래를 하였고 거래 당시 쟁점거래처가 자료상으로 조사되었던 사실 등 쟁점거래처의 불법적인 행위를 몰랐던 선의의 거래당사자라고 주장하나, 쟁점거래처가 2011년 제1기~2013년 제1기 과세기간 중 발행한 매출세금계산서는 전액 가공세금계산서로 조사된 점,

쟁점거래처는 청구법인으로부터 도급받은 신발 관련 임가공용역을 외주업체에 다시 하도급을 주었다고 주장만 할 뿐 이를 입증할 수 있는 장부나 거래증빙 등은 제시하지 못하고 있으며, 청구법인이 제출한 입증자료로는 실물거래가 있었다고 보기 어려운 점,

청구법인은 거래 당시 쟁점거래처의 대표자와 만나거나 연락을 한 적이 없고 직원인 이○○과 상담 후 거래를 시작하였다고 하나 해당 직원은 쟁점거래처의 근로소득지급명세서상 직원으로 신고된 적이 없어 선량한 관리자의 주의의무를 다한 선의의 거래당사자로 보기 어려운 점 등에 비추어 처분청이 쟁점세금계산서를 가공세금계산서로 보아 청구법인에게 부가가치세 및 법인세를 과세하고 소득금액 변동통지한 이 건 처분은 달리 잘못이 없는 것으로 판단된다.

처분청의 쟁점거래처 조사자료에 의하면 쟁점거래처 법인등기부에는 금형제작업・신발제조업 및 기계제작업 등을 사업목적으로 기재하고 있으나 사업목적에 부합하는 기계장치 등 관련 자산이나 매출 및 매입에 대한 서류도 일체 없었다고 하며, 금형이나 신발 매출과 관련하여 모두 외주업체를 통해 가공하였다고 주장하지만 외주가공과 관련된 서류나 매입세금계산서도 전무하였다.

결정적으로 쟁점거래처 대표 김○○이 자료상으로 이미 고발된 전력이 있고, 금융거래내역 조사를 통해서도 쟁점거래처 계좌로 입금된 매출대금(청구법인 입장에서는 매입대금)은 당일 혹은 수일 내 현금으로 인출되었거나 자료상과 관련 있는 곳으로 이체되었다고 한다.

심리과정에서 쟁점거래처 대표가 자료상으로 이미 고발된 전력이 있었다는 사실이 매우 불리하게 작용하였을 것이다. 이에 비하여, 거래상대방이 자료상임에도 불구하고 쟁점거래는 정상적 거래에 해당한다는 사실, 즉 원고회사가 선량한 관리자로서의 주의의무를 다하였지만 그럼에도 거래상대방이 자료상이었다는 사실을 미처 알 수 없었다는 것을 수긍할 만한 사유가 있었고, 나아가 쟁점거래가 정상적 거래에 해당한다는 사실 등에 대한 입증이 부족해 보인다.

그 결과 재결청도 청구법인이 제출한 쟁점거래처와의 거래명세표·외주임가공 품의서·대체전표 등만으로는 청구법인이 쟁점거래처와 거래하면서 쟁점거래와 관련하여 선량한 관리자로서의 주의의무를 다한 것으로 보기에는 미흡하다고 판단하였던 것이다.

Case 8 조심 2015중2656, 2015.9.14.

확인되는 자료만으로는 쟁점건물 공사 완료시기를 특정하기 어려워 용역의 공급시기가 불분명하므로 사용승인일을 공급시기로 보는 것이 타당하다고 판단한 사례

가. 사실관계

(1) 청구법인은 2013.10.16. ㈜○○과 공사기간을 2013.10.23.부터 2014.3.23.까지로 한 청소년수련원 건물을 신축하는 공사계약을 체결

(2) 쟁점건물은 2014.8.25. 사용승인되었고, 청구법인은 2014.8.19. ㈜○○으로부터 세금계산서를 교부받아 2014년 제2기 부가가치세 신고

(3) 청구법인은 2014.5.2. 쟁점건물에 입주하였음을 확인하는 내용의 확인서를 작성하여 교부

나. 과세경위

처분청은 쟁점건물 공급시기를 입주가 시작된 2014년 제1기로 보고, 청구법인이 수취한 쟁점세금계산서를 과세기간을 달리하는 사실과 다른 세금계산서로 취급하여 해당 매입세액을 불공제

다. 청구법인 주장

(1) 쟁점공사는 공사예정기간이 5월인 단기공사이므로 건설용역의 공급시기는 준공검사일이다.

(2) 쟁점공사는 당초 공사계약서상의 기간 중에 공사가 완료되지 못하고, 2014.8.19.까지 공사가 진행되었으며, 쟁점건물이 2014.8.25. 사용승인되었으므로 해당 공사용역의 공급시기를 세금계산서 작성·교부일인 2014.8.19.이나 쟁점건물의 사용승인일로 보아야 한다.

(3) 본점을 쟁점건물 소재지로 정정한 것, 팩스 및 전화개통은 목적사업을 수행하기 위한 일반적인 사전준비에 불과하고, 블로그의 사용후기는 쟁점건물이 아닌 오토캠핑장 사용후기이다.

(4) 쟁점건물은 청소년 수련시설 위주로 사용하기 위해 청소년수련원이라는 명칭을 사용하였으나, 실제 매출은 회사 워크샵이나 단체관광객 위주로 발생하였으므로 신축목적이 청소년 수련시설이었다는 이유로 매입세액 불공제대상으로 본 처분은 부당하다.

라. 처분청 의견

(1) 청구법인의 법인등기부등본, 사업자등록정정신고, 팩스번호, 고객의 사용후기 블로그, 현장 사진으로 볼 때 2014년 5월 입주하여 사용한 것으로 확인되므로 공급시기는 2014년 제1기이다.

(2) ㈜○○에 대한 현장확인시 청구법인이 입주확인서(2014.5.2.)를 제출하였다.

(3) 정화조 · 외부데크 · 배수로 공사 등은 ㈜○○의 견적서와 공사완료확인서로 볼 때 수련원 공사와 구분된 별도의 공사이고, 청구법인은 부가가치세 면세용역인 청소년수련시설운영업을 하고 있어 쟁점세금계산서의 매입세액을 매출세액에서 불공제한 처분은 정당하다.

마. 쟁점

쟁점세금계산서를 공급시기가 사실과 다른 세금계산서로 보아 해당 매입세액을 매출세액에서 공제하지 않고 부가가치세를 과세한 처분의 당부

바. 판단요지

부가가치세법 §16 ①에서 용역의 공급시기를 역무의 제공이 완료되는 때 또는 시설물 · 권리 등 재화가 사용되는 때로 규정하고 있는바, 지급시기를 정하지 아니한 통상적인 건설용역의 공급시기는 건설용역의 제공이 완료되는 때라 할 것이고, 용역 제공 완료일이 불분명한 경우에는 사용승인일을 해당 용역의 공급시기로 보는 것인바,

청구법인은 수련원공사의 일부로 볼 수 있는 쟁점건물의 강당 벽면 누수 보강 공사 및 식당, 정화조 공사와 외부 화장실 앞 테크공사, 사무실 2층 철제 계단공사와 사무실 내부 칸막이 공사 및 주변시설에 대한 공사를 2014.8.19.까지 계속하였다는 증빙으로 수주처의 사실확인서와 해당 공사 현장을 촬영한 사진을 제시하고 있으며,

쟁점건물의 건축물관리대장 및 등기부등본에 쟁점건물이 2014.8.25.자로 사용승인되고, 2014.9.22. 소유권보전등기된 것으로 나타나고 있으며, 공사대금의 지급시기나 금액 등이 구체적으로 확인되지 아니한 점에 비추어 볼 때, 쟁점건물을 포함한 수련원공사의 완료시기를 특정하기 어려워 용역의 공급시기가 불분명하므로 사용승인일을 공급시기로 보는 것이 타당한 것으로 판단되고,

처분청은 수련원공사가 청소년수련시설 공사이므로 부가가치세 면세용역에 해당한다는 의견이나, 청구법인이 제시하고 있는 증빙(수련원 이용후기, 홍보내용, 부가가치세 신고내용, 사업자등록 내용 등)에 의하면 동 수련원은 청소년뿐 아니라 직장인이나 성인들이 모두 이용하는 시설로서 과세사업과 면세사업에 공통으로 사용되는 것으로 보이므로 쟁점세금계산서의 매입세액을 공통매입세액으로 보아 안분계산하여 면세사업에 관련된 매입세액만을 매출세액에서 공제하지 아니하는 것으로 그 세액을 경정함이 타당한 것으로 판단된다.

처분청은 2014년 5월에 쟁점건물을 청구법인이 본래 사업의 용도로 사용한 것으로 보고 이를 수련원공사 용역의 제공이 완료된 때로 보아 공급일이 2014년 8월로 기재된 쟁점세금계산서를 공급시기가 사실과 다른 세금계산서로 보았으나,

처분청이 제시한 근거와 증빙만으로는 청구법인이 쟁점건물을 2014년 5월부터 실제로 사용하였다거나 사업상 이용가능한 상태에 있었다고 보기 어려우므로 해당 공사용역의 제공이 완료되었다고 단정하기 어렵기 때문에 사용승인일을 공급시기로 보는 것이 타당하다고 판단한 경우이다.

청구법인이 입주확인서를 작성해 준 결정적인 약점이 있음에도 불구하고, 처분청 주장의 허점을 설득력 있는 내용으로 적절하게 반박하여 인용의견을 끌어낸 사건이다.

예를 들어, 청구법인이 작성해 준 입주확인서는 ㈜○○을 위한 선의에서 작성해 준 것에 불과하여 그 당시 실제 사용한 증거는 되지 못한다고 주장함으로써 주요쟁점으로 부각되는 것을 방지하였고,

처분청이 제1기에 쟁점건물이 사용되고 있었음을 주장하기 위하여 블로그의 사용후기를 그 증거로 사용하였으나 청구법인은 오히려 그 블로그 내용으로 쟁점건물이 온전히 면세로 사용된 것이 아니라 과세사업에 사용된 것임을 입증하는 증거라며 유리하게 전환하였으며,

처분청은 정화조 · 외부데크 · 배수로 공사 등은 쟁점건물과 다른 공사라고 주장하였으나 당해 공사의 현장사진까지 평소에 확보하고 있었음은 물론 계약내용을 조목조목 들면서 별개의 공사가 아니라 쟁점공사의 연장이라고 반박한 점 등이 그것이다.

Case 9 조심 2013중2318, 2013.8.19.

구매확인서가 발급되지 않은 상태에서 재화를 공급하고 영세율세금계산서를 교부한 경우라면 영세율세금계산서가 수정세금계산서의 역할을 한 것으로 볼 수 있으므로 사실과 다른 세금계산서로 볼 수 없다는 사례

가. 사실관계

(1) 전자부품을 수출하는 청구법인은 2009년 제2기 중 구매확인서 발급 전에 영세율세금계산서를 발행하고 부가가치세 신고

(2) 구매확인서는 재화 공급일의 다음 달 10일 이후에 발급

나. 과세경위

(1) 처분청은 청구법인이 재화 공급일의 다음 달 10일 이후에 구매확인서를 발급받았기 때

문에 가산세 납부대상이라는 취지의 수정신고 안내

(2) 청구법인은 세금계산서 기재불성실가산세(1%) 수정신고·납부 후 곧바로 동 가산세 환급을 구하는 경정청구를 하였으나 처분청은 거부처분

다. 청구법인 주장

(1) 구매확인서가 발급되지 않은 상태에서 재화를 공급하고 그 거래시기에 영세율세금계산서를 교부한 것은 일부 절차를 생략한 것에 불과하며, 영세율세금계산서가 수정세금계산서의 역할을 한 것으로 볼 수 있으므로 세금계산서 기재불성실가산세를 부과하는 것은 잘못이라는 새로운 결정(조심 2009중4136, 2010.6.29.)이 있었다.

(2) 위 결정 이후 모든 심판결정에서 동일한 취지의 결정을 하고 있어 종전의 결정(조심 2009중44, 2009.4.1.)만으로는 가산세 근거로 삼을 수 없다.

라. 처분청 의견

(1) 국세청 예규(법규과-1551, 2010.10.14. 및 법규과-1282, 2011.9.30.)와 같이 사업자가 구매확인서가 발급되지 않은 상태에서 재화를 공급하고 그 거래시기에 영세율세금계산서를 발행한 경우에는 사실과 다른 세금계산서를 발급한 것으로 보아 부가가치세법 §2 ② 제1호의 가산세를 적용하는 것이다.

(2) 청구법인이 원용해 줄 것을 주장하는 조세심판원 결정례(조심 2009중4136, 2010.6.29. 및 조심 2010중3262, 2012.2.15.)는 당해 사건에만 국한하는 것으로 청구법인의 경우에는 원용할 수 없다.

(3) 따라서, 청구법인은 구매확인서 발급 전에 재화를 공급하면서 그 거래시기에 일반세금계산서를 교부하지 아니하고, 영세율세금계산서를 교부한 것은 가산세 적용대상이다.

마. 쟁점

최초 거래시 영세율세금계산서를 발행하였으나, 구매확인서는 공급시기가 속하는 날의 다음 달 10일을 경과하여 과세기간 종료 후 20일 내에 발급된 것에 대하여 영세율세금계산서를 사실과 다른 세금계산서로 보아 가산세 관련 경정청구를 거부한 처분의 당부

바. 판단요지

재화가 공급된 과세기간의 종료 후 20일 이내에 발급된 구매확인서는 부가가치세법 시행규칙 §9의2 규정에 의해 영세율이 인정되는 적법한 구매확인서에 해당되고, 동 구매확인서에 근거하여 교부한 세금계산서는 거래의 실질에 부합하는 적법한 영세율세금계산서에 해당한다(조심 2011중3375, 2012.2.15. 외 다수 같은 뜻임).

청구법인의 경우, 재화의 공급시기는 2009.7.1. ~ 2009.12.31.이고 동 재화의 공급과 관련하여 청구법인이 ○○은행장으로부터 발급받은 구매확인서(13매)는 2009.8.17. ~ 2010.1.19. 발급되어 재화가 공급된 과세기간의 종료(2009.12.31.) 후 20일 이내에 발급된 적법한 구매확인서에 해당되는 점,

쟁점세금계산서는 부가가치세법 시행령 §70의3 ① 규정에 따라 세금계산서의 필요적 기재사항 중 일부가 착오로 기재되었으나 당해 세금계산서의 그 밖의 필요적 기재사항 또는 임의적 기재사항으로 보아 거래사실이 확인되는 경우에 해당되는 점,

청구법인은 동 구매확인서에 근거하여 영세율세금계산서인 쟁점세금계산서를 발행하였고, 비록 청구법인이 부가가치세법 시행령 §59 제4호의 규정에 따라 수정세금계산서를 작성·교부하지 않았으나 이는 일부 절차를 생략한 것에 불과한 점,

영세율의 쟁점세금계산서는 수정세금계산서의 역할을 한 것으로 볼 수 있는 점 등에 비추어 쟁점세금계산서가 부가가치세법 §22 ②의 세금계산서 기재불성실가산세가 적용되는 사실과 다른 세금계산서에 해당되는 것으로 보기 어렵다.

구매확인서란 대외무역법 §18 및 그 시행령 §31에 근거하여 국내에서 생산된 외화획득용 원료·물품을 내국신용장에 의하지 않고 구매하는 경우에 수출업자의 신청에 의하여 외국환은행의 장이 내국신용장에 준하여 발급하는 증서로서, 단순송금방식 수출·무역금융 부족 등으로 내국신용장을 개설할 수 없는 상황에서 외화획득용 원료 등의 구매를 원활하게 하기 위하여 활용된다.

내국신용장(Local L/C)은 수출용 원자재 및 완제품을 대상으로 발급되는 것이지만, 구매확인서는 수출보다 광의의 개념인 외화획득용 원료와 물품을 대상으로 발급되며, 부가가치세 영세율 증빙서류, 기초원재료 납세증명서 증빙서류, 수출실적 증명 등의 용도로 사용된다.[40)]

내국신용장은 신용장을 근거로 발급되지만 구매확인서는 수출신용장·수출계약서·외화매입증명서·내국신용장·다른 구매확인서 등을 근거로 하여 발급되며, 구매확인서에 의한 공급실적은 내국신용장에 의한 공급과 마찬가지로 수출실적으로 인정되며, 부가가치세법에서도 영세율 적용대상으로 규정하고 있다(부가법 §21 ② 제3호).

내국신용장과 구매확인서는 재화나 용역의 공급시기가 속하는 과세기간이 끝난 후 25일(그 날이 공휴일 또는 토요일인 경우에는 바로 다음 영업일) 이내에 개설하거나 발급하여야 한다(부가칙 §21).

40) 지식경제부, 보도자료(http//www.mke.go.kr), 2010.9.7.

이와 관련하여 국세청은 구매확인서 발급 전에 영세율세금계산서를 발급하는 경우는 가산세 적용대상으로 해석하면서, 재화의 공급일에 구매확인서가 발급되지 않은 경우에는 공급일에 먼저 일반세금계산서를 교부하고, 구매확인서가 발급되면 영세율세금계산서를 수정교부할 것을 요구하고 있다.

■ 부가-1252, 2010.9.26.

사업자가 부가가치세법 시행령 §24 ② 제1호의 규정에 따라 구매확인서에 의하여 공급하는 재화는 영세율이 적용되는 것으로, 공급시기까지 구매확인서가 발급되지 않은 경우에는 세금계산서를 발급하는 것이며, 재화 또는 용역을 공급한 후 공급시기가 속하는 과세기간 종료 후 20일(※ 개정되어 현재는 25일) 이내에 구매확인서가 발급된 경우에는 같은 법 시행령 §59 제4호의 규정에 따라 수정세금계산서를 발급하는 것임

이에 비하여 조세심판원은 판례를 통하여 공급시기가 속한 과세기간 종료 후 25일 이내에 내국신용장이 개설되었거나 구매확인서가 발급된 경우라면, 당초 영세율세금계산서만 발급한 경우라도 일부 절차를 생략(즉, 일반세금계산서 교부 → 부의 수정세금계산서 교부)한 것에 불과하므로 가산세 적용대상이 아니다라고 하여 위의 국세청 예규와는 상충되는 입장이다.

■ 조심 2012서1279, 2012.5.14. (인용)

구매확인서가 발급되지 않은 상태에서 재화를 공급하고 그 거래시기에 영세율세금계산서를 교부한 것은 일부 절차를 생략한 것에 불과하고, 영세율세금계산서가 수정세금계산서의 역할을 한 것으로 볼 수 있으므로 영세율세금계산서를 사실과 다른 세금계산서로 보아 세금계산서불성실가산세를 부과한 처분은 잘못임

※ 조심 2012중620(2012.4.24.), 조심 2012서26(2012.4.18.), 조심 2012서782(2012.3.22.), 조심 2011중3375(2012.2.15.) 등도 같은 뜻

나아가 조세심판원은 과세기간 종료 후 25일 이내에 구매확인서가 발급된 영세율 매출에 대하여 재화의 공급시기에 당초 일반세금계산서를 교부한 경우에도, 당초 일반세금계산서에 대한 부의 세금계산서를 교부하지 않고 교부했던 일반세금계산서를 회수·폐기한 후 영세율세금계산서를 새로 교부한 것에 대하여 세금계산서불성실가산세를 부과하는 것도 위법한 처분이라고 한다.

■ 조심 2011중138, 2011.2.15. (인용)

과세기간 종료 후 20일 이내에 구매확인서가 발급된 영세율 매출에 대하여 당초 교부된 세금계산서(A)에 대한 수정세금계산서를 교부하지 않고 A를 폐기한 후 영세율세금계산서를 교부한 것에 대하여 세금계산서불성실가산세를 부과한 처분은 잘못임

※ 조심 2011중863(2011.6.29.), 조심 2009중4136(2010.6.29.) 등도 같은 뜻

참고로, 국세청 입장을 확인할 수 있는 내국신용장과 구매확인서에 의한 영세율 적용방법에 대하여 다음에 요약하였다.[41]

1. 영세율 적용 방법

가. 원칙

○ 내국신용장 및 구매확인서(이하 "내국신용장 등")가 공급일 이전에 개설된 경우 및 공급일의 다음 달 10일까지 개설된 경우에는 공급일자로 영세율세금계산서 발행

○ 내국신용장 등이 공급시기 이후 당해 과세기간이 끝난 후 25일(그 날이 공휴일 또는 토요일인 경우에는 바로 다음 영업일을 말함)(*) 이내 개설된 경우

① 공급시기에 일반매출세금계산서 발행

② 내국신용장 등이 개설된 날에 당초 공급일자로 일반매출(-) 수정세금계산서를 발행하고, 같은 날로 영세율세금계산서 발행함(비고란에 내국신용장 등 개설일을 표기)

(*) 2014.10.31.이 속하는 과세기간에 재화 또는 용역을 공급하여 내국신용장을 개설하거나 구매확인서를 발급하는 분부터 과세기간이 끝난 후 20일 이내 개설·발급에서 과세기간이 끝난 후 25일 이내 개설·발급으로 개정하여 확정신고기한과 일치시킴.

나. 공급시기와 과세표준

○ 공급시기는 내국신용장 등에 의하여 공급하는 재화는 국내거래이므로, 국내에서 거래되는 재화의 공급시기와 같이 적용(유의 : 선적일이 아님)

○ 과세표준은 통칙 32-67-2에 따라 내국신용장상의 금액을 과세표준으로 계산함(공급시기 현재의 기준환율 또는 재정환율로 환산한 금액)

다. 영세율 첨부서류

○ 내국신용장 또는 구매확인서가 전자무역기반시설을 통하여 개설되거나 발급된 경우에는 내국신용장·구매확인서 전자발급명세서를 제출하며 기타로 발급된 경우에는 내국신용장 사본 제출(영 101조 ① 3, 2011.5.30. 개정 2011.7.1부터 적용)

41) 국세청고객만족센터, 「2015 부가가치세 상담실무」(2015.4.1.) 중 관련 내용을 요약하였다.

○ 구매확인서에 수출용 재화 또는 용역에 관한 수출신용장 등 근거서류 및 그 번호와 선적기일을 기재하도록 한 것을 2013.2.23.부터 삭제함

라. 내국신용장 등 전자문서 제출 방법

○ 수출업자가 전자무역기반사업자[한국무역정보통신(KTNET)]의 전자무역기반시설(U-Trade Hub)을 통하여 은행에 신용장 개설의뢰하여 은행이 수출자 및 공급자에게 신용장 개설 통지
○ 공급자는 전자무역기반사업자에게 기 중계한 내역을 국세청에 제출하도록 의뢰
○ 전자무역기반사업자는 국세청장에게 전산매체로 내역 제출
○ 공급자는 부가가치세 신고시 "내국신용장 · 구매확인서 전자발급명세서"를 작성 제출

2. 내국신용장과 구매확인서의 차이점

가. 내국신용장

○ 내국신용장은 한국은행총재가 정하는 바에 따라 외국환은행의 장이 발급하여 국내에서 통용되는 신용장으로 수출 이행에 필요한 완제품 또는 원자재를 국내에서 조달하기 위하여 수입상으로부터 받은 원신용장을 담보로 원신용장의 개설통지 은행이 국내의 공급자를 수혜자로 하여 개설하는 제2의 신용장을 말한다.

○ 영세율이 적용되는 내국신용장이라 함은 사업자가 국내에서 수출용원자재 · 완제품 또는 수출재화 임가공용역을 공급받고자 하는 경우 당해 사업자의 신청에 따라 외국환은행의 장이 재화 또는 용역의 공급시기가 속하는 과세기간이 끝난 후 25일(그 날이 공휴일 또는 토요일인 경우에는 바로 다음 영업일을 말함) 이내에 발급하는 신용장을 말한다(규칙 §21조 1).

나. 구매확인서

○ 구매확인서라 함은 내국신용장을 개설할 수 없는 상황에서 수출용 원자재 구매의 원활을 기하고자 수출자의 외국환은행의 장이나 전자무역기반사업자가 내국신용장에 준하여 발급하는 증서를 말한다.

○ 내국신용장에 준하여 재화 또는 용역의 공급시기가 속하는 과세기간이 끝난 후 25일(그 날이 공휴일 또는 토요일인 경우에는 바로 다음 영업일을 말함) 이내에 발급하는 확인서를 말한다.

○ "내국신용장을 개설할 수 없는 상황"이라 함은 내국신용장 개설한도나 수출금융 융자한도를 초과하는 경우와 단순송금방식으로 수출하는 경우를 말한다.

다. 차이점

구 분	내국신용장	구매확인서
발급규정	한국은행 총액한도 대출관련 무역금융취급 세칙	대외무역관리규정
발급목적	국산 수출용 원자재 및 완제품의 구매	좌동(외화획득용 포함)
발급대상	국산 원자재(완제품)를 구매하거나, 수입원자재를 구매하는 수출기업	수입·국산 원자재(완제품)를 구입하는 수출기업
금융혜택 및 지급보증	• 수출금융의 융자대상임 • 지정 외국환은행이 대금지급 보증	융자혜택이나 지급보증 없음
결제방법	은행에서 개설관리 및 내국신용 환어음결제	당사자 간 협의에 따른 결제
발급신청시 첨부서류	① 수출신용장 ② 수출계약서 ③ 외화표시 물품공급계약서 ④ 내국신용장 ⑤ 당해업체의 과거 수출실적	① 수출신용장 ② 수출계약서 ③ 외화매입증명서 ④ 내국신용장 ⑤ 구매확인서 ⑥ 외화획득용 물품을 생산하기 위한 경우임을 입증하는 서류
발급제한	융자범위 내에 발급횟수 제한 없음	발급횟수 제한 없음
발급방법	2013.2.부터 전자적 방법으로만 발급	2011.7.부터 전자적 방법으로만 발급

3. 관련 예규

가. 내국신용장 등이 개설되지 않은 상태에서 영세율세금계산서를 교부한 경우(법규과-3056, 2008.7.8. ; 상담3팀-2258, 2004.11.5.)

○ 사업자가 내국신용장 등이 개설되지 아니한 상태에서(과세기간 종료 후 25일 이내 발급됨) 재화를 공급하고 당해 재화의 공급시기에 영세율로 세금계산서를 교부한 경우에는 수정세금계산서를 교부할 수 없는 것으로 법 §22 ② 제1호에 규정한 세금계산서불성실가산세 1% 부과되며 예정신고 기한 경과 후 개설된 경우에는 신고·납부불성실가산세가 추가로 적용되는 것임

○ 또한 사업자가 재화의 공급일이 속하는 달의 다음 달 10일 이후에 구매확인서가 발급(동일과세기간 종료 후 25일 이내)되었음에도 재화의 공급시기에 영세율세금계산서를 교부한 경우에도 수정세금계산서를 교부할 수 없으며, 법 §22 ② 제1호에 규정한 세금계산서불성실가산세 1% 부과됨

나. 영세율세금계산서 교부 후 수정세금계산서(10%) 교부 가능 여부(부가-1030, 2012.10.11.)

○ 사업자가 10% 세율이 적용되는 거래에 대하여 영세율세금계산서를 발급한 경우 수정

세금계산서를 발급할 수 없는 것이고,

○ 개정된 부칙에 따라 2012년 7월 1일 이후 최초로 수정세금계산서 발급사유가 발생한 분부터 적용하는 것이므로 2012년 7월 1일 전에 수정세금계산서 발급사유가 발생한 경우에는 적용할 수 없는 것임

4. 수정세금계산서 교부방법

가. 거래 후 내국신용장 등 개설로 수정신고시 가산세 해당 여부(상담3팀 - 895, 2004.5.8.)

○ 일반세금계산서 교부 후 그 공급시기가 속하는 과세기간 종료 후 20일 내에 내국신용장이 개설되어 영세율수정세금계산서를 교부하여, 확정신고서에 수정신고내용을 부기하거나 예정신고분을 수정신고하는 경우에는 가산세 적용 안됨

○ 2014. 2기에 공급하여 개설・발급하는 분부터 20일 → 25일(그 날이 공휴일 또는 토요일인 경우에는 바로 다음 영업일을 말함)로 개정

나. 수정세금계산서 교부방법

○ 수정 교부시 작성일자란에는 당초 세금계산서 작성일자를 기재하고 비고란에는 내국신용장(구매확인서) 개설일자를 부기함

○ 재화의 공급 후 공급일이 속하는 과세기간 종료 후 25일(그 날이 공휴일 또는 토요일인 경우에는 바로 다음 영업일을 말함) 이내에 내국신용장이 개설되었을시 예정신고 또는 확정신고시 영세율을 적용하여 과세표준을 신고하고 일반세금계산서와 영세율수정세금계산서를 합계표에 함께 기재하여 제출함

○ 수정세금계산서 미교부 및 신고를 하지 않는 경우 공급자는 미교부 가산세와 영세율과표불성실가산세를 징수하며 공급받는 자는 당초 공제한 매입세액 추징과 함께 신고, 납부불성실가산세 부과됨

○ 위 사례에서 내국신용장에 의하여 영세율이 적용되는 세금계산서를 수정교부한 후 상호합의에 의하여 단가를 조정함으로써 당해 재화의 공급가액이 변경된 경우 그 변경된 내용에 따라 당해 변경사유 발생시 재차 수정세금계산서를 교부할 수 있음(제도 46015 - 11871, 2001.7.4.)

Case 10 조심 2013중2179, 2013.11.15.

검찰 수사결과 증거 불충분을 이유로 무혐의 또는 불기소처분을 받았더라도 그것이 곧 실지거래가 입증되는 것이 아니므로, 검찰 수사결과와는 별개로 위장거래에 의한 사실과 다른 세금계산서라고 판단한 사례

가. 사실관계

(1) 비철금속가공업 등을 영위하는 청구법인은 ㈜○○에 세금계산서를 교부하였고, ㈜□□ 등 3개 업체로부터 세금계산서를 수취하여 각각 과세표준에 산입 및 매입세액공제하여 부가가치세 신고

(2) 조사청은 청구법인과 거래한 서○○을 가공거래 혐의로 조사하고, 청구법인과 서○○을 고발조치하였으나, ○○지방검찰청 경제1팀은 수사결과 범죄혐의를 인정하기 어려워 증거불충분으로 불기소(혐의 없음) 의견으로 종결

나. 과세경위

처분청은 청구법인이 청구법인이 교부하였거나 수취한 세금계산서 전부를 가공세금계산서로 보고 매출과세표준을 감액 및 매입세액은 불공제하여 청구법인에 부가가치세 경정고지

다. 청구법인 주장

(1) 청구법인은 쟁점매입처로부터 동을 매입하여 매출처에 납품하면서 쟁점매입처의 사업자등록증 및 대표자의 신분증 사본을 확인하였고, 거래명세표 및 계량증명서 등을 확인한 후 거래대금을 지급하였다.

(2) 조세포탈 혐의로 ○○지방검찰청의 조사를 받았으나 혐의 없음으로 불기소처분 통지를 받는 등 정상적인 거래로 확인되었다.

라. 처분청 의견

(1) 청구법인에 대한 검찰의 혐의 없음(증거 불충분) 처분은 고발에 대한 검찰의 처분일 뿐, 청구법인에 대한 조사를 통해 쟁점매입처로부터 사실과 다른 세금계산서를 부당하게 수취하였고 관련 금액을 매출처로 가공발행한 사실이 확인되었다.

(2) 청구법인은 자료상인 쟁점매입처로부터 사실과 다른 세금계산서를 부당하게 수취하였고, 이와 관련된 금액을 매출처로 가공발행한 중간단계자(일명 도관업체)로 판단됨에 따라 정상적인 거래로 볼 수 없다.

마. 쟁점

쟁점세금계산서 및 쟁점매입세금계산서를 가공거래에 의한 사실과 다른 세금계산서로 보아

과세한 처분의 당부

바. 판단요지

처분청의 조사서에 의하면, 청구법인과 서○○은 고철업 관련 이력 없이 9개월간 수백억 원의 매출, 매입을 발생시키면서 매출처 □□□ 등으로부터 매매자금을 송금받아 매입처에 지급하는 등의 금융거래를 하였으며, □□□과 쟁점매입처 등은 실물거래 없이 가공으로 세금계산서를 발행한 자료상으로 확정 및 고발된 업체이며, 청구법인은 사실과 다른 세금계산서 교부 및 수취한 사실이 확인되고,

조사공무원의 조사내용을 보면, 청구법인과 대표 서○○은 고철과 관련된 경력이 없는 자로서 매출처 □□□ 등으로부터 구매자금을 송금받아 매입처에 지급하였으며, □□□에 대한 매출액이 전체 매출액의 95%인 점, 쟁점매입처는 실물거래 없이 가공으로 세금계산서를 발행한 자료상으로 확정 및 고발된 업체인 점 등을 종합해 볼 때, 청구법인은 자료상(쟁점매입처)으로부터 사실과 다른 세금계산서를 부당하게 수취하였고, 매출처에게 가공으로 세금계산서를 발행한 것으로 되어 있다.

살피건대, 검찰의 수사결과 증거 불충분의 이유로 무혐의 또는 불기소처분을 받았다 하더라도 위에서 살펴본 바와 같이 그것을 곧 실지거래가 입증되는 것으로 볼 수 없는 점 등으로 보아 처분청이 쟁점세금계산서 및 쟁점매입세금계산서를 사실과 다른 세금계산서로 보고 과세표준 감액 및 매입세액 불공제하여 과세한 처분은 잘못이 없는 것으로 판단된다.

조세불복 사건에서 재결청은 이 사건의 경우와 같이 검찰 수사결과를 그대로 결정에 반영하지 않는 경우가 많다.

검찰의 수사결과 형법상 범죄가 성립되기 위한 구성요건이 충족하지 못해 증거 불충분 등의 사유로 무혐의처분을 받은 것과는 별개로 가공거래라는 국세공무원의 조사 결과가 상당하게 신뢰되는 반면,

청구인이 과세관청의 조사 결과가 사실이 아니며 실지거래가 존재하였다는 것을 명백하게 반박하여 입증하지 못하면, 이 사건의 경우와 같이 검찰 수사의 결과가 곧 실지거래가 존재했다는 것을 의미하는 것은 아니라고 판단하는 것이다.

제9장

상속세와 증여세 주요쟁점별 판례경향 분석

비상장주식의 평가 1

명의신탁재산의 증여의제 2

1 비상장주식의 평가

가. 법령

1) 상속세 및 증여세법

가) 제60조(평가의 원칙 등)

① 이 법에 따라 상속세나 증여세가 부과되는 재산의 가액은 상속개시일 또는 증여일(이하 "평가기준일") 현재의 시가에 따른다. 이 경우 제63조 제1항 제1호 가목 및 나목에 규정된 평가방법으로 평가한 가액(제63조 제2항에 해당하는 경우 제외)을 시가로 본다.
② 제1항에 따른 시가는 불특정 다수인 사이에 자유롭게 거래가 이루어지는 경우에 통상적으로 성립된다고 인정되는 가액으로 하고 수용가격·공매가격 및 감정가격 등 대통령령으로 정하는 바에 따라 시가로 인정되는 것을 포함한다.
③ 제1항을 적용할 때 시가를 산정하기 어려운 경우에는 해당 재산의 종류, 규모, 거래 상황 등을 고려하여 제61조부터 제65조까지에 규정된 방법으로 평가한 가액을 시가로 본다.
④ 제1항을 적용할 때 제13조에 따라 상속재산의 가액에 가산하는 증여재산의 가액은 증여일 현재의 시가에 따른다.
⑤ 제2항에 따른 감정가격을 결정할 때에는 대통령령으로 정하는 바에 따라 둘 이상의 감정기관에 감정을 의뢰하여야 한다. 이 경우 감정기관이 평가한 감정가액이 다른 감정기관이 평가한 감정가액의 100분의 80에 미달하는 등 대통령령으로 정하는 사유가 있는 경우에는 대통령령으로 정하는 바에 따라 1년의 범위에서 기간을 정하여 해당 감정기관을 시가불인정 감정기관으로 지정할 수 있으며, 시가불인정 감정기관으로 지정된 기간 동안 해당 시가불인정 감정기관이 평가하는 감정가액은 시가로 보지 아니한다.

나) 제63조(유가증권 등의 평가)

① 유가증권 등의 평가는 다음 각 호의 어느 하나에서 정하는 방법으로 한다.
1. 주식 및 출자지분의 평가
  가. 「자본시장과 금융투자업에 관한 법률」에 따른 증권시장으로서 대통령령으로 정하는 증권시장에서 거래되는 주권상장법인의 주식 및 출자지분은 평가기준일 이전·이후 각 2개월 동안 공표된 매일의 거래소 최종 시세가액(거래실적 유무를 따지지 아니한다)의 평균액. 다만, 평균액을 계산할 때 평가기준일 이전·이후 각 2개월 동안에 증자·합병 등의 사유가 발생하여 그 평균액으로 하는 것이 부적당한 경우에는

평가기준일 이전·이후 각 2개월의 기간 중 대통령령으로 정하는 바에 따라 계산한 기간의 평균액으로 한다.

나. 「자본시장과 금융투자업에 관한 법률」에 따른 주권상장법인으로서 대통령령으로 정하는 주권상장법인의 주식 및 출자지분 중 대통령령으로 정하는 주식 및 출자지분에 대해서는 가목을 준용한다.

다. 나목 외의 주식 및 출자지분으로서 거래소에 상장되지 아니한 주식 및 출자지분은 해당 법인의 자산 및 수익 등을 고려하여 대통령령으로 정하는 방법으로 평가한다.

2. 제1호 외에 국채·공채 등 그 밖의 유가증권의 평가는 해당 재산의 종류, 규모, 거래 상황 등을 고려하여 대통령령으로 정하는 방법으로 평가한다.

② 다음 각 호의 어느 하나에 해당하는 주식등에 대해서는 제1항 제1호에도 불구하고 해당 법인의 사업성, 거래 상황 등을 고려하여 대통령령으로 정하는 방법으로 평가한다.

1. 기업 공개를 목적으로 금융위원회에 대통령령으로 정하는 기간에 유가증권 신고를 한 법인의 주식등
2. 제1항 제1호 다목에 규정된 주식등 중 「자본시장과 금융투자업에 관한 법률」에 따른 증권시장으로서 대통령령으로 정하는 증권시장에서 주식등을 거래하기 위하여 대통령령으로 정하는 기간에 거래소에 상장신청을 한 법인의 주식등
3. 거래소에 상장되어 있는 법인의 주식 중 그 법인의 증자로 인하여 취득한 새로운 주식으로서 평가기준일 현재 상장되지 아니한 주식

③ 제1항 제1호, 제2항 및 제60조 제2항을 적용할 때 대통령령으로 정하는 최대주주 또는 최대출자자 및 그의 특수관계인에 해당하는 주주등(이하 이 항에서 "최대주주등")의 주식등(평가기준일이 속하는 사업연도 전 3년 이내의 사업연도부터 계속하여 「법인세법」 제14조 제2항에 따른 결손금이 있는 법인의 주식등 대통령령으로 정하는 주식등은 제외)에 대해서는 제1항 제1호 및 제2항에 따라 평가한 가액 또는 제60조 제2항에 따라 인정되는 가액에 그 가액의 100분의 20(대통령령으로 정하는 중소기업의 경우에는 100분의 10)을 가산하되, 최대주주등이 해당 법인의 발행주식총수등의 100분의 50을 초과하여 보유하는 경우에는 100분의 30(대통령령으로 정하는 중소기업의 경우에는 100분의 15)을 가산한다. 이 경우 최대주주등이 보유하는 주식등의 계산방법은 대통령령으로 정한다.

④ 예금·저금·적금 등의 평가는 평가기준일 현재 예입 총액과 같은 날 현재 이미 지난 미수이자 상당액을 합친 금액에서 「소득세법」 제127조 제1항에 따른 원천징수세액 상당 금액을 뺀 가액으로 한다.

2) 상속세 및 증여세법 시행령

가) 제49조(평가의 원칙)

① 법 제60조 제2항에서 "수용가격 · 공매가격 및 감정가격 등 대통령령으로 정하는 바에 따라 시가로 인정되는 것"이란 평가기준일 전후 6개월(증여재산의 경우에는 3개월로 한다. 이하 이 항에서 "평가기간") 이내의 기간 중 매매 · 감정 · 수용 · 경매(「민사집행법」에 따른 경매를 말한다) 또는 공매(이하 이 조에서 "매매등")가 있는 경우에 다음 각 호의 어느 하나에 따라 확인되는 가액을 말한다.
다만, 평가기간에 해당하지 아니하는 기간으로서 평가기준일 전 2년 이내의 기간 중에 매매등이 있는 경우에도 평가기준일부터 제2항 각 호의 어느 하나에 해당하는 날까지의 기간 중에 주식발행회사의 경영상태, 시간의 경과 및 주위환경의 변화 등을 고려하여 가격변동의 특별한 사정이 없다고 보아 상속세 또는 증여세 납부의무가 있는 자(이하 이 조 및 제54조에서 "납세자"), 지방국세청장 또는 관할세무서장이 신청하는 때에는 제49조의2 제1항에 따른 평가심의위원회의 심의를 거쳐 해당 매매등의 가액을 다음 각 호의 어느 하나에 따라 확인되는 가액에 포함시킬 수 있다.

1. 해당 재산에 대한 매매사실이 있는 경우에는 그 거래가액. 다만, 다음 각 목의 어느 하나에 해당하는 경우는 제외한다.
   가. 특수관계인과의 거래 등으로 그 거래가액이 객관적으로 부당하다고 인정되는 경우
   나. 거래된 비상장주식의 가액(액면가액의 합계액)이 다음의 금액 중 적은 금액 미만인 경우(제49조의2 제1항에 따른 평가심의위원회의 심의를 거쳐 그 거래가액이 거래의 관행상 정당한 사유가 있다고 인정되는 경우는 제외)
      1) 액면가액의 합계액으로 계산한 해당 법인의 발행주식총액 또는 출자총액의 100분의 1에 해당하는 금액
      2) 3억 원
2. 해당 재산(법 제63조 제1항 제1호에 규정된 재산 제외)에 대하여 2 이상의 기획재정부령이 정하는 공신력 있는 감정기관이 평가한 감정가액이 있는 경우에는 그 감정가액의 평균액. 다만, 다음 각목의 1에 해당하는 것을 제외하며, 당해 감정가액이 법 제61조 · 법 제62조 · 법 제64조 및 법 제65조의 규정에 의하여 평가한 가액과 제5항에 따른 시가의 100분의 90에 해당하는 가액 중 적은 금액(이하 이 호에서 "기준금액")에 미달하는 경우(기준금액 이상인 경우에도 제49조의2 제1항에 따른 평가심의위원회의 심의를 거쳐 감정평가목적 등을 감안하여 동 가액이 부적정하다고 인정되는 경우 포함)에는 세무서장(관할지방국세청장을 포함하며, 이하 "세무서장등")이 다른 감정기관에 의뢰하여 감정한 가액에 의하되, 그 가액이 납세자가 제시한 감정가액보다 낮은 경우에는 그러하지 아니하다.
   가. 일정한 조건이 충족될 것을 전제로 당해 재산을 평가하는 등 상속세 및 증여세의 납부목적에 적합하지 아니한 감정가액

나. 평가기준일 현재 당해 재산의 원형대로 감정하지 아니한 경우의 당해 감정가액

3. 해당 재산에 대하여 수용・경매 또는 공매사실이 있는 경우에는 그 보상가액・경매가액 또는 공매가액. 다만, 다음 각 목의 어느 하나에 해당하는 경우에는 해당 경매가액 또는 공매가액은 이를 제외한다.

가. 법 제73조에 따라 물납한 재산을 상속인 또는 그의 특수관계인이 경매 또는 공매로 취득한 경우

나. 경매 또는 공매로 취득한 비상장주식의 가액(액면가액의 합계액)이 다음의 금액 중 적은 금액 미만인 경우

1) 액면가액의 합계액으로 계산한 당해 법인의 발행주식총액 또는 출자총액의 100분의 1에 해당하는 금액

2) 3억 원

다. 경매 또는 공매절차의 개시 후 관련 법령이 정한 바에 따라 수의계약에 의하여 취득하는 경우

② 제1항을 적용할 때 제1항 각 호의 어느 하나에 따른 가액이 평가기준일 전후 6개월(증여재산의 경우 3개월) 이내에 해당하는지는 다음 각 호의 구분에 따른 날을 기준으로 하여 판단하며, 제1항에 따라 시가로 보는 가액이 둘 이상인 경우에는 평가기준일을 전후하여 가장 가까운 날에 해당하는 가액을 적용한다. 다만, 해당 재산의 매매등의 가액이 있는 경우에는 제5항에 따른 가액을 적용하지 아니한다.

1. 제1항 제1호의 경우에는 매매계약일
2. 제1항 제2호의 경우에는 가격산정기준일과 감정가액평가서 작성일
3. 제1항 제3호의 경우에는 보상가액・경매가액 또는 공매가액이 결정된 날

③ 제1항 각호의 가액에 2 이상의 재산가액이 포함됨으로써 각각의 재산가액이 구분되지 아니하는 경우에는 각각의 재산을 법 제61조 내지 제65조의 규정에 의하여 평가한 가액에 비례하여 안분계산하되 각각의 재산에 대하여 감정가액(동일감정기관이 동일한 시기에 감정한 각각의 감정가액)이 있는 경우에는 감정가액에 비례하여 안분계산한다.

다만, 토지와 그 토지에 정착된 건물 기타 구축물의 가액이 구분되지 아니하는 경우에는 「부가가치세법 시행령」 제64조에 따라 안분계산한다.

④ 제1항의 규정을 적용함에 있어서 당해 재산과 면적・위치・용도・종목 및 기준시가가 동일하거나 유사한 다른 재산에 대한 같은 항 각 호의 어느 하나에 해당하는 가액[법 제67조 또는 제68조에 따라 상속세 또는 증여세 과세표준을 신고한 경우에는 평가기준일 전 6개월(증여의 경우에는 3개월로 한다)부터 제1항에 따른 평가기간 이내의 신고일까지의 가액]이 있는 경우에는 당해 가액을 법 제60조 제2항의 규정에 의한 시가로 본다.

⑤ 제1항을 적용할 때 제2항 각 호에 따른 날이 평가기준일 전에 해당하는 경우로서 그 날부터 평가기준일까지 해당 재산에 대한 자본적 지출액이 확인되는 경우에는 그 자본적 지출액을 제1항에 따른 가액에 더할 수 있다.

⑥ 법 제60조 제5항 후단에서 "대통령령으로 정하는 사유"란 납세자가 제시한 감정기관(이하 이 조에서 "원감정기관")의 감정가액(이하 이 조에서 "원감정가액")이 세무서장등이 다른 감정기관에 의뢰하여 평가한 감정가액(이하 이 조에서 "재감정가액")의 100분의 80에 미달하는 경우를 말한다.
⑦ 제6항의 사유에 해당하는 경우 세무서장등은 부실감정의 고의성 및 원감정가액이 재감정가액에 미달하는 정도 등을 감안하여 1년의 범위에서 기획재정부령으로 정하는 기간 동안 원감정기관을 시가불인정 감정기관으로 지정할 수 있다.
이 경우 그 기간은 세무서장등이 원감정기관을 시가불인정 감정기관으로 지정하여 통지한 날부터 기산한다.
⑧ 세무서장 등은 제7항에 따른 시가불인정 감정기관 지정 전에 다음 각 호의 내용 등을 해당 감정기관에 통지하고 의견을 청취하여야 한다.
이 경우 통지를 받은 감정기관은 통지를 받은 날부터 20일 이내에 의견을 제출하여야 하며, 정당한 사유 없이 의견을 제출하지 아니한 경우에는 의견이 없는 것으로 본다.
1. 시가불인정 감정기관 지정내용 및 법적 근거
2. 제1호에 대하여 의견을 제출할 수 있다는 뜻과 의견을 제출하지 아니하는 경우의 처리방법
3. 의견제출기한
4. 그 밖에 의견제출에 필요한 사항
⑨ 제6항부터 제8항까지에서 규정한 사항 외에 시가불인정 감정기관의 지정 및 통지 등에 필요한 사항은 국세청장이 정하여 고시한다.
⑩ 기획재정부장관은 상속·증여재산을 평가함에 있어서 평가의 공정성을 확보하기 위하여 재산별 평가기준·방법·절차 등에 관한 세부사항을 정할 수 있다.

나) 제54조(비상장주식의 평가)

① 법 제63조 제1항 제1호 다목에 따른 거래소에 상장되지 아니한 주식 및 출자지분(이하 이 조 및 제56조의2에서 "비상장주식")은 다음의 계산식에 따라 평가한 가액(이하 "순손익가치")과 1주당 순자산가치를 각각 3과 2의 비율로 가중평균한 가액으로 한다. 다만, 부동산과다보유법인의 경우에는 1주당 순손익가치와 순자산가치의 비율을 각각 2와 3으로 한다.

1주당 가액 = 1주당 최근 3년간의 순손익액의 가중평균액 ÷ 3년 만기 회사채의 유통수익률을 감안하여 기획재정부령으로 정하는 이자율

② 제1항의 규정에 의한 1주당 순자산가치는 다음의 산식에 의하여 평가한 가액으로 한다.

1주당 가액 = 당해 법인의 순자산가액 ÷ 발행주식총수(이하 "순자산가치")

③ 제1항 및 제2항을 적용할 때 법 제63조 제1항 제1호 다목의 주식등을 발행한 법인이

다른 비상장주식을 발행한 법인의 발행주식총수등(자기주식과 자기출자지분은 제외)의 100분의 10 이하의 주식 및 출자지분을 소유하고 있는 경우에는 그 다른 비상장주식의 평가는 제1항 및 제2항에도 불구하고 「법인세법 시행령」 제74조 제1항 제1호 마목에 따른 취득가액에 의할 수 있다. 다만, 법 제60조 제1항에 따른 시가가 있으면 시가를 우선하여 적용한다.

④ 다음 각 호의 어느 하나에 해당하는 경우에는 제1항에도 불구하고 제2항에 따른 순자산가치에 따른다.

1. 법 제67조 및 법 제68조에 따른 상속세 및 증여세 과세표준 신고기한 이내에 평가대상 법인의 청산절차가 진행 중이거나 사업자의 사망 등으로 인하여 사업의 계속이 곤란하다고 인정되는 법인의 주식등
2. 사업개시 전의 법인, 사업개시 후 3년 미만의 법인 또는 휴업·폐업 중인 법인의 주식등
3. 평가기준일이 속하는 사업연도 전 3년 내의 사업연도부터 계속하여 「법인세법」상 각 사업연도에 속하거나 속하게 될 손금의 총액이 그 사업연도에 속하거나 속하게 될 익금의 총액을 초과하는 결손금이 있는 법인의 주식등
4. 「소득세법 시행령」 제158조 제1항 제5호 가목에 해당하는 법인의 주식등

⑤ 제2항을 적용할 때 "발행주식총수"는 평가기준일 현재의 발행주식총수에 따른다.

⑥ 다음 각 호의 요건을 모두 갖춘 법인이 발행한 비상장주식을 평가할 때 납세자가 제49조의2 제1항에 따른 평가심의위원회에 비상장주식의 평가가액 및 평가방법에 대한 심의를 신청하는 경우에는 제54조 제1항·제4항, 제55조 및 제56조에도 불구하고 평가심의위원회가 심의하여 제시하는 평가가액에 의하거나 그 위원회가 제시하는 평가방법 등을 고려하여 계산한 평가가액에 의할 수 있다.

1. 제53조 제7항에 따른 중소기업
2. 해당 법인의 자산·매출액 규모 및 사업의 영위기간 등을 감안하여 같은 업종을 영위하고 있는 다른 법인(주권상장법인 등을 말한다)의 주식가액과 비교할 때 제54조 제1항·제4항, 제55조 및 제56조에 따라 평가하는 것이 불합리하다고 인정되는 법인

다) 제55조(순자산가액의 계산방법)

① 제54조 제2항의 규정에 의한 순자산가액은 평가기준일 현재 당해 법인의 자산을 법 제60조 내지 제66조의 규정에 의하여 평가한 가액에서 부채를 차감한 가액으로 하며, 순자산가액이 0원 이하인 경우에는 0원으로 한다. 이 경우 당해 법인의 자산을 법 제60조 제3항 및 법 제66조의 규정에 의하여 평가한 가액이 장부가액(취득가액에서 감가상각비를 차감한 가액)보다 적은 경우에는 장부가액으로 하되, 장부가액보다 적은 정당한 사유가 있는 경우에는 그러하지 아니하다.

② 제1항의 규정을 적용함에 있어서 기획재정부령이 정하는 무형고정자산·준비금·충

당금 등 기타 자산 및 부채의 평가와 관련된 금액은 이를 자산과 부채의 가액에서 각각 차감하거나 가산한다.

③ 제1항을 적용할 때 제59조 제2항에 따른 영업권평가액은 해당 법인의 자산가액에 이를 합산한다. 다만, 다음 각 호의 경우에는 그러하지 아니하다.

1. 제54조 제4항 제1호·제3호 또는 제4호에 해당하는 경우
2. 제54조 제4항 제2호에 해당하는 경우. 다만, 다음 각 목에 모두 해당하는 경우는 제외한다.
   가. 개인사업자가 제59조에 따른 무체재산권을 현물출자하거나 「조세특례제한법 시행령」 제29조 제2항에 따른 사업 양도·양수의 방법에 따라 법인으로 전환하는 경우로서 그 법인이 해당 사업용 무형자산을 소유하면서 사업용으로 계속 사용하는 경우
   나. 가목에 따른 개인사업자와 법인의 사업 영위기간의 합계가 3년 이상인 경우

라) 제56조(1주당 최근 3년간의 순손익액의 계산방법)

① 제54조 제1항에 따른 1주당 최근 3년간의 순손익액의 가중평균액은 다음 계산식에 따라 계산한 가액으로 한다. 이 경우 그 가액이 음수인 경우에는 영으로 한다.

1주당 최근 3년간의 순손익액의 가중평균액
= {(평가기준일 이전 1년이 되는 사업연도의 1주당 순손익액 × 3) + (평가기준일 이전 2년이 되는 사업연도의 1주당 순손익액 × 2) + (평가기준일 이전 3년이 되는 사업연도의 1주당 순손익액 × 1)} ÷ 6

② 제1항에도 불구하고 다음 각 호의 요건을 모두 갖춘 경우에는 제54조 제1항에 따른 1주당 최근 3년간의 순손익액의 가중평균액을 기획재정부령으로 정하는 신용평가전문기관, 「공인회계사법」에 따른 회계법인 또는 「세무사법」에 따른 세무법인 중 둘 이상의 신용평가전문기관, 「공인회계사법」에 따른 회계법인 또는 「세무사법」에 따른 세무법인이 기획재정부령으로 정하는 기준에 따라 산출한 1주당 추정이익의 평균가액으로 할 수 있다.

1. 일시적이고 우발적인 사건으로 해당 법인의 최근 3년간 순손익액이 증가하는 등 기획재정부령으로 정하는 경우에 해당할 것
2. 법 제67조 및 제68조에 따른 상속세 과세표준 신고기한 및 증여세 과세표준 신고기한까지 1주당 추정이익의 평균가액을 신고할 것
3. 1주당 추정이익의 산정기준일과 평가서작성일이 해당 과세표준 신고기한 이내일 것
4. 1주당 추정이익의 산정기준일과 상속개시일 또는 증여일이 같은 연도에 속할 것

③ 제1항을 적용할 때 각 사업연도의 주식수는 각 사업연도 종료일 현재의 발행주식총수에 의한다. 다만, 평가기준일이 속하는 사업연도 이전 3년 이내에 증자 또는 감자를 한 사실이 있는 경우에는 증자 또는 감자전의 각 사업연도 종료일 현재의 발행주식총수는 기획재정부령으로 정하는 바에 따른다.

④ 제1항에 따른 순손익액은 「법인세법」 제14조에 따른 각 사업연도소득에 제1호의 금액을 더한 금액에서 제2호의 금액을 뺀 금액으로 한다. 이 경우 각 사업연도소득을 계산할 때 손금에 산입된 충당금 또는 준비금이 세법의 규정에 따라 일시 환입되는 경우에는 해당 금액이 환입될 연도를 기준으로 안분한 금액을 환입될 각 사업연도소득에 가산한다.

1. 「법인세법」 제18조 제4호에 따른 금액, 같은 법 제18조의2 · 제18조의3에 따른 수입배당금액 중 익금불산입액, 같은 법 제24조 제4항, 「조세특례제한법」 제73조 제4항에 따라 해당 사업연도의 손금에 산입한 금액 및 그 밖에 기획재정부령이 정하는 금액
2. 다음 각 목에 따른 금액
   가. 당해 사업연도의 법인세액(「법인세법」 제57조에 따른 외국법인세액으로서 손금에 산입되지 아니하는 세액 포함), 법인세액의 감면액 또는 과세표준에 부과되는 농어촌특별세액 및 지방소득세액
   나. 「법인세법」 제21조 제3호 및 제4호 및 동법 제27조에 규정하는 금액과 각 세법에서 규정하는 징수불이행으로 인하여 납부하였거나 납부할 세액
   다. 「법인세법」 제24조부터 제26조까지, 같은 법 제28조의 금액 및 「조세특례제한법」 제73조 제3항에 따라 기부금 손금산입 한도를 넘어 손금에 산입하지 아니한 금액, 같은 법 제136조의 금액, 그 밖에 기획재정부령으로 정하는 금액
   라. 「법인세법 시행령」 제32조 제1항에 따른 시인부족액에서 같은 조에 따른 상각부인액을 손금으로 추인한 금액을 뺀 금액

⑤ 제4항에 따라 순손익액을 계산할 때 평가기준일이 속하는 사업연도 이전 3년 이내에 해당 법인의 자본(출자액 포함)을 증가시키기 위하여 새로운 주식 또는 지분(이하 이 항에서 "주식등")을 발행(이하 이 항에서 "유상증자")하거나 해당 법인의 자본을 감소시키기 위하여 주식등을 소각(이하 이 항에서 "유상감자")한 사실이 있는 경우에는 유상증자 또는 유상감자를 한 사업연도와 그 이전 사업연도의 순손익액은 제4항에 따라 계산한 금액에 제1호에 따른 금액을 더하고 제2호에 따른 금액을 뺀 금액으로 한다. 이 경우 유상증자 또는 유상감자를 한 사업연도의 순손익액은 사업연도 개시일부터 유상증자 또는 유상감자를 한 날까지의 기간에 대하여 월할로 계산하며, 1개월 미만은 1개월로 하여 계산한다.

1. 유상증자한 주식등 1주당 납입금액 × 유상증자에 의하여 증가한 주식등 수 × 기획재정부령으로 정하는 율
2. 유상감자 시 지급한 1주당 금액 × 유상감자에 의하여 감소된 주식등 수 × 기획재정부령으로 정하는 율

3) 상속세 및 증여세법 시행규칙

가) 제17조(비상장주식의 평가)

영 제54조 제1항의 계산식에서 "기획재정부령으로 정하는 이자율"이란 연간 100분의 10을 말한다.

나) 제17조의2(순자산가액의 계산방법)

영 제55조 제2항의 규정에 의한 무형고정자산·준비금·충당금 등 기타 자산 및 부채의 평가에 있어서 당해 법인의 자산 또는 부채에 차감하거나 가산하는 방법은 다음 각 호의 구분에 의한다.

1. 평가기준일 현재 지급받을 권리가 확정된 가액은 이를 자산에 가산하여 계산할 것
2. 선급비용(평가기준일 현재 비용으로 확정된 것에 한한다)과 「법인세법 시행령」 제24조 제1항 제2호 바목의 규정에 의한 무형고정자산의 가액은 이를 자산에서 차감하여 계산할 것
3. 다음 각목의 가액은 이를 각각 부채에 가산하여 계산할 것
   가. 평가기준일까지 발생된 소득에 대한 법인세액, 법인세액의 감면액 또는 과세표준에 부과되는 농어촌특별세액 및 지방소득세액
   나. 평가기준일 현재 이익의 처분으로 확정된 배당금·상여금 및 기타 지급의무가 확정된 금액
   다. 평가기준일 현재 재직하는 임원 또는 사용인 전원이 퇴직할 경우에 퇴직급여로 지급되어야 할 금액의 추계액
4. 평가기준일 현재의 제충당금과 「조세특례제한법」 및 기타 법률에 의한 제준비금은 이를 각각 부채에서 차감하여 계산할 것. 다만, 다음 각목의 1에 해당하는 것은 그러하지 아니하다.
   가. 충당금 중 평가기준일 현재 비용으로 확정된 것
   나. 「법인세법」 제30조 제1항에 규정된 보험업을 영위하는 법인의 책임준비금과 비상위험준비금으로서 동법 시행령 제57조 제1항 내지 제3항에 규정된 범위 안의 것

다) 제17조의3(1주당 최근 3년간의 순손익액의 계산방법)

① 영 제56조 제2항 제1호에서 "일시적이고 우발적인 사건으로 해당 법인의 최근 3년간 순손익액이 증가하는 등 기획재정부령으로 정하는 경우"란 다음 각 호의 어느 하나에 해당하는 경우를 말한다.

1. (삭제)

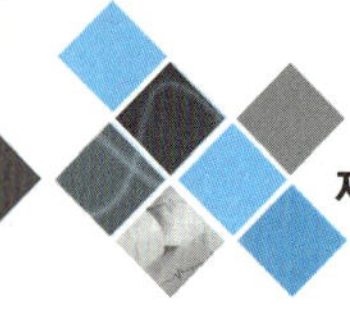

2. 기업회계기준의 자산수증이익, 채무면제이익, 보험차익 및 재해손실(이하 이 조에서 "자산수증이익등")의 합계액에 대한 최근 3년간 가중평균액이 법인세 차감전 손익에서 자산수증이익등을 뺀 금액에 대한 최근 3년간 가중평균액의 50퍼센트를 초과하는 경우
3. 평가기준일 전 3년이 되는 날이 속하는 사업연도 개시일부터 평가기준일까지의 기간 중 합병 또는 분할을 하였거나 주요 업종이 바뀐 경우
4. 법 제38조의 규정에 의한 증여받은 이익을 산정하기 위하여 합병당사법인의 주식가액을 산정하는 경우
5. 최근 3개 사업연도 중 1년 이상 휴업한 사실이 있는 경우

4) 기본통칙

63-0…2	증자, 합병 있는 날의 다음 날의 정의

① 영 제52조의2 제1호에서 "동 사유가 발생한 날의 다음 날"이라 함은 권리락일을 말한다.
② 영 제52조의2를 적용할 때 "증자, 합병 등의 사유"에는 감자, 주식 등의 액면분할 또는 병합, 회사의 분할을 포함한다.

63-0…3	배당의 내용을 달리하는 주식을 발행한 법인의 주식평가

법인이 우선주 등 이익배당에 관하여 내용이 다른 수종의 주식을 발행한 경우에는 그 내용을 감안하여 적정한 가액으로 평가하여야 한다.

63-55…6	비상장주식 평가시 순자산가액

증자일 전의 잉여금의 유보액을 신입주주 또는 신입사원에게 분배하지 아니한다는 것을 조건으로 증자한 경우 신입주주 또는 신입사원의 출자지분을 평가함에 있어 영 제55조 제1항에 규정하는 "순자산가액"에는 신입사원 또는 신입주주에게 분배하지 아니하기로 한 잉여금에 상당하는 금액이 포함되지 아니한다.

63-55…8	순자산가액 계산시 배당금과 상여금의 부채 인정범위

배당기준일 현재 생존하고 있던 주주가 주주총회에서 잉여금 처분결의가 있기 전에 사망한 경우로서 상속개시 후에 주주총회에서 잉여금의 처분이 확정된 경우 그 배당금과 상여금은 상속세 과세가액에 포함하지 아니하는 것이며, 상속받은 그 비상장주식 평가시에는 동 배당금과 상여금은 영 제55조의 순자산가액계산시 부채에 포함하지 아니한다. 다만, 사망 전에 처분한 주식에 대한 배당금 등이 상속개시 후에 지급되는 경우 그 배당금 등은 상속재산에 포함한다.

63-55…14 순자산가액 계산시 부채로 차감할 법인세 등

규칙 제17조의2 제3호 가목에서 "평가기준일까지 발생된 소득에 대한 법인세액, 법인세액의 감면액 또는 과세표준에 부과되는 농어촌특별세 및 지방소득세액"이라 함은 평가기준일 현재 「법인세법」 등에 따라 실제 납부하여야 할 법인세액 등을 말한다.

63-56…9 순손익액에서 차감하는 법인세액 등

① 영 제56조 제3항 제2호 가목에 따른 세액은 「법인세법」에 따라 각 사업연도의 소득에 대하여 납부하였거나 납부하여야 할 법인세 총결정세액을 말한다. 이 경우 각 사업연도 소득은 이월결손금을 공제하기 전의 소득을 말하는 것이며, 법인세액에는 토지 등 양도소득에 대한 법인세, 법인세 부가세액, 법인세 감면세액에 대한 농어촌특별세를 포함한다.
② 영 제56조 제3항의 규정에 의하여 순손익액을 계산함에 있어 「국제조세 조정에 관한 법률」 제14조의 규정에 의하여 배당으로 간주된 이자의 손금불산입 금액은 각 사업연도 소득금액에서 차감한다.

63-56…10 순손익액 계산에 있어 각 사업연도 소득금액이 변동된 경우

영 제56조 제3항에 따라 순손익액을 계산할 때 그 법인에 대한 법인세 경정으로 주식평가액에 변동이 생긴 때에는 법 제76조 제4항에 따라 상속세 및 증여세의 과세표준과 세액을 경정하여야 한다.

63-56…11 1주당 추정이익의 계산

영 제56조 제1항 제2호에서 "1주당 추정이익"이라 함은 「자본시장과 금융투자업에 관한 법률 시행령」 제176조의5 제2항에 따라 금융위원회가 정한 1주당 추정이익을 산출하기 위한 기준에 따라 다음 각 호의 자가 산출한 가액을 말한다.

1. 한국신용평가주식회사
2. 한국신용정보주식회사
3. 한국기업평가주식회사
4. 서울신용평가정보주식회사
5. 「공인회계사법」에 따른 회계법인
6. 「세무사법」에 따른 세무법인

63-56…12 1주당 최근 3년간 순손익액의 가중평균액 계산

영 제56조 제1항 제1호에 따른 1주당 최근 3년간의 순손익액의 가중평균액 계산시 최근 3년간의 기간에 속하는 사업연도 또는 과세기간 중 다음 각 호의 어느 하나에 해당하는 경우에는 그 방법에 따라 순손익액의 평균액을 계산한다.

1. (삭제)

2. 사업연도 또는 과세기간 중 합병이 있은 경우 합병 전 각 사업연도 또는 과세기간의 1주당 순손익액은 합병법인과 피합병법인의 순손익액의 합계액을 합병 후 발행주식총수로 나누어 계산한 가액에 따른다. 이 경우 1년 미만인 사업연도의 순손익액은 연으로 환산한 가액에 의하는 것이나, 합병일이 속하는 피합병법인의 사업연도가 1년 미만으로서 합병 후부터 피합병법인과 합병법인의 순손익액이 합산되어 계산되는 경우에는 연으로 환산하지 아니한다.

나. 비상장주식 평가방법에 관한 대법원 판례의 입장

비상장주식은 상장주식과 달리 다툼의 여지가 없는 시가가 존재하지도 않고, 제3자 사이에서도 활발하게 매매되지 않는 경우가 대부분이어서 매매사례가액도 알 수 없는 경우가 많으므로, 비상장주식의 적정가치를 놓고 과세관청과 납세자 간에 다툼이 빈번하게 발생하고 있다.

비상장주식을 거래하기 위해서는 주식의 적정가치를 먼저 평가하여 거래가액을 결정하게 되는데, 비상장주식의 가치를 평가하는 방법은 여러 가지가 있다. 이때, 대법원 판례로 살펴본 비상장주식의 가액을 산정하는 방법은 다음과 같다.

비상장주식의 평가에 관한 대법원의 기본입장은 비상장주식의 시가는 그에 관한 객관적 교환가치가 적정하게 반영된 정상적인 거래의 실례가 있는 경우에는 그 거래가격을 시가로 보아 주식의 가액을 평가하여야 할 것이나, 만약 그러한 거래사례가 없으면 비상장주식의 평가에 관하여 보편적으로 인정되는 시장가치방식 · 순자산가치방식 · 수익가치방식 등 여러 가지 평가방법을 활용하되,

비상장주식의 평가방법을 규정한 관련 법규들은 그 제정 목적에 따라 서로 상이한 기준을 적용하고 있으므로 어느 한 가지 평가방법이 항상 적용되어야 한다고 단정할 수는 없고, 당해 회사의 상황이나 업종의 특성 등을 종합적으로 고려하여 공정한 가액을 산정하여야 한다는 것이고(대법원 2014.7.24. 선고, 2013다55386 판결 ; 2010.5.28. 선고, 2009마2238 판결 ; 2008.5.15. 선고, 2005도7911 판결 ; 2005.4.29. 선고, 2005도856 판결 등), 그러한 평가방법의 하나로서 상속세 및 증여세법의 보충적 평가방법을 예로 든 판례가 많으나(대법원 2013.9.26. 선고, 2013도5214 판결 ; 2012.6.28. 선고, 2012도2623 판결 ; 2012.6.14. 선고, 2012도1283 판결 ; 2007.2.8. 선고, 2006도483 판결 등)[42], 상증법의 보충적 평가방법이 유일한 방법이라고는 할 수 없고 거래의 상황에 비추었을 때

42) 이 경우도 상증법상 보충적 평가방법이 여러 가지 방법 중 하나라고 언급하였을 뿐 보충적 평가방법이 타당하다고 판단한 것은 아니다.

미래의 수익률이 기업가치 내지 주식가치를 평가함에 있어서 중요한 평가요소이며 따라서 순자산가치 대비 수십 배 이상의 가액으로 주식이 거래되는 예도 드물지 않았던 사정을 들면서 현금흐름할인법(DCF)에 의한 평가도 타당하다고 인정한 판례도 존재하며,

나아가 구 증권거래법에 의한 유가증권의 발행 및 공시 등에 관한 규정에 정한 주식가치 평가방법[43]은 향후 2년간의 추정이익으로 수익가치를 산정하게 되어 있는데, 과거에 초점을 맞춘 상증법상의 판단방식이 현금흐름할인 방식(Discounted Cash Flow Method)처럼 미래에 초점을 맞춘 방식에 비하여 주당 수익가치를 더 적정하게 반영하는 우월한 것이라고 단정할 수 없다는 판례도 존재한다(서울행정법원 2011.1.27. 선고, 2010구합31287 판결과 이 판결을 인용한 서울고등법원 2011.8.19. 선고, 2011누8460 판결 및 대법원 2011.12.22. 선고, 2011두22075 판결).

한편, 시장가치 · 순자산가치 · 수익가치 등 여러 가지 평가요소를 종합적으로 고려하여 비상장주식의 매수가액을 산정하고자 할 경우, 당해 회사의 상황이나 업종의 특성, 위와 같은 평가요소가 주식의 객관적인 가치를 적절하게 반영할 수 있는 것인지, 그 방법에 의한 가치산정에 다른 잘못은 없는지 여부에 따라 평가요소를 반영하는 비율을 각각 다르게 하여야 한다(대법원 2006.11.24. 선고, 2004마1022 판결).

반면, 감정평가법인의 비상장주식에 대한 감정가액을 시가로 볼 수 있는지가 문제된 사안에서, 구 상속세 및 증여세법 시행령(2002.12.30. 대통령령 제17828호로 개정되기 전의 것) §49 ① 제2호는 공신력 있는 감정기관의 감정가액을 시가로 인정하면서도 비상장주식의 감정가액을 명시적으로 제외하고 있는 만큼 비상장주식에 대한 감정평가법인의 감정가액은 시가로 볼 수 없다고 판단하였다(대법원 2011.5.13. 선고, 2008두1849 판결).

다. 대표적인 쟁점

과세관청은 비상장주식의 평가와 관련하여 상속세 및 증여세법에서 정한 보충적 평가방법에 따라 평가하지 않았거나, 보충적 평가방법에 의한 평가가액과 차이나는 금액으로 거래된 경우 저가양도 또는 고가양도로 보아 그 차액에 대해 과세하는 것이 일반적이다.

특히, 특수관계자 간 거래에서 비상장주식의 평가와 매매가액 결정은 매우 신중해야 하지만, 제3자 간 거래라고 하더라도 비상장주식 평가액을 매매가액 결정에 참고해야 한다.

한편, 비상장주식의 보충적 평가방법에 따라 평가하더라도 원칙적인 가중평균 방법으로 평가한 것이냐 또는 순자산가치로만 평가하는 것이냐에 대해서도 과세관청과 납세자 간 다

43) 2009년 2월부터 시행된 「자본시장과 금융투자업에 관한 법률」(소위, 자본시장법)에 통합되었다.

툼이 빈번하게 발생하고 있다.

라. 재결청이 주로 조사하는 내용

비상장주식의 시가가 불분명하여 비상장주식의 평가와 관련하여 제기된 불복사건의 심리에서 재결청은 다음 내용들을 주로 조사하게 된다.

1) 비상장주식 신고서상 평가내역 확인

① 청구인의 신고내역(근거)과 처분청의 과세내역(매매사례가액, 순자산가치, 순손익가치, 최대주주 할증내역) 등의 적정성을 평가한다.

② 상증법상 보충적 평가액과 신고가액 비교한다.

2) 매매사례가액 여부 확인

① 청구인이 매매사례가액으로 신고한 경우 거래당사자 간 관계를 조사한다. 특히 특수관계자 간 거래가 아닌지 확인한다.

② 실제 거래 여부 등을 대금지급 관련 금융증빙 등으로 확인한다.

③ 주식 발행법인의 일자별 거래내역(거래일, 1주당 거래가액, 거래당사자 간 특수관계 여부, 실질거래를 확인할 수 있는 금융거래 존부)을 확인한다.

3) 정상신고 여부 확인

당해 비상장회사와 업종 등이 유사한 기업의 주식거래내역을 확인한다.

마. 주요 예규

(1) 2년간 연속해서 결손이었고 당해 연도 토지 처분하여 비경상적 거액의 이익이 발생하여도 3년간 계속하여 결손법인이 아니기 때문에 순자산가치로만 평가할 수는 없음 (재산세과-777, 2009.4.22.)

(2) 1주당 순손익가치가 영으로 평가되는 경우에도 가중치 합계는 5로 하는 것이고(서면4팀-1351, 2004.8.27.), 1주당 순자산가치가 부수인 경우에는 이를 영(0)으로 하는 것임(서면4팀-3376, 2006.10.9.). 따라서 순손익가치와 순자산가치가 모두 부수이면 그 평가액은 영(0)으로 계산됨

(3) 인적분할의 경우 분할신설법인의 사업영위기간은 분할 전 분할법인의 사업개시일부터 기산하며(재정경제부 재산세제과-715, 2005.7.8.), 물적분할에 의하여 신설된 분할신설법인의 사업영위기간도 분할 전 동일사업부문의 사업개시일부터 기산함. 다만, 분할신설법인의 1주당 순손익가치를 산정함에 있어서 분할존속법인과 분할신설법인의 최근 3년간의 순손익액이 각각 구분되는 경우에는 그 구분된 순손익액을 기준으로 계산하며, 분할법인의 분할 전 순손익액이 사업부문별로 구분되지 않는 경우에는 순자산가액비율로 안분계산함(재산세과-498, 2009.10.20)

(4) 비상장주식 평가시 "사업개시 후 3년 미만의 범위"라 함은 당해 법인의 사업개시일부터 상속개시일까지 역에 의하여 계산한 기간이 3년 미만인 법인을 말하며, 이 경우 사업개시일은 당해 법인이 처음으로 재화 또는 용역의 공급을 개시한 때를 적용함(재삼 46014-1336, 1998.7.16)

(5) 비상장주식 평가시 추정이익에 의한 순손익가치 평가가능 여부는 상속세 및 증여세법에 따르며(재정경제부 재산세제과-608, 2007.5.23.), 해당 법인이 법인세 과세표준 신고기한까지 신고하고, 1주당 추정이익의 산정기준일과 평가서 작성일이 해당 법인세 과세표준 신고기한 이내인 경우에는 1주당 최근 3년간의 순손익액의 가중평균액을 1주당 추정이익의 평균가액으로 할 수 있음(서면-2014-법인-22090, 2015.5.14.)

(6) 외국법인이 발행한 주식에 대한 시가가 불분명한 경우에는 상속세 및 증여세법의 규정에 의하여 평가한 가액에 의하는 것이며, 당해 규정에 의한 평가가 사실상 불가능한 경우에는 외국법인이 소재하고 있는 국가의 상속세법 또는 증여세법 등에서 정하는 평가방법으로 평가할 수 있고(재재산 46014-139, 2000.5.4.), 외국법인 주식의 평가기준일과 당해 법인이 소재하는 국가에서 부과목적으로 평가한 가액의 평가기준일이 상이한 경우에는 해당 국가에서 부과목적으로 평가한 방법과 동일한 평가방법으로 2 이상의 국내 또는 외국의 감정기관에 의뢰하여 감정한 가액을 참작하여 평가한 가액으로 할 수 있음(법인세과-1230, 2009.11.5.)

(7) K-OTC시장(비상장주식의 매매거래를 위해 한국금융투자협회가 자본시장법에 따라 개설하여 운영되는 시장)에서 거래되는 비상장주식의 거래가액은 시가에 해당하는 것이나, 그 거래가액이 특수관계에 있는 자 와의 거래 등 객관적으로 부당하다고 인정되는 경우는 제외함(서면-2015-상속증여-0336, 2015.4.22.)

(8) 2011.7.25. 이전에 상속하거나 증여받은 비상장주식에 대한 1주당 최근 3년간의 순손익액의 계산은 구 상속세 및 증여세법 시행령(2011.7.25. 대통령령 제23040호로 개정되기 전의 것) 제56조에 따르는 것이므로, 유상증자 효과 반영하지 않음(기획재정부 재산세제과-277, 2015.4.3.)

바. 주요 판례 소개

Case 1 대법원 1997.9.26. 선고, 97누8502 판결

시가를 산정하기 어려워서 보충적인 평가방법을 택할 수밖에 없었다는 점에 관한 입증책임은 과세처분의 적법성을 주장·입증할 책임을 진 과세관청에 있다는 사례

구 상속세 및 증여세법 시행령(1994.12.31. 대통령령 제14469호로 개정되기 전의 것) §5 ② 내지 ⑥에 규정하는 방법에 의한 상속재산의 평가는 상속개시 당시 또는 상속세 부과 당시의 각 시가를 산정하기 어려울 때에 한하여 택할 수 있는 보충적인 평가방법이고, 시가를 산정하기 어려워서 보충적인 평가방법을 택할 수밖에 없었다는 점에 관한 입증책임은 과세처분의 적법성을 주장·입증할 책임을 진 과세관청에 있다(대법원 1990.7.10. 선고, 90누1229 판결 ; 1993.6.11. 선고, 92누16218 판결 ; 1995.6.13. 선고, 95누23 판결 등 참조).

그리고 여기서 시가라 함은 정상적인 거래에 의하여 형성된 객관적 교환가격을 말하는 것으로서, 증권거래소에 상장되지 않은 비상장주식이더라도 위와 같은 객관적인 교환가치가 적정하게 반영된 정상적인 거래의 실례가 있으면 그 거래가격을 시가로 보아 주식의 가액을 평가하여야 한다(대법원 1987.1.20. 선고, 86누318 판결 ; 1989.6.13. 선고, 88누3765 판결 ; 1990.7.10. 선고, 90누1229 판결 등 참조).

과세처분의 위법을 이유로 그 취소를 구하는 소송에서 처분의 적법성 및 과세요건사실의 존재에 관한 입증책임은 과세관청에 있으므로 시가를 산정할 수 있는 다른 방법이 존재하지 않기 때문에 불가피하게 상증법상의 보충적 평가방법을 택할 수밖에 없었다는 점은 과세관청이 입증하여야 하며,

평가대상 주식이 외국에 있는 비상장법인 주식인 경우에도 보충적 평가방법을 적용하는 것이 '부적당하지 않다'는 점도 과세관청이 입증하여야 한다(대법원 2010.1.14. 선고, 2007두5646 판결).

반면에 비상장주식의 가액을 평가함에 있어서 양도소득세의 과세표준인 소득액 확정의 기초가 되는 순자산가액에 대한 입증책임은 원칙적으로 과세관청에 있으나, 양도일 현재 당해 법인의 순자산가액을 산정함에 있어서 당해 법인의 대차대조표에 계상되지 않은 부외채무가 존재한다는 사실은 양도소득세 과세가액 결정에 있어서 예외적인 사유에 속하는 것이므로 이러한 특별한 사유에 대한 입증책임은 이를 다투는 납세의무자에게 있으며(대법원 2003.5.13. 선고, 2002두12458 판결),

증여일 당시 당해 법인의 순자산가액에는 증여일 당시 회수불능인 채권은 포함시킬 수

없을 것이나, 채권의 회수불능은 증여세 과세가액 결정에 있어 예외적인 사유에 속하는 것이므로 순자산가액에서 제외되는 회수불능채권인지 여부에 대한 증명책임도 이를 다투는 납세의무자에게 있다(대법원 2007.8.23. 선고, 2005두5574 판결).

한편, 과세관청이 시가를 평가하기 어렵다는 이유로 보충적 평가방법에 따라 과세처분 후 그 과세처분 취소소송 진행 중에 시가가 입증되면, 시가에 따른 정당한 세액을 산출한 다음 과세처분의 세액이 정당한 세액을 초과하는지 여부에 따라 과세처분의 위법 여부를 판단한다(대법원 1996.8.23. 선고, 95누13821 판결 ; 1999.4.27. 선고, 99두1595 판결 ; 2004.3.12. 선고, 2002두10377 판결 등).

Case 2 대법원 2011.05.13. 선고, 2008두1849 판결

감정평가법인의 비상장주식에 대한 감정가액을 시가로 볼 수 있는지가 문제된 사안에서, 감정가액은 상속세 및 증여세법 제60조 제2항 규정에 의한 시가로 볼 수 없다고 판단한 사례

구 상속세 및 증여세법(2003.12.20. 법률 제7010호로 개정되기 전의 것. 이하 '상증세법'이라 한다) §60 ②은 "시가는 불특정 다수인 사이에 자유로이 거래가 이루어지는 경우에 통상 성립된다고 인정되는 가액으로 하고, 수용·공매가격 및 감정가격 등 대통령령이 정하는 바에 의하여 시가로 인정되는 것을 포함한다"고 정한다.

그 위임에 따른 구 상속세 및 증여세법 시행령(2002.12.30. 대통령령 제17828호로 개정되기 전의 것. 이하 '상증세법 시행령'이라 한다) §49 ①은 제2호에서 '당해 재산에 대하여 2 이상의 공신력 있는 감정기관이 평가한 감정가액의 평균액'을 시가로 인정되는 것의 하나로 들면서, 다만 비상장주식 등 상증세법 §63 ① 제1호에 정하여진 재산에 대한 감정가액은 제외한다고 정한다.

그리고 상증세법 §60 ③, §63 ① 제1호 다목은 비상장주식 등의 시가를 산정하기 어려운 경우에는 당해 법인의 자산 및 수익 등을 감안하여 상증세법 시행령이 정하는 보충적 평가방법에 의하여 평가한 가액에 의한다고 규정하고 있다.

이와 같이 상증세법 시행령 §49 ① 제2호가 상증세법 §60 ② 후단에 의하여 시가로 인정되는 가액에서 비상장주식에 대한 감정가액을 명시적으로 제외하고 있고, 그 취지는 비상장주식에 대한 감정평가방법을 달리함에 따라 다양한 감정가액이 산출됨으로써 조세공평의 원칙에 반하는 결과가 초래되는 것을 방지하기 위하여 그 평가방법을 상증세법 시행령이 정하는 보충적 평가방법으로 통일하고자 하는 데 있는 점, 비상장주식의 경우 일반적으로 불특정 다수인 사이에 거래가 이루어지지 아니하므로 감정평가에 의하여 상증세법 §60 ② 전단 소정의 시가를 도출하기도 어려운 점 등을 고려하면, 비상장주식에 대한 감정가액은 특별한 사정이 없는 한 상증세법 §60 ②의 시가에 해당한다고 할 수 없다.

상증법에서는 재산에 대해 2 이상의 공신력 있는 감정기관이 평가한 감정가액이 있는 경우 그 감정가액의 평균금액을 시가로 볼 수 있다고 규정하면서, 예외적으로 비상장주식은 감정가액으로 평가할 수 없다고 명시하고 있다(상증령 §49 ① 제2호).

대법원도 비상장주식에 대한 감정평가방법을 달리함에 따라 다양한 감정가액이 산출됨으로써 조세공평의 원칙에 반하는 결과가 초래되는 것을 방지하기 위하여 그 평가방법을 상증세법 시행령이 정하는 보충적 평가방법으로 통일하고자 하는 데 있다는 상증법 규정의 취지에 따라 비상장주식의 감정가액은 시가로 인정하지 않는다(위 판례, 대법원 1994.3.22. 선고, 93누15793 판결 ; 1993.12.10. 선고, 93누18891 판결).

따라서 비상장주식의 시가와 관련한 다툼에서 감정가액을 시가로 보아야 한다는 주장은 아무런 실익이 없다.

다만, 조세법이 아니라 상속재산분할 · 분할에 관한 대법원 판례에서 비상장주식의 가액평가에 관하여 상이한 수개의 감정결과 중 상증법에 정한 방법에 의해 순자산가치와 순손익가치를 모두 고려하여 평가한 감정결과를 채용한 사례가 있어 다음에 그 부분에 대한 판결문 내용을 살펴본다(대법원 2007.7.26. 선고, 2006므2757 ; 서울고등법원 2006.10.24. 선고, 2004르1714, 2004르1721(병합) 판결).

> 비상장주식의 거래에 있어서 그에 관한 객관적 교환가치가 적정하게 반영된 정상적인 거래의 실례가 있는 경우에는 그 거래가격을 시가로 보아 가액을 평가하여야 할 것이나, 그러한 거래사례가 없는 경우에는 보편적으로 인정되는 여러 평가방법들을 고려하여 당해 거래의 목적, 거래 당시 당해 비상장법인의 상황, 당해 업종의 특성 등 제반 사정을 종합적으로 고려하여 주식의 적정거래가액을 산정하여야 할 것이다.
>
> 주식 가액의 평가방법이 적정한지 여부는 결국 그 평가방법이 기업의 가치를 얼마나 적절히 반영하고 있는지에 달려 있는데, 여기에는
>
> ① 구 상속세법 시행령(1994.12.31. 대통령령 제14469호로 개정되기 전의 것, 위 시행령은 1996.12.31. 대통령령 제15193호 상속세법 및 증여세법 시행령으로 전문개정되었다) §5 ⑥ 제1호 나목 및 상속세 및 증여세법 시행령 §54의 규정에 따라 순손익가치와 순자산가치를 단순평균 또는 가중평균한 가액을 기준으로 산정하는 방법
> ② 평가기준일 현재 기업이 보유하고 있는 자산의 가치를 평가하여 이를 기업가치로 보는 자산가치평가법
> ③ 기업의 재무상황이나 미래의 현금창출능력을 직접 평가하는 것이 아니라 시장원리에 의하여 형성되는 가치를 기업의 가치로 보는 것으로서 평가대상 기업과 유사한 표준기업을 선정한 후 이와 비교하여 기업가치를 평가하는 시장가치법

④ 기업이 보유하고 있는 자산으로부터 향후 얼마의 수익과 현금흐름을 창출시킬 수 있는가를 평가하는 것으로 미래 주주의 입장에서 처분가능한 영업현금흐름을 예측하여 이러한 미래현금흐름에 적절한 자본비용을 적용하여 기업의 내재가치를 산출하는 미래현금할인법 등 여러 가지 평가방법이 있다.

이 사건에 대하여 보건대, 제1심 감정인 이○○의 감정결과 및 ㈜○○감정평가법인에 대한 2004.7.28.자 사실조회결과에 의하면, 피고 2가 분할받은 ㈜A호텔 주식, 피고 3이 분할받은 A호텔 주식, B㈜ 주식, C㈜ 주식, D㈜ 주식은 한국증권거래소에 상장되거나 한국증권업협회에 등록되지 않은 법인의 주식으로서 위 감정인은 위 각 회사의 자산총계에서 부채총계를 공제한 순자산가치를 근거로 위 각 주식의 가액을 산정한 사실(자산가치평가법에 따른 것이다)을 인정할 수 있다.

그러나 기업의 가치는 순이익과 순자산가치에 의해 서로 보완적으로 결정된다고 보는 것이 합리적인데, 자산 중 부동산의 비율이 높아 순손익가치가 낮고 순자산가치가 높으면 그 주식은 순자산가치보다 훨씬 낮은 가액으로 거래되는 것이 일반적인 점,

㈜A호텔의 경우에 땅값이 높은 명동에 위치하였다는 지역적 특성으로 자산가치는 높게 평가될 수 있으나, 매출액에 비하여 영업용 자산의 유지, 관리비와 인건비가 많이 소요되어 그 수익가치가 자산가치에 크게 못 미치는 것으로 보이는 점,

순자산가치라는 것은 단순히 법인이 보유한 자산의 가치를 주식수로 나눈 산술적인 의미만 있을 뿐인데, 실제로 법인이 보유한 모든 자산을 처분할 경우 제반 거래비용 및 법인세 등의 부담으로 인해 그 주주에게 순자산가치 만큼의 이익을 누릴 수 없기 때문에 자산은 많이 보유하였으나 그에 비하여 수익을 올리지 못하는 법인의 경우에는 그 가치가 과대평가될 우려가 있는 점,

C㈜는 원래 서울 중구 남대문로와 안성시 죽산면 외 76필지의 토지를 보유하고 있다가 2002년경 안성시 죽산면 외 76필지의 토지를 매각한 후 서울 중구 남산동 토지를 취득함으로써 그 자산가치가 늘어나게 된 것으로 보이는 점(2004.7.28.자 주식회사 ○○감정평가법인에 대한 사실조회결과)

등에 비추어 보면, 제1심 감정인 이○○의 감정결과 및 위 ○○감정평가법인에 대한 사실조회결과는 순손익가치를 고려하지 아니한 채 순자산가치만으로 이 사건 비상장주식의 가치를 평가함으로써 실제 시가보다 과대하게 평가된 것으로 보이므로, 위 감정결과를 그대로 채택하기는 어렵다.

따라서 당심에서는 구 상속세법 시행령 §5 ⑥ 제1호 나목 및 상속세법 및 증여세법 시행령 §54에 따라 순자산가치와 순손익가치를 고려하여 이 사건 비상장주식의 가치를 평가한 당심 감정인 정□□에 대한 감정결과와 당심의 □□회계법인에 대한 사실조회결과를 채택하기로 한다.

시장가치 · 순자산가치 · 수익가치 등 여러 가지 평가요소를 종합적으로 고려하여 비상장 주식의 매수가액을 산정하고자 할 경우, 당해 회사의 상황이나 업종의 특성, 위와 같은 평가요소가 주식의 객관적인 가치를 적절하게 반영할 수 있는 것인지, 그 방법에 의한 가치산정에 다른 잘못은 없는지 여부에 따라 평가요소를 반영하는 비율을 각각 다르게 하는데,

시장가치 · 순자산가치 · 수익가치 등 여러 가지 요소들 중 특별히 어느 요소를 가중하여 평균을 구할 근거를 발견할 수 없다는 이유로 이와 같은 세 가지 가격을 단순히 산술평균하여 비상장주식의 매수가액을 산정한 것은 비상장주식의 매수가액 결정 시 평가요소의 반영비율에 관한 법리를 오해한 위법이 있다고 한다(대법원 2006.11.24. 선고, 2004마1022 판결).

Case 3 대법원 2014.2.27. 선고, 2011두198 판결

회사의 발행주식을 경영권과 함께 양도하는 경우 그 거래가액을 시가로 볼 수 없다는 사례

상속세 및 증여세법 §60 ① 전문, ②은 증여재산의 가액은 증여일 현재의 시가에 의하고, 이러한 시가는 불특정 다수인 사이에 자유로이 거래가 이루어지는 경우에 통상 성립된다고 인정되는 가액으로 하며, 수용 · 공매가격 및 감정가격 등 대통령령이 정하는 바에 의하여 시가로 인정되는 것을 포함한다고 규정하고,

그 위임에 따른 구 상속세 및 증여세법 시행령(2010.2.18. 대통령령 제22042호로 개정되기 전의 것) §49 ① 제1호 본문은 시가로 인정되는 것의 하나로 '당해 재산에 대한 매매사실이 있는 경우에는 그 거래가액'을 들면서 그 단서에서 "그 거래가액이 특수관계에 있는 자와의 거래 등 그 가액이 객관적으로 부당하다고 인정되는 경우를 제외한다"고 규정하고 있다.

따라서 시장성이 적은 비상장주식의 경우에도 그에 대한 매매사실이 있는 경우에는 그 거래가액을 시가로 보아 주식의 가액을 평가하여야 하나, 시가란 일반적이고 정상적인 거래에 의하여 형성된 객관적 교환가격을 의미하므로 그와 같은 매매사례가액이 시가로 인정되기 위해서는 당해 거래가 일반적이고 정상적인 방법으로 이루어져 증여일 당시의 객관적 교환가치를 적정하게 반영하고 있다고 볼 수 있는 사정이 인정되어야 한다(대법원 2012.4.26. 선고, 2010두26988 판결).

한편 회사의 발행주식을 경영권과 함께 양도하는 경우 그 거래가액은 주식만을 양도하는 경우의 객관적 교환가치를 반영하는 일반적인 시가로 볼 수 없다(대법원 2007.8.23. 선고, 2005두5574 판결).

원고 1, 2가 비상장법인인 ○○필름㈜ 발행의 이 사건 주식을 매수하여 소외 1 등에게 명의신탁한 직후인 2006.1.2. ○○베이스㈜가 소외 2에게 ○○필름 발행주식 1만주를 1주당 78,815원에 매도한 사실 등을 인정한 다음, 소외 2는 ○○베이스의 대표이사이던 소외 3의

어머니인 점, 위 거래가액은 □□엔터가 ○○필름을 흡수합병하기 위하여 2006.1.16. ○○필름의 총발행주식 25만주 중 위 1만주를 포함한 23만주를 경영권과 함께 양수한 거래의 거래가액인 1주당 78,815원과 일치하는 점, 소외 2는 2006.1.2. ○○베이스로부터 위 1만주를 매수하였다가 2006.1.16. □□엔터에 이를 같은 가격에 매도하여 아무런 양도차익을 얻지 아니한 점 등에 비추어 보면, ○○베이스와 소외 2 사이의 위 거래가액은 객관적인 교환가치를 적정하게 반영한 매매사례가액으로 볼 수 없으므로, 이를 이 사건 주식의 시가로 인정할 수 없다.

비상장주식의 매매사례가액이 시가로 인정받기 위해서는 아무런 이해관계가 없는 제3자와의 거래 등 일반적이고 정상적인 방법으로 이루어져 객관적 교환가치를 적정하게 반영하고 있는 것으로 인정되어야 한다.

그런데 통상 회사의 발행주식을 회사의 경영권과 함께 양도하는 경우라면, 그 거래가격은 소위 경영권 프리미엄이 포함된 가격이기 때문에 주식만 양도하는 경우보다 할증되어 거래된다는 것이 일반적인 상식의 범주에 있으므로, 이 경우의 거래가액은 객관적 교환가치를 반영하는 일반적인 시가로 볼 수 없다.

대법원도 경영권의 지배를 수반하는 주식의 양도에 있어서의 주식가액을 시가로 볼 수 없다는 것은 회사의 경영권을 수반하는 주식의 양도는 그렇지 아니한 경우에 비하여 상대적으로 가격형성이 높게 될 가능성이 있으므로 그 양도대금을 바로 당해 주식의 일반적인 시가로 보기 어렵다는 일관된 취지로 판시하고 있다(대법원 2007.9.21. 선고, 2005두12022 판결 ; 2006.11.24. 선고, 2004다1022 판결 ; 2003.6.13. 선고, 2001두9394 판결 ; 1989.7.25. 선고, 88누9565 판결 ; 1989.7.11. 선고, 88누12011 판결 등).

이 사건의 경우도 마찬가지로 매매당사자들의 관계 및 당해 비상장주식의 취득원인 등 매매를 둘러 싼 제반 정황으로 미루어 경영권이 포함된 주식거래 가격은 객관적 교환가액을 적정하게 반영하고 있는 매매사례가액으로 보기 어려워 시가로 인정할 수 없다고 판단한 사례이다.

참고로 상증법 §63 ③에서는 최대주주 등의 주식을 보충적 평가방법으로 주식가치를 평가할 때는 일정한 비율로 할증평가하도록 규정하고 있는데,

최대주주 등의 지분율	할증률	
	비중소기업	중소기업
50% 이하	20%	10%
50% 초과	30%	15%

비상장주식을 평가하면서 할증평가한 것이 상증법의 규정에 따른 것이라 하더라도 경영권 프리미엄을 가산한 것이 과대평가되었다고 보기에 충분하다면, 이와 같이 할증평가된 평가금액으로 거래한 결과 재산상 손해가 발생하였으므로 배임죄가 성립된다는 판례가 있다(대법원 2008.5.29. 선고, 2005도4640 판결).

Case 4 대법원 2005.4.29. 선고, 2005도856 판결

비상장주식 평가방법의 선택은 거래 당시 상황 등을 종합적으로 고려하여 판단하는 것이지, 여러 가지 평가방법 중 예컨대 상증법상 보충적 평가방법 등 어느 한 가지 평가방법이 항상 적용되어야 한다고 단정할 수 없다고 판단한 사례

비상장주식을 거래한 경우에 있어서 그 시가는 그에 관한 객관적 교환가치가 적정하게 반영된 정상적인 거래의 실례가 있는 경우에는 그 거래가격을 시가로 보아 주식의 가액을 평가하여야 할 것이나, 만약 그러한 거래사례가 없는 경우에는 보편적으로 인정되는 여러 가지 평가방법들을 고려하되 그러한 평가방법을 규정한 관련 법규들은 각 그 제정 목적에 따라 서로 상이한 기준을 적용하고 있음을 감안할 때 어느 한 가지 평가방법, 예컨대 상증법 시행령 §54의 평가방법이 항상 적용되어야 한다고 단정할 수는 없고, 거래 당시 당해 비상장법인 및 거래당사자의 상황, 당해 업종의 특성 등을 종합적으로 고려하여 합리적으로 판단하여야 한다.

비상장주식의 적정가격 산정방법에 관한 위 법리 및 기록에 비추어 살펴보면, 2000연도의 사례이기는 하나 ㈜○○홈쇼핑에서 ○○방송의 유상증자시 주당 15,000원에 10만주를 인수한 사례가 있고, 2000.6.경 ㈜□□홈쇼핑에서 피고인 2 형제들의 주식 5만주를 주당 15,000원에 매수한 사례가 있으며,

그 이후 2001연도의 매출액이나 순이익의 측면에서 2000연도와 비교할 때 ○○방송의 경영상태가 악화되었다거나 동종업종의 형편이 악화되었다는 사정은 찾아볼 수 없고 오히려 ○○방송은 2001. 초 동일권역 내의 경쟁업체 2곳을 인수하여 독점 체제를 구축하여 가입자를 안정적으로 확보할 수 있게 된 사정이 있었고,

◇◇증권이 ○○방송 발행 무보증전환사채를 인수할 때 전환가격을 결정할 목적으로 ○○투자자문㈜에 적정전환가격의 평가를 의뢰하였는데 평가 결과에 의하면 주당자산가치와 주

당수익가치가 각 912원 및 6,513원이고 이를 1:1.5의 비율로 가중평균한 주당 본질가치가 4,273원에 불과하나 장래의 수익가치를 판단하는 방법으로 널리 사용되는 미래현금흐름할인 방식(Discounted Cash Flow Method)으로 계산한 주당 가치는 33,525원에 달하여 위 주당 본질가치와 미래현금흐름할인법에 의한 주당 가치를 1:1.5로 가중평균하여 액면 5천 원인 주식 1주당 적정 전환가격을 21,824원으로 평가하였고, 그 이후 2001.10.9. ◇◇증권은 액면 5천 원인 주식 1주당 전환가격이 25,000원이고 사채이율이 7.14%인 ○○방송 전환사채 90억 원 상당을 인수한 사실,

피해자 1 주식회사가 2001.6.19.경 인근 지역의 피해자 2 주식회사 주식 약 60%를 매수함에 있어서 자본금이나 가입자 수 측면에서 ○○방송보다 규모가 작았음에도 주당 2만 원씩에 매입한 사실,

그리고 유선방송사업의 경우 초기에 방송장비 및 방송망 설치 등의 대규모 시설투자가 필요한 반면 그 이후에는 인건비 등의 비용 외에는 추가비용이 크게 필요하지 않고 일정 수 이상의 가입자가 확보되면 월 사용료 상당의 수입이 안정적으로 확보된다는 특색이 있기 때문에 순자산가치의 비중은 일반기업보다 떨어지는 대신 가입자의 수, 전송망의 용량, 지역 내 독점 여부 등을 기초로 한 미래의 수익률이 기업가치 내지 주식가치를 평가함에 있어서 중요한 평가요소이며, 따라서 순자산가치 대비 수십 배 이상의 가액으로 주식이 거래되는 예도 드물지 않았던 사정을 알아 볼 수 있고, 거기에 회사를 지배할 수 있는 지배주식이 거래되는 경우에는 그 주식의 시가에 경영권 프리미엄이 가산된 금액으로 거래되는 것이 일반적이라는 사정까지를 보태어 보면, 피해자 1 주식회사의 매입가격인 주당 19,849원(20% 미할증시 16,541원) 또는 피해자 2 주식회사의 매입가격인 주당 17,391원은 오히려 적정가격 범위 내의 금액이라고 볼 여지가 충분하다.

상장주식처럼 불특정 다수가 공개적으로 참여하는 시장에서 결정되는 시가가 없는 비상장주식의 평가방법은 다양하다.

대법원 판례는 시가로 볼 수 있는 매매사례가액이 없으면 보편적으로 인정되는 여러 평가방법들을 고려하여 당해 거래의 목적, 거래 당시 당해 비상장법인의 상황, 당해 업종의 특성 등 제반 사정을 종합적으로 고려하여 주식의 적정거래가액을 산정하여야 한다는 것인데, 보편적으로 인정되는 방법으로 다음의 평가기법들이 있다.

① 보충적 평가방법	상증법 규정에 따라 과거 3년간 순손익가치와 평가기준일의 순자산가치를 3:2로 가중평균하여 주식가치로 보는 방법
② 자산가치평가법	평가기준일 현재 기업이 보유하고 있는 자산의 가치를 평가하여 이를 기업가치로 삼는 방법
③ 시장가치평가법	기업의 재무상황이나 미래의 현금창출능력을 직접 평가하는 것이 아니라 시장원리에 의하여 형성되는 가치를 기업의 가치로 보는 것으로서 평가대상 기업과 유사한 표준기업을 선정한 후 이와 비교하여 기업가치를 평가하는 방법
④ 미래현금흐름할인법	기업이 보유하고 있는 자산으로부터 향후 얼마의 수익과 현금흐름을 창출시킬 수 있는가를 평가하는 것으로 미래 주주의 입장에서 처분가능한 영업현금흐름을 예측하여 이러한 미래현금흐름에 적절한 자본비용을 적용하여 기업의 내재가치를 산출하는 방법

예시한 판례는 비상장주식의 평가와 관련하여 어느 특정한 방법이 유일한 방법이라고 단정할 수 없고, 유선방송사업의 경우 가입자의 수, 지역 내 독점 여부 등을 기초로 한 미래의 예상수익률에 근거하여 기업가치를 평가하는 것이 타당하다고 판단한 사례이다.

미래가치에 따라 평가한 결과가 순자산가치에 비해 비록 수십 배 이상 높은 가액으로 평가되었다고 하더라도 단순히 상증법의 보충적 평가가액에 비해 지나치게 높게 평가되었다는 이유만으로 과세하는 것은 타당하지 않다는 의미이다.

유선방송사업에 관한 비상장주식 평가와 관련해서는 다른 대법원 판례(2006.11.24. 선고, 2004마1022 판결)도 이와 동일한 결론을 내리고 있다.

Case 5 대법원 2011.12.22. 선고, 2011두22075 판결

甲회사와 乙회사 사이 체결된 주식의 포괄적 교환계약에 따라 甲회사 주주 A가 甲회사 주식을 乙회사에 이전하고 그 대가로 乙회사 주식을 교부받았는데, 과세관청이 교환계약에서 정한 甲회사 주식과 乙회사 주식의 평가액이 객관적인 교환가치를 반영하였다고 볼 수 없다는 이유로 보충적 평가방법에 따라 甲회사 주식가액을 새로 산정한 다음 A에게 증여세를 부과한 처분이 위법하다고 본 사례

과세관청은 ○○기획과 □□미디어가 우회상장을 통한 거래당사자들의 공동이익을 위하여 기존주식을 과대평가하였고, 기존주식의 교환거래가액은 ○○기획이 임의로 제시한 추정재무정보를 근거로 하여 산정한 것으로서 그 객관성과 공정성이 결여되어 있다고 주장한다. 그러나 피고가 위 ◇◇회계법인의 평가의견, 특히 수익가치의 평가가 관련 증권거래법령에

따른 적정한 것이었는지를 탄핵하기 위한 별도의 감정신청 등을 한 바 없고, 달리 위 주장을 인정할 증거가 전혀 없다.

뿐만 아니라 기업의 수익가치를 판단함에 있어 앞서 본 증권거래법령 및 관련 감독규정은 향후 2년의 추정이익을, 상증법은 최근 3년의 이익을 각각의 기준으로 삼도록 서로 달리 정하고 있는데, 과거에 초점을 맞춘 상증법의 판단방식이 현금흐름할인 방식(DCF Discounted Cash Flow Method)처럼 미래에 초점을 맞춘 방식에 비하여 주당 수익가치를 더 적정하게 반영하는 우월한 것이라고 단정할 수도 없다.

이 사건 원고 A는 비상장회사인 ○○기획 지분을 보유한 주주였는데, ○○기획이 코스닥상장법인인 □□미디어와 주식의 포괄적 교환방식에 의해 기업결합하면서 □□미디어는 ○○기획 발행주식총수를 소유한 완전모회사가 되었고, ○○기획은 □□미디어의 완전자회사가 되었다. 따라서 A는 보유한 ○○기획 지분을 □□미디어에 이전하고 그 대가로 주식교환비율에 따라 □□미디어 신주를 교부받았다.

한편, 주식교환비율은 구 증권거래법에서 정한 유가증권의 발행 및 공시 등에 관한 규정에 따라 외부전문평가기관인 ◇◇회계법인이 주식가치를 산정하여 결정하였다.

이에 대해 서울지방국세청장은 이 사건 교환계약의 기존주식과 교환주식의 평가액이 객관적인 교환가치를 반영한 시가라고 볼 수 없다는 이유로 ○○주식을 상증법상 보충적 평가방법에 따른 @1,004원으로 산정하고 □□주식을 주식교환일 코스닥시장 종가 @8,390원으로 산정한 후, A가 @1,004원인 ○○주식을 @8,390원인 □□주식과 1 : 2.8234896의 교환비율로 교환한 것은 상증법 §35 ②의 "특수관계에 있는 자가 아닌 자 간에 거래의 관행상 정당한 사유 없이 시가보다 현저히 높은 가액으로 재산을 양도한 경우"에 해당된다는 이유로 증여세를 과세한 사건이다.

이에 대해 서울행정법원(2011.1.27. 선고, 2010구합31287 판결)은 다음의 사정에 비추어 원고가 기존주식을 □□미디어에게 이전하고 교환주식을 교부받은 것은 "거래의 관행상 정당한 사유 없이 시가보다 현저히 높은 가액으로 재산을 양도한 경우"에 해당하지 않는다고 판단하였고, 서울고등법원(2011.8.19. 선고, 2011누8460 판결)과 대법원도 원심의 이런 판단을 그대로 인용하였다.

① 증권거래법령이 규정한 주식 가액의 산정방법에 따라 포괄적 교환대상인 각 주식의 가격을 평가하였고, 외부평가기관인 ◇◇회계법인의 적정의견을 받아 교환비율을 산정하였다.

② 주식교환의 적정비율 산정, 이사회 및 주주총회의 승인 및 이에 반대하는 주주들에게 주식매수청구권의 부여 등 증권거래법령에 따른 공정하고 투명한 절차를 모두 거쳤음에도 주식의 포괄적 교환에 따라 완전모회사의 주식을 배정받은 원고가 완전모회사로부터 증여를 받았다는 것은 선뜻 수긍하기 어렵다.

③ 상증법은 시가를 산정하기 어려운 경우 한하여 같은 법 소정의 보충적 평가방법에 의하여 그 가액을 산정하도록 규정하고 있는데, 구 증권거래법의 절차에 따라 외부평가기관이 산정한 주식의 평가액은 당해 증권거래에 관한 한 다른 어떤 법률에서 정하고 있는 평가방법보다 교환 당시의 시가에 근접한다고 봄이 상당하다.

④ 이 사건 교환계약에 따라 □□미디어에게 ○○기획의 주식을 이전한 ○○기획의 주주는 모두 □□미디어와 '특수관계에 있는 자'에 해당하지 않고 달리 □□미디어 또는 □□미디어의 주주들이 이 사건 교환계약을 통하여 원고를 비롯한 ○○기획의 주주들에게 이익을 분여하여 줄 만한 사정을 찾아 볼 수 없다.

정책적인 측면에서 보더라도, 특수관계에 있지 아니한 자 간의 거래가액이 상증법상 보충적 평가방법으로 평가한 가액보다 높거나 낮다고 하여 이를 모두 과세대상으로 삼는 경우에는 거래당사자 간 자유로운 협상에 의한 거래가액의 결정이라는 사적 자치를 침해할 소지가 있으므로, 특수관계에 있지 아니한 자에게 자산을 시가보다 고·저가로 양도·양수하는 경우로 보아 증여세를 과세하려면 거래의 관행상 정당한 사유가 없을 뿐만 아니라 거래가액이 시가보다 고·저가임이 명백한 경우이어야 한다. 특히 시가가 분명하지 아니한 사안에서는 가격 등 거래조건이 특수관계에 있지 아니한 당사자 간의 자유로운 협상에 의하여 결정된 것임이 입증되는 한 그것이 '거래의 관행상 정당한 사유가 없는 고가 내지 저가의 양도행위'라고 쉽게 단정하여서는 아니될 것이다. 이 사건에서 ○○기획의 주식에 대한 평가액은 ○○기획과 □□미디어의 자유로운 협상에 의하여 결정되었다는 사정도 중요한 요소로 고려하여야 한다.

⑤ □□미디어 주주들의 입장에서는 신규사업 진출에 따른 기업경쟁력의 강화와 다양한 수익구조의 기반을 창출하기 위하여 연예기획사인 ○○기획의 미래수익가치를 높게 평가할 여지가 충분하다고 보이고, 주식의 포괄적 교환에서는 이러한 경우가 오히려 대부분이라고 보인다.

⑥ 불특정 다수인이 각자 경제적 이익의 극대화를 추구하면서 자유롭게 거래하는 증권시장에서 이 사건 교환계약을 전후하여 □□미디어의 주가가 급등하였던 점에 비추어 보면 ○○기획의 기업가치 내지 주가가 과대평가되고 주식교환비율이 □□미디어의 주

주들에게 불리한 것이었다고 단정할 수 없다.

⑦ 과세관청은 ○○기획과 □□미디어가 우회상장을 통한 거래당사자들의 공동이익을 위하여 기존주식을 과대평가하였고, 기존주식의 교환거래가액은 지엠기획이 임의로 제시한 추정 재무정보를 근거로 하여 산정한 것으로서 그 객관성과 공정성이 결여되어 있다고 주장한다.

그러나 과세관청이 위 ◇◇회계법인의 평가의견, 특히 수익가치의 평가가 관련 증권거래법령에 따른 적정한 것이었는지를 탄핵하기 위한 별도의 감정신청 등을 한 바 없고, 달리 위 주장을 인정할 증거가 전혀 없다. 뿐만 아니라 기업의 수익가치를 판단함에 있어 앞서 본 증권거래법령 및 관련 감독규정은 향후 2년의 추정이익을, 상증법은 최근 3년의 이익을 각각의 기준으로 삼도록 서로 달리 정하고 있는데, 과거에 초점을 맞춘 상증법상의 판단 방식이 현금흐름할인 방식(DCF Discounted Cash Flow Method)처럼 미래에 초점을 맞춘 방식에 비하여 주당 수익가치를 더 적정하게 반영하는 우월한 것이라고 단정할 수 없다.

상장주식과 달리 비상장주식은 불특정 다수가 공개적으로 참여하는 시장에서 결정되는 시가가 존재하지 않기 때문에 과세 측면에서 어떤 형태로든 비상장주식의 가치를 평가하는 객관적 기준이 필요한 것은 사실이고, 이런 필요성에 따라 상증법에서는 비상장주식의 가치평가방법을 규정하고 있다.

그러나 비상장주식의 가치를 평가하는 방법은 앞서도 보았듯이 여러 가지 기법이 존재하고, 그 중 과세당국과 빈번하게 충돌하는 것이 재무관리 이론에 따라 미래의 현금창출능력에 따른 미래현금흐름을 현재가치로 할인하여 현재 시점에서의 기업의 가치, 즉 주식의 가치를 평가하는 현금흐름할인법(DCF법)이다.

과세당국이 DCF 방법을 쉽게 인정하지 않는 이유는 상증법의 보충적 평가방법은 이미 달성된 과거 영업실적에 근거하여 주식가치가 평가되므로 객관적인 반면, DCF 방법은 미래의 영업현금흐름을 추정에 의해야 하고 추정현금흐름을 현재가치로 할인과정에서 사용하는 할인율 또한 검증되지 않기 때문에 평가자의 주관이 과도하게 개입되어 객관적이지 않다고 여기기 때문일 것이다. 객관적 관점에서 과세표준을 결정해야 하는 과세당국의 입장에서는 당연하다.

그러나 대법원은 시가로 볼 수 있는 매매사례가액이 없으면 보편적으로 인정되는 여러 평가방법들을 고려하여 당해 거래의 목적, 거래 당시 당해 비상장법인의 상황, 당해 업종의 특성 등 제반 사정을 종합적으로 고려하여 주식의 적정거래가액을 산정하여야 하므로,

과거에 초점을 맞춘 상증법상의 판단방식이 DCF 방법처럼 미래에 초점을 맞춘 방식에 비하여 주당 수익가치를 더 적정하게 반영하는 우월한 것이라고 단정할 수 없다거나(위 판례), 미래가치에 따라 평가한 결과가 순자산가치에 비해 비록 수십 배 이상 높은 가액으로 평가되었다고 하더라도 단순히 상증법의 보충적 평가가액에 비해 지나치게 높게 평가되었다는 이유만으로 과세하는 것은 타당하지 않다(대법원 2005.4.29. 선고, 2005도856 판결)고 판결하고 있다.

그러나 이와 같은 결론을 얻기 위해서는 납세자가 적용한 평가방법이 보충적 평가방법보다 거래의 실질을 더욱 정확하게 반영하고 있다는 것을 객관적이며 합리적인 방법으로 입증해야 할 것이다.

상장기업이 다른 법인과 합병 등을 위해 주식가치를 평가할 경우가 발생하면 임의의 평가방법을 선택적으로 적용할 수 없고, 「자본시장과 금융투자업에 관한 법률」과 「증권의 발행 및 공시 등에 관한 규정」에 정해진 방법으로 평가하여 합병비율 등을 산출하여야 한다.

㉮ 자본시장과 금융투자업에 관한 법률 §176의5(합병의 요건 · 방법 등)

① 주권상장법인이 다른 법인과 합병하려는 경우에는 다음 각 호의 방법에 따라 산정한 합병가액에 따라야 한다. 이 경우 주권상장법인이 제1호 또는 제2호 가목 본문에 따른 가격을 산정할 수 없는 경우에는 제2호 나목에 따른 가격으로 하여야 한다.

1. 주권상장법인 간 합병의 경우에는 합병을 위한 이사회 결의일과 합병계약을 체결한 날 중 앞서는 날의 전일을 기산일로 한 다음 각 목의 종가를 산술평균한 가액(이하 "기준시가")을 기준으로 100분의 30(계열회사 간 합병은 100분의 10)의 범위에서 할인 또는 할증한 가액. 이 경우 가목 및 나목의 평균종가는 종가를 거래량으로 가중산술평균하여 산정한다.
   가. 최근 1개월간 평균종가. 다만, 산정대상 기간 중에 배당락 또는 권리락이 있는 경우로서 배당락 또는 권리락이 있은 날부터 기산일까지의 기간이 7일 이상인 경우에는 그 기간의 평균종가로 한다.
   나. 최근 1주일간 평균종가
   다. 최근 일의 종가
2. 주권상장법인과 주권비상장법인 간 합병의 경우에는 다음 각 목의 기준에 따른 가격
   가. 주권상장법인의 경우에는 제1호의 가격. 다만, 제1호의 가격이 자산가치에 미달하는 경우에는 자산가치로 할 수 있다.
   나. 주권비상장법인의 경우에는 자산가치와 수익가치를 가중산술평균한 가액

② 제1항 제2호 나목에 따른 가격으로 산정하는 경우에는 금융위원회가 정하여 고시하는

방법에 따라 산정한 유사한 업종을 영위하는 법인의 가치(이하 "상대가치")를 비교하여 공시하여야 하며, 같은 호 각 목에 따른 자산가치 · 수익가치 및 그 **가중산술평균방법과 상대가치의 공시방법은 금융위원회가 정하여 고시**한다.

(이하 생략)

㉯ 증권의 발행 및 공시 등에 관한 규정 §5-13(합병가액의 산정기준)

① 영 제176조의5 제2항에 따른 자산가치 · 수익가치 및 그 가중산술평균방법과 상대가치의 산출방법 · 공시방법에 대하여 이 조에서 달리 정하지 않는 사항은 감독원장이 정한다.
② 제1항에 따른 합병가액은 주권상장법인이 가장 최근 제출한 사업보고서에서 채택하고 있는 회계기준을 기준으로 산정한다.
③ (삭제)
④ 영 제176조의5 제3항 각 호 외의 부분에서 "금융위원회가 정하여 고시하는 요건"이란 다음 각 호의 요건을 말한다.

1. 기업인수목적회사가 법 제165조의5 제2항에 따라 매수하는 주식을 공모가격 이상으로 매수할 것
2. 영 제6조 제4항 제14호 다목에 따른 투자매매업자가 소유하는 증권을 합병기일 이후 1년간 계속 소유할 것
3. 주권비상장법인과 합병하는 경우 영 제176조의5 제3항 제2호 나목에 따라 협의하여 정한 가격을 영 제176조의5 제2항에 따라 산출한 합병가액 및 상대가치와 비교하여 공시할 것

⑤ 영 제176조의5 제2항에 따른 상대가치의 공시방법은 제2-9조에 따른 합병의 증권신고서에 기재하는 것을 말한다.

㉰ 증권의 발행 및 공시 등에 관한 규정 시행세칙

제4조【합병가액의 산정방법】

규정 제5-13조에 따른 자산가치 · 수익가치의 가중산술평균방법은 자산가치와 수익가치를 각각 1과 1.5로 하여 가중산술평균하는 것을 말한다.

제5조【자산가치】

① 규정 제5-13조에 따른 자산가치는 분석기준일 현재의 평가대상 회사의 주당 순자산가액으로서 다음 산식에 의하여 산정한다. 이 경우에 발행주식의 총수는 분석기준일 현재의 총발행주식수로 한다.

자산가치 = 순자산 / 발행주식의 총수

② 제1항의 순자산은 법 제161조 제1항에 따라 제출하는 주요사항보고서를 제출하는 날이 속하는 사업연도의 직전사업연도(직전사업연도가 없는 경우에는 최근 감사보고서 작성대상 시점으로 한다. 이하 "최근 사업연도"라 한다) 말의 재무상태표상의 자본총계에서 다음 각 호의 방법에 따라 산정한다.

1. 분석기준일 현재 실질가치가 없는 무형자산 및 회수 가능성이 없는 채권을 차감한다.
2. 분석기준일 현재 투자주식 중 취득원가로 평가하는 시장성 없는 주식의 순자산가액이 취득원가보다 낮은 경우에는 순자산가액과 취득원가와의 차이를 차감한다.
3. 분석기준일 현재 퇴직급여채무 또는 퇴직급여충당부채의 잔액이 회계처리기준에 따라 계상하여야 할 금액보다 적을 때에는 그 차감액을 차감한다.
4. 최근 사업연도말 이후부터 분석기준일 현재까지 손상차손이 발생한 자산의 경우 동 손상차손을 차감한다.
5. 분석기준일 현재 자기주식은 가산한다.
6. 최근 사업연도말 이후부터 분석기준일 현재까지 유상증자, 전환사채의 전환권 행사 및 신주인수권부사채의 신주인수권 행사에 의하여 증가한 자본금을 가산하고, 유상감자에 의하여 감소한 자본금 등을 차감한다.
7. 최근 사업연도말 이후부터 분석기준일 현재까지 발생한 주식발행초과금 등 자본잉여금 및 재평가잉여금을 가산한다.
8. 최근 사업연도말 이후부터 분석기준일 현재까지 발생한 배당금지급, 전기오류수정손실 등을 차감한다.
9. 기타 최근 사업연도말 이후부터 분석기준일 현재까지 발생한 거래 중 이익잉여금의 증감을 수반하지 않고 자본총계를 변동시킨 거래로 인한 중요한 순자산 증감액을 가감한다.

제6조 【수익가치】

규정 제5-13조에 따른 수익가치는 현금흐름할인모형, 배당할인모형 등 미래의 수익가치 산정에 관하여 일반적으로 공정하고 타당한 것으로 인정되는 모형을 적용하여 합리적으로 산정한다.

제7조 【상대가치】

① 규정 제5-13조에 따른 상대가치는 다음 각 호의 금액을 산술평균한 가액으로 한다. 다만, 제2호에 따라 금액을 산출할 수 없는 경우 또는 제2호에 따라 산출한 금액이 제1호에 따라 산출한 금액보다 큰 경우에는 제1호에 따라 산출한 금액을 상대가치로 하며, 제1호에 따라 금액을 산출할 수 없는 경우에는 이 항을 적용하지 아니한다.

1. 평가대상 회사와 한국거래소 업종분류에 따른 소분류 업종이 동일한 주권상장법인

중 매출액에서 차지하는 비중이 가장 큰 제품 또는 용역의 종류가 유사한 법인으로서 최근 사업연도말 주당법인세비용차감전 계속사업이익과 주당순자산을 비교하여 각각 100분의 30 이내의 범위에 있는 3사 이상의 법인(이하 "유사회사")의 주가를 기준으로 다음 산식에 의하여 산출한 유사회사별 비교가치를 평균한 가액의 30% 이상을 할인한 가액

유사회사별 비교가치 =	유사회사의 주가 × {(평가대상 회사의 주당법인세비용차감전계속사업이익 / 유사회사의 주당법인세비용차감계속사업이익) + (평가대상회사의 주당순자산 / 유사회사의 주당순자산)} / 2

2. 분석기준일 이전 1년 이내에 다음 각 목의 어느 하나에 해당하는 거래가 있는 경우 그 거래가액을 가중산술평균한 가액을 100분의 10 이내로 할인 또는 할증한 가액.
   가. 유상증자의 경우 주당 발행가액
   나. 전환사채 또는 신주인수권부사채의 발행사실이 있는 경우 주당 행사가액

② 제1항의 유사회사의 주가는 당해 기업의 보통주를 기준으로 분석기준일의 전일부터 소급하여 1월간의 종가를 산술평균하여 산정하되 그 산정가액이 분석기준일의 전일종가를 상회하는 경우에는 분석기준일의 전일종가로 한다. 이 경우 계산기간 내에 배당락 또는 권리락이 있을 때에는 그 후의 가액으로 산정한다.

③ 제1항의 평가대상 회사와 유사회사의 주당법인세비용차감전 계속사업이익 및 제6항 제1호의 주당법인세비용차감전 계속사업이익은 다음 산식에 의하여 산정한다. 이 경우에 발행주식의 총수는 분석기준일 현재 당해 회사의 총발행주식수로 한다.

주당법인세비용차감전 계속사업이익 =	{(최근 사업연도의 법인세비용차감전 계속사업이익 / 발행주식의 총수) + (최근 사업연도의 직전사업연도의 법인세비용차감전 계속사업이익 / 발행주식의 총수)} / 2

④ 제1항의 평가대상 회사의 주당순자산은 제5조 제1항에 따른 자산가치로 하며, 제1항의 유사회사의 주당순자산 및 제6항 제2호의 주당순자산은 분석기준일 또는 최근 분기말을 기준으로 제5조 제1항에 따라 산출하되, 제5조 제2항 제8호 및 같은 항 제9호의 규정은 이를 적용하지 아니한다.

⑤ 유사회사는 다음 각 호의 요건을 구비하는 법인으로 한다.
1. 주당법인세비용차감전 계속사업이익이 액면가액의 10% 이상일 것
2. 주당순자산이 액면가액 이상일 것
3. 상장일이 속하는 사업연도의 결산을 종료하였을 것
4. 최근 사업연도의 재무제표에 대한 감사인의 감사의견이 "적정" 또는 "한정"일 것

> 제8조【분석기준일】
> 제5조부터 제7조까지의 규정에 따른 분석기준일은 주요사항 보고서를 제출하는 날의 5영업일 전일로 한다. 다만, 분석기준일 이후에 분석에 중대한 영향을 줄 수 있는 사항이 발생한 경우에는 그 사항이 발생한 날로 한다.

여기에서의 판례는 상장회사와 비상장회사가 주식의 포괄적 교환을 위해 그 교환비율을 산정할 목적으로 「증권거래법」과 그의 위임을 받은 「유가증권의 발행 및 공시 등에 관한 규정」에 따라 두 회사의 기업가치를 평가한 경우이다.[44]

「증권의 발행 및 공시 등에 관한 규정」에 따른 주식평가방법은 자산가치와 수익가치를 2:3의 가중치로 가중평균하는 것으로 상증법의 보충적 평가방법과 산출과정이 상당히 유사하다. 다만, 수익가치 계산에서 보충적 평가방법이 과거의 실적치를 이용하는 것에 비해 동 규정에서는 미래의 현금흐름을 이용한다는 차이점이 있다(증권의 발행 및 공시 등에 관한 규정 시행세칙 §6).

Case 6 대법원 2006.9.22. 선고, 2004두4727 판결

비상장주식의 보충적 평가방법에 의하여 법인의 순자산가액을 평가하면서 부동산 및 기계장치의 소급감정에 의한 시가감정가액에 따라 순자산가액을 산정할 수 있다는 사례

법인의 비상장주식을 보충적 평가방법에 의하여 평가함에 있어 구 상증법 시행령(1998.12.31. 대통령령 제15971호로 개정되기 전의 것) §55 ①은 "§54 ①의 규정에 의한 순자산가액은 평가기준일 현재 당해 법인의 자산을 이 법의 규정에 의하여 평가한 가액에서 부채를 차감한 가액으로 한다. 이 경우 그 평가는 총리령이 정하는 공신력 있는 감정기관의 시가감정서에 의할 수 있다"고 규정하고 있는바,

위 규정의 취지는 순자산가액을 평가하는 경우에 있어서도 될 수 있는 대로 그 시가를 적정하게 반영하기 위하여 시가감정의 방법에 의할 수 있다는 것이므로, 순자산가액의 평가를 위한 부동산의 가액 산정의 경우 이 규정에서 말하는 공신력 있는 감정기관에 의하여 객관적이고 합리적인 방법으로 평가된 시가감정가액이 있다면 그에 따라 순자산가액을 산정하는 것이 위법하다고 할 수는 없고, 그 가액이 소급감정에 의한 것이라 하여 달라진다고 볼 수 없다(대법원 1991.4.12. 선고, 90누8459 판결 ; 1997.7.22. 선고, 96누18038 판결 ; 2004.3.12. 선고, 2002두10377 판결 등 참조).

44) 「증권거래법」이 「자본시장과 금융투자업에 관한 법률」로 통합되면서, 「유가증권의 발행 및 공시 등에 관한 규정」은 「증권의 발행 및 공시 등에 관한 규정」으로 명칭이 변경되었다.

이와 같은 법리와 기록에 비추어 살펴보면, 원심이 소외회사의 주식 1주당 가액을 보충적 평가방법에 의하여 평가하면서 그 기초가 되는 소외회사의 순자산가액 산정을 위하여 부동산 및 기계장치의 가액을 평가함에 있어 한국감정원이 이 사건 채무면제 당시를 가격시점으로 소급하여 감정한 가액에 따라 순자산가액을 산정한 것은 정당하다.

순자산가액을 평가하는 경우에 있어서도 가능한 그 시가를 적정하게 반영하기 위하여 시가감정의 방법에 의할 수 있다는 보충적 평가방법에 관한 상증법 규정의 취지로 볼 때, 공신력 있는 감정기관에 의해 객관적이고 합리적으로 평가된 감정가액에 따라 순자산가액을 평가할 수 있고, 그러한 감정가액이 소급감정에 의한 것이라도 결과가 달라질 것은 없다는 것이다.

시가란 원칙적으로 정상적인 거래에 의하여 형성된 객관적 교환가격을 의미하지만 이는 객관적이고 합리적인 방법으로 평가한 가액도 포함하는 개념이므로, 거래를 통한 교환가격이 없는 경우에는 공신력 있는 감정기관의 감정가액도 시가로 볼 수 있고, 이때 소급감정에 의한 것도 가능하다(대법원 1990.9.28. 선고, 90누4761 판결).

따라서 보충적 평가방법에 의한 순자산가액을 계산할 때 사후적인 소급감정에 의한 감정가액도 사용할 수 있다.

Case 7 대법원 2006.7.6. 선고, 2004두14373 판결

상속재산인 비상장주식의 가액을 평가함에 있어, 생전 증여재산으로 상속세 과세가액에 이미 산입된 토지의 가액을 법인의 순자산가액에 포함하여 평가한 것이 중복과세금지 또는 실질과세의 원칙에 반하지 않는다고 한 사례

구 상증법(2000.12.29. 법률 제6301호로 개정되기 전의 것) §13 ①에서 상속개시 전 일정기간 내에 증여한 재산가액을 상속재산에 가산하도록 규정하고 있는 것은 상속세의 부과대상이 될 재산을 미리 증여의 형식으로 이전하여 상속재산을 분산・은닉시키는 방법으로 고율의 누진세율에 의한 상속세 부담을 회피하거나 감소시키는 행위를 방지하고 이를 통해 조세부담의 공평을 도모하기 위한 것으로서, 다만 법은 이로 인한 이중과세를 방지하기 위하여 상속재산에 가산하는 생전 증여재산의 가액은 상속개시일이 아닌 증여일 현재의 시가에 의하고, 가산한 생전 증여재산에 대한 증여세액은 상속세 산출세액에서 공제하도록 하는 등 제도적인 보완장치를 두고 있다(§60 ④, §28 ①).

한편, 상속재산의 가액은 상속개시일 당시의 시가에 의해 평가하는 것이 원칙이고(§60 ①), 비상장주식에 대한 보충적 평가방법의 기준이 되는 순자산가액이란 평가기준일 현재 당해

법인이 보유하고 있는 자산의 가액에서 부채를 차감한 가액을 말하는 것이므로(시행령 §55 ①), 평가기준일인 망인의 사망 당시 이 사건 토지가 소외회사가 보유하고 있던 자산이었다면 상속재산으로 이 사건 주식의 가액을 평가함에 있어서는 이 사건 토지를 포함한 소외회사의 순자산가액 전부를 그 기준으로 삼아야 할 것이다.

위에서 본 바와 같은 상속재산 평가의 원칙, 생전 증여재산을 상속세 과세가액에 산입하는 입법 취지 및 관련 규정의 내용 등을 종합하여 보면, 망인이 상속개시일 전에 비상장법인인 소외회사에게 증여한 이 사건 토지의 증여일 당시의 시가로 평가한 가액을 상속세 과세가액에 산입하고, 상속재산인 소외회사의 이 사건 비상장주식의 상속개시일 당시의 가액을 법 시행령상의 보충적 평가방법에 의하여 평가하면서 생전에 망인이 증여한 이 사건 토지를 소외회사의 순자산가액에 포함시켜 평가하였다고 하더라도 그것이 중복과세금지 또는 실질과세의 원칙에 반한다고 할 수 없다.

이 사례는 비상장회사를 경영하던 원고들의 피상속인이 사망 전 소유하고 있던 토지를 동 비상장회사에 증여하였고, 망인의 사망에 따라 원고들은 망인이 보유하고 있던 비상장회사의 주식을 상속받았는데,

과세관청은 사건 토지의 증여 당시의 가액을 상속세 과세가액에 가산하고, 생전 증여재산인 이 사건 토지를 포함한 당해 비상장회사의 순자산가액을 기준으로 이 사건 주식의 1주당 가액을 평가하는 한편, 이 사건 토지에 대한 증여세액을 공제하여 원고들이 납부할 상속세액을 결정하였으나, 상속인들은 과세관청의 상속세액 결정과정에서 이 사건 토지가액이 이중으로 반영되었다고 주장하면서 이의 시정을 구한 경우이다.

법원은 생전 증여재산인 이 사건 토지를 상속세 과세가액에 가산하는 것과 상증법의 평가방법에 따라 이 사건 토지를 포함한 당해 비상장회사의 순자산가액을 기준으로 이 사건 주식의 가액을 평가하는 것은 서로 별개의 과세처분이고,

관계 법령에서 비상장주식의 가액 평가시 당해 법인이 증여받은 재산이 상속세 과세가액에 가산되는 경우에는 이를 당해 법인의 순자산가액에서 제외한다는 별도의 규정을 두고 있지 않을 뿐만 아니라 만약 이 사건 토지를 제외한 나머지 자산만을 기준으로 주식의 가액을 평가할 경우 동 비상장회사가 이 사건 토지를 증여받음으로써 얻게 된 경제적 이익이 아무런 세부담 없이 원고들에게 그대로 이전되는 결과가 되어 부의 편재를 시정하고 재분배를 실현하여 조세부담의 공평을 도모하고자 하는 상속세 제도의 취지에도 어긋나며,

생전증여재산을 상속세 과세가액에 가산할 것인지 여부 및 가산할 경우 그 범위와 기간 등은 입법정책의 문제인 점 등에 비추어 보면 이 사건 토지의 가액 전부를 상속재산으로

가산하고서도, 망인의 다른 상속재산인 이 사건 주식의 가액을 평가함에 있어 다시 이 사건 토지를 순자산가액에 포함시켜 평가하였다고 하더라도 그것이 중복과세금지 내지 실질과세의 원칙에 반한다고 볼 수는 없다고 판단하였다.

사. 주요 심사, 심판례 소개

Case 8 조심 2011중1600, 2011.6.27.

증여세 평가기준일 전후 3개월을 벗어났으나 가격변동의 특별한 사정이 없고 비상장주식평가심의위원회 심의를 받은 매매사례가액은 시가로 볼 수 있다는 사례

가. 사실관계

(1) 청구인의 부(2007.10.4. 사망)가 2006.11.14. 청구인에게 인천시 석남동 소재 상가건물을, ○○○에게는 같은 곳 상가건물 104호를 각각 증여하였고, 청구인과 ○○○은 증여재산가액을 보충적 평가방법인 기준시가에 의해 평가하고 증여세 납부

(2) 처분청은 증여일보다 앞선 2005.12.15. 같은 건물 중 일부 상가가 각 호당 2억7,500만원에 매매된 사실을 확인하고, 중부지방국세청 비상장주식평가심의위원회에 심의를 요청하였고, 동 위원회는 유사매매사례가액으로 인정(중부청 신고관리과-6368, 2010.12. 29.)

나. 과세경위

처분청은 비상장주식평가심의위원회 심의결과에 따라 증여재산가액을 매매사례가액으로 평가하고, 상속재산에 합산하는 사전증여재산 평가액을 증액하여 청구인에게 상속세 결정・고지

다. 청구인 주장

(1) 상가는 본래 이용목적에 따라 거래가격이 다르게 형성되는 것이 일반적이고, 특히 쟁점상가는 비교대상 상가에 비해 임대료가 낮으며 이용현황도 다르다. 비교대상 상가의 양도 후 상가매매 상황이 점점 악화되었음에도 불구하고 1년 4개월 전의 매매사례가액이 있다 하여 이를 쟁점상가의 증여재산가액으로 평가한 처분은 부당하다.

(2) 상속인이 아닌 ○○○의 증여재산을 상속세 과세가액에 산입한 처분은 부당하다.

라. 처분청 의견

(1) 쟁점상가와 비교대상 상가는 같은 건물 1층에 소재하고 있고, 면적 및 사용 용도가 동일하며 토지 및 건물의 기준시가가 동일하므로 매매사례가액은 시가에 해당한다.

(2) 상속개시일 전 5년 이내에 피상속인 이 상속인이 아닌 자에게 증여한 재산가액은 상속

재산에 가산하는 것이므로 이 건 과세한 처분은 정당하다.

마. 쟁점

상속개시 전 증여재산을 2년 이내 유사 매매사례가액으로 평가한 증여가액을 상속재산에 가산하여 상속세를 과세한 처분의 당부

바. 판단요지

비교대상 상가는 쟁점상가와 같은 건물 1층에 연접한 상가로, 면적 및 토지, 건물의 기준시가가 동일한 점, 비교대상 상가는 평가기준일 전 3개월을 벗어나 매매계약되었으나 평가기준일 전 2년 이내의 거래로서 그 적용에 관하여 비상장주식평가심의위원회의 심의를 받은 점, 비교대상 상가의 매매계약일부터 평가기준일까지의 기간에 상가의 매매가액 및 공시지가가 상승 추세에 있었던 점 등으로 보아, 비교대상 상가의 매매사례가액을 쟁점상가의 시가로 인정할 수 있다.

상증법 §13 ①은 상속개시일 전 5년 이내에 상속인이 아닌 자에게 증여한 재산가액에 대해서는 상속세 과세가액에 가산하도록 규정하고 있으므로, ○○○의 증여재산가액을 매매사례가액으로 평가하고 상속재산에 합산하여 상속세를 부과한 처분은 잘못이 없는 것으로 판단된다.

동일한 건물의 유사상가 매매사례가액은 비록 평가기준일 전 3개월을 벗어나 1년 4개월 전의 매매사례가액이지만 시가로 인정할 수 있고, 나아가 과세관청이 관할 지방청에 설치된 비상장주식평가심의위원회의 심의를 거쳐 과세한 사건이므로 이를 시가로 볼 수 있다는 과세관청의 의견을 수용한 경우이다.

다른 심판례에 따르면 증여재산의 평가는 상증법상 평가기준일 전후 3개월 이내의 가격으로 하도록 규정하고 있고, 납세자와는 달리 처분청은 전후 3개월 이외의 가격으로 결정하려면 비상장주식평가심의위원회의 심의를 거쳐야만 하는 것이므로(국심 2006서4425, 2007.10.22.) 비상장주식평가심의위원회를 거치지 않은 상증법상 평가기준일 전후 3개월 이외의 가격은 매매사례가액으로 인정하지 않는 것이 원칙이지만(조심 2010서1778, 2011.6.29.),

비상장주식평가심의위원회의 자문을 거치지 않고 3개월 이상 경과한 매매사례가액을 시가로 본 것은 상증법 §49 ① 단서 조항에 위반된 잘못은 있으나, 법령에 따른 시가인 다른 매매사례가액이나 보충적 평가가액으로 평가할 경우 청구인들에게 불리한 결과가 되므로 당초처분을 유지(국기법 §79 ②)할 수밖에 없다고 한다(조심 2010서1723, 2011.6.30.).

Case 9 조심 2012부759(2012.7.3.)

골프장의 입회약정서에 회원은 7년간 입회보증금의 반환을 요구할 수 없다고 규정되어 있는데, 과세관청이 원본의 회수기간이 정하여지지 않은 경우라 하면서 5년으로 현재가치할인하여 비상장주식 평가 후 과세한 것은 잘못된 처분이라는 사례

가. 사실관계

(1) 청구인은 2010.10.20. 아버지인 박○○으로부터 골프장을 운영하는 비상장회사 주식을 취득하였고, 양도자인 박○○은 양도주식을 상증법상 보충적 평가방법으로 양도주식 시가를 평가하여 양도소득세 신고・납부

(2) 동 비상장주식 평가하면서 부채로 계상되어 있는 입회보증금에 대해 회수기간을 7년으로 현재가치할인하고, 나머지 입회보증금은 명목가액으로 평가

나. 과세경위

처분청은 7년으로 할인한 입회보증금의 경우 상증법 시행규칙 §18의2 ②에서 규정한 '원본의 회수기간이 정하여지지 아니한 것'에 해당된다고 보아 회수기간 5년을 적용하여 현재가치 평가하고, 청구인이 쟁점비상장주식을 저가양수하였음에도 증여세를 신고하지 않았다 하여 청구인에게 증여세 결정・고지

다. 청구인 주장

(1) 쟁점입회보증금은 골프장과 회원이 합의한 골프클럽 회칙에 반환기간이 7년으로 명확하게 규정되어 있고, 입회금 반환기간 경과 후 회원의 탈회시 입회금을 반환해야 할 의무를 지닌 채무에 해당하므로 쟁점입회보증금의 회수기간은 7년으로 보는 것이 타당하다.

(2) 과거 통상적으로 반환기간 만료 후 회원자격이 자동 연장되었다 하여 이를 입회보증금의 회수기간이 정하여지지 아니한 경우에 해당하는 것으로 해석하는 것은 법조문을 자의적으로 해석한 것이다.

라. 처분청 의견

(1) 회원의 의사표시가 없으면 반환기간이 재연장되고, 상거래 관행상 골프회원권이 양도되는 경우는 있을지라도 만기에 원금을 받기 위해 회원권을 반환하는 사례가 발생하기 어렵다.

(2) 따라서, '원본의 회수기간이 정하여지지 아니한 입회금・보증금 등'으로 보아 회수기간 5년을 적용하여 현재가치 할인 평가함이 타당하므로 5년 미만의 입회보증금에 대해서는 명목가액으로 평가해야 한다는 청구주장은 받아들일 수 없다.

마. 쟁점

비상장주식을 평가함에 있어 부채로 계상되어 있는 쟁점입회보증금의 회수기간이 회칙 및 입회약정서에서 7년으로 규정되어 있음에도 회수기간이 정하여지지 아니하였다 하여 이를 5년으로 보아 쟁점입회보증금을 현재가치할인하여 평가한 처분은 부당하다는 청구주장의 당부

바. 판단요지

입회약정서 및 회칙에서 회원은 골프장 개장 후 7년간 입회보증금의 반환을 요구할 수 없고, 이 기간이 경과되는 날부터 반환청구를 할 수 있다고 규정되어 있어 동 약정서 및 회칙에서 규정된 7년의 기간을 쟁점입회보증금의 회수기간으로 볼 수 있고,

우리 원 선결정례(조심 2008지783, 2009.5.12.)에서 골프장 회원권과 관련하여 계약기간 만료시점에서 회원권의 계약기간을 연장하는 것은 새로이 회원의 입회청약을 하고 골프장업자가 이를 승낙하는 계약이 체결된 것이며, 신규로 회원권을 취득하는 자와 종전의 회원권을 연장하는 형태로 계약을 체결하여 동일한 회원권을 소유하는 자와 아무런 차이가 없으므로 회원권을 연장하는 것도 새로운 골프장 회원권의 취득이 이루어진 것으로 보고 있는바, 회원권의 계약기간을 연장하는 경우도 입회보증금의 회수기간이 새로 시작되는 것으로 보아야 하므로 쟁점입회보증금의 회수기간은 입회약정서 및 회칙에서 규정된 7년으로 보는 것이 타당하며,

반환기간의 연장 또한 천재지변이나 골프장의 사정상 즉시 지급이 불가할 경우에 한정하고 있어 이를 근거로 쟁점입회보증금의 회수기간이 정해지지 않았다고 보기 어려울 뿐만 아니라, 최근에는 골프장 수의 급격한 증가 등으로 골프장의 업계 현황이 과거에 비해 어려워져 일부 골프회원권의 시세가 입회보증금 미만으로 하락한 사례가 발생되고 있어, 처분청의 의견과 같이 만기에 원금을 받기 위해 회원권을 반환하는 사례가 발생하기 어렵다는 이유로 쟁점입회보증금의 회수기간이 정하여지지 않았다고 보기는 어려운 점 등을 감안할 때,

쟁점입회보증금에 대해 원본의 회수기간이 정하여지지 아니하였다 하여 그 회수기간을 5년으로 보아 주식을 평가, 청구인이 쟁점주식을 저가양수한 것으로 보아 청구인에게 이 건 증여세를 부과한 처분청의 처분은 잘못이 있다고 판단된다.

회원제로 운영되는 골프장에서 회원들이 납부한 입회보증금은 일정한 요건[45)]을 충족한 회원이 반환을 요구하면 돌려주어야 할 금액이므로 골프장 입장에서는 부채에 해당한다.

따라서 골프장을 운영하는 비상장회사의 주식을 보충적 평가방법에 따라 평가할 때 입회보증금을 현재가치로 할인하게 되면 명목가치로 평가하는 것에 비해 부채가액이 감소하므

45) 대개 반환을 요구할 수 있는 기간을 3년, 5년 또는 7년 등으로 제한하고 있다.

로 순자산가치가 증가하여 평가금액이 높게 계산되고, 그 결과 양도소득세나 증여세 등의 과세표준이 높게 산출된다.

보충적 평가방법으로 골프장의 입회보증금을 평가할 때 현재가치로 할인하여 평가하여야 하는 것인지에 대해서 예전부터 논란이 되어 왔다. 과세관청 입장에서는 항상 그런 것은 아니지만 현재가치로 평가하여 과세표준이 높게 산출되는 것을 선호할 것이며, 납세자는 그 반대일 것이다.

과세관청이 입회보증금을 현재가치로 할인하여 평가하는 근거는 상증법 시행령 §58 ② 인데, 동 규정은 자산에 해당하는 채권만 현재가치로 평가하도록 규정되어 있던 것이 입회금이나 보증금 등 부채도 현재가치로 할인하여 평가하도록 근거가 도입된 것은 2010.2.18. 개정되고 시행된 대통령령 22042호부터이다.

개정된 시행령은 직전 규정의 본문 중 "채권가액"을 "채권가액과 입회금 · 보증금 등의 채무가액"으로 변경하였다.[46)]

2008.2.29. 대통령령 20720호	2010.2.18. 대통령령 22042호
② 대부금 · 외상매출금 및 받을어음 등의 채권가액은 원본의 회수기간 · 약정이자율 및 금융시장에서 형성되는 평균이자율 등을 감안하여 기획재정부령이 정하는 바에 따라 평가한 가액에 의한다.	②대부금 · 외상매출금 및 받을어음 등의 채권가액과 입회금 · 보증금 등의 채무가액은 원본의 회수기간 · 약정이자율 및 금융시장에서 형성되는 평균이자율 등을 감안하여 기획재정부령으로 정하는 바에 따라 평가한 가액으로 한다.

그러나 부채도 현재가치로 평가하도록 개정되기 전부터 과세관청은 동 조항에 근거하여 골프장의 입회보증금을 현재가치로 평가하여 과세한 사례가 여럿 있었는데,

조세심판원은 2008.6.16. 조세심판관 합동회의(조심 2007서5122, 2008.6.16. 조세심판관합동회의) 심리로 상증법 시행령 §58 ②은 채권의 평가에 관한 규정이므로 입회금 등 부채평가에 관하여는 적용할 수 없다는 취지로 결정한 다음부터 2010.2.18. 이 시행령이 개정될 때까지 모든 심판례는 유사한 처분을 부당한 것으로 판단하였다(조심 2009서3402, 2009.12.10. ; 조심 2009서3941, 2009.12.28. ; 조심 2009서3737, 2009.12.28. ; 조심 2010서351, 2010.3.23. ; 조심 2010중1684, 2011.2.8. 등).

상증법 시행령 §58 ② 및 상증법 시행규칙 §18의2 ② 제1호를 적용할 때 소득세법 §94 ① 제4호 나목에 따른 시설물이용권인 골프장입회금은 일반적인 경우 원본의 회수기간이 정해져 있지 않은 채무로 볼 수 있으나, 예외적으로 원본의 회수기간이 정해져 있는 채무로

46) 국가법령정보센터(www.law.go.kr)

볼 수 있는 경우도 있으므로 이에 해당하는지는 입회계약서상 보증금 반환에 관한 약정 및 실제 반환사례 등 구체적인 사실관계에 따라 판단하여야 한다(기획재정부 재산세제과-69, 2012.1.30.).

Case 10 조심 2015중0007, 2015.4.21.

거래의 관행상 정당한 사유가 없다는 것에 대한 처분청의 입증이 없는 상태에서 거래가액이 보충적 평가방법에 의한 평가액보다 낮다는 이유만으로 저가양수한 것으로 보아 증여세 과세한 처분은 잘못이라는 사례

가. 사실관계

(1) 주식 발행법인에 입사하여 10년간 근무하다가 기술이사로 퇴직한 김○○은 청구인인 발행법인의 부장 최○○과 대리 오○○에게 발행법인 주식을 액면가로 양도

(2) 주식거래 당시 발행법인은 품질 테스트를 통과하지 못해 수요처로부터 납품중단 통보를 받는 등 매출 격감이 예견되던 상태

(3) 가격협상 당시 상증법상 평가・기본주당 이익평가 및 현금흐름할인법으로 평가한 결과 주당 평균 ×××원으로 평가되었는데, 청구인들이 액면가로 양수하겠다고 하여 액면가로 거래

나. 과세경위

처분청은 쟁점주식 시가를 상증법상 보충적 평가가액으로 산정하고, 거래의 관행상 정당한 사유 없이 시가보다 낮은 가액으로 쟁점주식을 양수한 것으로 보아 청구인들에게 증여세 결정・고지

다. 청구인 주장

(1) 발행법인은 품질 테스트를 통과하지 못해 수요처로부터 품질 미달로 납품 중단 통보를 받는 등 매출 격감이 충분히 예견되는 등 쟁점주식 가치는 사실상 액면가 이하이므로 쟁점거래는 상증법 §35 ②에서 규정한 "거래관행상 정당한 사유"가 있는 거래에 해당한다.

(2) 청구인들과 양수인 사이는 특수관계에 있지 아니하고 청구인들에게 어떠한 이익을 분여할 의사도 전혀 없을 뿐만 아니라, 이면계약 등의 특약사항도 없으므로 청구인들이 쟁점주식을 양수한 가액은 거래 당시 적정한 주식가치를 반영한 합리적인 가액으로 인정되어야 한다.

(3) 비특수관계자 사이의 자산 등의 양수도에 있어 증여세 과세대상의 요건이 되는 "거래의 관행상 정당한 사유가 없는지" 여부에 대한 입증책임은 과세관청에게 있는바, 처분청은 쟁점주식에 대하여 거래 관행상 정당한 사유가 없다는 이유를 구체적으로 증명하

지 못하면서 단순히 상증법상 시가와 대가의 차액이 시가의 30% 이상이라는 사유만을 들어 이 건 증여세를 과세한 처분은 부당하다.

라. 처분청 의견

(1) 김○○은 발행법인의 매출격감으로 존속성이 위태로운 상황에서 쟁점주식의 보유가치가 없다고 판단하여 이를 양도하였다고 주장하나, 청구인들의 입장에서 매매대금을 지급하고 쟁점주식을 취득하는 것은 경제적 합리성이 결여된 비정상적인 거래가 되므로 거래의 관행상 정당한 사유가 있다고 보기 어렵다.

(2) 쟁점주식의 가액이 적정한 시가인지 여부는 양도시점을 기준으로 판단해야 하는바, 발행법인의 부가가치세 신고내역을 보면 쟁점주식 양도시점 현재 발행법인의 매출변동은 전년도 같은 시기에 비해 거의 차이가 없어 쟁점주식의 상증법상 평가가액이 적정한 것으로 보이므로 청구주장은 이유 없다.

마. 쟁점

청구인들이 거래의 관행상 정당한 사유 없이 시가보다 저가로 쟁점주식을 양수한 것으로 보아 청구인들에게 증여세를 과세한 처분의 당부

바. 판단요지

특수관계자 사이의 거래와는 달리 특수관계가 없는 자 사이의 거래에 대하여는 '거래의 관행상 정당한 사유가 없을 것'이라는 과세요건을 추가하고 있는바, 재산을 고가로 양도・양수한 거래 당사자들이 그 거래가격을 객관적 교환가치가 적절하게 반영된 정상적인 가격으로 믿을 만한 합리적인 사유가 있었던 경우는 물론, 그와 같은 사유는 없더라도 양수인이 그 거래가격으로 재산을 양수하는 것이 합리적인 경제인의 관점에서 비정상적이었다고 볼 수 없는 객관적인 사유가 있었던 경우에도 상증법 §35 ②의 '거래의 관행상 정당한 사유'가 있다고 봄이 타당하다(대법원 2013.8.23. 선고, 2013두5081 판결).

매출액의 약 42%에 해당하는 ×××원 상당의 결손이 발생한 것으로 나타나고 있어 향후 매출격감 등으로 발행법인의 경영이나 재무상태가 약화될 것임을 해당 법인의 임직원인 청구인들이나 김○○이 예견하고 있었을 것으로 보이는 점,

김○○이 청구인들에게 쟁점주식을 저가로 양도하면서 일방적으로 손해를 감수한다거나 나아가 자산의 저가매도를 통하여 청구인들에게 어떠한 이익 등을 무상으로 이전할 의사가 있었다고 인정할 만한 정황이 보이지 아니한 점,

이와 달리 제시된 과세자료만으로 청구인들이 쟁점주식을 액면가액으로 양수한 경위에 대하여 거래의 관행상 정당한 사유를 부인하기 부족한 것으로 보이는 점 등에 비추어 청구인들이 쟁점주식을 저가로 양수하였다고 보아 청구인들에게 증여세를 과세한 처분은 잘못이 있다고 판단된다.

상증법 §35 ②의 입법 취지는 거래 상대방의 이익을 위하여 거래가격을 조작하는 비정상적인 방법으로 대가와 시가와의 차액에 상당하는 이익을 사실상 무상으로 이전하는 경우에 그 거래 상대방이 얻은 이익에 대하여 증여세를 과세함으로써 변칙적인 증여행위에 대처하고 과세의 공평을 도모하고자 함에 있는데,

특수관계가 없는 자 사이의 거래에서는 서로 이해관계가 일치하지 않는 것이 일반적이어서 대가와 시가 사이에 차이가 있다는 사정만으로 그 차액을 거래 상대방에게 증여하였다고 보기 어려우므로 특수관계자 사이의 거래와는 달리 특수관계가 없는 자 사이의 거래에 대하여는 '거래의 관행상 정당한 사유가 없을 것'이라는 과세요건을 추가하고 있다.

거래 당시 매출 감소에 따라 주식가치 하락이 충분히 예견되었고, 양도자가 양수자에게 이익을 무상으로 공여할 의사가 있었다고 보기 어렵다는 사실관계에 덧붙여 처분청이 이런 사실관계를 충분히 뒤집고 거래의 관행상 정당한 사유를 부인할 수 있을 만한 결정적 자료를 제출하거나 입증하지 못하였으므로 특수관계가 없는 당사자들 간의 거래가액을 단지 상증법상 평가액과 다르다는 이유만으로는 당해 거래가 시가거래가 아니라고 단정할 수 없다는 사례이다.

Case 11 국심 2007서1234, 2007.8.6.

증여세 과세표준 신고기한 이내에 부도발생한 것을 사실상 사업의 계속이 곤란한 사업장으로 인정하여 순자산가치에 의하여 평가하는 것이 타당하다고 판단한 사례

가. 사실관계

(1) 청구인은 2005.5.2. 비상장법인인 ㈜□□의 최대주주이자 특수관계자인 정○○로부터 당해 비상장주식을 @10,000에 양수

(2) 거래 직후 2005.7.25. ㈜□□은 경영 악화로 부도 발생하였고, 2006.6.30. 폐업

나. 과세경위

처분청은 쟁점주식의 시가를 상증법상 보충적 평가방법으로 평가한 가액 @82,109원을 동 주식의 시가로 보고, 거래가액과의 차액을 특수관계자인 정○○으로부터 증여받았다고 하여 청구인에게 증여세 결정·고지

다. 청구인 주장

2005.7.25. 부도 발생하여 2006.6.30. 폐업된 것은 상증법 시행령 §54 ④ 제1호에 규정된 쟁점주식의 양수일로부터 증여세 과세표준 신고기한 이내에 ㈜□□이 청산절차 등의 진행으

로 인하여 계속사업이 곤란한 경우에 해당하므로 순자산가치로 평가하여야 한다.

라. 처분청 의견

일반적으로 상속·증여재산 및 양도가액의 평가기준일은 상속개시일 또는 증여일·양도일이며, 2005.7.25. ㈜□□에게 발생한 금융부도는 일시적인 경우로 "사업을 계속하기 곤란한 경우"에 해당한다고 볼 수 없으므로 상증법 시행령 §54 ①에 의거 순손익가치와 순자산가치의 가중평균액으로 쟁점주식을 평가한 처분은 정당하다.

마. 쟁점

쟁점주식의 저가양수에 따른 증여이익을 산정함에 있어 청구외법인이 청산진행 중으로 인하여 계속사업이 곤란한 경우에 해당하는 것으로 보아 쟁점주식을 순자산가치만으로 평가한 가액을 시가로 볼 수 있는지 여부

바. 판단요지

2004.1.1. 이후 상속세 및 증여세를 결정하는 분부터는 상증법 §67 및 §68의 규정에 의한 증여세 과세표준 신고기한 이내에 평가대상 법인의 청산절차가 진행 중이거나 사업자의 사망 등으로 인하여 사업의 계속이 곤란하다고 인정되는 법인의 주식 또는 출자지분에 해당하는 경우에는 같은 법 시행령 §54 ①의 평가원칙에 불구하고 같은 법 시행령 §54 ②에 의한 순자산가치에 의하여 평가하는 것으로 규정하고 있다.

이 건 쟁점주식의 양도일인 2005.5.2.부터 증여세 과세표준 신고기한 이내에 청구외법인이 부도가 발생된 후 청구외법인의 재산에 가압류 및 임의경매신청이 진행되어 사업장으로 사용하던 부동산이 가압류 및 경락되었으며, 또한 재고상품의 74%인 20억 원에 상당하는 제품을 반품처리하고, 휴업신고 후 2006.6.30. 폐업한 사실 등으로 미루어 볼 때,

청구외법인은 증여세 과세표준 신고기한 이내에 부도발생으로 인하여 사실상 사업의 계속이 곤란한 것으로 인정되므로 1주당 시가를 순자산가치에 의하여 평가한 가액으로 하는 것이 타당하다고 판단된다.

상증법 시행령 §54 ④의 개정취지는 순손익가치에 의한 평가는 계속 기업을 전제하여 평가하는 것임에도 상속·증여세 과세표준 신고기한 내 사업부진에 의한 청산이 진행 중이거나 피상속인이 사망함으로써 계속사업이 곤란한 경우에도 순손익가치로 높게 평가되는 모순점이 있어 이를 해소하고자 피상속인이 사망 또는 계속사업이 곤란하다고 판단되는 경우에는 계속기업으로서 미래 기대수익이 없다고 하여 청산가치인 순자산가치로만 평가하도록 개정한 것(2005년 재정경제부 개정세법해설서 참조)이므로,

이 사건의 경우에서 재결청인 조세심판원은 쟁점거래 직후 과세표준 신고기한이 도래하기 전에 거래대상 주식의 발행법인에 부도가 발생하였고, 그것이 원인이 되어 휴업 후 최종 폐업까지 이르게 된 것은 사업의 계속이 곤란한 경우에 해당된다고 판단한 것이다.

피상속인의 능력으로 매출을 발생시켜 왔으나 피상속인의 사망으로 영업을 할 수 없어 매출액이 급격히 감소하고, 사망일 이후의 매출도 피상속인이 생존해 있을 당시 주문받은 것을 납품한 것이고, 판로를 찾지 못하여 주력업종을 다른 사업으로 전환하게 되었으나 이미 납품한 제품의 하자보수기간(3년)으로 인해 상속개시 당시 쟁점법인을 폐업할 수 없었던 점 등으로 보아 사업자의 사망 등으로 인하여 사업의 계속이 곤란한 경우에 해당된다고 판단한 사례(조심 2011서3513, 2011.12.16.)도 있다.

2 명의신탁재산의 증여의제

가. 법령

1) 상속세 및 증여세법 제45조의2(명의신탁재산의 증여의제)

① 권리의 이전이나 그 행사에 등기 등이 필요한 재산(토지와 건물 제외)의 실제소유자와 명의자가 다른 경우에는 「국세기본법」 제14조에도 불구하고 그 명의자로 등기 등을 한 날(그 재산이 명의개서를 하여야 하는 재산인 경우에는 소유권취득일이 속하는 해의 다음 해 말일의 다음 날)에 그 재산의 가액(그 재산이 명의개서를 하여야 하는 재산인 경우에는 소유권취득일을 기준으로 평가한 가액)을 명의자가 실제소유자로부터 증여받은 것으로 본다.
다만, 다음 각 호의 어느 하나에 해당하는 경우에는 그러하지 아니하다.

1. 조세회피의 목적 없이 타인의 명의로 재산의 등기 등을 하거나 소유권을 취득한 실제소유자 명의로 명의개서를 하지 아니한 경우
2. (삭제)
3. 「자본시장과 금융투자업에 관한 법률」에 따른 신탁재산인 사실의 등기 등을 한 경우
4. 비거주자가 법정대리인 또는 재산관리인의 명의로 등기 등을 한 경우

② 제1항을 적용할 때 명의자가 영리법인인 경우에는 실제소유자(영리법인 제외)가 증여세를 납부하여야 한다.

③ 타인의 명의로 재산의 등기 등을 한 경우 및 실제소유자 명의로 명의개서를 하지 아니한 경우에는 조세회피 목적이 있는 것으로 추정한다. 다만, 실제소유자 명의로 명의개서를 하지 아니한 경우로서 다음 각 호의 어느 하나에 해당하는 경우에는 조세회피 목적이 있는 것으로 추정하지 아니한다.

1. 매매로 소유권을 취득한 경우로서 종전 소유자가 「소득세법」 제105조 및 제110조에 따른 양도소득 과세표준 신고 또는 「증권거래세법」 제10조에 따른 신고와 함께 소유권 변경 내용을 신고하는 경우
2. 상속으로 소유권을 취득한 경우로서 상속인이 다음 각 목의 어느 하나에 해당하는 신고와 함께 해당 재산을 상속세 과세가액에 포함하여 신고한 경우. 다만, 상속세 과세표준과 세액을 결정 또는 경정할 것을 미리 알고 수정신고하거나 기한 후 신고를 하는 경우는 제외한다.
   가. 제67조에 따른 상속세 과세표준 신고
   나. 「국세기본법」 제45조에 따른 수정신고
   다. 「국세기본법」 제45조의3에 따른 기한 후 신고

④ 제1항을 적용할 때 주주명부 또는 사원명부가 작성되지 아니한 경우에는 「법인세법」

제109조 제1항 및 제119조에 따라 납세지 관할세무서장에게 제출한 주주 등에 관한 서류 및 주식등변동상황명세서에 의하여 명의개서 여부를 판정한다.
⑤ (삭제)
⑥ 제1항 제1호 및 제2항에서 "조세"란 「국세기본법」 제2조 제1호 및 제7호에 규정된 국세 및 지방세와 「관세법」에 규정된 관세를 말한다.
⑦ (삭제)

2) 기본통칙

45의2-0…2	명의신탁재산을 신탁해지하여 환원하는 경우

법 제45조의2에 따른 증여에 해당하는 재산의 신탁을 해지하여 그 재산의 실제소유자인 위탁자 명의로 환원하는 경우 그 환원하는 것은 증여에 해당하지 아니하나, 실제소유자 외의 자에게 무상으로 명의이전하는 경우에는 그 명의를 이전한 날에 실제소유자가 그 명의를 이전받은 자에게 증여한 것으로 본다.

45의2-0…3	주식의 명의개서 시점

법 제31조 제3항 및 제45조의2 제1항을 적용할 때 "명의개서를 한 날"이라 함은 「상법」 제337조에 따라 취득자의 주소와 성명을 주주명부(「자본시장과 금융투자업에 관한 법률」 제316조에 따른 실질주주명부를 포함한다)에 기재한 때를 말한다.

45의2-0…4	명의신탁재산의 명의신탁 시점

법 제45조의2 제1항을 적용할 때 주식 등 명의개서를 요하는 재산의 소유권을 취득한 자가 그 주식 등의 명의를 타인 명의로 명의개서한 경우에는 그 명의개서일에 타인에게 명의신탁한 것으로 보는 것이며, 그 소유권 취득일이 속하는 연도의 다음 연도 말일까지 실제소유자 명의로 명의개서를 하지 아니하고 종전 소유자의 명의로 둔 경우에는 취득일이 속하는 연도의 다음 연도 말일의 다음 날에 종전 소유자에게 명의신탁한 것으로 본다.

나. 명의신탁재산 증여의제 규정의 특징

1) 실질과세원칙의 예외규정

명의신탁이란 실정법상의 근거 없이 판례에 의하여 형성된 신탁행위의 일종으로 수탁자에게 재산의 명의가 이전되지만 수탁자는 외관상 소유자로 표시될 뿐이고 적극적으로 그 재산을 관리・처분할 권리의무를 가지지 아니하는 신탁을 말한다(집행기준 45의2-0-1).

상증법 §45의2 명의신탁재산 증여의제 규정은 명의신탁을 통한 조세회피 목적으로 등기 등이 필요한 재산의 실제 소유자(명의신탁자)와 명의자(명의수탁자)가 다르게 등기 등을 한 경우, 그 재산의 가액을 실제 소유자가 명의자에게 증여하였다고 보아 증여세를 과세하는 제도이다.

즉, 실제 甲의 재산을 乙의 명의로 등기·등록해 놓았으면 甲이 乙에게 증여한 것으로 간주하고 乙에게 증여세를 부과하겠다는 것이다. 다시 말해 실제로는 甲의 재산이지만 법에 의해 乙에게 증여한 것으로 간주하겠다는 것이므로 세법 전반에 흐르는 국세기본법상 실질과세 원칙의 명백한 예외에 해당하고, 이런 점은 당해 조문의 1항 본문에서 "국기법 §14(실질과세원칙)에도 불구하고 …… 명의자가 실제소유자로부터 증여받은 것으로 본다"라고 분명히 밝히고 있다.

상증법이 조세법상의 대원칙인 실질과세의 원칙까지 희생시키면서 명의신탁재산 증여의제 규정을 두고 있는 것은 명의신탁을 이용한 조세회피 내지는 포탈의 여지를 원천적으로 봉쇄하려는 강력한 의지를 나타내고 있는 것으로 볼 수 있다.[47]

2) 추정이 아닌 의제규정

명의신탁 증여의제 규정은 세 가지 사유, 즉 ① 조세회피 목적 없이 명의신탁이 이루어졌거나, ② 자본시장법에 따른 신탁재산인 사실의 등기를 한 경우, ③ 비거주자가 법정대리인이나 재산관리인의 명의로 등기 등을 한 경우 외에는 신탁자가 수탁자에게 당해 재산을 증여한 것으로 간주한다.

즉, 상증법 §54의2 규정은 추정규정이 아닌 의제규정이기 때문에 위 세 가지 경우에 해당되지 않는 명의신탁은 모두 증여로 의제되고, 납세자가 당해 명의신탁이 증여가 아님을 입증함으로써 과세를 벗어날 수 있는 기회도 매우 제한적이다.

명의신탁재산에 대한 증여의제 규정은 타인의 명의를 이용하여 각종 조세회피행위를 효과적으로 방지하기 위한 필요에서 시작되었는데, 1974.12.21. 구 상속세법 §32의2(제3자 명의로 등기 등을 한 재산에 대한 증여의제)로 신설되어 출발하였다가,

1996.12.30. 구 상속세법이 상속세 및 증여세법으로 전면 개편되면서 상증법 §43(명의신탁재산의 증여추정)로 이관되어 '증여추정'으로 변경되었고, 증여추정시 문제점이 발생되자 다시 1998.12.31. 상증법 §41의2(명의신탁재산의 증여의제)에서 '증여의제' 규정으로 전환하였고

47) 오창수, "명의신탁과 조세", 「계간세무사」 1988년 겨울호.

2003.12.30. 완전포괄주의가 도입되면서 상증법 §45의2로 이관되어 현재에 이르고 있다.[48)]

| 명의신탁증여 관련법규의 변천 연혁 |

적용기간	1975.1.1. ~1996.12.31.	1997.1.1. ~1998.12.31.	1999.1.1. ~2003.12.31.	2004.1.1.~현재
법조문	상속세법 §32의2	상증법 §43	상증법 §41의2	상증법 §45의2
성격	의제규정	추정규정	의제규정	의제규정

3) 명의신탁 사실만으로 조세회피 의도가 있었다고 추정

명의신탁 증여의제를 규정한 상증법 §45의2 ②에서는 명의신탁 사실만으로 조세회피 목적이 있는 것으로 추정한다.

따라서 명의신탁 사실만 확인된다면 그 사실만으로도 조세회피 목적이 있는 것으로 추정되기 때문에, 과세당국은 실제 증여할 의사가 있었는지를 확인할 필요 없이 증여로 의제하여 그 명의자에게 증여세를 부과할 것이고 납세자는 조세회피 의도가 없었다는 점을 들춰내서 그 추정이 사실이 아님을 입증하여야 한다.

대법원은 증명책임의 소재와 그 증명의 정도에 대해 조세회피 의도가 없었다는 점에 관한 입증책임은 이를 주장하는 명의자에게 있고, 증명의 정도는 조세회피와 상관없는 뚜렷한 목적이 존재하고, 당시에나 장래에 있어서 회피될 조세가 없었다는 것을 객관적이고 납득할 만한 증거자료에 따라 통상인이라면 의심을 가지지 않을 정도까지 입증할 것을 요구한다(대법원 2014.1.16. 선고, 2013두16982 판결).

> 상증법 §45의2 ① 단서 제1호에서 말하는 조세는 증여세에 한정되지 않는다는 것이 대법원의 확립된 견해이다(대법원 1995.11.14. 선고, 94누11729 판결 ; 2011.9.8. 선고, 2007두17175 판결). 그리고 상증법 §45의2 ①의 입법 취지는 명의신탁제도를 이용한 조세회피행위를 효과적으로 방지하여 조세정의를 실현한다는 취지에서 실질과세원칙에 대한 예외를 인정한 데에 있으므로, 명의신탁의 목적에 조세회피의 목적이 포함되어 있지 않은 경우에만 같은 조항 단서의 적용이 가능하고,
>
> 이 경우 조세회피의 목적이 없었다는 점에 관한 증명책임은 이를 주장하는 명의자에게 있다. 여기서 조세회피의 목적이 없었다는 점에 대하여는 조세회피의 목적이 아닌 다른 목적이 있었음을 증명하는 등의 방법으로 입증할 수 있다 할 것이나,

48) 신웅식, "명의신탁재산의 증여세 과세요건". 「계간세무사」 2007년 여름호.

> 증명책임을 부담하는 명의자로서는 명의신탁에 있어 조세회피의 목적이 없었다고 인정될 정도로 조세회피와 상관없는 뚜렷한 목적이 있었고, 명의신탁 당시에나 장래에 있어 회피될 조세가 없었다는 점을 객관적이고 납득할 만한 증거자료에 의하여 통상인이라면 의심을 가지지 않을 정도로 입증해야 한다(대법원 2013.3.28. 선고, 2010두24968 판결).

또 대법원은 조세회피 목적이 있었는지에 대해 판단하는 방법으로 다른 목적으로 명의신탁이 이루어졌다면, 그 명의신탁에 부수하여 사소한 조세경감이 생기더라도 조세회피목적이 있었다고 단정할 수는 없지만, 다른 주된 목적과 아울러 함께 살펴야 한다고 하였다(대법원 2013.10.17. 선고, 2013두9779 판결).

> 명의신탁 증여의제 규정의 입법 취지는 명의신탁제도를 이용한 조세회피행위를 효과적으로 방지하여 조세정의를 실현한다는 취지에서 실질과세원칙에 대한 예외를 인정한 데에 있으므로, 명의신탁이 조세회피목적이 아닌 다른 이유에서 이루어졌음이 인정되고 그 명의신탁에 부수하여 사소한 조세경감이 생기는 것에 불과하다면 그와 같은 명의신탁에 조세회피목적이 있었다고 단정할 수는 없다고 할 것이나,
>
> 위와 같은 입법 취지에 비추어 볼 때 명의신탁의 목적에 조세회피목적이 포함되어 있지 않은 경우에만 위 조항 단서를 적용하여 증여의제로 의율할 수 없는 것이므로 다른 주된 목적과 아울러 조세회피의 의도도 있었다고 인정되면 조세회피목적이 없다고 할 수 없다. 그리고 이때 조세회피목적이 없었다는 점에 관한 증명책임은 이를 주장하는 명의자에게 있다(대법원 2009.4.9. 선고, 2007두19331 판결).

4) 합헌규정

명의신탁 증여의제 규정은 납세자에게 증여가 아님을 입증할 수 있는 기회를 박탈하고 있다거나, 실제로 재산상 이득을 취하지 않은 담세력이 없는 자에게 과세하는 것은 부당하다는 등의 논란이 있는 규정이다.

그러나 헌법재판소는 2차례(1989년, 1998년)에 걸쳐 명의신탁 증여의제 규정이 헌법의 조세법률주의와 조세평등주의에 위배되지 않는다고 합헌결정을 내린 바 있는데, 결정요지는 다음과 같다.

상속법 §32의2 ①은 형식상으로나 실질적으로 조세법률주의에 위배되지 아니하고, 위 규정이 실질과세의 원칙에 대한 예외 내지는 특례를 둔 것만으로 조세평등주의에 위배되지도 않는다. 다만 위 법률조항에는 무차별한 증여의제로 인한 위헌의 소지가 있으므로 예외적으로 조세회피의 목적이 없음이 명백한 경우에는 이를 증여로 보지 않는다고 해석하여야 하고, 위와 같이 해석하는 한, 헌법 §38, §59의 조세법률주의 및 헌법 §11의 조세평등주의에 위배되지 않는다(1989.7.21. 89헌마38 전원재판부).

명의신탁은 법원의 판례에 의하여 정착된 이론으로 긍정적인 측면도 없지 아니하나 탈법적인 목적으로 자주 이용되고 있었기 때문에, 입법자는 헌법재판소의 89헌마38 결정 이전부터 법령에서 규정하는 부득이한 예외적인 경우를 제외하고는 원칙적으로 명의신탁을 금지하는 입법을 마련 중이었고, 더욱이 위 결정이 있은 이후에는 그 취지에 따라 단서조항과 신설조항을 만들었고, 법원의 판결 또한 위의 결정과 위 각 조항에 따라 해석을 한 이 사건에서는 단서조항 중의 "조세회피"는 증여세회피뿐만 아니라 그 밖에 다른 조세회피도 포함된다고 하는 것이 합헌적인 올바른 해석이다.

위의 89헌마38 결정과 단서조항은 법령이 명문으로 인정하는 예외적인 경우 외에는 명의신탁을 인정하지 않고 과세요건이 충족되는 것으로 취급하려는 입법자의 의도가 짙게 깔려 있고, 뿐만 아니라 조세회피의 목적이 없는 명의신탁이라는 점은 납세의무자 측의 주장·입증으로 그 과세처분의 당부를 다툴 수도 있는 것이며,

국가가 과세권을 행사함에 있어 조세의 회피나 면탈을 억제하기 위한 규정을 두는 것과 담세력에 따른 공평한 부담의 실현 수단으로 과세의 종목과 과세방법을 선택하는 등 조세정의의 실현과 국가의 과세기능 측면에서 생기는 여러 문제를 조정·결정하는 것은 입법자의 광범한 재량행위에 속하고 재량의 범위를 뚜렷하게 벗어난 것으로 볼 수 없는 한 이것을 위헌무효라고 단정할 수 없다(1998.4.30. 96헌바87, 97헌바5·29(병합) 전원재판부).

대법원도 헌법재판소와 마찬가지로 명의신탁 증여의제 규정은 조세정의를 실현하기 위해 실질과세원칙에 대한 예외를 인정한 것이므로, 조세법률주의 및 재산권보장의 원칙에 위배되지 않는다고 판시하였다.

명의신탁 증여의제 규정은 명의신탁제도를 이용한 조세회피행위를 효과적으로 방지함으로써 조세정의를 실현하기 위하여 실질과세원칙에 대한 예외를 인정한 것이므로(대법원 2004.12.23. 선고, 2003두13649 판결 등 참조), 헌법상의 실질적 조세법률주의 및 재산권보장의 원칙에 위배된다고 할 수 없다(대법원 2009.3.12. 선고, 2007두8652 판결).

5) 명의신탁자의 무조건적 연대납부의무

증여세는 원칙적으로 수증자가 부담한다. 다만 일반적인 증여세의 경우 ㉮ 수증자의 거소가 분명하지 않아 조세채권 확보가 곤란하거나, ㉯ 수증자가 증여세를 납부할 능력이 없는 것으로 인정되어 체납처분을 하여도 조세채권 확보가 곤란한 경우에는 증여자가 연대납부의무를 부담한다(상증법 §4 ④).

그러나 명의신탁재산 증여의제 규정에 따라 증여세가 과세되는 경우는 명의신탁에 따른 경제적 이익은 사실상 신탁자가 향유하게 되므로 증여세 고지 당시부터 신탁자에게 수탁자와 동일하게 연대납세의무를 부여하는 것이 실질과세원칙에 부합하고, 수탁자가 영리법인인 경우 증여세가 면제되는 점을 이용하여 증여세를 회피하는 문제도 방지할 수 있도록 명의신탁자에게 수탁자와 동일하게 연대납세의무를 부여하였다.

즉, 명의신탁 증여의제 규정에 의하여 명의수탁자에게 증여세가 과세된 경우에는 위 ㉮, ㉯에 해당하지 않더라도 명의신탁자는 증여세에 대한 납세의무성립과 동시에 연대납부의무를 부담하여야 한다(상증법 §4 ④).

명의수탁자가 개인이고 명의신탁자가 영리법인인 경우에도 증여자가 수증자와 연대하여 해당 증여세를 납부할 의무를 진다(재재산-148, 2011.2.25).

다만, 동 조항은 2002.12.18. 법률 제6780호로 법률개정시 도입된 내용이므로 2003.1.1. 이후 최초로 증여하는 분부터 적용한다. 따라서, 2002.12.31. 이전의 명의신탁에 대해 명의신탁재산의 증여의제 규정에 의하여 명의수탁자에게 증여세가 과세된 경우에는 명의신탁자는 명의수탁자가 ㉮ 또는 ㉯에 해당하는 경우에만 연대납부의무를 부담한다.

다. 과세요건

상증법 집행기준 45의2-0-3에서는 명의신탁재산 증여의제 과세요건으로 다음 3가지를 들고 있다.

① 등기·등록·명의개서 등을 요하는 자산이어야 한다.

② 실제소유자와 명의자가 달라야 한다.

③ 조세회피 목적이 있어야 한다.

1) 등기 등을 요하는 자산

상증법 §45의2 ①에서는 "권리의 이전이나 그 행사에 등기 등이 필요한 재산의 실제소유자와 명의자가 다른 경우에는 ……"이라고만 규정하고 있을 뿐 시행령이나 시행규칙에서도 그러한 재산이 구체적으로 어떠한 것들인지는 명시하지 않고 있다.

집행기준에서 등기·등록 등을 요하는 재산과 그렇지 아니하는 재산을 별도로 예시하고 있으므로 참고할 만하다(집행기준 45의2-0-4~5).

| 등기, 등록 등을 요하는 재산과 그렇지 않은 재산 |

등기 등을 요하는 재산		그렇지 않은 재산
등기요구	입목, 공장재단, 광업재단, 선박	① 아파트당첨권, 아파트 분양계약금, 중도금 등을 납입한 상태에서 이전하는 부동산을 취득할 수 있는 권리 ② 예금청구권, 차입예탁반환청구권 ③ 보험, 예금, 상호신용금고계금
등록요구	특허권, 실용신안권, 의장권, 상표권, 저작권, 어업권, 광업권, 자동차, 항공기, 건설기계	
명의개서 요구	주권, 사채권	

한편, 대법원 판례에 따르면 권리의 이전이나 그 행사에 등기 등을 요하는 재산이라 함은 부동산·자동차·선박·중기·주권·사채권 등과 같이 권리의 이전이나 행사에 있어 등기·등록·명의개서 등이 효력발생요건 내지 대항요건으로서 법률상 요구되는 경우만을 가리키고,

골프회원권과 같이 거래당사자 사이에 계약에 의하여 채무자가 채권자의 명단을 기재한 장부를 비치하고 채권자의 변동상황 등을 장부에 기재하도록 약정한 경우의 채권은 포함되지 않으며(대법원 1987.3.24. 선고, 86누341 판결)[49],

아파트 분양자명부 또는 분양계약서상의 명의변경 자체가 법률상의 효력발생요건 내지 대항요건이 되지 않는 것이라면 타인명의로 당첨된 아파트당첨권도 명의신탁재산 증여의제 규정이 적용대상 재산이 아니고(대법원 1987.10.13. 선고, 87누118 판결),

은행에 대한 보통예금청구권은 권리의 이전이나 행사에 명의개서를 하여야만 청구할 수 있는 권리는 아니고 실질 예금주가 은행에 개설된 구좌명의와 신고된 인장을 사용하면 명의개서 등을 하지 않더라도 이를 청구할 수 있는 권리이므로 권리의 이전이나 그 행사에 명의개서 등을 요하는 재산이 아니라고 한다(대법원 1984.12.26. 선고, 84누613 판결).

49) 골프회원권도 명의신탁재산 증여의제 대상이라는 판결도 있었다 : 대법원 1987.4.28. 선고, 86누486판결.

토지나 건물은 권리의 이전 등에 등기 등을 요하는 대표적인 재산이지만 법문에서도 명확하게 밝히고 있듯이 증여의제대상 재산은 아니다. 토지와 건물 등 부동산은 부동산실명법 적용대상이기 때문에 상증법의 명의신탁재산 증여의제 규정 적용대상에서 제외되는 것이다.

1995.7.1.부터 부동산 실권리자 명의등기에 관한 법률이 시행되면서 동법 제4조에 "부동산의 명의신탁 약정은 무효이고, 명의신탁 약정에 따라 행하여진 등기에 의한 부동산에 관한 물권변동은 무효로 한다"라고 규정하고 있어, 부동산의 명의신탁은 물권변동의 효력이 없기 때문에 애당초부터 증여사실은 존재할 수 없으므로 증여세를 부과대상에서 제외시킨 것이다.[50]

실무상 명의신탁재산 증여의제 규정이 적용되어 과세되는 대부분은 명의신탁재산이 주식인 경우이므로, 주식 명의신탁에 대한 조세불복이 대부분이다.

2) 실제소유자와 명의자가 상이

명의신탁이 성립하기 위해서는 실제소유자와 명의자가 달라야 하며, 당사자 사이에 명의신탁에 관한 합의가 있거나 의사소통이 있어야 한다. 그렇지 않다면 당해 명의신탁은 신탁자가 수탁자의 명의를 무단으로 도용한 것이므로 명의신탁이 성립되지 않을 것이다.

이 경우 명의가 도용되었다는 사실은 이를 주장하는 자가 증명해야하지만, 재산의 명의자가 실제소유자와 다르다는 점은 과세관청이 증명하여야 한다. 과세관청의 이런 증명책임에 대해 대법원은 명의수탁자가 실제소유자임을 증명하여야 함을 전제로 그에 대한 증명이 부족하다는 이유로 명의수탁자가 실제소유자가 아니라고 판단한 것은 증여의제규정에 관한 증명책임의 법리를 오해한 잘못이 있다고 하였다(대법원 2009.9.24. 선고, 2009두5404 판결).

즉, 명의수탁자가 자신의 재산이라는 것에 대한 증명이 부족하더라도 그것만으로 명의신탁이라고 단정하여 과세할 수 없고, 과세관청이 명의자와 소유자가 다르다는 점을 적극 입증하여야 한다는 것이다.

실질소유자와 명의자 사이에 합의가 있거나 또는 의사소통이 있어 그러한 등기 등을 한 이상 그들 사이에 실질적인 증여가 있거나 없거나 또는 신탁법상의 신탁이 설정되거나 단순한 명의신탁에 불과하거나 간에 그 등기 등을 한 때에 증여가 있는 것으로 본다는 뜻이라 해석하므로(대법원 1987.2.24. 선고, 84누363 판결 참조),

50) 집행기준 45의2-0-6 및 신웅식, "명의신탁재산의 증여세 과세요건", 「계간세무사」 2007년 여름호.

증여의제에 관한 규정은 실질소유자와 명의자 사이에 합의가 있거나 의사가 소통되어 그러한 등기 등을 한 이상 그들 사이에 실질적인 증여가 있건 없건 또는 단순히 명의신탁에 지나지 않건 간에 그 등기 등을 한 때에 실질소유자가 그 명의자에게 증여를 한 것으로 본다(대법원 1988.9.6. 선고, 88누1033 판결).

반면 그 등기 등이 명의자의 의사와는 관계없이 일방적으로 된 경우에는 위 법조항의 규정이 적용될 수 없는 것이지만, 이 경우 그 등기가 등기명의자의 의사와 관계없이 실질소유자에 의하여 일방적으로 경료되었다는 것은 이를 주장하는 측에서 입증할 것을 요구한다(대법원 1988.10.11. 선고, 88누27 판결).

명의신탁약정이 있어 이에 따른 등기 등이 이루어진 이상 등기 등이 강행법규 위반 등으로 무효인 경우에도 조세회피 목적은 달성될 수 있기 때문에 명의신탁약정에 따라 실제소유자가 아닌 제3자 명의로 이루어진 등기 등이 강행법규 위반 등으로 무효라는 이유만으로 명의신탁재산 증여의제규정 적용이 배제되지 않는다고 한다(대법원 2011.9.8. 선고, 2007두17175 판결).

한편, 명의신탁재산 증여의제에 의하여 증여세를 과세한 후 원인무효에 의하여 취득무효판결이 있으면, 그 재산상의 권리가 말소되므로 이미 부과한 증여세는 취소된다(집행기준 45의2-0-7).

3) 조세회피 목적의 존재

조세회피대상이 되는 조세에는 국세기본법에 규정된 국세·지방세, 관세법에 규정된 관세가 모두 해당된다.

과거 조세회피대상이 모든 조세가 해당되는 것인지 상속세만 해당되는 것인지에 대해 논란이 있어 1993.12.31. 법률 제4662호로 개정되고 1994.1.1.부터 시행된 상속법 §32의2에 제3항을 신설하여 "제1항에서 조세라 함은 국기법 §2 제1호·제7호에 규정된 국세·지방세 및 관세법에 규정된 관세를 말한다"고 규정함으로써 논란의 소지를 없앴다.

이에 따라 대법원도 개정 전의 위 규정에 관하여는 그 규정은 권리의 이전이나 행사에 등기 등을 요하는 재산에 있어서 증여를 은폐하여 증여세를 회피하기 위한 수단으로 명의신탁제도가 악용되려는 것을 방지하려는 데 그 입법 취지가 있다고 하여 그 등기 등의 명의를 달리하게 된 것이 증여를 은폐하여 증여세를 회피하기 위한 것이 아니라면 이를 증여로 볼 것이 아니라는 견해를 취하고 있었으나(대법원 1993.3.23. 선고, 92누10685 판결 : 1994.5.24. 선고, 92누13455 판결 : 1995.9.29. 선고, 95누8768·8775·8782 판결 등 참조),

개정된 규정에 관하여는 그 입법 취지가 명의신탁제도를 이용한 조세회피 행위를 효과적으로 방지하여 조세정의를 실현한다는 취지에서 실질과세의 원칙에 대한 예외를 인정한 데에 있다 하여 명의신탁의 목적에 조세회피 목적이 포함되어 있지 않은 경우에만 위 단서의 적용이 가능한데 그 단서 소정의 조세를 명문의 근거 없이 증여세에 한정할 수 없다는 견해를 확립하였고(대법원 1995.11.14. 선고, 94누11729 판결 ; 1999.12.24. 선고, 98두13133 판결 ; 2011.9.8. 선고, 2007두17175 판결 ; 2014.1.16. 선고, 2013두16982 판결 등),

증여세 외의 다른 조세를 회피할 목적이 없었는지에 대하여도 심리판단하지 않은 원심판결은 파기환송하였다(대법원 1996.8.20. 선고, 95누9174 판결).

조세회피의 목적이 있었는지 여부는 명의신탁할 당시를 기준으로 판단할 것이지 그 후 실제로 조세를 포탈하였는지 여부로 판단하는 것이 아니지만(대법원 2005.1.27. 선고, 2003두4300 판결),

단지 장래 조세경감의 결과가 발생할 수 있는 가능성이 존재할 수 있다는 막연한 사정만 있는 경우라면 조세회피 목적이 있었다고 볼 수 없다고 한다(대법원 2006.5.12. 선고, 2004두7733 판결).

한편, 조세회피의 형태는 매우 다양한데 그 대표적 사례를 들자면 다음과 같다.[51)]

조세회피의 대표적 사례

① 국세징수법상 체납처분을 면할 목적으로 명의신탁을 통해 재산이 없는 상태를 가장하고 결손처분을 받아 조세의 납부 면탈

② 명의신탁을 이용하여 주식을 미리 상속인에게 이전함으로써 상속재산 누락하여 상속세 회피

③ 명의신탁을 이용하여 주식의 소유를 분산함으로써 배당소득에 대한 합산과세를 회피함으로써 누진적 소득세 부담을 회피

④ 상장·코스닥법인의 주식의 양도는 대주주(지분율 3% 소유자 등)에 한하여 과세하고 있는데 이를 회피하기 위하여 명의신탁을 통해 지분율을 조작해 양도소득세 과세 면탈

⑤ 과점주주 주식은 주식의 일반세율(통상 10%, 20%)을 적용하지 아니하고 부동산의 일반세율(9~36%)을 적용하는 데 이 역시 명의신탁을 통하여 과점주주의 지위를 벗어나 낮은 세율 적용으로 양도세 회피

⑥ 법인의 주식을 취득하여 과점주주가 된 경우 간주취득으로 보아 당해 법인이 소유하는 취득세 과세대상 물건가액에 주식소유비율을 곱하여 산정한 취득세를 납부하여야 하는데 명의신탁을

51) 신웅식, "명의신탁재산의 증여세 과세요건", 「계간세무사」 2007년 여름호.

통하여 과점주주의 지위를 벗어나 이를 회피

⑦ 정상거래를 가장한 부의 이전을 방지하기 위해 세법에서는 특수관계자의 범위를 규정하고 있는데 명의신탁을 이용하여 특수관계자가 되는 범위를 벗어나게 되면 각종 특수관계자 관련 조세규정(저가양도 및 고가양수, 부동산 무상사용, 무상금전대부, 합병, 증자 및 감자, 전환사채 발행 등을 통한 이익의 증여세 부과 등) 들을 회피

⑧ 소득세법, 법인세법, 부가가치세법 등에 존재하는 특수관계자에게 적용되는 조세회피방지 규정을 회피하여 소득세, 법인세, 부가가치세 등을 회피

⑨ 국세기본법 §39에 규정된 과점주주의 제2차 납세의무 회피

라. 과세요건을 깨뜨리기 위한 주장

명의신탁된 사실이 확인되어 명의신탁재산 증여의제 규정으로 과세되면 납세자들은 항변할 수 있는 주장이 제한되어 있기 때문에 과세관청의 의견을 반박하기 쉽지 않다.

명의신탁 증여의제 규정 자체가 추정규정이 아니라 의제규정이기 때문에 명의신탁 사실만 확인되면 과세관청으로서는 별다른 입증 없이 명의신탁으로 간주하고 과세처분이 가능한 것에 비해, 실질과세원칙의 예외에 해당하기 때문에 명의신탁 재산의 과실은 실제소유자에게 귀속되었으므로 담세력 없는 수탁자에게 과세하는 것은 부당하다는 주장도 어렵기 때문이다.

그러나 명의신탁재산 증여의제 조항으로 과세하기 위해서는 집행기준 45의2-0-3에서 들고 있는 과세요건 3가지가 모두 충족되어야 가능하므로 납세자로서는 그 중 입증이 가장 용이한 점을 집중적으로 주장하고 증명하여야 한다.

즉, ① 등기·등록·명의개서를 요하는 자산이 아니라거나, 명의개서 요건을 충족하지 못하였다, ② 실제소유자와 명의자가 다르지만 명의자도 모르게 등기·등록 또는 명의개서 되었다. 다시 말해 명의를 도용당하였다, ③ 법령의 규제 등을 회피할 목적으로 명의신탁이 이루어진 것일 뿐이며 조세회피 의도는 없었다 등을 주장하여야 할 것이다.

1) 법령에 정해진 명의개서 등의 요건 미충족

부동산실명법 제정으로 명의신탁재산 증여의제 규정에 토지·건물 등 부동산이 제외된 이래 당해 규정에 대한 대부분의 다툼은 명의신탁재산이 주식에 관한 것이다.

명의신탁재산 증여의제 규정을 적용할 때 명의개서를 한 날이라 함은 취득자의 주소와 성명을 주주명부 또는 실질주주명부에 기재한 때를 말하고(상증법 기본통칙 45의2-0…3), 비상장 중소기업의 경우 사실상 주주명부를 작성하지 않는 경우가 많은 현실을 고려하여 주주명부(유한회사가 작성하는 사원명부 포함)가 작성되지 않은 경우는 법인세법에 따라 납세지 관할세무서장에게 제출한 주주 등에 관한 서류 및 주식등변동상황명세서에 의하여 명의개서 여부를 판정한다(상증법 §45의2 ③).

이때 주식등변동상황명세서에 의해 명의개서 여부를 판정한다는 조항은 2003.12.30. 법률 제7010호로 개정되면서 신설된 규정으로 시행일인 2004.1.1. 이후 주주명의가 변동된 것으로 기재된 주식등변동상황명세서를 제출하는 분부터 적용된 규정이므로, 2004.1.1. 이전의 증여분에 대하여 소급 적용할 수 없다(대법원 2014.7.24. 선고, 2014두5880 판결).

즉, 명의신탁재산이 주식인 경우 증여의제 규정을 적용하기 위해서는 반드시 실제소유자와 다르게 수탁자 이름으로 명의개서되었어야 한다. 비록 주권이 발행된 바 없다 하더라도 주식을 취득한 실제소유자가 타인의 동의를 얻어 그 명의로 명의개서를 한 경우에는 증여의제 규정이 적용되는 것(대법원 2004.10.5. 선고, 2003두5723 판결)이므로 명의개서 여부는 증여의제 규정을 적용할 때 반드시 충족해야 할 내용이다.

명의개서 여부는 원칙적으로 상법상 주주명부 및 자본시장법에 의한 실질주주명부의 기재사항에 따라 판단하며, 만약 주주명부가 없는 경우라면 주식등변동상황명세서 기재사항에 따라 명의개서 여부를 판단한다.

결국 주주명부가 있는데 수탁자 명의로 명의개서되지 않았거나, 주주명부에는 실제소유자 명의로 기재되어 있음에도 불구하고 주식등변동상황명세서에는 실제소유자와 다른 이름이 기재되어 있는 경우(대법원 2014.5.16. 선고, 2011두11099 판결 참조), 증권회사의 고객계좌부 등에는 수탁자 명의로 기재되어 있으나 실질주주명부에는 기재되지 않은 경우(대법원 2007.2.8. 선고, 2005두10200 판결 참조) 등은 과세요건을 충족시키지 못한 것이어서 증여의제 규정으로 과세할 수 없다.

명의개서와 관련하여 과세할 수 없는 경우

① 주주명부가 있는데 수탁자 명의로 명의개서되지 않은 경우
② 주주명부에는 실제소유자 명의로 기재되어 있지만, 주식등변동상황명세서에는 실제소유자와 다른 이름이 기재되어 있는 경우
③ 증권회사의 고객계좌부 등에는 수탁자 명의로 기재되어 있으나 실질주주명부에는 기재되지 않은 경우

만약 주주명부에 명의개서를 통해 수탁자 명의가 기재되어 있더라도 수탁자 본인의 의사에 반하여 기재된 것이라면 이 또한 명의를 도용당한 경우이므로 다음에서 설명하는 것처럼 위법한 처분이 된다.

따라서 납세자는 위의 경우에 해당하는 경우 이러한 사실을 입증할 수 있는 증거자료를 제시하면서 과세요건을 충족시키지 못하였기 때문에 증여의세 규정을 들어 과세한 처분이 위법하다는 점을 적극 주장하여야 할 것이다.

2) 명의자의 동의 없는 등기 : 명의도용

명의신탁이 성립하기 위해서는 실제소유자와 명의자가 달라야 하며, 당사자 사이에 명의신탁에 관한 합의가 있거나 의사소통이 있어야 한다(대법원 1987.2.24. 선고, 84누363 판결 ; 1988.9.6. 선고, 88누1033 판결 등 참조).

따라서 명의개서가 명의신탁에 대한 합의 없이 이루어진 경우거나(대법원 2012.6.28. 선고, 2012두6483 판결), 등기 등이 명의자의 의사와는 관계없이 일방적으로 된 경우에는 명의신탁재산의 증여의제 규정이 적용될 수 없다(대법원 1987.2.24. 선고, 86누82 판결 ; 1988.10.11. 선고, 88누27 판결 ; 2009.9.24. 선고, 2009두5404 판결 등).

따라서 증여의제에 따라 증여세가 과세된 명의신탁자가 자신도 모르는 사이 명의자로 등기 등이 되어 있었던 경우라면 명의자의 승낙이나 동의 없이 등기 등이 되었다는 사실, 즉 명의를 도용당했다는 점을 명의자가 입증하여야 한다.

명의도용을 입증하기는 쉽지 않겠으나 명의수탁자가 명의신탁자를 알지 못하거나 알고 있었더라도 명의신탁에 동의할 만큼 친분이 있는 관계가 아니라는 사실, 명의수탁자의 사회적 신분으로 보아 선뜻 명의신탁에 동의하지 않았을 것이라는 사실, 명의신탁에 호응하고 직·간접적인 대가를 받은 사실이 없었다는 사실, 등기나 명의개서 등에 사용된 도장이나 서명이 명의수탁자의 등록인감이나 서명이 아니며 인감증명서가 제출되지도 않았다는 사실, 직접 주주총회에 참석하여 줄 것을 신탁자로부터 부탁받았거나 참석하지도 않았다는 사실, 주주총회 소집통지서도 받지 않았다는 사실, 만약 주주총회에 참석한 것으로 표시된 문서가 제시된다면 그 당시 명의수탁자는 다른 장소에 있었다는 사실, 주식 발행회사의 임원으로 등재된 사실도 없다는 사실, 배당금을 지급받았거나 배당금지급통지서도 수령한 적도 없다는 사실 등 명의수탁자 자신이 명의신탁 사실을 전혀 알지 못하고 있었다는 것을 입증할 수 있는 모든 정황 내지 증거를 제시하여야 한다. 이 과정에서 필요하다면 명의신탁자의 협조도 구하여야 한다.

명의도용을 증명하기 위해 필요한 사실의 예시

① 명의신탁자를 알지 못하거나 알고 있었더라도 명의신탁에 동의할 만큼 친분이 있는 관계가 아니라는 사실
② 명의수탁자의 사회적 신분으로 보아 선뜻 명의신탁에 동의하지 않았을 것이라는 사실
③ 명의신탁에 호응하고 직·간접적인 대가를 받은 적이 없었다는 사실
④ 등기나 명의개서 등에 사용된 도장이나 서명이 명의수탁자의 등록인감이나 서명이 아니며 인감증명서가 제출되지도 않았다는 사실
⑤ 직접 주주총회에 참석하여 줄 것을 신탁자로부터 부탁받았거나 참석하지도 않았다는 사실
⑥ 주주총회 소집통지서도 받지 않았다는 사실
⑦ 만약 주주총회에 참석한 것으로 표시된 문서가 제시된다면, 그 당시 명의수탁자는 다른 장소에 있었다는 사실
⑧ 주식 발행회사의 임원으로 등재된 사실도 없다는 사실
⑨ 배당금을 지급받았거나 배당금지급통지서도 수령한 적도 없다는 사실

자신의 명의를 타인이 사용하도록 허락한 정황이 객관적 증거로 밝혀지면, 명의도용이라는 주장은 신뢰성을 잃는다.

3) 조세회피 의도 없이 다른 주된 목적으로 명의신탁

명의신탁재산 증여의제를 규정한 상증법 §45의2 ②은 "타인의 명의로 재산의 등기 등을 한 경우 조세회피 목적이 있는 것으로 추정한다"고 규정함으로써 명의신탁 사실만으로 조세회피 의도가 있었던 것으로 추정된다.

또, 명의신탁이 있었으면 금액의 많고 적음을 떠나 대부분은 실제로 회피·면탈된 조세가 어느 정도는 존재하기 마련이므로 조세회피 의도가 있었음에 대한 추정을 깨뜨리기 쉽지 않다.

대법원은 명의신탁재산 증여의제 규정의 입법 취지는 명의신탁제도를 이용한 조세회피 행위를 효과적으로 방지하여 조세정의를 실현한다는 취지에서 실질과세원칙에 대한 예외를 인정한 데에 있으므로, 명의신탁의 목적에 조세회피의 목적이 포함되어 있지 않은 경우에만 같은 조항 단서의 적용이 가능하고, 이 경우 조세회피의 목적이 없었다는 점에 관한 입증책임은 이를 주장하는 명의자에게 있다(대법원 1999.7.23. 선고, 99두2192 판결 : 2004.12.23. 선

고, 2003두13649 판결)고 한다.

따라서 조세회피의 목적이 없었다는 점에 대하여는 조세회피의 목적이 아닌 다른 목적이 있었음을 증명하는 등의 방법으로 입증할 수 있다 할 것이나(대법원 2006.5.12. 선고, 2004두7733 판결), 입증책임을 부담하는 명의자로서는 명의신탁에 있어 조세회피 목적이 없었다고 인정될 정도로 조세회피와 상관없는 뚜렷한 목적이 있었고, 명의신탁 당시에나 장래에 있어 회피될 조세가 없었다는 점을 객관적이고 납득할 만한 증거자료에 의하여 통상인이라면 의심을 가지지 않을 정도의 입증을 하여야 한다(대법원 2006.9.22. 선고, 2004두11220 판결).

또 실제소유자에게 조세회피 목적이 있는 한 명의자 자신에게 그 목적이 없다는 점만으로 증여추정 규정의 적용을 회피할 수 없다(대법원 2004.6.11. 선고, 2004두1421 판결)는 입장이다(대법원 2013.3.28. 선고, 2010두24968 판결).

그러나 한편으로는 등기 등의 명의를 달리하게 된 것이 증여를 은폐하여 조세를 회피하기 위한 것이 아니라 법령상의 제한이나 기타 이와 유사한 부득이한 사정 때문에 된 것이라면 이를 증여로 볼 것은 아니다라는 입장을 견지하고 있으므로(대법원 1994.8.26. 선고, 94누6789 판결 등), 번잡한 절차를 회피할 목적이거나 법률상 특정 요건을 충족시킬 목적 또는 법률상 신고의무나 규제를 우회할 목적으로 명의신탁이 이루어졌다는 등의 주장과 함께 실제 회피된 조세도 없다는 점을 적극 주장하여야 할 것이다.

다음에 조세회피 의사 없이 명의신탁이 이루어졌으므로 명의신탁재산 증여의제 규정을 적용할 수 없다고 판단한 사례 및 조세회피 목적이 없었음을 인정하지 않는 사례를 간단하게 정리하였다.

1995년 부동산실명법 도입 이전에 토지 등 부동산의 명의신탁에 관한 사례도 포함되어 있지만 조세회피 의도의 유무 판단에 대한 이유를 참고하는 것에 도움이 될 것이므로 함께 표시하였다.

가) 조세회피 목적이 없었다는 주장을 인정한 사례

사례 1 **대법원 1990.11.13. 선고, 90누240 판결**

농촌에 거주하지 아니한 농지의 실질매수인들이 농지매매증명을 얻기 힘들어 매수농지에 대한 소유권이전등기를 할 수 없기 때문에 중개인에게 일단 명의를 신탁하기로 하여 중개인 명의의 소유권이전등기가 이루어지게 된 것이라면 이는 실정법적인 제약 때문에 증여세 회피의 목적 없이 명의신탁이 이루어진 경우임이 명백하므로 증여로 볼 수 없다.

사례 2 **대법원 1993.3.23. 선고, 92누17754 판결**

차□□이 주식회사를 설립하여 사실상 1인 회사로 경영하고자 하였으나 발기설립의 형식을 취하더라도 상법상 최소한 7인의 발기인이 필요하여 그의 장인인 이○○, 처이모부인 원고, 학교 선배나 학교 친구 등의 명의를 의논하여 차용하거나 일방적으로 차용하였고 따라서 위 차□□을 제외한 6인의 발기인은 그들의 소유주식수도 정확히 모르고 그 주주권을 행사한 사실도 없는 등의 사실이 인정되고,

이러한 사실관계에 비추어 보면 위 차□□이 그가 실질적으로 인수하여 소유하게 될 이 사건 주식을 원고 소유 명의로 한 것은 주식회사 설립에 있어서 7인 이상의 발기인을 요구하고 있는 상법상의 제약 때문이고 그의 원고에 대한 증여에 따른 증여세를 회피할 의도로 한 것은 아니다.

사례 3 **대법원 2006.6.9. 선고, 2005두14714 판결**

신탁자가 수탁자 명의로 이 사건 주식을 인수하게 된 것은 주식인수를 위한 자격요건인 15년 이상 방송국 경력자가 필요했기 때문으로 보이고, 나아가 신탁자 명의로 이 사건 주식을 취득한다고 하더라도 과점주주에는 해당하지 않을 뿐만 아니라, 발행회사가 한 번도 이익배당을 실시한 적이 없어 이 사건 주식의 명의신탁으로 인하여 회피된 종합소득세도 없으며,

명의신탁 주식 중 절반 이상을 명의신탁 후 2개월여 만에 양도한 점 등에 비추어 볼 때, 명의신탁 당시 이 사건 주식과 관련된 배당소득의 종합소득합산과세에 따른 누진세율 적용을 회피할 목적이 있었다고 보기 어렵다.

사례 4 **대법원 1992.9.8. 선고, 92누4383 판결**

명의신탁재산 증여의제 규정의 입법취지는 권리의 이전이나 행사에 등기 등을 요하는 재산에 있어서 명의신탁제도를 증여세를 회피하기 위한 수단으로 악용하는 것을 방지하려는 데에 있으므로, 그 등기명의를 달리하게 된 것이 증여세를 회피하기 위한 것이 아니라 법령상의 제한이나 기타 이와 유사한 부득이 한 사정 때문이라면 이를 증여로 볼 것은 아니라는 것이 이미 당원이 누차 밝혀온 견해이다(1991.12.10. 선고, 90누4669 판결 및 1992.3.10. 선고, 91누3956 판결 등 참조).

원고회사는 골프장건설을 위하여 토지를 매수한다는 소문이 나게 되면 토지소유자들이 고가로 매도하기 위하여 매도를 기피할 뿐 아니라 실지거래가액이 드러나는 것을 우려하여 법인과의 거래를 기피하는 것이 일반적인 현상이었으므로 원고회사가 소속된 ○○그룹 산하의 소외 ○○㈜에서 이사대우로 근무하던 원고 권□□의 명의로 이 사건 토지에

대한 소유권이전등기를 경료하였던 것이고 증여세를 회피할 목적은 없었다는 것이므로, 소론과 같이 원고회사가 투기목적으로 이 사건 토지를 매수하였다거나 법인세 등을 포탈할 목적으로 이 사건 토지에 관하여 원고 권□□ 명의로 소유권이전등기를 하였다고 하더라도 위 증여의제 규정을 적용할 수는 없다.

사례 5 **대법원 1993.1.19. 선고, 92누6983 전원합의체 판결**

박○○이 신축한 이 사건 건물에 관하여 원고 명의로 소유권보존등기를 마치게 된 것은 원고가 박○○에게 판시 토지를 매도한 후, 위 박○○이 그 지상에 건물을 신축함에 있어 원고의 토지매매잔대금채권을 확보하기 위하여 한 것일 뿐이고, 조세회피의 목적으로 한 것이 아니므로 증여의제 규정의 적용대상이 아니다.

사례 6 **대법원 1994.8.26. 선고, 94누6789 판결**

소외회사가 실질적으로 소유하는 이 사건 토지를 원고의 소유 명의로 한 것은 농지전용허가가 나지 않고 외국인 투자기업의 토지취득이 제한되는 등 관계 법규상의 제약 때문이고, 소외회사의 원고에 대한 증여에 따른 증여세를 회피할 의도로 한 것은 아니다.

사례 7 **대법원 2011.3.24. 선고, 2010두24104 판결**

이 사건 주식의 명의신탁은 조세회피 목적이 아니라 종전의 명의신탁을 해지하고 명의신탁자인 전□□ 앞으로 명의를 회복하는 데 따른 번잡한 절차를 회피하고자 하는 목적이 있었다고 볼 것이고, 그 명의신탁에 부수하여 전□□가 회피할 수 있는 조세는 양도소득세 정도인데 그 액수가 미미한 점 등에 비추어 이 사건 명의신탁의 목적이 조세회피를 위한 것이라고 단정할 수 없다.

사례 8 **대법원 2006.5.12. 선고, 2004두7733 판결**

甲이 A회사 설립 당시 원고의 이름으로 주식을 인수한 것은 상법상 요구되는 발기인 수를 채우기 위함과 아울러 원고를 회사에 입사시켜 중용하기 위한 것이었고, 이후 회사가 영위하는 토목공사업의 면허기준을 맞추기 위하여 증자를 실시하면서 종전 소유주식 수에 따라 신주인수권이 부여됨에 따라 원고 이름으로 이 사건 제2주식(신주)을 인수하게 된 것일 뿐, 당시 甲에게 증여세를 회피할 목적은 없었다고 인정되고,

A회사는 설립 이후 30년이 지난 현재에 이르기까지 조세를 체납하거나 배당을 실시한 적이 없어 甲이 과점주주로서의 제2차 납세의무나 주식배당소득에 대한 누진적 종합소득세 부담을 회피한 사실이 없고,

나아가 위 명의신탁 이후 10년이 넘도록 원고의 연간 소득액이 소득세법상 최고세율이 적용되는 금액을 초과하고 있으므로 설령 A회사가 배당을 실시하였다고 하여도 이 사건

제2주식에 대한 배당과 관련하여 과세관청이 납부 받게 되는 소득세액은 명의신탁 전·후로 별다른 차이가 없어 사실상 회피되는 종합소득세액이 거의 없는 점 등에 비추어 볼 때, 배당소득의 종합소득 합산과세에 따른 누진세율 적용을 회피할 목적이 있었다고 보기는 어렵다.

사례 9 **대법원 2006.5.25. 선고, 2004두13936 판결**

김□□가 이 사건 주식을 명의신탁하게 된 것은 당시 브라질 영주권자인 자신이 이 사건 주식을 취득하여 공동대표이사로 취임할 경우 발생하는 회사업무처리 절차상의 번거로움을 피하기 위한 것이었음이 인정되고,

나아가 이 사건 주식은 51%에 미달하여 김□□가 자신명의로 취득한다 하더라도 국세기본법 및 지방세법상의 제2차 납세의무나 간주취득세를 회피할 목적이 있었다고 볼 수는 없고,

발행회사가 한 번도 이익배당을 실시한 적이 없어 이 사건 주식의 명의신탁으로 인하여 회피된 종합소득세가 없을 뿐 아니라 설령 이익배당을 실시하였다고 하더라도 사실상 경감될 수 있는 종합소득세가 적은 액수에 불과한 점 등에 비추어 볼 때 배당소득의 종합소득 합산과세에 따른 누진세율 적용을 회피할 목적이 있었다고 보기는 어렵다.

사례 10 **대법원 2014.5.16. 선고, 2014두786 판결**

○○개발의 우회상장을 위하여 2008.7.9. 대상회사의 최대주주가 된 원고로서는 이 사건 주식을 소외1 명의로 취득할 당시 대상회사의 재무상태나 경영상태에 비추어 대상회사가 2008 사업연도에 주주들에게 배당하기 어렵다는 사정을 알 수 있었다고 보이고, 이 사건 주식을 그 취득일부터 2년이 지나가기 전에 처분할 예정이었으므로 종합소득 합산과세에 따른 누진세율 적용을 회피하려는 의도가 있었다고 보기는 어려운 점,

이 사건 주식은 대상회사가 발행한 주식의 11.07%에 달하므로 누구 명의로 취득하여 양도하든 간에 구 소득법(2009.12.31. 법률 제9897호로 개정되기 전의 것) §94 ① 제3호 (가)목에 정한 '대주주'의 주식양도에 해당하여 양도소득세 과세를 피할 수 없었고, 다만 대상회사의 기존 주주인 원고 대신 소외1 명의로 취득함으로써 거주자별로 적용되는 연 250만 원의 양도소득 기본공제를 추가로 받을 수 있었지만, 그로 인하여 경감되는 세액은 25만 원에 불과한 점,

그 밖에 달리 원고에게 국세기본법상의 제2차 납세의무나 지방세법상의 간주취득세 등 다른 조세를 회피할 가능성이 있었다고 볼 만한 사정도 없었던 점 등에 비추어 보면, 이 사건 주식의 명의신탁 당시 원고에게는 조세회피 목적이 없었다고 봄이 상당하다.

나) 조세회피 목적이 없다는 주장을 인정하지 않은 사례

사례 1 **대법원 2016.6.9. 선고, 2013두23058 판결**

소외인이 이 사건 주식 명의신탁을 통하여 양도소득세 신고를 누락하는 것이 가능하게 되었고 실제로 상당한 액수의 양도소득세를 신고·납부하지 않았던 점 등에 비추어 볼 때, 원고가 제출한 증거와 그 주장의 사정을 모두 고려하더라도 이 사건 주식 명의신탁에 관하여 그와 같은 증명이 부족하므로 이 사건 주식 명의신탁에 조세회피의 목적이 없었던 것으로 보아야 한다는 원고의 주장을 배척한다.

사례 2 **대법원 2013.10.17. 선고, 2013두9779 판결**

이 사건 주식의 인수자금은 甲이 부담하였고 원고에게는 그 인수자금을 마련할 고유한 재력이 없었으며 원고가 지분 52.51%의 지배주주에 해당함에도 이 사건 회사의 대표이사를 선임하거나 그 경영에 전혀 관여한 적이 없었던 점 등에 비추어, ㈜○○의 대표이사 甲이 경업금지의무로 인하여 동종 업체인 이 사건 회사의 주식을 자신의 명의로 취득할 수 없게 되자 형과 사돈지간인 원고의 명의를 빌려 이 사건 주식을 취득한 것으로 보이고,

甲이 향후 다른 수탁자 명의로 이 사건 주식을 분산하거나 주식 보유비율이 자연스레 낮아질 경우 실질주주인 甲과 특수관계인 사이의 관계를 은닉함으로써 국세기본법 §39 소정의 제2차 납세의무를 회피할 여지가 있었던 점, 실제로 甲은 이 사건 주식의 명의신탁으로 인하여 이 사건 회사에 대한 제2차 납세의무를 회피한 결과도 발생하였던 점 등에 비추어,

甲이 원고에게 이 사건 주식의 명의를 신탁한 데에는 경업금지의무를 회피하면서 동종 영업을 하기 위한 주된 목적 외에도 제2차 납세의무를 회피하려는 의도도 있었다고 보인다는 이유로, 구 상속세 및 증여세법 §45의2 ①을 적용하여 원고에게 증여세를 부과한 이 사건 처분은 적법하다.

사례 3 **대법원 1999.7.23. 선고, 99두2192 판결**

이 사건 명의신탁이 조세회피의 목적은 없이 오직 상법상의 주식회사 발기인 수를 채우기 위한 것이라는 등 법령상의 제한이나 기타 이와 유사한 부득이한 것이었음을 인정하기는 아무래도 어렵다.

우선 소외회사의 설립 당시의 발기인, 주식보유자 및 각자의 보유주식 수에 관한 심리가 이루어지지 않았을 뿐만 아니라, 이 사건 주식은 회사설립 후에 이루어진 유상증자로 취득한 것인데 증자시까지 원고에게 주식을 배정한 이유에 대하여 심리한 흔적도 없다. 그리고 원고 보유주식의 비율은 설립시부터 소외회사의 실질적인 소유자인 김○○과 같은 25%로 높고, 김○○의 처인 남○○의 보유주식 비율이 20%라는 것이므로,

원심이 들고 있는 바와 같이 소외회사가 부동산을 취득한 사실이 없다거나 설립시부터 계속하여 적자상태이었다는 사정만으로는 김○○이 원고에게 명의신탁함에 있어 과점주주로서 받게 되는 세법상의 불이익을 피하고 누진세인 종합소득세의 부담을 경감시키려는 등의 조세회피 목적이 없었다고 단정할 수는 없다.

사례 4 대법원 2005.1.27. 선고, 2003두4300 판결

이 사건 주식 발행회사인 ○○화학공업㈜가 시설자금의 차입에 따른 금융비용의 급증 등으로 재무구조가 악화되어 채권단으로부터 재무구조를 개선하라는 압력을 받고 있었다는 사정만으로는 신탁자인 권□□에게 조세회피 목적이 없었다고 인정하기에 부족하고 달리 이를 인정할 증거가 없으며,

조세회피의 목적이 있었는지 여부는 이 사건 주식을 명의신탁할 당시를 기준으로 판단할 것이지 그 후 실제로 위와 같은 조세를 포탈하였는지 여부로 판단할 것은 아닌 이상, 그 후 소외회사가 영업부진으로 1996.을 제외하고 계속 결손이 나서 실제 주주에게 배당을 실시하지 아니하였다고 하여 위 주식의 명의신탁 당시 조세회피의 목적이 없었다고 할 수 없다.

사례 5 대법원 2006.9.22. 선고, 2004두11220 판결

명의신탁자가 조세회피의 목적 없이 오로지 자신의 채권자들로부터 자신의 재산에 대하여 강제집행을 당할 우려가 있어 이를 모면하기 위하여 ○○㈜ 발행 주식을 원고에게 명의신탁하였다는 주장이지만, 제출된 증거만으로는 이런 주장사실을 인정하기에 부족하고 달리 이를 인정할 증거가 없으므로 조세회피 목적 아닌 다른 이유에서 명의신탁이 이루어졌다고 보기 어렵다.

사례 6 대법원 2009.4.9. 선고, 2007두19331 판결

신탁자가 금융소득에 대한 종합과세가 시행된 해인 2001년부터 2003년까지 원고들에게 주식을 명의신탁하였고, 명의신탁한 주식에서 발생한 배당소득이 상당한 규모여서 명의신탁으로 회피한 종합소득세액이 합계 14,145,731원이고, 원고들에 대한 주식명의신탁으로 회피한 종합소득세액이 101,336,098원인 것은 명의신탁에 부수하여 사소한 조세경감이 생긴 것에 불과하다고 볼 수 없고,

신탁자가 사업자등록 없이 육우사육업을 영위하면서 육우판매수입에 대한 소득금액을 종합소득세 신고시 합산하지 않아 종합소득세를 포탈하기도 한 점 등을 종합하여 볼 때, 신탁자가 원고들에게 이 사건 주식을 명의신탁함에 있어 1인당 대출한도를 피해 추가로 대출을 받기 위한 주된 목적 이외에도 이 사건 주식의 배당소득에 대한 종합소득세의 부담을 경감시키려는 의도도 있었다고 보아야 한다.

사례 7 **대법원 2011.9.8. 선고, 2007두17175 판결**

원고회사는 기관투자자들 명의의 거래로 인하여 발생하는 법인세를 원고회사가 보전해 주어야 하는 문제 등도 고려하여 당초 기관투자자들 명의로 취득하였던 이 사건 자기주식을 개인주주들 명의로 이전하여 보유하게 되었다는 것인바, 원고회사가 이 사건 자기주식에 관하여 개인주주들과 명의신탁약정을 함에 있어, 원고회사 주식의 주가관리라는 주된 목적 외에 자기주식을 원고 회사 명의로 실명전환하여 매각할 경우 발생할 법인세 부담을 회피하려는 의도도 있었다고 봄이 상당하다.

사례 8 **대법원 2013.3.28. 선고, 2010두24968 판결**

이 사건 명의신탁 전에 이루어진 ○○기업 설립 무렵 등의 명의신탁 및 기업공개 준비 등의 목적은 이 사건 명의신탁과 직접적인 관련성이 있다고 볼 수 없고,
달리 이 사건 명의신탁이 조세회피의 목적이 아닌 다른 뚜렷한 목적에서 이루어졌다는 점에 대한 원고들의 입증이 없으므로 이 사건 명의신탁에 조세회피의 목적이 없다고 할 수 없다.

사례 9 **조심 2016중1930, 2016.7.18.**

조세회피 목적은 조세회피의 개연성만 있으면 성립한다. 청구인은 금융기관으로부터의 차입 등을 위하여 지분을 분산할 목적으로 쟁점명의신탁을 하였고, 배우자와의 불화로 재산분할에 대비할 필요가 있었다고 주장하나, 쟁점명의신탁에 조세회피 목적이 아닌 다른 목적이 있었음이 객관적으로 입증된다고 보기 어렵다.

또, 쟁점법인은 세무조사에서 소득을 과소신고한 것으로 확인된바, 쟁점법인이 조세를 성실하게 납부하였다는 청구주장도 신뢰하기 어렵다는 점 등에 비추어 쟁점명의신탁에 조세회피 목적이 없었다는 청구주장을 받아들이기는 어렵다.

마. 재결청이 주로 조사하는 내용

1) 신탁자와 수탁자의 관계

① 명의신탁자와 명의수탁자가 특수관계에 있는지 여부를 확인한다.

② 공증문서 등 객관적인 증빙으로 확인가능한 명의신탁 사유가 존재하는지 여부를 확인한다.

2) 명의신탁 재산의 취득자금원

① 명의신탁 재산의 취득자금이 신탁자에게 귀속되었는지 여부를 금융증빙 및 공증문서 등 객관적 자료를 입수하여 확인한다.

② 계좌이체 내역 등을 조사하여 명의신탁 재산에 대한 공과금이나 양도세 등을 누가 부담하였는지 확인한다.

바. 주요 예규

(1) 상증법 §45의2의 규정을 적용함에 있어서 의제배당 과세대상인 자본잉여금 또는 이익잉여금의 자본전입으로 기존 명의신탁된 주식에 배정된 무상주에 대하여는 같은 조의 규정이 적용되지 아니하는 것임(재재산-739, 2014.11.14.)

기획재정부는 2014.11.7. 국세예규심사위원회[52]를 개최하여 당초 명의신탁된 주식에 기초하여 이익잉여금의 자본전입에 따라 추가로 배정된 무상신주는 명의신탁 증여의제로 과세하기 어렵다고 심의 · 의결하였다(기획재정부 재산세제과-739, 2014.11.14.).

그동안 기획재정부 및 과세당국은 당초 구주를 명의신탁한 경우 무상신주 발행으로 인하여 과세되는 배당소득에 대해 소득세 누진세율이 회피될 수 있다고보다 무상신주에 대해서도 새로운 명의신탁으로 보아 명의신탁 증여의제 규정을 적용해 왔으나,

대법원이 계속해서 기존 주식의 명의신탁에 따른 조세회피 외에 무상신주 발행을 통해서는 추가적인 조세회피가 없다고 보아서 명의신탁재산 증여의제로 과세할 수 없다고 판결함에 따라 기획재정부가 예규를 변경한 것이다. 예규변경일 이후 결정 · 경정하는 분부터 적용한다.

대법원은 주식의 실제소유자와 명의자가 다른 상태에서 주식 발행법인이 이익잉여금을 자본에 전입함에 따라 명의인에게 무상주가 배정되더라도 발행법인의 순자산이나 이익 및 실제주주의 지분비율에는 변화가 없으므로 실제주주가 무상주에 대하여 자신의 명의로 명의개서를 하지 아니하였다고 해서 기존 주식의 명의신탁에 의한 조세회피 목적 외에 추가적인 조세회피 목적이 있다고 할 수 없는 점 등을 고려하면, 특별한 사정이 없는 한 기존 명의신탁 주식 외에 이익잉여금의 자본전입에 따라 기존 명의수탁자에게 보유주식에 비례

52) 위원장(세제실장)을 포함하여 관련부처 국장(법제처 법제심의관, 국세청 국장, 조세심판원 상임심판관) 및 외부 조세전문가 등으로 구성되며, 기존의 세법해석을 변경하는 사항 등에 대하여 심의하는 기구

하여 배정된 무상주는 증여의제 규정의 적용대상이 아니라는 입장이었다(대법원 1989.12.22. 선고, 88누8548 판결 ; 2006.9.22. 선고, 2004두11220 판결 ; 2009.3.12. 선고, 2006두20600 판결 ; 2011.7.14. 선고, 2009두21352 판결 등).

(2) 증여자가 상증법(2002.12.18. 법률 제6780호로 개정되기 전) §4 ③의 규정에 의한 연대납세의무자에 해당되지 아니하고 수증자를 대신하여 납부한 증여세액은 같은 법 §36의 규정에 의하여 증여세가 과세되나, 상증법 §41의2 규정에 의하여 명의수탁자에게 부과된 증여세를 당해 명의신탁재산의 실질소유자 명의로 환원한 후 그 실질소유자(증여자)가 납부한 경우에는 대신 납부한 증여세액에 대하여 다시 증여세를 과세하지 않음(서면인터넷방문상담4팀-1178, 2005.7.11.)

(3) 피상속인이 명의수탁한 주식을 상속개시 후 상속인(명의수탁자의 상속인) 명의로 명의개서한 경우에는 당초 피상속인 명의로 명의개서한 때와 그 상속인 명의로 명의개서한 때에 각각 그 명의자가 실제소유자로부터 증여받은 것으로 보아 명의신탁재산 증여의제 규정을 적용하나, 실제 소유자와 상속인 간에 새로운 명의신탁의 약정이 없었다고 인정되면 그렇지 않음(서면인터넷방문상담4팀-1384, 2008.06.10.)

(4) 명의신탁한 주식을 그 주식의 실제소유자인 위탁자 명의로 환원하는 경우 그 환원하는 것에 대하여는 증여세 과세문제가 발생하지 않으나, 주주의 명의변경이 신탁해지에 의한 것인지 또는 실질적인 양도나 증여에 의한 것인지 여부는 명의신탁약정서, 주식매매대금 지급 여부, 배당, 주주권 행사 현황 등을 통해 당해 주식의 실제소유자를 구체적으로 확인하여 판단함(서면-2015-상속증여-22569, 2015.2.13.)

(5) 명의신탁 주식이 최대주주 주식에 해당하는 경우에도 상증법 §63 ③ 규정에 따른 할증평가 규정이 적용됨(재산세과-177, 2012.5.11.)

(6) 명의신탁으로 증여세가 과세된 재산이 실질소유자인 피상속인에게 환원되거나 피상속인의 상속재산에 포함되어 상속세가 과세된 경우 그 재산가액은 사전증여재산에 해당되지 않고, 해당 증여세액은 상속세 산출세액에서 공제되는 증여세액도 아님(재산세과-4164, 2008.12.10. ; 상속증여세과-151, 2014.5.21.)

(7) 흡수합병에 따라 교부받은 합병법인의 주식을 실제소유자가 아닌 타인 명의로 다시 명의개서를 하는 경우 새로운 명의신탁으로 증여세 과세(기재부 재산세제과-257, 2011.04.12. ; 상속증여-451, 2014.11.20.)하는 반면 인적분할로 신설된 분할신설법인의 주식이 실제소유자와 명의수탁자 간에 새로운 명의신탁의 약정이 없이 당초 명의수탁자인 주주에게 분할 전 법인의 주식보유 비율에 따라 무상으로 배정되는 경우는 새로운 명의신탁 아님(기재부 재산세제과-376, 2010.4.22. ; 재산-19, 2013.1.17.)

(8) 명의신탁한 주식을 증여의사 없이 다시 제3자 명의로 명의개서하면 새로운 명의신탁

으로 증여세 과세되며, 명의신탁 주식 양도 후 매각대금을 실제소유자가 수령하여 사용하는 경우 그 매각대금에 대해 실제소유자에게 증여세를 부과하지 않음(재산세과-525, 2009.2.16.)

사. 주요 판례 소개

Case 1 대법원 2014.5.16. 선고, 2011두11099 판결

주주명부가 작성되어 있는 경우에는 설령 주식등변동상황명세서 등에 주식의 소유자 명의가 실제 소유자와 다르게 기재되어 있다고 하더라도, 명의개서가 이루어지지 아니하였다면 상증법 §45의2 ③을 적용하여 증여세를 과세할 수 없다는 사례

상증법 §45의2 ③(이하 '이 사건 법률조항'이라 한다)에서 "제1항의 규정을 적용함에 있어서 주주명부 또는 사원명부가 작성되지 아니한 경우에는 법인법 §109 ① 및 §119 규정에 의하여 납세지 관할세무서장에게 제출한 주주 등에 관한 서류 및 주식등변동상황명세서에 의하여 명의개서 여부를 판정한다"고 규정하고 있다.

이 사건 법률조항은 주식등변동상황명세서 등에 주식 등의 소유자 명의를 실제 소유자와 다르게 기재하여 조세를 회피하려고 하였더라도 주주명부나 사원명부 그 자체가 없어 명의개서가 이루어지지 아니한 경우에는 상증법 §45의2 ① 본문을 적용할 수 없었던 문제점을 보완하여 그러한 경우에도 증여세를 과세하려는 데 그 입법 취지가 있다.

이와 같은 입법 취지와 이 사건 법률조항이 그 적용대상을 '주주명부 또는 사원명부가 작성되지 아니한 경우'로 명백히 한정하고 있는 점 등을 종합하여 보면, 주주명부가 작성되어 있는 경우에는 설령 주식등변동상황명세서 등에 주식의 소유자 명의가 실제 소유자와 다르게 기재되어 있다고 하더라도, 그 명의자 앞으로 주식에 대한 명의개서가 이루어지지 아니하였다면 그 명의자에게 이 사건 법률조항을 적용하여 증여세를 과세할 수는 없다.

비록 ㈜○○가 파주세무서장에게 제출한 주식등변동상황명세서에 원고들이 이 사건 주식의 소유자로 기재되어 있다고 하더라도, ㈜○○가 작성한 주주명부에 원고들 앞으로 이 사건 주식에 관한 명의개서가 이루어지지 아니한 이상, 상증법 §45의2 ① 본문은 물론 이 사건 법률조항을 적용하여서도 원고들에게 증여세를 과세할 수 없다. 또한, 납세의무자에게 신의성실의 원칙을 적용하기 위해서는 객관적으로 모순되는 행태가 존재하고, 그 행태가 납세의무자의 심한 배신행위에 기인하였으며, 그에 기하여 야기된 과세관청의 신뢰가 보호받을 가치가 있는 것이어야 한다(대법원 1999.11.26. 선고, 98두17968 판결 ; 2006.1.26. 선고, 2005두6300 판결 등 참조).

그런데 피고(과세관청)의 주장에 의하더라도 이 사건 주식등변동상황명세서는 ㈜○○가 파

주세무서장에게 제출한 것일 뿐 원고들이 제출한 것이 아니므로, 원고들이 이 사건 소송에서 주식등변동상황명세서의 기재와 다른 주장을 하는 것이 신의성실의 원칙에 위배된다고 볼 수 없다.

명의신탁재산의 증여의제를 규정한 상증법 §45의2 ③은 주주명부 또는 사원명부가 작성되지 않은 경우에는 법인세법에 따라 관할세무서장에게 제출한 주주 등에 관한 서류 및 주식등변동상황명세서에 의하여 명의개서 여부를 판정한다고 규정되어 있다.

중소기업의 경우 상법에 따른 주주명부 등을 제대로 작성・비치・공시하지 않는 경우가 많으므로 주주명부 등이 없으면 법인세 신고서식 중 하나인 주식등변동상황명세서 기재내용에 따라 주주를 파악하고 명의신탁 여부를 판단하겠다는 의미이다.

즉, 주식등변동상황명세서 등에 주식 등의 소유자 명의를 실제 소유자와 다르게 기재하여 조세를 회피하려고 하였더라도 중소기업의 경우 주주명부나 사원명부 그 자체가 없어 주식등변동상황명세서 등에 의하여 타인 명의로 등재된 사실이 확인됨에도 불구하고 주주명부나 사원명부상 명의개서가 아니어서 상증법 §45의2 ① 본문을 적용할 수 없었던 문제점을 보완하여 그러한 경우에도 증여세를 과세하려는 데 그 입법 취지가 있는 것으로, 2003.12.30. 법률 제7010호로 개정되면서 신설된 규정으로 시행일인 2004.1.1. 이후 주주명의가 변동된 것으로 기재된 주식등변동상황명세서를 제출하는 분부터 적용된 규정이다.

이 사건의 주식발행회사인 ㈜○○는 2006.4.5. 설립되었고, 설립 당시 관할 파주세무서장에 제출한 주주명부에는 甲, 乙, 丙과 원고3 등 4명이 기재되어 있었다. 서울지방국세청장은 위 발행회사에 대해 2006 및 2007 사업연도 법인제세 및 주식변동세무조사 실시하여 회사가 2007.3.31. 파주세무서장에 제출한 법인세 과세표준 및 세액신고서에 첨부된 주식등변동상황명세서에는 乙, 丙 및 원고1, 원고2, 원고3 등 5인으로 기재되어 있는 것을 발견하고, 甲이 실질주주임에도 원고들에게 주식등변동상황명세서에 기재된 수량의 주식을 명의신탁한 것이라고 보아 처분청인 파주세무서장에게 과세자료를 통보하였고, 처분청은 원고들에게 명의신탁재산 증여의제 규정을 근거로 증여세를 과세하였다.

처분청은 상증법 §45의2 ③은 제1항을 적용함에 있어 주주명부 등이 작성되지 아니한 경우에는 관할세무서장에게 제출한 주주 등에 관한 서류 및 주식등변동상황명세서에 의하여 명의개서 여부를 판정한다고 규정하고 있는데, 위 규정에서의 '주주명부 등이 작성되지 아니한 경우'에는 주주명부가 존재하더라도 명의개서에 관한 사항이 반영되어 작성되지 않은 경우까지 포함되어야 한다고 주장하였지만,

이 사건 1심 법원(의정부지방법원 2010.8.31. 선고, 2010구합1373 판결)은 조세법률주의의 원칙상 과세요건이거나 비과세요건 또는 조세감면요건을 막론하고 조세법규의 해석은 특별한 사정이 없는 한 법문대로 해석할 것이고 합리적 이유 없이 확장해석하거나 유추해석하는 것은 허용되지 않으며(대법원 1983.12.27. 선고, 83누213 판결 ; 2003.1.24. 선고, 2002두9537 판결 ; 2004.5.27. 선고, 2002두6781 판결 등 참조),

위 규정은 법인 등이 주주명부 등을 작성하지 않은 경우 사실상 주식의 소유권 내지 명의이전에도 불구하고 명의개서가 이루어질 여지가 없어 과세의 흠결이 발생함에 따라 이를 보완하기 위하여 법인세 과세표준 신고시에 제출하는 주식등변동상황명세서를 기준으로 명의개서 여부를 판단하여 과세할 수 있도록 신설된 것으로,

'주주명부 등이 작성되지 않은 경우'와 주주명부 등에 권리변동에 관한 기재가 되지 않은 경우를 동일한 의미로 볼 수는 없는 점, 주주명부가 작성되어 있는 경우에는 주주권의 행사를 위해서 명의개서가 필요한 점, 명의개서가 주식양도에 있어서의 대항요건이기도 한 점, 주주명부가 작성되어 있는 경우 명의개서 없이 주식등변동상황명세서의 기재만으로는 권리관계에 변동이 발생하지 않는 점 등에 비추어 주주명부가 작성되어 존재하는 경우에도 적용된다고 할 수 없으므로 원고1과 2에 대해 증여세를 부과한 처분은 위법하다고 판단하였다.

반면, 처음부터 주주명부에 기재되어 있었던 원고3의 경우는 ㈜○○의 주식을 인수하면서 주식 인수대금을 납입한 사실이 없고 오히려 甲이 인수대금을 납입한 사실, 원고3은 주주명부에 기재된 이후에도 ㈜○○의 주주로서 권리를 행사한 바도 없는 사실 등과 함께 원고3이 조세회피목적이 없었다는 점에 관하여 아무런 입증을 하고 있지 않아 결국 원고3에게는 상증법 §45의2 ②에 따라 조세회피목적이 있는 것으로 추정되므로 특별한 사정이 없는 한 원고3 명의의 위 회사 주식은 그 실질소유자인 甲으로부터 원고3에게 명의신탁된 것이라고 판단하였고, 대법원도 최종 이를 수긍하였다.

과세관청은 항소심에서 추가로 현행 법인세법에 의하면 주식등변동상황명세서는 주주명부상 명의개서된 내용을 그대로 반영하여 작성하도록 되어 있으므로, 주식등변동상황명세서가 주주명부와 다르게 기재될 수밖에 없었던 특별한 사정을 원고들이 주장・입증하지 못하는 한 상증법 §45의2 ③에 따라 이 사건 각 처분은 적법하다고 보아야 하고, 원고들이 주주명부상 명의개서가 이미 이루어졌다는 전제에서 주식등변동상황명세서를 작성・제출하고서도 뒤늦게 명의개서가 이행되지 않았다고 주장하는 것은 신의성실의 원칙에 반하여 허용될 수 없다는 취지로 주장하였지만,

2심 법원(서울고등법원 2011.4.26. 선고, 2010누32794 판결)도 주주명부가 작성되어 있는 이상 주주명부가 존재하지 않아 명의개서가 이루어질 여지가 없는 경우에 예외적으로 주식등변동상황명세서를 기준으로 명의개서 여부를 판단하여 과세처분을 할 수 있도록 규정한 상증법 §45의2 ③은 적용될 여지가 없고,

해당 주식에 관하여 ㈜○○의 주주명부상에 원고들 명의로 명의개서가 이루어진 사실을 인정할 수 없다는 전제에서 §45의2 ③을 적용하여 원고들에게 증여세를 부과한 이 사건 각 처분이 위법하다고 판단한 것은 정당하며, 특별한 사정에 대한 입증 여하에 따라 상증법 §45의2 ③의 적용 여부가 결정된다고 보기는 어렵고, 그 밖에 과세관청이 내세우는 사정들만으로 원고의 주장이 신의성실의 원칙에 위배되어 허용되지 않는다고 볼 수도 없다 하였고 대법원도 이를 인정한 사건이다.

Case 2 대법원 2007.2.8. 선고, 2005두10200 판결

타인명의로 주식을 매입하고 증권회사의 고객계좌부나 예탁결제원의 예탁자계좌부에만 기재한 경우는 증여의제 규정에서 요구하는 명의개서의 효력이 없으며, 명의수탁자가 명의신탁주식의 매도대금을 명의신탁자에게 반환한 것은 '증여받은 재산의 반환'으로 볼 수 없다는 사례

기명주식의 이전은 취득자의 성명과 주소를 주주명부(증권거래법 §174의8의 규정에 의한 실질주주명부 포함)에 기재하지 아니하면 회사에 대항하지 못하는 것이어서, 주주명부에 주식의 실질소유자가 아닌 다른 사람 앞으로 명의개서가 되어야 법에 규정된 증여의제 요건인 권리의 이전이나 행사에 명의개서를 요하는 재산에 있어서 실질소유자와 명의자가 다른 경우에 해당하며(대법원 1994.2.22. 선고, 93누14196 판결 ; 2004.2.27. 선고, 2003두13762 판결),

증권거래법 §174의3 ①, ②의 규정은 고객의 증권회사 또는 예탁결제원에 대한 관계를 규율하기 위한 것이지 고객의 발행회사에 대한 관계를 규율하기 위한 규정으로 볼 수 없고, 같은 법 §174의8 ①, ②이 예탁결제원의 통지와 발행회사의 실질주주명부 기재를 요건으로 하여 주식의 명의개서의 효력을 인정하고 있는 점들을 종합하여 볼 때, 증권회사의 고객계좌부나 예탁결제원의 예탁자계좌부에 한 기재만으로 주식의 명의개서와 동일한 효력을 인정할 수는 없는 법리이므로, 타인 명의로 주식을 매입한 경우 단순히 증권회사의 고객계좌부나 예탁결제원의 예탁자계좌부에 한 기재만으로 명의신탁재산의 증여의제 규정에서 요구하는 주식의 명의개서의 효력이 있다고 할 수 없다(대법원 1991.12.24. 선고, 91누3833 판결 참조).

상장주식은 한국거래소라는 증권시장에서 거래되는데 한국거래소는 회원인 증권회사만 시장에 직접 참여할 수 있고, 일반투자자는 직접 참여하여 거래할 수 없고 증권회사를 통해 주식을 매매할 수 있을 뿐이다. 즉 투자자는 증권회사에 위탁계좌를 개설하여 증권회사에

주식의 매매를 의뢰하고, 전형적인 위탁매매인에 해당하는 증권회사는 자신의 명의와 타인(투자자)의 계산으로 한국거래소에서 투자자가 지정한 종목을 지정한 금액으로 매매하는 것이 원칙이다.

이때 투자자가 매수한 주식의 대부분은 투자자가 주권실물로 직접 소지하지 않고 예탁결제원에 예탁되어 있는데 이때도 투자자들이 예탁결제원에 직접 자신들의 이름으로 예탁하는 것이 아니라 증권회사를 통해 예탁하여야 하며, 예탁결제원은 증권회사로부터 예탁 받은 주식을 주식발행회사의 주주명부에 자신(예탁결제원)의 명의로 명의개서한 후 자신의 금고에 보관(혼장임치)하거나, 주식발행회사에 상법 §358의2 규정에 의한 주권 불소지의 뜻을 신고하고 예탁받은 주권 실물을 폐기한다.

예탁결제원에 예탁된 주식의 양도는 목적물반환청구권의 양도에 의하여 예탁주식의 지분을 이전하는 방식으로 이루어지기 때문에 실제 주권을 양도하지 않고도 주권을 교부한 것과 동일한 효력을 갖는다. 이때 증권회사들이 자신들에게 주식을 예탁한 투자자들의 예탁내역을 기록한 것이 고객계좌부[53]이고, 예탁결제원이 자신에게 예탁한 증권회사들의 예탁내역을 기록한 것이 예탁자계좌부이다.

투자자들이 증권시장에서 매수하여 예탁결제원에 최종 예탁하고 있는 주식은 모두 발행회사 주주명부에 예탁결제원 명의로 명의개서되어 보관되고 있다 하였는데, 예탁결제원은 진정한 주주가 아니므로 실제 주주이면서 주권을 예탁하고 있는 투자자들 명의로 주주명부를 작성한 것이 실질주주명부이다.

현행 제도에서 상장회사들은 명의개서 및 배당금 등 지급이나 주주총회 소집통지 등 주식관련 업무를 명의개서대리인[54]을 선임하여 처리하는데, 실물 주권을 직접 소지하고 있는 주주들은 주식발행회사가 선임한 명의개서대리인을 직접 방문하여 주권을 제시하면서 명의개서하여야 한다.

반면 주권을 예탁하고 있는 주주들은 주권을 직접 소지하지 않기 때문에 주주명부에 명의개서할 수도 없지만, 실질주주명부가 작성되므로 직접 명의개서할 필요가 없게 된다. 그러나 한국거래소에서는 하루에도 엄청난 거래가 발생하고 그 때마다 사실상 주주는 계속 변경되고 있으므로 실질주주명부를 매일매일 작성하기란 물리적으로 불가능하다.

53) 지금은 투자자계좌부로 명칭이 바뀌었다.

54) 현재 한국예탁결제원, 국민은행, 하나은행 3기관이 금융감독위원회에 등록하여 명의개서대리인 업무를 수행하고 있다.

따라서 주주총회가 개최되거나 배당금 지급 등 주주들이 권리를 행사하여야 할 사유가 발생하면 어떤 특정한 날을 기준일로 정하여 주주명부를 폐쇄하여 명의개서를 중단하고 그 기준일 현재 주주명부 및 실질주주명부에 등재된 주주들이 의결권을 행사하거나 배당금을 수령한 권리를 부여하게 된다.

이때 실질주주명부가 작성되기 위해서는 기준일 현재 예탁결제원에 주권을 예탁하고 있는 투자자들의 세부명세를 확정하여야 하는데, 「자본시장과 금융투자업에 관한 법률」(이하 '자본시장법'이라고만 한다)[55]은 발행회사가 기준일을 정하면 예탁결제원에 통지하여야 하고(자본시장법 §315 ③), 예탁결제원은 실질주주의 성명과 주소 및 그들이 보유한 주식의 종류와 수 등을 지체 없이 당해 발행회사의 명의개서대리인에게 통지하여야 한다(자본시장법 §315 ③).

예탁결제원도 업무구조상 자신들에게 예탁한 증권회사인 예탁자에 대해서만 알고 있을 뿐 실질주주의 성명이나 보유주식의 종류 · 수 등에 대해서는 직접 알지 못하므로, 예탁자에게 주주명부 폐쇄기준일의 실질주주에 관하여 실질주주의 성명 · 주소 · 보유주식의 종류와 수 등 사항의 통보를 요청한다. 이 경우 요청받은 예탁자는 지체 없이 이를 통보하여야 한다(자본시장법 §315 ④).

예탁결제원으로부터 실질주주의 성명 · 주소 · 보유주식의 종류와 수 등을 통지받은 명의개서대리인은 실질주주명부를 작성하여 비치하여야 한다(자본시장법 §316 ①). 예탁결제원에 예탁된 주권의 주식에 관한 실질주주명부에의 기재는 주주명부에의 기재와 같은 효력을 가진다(자본시장법 §316 ②).

이제 사례로 든 이 사건으로 돌아와 보면, 명의신탁재산이 주식인 경우 증여의제가 성립되기 위해서는 수탁자 명의로 주주명부 또는 실질주주명부에 명의개서되어야 하는데, 주주명부나 실질주주명부가 아니라 단지 증권회사가 작성한 고객계좌부나 예탁결제원이 작성한 예탁자계좌부에 기재된 경우는 명의개서된 것으로 볼 수 없기 때문에 명의신탁재산의 증여의제도 성립되지 않는다고 판단한 것이다. 조세심판원도 같은 논리로 증여의제가 성립되지 않는다고 한다(국심 2005서0050, 2005.6.28.).

한편, 상장회사는 적어도 1년에 한번 통상 주식시장의 납회일을 기준일로 정해서 정기주주총회에 참석하고 배당금을 수령할 권리가 있는 주주를 확정하기 위해 주주명부를 폐쇄하며 이와 아울러 실질주주명부도 작성하게 된다.

55) 2009년 2월부터 시행된 「자본시장과 금융투자업에 관한 법률」(소위, 자본시장법)에 통합되기 전까지는 「증권거래법」에서 규정하고 있었다.

이때 만약 명의신탁에 해당하는 차명위탁계좌가 있는데, 전년도 말 실질주주명부 작성 당시 A종목 1,000주를 소유하고 있었다가 당년도 중에 그 종목을 수시로 매수·매도한 결과 당년도 말 작성된 실질주주명부에서는 A종목을 3,000주 소유하고 있다는 상황을 가정하면,

전년도 말 1,000주는 명의신탁에 해당함은 분명하지만 당년도 말 현재 시점에서 명의신탁 여부를 판단할 때 전년도 말 현재 잔고 대비 증가한 2,000주만 새로운 명의신탁인지 아니면 당년도 말 현재 잔고인 3,000주 모두 새로운 명의신탁인지 여부가 문제될 수 있다. 과세관청은 당년도 말 현재 잔고 전부가 새로운 명의신탁으로 보아 증여세를 계산하려 할 것이고 납세자는 전년 대비 증가한 주식수만 새로운 명의신탁이라고 주장할 것이다.

이 경우처럼 동일종목 매수·매도가 반복될 때 어느 주식을 매도한 것인지 판단할 필요가 있는데, 과거 조세감면규제법 시행령 §92 ⑦[56]에서 "주식의 보유기간 중에 동종 주식의 보유주식수에 변동이 있는 경우에는 먼저 취득한 주식을 나중에 양도한 것으로 보아 장기보유한 주식수를 계산한다"고 규정하고 있었으므로 모든 증권회사가 후입선출법에 따라 보유주식수를 계산하고 있었다.

현재 이 조항은 존재하지 않지만 증권회사는 후입선출법으로 보유주식수를 계산한다는 내용을 위탁계좌 개설 등에 관한 약관에 명시하고 있거나, 그렇지 않더라도 관행적으로 후입선출법을 따르고 있다.

참고로 양도소득세 부과처분취소에 관한 소송에서 투자자의 보유주식수는 후입선출법을 적용하여야한다는 판례들이 있어 다음에 소개한다.

참조판례 1 **대법원 2010.4.29. 선고, 2007두22030 판결**
(원심)서울고등법원 2007.9.19. 선고, 2006두80 판결

구 조세감면규제법 시행령(1998.12.31. 조세특례제한법 시행령으로 전문개정되기 전의 것)이 장기보유한 주식수를 계산함에 있어 후입선출법에 의하도록 규정하고 있다고 하여 반드시 소득세법상 주식의 양도의 경우에도 그와 같은 방식이 적용된다고는 볼 수 없으나, 앞에서 본 바와 같이 증권회사들이 구 조감법 및 구 조감령의 입법취지와 고객의 이익을 고려하여 1998.1.1. 이후 현재까지 고객의 계좌에 남아 있는 잔고 주식을 취득일자 별로 분류하고 있고 그 중 일부가 양도되는 경우 후입선출법에 따라 나중에 취득한 주식을 먼저 양도하는 것으로 관리하여 오고 있다.

그와 같은 관리방식이 망인이 거래하던 ○○증권뿐만 아니라 모든 증권회사에서의 일반적인 회계원칙과 관행으로 자리 잡게 되었고, 이와 같은 증권회사들의 후입선출법에 의한 양도주식의 특정

56) 대통령령 제17227호까지 규정하고 있었고, 2001.6.12. 개정, 시행된 대통령령 17236호에서 삭제되었다.

방식이 구 조세감면규제법 시행령 §80 ⑦의 입법취지 및 고객의 이익 등에 비추어 공정·타당한 것으로 보이는 점, 또한 수회에 걸쳐 취득한 같은 종목의 주식 중 일부를 양도한 경우라도 양도된 주식을 그 취득일자 별로 특정할 수 있는 점 등을 종합하여 보면, 과세관청인 피고로서는 국세기본법 §20 규정의 취지에 따라 후입선출법에 의한 양도주식의 특정방식을 존중하여야 할 것이다(대법원 2006.5.25. 선고, 2006두2725 판결).

따라서 비록 원고가 주장하는 이른바 '총평균법'이나 '이동평균법'에 의한 평가방식을 적용할 수는 없다고 할 것이지만, 위와 같이 이 사건 양도시의 양도가액은 후입선출법에 의하여 정함이 상당하므로 결국 이 사건 주식의 취득시기가 분명하지 아니하다는 이유로 과세관청이 선입선출법을 적용하여 한 이 사건 처분은 위법하다.

참조판례 2 대법원 2011.1.27. 선고, 2010도1191 판결

원심은 이사건 주식 등의 양도소득세를 계산함에 있어 그 양도 주식 등의 취득시기가 분명하지 아니한 경우에 해당함을 전제로 '선입선출법'에 의하여 양도차익을 산정하는 한편, … (생략) … 그러나 기록에 의하면 위 피고인과 이 사건 주식거래를 담당한 증권회사들은 '후입선출법'을 적용하여 거래하였음을 알 수 있고, 이러한 경우에는 양도한 이 사건 주식 등의 취득시기가 분명하지 아니한 경우에 해당한다고 볼 수도 없을 것이니 이 점에 관한 원심판결에도 잘못이 있다.

그렇다면 원심이 이 사건 양도소득세를 계산함에 있어 위와 같이 선입선출법에 의하여 양도차익을 산정한 것은 양도한 주식의 취득시기에 관하여 필요한 심리를 다하지 않은 위법이 있다.

참조판례 3 서울행정법원 2005.9.13. 선고, 2005구단3434 판결

상장된 주식은 주식의 실물보유에 따른 분실·도난 등 사고의 위험, 실물교부로 인한 거래시 수납업무의 복잡함, 주권발행비용의 증가 등 실물을 수반한 주식의 양도는 비효율적이라는 이유로 증권거래법 §174, §174의2 각 규정에 따라 증권회사 또는 고객이 소유한 주식을 모두 증권예탁원에 예탁하면서 예탁자 또는 고객의 계좌부에 그들이 예탁한 주식의 발행인·종류·종목 및 수량을 기재하도록 하고, 그 이후의 주식거래에 있어서는 주식실물의 교부를 수반하지 않고 시장의 주식거래 시스템에서 이루어져 계좌부상으로 주식을 매수한 경우 그 주식이 입고된 것으로, 주식을 매도한 경우 그 주식이 출고된 것으로 기재하게 된다.

그런데 1997.12.31. 신설된 구 조세감면규제법(1998.12.28. 법률 제5584호 조특법으로 전문 개정되기 전의 것) §81의3 [조특법(2000.12.29. 법률 제6297호로 개정되기 전의 것) §91와 거의 같다]은 특정한 주식을 3년 이상 보유한 경우에는 그 주식에 대한 배당소득을 종합소득과세표준에 합산하지 아니한 채 분리하여 과세할 뿐만 아니라, 원천징수세율도 100분의 10으로 감경하도록 규정하여 주식소유자로서는 주식의 일부를 양도하는 경우 나중에 취득한 주식을 먼저 양도하고 먼저 취득한 주식을 계속 소유하는 방식으로 회계처리하여야 장기보유하는 주식의 수가 많아지게 되어 보다 많은 세제상의 혜택을 받을 수 있는데,

저축지원책의 일환인 위 구 조세감면규제법의 취지를 살리기 위하여 구 조세감면규제법 시행령(1998.12.31. 조특령으로 전문 개정되기 전의 것) §80 ⑦[조특령(2000.12.29. 대통령령 제17034호로 개정되기 전의 것) §92 ⑦과 같다]은 주식의 보유기간 중에 동종주식의 보유주식수에 변동이 있는 경우에는 먼저 취득한 주식을 나중에 양도한 것으로 보아 장기보유한 주식수를 계산한다고 규정하고 있었다.

위 법령이 시행됨에 따라 증권회사는 주권상장법인이나 협회등록법인이 배당을 실시하는 경우 주식소유자의 주식이 장기보유주식인지 여부를 구분하여 그 내용을 증권예탁원에 통지하여야 하였는데, 증권회사로서는 고객의 계좌에 입고되어 있는 주식을 종목과 수량만으로 특정하여서는 그 주식이 장기보유주식인지 여부를 확인할 수 없으므로 구 조세감면규제법 §81의3이 시행된 1998.1.1. 이후부터 고객이 소유한 잔고 주식의 매수일자를 고객계좌부에 기재하여야 하였고, 또 증권회사가 잔고 주식의 매수일자를 특정하기 위해서는 고객이 같은 종목의 주식 중 일부만을 양도하는 경우, 양도한 주식을 취득일자별로 특정하여 양도되는 것으로 처리할 수밖에 없게 되었다.

결국, 모든 증권회사는 구 조세감면규제법의 시행 이후 현재까지 구 조세감면규제법 시행령 §80 ⑦의 규정 취지와 고객의 이익을 고려하여, 고객이 주식의 양도 당시 특별히 양도되는 주식을 특정하지 아니하는 이상 나중에 취득한 주식이 먼저 출고되는 방식으로 처리하여 고객의 계좌를 관리하여 오고 있었고, 원고의 계좌를 관리하던 대신증권 역시 '주식출고시 매수일자를 입력하지 않으면 후입선출법에 의해 자동출고처리됨'이라고 기재되어 있는 업무메뉴얼에 따라, 원고가 소외회사 주식을 매도한 경우 후입선출법에 의하여 고객계좌부의 기재일상 나중에 매수 또는 입고한 주식부터 매도한 것으로 자동처리되는 방식으로 원고의 계좌를 관리해 왔다.

그리고 당년도 중 새로 매수한 주식 전부가 매수할 때마다 새로운 명의신탁에 해당하는지 여부도 문제될 수 있다. 이 경우 주식발행회사가 당년도 중에 주주 확정을 위한 기준을 설정을 통해 실질주주명부가 작성된 사실이 없다면 당년도 중 새로 매수한 주식은 증권회사의 고객계좌부와 예탁결제원의 예탁자계좌부에만 기재된 상태에 불과한 것이므로 위 예시로 든 판례에 따라 명의개서된 것으로 볼 수 없고, 따라서 새로운 명의신탁에 해당하지 않는다고 해석할 수 있을 것이다.

참고로 자본시장법에 투자자계좌부 및 예탁자계좌부의 기재효력에 대해 규정하고 있는데 내용은 다음과 같다.

자본시장법 §311 계좌부 기재의 효력

①투자자계좌부와 예탁자계좌부에 기재된 자는 각각 그 증권 등을 점유하는 것으로 본다.
②투자자계좌부 또는 예탁자계좌부에 증권 등의 양도를 목적으로 계좌 간 대체의 기재를 하거나 질권설정을 목적으로 질물인 뜻과 질권자를 기재한 경우에는 증권 등의 교부가 있었던 것으로 본다.
③예탁증권 등의 신탁은 예탁자계좌부 또는 투자자계좌부에 신탁재산인 뜻을 기재함으로써 제삼자에게 대항할 수 있다.
④주권 발행 전에 증권시장에서의 매매거래를 투자자계좌부 또는 예탁자계좌부상 계좌 간 대체의 방법으로 결제하는 경우에는 상법 §335 ③에 불구하고 발행인에 대하여 그 효력이 있다.

Case 3 대법원 2006.6.9. 선고, 2005두14714 판결

주식인수를 위한 자격요건인 15년 이상 방송국 경력자가 필요했기 때문에 동 경력자 명의로 명의신탁되었고, 실제 회피된 조세도 없는 경우라면 조세회피 목적이 있었다고 보기 어렵다는 사례

㈜○○○제작단의 1인 주주인 ○○○가 ㈜○○○제작단의 민영화를 위하여 소유주식 66%를 공개매각하면서 인수자격을 ① 지상파 방송국에 프로그램을 공급한 실적이 있는 프로덕션, ② 방송국 종사자 또는 경력자로서 15년 이상의 경력소유자, ③ 위 ①, ②의 자격자와 컨소시엄을 구성하여 공동명의로 참여할 개인 또는 법인으로 제한하였고, 주식매수 청약방법은 매각주식 전량을 신청하되 컨소시엄 구성 신청자는 1인 최저 10% 이상을 신청하도록 한 사실,

명의신탁자 甲은 위 주식을 인수하기 위하여 명의수탁자인 원고를 포함하여 컨소시엄을 구성하여 주식양도·양수계약을 체결하였고, 그 중 이 사건 주식 48,381주를 甲이 원고 이름으로 취득한 사실, 원고는 약 25년 이상 ○○○ 텔레비전 본부장 및 ○○○미디어 사장 등을 역임하면서 방송국에서 근무하였고, 甲과는 평소 알지 못하다가 위 주식양도·양수계약을 계기로 비로소 알게 된 사실, 한편 甲은 원고 명의의 이 사건 주식 중 24,071주를 취득 2개월여 만에 타인에게 양도하였고, ㈜○○○제작단은 1998연도부터 2004년까지 경영적자가 지속되어 한 번도 이익배당을 한 적이 없는 사실을 알 수 있다.

이러한 사실관계에 비추어 보면, 甲이 원고 명의로 이 사건 주식을 인수하게 된 것은 ㈜○○○제작단 주식인수를 위한 자격요건인 15년 이상 방송국 경력자가 필요했기 때문으로 보이고, 나아가 이 사건 주식은 ㈜○○○제작단 총발행주식의 100분의 51에 미달하여 甲이 자신 명의로 이 사건 주식을 취득한다고 하더라도 국세기본법 및 지방세법상의 제2차 납세의무 또는 간주취득세의 부담을 지게 되는 과점주주에는 해당하지 않으므로, 명의신탁 당시 과점주주로서의 제2차 납세의무나 간주취득세를 회피할 목적이 있었다고 볼 수도 없다.

또한 ㈜○○○제작단이 한 번도 이익배당을 실시한 적이 없어 이 사건 주식의 명의신탁으로 인하여 회피된 종합소득세도 없으며, 설령 ㈜○○○제작단이 이익배당을 실시하였다고 하더라도 이 사건 주식 중 절반 이상을 명의신탁 후 2개월여 만에 양도한 점 등에 비추어 볼 때, 위 명의신탁 당시 甲에게 이 사건 주식과 관련된 배당소득의 종합소득 합산과세에 따른 누진세율 적용을 회피할 목적이 있었다고 보기도 어렵다.

명의신탁한 주된 원인이 명의신탁을 통해 조세를 회피할 목적이 아니라 공개매각하는 주식의 인수요건으로 15년 이상 방송국 경력자가 필요했기 때문이며,

실제로 신탁자 명의로 인수하더라도 과점주주에 해당하지 않아 과점주주와 관련된 간주취득세나 2차납세의무를 회피하거나, 발행회사가 배당을 실시하지 않아 종합소득 합산과세에 따른 누진세율 적용을 회피할 필요가 없었을 뿐 아니라, 명의신탁 후 2개월 만에 명의신탁 주식 절반 이상을 양도하였다는 것은 명의신탁으로 조세부담을 경감할 의사가 없었던 것으로 보여 지므로 이런 사실관계가 종합적으로 고려되어 조세회피 의도가 없었다고 인정한 경우이다.

Case 4 대법원 2011.9.29. 선고, 2011두8765 판결

甲이 乙과 丙에게 주식을 명의신탁하였다가 명의신탁일부터 3월 이내에 각각 제3자 명의로 명의수탁자를 변경한 경우 명의신탁재산 증여의제 규정에 따라 乙과 丙에게 증여세를 부과할 수 없다고 한 사례

상증법(2007.12.31. 법률 제8828호로 개정되기 전의 것, 이하 '구 상증법'이라 한다)은 §31 ④에서 "증여를 받은 후 그 증여받은 재산을 당사자 간의 합의에 따라 §68의 증여세 과세표준 신고기한 내에 반환하는 경우에는 처음부터 증여가 없었던 것으로 본다. 다만, 반환하기 전에 과세표준과 세액의 결정을 받은 경우에는 그러하지 아니하다"고 규정하면서 같은 법 §45의2에 의하여 증여로 의제되는 명의신탁에 대하여 위 규정의 적용을 배제하는 규정을 따로 두고 있지 않고, 증여세 과세표준 신고기한 내에 당사자들의 합의에 의하여 증여재산을 반환하는 경우나 명의신탁받은 재산을 반환하는 경우 모두 그 재산을 수증자 또는 명의수탁자가 더 이상 보유하지 않게 된다는 면에서 실질적으로 다르지 아니한 점 등에 비추어 볼 때,

구 상증법 §31 ④은 증여로 의제된 명의신탁재산에 대하여 그 명의신탁을 해지하고 반환하는 경우에도 적용된다고 보아야 하고, 이는 명의수탁자가 명의신탁받은 재산을 명의신탁자 명의로 재산을 반환하는 경우뿐 아니라 명의신탁자의 지시에 따라 제3자 명의로 반환하는 경우라고 하더라도 마찬가지라고 보아야 한다.

그럼에도 원심은 이와 달리 증여로 의제되는 명의신탁 재산에 대하여 명의신탁을 해지하고

그 소유 명의를 실질소유자로 변경하였다고 하더라도 명의신탁의 효력이 소급하여 소멸하는 것은 아니므로 여전히 증여세의 부과대상이 된다고 판단하였는바, 이러한 원심판단에는 구 상증법 §31 ④에 관한 법리를 오해하여 판결에 영향을 미친 위법이 있다.

상증법에서 증여를 받은 후 그 증여받은 재산을 당사자 간의 합의에 따라 증여세 과세표준 신고기한 내에 반환하는 경우에는 처음부터 증여가 없었던 것으로 본다고 규정함과 아울러 명의신탁재산 증여의제 규정에 이 조항을 배제한다는 규정이 따로 없을 뿐 아니라,

실질적인 측면에서 합의에 의하여 증여재산을 반환하는 경우나 명의신탁받은 재산을 반환하는 경우 모두 그 재산을 수증자 또는 명의수탁자가 더 이상 보유하지 않게 된다는 면에서 효과가 다르지 않다는 점에서 명의신탁 후 3월 이내에 명의신탁자를 다른 사람으로 변경하였다면 처음의 명의수탁자에게는 증여의제 규정을 적용할 수 없다는 판례로 타당하게 여겨진다.

조세심판원 심판례도 같은 뜻이다(조심 2014서3418, 2015.6.30.).

Case 5 대법원 2009.9.24. 선고, 2009두5404 판결

명의신탁재산 증여의제규정의 적용 요건으로서 그 재산의 명의자와 실제소유자가 다르다는 점의 증명책임자는 과세관청인데, 오히려 명의수탁자로 특정된 납세자에게 명의신탁이 아니라 자신이 실제소유자라는 점을 입증하라고 요구할 수 없다는 사례

명의신탁재산 증여의제규정은 권리의 이전이나 행사에 등기 등을 요하는 재산에 있어서 실제소유자와 명의자가 다른 경우에 적용되는 것이고, 이때 그 재산의 명의자가 실제소유자와 다르다는 점은 과세관청이 증명하여야 한다. 따라서 이 사건에서 주주명부상 원고가 주주로 등재되어 있는 주식에 대해 증여의제규정을 적용하기 위해서는 위 법리에 따라 과세관청인 피고가 위 주식의 명의자인 원고가 그 실제소유자가 아님을 증명하여야 한다.

그런데 원심판결 이유에 의하면, 원심은 그 판시의 일련의 사실관계를 인정한 다음 그와 같은 인정 사실만으로는 원고가 그 명의로 주주명부에 등재되어 있는 이 사건 회사 주식의 실제소유자임을 인정하기에 부족하고, 달리 이를 인정할 증거가 없다는 이유로 위 주식에 대해 증여의제규정을 적용하여 부과한 이 사건 증여세 부과처분을 적법하다고 판단하고 있는바,

이는 위에서 본 법리와는 달리 오히려 원고가 위 주식의 실제소유자임을 증명하여야 함을 전제로 그에 대한 증명이 부족하다는 이유로 원고가 그 실제소유자가 아니라고 판단한 것이니, 결국 원심판결에는 증여의제규정에 관한 증명책임의 법리를 오해하여 판결 결과에 영향을 미친 위법이 있다.

먼저 국세청의 국세법령 정보시스템에 게시되어 있는 이 사건 1심인 서울행정법원 판례(2008.8.22. 선고, 2008구합2637 판결)를 통해 이 사건의 사실관계를 간단하게 파악해 본다.

망 이○○은 폐암으로 사망하기 얼마 전인 2004년 봄 자신이 보유하던 ㈜□□ 주식 2만주(발행주식의 100%이며, 이하 '이 사건 주식')를 처남인 원고와 원고의 배우자 및 아들 및 정□□의 지인 등 6명에게 양도하였고, 망인의 배우자 정◎◎는 이 사건 주식 양도대금을 상속세 과세가액에 포함하여 상속세를 신고하였다.

○○세무서장은 위 상속세 조사 결과 망인이 유상양도를 가장하여 이 사건 주식을 명의신탁하였다고 판단한 후, 원고에게는 명의신탁재산 증여의제 규정을 적용하여 증여세를 부과하였고, 원고 정◎◎에게는 이 사건 주식을 상증법의 보충적 평가방법으로 평가하여 양도가액과의 차액을 상속세 과세가액에 더하여 상속세를 추가로 부과하였다.

원고는 1979년 도서출판업 등을 목적으로 하는 ㈜◇◇을 설립하여 대표이사로 동 회사를 운영하다가 1983년 서울지방국세청의 세무조사 결과 약 30억 원에 이르는 조세의 부과처분을 받았고 자신의 재산은 조세체납을 이유로 과세관청에 압류된 데다 사업 부진까지 겹쳐 1984년 부도를 낸 이후 자신의 명의로 사업체를 운영하기 어렵게 되자,

원고는 자형인 망인에게 자신의 이름을 표방하여 개설된 ○○외국어학원의 대표자를 맡겨 운영하다가 이 학원이 1992년 법인으로 전환되면서 이 사건 주식 2만주를 망인 명의로 인수하였다가 망인의 사망에 즈음하여 원래 소유자인 원고와 원고의 처 및 아들과 지인들 이름으로 모두 이전한 것이므로 이 사건 주식은 처음부터 원고 자신의 소유이며 망인이 원고에게 명의신탁한 주식이 아니라고 주장하였다.

그런데 위 서울행정법원 판례의 요지는 "주식의 소유사실은 과세관청이 주주명부나 주식이동상황명세서 또는 법인등기부등본 등 자료에 의하여 이를 입증하면 되고, 주주명의를 도용당하였거나 차명으로 등재되었다는 것은 주주가 아님을 주장하는 명의자나 주주임을 주장하는 실질소유주가 입증하여야 한다"는 것이다.

즉, 명의자와 실제소유자가 다르지 않다는 점의 입증책임을 원고에게 두고, 원고가 이를 입증함에 망인이 아닌 원고가 이 사건 주식의 실질적인 소유자임을 인정하기에 부족하다고 하여 과세관청의 처분이 적법하다고 판단하였고, 2심인 서울고등법원(2009.3.18. 선고, 2008누26482 판결)도 1심의 이런 판단을 그대로 수용하였다.

그러나 대법원은

㉮ 원고가 세무조사 결과에 파생하여 ㈜○○어연이 부도에 이르게 되었고 원고의 재산이

압류된 점,

㈏ 원고가 1983년 ㈜○○어연에 대한 법인세와 방위세 부과처분에 불복하여 행정소송을 제기하였다가 1993년에 와서야 대법원에서 부과처분의 대부분이 위법한 것으로 확정되었고, 그에 따라 과세관청의 압류는 1994년경 모두 해제된 점,

㈐ 망인이 1990년부터 1999년까지 ○○외국어학원 대표자를 맡아 온 점,

㈑ 망인의 처나 직계존비속은 주주로 전혀 등재된 적이 없이 오직 망인만이 이 사건 주식 전부인 2만주의 명의자로 등재되어 있다가 사망 직전 원고 및 원고와 직접 관계가 깊은 사람들에게 이 사건 주식을 이전하였는데, 당시 피고의 평가법에 의하더라도 설립 당시보다 주식가치가 큰 폭으로 증가하였음에도 그 주식 이전에 따르는 반대급부의 흔적도 뚜렷하지 않은 반면 사망하기 직전임에도 불고하고 망인이 위 주식을 회수할 수 있는 아무런 안전장치 없이 2만주 전부 명의 이전한 점,

㈒ 망인이 이 사건 회사의 기안품의서 등 주요 내부문건에 최종결재권자로서 자필서명하였다고 볼 수 있는 자료가 발견되지 않고, 망인이 그가 대표이사로 있는 동안에 회사 채무에 대해 연대보증인으로 날인한 적은 있으나 그 개인 재산을 담보로 제공하였다거나 대표이사를 사임한 이후에 계속 연대보증하였다고 볼 수 있는 자료가 발견되지 않는 점,

㈓ 망인의 처나 직계존속 중에 이 사건 회사의 임원으로 등재된 사람은 없지만, 원고의 처남과 그 지인들은 임원으로 등재된 점,

㈔ 망인에게 실질적으로 귀속된 급여는 대표이사 및 1인 주주에 상응한 보수 등이라고 보기에는 그 액수가 적고 달리 이에 상응한 보수 등이나 가지급금이 지급되었다고 볼 수 있는 자료가 발견되지 아니하는 점,

㈕ 망인이 원고에게 자신이 실제소유자임을 주장하였다거나, 이 사건 분쟁이 발생한 후 망인의 상속인이 원고를 포함하여 주식 명의인을 상대로 권리 주장을 하거나 명의개서를 구하는 소송을 제기하지도 않았다는 점,

㈖ 이 사건 회사 설립 당시 주금이 망인의 실질적인 계산으로 지급되었다고 볼 수 있는 뚜렷한 자료가 없는 점,

㈗ 이 사건 회사가 사용하는 상표권·서비스표의 등록권리자는 계속 원고였던 점 등을 알 수 있는바,

이러한 제반 사정을 종합하면 원고가 이 사건 회사의 주식을 당초부터 망인에게 명의신탁하였다는 주장에 상당한 근거가 있으므로, 이 점에 관한 납득할 만한 해명 없이 쉽게 위 주장을 배척할 수 없는 반면,

명의신탁재산 증여의제규정을 적용하기 위해서는 과세관청이 먼저 명의신탁된 재산의 명의자와 실제소유자가 다르다는 점의 입증하여야 하는데, 이러한 입증책임을 납세자에게 돌리고 그에 대한 원고의 증명이 부족하다는 이유로 원고가 실제소유자가 아니라고 판단한 것은 증여의제규정에 관한 증명책임의 법리를 오해하여 판결 결과에 영향을 미친 위법이 있다고 지적한 것이다.

아. 주요 심사, 심판례 소개

Case 6 조심 2015중75, 2016.4.7.

쟁점주식을 명의신탁한 것은 신용불량으로 인한 부득이한 사유 때문이라는 청구주장이 받아들여진 사례

가. 사실관계

(1) 김○○은 연대보증으로 인한 채무와 지연이자를 지급하라는 2006.5.16.자 법원의 확정판결을 이행하지 못해 2007.10.30.자로 신용불량자로 등록

(2) 김○○은 2006.1.10. 쟁점주식 11,000주를 매입하면서 당시 진행중이던 소송에 패소할 경우 신용불량자로 등재되어 재산을 강제집행당할 우려가 있을 것을 예상하여 장모인 이□□ 명의로 취득하였고, 신용불량자 상태이던 2009.9.30. 400주를 추가로 매입할 때도 이□□ 명의로 취득

(3) 2011년 명의수탁자 이□□이 명의신탁을 환원해 갈 것을 요구하자, 2011.7.11. 김○○은 친구인 청구인에게 쟁점주식 11,400주를 재차 명의신탁

(4) 2011.11.10. 김○○의 신용불량자 등재가 해제되자, 2011.11.16. 청구인은 김○○에게 쟁점주식을 환원하고, 액면가액으로 양도한 것으로 양도소득세 신고·납부

나. 과세경위

(1) ○○세무서장이 쟁점주식 발행법인에 주식변동조사를 실시하여 김○○이 쟁점주식을 명의신탁한 사실을 적발하여 처분청에 통보

(2) 처분청은 이□□에게 2006.1.10. 및 2009.9.30. 명의신탁에 대해 증여세를, 청구인에게 2011.7.11. 명의신탁에 대해 증여세를 각각 고지하고, 김○○을 연대납세의무자로 지정

하여 납부통지

다. 청구인 주장

(1) 쟁점주식 명의신탁의 주된 목적은 신용불량자인 상황에서 강제집행을 면하기 위한 것이었고 현실적으로 회피된 조세도 없으므로 조세회피 목적이 없다.

(2) 쟁점주식 발행법인은 명의신탁기간 동안 체납 사실이 없고, 이익배당도 하지 않아 과점주주의 제2차 납세의무나 배당소득의 종합소득 합산과세에 따른 누진세율 적용으로 인한 종합소득세 등 회피된 조세가 없으므로 결국 조세회피 목적은 존재하지 않는다.

(3) 신용불량자가 채권자의 강제집행을 피하기 위한 경우는 조세회피 목적은 없고(서울고등법원 2008.7.1. 선고, 2007누26966 판결 ; 2011.12.7. 선고, 2011누18795 판결), 조세회피가 아닌 명의신탁의 주된 목적이 입증되고 현실적으로 회피된 조세가 없음이 입증되면, 조세회피 목적의 부존재가 입증된 것(서울고등법원 2008.7.1. 선고, 2007누26966 판결)이다.

(4) 신용불량자는 본인명의로 주식거래가 불가능한데 신용불량에서 벗어나자마자 바로 명의를 환원하였다면 조세회피 목적이 없었다고 보므로(조심 2011구893, 2012.2.17.), 4개월 기간에 명의신탁 후 신용불량자 등재가 해제되자 곧바로 명의를 이전한 사실은 김○○에게 조세회피 목적이 없었음을 방증하는 것이다.

라. 처분청 의견

(1) 쟁점법인은 김○○의 아버지 김◇◇이 30년간 운영하던 법인이 폐업 후, 같은 장소에서 상호를 바꾸어 설립한 법인이다.

(2) 김◇◇이 폐업법인 체납에 대한 제2차 납세의무와 개인체납으로 법인설립이 불가능하자, 아들인 김○○이 쟁점법인의 직원들 명의로 분산하여 설립하였다가, 장모인 이□□에게 명의신탁하고, 청구인을 거쳐 김○○에게 최종 이전된 것은 사실상 편법적이고 부당한 방법으로 가업승계한 것이다.

(3) 김○○가 특수관계자인 장모 이□□과 바로 거래할 경우 저가양도에 따른 증여세 및 양도세가 과다하게 발생할 것을 우려하여 제3자인 청구인을 통해 액면가액으로 양도하여 명의변경하고 주식이전에 따른 제세를 회피한 것으로 보이며, 이□□에게 명의신탁한 사실이 확인될 경우 김○○의 법인세 제2차 납세의무 등 회피된 조세가 확인되고 이□□에게 명의신탁한 것에 대한 증여세 과세를 모면하기 위해 제3자인 청구인에게 재차 명의신탁하였던 것으로 이는 명백하게 조세를 회피할 목적으로 명의신탁한 것이다.

(4) 청구인은 명의신탁이 이루어진 4개월 동안 전혀 체납한 사실이 없고 배당을 실시한 적이 없는 등 현실적으로 회피된 조세가 없다고 주장하나, 조세회피의 목적이 없었는지 여부는 명의신탁할 당시를 기준으로 판단할 것이지 그 후 실제로 조세를 포탈하였는지

여부로 판단할 것은 아니다.

마. 쟁점

쟁점주식의 명의신탁에 조세회피 목적이 없다는 청구주장의 당부

바. 판단요지

김○○이 쟁점주식을 장모 이□□에게 명의신탁한 것에 대하여는 다툼이 없고, 쟁점주식의 납입대금을 김○○의 어머니로부터 차입하고 동 차입금에 대한 원금과 이자를 이 건 심리일 현재까지 상환하고 있다고 주장하는 점, 명의신탁자인 김○○은 연대보증으로 인해 2007. 10.30. 신용불량자로 등재되고 2011.11.10. 해제까지 사실상 주식거래가 불가능하였거나 강제집행의 우려가 있었던 점,

청구인에게 쟁점주식을 명의신탁할 당시 이□□는 운영하던 식당을 부동산중개업소에 매물로 내놓아 식당을 정리하려고 한 것으로 보이고, 이에 따라 김○○은 이□□ 명의의 쟁점주식을 청구인에게 명의이전해야 할 불가피한 목적이 있었던 것으로 보이는 점, 청구인에게 재차 명의신탁한 기간은 2011.7.18.부터 2011.11.16.까지 4개월 뿐으로 신용불량이 해제되지 아니한 상태에서 명의신탁을 하였다가 신용불량에서 벗어나자 곧바로 김○○ 명의로 환원하였고, 신용불량상태에서 채무분할약정서상의 약정금액을 매월 상환한 것만으로 고의로 신용회복시기를 늦춘 것이라고 단정하기 어려운 점,

쟁점법인은 체납사실이 없어 현실적으로 회피된 조세가 없는 점 및 청구인이 쟁점법인의 법인세 체납액에 대하여 제2차 납세의무를 부담하거나 제2차 납세의무 지정통지서를 받은 사실이 없을 뿐 아니라, 이 건 명의신탁은 김○○의 체납액에 대한 국세징수권 소멸시효가 완성된 2010년 이후에 이루어졌으므로 명의신탁으로 인한 조세회피 목적과는 관련이 없는 점, 쟁점법인은 이익배당을 실시한 적이 없어 김○○이 배당소득의 종합합산과세에 따른 누진세율 적용을 회피할 목적이 없는 점 등에 비추어 김○○이 쟁점주식을 청구인에게 명의신탁한 것은 신용불량으로 인한 부득이한 사유로 조세회피 목적이 없었다는 청구주장이 신빙성이 있어 보이므로, 처분청이 쟁점주식에 대해 상증법 §45의2 규정을 적용하여 청구인에게 증여세를 결정·고지한 처분은 잘못이 있다고 판단된다.

Case 7 조심 2014부2483, 2015.6.23.

동의 없이 이루어진 명의신탁임이 입증되므로 명의신탁자에게 명의를 대여하였다고 보아 명의신탁재산 증여의제 규정으로 과세한 처분을 취소한 사례

가. 사실관계

(1) 재무적 투자자인 박○○은 A사의 실권주를 매입하면서 자본시장법에 의해 자신의 주

식취득사실 공시를 회피할 목적으로 조○○ 등을 시켜 차명주주 명의를 수집

(2) 청구인들은 가족·친구 등 관계인 조○○의 부탁을 받고 본인 명의의 증권계좌를 개설하여 조○○에게 전달

나. 과세경위

○○지방국세청은 A사의 주식변동조사를 실시한 결과 최대주주인 박○○이 청구인들(17명)에게 명의신탁한 사실을 확인하여 처분청에 통보하였고, 처분청은 명의신탁재산 증여의제 규정을 적용하여 청구인들에게 증여세 과세처분

다. 청구인 주장

(1) 청구인들은 거절하기 힘든 관계인 조○○의 부탁으로 증권계좌를 개설하여 조○○에게 전달하였을 뿐, 박○○과는 일면식도 없는 사이이고 명의사용에 대해 어떠한 합의도 없었다.

(2) 쟁점과세 후 청구인들은 놀라 박○○을 사문서위조 및 동 행사죄로 고소하였다. 청구인들은 명의를 도용당한 경우이므로, 명의신탁 증여의제 규정을 적용하여 과세할 수 없다.

라. 처분청 의견

(1) 증권계좌 제공 이후에도 수차례 본인의 증권계좌를 통해 주식거래가 이루어진 것에 대해 인지하였음에도 아무 조치가 없었던 것은 묵인 또는 사후승인에 의한 묵시적 합의에 해당한다.

(2) 청구인들이 박○○을 사문서위조 및 동행사죄로 고소한 사실이 있으나 이는 증여세가 고지된 이후의 조치로써, 청구인들에게 부과된 고액의 증여세를 회피할 의도로 사후에 공모하였을 개연성을 배제할 수 없다.

마. 쟁점

쟁점주식의 명의신탁과 관련하여 박○○이 청구인들의 명의를 도용하였는지 여부

바. 판단요지

청구인들이 명의신탁자를 고소한 결과 사문서위조죄 등으로 형사처벌을 받은 점, 청구인들은 명의도용 관련인들을 상대로 손해배상청구소송을 제기한 점, 명의신탁자를 알지 못하는 청구인들이 명의신탁자의 주주공시의무 및 조세 등의 회피를 돕기 위해 명의대여를 했다고 보기 어려운 점 등에 비추어 청구인들에게 증여세를 과세한 처분은 잘못이 있다.

청구인들은 명의신탁자와는 일면식도 없는 사이이고, 자신들의 동의도 없는 상황에서 명의신탁이 이루어진 것은 명의를 도용당한 것이므로 명의신탁재산 증여의제 규정을 적용할 수 없다고 주장하고 있고,

과세관청은 청구인들이 증권계좌를 직접 개설하여 제공한 것이 명의수탁자가 자신들의 명의로 주식거래 등의 경제행위를 할 수 있도록 승낙 및 사전동의한 것이고, 증권계좌 제공 이후에 청구인들 명의로 쟁점주식이 거래된 사실을 충분히 인지할 수 있었음에도 이를 계속 묵인한 것이므로 증여의제 규정 적용이 타당하다는 견해이다.

이런 상황은 사실관계에 의존해서 판단해야 하는 경우이므로 어느 쪽이 설득력을 갖춘 객관적 증거를 통해 사실관계를 입증하느냐에 따라 청구주장의 인용 여부가 결정될 것이다. 쟁점사건의 재결청인 조세심판원은 당사자들이 제시한 증거서류에 따라 사실관계를 파악하고 명의도용이라는 최종 결론에 이르게 된바,

명의도용을 주장할 필요가 있는 불복사건을 다루는 납세자 또는 대리인은 재결청의 판단 근거를 참고할 필요가 있다.

① 청구인들이 박○○을 상대로 한 고소장 및 법원 판결서 등에 의하면 청구인들이 직접 계좌를 개설하지 않았거나 조○○으로부터 일시적으로 소액투자를 하겠다는 부탁을 받고 증권계좌 등을 교부한 것을 박○○과 관련이 없는 청구인들이 대주주의 공시의무를 회피하여야 할 정도의 고액거래를 하도록 협조하는 명의신탁행위를 했다고 보기에 무리가 있어 보인다.

② 명의신탁관계가 성립하려면 명의신탁자와 수탁자간에 상호 의사소통(합의)이 있을 것을 요건으로 하고, 명의수탁자 입장에서는 적어도 명의신탁자가 누구인지 알 수 있어야 할 것인바, 청구인들은 조○○의 가족, 친구, 직장 동료일 뿐 명의신탁자인 박○○을 알지 못하고 있을 뿐만 아니라 직·간접적인 대가를 받은 사실이 확인되지 않는다.

③ 박○○은 청구인들의 계좌 제공 의도와 관련 없는 신주청약서 등에 청구인들의 목도장을 일방적으로 날인하여 임의로 사용하였고, 특히, 고령인 박□□의 경우는 본인 의사와 관계없이 자녀들이 임의로 증권계좌를 개설한 사실이 증권계좌개설신청서 등에 나타난다.

④ 청구인들은 조사청으로부터 세무조사결과 통보서 및 증여세 납세고지서를 받고 쟁점주식의 실소유자 박○○을 사문서위조 및 동행사 교사로 고소하였고,
이와 별도로 박○○·조○○ 등의 명의도용 내지 위조행위로 인한 손해배상금의 지급을 구하는 민사소송을 제기하여, 박○○이 법원으로부터 사문서 위조 및 위조사문서

행사죄로 형사처벌을 받은 점 등에 비추어 청구인들이 조○○에게 증권계좌 등을 교부한 사실만으로 명의신탁으로 보는 것은 무리가 있어 보인다.

⑤ 위 ④의 사실관계로 보았을 때, 실제소유자인 박○○과 청구인들 간에 명시적이나 묵시적으로 명의신탁에 관한 합의가 있었다고 보기도 어렵다.

Case 8 국심 2013서470, 2014.12.24.

국내법인이 청구인으로부터 차입한 자금으로 해외법인 주식을 취득한 사실을 두고 청구인이 해외법인 주식을 취득하여 국내법인에게 명의신탁하였다고 증여의제로 과세한 처분을 취소한 사례

가. 사실관계

(1) 청구인은 친척 이○○ 이름으로 자신이 대주주인 발행회사의 주식을 명의신탁(여기에 대해 명의신탁재산 증여의제로 과세되었고 불복 없이 증여세 납부)하였다가, 제3자인 ○○㈜에 양도하고 양도대금을 명의수탁자인 이○○ 명의 은행계좌로 받아 보관

(2) 청구인이 대주주인 국내의 다른 회사인 ㈜□□는 이○○와 투자약정을 체결하고, 위 양도대금을 차입하여 재무제표에 차입금으로 계상한 후 동 자금으로 해외법인 ◇◇주식을 취득

나. 과세경위

(1) 처분청은 ◇◇주식의 실제소유자를 청구인으로 명의수탁자를 이○○으로 특정하여 과세예고

(2) 청구인은 과세전적부심사 청구하였으나, 과세전적부심사 재결청은 해외법인 ◇◇의 주주명부에 이○○이 아니라 국내법인 ㈜□□으로 기재되어 있으므로 증여의제가 성립되지 않는다는 청구인의 주장을 채택

(3) 처분청은 명의수탁자를 이○○에서 ㈜□□으로 바꾸어 다시 특정하고, 수탁자가 영리법인이므로 명의신탁자로 특정한 청구인에게 쟁점증여세 과세

다. 청구인 주장

(1) 처분청은 명의신탁을 성립시키기 위해 ㈜□□의 법인 실체와 투자약정서 내용을 전부 부인하였는데, 그렇다면 ㈜□□은 도관에 불과한 것이므로 ㈜□□의 행위는 청구인에게 귀속되고 그 결과 청구인이 자신에게 명의신탁한 꼴이 되므로 증여의제 규정은 적용될 수 없다.

(2) ㈜□□은 실질을 반영하여 차입금으로 계상하였지만 처분청은 ◇◇주식 취득시 자기자

금 투자가 전혀 없었다는 이유로 페이퍼컴퍼니라 하여 회계처리를 부인한바, 같은 논리라면 실제 페이퍼컴퍼니인 SPC가 투자자들로부터 조달한 자금으로 외국주식을 취득하면 모두 명의신탁이므로 투자자들에게는 증여세가 과세되어야 할 것이다.

(3) 명의신탁재산 증여의제 규정은 세법의 대원칙인 실질과세원칙의 특별한 예외규정이므로 둘은 함께 적용될 수 없다.
그런데 처분청은 실질과세원칙을 구현하기 위한 이론인 법인격 부인 논리를 적용하여 ㈜□□의 실체와 이 법인이 행한 모든 경제행위를 부인하였는데, 실질과세원칙 논리와 그 예외에 해당하는 명의신탁재산 증여의제 규정을 동시에 적용하여 과세하는 것은 세법에도 근거 없고 논리에도 맞지 않은 명백하게 부당한 것이다.

(4) 이○○ 이름으로 ㈜□□에게 대여한 자금은 청구인 소유인 것은 확실한바, 법인세법 기본통칙 4-0…8에 따라 이자수익이나 수익배분금의 실질귀속자를 청구인으로 취급하여 관련 세법을 적용하면 족한 것이지, 쟁점거래 자체를 부인할 근거는 없다.

라. 처분청 의견

(1) 해외법인 ◇◇은 청구인이 사실상 소유자로서 지배·통제하고 있는 사실이 확인되므로 한국 과세당국에 청구인이 실제소유자라는 사실을 철저히 은폐하여 양 국가에 걸쳐 조세를 회피하고자 하였음이 확인된다.

(2) ◇◇주식 취득자금이 전부 청구인의 재산으로 조달되었고 ㈜□□에 투자한 이○○은 청구인에게 명의대여자인 점, ㈜□□이 청구인의 지배하에 있는 점 등으로 볼 때 쟁점거래는 실질적인 소유관계를 은폐하기 위한 가장행위에 불과하므로, 청구인과 ㈜□□ 사이에는 쟁점명의신탁에 관한 약정이 있었던 것이다.

마. 쟁점

국내법인이 청구인으로부터 차입한 자금으로 해외법인의 지분을 취득한 데 대하여 청구인이 국내법인에게 해외법인의 지분을 명의신탁한 것으로 보아 청구인에게 증여세를 과세한 처분의 당부

바. 판단요지

㈜□□과 ◇◇은 각각 국내법 및 미국법에 의하여 설립되어 청구인과는 독립된 실체가 있는 법인으로 보이고, ㈜□□이 청구인으로부터 차입한 자금을 재무제표상 차입금으로 계상하고 외국환은행에 해외투자신고를 한 다음 동 차입금을 해외법인 ◇◇주식을 취득하는 데 사용한 것으로 나타나는바,

청구인은 ㈜□□에게 자금을 대여하는 방법으로 간접투자를 하였고 ㈜□□이 청구인으로부터 차입한 자금으로 해외투자를 한 것으로 보이므로 이 건 ㈜□□과 ◇◇을 실질적인 소득

이나 자산에 대한 지배관리권 없이 조세회피목적을 위하여 설립된 도관회사로 볼만한 사정이 나타나는 경우 이들 법인들을 도관회사로 보아 조세조약상의 혜택을 부인하고 배후의 투자자인 청구인에게 소득세 등을 과세하는 것은 별론으로 하더라도, 이들 국내법인과 해외법인의 행위를 청구인의 행위로 보고 청구인이 해외법인의 주식을 취득하여 국내법인에게 명의신탁하였다고 보아 처분청이 상증법 §45의2 및 §4 ① 단서를 적용하여 청구인에게 증여세를 과세한 이 건 처분은 잘못이 있는 것으로 판단된다.

이 사건의 사실관계를 먼저 살펴보면 청구인 소유의 주식을 친척인 이○○에게 명의신탁하였는데, 이 사실이 과세관청의 조사과정에서 드러나 명의신탁재산 증여의제 규정에 따라 증여세가 과세되었지만 별도의 불복절차를 제기하지 않고 증여세를 납부하였다. 이는 명백하게 증여의제 규정에 해당되는 것이므로 불복을 포기한 것으로 짐작된다.

청구인은 위 명의신탁한 주식을 제3자에게 양도하고 그 대금을 수령하여 명의수탁자였던 이○○의 은행계좌에 보관하였다가 청구인이 대주주로 있는 국내법인 A사에 빌려주었고, A사는 이 자금으로 해외법인 B사 주식을 취득하였다는 것이다.

즉, 청구인 소유 자금이 다른 사람 이름으로 A사로 흘러 들어갔는데 A사는 이해관계가 없는 별도 회사가 아니라 청구인이 지배하는 회사이고, 결국 이 자금을 원천으로 해외 B사 주식을 취득한 것이므로 과세관청 시각으로는 무엇인가 불합리해 보일 수 있을 것이다.

따라서 거래의 귀속이 명의일 뿐이고 사실상 귀속되는 자가 따로 있을 때에는 그 귀속되는 자를 납세의무자로 하여 세법을 적용한다는 국세기본법의 실질과세원칙을 적용하여 명의상 거래가 귀속되는 A사의 법인격을 부인하고 사실상의 귀속자로 청구인을 특정하였을 것이다.

그러나 재결청은 주주의 인격과 법인의 인격은 서로 독립되어 있고 그 소유 재산은 각각의 인격이 지배하는 것이므로 A사와 B사가 각 소재국가의 실정법에 따라 설립되었고, 차입한 자금을 정상적으로 재무제표에 표시하여 공시하였으며, A사 이름으로 A사가 직접 외국환거래법에 따라 외국환은행의 장에게 해외투자신고 후 B사 주식을 취득한 사실관계를 인정하여 독립된 실체로 판단하였다.

한편, 심판례에서는 법인격부인의 논리에 대해 별론으로 한다고 하여 판단을 유보하였지만 세법의 실질과세원칙과 실질과세원칙의 예외인 명의신탁재산 증여의제 규정이 동시에 적용하는 것은 논리적 모순이라는 청구인의 주장은 살펴볼 만하다.

즉 청구인은 이 사건에서 조사청이 명의신탁임을 입증할 목적으로 A사와 A사의 행위를

모두 부인함으로써 명의신탁재산 증여의제 규정을 적용하여 과세하였는데,

명의신탁자와 명의수탁자가 반드시 특정되어야 하는 명의신탁의 개념으로 돌아와서는 A사를 명의수탁자로 특정함으로써 조사청 스스로 실체를 부인하였던 A사의 실체를 다시 인정하여 명의신탁을 성립시킨 것은 납득할 수 없고, 이런 논리적 모순은 실질과세원칙의 예외인 증여의제 규정을 실질과세원칙과 동시에 적용하였기 때문이 발생한 것이라고 주장한 것이다.

우리나라 현행 세법상 법인격 부인과 관련된 직접적인 규정은 없다. 다만, 안경봉 교수는 현행 세법상 법인격 부인의 유형으로 ① 국세기본법 §14 ①의 실질귀속원칙, ② 국세기본법 §39의 출자자에 대한 제2차 납세의무, ③ 법인세법 §52의 부당행위계산부인, ④ 국제조세조정에 관한 법률의 조세피난처 세제를 들면서,

③의 경우는 법인격을 부인하는 것이 아니라 법인격 부인의 대상이 되는 법인의 거래가격을 시가로 조정한다는 점과, ④의 경우에도 법인을 일단 인정하고 난 뒤에 세법상 강제배당을 한다는 점을 감안해 볼 때 법인격이 없음을 전제로 하는 본래 의미의 법인격 부인제도와는 차이가 있다고 설명하고 있는데[57],

이로 미루어 볼 때 실질과세원칙의 예외인 명의신탁재산 증여의제 규정을 들어 과세하면서 실질과세를 구현하기 위한 법인격 부인 논리를 함께 적용한다는 것은 현행 세법에도 없고 논리에도 어긋난 것으로 부당한 것이라는 청구인 주장이 타당해 보인다.

Case 9 심사증여 2014-0119, 2015.3.12.

개정 상증법 §45의2 ③은 부칙 §10에 의하여 이 법 시행 후(2004.1.1.) 법인세법에 따라 주식 등 변동상황명세서를 제출하는 분부터 적용하는 것이므로, 2003.12.1. 명의변경된 것에도 적용하는 것이 타당하다는 사례

가. 사실관계

(1) 청구인은 2003.12.1. 자신이 임원으로 근무하던 비상장법인 ㈜□□의 대주주로부터 쟁점주식을 청구인의 외삼촌인 백○○ 명의로 양수

(2) ㈜□□은 2003사업연도 법인세 과세표준 신고하면서 부속서류인 주식등변동상황명세서에 쟁점거래를 반영하여 관할세무서장에 신고

57) 영남대학교 사회과학연구소, 「조세법상 법인격부인론」, 사회과학연구(제18집 제2권), 1999, p.49.

나. 과세경위

과세관청은 ㈜□□ 법인세 통합조사 및 주식변동조사 실시하여 쟁점주식에 대해 명의신탁재산 증여의제 규정을 적용하여 명의자 백○○과 연대납부의무자 청구인에게 증여세 부과

다. 청구인 주장

(1) 명의신탁재산 증여의제 규정 적용시 증여시기는 주식의 소유명의가 실제소유자에서 명의자로 변경된 날이라고 해석하고 있는데, 쟁점거래는 2013.12.1. 소유명의가 변경되었으므로 이 날이 증여시기이자 납세의무 성립일이다. 따라서 그 이후에 개정된 세법을 적용한다면 이는 명백히 진정소급에 해당된다.

(2) ㈜□□은 설립 이래 주주명부를 작성한 사실이 없으므로 쟁점거래가 주주명부에 명의개서가 이루어진 사실도 없기 때문에, 2003.12.1. 당시 상증법 규정하에서는 명의신탁재산 증여의제 요건에 해당하지 않는다.

라. 처분청 의견

(1) 개정 상증법 부칙 §10에 의하여 이 법 시행 후(2004.1.1.) 법인세법에 따라 주주 등에 관한 서류 및 주식등변동상황명세서를 제출하는 분부터 적용하도록 하고 있는데 청구인의 주장대로 개정조항이 2004년 거래분부터 적용된다면 부칙 §1(시행일) 및 §2(일반적용례)만으로 충분하고 부칙 §10과 같은 별도의 조항을 만들 필요가 없다.

(2) 2003.12.1. 거래만으로 과세요건이 성립하는 것이 아니라 2004.3.31. 주식등변동상황명세서 제출행위가 더해져야 과세요건이 성립되므로 아직 완성되지 않고 현재 진행 중에 있는 사실관계에 신법을 적용하는 부진정 소급입법이며, 이미 완성된 사실관계에 신법을 적용하는 진정소급입법은 원칙적으로 금지되지만 부진정 소급입법은 허용하고 있다(대법원 2008두17363 전원합의체 판결 : 헌법재판소 2009헌바311 결정).

(3) 배당을 받을 자를 정하기 위해서는 상법 §354에 따라 주주명부를 작성하여 기준일을 정해 폐쇄하여야 하는데, ㈜□□은 2003년부터 2009년까지 매년 7억 원의 배당을 실시한 사실이 확인되고, 이를 위해서는 주주명부의 작성이 반드시 필요하므로 ㈜□□이 설립 이래 주주명부를 작성한 사실이 없다는 주장은 인정할 수 없다.

마. 쟁점

2003.12.31. 이전 거래에 대해 명의신탁재산 증여의제 규정 적용하면서 주식등변동상황명세서를 기준으로 증여세 부과처분이 가능한지 여부

바. 판단요지

㈜□□은 1990.12.14.부터 2003년 말까지 주식변동상황을 관리한 내역이 확인되고 ㈜□□의

최대주주가 쟁점주식에 대한 우선매수권을 가지고 있어 주식변동상황을 관리하는 등 ㈜□□이 주주명부를 작성하여 주주변동상황을 관리하고 있었던 점,

개정 상증법 §45의2 ③은 부칙 §10에 의하여 이 법 시행 후(2004.1.1.) 법인세법에 따라 주식 등 변동상황명세서를 제출하는 분부터 적용하도록 되어 있는 점,

2004.1.1.이후 제출된 주식 등 변동상황명세서를 기준으로 명의개서 존부를 판단한 이 사건 부과처분은 기존 심판례(조심 2011서 0465등 다수)에 따라 정당한 점, 2014.3.20. 선고, 서울고등법원 2013누20501 판결은 본 건 청구와는 쟁점이 다른 사건인 점 등에 비추어 볼 때 이건 증여세를 과세한 처분은 잘못이 없다고 판단된다.

주주명부 등이 없는 경우 주주등변동상황명세서에 따라서 명의신탁재산 증여의제 규정을 적용할 수 있도록 2003.12.30. 개정된 법률 제7010호 부칙 §10에 따르면 이 규정은 시행일인 2004.1.1. 이후 법인세법에 따라 주주 등에 관한 서류 및 주식등변동상황명세서를 제출하는 분부터 적용한다고 규정되어 있다.

쟁점거래는 2003.12.1. 발생하였다. 이 규정을 놓고 청구인은 2004사업연도 이후 거래가 기재된 주식등변동상황명세서를 제출하는 분부터 적용해야 하는 것, 즉 쟁점거래처럼 2003사업연도 거래는 해당되지 않으므로 진정소급에 해당되어 위법이라는 것이고, 처분청은 2004.1.1. 이후 제출되는 주식등변동상황명세서부터 즉, 12월 결산법인의 경우 쟁점거래와 같이 2003사업연도 중 발생한 사실도 포함하는 것이므로 쟁점처분은 정당하다는 것이다.

이런 주장의 근거로 청구인은 "2004년 이후 증여분에 대하여는 상증법 §45의2 ③을 적용할 수 있으나, 그 이전의 증여분에 대하여는 소급적용할 수 없다" 취지의 판결이 있었던 일련의 소송(서울행정법원 2013.5.24. 선고, 2012구합20441 판결 → 서울고등법원 2014.3.20. 선고, 2013누20501 판결 → 대법원 2014.7.24. 선고, 2014두5880 판결)을 제시하였다.

상증법은 2003.12.30. 법률 제7010호로 개정되면서 §45의2 ③을 신설하여 "주주명부가 작성되지 아니한 경우에는 법인세법 §109 ① 및 §119 규정에 의하여 납세지 관할세무서장에게 제출한 주주 등에 관한 서류 및 주식등변동상황명세서에 의하여 명의개서 여부를 판정한다"고 규정하고 있으나,

부칙 §10은 "위 개정규정은 2004.1.1. 이후 위 법인세법 규정에 의하여 주주 등에 관한 서류 및 주식등변동상황명세서를 제출하는 분부터 적용한다"고 규정하고 있으므로, 2004.1.1. 이후 주식등변동상황명세서가 제출된 2004년 이후 증여분에 대하여는 위 규정을 적용할 수 있으나, 그 이전의 증여분에 대하여는 위 규정을 소급적용할 수 없다(서울고

등법원 2014.3.20. 선고, 2013누20501 판결).

원심판결에서의 패소부분을 피고가 직권으로 취소하여 이 부분 소는 이미 소멸하고 없는 처분으로 소의 이익이 없어 각하한다(대법원 2014.7.24. 선고, 2014두5880 판결).

이에 대해서 처분청은 예시 사건의 증여는 1988년, 1999년, 2000년에 각각 발생한 증여분에 대한 것이어서 대법원 상고 후 처분청이 스스로 직권취소한 것이고, 이 사건의 경우와 같이 2003년 증여분에 대해서 개정 상증법 §45의2 ③ 규정의 적용이 불가능하다고 판단하여 취소한 것이 아니다.

청구인이 제시한 판결문에 "2004.1.1. 이후 주식등변동상황명세서가 제출된 2004년 이후 증여분에 대하여는 위 규정을 적용할 수 있으나 ……"의 문구는 법인세법에 따른 주식등변동상황명세서의 제출시기를 제대로 파악하지 못해 오인한 것으로 판단된다고 하면서,

법인세법 및 소득세법에 따라 제출하는 지급명세서 관련 조문이 개정되는 경우 부칙에는 "제출하는 분" 및 "최초로 발생하는 소득을 지급하는 분" 등으로 적용시기를 명확하게 구분하고 있는데, 문제의 부칙 §10는 "2004.1.1. 이후 법인세법에 따라 주주 등에 관한 서류 및 주식등변동상황명세서를 제출하는 분부터 ……"라고 적용시기를 밝히고 있으므로 이 사건처럼 2003년에 발생하고 2004.3.31.까지 법인세를 신고하는 거래분에는 적용되는 것이라고 주장하였다.

조세심판원도 이 심사례의 경우처럼 2003년 명의신탁이 발생한 사건에서 과세관청의 처분이 정당하다고 한다(조심 2011서0465, 2011.6.23. : 조심 2014구4423, 2014.12.30.).

Case 10 조심 2011서4747, 2012.1.4.

명의수탁자가 배당소득에 대해 종합소득세를 신고납부하고, 명의신탁자도 법정신고기한 내에 종합소득세를 신고납부하였다면 주식명의신탁 사실만을 가지고 배당소득 신고누락에 관하여 10년의 부과제척기간을 적용할 수 없다는 사례

가. 사실관계

(1) ㈜□□실업은 1980년 설립 당시 51%는 청구인의 배우자가, 쟁점주식인 나머지 49%는 2007년 사망한 청구인의 형 심○○이 각 소유한 것으로 신고

(2) 심○○가 2006년 쟁점주식을 청구인에게 양도하고 양도소득세 신고하지 않자 과세관청은 기한후신고를 안내

(3) 2009년 심○○의 상속인들이 쟁점주식 양도에 관하여 양도차익이 없는 것으로 하여 양도소득세 신고한 후, 쟁점주식은 심○○이 청구인으로부터 명의신탁받았다가 양도의 형식으로 반환한 것이라고 주장

나. 과세경위

(1) 과세관청은 과세사실판단자문위원회 결정에 따라, 쟁점주식은 청구인이 심○○에게 명의신탁한 주식임을 인정하여 양도소득세 등을 과세하지 않았으나,

(2) 심○○ 명의로 2000년에 발생한 배당소득 총수입금액 147,000,000원의 실제소유자는 청구인이므로 동 배당소득을 청구인의 종합소득세 과세표준에 합산하고 국세기본법 §26의2 ① 규정에 의거 10년의 부과제척기간을 적용하여 청구인에게 종합소득세 부과고지

다. 청구인 주장

(1) 명의신탁한 사실은 인정하나 심○○ 명의로 발생한 배당소득에 대한 종합소득세를 신고납부하였고, 청구인 또한 법정신고기한 내에 해당 배당소득을 제외한 소득을 신고납부하였다.

(2) 쟁점주식을 명의신탁한 사실만으로 조세의 부과징수를 불가능하게 하거나 현저히 곤란하게 하는 위계 기타 부정한 적극적인 행위를 한 것이 아니므로 국세부과제척기간 10년을 적용한 것은 부당하다.

라. 처분청 의견

(1) 조세회피목적은 명의신탁 당시 소득세 누진세율 등 조세회피의 개연성이 있으면 성립하는 것인데 청구인은 이 건 명의신탁에 의한 배당소득을 제외하고도 최고세율로서 종합소득세를 신고납부한 반면, 심○○은 최저세율로 누진율 적용을 받아 동 구간만큼 세제상 이득을 취하였던 점으로 보아 조세회피 목적이 있었다.

(2) 26년간이나 타인에게 명의신탁한 점이나 양도의 형식을 빌어 명의신탁한 주식을 환원한 행위는 납득할 수 없고, 이런 일련의 행위는 명의신탁재산의 증여의제 규정의 적용을 회피하고자 한 것으로 추정되므로 국세부과제척기간을 10년 적용은 정당하다.

마. 쟁점

주식명의신탁으로 인한 배당소득 신고누락에 관하여 10년의 부과제척기간을 적용한 처분의 당부

바. 판단요지

국세기본법 §26의2 ①에서 10년의 부과제척기간을 적용할 수 있는 "사기 기타 부정한 행위"란 조세의 부과·징수를 불가능하게 하거나 또는 현저히 곤란하게 하는 위계 기타 부정한 적극적인 행위를 말하는 것이며, 어떤 다른 행위를 수반함이 없이 단순히 세법상의 신고를 하지 아니하거나 허위의 신고를 함에 그치는 것은 "사기 기타 부정한 행위"에 해당하지 아니하는 것으로 해석된다(대법원 1998.5.8. 선고, 97도2429 판결 ; 조심 2010부130, 2010.8.10. 합동회의 외 다수 같은 뜻임).

이 사건에서 쟁점주식을 심○○에게 명의신탁하였으나 그에 대한 배당금을 심○○의 배당소득으로 하여 종합소득세를 신고하였고, 청구인이 법정신고기한 내에 종합소득세를 신고한 점, 청구인의 이 건 명의신탁에 따른 이익은 결과적으로 배당소득에 대한 세율 차이만큼의 세제상 이득에 불과한 것으로 보이는 점 등을 종합적으로 감안할 때,
청구인이 이 건 주식을 명의신탁한 사실만으로 조세의 부과·징수를 불가능하게 하거나 또는 현저히 곤란하게 하는 위계 기타 부정한 적극적인 행위를 하였다고 보기는 어렵다(조심 2010중1755, 2010.12.28. 참조).

이 사건 결정문에 의하면 쟁점주식의 명의신탁에 대하여 1980년경 청구인에게 증여세 납세의무가 성립하였으나, 2006년경에는 이미 부과제척기간이 도과한 상태이고, 처분청이 제출한 2000년부터 2006년까지 종합소득세 신고내역에 의하면 해당 과세기간 동안 금융소득에 대한 비교산출세액 계산시 세율적용 차이는 발생할 수 있을지는 몰라도 청구인과 심○○은 각 최고세율을 적용받아 종합소득세율의 차이는 없었다.

이런 사실에 더하여 어떤 다른 행위를 수반함이 없이 단순히 세법상의 신고를 하지 아니하거나 허위의 신고를 함에 그치는 것은 "사기 기타 부정한 행위"에 해당하지 않는다는 대법원 판례 및 조세심판관합동회의 판례와 함께

"명의신탁한 사실만으로 조세의 부과·징수를 불가능하게 하거나 또는 현저히 곤란하게 하는 위계 기타 부정한 적극적인 행위를 하였다고 보기는 어렵다"고 한 선행심판례가 결정적인 판단근거로 작용했을 것이라 여겨진다.

Case 11 조심 2011구0893, 2012.2.17.

명의신탁 당시 신용불량자로 본인 명의로 주식거래 등을 하는 것이 불가능하였고 신용불량에서 벗어나자마자 바로 명의환원하여 양도한바, 조세부담이 동일하므로 명의신탁 당시 및 그 이후 명의신탁자에게 조세회피의 목적이 없었다고 판단한 사례

가. 사실관계

(1) 유○○은 2006.12.31. 상장법인 □□이 발행한 주식을 김○○과 청구인에게 명의신탁. 명의수탁자 김○○은 유○○의 조카이며, 청구인은 유○○이 회장으로 있었던 회사의 직원으로 모두 특수관계자에 해당

(2) 유○○은 1998년 금융기관 채무 미상환으로 신용불량자가 되었고, 2008년 3월 신용불량이 해제된 즉시 명의신탁한 주식을 본인 계좌로 옮긴 후 2009년 말까지 모두 매각

나. 과세경위

처분청은 위 사실관계에 따라 명의신탁재산 증여의제 규정을 적용하여 청구인에게 증여세 과세

다. 청구인 주장

(1) 유○○은 신용불량자였기 때문에 신용거래 및 담보거래를 본인명의로 할 수 없는 등 주식투자를 제한적으로 할 수밖에 없는 상황에서 청구인 등으로부터 명의를 빌려 하였을 뿐 조세회피 의도는 없었다.

(2) 유○○가 신용회복위원회의 승인을 거쳐 금융기관의 차입금을 모두 상환한 후 신용불량이 해제됨에 따라 청구인 등의 명의로 있던 쟁점주식 전부를 본인 명의의 계좌로 이체하여 매도한 것만 보아도 양도소득세 등을 회피할 의도가 없었다는 사실을 확인할 수 있다.

(3) 유○○가 본인 명의로 주식을 보유하고 있는 경우와 청구인 등 명의로 보유하고 있는 경우를 비교하면 조세부담이 동일하고, 실제 유○○이 신용불량이 해제됨과 동시에 쟁점주식을 모두 본인 명의로 대체시킨 뒤인 전량 매도하면서 양도소득세를 신고·납부하였으므로 경감되거나 회피된 양도소득세는 없다.

라. 처분청 의견

(1) 쟁점주식을 수인의 명의로 분산한 것에는 주가상승이 있더라도 대주주에 해당하지 아니하도록 하여 양도소득세를 회피하고자 하는 목적이 저변에 남아 있는 것이다.

(2) 신용불량자인 유○○ 명의로 쟁점주식을 취득할 경우 주식취득자금의 출처를 조사할 것이 명백하고, 이 경우 복잡한 자금거래와 신고누락 등이 밝혀져 고액의 법인세 및 종

합소득세가 과세될 것으로 예측함이 가능한바,
쟁점주식을 다수의 명의로 분산하여 취득한 것에는 이러한 법인세, 증여세 및 종합소득세를 회피할 목적이 있었다.

마. 쟁점

특수관계자의 명의로 취득한 상장주식인 쟁점주식을 특별한 사유 없이 조세회피목적으로 명의신탁한 것으로 보아 명의신탁재산 증여의제 규정을 적용하여 증여세를 과세한 처분의 당부

바. 판단요지

금융기관 등이 채권을 회수하기 위하여 유○○에게 보낸 판결문 등 채권추심 관련서류에 의하면 유○○은 신용불량자에게 주어지는 주식거래의 제한과 채권자들로부터의 강제집행 때문에 본인 명의로 주식거래 등을 하는 것이 불가능하고, 신용매수의 한도를 늘리기 위하여 청구인 등의 명의로 분산하여 쟁점주식을 취득할 수밖에 없었던 것으로 인정된다.

또, 유○○이 신용불량상태에서 벗어나자마자 청구인 등의 명의로 된 쟁점주식을 본인 앞으로 환원하여 명의신탁 관계를 해소한 점을 감안하면 이 건은 상증법 §45의2 입법취지 등에 의하여 규제하는 일반적인 주식의 명의신탁과는 달리 보여지고,

상증법 §45의2 ①에 의한 과세는 명의신탁 전·후의 조세부담의 차이와 신탁자와 수탁자에게 조세회피의 목적이 있었는지 여부에 대한 정황 등을 감안하여야 하는 점 등을 종합하여 볼 때, 유○○이 청구인 등에게 쟁점주식을 명의신탁한 것은 본인이 신용불량자인 불가피한 사유 때문이고, 명의신탁 당시 및 그 이후에도 유○○에게 조세회피의 목적이 없었다고 보는 것이 타당하다.

명의신탁재산 증여의제 규정은 명의신탁이 조세회피목적이 아닌 다른 이유에서 이루어졌고 그에 부수하여 사소한 조세경감이 생기는 것에 불과한 명의신탁에는 조세회피목적이 있었다고 단정할 수 없는 것이긴 하지만, 명의신탁 당시 실제소유자가 신용불량 상태에 빠져 있었다는 사실만으로 조세회피 의도가 없었다고 단정할 수는 없다.

이 사건 결정문에 나타나듯이 명의신탁 전후의 조세부담의 차이와 명의신탁에 이르게 된 정황 등을 종합적으로 감안하여야 조세회피 목적이 있었는지 여부를 판단하여야 할 것인데 결정문에 나타난 조세회피 의도가 없었다는 재결청의 판단근거를 참고할 필요가 있다.

① 청구인 등에게 2007년과 2008년에 쟁점주식에 대한 배당소득이 발생하였으나 배당소득세가 원천징수되었고 소득법 §62의 세액계산 특례규정에 의하여 계산하여 종합과세로 인한 추가적인 세부담은 없으며, 영등포세무서장의 조사결과 유○○와 관련된 소득이 없는 것으로 밝혀져 배당소득 외에는 합산대상 소득이 없어 별도의 세부담이 없다.

② 유○○과 명의자들은 특수관계자로 대주주의 범위(양도일이 속하는 사업연도 직전사업연도 종료일 현재 소유한 주식의 시가총액이 100억 원 이상)에 포함되고, 청구인을 제외하고 합산하여도 대주주에 해당되어 유○○가 본인 명의로 주식을 보유하는 경우와 특수관계자인 청구인 등의 명의로 보유하고 있는 경우의 조세부담이 동일하므로 단순히 주식의 명의를 분산시켰다는 사정만으로 양도소득세를 경감 또는 회피하려 하였다고 인정하기는 어렵다.

③ 대주주의 주식 양도분에 대한 양도소득세는 누진세율이 아니라 보유기간에 따라 일정한 세율이 적용되므로 세부담의 차이도 없고, 이에 대한 양도소득세도 신고·납부되었으며, 유○○는 쟁점주식 모두를 본인 명의로 환원한 후 양도하였다.

④ 2007년 중 쟁점주식 중 일부가 장내에서 매도되었으나 이는 신용담보유지비율 때문인 것으로 나타나며 양도차손이 발생하여 양도소득세 과세문제가 발생하지 않았다.

⑤ 쟁점주식은 모두 상장주식이고 장내에서 거래하여 증권거래세가 원천징수되어 신고·납부의무가 완료되었고, 지방세법에 의한 과점주주 간주취득세가 적용되지 아니하며 동 주주에 해당되지 아니하므로 제2차 납세의무도 없다.

⑥ 처분청이 말하는 증여세 등은 유○○가 취득할 때 본인 명의로 하던 타인 명의로 하던 무관하게 발생가능한 것이라 명의신탁 여부와는 관련이 없으므로 타인의 명의를 사용함에 따라 회피되는 조세로 볼 수 없다.

위에서 보듯이 명의신탁재산 증여의제로 과세된 사안에서 조세회피 의도가 없었다는 점을 입증하기 위해서는 명의신탁 당시 명의신탁의 주된 목적이 조세회피가 아닌 다른 곳에 있었다는 것을 입증해야 한다.

이 사건의 경우 단순하게 신용불량자이기 때문에 자기 이름으로 주식거래를 할 수 없었다는 것만 주장해서는 부족하고, 위에서의 경우처럼 실제 회피된 조세가 없었다는 것도 세목별로 하나씩 들어서 필요하다면 세액까지 계산하여 입증하여야 할 것이다.

제10장

조세소송에 의한 조세불복

1 조세소송

가. 조세소송의 의의

조세소송은 조세법률관계에 관한 쟁송을 심리·판단하는 재판절차입니다만, 이하에서는 행정소송법 상 조세행정소송으로 진술범위를 한정하고자 합니다. 즉 조세행정소송은 행정소송법상 납세자 자신의 권리구제를 직접 목적으로 하는 주관적 소송인 항고소송과 당사자소송, 납세자 자신의 권리구제를 목적으로 하지 않는 객관적 소송인 민중소송과 기관소송으로 분류될 수 있습니다(행정소송법 §3).[58]

한편 위 항고소송은 다시 과세관청의 위법한 처분의 취소 또는 변경을 구하는 소송인 취소소송, 과세관청이 행한 처분의 효력 유무 또는 존재 여부의 확인을 구하는 소송인 무효등 확인소송, 과세관청의 부작위가 위법하다는 확인을 구하는 부작위위법확인소송으로 구분됩니다(행정소송법 §4).[59]

다만 실제로 발생하는 조세행정소송의 유형은 항고소송, 그 중에서도 과세처분 취소소송이 거의 대부분을 차지하고 있습니다. 따라서 이하에서는 주로 항고소송에 관한 내용이 중심이 될 것입니다.

나. 조세소송의 특수성

조세법은 행정법의 한 분야로 인식되고 있고 조세법원이 따로 설치되지 아니한 우리나라에서는 조세소송은 일반 행정소송과 함께 행정법원에서 처리되고 있습니다. 그러나 조세법

58) 행정소송법 제3조【행정소송의 종류】행정소송은 다음의 네가지로 구분한다. 〈개정 1988.8.5.〉
1. 항고소송: 행정청의 처분등이나 부작위에 대하여 제기하는 소송
2. 당사자소송: 행정청의 처분등을 원인으로 하는 법률관계에 관한 소송 그 밖에 공법상의 법률관계에 관한 소송으로서 그 법률관계의 한쪽 당사자를 피고로 하는 소송
3. 민중소송: 국가 또는 공공단체의 기관이 법률에 위반되는 행위를 한 때에 직접 자기의 법률상 이익과 관계없이 그 시정을 구하기 위하여 제기하는 소송
4. 기관소송: 국가 또는 공공단체의 기관상호 간에 있어서의 권한의 존부 또는 그 행사에 관한 다툼이 있을 때에 이에 대하여 제기하는 소송. 다만, 헌법재판소법 제2조의 규정에 의하여 헌법재판소의 관장사항으로 되는 소송은 제외한다.

59) 행정소송법 제4조【항고소송】항고소송은 다음과 같이 구분한다.
1. 취소소송: 행정청의 위법한 처분등을 취소 또는 변경하는 소송
2. 무효등 확인소송: 행정청의 처분등의 효력 유무 또는 존재여부를 확인하는 소송
3. 부작위위법확인소송: 행정청의 부작위가 위법하다는 것을 확인하는 소송

은 일반 행정법 원리와 다른 특성이 있고, 조세소송 또한 일반 행정소송절차와는 다른 절차법적 특징이 있습니다.

즉 조세의 부과 및 징수에서는 조세법률주의의 원칙상 과세관청의 재량행위가 인정되지 않고 오직 그 적법성 여부만이 문제될 뿐이므로, 조세소송에서는 당해 부과처분이 위법한지 여부만이 판단의 대상이 되는 것이고, 일반 행정소송에서와 같이 재량권 일탈 · 남용 여부는 판단의 대상이 되지는 않습니다.

조세법률관계의 특수성으로 인하여 조세불복신청에는 일반법인 행정심판법이 적용되지 아니하고 국세기본법이나 관세법 또는 지방세기본법의 특별규정에 의하여 독자적으로 규율됩니다. 조세소송에서도 전치절차와 관련된 행정소송법의 일부 조항의 적용이 배제되며, 이의신청, 심사청구, 심판청구 등에 대한 처분은 불복청구의 대상이 되지 않습니다. 일반 행정소송의 경우에는 원처분과 아울러 행정심판의 재결도 항고소송의 대상으로 삼을 수 있으나 조세소송에서는 원처분만을 다툼의 대상으로 삼는다는 점에 차이가 있습니다.

불복청구대상	일반 행정소송	조세소송
	원처분, 행정심판의 재결	원처분

그러나 조세소송도 위와 같은 특수성을 제외하고는 일반 행정소송과 다를 바가 없으므로 국세기본법, 관세법, 지방세기본법 등 조세법규에 특별한 규정이 있는 것을 제외하고는 일반법인 행정소송법 및 민사소송법이 적용 또는 준용된다고 할 수 있습니다(행정소송법 §8 ②).[60)]

60) 행정소송법 제8조 【법적용예】
① 행정소송에 대하여는 다른 법률에 특별한 규정이 있는 경우를 제외하고는 이 법이 정하는 바에 의한다.
② 행정소송에 관하여 이 법에 특별한 규정이 없는 사항에 대하여는 법원조직법과 민사소송법 및 민사집행법의 규정을 준용한다. 〈개정 2002.1.26.〉

2 조세소송의 분류

가. 항고소송

항고소송은 과세관청의 위법한 처분이나 부작위에 의하여 권리·이익을 침해받은 자가 제기하는 소송으로서, 그 처분 등을 행한 행정청을 피고로 합니다(행정소송법 §13, §38).[61), 62)] 항고소송은 그 성질에 따라 취소소송, 무효 등 확인소송, 부작위위법확인소송으로 나뉩니다(행정소송법 §3 제1호, §4).

1) 취소소송

과세관청의 위법한 부과처분 또는 징수처분의 취소나 변경을 구하는 소송으로서 처분청을 피고로 하여 제기되며, 조세소송의 대부분이 이에 해당합니다. 항고소송은 그 소송대상 처분에 따라 부과처분취소소송, 거부처분취소소송 등이 있으며, 과세처분은 아니나 판례가 항고소송의 대상이 되는 조세 행정처분으로 보고 있는 소득금액변동통지처분(대법원 2006.4.20. 선고 2002두1878 전원합의체 판결) 및 세무조사결정처분(대법원 2011.3.10. 선고 2009두23617, 23624 판결)의 취소소송 등을 생각해 볼 수 있습니다.

부과처분취소소송은 과세관청의 부과처분이 위법하다고 하여 직접 그 처분의 취소를 구하는 것이고, 거부처분취소소송은 과세관청이 납세자의 일정한 신청에 대하여 그에 따른 처분을 거부한 경우에 제기하는 것으로 국세기본법 §45의2[63)]에 기한 납세자의 경정청구에

61) 행정소송법 제13조【피고적격】

① 취소소송은 다른 법률에 특별한 규정이 없는 한 그 처분등을 행한 행정청을 피고로 한다. 다만, 처분등이 있은 뒤에 그 처분등에 관계되는 권한이 다른 행정청에 승계된 때에는 이를 승계한 행정청을 피고로 한다.

② 제1항의 규정에 의한 행정청이 없게 된 때에는 그 처분등에 관한 사무가 귀속되는 국가 또는 공공단체를 피고로 한다.

62) 행정소송법 제38조【준용규정】

① 제9조, 제10조, 제13조 내지 제17조, 제19조, 제22조 내지 제26조, 제29조 내지 제31조 및 제33조의 규정은 무효등 확인소송의 경우에 준용한다.

② 제9조, 제10조, 제13조 내지 제19조, 제20조, 제25조 내지 제27조, 제29조 내지 제31조, 제33조 및 제34조의 규정은 부작위위법확인소송의 경우에 준용한다.

63) 국세기본법 제45조의2(경정 등의 청구) ① 과세표준신고서를 법정신고기한까지 제출한 자는 다음 각 호의 어느 하나에 해당할 때에는 최초신고 및 수정신고한 국세의 과세표준 및 세액의 결정 또는 경정을 법정신고기한이 지난 후 5년 이내에 관할 세무서장에게 청구할 수 있다. 다만, 결정 또는 경정으로 인하여 증가된 과세표준 및 세액에 대하여는 해당 처분이 있음을 안 날(처분의 통지를 받은 때에는 그 받은 날)부터 90일 이내(법정신고기한이 지난 후 5년 이내로 한정한다)에 경정을 청구할 수 있다. 〈개정 2010.12.27., 2014.12.23.〉

1\. 과세표준신고서에 기재된 과세표준 및 세액(각 세법에 따라 결정 또는 경정이 있는 경우에는 해당 결정

대한 거부처분취소소송이 가장 대표적입니다. 이러한 취소소송은 제소기간의 제한이 있고, 지방세를 제외하고는 모두 행정심판전치주의가 적용됩니다.

2) 무효 등 확인소송

과세관청이 한 처분의 효력 유무 또는 존재 여부의 확인을 구하는 소송(행정소송법 §4 제2호)으로, 부과처분무효확인소송, 부과처분부존재확인소송 등이 이에 속합니다. 무효 등 확인소송은 취소소송과 달리 제소기간의 제한이나 행정심판전치주의가 적용되지 아니합니다(행정소송법 §38 ①).[64] 과거 대법원은 세금을 납부한 후에는 납부세금에 대한 민사소송에 의한 부당이득반환청구를 할 수 있으므로 과세처분의 무효 확인소송을 제기할 확인의 이익이 없다고 보았으나, 이후 행정처분의 근거 법률에 의하여 보호되는 직접적이고 구체적인 이익이 있는 경우에는 다른 직접적인 구제수단이 있는지 여부와 관계없이 무효 확인을 구할 법률상 이익이 있다는 취지로 종래 판례를 변경(대법원 2008.3.20. 선고, 2007두6342 전원합의체 판결)함으로써, 이미 세금을 납부한 경우에도 민사소송에 의한 부당이득반환청구 뿐 아니라 무효 확인의 소를 제기할 수 있습니다. 따라서 전심절차를 거치지 않았거나 제소기간의 도과로 취소소송을 제기할 수 없게 된 경우에 과세처분이 무효에 해당하는 때에는 민사소송에 의한 부당이득반환청구에 의하기보다는 무효 확인소송을 제기하여 행정소송으로 다투는 것이 절차적인 면에서 오히려 유리할 수 있다고 사료됩니다.

3) 부작위위법확인소송

부작위위법확인소송은 과세관청의 부작위가 위법하다는 확인을 구하는 소송입니다(행정소송법 §2 ① 제2호). 다만 과세관청의 어느 행위가 항고소송의 대상인 위법한 부작위가 되기 위해서는 국민이 과세관청에 대하여 그 신청에 따른 행정행위를 해 줄 것을 요구할 법규상 또는 조리 상의 권리가 있어야 합니다.

부작위위법확인소송은 당사자의 신청에 대한 행정청의 처분이 존재하지 않음을 전제로 하는 것이므로, 당사자의 신청에 대하여 행정청이 이를 거부한 경우에는 그 거부처분에 대한 취소소송으로 제기하여야 하며 부작위위법확인소송을 제기해서는 안 됩니다.

또는 경정 후의 과세표준 및 세액을 말한다)이 세법에 따라 신고하여야 할 과세표준 및 세액을 초과할 때
2. 과세표준신고서에 기재된 결손금액 또는 환급세액(각 세법에 따라 결정 또는 경정이 있는 경우에는 해당 결정 또는 경정 후의 결손금액 또는 환급세액을 말한다)이 세법에 따라 신고하여야 할 결손금액 또는 환급세액에 미치지 못할 때

64) 행정소송법 제38조 【준용규정】 ① 제9조, 제10조, 제13조 내지 제17조, 제19조, 제22조 내지 제26조, 제29조 내지 제31조 및 제33조의 규정은 무효등 확인소송의 경우에 준용한다.

당사자 신청	행정청의 처분이 존재하지 않는 경우	행정청이 당사자의 신청을 거부하는 처분을 내린 경우
	부작위위법확인소송	거부처분에 대한 취소소송

나. 당사자소송

조세소송으로서의 당사자소송은 과세처분 자체를 다투는 것이 아니라 그 처분 등에 의한 공법상의 권리 또는 법률관계에 관하여 다투는 소송으로(행정소송법 §3 제2호), 항고소송에서는 당해 처분 등을 행한 처분청을 피고로 함에 반하여, 당사자소송에서는 권리·의무의 귀속주체인 국가(국세 및 관세) 또는 지방자치단체(지방세)가 피고가 됩니다(행정소송법 §39).[65]

당사자소송은 민사소송과 같은 유형의 소송이나, 그 소송물이 공법상의 법률관계인 점에서 다릅니다.

피고적격	항고소송	당사자소송
	처분청	국가 또는 지방자치단체

다. 객관적 소송

객관적 소송은 민중소송과 기관소송을 말하고(행정소송법 §3 제3호, 제4호), 모두 법률이 정한 경우에 한하여 허용됩니다. 조세소송으로서의 민중소송은 규정된 것이 없고, 기관소송은 지방의회의 조세조례에 관한 재의결에 대하여 지방자치단체의 장이 대법원에 제기하는 것이 있습니다(지방자치법 §107 ③).

65) 행정소송법 제39조【피고적격】당사자소송은 국가·공공단체 그 밖의 권리주체를 피고로 한다.

3 조세불복의 구분

가. 개요

조세사건의 구제절차를 단계적으로 보면 ① 과세처분이 있기 이전의 사전적 구제절차인 과세전적부심, ② 부과처분이나 경정처분, 경정거부처분 등이 행해진 경우의 재판이전의 행정기관에 의한 전심절차와 ③ 법원에 의한 그 취소 및 무효 등 확인소송 등의 절차, ④ 징수단계의 압류처분, 압류해제거부처분, 공매처분 등에 대한 취소 및 무효 확인소송 등의 절차, ⑤ 납부나 강제징수 이후 세액의 환급을 구하는 환급청구 소송 등이 있습니다.

그 중에서 조세소송에 의한 구제절차는, 당해 조세가 국세인지 지방세인지에 따라 필요적 전치여부가 달라지고, 조세채무의 확정방식 및 하자의 정도에 따라 차이가 있습니다. 국세든 지방세든 납세의무자의 신고 또는 과세관청의 결정(부과처분)에 의하여 조세채무의 확정이 있게 되면, 과세관청은 납세의무자가 납부한 세액을 보유할 '법률상 원인'을 갖게 되고, 또한 납부하지 않을 경우 강제징수절차에 들어갈 수 있게 됩니다. 따라서 납세의무자의 착오 신고나 과세관청의 결정(부과처분)상의 하자로 인하여 잘못 납부된 세액을 반환받거나 이를 시정하기 위해서는 조세채무의 확정행위(부과처분 및 신고행위)의 효력을 소멸 또는 변경시켜야만 하는 것입니다.

나. 결정(부과처분)에 의한 확정의 경우

과세관청의 부과처분이 있는 경우에는 그 공정력을 소송을 통하여 제거해야 하므로, ① 국세의 경우 적법한 전심절차를 거쳐 제소기간 내에 부과처분 취소소송의 방법으로, 지방세의 경우 임의적 전치이므로 전심절차를 거치거나 또는 거치지 않고 제소기간 내에 부과처분 취소소송의 방법으로 다툴 수 있고, ② 전심절차를 거치지 않았거나 제소기간의 도과로 취소소송을 제기할 수 없는 경우에는 부과처분에 대한 무효 또는 부존재확인소송을 제기하거나, ③ 부과처분의 무효를 이유로 부당이득반환청구에 의하여 과오납금 반환(국세환급금반환)을 구할 수도 있습니다.

다. 신고에 의한 확정의 경우

신고납세방식의 조세에 있어 신고행위는 사인(私人)의 행위이기는 하나 공법관계인 조세채무를 구체적으로 확인하는 공법상의 준법률행위(관념의 통지)로 보고 있으므로, 의사표시에 관한 민법규정을 유추 적용할 수 없어 그 신고행위의 취소는 허용될 여지가 없고 단지 그 무효 여부만이 문제됩니다(통설의 입장임).

납세의무자의 신고행위에 의하여 조세채무가 확정(신고납세방식)된 경우에는, ① 취소를 구할 처분이 없으므로 과세관청에 대한 경정청구를 통한 경정거부처분취소 소송의 방법과 ② 부과처분이 무효인 경우와 마찬가지로 신고행위의 무효를 이유로 부당이득반환청구에 의한 방법으로 다툴 수 있을 뿐입니다.

4 조세채무의 성립과 확정

가. 조세채무의 성립

1) 의의

조세채무는 개별 세법이 정한 과세요건이 충족되면 당연히 성립하며, 과세관청의 부과처분이나 납세의무자의 신고 등의 행위가 필요 없을 뿐만 아니라 납세의무자가 과세요건 충족사실을 인식할 필요도 없습니다. 이 점에서 조세채무의 성립은, 일반 행정법관계에서 행정처분에 의하여 비로소 국민의 권리의무가 발생하는 것과는 그 성질을 달리합니다. 이와 같이 과세요건의 충족에 의하여 성립하는 조세채무를 구체적으로 확정된 상태의 조세채무와 대비하여 강학 상 추상적 조세채무(납세의무)라고도 합니다.

세금의 부과는 원칙적으로 납세의무 성립 시의 유효한 법령의 규정에 의하며, 세법의 개정이 있을 경우에도 개정 전·후의 법령 중 납세의무 성립 당시의 법령을 적용하여야 합니다. 당해 과세처분의 위법 여부의 판단을 과세처분 시의 법령이 아니라 납세의무 성립 시의 법령을 기준으로 한다는 점에서 일반 행정소송에서 처분 시의 법령을 기준으로 하는 것과는 다르다.

위법여부 판단시점	일반 행정소송	조세소송
	처분 시	납세의무 성립 시

2) 성립시기

조세채무(납세의무)의 성립시기에 관하여는 국세기본법과 지방세기본법에서 각 세목별로 명문의 규정을 두고 있습니다. 즉 소득세 · 법인세 · 부가가치세와 같은 기간과세 세목에 있어서는 과세기간이 종료하는 때, 상속세는 상속을 개시하는 때, 취득세는 과세물건을 취득하는 때가 각 납세의무의 성립시기이며, 원천징수하는 소득세 · 법인세는 소득금액 또는 수입금액을 지급하는 때가 성립시기가 됩니다.

그러나 조세채무가 성립한다고 하여 곧바로 납세의무자에게 세금을 현실적으로 납부하여야 하는 납세의무가 발생한다거나 과세주체인 국가나 지방자치단체가 조세채권을 행사할 수 있는 것은 아닙니다.

나. 조세채무의 확정

1) 조세채무 확정의 의의

추상적으로 성립한 조세채무에 관하여 과세주체인 국가 등이 그 이행을 청구하고 납세의무자가 이를 납부하기 위해서는 조세채무의 내용(과세표준과 세액 등)을 구체적으로 확인하는 절차를 필요로 하는데, 위 확인절차를 조세채무의 확정이라 합니다.

조세채무의 확정은 성립된 조세채무의 납부 및 징수절차에 나아가기 위한 절차법적 개념으로서, 강학 상 구체적 조세채무(납세의무)라고도 합니다.

2) 조세채무 확정의 방식

조세채무의 확정절차에 있어 1차적 확인권한이 납세의무자에게 있느냐, 과세권자에게 있느냐에 따라 신고납세방식과 부과과세방식으로 나뉘고, 일정한 경우에는 특별한 절차가 필요 없이 조세채무의 성립과 동시에 확정되는 자동확정방식이 있습니다. 위 조세채무의 확정방식에 따라 그 구제절차에 차이가 있으므로 구체적인 사안에서 확정방식을 확인할 필요가 있습니다.

가) 신고납부방식

납세의무자가 스스로 과세표준과 세액을 신고함으로써 조세채무가 확정되는 방식입니다. 다만, 신고가 없거나 신고내용에 오류나 탈루가 있어 과세권자가 결정(또는 경정결정)을 하는 경우에는 그 결정하는 때에 확정됩니다(국세기본법 시행령 §10의 2 제1호, 제2호). 이러한 경우에는 신고납부방식의 경우에도 보충적으로 부과과세방식에 의하여 조세채무가 확정되는 것입니다.

현행 세법상 이 방식을 채택하고 있는 세목으로는, 국세는 법인세, 종합소득세, 양도소득세, 부가가치세, 개별소비세 등이 있고, 지방세는 취득세, 등록면허세, 담배소비세 등이 있습니다. 종합부동산세는 선택적 신고납세방식을 택하고 있습니다. 현재 신고납세방식의 조세가 주류를 이루고 있습니다.

나) 부과과세방식

국가 또는 지방자치단체의 부과처분에 의하여 확정되는 방식으로 과세관청이 과세표준과 세액을 결정하는 때에 조세채무가 확정되나, 그 확정의 효력은 납세의무자에게 그 결정이 고지된 때(통상 납세고지서가 송달된 때)에 발생합니다. 부과과세방식의 조세에 있어서도 납세자에게 과세표준 및 세액의 신고의무를 규정하는 경우가 많이 있지만 이는 단지 과세관청에 대한 협력의무에 불과하여 확정의 효력은 없습니다.

현행 세법상 이 방식을 채택한 세목으로는, 국세는 상속세, 증여세 등이 있고, 지방세는 재산세가 있습니다.

다) 자동확정방식

조세채무의 확정을 위한 특별한 절차가 필요 없이 성립과 동시에 확정되는 방식입니다. 이 방식을 채택하고 있는 세목으로는, 국세는 인지세, 원천징수하는 소득세 · 법인세 등이 있고(국세기본법 §22 ②), 지방세는 특별징수하는 지방소득세(지방세기본법 §35 ②)가 있습니다.

특히 자주 문제되는 것이 과세관청의 소득처분 및 소득금액변동통지에 따른 법인의 원천징수 소득세입니다. 원천징수 소득세는 원천징수의무자인 법인이 소득금액변동통지서를 받은 날에 소득금액을 지급한 것으로 의제되어 원천징수의무가 '성립'함과 동시에 '확정'되므로, 신고행위나 부과처분이 개입될 여지가 없으나 대법원 2006.4.20. 선고 2002두1878 전원합의체 판결에 의하여 소득금액변동통지의 처분성을 인정함에 따라 현재는 소득금액변동통지처분에 대한 취소소송을 제기하여 이를 다툴 수 있게 되었습니다.

예를 들어, 과세관청이 A법인의 2016 사업연도 매출누락액 3,000만 원을 익금산입하고 법인세 600만 원의 부과처분을 함과 아울러 위 매출누락금 3,000만 원이 사외로 유출되어 그 귀속이 불분명하다는 이유로 A법인의 대표이사인 甲에 대한 상여로 소득처분하여 2018.5.30. A법인에게 그러한 내용의 소득금액변동통지를 한 경우, A법인의 2016 사업연도 귀속 원천징수소득세에 대한 징수의무(원천징수의무)는 소득금액변동통지서가 A법인에 송달된 2018.5.30.에 성립과 동시에 확정되는 것입니다. 다만, 2016 사업연도 귀속 원천징수소득세에 대한 것이므로 그 적용법령은 2018.5.30.이 아니라 2016.12.31.이 기준이 됩니다. 이 경우 원천징수의무자인 A법인이 원천징수세액을 납부하지 아니하는 경우, 그에 대한 과세관청의 납세고지의 법적 성격은 과세처분이 아니라 징수처분입니다.

3) 확정의 효력

납세의무자의 신고행위 또는 과세관청의 결정(부과처분)에 의하여 조세채무의 확정이 있게 되면, 과세관청은 납세의무자가 납부한 세액을 보유할 '법률상 원인'을 갖게 되고, 납부하지 않을 경우 자력집행권에 의하여 강제징수절차에 들어갈 수 있게 됩니다.

그러나 조세채무(납세의무)가 확정되었다고 하여 확정판결이나 불가쟁력이 발생한 행정행위와 같이 더 이상 다툴 수 없는 어떠한 확정력이 발생한다는 의미는 아닙니다. 과세관청의 행정행위인 부과처분에 대하여는 일반 행정행위와 마찬가지로 공정력이 인정될 뿐입니다.

다. 적용법령

세금의 부과는 원칙적으로 납세의무 성립 시의 유효한 법령의 규정에 의하여야 하고, 납세의무는 각 세법이 정한 과세요건이 완성한 때에 성립하므로 당해 조세사건에 적용되는 법령을 정하기 위해서는 그 납세의무의 성립시기가 언제인지를 확인할 필요가 있습니다.

특히 조세법규의 경우 다른 법령에 비하여 그 개정이 상당히 빈번하고, 세법의 개정이 있는 경우 개정 전·후의 법령 중 납세의무 성립 당시의 법령을 적용하여야 하므로, 조세사건을 파악함에 있어서는 당해 사건에 적용되는 법령을 확정하여야 하고, 더불어 그에 관한 경과조치인 부칙규정도 확인하여야 합니다.

예를 들어 과점주주의 제2차 납세의무와 관련하여 설명해 보겠습니다. 즉 과점주주의 제2차 납세의무는 주된 납세의무자의 본세 체납으로 인하여 징수부족액이 발생한 때에 비로소 성립하므로(국세기본법 §39)[66], 그 성립 시기는 적어도 '주된 납세의무의 납부기한'이 경과

66) 국세기본법 제39조【출자자의 제2차 납세의무】 법인의 재산으로 그 법인에 부과되거나 그 법인이 납부할 국세·가산금과 체납처분비에 충당하여도 부족한 경우에는 그 국세의 납세의무 성립일 현재 다음 각 호의 어느 하나에 해당하는 자는 그 부족한 금액에 대하여 제2차 납세의무를 진다. 다만, 제2호에 따른 과점주주의 경우에는 그 부족한 금액을 그 법인의 발행주식 총수(의결권이 없는 주식은 제외한다. 이하 이 조에서 같다) 또는 출자총액으로 나눈 금액에 해당 과점주주가 실질적으로 권리를 행사하는 주식 수(의결권이 없는 주식은 제외한다) 또는 출자액을 곱하여 산출한 금액을 한도로 한다. 〈개정 2013.5.28., 2014.12.23.〉

한 이후입니다. 그런데 과세관정은 과점주주의 제2차 납세의무에 관하여도 체납된 본세의 납세의무 성립일 당시 시행 중인 법령을 적용하는 경우가 있으므로, 본세의 납세의무 성립 시와 제2차 납세의무 성립 시의 각 해당 조항이 개정된 경우에는 제2차 납세의무 성립 시에 시행 중인 법령을 적용하여야 합니다. 다만, 제2차 납세의무를 부담하는 과점주주 해당 여부는 본세의 납세의무 성립일을 기준으로 판정합니다.

1. 무책임사원
2. 주주 또는 유한책임사원 1명과 그의 특수관계인 중 대통령령으로 정하는 자로서 그들의 소유주식 합계 또는 출자액 합계가 해당 법인의 발행주식 총수 또는 출자총액의 100분의 50을 초과하면서 그에 관한 권리를 실질적으로 행사하는 자들(이하 "과점주주"라 한다)

제11장

조세소송의 개시

1 소장 심사

소장이 접수되면, 재판부에서는 소장의 필수적 기재사항을 심사하여 보완할 사항이 있는 경우에는 그 흠결의 정도에 따라 참여관의 보정권고 또는 재판장의 보정명령을 하고, 원고에 의하여 보정이 이루어진 후에는 소장과 소송 진행 안내문을 송달합니다.

2 관할

가. 행정법원의 전속관할

조세행정소송은 행정소송의 한 유형이므로 관할은 일반 행정사건의 관할과 같습니다. 성질상 행정사건은 행정법원의 전속관할이므로, 행정법원의 관할에 속하는 사건을 지방법원이나 가정법원이 재판하는 것은 전속관할 위반이 되고 절대적 상고이유가 됩니다. 행정법원은 행정소송법에서 정한 행정사건과 다른 법률에 의하여 행정법원의 권한에 속하는 사건을 제1심으로 재판합니다. 다만 행정법원이 설치되지 아니한 지역에서는 그 지역을 관할하는 지방법원의 본원 및 춘천지방법원 강릉지원이 행정법원의 권한에 속하는 사건을 관할합니다. 현재 행정법원으로는 서울특별시를 관할하는 서울행정법원만이 설치되어 있습니다.

나. 토지관할

1) 항고소송에 관한 제1심 토지관할은 피고의 소재지를 관할하는 행정법원입니다.

2) 항고소송이나 당사자소송에 관한 토지관할은 전속관할은 아닙니다. 그러므로 당사자의 합의에 의한 합의관할이나 응소관할도 생기며, 이 경우 관할위반을 주장할 수 없습니다. 다만, 행정법원의 역할을 할 수 있는 것은 지방법원 본원이므로, 춘천지방 법원 강릉지원을 제외한 지방법원 지원은 비록 합의 부라 하더라도 행정사건을 다룰 수 없고, 합의관할 등이 생길 여지도 없습니다.

다. 행정사건을 지방법원에 민사소송으로 제기한 경우

행정법원이 설치된 지역에서 행정사건을 일반 지방법원에 제소한 경우 행정소송으로서의 소송요건을 결하였음이 명백한 경우를 제외하고는 부적법한 소라고 하여 각하되기 보다는 관할 행정법원으로 이송하게 됩니다.

지방법원에서 행정사건임을 이유로 이송되어 온 사건 중에 토지관할을 오해하여 잘못 이송된 경우에 당사자가 토지관할 위반을 이유로 이송신청을 하는 경우가 간혹 있는데, 토지관할은 전속관할이 아닐 뿐만 아니라 확정된 이송결정은 이송받은 법원을 기속하므로 다시 다른 법원으로 이송할 수는 없습니다(행정소송법 §8 ②, 민사소송법 §38 ②).

라. 민사소송이 행정법원에 제기된 경우

행정소송법은 행정법원이 행정사건과 병합하여 관련 민사사건을 처리할 수 있음을 명시하고 있으므로, 관련 민사사건의 경우에는 행정사건과 병합하여 행정법원에 제기할 수 있습니다. 관련 민사사건이란 당해 처분 등과 관련되는 손해배상・부당이득반환・원상회복 등 청구소송을 말합니다.

예를 들어, 조세부과처분의 취소를 구하는 소송에서 당해 처분의 취소를 선결문제로 하는 부당이득반환청구를 병합하여 제기할 수 있고, 이러한 부당이득반환청구가 인용되기 위해서는 그 소송절차에서 판결에 의해 당해 조세부과처분이 취소되면 충분하며 그 처분의 취소가 확정되어야 하는 것은 아닌 것입니다. 판례는 관련 민사사건의 병합은 본래의 항고소송이 적법할 것을 요건으로 하는 것이어서 본래의 항고소송이 부적법하다면 그에 병합된 관련 민사청구도 소송요건을 흠결한 부적법한 것으로 각하하여야 한다고 보고 있습니다.

행정처분과 관련되지 않은 민사사건이나 관련되더라도 행정사건과 분리하여 민사청구만을 행정법원에 제기한 경우에 관하여는 견해가 나뉘고 있으나 관할 법원에 이송함이 일반적입니다.

3 소가

가. 심사

사건이 재판부로 배당되면, 참여관으로 하여금 소장에 첨부된 인지액의 적정여부를 심사하게 하고, 상당하지 아니한 때에는 보정권고 또는 보정명령을 합니다. 인지액의 적정여부를 판단하기 위해서는 정확한 소송물의 값(소가)을 산출하여야 하는데, 행정소송의 소가에 대해서는 민사소송 등 인지규칙(이 항에서 '규칙'이라 합니다) 제17조[67]에서 규정하고 있습니다.

나. 조세 등 납부를 명한 처분의 무효 확인 · 취소의 소(규칙 §17 제1호)

조세 기타 공법상의 금전 · 유가증권 또는 물건의 납부를 명한 처분의 무효 확인 또는 취소를 구하는 소송에 있어서는, 그 '청구가 인용됨으로써 원고가 납부의무를 면하게 되거나 환급받게 될' 금전 · 유가증권 또는 물건의 가액의 1/3이 소가입니다. 다만, '청구가 인용됨으로써 원고가 납부의무를 면하게 되거나 환급받게 될' 금전 · 유가증권 또는 물건의 가액이 30억 원을 초과하는 경우에는 그 가액을 30억 원으로 봅니다.

금전 · 유가증권 또는 물건의 가액이 30억 원을 초과하는지 여부는 '각 청구별'로 보아야 합니다. 따라서 수개의 청구를 병합하여 1개의 소를 제기한 경우에 그 합산액이 30억 원을 초과하더라도 각 청구가 30억 원을 초과하지 아니하는 경우라면 별개로 소가를 계산하여야 하고, 조세의 경정거부처분취소소송의 소가에도 규칙 §17 제1호를 적용함이 타당합니다.

67) 민사소송 등 인지규칙 제17조【행정소송】행정소송의 소가는 다음 각호에 규정된 가액 또는 기준에 의한다.
1. 조세 기타 공법상의 금전 · 유가증권 또는 물건의 납부를 명한 처분의 무효확인 또는 취소를 구하는 소송에 있어서는, 그 청구가 인용됨으로써 원고가 납부의무를 면하게 되거나 환급받게 될 금전, 유가증권 또는 물건의 가액의 3분의 1. 다만, 그 금전 · 유가증권 또는 물건의 가액이 30억 원을 초과하는 경우에는 이를 30억 원으로 본다.
2. 체납처분취소의 소에 있어서는 체납처분의 근거가 된 세액을 한도로 한 목적물건의 가액의 3분의 1. 다만, 그 세액 또는 목적물건의 가액이 30억 원을 초과하는 경우에는 이를 30억 원으로 본다.
3. 금전지급청구의 소에 있어서는 청구금액
4. 제1호 내지 제3호에 규정된 것 이외의 소송은 비재산권을 목적으로 하는 소송으로 본다.

예시

2016사업연도 법인세 10억 원, 2017사업연도 법인세 100억 원이 각 부과되었는데, 원고가 자신이 납부할 법인세는 2016사업연도 법인세 4억 원, 2017사업연도 법인세 30억 원이라고 주장하면서, 이를 초과하는 금액에 대하여 법인세 부과처분 취소소송을 제기한 경우 소가는?

① 2016사업연도 법인세 : (10억 원 - 4억 원) × 1/3 = 2억 원
② 2017사업연도 법인세 : 상한인 30억 원(70억 원 = 100억 원 - 30억 원) ×1/3 = 10억 원
결국, ①과 ②의 합인 12억 원이 소가가 된다.

다. 병합청구의 경우

조세 등의 납부를 명한 처분의 무효 확인 또는 취소를 구하는 소송에서, 특정 보통세에 부가하여 부과되는 목적세(국세 중 교육세 · 교통세 · 농어촌특별세, 지방세 중 도시계획세 · 공동시설세 · 사업소세 · 지역개발세 등)의 경우는 부대청구라 볼 수 없으므로 합산합니다. 본세와 가산세의 경우에도 합산합니다.

라. 소득금액변동통지처분 관련

소득금액변동통지처분 취소소송의 경우에는 납부를 명한 처분의 취소를 구하는 소송(규칙 §17 제1호)으로 보아 그 청구가 인용됨으로써 납부의무를 면하게 되는 금액인 원천징수세액을 기준으로 합니다. 원천징수의무를 부담하는 법인으로서는 소득금액변동통지서를 받은 날에 소득금액을 지급한 것으로 의제되어 원천징수의무가 성립함과 동시에 확정되므로, 소득금액변동통지처분을 다툼으로써 원천징수세액의 납부의무를 면하게 되기 때문입니다.

다만, 소득금액변동통지서 자체에서는 원천징수세액이 표시되지 않으므로, 참여관의 인지액 심사단계에서 원고에게 원천징수세액을 확인할 수 있는 소가 계산자료의 제출을 요구받을 수 있고 이때 법원에서는 인지액수가 적정한지 확인하게 됩니다.

4 당사자

가. 당사자능력

1) 원고능력

가) 원칙

조세소송의 당사자능력에 관하여 행정소송법이나 국세기본법 등 기타 세법에 특별한 규정이 있는 외에는 민사소송법상의 당사자능력에 관한 규정이 준용되므로 권리능력이 있는 자는 조세소송의 당사자능력이 있다고 봅니다. 다만, 조세소송의 당사자능력에 관하여는 조세법의 특성상 민사소송과 다른 특례가 인정되는 경우가 있는 바 후술하겠습니다.

나) 법인격 없는 단체

법인격 없는 단체(사단 · 재단 · 기타 단체)에 대하여 세법은 특별한 규정을 두고 있으므로 이 경우 원고능력이 인정됩니다. 법인격 없는 단체 중 국세기본법 §13 ①, ②, 같은 법 시행령 §8에서 규정하고 있는 단체는 비영리내국법인으로 보아 국세기본법 기타 세법이 적용되므로 조세소송의 원고능력이 인정됩니다.

또한, 법인격이 없는 단체 중 국세기본법 §13에 의하여 법인으로 보는 단체 외 단체로서 대표자 또는 관리인이 선임되어 있으나 이익의 분배방법 및 분배비율이 정하여져 있지 아니한 경우에는 거주자 또는 비거주자로 보아 소득세법이 적용되므로, 이와 같은 권리능력이 없는 단체도 위 한도 내에서 조세소송의 원고능력이 인정됩니다. 이에 해당하는 예로는 대표자가 선임되어 있으나 이익의 분배방법과 비율이 정하여져 있지 아니한 종중, 부락민으로 구성된 산림계 등이 있습니다.

결국 법인격 없는 단체 중 국세기본법 §13, 같은 법 시행령 §8에 해당하는 것은 법인으로서, 그 이외의 소득세법 §2 ③에 해당하는 것은 거주자 또는 비거주자로서 각 과세단위가 되므로 그 범위 내에서 조세소송의 원고능력이 있는 것입니다. 이러한 경우 원고는 원고능력이 있다는 점에 관한 소명자료를 제출할 필요가 있습니다.

2) 피고능력

항고소송에서는 민사소송과 달리 실체법상 권리능력이나 민사소송법상 당사자능력이 없

는 행정청(통상 '세무서'가 해당된다)이 피고능력을 가집니다. 그러나 당사자소송에서는 민사소송과 같이 행정청은 피고가 될 수 없고, 권리의무의 귀속주체인 국가나 지방자치단체가 피고가 된다는 점에 유의하여야 합니다.

나. 대리인

조세소송의 경우도 민사소송법상 소송대리인에 관한 규정이 준용됩니다.

1) 국가

국가를 당사자로 하는 항고소송이나 당사자소송에서 법무부장관이 국가를 대표하고, 법무부의 직원, 검사, 공익법무관, 소관 행정청의 직원을 소송수행자로 지정하거나 변호사를 소송대리인으로 선임하여 소송을 수행할 수 있게 하는 것도 민사소송의 경우와 다르지 않습니다. 그러나 조세항고소송의 경우에는 그 외에도 피고인 행정청의 장이 그 소속 직원 또는 상급 행정청의 직원(이 경우에는 미리 해당 상급 행정청의 장의 승인을 받아야 합니다)을 소송수행자로 지정하거나 변호사를 소송대리인으로 선임하여 소송을 수행하게 할 수 있다는 점에 특색이 있습니다.

2) 지방자치단체

지방자치단체는 국가를 당사자로 하는 소송에 관한 법률 §5 ①의 '행정청의 장'에 해당하지 않습니다. 따라서 지방자치단체장이 피고인 항고소송에서는 소송수행자 지정이 가능하지만, 지방자치단체가 피고가 되는 당사자소송에서는 소송수행자에 의한 소송수행이 불가능하며, 변호사 아닌 지방자치단체 소속 공무원으로 하여금 소송수행자로서 지방자치단체의 소송대리를 하도록 한 것은 민사소송법 §424 ① 제4호 소정의 '소송대리권의 수여에 흠이 있는 때'에 해당합니다. 지정된 소송수행자는 대리인 선임을 제외한 모든 재판상의 행위를 할 수 있습니다. 소송수행자는 소의 취하, 상소의 포기 및 취하 등에 대해 법무부장관 등의 지시·감독을 받아야 하나, 그러한 지시·감독은 행정청 내부의 통제에 불과하므로 그에 어긋나는 소송상의 행위라도 그 소송법적 효력에는 영향이 없습니다.

행정소송에 대한 소송수행자의 지정 및 해임은 일정한 서식의 서면으로 하도록 되어 있습니다. 따라서 소송수행자 지정서가 제출되었는지 확인할 필요가 있습니다.

5 청구취지

가. 취소소송

1) 과세처분은 납세의무자, 세목과 시간, 원천 등에 의하여 구분되는 과세단위 별로 이루어집니다. 따라서 각 과세단위에 관한 개개의 과세처분이 원칙적으로 조세소송의 소송물이 되므로, 청구취지는 원칙적으로 그에 맞추어 기재하여야 합니다.

예시 1

동일한 날짜(처분일)에 여러 개의 법인세 및 부가가치세 부과처분이 이루어진 경우, 「피고가 2018.5.1. 원고에 대하여 한 법인세 총 10,000,000원, 부가가치세 총 2,000,000원의 각 부과처분을 취소한다.」는 방법으로 청구취지를 기재하는 경우가 있는데, 이러한 경우에는 「피고가 2018.5.1. 원고에 대하여 한 2016사업연도 법인세 6,000,000원, 2017사업연도 법인세 4,000,000원, 2016년 1기분 부가가치세 1,100,000원, 2017년 2기분 부가가치세 4,000,000원의 각 부과처분을 취소한다.」는 것으로 청구취지를 보정하게 함이 필요합니다.

2) 과세단위로는 우선 세목을 들 수 있다. 본세와 가산세는 별개의 과세단위입니다. 통상적으로 본세와 가산세를 합한 금액을 청구취지로 기재하거나 본세와 가산세를 합한 금액을 청구취지로 기재하면서 가산세를 포함한다고 표시하는 경우가 많으나, 본세와 가산세를 각각 구별하여 청구취지를 기재함이 바람직합니다. 한편, 가산금과 중가산금은 납세의무의 이행지체에 대하여 부담하는 지연배상금의 성질을 가지는 부대세의 일종으로서 주된 세액에 종속되므로 별개의 과세단위라고 할 수 없습니다. 따라서 가산금이나 중가산금부과처분에 대한 취소소송은 부적법합니다. 본세 또는 가산세 부과처분의 취소를 구하면서 가산금이나 중가산금 부과처분의 취소도 구하고 있다면, 그 취지를 설명하고 가산금(중가산금) 부분은 취하하여야 하는 것입니다.

3) 과세단위로서의 시간은 과세기간이 대표적인 것으로서 법인세, 소득세, 부가가치세 등 기간과세를 하는 세목이 이에 해당합니다. 따라서 청구취지에서 해당 과세처분이 어느 기간에 대한 것인지를 특정하여야 합니다. 그러나 상속세나 증여세, 등록세와 같은 세목은 기간과세를 하는 세목이 아니므로 과세요건 사실이 발생하면 조세채무가 즉시 성립합니다. 따라서 처분일자, 부과세액 등으로 청구취지를 특정하면 족하고, 귀속연도를 표시할 필요는 없습니다.

예시 2

같은 해에 여러 차례에 걸쳐 여러 명의 증여자로부터 증여를 받은 경우, 과세관청이 각각의 증여에 대하여 증여세를 부과하였는데 부과처분일은 동일한 경우의 청구 취지는 다음과 같이 기재하여 특정하는 것이 바람직합니다.

「피고가 2018.5.1. 원고에 대하여 한 증여세 1,000만 원, 500만 원, 600만 원의 각 부과처분을 취소한다.」

4) 경정처분의 경우에 관하여 보면, 증액경정처분은 당초처분을 그대로 둔 채 당초처분에서의 과세표준과 세액을 초과하는 부분만을 추가하는 것이 아니라 증액되는 부분을 포함시켜 전체로서 하나의 과세표준과 세액을 다시 결정하는 것이므로, 당초처분은 증액경정처분에 흡수되어 당연히 소멸합니다. 따라서 납세의무자는 그 증액경정처분만을 쟁송의 대상으로 삼을 수 있으며, 당초처분에 대한 소송계속 중에 증액경정처분이 있으면 소를 변경하여 증액경정처분을 소송의 대상으로 하여야 합니다.

   예를 들어, 당초 1,000만 원의 과세처분을 하였다가 1,500만 원으로 증액경정처분을 한 경우에는 소를 변경하여 위 1,500만 원의 증액경정처분을 소송의 대상으로 하여야 합니다.

   반면에 당초처분이 있은 뒤 감액경정처분이 행해진 경우에는, 감액경정처분은 별 개의 독립된 처분이 아니라 세액의 일부 취소라는 납세자에게 유리한 처분으로서 그 취소를 구할 소의 이익이 없고, 항고소송의 대상이 되는 것은 당초 처분 중 감액경정결정에 의하여 취소되지 않고 남아있는 부분, 즉 감액된 당초처분입니다. 경정처분이 수회 있는 경우에도 위와 같은 기준으로 소송물을 특정합니다.

   예를 들어, 당초 1,000만 원의 과세처분이 있은 후 300만 원의 감액경정처분이 행하여진 경우에는 항고소송의 대상이 되는 것은 당초 처분 중 감액경정결정에 의하여 취소되지 않고 남아있는 부분, 즉 700만 원의 과세처분이 되는 것입니다.

5) 실제로는 부과처분의 일부만을 다투면서도 청구취지에 부과처분의 전부 취소를 구하는 것으로 기재하는 경우가 있다. 이러한 경우 원고는 부과처분의 세액 전부를 다투는지 일부만을 다투는 것인지를 확인하여, 만약 일부만을 다투는 것이라면 일부 취소를 구하는 것으로 청구취지 변경을 하여야 합니다.

나. 구체적 예시

1) 전부취소의 경우

「피고가 2018.5.1. 원고에 대하여 한 2017년 종합소득세(또는 2017년 귀속 종합소득세) 10,000,000원의 부과처분을 취소한다.」

「피고가 2018.5.1. 원고에 대하여 한 2017사업연도 법인세(또는 2017 사업연도 귀속법인세) 80,000,000원의 부과처분을 취소한다.」

「피고가 2018.5.1. 원고에 대하여 한 2017년 1기분 부가가치세 5,000,000원의 부과 처분을 취소한다.」

「피고가 2018.5.1. 원고에 대하여 한 상속세(또는 증여세, 취득세, 등록세 등) 30,000,000원의 부과처분을 취소한다.」

2) 일부취소의 경우

「피고가 2018.5.1. 원고에 대하여 한 2017년 종합소득세(또는 2017 사업연도 법인세, 2017년 1기분 부가가치세, 상속세 등) 80,000,000원의 부과처분 중 50,000,000원을 초과하는 부분을 취소한다.」

3) 가산세가 포함된 경우

「피고가 2018.5.1. 원고에 대하여 한 2017년 종합소득세 20,000,000원(가산세 포함)의 부과처분을 취소한다.」

「피고가 2018.5.1. 원고에 대하여 한 2017년 종합소득세 25,000,000원 및 가산세 5,000,000원의 부과처분을 취소한다.」

4) 2개 이상의 처분 취소를 함께 구하는 경우

「피고가 원고에 대하여 2018.5.1. 한 2017년 종합소득세 30,000,000원의 부과처분 및 2018.6.1. 한 2017년 1기분 부가가치세 5,000,000원의 부과처분을 각 취소한다.」

「피고가 원고에 대하여 한 별지 목록 기재 각 부과처분을 취소한다.」(부과처분이 여러 개이고 처분일자도 모두 다른 경우, 이 경우 별지에 각 부과처분을 기재하여야 합니다)

5) 경정거부처분취소의 경우

「피고가 2018.5.1. 원고에 대하여 한 2016 사업연도 법인세 50,000,000원의 경정거부처분을 취소한다.」

「피고가 2018.5.1. 원고에 대하여 한 경정거부처분을 취소한다.」

6) 소득금액변동통지처분취소의 경우

「피고가 2018.5.1. 원고에 대하여 한 소득자를 김삼일, 소득금액을 30,000,000원으로 하는 소득금액변동통지를 취소한다.」

「피고가 2018.5.1. 원고에 대하여 한 별지 목록 기재 각 소득금액변동통지를 취소한다.」
(소득금액변동통지가 여러 개이고, 소득자나 소득금액, 소득처분의 내용이 모두 다른 경우, 이 경우 별지 목록 기재가 필요합니다)

7) 무효 등 확인소송의 경우

「피고가 2018.5.1. 원고에 대하여 한 2017년 종합소득세(2017 사업연도 법인세, 2017년 1기분 부가가치세, 상속세, 증여세 등) 50,000,000원의 부과처분이 무효임을 확인한다.」

8) 부작위위법확인소송의 경우

「피고가 원고의 2017.5.1.자 신청에 대하여 한 부작위가 위법임을 확인한다.」

9) 증액경정처분의 경우

과세관청인 피고가 2018.2.1. 원고에게 300,000,000원의 상속세 부과처분을 하였다가, 2018.5.1. 30,000,000원을 추가로 납부하라는 고지를 한 경우

「피고가 2018.5.1. 원고에 대하여 한 상속세 330,000,000원의 부과처분을 취소한다.」

10) 감액경정처분의 경우

과세관청인 피고가 2017.5.1. 원고에게 2015년 귀속 종합소득세 10,000,000원을 부과하였다가 2018.5.1. 이를 7,000,000원으로 감액하는 경정처분을 하여 원고에게 통지한 경우

「피고가 2017.5.1. 원고에 대하여 한 2015년 종합소득세 7,000,000원의 부과처분을 취소한다.」

11) 경정처분이 수회 있는 경우

① 과세관청인 피고가 2016.5.1. 원고에게 500,000,000원의 상속세 부과처분을 하였다가, 2017.5.1. 50,000,000원을 추가로 납부하라는 고지를 하였으며, 다시 2018.5.1. 10,000,000원의 감액경정을 한 경우

「피고가 2017.5.1. 원고에 대하여 한 540,000,000원의 상속세 부과처분을 취소한다.」

② 과세관청인 피고가 2017.5.1. 원고에게 2015년 귀속 종합소득세 20,000,000원을 부과하였다가 2017.12.1. 이를 10,000,000원으로 감액하는 경정처분을 하고, 다시 2018.5.1. 다시 종합소득세를 총 20,000,000원으로 증액하여 10,000,000을 추가로 납부하라는 고지를 한 경우

「피고가 2018.5.1. 원고에 대하여 한 2015년 종합소득세 20,000,000원의 부과처분을 취소한다.」

6 필수적 첨부서류

가. 처분서

그 취소(또는 무효확인)를 구하는 과세처분의 납세고지서, 납부통지서, 소득금액변동통지서, 제2차 납세의무자 납부통지서 등의 처분서를 누락없이 제출하여야 하므로, 소장에 이러한 서류가 누락되지 않도록 해야 합니다.

청구취지에서 그 취소(또는 무효확인)를 구하는 처분의 특정이 올바르게 되었는지를 확인하기 위하여 소장에 기재한 청구취지와 처분서 내용을 비교할 필요가 있습니다.

예를 들어, 부과처분 취소청구의 경우 그 납세고지서의 '세액산출근거'란의 기재내용에 의하여 과세기간과 세목, 부과세액(본세 및 가산세 등)의 확인이 가능하고, '납세고지서 겸 영수증' 란의 하단에 기재된 연월일 표시를 통해 처분일자를 확인할 수 있습니다. 통상적으로 위 '납세고지서 겸 영수증' 하단의 발행연월일을 처분일자로 보고 있습니다.

제2차 납세의무자에 대한 부과처분 취소청구의 경우에도 그 납부통지서의 '납부통지서'란 기재내용을 통해 주된 납세의무자(본래의 납세의무자)의 이름, 세목, 과세기간, 부과세액,

부담비율 등의 확인이 가능하고, '납부통지서 겸 영수증'란의 하단에 기재된 연월일 표시를 통해 처분일자를 확인할 수 있습니다. 또한 각종 결정(경정) 결의서 및 소득금액조정합계표의 기재를 통해 구체적인 처분의 내역을 확인할 수 있습니다.

소득금액변동통지서의 경우에는 '소득자별 소득금액 변동내용'기재에 의하여 소득자, 소득처분의 종류 및 소득금액, 귀속 사업연도 등을 확인할 수 있고, 그 아래에 기재된 연월일 표시를 통해 처분일자를 확인할 수 있습니다.

나. 전심절차 재결서 등

국세와 관세의 과세처분 취소소송(무효선언을 구하는 의미의 취소소송 포함)과 부작위위법확인소송에는 국세기본법 §56 ②, 관세법 §120 ② 등에 따라 필요적 전치(이의신청, 심사청구 또는 심판청구, 감사원법에 의한 심사청구)가 요구됩니다. 이와 달리 지방세의 경우 임의적 전치주의를 취하고 있으나, 전심절차를 거쳤다면 재결서를 제출하도록 합니다.

전심절차 재결서가 제출되면 제소기간 도과여부도 미리 검토하여야 하고 의문이 있는 경우를 대비하여 재결서송달일을 확인할 수 있는 자료(송달증명원 등)를 제출할 수도 있습니다.

제12장

조세소송요건

1. 직권조사사항
2. 항고소송의 대상(처분성)
3. 원고적격
4. 피고적격 – 처분청
5. 전심절차
6. 제소기간

1 직권조사사항

항고소송의 제기가 적법하기 위해서는 그 청구의 대상인 처분이 존재하여야 하고, 본안 판결을 구할 자격(원고적격) 및 정당한 이익(소의 이익)이 있어야 하며, 소정의 전심절차(국세의 경우) 및 제소기간을 준수하여야 하고, 부과제척기간이 도과되지 않아야 합니다.

이러한 소송요건은 법원의 직권조사사항이므로 자백의 대상이 될 수 없어 비록 당사자의 이의가 없더라도 그 존부에 의심이 있는 경우에는 직권으로 조사하여 그 흠결이 밝혀지면 재판부는 소를 각하하게 됩니다.

2 항고소송의 대상(처분성)

가. 처분성 일반

국세기본법 §55 ①은 불복청구의 대상을 '이 법 또는 세법에 따른 처분'으로, 지방세기본법 §117 ①은 '이 법 또는 지방세관계법에 따른 처분'으로 각 규정하고 있으므로 항고소송의 대상이 되는 처분인지 여부를 확인할 필요가 있고, 이는 직권조사사항에 해당합니다.

여기서의 '처분'은 적극적인 부과처분은 물론 거부처분이나 부작위 등 소극적 처분도 포함되고, 과세처분인지 여부를 불문합니다. 따라서 소득금액변동통지(대법원 2006.4.20. 선고 2002두1878 전원합의체 판결) 및 세무 조사결정(대법원 2011.3.10. 선고 2009두23617, 23624 판결)도 조세행정처분으로서 항고소송의 대상이 되고, 세법에 의한 처분인 한 순수한 행정처분의 의미를 갖고 있는 주류면허처분, 주류영업허가취소처분 등도 항고소송의 대상이 됩니다.

실제로 대법원 2002.9.24. 선고 2001두1727 판결에서는, 주류도매업면허취소처분의 취소를 구하는 소를 제기하기 위해서는 국세기본법상의 전심절차를 필요적으로 거쳐야 한다고 판시한 바 있습니다. 다만, 이의신청, 심사청구 또는 심판청구에 대한 처분, 감사원법에 따라 심사청구를 한 처분이나 그 심사청구에 대한 처분, 조세범 처벌절차법에 따른 통고처분은 국세기본법 §55 ⑤, 지방세기본법 §117 ②에서 불복청구대상에서 제외시키고 있습니다. 이는 행정소송법이 행정심판 재결을 행정처분(원 처분)과 함께 항고소송의 대상으로 명시하면서, 재결에 대한 소송의 경우에는 재결 자체의 고유한 위법이 있음을 이유로 하는 경우에 한하

도록 규정(행정소송법 §19, §38)하고 있는 점과는 구별되어야 합니다.

나. 처분성 유무에 따른 불복방안

1) 신고납세방식의 경우

신고납세방식의 조세의 경우는 납세의무자가 과세관청에 대하여 과세표준과 세액을 신고한 때에 조세채무가 확정되므로, 통상의 경우는 과세관청의 처분자체가 존재하지 않아 경정청구를 통한 경정거부처분 취소소송의 방법으로 다툴 수 있을 뿐입니다. 신고납세방식의 지방세의 경우도 국세와 마찬가지로 경정청구를 통한 경정거부처분취소소송의 방법으로 다투어야 합니다.

2) 과세관청의 내부행위나 중간처분의 경우

과세처분의 선행적 절차로서 세무서장이 내부적으로 행하는 법인세법상 익금가산결정(대법원 1985.7.23. 선고 85누335 판결), 법인세 과세표준결정이나 손금불산입처분(대법원 1986.1.21. 선고 82누236 판결, 대법원 1996.9.24. 선고 95누12842 판결, 대법원 2002.11.26. 선고 2001두2652 판결), 제2차 납세의무자 지정처분 등은 그로써 아직 납세의무가 발생하는 것이 아니므로 항고소송의 대상이 되지 않습니다.

다만, 선행절차나 중간처분으로 보일지라도 그로써 납세의무자의 권리가 제한되거나 의무에 직접 영향을 미치는 경우에는 항고소송의 대상이 되는 경우가 있습니다.

예를 들어, 법인세에 있어 소득처분에 따른 소득금액변동통지는 대법원 2006.4.20. 선고 2002두1878 전원합의체 판결에서 그 처분성을 인정하였습니다. 또한 토지에 관련된 조세에 있어서 과세표준산정의 기초가 되는 개별공시지가결정에 위법이 있는 경우, 판례는 개별공시지가결정 그 자체를 행정처분으로 보아 항고소송으로 다툴 수 있음은 물론 이를 기초로 과세표준을 산정한 과세처분의 취소소송에서 그 지가결정의 당부를 별개로 다툴 수 있다고 합니다. 다만, 건설교통부장관이 결정·공시하는 표준지공시지가의 경우에는 개별공시지가에 대한 것과 달리 그 결정단계에서 위법성을 다투지 않는 한 이를 기초로 한 조세소송에서 그 위법성 여부를 다투는 것은 허용되지 않습니다(대법원 1998.3.24. 선고 96누6851 판결 등). 이는 표준지의 공시지가와 개별토지가격은 그 목적·대상·결정기관·결정절차·금액 등 여러 가지 면에서 서로 다른 성질의 것이라는 점을 고려한 것으로 보입니다. 조세범 처벌절차법에 따라 세무서장이 조세범에 대하여 하는 통고처분도 성질상 행정처분이기는 하나 국세기본법 §55 ⑤ 제2호, 지방세기본법 §117 ② 제2호에서 이를 불복청구대상에서 세외시키고 있습니다.

3) 거부처분의 경우

조세관련 행위에 있어서도 거부처분이 항고소송의 대상이 되기 위해서는 우선 그것이 신청인의 권리의무에 직접 관계가 있는 공권력 행사의 거부이어야 하고, 나아가 국민에게 그러한 신청을 할 법규상 또는 조리상 권리가 있어야 합니다. 따라서 이러한 권리에 의하지 아니한 경정청구에 대하여 과세관청이 이를 거부하는 회신을 하였다고 하더라도 이를 항고소송의 대상이 되는 거부처분으로 볼 수는 없습니다(대법원 2010.2.25. 선고 2007두18284 판결, 대법원 2006.5.11. 선고 2004두7993 판결, 대법원 2006.5.12. 선고 2003두7651 판결, 대법원 1999.7.23. 선고 98두9608 판결, 대법원 1994.12.2. 선고 92누14250 판결 등).

국세기본법 §45의2가 정하는 납세자 등의 경정청구를 거부하는 경우가 대표적인 거부처분에 해당합니다(대법원 1989.1.31. 선고 85누883 판결 등). 종래 판례는 이월결손금결정이 잘못된 경우 이에 대하여는 독립하여 불복할 수 없고 과세대상소득이 발생한 차기 사업연도에 부과처분취소소송으로 다툴 수 있다는 입장이었으나, 경정청구제도의 도입 이후 결손금증액경정청구에 대한 거부처분으로 이를 다툴 수 있습니다(대법원 2009.7.9. 선고 2007두1781 판결 등).

4) 국세환급금결정 및 환급거부결정의 경우

가) 국세기본법 §51의 국세환급금결정이나 환급거부결정이 항고소송의 대상이 되는 행정처분인가에 대하여 견해의 대립이 있었으나, 대법원 1989.6.15. 선고 88누6436 전원합의체 판결로써 이를 부정하는 쪽으로 결론지어진 것으로 보입니다. 판례는, 위 규정은 이미 그 존재와 범위가 확정되어 있는 과오납부액이나 환급세액이 있는 때에는 납세자의 환급신청을 기다릴 것 없이 이를 즉시 반환해야 한다는 법리에 따라 과세 관청의 환급절차를 규정한 것에 불과하고, 위 규정에 의한 국세환급금결정에 의하여 비로소 환급청구권이 확정되는 것은 아니므로 위 국세환급금결정이나 환급거부결정은 항고소송의 대상이 되는 처분이 아니라는 입장입니다(대법원 2009.11.26. 선고 2007두4018 판결, 대법원 2010.2.25. 선고 2007두18284 판결, 대법원 2002.11.8. 선고 2001두8780 판결 등). 이에 따르면 환급거부를 당한 납세자는 직접 민사소송으로 부당이득반환청구를 하여야 합니다(대법원 1990.2.13. 선고 88누6610 판결).

또한, 판례는 국세기본법 §51 ②에 의한 국세환급금의 충당도 국가의 환급금채무와 조세채권이 대등액에서 소멸되는 점에서 오히려 민법상의 상계와 비슷하고, 소멸대상인 조세채권이 존재하지 아니하거나 당연무효 또는 취소되는 경우에는 그 충당의 효력이 없는 것으로서 이러한 사유가 있는 경우에 납세의무자로서는 충당의 효력이 없음을 주장하여 언제든지 민사소송에 의하여 이미 결정된 국세환급금의 반환을 청구할 수 있다는 점을 들어 그 처분성을 부정하고 있습니다(대법원 1994.12.2. 선고 92누14250 판결, 대법원 2004.3.25. 선고 2003다64435 판결 등). 국세기본법 §51의2에 의한 물납재산에 대한 환급결정이나 그 환급결정을 구하는 신청에 대한 환급 거부결정도 마찬가지 이유에서 항고소송의 대상이 되는 처분으로 보지 않고 있습니다(대법원 2009.11.26. 선고 2007두4018 판결).

나) 그러나 과세관청의 환급결정을 요하는 환급세액의 경우, 예컨대 법인세법 §72의 결손금소급공제에 따른 환급의 경우에 있어 과세관청의 환급거부결정에 대하여는 취소소송으로 다툴 수 있습니다.

또한, 과세관청이 납세의무자가 당초에 신고한 부가가치세 환급세액 신고에 누락·오류가 있다고 하여 환급세액을 줄이거나 오히려 부가가치세를 부과 또는 납부세액을 늘리는 결정을 하면서 납세의무자의 환급신청 또는 경정신청을 거부한 경우에 있어 그 환급거부결정 또는 경정거부결정은 항고소송의 대상이 됩니다(대법원 1996.9.6. 선고 95다4063 판결, 대법원 2001.10.26. 선고 2000두7520 판결, 대법원 1987.4.14. 선고 83누112 판결). 이러한 경우에는 과세관청이 환급세액을 줄인 경우에는 환급거부처분취소소송으로, 부가가치세가 부과되거나 납부세액을 증액하는 경정결정을 한 경우에는 부과처분취소소송으로 다툴 수 있을 것으로 사료됩니다.

종래 판례는 국세의 경우와 달리 관세에 대한 과오납금환급거부결정이 항고소송의 대상이 되는 처분에 해당한다고 보았으나(대법원 1998.5.29. 선고 97누7806 판결), 1996.12.30. 개정된 관세법 §17 ⑤에서 경정청구권이 신설된 이후에는 국세와 마찬가지로 항고소송의 대상이 아니라는 취지로 보고 있습니다(대법원 2010.6.10. 선고 2010두4353 판결, 원심은 서울고등법원 2011.1.21. 선고 2009누19207 판결임).

5) 가산금 및 중가산금 고지

국세징수법 §21, §22에 규정된 가산금 또는 중가산금은 국세를 납부기한까지 납부하지 아니하면 과세관청의 확정절차 없이 법률 규정에 의하여 당연히 발생하는 것으로서 지연손해금의 성질을 갖는 것이므로, 과세관청이 통상 납세고지를 하면서 같이 고지하는 가산금 또는 중가산금의 고지는 항고소송의 대상이 되는 처분이라고 볼 수 없습니다(대법원 2005.6.10. 선고 2005다15482 판결). 이는 항고소송의 대상이 되는 각종 개별 세법에 규정된 가산세부과처분과는 구별해야 합니다.

다만, 납부기한 이후 과세관청이 독촉장에 의하여 납부를 독촉함으로써 징수절차에 나아갔을 경우, 가산금 및 중가산금의 납부독촉은 징수처분으로서 항고소송의 대상이 됩니다(대법원 2000.9.22. 선고 2000두2013 판결, 대법원 1990.5.8. 선고 90누1168 판결, 대법원 1996.4.26. 선고 96누1627 판결 등).

6) 그 밖에 판례상 항고소송의 대상이 아니라고 본 경우

신고납세방식의 조세에서 납부기한 내에 자진신고 납부하는 과정에서 과세관청이 자진신고납부서나 자납용 고지서를 교부하는 행위 및 자진신고 납부한 세금을 과세관청이 수령하는 행위(대법원 1990.2.27. 선고 88누1837 판결, 대법원 1997.7.22. 선고 96누8321 판결 등), 과세관청의 원천징수금 수납행위(대법원 1984.2.14. 선고 82누177 판결, 대법원 1990.3.23. 선고 89누4789 판결 등) 등과 같은 단순한 사무적 행위, 상속인의 연부연납신청에 대한 허가통지(대법원 1986.10.14. 선고 85누437 판결), 한국자산관리공사의 공매(입찰)결정 및 공매통지, 세무서장이 국세환급금으로 결정된 금액을 국세, 가산금 또는 체납처분비에 충당하는 행위(대법원 1994.12.2. 선고 92누14250 판결, 대법원 2005.6.10. 선고 2005다15482 판결 등), 사업자등록을 관리하는 과정에서 위장사업자의 사업자 명의를 직권으로 실사업자 명의로 변경하는 행위(대법원 2011.1.27. 선고 2008두2200 판결), 사업자등록 직권말소행위(대법원 2000.12.22. 선고 99두6903 판결), 과세표준과 세액을 감액하는 경정처분(대법원 1996.11.15. 선고 95누8904 판결) 등은 판례상 항고소송의 대상이 아니라는 것이 판례의 태도입니다. 특히 과세표준과 세액을 감액하는 경정처분은 당초의 신고 또는 부과처분과 별개인 독립의 과세처분이 아니라 그 실질은 당초의 신고 또는 부과처분의 변경이고 그에 의하여 세액의 일부 취소라는 납세자에게 유리한 처분이므로, 그 경정결정으로도 아직 취소되지 않고 남아 있는 부분이 위법하다 하여 다투는 경우 항고소송의 대상은 당초 신고나 부과처분 중 경정결정에 의하여 취소되지 않고 남은 부분이며, 감액경정결정이 항고소송의 대상이 되는 것은 아닙니다.

한편 공매처분을 하면서 체납자 등에게 공매통지를 하지 않았거나 공매통지를 하였더라도 그것이 적법하지 아니한 경우에는 절차상의 흠이 있어 그 공매처분이 위법하게 되는 것이지만, 공매통지 자체가 그 상대방인 체납자 등의 법적 지위나 권리·의무에 직접적인 영향을 주는 행정처분에 해당한다고 할 것은 아니므로, 다른 특별한 사정이 없는 한 체납자

등은 공매통지의 결여나 위법을 들어 공매처분의 취소 등을 구할 수 있는 것이지 공매통지 자체를 항고소송의 대상으로 삼아 그 취소 등을 구할 수는 없습니다.

3 원고적격

가. 원칙

조세소송 또한 일반 행정소송과 마찬가지로 처분의 직접 상대방이 그 처분의 취소를 구할 수 있으며, 이와 별도로 국세기본법 §55 ①은 '이 법 또는 세법에 따른 처분으로서 위법 또는 부당한 처분을 받거나 필요한 처분을 받지 못함으로 인하여 권리나 이익을 침해당한 자'를, §55 ②에서 '이법 또는 세법에 따른 처분에 의하여 권리나 이익을 침해당하게 될 제2차 납세의무자로서 납부통지를 받은 자 등 대통령령으로 정하는 이해관계인'을 그 처분의 취소 또는 변경이나 기타 필요한 처분을 청구할 수 있는 자로 규정하고 있습니다.

그러므로 항고소송에서의 원고적격은 주로 처분의 상대방이 아닌 제3자가 처분의 위법을 다툴 수 있는지가 문제되나, 조세사건의 경우 그 처분의 상대방은 개별적으로 명확히 특정되어 있으므로 일반 행정소송에서와 같이 원고적격이나 소의 이익의 확대문제가 그다지 크게 문제되지는 않습니다.

나. 제3자의 원고적격

1) 제3자의 원고적격을 부정하는 경우

판례는 제3자의 원고적격에 관하여 비교적 엄격하게 해석하고 있습니다. 연대납세의무가 문제되는 동업자 1인에 대한 다른 동업자에 대한 과세처분의 취소를 구하는 소송(대법원 1983.8.23. 선고 82누506 판결), 증여의제로 연대납세의무를 지게 된 증여자가 수증자에 대한 증여세부과처분의 취소를 구하는 소송(대법원 1990.4.24. 선고 89누4277 판결, 대법원 1989.12.22. 선고 89누4871 판결), 원천징수의무자에 대한 원천세액의 징수처분에 대하여 원천납세의무자가 제기한 취소소송(대법원 1994.9.9. 선고 93누22234 판결), 체납처분으로 인한 압류등기 후의 부동산의 양수인이나, 압류부동산에 대한 가등기담보권자(대법원 1989.10.10. 선고 89누2080 판결), 가압류권자(대법원 1997.2.14. 선고 96누3241 판결) 내지 저당권자가 압류처분이나 공매처분의 취소 또는 무효를 구하는 소송(대법원 1985.5.14. 선고 83누700 판결), 아파트관리사무소 소장으로 근무하면서 관리사무소를 위하여 종합소득세의 신고·납부·경정청구 등의 업무를 처리해 온 소장이 경정청구거부처분의 취소를 구하는 소송(대법원 2003.9.23. 선고 2002두1267 판결) 등은 모두 사실상 간접적인 이해관계를 가진 자가 제기한 것으로서 당사자적격이 없어 부적법하다는 것이 판례의 태도입니다.

2) 제3자의 원고적격을 인정하는 경우

연대납세의무 관계에 있는 자라 하더라도 다른 공동상속인의 고유상속세액 부분에 대하여 징수처분을 받은 공동상속인 중의 1인은 다른 공동상속인에 대한 과세처분 자체의 취소를 구할 원고적격이 인정됩니다(대법원 2001.11.27. 선고 98두9530 판결).

또한, 판례는 국세징수법상 압류등기 후의 부동산을 취득한 자는 국세징수법 §24 ⑤ 및 §53의 압류해제의 요건이 충족되었음을 이유로 압류해제신청을 할 수 있고, 압류해제신청에 대한 거부처분이 있는 경우 그 취소를 구할 수 있으며(대법원 1993.4.27. 선고 92누15055 판결), 체납자는 자신이 점유하는 제3자 소유 재산에 대한 압류처분의 취소나 무효확인을 구할 수 있고, 체납처분이 당연무효인 경우에는 민사소송으로써 직접 그 압류등기의 말소를 구할 수 있다고 보고 있습니다. 즉 판례는 이러한 구제수단이 있다는 등의 이유에서 압류등기 후의 부동산 취득자는 압류처분의 취소나 무효확인을 구할 당사자적격이 없다고 보는 것으로 보입니다.

다. 이해관계인(제2차 납세의무자를 중심으로)

국세기본법 §55 ②[68]은 제3자의 원고적격의 문제와는 별개로 처분의 상대방이 아닌 이

68) 국세기본법 제55조【불복】
① 이 법 또는 세법에 따른 처분으로서 위법 또는 부당한 처분을 받거나 필요한 처분을 받지 못함으로 인하여 권리나 이익을 침해당한 자는 이 장의 규정에 따라 그 처분의 취소 또는 변경을 청구하거나 필요한 처분을 청구할 수 있다. 다만, 다음 각 호의 처분에 대해서는 그러하지 아니하다. 〈개정 2010.1.1., 2016.12.20.〉
1. 「조세범 처벌절차법」에 따른 통고처분
2. 「감사원법」에 따라 심사청구를 한 처분이나 그 심사청구에 대한 처분
② 이 법 또는 세법에 따른 처분에 의하여 권리나 이익을 침해당하게 될 이해관계인으로서 다음 각 호의 어느 하나에 해당하는 자는 위법 또는 부당한 처분을 받은 자의 처분에 대하여 이 장의 규정에 따라 그 처분의 취소 또는 변경을 청구하거나 그 밖에 필요한 처분을 청구할 수 있다. 〈개정 2010.1.1., 2017.12.19.〉
1. 제2차 납세의무자로서 납부통지서를 받은 자
2. 제42조에 따라 물적납세 의무를 지는 자로서 납부통지서를 받은 자
2의2. 「부가가치세법」 제3조의2에 따라 물적납세의무를 지는 자로서 같은 법 제52조의2 제1항에

해관계인 즉 ① 제2차 납세의무자로서 납부통지서를 받은 자, ② 국세기본법 §42의 규정에 따라 물적 납세의무를 지는 자로서 납부통지서를 받은 자, ③ 보증인, ④ 그 밖에 대통령령이 정하는 자에게 그 처분에 대하여 불복하여 구제받을 수 있는 권리를 부여하고 있습니다. 위 '이해관계인' 중 가장 문제가 되는 경우는 제2차 납세의무자라고 할 수 있습니다.

제2차 납세의무자의 경우, 위 규정에 의하여 본래의 납세의무자에 대한 부과처분 자체를 다툴 수 있는 것과 별개로 자신에 대한 납부고지(제2차 납세의무 부과처분)의 효력을 다투는 소송에서 본래의 납세의무자에 대한 부과처분의 하자를 다툴 수 있는지가 문제됩니다. 특히 본래의 납세의무자가 불복을 제기하여 주된 납세의무가 확정이 된 이후에 제2차 납세의무자가 자신에 대한 부과처분 취소소송에서 주된 납세의무자에 대한 부과처분의 하자를 주장할 수 있는지가 문제되는데, 판례는 이를 긍정하고 있습니다. 즉 판례(대법원 2009.1.15. 선고 2006두14926 판결, 대법원 1979.11.13. 선고 79누270 판결)에 의하면, 제2차 납세의무는 주된 납세의무와는 별개로 성립하여 확정되는 것이나 주된 납세의무의 존재를 전제로 하는 것이므로, 주된 납세의무에 대하여 발생한 사유는 원칙적으로 제2차 납세의무에도 영향을 미치게 되는 이른바 부종성을 가진다고 할 것이고, 따라서 제2차 납세의무자는 주된 납세의무의 위법 여부에 대한 확정에 관계없이 자신에 대한 제2차 납세의무 부과처분의 취소소송에서 주된 납세의무자에 대한 부과처분의 하자를 주장할 수 있다고 판시하고 있습니다.

라. 당사자소송의 원고적격

원고적격에 관하여 항고소송과 같은 제한이 없으며, 민사소송의 원고적격에 관한 규정이 준용되므로(행정소송법 §8 ②), 당해 세금의 납세의무자가 원고가 되어 제기할 수 있습니다.

따른 납부통지서를 받은 자
3. 보증인
4. 그 밖에 대통령령으로 정하는 자

4 피고적격 - 처분청

가. 항고소송

취소소송, 무효 등 확인소송 및 부작위 위법 확인소송은 다른 법률에 특별한 규정이 없는 한 소송의 대상인 당해 처분 등을 외부적으로 그의 명의로 행한 행정청을 피고로 하여야 합니다. 따라서 조세소송의 경우 국세 중 내국세의 경우에는 부과처분을 한 세무서장이, 관세의 경우에는 세관장이, 지방세의 경우에는 당해 처분을 한 시장・구청장 또는 군수가 피고로 됩니다.

한편, 과세처분과 그에 기한 압류처분을 행한 행정청이 서로 다른 경우 각 그 처분을 한 행정청을 피고로 하여야 합니다. 즉, 과세처분을 한 행정청과 그 조세채권에 기하여 압류를 한 행정청이 상이한 경우 압류처분을 한 행정청을 상대로 과세처분의 취소를 구하는 소송은 부적법한 것입니다(대법원 1987.3.24. 선고 86누581 판결).

나. 당사자소송

당사자소송은 조세법상의 법률관계에 관한 대등한 당사자 사이의 소송이므로 행정청이 아니라 권리의무의 귀속주체인 국가나 지방자치단체가 피고로 됩니다(행정소송법 §39).

다. 잘못 지정한 피고의 경정(행정소송법 제14조 제1항[69])

1) 피고의 경정

일반적으로 원고가 처분청을 잘못 지정하여 소송을 제기하는 경우가 적지 않습니다. 이러한 경우 곧바로 부적법한 소송이라고 각하를 하게 되면 제소기간 등의 제한으로 인하여

69) 행정소송법 제14조【피고경정】
① 원고가 피고를 잘못 지정한 때에는 법원은 원고의 신청에 의하여 결정으로써 피고의 경정을 허가할 수 있다.
② 법원은 제1항의 규정에 의한 결정의 정본을 새로운 피고에게 송달하여야 한다.
③ 제1항의 규정에 의한 신청을 각하하는 결정에 대하여는 즉시항고할 수 있다.
④ 제1항의 규정에 의한 결정이 있은 때에는 새로운 피고에 대한 소송은 처음에 소를 제기한 때에 제기된 것으로 본다.
⑤ 제1항의 규정에 의한 결정이 있은 때에는 종전의 피고에 대한 소송은 취하된 것으로 본다.
⑥ 취소소송이 제기된 후에 제13조 제1항 단서 또는 제13조 제2항에 해당하는 사유가 생긴 때에는 법원은 당사자의 신청 또는 직권에 의하여 피고를 경정한다. 이 경우에는 제4항 및 제5항의 규정을 준용한다.

권리구제가 불가능하게 되는 문제점이 있으므로, 행정소송법은 §14에서 피고경정제도를 두고 있습니다(행정소송법 §38 ①, ②, §44에서 무효 등 확인소송과 부작위위법확인소송 및 당사자소송에 준용). 따라서 원고가 피고를 잘못 지정한 경우에는 법원은 석명권을 행사하여 원고로 하여금 피고를 제대로 된 처분청으로 경정하게 하여 소송을 진행하게 하여야 합니다. 판례도 조세소송에서 피고경정에 관한 석명권을 행사하지 아니한 채 피고 지정이 잘못되었다는 이유로 소를 각하한 것은 위법하다는 입장입니다(대법원 2004.7.8. 선고 2002두7852 판결).

피고 경정결정이 있는 경우 종전 피고에 대한 소송은 취하되는 것으로 보고, 새로운 피고에 대한 소송을 종전 피고에 대한 소 제기 시에 제기된 것으로 간주하여 제소기간의 특례를 인정합니다(행정소송법 §14 ④, ⑤).

2) 민사소송에서의 피고경정과의 비교

민사소송에서의 피고경정과 다른 점은, ① 민사소송은 제1심에서만 가능하나, 행정소송은 제2심(사실심 변론종결 시)까지 허용(대법원 2006.2.23.자 2005부4 결정)되고, ② 민사소송에서는 피고가 준비서면을 진술하거나 변론을 한 후에는 피고의 동의가 있어야 가능하나, 행정소송에서는 구 피고의 동의를 요하지 않으며, ③ 민사소송에서는 반드시 서면으로 신청하여야 하나, 행정소송에서는 구두신청도 가능하다는 것입니다.

5 전심절차

가. 국세와 관세 – 필요적 전치주의

1998.3.1. 이전까지는 일반 행정소송이나 조세소송이나 모두 필요적 전치주의의 적용을 받았으나, 개정된 행정소송법이 시행된 1998.3.1.부터는 일반 행정소송은 임의적 전치주의로 바뀌었지만(행정소송법 §18 ①)[70], 국세 및 관세에 대한 조세소송은 여전히 필요적 전치주의가 적용되고 있습니다. 즉, 국세기본법 §56 ②, 관세법 §120 ②에 의하여 행정소송법 §18의 적용이 배제되는 한편 국세기본법 §56 ①은 국세기본법 또는 세법에 따른 처분에 관한

70) 행정소송법 제18조【행정심판과의 관계】① 취소소송은 법령의 규정에 의하여 당해 처분에 대한 행정심판을 제기할 수 있는 경우에도 이를 거치지 아니하고 제기할 수 있다. 다만, 다른 법률에 당해 처분에 대한 행정심판의 재결을 거치지 아니하면 취소소송을 제기할 수 없다는 규정이 있는 때에는 그러하지 아니하다. 〈개정 1994.7.27.〉

소송에는 행정심판법의 적용을 배제하고 있습니다. 한편, 감사원법에 의한 심사청구를 거친 경우에는 국세기본법에 의한 전심절차를 거친 것으로 보게 되므로(국세기본법 §56 ④, §55 ⑤ 제3호), 감사원법에 의한 심사청구 절차를 거친 후 바로 소를 제기할 수도 있습니다.

나. 지방세 – 임의적 전치주의

지방세의 경우는 임의적 전치주의입니다. 나아가 지방세의 전심절차를 거치는 경우에도 이의신청과 심사청구(또는 심판청구) 2단계를 모두 거치거나 1단계(심사청구 또는 심판청구)를 거치는 것이 보통이나, 이의신청만을 거치고 바로 조세소송을 제기할 수도 있습니다. 또한 감사원법상의 심사청구를 거친 후 제소할 수 있음은 국세와 동일합니다(지방세기본법 §127).

다. 청구기간

국세(관세포함) 부과처분에 대한 제1단계 불복절차인 이의신청, 심사청구나 심판청구, 지방세 부과처분에 대한 이의신청이나 심사청구는 처분 있음을 안 날(처분의 통지를 받은 때는 그 받은 날)로부터 90일 이내에 하여야 합니다.

판례는 위 규정 중 '처분의 통지를 받은 때'로부터의 불복기간은 처분의 상대방이나 법령에 의하여 처분의 통지를 받도록 되어 있는 자(통상의 납세의무자)에게만 적용되고, '처분 있음을 안 날'로부터의 불복기간은 그 이외의 자에 대하여만 적용되는 것으로 보고 있습니다. 따라서 통상의 납세의무자는 처분의 통지를 받은 날로부터 90일 이내에 불복하면 되고, 설령 적법한 송달을 받기 전에 다른 경위로 처분 있음을 알았다고 하여 그 때부터 불복기간이 진행되는 것은 아닙니다.

국세 및 지방세 부과처분에 대한 이의신청절차를 거친 경우에 있어서의 제2단계 불복절차인 심사청구 또는 심판청구는 각 그 전단계의 행정심판 결정문을 송달받은 날로부터 90일 이내에 하여야 합니다.

국세나 지방세 부과처분에 대한 행정심판인 이의신청이나 심사청구, 심판청구는 우편에 의할 경우는 청구기간 내에 발송한 것이면 적법한 청구로 보는 특별규정이 있으므로(국세기본법 §61 ③[71), §66 ⑥, §81, 지방세기본법 §121 ②), 비록 이들 청구서가 청구기간이 지난 뒤에 재결

71) 국세기본법 제61조 【청구기간】 ③ 제1항과 제2항 본문의 기한까지 우편으로 제출(제5조의2에서 정한 날을 기준으로 한다)한 심사청구서가 청구기간을 지나서 도달한 경우에는 그 기간의 만료일에 적법한 청구를 한 것으로 본다.

청에 접수되었더라도 적법합니다. 그러나 소의 제기에 관하여는 위와 같은 특별규정이 준용되지 아니하고 도달주의를 채택하고 있으므로 소정기간 내에 법원에 소장이 접수되어야 함을 유의하여야 합니다.

라. 적용대상

행정소송법은 행정심판전치주의에 대한 원칙과 예외에 관하여 취소소송에서 규정하고(행정소송법 §18 ①, 국세기본법 §56 ②), 부작위위법확인소송에서 이를 준용하고 있으므로(행정소송법 §38 ②), 행정심판 전치주의는 항고소송 중 과세처분 취소소송(무효선언을 구하는 의미의 취소소송 포함)과 부작위위법확인소송에만 적용되고, 무효 등 확인소송과 당사자소송에는 그 적용이 없다고 할 수 있습니다.

마. 직권조사사항

전심절차의 경유 여부는 다른 소송요건과 마찬가지로 직권조사사항에 해당하고, 자백의 대상이 되지 않기 때문에 전치요건의 구비 여부에 대하여 재판부의 의심이 있는 경우에는 원고에게 전치절차 경유에 대한 석명을 구하고, 또 그 소명을 촉구하여야 합니다(대법원 1995.12.26. 선고 95누14220 판결). 통상 재판부는 원고로 하여금 전심절차 결정문과 결정문 수령일 등을 확인할 수 있는 자료를 제출하도록 하고 있습니다.

심사청구 또는 심판청구 등의 전심절차가 기간의 도과로 인하여 부적법한 경우에는 행정소송 역시 전치의 요건을 충족하지 못한 것이 되어 부적법하고, 이는 행정청이 전심절차의 제기기간을 도과한 부적법한 심판청구에 대하여 이를 간과한 채 실질적 재결을 하였다고 하더라도 전심절차를 적법하게 거친 것으로 되거나 그 하자가 치유되는 것은 아니므로 각하하여야 합니다(대법원 1991.6.25. 선고 90누8091 판결, 대법원 1987.11.24. 선고 87누754 판결 등). 반면, 전심절차가 적법함에도 부적법한 것으로 오인하여 각하되었다고 하더라도 전치요건은 충족된 것으로 보아야 합니다.

조세소송은 과세처분의 실체적·절차적 위법사유를 그 취소원인으로 하는 것으로서 그 심리대상은 과세처분의 위법 여부이고, 당사자가 내세우는 개개의 위법사유는 자기의 청구가 정당하다고 주장하는 공격방어방법에 불과하므로 개개의 위법사유에 대하여 반드시 전심절차를 거쳐야 하는 것은 아닙니다. 따라서 전심절차에서 주장하지 아니한 사항도 행정소송에서 새로이 주장할 수 있고, 이를 금반언의 원칙이나 신의성실의 원칙에 위배된다고 할 수 없으며, 전심절차에서 한번 철회하였던 주장도 다시 주장할 수 있습니다(대법원 1999.11.26. 선고 99두9407 판결, 대법원 1990.11.13. 선고 90누943 판결, 대법원 1992.4.14. 선고 91누7088 판결 등).

바. 전치주의의 완화

조세소송에서는 과세처분의 특수성을 고려하여 전치주의의 완화를 규정한 행정소송법 §18 ②, ③, §20 규정의 적용이 배제되어 있습니다(국세기본법 §56 ②, 구 지방세법 §78 ② 등). 다만, 국세기본법 §56 ③에서 심사청구 또는 심판청구에 관한 결정기간(90일) 내에 결정의 통지를 받지 못한 경우에는 결정통지를 받기 전이라도 그 결정기간이 지난날로부터 행정소송을 제기할 수 있다고 규정하고 있습니다.

그러나 전치주의의 취지 등에 비추어 볼 때 행정심판을 거치는 것이 행정청에게는 불필요하고 납세자에게는 가혹하다고 볼 수 있는 등 정당한 사유가 있는 때에는 필요적 전치주의에 대한 예외를 인정할 필요가 있습니다.

즉 판례를 보면 필요적 전치주의를 일부 완화하여, ① 과세관청으로 하여금 기본적 사실관계와 법률문제에 대하여 다시 판단할 수 있는 기회를 부여한 것으로 볼 수 있고, ② 납세의무자로 하여금 굳이 다시 전심절차를 거치게 하는 것이 가혹하다고 보이는 등의 정당한 사유가 있는 때에는 전심절차를 거치지 아니하고도 조세소송을 제기할 수 있다고 판시하여 왔는바(대법원 1991.5. 4. 선고 91누247 판결, 대법원 1997.4.8. 선고 96누2200 판결, 대법원 2011.1.27. 선고 2009두13436 판결 등) 판례가 전심절차를 거칠 필요가 없다고 본 경우는 아래 1)항과 같습니다.

1) 전심절차를 거칠 필요가 없는 경우

가) 2개 이상의 같은 목적의 행정처분이 단계적 · 발전적 과정에서 이루어진 것으로서 서로 내용상 관련이 있는 경우에 있어서 선행처분에 대하여 전심절차를 거쳤다면, 후행처분에 대하여 따로 전심절차를 거칠 필요는 없습니다.

① 국세의 부과처분과 가산금 및 중가산금의 징수처분의 경우(대법원 1986.7.22. 선고 85누297 판결, 가산금 및 중가산금 징수처분은 국세의 부과처분과 별개의 행정처분이라고 볼 수 있다 하더라도, 위 국세채무의 내용이 구체적으로 확정된 후에 비로소 발생하는 징수권의 행사이므로, 국세의 부과처분에 대하여 적법한 전심절차를 거친 이상 가산금 및 중가산금 징수처분에 대하여 따로 전심절차를 거칠 필요가 없다)나 본세(국세)의 부과처분과 가산세(과소신고 및 미납부 가산세) 부과처분의 경우에 있어 선행처분인 국세의 부과처분에 대하여 전심절차를 거친 경우에는 후행처분에 대하여 별도로 전심절차를 거칠 필요가 없습

니다. 그 예로써 '본세에 관한 처분과 가산세 부과처분의 경우', '압류처분과 공매처분의 경우', '국세의 납부고지처분과 가산금 및 중가산금의 징수처분의 경우' 등이 해당됩니다.

특히 본세에 관한 처분과 가산세 부과처분의 경우에는, 과소신고 및 미납부 가산세는 세법에서 규정한 의무를 위반한 자에 대하여 개별 세법에 의하여 산출한 금액을 본세의 세목으로 부과·징수하는 것으로서(국세기본법 §47 ①, ②), 본세의 세액에 연동하여 본세가 유효하게 성립·확정되는 것을 전제로 하고 있어 본세와 기본적 사실관계와 위법사유가 공통된다고 볼 수 있으므로 본세의 부과처분에 대하여 적법한 전심절차를 거쳤다면 가산세 부과처분에 대하여 따로 전심절차를 거칠 필요가 없다고 본 것으로 보입니다(대법원 1989.11.10. 선고 88누7996 판결). 다만, 당초 전심단계에서 가산세 부분만의 취소를 구하다가 청구를 변경하여 본세를 포함한 부과처분 전부의 취소를 구하는 경우에 본세에 관한 취소청구는 전심절차를 거치지 아니하여 부적법한 것입니다(대법원 1982.12.14. 선고 82누315 판결).

② 상속세 연부연납 허가에 따라 나누어 부과되는 상속세 부과처분에 있어 동일한 위법을 사유로 한 1차년도분 상속세 부과처분과 2차년도분 상속세 부과처분을 하였는데 1차년도분 상속세 부과처분에 대하여 전심절차를 거친 경우(대법원 1987.7.7. 선고 85누393 판결) 2차년도분 상속세 부과처분에 대하여 별도로 전심절차를 거칠 필요가 없습니다. 다만, 연부연납이 허가된 상속세 등에 대한 납세고지는 원래의 상속세 부과처분에 의하여 정하여진 조세채무 중 연부연납이 허가된 세액에 관하여 이행을 명하는 것으로서 징수처분의 성질을 가집니다(대법원 1992.10.27. 선고 92누305 판결).

③ 동일 목적을 위하여 진행되는 체납처분절차에서 선행처분인 압류처분의 위법을 이유로 후행처분인 공매처분의 취소를 구함에 있어, 압류처분에 대하여 전심절차를 거친 경우(대법원 1989.11.10. 선고 88누7996 판결)

④ 동일한 계약관계에서 발생한 2년에 걸친 이자에 대한 원천징수의무 불이행을 이유로 한 2개의 가산세 부과처분이 세목과 납세의무자 및 주장하는 위법사유가 동일한 경우에 있어 선행 부과처분에 대하여 전심절차를 거친 경우(대법원 1991.7.26. 선고 91누117 판결)

나) 당초처분과 그에 대한 변경처분의 위법사유가 공통된 경우

당초처분에 대하여 전심절차를 거친 후라도 과세관청이 당초처분에 대한 증액경정 기타 변경처분을 한 경우에, 소송의 대상은 그 변경된 처분이므로 다시 전치요건을 구비하여야 하는 것이 원칙이나, 그 위법사유가 당초처분과 동일하고 당초처분에 대하여 전심절차를 경유하였다면 다시 전심절차를 거칠 필요가 없습니다(대법원 1990.6.26. 선고 89누6921 판결, 대법원 1992.8.14. 선고 91누13229 판결, 대법원 1997.4.8. 선고 96누2200 판결 등).

따라서 과세관청이 당초의 종합소득세 부과처분 취소소송 계속 중에 그 처분을 취소하고 동일한 과세표준에 대하여 귀속연도를 달리하여 종합소득세 및 방위세를 부과한 경우(대법원 1997.4.8. 선고 96누2200 판결), 당초처분의 취소소송 계속 중에 당초처분을 취소하고 실질적으로 동일한 내용의 재 처분을 한 경우(대법원 2000.9.26. 선고 99두1557 판결), 당초처분과 최종처분에서 납세의무자가 주장하는 위법사유가 공통되고 당초처분에 대하여 전심절차를 적법하게 거쳤다면 최종처분에 대하여 전심절차를 거치지 않고 그 취소를 구할 수 있습니다.

다만, 과세관청이 과세처분의 절차상의 하자(납세고지서의 기재사항 흠결, 송달 흠결 등)를 발견하고 그 처분을 취소한 뒤 하자를 보완하여 다시 처분을 하는 경우는 새로운 처분을 하는 것이므로 다시 전심절차를 거쳐야 합니다(대법원 1984.10.23. 선고 84누406 판결, 대법원 1986.10.14. 선고 85누910 판결, 대법원 1996.9.10. 선고 95누13739 판결 등).

다) 동일한 과세처분에 의하여 납세의무를 부담한 수인 중 1인이 전심절차를 거친 경우

공동상속의 경우 상속세 부과처분에 대한 불복은 상속인 각자가 자기의 납부의무 있는 세액에 관하여 제기하는 것이 원칙이나, 공동상속인을 대표하여 상속세의 과세표준과 세액의 결정통지를 받을 수 있는 자가 전심절차를 거친 경우에는 나머지 상속인들은 동일한 전심절차를 거칠 필요가 없습니다(대법원 1990.1.23. 선고 89누923 판결, 대법원 1993.5.27. 선고 93누3387 판결 등). 또한 주식회사의 과점주주 수인을 제2차 납세의무자로 지정하여 부과처분을 한 경우 그 중 1인이 적법한 전심절차를 거친 이상 나머지 사람은 전심절차를 거치지 않고 그 취소를 구할 수 있습니다(대법원 1988.2.23. 선고 87누704 판결).

2) 관련처분이지만 전심절차를 거칠 필요가 있는 경우

과세처분이 여러 개인 경우 전심절차는 개별 처분마다 따로 거치는 것이 원칙입니다. 따라서 ① 당초 전심단계에서는 가산세 부과처분만의 취소를 구하였고, 이후 행정소송을 제

기함에 있어서도 가산세 부과처분만의 취소를 구하다가 청구를 변경하여 본세를 포함한 부과처분 전부의 취소를 구한 경우, 본세에 관한 취소청구는 전심절차를 거치지 아니하여 부적법하고(대법원 1982.12.14. 선고 82누315 판결) ② 수증자에 대한 증여세 부과처분과 증여자로서 연대납부의무자에 대한 부과처분의 경우, 동일한 증여를 과세원인으로 한다는 점에서만 공통될 뿐 그 과세요건을 달리하고 있어 별도의 전심절차를 거쳐야 하며(대법원 1992.9.8. 선고 92누4383 판결),

③ 동일한 법인소득에 근거를 둔 법인세 부과처분, 방위세 부과처분 및 갑종근로소득세 부과처분의 경우(대법원 2001.6.12. 선고 99두8930 판결, 대법원 1985.11.12. 선고 85누139 판결 등) 동일한 매출누락을 원인으로 한 법인세, 부가가치세, 갑종근로소득세 등의 부과처분의 경우(대법원 1984.12.26. 선고 82누195 판결) 각 과세처분은 각기 독립한 별개의 처분이므로 각 과세처분별로 전심절차를 거쳐야 하고 어느 하나의 처분에 대하여 전심절차를 거쳤다 하여 다른 처분에 대하여 바로 소를 제기할 수는 없고, ④ 법인이 법인세 부과처분 및 인정상여처분(또는 소득금액변동통지처분)을 대상으로 전심절차를 거쳤다 하더라도, 당연히 그 인정상여의 귀속자에 대한 종합소득세 부과처분 취소소송의 전심절차를 거친 것으로 볼 수는 없으며(대법원 2006.12.7. 선고 2005두4106 판결, 대법원 1991.10.11. 선고 89누8026 판결 등) ⑤ 종전의 제2차 납세의무자에 대한 납부고지처분이 당연 무효라는 이유로 이와 별개의 새로운 처분이 행하여진 경우, 비록 종전의 납부고지처분에 대하여 전심절차를 거쳤다고 하더라도 원칙적으로 새로운 납부고지처분에 대하여 별도의 전심절차를 거쳐야 하고(대법원 1996.9.10. 선고 95누13739 판결) ⑥ 과세관청이 쟁송 진행 중 과세처분의 절차상의 하자(납세고지서의 하자)를 이유로 그 과세처분을 취소하고 그와 동일한 새로운 과세처분을 한 경우, 새로운 과세처분에 대하여도 별도로 전심절차를 거쳐야 하는 것입니다(대법원 1986.10.14. 선고 85누910 판결).

사. 판단의 기준 시

행정소송법 §18 ① 단서나 국세기본법 §56 ②의 취지에 의하면, 조세소송은 원칙적으로 심사청구 또는 심판청구를 하여 그 결정이 있은 다음 소를 제기할 수 있고 그 이전에 소를 제기하면 부적법한 것이 되나, 판례는 사실심 변론종결 시까지 그 전치요건을 갖추면 그 흠결의 하자가 치유되는 것으로 보고 있습니다(대법원 1987.4.28. 선고 86누29 판결, 대법원 1987.9.22. 선고 87누176 판결 등). 따라서 통상적으로는 전심절차가 흠결된 사실이 발견되면 그 보완이 가능한 경우 보완을 촉구하고 그 절차의 이행을 기다린 다음 본안판단을 함이 일반적입니다.

6 제소기간

가. 제소기간의 제한

1) 조세소송의 경우 조세법률관계의 특수성을 이유로 국세기본법과 지방세기본법은 조세소송의 제소기간에 관하여 별도의 규정을 두고 있습니다.

가) 국세(필요적 전치): 심사청구 또는 심판청구에 대한 결정의 통지를 받은 날부터 90일 이내(법정 결정기간 내에 결정통지를 받지 못한 경우에는 통지를 받기 전이라도 제소 가능)에 소를 제기하여야 합니다.

나) 지방세(임의적 전치): 전심절차를 경유하지 않는 경우에는 처분이 있음을 안 날로부터 90일 이내에 직접 행정소송을 제기하여야 하고(행정소송법 §20 ①), 전심절차를 경유하는 경우에는 심사청구 또는 심판청구에 대한 결정의 통지를 받은 날부터 90일 이내(법정 결정기간 내에 결정통지를 받지 못한 경우에는 통지를 받기 전이라도 제소 가능)에 소를 제기하여야 합니다(대법원 2001.9.18. 선고 2000두2662 판결, 대법원 2003.8.22. 선고 2001두3525 판결 등).

2) 이러한 제소기간의 제한은 원칙적으로 취소소송에만 적용되고, 항고소송이라도 무효 등 확인소송에는 적용되지 않습니다(행정소송법 §38 ①, 대법원 1995.8.22. 선고 95누3909 판결). 당사자소송의 경우에도 법령에 특별한 규정이 없는 한 제소기간의 제한이 없습니다(행정소송법 §41). 다만, 주위적 청구가 무효 확인 소송이라도 예비적 청구가 취소소송이면 이에 대한 제소요건을 갖추어야 하고(대법원 1994.4.29. 선고 93누12626 판결) 무효를 선언하는 의미의 취소소송 역시 제소기간의 제한을 받습니다(대법원 1984.5.29. 선고 84누175 판결).

한편 제소기간 준수 여부도 소송요건의 하나로 법원의 직권조사사항이고, 제소기간을 도과하여 제기된 소는 부적법하므로 각하하여야 합니다.

나. 소송계속 중 소의 변경과 제소기간

1) 소송계속 중 소의 변경

항고소송과 당사자소송 간의 변경 또는 항고소송 내에서의 취소소송, 무효 등 확인소송,

부작위위법확인소송 간의 변경은 청구의 기초에 변경이 없는 범위 내에서 사실심의 변론종결 시까지 가능하고(행정소송법 §21 ①[72], §37, §42), 변경된 소의 제소기간은 피고 경정 시와 마찬가지로 처음의 소제기 시에 제기된 것으로 간주하는 특례가 인정되고 있습니다(행정소송법 §21 ④, §14 ④).

판례도 취소소송을 제기하였다가 나중에 당사자소송으로 변경한 경우(대법원 1992.12.24. 선고 92누3335 판결), 동일한 행정처분에 대하여 무효 확인의 소를 제기하였다가 그 후 그 처분의 취소를 추가적으로 병합한 경우(대법원 2005.12.23. 선고 2005두3554 판결)에 있어 모두 당초 소송이 적법한 기간 내에 제기된 경우에는 변경 또는 병합된 소도 적법하게 제기된 것으로 보고 있습니다.

2) 소송계속 중 과세관청의 처분변경에 따른 소의 변경

소송계속 중 과세관청의 처분변경이 있는 경우, 당초처분에 대하여 전심절차를 거쳤으면 변경된 처분에 대하여도 전심절차를 거친 것으로 간주하는 전치요건의 특례가 인정됩니다(행정소송법 §22 ③[73]). 다만, 위 소 변경 신청은 처분의 변경이 있음을 안 날로부터 60일 이내에 하여야 합니다(행정소송법 §22 ②).

한편, 소 제기 전에 과세관청의 감액경정처분이 있는 경우는 당초처분 중 감액되고 남은 부분이 소송의 대상이므로 당초처분을 기준으로 제소기간을 기산하고, 증액경정처분의 경우에는 당초처분이 증액경정처분에 흡수·소멸되어 증액경정처분만 이 소송의 대상이 되므로 증액경정처분을 기준으로 제소기간을 기산합니다. 다만, 당초처분에 대한 소송계속 중 당초처분을 증액하는 경정 또는 재경정결정이 있는 경우에 당초처분과 경정 또는 재경정처분 사이에 주장되는 위법사유가 동일하고 당초처분이 위법하다고 판단되어 경정 또는

72) 행정소송법 제21조【소의 변경】
① 법원은 취소소송을 당해 처분등에 관계되는 사무가 귀속하는 국가 또는 공공단체에 대한 당사자소송 또는 취소소송외의 항고소송으로 변경하는 것이 상당하다고 인정할 때에는 청구의 기초에 변경이 없는 한 사실심의 변론종결시까지 원고의 신청에 의하여 결정으로써 소의 변경을 허가할 수 있다.
② 제1항의 규정에 의한 허가를 하는 경우 피고를 달리하게 될 때에는 법원은 새로이 피고로 될 자의 의견을 들어야 한다.
③ 제1항의 규정에 의한 허가결정에 대하여는 즉시항고할 수 있다.
④ 제1항의 규정에 의한 허가결정에 대하여는 제14조 제2항·제4항 및 제5항의 규정을 준용한다.

73) 행정소송법 제22조【처분변경으로 인한 소의 변경】
① 법원은 행정청이 소송의 대상인 처분을 소가 제기된 후 변경한 때에는 원고의 신청에 의하여 결정으로써 청구의 취지 또는 원인의 변경을 허가할 수 있다.
② 제1항의 규정에 의한 신청은 처분의 변경이 있음을 안 날로부터 60일 이내에 하여야 한다.
③ 제1항의 규정에 의하여 변경되는 청구는 제18조 제1항 단서의 규정에 의한 요건을 갖춘 것으로 본다.

재경정결정도 위법하게 되는 경우라면 따로 전심절차를 거칠 필요 없이 청구취지를 변경하여 경정 또는 재경정 결정 취소를 구할 수 있고, 이러한 경우에는 청구취지변경시를 기준으로 제소기간 준수 여부를 따로 따질 필요도 없습니다(대법원 1982.2.9. 선고 80누522 판결).

3) 피고 경정에 따른 소의 변경

피고 경정과 함께 청구취지의 변경이 있는 경우, 판례는 새로운 제소로 볼 것이 아니라 피고의 경정에 따른 청구취지의 정정으로 봄이 상당하고, 제소기간 준수 여부도 당초의 제소시를 기준으로 판단하여야 합니다(대법원 1997.12.26. 선고 97누16176 판결).

다. 기타의 경우 제소기간

1) 재결청의 재조사결정과 제소기간

납세자의 이의신청 등에 대한 결정의 한 유형으로 행해지고 있는 재조사결정에 따른 심사청구기간이나 심판청구기간 또는 행정소송의 제소기간의 기산점과 관련하여, 대법원 2010.6.25. 선고 2007두12514 전원합의체 판결은 재조사결정에 따른 불복청구기간이나 제소기간은 재조사결정에 따른 처분청의 후속처분(감액경정 또는 당초처분을 유지하는 결정)의 통지를 받은 날부터 기산된다고 판시하여, 재결청으로부터 재조사결정의 통지를 받은 날부터 기산된다고 본 종래의 입장을 변경하였습니다. 세무조사결정이 내려진 상황에서 이에 대하여 납세의무자가 전심절차를 거쳐 항고소송까지 제기한다는 것은 심리적 열위에 있는 납세의무자에게는 기대하기 어려운 것이기 때문에 재조사결정에 따른 불복청구기간이나 제소기간은 재조사결정에 따른 처분청의 후속처분(감액경정 또는 당초처분을 유지하는 결정)의 통지를 받은 날부터 기산되는 것이 적절해 보입니다.

2) 소송물의 특정과 제소기간

소장의 청구취지 기재만으로는 당사자가 주장하는 소송물이 포함되어있는지가 분명하지 않지만 청구원인으로 보아 그 청구가 당초부터 소송물로 주장되고 있음이 분명하다면 소장의 청구취지에 그 소송물이 포함되어 있다고 보아야 하고 나중에 당사자가 청구취지변경신청서에 의해 청구취지를 청구원인에 맞게 정리하여 그 소송물을 명확하게 특정하였다고 해서 그때 비로소 그 소송물이 추가되었다고 볼 것은 아니므로, 그 소송물에 관한 제소기간의 준수 여부는 청구취지 변경시가 아닌 소장 제출시를 기준으로 판단하여야 합니다.

3) 제소기간 판단의 기준(소송물 단위)

제소기간 준수의 여부는 각개의 소송물 단위에 따라 판단하여야 합니다. 이 경우 과세대상과 과세단위의 동일성 여부가 소송물 단위의 판단기준이 됩니다. 따라서 법인세, 소득세나 부가가치세 등과 같이 일정한 기간을 과세단위로 하는 세목에 있어서 과세기간을 달리하는 과세처분은 각기 독립한 별개의 처분이라고 보아야 하므로, 특별한 사정이 없는 한 제소기간의 준수 여부도 과세기간을 달리하는 각 처분별로 판단하여야 합니다.

조세소송의 대상 및 범위

1 소송의 대상(소송물)

가. 소송의 대상

소송물은 일반적으로 법원의 심리 및 판단의 대상으로 이해됩니다. 동일성이 있는 1개의 행정처분에 대한 소송물은 원칙적으로 1개입니다. 그러나 어떠한 경우에 동일성이 있는 처분으로 해석할 것인가는 처분의 성질에 따라 일정하지 않습니다. 과세처분의 경우 증액경정처분이 거듭되어도 이는 특정 과세기간에 성립한 납세의무를 확인하는 것이기 때문에 앞의 처분은 뒤의 처분에 흡수되어 전체로서 소송물은 1개로 관념됩니다(통설 · 판례의 입장인 흡수설). 그러나 동일한 사실관계에 기하여 수개의 과세처분이 있는 경우 각 납세의무가 양립될 수 없는 중복과세처분에 해당하지 않는 한 그 세목별로 별개의 소송물을 구성합니다.

예를 들어 부동산 취득으로 인한 소유권이전등기라는 하나의 사실을 기초로 취득세 · 등록세 · 지방교육세 · 농어촌특별세의 부과처분이 내려지는 경우 그에 대한 불복은 각각에 대하여 따로 하여야 합니다.

나. 취소소송의 소송물

1) 심판의 대상

일반적으로 행정처분 취소소송은 처분의 위법을 이유로 하여 그 취소를 구하는 것이므로 그 심판의 대상은 처분에 대한 취소사유의 존부, 즉 위법성 일반입니다(통설 · 판례). 따라서 과세처분 취소소송의 소송물도 '과세처분의 위법성 일반'이고, 이는 과세처분의 실체적 · 절차적 위법을 의미합니다. 실체적 위법을 이유로 과세처분을 다투는 조세소송은 항고소송의 형태를 빌려 세액의 존부 및 범위를 다툰다는 점에서 일반 행정소송과는 구별되고, 그 심판의 대상은 과세관청의 과세처분에 의하여 인정된 "과세표준 및 세액의 객관적 존부"입니다.

2) 심판의 범위

과세처분 취소소송의 소송물의 범위, 즉 심판의 범위에 관하여는 총액주의와 쟁점주의로 견해의 대립이 있습니다.

총액주의는 과세처분에 의하여 확정된 세액이 조세실체법에 의하여 객관적으로 존재하

는 세액을 초과하는지 여부가 심판의 대상 및 범위가 된다는 견해이고, 쟁점주의는 심판의 대상 및 범위를 과세관청의 처분사유와 관계되는 세액의 적부로 한정하는 견해로서, 과세처분의 취소소송은 과세관청이 처분 시에 인정한 처분사유의 당부만을 심판의 대상으로 하고, 그 인정이유나 근거가 다르면 별개의 처분으로서 소송물도 동일하지 않으며, 처분사유의 추가·변경도 원칙적으로 허용하지 않는다고 한다는 입장입니다.

현재 '총액주의'가 통설·판례(대법원 1989.3.28. 선고 88누6504 판결, 대법원 1992.7.28. 선고 91누10695 판결, 대법원 1997.5.16. 선고 96누8796 판결)의 입장이라 할 수 있습니다. 총액주의에 의하면, 과세처분 취소소송의 소송물은 과세관청이 결정한 세액의 객관적 존부이고, 따라서 과세처분의 적법 여부는 그 처분에 의하여 인정된 세액이 객관적으로 정당한 세액을 초과하는지 여부에 달려 있습니다. 그 구체적인 내용은 다음과 같습니다.

가) 과세관청이 그 과세표준과 세액을 구체적으로 산출·결정하는 과정에서 그 계산방식 등에 잘못이 있다 하더라도 그와 같이 하여 부과고지된 세액이 원래 당해 납세의무자가 부담하여야 할 정당세액의 범위를 넘지 아니하고 그 잘못된 방식이 과세 단위와 처분사유의 범위를 달리하는 정도의 것이 아니라면 그 정당세액 범위 내의 과세처분이 위법하다고 할 수 없습니다(대법원 1992.7.28. 선고 91누10695 판결, 대법원 1997.6.13. 선고 96누7441 판결).

나) 과세관청인 피고는 사실심 변론종결 시까지 객관적인 과세표준과 세액을 뒷받침하는 모든 주장과 자료를 제출할 수 있고(대법원 1988.6.7. 선고 87누1079 판결, 대법원 1997.5.16. 선고 96누8796 판결, 대법원 2004.5.14. 선고 2003두12615 판결) 재판부도 변론종결 당시까지 제출된 모든 자료를 종합하여 과세처분의 적법 여부를 판단하여야 합니다(대법원 1997.10.24. 선고 97누2429 판결).

다) 처분의 동일성을 해하지 않는 범위 내에서는 처분사유의 추가·변경도 허용되고(대법원 1989.12.22. 선고 88누7255 판결, 대법원 1997.5.16. 선고 96누8796 판결, 대법원 1997.10.24. 선고 97누2429 판결) 이러한 동일성의 범위는 원칙적으로 과세단위로 구분됩니다.

라) 1개의 과세단위에서는 세액의 합계액에 있어 원인이나 원천이 되는 각각의 원천별 세액의 증감사항은 모두 통산하여 판단하게 됩니다. 다만, 종합소득세와 같이 세액과 전체의 과세표준이 하나이면서 그 각 소득을 구성하는 개개의 소득(이자소득, 배당소득, 사업소득, 근로소득 등)에 대한 과세표준 산정방법이 별도로 있는 경우에도 소득 종류별로 별개의 소송물로 보아야 하는지가 문제됩니다. 판례는 이자소득과 부동산임대소득(대법원 1999.4.27. 선고 99두1595 판결)은 소득세법상 합산과세되는 종합소득이

라 하여도 과세요건과 소득금액의 산정방식 등을 달리하고 있으므로, 납세의무자의 소득이 부동산임대소득(2009.12.31. 소득세법 개정으로 사업소득에 통합, 소득세법 §19 ① 제12호)이라 하여 과세되었으나 이자소득임이 인정되는 경우에는 처분사유를 변경하고 그에 따른 정당한 세액을 주장・입증하지 아니하는 한 당해 처분 전부를 취소하여야 하고, 법원이 정당한 이자소득세를 산출하여 이를 초과하는 범위 내에서만 부과처분을 취소하여야 하는 것은 아니라고 합니다(대법원 1997.11.14. 선고 96누8307 판결, 대법원 1989.11.14. 선고 89누1520 판결, 당초 이자소득으로 과세했으나 사업소득으로 인정되는 경우 처분 전부의 취소를 인정한 바 있습니다).

마) 경정거부처분 취소소송에서도 경정청구가 이유 없다고 내세우는 개개의 거부처분사유는 공격방어방법에 불과하므로 과세관청은 당초의 거부사유 이외에 다른 거부사유를 소송에 이르러 새로이 주장할 수 있습니다(대법원 2008.12.24. 선고 2006두13497 판결).

바) 총액주의의 입장에서도 취소소송의 소송물은 위법성 일반이므로, 과세처분에서의 절차적 위법도 취소사유로서 심판의 대상이 됩니다. 과세관청이 조사방법을 잘못 선택하였거나 과세대상을 잘못 인정한 경우 등에는 취소사유가 되고(대법원 1987.5.26. 선고 86누357 판결), 추계과세의 합리성과 타당성에 대한 과세관청의 입증이 없으면 법원은 과세관청이 한 추계조사 에 의한 과세가 위법하다고 하여 과세처분 전부를 취소하게 됩니다(대법원 1985.7.9. 선고 85누62 판결).

다. 무효 확인소송의 소송물

1) 과세처분 무효 확인소송에서는 청구취지만으로 소송물의 동일성이 특정됩니다. 따라서 당사자가 청구원인에서 무효사유로 내세운 개개의 주장은 공격방어방법에 불과하여, 사실심 변론종결시를 기준으로 그때까지 제출하지 않은 공격방어방법은 그 뒤 다시 동일한 소송을 제기하여 이를 주장할 수 없고(대법원 1992.2.25. 선고 91누6108 판결), 과세처분의 무효 확인청구를 기각하는 판결이 확정된 경우에는 사실심 변론종결 이전의 사유를 들어 다시 그 부과처분의 무효를 주장하고 이로써 압류처분의 무효를 다툴 수 없습니다(대법원 1988.6.28. 선고 87누1009 판결).

2) 당사자가 무효 확인소송을 제기하였는데 법원이 심리한 결과 취소사유만 인정되는 경우, 판례는 그 무효 확인을 구하는 청구에는 원고가 그 처분의 취소는 구하지 아니한다고 밝히고 있지 아니하는 등 특별한 사정이 없는 한 그 처분의 취소를 구하는 취지까지도 포함되어 있다고 보아 취소판결이 가능하다고 보고 있으나(대법원 1994.12.23. 선고 94누

477 판결) 통상적으로는 취소소송으로 청구취지를 변경하도록 유도한 후 판단함이 일반적입니다. 다만, 이 경우에 취소청구를 인용하려면 그 소가 항고소송의 제소요건을 갖추고 있어야 합니다(대법원 1986.9.23. 선고 85누838 판결, 대법원 1994.12.23. 선고 94누477 판결).

3) 과세처분에 무효사유에 해당하는 하자가 있는데도 취소소송을 제기한 경우 무효 확인 판결을 할 수 있는지가 문제됩니다. 판례는 무효선언을 구하는 취소소송을 인정하고 있으므로 제소기간이나 전심절차의 요건을 갖추었다면 바로 취소판결을 하면 됩니다. 문제는 취소소송을 제기하여 심리한 결과 무효사유가 있음이 밝혀졌으나 제소기간이나 전심절차를 갖추지 못한 경우인데, 판례는 과세처분의 취소를 구하는 항고소송에는 그 무효 확인을 구하는 취지가 포함되어 있다고 볼 수 없고, 과세처분의 무효 확인을 구하는 여부를 석명할 의무에 대하여도 대체적으로 부정적 입장이나(대법원 1970.5.26. 선고 70누30 판결, 대법원 1982.6.22. 선고 81누424 판결, 대법원 1983.7.27. 선고 82누546 판결), 통상은 원고에게 석명을 구하여 청구취지 변경 등의 방법으로 처리합니다.

라. 경정거부처분 취소소송의 소송물

당초 부가가치세에 관하여 매출세액 등이 과다 신고된 경우라면 납세의무자가 감액경정청구 등의 절차를 밟아야 할 것이고 과세관청의 부과처분에 대한 취소소송에서는 과다신고사유를 주장할 수 없다(대법원 2005.11.10. 선고, 2004두9197 판결)는 취지였으나 이후에는 판례가 변경되었습니다. 즉, 과세표준과 세액을 증액하는 증액경정처분은 당초 납세의무자가 신고하거나 과세관청이 결정한 과세표준과 세액을 그대로 둔 채 탈루된 부분만을 추가로 확정하는 처분이 아니라 당초신고나 결정에서 확정된 과세표준과 세액을 포함하여 전체로서 하나의 과세표준과 세액을 다시 결정하는 것이므로, 당초신고나 결정에 대한 불복기간의 경과 여부 등에 관계없이 오직 증액경정처분만이 항고소송의 심판대상이 되는 점, 증액경정처분의 취소를 구하는 항고소송에서 증액경정처분의 위법 여부는 그 세액이 정당한 세액을 초과하는지 여부에 의하여 판단하여야 하고 당초신고에 관한 과다신고사유나 과세관청의 증액경정사유는 증액경정처분의 위법성을 뒷받침하는 개개의 위법사유에 불과한 점, 경정청구나 부과처분에 대한 항고소송은 모두 정당한 과세표준과 세액의 존부를 정하고자 하는 동일한 목적을 가진 불복수단으로서 납세의무자로 하여금 과다신고사유에 대하여는 경정청구로써, 과세관청의 증액경정사유에 대하여는 항고소송으로써 각각 다투게 하는 것은 납세의무자의 권익보호나 소송경제에도 부합하지 않는 점 등에 비추어 보면, 납세의무자는 증액경정처분의 취소를 구하는 항고소송에서 과세관청의 증액경정사유뿐만 아니라 당초신고에 관한 과다신고사유도 함께 주장하여 다툴 수 있다(대법원 2013.4.18. 선고, 2010두11733, 전원합의체 판결)는 입장입니다.

2 증액(감액)경정처분과 소송물

가. 증액경정

판례는 증액경정의 경우에는 흡수설을 취하고 있는 바, 그 구체적인 내용은 다음과 같습니다.

1) 증액경정처분은 당초처분에서의 과세표준과 세액을 포함하여 전체로서의 과세표준과 세액을 결정하는 것이므로, 당초처분은 증액경정처분에 흡수되어 당연히 소멸합니다. 따라서 100원이라도 증액경정된 경우에는 당초처분이 제소기간의 도과 등으로 확정되어 불가쟁력이 생긴 경우에도 증액경정처분에 대한 항고소송에서 당초 처분의 위법 여부를 다툴 수 있습니다(대법원 1987.3.10. 선고 86누911 판결, 대법원 1991.10.8. 선고 91누1547 판결, 대법원 1992.5.26. 선고 91누9596 판결, 대법원 2009.5.14. 선고 2006두17390 판결 등).

2) 당초처분에 대한 소송계속 중에 증액경정처분이 있게 되면 소를 변경하여 증액경정처분을 소송의 대상으로 하여야 합니다.

3) 증액경정처분이 있게 되면 당초처분은 독립적인 존재가치를 상실하므로 적법한 전심절차나 제소기간 등의 준수 여부도 증액경정처분을 기준으로 판단함이 원칙입니다. 다만, 당초처분과 증액경정처분 사이에 위법사유가 공통된 경우에는 당초처분에 대하여 적법한 전심절차를 거친 이상 증액경정처분에 대한 취소소송을 제기함에 있어 다시 전심절차를 거칠 필요는 없음(대법원 1990.8.28. 선고 90누1892 판결, 대법원 1992.8.14. 선고 91누13229 판결 등)은 전술한 바 있습니다.

4) 이와 관련해서 2002.12.18. 신설된 국세기본법 §22의2 ① 규정의 해석이 문제됩니다.

1) 국세기본법 §22의2 ①의 해석

■ 국세기본법 제22조의2

① 세법의 규정에 의하여 당초 확정된 세액을 증가시키는 결정은 당초 확정된 세액에 관한 이 법 또는 세법에서 규정하는 권리·의무관계에 영향을 미치지 아니한다.

부칙

제2조(경정 등의 효력에 대한 적용례) 제22조의2의 개정규정은 이 법 시행 후 최초로 경정하는 분부터 적용한다.

증액경정처분에 대하여는 신설된 국세기본법 §22의2 ① 문언 상 종전의 판례가 채택하여 온 흡수설을 그대로 유지하기는 어렵고 병존설의 입장에서 해석하는 것이 타당하다는 견해도 있으나, 대법원은 국세기본법 §22의2 시행 이후에도 증액경정처분이 있는 경우, 당초 신고나 결정은 증액경정처분에 흡수됨으로써 독립된 존재가치를 잃게 된다고 보아야 하므로, 원칙적으로는 당초 신고나 결정에 대한 불복기간의 경과 여부 등에 관계없이 증액경정처분만이 항고소송의 심판대상이 되고, 납세의무자는 그 항고소송에서 당초 신고나 결정에 대한 위법사유도 함께 주장할 수 있다고 판시하여, 종전과 동일한 흡수설의 입장을 유지하고 있습니다.

즉 판례(대법원 2009.5.14. 선고 2006두17390 판결, 대법원 2009.5.14. 2008두17134 판결)에 의하면, 증액경정처분은 당초 신고하거나 결정된 세액을 그대로 둔 채 탈루된 부분만을 추가하는 것이 아니라 증액되는 부분을 포함시켜 전체로서 하나의 세액을 다시 결정하는 것인 점, 부과처분 취소소송 또는 경정거부처분 취소소송의 소송물은 과세관청이 결정하거나 과세표준신고서에 기재된 세액의 객관적 존부로서 청구취지만으로 그 동일성이 특정되므로 개개의 위법사유는 자기의 청구가 정당하다고 주장하는 공격방어 방법에 불과한 점, 국세기본법 §22의2 ①의 주된 입법 취지는 증액경정처분이 있더라도 불복기간의 경과 등으로 확정된 당초 신고 또는 결정에서의 세액만큼은 그 불복을 제한하려는 데 있는 점 등을 그 근거로 들고 있습니다.

따라서 종전과 마찬가지로 당초처분이 불가쟁력의 발생으로 확정되어도 증액경정처분에 대한 항고소송에서 당초처분에만 존재하는 절차적 하자 등의 위법사유도 함께 주장할 수 있고, 적법한 전심절차나 제소기간의 준수 여부도 증액경정처분을 기준으로 판단함이 원칙이며, 당초처분은 증액경정처분에 흡수되어 소멸하므로 증액경정처분이 아닌 당초처분을 쟁송의 대상으로 삼을 경우 부적법하여 각하의 대상이 됩니다.

2) 취소의 범위

취소의 범위가 증액경정처분에 의하여 증액된 부분에 한정되는지 아니면 당초처분의 세액도 취소할 수 있는지 여부에 관하여 논란이 있었으나, 판례는 제소기간의 경과 등으로 불가쟁력이 발생하여 확정된 당초 신고나 결정에서의 세액에 관하여는 취소를 구할 수 없고, 증액경정처분에 의하여 증액된 세액의 한도 내에서만 취소를 구할 수 있다고 판시(대법원 2011.4.14. 선고 2008두22280 판결, 대법원 2011.6.30. 선고 2010두20843 판결 등)하여, 확정된 당초처분의 세액은 그 취소를 구할 수 없다는 태도를 명확히 하였습니다.

나. 감액경정

판례는 감액경정의 경우에는 일부 취소설을 취하고 있는 바, 그 내용은 다음과 같습니다.

1) 당초처분이 있은 뒤 감액경정처분이 행하여진 경우에는 당초처분의 전부를 취소한 다음 새로이 잔액에 대하여 구체적 조세채무를 확정시키는 처분이 아니라 당초 처분의 일부를 취소하는 효력을 갖는 것에 불과하며, 이는 당초처분과 별개의 독립된 것이 아니고, 실질적으로 당초처분의 변경입니다(대법원 1982.9.14. 선고 82누55 판결, 대법원 1986.7.8. 선고 84누50 판결, 대법원 1998.5.26. 선고 91누391 판결 등).

2) 감액경정처분은 세액의 일부취소라는 납세자에게 유리한 처분으로서 그 취소를 구할 소의 이익이 없고, 항고소송의 대상이 되는 것은 당초처분 중 감액경정결정에 의하여 취소되지 않고 남아 있는 부분, 즉 감액된 당초처분입니다.

3) 당초의 과세처분이 있은 후 증액경정처분을 하였다가 다시 감액하는 재경정처분이 있는 경우, 당초처분은 증액경정처분에 흡수되어 독립된 존재가치를 상실하고 재 경정처분은 감액된 세액부분에 대해서만 그 효력이 미치므로 소송의 대상과 전심절차의 이행 여부는 증액경정처분을 대상으로 판단합니다(대법원 1989.7.11. 선고 88누7477 판결, 대법원 1996.7.30. 선고 95누6328 판결, 대법원 1996.11.15. 선고 95누8904 판결).

4) 제소기간의 준수, 그 밖에 적법한 전심절차를 거쳤는지 여부도 당초처분을 기준으로 판단합니다(대법원 1998.5.26. 선고 98두3211 판결). 당초처분에 관하여 전심절차를 거친 이상 납세자에게 유리한 감액경정처분에 대하여 다시 전심절차를 거칠 필요가 없기 때문입니다.

3 처분사유의 추가 · 변경

가. 처분사유의 추가 · 변경

통설 · 판례의 견해인 총액주의에 의하면, 과세처분에 의하여 인정된 총 세액을 뒷받침하는 처분사유는 공격방어방법에 불과하여 처분의 동일성을 해하지 아니하는 한 사실심 변론종결 시까지 새로운 처분사유를 추가하거나 변경할 수 있습니다(대법원 1989.12.22. 선고 88누7255 판결, 대법원 1997.5.16. 선고 96누8796 판결, 대법원 1997.10.24. 선고 97누2429 판결 등). 이는 처분의 적법 여부의 판단시점이 처분 당시라는 것과는 구별을 요하는데, 적법여부의 판단시점이 처분시라고 하여 처분 당시에 존재하거나 제출되었던 자료에 의하여만 적법 여부를 판단한다는 것이 아니라 처분 당시에 존재하던 사실상태를 기준으로 삼아 사실심 변론종결 시까지 제출된 모든 자료를 종합하여 그 처분의 위법 여부를 판단하여야 한다는 것입니다(대법원 1997.10.24. 선고 97누2429 판결).

그러므로 과세관청은 처분의 위법을 다투는 경우에 있어서 처분 당시 존재하던 이유로서 처분 당시 인식한 이유와 동일성이 인정되는 경우에는 이를 사실심 변론종결 시까지 제출할 수 있는 것입니다.

처분사유의 변경이 가능한 경우 국세부과의 제척기간이나 국세징수권의 소멸시효의 경과 여부를 판단하는 기준시점은 처분사유 변경시가 아니라 당초의 처분시가 됩니다(대법원 2002.3.12. 선고 2000두2181 판결, 대법원 2000.3.28. 선고 98두16682 판결 등). 처분의 동일성 여부는 다른 처분과의 식별을 가능하게 하는 기준으로서 처분사유의 추가 · 변경이 가능한 범위를 정하는 기준이 될 뿐만 아니라 과세처분 취소소송 판결의 기판력은 처분의 동일성이 인정되는 범위 전부에 미치는 것입니다.

나. 처분의 동일성과 과세단위

'처분의 동일성'은 원칙적으로 '과세단위'로 구분된다. 과세단위라 하면 인적 요소로서 개인 · 부부 · 가족단위를, 물적 요소로서 시간 · 장소 · 원천 등을 들 수 있습니다. 법인세 · 소득세 · 부가가치세 등 기간과세의 경우 과세기간, 부가가치세에서의 사업장, 소득세 · 법인세에서의 거주자 · 비거주자, 국내 · 국외 등이 그 예이고, 원천은 소득세의 경우가 대표적입니다.

법인세, 소득세(양도소득세도 1과세기간 내의 부동산양도를 모두 합산하여 누진세율을 적용하는 기간과세에 해당) 등의 기간과세에 있어 수익이나 소득이 어느 사업연도 또는 과세연도에 귀속하는지의 점은, ① 과세시기(부과제척기간의 기산일, 조세포탈의 기수 시기)와 직결되고, ② 세법 규정의 변경 시 적용될 법령이 달라지며, ③ 종합소득세와 같은 누진세율의 구조 하에서는 적용세율 및 종합소득의 크기가 달라지므로, 그 귀속시기를 오인한 처분은 그 자체로 위법합니다(대법원 2005.5.13. 선고 2004두6914 판결, 대법원 1993.6.22. 선고 91누8180 판결, 대법원 1995.4. 11. 선고 94누21583 판결 등).

하나의 과세단위에 대한 과세처분은 하나가 됩니다. 나아가 적어도 실체세액의 존부를 다투는 한 하나의 과세처분에 대하여는 하나의 소송물이 존재하는 것입니다.

다. 처분사유의 추가 · 변경의 범위

1) 처분의 동일성이 유지된다고 본 사례

판례는 과세관청이 당초의 부과처분 당시 인정한 사실의 일부에 착오나 오류가 있다 하여도 그 후 인정된 사실이 당초의 과세원인사실과 동일한 사실의 범위 내로서 과세의 기초사실이 달라지는 것이 아니라면 처분의 동일성은 유지된다고 봅니다(대법원 1997.2.11. 선고 96누3272 판결).

판례가 처분의 동일성이 유지된다고 인정된 사례는 다음과 같습니다.

가) 대표이사에 대한 소득처분의 근거가 된 소득세법 시행령이 모법에 대한 헌법재판소의 위헌결정으로 효력을 상실하여 과세관청이 쟁송 도중 그와 별도로 대표이사에게 소득이 현실적으로 귀속된 사실 및 그 소득의 종류를 주장 · 입증하여 과세처분의 적법성을 유지할 수 있고, 이는 처분의 동일성 범위 내의 처분사유 변경에 해당합니다(대법원 1997.12.26. 선고 97누4456 판결).

나) 법인이 손비로 계산한 것에 대하여 과세관청이 저가양도에 해당한다고 보아 부당행위계산 부인규정에 따라 손금부인하여 과세처분을 한 경우, 그 과세처분 취소소송에서 저가양도가 아니라 고가매입에 해당한다고 주장을 변경하여도 처분의 동일성이 유지됩니다(대법원 1992.9.22. 선고 91누13205 판결).

다) 양도소득세 부과처분 취소소송에서 과세관청이 당초 처분사유로 양도건물의 주택용도 이외 부분의 면적이 주택용도 부분의 면적보다 크다는 사유를 내세워 비과세대상인 주택이 아니라고 주장하다가 소송 도중 양도인이 위 건물의 양도 당시 다른 주택

1채를 더 소유하고 있어 위 요건을 못 갖추었다고 주장하더라도 처분의 동일성이 유지되는 범위 내의 것(대법원 2002.10.11. 선고 2001두1994 판결)이라고 보아야 합니다.

라) 부동산양도를 부당행위계산부인의 대상인 저가매매로 보고 시가에 따라 당초 부과처분을 하였다가 소송 도중 실지양도가액으로 처분사유를 변경한 경우, 처분의 동일성이 인정되는 범위 내로서 허용됩니다(대법원 2001.8.24. 선고 2000두4873 판결).

마) 증여세 부과처분에 있어서 증여자를 달리 인정하더라도 과세의 기초사실이 달라지는 것은 아닙니다. 즉 과세관청이 증여자로 인정한 자가 실제 증여자의 자금관리자에 불과한 경우(대법원 1997.2.11. 선고, 96누3272 판결), 과세관청이 당초 증여세 부과처분 당시 명의수탁자를 증여자로 인정하였다가 명의신탁자를 증여자로 인정하여 경정결정한 경우(대법원 1993.12.21. 선고 93누14059 판결, 대법원 2011.1.27. 선고 2009두1617 판결)는 과세원인사실의 범위 내로서 과세의 기초사실이 달라지는 것은 아닙니다.
또한 상속세에 있어서 생전재산 처분대금에 관하여 상속세 과세가액 산입 근거규정이 달라지더라도(대법원 2002.1.25. 선고 2000두956 판결) 과세의 기초사실이 달라지는 것은 아닙니다.

바) 과세관청이 당초 이자소득으로 과세하였다가 소송 도중 대부업에 의한 사업소득에 해당한다고 처분사유를 변경한 것은 처분의 동일성이 유지되는 범위 내에서의 처분변경에 해당하여 허용됩니다. 대법원 2002.3.12. 선고 2000두2181 판결에 의하면, 과세관청이 종합소득세부과처분의 정당성을 뒷받침하기 위하여 합산과세되는 종합소득의 범위 안에서 그 소득의 원천만을 달리 주장하는 것은 처분의 동일성이 유지되는 범위 내의 처분사유 변경에 해당하여 허용되고, 이 경우 부과제척기간이 경과되었는지 여부도 당초의 처분시를 기준으로 판단하여야 합니다. 다만, 주의할 점은 과세관청이 적극적으로 다른 원천의 소득을 주장·입증하여 처분사유를 변경한 경우에 처분의 동일성을 인정해준다는 것이지, 다른 원천의 소득으로 밝혀졌음에도 불구하고 과세관청이 이를 적극적으로 주장하지 아니할 경우에는 과세처분의 취소가 불가피할 것입니다(대법원 1989.11.14. 선고 89누1520 판결 참조).

사) 양도소득세 부과처분에서 양도의 상대방을 오인한 것이라 하더라도 과세원인이 된 양도자산이 동일하면 처분의 동일성은 유지됩니다(대법원 1994.5.24. 선고 92누9265 판결).

2) 처분의 동일성이 유지되지 않는다고 본 사례

가) 시간적 과세단위가 달라지는 경우(과세기간의 변경)에는 처분의 동일성이 유지되지

않는 것입니다. 즉, 법인세 · 소득세 · 부가가치세 등의 기간과세에 있어 그 귀속시기를 오인한 처분은 그 자체로서 위법(대법원 2005.5.13. 선고 2004두6914 판결, 대법원 1993.6.22. 선고 91누8180 판결, 대법원 1995.4.11. 선고 94누21583 판결)하고, 소득의 귀속사업연도를 달리 주장하는 처분사유의 변경은 허용되지 않습니다.

나) 증여자를 1인으로 보고 과세처분을 하였는데 실제 증여자가 2인 또는 그 이상인 것으로 밝혀진 경우와 같이 증여자의 수에 차이가 있으면 증여자별로 복수의 과세처분이 존재하여 과세단위가 달라지는 이상 과세의 기초사실이 달라져 당초 처분의 동일성이 유지되지 않는 것(대법원 2006.4.27. 선고 2005두17058 판결)입니다.

다) 가산세와 본세는 별개의 부과처분이므로 부과 · 고지한 본세액이 정당한 본세액을 초과한다면 부과 · 고지한 본세와 가산세액의 합계액이 정당한 본세와 가산세액의 합계액을 초과하지 않는다고 하더라도 본세에 관한 부과처분이 정당하다고 볼 수 없습니다(대법원 2008.12.24. 선고 2006두13497 판결).

라) 신고불성실가산세와 납부불성실가산세는 별개의 독립된 처분이므로, 납부불성실가산세의 정당한 세액이 과세관청의 처분액을 초과하고, 그 액수와 신고불성실가산세의 정당한 세액을 합한 액수가 과세관청의 신고불성실가산세와 납부불성실가산세의 처분액을 합한 범위 내라고 하더라도 과세관청의 처분액을 초과하는 납부불성실가산세를 법원이 직권으로 인정할 수 없습니다(대법원 2004.10.15. 선고 2003두7064 판결).

라. 법원의 심리범위

처분사유의 추가 · 변경은 처분의 동일성이 유지되는 범위 내에서 허용되는 것이고 과세표준이나 세액까지 동일해야만 하는 것은 아니므로, 법원으로서는 그 처분의 동일성이 인정되는 범위 내에서는 추가 · 변경된 처분사유에 따라 정당한 세액을 산출하여 그 초과부분만을 취소하는 것이 분쟁의 일회성의 원칙에 비추어 적절하다고 보여집니다.

따라서 소송자료에 의하여 적법하게 부과될 정당한 세액이 산출되는 때에는 그 정당한 세액을 초과하는 부분만을 취소하여야 합니다(대법원 1986.9.9. 선고 86누236 판결). 그러나 제출된 모든 자료에 의하여도 정당한 세액이 산출되지 않는 경우라면 부득이 과세처분 전부를 취소할 수밖에 없고, 그 경우 법원이 합리적이고 타당성 있는 산정방법을 찾아내어 정당한 부과세액을 계산할 의무까지 지는 것은 아닙니다(대법원 1995.4.28. 선고 94누13527 판결).

제14장

조세소송 상 변론(심리)의 진행 및 입증책임

1 변론(심리)의 원칙

가. 원칙적 처분권주의 및 변론주의

조세소송도 일반 행정소송과 마찬가지로 소의 제기 및 종료, 심판의 대상이 당사자에 의하여 결정되는 처분권주의가 원칙적으로 적용되므로(행정소송법 §8 ②), 법원은 원고의 소제기가 없는 사건에 대하여 심리, 판결할 수 없음은 물론이고, 소제기가 있는 사건에 대하여도 원고의 청구범위를 넘어서서 심리하거나 재판할 수 없습니다(대법원 1995.4.28. 선고 95누627 판결).

또한 판결의 기초가 되는 사실과 그에 대한 자료는 당사자가 변론에 현출시켜야 하며, 변론에 나타나지 않는 사실에 대하여는 판단할 수 없고 판단할 필요도 없습니다.

나. 예외적 직권주의

행정소송법 제26조[74]는 "법원이 필요하다고 인정할 때에는 직권으로 증거조사를 할 수 있고, 당사자가 주장하지 아니한 사실에 대하여도 판단할 수 있다"고 규정하여 변론주의의 일부 예외를 인정하고 있습니다. 그러나 이는 법원이 반드시 직권으로 증거를 조사하여야 한다거나, 아무런 제한 없이 당사자가 주장하지도 않은 사실을 판단할 수 있다는 것은 아니고, 행정소송의 특수성에 연유한 예외를 일부 인정하여 법원이 필요하다고 인정할 때에 한하여 기록상 현출되어 있는 사항에 관하여 직권으로 증거조사를 하고, 이를 기초로 하여 판단할 수 있을 뿐이라는 것입니다(대법원 1988.4.27. 선고 87누1182 판결, 대법원 1991.11.8. 선고 91누2854 판결, 대법원 1992.7.10. 선고 92누3199 판결 등).

따라서 판례는 시효중단의 사유가 기록상 현출되어 있다면 피고의 시효중단에 관한 명시적인 항변이 없더라도 직권으로 심리・판단할 수 있고(대법원 1987.1.20. 선고 86누346 판결), 원심이 변론기일에서 전심절차를 밟았는지의 여부에 관하여 원고에게 석명을 구하고 또 그 소명을 촉구하였다면 이로써 충분하며, 이러한 경우에 더 나아가 사실과 증거를 탐지하여야 하는 것은 아닌 것입니다(대법원 1984.11.27. 선고 84누462 판결).

---

74) 행정소송법 제26조【직권심리】법원은 필요하다고 인정할 때에는 직권으로 증거조사를 할 수 있고, 당사자가 주장하지 아니한 사실에 대하여도 판단할 수 있다.

다. 자백법칙의 적용여부

행정소송에서도 행정소송법 §8 ②에 의하여 민사소송법 §261의 자백에 관한 법칙이 원칙적으로 적용되어 당사자의 소송상 자백을 배제하지는 못합니다(대법원 1991.5.28. 선고 90누1854 판결, 대법원 1992.8.14. 선고 91누13229 판결 등).

판례는 본안의 주요사실에 관하여는 자백법칙의 적용을 인정하여, 증여세부과처분에서 증여사실의 존부(대법원 1991.11.12. 선고 91누3932 판결), 증여재산의 평가가액(대법원 1990.11.9. 선고 90누6187 판결), 법인세나 소득세부과처분에서 추계사유의 존부, 주식양도 당시의 주식회사의 자산총액의 시가(대법원 1991.5.28. 선고 90누1854 판결), 필요경비의 발생사실(대법원 1994.8.26. 선고 94누2411 판결, 대법원 1991.1.29. 선고 90누5054 판결 등) 등에 관하여 모두 자백의 성립을 인정하고 있습니다.

이에 반하여 직권조사사항인 처분의 존부 및 특정(과세처분일 등), 원고적격, 소의 이익, 피고적격, 제소기간 준수, 전심절차 경유 등의 소송요건을 갖추었는지 여부에 대하여는 자백법칙이 적용되지 않으므로, 법원은 위와 같은 사항이 기록상 분명하지 않거나 의심이 있는 경우에는 당사자 사이에 다툼이 없더라도 보정명령이나 석명권 행사를 통하여 직권으로 조사할 필요가 있습니다. 만일 법원이 직권조사사항에 대하여 당사자의 자백에 구속되어 판단한다면 심리를 다하지 아니한 위법이 있다고 할 수 있습니다. 즉 판례(대법원 1995.12.26. 선고 95누14220 판결)에 의하면, 처분서 수령일에 대한 원고의 진술만 있고 변론과정에서 본안의 당부에 관해서만 심리가 이루어졌음에도, 원고 진술에 의한 처분서 수령일이 옳다고 단정하여 적법한 전심절차 미경유로 소를 각하한 것은 석명의무를 위반한 위법이 있다고 판시한 바 있습니다.

라. 석명권의 행사

1) 행정소송법 §8 ②[75]에 의하여 법원의 석명의무 및 법률사항 지적의무를 규정한 민사소송법 §136[76]의 규정이 준용되고(대법원 1997.8.22. 선고 96누5285 판결), 행정소송법

75) 행정소송법 제8조【법적용례】② 행정소송에 관하여 이 법에 특별한 규정이 없는 사항에 대하여는 법원조직법과 민사소송법 및 민사집행법의 규정을 준용한다.

76) 민사소송법 제136조【석명권(釋明權)·구문권(求問權) 등】
① 재판장은 소송관계를 분명하게 하기 위하여 당사자에게 사실상 또는 법률상 사항에 대하여 질문할 수 있고, 증명을 하도록 촉구할 수 있다.
② 합의부원은 재판장에게 알리고 제1항의 행위를 할 수 있다.
③ 당사자는 필요한 경우 재판장에게 상대방에 대하여 설명을 요구하여 줄 것을 요청할 수 있다.

§26[77]는 당사자주의, 변론주의에 대한 예외로 직권심리 조항을 두고 있으므로, 조세소송에서도 법원의 석명권은 비교적 넓게 허용되어야 할 것입니다.

그러나 법원의 석명권 행사는 당사자의 주장에 모순된 점이 있거나 불완전·불명료한 점이 있을 때에 이를 지적하여 정정·보충할 수 있는 기회를 주고, 계쟁 사실에 대한 증거의 제출을 촉구하는 것을 그 내용으로 하는 것입니다. 따라서 당사자가 주장하지도 아니한 법률효과에 관한 요건사실이나 독립된 공격방어방법을 시사하여 그 제출을 권유함과 같은 행위를 하는 것은 변론주의의 원칙에 위배되는 것으로 석명권 행사의 한계를 일탈하는 것이 됩니다(대법원 2001.1.16. 선고 99두8107 판결, 대법원 1992.3.10. 선고 91누6030 판결 등).

그럼에도 조세소송과 같은 다소 전문적인 분야의 경우에는 당사자들이 전혀 예상하지 못한 쟁점이 발견될 수도 있어 재판 진행과정에서 석명권을 적절히 행사하여 이를 쟁점화시킬 필요성이 있는 경우도 있고, 조세소송에서의 석명권 행사 여부가 소송상 쟁점이 된 사례도 대부분 석명권을 행사하지 아니한 것이 위법한지 여부가 문제되고 있음에 비추어, 적극적으로 석명권을 행사할 필요성이 있다고 사료됩니다.

구체적으로 석명권의 행사 범위에 포함된다고 한 사례는, 원고가 피고를 잘못 지정한 경우 석명권을 행사하여 피고를 경정하게 한 후 소송을 진행하여야 한다(대법원 2004.7.8. 선고 2002두7852 판결, 대법원 1997.2.28. 선고 96누1757 판결)거나, 원고가 명시적으로 대출이자를 필요경비로 공제하여야 한다는 주장을 하였고 그러한 주장에 부합하는 증빙서류들을 법원에 제출하였다면, 법률전문가가 아닌 원고 본인이 소송수행을 하고 있는 점을 감안하여 위 증빙서류들에 대하여 정식으로 증거로서 제출할 것을 촉구하는 등 석명권을 적절히 행사하여야 한다고(대법원 2010.1.14. 선고 2009두11874 판결)한 사례가 있고, 석명권의 행사 범위에 포함되지 않는다고 한 사례(대법원 2001.10.23. 선고 99두3423 판결, 대법원 2010.4.29. 선고 2007두22030 판결 등)가 있습니다.

2) 일반적으로 과세관청이 전체 세액 중 당초 세액을 공제한 차액에 대하여만 추가로 납세고지를 하는 방식으로 증액경정처분을 하는 경우, 납세의무자는 전체 세액의 취소를 구하면서도 납세고지서의 기재에 따라 위 차액만을 청구취지로 기재하는 경우가

④ 법원은 당사자가 간과하였음이 분명하다고 인정되는 법률상 사항에 관하여 당사자에게 의견을 진술할 기회를 주어야 한다.

77) 행정소송법 제26조【직권심리】법원은 필요하다고 인정할 때에는 직권으로 증거조사를 할 수 있고, 당사자가 주장하지 아니한 사실에 대하여도 판단할 수 있다.

있는 바(특히, 신고납세방식의 조세에서 이러한 경우가 많습니다), 이 경우 법원은 석명권을 행사하여 전체 세액을 다투는 것인지 증액된 부분만 다투는 것인지 당사자의 정확한 의사를 확인하여 청구취지를 명확하게 하려는 경우가 적지 않습니다.

또한 원고가 소장에서 주장하는 과세처분의 위법사유가 무엇인지 분명하지 않은 경우나, 과세처분의 사유 및 근거법령이 처분서만으로 분명하지 않은 경우 법원은 석명권 행사를 통하여 이를 분명히 한 후 심리를 진행하는 경우가 적지 않습니다.

예컨대, 법인의 거래행위가 법인세법상의 특수관계자 사이의 부당행위계산에 해당한다고 보아 소득금액을 재계산하여 법인세를 부과한 사안에서, 그 거래행위가 법인세법 시행령 §87 ① 몇 호의 특수관계자에 해당하고, §88 ① 몇 호의 부당행위의 유형에 해당 하는지가 처분서나 피고의 답변서 등에서 특정되어 있지 않은 경우 법원은 통상 석명권 행사를 통해 이를 명확하게 특정하도록 하고 있습니다.

마. 처분변경으로 인한 소의 변경

1) 의의 및 요건

소송계속 중에 과세관청의 직권 또는 행정심판 재결에 따라 소송의 대상이 된 처분이 변경되는 경우가 있습니다. 특히 증액경정처분이 있는 경우 당초처분이 증액경정처분에 흡수되어 소멸되므로(판례·통설의 견해: 흡수설) 소송의 목적물이 없어져 버리는 결과가 발생하기도 합니다. 이에 원고에게 책임 없는 사유로 인한 무용한 절차의 반복을 피하고, 행정소송의 행정구제제도로서의 기능을 살리기 위하여 행정소송법은 처분의 변경으로 인한 소의 변경 제도를 특별히 인정하고 있습니다(행정소송법 §22 ①[78], §38 ①, §44 ①).

처분의 변경으로 인한 소의 변경이므로 그 일반적 요건으로 구 소송의 사실심 계속 중에 처분의 변경이 있어야 하고, 변경되는 신 청구가 적법성을 갖추어야 하나, 변경 전의 처분이 적법한 전심절차를 거쳤으면 변경된 처분에 대하여도 전심절차를 거친 것으로 간주하는 전치요건의 특례가 인정됩니다(행정소송법 §22 ③[79]). 다만, 위 소 변경 신청은 처분의 변경이 있음을 안 날로부터 60일 이내에 하여야 하는 제한이 있음에 유의하여야 합니다(행정소송법

78) 행정소송법 제22조【처분변경으로 인한 소의 변경】
① 법원은 행정청이 소송의 대상인 처분을 소가 제기된 후 변경한 때에는 원고의 신청에 의하여 결정으로써 청구의 취지 또는 원인의 변경을 허가할 수 있다.
② 제1항의 규정에 의한 신청은 처분의 변경이 있음을 안 날로부터 60일 이내에 하여야 한다.

79) 행정소송법 제22조【처분변경으로 인한 소의 변경】
③ 제1항의 규정에 의하여 변경되는 청구는 제18조 제1항 단서의 규정에 의한 요건을 갖춘 것으로 본다.

§22 ②).

처분변경으로 인한 소 변경의 경우, 원고의 신청과 법원의 허가결정이 필요하고(행정소송법 §22 ①), 허가결정에 대하여는 독립하여 불복할 수 없으며, 소 변경 신청이 부적법한 경우 소 변경 불허결정을 할 수도 있고 결정을 하지 아니하고 종국판결 이유 중에 판시하기도 합니다.

판례는 감액경정처분의 경우는 당초처분의 동일성이 유지되는 범위 내에서 그 처분사유의 변경으로 보고 있으므로(대법원 2002.9.24. 선고 2000두6657 판결, 과세관청이 당초처분의 취소를 구하는 소송계속 중 법인세 면제세액의 계산에 관한 납세의무자의 신고내용의 오류를 시정하여 정당한 면제세액을 다시 계산하여 당초의 결정세액을 일부 감액하는 감액경정처분을 한 것은 당초처분의 동일성이 유지되는 범위 내에서 그 처분사유를 교환·변경한 것이므로 적법하다는 취지입니다) 위 규정이 적용될 여지는 없어 보이고 증액경정처분의 경우가 주로 문제될 것입니다.

2) 증액경정처분의 경우

판례의 입장인 흡수설에 의하면, 당초처분에 대한 취소소송 계속 중에 증액경정처분이 있는 경우 당초처분과 증액경정처분 사이에 위법사유가 공통된 경우 증액경정처분에 대하여 따로 전심절차를 거칠 필요가 없음은 물론 제소기간의 준수 여부를 따질 필요 없이 청구취지 변경절차에 의하여 소송의 대상으로 삼을 수 있습니다. 예를 들어, 당초의 조세(상속세)부과처분에 대하여 적법한 취소청구 소송이 계속 중, 동일한 과세목적물(상속재산)에 대하여 당초의 부과처분을 증액·변경하는 경정결정 또는 재경정결정이 있는 경우에 당초의 부과처분에 존재하고 있다고 주장되는 취소사유(상속재산가액산정의 위법성)가 경정결정 또는 재경정결정에도 마찬가지로 존재하고 있어 당초 부과처분이 위법하다고 판단되어 경정결정, 재경정결정도 위법하다고 하지 않을 수 없는 경우라면 원고는 따로 전심절차를 거칠 필요 없이 청구취지를 변경하여 경정 또는 재경정결정의 취소를 구할 수 있고, 또 청구취지 변경시를 기준으로 제소기간 준수 여부를 따로 따질 필요도 없는 것입니다(대법원 1982.2.29. 선고 80누522 판결, 대법원 1984.9.25. 선고 84누288 판결).

한편 이러한 경우는 행정소송법 §22의 소의 변경과 민사소송법상의 청구의 변경이 모두 가능하다고 할 것입니다. 민사소송법에 따른 청구의 변경은 그 요건으로서 청구의 기초가 바뀌지 아니할 것, 변론이 종결되기 전일 것 및 소송절차를 현저히 지연시키지 아니할 것을 요구할 뿐, 행정소송법 §22에 따른 처분변경으로 인한 소의 변경과 달리 소 변경의 기간에 제한을 받지 않고 법원의 허가결정을 받을 필요도 없으므로, 통상적으로는 민사소송법상의

청구변경에 의하여 처리하는 경우가 대부분입니다.

3) 당초처분의 취소와 후행처분

과세처분 취소소송 계속 중 과세관청이 종전처분에 내재하는 법적인 흠을 이유로 이를 취소하고 그 흠을 보완하여 실질적으로는 종전처분과 동일한 내용의 처분을 다시 한 경우에도 행정소송법 §22 ①의 처분변경에 해당하므로 후자의 처분에 대하여 별도의 전심절차를 거치지 않아도 된다는 것이 판례의 태도입니다(대법원 1990.6.26. 선고 89누6921 판결).

그러나 당초처분의 취소소송 계속 중 과세관청이 당초처분의 절차상 하자(납세고지서의 기재사항 흠결, 송달 흠결 등)를 이유로 이를 취소한 뒤 그 하자를 보완하여 다시 동일한 내용의 과세처분을 한 경우에는, 당초처분은 취소되어 소급적으로 소멸하고, 후행처분만 존재하므로 후행처분에 대하여 별도의 전심절차를 거쳐야 할 것입니다.

예를 들어, 과세처분에 대한 쟁송 진행 중에 과세관청이 그 과세처분의 납세고지서에 세액산출근거를 기재하지 아니한 절차상 하자를 이유로 위 과세처분을 취소하고 절차상 하자를 보완하여 다시 동일한 내용의 과세처분을 한 경우에 새로운 과세처분에 대하여는 별도의 전심절차를 거쳐야 하는 것입니다(대법원 1984.10.23. 선고 84누406 판결, 대법원 1986.10.14. 선고 85누910 판결). 또한 종전의 제2차 납세의무자 납부고지처분이 당연무효라는 이유로 이와는 별개의 새로운 처분이 행하여진 경우, 납세의무자가 비록 종전의 납부고지처분에 대하여 전심절차를 거쳤다고 하더라도 특별한 사정이 없는 한 원칙적으로 새로운 납부고지처분에 대하여 별도로 전심절차를 거쳐야 합니다(대법원 1996.9.10. 선고 95누13739 판결). 다만 이에 대하여는 납세자의 권리구제를 위하여 예외적으로 청구의 변경을 허용하여야 한다는 견해도 있으나 청구의 변경에 의하여 구 소송을 유지할 수 없다고 하고 있습니다.

2 입증책임

가. 조세소송에 있어 입증책임의 특성

조세소송도 행정소송의 일종이므로 처분의 적법성에 관하여 원칙적으로 피고인 과세관청에 입증책임이 있습니다. 그러나 조세소송에 있어서는 피고인 과세관청에 실지 조사권이 있기는 하지만 과세요건사실을 뒷받침해주는 과세자료의 대부분이 모두 납세자가 직접 지배하는 생활영역 내에 있어 과세관청이 납세자의 협력 없이 과세자료를 찾아낸다는 것이 쉽지 않습니다. 따라서 일반 행정소송에서 요구되는 정도의 입증을 요구한다면 이는 과세관청에게 사실상 불가능한 입증을 요구하는 결과가 될 수도 있어 불합리한 결론이 도출될 위험이 있습니다.

이와 같은 조세법률관계의 특수성으로 인하여 조세소송에서의 입증책임은 그 분배의 문제보다는 입증책임을 부담하는 과세관청이 어느 정도 입증을 하였을 경우에 그 입증책임을 다한 것으로 볼 수 있느냐 하는 증명도의 완화 내지 입증필요의 전환에 관한 문제가 중요시되고 되어 왔습니다.

그런데 최근 전자적 세무거래가 활성화되고 있고 과세관청에서도 납세의무자 뿐 아니라 거래상대방의 자료를 전자적으로 관리・소지하고 있는 등 과세자료의 수집이 납세의무자 개인에 비해 훨씬 용이한 측면이 있으므로 과거와 같은 증명도의 완화 내지 입증필요의 전환에 수정을 가하여야 한다는 견해도 등장하고 있습니다. 따라서 조세소송을 담당하는 실무자로서는 판례에 의해 정립되어 있는 입증정도를 따르되 구체적인 사안에 따라 그 입증의 필요나 정도에 대하여 다소 신중을 기할 필요가 있습니다.

한편 과세처분의 적법성은 과세관청이 주장・입증하여야 하지만, 이를 다투는 원고로서는 과세처분이 어떤 이유로 위법한지에 관하여 그 위법한 구체적 사실을 먼저 주장할 책임이 있습니다(대법원 1981.6.23. 선고 80누510 판결).

나. 입증책임의 소재

1) 원칙

과세처분의 실체적・절차적 위법사유에 관하여 특별한 사정이 없는 한 과세관청이 그 과세요건 사실의 존재 및 절차의 적법성을 입증할 책임이 있습니다(대법원 2007.2.22. 선고 2006두6604 판결). 따라서 판례는 추계과세를 함에 있어서 추계과세의 필요성이나 합리성에 대한 입증책임은 과세관청에 있고(대법원 1982.9.14. 선고 82누36 판결, 대법원 1987.3.10. 선고 86누721 판결 등), 납세고지서나 납부통지서의 필요적 기재사항이 기재되어 있는가의 여부는 부과처분 절차상의 적법요건에 해당하고 그 입증책임은 일응 과세관청에 있으나(대법원 1986.10.28. 선고 85누555 판결), 대법원 1992.6.9. 선고 91누11933 판결은, 제2차 납세의무자에 대한 납부통지서에 첨부되는 납세고지서의 법정서식은, 납세자가 보관하는 납세고지서 겸 영수증서에 세액의 산출근거 등 위 법조 소정의 필요적 기재사항을 기재하도록 되어 있는 반면, 그 납세

고지서의 부본을 과세관청이 따로 보관하도록 되어 있지는 않으므로, 이와 같은 경우 그 납세고지서에 필요적 기재사항이 기재되지 않았다는 사실은 그 사실을 주장하는 제2차 납세의무자가 입증하여야 한다고 판시하고 있습니다. 법인세, 소득세 등 기간과세에 있어서 그 소득의 귀속시기에 관한 입증책임도 과세관청에 있습니다(대법원 2000.2.25. 선고 98두1826 판결).

이에 반하여, 과세처분의 무효 등 확인소송에서는 민사소송에서의 입증책임의 법리에 맞추어 그 무효를 구하는 원고가 그 과세처분에 존재하는 하자가 중대하고 명백하다는 것을 주장・입증할 책임을 집니다(대법원 1984. 2. 28. 선고 82누154 판결).

2) 입증의 완화 및 입증필요의 전환

가) 조세소송에서의 입증책임은 앞서 본 조세법률관계의 특수성으로 인하여 원칙적으로 과세관청에 처분의 적법성에 관하여 입증책임이 있다고 보면서도 일정한 경우에는 입증의 정도를 완화하거나 입증의 필요성을 전환하는 등으로 합리적인 해결책을 모색해 왔습니다.

그러한 방안들 중 하나인 "일응의 입증", "소극적 사실에 대한 부존재의 추정", "사실상의 추정"이론 등은 모두 일정한 경우에는 과세관청이 입증책임을 다한 것으로 보고 사실상 상대방에게 입증필요를 전환하고자 하는 것으로서, 법률에 의하여 객관적인 입증책임이 전환되는 것과는 구별되는 개념들입니다.

① "일응의 입증"은, 과세관청이 주장하는 당해 처분의 적법성이 합리적으로 수긍할 수 있을 정도로 일응 입증이 된 경우에는 그 처분은 정당하다고 보고 이와 상반되는 주장과 입증책임이 상대방인 원고에게 돌아간다는 것입니다(대법원 1984.7.24. 선고 84누124 판결).

② 필요경비나 손금과 같은 소극적 사유에 대한 "부존재의 추정"이 있다. 필요경비는 납세자에게 유리한 것이고 그것을 발생시키는 사실관계의 대부분은 납세자의 지배영역 안에 있는 것이어서 납세자가 입증하기에 손쉽다는 것을 감안하면 납세자가 그에 관한 입증활동을 하지 않고 있는 필요경비에 대하여는 부존재의 추정을 용인하여 납세의무자에게 입증의 필요성을 인정하는 것은 공평의 관념에도 부합된다는 것입니다(대법원 2004.9.23. 선고 2002두1588 판결, 대법원 1990.2.13. 선고 89누2851 판결 등).

③ 일정한 경우에는 과세요건사실이 "사실상 추정"된다고 하여 입증정도를 완화하고 있습니다. 즉, 구체적인 소송과정에서 경험칙에 비추어 과세요건사실을 추정할 만한 간접적인 사실이 밝혀지면 상대방이 문제로 된 당해 사실이 경험칙 적용의 대상 적격이 되지 못하는 사정을 입증하지 않는 한 당해 과세처분을 과세요건을 충족시키지 못한 위법한 처분이라고 단정할 수는 없다는 것입니다(대법원 1998.3.24. 선고 97누9895 판결, 대법원 2004.4.27. 선고 2003두14284 판결).

나) 이와 별개로 법률의 규정에 의하여 입증책임의 전환을 도모하고 있는 경우가 있는데, 상속세 및 증여세법에 의한 명의신탁재산의 증여의제(§45의2), 상속추정(§15), 증여추정(§44, §45) 규정 등이 이에 해당합니다.

다) 조세소송의 특수성에 비추어 입증필요의 전환이 요청되는 경우가 없는 것은 아니나, 이를 일반화시킬 수는 없고 과세관청이 입증책임을 부담함을 원칙으로 하면서 구체적인 사례와 관계법령의 내용 및 취지, 입증의 난이, 증거와의 거리, 형평성 등을 종합적으로 고려하여 증명도의 완화 및 입증필요의 전환여부를 결정하여야 할 것으로 보입니다.

다. 개별 세목별 입증책임

1) 소득세법 상 입증책임

가) 납세의무자의 입증책임

소득세법상 납세의무자는 개인이며, 개인은 ① 거주자, ② 비거주자로서 국내원천소득이 있는 개인으로 나누어지므로, 과세관청은 거주자인 점, 비거주자라면 국내원천소득이 있는지를 입증할 책임이 있습니다(대법원 1991.9.10. 선고 91누4799 판결). 다만, 국내 거주자인 납세의무자가 동시에 외국의 거주자에도 해당하여 조세조약이 적용되어야 한다는 점에 대하여는 이를 주장하는 납세의무자에게 그 입증책임이 있습니다(대법원 2008.12.11. 선고 2006두3964 판결, 대법원 1994.4.26. 선고 94누1005 판결 등). 어느 개인이 소득세법상의 국내 거주자인 동시에 외국의 거주자에도 해당하여 그 외국법상 소득세 등의 납세의무자에 해당하는 경우에는 하나의 소득에 대하여 이중으로 과세될 수도 있게 되는 것이므로, 이를 방지하기 위하여 각국 간 조세조약의 체결을 통해 별도의 규정을 두고 있기 때문입니다.

나) 과세관청의 입증책임

소득세법은 소득을 그 원천 혹은 성질에 따라서 분류하고 있는데, 어느 소득이 어느 종류의 소득으로 분류되는가 하는 것은 과세관청이 이를 입증할 책임이 있습니다. 실무상 주로 과세요건을 이루는 행위가 사업적으로 행하여졌는가를 두고, 이자소득과 사업소득, 사업소득과 양도소득, 사업소득과 근로소득 사이의 충돌이 문제되며, 그 밖에 근로소득과 퇴직소득, 이자소득과 기타소득 사이에 있어서도 그 구별이 쉽지 않은 경우가 많습니다.

소득세법은 현실적으로 소득이 없더라도 그 원인이 되는 권리가 확정적으로 발생한 때에는 그 소득의 실현이 있는 것으로 보고 과세소득을 계산하는 이른바 권리확정주의를 채택하고 있다. 과세관청으로서는 그 소득의 원인이 되는 채권의 발생사실 즉, 당해 채권의 구체적인 액수, 그 지급시기가 과세기간 내에 있는 사실 등을 입증하면 일응 그 채권액 상당의 소득이 발생한 것으로 추정된다고 할 것이고, 따라서 그 채권이 채무자의 도산으로 인하여 회수불능이 되어 장래 그 소득이 실현될 가능성이 전혀 없게 되었다는 점(과세장애사유)에 대한 입증책임 또는 입증의 필요성은 이를 주장하는 납세의무자가 진다는 의미입니다(대법원 1993.12.14. 선고 93누4649 판결, 대법원 2000.9.8. 선고 98두16149 판결, 대법원 2002.10.25. 선고 2001두1536 판결, 대법원 2010.1.14. 선고 2009두11874 판결).

과세관청이 법인세법 소정의 소득금액을 지급한 것으로 의제하는 소득처분과는 별도로, 소득세법의 규정에 의하여 대표이사 등에 대한 원천징수소득세를 법인으로부터 징수하려면, 대표이사 등에 대한 소득의 현실적 귀속 및 소득의 종류를 과세관청이 주장・입증하여야 합니다(대법원 1999.12.24. 선고 98두16347 판결, 대법원 1999.12.24. 선고 98두7350 판결).

비상장주식의 가액을 평가함에 있어서 양도소득세의 과세표준인 소득액 확정의 기초가 되는 순자산가액에 대한 입증책임도 원칙적으로 과세관청에 있으나, 양도일 현재 당해 법인의 순자산가액을 산정함에 있어서 당해 법인의 재무상태표에 계상되지 아니한 부외채무가 존재한다는 사실은 양도소득세 과세가액 결정에 있어서 예외적인 사유에 속하는 것이므로 그에 대한 입증책임은 이를 다투는 납세의무자에게 있습니다(대법원 2003.5.13. 선고 2002두12458 판결).

2) 법인세법 상 입증책임

가) 납세의무자의 입증책임

법인세법은 조세법규가 예정하지 않은 비정상적인 방법에 의한 조세회피행위가 있는 경우 조세법적 관점에서 이를 부인하여 소득금액을 재계산하는 부당행위계산 부인 규정을 두고 있는데(법인세법 §52), 부당행위계산이 성립하기 위해서는 특수관계자와의 거래로서 법인세법 시행령 §88 ① 각 호가 규정하고 있는 행위 유형에 해당하여야 하고, 나아가 법인의 소득에 대한 조세의 부당한 감소를 가져와야 합니다. 판례는 위 부당행위계산 부인에 있어 그 부당성 판단의 기준은 납세자의 거래행위가 경제적 합리성을 결여한 것인지 여부에 의하여 판단하여야 하고 이러한 부당성의 판단시점은 거래 당시이며(대법원 1989.6.13. 선고 88누5273 판결), 그 입증책임은 과세관청에 있다고 하고 있습니다(대법원 1996.5.10. 선고 95누5301 판결, 대법원 1995.12.26. 선고 95누3589 판결 등). 한편 판례는 법인의 행위계산이 법인세법 시행령 §88 ① 각 호에 열거된 제반 거래형태에 일응 해당한다고 하더라도, 경제인의 입장에서 볼 때 부자연스럽고 불합리한 행위계산을 함으로 인하여 경제적 합리성을 무시하였다고 인정되지 아니하면 부당행위계산에 해당하지 않는다고 하고 있습니다(대법원 1990.5.11. 선고 89누8095 판결, 대법원 2004.9.23. 선고 2002두1588 판결 등). 따라서 과세관청이 납세자의 거래행위가 위 시행령 §88 ① 각 호의 거래행위에 해당되는 사실을 입증하면 일응 부당행위계산부인 규정에 해당된다는 사실의 입증이 있는 것으로 보고, 그럼에도 불구하고 그 거래행위가 경제적 합리성을 갖는다는 점에 관하여는 납세자에게 입증의 필요가 돌아간다고 할 것입니다.

마찬가지로 국외의 특수관계자와의 이전가격이, 과세관청이 납세의무자에게 자료 및 증빙서류의 제출을 요구하는 등의 최선의 노력으로 확보한 자료에 기하여 합리적으로 산정한 정상가격과 차이를 보이는 경우에는, 비교가능성 있는 독립된 사업자 간의 거래가격이 신뢰할 만한 수치로서 여러 개 존재하여 정상가격의 범위를 구성할 수 있다는 점 및 당해 국외 특수관계자와의 이전가격이 그 정상가격의 범위 내에 들어있어 경제적 합리성이 결여된 것으로 볼 수 없다는 점에 관하여 그 입증의 필요가 납세의무자에게 돌아가게 됩니다(대법원 2001.10.23. 선고 99두3423 판결).

법인이 매출사실이 있음에도 불구하고 그 매출액을 장부에 기재하지 아니한 경우에는 특별한 사정이 없는 한 그 원가상당액을 포함한 매출누락액 전액이 사외로 유출된 것으로 보아야 하고(대법원 2002.12.6. 선고 2001두2560 판결 등) 사외유출된 법인의 수입금은 그 귀속이 분명치 않는 한 대표자에 대한 상여로 소득처분할 수밖에 없으며(대법원 1992.8.14. 선고 92누6747 판결) 그 경우 매출누락액이 사외로 유출된 것이 아니라거나 그 귀속이 분명하다고 볼 특별한 사정은 이를 주장하는 납세의무자에게 있습니다(대법원 1992.8.14. 선고 92누6747 판결, 대법원 2002.12.6. 선고 2001두2560 판결, 대법원 2008.6.26. 선고 2007두3855 판결 등).

또한, 법인의 실질적 경영자인 대표이사 등이 법인의 자금을 유용하는 행위는 특별한 사

정이 없는 한 애당초 회수를 전제로 하여 이루어진 것이 아니어서 그 금액에 대한 지출 자체로서 이미 사외유출에 해당한다고 보아, 그렇지 않다는 특별한 사정에 대한 입증책임은 이를 주장하는 법인에게 있습니다(대법원 2008.11.13. 선고 2007두23323 판결, 대법원 2010.1.28. 선고 2007두20959 판결 등).

나) 과세관청의 입증책임

어느 사업연도의 소득에 대한 법인세 과세처분의 적법성이 다투어지는 경우 과세관청으로서는 과세소득이 있다는 사실 및 그 소득이 당해 사업연도에 귀속되었다는 사실을 입증하여야 하고(대법원 2000.2.25. 선고 98두1826 판결), 그 소득이 어느 사업연도에 속한 것인지 확정하기 곤란하다 하여 과세대상 소득의 확정시기와 관계없이 과세관청이 그 과세소득을 조사·확인한 대상 사업연도에 소득이 귀속되었다고 할 수는 없습니다(대법원 2007.6.28. 선고 2005두11234 판결).

3) 상속세 및 증여세 상 입증책임

가) 과세관청의 입증책임

상속세에서의 상속인 및 상속사실, 증여세에서의 증여사실(대법원 2004.4.16. 선고 2003두10732 판결) 등 과세대상의 존재 사실에 대한 입증책임은 과세관청이 부담합니다.

통상적으로 증여사실에 관하여 많이 문제가 되는데, 증여는 대가 없는 재산의 양도를 말하므로 과세관청은 양도에 있어서 대가가 없었다는 점을 입증하여야 합니다. 그러나 대가가 없다는 점은 소극적 사실로서 입증이 어려우므로 과세관청은 수증자가 재산을 취득할 자력이 없었다는 간접사실로써 입증하게 됩니다. 증여를 추정하기 위해서는 수증자에게 일정한 직업이나 소득이 없다는 점 외에도 증여자에게 재산을 증여할 만한 재력이 있다는 점을 과세관청이 입증하여야 합니다(대법원 1995.8.11. 선고 94누14308 판결, 대법원 2004.4.16. 선고 2003두10732 판결, 대법원 2010.7.22. 선고 2008두20598 판결).

판례는 수증자에게 일정한 직업과 별다른 수입이 없는 사실이 과세관청에 의하여 일응 입증된 경우에는 그 자금출처에 대한 입증의 필요가 수증자에게 돌아가고, 따라서 그가 납득할 만한 자금출처를 대지 못하면 그 취득자금을 증여받은 것으로 인정함이 타당하다(대법원 1984.3.27. 선고 83누710 판결)고 하면서도, 증여자로 인정된 자가 문제의 재산을 증여할 만한 사정이 없는 경우(대법원 1986.7.22. 선고 86누340 판결) 또는 재산취득자금의 상당부분이 수증자의 수입에 의한 경우(대법원 1991.3.27. 선고 90누10018 판결) 등에는 취득자금이 증여되었다고 볼 수 없다고 판시하고 있습니다.

그리고 이와 같이 특별한 직업이나 재력도 없는 사람이 취득자금 출처에 관하여 납득할 만한 입증을 하지 못하여 증여받은 것으로 추정되는 경우, 그 추정을 번복하는 입증의 정도는, 증여받은 것으로 추정되는 자금과는 별도의 재산취득자금의 존재와 그 자금이 당해 자산의 취득자금에 사용되었다는 점까지 입증하여야 한다(대법원 1994.11.8. 선고 94누9603 판결)고 판시하고 있습니다.

결국 비록 일정한 직업이 있어 소득은 있으나 그 소득의 정도나 다른 재산상태가 당해 재산의 가치에 비하여 극도로 미미하여 그 소득이나 재력으로는 그 재산을 마련할 수 없음이 객관적으로 명백한 경우에는 일정한 직업이 없는 경우와 마찬가지로 증여추정의 법리가 적용되는 것(대법원 1990.10.26. 선고 90누6071 판결, 대법원 1997.11.14. 선고 97누9239 판결 등)입니다.

나) 배우자 간 또는 직계존비속 간의 증여

상속세 및 증여세법 §47 ③은 배우자 간 또는 직계존비속 간의 부담부 증여에 대하여는 수증자가 증여자의 채무를 인수한 경우에도 그 채무액은 수증자에게 인수되지 아니한 것으로 추정하고, 다만 그 채무액이 국가 및 지방자치단체에 의한 채무 등 대통령령이 정하는 바에 따라 객관적으로 인정되는 것인 경우에는 그러하지 아니하다고 규정하고 있습니다. 위 규정은 결국 근친자 사이의 부담부 증여의 경우에는 납세자가 그 부담의 존재를 확실하게 입증하도록 입증책임의 전환을 인정한 것으로 볼 수 있습니다. 같은 취지에서, 일반적으로 제3자 앞으로 근저당권이 설정된 부동산을 직계존속으로부터 증여받은 경우 이로써 수증자가 바로 근저당권부 채무를 면책적으로 인수한 것으로 보아 증여재산의 가액에서 공제되는 채무, 즉 '증여자의 채무로써 수증자가 실제로 부담하는 사실이 입증된 것'이라고 볼 수는 없고, 이러한 경우 수증자가 근저당권부 채무를 면책적으로 인수하였다거나 그 후 수증자 자신의 출재에 의하여 변제하였다는 점에 대한 입증책임을 부담하는 것(대법원 2000.3.24. 선고 99두12168 판결, 대법원 2003.10.23. 선고 2002두950 판결 등)입니다.

다) 명의신탁재산의 증여의제

상속세 및 증여세법 §45의2 규정에 의한 명의신탁재산의 증여의제에 있어서 조세회피목적은 추정되므로(상속세 및 증여세법 §45의2 ③), 조세회피목적이 없었다는 점에 대한 입증책임은 명의자인 수탁자(납세자)에게 있고, 회피대상이 되는 조세는 모든 조세가 포함된다고 보는 것이 타당하므로, 납세자(명의수탁자)로서는 명의신탁에 의하여 경감 또는 배제될 수 있

는 모든 조세에 관하여 회피할 목적이 없었음을 입증하여야 합니다. 그러나 이는 세법 전문가가 아닌 일반인으로서는 거의 불가능에 가깝고, 명의신탁이 있으면 크든 작든 거의 대부분 조세부담의 감소가능성은 존재하게 되는데, 이러한 가능성이 존재하기만 하여도 조세회피목적의 추정을 번복할 수 없다고 보아 그 입증을 엄격하게 요구한다면 납세자로서는 사실상 '조세회피의 목적'의 추정을 벗어날 수가 없게 됩니다.

따라서 판례는 조세회피목적의 부존재에 대한 입증을 엄격히 요구하던 종래의 태도를 다소 완화하여, 비록 명의자(납세자)에게 조세회피목적의 부존재에 대한 입증 책임이 있다고 하더라도 위 명의신탁 증여의제 규정의 입법취지는 명의신탁제도를 이용한 조세회피행위를 효과적으로 방지하여 조세정의를 실현한다는 취지에서 실질과세원칙에 대한 예외를 인정한 데에 있으므로(대법원 2009.4.9. 선고 2007두19331 판결, 대법원 2004.12.23. 선고 2003두13649 판결 등) 명의신탁이 조세회피목적이 아닌 다른 이유에서 이루어졌음이 인정되고 그에 부수하여 사소한 조세경감이 생기는 것에 불과하다면 그와 같은 명의신탁에 '조세회피목적'이 있었다고 볼 수는 없다고 판시하였습니다(대법원 2006.5.12. 선고 2004두7733 판결, 대법원 2006.5.25. 선고 2004두13936 판결, 대법원 2006.6.25. 선고 2005두14714 판결 등). 그러나 이후 다시 조세회피목적의 부존재에 대한 입증을 어느 정도 엄격하게 요구하고 있는 것으로 보이고(대법원 2009.4.9. 선고 2007두19331 판결, 다른 주된 목적과 아울러 조세회피의 의도가 있었다고 인정되면 조세회피의 목적이 없다고 할 수 없다), 구체적인 사안에서 조세회피목적 유무의 판단은 결국 입증의 정도와 관련된다 할 것이므로, 법원으로서는 ① 명의신탁이 조세회피목적에 의한 것이 아니라면 다른 어떠한 목적에 의하여 이루어진 것인지, ② 명의신탁을 통하여 회피가능한 조세의 종류는 무엇이고 그 세액은 어떻게 되는지 등에 관하여 원고 및 피고(특히 ②항은 과세관청인 피고)에게 석명을 구하는 등으로 구체적인 심리를 한 후 신중하게 판단하여야 할 것입니다.

판례에 의하면 조세회피의 목적이 없었다는 점에 대하여는 조세회피의 목적이 아닌 다른 목적이 있었음을 증명하는 등의 방법으로 입증할 수 있다 할 것이나, 입증책임을 부담하는 명의자로서는 명의신탁에 있어 조세회피 목적이 없었다고 인정될 정도로 조세회피와 상관없는 뚜렷한 목적이 있었고, 명의신탁 당시에나 장래에 있어 회피될 조세가 없었다는 점을 객관적이고 납득할 만한 증거자료에 의하여 통상인이라면 의심을 가지지 않을 정도의 입증을 하여야 한다(대법원 2006.9.22. 선고 2004두11220 판결)고 판시하고 있습니다.

4) 부가가치세법 상 입증책임

가) 과세관청의 입증책임

부가가치세법 §2 제3호[80]는 사업 목적이 영리이든 비영리이든 관계없이 사업상 독립적으로 재화 또는 용역을 공급하는 자를 사업자라 하여 부가가치세 납세의무자로 규정하고 있는데, 여기서 '사업상 독립적으로 재화 또는 용역을 공급하는 자'란 부가가치를 창출하여 낼 수 있는 정도의 사업형태를 갖추고 계속적이고 반복적인 의사로 재화 또는 용역을 공급하는 자를 뜻하는 바(대법원 1999.9.17. 선고 98두16705 판결) 과세관청은 이 점을 입증할 책임이 있습니다. 또한 부가가치세법상의 과세요건인 재화나 용역의 공급 등의 거래가 있었는지 여부나 과세표준인 공급가액에 대한 입증책임도 원칙적으로 과세관청에 있습니다(대법원 1992.9.22. 선고 92누2431 판결).

나) 납세의무자의 입증책임

부가가치세법에서 사업을 양도하는 것은 부가가치세 과세대상인 재화의 공급으로 보지 않는다고 규정하고 있는 바, 여기서 말하는 '사업의 양도'라 함은 사업용 재산을 비롯한 물적·인적시설 및 권리의무를 포괄적으로 양도하여 사업의 동일성을 유지하면서 경영주체만을 교체시키는 것을 뜻합니다. 양도대상이 단순한 물적 시설이 아니라 이러한 유기적 결합체라는 사실은 부가가치세에 있어서 과세장애사유로서 그에 대한 입증책임은 납세의무자가 지게 됩니다(대법원 1998.7.10. 선고 97누12778 판결).

부가가치세와 관련해서는 통상적으로 '사실과 다른 세금계산서'인지 여부에 대한 다툼이 많은데, 실제 공급자와 세금계산서 상의 공급자가 다른 세금계산서는 공급받는 자가 세금계산서의 명의위장사실을 알지 못하였고 알지 못한 데에 과실이 없다는 특별한 사정이 없는 한 그 매입세액을 공제 내지 환급받을 수 없으며, 공급받는 자가 위와 같은 명의위장사실을 알지 못한 데에 과실이 없다는 점은 매입세액의 공제 내지 환급을 주장하는 자가 이를 입증하여야 합니다(대법원 2002.6.28. 선고 2002두2277 판결).

---

80) 부가가치세법 제2조【정의】이 법에서 사용하는 용어의 뜻은 다음과 같다.
  3. "사업자"란 사업 목적이 영리이든 비영리이든 관계없이 사업상 독립적으로 재화 또는 용역을 공급하는 자를 말한다.

5) 기타

가) 과세물건의 귀속자

과세의 대상이 되는 소득·수익·계산·행위 또는 거래의 귀속이 명의상 귀속일 뿐이고 사실상 귀속되는 자가 따로 있는 때에는 사실상 귀속되는 자를 납세의무자로 하여 세법을 적용하므로(국세기본법 §14 ①[81]), 어느 과세물건이 어느 납세의무자에게 귀속되었다는 점에 대한 입증책임은 과세관청에 있습니다.

등기나 등록 등 공부상의 명의에 의하여 파악되는 법 형식 또는 외관상의 과세물건 귀속자가 사실상의 귀속자와 다른 경우 공부상의 명의자에게 과세처분을 하였을 때 그가 동시에 소득의 실질적 귀속자라는 점에 대한 입증책임은 궁극적으로 과세관청이 부담하여야 합니다. 그러나 사실과 다른 외관상의 법 형식을 만들어 낸 사실은 통상적으로 납세자 측의 생활영역에 속하는 것이므로 그러한 외관을 초래한 명의자로서는 자신이 소득의 실질적 귀속자가 아니라는 점을 입증할 필요가 있다고 함이 공평하다고 보여집니다.

예를 들어 부동산 경매절차에서 매수대금을 부담한 사람이 다른 사람 명의로 매각허가결정을 받은 후에 자신의 의사에 따라 위 부동산을 제3자에게 양도하여 그 양도대금을 모두 수령하고 명의인은 매수대금을 부담한 사람에게 위 부동산을 반환하기로 한 약정의 이행으로서 직접 제3자에게 소유권이전등기를 경료해 준 경우에는 그 매수대금을 부담한 사람이 양도소득을 사실상 지배·관리·처분할 수 있는 지위에 있어 '사실상 소득을 얻은 자'라고 할 것이므로 실질과세의 원칙상 그 매수대금을 부담한 사람이 양도소득세 납세의무를 지는 것입니다(대법원 2010.11.25. 선고 2009두19564 판결).

나) 제2차 납세의무와 간주취득세 납부의무에서의 과점주주

납세의무자의 확장에 해당되는 국세기본법 §39 소정의 제2차 납세의무의 경우 과점주주 등 그 성립요건이 되는 사실은 특별한 사정이 없는 한 과세관청이 입증책임을 집니다(대법원 1986.7.22. 선고 86누167 판결).

과점주주에 대하여 제2차 납세의무를 지우는 것은 주주총회에서의 의결권의 행사 등을 통하여 회사 경영을 사실상 지배할 가능성이 있는 지위에 있다고 보기 때문이므로, 판례는 제2차 납세의무를 지게 되는 무한책임사원 또는 과점주주란 법인의 운영을 실질적으로 지

81) 국세기본법 제14조【실질과세】① 과세의 대상이 되는 소득, 수익, 재산, 행위 또는 거래의 귀속이 명의(名義)일 뿐이고 사실상 귀속되는 자가 따로 있을 때에는 사실상 귀속되는 자를 납세의무자로 하여 세법을 적용한다.

배할 수 있는 위치에 있는 자를 의미하고, 단순히 법인등기부 또는 주주명부에 무한책임사원이나 주주로 등재되어 있다는 사유만으로는 제2차 납세의무를 지울 수 없다고 합니다(대법원 1989.12.12. 선고 88누9909 판결, 대법원 1990.9.28. 선고 90누4235 판결, 대법원 1991.6.11. 선고 90누7821 판결, 대법원 1995.1.20. 선고 94누7997 판결 등). 또한, 실질적으로 권리를 행사할 것을 요구한다고 하여 반드시 현실적으로 주주권을 행사한 실적이 있어야 하는 것은 아니고 납세의무 성립일 현재 소유하고 있는 주식에 관하여 주주권을 행사할 수 있는 지위에 있으면 족한 것으로 봅니다(대법원 2000.1.14. 선고 99두9346 판결, 대법원 2003.7.8. 선고 2001두5354 판결). 따라서 과세관청이 주주명부나 법인이 과세관청에 제출하는 주식이동상황명세서 또는 법인등기부등본 등에 의하여 과점주주라고 볼 수 있는 자료를 제출하면 일응의 입증을 하였다고 보아야 하고, 제2차 납세의무자로서의 책임을 면하고자 하는 자는 그 주주명의를 도용당하였다거나 실질적 주주가 아니고 형식상의 주주에 불과하다는 등 제2차 납세의무자가 될 수 없는 사실을 입증하여야 합니다(대법원 1992.12.11. 선고 92누10906 판결, 대법원 2004.7.9. 선고 2003두1615 판결 등). 구 지방세법 §105 ⑥(현행 지방세법 §7 ⑤)의 간주취득세 납부의무를 지는 과점주주도 제2차 납세의무와 마찬가지로 법인의 운영을 실질적으로 지배할 수 있는 지위에 있음을 요하고, 이 때 법인의 운영을 실질적으로 지배할 수 있는 지위라 함은 실제 법인의 경영지배를 통하여 법인의 부동산 등의 재산을 사용·수익하거나 처분하는 등의 권한을 행사하였을 것을 요구하는 것은 아니고, 소유하고 있는 주식에 관하여 의결권행사 등을 통하여 주주권을 실질적으로 행사할 수 있는 지위에 있으면 족합니다(대법원 2008.10.23. 선고 2006두19501 판결).

다) 필요경비 및 손비

과세표준에 대한 입증책임은 과세관청에 있으므로 과세표준의 계산에 소극적 항목으로 작용하는 필요경비나 손비에 대한 입증책임도 원칙적으로 과세관청에 있습니다.

그러나 판례는 구체적 경비항목에 대한 입증의 난이(難易)나 당사자 사이의 형평, 필요경비는 납세자에게 유리하고 그 사실관계의 대부분은 납세자 측의 생활영역 내에 있는 것이어서 그 입증이 곤란하다는 점 등을 감안하여, 입증의 정도를 완화하거나 납세자 측에게 입증의 필요가 전환되는 경우를 인정하고 있습니다(대법원 1990.2.13. 선고 89누2851 판결).

예컨대, ① 납세의무자가 신고한 비용 중 일부 금액에 관한 세금계산서가 실물거래 없이 허위로 작성된 것임이 과세관청에 의해 상당한 정도 증명된 경우에 그러한 비용이 실제로 지출되었다는 점에 관하여는 장부와 증빙 등 자료를 제시하기가 용이한 납세의무자 측에서 이를 입증할 필요가 있고(대법원 2006.4.14. 선고 2005두16406 판결, 대법원 2009.8.20. 선고 2007두1439

판결, 대법원 2010.10.28. 선고 2010두11108 판결, 대법원 1997.9.26. 선고 96누8192 판결), ② 누락수입에 대하여 실지조사 결정에 의해 과세처분을 할 때에는 그 누락수입에 대응하는 별도비용의 지출이 있었다고 볼 증거가 없는 한 그 수입액 전체가 소득액에 가산되어야 하고 누락수입에 대응하는 비용도 신고누락 되었다는 점에 관하여는 그 별도의 공제를 구하는 납세의무자가 주장・입증하여야 한다(대법원 2008.1.31. 선고 2006두9535 판결, 대법원 1998.4.10. 선고 98두328 판결, 대법원 1992.3.27. 선고 91누12912 판결, 대법원 1987.10.13. 선고 85누1004 판결 등)고 하고 있습니다.

그러나 위와 같이 납세자에게 입증의 필요를 돌릴 수 있는 경우란 과세관청에 의하여 납세의무자가 신고한 어느 비용의 용도와 그 지급의 상대방이 허위임이 상당한 정도로 입증된 경우 등을 가리키는 것으로, 그에 관한 입증이 전혀 없는 경우에까지 납세의무자에게 곧바로 손비에 대한 입증의 필요를 돌릴 수는 없다고 합니다. 즉, 대법원 1999.1.15. 선고 97누15463 판결 및 대법원 2009.7.9. 선고 2009두5022 판결은, 피고가 세금계산서가 허위라는 사실이 일단 추정될 수 있는 정도의 입증을 하지 못하였다면, 원고가 금융자료 외에 세금계산서와 관련된 장부나 증빙서류를 제출하지 못하고 있다는 사정을 이유로 세금계산서가 허위라는 사실을 인정할 수 없다고 판시한 바 있습니다.

또한 경험칙 상 필요경비의 발생이 명백한 경우에 있어서는 납세의무자의 입증이 없거나 불충실하다 하여 필요경비를 영(0)으로 보는 것은 경험칙에 반하므로, 과세관청이 실지조사가 불가능한 경우에 시행하는 추계조사의 방법에 의하여 산정이 가능한 범위 내에서는 과세관청이 그 금액을 입증하여야 하고, 납세의무자가 이보다 많은 필요경비를 주장하는 경우에는 납세의무자에게 그 입증의 책임이 돌아간다(대법원 1992.7.28. 선고 91누10909 판결)고 보아야 합니다. 따라서 판례는 과세연도의 제품매출액, 기초제품재고액 및 기말제품재고액에 비추어 제품제조원가가 존재함이 분명한 경우, 실지조사나 추계조사의 방법에 의하여 산정이 가능한 범위 내에서는 제품제조원가에 대한 입증책임이 과세관청에 있고, 이보다 많은 제품제조원가를 주장하는 경우에만 납세의무자에게 입증의 필요가 있다(대법원 1999.1.15. 선고 97누15463 판결)고 하여, 과세관청과 납세의무자 사이에 입증책임과 입증의 필요를 적절하게 배분하고 있습니다.

라) 비과세요건, 감면요건 및 공제요건

비과세는 일반적으로 과세대상이 되는 과세물건 중 특정한 것을 조세정책의 필요에서 과세대상에서 제외시키는 것이고, 이는 납세자 측의 예외적이고 특수한 사실에 관한 것이므로, 비과세요건, 감면요건에 대한 입증책임은 비과세, 감면사유를 주장하는 납세의무자에게 있습니다. 대법원 2008.10.23. 선고 2008두7830 판결에서도, 구 조세특례제한법상 법인 본사를 수도권생활지역 외의 지역으로 이전하여 사업을 개시하는 경우에 법인세 감면요건인'이전본사 근무인원'이나 '수도권생활 지역 안의 본사 근무인원' 등에 대한 입증책임은 납세의무자에게 있다고 판시하고 있고, 양도소득세의 비과세요건인 양도한 토지의 자경사실은 이를 주장하는 양도자가 입증하여야 하고(대법원 1990.5.22. 선고 90누639 판결), 겸용주택 전부가 1세대 1주택으로서 비과세대상이라는 점은 이를 주장하는 납세의무자에게 입증책임이 있는 것이나, 그것이 법령상 겸용주택 중 일부 다른 목적의 건물이 주택으로 보지 않게 되어 비과세에서 제외된다는 점은 다시 과세관청에게 그 입증책임이 있다(대법원 2000.7.7. 선고 98두16095 판결)고 판시하고 있습니다.

일단 성립한 납세의무를 법률의 규정에 의하여 사후에 해제시키는 조세면제의 경우에도 어느 과세물건이 면제대상이라는 사실은 납세자가 입증할 사항입니다(대법원 1968.10.8. 선고 68누161 판결).

마) 신의칙의 적용요건 및 비과세 관행 관련

국세기본법 §18 ③이 규정하고 있는 비과세의 관행이란 비록 잘못된 해석 또는 관행이라도 특정납세자가 아닌 불특정한 일반납세자에게 정당한 것으로 이의 없이 받아들여져 납세자가 그와 같은 해석 또는 관행을 신뢰하는 것이 무리가 아니라고 인정될 정도에 이른 것을 말하고(대법원 2010.9.9. 선고 2009두23419 판결, 대법원 2010.4.15. 선고 2007두19294 판결) 그러한 해석 또는 관행의 존재에 대한 입증 책임은 이를 주장하는 납세자에게 있습니다(대법원 1992.9.8. 선고 91누13670 판결, 대법원 2002.10.25. 선고 2001두1253 판결). 판례는 단순한 과세누락과 구별하여 과세관청이 상당기간의 비과세 상태에 대하여 과세하지 않겠다는 의사표시를 한 것으로 볼 수 있는 특별한 사정이 있는 경우에만 비과세 관행을 인정하고 있는 것으로 보이고, 과세관청이 과거의 언동을 시정하여 장래에 향하여 처분하는 것은 신의성실의 원칙이나 소급과세금지의 원칙에 위반되지 않는다고 판시한 바 있습니다(대법원 1993.2.12. 선고 92누5478 판결).

과세관청의 행위에 대하여 국세기본법 §15에서 규정하고 있는 신의성실의 원칙을 적용함에 있어서 그 요건 중 과세관청이 납세자에게 신뢰의 대상이 되는 공적인 견해를 표명하였다는 사실은 납세자가 주장・입증하여야 합니다(대법원 1992.3.31. 선고 91누9824 판결).

바) 경정거부처분 취소소송에서의 입증책임

신고납세방식의 조세에 있어 납세의무자가 신고한 과세표준과 세액이 잘못되었음을 주장하면서 신고한 과세표준과 세액을 감액경정하여 줄 것을 과세관청에게 청구하는 경우에는, 당초의 과세표준과 세액의 신고가 잘못된 것임을 뒷받침할 자료를 제출할 주장·입증책임이 감액경정청구를 하는 납세의무자에게 있다고 보아야 합니다(서울행정법원 2004.8.17. 선고 2003구합29101 판결).

조세소송 상 증거

1 근거과세의 원칙

과세관청이 납세의무자의 과세표준 및 세액을 조사・결정하는 때에는 납세의무자가 비치・기장하고 있는 장부와 이에 관계되는 증거자료를 근거로 하여야 하고, 다만 장부의 기록 내용이 사실과 다르거나 장부의 기록에 누락된 것이 있을 때에는 과세관청이 조사한 내용에 따라 결정할 수 있으며, 이 때 그 조사한 사실과 결정의 근거를 결정서에 기재하여야 합니다(국세기본법 §16). 개별세법에서도 납세의무자의 과세표준 등 신고가 없거나 신고내용에 오류 또는 누락이 있어 이를 결정・경정할 때에도 장부 또는 관계 증거자료를 근거로 하도록 규정하고 있습니다(법인세법 §66 ③ 본문, 소득세법 §80 ③ 본문, 부가가치세법 §21 ② 본문). 이를 근거과세원칙이라고 하는데, 과세관청의 자의를 배제하고 객관적・합리적인 과세를 담보하여 공평한 과세의 실현과 납세의무자의 재산권 보장을 그 주된 목적으로 합니다.

2 실지조사의 원칙

가. 의의

과세표준과 세액의 원칙적인 조사・결정방법은 장부 등 제반 증거서류에 기초한 실지조사방법이고, 납세의무자가 장부나 증거서류 등을 작성・비치하지 않음으로써 과세관청이 직접적인 과세자료를 확보할 수 없는 경우이거나 직접적인 증거자료를 확보하였다고 하더라도 그 증거자료가 현저히 부정확하거나 신뢰성이 결여되는 등 일정한 사유가 있는 경우에는 예외적으로 추계조사방법에 의하여 과세표준과 세액을 결정할 수 있습니다.

판례도 "종합소득세의 과세표준과 세액은 실지조사의 방법에 의하여 밝혀진 실액에 의하여 결정하는 것이 원칙이고, 추계조사 방법에 의하여 이를 결정하려면 납세자의 장부나 증빙서류 등이 없거나 그 중요 부분이 미비 또는 허위로 기재되어 신뢰성이 없고 달리 과세관청이 그 소득의 실액을 밝힐 수 있는 방법이 없는 때에 한하여 예외적으로 허용되는 것이므로, 납세자가 소득세법이 정하는 장부를 비치・기장한 바 없다고 하더라도 계약서 등 다른 증빙서류를 근거로 과세표준을 계산할 수 있다면 과세표준과 세액은 실지조사 방법에 의하여 결정하여야 하고 추계조사 방법에 의해서는 아니 되며, 납세자 스스로 추계의 방법

에 의한 조사결정을 원하고 있다는 사유만으로는 추계조사의 요건이 갖추어진 것으로 볼 수 없다."고 판시한 바 있습니다(대법원 1999.1.15. 선고 97누20304 판결, 대법원 1997.9.26. 선고 96누8192 판결, 대법원 1996.1.26. 선고 95누6809 판결 등).

나. 실지조사의 방법

실지조사는 그것이 실제의 수입을 포착하는 방법으로서 객관적이라고 할 수 있는 한 방법상의 제한은 없다(대법원 1998.3.24. 선고 97누9895 판결)고 할 것이므로, 근거과세의 원칙에 반하지 않는 한 과세자료에 기초하였다면 적법한 실지조사방법이라고 할 수 있을 것입니다. 또한 일반적으로 납세의무자의 신고내용에 오류 또는 탈루가 있어 이를 경정함에 있어서는 장부나 증빙에 의함이 원칙이라고 하겠으나, 진정성립과 내용의 합리성이 인정되는 수사과정 또는 세무조사과정에서 작성된 확인서나 진술서 등 '다른 자료'에 의하여서도 이를 경정할 수 있습니다(대법원 1998.7.10. 선고 96누14227 판결).

판례는 과세관청이 세무조사에 의하여 밝혀낸 탈루소득에 관하여 납세의무자의 금융기관계좌에 입금된 금액을 조사하는 방법으로 그 총수입금액을 결정한 경우(대법원 2004.4.27. 선고 2003두14284 판결), 분양한 연립주택이 모두 면적이 같고 분양시기도 비슷하여 각 층별로 조사된 1세대의 분양대금에 분양세대수를 곱한 금액을 위 분양으로 인한 총수입금액으로 결정한 경우(대법원 1995.11.21. 선고 95누10556 판결), 식당의 매출누락액을 납세의무자 작성의 확인서와 매출누락명세서에 기초하여 인정한 경우(대법원 2000.12.22. 선고 98두1581 판결) 등을 적법한 실지조사방법으로 인정하였습니다.

다. 과세자료의 범위

1) 의의

과세의 근거자료가 되는 모든 자료가 과세자료가 되지만, 일반적으로 세금계산서, 납세자가 비치・기장한 장부 등이 중요한 과세자료가 됩니다. 그러나 과세관청의 과세자료수집에 납세의무자가 언제나 임의로 협력하는 것은 아니고 세금을 탈루하는 납세의무자들은 세금계산서 등 원천 증빙자료를 제대로 갖추고 있지 않고 장부도 허위로 작성하는 경우가 많아 과세관청은 객관적인 과세자료에 근거하여 실제 포탈세액을 산정하는데 많은 어려움이 따르게 됩니다. 이와 같은 경우 과세관청은 납세의무자나 관련자들이 수사과정이나 세무조사과정에서 포탈세액을 자인하는 취지로 작성한 확인서나 진술서 등을 근거로 세금을 부과하는 경우가 종종 있고, 재판과정에서도 위와 같이 작성된 확인서나 진술서 등이 증거가치가 있는지 여부가 쟁점이 되는 경우가 많습니다.

2) 과세자료 적격성 관련 판례의 사례

수사과정이나 세무조사과정에서 작성된 확인서 등도 그 작성의 경위와 그 내용을 검토하여 당사자나 관계인의 자유로운 의사에 반하여 작성된 것이 아니고, 그 내용 또한 과세자료로서 합리적이어서 진실성이 있다고 인정되는 경우에는 과세자료로 삼을 수 있다는 것이 판례의 기본적 태도입니다(대법원 2007.10.26. 선고 2006두16137 판결, 대법원 1991.12.10. 선고 91누4997 판결 등). 따라서 재판과정에서는 과세의 근거자료로 삼은 확인서 등의 기재내용이 합리성이 있는지 여부, 확인서 등에 기재된 내용이 다른 근거자료의 내용과 부합하는지 여부 등을 구체적으로 심리하여 개별 사안별로 확인서 등이 과세자료로서의 적격성이 있는지 여부를 살펴보아야 할 것입니다.

가) 과세자료로서 적격성이 인정된 사례로는, ① 공무원이 소속한 상급기관의 자체조사과정에서 그 공무원이 자신의 업무와 관련하여 금원을 수수한 사실을 자인하는 내용의 확인서를 작성하고 그 내용에 관하여 조사관과의 문답내용을 기재한 진술서가 작성된 경우(대법원 1994.9.23. 선고 94누3421 판결), 과세관청이 세무조사를 하는 과정에서 납세의무자로부터 일정한 부분의 거래가 가공거래임을 자인하는 내용의 확인서를 작성받은 경우, 위 각 확인서, 진술서 등이 작성자의 의사에 반하여 강제로 작성되었거나 혹은 그 내용의 미비 등으로 인하여 구체적인 사실에 대한 입증자료로 삼기 어렵다는 등의 특별한 사정이 없는 한 그 확인서 등의 증거가치는 쉽게 부인할 수 없다고 한 사례(대법원 2002.12.6. 선고 2001두2560 판결, 대법원 1998.5.22. 선고 98두2928 판결, 대법원 1992.11.13. 선고 92누1438 판결 등) ② 납세의무자의 과세표준과 세액 등 신고내용에 오류 또는 탈루가 있어 이를 경정함에 있어서는 장부나 증빙 등에 의함이 원칙이겠으나 다른 자료에 의하여 그 신고내용에 오류 또는 탈루가 있음이 인정되고 실지조사가 가능한 경우에는 그 다른 자료에 의하여서도 경정할 수 있으므로, 수사기관에서의 진술내용을 담은 문서(진술조서 등)도 그 진정성립과 내용의 합리성이 인정되는 경우에는 그 다른 자료의 하나로서의 적격을 갖는다고 한 사례(대법원 1995.6.30. 선고 94누149 판결, 대법원 1998.7.10. 선고 96누14227 판결, 대법원 2007.10.26. 선고 2006두16137 판결 등) 등이 있습니다.

나) 반면 과세자료로서 적격성이 인정되지 않은 사례로는, ① 수사기관 또는 과세관청의

조사과정에서 작성된 납세의무자 아닌 자의 진술이 기재된 전말서 등은 그 진술내용에 부합하는 증빙자료가 있거나 납세의무자에 대한 사실확인 등의 보완조사가 이루어지지 않았다면 납세의무자 아닌 자의 일방적 진술을 기재한 것에 불과하여 다른 특별한 사정이 없는 한 이를 납세의무자에 대한 과세자료로 삼을 수 없다고 본 사례(대법원 2009.7.9. 선고 2009두5022 판결, 대법원 1987.1.20. 선고 85누887 판결 등) ② 탈세혐의를 받고 있는 사람이나 그 직원 또는 관련업체를 경영하는 사람으로서 수사대상이 되고 있는 사람들의 진술을 녹취한 조서나 또는 그들이 수사관의 요청에 의하여 수사자료에 공할 목적으로 작성한 서류 및 수사관이 수사상 작성한 일방적인 자료들만으로 신고누락 수입금액을 인정할 수는 없다고 한 사례(대법원 1986.4.8. 선고 83누434 판결) ③ 세무공무원이 수사기관에서 통보해 온 메모지와 잡기장 등 수사서류에 대한 진부확인이나 실지조사를 한 바도 없이 이를 진실한 것이라 믿고 이를 기초로 하여 부과처분을 하였다면 이는 근거과세의 원칙에 위배한 위법한 처분이라고 본 사례(대법원 1987.12.8. 선고 85누680 판결) ④ 납세의무자가 제출한 매출누락사실을 자인하는 확인서에 매출사실의 구체적 내용이 들어 있지 않아 그 증거가치를 쉽게 부인할 수 없을 정도의 신빙성이 인정되지 아니 한다면, 비록 납세의무자의 확인서라고 하더라도, 이는 실지조사의 근거로 될 수 있는 장부 또는 증빙서류에 갈음하는 다른 자료에 해당되지 아니한다고 한 사례(대법원 1998.7.10. 선고 96누14227 판결, 대법원 2003.6.24. 선고 2001두7770 판결 등)가 있습니다.

결국 수사과정 또는 세무조사과정에서 납세의무자 등이 작성한 확인서나 진술서 등이 적법한 과세자료로 되기 위해서는, ① 확인서나 진술서가 작성자의 자유로운 의사에 의하여 작성되었는지 여부, ② 확인서 등의 기재내용에 거래상대방, 거래일시, 거래방법 등 구체적인 거래내역이 포함되어 있는지 여부, ③ 확인서 등의 기재내용에 부합하는 다른 증빙서류가 있는지 여부, ④ 납세의무자의 구체적인 업종, 업태, 거래방식 등에 비추어 과세관청이 확인서 등에 기재된 거래내용을 구체적으로 확인하는 것이 용이한지 여부 등을 종합하여 판단하여야 할 것으로 보입니다.

3) 적격성 없는 과세자료를 근거로 한 과세처분의 효력

과세자료로서의 적격성을 갖추지 못한 자료를 근거로 한 부과처분은 근거과세의 원칙에 반하여 위법합니다(대법원 1987.12.8. 선고 85누680 판결). 판례는, 과세처분의 근거가 된 확인서, 명세서, 자술서, 각서 등이 과세관청 내지 그 상급관청이나 수사기관의 일방적이고 억압적인 강요로 작성자의 자유로운 의사에 반하여 별다른 합리적이고 타당한 근거도 없이 작성된 것이라면 이러한 자료들은 그 작성경위에 비추어 내용이 진정한 과세자료라고 볼 수 없고, 따라서 이러한 과세자료에 터 잡은 과세처분의 하자는 중대한 하자임은 물론 위와 같은 과세자료의 성립과정에 직접 관여하여 그 경위를 잘 아는 과세관청에 대한 관계에 있어서 객관적으로 명백한 하자라고 보아 무효사유로 보고 있습니다(대법원 1992.3.31. 선고 91다32053 전원합의체 판결, 대법원 1985.11.12. 선고 84누250 판결, 대법원 1989.5.23. 선고 88누681 판결, 대법원 1990.7.27. 선고 89누5867 판결 등).

3 예외적 추계조사

가. 의의

과세관청은 원칙적으로 실지조사방법을 통해 관련 장부 등 직접적인 증거자료를 근거로 과세표준 및 세액을 결정·경정하여야 하지만, 납세의무자의 장부나 증빙이 불비·부실하여 실지조사방법에 의하더라도 과세표준 및 세액을 결정·경정할 수 없는 경우에는 불가피하게 간접적인 자료에 근거하여 합리적인 추측을 토대로 소득 등을 추계하여 과세할 수밖에 없는데 이를 추계과세라 합니다.

추계과세는 장부 기타 증빙서류 등에 의하여 산출한 실액에 의하여 과세표준을 결정할 수 없는 경우에 한하여 예외적으로 허용되는 것이므로(이를 추계과세의 허용요건 또는 추계과세의 필요성이라 합니다) 장부 기타 증빙서류가 없는 경우라고 할지라도 실지조사가 가능한 경우에는 실지조사결정을 하여야 하고 바로 추계결정을 해서는 안됩니다. 따라서 납세자가 비치·기장한 장부나 증빙서류 중 일부 허위로 기재된 부분이 포함되어 있다고 하더라도 그 부분을 제외한 나머지 부분은 모두 사실에 부합하는 자료임이 분명하여 이를 근거로 과세표준을 계산할 수 있다면 그 과세표준과 세액은 실지조사의 방법에 의하여 결정하여야 하며 추계조사방법에 의할 것은 아닙니다(대법원 1996.1.26. 선고 95누6809 판결).

수입금액을 추계방법에 의하여 결정하더라도 필요경비는 실지조사에 의하여 결정할 수 있다면 이 부분까지 추계방법에 의하여 결정할 수는 없고(대법원 2010.10.14. 선고, 2008두7687 판결), 실지조사에 의한 부과처분이 결과적으로 추계과세에 의한 부과처분보다 납세자에게 불리하다거나 납세자 스스로 추계의 방법에 의한 조사결정을 원하고 있다는 사유만으로는

추계과세요건이 갖추어진 것이라고 볼 수는 없습니다(대법원 1997.9.26. 선고 96누8192 판결, 대법원 1996.1.26. 선고 95누6809 판결, 대법원 2007.10.26. 선고 2006두16137 판결).

나. 추계과세의 사유 및 방법

추계과세의 사유는 개별 세법에서 독자적으로 규정하고 있는데, 대체로 ① 과세표준을 계산함에 있어서 필요한 장부와 증빙서류가 없거나 중요한 부분이 미비 또는 허위인 경우, ② 기장내용이 시설규모, 종업원 수, 원자재, 상품 또는 제품의 시가, 각종 요금 등에 비추어 허위임이 명백한 경우, ③ 기장내용이 원자재사용량, 전력사용량, 기타 조업상황에 비추어 허위임이 명백한 경우를 들고 있습니다.

판례는, 임대인이 보증금에 의한 수입 내지 소득계산에 필요한 장부와 증빙서류를 구비하지 않고 있거나 구비하고 있더라도 보증금과 임료의 기장이 누락된 경우(대법원 1985.11.26. 선고 83누400 판결), 납세의무자가 발행한 세금계산서 중 84.16%가 실제 매출처와 다르게 발행한 사실이 확인된 경우(대법원 1995.12.22. 선고 95누5929 판결)등을 추계과세의 사유로 인정하고 있습니다. 그 밖에도 추계과세 사유로 인정된 사례에 관한 판결로는 대법원 2004. 6. 25. 선고 2002두11141 판결, 대법원 1996.1.26. 선고 95누8058 판결, 대법원 1998.12.11. 선고 96누17813 판결, 대법원 1990.1.23. 선고 89누5508 판결, 대법원 1985.11.26. 선고 83누400 판결, 대법원 1986.6.24. 선고 84누584 판결, 대법원 1986.9.9. 선고 86누24 판결 등이 있고, 추계과세 사유로 인정되지 않은 사례에 관한 판결로는 대법원 1999.10.8. 선고 98두915 판결, 대법원 1997.9.26. 선고 96누8192 판결, 대법원 1987.2.24. 선고 86누578 판결, 대법원 1984.2.28. 선고 83누137 판결 등이 있습니다.

현행 세법에서는 개별 세법마다 소득금액의 추계방법과 수입금액의 추계방법으로 구분하여 구체적으로 열거하고 있습니다. 추계과세의 방법 중 어느 방법을 취할 것인가 하는 문제는 과세관청의 자유재량에 맡겨진 것이 아니고 구체적 실정을 바탕으로 하여 개별적으로 가장 합리성이 있는 방법을 택하여야 하고, 그러한 합리성이 없는 방법을 택하였을 경우에는 그 과세처분은 위법하게 되는 것입니다.

다. 추계과세와 입증책임

추계과세의 요건인 추계과세의 필요성이나 합리성에 관한 입증책임은 과세관청에 있으므로, 추계과세처분 취소소송에서 과세관청은 ① 추계에 의한 과세가 적법하다는 것, 즉 추계과세의 허용요건(필요성)이 구비되었다는 것, ② 추계의 기초사실이 정확하다는 것, ③

추계방법이 합리적이고 구체적인 사안의 실정에 적합하다는 것을 모두 입증하여야 합니다.

판례도 추계조사결정은 실지조사결정을 할 수 없는 경우에 한하여 예외적으로 허용되는 것이므로, 이러한 추계과세의 필요성은 과세관청인 피고가 입증하여야 하고, 나아가 추계방법 및 내용이 합리적이고 타당하다는 점에 관하여도 과세관청이 입증하여야 한다고 합니다. 다만, 그 입증의 정도는 과세관청의 입증책임을 경감하여 과세관청이 관계규정이 정한 방법과 절차에 따라 추계하였다면 그 합리성과 타당성은 일단 증명되었다고 할 것이고, 그 경우 그 구체적인 내용이 현저하게 불합리하다거나 좀더 사실과 근접한 추계방법이 존재한다는 점에 관한 입증의 필요는 납세의무자에게 돌아가는 것입니다(대법원 2010.10.14. 선고 2008두7687 판결, 대법원 1997.10.24. 선고 97누10192 판결, 대법원 1997.9.9. 선고 96누12054 판결, 대법원 1988.5.24. 선고 86누121 판결 등).

과세관청이 소송에서 그 추계과세의 요건에 관하여 입증하지 못하였다면 특별한 사정이 없는 한 과세관청이 한 추계과세가 위법하므로 이를 전부 취소할 수밖에 없는 것입니다(대법원 1999.10.8. 선고 98두915 판결). 다만 판례는 추계의 요건이나 방법이 잘못된 과세처분이라 하여도 실지조사 방법에 의하여 산출될 정당한 세액이 입증된 경우에는 그 초과부분만을 취소하여야 하고 추계조사에 의한 세액이 정당세액에 미달하는 경우에는 이를 취소할 수 없다고 판시한 바 있습니다(대법원 1986.7.8. 선고 84누551 판결). 그러나 이 경우 법원이 적극적으로 실지조사에 의할 경우의 정당한 세액이나 또는 다른 정당한 추계방법을 찾아내어 적법한 세액을 계산할 의무까지 지는 것은 아닙니다(대법원 1988.3.8. 선고 87누588 판결). 판례가 추계과세의 합리성이 결여되어 위법하다고 본 사례에 관한 판결로는, 대법원 1996.11.12. 선고 95누17779 판결, 대법원 1998.5.12. 선고 96누5346 판결, 대법원 1996.9.24. 선고 96누3579 판결, 대법원 1996.7.30. 선고 94누15202 판결, 대법원 1989.3.14. 선고 88누4065 판결 등이 있다.

라. 부분추계의 문제

현행 세법은 추계방법에 대한 규정만이 있을 뿐 추계의 범위에 관하여는 별도로 규정하고 있지 아니하여 과세관청이 총수입금이나 소득을 추계하는 경우에 있어서 그 전부를 추계하지 아니하고 일부에 대해서만 추계하는 것이 가능한가의 여부가 문제될 수 있습니다.

1) 부분추계가 허용되는 경우

소득세법상 총수입금액과 과세표준은 각 그 산출근거와 단계를 달리하므로 그 조사방법은 결정사유 중 어느 것에 해당하는가에 따라 각 별로 결정되어야 하고 양자가 반드시 동일한 방법에 따라 조사・결정되어야 하는 것은 아닙니다. 따라서 필요경비를 산출할 수 있는 장부 또는 증빙서류가 없어 소득표준율을 적용하여 과세표준을 추계의 방법으로 결정하는 경우에도 총수입금액을 계산할 수 있는 증빙서류가 있다면 총 수입금액은 이를 근거로 하여 실지조사결정을 하여야 하고(대법원 1998.7.10. 선고 97누13894 판결, 대법원 1982.7.13. 선고 80누101 판결 등) 반대로 총수입금액을 추계조사할 경우에도 비치・기장된 장부와 증빙서류를 근거로 소득금액을 계산할 수 있을 때에는 그 장부에 의하여 과세표준을 조사・결정하여야 합니다(대법원 1994.7.29. 선고 94누5175 판결). 또한 복수의 과세대상이 있는 경우 각각 별개로 과세처분이 이루어지므로 부분추계가 허용되지 않을 이유는 없을 것인바, 판례도 부분추계를 긍정하고 있습니다(대법원 1997.6.27. 선고 96누15756 판결).

2) 부분추계가 허용되지 않는 경우

단일의 과세대상 내지 동일한 단계에 있어서의 총소득금액이나 과세표준의 결정에 대하여는 실지조사와 추계조사를 혼합하여 과세표준액을 정하는 것이 허용되지 않습니다(대법원 2007.7.26. 선고 2005두14561 판결, 대법원 2001.12.24. 선고 99두9193 판결, 대법원 1978.12.26. 선고 78누381 판결 등). 따라서 종합소득세의 과세표준 등 결정이 같은 과세기간 중의 단일 사업장의 과세목적물에 대한 총수입금액 결정에 있어 실지조사와 추계조사를 혼합하여 과세표준액을 정한 것은 소득세법과 그 시행령의 관계규정에 위배되고(대법원 1992.9.14. 선고 92누1353 판결), 과세관청이 실지조사방법에 의하여 법인의 소득에 대한 과세표준과 세액을 결정하는 경우 총 손금의 결정방법과는 달리 그 수입누락부분에 대응하는 손금만을 실지조사가 아닌 추계조사방법에 의하여 산출・공제할 수는 없습니다(대법원 1998.4.10. 선고 98두328 판결, 대법원 1999.11.12. 선고 99두4556 판결 등).

제16장

조세소송 상 주요 쟁점

항고소송의 대상인 과세처분

가. 취소를 구하는 부분의 특정

항고소송의 심판대상이 되는 과세처분은 정확히 파악하여야 합니다. 행정소송에 있어서 쟁송의 대상이 되는 행정처분의 존부는 소송요건으로서 직권조사사항이고 자백의 대상이 될 수 없으므로, 설사 그 존재를 당사자들이 다투지 아니하더라도 그 존부에 관하여 의심이 있는 경우에는 법원은 이를 직권으로 밝혀야 합니다(대법원 1993.7.27. 선고 92누15499 판결). 항고소송의 심판대상이 되는 과세처분을 정확히 파악하기 위해서는 먼저 처분일자, 처분금액, 처분사유 등을 확인할 수 있는 자료(기본적으로 납세고지서 등의 처분문서와 세액결정 내지 경정결의서 등)를 반드시 제출하여야 하고(경정결의서는 일반적으로 피고가 제출합니다), 변경처분 또는 단계적으로 감액 또는 증액경정처분이 있는 경우 변경처분서나 후속 처분서도 제출하여야 합니다.

결정 내지 경정결의서만으로 처분사유가 불분명할 경우에는 재판부는 피고로 하여금 처분사유 및 처분 근거법령을 명확히 특정하도록 합니다. 특히 경정 및 재경정 여부는 당사자 주장에 불구하고 경정결의서 등 구체적인 처분서를 살펴보아야 합니다. 결정 또는 경정결정의 고지가 납세고지서에 의하여 행하여지는 경우에는 납세고지서에 기재된 객관적인 의미대로 그 효력이 발생함이 원칙이므로 과세관청의 내부적 의사가 납세고지서 기재와 다른 경우에는 납세고지서에 표시된 대로 효력이 발생한다고 보아야 합니다.

예를 들어 원고가 실질적으로 과세처분 중 일부만을 다투면서도 청구취지에는 과세처분 전부의 취소를 구하는 경우가 있습니다. 이와 같은 경우 법원은 원고에게 과세처분 전부의 취소를 구하는 것인지 아니면 과세처분의 일부의 취소만을 구하는 것인지를 확인하여 취소할 세액을 특정하도록 하고, 법원은 그 세액 계산의 적정성을 과세관청인 피고에게 검토시킨 후에, 이를 토대로 청구취지를 정리하여야 합니다. 이와 같이 정리가 되지 아니한 채 변론이 종결될 경우, 실질적인 쟁점에 대하여 원고 주장이 전부 받아들여져도 주문은 일부 승소 주문이 나가게 되어 소송비용 중 일부를 원고가 부담하게 될 가능성도 있고, 과세처분의 일부 취소를 위하여 재판부가 구체적인 세액을 계산하여야 하는 번잡함이 발생할 수도 있기 때문입니다.

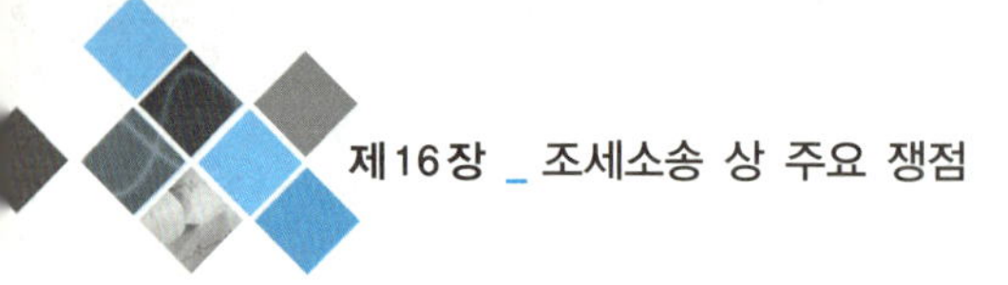

나. 당초처분이 과세관청의 직권 또는 전심단계에서 감액경정된 경우

감액경정처분이 있는 경우 심판의 대상은 감액경정된 처분이 아니라 당초처분 중 감액되고 남은 부분이므로, 처분일자는 감액경정일이 아닌 당초처분일이 되고, 제척기간의 경과여부도 당초처분일을 기준으로 판단하여야 합니다. 왜냐하면 과세표준과 세액을 감액하는 경정처분은 당초 부과처분과 별개 독립의 과세처분이 아니라 그 실질은 당초 부과처분의 변경이고, 그에 의하여 세액의 일부 취소라는 납세자에게 유리한 처분이므로 항고소송 대상은 당초의 부과처분 중 경정결정에 의하여 취소되지 않고 남은 부분이고, 경정결정이 항고소송의 대상이 되는 것은 아니며, 이 경우 적법한 전심절차를 거쳤는지 여부도 당초처분을 기준으로 판단하여야 하기 때문입니다(대법원 1991.9.13. 선고 91누391 판결). 다만 이의신청, 심판청구 또는 심사청구 등의 전심절차단계에서 재조사결정이 있은 후 그에 따른 처분청의 후속처분인 감액경정 또는 당초처분을 유지하는 결정이 있는 경우에는 납세자가 그 후속처분의 통지를 받은 날부터 불복청구기간이나 제소기간이 진행되는 것입니다(대법원 2010.6.25. 선고 2007두12514 전원합의체 판결). 통상 과세관청의 실무는 감액경정에 따른 납세고지서를 따로 발부하지 아니하고 당초처분에 따라 그 세액을 납부했을 때에는 환급통지서에 의하여, 납부하지 않았을 때에는 세액이 감액되었다는 뜻의 통지를 하여 각 고지하고 있고, 판례도 그러한 통지방법이 적법하다고 보고 있습니다(대법원 1997.9.12. 선고 97누2917 판결, 대법원 1998.2.27. 선고 97누18479 판결, 대법원 2005.1.13. 선고 2003두14116 판결 등).

당사자들은 전심단계 또는 소송계속 중에 세액이 일부 감액된 경우에도 그에 맞추어 청구취지를 감액하지 않는 경우가 종종 있으나, 감액된 세액에 관한 취소 등을 구하는 것은 소의 이익이 없으므로(대법원 1982.11.23. 선고 81누393 판결), 이를 확인할 필요가 있습니다.

예시

피고가 2017.6.21. 원고에게 2015년 귀속 종합소득세 2,000만 원을 부과하였다가 2018.4.1. 이를 1,000만 원으로 감액하는 경정처분을 하여 원고에게 통지한 경우, 청구취지는 「피고가 2017.6.21. 원고에 대하여 한 2015년 귀속 종합소득세 1,000만 원의 부과처분을 취소한다.」는 형식이 되어야 하는 것입니다.

다. 당초처분이 있은 이후 증액경정처분이 있는 경우

증액경정처분은 당초 신고하거나 결정된 세액과 증액되는 부분을 포함하여 전체로서 하나의 과세표준과 세액을 다시 결정하는 것이어서 당초 신고나 결정은 증액경정처분에 흡수되어 당연히 소멸하므로, 원칙적으로 당초 신고나 결정에 대한 불복기간의 경과 여부 등에 관계없이 증액경정처분만이 항고소송의 심판의 대상이 되고, 그 항고소송에서 당초 신고나 결정에 대한 위법사유도 함께 주장할 수 있습니다(통설, 판례의 입장인 흡수설, 대법원 1987.3.10. 선고 86누911 판결, 대법원 1992.5.26. 선고 91누9596 판결, 대법원 2009.5.14. 선고 2006두17390 판결 등).

통상 과세관청의 실무는 증액경정의 경우 당초의 과세표준과 세액을 포함한 전체의 과세표준과 세액을 결정한 다음, 당초의 과세표준과 세액을 공제한 차액을 추가로 납세고지하는 방법을 취하고 있음에 유의할 필요가 있고, 판례도 그러한 통지방법이 적법하다고 보고 있습니다(대법원 1989.10.27. 선고 88누2830 판결).

한편 납세의무자는 증액된 세액을 포함한 증액경정처분 세액 전부의 취소를 구하면서도 증액결정에 의한 차액만을 다투는 경우가 있으므로, 당사자의 정확한 의사가 전체 세액을 다투는 것인지 증액된 부분만을 다투는 것인지를 확인할 필요가 있습니다.

예시

과세관청인 피고가 2016.10.12. 원고에게 500,000,000원의 상속세 부과처분을 하였다가, 같은 해 11.18. 50,000,000원을 추가로 납부하라는 고지를 하였다면, 이 경우의 소송의 대상은 2016.11.18.자 증액경정처분이 되므로, 증액된 세액을 포함한 전부의 취소를 구할 경우 청구취지는 「피고가 2016.11.18. 원고에 대하여 한 상속세 550,000,000원의 부과처분을 취소한다.」가 되고, 증액된 세액만의 취소를 구할 경우는 「피고가 2016.11.18. 원고에 대하여 한 상속세 550,000,000원의 부과처분 중 500,000,000원을 초과하는 부분을 취소한다.」가 되는 것입니다.

전심절차나 제소기간 등의 충족 여부도 증액경정처분을 기준으로 판단하여야 합니다(대법원 2000.9.22. 선고 98두18510 판결). 다만, 당초처분과 경정처분 사이에 위법사유가 공통된 경우에는 당초처분에 대하여 적법한 전심절차를 거친 이상 증액경정처분에 대하여 취소소송을 제기함에 있어 다시 전심절차를 거칠 필요는 없고(대법원 1990.8.28. 선고 90누1892 판결, 대법원 1992.8.14. 선고 91누13229 판결), 당초처분은 증액경정처분에 흡수되어 소멸하므로 당초처분에서 정한 납부기한을 전제로 한 가산금 징수처분 역시 효력을 상실합니다(대법원 1999.5.11. 선고 97누13139 판결).

다만, 2002.12.18. 국세기본법 §22의2 ①(세법에 따라 당초 확정된 세액을 증가시키는 경정은 당초 확정된 세액에 관한 이 법 또는 세법에서 규정하는 권리·의무관계에 영향을 미치지 아니한다)이 신설됨에 따라, 종래와 달리 당초처분이 제소기간의 경과 등으로 불가쟁력이 발생한 경우에는 그 부분 세액에 대하여는 더 이상 다툴 수 없게 되었으므로, 증액경정처분에 의하여 증액된 세액의 한도 내에서만 취소를 구할 수 있을 뿐입니다(대법원 2011.4.14. 선고 2008두22280 판결, 대법원 2011.6.30. 선고 2010두20843 판결 등). 증액경정처분이 있었음에도 불구하고 당사자가 청구취지를 변경하지 아니하고 당초처분을 다투는 경우 법원은 당사자의 진의가 무엇인지 석명을 구하여 소송관계를 명확히 하여야 합니다. 당사자가 확정된 당초처분의 취소와 증액경정처분의 취소를 별개로 구하는 경우 확정된 당초처분은 소멸하여 존재하지 않으므로 부적법하여 각하함이 타당하고(대법원 2009.5.14. 선고 2008두17134 판결, 대법원 2011.4.14. 선고 2008두22280 판결), 증액경정처분 취소소송에서 당초 확정된 세액부분의 취소까지 구하는 경우 그 부분에 대하여는 기각하는 것으로 처리함이 실무례입니다.

한편 증액경정인지 여부가 문제되는 경우가 있습니다. 본세는 증액되었으나 가산세는 감액되어 본세와 가산세를 합한 금액은 오히려 감소한 경우, 가산세와 본세는 별개의 과세처분이므로 본세에 관한 한 증액경정처분으로 보아야 합니다(대법원 1995.4.25. 선고 95누917 판결). 또한 공동상속인에 대한 상속세결정처분이 증액경정인지 감액경정인지 여부는 각 공동상속인에 대하여 납부하도록 고지된 개별적인 세액을 기준으로 할 것이지, 공동상속인 전체에 대한 총 상속세액을 기준으로 판단할 것은 아닙니다(대법원 2004.2.13. 선고 2002두9971 판결). 즉 공동상속인들이 납부하여야 할 세액을 구분특정하여 기재한 것이 그 납세의무를 구체적으로 확정하는 부과고지로서의 효력을 갖는 것이고, 납세고지서에 총 세액을 기재한 것은 공동상속인이 연대하여 납부할 의무가 있는 총 세액에 대하여 징수절차의 일환으로 그 이행을 청구하는 징수고지로서의 효력만을 가지기 때문입니다.

과세관청의 입장에서는 제척기간이 도과된 후에 경정사유를 발견하여 증액경정 처분을 할 수 있는지가 문제되나, 판례는 당초처분이 제척기간 도과 전에 있었다면 그 증액경정처분이 전부 무효로 되는 것은 아니고 증액된 부분에 한하여서만 무효로 된다(대법원 1995.9.23. 선고 94누15189 판결)는 입장입니다.

라. 과세처분의 징수처분과의 구별

1) 과세처분, 징수처분과 납세고지와의 관계

과세처분(부과처분)이 그 효력을 발생하기 위해서는 납세의무자에게 그 통지를 하여야 하는데(대법원 1985.1.29. 선고 84누111 판결, 대법원 1995.2.28. 선고 94누5052 판결 등) 이는 통상 납세고지의 방식으로 이루어집니다. 한편, 납세의무자가 위와 같이 부과처분 등으로 확정된 납세의무를 이행하지 않는 경우 국가 또는 지방자치단체는 강제징수에 들어가게 되는데, 징수를 위한 납세고지에 의하여 그 절차가 개시됩니다.

국세징수법 §9 ① 국세의 징수를 위한 '납세고지'를 규정하고 있고, 한편 개별세법(법인세법 §70 및 같은 법 시행령 §109 ①, 소득세법 §83 및 같은 법 시행령 §149, 상속세 및 증여세법 §77 및 같은 법 시행령 §79, 부가가치세법 §23 등)에서는 '과세관청이 과세표준과 세액을 결정 또는 경정한 때에는 납세고지서에 의하여 이를 통지하여야 한다'고 하여 납세의무를 확정하는 과세처분으로서의 '납세고지'에 대하여 규정하고 있습니다.

이와 같이 조세의 부과를 위한 납세고지와 징수를 위한 납세고지는 이론상 구별되는 것이나, 법령상 그 구별이 명확하지 않고 실무상으로도 이를 구별함이 없이 '부과를 위한 납세고지'와 '징수를 위한 납세고지'가 하나의 납세고지서에 의하여 행해지고 있으므로, 이러한 경우 납세고지는 부과고지와 징수고지의 성질을 동시에 가지게 되는 경우가 많습니다.

그러나 해당 납세고지의 성격이 납세의무 확정의 효력을 발생시키는 부과고지(부과처분)에 해당하는지, 확정된 조세채무의 이행을 구하는 징수고지(징수처분)에 해당하는지를 확정하여 소송의 대상을 명확히 할 필요가 있습니다. 조세의 부과처분과 징수처분은 별개의 독립한 처분이므로, 부과처분에 중대하고 명백한 하자가 있어 무효가 되거나 부과처분이 취소되지 않는 한, 부과처분에 하자가 있더라도 후행하는 징수처분의 효력에 영향을 미치지 않기 때문에 그 하자를 이유로 징수처분의 위법을 다툴 수 없습니다. 즉 판례(대법원 1988.6.28. 선고 87누1009 판결, 대법원 1989.7.11. 선고 88누12110 판결 등)에 의하면 원칙적으로 선행처분인 부과처분과 후행처분인 체납처분 사이에 행정행위의 하자승계를 부정하는 입장입니다. 이와 같이 부과처분과 징수처분의 구별은 불복방법 및 소송의 대상과 관련하여 차이가 있습니다.

따라서 원고는 소장에서 원고가 취소를 구하는 처분이 부과처분인지 징수처분인지를 분명하게 하여야 하고 단순한 징수처분의 취소를 구하는 경우에는 그에 맞추어 청구원인을 기재하여야 하는 것입니다.

2) 구체적 검토

과세관청이 과세표준과 세액을 결정 또는 경정하고 그 통지를 납세고지서에 의하여 행하는 경우의 납세고지는 그 결정 또는 경정을 납세의무자에게 고지함으로써 납세의무확정의 효력을 발생시키는 부과처분으로서의 성질과 확정된 조세채무의 이행을 명하는 징수처분으로서의 성질을 아울러 갖는 것이며, 그 고지행위의 하자는 부과처분과 징수처분 모두의 하자가 된다(대법원 1985.10.22. 선고 85누81 판결, 대법원 1985.1.29. 선고 84누111 판결 등)는 것이 판례의 입장입니다. 이와 같은 경우 원고가 소장에 기재한 「피고가 2018.1.1. 원고에 대하여 한

2016년 귀속 종합소득세 1,000만 원의 '부과처분'을 취소한다.」라는 청구취지는 별다른 문제가 없습니다.

반면, 신고납세방식의 조세에서 납세의무자가 과세표준과 세액의 신고만 하고 세액을 납부하지 아니하여 과세관청이 신고한 사항에 대하여 아무런 경정없이 신고내용과 동일한 세액을 납부하도록 고지한 경우, 그 납세고지는 확정된 조세채무의 징수를 위한 징수처분입니다. 위와 같은 경우 원고가 소장에 기재한 「피고가 2018.8.1. 원고에 대하여 한 2016년 귀속 종합소득세 10,000,000원의 '부과처분'을 취소한다.」라는 청구취지는 문제가 있습니다. 실제로 대법원 2004.9.3. 선고 2003두8180 판결에서는 위와 같은 경우 해당 납세고지는 당사자의 신고에 따라 이미 확정된 세액의 징수만을 위하여 발부한 것으로 취소를 구하는 과세처분이 존재하지 아니하여 소를 각하한 원심을 그대로 확정하였습니다. 한편, 납세의무자의 신고행위에 하자가 존재하고 그 하자가 당연무효사유에 해당할 경우에는 그 하자가 후행하는 징수처분에 승계될 여지가 있으므로(대법원 2006.9.8. 선고 2005두14394 판결 참조), 실무상으로는 납세의무자의 신고행위에 무효사유의 하자가 있는지 여부를 검토하여야 합니다. 마찬가지로 원천징수소득세의 원천징수의무자에 대한 납세고지 역시 원천징수의무는 소득금액을 지급하는 때에 그 납세의무가 '성립'과 동시에 '확정'되므로, 그 납세고지의 법적 성격은 과세처분이 아니라 징수처분입니다.

원고가 종합소득세 납세의무의 존부 및 범위를 다투는 취지라면 징수처분에 불과한 납세고지의 취소를 구할 것이 아니라, 경정청구의 요건을 갖추었다면 과세관청에 경정청구를 하여 그 경정거부처분에 대한 취소소송으로 다투는 것이 적절한 방법이라 할 것입니다. 따라서 원고가 경정청구를 하였다면 그 경정거부처분에 대한 취소를 구하는 것으로 청구취지를 변경하도록 보정하여야 하고, 경정청구를 한 바 없고 경정청구기간도 도과된 상황이라면 청구취지를 「피고가 2018.8.1. 원고에 대하여 한 2016년 귀속 종합소득세 10,000,000원의 '징수처분'을 취소한다.」는 것으로 정정하고 청구원인도 그에 부합하도록 정리할 필요가 있습니다.

다만, 이 경우에도 납부불성실가산세 또는 원천징수불이행가산세가 함께 부과고지되면, 가산세의 확정이라는 측면이 있으므로 가산세 부분에 한해서는 부과처분으로 보아야 합니다. 예컨대, 납세의무자가 부가가치세 과세표준 및 세액신고는 제대로 하였으나 이를 납부하지 않아 과세관청이 납부불성실가산세액을 합하여 납세고지를 한 경우, 위 납세고지는 신고에 의하여 확정된 부가가치세액의 납부를 명하는 징수처분과 납부불성실가산세의 부과 및 징수처분이 혼합된 처분인 것(대법원 1992.4.28. 선고 91누13113 판결)입니다.

2 지방세 불복 소송 상 주요 쟁점

가. 2011년 지방세법 개정

1) 종래 지방세에 관하여 규율하는 법률은 지방세법뿐이었으나 2010.3.31. 전면 개정(2011.1.1. 시행, 이하 '전면 개정'이라 합니다)을 통하여 종전의 지방세법이 지방세기본법과 지방세법, 지방세특례제한법의 3개의 법률로 나눠지면서, 아래 표와 같이 구 지방세법 중 제1장 총칙부분과 국세기본법 및 국세징수법에 의하여 규율되던 사항을 지방세기본법으로 통합하여 규정하고, 구 지방세법 제5장 과세면제 및 경감부분은 지방세특례제한법으로 이전되었으며, 지방세법 또한 종전의 16개인 세목을 11개로 변경하는 등으로 전면적으로 개정되었습니다.

2) 경정청구제도의 도입 및 처분의제 규정의 삭제

1997.8.30. 신설된 지방세법(1997.10.1. 시행)은 §72 ①에서 신고납부 또는 수정신고납부를 한 경우에는 그 신고납부를 한 때에 처분이 있었던 것으로 본다는 처분의제 규정을 두고 있어 신고납세방식의 지방세의 경우 부과처분이 없어도 항고소송의 방법으로 다툴 수 있었습니다. 그러나 전면 개정된 지방세기본법에서는 지방세의 경우도 국세와 같은 경정청구제도를 도입하면서 위 처분의제 규정이 삭제됨에 따라 '신고납부'가 처분으로 의제되지 않음에 주의하여야 합니다. 따라서 신고납부방식의 지방세의 경우도 국세와 마찬가지로 경정청구를 통한 경정거부처분 취소소송의 방법으로 다투어야 합니다.

나. 국세와의 관계

지방세 중 소득세분 지방소득세와 법인세분 지방소득세는 각 소득세액과 법인세액을 과세표준으로 하여 부과됩니다(지방세법 §86, §89). 이 경우 소득세분 지방소득세를 지방세법 §93 ②에 따라 세무서장이 소득세와 함께 부과고지의 방법에 의하여 징수하는 경우, 종종 세무서장을 상대로 소득세부과처분과 함께 지방소득세(전면 개정 전의 지방세법상의 소득세할 주민세) 부과처분의 취소를 구하는 항고소송을 제기하는 경우가 있으나, 지방소득세부과처분 취소소송의 피고는 세무서장이 아니라 소득세 납세지를 관할하는 시장·군수가 되어야 합니다. 또한 지방소득세는 소득세 또는 법인세 납세의무가 있는 자에 대하여만 부과하게 되는 것이지만, 그 소득세 부과처분의 취소를 청구하는 것과는 별도로 지방소득세의 과세표준인 소득세액 또는 법인세액 결정의 위법함을 주장하여 소득세분 지방소득세 부과처분의 취소를 구할 수 있고(대법원 1993.8.24. 선고 93누11463 판결), 그 과세표준이 되는 소득세 또는 법인세 부과처분에 대한 적법한 전심절차를 거치고 이에 따른 제소기간을 준수한 경우에는, 지방소득세에 대하여 별도의 전심절차를 거치지 아니하더라도 그 취소를 구하는 소송은 역시 적법(대법원 2005.6.10. 선고 2003두12721 판결)합니다.

다. 취득세 관련

1) 취득의 개념

지방세법상 취득세의 과세객체는 부동산, 차량, 기계장비, 항공기, 선박 등 취득세 과세대상 물건의 취득행위이고(지방세법 §7 ①[82]), 취득세는 과세물건을 '취득'하는 때에 납세의무가 성립합니다(지방세기본법 §34 ① 제1호). 그런데 여기서의 '취득'의 개념은 사법(私法)상의 취득의 개념과는 일치하지 않습니다.

지방세법 §6 제1호는 '취득'이란 "매매, 교환, 상속, 증여 등과 그 밖에 이와 유사한 취득으로서 원시취득, 승계취득 또는 유상·무상의 모든 취득을 말한다."라고 정의하고 있으며, 지방세법 §7 ②은 부동산 등의 취득에 있어서는 민법 등 관계 법령에 따른 등기·등록 등을 하지 아니한 경우라도 사실상 취득하면 각각 취득한 것으로 본다고 하여 '사실상 취득'도 취득의 개념에 포함하고 있습니다.

취득세에 있어서의 취득의 개념을 어떻게 파악할 것인가에 관하여는 실질적으로 완전한 내용의 소유권을 취득하는가의 여부에 관계없이 소유권이전의 형식에 의한 부동산취득의 모든 경우를 포함한다고 보는 소유권취득설과 단지 법률적·형식적 관점에서 뿐만 아니라 경제적·실질적 관점에 있어서도 소유권의 모든 권능의 이전을 동반하는 완전한 소유권의 취득을 말한다고 보는 실질적 가치 취득설로 나뉘어 있습니다. 판례는, 부동산 취득세는 재화의 이전이라는 사실 자체를 포착하여 거기에 담세력을 인정하고 부과하는 유통세의 일종으로 부동산의 취득자가 그 부동산을 사용·수익·처분함으로써 얻을 수 있는 이익을 포착하여 부과하는 것이 아니므로, 구 지방세법 §105 ①(현행 지방세법 §7 ②)의 '부동산 취득'이란 부동산 취득자가 실질적으로 완전한 내용의 소유권을 취득하는지 여부와 관계없이 소유권이전의 형식에 의한 부동산취득의 모든 경우를 포함한다고 판시함으로써(대법원 2007.4.12. 선

82) 지방세법 제7조【납세의무자 등】① 취득세는 부동산, 차량, 기계장비, 항공기, 선박, 입목, 광업권, 어업권, 골프회원권, 승마회원권, 콘도미니엄 회원권, 종합체육시설 이용회원권 또는 요트회원권(이하 이 장에서 "부동산등"이라 한다)을 취득한 자에게 부과한다. 〈개정 2014.1.1.〉

고 2005두9491 판결, 대법원 2002.6.28. 선고 2000두7896 판결, 대법원 1995.1.24. 선고 94누10627 판결, 대법원 1998.12.8. 선고 98두14228 판결, 대법원 1995.9.15. 선고 95누7970 판결, 대법원 1988.4.25. 선고 88누919 판결 등) 소유권취득설의 입장을 취하고 있습니다. 또한 지방세법 §7 ②의 '사실상의 취득'이라 함은 일반적으로 등기와 같은 소유권 취득의 형식적 요건을 갖추지는 못하였으나 대금의 지급과 같은 소유권 취득의 실질적 요건을 갖춘 경우를 말합니다(대법원 2007.5.11. 선고 2005두13360 판결, 대법원 2005.1.13. 선고 2003두10343 판결, 대법원 2001.2.9. 선고 99두5955 판결, 대법원 2001.2.9. 선고 2000두2204 판결, 대법원 1998.12.8. 선 고 98두14228 판결, 대법원 1999.11.12. 선고 98두17067 판결 등).

따라서 판례는 법률적·형식적 취득만 있을 뿐 새로운 완전한 소유권의 취득이라고 볼 수 없는 명의신탁에 의한 취득(대법원 1987.7.7. 선고 87누22 판결, 대법원 1984.11.27. 선고 84누52 판결 등)이나 명의신탁의 해지를 원인으로 소유권이전 등기를 넘겨받은 경우(대법원 1990.3.9. 선고 89누3489 판결, 대법원 1991.6.11. 선고 90누8114 판결 등), 명의신탁 해지를 원인으로 수탁자 명의의 소유권이전등기를 말소함으로써 소유권을 회복한 경우(대법원 1999.9.3. 선고 98다12171 판결), 근저당권자가 경락받은 부동산을 원소유자가 채무를 변제하고 다시 양수한 경우(대법원 1990.11.9. 선고 90누5016 판결), 양도담보의 설정에 의한 취득(대법원 1980.1.29. 선고 79누305 판결) 및 그 해지로 인한 취득(대법원 1987.10.13. 선고 87누581 판결), 차용금을 변제한 후 양도담보로 제공된 부동산에 관한 소유권이전등기의 말소등기를 경료받은 경우(대법원 1999.10.8. 선고 98두11496 판결), 토지의 구분소유적 공유관계(명의신탁관계)를 해소하기 위한 지분이전등기(대법원 2002.5.28. 선고 2002두2079 판결), 이혼에 따른 재산분할을 원인으로 한 소유권이전등기(대법원 2003.8.19. 선고 2003두4331 판결) 등도 모두 취득세 부과대상인 취득에 해당하는 것으로 보고 있으며, 사실상의 취득자가 3자간 등기명의신탁 약정에 의하여 수탁자 명의로 소유권이전등기를 경료하고 자신의 명의로는 소유권이전등기를 경료하지 않았다고 하더라도 취득세 과세대상이 된다(대법원 2007.5.11. 선고 2005두13360 판결)는 입장입니다.

한편, 지방세법은 §9에서 형식적인 취득으로 인정되는 일부 경우(신탁법에 의한 신탁재산의 취득, 일정 지역 내의 토지의 수용·사용에 관한 환매권의 행사로 인한 취득 등)에 한하여는 명시적으로 비과세대상으로 규정하고 있습니다.

2) 취득의 원인이 되는 계약의 합의해제 등

부동산 매매계약 체결 후 대금지급이 이루어지지 않은 상태에서 대금지급의 편의 등을 위하여 등기를 선이행하면서 이행이 되지 않을 경우 등을 대비하여 유보한 해제권의 행사 또는 합의에 의하여 계약이 해제되어 등기까지 말소된 경우와 같이, 유보된 해제권의 행사 또는 계약의 합의해제로 인하여 소급하여 그 효력이 소멸하는 경우 취득세 과세대상인 '취

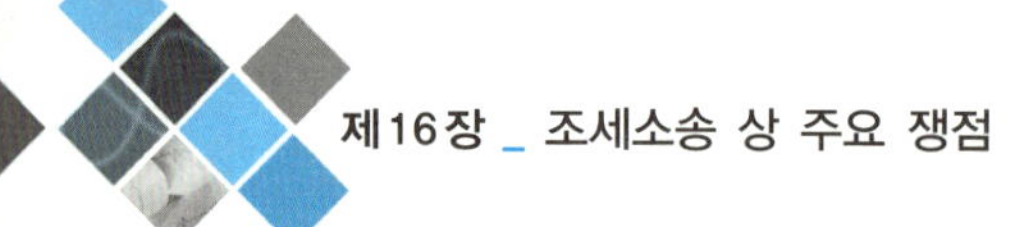

득'에 해당하는지 여부가 다투어지는 경우가 있습니다.

판례는, 이미 그 취득자가 이전등기를 마침으로써 적법하게 취득한 이상 그 이후에 매매계약이 해제조건의 성취 또는 유보된 해제권의 행사, 합의해제 등에 의하여 소급적으로 실효되었다 하더라도 이로써 이미 성립한 조세채권의 행사에는 영향을 줄 수 없다고 합니다(대법원 1996.2.9. 선고 95누12750 판결, 대법원 1995.2.28. 선고 94누9382 판결, 대법원 1992.5.12. 선고 92누459 판결, 대법원 1998.12.8. 선고 98두14228 판결, 대법원 1988.10.11. 선고 87누377 판결 등). 그러나 합의해제로 인하여 소유권이 복귀되는 경우 종전의 양도인에 대하여 취득이 되는지 여부에 관하여는 복귀의 형식이 어떠한 것이든 취득에 해당하지 않는다고 합니다(대법원 1993.9.14. 선고 93누11319 판결, 대법원 1986.3.25. 선고 85누1008 판결 등).

3) 취득시기

취득시기는 취득세 납세의무의 성립시기, 취득세의 신고납부의 기산일, 부과제척 기간의 기산일, 적용법령 등의 적용기준이 되어 중요하고, 취득시기를 언제로 볼 것인지가 다투어지기도 합니다.

지방세법 시행령 §20는 각 취득의 유형별로 그 취득시기를 규정하고 있는데, 유상승계취득의 경우 원칙적으로 잔금지급일을 취득시기로 보고(지방세법 시행령 §20 ②), 위 취득일 전에 등기 또는 등록을 한 경우에는 그 등기일 또는 등록일을 취득시기로 보고 있습니다(지방세법 시행령 §20 ⑪).

이와 관련하여 판례는 매매의 경우에 있어서는 사회통념상 대금의 거의 전부가 지급되었다고 볼 만한 정도의 대금지급이 이행되었음을 뜻한다고 보아야 하고, 대금의 거의 전부가 지급되었다고 볼 수 있는지 여부는 개별적・구체적 사안에 따라 미지급 잔금의 액수와 그것이 전체 대금에서 차지하는 비율, 미지급 잔금이 남게 된 경위 등 제반 사정을 종합적으로 고려하여 판단하여야 한다는 입장입니다(대법원 2010.10.14. 선고 2008두8147 판결, 대법원 2001.2.9. 선고 2000두2204 판결).

무상승계취득의 경우는 그 계약일(그 전에 등기・등록을 한 때에는 그 등기・등록일)이고, 상속 또는 유증으로 인한 취득의 경우에는 상속 또는 유증개시일이 각 취득시기입니다(지방세법 시행령 §20 ①, ⑪).

소득처분과 소득금액변동통지 관련 주요 쟁점

가. 소득처분

법인세 관련 쟁송 중 소득처분과 그에 따른 소득금액변동통지와 관련한 다툼이 적지 않은데, 소득처분 및 소득금액변동통지 관련 규정은 법인세법과 소득세법에 흩어져 있을 뿐만 아니라 그 내용 자체가 다소 복잡한 면이 있으므로 주의하여야 합니다.

통상 과세관청이 법인세 과세표준을 조사함에 있어 매출누락이나 가공비용의 계상 등으로 탈루된 소득이 확인된 경우, 이를 과세대상 소득으로서 익금에 산입하게 되는데, 위 익금산입액에 대하여는 법인세를 과세하는 것과는 별도로 그 익금산입액이 어디로 귀속되었는지를 파악하여 그 귀속자에게 소득세를 추가로 과세합니다. 우리 세법은 법인소득에 대하여 법인세를 과세하는 것과는 별도로 이익처분에 의하여 주주배당 또는 임원의 상여금 등으로 사외로 유출되는 경우, 그에 따라 발생한 배당소득 또는 근로소득 등에 대하여 다시 소득세를 과세(원천징수)하는 세제를 취하고 있기 때문입니다. 이와 같이 익금에 산입한 금액이 법인의 내부에 유보된 것인지 또는 사외로 유출된 것인지를 확정하고, 만일 당해 금액이 사외로 유출된 것이라면 누구에게 어떤 소득의 형태로 귀속된 것인지를 특정하여 그 귀속자와 소득의 종류를 확정하는 세법상의 절차를 소득처분이라고 합니다(법인세법 §67, 대법원 2008.4.24. 선고 2006두187 판결).

소득처분은 익금에 산입한 금액이 사외에 유출되었는지 여부에 따라, ① 사외 유출된 것이 분명한 경우에는 그 귀속자에 따라 배당(주주, 사원 또는 출자자인 경우), 상여(임원 또는 사용인인 경우), 기타 사외유출(법인 또는 사업을 영위하는 개인 등의 경우), 기타소득(귀속자가 그 외의 자인 경우)으로 처분하고, 귀속이 불분명한 경우에는 대표자에게 귀속된 것으로 보며(이를 통상 '대표자 인정상여'라고 합니다),

② 사외에 유출되지 아니한 경우에는 사내유보로 처분합니다(법인세법 §67, 같은 법 시행령 §106 ①). 다만, 과세관청이 추계조사방법에 의하여 법인세 과세표준과 세액을 결정 또는 경정하는 경우에는 결정된 과세표준과 법인의 대차대조표상의 당기순이익과의 차액을 대표자에 대한 상여로 처분합니다(같은 법 시행령 §106 ②).

이렇게 소득처분된 금액은 소득세법상 배당소득, 근로소득 또는 기타소득으로 구분되어 귀속자의 과세소득의 일부를 구성하게 되는데, 소득처분에 의한 의제소득의 과세와 그 원

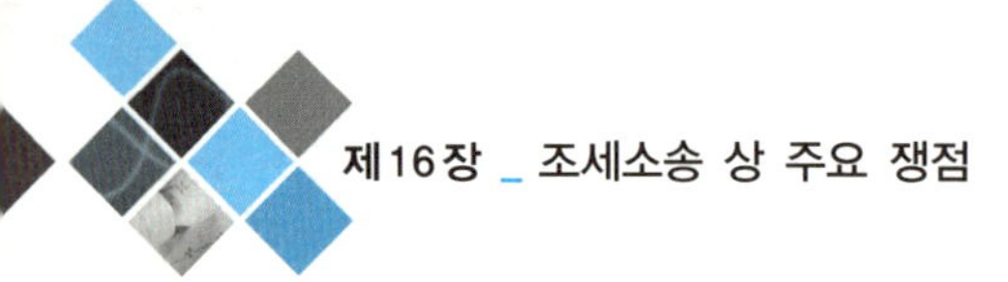

천징수에 관하여는 소득세법이 규정하고 있습니다.

나. 소득세의 원천징수와 소득금액변동통지

1) 원천징수

원천징수는 세법에서 정하는 원천징수의무자가 납세의무자인 거래상대방(원천납세의무자)에게 일정한 소득금액 또는 수입금액을 지급할 때에 그 소득의 원천에서 원천납세의무자가 부담하는 세액을 정부를 대신하여 징수하여 과세관청에 납부하는 제도입니다. 가령 회사(원천징수의무자)가 종업원(원천납세의무자)에게 월급을 지급하면서 세금(근로소득세)을 미리 공제하여 그 돈을 과세관청에 납부하는 것이 원천징수의 전형적인 예라 할 수 있습니다.

소득세법 §127 ①은 배당소득, 근로소득, 기타소득 등을 원천징수의 대상으로 규정하고 있어 현실귀속소득 뿐만 아니라 소득처분에 의한 의제소득(배당 · 상여 · 기타소득으로 처분된 금액)도 원천징수의 대상으로 삼고 있습니다.

2) 소득금액변동통지와 원천징수의무의 성립 및 확정

원천징수하는 소득세는 소득금액을 지급하는 때에 그 납세의무가 성립하고, 납세의무가 성립하는 때에 특별한 절차 없이 그 세액이 확정되는 이른바 '자동확정방식'의 조세입니다(국세기본법 §21 ② 제1호, §22 ② 제3호). 따라서 소득의 지급자(원천징수의무자)는 소득금액을 지급하는 때에 원천징수할 소득세를 징수하였다가 그 징수일이 속하는 다음달 10일까지 관할 세무서 등에 이를 납부하여야 합니다(소득세법 §128 ①).

그런데 소득처분에 의한 의제소득의 경우에는 현실귀속소득의 경우와 달리 당해 소득금액이 지급되었다는 사실에 과세근거를 두는 것이 아니라 소득금액이 지급된 것으로 의제하는 것에 불과하므로, 그 소득금액의 지급시기(원천징수의무의 성립 · 확정시기)를 법률의 규정에 의하여 정해줄 필요가 있습니다. 이에 따라 소득세법 관련규정은 소득처분에 의한 소득의 지급시기를 의제하는 규정을 두고 있고, 또한 과세관청으로서는 원천징수의무자에게 소득처분에 의한 원천징수의무가 성립되었음을 알려줄 필요성이 있는데, 이에 관한 절차가 바로 소득금액변동통지입니다(소득세법 시행령 §192 ①).

즉, 소득세법 §131 ②, §135 ④, §145의2 규정에 의하면, 과세관청이 법인세 과세표준을 결정 또는 경정함에 있어 처분된 배당, 상여 및 기타소득은 법인이 소득금액변동통지서를 받은 날에 지급한 것으로 보아 소득세를 원천징수하여야 하고, 과세관청은 그 결정일 또는 경정일부터 15일 내에 소득세법 시행규칙 별지 제22조 서식인 소득금액변동통지서에 의하여 이를 당해 법인에게 통지하여야 합니다(소득세법 시행령 §192 ①).

따라서 과세관청의 소득처분과 그에 따른 소득금액변동통지가 있는 경우 원천징수의무자인 법인은 소득금액변동통지서를 받은 날에 그 통지서에 기재된 소득의 귀속자에게 당해 소득금액을 지급한 것으로 의제되어 그 때 원천징수하는 소득세의 납세의무가 성립함과 동시에 확정되는 것입니다(대법원 1993.8.27. 선고 93누6058 판결, 대법원 2006.4.20. 선고 2002두1878 전원합의체 판결, 대법원 2006.8.25. 선고 2006두3803 판결 등). 즉 소득처분만에 의하여 곧바로 원천징수의무가 성립하는 것은 아니고 소득금액변동통지가 있어야만 비로소 법인의 원천징수의무가 성립・확정되는 것이므로, 과세관청이 내부적으로 소득처분을 하였다고 하더라도 그 내용을 소득금액변동통지를 통해 법인에게 고지하지 않거나 소득금액변동통지를 하였더라도 사후 이를 취소 또는 철회한 경우에는 법인에게 원천징수의무가 없으므로 이를 전제로 한 과세관청의 징수처분은 위법합니다(대법원 2006.8.25. 선고 2006두3803 판결). 또한 소득금액변동통지 이후 당해 법인이 원천징수의무를 제대로 이행하지 않은 경우 과세관청이 법인에게 하는 원천징수세액 납부고지는 부과처분이 아니라 징수처분입니다.

반면, 소득금액변동통지서가 송달된 날에 법인의 원천징수의무가 성립하는 것과는 달리, 그 소득의 귀속자(원천납세의무자)의 종합소득세 납세의무는 법인에 대한 소득금액변동통지서가 송달되었는지 여부와 상관없이 소득처분이 있게 되면 당해 소득이 귀속된 과세기간이 종료하는 때에 성립함에 유의할 필요가 있습니다(대법원 2006.7.27. 선고 2004두9944 판결, 대법원 2008.4.24. 선고 2006두187판결). 또한, 소득금액변동통지서를 받은 법인의 원천징수의무가 성립하려면 그 성립시기인 소득금액변동통지서를 받은 때에 원천납세의무자의 소득세 납세의무가 성립되어 있어야 하므로, 원천납세의무자의 소득세 납세의무가 그 소득세에 대한 부과제척기간의 도과 등으로 이미 소멸하였다면 법인의 원천징수의무도 성립할 수 없고, 그 후에 이루어진 소득금액변동통지도 위법하게 되므로, 원천납세의무자의 소득세납세의무의 부과제척기간의 도과 여부를 검토할 필요가 있습니다. 즉 대법원 2010.4.29. 선고 2007두11382 판결에 의하면, 법인이 허위의 세금계산서를 수취하여 장부상 매입액을 과다 계상한 것은 법인세를 포탈하기 위한 것으로 볼 수 있다고 하더라도, 그 대표자가 장차 그와 같이 은닉된 소득이 사외 유출되어 그 귀속자가 밝혀지지 아니함에 따라 자신이 대표자로서 인정상여처분을 받을 것까지 예상하여 그로 인해 부과될 소득세를 포탈하기 위하여 행한 것으로 보기는 어렵다고 보아, 인정상여처분으로 인한 소득세에 관하여는 '사기 기타 부정한 행위로 국세를 포탈한 경우'에 해당한다고 볼 수 없어 10년의 부과제척기간이 아니라

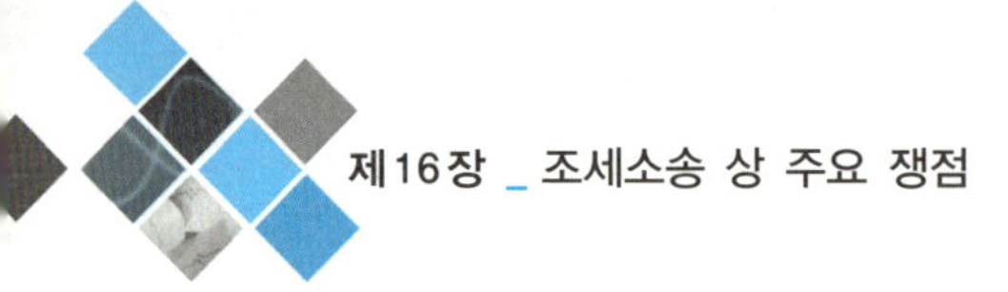

일반 제척기간 5년이 적용되어야 한다는 이유로, 그 소득세 부과제척기간 도과 후에 이루어진 소득금액변동통지는 위법하다고 본 바 있습니다.

다. 관련 유의점

1) 소득금액변동통지의 처분성

소득금액변동통지의 처분성을 인정하지 않는 종래 판례 하에서는 원천징수하는 소득세가 자동확정방식의 조세라는 한계 때문에 원천징수의무자는 소득처분 및 소득금액변동통지에 뒤따르는 징수처분에 대한 취소소송절차에서만 소득처분의 당부에 관하여 다툴 수 있었으나, 대법원 2006.4.20. 선고 2002두1878 전원합의체 판결에서 처분성을 긍정하여 소득금액변동통지를 항고소송의 대상이 되는 조세행정처분으로 보는 것으로 변경함에 따라 소득금액변동통지 자체를 불복청구의 대상으로 삼아 다툴 수 있게 되었습니다.

이와 같이 소득금액변동통지의 처분성을 인정하여 그에 대한 취소소송에서 원천징수의무의 존부 및 그 범위에 관하여 다툴 수 있게 된 이상, 원천징수의무를 이행하지 않을 경우 법인에 대해 행해지는 징수처분에 대한 취소소송에서는 징수처분에 고유한 하자에 대하여만 다툴 수 있는 것으로 보아야 할 것으로 사료됩니다.

2) 전심절차 관련

판례는 원고가 소외 법인의 대표이사 겸 개인의 자격에서 법인세 부과처분 및 인정상여처분에 대하여 심사청구를 거친 후 위 인정상여처분을 근거로 한 종합소득세부과처분에 대한 취소소송을 제기한 사안에서, 법인세와 종합소득세는 세목뿐만 아니라 과세관청과 납세의무자도 전혀 다르고, 손금불산입으로 법인소득이 발생하였다 하더라도 그와 같은 소득의 귀속은 법인에 유보되거나 사외 유출되더라도 실제 귀속자에 따라 달라지게 되어 반드시 그 소득이 대표자에게만 귀속된다고는 볼 수 없는 등 각기 독립한 별개의 처분이므로, 법인이 법인세 부과처분 및 인정상여처분을 대상으로 전심절차를 거쳤다 하더라도, 이로써 당연히 그 인정상여의 귀속자에 대한 종합소득세 부과처분 취소소송의 전심절차를 거친 것으로 볼 수 없다(대법원 2006.12.7. 선고 2005두4106 판결, 대법원 2009.5.28. 선고 2007두25817 판결)고 판시한 바 있습니다.

3) 입증책임 관련

소득처분에 의한 의제소득으로 과세처분을 하는 경우, 과세관청은 ① 매출누락 등 익금에 산입할 금액이 있다는 사실과 ② 그 익금산입액이 사외로 유출된 사실, ③ 사외유출된 금액에 대하여 법인세법 §67 및 시행령 §106가 정하는 절차와 방법에 따라 소득처분을 하였다는 사실만을 주장・입증하면 됩니다. 특히 대표자 인정상여처분의 경우 익금산입액이 '사외로 유출된 사실' 및 그 사외유출된 금액의 '귀속이 불분명한 사실'을 과세관청이 입증하면 되는 것입니다.

나아가 판례는, 법인이 매출사실이 있음에도 불구하고 그 매출액을 장부에 기장하지 아니하였거나(대법원 1993.5.14. 선고 93누630 판결, 대법원 1990.12.26. 선고 90누3751 판결 등), 가공경비를 계상한 것이 밝혀져 과세소득이 증가되는 경우 등에는 특별한 사정이 없는 한 그 매출누락액이나 가공경비 등은 사외로 유출되었다고 추정되고(대법원 1997.10.24. 선고 97누447 판결) 사외로 유출된 것이 아니라고 볼 특별한 사정에 대한 입증책임은 이를 주장하는 법인에게 있다(대법원 1997.10.24. 선고 97누447 판결, 대법원 1999.12.24. 선고 98두16347 판결, 대법원 2002.12.6. 선고 2001두2560 판결, 대법원 2002.1.11. 선고 2000두3726 판결, 대법원 1993.5.14. 선고 93누630 판결)는 입장입니다.

4) 법인의 대표이사 등의 횡령금원의 사외유출 여부 관련

법인의 실질적 경영자인 대표이사 등이 매출누락이나 가공손금 등을 통해 법인의 자금을 횡령한 경우, 그 횡령금 상당액을 익금산입하여 법인세를 부과하는 것은 당연하나, 횡령 그 자체로 횡령액 상당액이 사외유출되어 대표자에게 귀속되었다고 보아 대표자 인정상여로 소득처분하여 법인에게 근로소득세 원천징수의무를 지울 것인지, 아니면 법인이 대표자(횡령자)에 대하여 손해배상청구권을 보유하고 있는 이상 횡령금 상당의 자산이 사외유출된 것이 아니라 사내에 유보된 것으로 볼 것인지가 문제됩니다.

이와 관련하여 판례는, 법인의 실질적 경영자인 대표이사 등이 법인의 자금을 유용하는 행위는 특별한 사정이 없는 한 애당초 회수를 전제로 하여 이루어진 것이 아니어서 그 금액에 대한 지출 자체로서 이미 사외유출에 해당한다고 보아, 그렇지 않다는 특별한 사정에 대한 입증책임은 이를 주장하는 법인에게 있다고 보고 있습니다(대법원 2008.11.13. 선고 2007두23323 판결, 대법원 2010.1.28. 선고 2007두20959 판결 등). 또한 그 유용 당시부터 회수를 전제하지 않은 것으로 볼 수 없는 특별한 사정에 관한 판단기준으로 횡령의 주체인 대표이사 등의 법인 내에서의 실질적인 지위 및 법인에 대한 지배정도, 횡령행위에 이르게 된 경위 및 횡령 이후의 법인의 조치 등을 통하여 그 대표이사 등의 의사를 법인의 의사와 동일시하거나 대표이사 등과 법인의 경제적 이해관계가 사실상 일치하는 것으로 보기 어려운 경우인지 여부 등을 제시하고 있으므로(대법원 2008.11.13. 선고 2007두23323 판결, 대법원 2010.1.28. 선고 2007두20959 판결 등) 횡령금 상당액의 사외유출 여부가 다투어지는 경우에는 위와 같은 사정 등을 중심으로 심리할 필요가 있습니다.

한편, 법인의 대표이사 또는 실질적 경영자 등의 횡령의 경우와는 달리 단순한 '피용자'의 지위에 있는 자의 횡령행위와 관련해서는 법인이 원칙적으로 손해배상채권으로 보유하고 있어 사외유출된 것으로 볼 수는 없고 그러한 손해배상채권 등이 실질적으로 소멸한 것으로 볼 수 있는 경우에만 사외유출된 것으로 보는 것으로 이해(대법원 2004.4.9. 선고 2002두9254 판결, 대법원 1989.3.28. 선고 87누880 판결 등)하는 추세입니다.

4 제2차 납세의무 상 주요 쟁점

가. 의의와 유형

원래의 납세의무자에게 체납처분을 집행하여도 징수할 금액에 부족한 경우에 세법은 그와 일정한 관계에 있는 자에게 그 부족액을 납부할 의무를 지우고 있습니다. 이를 '제2차 납세의무'라 하는데, ① 법인의 해산 시 국세를 납부하지 않고 잔여재산을 분배 또는 인도하였을 때 청산인 또는 그 잔여재산을 분배·인도받은 자에게 부과하는 경우(국세기본법 §38), ② 법인의 과점주주 등에게 과점주주의 소유주식 수의 비율만큼 법인의 체납세액을 분담시키는 경우(국세기본법 §39), ③ 법인의 무한책임사원 또는 과점주주 등이 내지 못한 세금을 그의 출자지분가액을 한도로 법인에게 부담시키는 경우(국세기본법 §40), ④ 사업이 양도되었을 때 양도인의 그 사업에 관한 세금을 양수인에게 부담시키는 경우(국세기본법 §41)를 들 수 있습니다. 이 중 특히 실무상 자주 문제되는 것은 위 ②의 과점주주의 제2차 납세의무입니다.

나. 제2차 납세의무의 성립과 확정

제2차 납세의무는 원래의 납세의무자(주된 납세의무자)의 조세체납이 있고, 체납자의 재산으로는 체납처분을 하여도 국세 등에 충당하기에 부족한 경우에 성립합니다. 그러나 주된 납세의무가 체납된 이상 그 징수부족액의 발생은 반드시 주된 납세의무자에 대하여 현실로 체납처분을 집행하여 부족액이 구체적으로 생기는 것을 요하지 아니하고, 다만 체납처분을 하면 객관적으로 징수부족액이 생길 것으로 인정되면 족합니다(대법원 1996.2.23. 선고 95누14756판결, 대법원 2004.5.14. 선고 2003누10718 판결. 대법원 1989.7.11. 선고 87누415 판결 등). 따라서 제2차 납세의무의 성립시기는 적어도 '주된 납세의무의 납부기한'이 경과한 이후가 됩니다(대법원 2005.4.15. 선고 2003두13083 판결).

한편, 세무서장은 납세자의 체납액을 제2차 납세의무자로부터 징수하려면 제2차 납세의무자에게 징수하려는 체납액의 과세연도, 세목, 세액 및 그 산출근거, 납부기한, 납부장소와 제2차 납세의무자로부터 징수할 금액 및 그 산출근거와 그 밖에 필요한 사항을 적은 납부통지서로 고지하여야 합니다(국세징수법 §12). 제2차 납세의무는 위와 같이 제2차 납세의무자에 대한 납부통지서에 의한 고지에 의하여 확정되는 것입니다(대법원 1982.8.24. 선고 81누80 판결, 대법원 1990.12.26. 선고 89다카24872 판결 등).

다. 본래의 주된 납세의무와의 관계

제2차 납세의무는 주된 납세의무를 전제로 하여 성립하고 주된 납세의무에 관하여 생긴 사유는 제2차 납세의무에도 효력이 있으므로(부종성), 주된 납세의무가 무효이거나 취소되면 제2차 납세의무도 무효로 되고 주된 납세의무의 내용에 변경이 생기면 제2차 납세의무의 내용도 변경됩니다. 또한 제2차 납세의무는 본래의 납세의무자에 대하여 체납처분을 집행하여도 징수하여야 할 세액이 부족하다고 인정될 경우에 한하여 그 부족액을 한도로 인정됩니다(보충성).

따라서 제2차 납세의무자에 대한 납부고지는 형식적으로는 독립된 과세처분이지만 실질적으로는 과세처분 등에 의하여 확정된 주된 납세의무에 대한 징수절차상의 처분으로서의 성격을 가지는 것이므로, 제2차 납세의무자에 대하여 납부고지를 하려면 먼저 주된 납세의무자에 대하여 과세처분 등을 하여 그의 구체적인 납세의무를 확정하는 절차를 거쳐야 하고, 그러한 절차를 거침이 없이 바로 제2차 납세의무자에 대하여 납부고지를 하는 것은 위법합니다(대법원 1983.5.10. 선고 82누123 판결, 대법원 1998.10.27. 선고 98두4535 판결 등). 그러나 본래의 납세의무자의 재산에 대하여 먼저 체납처분을 하여야 하거나 체납처분결과 징수할 국세 등에 충당하고도 부족한 금액에 관하여서만 제2차 납세의무자에 대하여 납부고지를 할 수 있는 것은 아니고, 본래의 납세의무자의 재산에 대하여 체납처분을 하더라도 징수할 국세 등에 충당하기에 부족할 것이라는 점이 인정되면 제2차 납세의무자에 대하여 납부고지를 할 수 있는 것입니다(대법원 1989.7.11. 선고 87누415 판결, 대법원 2004.5.14. 선고 2003두10718 판결 등).

또한, 제2차 납세의무에 대해서도 주된 납세의무와는 별도로 그 부과제척기간이 진행되고, 그 부과제척기간은 특별한 사정이 없는 한 이를 부과할 수 있는 날인 제2차 납세의무가 성립한 날로부터 5년간으로 보아야 합니다(대법원 2008.10.23. 선고 2006두11750 판결).

제2차 납세의무자가 수인인 경우 각자가 제2차 납세의무자의 지위에서 독립하여 제2차 납세의무를 부담하는 것이지, 하나의 제2차 납세의무에 관하여 납세의무자가 수인이 되는 것은 아니므로, 제2차 납세의무자는 각자가 법인의 체납세액 전부에 관하여 납세의무를 부담하고 제2차 납세의무자 상호간에 분별의 이익을 인정할 여지는 없다고 보아야 합니다.

라. 제2차 납세의무자의 권리구제방법

제2차 납세의무자에 대한 납부통지가 있기 전 단순한 제2차 납세의무자 지정처분 자체는 그로 인하여 납세의무가 확정되는 것은 아니므로 처분성이 부정됩니다(대법원 1995.9.15. 선고 95누6632 판결). 한편, 제2차 납세의무자는 본래의 납세의무자에 대한 과세처분을 다툴 수 있는 원고 적격이 부여되어 있으므로(국세기본법 §55 ② 제1호), 본래의 납세의무자에 대한 부과처분 자체를 다툴 수도 있고 아울러 자신에 대한 납부고지의 효력을 다투는 소송에서 본래의 납세의무의 위법을 다툴 수도 있습니다. 즉 판례(대법원 2009.1.15. 선고 2006두14926 판결, 대법원 1979.11.13. 선고 79누270 판결 등)에 의하면, 주된 납세의무에 대하여 발생한 사유는 원칙적으로 제2차 납세의무에도 영향을 미치게 되는 이른바 부종성을 가지므로 제2차 납세의무자는 주된 납세의무의 위법 여부에 대한 확정에 관계없이 자신에 대한 제2차 납세의무 부과처분의 취소소송에서 주된 납세의무자에 대한 부과처분의 하자를 주장할 수 있습니다.

주된 납세의무자가 제기한 전소의 기판력은 제2차 납세의무자가 제기한 후소에 미치지 아니합니다(대법원 2009.1.15. 선고 2006두14296 판결). 다만, 제2차 납세의무자가 본래의 납세의무자에 대한 부과처분에 대하여 제소하여 패소확정된 후 자신에 대한 제2차 납세의무의 지급을 명하는 납부고지의 효력을 다투면서 다시 본래의 납세의무의 위법을 다투는 것은 기판력에 배치되어 허용되지 않는다고 보아야 합니다.

일부 인용의 경우 취소의 범위

가. 심판의 대상

통설·판례의 입장인 총액주의에 의하면 과세처분 취소소송의 소송물은 과세관청의 처분에 의하여 인정된 과세표준 및 세액의 객관적 존부이므로, 과세처분에 의하여 인정된 세액이 객관적으로 정당한 세액을 초과하는지 여부가 심판의 대상이 됩니다(대법원 1989.3.28. 선고 88누6504 판결, 대법원 1992.7.28. 선고 91누10695 판결, 대법원 1997.5.16. 선고 96누8796 판결 등). 따라서 과세관청이 그 과세표준과 세액을 구체적으로 산출·결정하는 과정에서 그 계산방식 등에 잘못이 있다 하더라도 그와 같이 부과고지된 세액이 원래 당해 납세의무자가 부담하여야 할 정당세액의 범위를 넘지 아니하고 그 잘못된 방식이 과세단위와 처분사유의 범위를 달리하는 정도의 것이 아니라면 그 정당세액 범위 내의 과세처분이 위법하다고 할 수 없다(대법원 1992.7.28. 선고 91누10695 판결)고 하여야 합니다.

나. 취소의 범위

1) 원칙 – 일부취소

세액의 산출과정 등에 잘못이 있어 과세처분이 위법한 것으로 판단되는 경우라도 사실심 변론종결 당시까지 제출된 자료들에 의하여 적법하게 부과될 정당한 세액이 산출되는 때에는 그 정당한 세액을 초과하는 부분만 취소하여야 할 것이고 그 전부를 취소할 것은 아닙니다(대법원 2001.6.12. 선고 99두8930 판결, 대법원 2000.9.29. 선고 97누19496 판결 등).

따라서 과세처분 중 일부만이 위법한 경우, 기록상 세액계산이 가능한 한 반드시 정당한 세액을 계산하여 그 초과 부분만을 취소하여야 합니다. 또한 당사자가 과세처분 중 일부만을 다투면서도 과세처분의 전부취소를 구하는 경우, 어느 정도의 승소가능성이 있다고 여겨지면 변론진행 단계에서 원고가 다투는 쟁점이 받아들여질 경우 인정되는 세액을 계산한 뒤, 과세처분 중 그 세액을 초과하는 금액에 대해서만 취소를 구하는 것으로 청구취지를 정리하여야 하는 것입니다.

2) 예외 - 전부취소

가) 세액계산이 불가능한 경우

법원에 제출된 모든 자료에 의하여도 정당한 세액이 산출되지 않는 경우라면, 법원은 과세관청이 아니므로 부득이 과세처분 전부를 취소할 수밖에 없고, 그 경우 법원이 직권에 의하여 적극적으로 합리적이고 타당성 있는 산정방법을 찾아내어 정당한 부과세액을 계산할 의무까지 지는 것은 아닙니다(대법원 1995.4.28. 선고 94누13527 판결, 대법원 1992.7.24. 선고 92누4840 판결 등). 따라서 이와 같은 경우는 전부 취소 주문이 불가피한 것입니다.

예를 들자면, ① 건물 중 일부가 종합토지세 면세대상이고, 일부가 과세대상인 경우 기록에 의하여도 면세대상 건물면적이 특정되지 않는 경우(대법원 1995.4.28. 선고 94누13527 판결), ② 과세관청이 상속재산의 가액평가를 그르쳤고, 기록에도 상속재산에 대한 적법한 가액평가의 자료가 없는 경우(대법원 1992.7.24. 선고 92누4840 판결) ③ 납세의무자의 소득이 이자소득이라고 하여 과세된 경우에 그것이 이자소득이 아니라 과세표준이 다른 사업소득이라 하여 당해 과세처분이 위법한 것으로 판단된 경우(대법원 1989.11.14. 선고 89누1520 판결, 대법원 1997.11.14. 선고 96누8307 판결 등) 등은 처분 전부를 취소하여야 하는 경우로 볼 수 있습니다.

나) 절차적 하자가 있는 경우

추계과세의 합리성과 타당성에 대한 과세관청의 입증이 없는 경우(대법원 1987.2.24. 선고 86누578 판결), 납세고지에 하자가 있는 경우(대법원 1984.12.26. 선고 83누654 판결, 대법원 1995.9.26. 선고 95누1729 판결, 대법원 1995.2.28. 선고 94누5052 판결 등). 중복세무조사 금지에 위반하였다는 등의 이유로 세무조사의 절차가 위법한 경우(대법원 2006.6.2. 선고 2004두12070 판결, 대법원 1995.4.28. 선고 94누13527 판결, 대법원 1992.7.24. 선고 92누4840 판결 등) 등과 같이 과세처분 자체에 절차적 하자가 있는 경우 과세처분 전부에 대한 취소사유가 됩니다.

제17장 조세소송 상 판결의 효력

1 기속력

행정소송법 §30 ①은, 처분 등을 취소하는 확정판결은 그 사건에 관하여 당사자인 행정청과 그 밖의 관계 행정청을 기속한다고 규정하고 있습니다. 이는 당해 행정청은 물론 기타 관계 행정청이 판결의 판단내용을 존중하여 그 취지에 따라 행동하도록 구속하는 실체법상의 효력을 규정한 것으로서 취소소송 뿐 아니라 그 밖의 항고소송, 당사자소송, 민중소송 및 기관소송에도 준용됩니다(행정소송법 §38, §44, §46).

행정소송법 §30 ②의 규정에 의하면 행정청의 거부처분을 취소하는 판결이 확정된 경우에는 그 처분을 행한 행정청이 판결의 취지에 따라 이전의 신청에 대하여 재처분할 의무가 있으나, 이 때 확정판결의 당사자인 처분 행정청은 그 행정소송의 사실심 변론종결 이후 발생한 새로운 사유를 내세워 다시 이전의 신청에 대한 거부처분을 할 수 있고 그러한 처분도 위 조항에 규정된 재처분에 해당(대판 1982.5.11. 선고 80누104, 대법원 1997.2.4. 96두70 결정)됨에 유의하여야 합니다.

2 형성력

판결의 형성력은 취소판결의 취지에 따라 종전의 처분에 의하여 형성된 기존의 법률관계 또는 법률상태에 변동을 가져오는 효력을 형성력이라고 합니다. 행정처분을 취소한다는 확정판결이 있으면 그 취소판결의 형성력에 의하여 당해 행정처분의 취소나 취소통지 등의 별도의 절차를 요하지 아니하고 당연히 취소의 효과가 발생합니다(대법원 1991.10.11. 선고, 90누5443 판결). 한편 과세처분을 취소하는 판결이 확정되면 그 과세처분은 처분 시에 소급하여 소멸하므로 그 뒤에 과세관청에서 그 과세처분을 경정하는 경정처분을 하였다면 이는 존재하지 않는 과세처분을 경정한 것으로서 그 하자가 중대하고 명백한 당연무효의 처분(대법원 1989.5.9. 선고, 88다카16096 판결)이 됩니다.

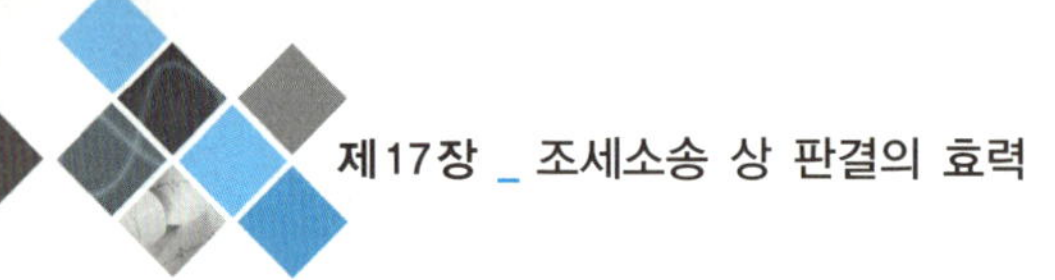

3 기판력

확정판결의 기판력은, 확정판결의 주문에 포함된 법률적 판단의 내용은 이후 그 소송당사자의 관계를 규율하는 새로운 기준이 되는 것이므로 동일한 사항이 소송상 문제가 되었을 때 당사자는 이에 저촉되는 주장을 할 수 없고 법원도 이에 저촉되는 판단을 할 수 없는 기속력을 의미하는 것이고 이 경우 적극당사자(원고)가 되어 주장하는 경우는 물론이고 소극당사자(피고)로서 항변하는 경우에도 그 기판력에 저촉되는 주장은 할 수 없는 것입니다(대법원 1987.6.9. 선고, 86다카2756 판결)

기판력의 객관적 범위는 그 판결의 주문에 포함된 것 즉 소송물로 주장된 법률관계의 존부에 관한 판단의 결론 그 자체에만 미치는 것이고 판결이유에 설시된 그 전제가 되는 법률관계의 존부에까지 미치는 것은 아닙니다(대법원 1987.6.9. 선고, 86다카2756 판결).

취소판결이 확정되면 당해 처분의 위법성 일반이 확정된다. 그러나 처분이 절차상의 하자를 이유로 취소된 경우에는 기판력이 미치지 않습니다.

예를 들어 과세처분 시 납세고지서에 세액산출근거 등을 기재하지 않았다는 이유로 과세처분을 취소한 판결과 같이 과세처분의 절차 내지 형식의 위법을 이유로 취소하는 판결이 확정된 경우에는 그 확정판결의 기판력은 확정판결에 적시된 절차 내지 형식의 위법사유에 한정된다. 그러므로 행정관청은 그 위법사유를 보완하여 다시 새로운 행정처분을 할 수 있고, 그 새로운 행정처분은 확정판결에 의하여 취소된 종전의 행정처분과는 별개의 처분이라고 할 것이어서 종전의 처분과 중복된 행정처분이 아닌 것입니다(대법원 1992.5.26. 선고, 91누5242 판결).

4 집행력

항고소송에는 행정청에 이행을 명하는 판결이 허용되지 아니하므로 판결의 집행력이 문제되지는 않습니다. 다만 거부처분취소소송 내지 부작위위법확인소송에서는 판결의 실효성을 위하여 간접강제가 인정되고 있으므로 그 범위에서 집행력이 인정됩니다. 그러나 이 경우에도 그 판결을 채무명의로 하여 행정청의 재처분의무나 작위의무를 민사소송법상의 강제집행절차에 의하여 실현할 수 있는 집행력을 갖지는 못합니다(대법원 2011.11.13. 선고, 99두2017 판결).

저자소개

■ 백 종 한

[약력]

- 성균관대학교 행정학과
- 건국대학교 행정대학원 석사
- 동아대학교 법학과 박사과정 수료
- 세무사
- 제26회 행정고시 합격
- 제주 · 성동세무서 등 과장
- 국세공무원교육원 교수
- 조세심판원 행정실 실장
- 조세심판원 상임조세심판관
- 기획재정부 국세예규심사위원회 위원
- (현) 조세심판원 비상임조세심판관
  서울시 지방세심의위원

■ 김 진 필

[약력]

- 경희대학교 경영학과
- 공인회계사
- 한국예탁결제원
- 이현회계법인 조세불복팀장
- (현)성운회계법인 이사

■ 박 흥 수

[약력]

- 사법시험 42회 합격
- 사법연수원 32기 수료
- 법무부 공익법무관
- 전 삼일회계법인 TAX 팀 근무
- 전 기획재정부 조세법 개정용역 연구원
- 전 세종특별시 지방세 심의위원
- 전 성북세무서 납세자 권익존중위원회 위원
- 전 국세청 국선세무대리인
- 전 아시아경제 조세 관련 칼럼
  「죽음과 세금은 피할 수 없다」,
  「조세는 반드시 법률에 의하여야 한다」
- 『바보야! 문제는 세금이야』 집필
- 현 서울회생법원 파산관재인
- 현 대한상공회의소 법률자문위원
- 현 서울성북세무서 국세심사위원
- 현 서울특별시 공익변호사
- 법무법인 대종 구성원 변호사

개정증보판 **조세불복실무**

2017년 1월 19일 초판 발행
2019년 1월 17일 2판 발행

저 자 백 종 한
김 진 필
박 홍 수

저자협의 인지생략

발 행 인 송 상 근
발 행 처 **삼일인포마인**

서울특별시 용산구 한강대로 273 용산빌딩 4층
등록번호 : 1995. 6. 26 제3－633호
전 화 : (02) 3489－3100
F A X : (02) 3489－3141
I S B N : 978－89－5942－704－8 93320

♣ 파본은 교환하여 드립니다.

정가 85,000원